Privatheit im öffentlichen Raum

Schriftenreihe Medienforschung
der Landesanstalt für Rundfunk
Nordrhein-Westfalen

Band 43

Ralph Weiß/Jo Groebel (Hrsg.)

Privatheit im öffentlichen Raum

Medienhandeln zwischen Individualisierung und Entgrenzung

>lfr:

Leske + Budrich, Opladen 2002

Gedruckt auf säurefreiem und alterungsbeständigem Papier.

Die Deutsche Bibliothek – CIP-Einheitsaufnahme
Ein Titelsatz ist bei Der Deutschen Bibliothek erhältlich.

ISBN 3-8100-3579-3

Satz: Werkstatt für Typografie in der Berthold GmbH, Offenbach
Einbandgestaltung: Disegno, Wuppertal
Druck: Druck Partner Rübelmann, Hemsbach
Printed in Germany

Vorwort des Herausgebers

Die Landesanstalt für Rundfunk (LfR) ist die Zulassungs- und Aufsichtsbehörde für den privaten Rundfunk in Nordrhein-Westfalen. Zu den Aufgaben der LfR gehört es unter anderem, die Medienentwicklung in Nordrhein-Westfalen durch Forschung zu begleiten. Die Forschungstätigkeiten erstrecken sich auf die Bereiche des lokalen und landesweiten Rundfunks sowie auf den Jugendschutz. Seit 1990 hat die LfR eine Reihe kommunikationswissenschaftlicher Projekte an unabhängige Einrichtungen der Kommunikationsforschung vergeben.

Das Forschungsprojekt „Privatheit im öffentlichen Raum. Medienhandeln zwischen Individualisierung und Entgrenzung", dessen Ergebnisse im vorliegenden Band präsentiert werden, hatte – ausgehend von der öffentlichen Debatte über Daily Talks und Real-Life-Formate – zum Ziel, zu untersuchen, inwieweit sich die Grenzen zwischen den traditionellen Sphären Privatheit und Öffentlichkeit insbesondere unter dem Einfluss der Medien Fernsehen und Internet verschoben haben.

Der Klärung dieser Frage wurde in mehreren Einzeluntersuchungen mit unterschiedlichen Perspektivsetzungen nachgegangen. Neben der Analyse des gesellschaftstheoretischen Diskurses über den „Sinn von Privatheit" bietet ein interkultureller Vergleich einen Einblick über den Umgang mit Privatem in verschiedenen Kulturen. Ferner werden die Veränderungen der Inszenierung von Privatheit im Verlauf der Fernsehgeschichte und Formen der Selbstdarstellung im Internet untersucht.

In Anbetracht neuer TV-Formate, in denen das Zuschaustellen von Intimität unter dem wettbewerbsgenerierten Druck, immer Sensationelleres zu offerieren, neue Formen annehmen wird, ist die öffentliche Debatte nicht beendet. Die Publikation soll eine wissenschaftliche Grundlage für ihren weiteren Verlauf bereitstellen.

Dr. Norbert Schneider	*Wolfgang Hahn-Cremer*
Direktor der LfR	Vorsitzender der Rundfunkkommission der LfR

Inhalt

TEIL II: PRIVATES IN FERNSEHEN UND INTERNET

1 Privatheit im „öffentlichen Raum“ – Klärungsbedarf *(Ralph Weiß)*

Privates ist öffentlich verhandelbar geworden. Intime Beziehungen, Vertraulichkeiten, Momente ungeschützter Ergriffenheit – das Fernsehen holt sie aus den behüteten Räumen der Diskretion heraus und stellt sie öffentlich aus. Es findet für seine „Talkshows“, „Beziehungsshows“, „Real-Life-Soaps“ und „Doku-Soaps“ stets genügend willige Mitspieler und vor allem eine beträchtliche Zahl von Menschen, die gern zuschauen.

Dieses Phänomen in der Fernsehkultur löst gesellschaftliche Debatten aus. Während die einen in der Veröffentlichung des Privaten ein legitimes Bedürfnis erfüllt sehen, das von der Freiheit zeugt, Geschmack auch an neuen Formen der „Unterhaltung“ zu finden, argwöhnen die anderen, das Fernsehen löse in seiner Jagd nach der Aufmerksamkeit des Publikums Standards eines zivilisierten gesellschaftlichen Zusammenlebens auf und betreibe mit der Banalisierung und Normalisierung des Abweichenden und Anstößigen eine Erosion der kulturellen Grundlagen der Gesellschaft.

Die öffentliche Debatte über die mediale Schaustellung des Privaten ist ein Prozess, in dem sich die Gesellschaft mit dem Bestand der Regeln und Werte des Zusammenlebens auseinander setzt, die als verbindlich angesehen werden sollen. In der Diskussion verknäulen sich dabei verschiedenartige Argumentationsstränge: Diagnosen zur „*Normalität*“, mit der Privates und Intimes zeigbar ist, mit Auslegungen der *Norm*, die die Würde und die Integrität von Personen als Prinzip zu schützen verlangt, Mutmaßungen über die *Wirkungen*, die die mediale Inszenierung und Ausstellung des Privaten auf die Kultur einer Gesellschaft haben, mit Abwägungen über Reichweite und Grenzen von *Eingriffsbefugnissen* der Aufsichtsinstanzen. Diese Überblendung divergierender Gesichtspunkte behindert die gesellschaftliche Selbstklärung im Zuge der Debatte.

Dies ist der Ausgangspunkt für die vorliegende Arbeit. Sie soll zur Entwirrung der Argumentationslinien beitragen und Grundlagen für eine Analyse und Bewertung des Phänomens schaffen helfen. Das Konzept, das in Abstimmung mit der Landesanstalt für Rundfunk Nordrhein-Westfalen entwickelt und in ihrem Auftrag unter Leitung des Hans-Bredow-Instituts umgesetzt worden ist, sieht drei inhaltliche Zugänge vor: die theoretisch systematisierende Klärung des Verhältnisses von Privatheit und Öffentlichkeit (Kapitel 2), die historiographische Betrachtung der öffentlichen Debatten über den Umgang des Fernsehens mit Privatleuten und Privatleben (Kapitel 6) – ergänzt um eine knappe Analyse einschlägiger Fernsehformate (Kapitel 5) – und die Herausbildung neuer Formen semiöffentlicher Darstellung von Privatpersonen in der Netzkommunikation (Kapitel 7). Dieses dritte Element ist aufgrund der Beobachtung berücksichtigt worden, dass nicht mehr nur das Fernsehen das gesellschaftliche Dasein der „Privatheit" transformiert; auch das „Netz" schickt sich an, zu einem Faktor des kulturellen Wandels zu werden. Private Homepages, die über fest installierte Webcams Bilder aus dem Privatleben ausstellen, sind dafür ein sinnfälliges Anzeichen. Anders als beim Fernsehen werden einschlägige Entwicklungen in der Netzkommunikation allerdings kaum öffentlich wahrgenommen und debattiert. Eine Selbstverständigung der Gesellschaft über den sich aktuell vollziehenden kulturellen Wandel im praktischen sozialen Umgang mit der „Privatheit" ist hier jedoch nicht weniger angezeigt als für das Fernsehen. Daher will die folgende Untersuchung auch dafür Grundlagen bereitstellen. Aus welchen Gründen zeigen sich Menschen vermehrt geneigt, ihr Privatleben öffentlich zu exponieren? In einem „Zwischenruf" analysiert Groebel, nach welchen Regeln das System der „Belohnung" durch mediale Präsenz und öffentliche Aufmerksamkeit funktioniert (Kapitel 8).

Um den Blick dafür zu schärfen, welche spezifischen sozialen und kulturellen Bedingungen für das gesellschaftliche Verständnis der Privatheit eine Rolle spielen und inwieweit der Einfluss des Mediums Fernsehen auf den Wandel dieses Verständnisses von den sozialen Kontextbedingungen abhängig ist, bietet sich der Vergleich mit anderen Kulturen an. Ein solcher Vergleich ist im Rahmen eines parallel durchgeführten Projekts vom Europäischen Medieninstitut erarbeitet worden. Das Europäische Medieninstitut hat dazu Gutachten von Kommunikationswissenschaftlern in den USA, Japan, Großbritannien und den Niederlanden eingeholt und deren Aussagen zusammengefasst (Kapitel 3). Die USA gelten in manchem als Vorreiter kultureller Entwicklungen, die von europäischen Gesellschaften nachvollzogen werden. Meyrowitz hat eine umfassend angelegte und pointierte Analyse zur Veröffentlichung des Privaten in den Vereinigten Staaten vorgelegt. Sie wird hier als Kapitel 4 dokumentiert. Das Europäische Medieninstitut hat darüber hinaus das Fachgespräch einer multidisziplinär zusammengesetzten Expertenrunde über den Wandel im Verständnis des Privaten und die Rolle der Medien in diesem kulturellen Prozess veranstaltet. Die Erwägungen, die in diesem interdisziplinären Dialog zur Sprache gebracht wurden, sind in Kapitel 2 berücksichtigt. Über Organisation, Verlauf und Ergebnisse des Austauschs gibt Kapitel 10 Rechenschaft.

Die vorliegende Arbeit folgt mit dieser Anlage nicht dem Grundmuster empirischer Studien. Sie kennt nicht die spezielle Fragestellung, die in der Diskussion einschlägiger Literatur präzisiert und so eingeengt wird, dass sie sich operationalisieren lässt und erhobene empirische Daten durch eine Auswertung mit den Mitteln der schließenden Statistik eine schlüssige Antwort liefern. Das Anliegen geht eher umgekehrt dahin, weit ausholend zu erkunden, was es eigentlich zu fragen und zu bedenken gibt. Deshalb wird der fragende Blick ausdrücklich über das Fernsehen hinaus in die Netzwelt hinein ausgedehnt, statt fokussiert. Die ganz verschiedenartigen Zugänge sollen darüber hinaus helfen, ein möglichst breites Reservoir an gedanklichen Hilfsmitteln für die Analyse des Problems mit der mediatisierten Privatheit aufschließen zu können. Dafür wird der Literaturbericht, der den Stand der theoretischen Diskussion verfügbar machen will, um die Einsichten erweitert, die die Kunde aus anderen Kulturkreisen zustande bringt; den Streifzügen durch die wissenschaftliche Diskussion zur Seite gestellt ist der Blick in die Geschichte der öffentlichen Debatten über das Fernsehen, der deren Argumentationsrepertoire auf bündige Weise vergegenwärtigen soll.

Gleichwohl sollen am Ende Auskünfte darüber stehen, welche Bedeutung die mediale Veröffentlichung des Privaten für das Privatleben und das soziale Leben in einer „individualisierten“, „enttraditionalisierten“, vollends „modernen“ Gesellschaft hat. Dazu sind die Ergebnisse der verschiedenartigen Zugänge zusammenzuführen. Dafür macht das Schlusskapitel einen Vorschlag (Kapitel 9). Um ihn vorzubereiten, sollen im Folgenden die Fragestellungen ausgeführt werden, auf die die Arbeit eine Antwort sucht.

1.1 Rekonstruktionen: Vom Sinn der „Privatsphäre“

Wenn Risikopotenziale eingeschätzt werden sollen, ist dafür zunächst eine Vergewisserung nötig. Welchen „Sinn“ macht die historische Erfindung, Privatheit und öffentliche Sphäre voneinander zu scheiden? Auf der Grundlage einer solchen Klärung wird sich präziser ermessen lassen, ob man es bei den beobachtbaren „Grenzverschiebungen“ im Reich der Fernsehangebote mit einem *Wandel* in der Konstruktion des Verhältnisses der Bereiche, mit einer *Aufhebung* der historisch kontingenten Notwendigkeit ihrer Dichotomie oder mit der *Erosion* eines unaufgebbaren Strukturmerkmals einer modernen bürgerlichen Gesellschaft zu tun hat.

Historisch etabliert sich die „Privatsphäre“ im Verein mit der Sphäre der „Öffentlichkeit“ im Zuge der Durchsetzung bürgerlicher Freiheiten gegenüber der Macht des Staates. Im Verlauf des sozialen Wandels hin zur „organisierten Moderne“ (vgl. Wagner 1995) ist die Privatsphäre zu einem sozialen Raum geworden, in dem Identität und Integrität der Person sich ausbilden und der als herausgehobenes Refugium der Selbstverwirklichung fungiert. Seither ist die „Privatheit“ mit Identität, Authentizität, Integrität und Selbstverwirklichung assoziiert. Die anhaltende Auseinandersetzung um die Autonomie des Individuums wird nun darum geführt, wo die Grenzen staatlichen Eingriffs in diese Sphäre der Entwicklung und Verwirklichung personaler Identität liegen.

Die Medien eignen sich diese Welt des Privaten an. Sie machen die Sphäre damit zugleich öffentlich verhandelbar. Die medialen Bilder von vertraulichen Beziehungen, individuellen Selbstdarstellungsmanövern, persönlicher Erschütterung u.a. werden einer Gesellschaft von Betrachtern verfügbar. Die computervermittelte Kommunikation ermöglicht neue Formen, Privates und Intimes in semiöffentlichen Foren sichtbar zu machen. Ein erster Zugang zur Problemstellung will prüfen, was solche Grenzverschiebungen bedeuten können, welche Veränderungen sie ggf. anzeigen und mit vorantreiben. Dabei wird sich der Blick nach beiden Seiten richten, sowohl auf die Privatsphäre als auch auf die Sphäre öffentlicher Vorstellungs- und Meinungsbildung:

(1.) Verändert sich die Funktion der Privatsphäre als Refugium für die Verwirklichung allein dem Glück der Person geltender Beziehungen, für eine von heteronomen Kontroll- und Beobachtungsansprüchen freie Expressivität, für die geschützte Gelegenheit zur Selbstbeobachtung und Selbstvergewisserung – mit einem Wort: für die Integrität der Person? Die *Integrität* des Selbstverständnisses und die Gelegenheit zur *Selbstverwirklichung* in autonom gestalteten Beziehungen sind von elementarer Bedeutung für die Entfaltung und Sicherung der individuellen Identität. Die geschützte Privatsphäre bietet diesen Bedürfnissen Raum. Die *Identitätssicherung* bildet daher den Maßstab zur Einschätzung von Risiken, die daraus erwachsen, dass individuelle Selbstdarstellung und private Beziehungen zum Gegenstand einer allgemeinen Begutachtung gemacht werden, die die Betroffenen nur bedingt kommunikativ steuern können. Dabei ist auch umgekehrt an die Potenziale zu denken, die die öffentliche Verhandlung des Privaten sowie die Welt der computervermittelten Kommunikation für die Identitätsbildung erschließen können.

(2.) Verändert sich die Funktion der Sphäre öffentlicher Vorstellungs- und Meinungsbildung, wenn in ihren Arenen das Private und Idiosynkratische mit gleichem Rang neben Angelegenheiten von allgemeinem Belang tritt? Wenn der Blick auf die Person, auf ihre vermeintlichen habituellen und charakterlichen Dispositionen als Grundfigur der öffentlichen Wahrnehmung etabliert wird und so auch noch als perspektivenbildendes Format für die symbolische Repräsentation von Politik und ihre Wahrnehmung an Bedeutung gewinnt? Hier bilden die *Funktionen der Öffentlichkeit* für die Demokratie den Bezugspunkt für die Beurteilung von Risiken, die sich aus der medialen Verschmelzung von Kommunikationsformen und -ebenen ergeben können.

Medien greifen kulturelle und soziale Strömungen auf. Sie geben ihnen eine anschauliche Gestalt, die wiederum als „symbolische Ressource" in alltägliche soziale Praktiken eingeht. Die Auswertung der Literatur zu den eben angegebenen Fragen wird Befunde und Begriffe zusammentragen, die helfen, die Rolle des Fernsehens in diesem „Kreislauf der Kultur" (vgl. Kellner 1995; Hickethier 1998) mit Blick auf das gesellschaftliche Verständnis der Privatheit sowie der Integrität der Person zu bezeichnen. Der Bericht aus anderen Kulturen stellt vor Augen, inwieweit die Mediatisierung des Privaten einen übergreifenden Trend in modernen bürgerlichen Gesellschaften darstellt und welche besonderen sozialen und kulturellen Voraussetzungen dabei eine Rolle spielen. Das schafft einen theoretischen Bezugsrahmen, in den die Beobachtungen zum Wandel in den öffentlich zirkulierenden Anschauungsweisen über die Zeigbarkeit des Intimen, die öffentliche Verhandelbarkeit privater Beziehungen, über die Schutzwürdigkeit und Schutzbedürftigkeit von Integrität, Würde und Authentizität der Individuen eingeordnet werden können. Diesen Wandel zu rekonstruieren, ist Aufgabe des zweiten Projektteils.

1.2 Diagnosen: Die mediale Verhandlung des Privaten im Spiegel des öffentlichen Diskurses

Wie hat sich das allgemeine Verständnis des Verhältnisses von Privatheit und Öffentlichkeit gewandelt? Welche Rolle hat insbesondere das Fernsehen dafür gespielt? Das soll durch eine „historiographische" Betrachtung rekonstruiert werden. Die Analyse nimmt *Konfliktfälle* in den Blick, bei denen Programmereignisse eine gesellschaftliche Debatte ausgelöst haben. Denn diese Konfliktfälle sind in mehrfacher Hinsicht diagnostisch ergiebig:

(a) Die Debatte über Programmereignisse artikuliert ein *Genrewissen*, zu dem neben der Einschätzung besonderer inszenatorischer Eigenschaften des thematisierten Formats (oder der einzelnen Sendung) auch das historisch aktuelle Verständnis von Aufgaben des Fernsehens, Maßstäben seiner Qualität, Rang und Wirkung des Mediums in der Gesellschaft u.a. gehört.

(b) Zugleich wird im Zuge der Debatte zum Ausdruck gebracht, welche Normen zur Beurteilung des Programms herangezogen und wie *Normen ausgelegt* werden – was sie fordern und wie weit sie reichen. Durch die Auseinandersetzung darüber, von welchen Programmeigenschaften eine Norm berührt ist, wird die mediale Inszenierungsleistung selbst zu einem beschreibenden Element der Normauslegung. In der Folge lässt sich der

Wandel in den vorherrschenden Normauffassungen auch daran *ablesen*, was unter den Angeboten des Fernsehens als „anstößig" wahrgenommen wird. (So spiegelt sich der Wandel der Sexualmoral etwa darin wider, dass unbekleidete Körper und Szenen sexueller Aktivität in Spielfilmen kaum mehr einen Skandal hergeben.)

(c) Für die Konzentration auf Konfliktdiskurse spricht des Weiteren, dass in ihnen der soziale Wandel gleichsam in actu zu betrachten ist. „Skandale" und öffentlich verhandelte Konflikte treiben den Prozess an, in dem das bisher Tabuisierte oder Marginalisierte zeigbar wird, in dem bisher delegitimierte und daher dethematisierte Haltungen und Wertauffassungen allgemein verhandelbar werden. Die im fernsehbezogenen Diskurs öffentlich ausgetragenen Konflikte sind selbst herausragendes *Moment* des sozialen Wandels.

In diesem Sinn sollen gesellschaftliche Debatten über das Fernsehen aufgespürt und untersucht werden, in denen die öffentliche Thematisierbarkeit des privaten Lebens verhandelt worden ist. An diesen Debatten wird ermittelt, welches Normverständnis sie artikulieren. Da dieses Normverständnis an Eigenschaften von Fernsehsendungen entfaltet wird, sind diese Eigenschaften aus der Debatte gleichfalls zu rekonstruieren. Darüber hinaus werden einschlägige Programmformate beschrieben, um in Erinnerung zu rufen, woran sich der öffentliche Streit über die Unterhaltung, die ihren Spaß mit dem Privatleben treibt, entzündet hat.

Anhand der einschlägigen Diskurse soll das jeweilige historisch lebendige Verständnis der „Privatheit" und der „Integrität der Person" an den Eigenschaften abgelesen werden, die an der medialen Inszenierung problematisiert werden. Der längsschnittliche Vergleich der diesbezüglichen Auffassungen bringt den *kulturellen Wandel* zum *Vorschein*. Dieser Wandel wird in der Debatte um die Fernsehkultur offenbar. Er *vollzieht sich* mithin auch in der Auseinandersetzung der Gesellschaft mit dem Medium. Insoweit will die diachrone Betrachtung ein diagnostisches Urteil über Art und Ausmaß des Wandels im medienvermittelten Verständnis des Privaten erarbeiten.

1.3 Erkundungen: Der private Mensch in der Netzwelt

Die Onlinekommunikation entwickelt sich zu einer Sphäre, in der neuartige virtuelle Beziehungen und Gemeinschaften herausgebildet werden (vgl. Thiedecke 2000; Thimm 2000). Dabei entstehen auch neue Formen der Expressivität, d.h. Formen, die subjektive Identität zu präsentieren, auszuzeichnen, vor anderen und damit auch für sich selbst symbolisch zu vergegenständlichen (vgl. Jones 1997; Turkle 1999). Diese Entwicklungen berühren die zentrale Fragestellung des Projekts: wie Authentizität und Integrität des Privatindividuums in der Gesellschaft *wahrgenommen* werden und welche neuen Formen, Privatheit in einem (semi-)öffentlichen Raum auszustellen, in der Praxis der gesellschaftlichen Akteure *wahrgemacht* werden. Viele Beobachtungen sprechen dafür, dass die Onlinekommunikation zum wesentlichen Faktor eines kulturellen Wandels der „Privatheit" wird. Daher soll die Auseinandersetzung mit einschlägigen Entwicklungstendenzen einen weiteren inhaltlichen Baustein des Projektes ausmachen.

Das Fernsehen wird nicht nur umfassend genutzt. Programmereignisse und -entwicklungen in diesem „Leitmedium" werden auch gesellschaftsweit diskutiert. Fernsehen schafft nicht nur Öffentlichkeit, es ist auch in prominenter Weise ihr Gegenstand. Das trifft für die Onlinekommunikation nicht in gleicher Weise zu. Die rhizomartig strukturierte Netzwelt ist unübersichtlich, kennt kaum Foren, auf denen „Massen" zusammengeführt und zum Verweilen veranlasst werden. Zwar werden öffentlich „Chancen" und „Risiken" erwogen, die sich dem „Medium" der Netzwelt im Ganzen zuschreiben lassen. Die Entwicklung von besonderen Inhalten oder Kommunikationsformen findet jedoch – sofern sie nicht von Polizei (wie bei der Kinderpornographie) oder Staatsschutz (wie mit Blick auf den Rechtsextremismus) zum Thema gemacht wird – weitgehend außerhalb öffentlicher Wahrnehmung statt. Damit unterbleibt bisher eine gesellschaftliche Selbstverständigung über den sozialen und kulturellen Wandel, der sich in und vermittels der Netzkommunikation vollzieht.

Um Grundlagen dafür zu schaffen, die Prozesse online vermittelten Wandels öffentlich thematisierbar zu machen, ist daher ein anderes methodisches Vorgehen als bei der Rekonstruktion der Fernsehdiskurse erforderlich. Es wird auch Überschneidungen geben. So wird die Netzkommunikation beispielsweise als Mittel genutzt, „Fangemeinschaften" zu Fernsehsendungen zu bilden. Im Fall der Sendung *Big Brother* war zu studieren, wie Fernsehanbieter das Netz benutzen, um ihr „Programmereignis" durch Onlineangebote zu umrahmen und von sich aus Formen sozialer Bezugnahme und sendungsbezogener Kommunikation zu arrangieren. Es bietet sich an, solche Phänomene der Verschränkung von Fernseh- und Netzwelt besonders zu berücksichtigen, soweit sie den hier bearbeiteten Problembereich, die öffentliche Verhandlung des Privaten, betreffen.

Aber die Auseinandersetzung mit der Onlinekommunikation wird sich nicht darauf beschränken. Denn es ist beobachtbar, dass sich überwiegend ganz unabhängig von Fernsehprogrammereignissen Formen ausbilden, das „private" Dasein netzöffentlich zu präsentieren. Auf privaten „Homepages" führen die individuellen Akteure selbst Regie. Die Potenz solcher Formen, die etablierten kulturellen Muster des „Normalen" und „Selbstverständlichen" zu transformieren, soll diskutierbar gemacht werden. Dafür wird es in erster Linie darauf ankommen, solche Formen überhaupt aufzufinden, öffentlich wahrnehmbar zu machen und zu klassifizieren.

Auf der Grundlage einer Recherche im Netz soll eine deskriptive *Typologie* von Formen der Repräsentation von Privatheit in der Onlinekommunikation entwickelt werden. Es geht darum, zu erkunden und typisierend zu beschreiben, inwieweit sich in der Onlinekommunikation neuartige Formen der Expressivität in der Darstellung von Privatheit ausbilden – neuartig im Vergleich zu den noch geläufigen Normen des „sittlich Gebotenen", aber auch im Vergleich zu den Darstellungsweisen im Fernsehen. Die Erkundung soll besser einschätzbar machen, wie die in der Onlinekommunikation identifizierten Formen zu einem kulturellen Wandel in dem gesellschaftlichen Verständnis der Privatheit beitragen könnten.

1.4 Das Projekt: Angebote zur Klärung

Privates ist öffentlich verhandelbar geworden. Die öffentliche Debatte darüber ist mit der Sache nicht am Ende: Haben wir es mit „Grenzverschiebungen", also einem *Wandel* im Verhältnis von Privatem und Öffentlichem zu tun oder werden wir Zeuge der *Erosion* einer tragende Säule im „Prozess der Zivilisation"? Die nachfolgende Arbeit will folgende Beiträge zur Klärung bereitstellen:

- Eine Exkursion in die gesellschaftstheoretische Literatur will den „Sinn" in Erinnerung bringen, den die historische „Erfindung" der Privatsphäre für das Gesellschaftsprojekt der individuellen *Freiheit* zur Selbstverwirklichung hat.
- Der vergleichende Blick auf die Verhältnisse in anderen Länder wie namentlich den USA und Japan will die besonderen kulturellen Grundlagen für die Veröffentlichung des Privaten – und den Diskurs darüber – erkennbar machen.
- Eine historisch längsschnittlich angelegte Analyse der öffentlichen Debatten, die an einschlägigen Fernsehsendungen Anstoß genommen haben, macht den Wandel erkennbar: den Wandel in der Wahrnehmung des „Anstößigen" und damit auch in der Auffassung des „Normalen" beim Herzeigen ganz persönlicher Neigungen oder Betroffenheiten. Die historiographische Rekonstruktion der Argumentationsmuster liest den Fernseh-Diskurs als Dokument und Medium des *soziokulturellen Wandels.*
- Eine Erkundung privater Homepages inventarisiert und typisiert die Formen, in denen sich *Privatheit in der Netzwelt* offenbar macht. Darüber hinaus wird beschrieben, wie Medienanbieter den unreglementierten „Raum" des Netzes nutzen, um aus Privatleben und -leuten ein Unterhaltungsangebot zu machen.[1]

---

1 Der Text der Studie folgt den neuen Regeln der Rechtschreibung. Zitate sind ohne verändernden Eingriff wie im Original wiedergegeben. Dort findet sich daher auch noch die alte Schreibweise.

Teil I:
Privatheit im Wandel

2 Vom gewandelten Sinn für das Private *(Ralph Weiß)*

An Wortmeldungen war kein Mangel. Die unbekümmerte Schamlosigkeit, mit der das Fernsehen laienhafte Selbstdarsteller durch ein Arrangement totaler Beobachtung dem Blick eines Millionenpublikums verfügbar gemacht hat, löste eine intensive gesellschaftliche Diskussion aus. An dieser Diskussion haben sich kommunikations- und medienwissenschaftlicher Experten rege beteiligt. Die Unterhaltung der Massen mit den Mühen der Selbstdarstellung ausgewählter Protagonisten, beschwichtigend „Real-Life-Soap" benannt, bildet den vorübergehenden Höhepunkt einer Entwicklung, mit der das Fernsehen das Intime und das Bizarre, die Sehnsucht und die Niedertracht, das auftrumpfende Selbstbewusstsein und die Perversion aus dem schlecht einsehbaren Gewirr des gesellschaftlichen Alltags heraushebt und auf die mediale Bühne allgemeiner Wahrnehmbarkeit stellt. Die einen sehen in dem „Menschen-Zoo", den Sendungen wie *Big Brother, Girls Camp* u.a. zur öffentlichen Belustigung eingerichtet haben, das Dokument für einen „Intimitätskult", der den Verlust der „Zivilisiertheit" anzeigt (vgl. Schneider 2001). Die an Sennetts Gesellschaftsverständnis geschulte bittere Diagnose stellt den Betrachter allerdings vor die Frage, was die moderne Mediengesellschaft denn kennzeichnet, nachdem ihr der Ehrenname der Zivilisiertheit entzogen worden ist. Die anderen begrüßen die ungehemmte öffentliche Selbstdarstellung durch Charaktere, die die vorherrschenden Maßstäbe des Guten, Schönen und Wahren fröhlich ignorieren, als Triumph der Populärkultur über die Hybris der kulturellen Elite. Sie rufen die Eroberung des öffentlichen Raumes durch die „unwashed masses" (Munson) zum würdigen Zeichen der „modernen Zeiten" aus, in denen die „Individualisierung" das Regiment führt (vgl. Mikos 2000a). Doch solche Hochstimmung besorgt nicht auch schon die nötige Klarheit, was es denn für die Selbstverwirklichung der Individuen und für das Funktionieren der Öffentlichkeit als Sphäre bedeutet, wenn Letztere zur Bühne für Manöver der Selbstbehauptung durch Selbstentblößung auf dem „Identitätsmarkt" wird.

Perioden des Übergangs, so Elias in seiner Studie über den „Prozess der Zivilisation“, bieten dem Nachdenken eine Chance, denn: „Konventionen, die lange ungeprüft von Generation zu Generation weiter gingen, werden zum Problem“ (Elias 1969, 443). In diesem Sinn bemühen sich die folgenden Überlegungen um eine Vergewisserung über die Rolle, die die Privatheit im gesellschaftlichen Leben spielt. Sie wollen darüber hinaus die Konsequenzen aus der gewandelten Weise abschätzen, mit der die sozialen Akteure die Grenzen zwischen ihrem privaten und ihrem öffentlichen Dasein wahrnehmen und wahr machen.

Es geht nicht darum, eine weitere Geschichte des Verlustes – an Manieren und gutem Benehmen – aufzuschreiben. Der folgende Versuch meidet überhaupt die Kritik der modernen Formen, Privates öffentlich zu kommunizieren, am Maßstab tradierter Konventionen, die augenscheinlich „zum Problem“ oder ganz ohne Problematisierung einfach leblos geworden sind. Er setzt vielmehr bei der Beobachtung ein, dass die Unterscheidung zwischen dem Privaten und dem Öffentlichen nicht einfach aufgegeben, sondern verändert wird. Diese Veränderung lässt sich kaum angemessen erfassen, wenn sie in Raummetaphern gedacht wird, etwa als Verschiebung von Territorien, so als dehne sich die Sphäre der Öffentlichkeit in einem Akt imperialen Übergriffs auf das Reich der Privatheit aus. Solchen Raummetaphern widerspricht, dass sich die Phänomene auf merkwürdige Weise kreuzen und nebeneinander existieren: die Ausstellung des Körpers auf öffentlichen Paraden neben der Wertschätzung intimer Beziehungen, die öffentliche politische Auseinandersetzung über Fragen der Partnerschaft oder der Erziehung neben der Erweiterung der Handlungsoptionen privater Lebensführung, die Preisgabe von Details aus dem Privatleben politischer Führer mit der Abschirmung politischer Entscheidungen vor dem Blick der Öffentlichkeit. Die Praxis der Unterscheidung, was „privat“ und was „öffentlich“ ist, verläuft nicht mehr parallel zu den Grenzen sozialer Handlungsfelder – dem Nahraum der Familie, dem „öffentlichen Raum“ der Plätze, der Bühne der Medien, dem „öffentlichen Leben“ von Politik und Kultur. Was leitet sie dann aber an, wenn nicht – allein – die feldtypische Handlungslogik und deren institutionell bestimmte Grenzen? Nach welchen Prinzipien wird diese Unterscheidung realisiert? In welchen Codes wird sie markiert? Und was bedeutet die Unterscheidung für das Leben der Einzelnen und ihr Zusammenleben als Gesellschaftsmitglieder?

Der Versuch, darüber mehr Klarheit zu gewinnen, setzt mit einer Rekonstruktion der Grundlagen ein: Was wird mit der „privat/öffentlich“-Dichotomie eigentlich einander gegenüber gestellt? Sodann soll auf drei Ebenen erörtert werden, welche Bedeutung diese Unterscheidung hat. Diese Ebenen bezeichnen Dimensionen, in denen sich das gesellschaftliche Leben fortbildet und erneuert: (a) die soziale Identität der Einzelnen, (b) die Formen sozialen Zusammenhalts sowie (c) das Funktionieren der Öffentlichkeit als Agentur der Vermittlung zwischen Bürgergesellschaft und politisch-administrativem System. Auf diesen drei Betrachtungsebenen wird jeweils zu diskutieren sein, worin Leistung und Risiko der Scheidung zwischen „privat" und „öffentlich" bestehen – für die Integrität und Zurechnungsfähigkeit der Person, für soziale Solidaritäten und für die Legitimierung der Politik in der Demokratie. Dabei ist zu prüfen, inwieweit die modernen Formen, über sozialräumliche Grenzen hinweg Privates öffentlich zu machen und Öffentliches zu „privatisieren", nicht nur das „Problem" der absterbenden Konventionen anzeigen, die sie ablösen, sondern neuartige Widersprüche einer Lebensführung in der Moderne kreieren. Es geht also auch um eine Rekonstruktion der Ambivalenzen, die mit der „Veröffentlichung des Privaten und der Privatisierung des Öffentlichen" (Imhof, Schulz 1998) einhergehen. Zugleich wird auf diese Weise der gesellschaftliche Rahmen theoretisch entfaltet, in dem die medienkulturelle Ausstellung des Privaten wirksam wird. Damit verbindet sich die Hoffnung, Gesichtspunkte für eine Beurteilung zu gewinnen, was die medienöffentliche „Verhandlung" des Privaten als „kultureller Faktor" ausrichten kann.

2.1 Theorie und Praxis der Unterscheidung zwischen „privat" und „öffentlich"

Was „Privatheit" meint, lässt sich schwerlich kennzeichnen, ohne den Gegenbegriff mitzubedenken, das „Öffentliche". Privatheit und Öffentlichkeit sind durch ihren Bezug aufeinander bestimmt. Das Bemühen, den Sinn von Privatheit zu umschreiben, hat es also mit der Aufgabe zu tun, die Art und die Form der *Unterscheidung* von „privat" und „öffentlich" zu kennzeichnen.

Weintraub systematisiert die verschiedenen Lesarten dieser „Dichotomie", welche er zu den beherrschenden Grundfiguren abendländischen Denkens zählt. Dabei nimmt er Gesellschaftskonzepte des Liberalismus, Theorien der Öffentlichkeit, die Sozialgeschichte des privaten Lebens sowie die feministische Kritik der Privatsphäre in den Blick. Weintraubs ideengeschichtliche Rekonstruktion identifiziert zwei fundamentale Semantiken für die Unterscheidung zwischen „privat" und „öffentlich":

1. What is hidden or withdrawn versus what is open, revealed or accessible.
2. What is individual, or pertains only to an individual, versus what is collective, or affects the interests of a collectivity of individuals. (Weintraub 1997, 5)

Privatheit ist mit Individualität assoziiert; die bestimmt sich selbst, indem sie sich von dem gesellschaftlichen Zusammenhang der Lebensführung (der „collectivity“) absetzt. Gerade so ist das Individuum auf diesen Zusammenhang bezogen. Privatheit ist das konstitutive Moment einer gesellschaftlichen Ordnung. Sie ist ein soziales Konstrukt. Privatheit hat in einer Gesellschaft ihren Platz, die die kollektive Regel etabliert hat, dass der Einzelne sich selbst Zweck ist. In archaischen Gesellschaften, in denen die alltägliche Lebensführung durch die Not des Überlebens beherrscht wird, die allein durch das Zusammenstehen der Sippe bewältigt werden kann, findet Privatheit weder als Sphäre, noch als Praxis einen sozialen Ort.[1]

Die soziale Institution „Privatheit“ ist mithin voraussetzungsvoll. Sie unterstellt eine Entfaltung des gesellschaftlichen Lebens, die die Abhängigkeit der Lebensführung des Einzelnen umstellt: von der Abhängigkeit von einer widrigen und unbeherrschten Natur, die in den unbedingten Zusammenhalt der Sippe zwingt, auf die Abhängigkeit von einer gesellschaftlich konstruierten Sache, dem „Medium“ Geld. Im individualisierten Bezug auf diese Sache, dem „privaten Vermögen“, beherrschen und erleiden die Akteure ihren Zusammenhang als voneinander abhängige Mitglieder einer arbeitsteiligen Gesellschaft. Dieser Zusammenhang ist im Geld – Privatsache. Die Privatheit gehört als soziales Institut zu einer spezifischen Form der Vergesellschaftung, der *Gesellschaft von Privateigentümern.*

Über diesen Sinn von Privatheit belehrt eine erste Lesart, die Weintraub bei seinem Versuch bestimmt, einen Überblick über die Theorie und Praxis der „public/private distinction“ zu geben. Privatheit meint demnach die Privatmacht, die individuelle Verfügung über Güter und Dienstleistungen, die dem Einzelnen Kraft seines Eigentums exklusiv zugerechnet ist. „Privat“ hat hier den Sinn, jeden externen Zugriff auf die Privatsache sicher auszuschließen. Diesen Sinn für das Private teilt die antike Patrizier-Gesellschaft, in der der Herr über den Haushalt als Souverän sogar über die menschlichen Mitglieder seines „Oikos“ wie über Bestandteile seiner Privatsache gebot, mit der bürgerlichen Moderne, die auch die unselbstständigen Mitglieder des privaten Haushaltes in die rechtlich verbürgte Freiheit entlassen hat und die Abhängigkeit innerhalb des Privatlebens auf eine willentlich gestiftete Beziehung gründet, also psychologisiert (dazu später).

Rössler fasst diese erste Bedeutung von Privatheit noch weiter. Über den Gebrauch des Privatvermögens hinaus ist beispielsweise auch die Entscheidung für eine religiöse Überzeugung oder für ästhetische Vorlieben „Privatsache“. Privatheit bezeichnet demnach die Freiheit, bei der individuellen Wahl der eigenen Lebensführung von Eingriffen und „unerwünschtem Hin-

1 Meyrowitz sieht sich durch die umfassende Zugänglichkeit des Privatlebens anderer, welche die Medien besorgen, an archaische Gesellschaftsformen erinnert. Er diagnostiziert folgerichtig den Zusammenbruch der Privatsphäre in einer „post-privacy world“ (Kapitel 4 in diesem Band).

einreden" anderer geschützt zu sein. Diese „dezisionale Privatheit" bildet, Rössler zufolge, eine elementare Voraussetzung individueller Autonomie (Rössler 2001, 23-25).[2]

Der Schutz von Privatheit im Sinne von ausschließender Privatmacht hat die Gewalt im Blick, die Gewalt zur Ent-Eignung bzw. zum Eingriff in die Entscheidungsfreiheit des Einzelnen. Das Privat-Subjekt ist vor seinesgleichen erst dort seiner Sache vollends sicher, wo die Gewalt monopolisiert und als öffentliche Gewalt etabliert ist. Öffentlich ist die Gewalt, die selbst nicht als Organ eines individuellen Willens (des Fürsten) operiert, sondern als Apparatur zum Schutz des Strukturprinzips der Privatmacht fungiert. Diese Funktionalität wird durch die Form verobjektiviert, in der die Gewalt wirksam wird. Ihre Praxis wird im Recht systematisiert, objektiviert und so „rationalisiert", schließlich durch eine auf das Recht eingestellte „Bürokratie" ausgeführt.

Auch diese zweite elementare Voraussetzung ist in dem geläufigen Verständnis des Privaten reflektiert. Privat wird aufgefasst *im Hinblick auf die öffentliche Gewalt.* Der Sinn dieser Unterscheidung und Entgegensetzung ist doppeldeutig. Einerseits meint Privatheit die Freiheit *von* Eingriffen der öffentlichen Gewalt – im Sinne wirtschaftsliberaler Gesellschaftsauffassungen (vgl. Weintraub 1997, 7) sowie im Sinne eines gesellschaftspolitischen Liberalismus: Beschränkung staatlicher Kontrolle und Überwachung, Abwehr des kontrollierenden „Blicks" der öffentlichen Gewalt, in diesem Sinn die „Unsichtbarkeit" als Voraussetzung privater Autonomie also „informationelle Privatheit" (Rössler 2001, 25). Andererseits wissen die Privatsubjekte ihre Freiheit *durch* den Schutz der öffentlichen Gewalt verbürgt – den Schutz durch die verobjektivierte Gewalt des Rechts vor Übergriffen anderer Privatleute, aber auch durch die Sicherung der materiellen und sozialen Voraussetzungen privater Freiheit.[3] Dabei ist die „Unzugänglichkeit" von Informationen über die private Lebensführung selbst zu einer solchen Voraussetzung privater Freiheit geworden. Der Bedarf nach dem Schutz des „informationellen Selbstbestimmungsrechtes" erwächst auch aus Anstrengungen von Privatunternehmen, Kenntnisse über das private Dasein von Bürgern, über ihr Vermögen, ihre Vorlieben, ihre Gesundheit u.a., zu instrumentalisieren und

---

2 Rösslers sozialphilosophische Betrachtung verortet das Konzept der Privatheit expressis verbis auf der „politisch-philosophischen" Grundlage des Liberalismus (Rössler 2001, 27). Die von Rössler vorgeschlagene Systematik zur Unterscheidung von Dimensionen der Privatheit ergibt sich aus dem Versuch, die Notwendigkeit bzw. den „Wert" der Privatheit aus dem liberalen Konzept der Autonomie abzuleiten. Sie folgt daher einer anderen Anlage als Weintraubs ideengeschichtliche Systematisierung. Gleichwohl stimmen beide in den zentralen Bestimmungen der Privatheit weitgehend überein.

3 In gesellschaftlichen Auseinandersetzungen im Zuge des Wandels der Privatsphäre ist die öffentliche Gewalt in diesem Sinn sowohl als Konservator traditioneller Familienstrukturen wie als Katalysator der Liberalisierung im Verhältnis der Geschlechter in Anspruch genommen worden.

dadurch deren Transaktionsmöglichkeiten einzuschränken (vgl. Meyrowitz, Kap. 4 in diesem Band; Rössler 2001, 201-254).[4]

Der erstgenannte Bezug (Schutz als Abwehr) begründet eine spezifische Form, in der Privatleute agieren: Sie geben sich als mit Rechten ausgestatteten Subjekten eine öffentliche Statur. Aus der Perspektive individuellen Handelns betrachtet, sind die einzelnen Akteure mehr als nur Privatindividuen; als Privatindividuen treten sie zugleich als Teilhaber an der öffentlichen Gewalt auf, indem sie Rechte haben, verteidigen oder beanspruchen. Das begründet einen eigenen Typus sozialer Verkehrsformen (Konkurrenz, Streit um Rechte) und davon abgeleiteter Kommunikationsmuster (Rechthaberei).

Der letztgenannte Bezug (Schutz durch materielle Bürgschaft) führt eine weitere Bedeutung in die Unterscheidung von „privat" und „öffentlich" ein. Die öffentliche Gewalt hat sich längst zum komplexen System differenziert und gegenüber der Lebensführung der Gesellschaft verselbstständigt. Zugleich ist diesem System durch die Verfahrensregeln der repräsentativen Demokratie die Empfindlichkeit für die Wahrnehmung seiner gesellschaftlichen Umwelt eingebaut. Es reagiert durch Adjustierungen seiner Systemleistungen. Als Medien der Wahrnehmung der Systemumwelt und daher auch der Einwirkung der Privatleute auf das Wirken der öffentlichen Gewalt fungieren intermediäre Organisationen (wie Parteien oder Verbände) und die Öffentlichkeit. Diese Medien konstituieren eine Gesellschaft der Privatleute, die sich als Bürgerschaft auf das politisch-administrative System beziehen können.[5]

Als „Privatleute" machen sie gegenüber den versachlichten Gesetzen des Marktes und der verselbstständigten bürokratischen Apparatur des Staates den Anspruch auf Teilhabe an der Gestaltungsmacht der öffentlichen Gewalt geltend. Sie führen so den Eigensinn der in privater Lebensführung entspringenden Erwartungen in die Verhandlung über das „Öffentliche" ein. Zugleich bestimmen sie ihren privaten Sinn nach Inhalt und Form neu: zum Beitrag für die Regelung der Angelegenheiten von „allgemeinem Belang". Aus dieser Perspektive der Privatleute meint Politik „a world of discussion, debate, deliberation, collective decision making and action in concert" (Weintraub 1997, 11). Die *Freiheit des Staatsbürgers* ist daher die nächste Spezifikation der

---

4 Diese unfreiwillige „Zugänglichkeit" des privaten Lebens für den Blick anderer, die das angeeignete Wissen für klandestine Zwecke nutzen, ist allerdings nicht der Gegenstand dieser Studie. Sie setzt sich vielmehr mit der *freiwilligen* Ausstellung des Privaten auf medialen *Bühnen* auseinander.

5 Habermas entfaltet in seinem normativen Begriff der Öffentlichkeit diese Konstellation. Er begreift die Öffentlichkeit als entscheidende Agentur der Vermittlung zwischen dem systemischen Eigensinn der Politik einerseits und sozialer Solidarität und kultureller Sinngebung als unaufgebbaren Strukturelementen der Lebenswelt andererseits, welche den wie auch immer sozial begrenzten, aber kommunikativ „rationalisierten" autonomen Selbstverständigungsprozessen entwachsen. (vgl. Habermas 1989 sowie 1988b, 390ff.)

spezifischen Form von Vergesellschaftung, in welcher die „Privatheit" verortet ist.[6]

Der gesellschaftliche Verkehr der Privatleute untereinander ist nicht auf die Beziehungen beschränkt, die durch die – im Parsonschen Sinne verstandenen – „Medien" Geld und Macht bestimmt sind. Jenseits von Markt- und Arbeitsbeziehungen einerseits sowie Organisationen und Foren politischer Öffentlichkeit andererseits entfaltet sich das „öffentliche Leben" in vielfältigen Formen der Geselligkeit – im „öffentlichen Raum" der Plätze und Parks, in Kino- oder Musiktheatern, in Vereinen oder Gaststätten, in Quartieren u.s.f. Zwar werden auch in diesem sozialen Leben Geld und rechtsförmige Beziehungen in Erscheinung treten. Aber Geld und Macht sind nicht der Zweck, um dessentwillen sich die Akteure in diesem öffentlichen Raum bewegen; die Regeln für die individuelle Inbesitznahme von Geld und Macht bestimmen daher auch nicht die Rationalität der Interaktionsformen im öffentlichen Raum der Geselligkeit. Die Teilhabe an dem sozialen Leben ist vielmehr Selbstzweck. Ihr Maß hat sie in dem Anliegen des Einzelnen, sich selbst in der Gemeinschaftlichkeit eines frei gewählten Erlebens bzw. in dem Erleben einer frei bestimmten Gemeinschaftlichkeit sowie in der geglückten Selbstpräsentation erfüllt zu finden.[7]

Von diesem „öffentlichen Raum" des sozialen Lebens scheidet eine dritte Lesart das Private als *Sphäre der „Häuslichkeit"* ab („domesticity" – Weintraub 1997, 17f.; „lokale Privatheit" – Rössler 2001, 25). Aus der Handlungsperspektive des Einzelnen betrachtet, haben beide Sphären, das soziale Leben ebenso wie das häusliche Leben, den subjektiven Sinn, der Verwirklichung des Selbst – jenseits der Heteronomie marktförmiger oder verrechtlichter Beziehungen – Raum zu geben. Sie unterscheiden sich jedoch in den sozialen Voraussetzungen, die eingehalten werden müssen, während die Selbstverwirklichung zur Leitlinie individueller Interaktionsformen ausgestaltet wird.

Das öffentliche Leben der Geselligkeit ist nicht nach dem subjektiven Maß der Selbstverwirklichung eingerichtet. Der Privatmensch kann allein umgekehrt bestrebt sein, sich um der Erfüllung seiner subjektiven Erlebnisprojekte willen an dieses Leben anzuschließen und dafür seine Projekte nach den Anschlussmöglichkeiten auszubilden. Das Grundmuster der individuellen Teilhabe am sozialen Leben im öffentlichen Raum ist nicht das Einvernehmen (das Telos der politischen Kommunikation nach dem Bilde der „Polis"); das Grundmuster ist vielmehr die Gleichzeitigkeit im Nebeneinander von Le-

---

6 Weintraub nennt diese Unterscheidungslinie den „republican virtue approach" (1997, 7).

7 Über dieses Selbst kann der Bezug auf Geld und Macht allerdings wieder Einzug in das soziale Leben der Geselligkeit halten, nun allerdings in gründlich veränderter Form: das Geld nicht als Zweck (Erwerb), sondern als Zeichen einer außerordentlichen Persönlichkeit, die Macht nicht in ihrer politischen Substanz, sondern als Geste und Habitus oder rituelle Beziehungsdefinition – beides also *versubjektiviert* zu Auszeichnungen der Person, die sich im sozialen Leben bestätigt finden will.

bensformen. Selbstverwirklichung im öffentlichen Raum erfordert daher komplexe räumliche und soziale Arrangements, die erlebte Gemeinschaftlichkeit und soziale Distanz nebeneinander realisierbar machen. Sie ist insoweit sozial konditioniert. Die Selbstverwirklichung muss die Existenz andersartiger Lebensprojekte ertragen, das Ausagieren des eigenen an dieser Gleichzeitigkeit limitieren und insofern in eine legitime, weil sozial gangbare Form bringen. Weintraub ernennt daher die „cosmopolis“ zur Leitmetapher für das Grundmuster des sozialen Lebens (1997, 25).

Demgegenüber ist die „Häuslichkeit“ als die Sphäre ausgezeichnet, in der die eingegangenen sozialen Beziehungen ganz von der Übereinkunft getragen und bestimmt sein sollen, „füreinander da zu sein“ – und für nichts sonst. Hier kann die Selbstverwirklichung ohne weiteres als sozial ratifizierter Zweck gelebt werden. Die Praxis der Selbstverwirklichung ist von den Reglements freigehalten, die das Nebeneinander nicht aufeinander abgestimmter Lebensprojekte im öffentlichen Raum erst lebbar macht. Das Selbst kann sich ohne die Larve der Konvention, die seiner öffentlichen Erscheinung erst Legitimität und in der Folge Raum und Beachtung verschafft, offenbaren. Das Selbst findet hier das Refugium des intimen Selbstausdrucks. Ohne sich auf die Prüfung der Legitimität einstellen zu müssen, kann es sich dem Erleben seiner Neigungen und Emotionen ganz hingeben und sich so von ihnen erfüllen lassen. Das Selbst erlebt sein unvermitteltes Dasein, seine einfache „Wirklichkeit“. Die Grundlage dieser Selbstverwirklichung ist: Es weiß sich hier, in der Sphäre der Häuslichkeit, um seiner selbst willen anerkannt. So schafft und verbürgt erst diese Sphäre *Intimität.*

Diese Lesart der Unterscheidung von „privat“ und „öffentlich“ bezeichnet eine handlungsleitende Orientierung, eine subjektiv realisierte Sinndimension des sozialen Alltags. Sie gibt aber kein treffendes, jedenfalls kein vollständiges Bild des häuslichen Lebens. Die feministische Kritik – so Weintraub (vgl. 1997, 27f.) – hat nachdrücklich darauf aufmerksam gemacht, dass die an die Privatsphäre als „häuslichem Leben“ geknüpften Hoffnungen und Erwartungen mit einer deutlich asymmetrischen Festlegung von Geschlechterrollen einhergehen. Der Zweck, die Erfüllung der Subjektivität erlebbar zu machen, wird der Frau als Pflicht auferlegt, ihr Aktionsraum vorzugsweise auf die Privatsphäre begrenzt. Die männliche Hoffnung auf ein erfülltes Leben, für die die Frau durch die Ausgestaltung der ihr aufgeherrschten Sphäre und die von ihr zu schaffende Intimität bürgen soll, schärft sich in der Erfahrung der Heteronomie der Markt- und Machtbeziehungen zum unduldsam praktizierten Anspruch. Die Frau wird so zur Gehilfin für die „Reproduktion“ des männlichen Selbst funktionalisiert. Diese Indienstnahme überträgt die Gewalt der „Sachgesetze“ von Markt und Macht in die häusliche Gewalt des Geschlechterverhältnisses. Die Privatsphäre, als Reich der Selbstverwirklichung ausgezeichnet, zeigt in mehrfacher Hinsicht die Prägung durch die öffentlichen Sphären wirtschaftlicher und politisch-rechtlicher Beziehungen, als deren Gegenwelt sie doch zugleich behandelt wird.

- Das Erlebnisprojekt des erfüllten Selbst erweist sich als kompensatorisches und insofern defensives Ideal. Es dokumentiert nicht die Überwindung von Selbstverleugnung und Selbstkontrolle, sondern bezeugt deren Suprematie.
- Die Interaktionsformen des privaten Lebens zeigen sich, während sich die Akteure an Selbstoffenbarung und Selbstverwirklichung zu schaffen machen, durchwirkt von den Handlungsrationalitäten des öffentlichen Lebens – Rechthaberei, Einsatz des Geldes als Privatmacht über den Willen anderer usf.

Die feministische Kritik zerstört so einen Schein, der durch die gelebte Auffassung entworfen wird, öffentliches Leben und Privatleben seien als gleichsam territorial getrennte Sphären zu verwirklichen, in denen eine eigene Handlungsrationalität wirksam wird, die vom Bezug auf die Gegenwelt vollkommen frei gehalten bleibt. „Das Private ist politisch" – in dieser Losung fasst sich die kritische Ambition zusammen, am Privatleben öffentlich zu verhandeln, was es als Moment vermachteter sozialer Verkehrsformen auszeichnet.

Ausgehend von dieser Beobachtung lässt sich nun besser zeigen, was die Erinnerung an die drei elementaren Dichotomien, in denen die Privatheit bestimmt ist – als Verfügungsrecht über die Privatsachen, als Freiheit gegenüber der öffentlichen Gewalt und als Intimsphäre gegenüber dem öffentlichen Leben – leisten kann. Sie soll helfen, die Ebenen der Debatte zu entwirren. Kritik und Antikritik, die mit Blick auf Formen medialer Veröffentlichung von Privatheit formuliert werden, reden nämlich in Teilen aneinander vorbei. Wenn die einen beispielsweise eine medial unterstützte Liberalisierung der Sexualmoral begrüßen, so haben sie die Optionen privater Lebensführung im Rahmen des sozialen Lebens im Sinn. Wenn die anderen den Verlust des Gemeinsinns in einer Kultur egozentrischer Selbstbespiegelung beklagen, so denken sie an die aktiv wahrgenommene Freiheit der Privatleute zur Teilhabe an der „Polis". Emanzipationsgewinn und -verlust werden so auf verschiedenen Ebenen thematisiert.

Darüber hinaus kann die Erinnerung an die elementaren Dichotomien die Zusammenhänge vergegenwärtigen, in die das „Private" eingebettet ist. Der Blick auf die Struktur bringt manche Ambivalenz zum Vorschein. So lässt sich etwa die Liberalisierung der Sexualmoral gewiss als Zugewinn an subjektiven Handlungsfreiheiten verbuchen. Aber das ist nicht das ganze Bild.

Denn im Verein mit der Psychologisierung von Lebensprojekten schärft sie auch die Unduldsamkeit der Rechthaberei im Geschlechterverhältnis.[8]

Die Unterscheidung zwischen „privat“ und „öffentlich“ ist selbst das Produkt einer sozialen Praxis. Diese Praxis wandelt sich. Die Problematisierung dieses Wandels ist dem Vorwurf ausgesetzt, es handele sich um den untauglichen Versuch, eine untergegangene Lebensform moralisch zu revitalisieren. Das akademische Urteil, die unbefangene öffentliche Ausstellung des Privaten passe in die neue Zeit, setzt sich allerdings selbst dem Verdacht aus, das fröhliche Selbstbewusstsein dieser modernen Zeiten lediglich zu artikulieren, statt es zu analysieren. Die Vergegenwärtigung, in welchen Kontextbezügen die Praxis der Unterscheidung zwischen „privat“ und „öffentlich“ stattfindet, soll helfen, die gegebenenfalls mehrdeutigen, paradoxen Tendenzen im sozialen Wandel bei dieser Unterscheidung in den Blick zu bekommen.

Die Differenzierung von Betrachtungsebenen, auf denen die Logik der Unterscheidung zwischen privat und öffentlich untersucht wird, soll darüber hinaus besser beurteilbar machen, unter welchen Voraussetzungen dieser Unterscheidungsprozess gelingt und wo Risiken seines Scheiterns liegen. Die Dimensionen für eine solche Beurteilung lassen sich aus der von Habermas vorgelegten Übersicht über die „strukturellen Komponenten der Lebenswelt“ importieren (vgl. Habermas 1988a).[9] Habermas‘ Schema für die „strukturellen Komponenten der Lebenswelt“ wird in Anlehnung an das von Weintraub skizzierte „tripartite model of modern society“ (Weintraub 1997, 35) um die Sphäre des Politischen erweitert.[10] Es lassen sich dann die folgenden Ebenen unterscheiden, auf denen die Praxis der Unterscheidung zwischen privat und öffentlich erfolgt und ihr Gelingen beurteilt und diskutiert werden kann:

1. „Persönlichkeit“/Identität: „Unter *Persönlichkeit* verstehe ich die Kompetenzen, die ein Subjekt sprach- und handlungsfähig machen, also instand setzen, an Verständigungsprozessen teilzunehmen und dabei die eigene Identität zu behaupten“ (Habermas 1988a, Bd. 2, 209). Die Herausbildung dieser Kompetenzen ist ein kommunikativ vermittelter Prozess. Das Gelingen dieses Prozesses hat in der Selbst-Bestimmung im sozialen Kontext ihren Maßstab. Voraussetzung für dieses Gelingen und daher Beurteilungsmaßstab für den Prozess der „Reproduktion“ der Persönlichkeit ist die „Zurechnungsfähigkeit“ der Person (Habermas 1988a, Bd.2, 213). Diese Zurechnungsfähigkeit hat eine reflexive und eine transitive Dimension. Ihre Grundlage ist die herzustellende Kohärenz der Identität. In der sozialen Interaktion bewahrheitet sie sich in der Verlässlichkeit, mit der das Handlungsprinzip wahrgenom-

---

8 Siehe etwas Vincents Hinweis auf die Verschmelzung der Sexualität mit Motiven der Kontrolle (vgl. Vincent 1993, 314).

9 Dieser Import folgt Habermas‘ Entwicklung der Theorie des kommunikativen Handelns bis zum Resultat der zweiten Zwischenbetrachtung.

10 Habermas stellt sie in seiner dualen Gesellschaftskonstruktion der Lebenswelt als „System“ gegenüber und lässt die Öffentlichkeit den „Austausch“ zwischen Lebenswelt und System besorgen.

men werden kann, in dem sich die Person identifiziert. Diese Verlässlichkeit wurzelt in der „Wahrhaftigkeit" der kommunikativ artikulierten Identität. Die subjektive Voraussetzung für die Herstellung von Zurechnungsfähigkeit ist Selbstreflexivität.

> Das reflektierte Selbstverhältnis begründet die Zurechnungsfähigkeit eines Aktors. Der zurechnungsfähige Aktor verhält sich nicht nur in seinen unmittelbar moralisierbaren Handlungen, sondern ebenso in seinen kognitiven wie in seinen expressiven Äußerungen *selbstkritisch.* Obwohl die Zurechnungsfähigkeit eine im Kern moralisch-praktische Kategorie ist, erstreckt sie sich auch auf die ins Geltungsspektrum verständigungsorientierten Handelns einbezogenen Kognitionen und Expressionen. (Habermas 1988a, Bd. 2, 117)

2. „Gesellschaft/Kultur": „*Gesellschaft* nenne ich die legitimen Ordnungen, über die die Kommunikationsteilnehmer ihre Zugehörigkeit zu sozialen Gruppen regeln und damit Solidarität sichern" (Habermas 1988a, Bd. 2, 209). „*Kultur* nenne ich den Wissensvorrat, aus dem sich die Kommunikationsteilnehmer, indem sie sich über etwas in der Welt verständigen, mit Interpretationen versorgen" (ebd.). Muster „legitim geordneter interpersoneller Beziehungen" und „konsensfähige Deutungsschemata" bilden die soziale und die kulturelle Grundlage für den Entwurf von Handlungsplänen und Lebensformen, die sozial aneinander anschließen können (vgl. Habermas 1988a, Bd. 2, 214). Auch diese Prozesse sind kommunikativ vermittelt. Der Maßstab für ihr Gelingen und damit für die Bewertung der sie vermittelnden Kommunikationsformen ist einerseits die Herausbildung von „Solidaritäten", d.h. die praktische Koordinierung und Integration von Lebensformen zu einem sozialen Zusammenhang, der in der Zurechnung zu „Gruppenidentitäten" subjektiv reflektiert ist. Beurteilungsdimension ist ferner die „Rationalität des kulturellen Wissens", welche sich formell in seiner Kohärenz und Systematisierung sowie in seiner empirisch-theoretischen, normativ-praktischen und ästhetisch-praktischen Reflexivität erweist.

3. Politik/Öffentlichkeit: Die Gesellschaft der Privatleute wirkt auf das politisch-administrative System dadurch ein, dass sie im öffentlichen Diskurs die Kriterien verhandelt und dabei gegebenenfalls ihren Rang und ihre Auslegung modifiziert, vor denen sich politische Macht legitimieren kann. Habermas gibt im Vorwort zu der Neuauflage seiner Studie über den Strukturwandel der Öffentlichkeit eine stark konzentrierte Beschreibung für dieses komplizierte Verhältnis.

> Die vollends zerstreute Volkssouveränität kann sich nur noch in jenen subjektlosen, freilich anspruchsvollen Kommunikationsformen ‚verkörpern', die den Fluss der politischen Meinungs- und Willensbildung so regulieren, dass ihre falliblen Ergebnisse die Vermutung praktischer Vernünftigkeit für sich haben. Die kommunikativ verflüssigte Souveränität bringt sich in der Macht öffentlicher Diskurse zur Geltung, die Themen von gesamtgesellschaftlicher Relevanz entdecken, Werte in-

terpretieren, Beiträge zu Problemlösungen leisten, gute Gründe produzieren und schlechte entwerten. Diese Meinungen müssen freilich in Beschlüssen demokratisch verfasster Körperschaften Gestalt annehmen, weil die Verantwortung für praktisch folgenreiche Beschlüsse eine institutionelle Zurechnung verlangt. Diskurse herrschen nicht. Sie erzeugen eine kommunikative Macht, die die administrative nicht ersetzen, sondern nur beeinflussen kann. Dieser Einfluss beschränkt sich auf die Beschaffung und den Entzug von Legitimation. Die kommunikative Macht kann den systemischen Eigensinn öffentlicher Bürokratien, auf die sie ‚im Modus der Belagerung' einwirkt, nicht ersetzen. (Habermas 1990, 44)

Damit diese „Belagerung" des politisch-administrativen Systems durch den lebensweltlichen Eigensinn der Privatleute wirksam wird, muss in den Prozessen öffentlicher Kommunikation die Substanz politischen Handelns überhaupt verhandelt werden. Politiksurrogate entziehen der Einwirkung die Grundlage. Darüber hinaus sind Pluralität und Offenheit der Kommunikation im Raum der Öffentlichkeit die Bürgen für eine „Rationalisierung" im Streit der Perspektiven und Interessen (vgl. Peters 1994, Imhof 1998).

Die öffentliche politische Kommunikation ist im Kontext dieser Studie nur in einem spezifischen Sinn von Belang. Es ist zu klären, was die „Personalisierung", also die strategische Inszenierung des Personals als Modus der öffentlichen Darstellung von Politik, für die kommunikative Vermittlung zwischen dem politisch-administrativen System und der Gesellschaft der Privatleute bedeutet. Darüber hinaus wird zu prüfen sein, ob sich Bezüge zwischen der Personalisierung als Form und Strategie der Politikinszenierung und soziokulturellen Wandlungsprozessen bei der Praxis der Unterscheidung zwischen „privat" und „öffentlich" erkennen lassen.

2.2 Privatheit und Persönlichkeit/Identität

Um die Rolle der Privatheit für die Bildung und die Erneuerung sozialer Identität zu begreifen, bietet sich die Fragehaltung der Sozialphänomenologie an. Sie ist daraufhin angelegt, die Strukturen der Lebenswelt aus dem sinngeleiteten Handeln der Akteure selbst zu verstehen. Die Frage lautet daher: Welchen „Sinn" hat das Private in der Perspektive der handelnden Akteure?

In einem elementaren Sinn ist die Privatheit als Sphäre der Autonomie ausgezeichnet. Es geht um die Freiheit in der Verfügung über sich selbst, das heißt die Freiheit in der Entscheidung über die Form der eigenen Lebensführung sowie über die dafür nötigen Mittel. Diese Auszeichnung hebt die Privatheit von einer Gegenwelt ab, in der die Notwendigkeit regiert – die Notwendigkeit, sich den „sachlichen" Gesetzen des Marktes und der Macht zu beugen.[11] In moderner Fassung ist der Gebrauch dieser Freiheit auf das Ziel der „Selbstverwirklichung“ hin ausgerichtet.

Die Assoziation von Privatheit mit Individualität ruht auf historisch ausgebildeten materiellen und sozialen Voraussetzungen. Prost weist in seiner Geschichte des privaten Lebens darauf hin, dass die Ausbildung einer Privatsphäre zunächst ein „Klassenvorrecht“ der besitzenden Bürger gewesen sei (vgl. Prost 1993, 21). Die Durchsetzung der Privatsphäre als einem allgemeinen gesellschaftlichen Institut geht auf einen sozialen Wandel in den materiellen Bedingungen der Lebensführung zurück, der mit einem soziokulturellen Wandel in den vorherrschenden moralischen Vorstellungen einhergeht. So weist Prost insbesondere darauf hin, die Eroberung einer Privatsphäre setze einen historischen Prozess voraus, in dem die Arbeitskräfte aus der Unterordnung unter die paternalistische Herrschaft des „Fabrikherren“, der seine Arbeiterheere als Bestandteil seiner Privatwelt und als seiner persönlichen Autorität unterworfene Dienstkräfte behandelt, emanzipiert werden. Diese Emanzipation wird durch eine Verrechtlichung des Arbeitsverhältnisses vollbracht, durch die die öffentliche Gewalt zwischen Arbeitgeber und Arbeitnehmer tritt und deren Verhältnis als ein funktionales bestimmt. Prost nennt diesen sozialen Wandel die „Sozialisierung der Arbeit“ (vgl. 1993, 48-52). Mit diesem sozialen Wandeln in den materiellen Bedingungen der Lebensführung vollzieht sich zugleich ein kulturell-moralischer Wandel – von den alten autoritätsfixierten Sozialwerten (Pflichterfüllung, Treue zu den traditionellen Autoritäten, nämlich Fabrikherr, Pastor und Bürgermeister) zu politischer Teilhabe und sozialem Ausgleich sowie politischer Freiheit als Werten.

Ein zweiter bedeutsamer Wandlungsschub vollzieht sich innerhalb der Privatsphäre. Das Privatleben war bis in die fünfziger Jahre hinein für die Masse der Gesellschaftsmitglieder das Leben in der Familie. Unter den Bedingungen der Raumnot ist die nach außen abgeschirmte Privatheit des familiären Haushalts allerdings „nichts anderes, als gruppeninterne Öffentlichkeit“ mit „verhinderter Intimität“ (Prost 1993, 73). Erst die Vergrößerung des den Familien zur Verfügung stehenden Wohnraums, die Vermehrung der Zahl der Zimmer und die Spezialisierung von deren Nutzung schafft Raum für Intimität, Geheimnis und Individualität innerhalb der Privatsphäre des Haushaltes. Fortan etabliert sich eine Dreiteilung zwischen „öffentlichem Leben“, privatem Leben der Familie und persönlichem Leben (vgl. Prost 1993, 76). Der Ausbau des Bildungs- und Sozialwesens legt weitere Grundlagen dafür, dass nunmehr individualisierte Lebensentwürfe entstehen können, die sich von dem engen Zusammenhalt der Familie unabhängig machen. Und wieder

11 Wie einschränkend diese Notwendigkeit spürbar wird, wie weit sich umgekehrt das Reich privater Freiheit ausdehnen lässt, das hängt allerdings von dem privaten „Vermögen“ ab, also der sozial höchst ungleich bemessenen Verfügung über ökonomische, soziale und kulturelle „Kapitalien“.

geht der soziale Wandel in den materiellen Bedingungen der Lebensführung einher mit einem kulturell-moralischen Wandel – vom Familiensinn als Tugend und der Autorität der privaten Sozialwelt hin zur Individualität als Wert und der Selbst-Verwirklichung als dem legitimen Maß sozialer Praxis.

Als was und wie bestimmt nun der private Mensch sein authentisches „Selbst"? Sennett erinnert in seiner Studie über den historischen Wandel in der Unterscheidung von „privat" und „öffentlich" an eine handlungsleitende Auslegung, die der Artifizialität des öffentlichen Ausdrucks den Raum des Privaten als Refugium des „natürlichen Ausdrucks" zur Seite stellt. „Einfachheit" und „Natürlichkeit" werden als die essenzialistischen Bestimmungen gedacht, in denen die Subjektivität sich im privaten Rahmen erfüllt. Dem „natürlichen" Ausleben der Subjektivität im privaten Raum wird die „Mäßigung" als Zeichen des Humanen aufgegeben (vgl. Sennet 1983, 131). Sie wird ins Recht gesetzt und dabei zugleich auf die Privatsphäre beschränkt. Diese Beschränkung gilt nicht allein im Sinne einer sittlichen Grenze für den subjektiven Ausdruck. Vielmehr gilt die „natürliche" Artikulation der Subjektivität im privaten Raum auch als Beschränktheit, die der „Zivilisiertheit" als Gegenwelt bedarf. Die Zivilisiertheit aber entfaltet sich in der Sphäre des öffentlichen Lebens.

Das „Gleichgewicht", das Sennett so zwischen den Sphären gewahrt sieht (vgl. 1983, 125), lebt von der besonderen Fassung, die der legitimen Artikulation von Subjektivität gegeben wird: Sie gilt nicht als das Recht der Individualität gegenüber der Gesellschaft, sondern als Recht der „Natur", dem im Rahmen der Kultur der Zivilisiertheit Raum gegeben wird. „Als Gegensatz zwischen Privatheit/Natur und Öffentlichkeit/Kultur formuliert, führt diese Haltung nicht zu einer absoluten Konfrontation, sondern zu einem Gleichgewicht beider Sphären" (Sennett 1983, 125).

Diese Konfiguration unterstellt die sorgsame, durch Tradition und Konvention abgeschirmte Unterscheidung der beiden Sphären. Zugleich sind beide Welten durch einen Lebensentwurf zusammengehalten, der das Selbst erst durch die Bewegung und Bewährung in beiden Sphären „verwirklicht" weiß. Das Projekt der Selbst-Verwirklichung *umfasst* die in ihren Praxisformen und Sinnhorizonten geschiedenen Sphären des privaten und des öffentlichen Lebens. Das drückt Sennett mit der Metapher des „Gleichgewichts" aus.

Von dieser Konfiguration hebt Sennett den modernen Entwurf der Selbstverwirklichung scharf ab. Denn dieser moderne Entwurf reißt die Sphären auseinander. Er stellt dem „öffentlichen Leben" als Sphäre der Heteronomie das private als die Sphäre der Selbstverwirklichung gegenüber. Elias gibt in seinem Resümee über den Prozess der Zivilisation ein Bild von dem „Zwang", der die von Geld und Macht mediatisierten Sphären beherrscht. *„Beide zusammen bilden das Schloss der Ketten, durch die sich die Menschen gegenseitig binden.* Und in beiden Verflechtungssphären, in der politischen, wie in der wirtschaftlichen, sind, in steter Interdependenz, die gleichen Verflechtungszwänge am Werke" (Elias 1969, 437; Hervorh. i. O.). Gegenüber diesen „Verflechtungszwängen" erscheint das Privatleben als Raum, der aus der Not befreit, sich nach fremdem Maß zu bewähren und zu rechtfertigen. So wird dem Privatleben aber die Bürde auferlegt, den subjektiven Sinn der Lebensführung im Ganzen zu verbürgen. Namentlich die „Familie" wird zu dem guten subjektiven Grund, für den Mann und Frau die Zumutungen des Erwerbslebens auf sich nehmen. Das Familienleben wird sodann umgekehrt für die Hoffnung in Anspruch genommen, endlich jene Bestätigung zu erfahren, in der sich das Selbst erfüllt und verwirklicht findet. Das *Private wird zum Lebenssinn.*

Mit dieser „Privatisierung" des Lebenssinns geht eine „Individualisierung" bei der Festlegung einher, was eine sinnvolle Lebensweise ausmacht. „Individualisierung" ist das Schlüsselwort einer soziologischen Zeitdiagnose, die den Einzelnen vor die Notwendigkeit der Wahl gestellt sieht – der Wahl einer Lebensweise, einer Identität. Für diese Wahl böten „Traditionen" keine unbestrittene verlässliche Vorlage mehr.

> Modernity is a post-traditional order, in which the question, ‚How shall I live?' has to be answered in day-to-day decisions about how to behave, what to wear and what to eat – and many other things – as well as interpreted within the temporal unfolding of self-identity. (Giddens 1991, 14)

Die Nötigung zur Wahl macht die Entwicklung eines sozialen Selbst, einer Identität zu einem „reflexiven Projekt". „The reflexivity of modernity extends into the core of the self. (...) the self becomes a *reflexive project*" (Giddens 1991, 32). Für den Versuch, die Identitätsbildung in der Moderne zu begreifen, kommt der Art dieser Reflexivität eine Schlüsselbedeutung zu. Habermas erkennt in der Selbstreflexivität eine Voraussetzung für die Kohärenz und damit für die Zurechnungsfähigkeit der Identität. Er meint dabei eine Verfügung über das eigene Selbst, die in der „Selbstkritik" erlangt wird, indem sich das Subjekt in Vorstellungen und Begriffen für sich selbst „objektiviert" und gleichsam in Form eines inneren Gesprächs kommunikativ validiert. Habermas hat, während er seinen Begriff der zurechnungsfähigen Person entwickelt, die „Reproduktion" der modernen Gesellschaft im Blick. Rössler setzt ganz anders an, kommt aber zu einem gleichartigen Resultat. Ihr Thema ist die Autonomie des modernen Individuums. Über das Problem der Authentizität stößt sie auf die Notwendigkeit der „Selbstaufklärung" (vgl. Rössler 2001, 117), ohne die eine wirklich freie Selbstbestimmung nicht gelingen könne.

> Autonomie, Selbstbestimmung wird damit beschreibbar als ein bestimmtes Verhältnis der Person zu dem, *was* sie wählt, und zu dem, *wie* sie wählt, also zu *Gegenstand und Modus* der Wahl. Frei im Sinne von selbstbestimmt (...) ist eben

nicht irgendein Verhalten, irgendeine Wahl, sondern eine, die *ich* gewählt habe, in reflektierter Entscheidung darüber, ob dies (diese Option, dieses Leben) tatsächlich das ist, was ich will. (Rössler 2001, 99; Hervorh. i. O.)

Zur Reflexion auf die Frage, mit welchem Wunsch sich eine Person handlungswirksam identifizieren will, gehört dann auch die Frage, wie sie eigentlich die Genese dieses Wunsches *im Blick auf sich selbst* interpretiert, aufgrund welcher Interessen, Vorlieben, Beziehungen, in welchem subjektiven Kontext also er sich gebildet hat; Reflexion auf die Genese in diesem Sinn soll folglich Selbsttäuschungen und Manipulationen so weit wie möglich verhindern. Auf die Wahrheitsorientierung und die damit einhergehende Forderung nach Selbstaufklärung, die für einen solchen Begriff von Autonomie notwendig sind, hatte ich oben schon verwiesen. (Rössler 2001, 117; Hervorh. i. O.)

Die Soziologie der Moderne beschreibt demgegenüber einen vorherrschenden Modus des Wählens von anderer Art. Beschreibungen finden sich etwa in Giddens' Auseinandersetzung mit den Widersprüchen der „reinen Beziehung", in Sennetts Kritik der „Ideologie der Intimität" und in Schulzes Hohn auf die „Religion der Ingenieure" im Umgang mit dem subjektiven Glücksstreben. Sie werden im Folgenden rekapituliert.

Das Beziehungsleben bleibt nach dem Idealentwurf der Moderne ausdrücklich freigehalten von Pflichten gegenüber der Herkunftsfamilie und dem Stand sowie von Rechnungen auf die Mehrung von Vermögen oder Einfluss. Es wird damit zugleich freigesetzt von den tradierten Formularen, die das Beziehungsleben selbst als Ensemble von sittlichen Pflichten bestimmen, in dem die Formen des Umgangs sowie die Ansprüche aneinander durch Tradition und Anstand vorbezeichnet sind. „Früher ging die Privatsphäre des Einzelnen in der seiner Familie auf; heute wird die Familie danach beurteilt, was sie zur Entfaltung des Einzelnen beiträgt" (Prost 1993, 94). Das Beziehungsleben hat nun im Selbst den perspektivischen Fluchtpunkt seiner Wahrnehmung und Ausgestaltung. Es soll sich allein aus dem subjektiven Willen und der Neigung der Beteiligten bestimmen. In der Neigung soll sich daher auch nichts anderes als die authentische Selbstbestimmung des subjektiven Willens offenbaren. In dieser unverstellten Offenbarung des Selbst, das allein um seiner selbst willen geliebt wird und liebt, bekommt die Beziehung ihren lebendigen Inhalt.

Die so entworfene Beziehung ist in einem doppelten Sinn „rein". Sie ist „bereinigt" von der Rücksicht auf Konvention und Pflicht; gerade dadurch soll sie dem unverstellten Selbst Raum geben, sich authentisch zu offenbaren und „wirklich" zu werden. Sie evoziert ferner Formen des unvermittelten, insofern „reinen" Ausdrucks des Selbst. Das Selbst bestimmt sich nicht mittelbar – in praktischen Projekten oder theoretischen Urteilen. Es soll sich vielmehr unmittelbar, gleichsam abstrahiert und „bereinigt" von aller Versenkung in äußere Handlungen und Themen Ausdruck geben. Das Fühlen wird als eine solcherart „reine“ Offenbarung gelesen. Das Gefühl wird zur herausgehobenen Form des Selbstausdrucks und so zum zentralen Element und zur Grundlage der Beziehung. Der moderne Beziehungsentwurf ist in diesem Sinne *psychologisiert.*

In diesen Entwurf sind eigentümliche Paradoxien eingebaut, die die von ihm angeleitete Alltagspraxis spannungsreich machen. Das Modell der „reinen Beziehung“ löst mit den Bindungen an Konvention und Tradition nämlich nicht auch den Wunsch auf, die Beziehung zum verlässlichen Baustein des individuellen Lebensprojektes zu machen. Die Beziehung ist vielmehr im Gegenteil zum herausragenden Feld der Selbstverwirklichung auserkoren. Dann ist es der Selbst-Erkundung und der Selbst-Offenbarung aufgetragen, die Verlässlichkeit der Beziehung zu verbürgen.

> The pure relationship is a key environment for building the reflexive project of the self, since it both allows for and demands organized and continuous self-understanding – the means of securing a durable tie to the other. (...) Yet, pure relationship, and the nexus of intimacy in which they are involved, create enormous burdens for the integrity of the self. In so far as a relationship lacks external reference, it is morally mobilized only through 'authenticity': the authentic person is one who knows herself and is able to reveal that knowledge to the other, discursively and in the behavioural sphere. (Giddens 1991, 186f.)

Der Beziehungsentwurf soll demnach rein auf dem Selbst gründen. Die Interaktion, die diesen Entwurf wahrmachen will, braucht den Zugang zu diesem reinen Selbst; es muss für sie sichtbar werden. Erst das Gefühl gilt als authentischer Ausdruck dieses unverstellten Selbst. Aus der Psychologisierung des Beziehungsentwurfes ergibt sich daher folgerichtig, dass die „diskursive“ Offenbarung allenfalls als Komplement eines affektiven Selbst-Ausdrucks zur Bürgschaft taugt.

> Je weniger ein Verhalten dem Willen unterworfen zu sein scheint, desto mehr ist man geneigt, ihm Authentizität zu unterstellen und es als Hinweis oder Beweis der Echtheit von Eindrücken zu betrachten. Der Körper gilt in diesem Sinne als Königsweg der Echtheitsprüfung, als ‚eingebautes, unverfälschbares Anzeigeinstrument‘ (Goffman 1981), das verbal erhobene Geltungsansprüche zu ‚validieren‘ erlaubt. (Willems, Kautt 1999, 309)

Die Praxis des so „validierten“ Beziehungsentwurfes schließt eine paradoxe soziale Zumutung ein: die Forderung nach der auf Dauer angelegten, also berechenbaren Unmittelbarkeit des Selbstausdrucks.

> Allerdings kann die gleichzeitige Übermittlung von Aufrichtigkeit und Zuverlässigkeit nie vollständig gelingen, denn die Erfüllung der einen Aufgabe hintertreibt strukturell die Erfüllung der anderen. Aufrichtig ist man – so die Gefühlssemantik – nämlich nur dann, wenn man dem anderen sein Innerstes *ungeschminkt* und *unverstellt* offenbart. Das innerlich Erlebte darf gerade nicht gewollt und nach strate-

gischen Gesichtspunkten dargestellt werden, sondern das erlebte Gefühl soll sich seine eigene Bahn brechen, sich am Körper ausdrücken. Der Akteur soll in einer solchen Situation die Beherrschung über die Darstellung verloren haben. Was ihm zugemutet wird, ist die Inszenierung des Nicht-Inszenierten. (Reichertz 1998, 434)[12]

Die Akteure überfordern sich wechselseitig mit der Erwartung, im Selbst des anderen die jederzeit verfügbare Quelle für eine umfassende Bestätigung und Erfüllung der eigenen Identität zu haben. Diese Überforderung verweist auf ein Problem, das mit der Rolle entsteht, die dem privaten Leben für die Verwirklichung der modernen Identität zugewiesen wird. Der dem Privatleben gegebene Sinn, sich gleichsam antithetisch zur Welt des öffentlichen Lebens als Refugium einer umfassenden Affirmation des Selbst zu bewahrheiten, überdehnt den Anspruch an die Praxis der privaten Lebensführung. Die Verwirklichung, die das moderne Selbst auf diese Weise für sich erfahrbar machen will, bleibt beschränkt und fragil. Sennett spitzt diesen Schluss zu dem polemischen Urteil zu:

Dabei ist gerade die Wertschätzung, die man der intimen Beziehung zuerkennt, Schuld daran, dass die Möglichkeiten einer zivilisierten Existenz, in der die Menschen an der Vielfalt von Erfahrungen Gefallen finden und sogar Bereicherung aus ihr ziehen, einzig den Wohlhabenden und Gebildeten offen stehen. In diesem Sinne ist die Besessenheit von der Intimität das Kennzeichen einer unzivilisierten Gesellschaft. (Sennett 1983, 427)

Der Bezug der modernen Identität auf die Privatheit erweist sich auch noch in einer zweiten Hinsicht als widersprüchliche Konfiguration. Die antithetische Scheidung und Entgegensetzung, die das private Leben zur bevorzugten Sphäre der Selbstverwirklichung macht, wird dadurch gleichsam unterlaufen, dass das Selbst über den Sphärenwechsel hinweg mit sich identisch bleibt. Während das Selbst im privaten Leben, in der intimen Beziehung insbesondere, sich endlich unverstellt zu offenbaren und zu erleben sucht, bringt es die Prägungen zum Vorschein, die es aus der Bewegung im öffentlichen Leben an sich trägt. Die sind seinem Selbstbewusstsein und seiner Selbstbestimmung als solche dann aber gerade nicht verfügbar. Das lässt sich ausgehend von einem beispielhaften Befund erläutern.

Vincent protokolliert in seiner „Geschichte des Geheimen" Beobachtungen, die von der Verschmelzung der Sexualität mit Motiven wie Feindseligkeit, Rachedurst und Kontrolle berichten (vgl. Vincent 1993, 314). Die Motive gehören zu Handlungsprogrammen, die auf den Feldern der Konkurrenz im Erwerbsleben sowie der Durchsetzung in verrechtlichten Beziehungen entspringen und dort ihren angestammten Platz haben. Offenbar liegt ein

12 „Man kann sich verpflichten, ein Leben lang ein Gewerbe auszuüben, doch für die Dauerhaftigkeit des eigenen Begehrens kann man nicht garantieren." So, ganz übereinstimmend, Vincent (1993, 249).

Sphärenwechsel vor, der diese Motive der Konkurrenz in die private Welt intimer Beziehungen transferiert. Um zu entschlüsseln, wie dieser Transfer denkbar ist, hilft eine knappe Vergegenwärtigung, wie der Prozess der Identitätsbildung vonstatten geht.

> Doch selbst in den modernsten und entwickeltsten Spielarten der menschlichen Zivilisation nimmt der Einzelne, wie originell und schöpferisch er in seinem Denken oder Verhalten auch sein mag, immer und notwendigerweise eine bestimmte Beziehung zum allgemein organisierten Verhaltens- oder Tätigkeitsmuster ein und reflektiert es in der Struktur seiner Identität oder Persönlichkeit, ein Muster, das den gesellschaftlichen Lebensprozess manifestiert, in den er eingeschaltet ist und dessen schöpferischer Ausdruck seine Identität oder Persönlichkeit ist. (Mead 1969, 265)

Mead begreift die Identität als schöpferische Artikulation einer Praxisform. Aber wie wird die subjektive Identität zum „Ausdruck" objektivierter Beziehungen? Wie vollzieht sich der Verwandlungsprozess von „Tätigkeitsmustern" in subjektive Eigenschaften? Das soll für die beiden elementaren sozialen Voraussetzungen der Privatheit, die eingangs bezeichnet worden sind, skizzenhaft ausgeführt werden.

Privatleute, so das von Weintraub gezeichnete „liberal-economistic model" der Privatheit (vgl. Weintraub 1997, 7), regeln ihre ökonomischen Beziehungen untereinander, indem sie um den Erwerb von Geld konkurrieren. Im individualisierten Zugriff auf dieses gesellschaftliche „Medium" der materiellen Reproduktion erfüllt sich ihr Eigennutz. Die individuelle Wahl einer Form des Erwerbs, von der die Soziologie der Moderne mit Vorliebe erzählt, stellt sich nolens volens auf das gesellschaftlich vorbestimmte Prinzip des *Eigennutzes* ein; und ebenso auf die vorfindlichen Bedingungen, ihn zu verwirklichen. Der einzelne Akteur bestimmt sein Handeln entlang dieses gesellschaftlichen Strukturprinzips. Er bestimmt damit zugleich *sich,* indem er den Willen zum erfolgreichen Gelderwerb aufbringt. Er bildet sich in der Folge eine Vorstellung davon, welche Methode, den Eigennutz zu verfolgen, seinen Lebensweg auszeichnet. Schließlich begreift er *sich* auch in der Einschätzung seines Geschicks, sein Erfolgsprojekt wahr werden zu lassen (Erfolgsstreben, Durchsetzungsstärke und Tüchtigkeit als Eigenschaften des Subjekts). Auf diese Weise werden objektive Strukturprinzipien der gesellschaftlichen Praxis zu subjektiven Sinnprinzipien *verinnerlicht,* in denen sich das Subjekt selbst bestimmt.

Kraft dieser Verinnerlichung ist die Identität auf die objektiven Strukturprinzipien eingestellt. Die Transformation *löst* aber auch die subjektiven Sinnprinzipien von dem Praxisfeld, auf das sie gemünzt sind, und erschließt sie einem Reproduktionsprozess von eigensinniger Logik. Das Subjekt sucht nicht mehr nur um seines Eigennutzes willen seine Tüchtigkeit zu beweisen; es will nun auch die Vorstellung von seiner Tüchtigkeit, seiner Durchsetzungsstärke und anderen erwerbsbezogenen Merkmalen, in denen es seine Identität bestimmt hat, bewahrheitet sehen; es sucht sich daher geeignete Felder, auf denen es diese „Selbst-Bestimmung" verwirklicht finden kann. So lassen sich der Charakter moderner Identität als „strukturierter Struktur" im Sinne des Bourdieuschen Habituskonzeptes und die sinngeleitete Kreativität ihres Handelns im Sinne der Meadschen Sozialphänomenologie zusammendenken, wie es Mead selbst in der doppeldeutigen Formel von der Identität als „schöpferischem Ausdruck" organisierter „Tätigkeitsmuster" andeutet.[13]

Entsprechendes gilt für den individuellen Bezug auf die im Recht verobjektivierten, „legitim geordneten Interaktionsbeziehungen", den daran sich ausbildenden subjektiven Sinn für das Richtige und das Selbstbewusstsein der Berechtigung. Vermittels der durch die Subjekte selbst vollzogene Metamorphose von Strukturprinzipien der Praxis zu Prinzipien der Identität wird der Sphärentransfer erklärbar, von dem mit Blick auf eine von Durchsetzungswut gezeichnete Sexualität die Rede war.

Das Beispiel illustriert einen Widerspruch zwischen Selbstbewusstsein und Praxis der Selbstverwirklichung im Privaten: Während die Subjekte meinen, in ihrem privaten Leben ihrem Selbst auf frei gewählte Weise Ausdruck zu geben und so ihre Freiheit zur Selbstbestimmung für sich fühlbar zu machen, zeigt sich dieses Selbst bis in die Intimität der Triebbedürfnisse hinein von der Einstellung auf die heteronomen Prinzipien des „öffentlichen Lebens" überformt. Die vermeintlich freie Selbstentfaltung im Privaten erweist sich daher als Reproduktion eines sozial konfigurierten Selbst.

In unserem Zusammenhang ist von entscheidender Bedeutung, auf welche Weise dieses Bestimmtsein des Selbst für die Subjekte gegenwärtig wird, so dass sie es reflektieren können. In solcher Reflexivität hat Giddens das Schlüsselmerkmal der modernen Identität ausgemacht. An dem handlungsleitenden Ideal der „reinen Beziehung" haben wir schon die Beobachtung gemacht: Der umfassend psychologisierte Lebensentwurf besteht auf der Unvermitteltheit des emotionalen Erlebens als Form der Selbstverwirklichung. In der pointierten Beschreibung von Schulze klingt das so:

> Unsere Sozialwelt ist durchdrungen von der Denkfigur der Erlebnisrationalität. Dabei versucht man, das Äußere für das Innere zu instrumentalisieren. Innen, im Zielgebiet, sind Erlebnisprojekte definiert – Erregung, Lust, Ekstase, Orgasmus, Superorgasmus, viele Superorgasmen. Außen agiert der sich selbst manipulierende Mensch als kompetenter Arrangeur von erlebnisproduzierenden situativen Auslösern, vom Intimschmuck bis zum Kondomsortiment, vom Zubehör für die Diversifikationen des Spartensex bis zur Potenzpille. Zum situativen Auslöser gehört auch der Partner. Die erlebnisrationale Sichtweise deutet die ganze Welt als Selbstbefriedigungsgerät. Der Intimbereich wird derselben Logik unterworfen wie das Reisen, das Essen, das Wohnen, das Leben in seiner Gesamtheit. (Schulze 1999, 28f.)

---

13 Siehe hierzu ausführlich Weiß (vgl. 2001, 153-187).

Diese Manier der „Selbstbefriedigung“ hebt mit der Selbstdistanz auch die Gelegenheit auf, die Kontingenz der Züge der eigenen Identität bewusst wahrzunehmen und selbst zu bestimmen, welche Momente des Selbst sich in den Beziehungen des privaten Lebens erfüllen sollen. Die Ideologie der Unmittelbarkeit verfährt totalisierend und rigoros. Es liegt eine freudlose Ironie darin, dass die moderne Identität in dem Maße, in dem sie es zum leitenden Prinzip ihrer Selbstverwirklichung erhebt, in der Unmittelbarkeit des emotionalen Erlebens ihr unverstelltes Selbst erfahren zu wollen, das Selbst der Prägung aufgeherrschter Charakterzüge ausliefert und so manches von der Freiheit zur Selbst-Bestimmung einbüßt. Es scheint, als hätten Habermas und Rössler nicht zu Unrecht ein deliberatives Niveau der Selbstreflexivität zu den Voraussetzungen gezählt, die erfüllt werden müssen, wenn sich die Person als handlungs- und zurechnungsfähiger Akteur und autonomes Individuum entfalten will. Um es in Giddens‘ Worten auszudrücken: Das moderne Selbst als „reflexives Projekt“ bedarf der *Selbstaufklärung*.

Dieser Schluss gibt eine Perspektive für den Blick auf die mediale Ausstellung von Privatpersonen vor. Die Medien, namentlich das Fernsehen, treffen mit der öffentlichen Inszenierung privater Lebensformen unstreitig ein Interesse bei Akteuren, die sich bei der Wahl ihrer eigenen Lebensführung nicht mehr am Vergleich mit Traditionen, sondern allenfalls an ihresgleichen orientieren können. Das Fernsehen macht sich aber nicht bereits durch die bloße Thematisierung um den Bedarf nach Orientierung verdient. Zu prüfen ist vielmehr, ob und in welcher Weise die mediale Inszenierung die Formen und Themen des privaten Lebens *zur Debatte* stellt. Die mediale Inszenierung wäre als *kulturelle Vorlage* für die Formen der *Reflexivität* des modernen Selbst zu entziffern, wenn die Rolle des Mediums für die moderne Identität bestimmt werden soll. Entscheidend ist nicht, *dass* das Fernsehen Formen privater Lebensführung ausstellt oder *welche* Momente des Privaten im Medium vorgestellt werden (dürfen), sondern *wie* das private Leben inszeniert und verhandelt wird.

Dabei ist in Rechnung zu stellen, dass es unterschiedliche Modi der Reflexivität gibt. Lash macht gegen Giddens‘ Begriff der Reflexivität, der eine sprachgebundene, diskursive Rationalität meint, geltend, dass die Moderne daneben eine „ästhetische Reflexivität“ ausgebildet habe. Lash weiß sich durchaus in Übereinstimmung mit Habermas, wenn er dem künstlerischen Ausdruck eine eigene Rationalität mit der Potenz zur Sinngebung zumisst (vgl. Lash 1996). Die Besonderheit ästhetischer Reflexivität beschreibt Lash eher vage. Sie lässt sich[14] mit der präsentativen Logik der szenisch-anschaulichen Assoziation und Dissoziation von bedeutungstragenden Figuren oder Objekten bezeichnen. Das Maß ästhetischer Reflexivität ist jedenfalls unter-

14 In Anlehnung an die Symboltheorie von Langer, die in kulturwissenschaftlichen Arbeiten rezipiert wird.

schritten, wo es die mediale Inszenierung darauf anlegt, Themen und Figuren des privaten Lebens in Klischees zu stanzen und die eingeschliffenen Ressentiments des moralisierenden, „gesunden Empfindens" zu erhitzen. Mit Blick auf die mediale Inszenierung des Privaten ist daher zu klären, inwieweit sich im öffentlichen Diskurs eine Form der gesellschaftlichen Wahrnehmung spiegelt, die in dieser Inszenierung die Potenz zu ästhetischer und/oder diskursiver Reflexivität wahrnimmt und im öffentlichen Diskurs selbst vollendet. Die Analyse der Fernsehdiskurse (Kapitel 6) stellt sich dieser Aufgabe.

Ein weiterer theoretischer Bezugspunkt für die Beurteilung der medienöffentlichen Verhandlung des Privaten lässt sich gewinnen, wenn das Verhältnis von Selbstdarstellung und Selbstverwirklichung für das moderne Selbst geklärt ist. Es geht – in Weintraubs Worten – um die „Sichtbarkeit" der Lebensführung. Ethnografische (vgl. Reichertz 1998) und sozialpsychologische (vgl. Fromm 1999) Studien protokollieren den Drang der Akteure, mit ihrem privaten Leben auf die Bühne des Fernsehens zu treten. Private Homepages zeugen von derselben Neigung. Daher scheint eine Vergewisserung angezeigt: Braucht das private Leben der Moderne den Rückzug aus der öffentlichen Sichtbarkeit? Hat für das reflexive Projekt des modernen Selbst die Diskretion noch eine Bedeutung?

In Beruf und öffentlichem Leben legen *Rollen* das Handeln der Akteure auf einen Standard fest, der von ihren individuellen Besonderheiten unterschieden, inter-subjektiv und objektiv bestimmt ist. Die Formen, in denen sich die Akteure im Rahmen dieser Rollen „angemessen" ausdrücken können, sind durch Konventionen formulorartig festgelegt. Zeichen subjektiver Besonderheit sind auf die Manier begrenzt, in der Rollen und Konventionen ausgefüllt werden. Standardisierung und Begrenzung haben den sozialen Sinn, den Handlungen – und dem das Handeln begleitenden öffentlichen Ausdruck – Formen zu geben, in denen sie auf gleichsam objektive Programme festgelegt sind, so dass sie reibungsarm aneinander anschließen können. Die Funktionsfähigkeit der „Interdependenzketten" des modernen sozialen Lebens macht diese Verobjektivierung nötig.[15]

Die Festlegung erzeugt eine Differenz zwischen dem Handeln an einem besonderen öffentlichen Ort und dem Selbst. Der Akteur erfüllt *lediglich* eine „Rolle". Die Rolle hält die Ganzheitlichkeit und Fülle des Selbst, das sich in einer Vielzahl von Neigungen, Handlungsweisen und Empfindungen bestimmt, aus dem Spiel. Sie hält das Selbst insofern auch *frei* davon, sich in der Rolle erfüllt finden zu müssen. Das Selbst wird dem Blick der anderen durch die Sichtbarkeit des Rollenhandelns nicht verfügbar. Indem der Akteur sich auf eine Rolle als Rolle einstellt, die von ihr aufgegebene Funktionalität

15 Dieser Gedanke wird im nächsten Abschnitt weiter verfolgt. Hier geht es um die Perspektive der Person und der Herausbildung ihres sozialen Selbst.

in seinem Handeln erfüllt, bewahrt er sich zugleich die Freiheit, mehr zu *sein*, als er an dem partikularen sozialen Ort *ausübt*. Wo dieses Selbstbewusstsein nicht nur individuell festgehalten, sondern auch sozial geltend gemacht werden soll, braucht der Akteur die soziale Anerkennung der Regel, dass die Ausübung einer Rolle von der Selbstverwirklichung auseinander gehalten werden muss. Erst die Vorherrschaft dieser Anschauungsweise sichert den Respekt vor der Freiheit, mit der der individuelle Akteur die von ihm selbst bestimmte Differenz seiner Identitität gegenüber einer formulurartig objektivierten Funktionalität in Anspruch nehmen kann.

Diese Voraussetzung wird paradoxerweise durch einen Prozess sozialen Wandels unterhöhlt, welcher das Berufsleben der Sphäre der Selbstbestimmung anverwandeln will. So erkennt Prost in der jüngsten „Geschichte des privaten Lebens“ eine Tendenz zur „Lockerung von Formalismen“ (Prost 1993, 133).

> Die neuere Entwicklung der Sitten tendiert dazu, die Statusunterschiede zu verwischen, so als bestünde die Gesellschaft aus lauter gleichen und einmaligen Personen, die sich alle voneinander unterscheiden und die man in ihrer Besonderheit respektieren muss. Die Weigerung der Menschen, sich einordnen oder über ihren Status definieren zu lassen, entspringt im Grunde dem Wunsch, auch in der Gemeinschaft als Privatperson zu handeln und zu gelten, und führt zur Auflösung von sozialen Rollen. (Prost 1993, 134)[16]

Aber Prost macht auch darauf aufmerksam, dass das „Bemühen, die Person in ihrer Einmaligkeit in das soziale Leben zu integrieren“ „aus dem öffentlichen Leben kein privates“ macht (Prost 1993, 138). Generell formuliert: Die Selbstdarstellung, mit der Personen auch im öffentlichen Leben darauf bestehen, ihre Besonderheit herauszukehren, bedeutet nicht, dass das öffentliche Leben – also Beruf und Politik – durch die subjektiven Besonderheiten tatsächlich bestimmt würde. Es wandeln sich vielmehr die sozialen Codes, mittels derer die Einfügung des Subjekts in die „Interdependenzketten“ des sozialen Lebens symbolisch und kommunikativ begleitet wird.

> In dem Maße, wie unsere Gesellschaft geschmeidigere Techniken der Reglementierung gefunden hat, um ihren Zusammenhalt zu gewährleisten, sind die sozialen Codes subtiler und diskreter geworden, doch sie bestehen fort, und um die eigene Individualität in der Sphäre des Öffentlichen ausdrücken zu können, muss man sich an diese Codes halten, die zwar komplexer, aber gleichwohl real sind. Wer im Zeichen seiner Authentizität Gefühle am Arbeitsplatz auf dieselbe Art und Weise ausdrücken wollte wie bei sich zu Hause, stieße auf Unverständnis. (Prost 1993, 138f.)

16 Diese Beobachtung findet sich bereits bei Elias. Elias diagnostiziert die Entbindung des Handelns aus traditionellen sozialen Kontexten und eine „Vergrößerung der Spielarten“ legitimen Handelns. Er nimmt damit einen zentralen Gedanken der „Individualisierungsthese“ vorweg (vgl. Elias 1969, 344, 348).

Die Handhabung dieser Codes fällt deshalb kompliziert aus, weil sie eine widersprüchliche Anforderung enthalten. Die Objektivierungen beruflicher Rollen sind nicht kündbar, ohne das Funktionieren der „Interdependenzketten" zu unterbrechen. Das Rollenspiel wie den Ausdruck der individuellen Besonderheit auszuführen, mutet dem Akteur daher zu, sich vollends in und mit der Rolle zu identifizieren. Wo es das „Reglement" vorsieht, der Individualität im Beruf nicht allein Raum zum Ausdruck zu geben, sondern umgekehrt seine Ausübung als Ausdruck individueller Authentizität vorzustellen, steht die Selbstdarstellung vor der paradoxen Aufgabe, *Distanzlosigkeit darzustellen.* „Authentizität" zu artikulieren, verlangt den Verzicht auf die Rechnung mit dem „angemessenen" Eindruck, den konventionelle Ausdrucksformen verbürgen, glaubwürdig zu machen. Authentizität als soziale Konvention zieht daher den Freiraum ein, den der Akteur mit der *förmlichen* Distanz zwischen konventionellem Ausdruck und authentischem Selbst hat.

Das macht das Gelingen der Selbstdarstellung heikel. Denn es lässt sich nicht mehr allein mit der regelgerechten Befolgung der Konvention sicherstellen. Der soziale Code für den angemessenen Selbstausdruck muss mit idiosynkratischen Anzeichen der Authentizität angereichert werden. Die fallen entweder selbst konventionell aus und verfehlen dann den Darstellungszweck. Oder sie sind glaubhaft individuell; dann sind ihre soziale Lesbarkeit und ihre Akzeptabilität fraglich. Die Akzeptabilität ist statt allein an eine sozial anerkannte und durchgesetzte *Form* nunmehr an die Willkür des individuellen Geschmacks der anderen bei der Wahrnehmung und Einschätzung „persönlicher Eigenschaften" gebunden. Insoweit macht die Psychologisierung den öffentlichen Ausdruck des Einzelnen nicht selbstbestimmter, sondern riskanter.

Die soziale Zumutung der „Authentifizierung" berührt darüber hinaus das Verhältnis von öffentlicher Darstellung und Selbstbestimmung. „Weil das, was sie tut, als Spiegelbild ihres Wesens aufgefasst wird, wird es für die Person zusehends schwieriger, an der Distanz zwischen Handeln und Selbst festzuhalten" (Sennett 1983, 411). Denn wo die Differenz zwischen dem Handeln und dem Selbst von der vorherrschenden Anschauungsweise eingeebnet ist, werden Erfahrungen und soziale Lage der Person unmittelbar in Auskünfte über ihre subjektiven Eigenschaften zurück übersetzt – etwa in Anzeichen ihres persönlichen Vermögens, ihrer Kompetenz, ihrer intellektuellen und sozialen Potenziale. „Die Grenzen zwischen dem Selbst und der Welt werden ausgelöscht, insofern die berufliche Position als Spiegel persönlicher Stärke erscheint; diese Stärke wird aber nicht an dem tatsächlichen Handeln, sondern an dem ‚Potential', über das die jeweilige Person verfügt, abgelesen" (Sennett 1983, 412f.). Mit dieser Zuschreibung korrespondiert eine Selbstverpflichtung. „Flexibilität" artikuliert die Anpassung an heteronome Anforderungen als Ideal der persönlichen Identität. Sennett macht dieses Ideal in besonderer Reinheit in der „neuen Klasse proteischer Angestellter“ in Computerberufen aus (1983, 418). Diese proteischen, also wandlungsfähigen Sozialcharaktere handhabten die Einstellung auf rasch wechselnde berufliche Anforderungen wie die Artikulation und Verwirklichung ihres „proteischen Selbst“ (Sennett 1983, 418). Ein solches Selbstbewusstsein haftet bei ausbleibendem Aufstieg oder gar bei Abstieg im Beruf mit Schäden an der Selbstachtung. Die eigene Person erscheint dann mangelhaft. In einer solchen persönlichen Krise offenbart sich: Das „proteische Selbst“ lässt seine Selbstbestimmung ohne Rest in seinem öffentlichen Dasein aufgehen und liefert es so der sozialen Erfahrung aus. Das Problem entsteht insoweit aus der Substanz, die der Akteur seinem Selbst gibt.[17]

Sennett diskutiert darüber hinaus ein Problem, das sich aus der Modalität der Selbstbestimmung ergibt. Die Art der öffentlichen Selbstdarstellung berührt – so Sennett – die Form der *Reflexivität*, vermittels derer das Selbst sich bestimmt. In seiner „Theorie des öffentlichen Ausdrucks“ widmet sich Sennett dem Gegensatz zwischen Expressivität und Authentizität.

> Je mehr sich eine Person auf die Authentizität ihres Fühlens statt auf den objektiven Gehalt dessen, was sie fühlt, konzentriert, je mehr Subjektivität zum Selbstzweck wird, desto weniger vermag sie, expressiv zu sein. Wo die Versenkung ins Selbst die Oberhand gewinnt, werden auch die Enthüllungen des Selbst amorph. (Sennett 1983, 49)

Soweit sich die Person in die Unmittelbarkeit ihres Fühlens versenkt, bleiben der Gegenstand ihres Gefühls und die subjektive Grundlage ihres Fühlens in einer Neigung oder in einer Haltung voneinander ungeschieden. Insofern hat die Person die Identität, die für sie fühlbar wird, nicht für sich bestimmt. In der Folge kann sie diese Identitität auch nicht auf bestimmte Weise und in einer sozial lesbaren Form artikulieren. Sennett kennzeichnet so präzise die Sackgasse, in die die psychologisch inspirierte „Selbsterfahrung“ als Modus der Selbstbestimmung hinein führt.

---

17 Aber widerspricht die Rede vom „proteischen Selbst“, das sich im Berufsleben zu verwirklichen trachtet, nicht der eingangs formulierten Behauptung, das moderne Privatleben zeichne sich dadurch aus, dass es als bevorzugte Sphäre der Selbstverwirklichung behandelt wird – gerade im scharfen Gegensatz zur Sphäre der Heteronomie im Berufsleben? Es scheint, als existierten diese divergierenden lebensweltlichen Orientierungen nebeneinander. Ein Identitätsentwurf nach dem Muster des „proteischen Selbst“ dürfte vor allem in solchen Milieus zuhause sein, die Berufe bevölkern, in denen die Beschaffenheit der Tätigkeit selbst die subjektive Identifikation mit ihr zweckmäßig und nützlich macht. Das gilt etwa für Berufe mit einem hohen Anteil an repräsentativen Funktionen oder auch für solche, in denen Inhalt und Bedingungen der Arbeit durch große Offenheit und Unterbestimmtheit geprägt sind; es gilt aber längst nicht für alle Erwerbsfelder. Milieuanalysen decken diesen Zusammenhang von beruflichem Feld, Prinzipien des Lebensentwurfs und Selbstbild auf (vgl. Vester u.a. 1993). Es lässt sich also eine Gleichzeitigkeit im Nebeneinander divergierender sozialer Milieus festhalten. Ferner kann ein und dieselbe Person diese divergierenden Orientierungen nach- oder gar nebeneinander realisieren. Auch unter den Helden der neuen Informations- und Kommunikationsberufe ist das handlungsleitende Ideal der „reinen Beziehung“ nicht ausgestorben.

Das beflügelt ihn zu einem Lob der Konvention, genauer gesagt: einem Lob der Souveränität im Umgang mit dem sozialen Zeichenrepertoire der Konventionen. „Rollen“ begreift Sennett als in der je spezifischen Situation sozial angemessenes Handeln. Rollen zu „spielen“ bezeuge daher den Sinn für das sozial Angemessene. Der gesellschaftliche Verkehr – als Bewegung im „theatrum mundi“ verstanden – macht dann aber die Scheidung des sozialen Handelns von der Innerlichkeit nötig (vgl. Sennett 1983, 55). „So gelangen wir zu der Hypothese, dass Theatralität in einem spezifischen und zwar feindlichen Verhältnis zur Intimität steht, und in einem nicht minder spezifischen, aber freundschaftlichen Verhältnis zu einem entfalteten öffentlichen Leben“ (Sennett 1983, 58).

Zwei Einschränkungen sind anzubringen. „Rollen“ stehen der „Schauspielkunst“ nicht ohne weiteres zu Gebote. Die kulturelle Kompetenz im Umgang mit dem *Zeichen*repertoire eines „angemessenen“ öffentlichen Ausdrucks findet in den normativen Anforderungen, mit denen Rollen belegt sind, eine Schranke individueller Handlungsfreiheit. Wie „Rollen“ im Beruf oder im Umgang mit Institutionen gespielt werden können und müssen, entscheidet sich nicht allein am Ausdrucksvermögen. Sennett abstrahiert hier von dem sozialen Gehalt von Rollen. Er hat unausgesprochen den Müßiggänger im Blick, der mit nichts als seiner Darstellung im „öffentlichen Raum“ der Plätze und Cafés befasst ist. Sennett meint eigentlich nicht Rollen, sondern die sozialen Codes für die im jeweiligen sozialen Kontext „angemessene“ Artikulation einer Neigung oder einer Haltung, der die Person Ausdruck geben will.

„Theatralität“ allein verbürgt noch nicht den emphatischen Sinn, in dem Sennett vom „öffentlichen Leben“ spricht. Denn sie bezeichnet lediglich den Umstand, dass ein Akteur für seine wie auch immer gearteten Zwecke den Anschein der Übereinstimmung mit irgendwelchen für gültig gehaltenen Prinzipien zu begründen sucht. Es bleibt dabei offen, ob es sich bei dieser Aufführung um ein Instrument des opportunistischen Eigennutzes handelt, also um Heuchelei, oder um den in der Form ausgedrückten Respekt vor dem „bonum communum“, der auch den Inhalt der subjektiven Bestrebung beherrscht. In der Folge bleibt daher auch offen, welche Art von „öffentlichem Leben“ die Gewohnheit der „theatralen“ Aufführung begründet und welche Widersprüche das Auseinandertreten von Form und Haltung ggf. zeitigt.[18]

---

18 Wenn Sennett „Rollen“ ohne weiteres mit „Codes“ und „Theatralität“ mit Gesellschaftlichkeit gleichsetzt, so macht sich darin eine eigentümliche Abstraktheit in Sennetts Theorieanlage bemerkbar. Sennetts Studie ist als Geschichte eines Verlustes angelegt. Sie steuert auf einen *negativen Gesellschaftsbegriff* zu: Zerfall des öffentlichen Raumes, Verlust der Zivilisiertheit. Dieses negative Urteil setzt den Gegensatz von öffentlichem Leben und psychologisierter Moral fest. Der Gegensatz und seine Elemente werden selbst nicht theoretisch kontextualisiert. Dieser Mangel an gesellschaftstheoretischer Einbettung lässt Sennetts Grundthese eigentümlich überzogen und einseitig erscheinen. Sennetts Beweisführung stützt sich auf Beispiele, die kein System hergeben und mutet daher bisweilen willkürlich an. Die Historisierung ersetzt die Analyse der behaupteten Dichotomie von Gemeinsinn und „Narzissmus“ für die gegen-

Dieser Einschränkungen eingedenk lässt sich Sennetts Erklärung gleichwohl nutzen, wieso Expressivität die Souveränität im Umgang mit Codes benötigt, während die Authentifizierung dieser Souveränität widerspricht. Das moderne Selbst bestimmt seine Identität – folgt man Giddens Theorie – in dem Selbstbewusstsein ihrer Kontingenz. Es ist eine Identität auf Widerruf, eine *Identifizierung als anhaltender Prozess*. Die Reflexivität, mit der das Subjekt diesen Prozess für sich bewusst macht, ist die Voraussetzung dafür, die Identifizierung zum kreativen Akt der Selbstbestimmung auszugestalten. Die Kreativität der Selbstbestimmung bewahrheitet sich im „Spiel“ mit der in der Selbstdarstellung kommunizierten Identität. Das Spiel kann hier als Metapher für den freien Umgang mit dem Identitätsthema, d.h. für eine subjektiv entfaltete Reflexivität gelesen werden. In diesem Spiel verwirklicht der Akteur eine Selbst-Distanz; er behält sich gewissermaßen eine Differenz zwischen dargestellter und „wahrer“ Identität vor. In dieser Selbstdistanz hält die Person die Freiheit lebendig, sich eine Identität zu *geben*. Eisenberg umschreibt die Form, sich das eigene Leben so zu einer kohärenten „Geschichte“ auszulegen, dass die Freiheit der Selbst-Bestimmung gewahrt bleibt, auf folgende Weise:

> In contrast, the enlightened storyteller always keeps one metatruth in mind: I am not the story. The good storyteller inhabits each story for a time, enough to feel the emotional connection, to experience the heroics and the relationships, but the storyteller always reserves the right to tell a different story. In this sense, whereas the protagonist's resources always are limited by the context, the storyteller's resources are limited only by his or her imagination. The storyteller believes above all in possibility and the future. (Eisenberg 2001, 547)

Gerade durch den Verzicht auf die Prätention, mit einem partikularen Gefühl oder einer besonderen Anschauung nicht nur etwas auszudrücken, sondern das authentische Selbst unverstellt und ganzheitlich zum Vorschein zu bringen, bewahrt die Person die Souveränität über ihre Selbst-*Darstellung*.

> Die Fähigkeit, expressiv zu sein, ist vielmehr in einem elementaren Sinne gestört, weil man mit dem eigenen Äußeren darzustellen versucht, wer man wirklich ist, weil man die Frage einer wirkungsvollen Darstellung mit dem Problem der Authentizität dieser Darstellung zusammenbringt. (...) Expression wird abhängig gemacht von authentischem Empfinden, aber immer wieder steht man vor dem nar-

---

wärtige Gesellschaft durch eine Erzählung, wie sich der Verlust des Gemeinsinns zugetragen hat. Dazu muss im historischen Rückblick die Kultur des „ancien régime“ zur Verwirklichung einer zivilisierten „Balance“ ausgelegt werden. Das treibt Sennett zu einem Lob der Konvention, das seine Eigentümlichkeit aus der Abstraktion von dem sozialen Sinn bezieht, der der Kunst der öffentlichen Verstellung eingeschrieben ist: die Repräsentation an den moralischen Maßstäben einer hierarchischen, patriarchalen Gesellschaft. Diese theoretische Anlage weist Sennetts Grundthese einen besonderen epistemologischen Status zu: Sie ist nicht allein gesellschaftswissenschaftliche Diagnose, sondern moralisches Urteil, Kennzeichnung eines Zustandes, der nicht sein soll – „Unzivilisiertheit“.

zißtischen Problem, daß man nicht imstande ist, klar zu bestimmen, was an den eigenen Gefühlen authentisch ist. (Sennett 1983, 393f.)

Aber widerspricht diesem Bild eines verknöcherten Verhältnisses der Subjekte zu ihrem Erscheinungsbild nicht der Augenschein der Vielfalt modischer Ausdrucksformen, die durch Konventionen kaum mehr eingeschränkt und aus dem Geltungsanspruch der Sittlichkeit vollständig entlassen scheinen? Unstreitig ist die Pluralität der Stilisierungsformen gewachsen. Im Zuge desselben Prozesses hat es sich überhaupt als legitime soziale Praxis durchgesetzt, die Besonderheit der eigenen Person herauszukehren und auszeichnen zu wollen. Prost macht allerdings am Beispiel des „Körperkults" darauf aufmerksam, dass auch diese Freisetzung eine Kehrseite hat, die dem sozialkulturellen Wandlungsprozess einen insgesamt ambivalenten Charakter gibt. Der „Rehabilitierung" des Körpers im öffentlichen Erscheinungsbild der Person folgt eine Rekonventionalisierung, die es nun zur sozialen Pflicht erhebt, den Körper selbst zum Zeichen durchzubilden – zum Zeichen für einen Lebensentwurf und für dessen legitimen sozialen Ort.[19] Allgemein betrachtet hebt die Pluralisierung der Formen nicht das Anliegen auf, die Selbst-Inszenierung als Zeichen sozialer Inklusion und Distinktion beachtet zu finden. Mit der Vielfalt der Ausdrucksmittel vermehren sich die individuellen Wahloptionen für dieses *soziale* Anliegen; zugleich wächst mit dieser Pluralität das Risiko des Scheiterns.

Diese Ambivalenz macht sich in dem Verhältnis geltend, das der individuelle Akteur mit seiner Selbstinszenierung zu seiner sozialen Umwelt eingeht. Sennett hat aber ein anderes Verhältnis im Blick. Sein Augenmerk gilt der Freiheit im Bezug der Subjekte auf sich selbst. Die Akteure mögen das bunte Repertoire ihrer Inszenierungslust mit ihren Launen wechseln. Jenseits der Freiheit im Gebrauch des Zeichenmaterials ist aber die Frage angesiedelt, inwieweit sich die Akteure dabei frei halten zu finden und zu bestimmen, was sie von sich ausdrücken möchten.

Mit Blick auf diese reflexive Beziehung des Selbst auf sich kommt Sennett zu dem Schluss: Die soziale Konvention der Authentifizierung beeinträchtigt mit der Souveränität über die Selbst-Darstellung auch die Freiheit zur Selbst-Bestimmung. Denn sie schränkt die Reflexivität des Selbst auf eine gleichsam „beobachtende" Haltung ein, die erkunden will, wie sich das Selbst der Person offenbart. Der oben skizzierte Aktivismus der „Erlebnisrationalität" nimmt sich wie ein Umweg aus, der diese passiv-beobachtende

19 Wie sehr diese Rekonventionalisierung wirksam ist, wird sich danach unterscheiden, in welchem Maße soziale Milieus die Expressivität des Erscheinungsbildes zum Element der Distinktion, d.h. ihres Ein- und Ausschlusses machen. Prost deutet das in seinem Beispiel an. „Sich mit dem eigenen Körper zu befassen heißt, ihn auf die Beobachtung durch andere vorzubereiten. Es genügt nicht mehr, seinen Schmuck, seine Juwelen, seine Auszeichnungen zur Schau zu stellen. (...) Heutzutage schmückt man sich mit seiner Sonnenbräune, mit seiner glatten festen Haut, mit seiner Geschmeidigkeit, und die junge dynamische Führungskraft bewährt sich durch ihre Sportlichkeit" (Prost 1993, 102).

Form des Selbst-Bezuges nicht überwindet, sondern erst praktizierbar macht: Die aktive Manipulation der Bedingungen subjektiver Affektion soll im emotionalen Erleben den Reichtum des Selbst fühlbar machen. Ähnlich wie Sennett in seiner Kritik am „Narzissmus" führt Schulze in seinem Spott über die „Religion der Ingenieure" die Analyse der psychologischen Manier der Selbstreflexivität zu der Pointe: Das Bestreben, in einem partikularen Erleben das „Glück" der umfassenden Affirmation des Selbst erfahren zu wollen, mündet in den *Selbst-Verlust*. Das glücksversessene, „narzisstische" Selbst bleibt – für sich selbst – so indifferent, wie es sich in der Form des Fühlens eben gegenwärtig wird, und so flüchtig, wie es die situationsgebundene Affektion unvermeidlicher Weise ist.

Die Freiheit zur Selbstbestimmung verlangt demzufolge, dass das Individuum den Umgang mit den sozialen Codes des öffentlichen Ausdrucks souverän beherrscht. Indem der Akteur die geläufigen Konventionen der Rede und des Habitus nutzt, um eine Neigung oder eine Haltung auszudrücken, bringt er zugleich etwas *von sich* zum Vorschein. Aber er begrenzt diesen Selbstausdruck auf dieses besondere Objekt, zu dem er sich subjektiv ins Verhältnis setzt, und auf diesen besonderen situativen Rahmen, in dem er sich als Individuum positioniert. Er hält sich mit dieser Kontingenz subjektiv *gegenwärtig, worin* er sich bestimmt. In dem anhaltenden Bewusstsein von der Differenz zwischen dem Code, den er *benutzt*, und dem Selbst, von dem er dabei etwas „ausdrückt", realisiert der Akteur selbstbewusst „Reflexivität" im Umgang mit seinem Selbst. Das kommunikative Spiel mit der Offenheit, was von seinem öffentlichen Ausdruck dem spezifischen situativen Kontext und was einem festen Grundzug der Identität zugerechnet werden kann, schützt im Verhältnis zu den anderen sozialen Akteuren die Gelegenheit zur Selbstkorrektur – emphatisch ausgedrückt: zur Selbst-Entfaltung. Die Person macht ihr Selbst nicht in seiner Ganzheit kommunikativ verfügbar und bewahrt sich so die Freiheit zur Selbstbestimmung.

Diese Freiheit kann das Individuum allerdings nur dann im Umgang mit anderen bewahren, wenn als Regel anerkannt ist, dass das Selbst nicht vollends „sichtbar" und verfügbar wird. In diesem Sinn ist die „*Diskretion*" eine soziokulturelle Voraussetzung der Selbstbestimmung. Jung und Müller-Doohm bringen einen Gedanken aus Simmels Schrift über die „Psychologie der Diskretion" wieder in Erinnerung (vgl. Jung, Müller-Doohm 1998).

> Die soziale Funktion des Geheimnisses, also seiner Bedeutung für die menschlichen Beziehungen, liegt darin, dass das Geheimnis den Beziehungen einen – vom Inhalt des Geheimnisses selbst unabhängigen – Attraktivitätsreiz gibt. Es ist gewissermaßen die ‚generelle Rätselhaftigkeit', die, gegeben durch die Fremdheit der Subjekte, das soziale Band der Beziehungen füreinander knüpft. Gerade das Spiel von Entbergung und Verbergung macht die eigentliche Attraktivität aus, damit die soziale Beziehungsaufnahme nicht im leeren Rollenmechanismus erstarrt. Man

> kann die Simmelsche Geheimnisthese allgemeiner formulieren. Das soziale Leben, dessen zentraler Inhalt die soziale Beziehung ist, basiert darauf, dass die Menschen füreinander unbekannte, d.h. geheimnisvolle Fremde sind. Nur deshalb sind die sozialen Beziehungen attraktiv, weil die Menschen füreinander ständige Geheimnisträger sind. (Jung, Müller-Doohm 1998, 143)

Derselbe Gedanke findet sich – in spekulativer Manier ausgedrückt – in Vincents „Geschichte des Geheimen" (vgl. 1993, 184). Für die „Geheimnisthese" spricht, dass das „Entbergen", die Entblößung – in der Alltagskonversation oder als Medienereignis – sichtlich attraktiv ist. Und auch das spricht für sie: Das dann Offenbare ist banal, sein Erlebniswert schal. Das lässt sich an der medialen Anstrengung zu immerwährender Variation und Vervielfältigung gleichartiger Entblößungen ablesen. Aber dass Personen „nur deshalb" attraktiv sind und Beziehungen „nur deshalb" begründet werden, weil der andere fremd ist und bleibt, widerspricht nicht nur der Alltagserfahrung. Der Gedanke begründet Personenwahrnehmung und soziale Beziehung allein aus einer Negation. Diese negative Bestimmung ignoriert alle positiven Themen und Gehalte der Personenwahrnehmung und von Beziehungen. Nicht deshalb, weil es die nicht gäbe, sondern weil der Gedanke sie nicht in sich aufnimmt.

Dennoch verspricht das argumentative Anliegen von Jung und Müller-Doohm Gewinn. Er stellt sich ein, wenn die „prinzipielle Unbestimmbarkeit" als Chiffre für die Freiheit des Subjekts gelesen wird. „Nicht-Verfügbarkeit" bezeichnet die elementare Freiheit des Willens der Individuen. Dieser Wille ist fremdem Kommando nicht ohne weiteres verfügbar. Aus dieser Freiheit erwächst eine Nicht-Verfügbarkeit in einem theoretischen, bescheidener ausgedrückt: einem ideellen Sinn. Was das Tun eines Subjekts auszeichnet, mag bestimmbar sein. Der Andere widersteht aber einer Festlegung, in der vollkommen offenbar wäre, was ihn dabei „im Innersten" auszeichnet. Denn er behält die Freiheit, sich gegenüber seinem Handeln zu reflektieren und sein Selbst fortzubilden. „Nicht-Verfügbarkeit" bezeichnet so die *elementare Freiheit* der Subjekte zur Selbstbestimmung. „Unbestimmbarkeit" ließe sich dann als die Korrespondenzkategorie für eine *Personenwahrnehmung* lesen, die sich diese elementare subjektive Freiheit *gegenwärtig hält.*

Man muss also nicht behaupten, dass nicht bestimmbar wäre, was Menschen tun, äußern und fühlen. Wendungen, wie „der Respekt vor dem Geheimnis" der anderen Person oder die „Würde", die dem Einzelnen aus seiner Nicht-Verfügbarkeit erwächst, die „Diskretion" die die Würde des Verborgenen und Nicht-Offenbarten achtet, sie alle bezeichnen vielmehr einen *Modus der Personenwahrnehmung* sowie eine allgemeine, gleichsam methodische Grundfigur für den Entwurf sozialer Beziehungen, die auf die grundlegende *Freiheit zur Selbstbestimmung* eingestellt sind.

Rösslers Studie ist insgesamt auf den Beweis hin angelegt, dass diese Freiheit den Respekt vor der Privatheit braucht. Sie versteht dabei unter Privatheit die Gelegenheit, selbst kontrollieren zu können, wieviel von dem eigenen Leben, den individuellen Wünschen, Befindlichkeiten und Handlungen dem Einblick und der Einwirkung anderer zugänglich gemacht wird (vgl. Rössler 2001, 23f.). Diese Kontrolle und damit auch die Gelegenheit zum Rückzug vor dem prüfenden Blick und der praktischen Inanspruchnahme durch andere ist nötig, um persönliche Autonomie entfalten zu können (vgl. Rössler 2001, 271-274). Eben darin liegt, Rössler zufolge, der „Wert des Privaten" (vgl. Rössler 2001, 137 sowie 262-279). Denn:

> Um sich authentisch die Frage stellen zu können, wer man ist, wie man leben möchte, sind offenbar Rückzugsmöglichkeiten von den Blicken der anderen notwendig; um Ziele entwerfen, entwickeln und verfolgen zu können, sind Dimensionen des Lebens notwendig ohne den Einspruch oder die Kontrolle der anderen; um authentische Pläne entwickeln zu können, sich selbst in der Auseinandersetzung mit bestimmten anderen zu entwerfen, zu definieren, dürfen Erwartungshaltungen an das Wissen anderer über eine Person nicht fehllaufen. Wenn wir als das *telos* von Freiheit Autonomie begreifen und damit die Möglichkeit, sich die Frage zu stellen, welche Person man sein, wie man leben will, und wenn Freiheitsrechte ebendies garantieren (in den bekannten Grenzen), dann wird deutlich, dass Verletzungen von Privatheit eine Person in eben dieser Frage, wie sie leben möchte, *einschränken, festlegen* (...) (Rössler 2001, 138)[20]

So gelesen, trägt die Erinnerung an das „Geheimnis" auch zum Verständnis der von Medien inszenierten Entblößungen bei. Die Lust an solchen Inszenierungen entstammt einer Offenbarung, die die betreffende Person ideell verfügbar macht. Was ihr Leben, ihre Anschauungen, ihr Selbst ausmacht, das wird eben nicht nur in dem Maße der Beobachtung zugänglich wie es eine kontrollierte Selbstdarstellung freigibt. Die könnte sich stets darauf zurückziehen, dass dem Betrachter Sphären der Selbstbestimmung verschlossen bleiben, das Urteil des Betrachters also beschränkt bleibt und sie sich daher bescheiden muss. Die mediale Inszenierung legt es vielmehr darauf an, die Person gerade in den sonst sorgsam abgeschirmten Sphären ihrer Selbstbestimmung offenbar werden zu lassen. Diese Offenbarung ist aus der Sicht des Mediums insbesondere dann gelungen, wenn die betroffene Person – und sei es nur für einen Moment – die Kontrolle über ihre Selbstdarstellung verliert.

Die medial ausgestellte Person wird offenbar. Sie wird damit einem ideellen Urteil verfügbar, das die mediale Figur in einer Art von vorgestelltem Sittengericht den moralischen Maßstäben, dem moralischen Empfinden oder

20 Rössler benutzt den Begriff der „Authentizität" in einem anderen Sinn als Sennett. Sennett meint damit eine distanzlose Form des Selbstbezuges und – in der Folge – eine unfreie Manier des Selbstausdrucks. Rössler meint mit „Authentizität" eine durch „Selbstaufklärung" von „Manipulationen" gereinigte Form des Selbstbezuges. Beide kommen daher in dem Urteil überein, dass Autonomie Selbstdistanz braucht.

auch dem subjektiven Gefallen des Betrachters in all seiner Launenhaftigkeit subsumiert. Die Fernsehfigur ist bestimmt, festgestellt und festgesetzt. So in die Klischees des geläufigen moralischen Empfindens oder Urteilens festgeschrieben, ist die entblößte Figur aber so leblos wie der Paragraph eines Regelwerks. Die Paradoxie der medial inszenierten Entblößung läge dann darin: In dem Maße, in dem sie der Lust an der ideellen Fremd-Bestimmung authentischer Subjekte Raum gibt, macht sie zugleich den Verlust der Selbst-Bestimmung anschaulich.

Das Fernsehen funktioniert unstreitig als Kolporteur für Formen der privaten Lebensführung und für die Vielfalt der Codes öffentlicher Selbststilisierung. Das Fernsehen bringt diese Pluralität zum Vorschein. Das wird ihm als Orientierungsleistung gutgeschrieben. Aber das Fernsehen fungiert dabei zugleich als kulturelle Agentur, die die Nötigung zur Authentifizierung als Normalität erscheinen lässt. Das macht seine Rolle für die Selbstdarstellung und die Selbstbestimmung des modernen Subjekts ambivalent. Das Fernsehen übermittelt die Kunde von dem symbolischen Repertoire an Gesten und Zeichen des öffentlichen Ausdrucks; mit der propagierten Ideologie der Authentizität hintertreibt es zugleich die Kunstfertigkeit in der öffentlichen Selbstdarstellung. Es trägt so seinen Teil dazu bei, dass der sich öffentlich exponierende Akteur wie ein „seiner Kunst beraubter Schauspieler“ in Erscheinung tritt (Sennett 1983, 335).

2.3 Privatheit und Gesellschaft/Kultur

Elias‘ Theorie des Zivilisationsprozesses kommt mit Habermas‘ dualem Gesellschaftsbegriff in folgender Auffassung überein: Die Medien „Geld“ und „Macht“ stiften einen Zusammenhang zwischen den Gesellschaftsmitgliedern, der auf gleichsam unpersönliche, „systemische“ Weise über die Einwirkung auf Handlungsfolgen bestimmt wird (vgl. Elias 1969, 437; Habermas 1988a, Bd. 2, 228, 450f.). Habermas betont, dass sich daneben und in einem spannungsvollen Verhältnis zur systemischen Integration der Zusammenhalt moderner Gesellschaften auch über Handlungsintentionen und subjektive Sinngebungen herstellt. Erst in ihnen werden soziale Solidaritäten und kulturelles Wissen wirksam; beide bilden unverzichtbare lebensweltliche Ressourcen des gesellschaftlichen Lebens. Das private Leben unter Einschluss des geselligen Lebens der Privatleute bekommt so eine herausgehobene Bedeutung für die Erneuerung des gesellschaftlichen Lebens im Ganzen. Soweit es von den Systemimperativen von Macht und Geld freigehalten bleibt, bildet das private Leben den sozialen Ort, an dem sich die lebensweltlichen Ressourcen der Gesellschaft, Solidaritäten und kulturelles Wissen als gesellschaftlichem Reservoir subjektiver Sinngebung, entfalten und erneuern können.

> Nach diesem Kriterium [der „Art der Verrechtlichung", d.A.] verlaufen die Grenzen zwischen System und Lebenswelt grob gesagt, zwischen den Subsystemen der Wirtschaft und der bürokratischen Staatsverwaltung einerseits, den (von Familie, Nachbarschaft, freien Assoziationen getragenen) privaten Lebensphären sowie der Öffentlichkeit (der Privatleute und der Staatsbürger) andererseits. (Habermas 1988a, Bd. 2, 458)

Welche Handlungsformen und Orientierungen prägen nun das private Leben in einer posttraditionalen Gesellschaft? Was bedeuten die Formen privaten Lebens für die Reproduktion von Solidaritäten und Kulturen?

Elias' Theorie lassen sich dazu mittelbar Bestimmungen entnehmen. Elias sucht die gesellschaftliche Entwicklung von „Verhaltenstafeln" aus der Vertiefung von Interdependenzbeziehungen zu erklären. Die Richtung dieser Veränderungen gibt er wie folgt an: „Dämpfung der spontanen Wallungen, Zurückhaltung der Affekte, Weitung des Gedankenraums über den Augenblick hinaus in die vergangenen Ursach-, die zukünftigen Folgeketten" (Elias 1969, 322). Selbstkontrolle und Rationalisierung sind Elias zufolge also die übergreifenden Notwendigkeiten, die die „Zivilisierung" ausmachen. Elias nimmt davon die Beziehungen im privaten Leben nicht aus. Er beschreibt etwa, wie das Bürgertum im Zuge seines sozialen Aufstiegs gegenüber der Aristokratie gerade die Sphäre des Privatlebens zu dem bevorzugten Raum ausgestaltet, in dem es durch zeremonielle „Formen der Geselligkeit, die Ausschmückung eines Hauses, die Besuchsetikette oder das Ritual des Essens" (Elias 1969, 417) seine überlegene Sittlichkeit *stilisiert*. Elias hat dabei die häusliche Sphäre als Bühne für das „gesellschaftliche Leben" von Privatleuten im Blick. Er denkt aber auch an eine darüber hinaus gehende Charakterbildung im Kontext des Familienlebens. Im Charakter sind die Normen der „Zivilisiertheit" versubjektiviert und insofern von dem Ursprungsfeld, auf dem ihre soziale Geltung spürbar wird, verselbstständigt. Gleichwohl erkennt Elias in den objektivierten Zwängen des öffentlichen Lebens den Ausgangspunkt für die Zügelung des Verhaltens. Dadurch wächst dem privaten Leben der Status einer Gegenwelt zu, die als Refugium für solche Beziehungen und Erlebnisweisen fungiert, die im öffentlichen Leben keinen Platz haben.

Als solches Refugium – so lehrt uns Sennett – wird das private Leben in der bürgerlichen Gesellschaft ja auch ausgestaltet. Wenn im privaten Leben Raum für „spontane Wallungen" und „Affekte" entsteht, so bedeutet das allerdings nicht einfach die Abwesenheit von „Verhaltenstafeln". Wie lässt sich aber nicht nur konstatieren, sondern begründen, dass auch im privaten Leben erst Prinzipien „legitim geordneter Interaktionsverhältnisse" den Raum für „Affekte" schaffen und Authentizität lebbar machen?

Imhof hat das Funktionieren der politischen Öffentlichkeit im Sinn, wenn er sich kritisch mit der Entgegensetzung von Öffentlichkeit und Privatheit auseinander setzt, wie sie von Theorien von Ahrendt über Adorno und Habermas bis Sennett behauptet werde. Imhof bezweifelt, dass aus der Sphäre öffentlicher Verhandlung das *Thema* der materiellen Bedingungen privater Lebensführung ausgeklammert werden könne. Denn die sei durch sozialstaatliche Regelungen längst vom Funktionieren des politisch-administrativen Systems durchdrungen. Imhof bekräftigt aber die zivilisatorische Notwendigkeit der *Form* eines rationalen Räsonnements, das mit der „Stigmatisierung" alles Affektuellen und Emotionalen in der öffentlichen Kommunikation dem „Zivilisationsprozess" diene (vgl. Imhof 1998, 23). Er bekräftigt mithin den Dualismus von Privatheit und Öffentlichkeit als Bestimmungen der *Form des allgemein Verhandelten* respektive des öffentlichen Verhandelns. Damit wird die Sphäre privater Kommunikation implizit als Refugium affektueller Ausdrucksformen ausgezeichnet. Aber wieder ist diese antithetische Bestimmung nicht das letzte Wort.

Es mag zutreffen, dass die Kommunikation im privaten Leben von den Anforderungen an die *diskursiv* bewahrheitete Rationalität von Beiträgen zu Angelegenheiten von *allgemeinem* Belang freigehalten ist. Aber schon das zentrale Thema des privaten Lebens, eine auf individuelle Wahlentscheidungen gegründete und daher revidierbare Beziehung auf Dauer zu stellen, macht kommunikative Aushandlungsprozesse nötig. Nur durch die kann ein Einvernehmen ausgebildet werden, das auf einen vergemeinschafteten Lebensentwurf zielt. Keupp kommt auf diese Notwendigkeit zu sprechen, wenn er die Voraussetzungen inspiziert, unter denen die „Ambivalenzen postmoderner Identität" bewältigt werden können.

> Nicht mehr die Bereitschaft zur Übernahme von fertigen Paketen des ‚richtigen Lebens', sondern Fähigkeiten zum Aushandeln sind notwendig: Wenn es in unserer Alltagswelt keine allgemein akzeptierten Normen mehr gibt außer einigen Grundwerten, wenn wir keinen Knigge mehr haben, der uns für alle wichtigen Lebenslagen das angemessene Verhalten vorgeben kann, dann müssen wir die Regeln, Normen, Ziele und Wege beständig neu aushandeln. Das kann nicht in Gestalt von Kommandosystemen erfolgen, sondern erfordert demokratische Willensbildung im Alltag (...) (Keupp 1994, 345)

Da der moderne Lebensentwurf in der Identität der Beteiligten Ausgangs- und Bezugspunkt haben soll, ruht das kommunikativ hergestellte Einvernehmen zudem auf der Wahrhaftigkeit, mit der die Person ihr Selbst artikuliert – vor sich und dem anderen. Gerade in seinem Eigensinn gegenüber dem „öffentlichen Leben" umfasst das private Leben demnach Anforderungen an die *normativ-praktische* Rationalität und die *ästhetisch-dramaturgische* Reflexivität des Handelns.

Elias beschreibt anschaulich, wie demgegenüber eine emotionale Wahrnehmung von Personen und sozialen Situationen die Handlungsfähigkeit der Akteure beschränkt. Der Affekt besorgt eine „Schwarzweiß-Zeichnung“, welche ein Abwägen des Handelns vereitelt. „Diese Stärke der unmittelbaren Affekte aber bindet den Einzelnen an eine beschränktere Anzahl von Verhaltensweisen: Jemand ist Freund oder Feind, jemand ist gut oder böse (...)“ (Elias 1969, 373). Das von Elias gegebene Bild der Beschränktheiten lässt sich wie eine Bekräftigung für die Notwendigkeit der „Rationalisierung“ lesen, von der private Beziehungen nicht ausgenommen sind.

Auch in der privaten Lebensführung sind demnach durchaus normative Bindungen wirksam. Prost führt als empirisches Argument an, dass die privaten Beziehungen im sozialen Nahraum des Quartiers als Medium einer informellen sozialen Kontrolle fungieren. Prost beschreibt das alte Stadtquartier und das Dorf als ein „Gehege“, in dem die Bewohner in ihrem privaten Dasein bekannt sind und in der „nachbarschaftlichen Aufmerksamkeit“ Beachtung finden. Solche Anerkennung und Beachtung als Mitglied einer Gemeinde fordert allerdings den Preis, die ungeschriebenen Regeln der lokalen Gemeinschaft einhalten zu müssen. Das Quartier wird zur Bühne, der Privatmensch zum Schausteller und Betrachter in einem.

> Wer aus dem Haus geht, exponiert sich also. Die Konvention bestimmt insbesondere die Art und Weise, wie man sich den anderen präsentiert. Den transitorischen Raum erfüllt eine gewisse ‚Theatralik‘, er erheischt Selbstdarstellung. Die Konvention verlangt, dass man ein präsentables Bild von sich darbiete. (...) Jede Abweichung von der Kleidungsnorm bedarf eines plausiblen Grundes, denn sie wird beobachtet und gedeutet. Dasselbe gilt für den Umgang, den man pflegt, für die Personen, die man empfängt oder besucht, ja im Grunde für alles, was aus dem Familienleben nach außen dringt (...). Anschaffungen geben in der Nachbarschaft zu Mutmaßungen Anlass, wenn sie aus dem Rahmen des üblichen fallen (...). Nachbarschaft ist jene öffentliche Bühne, auf der man sein privates Leben zu ‚inszenieren‘ gezwungen ist. (Prost 1993, 114, 116)

Sennett zeichnet – auf ganz ähnliche Art und Weise – ein ambivalentes Bild der „Gemeinschaft“ in der Moderne: „In einer einfacher gegliederten Umgebung herrscht Ordnung, weil die einzelnen einander kennen und jeder weiß, wo sein Platz ist. Die Nachbarn bemerken, wenn plötzlich jemand anfängt, sich gehen zu lassen (...) Mit anderen Worten: Die Gemeinschaft erfüllt eine Überwachungsfunktion. Aber wie kann sie daneben ein Ort sein, an dem die Menschen offen und frei miteinander verkehren können? Es ist genau dieser Widerspruch, der die eigentümlichen Rollen hervorbringt, die die moderne Gemeinschaft prägen: Die Menschen sind zu gleicher Zeit bestrebt, emotionale Offenheit voreinander zu entwickeln und sich gegenseitig zu kontrollieren“ (Sennett 1983, 379).

Die Stadt wird demgegenüber zur realen Metapher für Lebensformen, in denen diese sozialräumlich wirksamen Bindungen an Tradition und Konvention weithin aufgehoben sind. Die Soziologie einer vollends „posttraditionalen“ Moderne sieht solche überkommenen Vergemeinschaftungen denn auch auf- und abgelöst durch „Wahlnachbarschaften“ wie etwa Lebensstilgemeinschaften. Solche Gemeinschaften werden nicht mehr durch eine moralisch befestigte Tradition zusammengehalten. Sie kommen durch individuelle Entscheidung zustande. Die bleibt revidierbar, der Zusammenhalt funktioniert bis auf Widerruf und ist insofern riskant. Das Ziel einer *Vergemeinschaftung*, die die Wahl-*Freiheit* der Beteiligten nicht beendet, sondern verwirklicht, muss kommunikativ erneuert werden.

Die Verwirklichung einer solchen Gemeinschaft ist voraussetzungsvoll. Es lassen sich dafür drei Prinzipien angeben. Sie bezeichnen etwas von der Eigenlogik der privaten Lebensführung in einer „posttraditionalen“ Gesellschaft. Damit geben sie zugleich an, welche Risiken des Scheiterns diese Lebensführung zu bewältigen hat.

Die individuelle Autonomie der Wahl hat zunächst in dem oben bereits beschriebenen Sinn die *Diskretion* zur Voraussetzung. Um frei entscheiden zu können, welche Momente seines Selbst in welchen sozialen Kontexten zum Vorschein gebracht werden sollen, muss der Einzelne auf die Gültigkeit der Regel bauen können, dass sein Selbst nicht zur Gänze für andere verfügbar ist. Auch die Freiheit, sein Selbst gleichsam auf Probe zu entwickeln, ihm neue Züge zu geben oder etablierte zu verändern, lebt aus der nämlichen sozialen Grundlage, dem in der Diskretion praktizierten Respekt vor der Selbstbestimmung. Dieses Prinzip wird durch den Übergriff eines „medienvermittelten“ Blicks verletzt, der Szenen der Selbstoffenbarung usurpiert, die der Kontrolle der Betroffenen entwunden sind. Verletzt ist damit nicht allein die Selbstbestimmung der Betroffenen. Wie bei jeder Normübertretung ist nicht nur das einzelne Opfer, sondern eine soziale Verkehrsform betroffen. Herausgefordert ist der Geltungsanspruch für das Prinzip der Diskretion.

Dieses Prinzip ist auch dort affiziert, wo umgekehrt ein sich exponierendes Subjekt alle Diskretion fahren lässt und dem Blick der anderen seine Offenbarung zumutet. Gewiss kann diese – unter Umständen gleichfalls durch Medien vermittelte – Usurpation von Aufmerksamkeit und persönlicher Zuwendung durch die Abwendung des Blicks beendet werden.[21] Gleichwohl kann auch die Zumutung der Selbstoffenbarung den Geltungsanspruch für das Prinzip der Diskretion berühren. Etwa in dem Sinn, dass mit der Normalisierung entsprechender Praktiken das Bewusstsein für diese Re-

21 Eine solche Abwendung ist bei der medialen Schaustellung ohne weiteres praktizierbar. Im „real life“ hemmen allerdings soziale Konventionen des zwischenmenschlichen Umgangs das einfache „Abschalten“.

gel ermüdet und sich die eingeschliffene Selbstverständlichkeit ihrer Beachtung auflöst.

Die Freiheit, „Wahlnachbarschaften“ zu begründen, braucht zweitens die Gewissheit, die gewählte Lebensform realisieren zu können, ohne dafür mit dem Ausschluss von sozialen Ressourcen „bestraft“ zu werden. Sie bedarf der *Toleranz*. Die Vergemeinschaftung will auf eine Inklusion in einen sozialen Zusammenhang hinaus, der gegenüber Zufallsbegegnungen oder bloß instrumentellen Beziehungen durch eine Bindung von besonderer Intensität ausgezeichnet ist. Insofern geht die Inklusion auch mit einer Distinktion von denen einher, die der Gemeinschaft nicht angehören. Für die Freiheit zur posttraditionalen Vergemeinschaftung ist wesentlich, ob die Distinktion mit einer sozialen Konkurrenz verschmolzen wird, die auf die Delegitimierung und den Ausschluss der anderen hinaus will. Sennett beschreibt den Typus der „destruktiven Gemeinschaft“, die er mit dem Verlust des politischen Gemeinsinns heraufziehen sieht.

> Außenseiter, Unbekannte, Andersartige werden jetzt zu Gestalten, von denen man sich fernhalten muss; die Persönlichkeitsmerkmale, die die Gemeinschaft teilt, werden immer exklusiver; die Gemeinschaft konzentriert sich zunehmend auf die Entscheidung, wer dazugehören kann und wer nicht. Die Abkehr von der Klassensolidarität, die Hinwendung zu neuen, auf Ethnizität, Stadtteil oder Religion fußenden Kollektivbildern ist ein Anzeichen für diese Verengung. (...) Fragmentierung und innere Spaltung sind die Konsequenz einer so verstandenen Brüderlichkeit, wenn die Gruppe der Menschen, die wirklich dazu gehören, immer kleiner wird. (Sennett 1983, 337f.)

In gleichartiger Weise macht Johannes Weiß darauf aufmerksam, dass das „Glück des Beisichselbstseins“, das sich namentlich die Deutschen in ihrer „Gemütlichkeit“ verschaffen, dann „ins höchst Ungemütliche und Aggressive umschlagen kann“, wenn es durch den Ausschluss von allem Unvertrautem, Fremden, vermeintlich Störendem verteidigt wird (vgl. J. Weiß 1999, 461).

Weintraub formuliert das Gegenbild eines „öffentlichen Raumes“, der als Ort der Geselligkeit fungiert. Dieser Ort ist ein „space of heterogeneous coexistence“, ein „space of symbolic display, of the complex blending of practical motives with interaction ritual and personal ties, of physical proximity coexisting with social distance“ (Weintraub 1997, 25). Die Leitmetapher dieses sozialen Raums ist die Stadt, „not as polis, but as cosmopolis“.

Die „kosmopolitische“ Toleranz ist in einem weiteren Sinn Voraussetzung für posttraditionale Vergemeinschaftungen. Der einzelne Akteur behält die Freiheit zur Wahl seiner Lebensform unter Einschluss von „Wahlnachbarschaften“, wenn ihm sozial die Chance auf eine Revision eingeräumt bleibt. Eben darin bewährt sich die „Reflexivität“ der Lebensführung, in der Freiheit zu einer Revision nämlich, die das Projekt im Lichte sozialer Erfahrungen spiegelt und unter einen fortgebildeten subjektiven Identitätsentwurf beugt.

Solche Flexibilität braucht Offenheit – auf Seiten des Subjekts und als Grundzug des Binnenlebens von Gemeinschaften (vgl. Keupp 1994, 343). Die Offenheit macht es allerdings auch erforderlich, dass soziale Gemeinschaften die Kontingenz ihres Zusammenhalts ertragen. Giddens diskutiert diesbezüglich den Fundamentalismus als aggressive und selbst zerstörerische Abwehr dieser Zumutung (vgl. Giddens 1996, 183).[22]

Eine Reflexivität der Identitätsbildung, die die Pluralität der Lebensformen in einer Gesellschaft als kulturelles Reservoir aufschließt, verlangt einen Prozess, der über das bloße Nebeneinander dieser Lebensformen hinaus geht und sie miteinander in Beziehung setzt. Die Gelegenheit zu produktiver Aneignung beginnt mit der Wahrnehmbarkeit andersartiger Lebensformen. Sie braucht darüber hinaus Raum für die spielerische Adaption, die auch in eine Zurückweisung münden kann. Sie vollendet sich schließlich in der Freiheit zur Modifikation, welche die Formen alltagskultureller Expressivität fortbildet. Einem solchen *kulturellen Dialog* kommt – Eisenberg zufolge – eine Schlüsselbedeutung für den Prozess der Identitätsbildung in der Moderne zu. „Dialogue acknowledges the human being's twofold nature, our persistent oscillation between individuation and communion" (Eisenberg 2001, 542). Johannes Weiß versteht die „communion" selbst als einen dialektischen Prozess, in dem das gemeinsam Eigene gerade dadurch identifiziert werden kann, dass es neben dem Eigenen von anderen, also auch als Fremdes für andere wahrgenommen wird (vgl. J. Weiß 1999, 461). Kulturelle Identität bildet sich Weiß zufolge in der Dialektik von Selbstbestimmung und Unterscheidung. Dieser Prozess mündet in ein „entspanntes Selbstverhältnis", wenn die Akteure sich gegenwärtig halten, dass ihre kulturelle Identifizierung *vermittelt* ist – durch den Bezug auf soziale Zugehörigkeiten, symbolische Umwelten, individuelle Aspirationen und auch durch den Bezug auf „Fremde". Erst wo diese Vermitteltheit gegenwärtig gehalten wird, entsteht die nötige Offenheit gegenüber der Existenz anderer Kulturen, also Toleranz, sowie gegenüber der eigenen kulturellen Identität, also die Freiheit der Unbefangenheit.[23] Der Dialog zwischen Lebensstilen, Milieus und Kulturen bildet demnach das dritte Erfordernis der Vergemeinschaftung in einer posttraditionalen Gesellschaft.

Diskretion, Toleranz und Dialogizität sind wesentliche handlungsleitende Orientierungen für das private Leben. Sie müssen verwirklicht werden kön-

---

22 Ähnlich auch Keupp (vgl. 1994, 339-342).

23 Johannes Weiß formuliert seine Einsicht in die Dialektik kultureller Vergemeinschaftung am Ende als Hoffnung. „Vielleicht führt der weitere Gang der gesellschaftlichen Dinge, verbunden mit der Dialektik kultureller Identifikation, dazu, daß immer mehr Deutsche ihr Eigenes, und zwar im eigenen Land, als ein Fremdes wahrzunehmen und, auf dem Wege der Unterscheidung, also der Kritik, auch zu schätzen lernen. Ein derart vermitteltes und entspanntes Selbstverhältnis der Deutschen würde es Minderheiten und Zuwanderern aus anderen Kulturen wohl erleichtern, sich ohne Selbstaufgabe, aber auch ohne Selbstabkapselung oder Selbstüberhöhung, auf die politisch-rechtlichen und sozio-kulturellen Gegebenheiten dieses Landes einzulassen." (J. Weiß 1999, 464)

nen, wenn sich in dem privaten Leben die lebensweltlichen Quellen der Gesellschaft erneuern können sollen. Die drei Prinzipien bezeichnen Voraussetzungen für die Herausbildung sozialer Solidaritäten in einer posttraditionalen Gesellschaft, die die Fragmentierung „destruktiver Gemeinschaften" im Sinne Sennetts meidet. Sie geben ferner Bedingungen dafür an, unter denen sich die Vielzahl nebeneinander praktizierter Lebensformen als kulturelles Reservoir aufschließen lässt, das den Einzelnen für die ihnen aufgegebene Entscheidung über ihre Lebensführung als Quelle der Orientierung und Sinngebung verfügbar ist.

Das dialogische In-Beziehung-Setzen verwandelt das kulturelle Reservoir in „kulturelles Wissen". Denn es unterwirft die Lebensformen einem kulturellen Prozess der Reflexion, der ihren Geltungsanspruch relativiert, limitiert oder erst erweist und so „rationalisiert". Diese Rationalisierung muss nicht allein die Form einer diskursiven Validierung von Geltungsansprüchen im Sinne einer theoretischen oder normativ-praktischen Überprüfung annehmen. Sie kann auch das Werk *„ästhetischer Reflexivität"* sein. Lash führt diesen Begriff in Anlehnung an Adornos emphatisches Kunstverständnis ein. Ästhetische Reflexivität liegt – Lash folgend – vor, wo einer hegemonialen Sinngebung opponiert wird; und zwar nicht durch diskursive Begriffsarbeit, sondern durch einen kulturellen Ausdruck, der durch eine widerständige Bedeutung „motiviert" ist, die auf „mimetische" Weise zum Vorschein gebracht wird – in einer Szene, einem symbolkräftigen Bild, einem anschaulichen Arrangement, das sich in seiner Besonderheit und sinnlichen Konkretheit dem Reglement der vorherrschenden „Sprachregelungen" nicht fügt (vgl. Lash 1996, 236-242). Solche kulturelle Expressivität nimmt der vorherrschenden Anschauungsweise den Status des gewohnheitsmäßig Für-wahr-Genommenen. Sie erweist sich gerade in der Provokation und Irritation der fraglosen Selbstverständlichkeit gewöhnlicher Wahrnehmung. Dadurch stellt sie deren Vermitteltheit vor Augen. In diesem Sinn kann von einer „Reflexivität" die Rede sein, zu der ästhetische Ausdrucksmittel imstande sind. Sie liegt dann und nur dann vor, wenn sich der kulturelle Ausdruck gerade nicht in der Reproduktion von Stereotypen erschöpft.

Das „kulturelle Wissen einer Gesellschaft" wird neben Sozialisationsagenturen wie Familie, Ausbildungswesen und Beruf auch durch Medien vermittelt. Die Medien der „Massenkommunikation", namentlich das Fernsehen, sind demnach in den Prozess der „Reproduktion" dieser lebensweltlichen Ressource gesellschaftlichen Lebens eingebaut.[24] Welche Rollen *kön-*

24 Medien spielen nicht nur für die Reproduktion des „kulturellen Wissens" eine Rolle. Sie sind auch direkt in die Ausgestaltung sozialer Beziehungen eingebaut. So wird der Umgang mit Medien beispielsweise dazu genutzt, innerhalb des häuslichen Lebens der Familie Rückzugsräume zu markieren oder differente Erlebnisprojekte zu artikulieren. Der Mediengebrauch dient auf diese Weise dazu, die „interne Geografie" der häuslichen Privatsphäre als Neben- und Miteinander von Lebensentwürfen zu bestimmen. Das ist für den Umgang mit dem Fernsehen sowie mit dem Telefon, dem Computer und der computervermittel-

nen Medien in diesem Prozess spielen? Was kann ihr Umgang mit dem privaten Leben für die Herausbildung sozialer Solidaritäten und kulturellen Wissens bedeuten?[25]

Unstreitig kann man feststellen: In Talkshows oder in „Real-Life-Soaps" legt es das Fernsehen darauf an, Menschen in ihrer emotionalen Betroffenheit wahrnehmbar zu machen. Die Schaustellung authentischer Ergriffenheit ist indiskret. *In* den Sendungen wird die Regel der Diskretion gebrochen. Soweit ist der Vorgang eindeutig. Allerdings ist damit noch nicht festgestellt, dass die Diskretion als Regel sozialer Interaktionsformen aufgehoben wird. In einem ganz allgemeinen Sinn ist nämlich daran zu erinnern, dass der Regelbruch in einer „Sinnenklave" stattfindet, die neben der Wirklichkeit sozialer Beziehungen angesiedelt ist – im Reich der Fernseherzählungen eben. Diese Unterscheidung ist denjenigen, die diese Geschichte anschauen, ebenso gegenwärtig wie den professionellen Erzählern. Selbst für die Laienschar der Teilnehmer, die mit der Indiskretion einen partiellen Verlust ihrer Selbstverfügung erleiden und betreiben, ist offenbar wichtig, dass dies vor einem anonymen Massenpublikum geschieht. Dieser „Rahmen" zieht aus ihrer Sicht paradoxer Weise eine geringere soziale Verbindlichkeit der Selbstoffenbarung nach sich als eine gleichartige Exposition vor Angehörigen ihrer sozialen Nahwelt (vgl. Fromm 1999).

Die „Indiskretion" als Muster im Reich der Fernsehgeschichten repräsentiert und implementiert insoweit noch kein Modell sozialen Handelns. Mediale Vorstellungswelt und sozialer Handlungsraum sind prima facie voneinander geschiedene Wirklichkeitsbereiche. Ein Transfer zwischen diesen Bereichen setzt eine Metamorphose voraus. Sie ist von den Rezipienten selbst zu realisieren. Um zu prüfen, unter welchen Bedingungen ein Transfer aus der Welt der Fernseherzählungen in diejenige sozialen Handelns erfolgen kann, ist daher der Prozess der Aneignung in der Rezeption näher zu diskutieren.

Der Bezug des Rezipienten auf die parasoziale Szene im Fernsehen beschränkt sich im allgemeinen auf die Passivität der Wahrnehmung. Er lässt sich von der Darstellung berühren. Gerade so handhabt der Rezipient das Fernsehen als Quelle von Erlebnissen eigener Art, die sich komplementär

---

ten Kommunikation gezeigt worden (vgl. Morley 2000, 86-104). Gegenüber einer solchen Analyse der „social uses" der Medien (vgl. Moores 2000, 12-41) ist die Aufgabenstellung des vorliegenden Projektes abstrakter und zugleich enger gefasst: Es geht nicht um die komplexe Mikrostruktur des Alltagslebens, sondern um einen elementaren Grundzug seiner Konstruktion, die Dichotomie „privat" versus „öffentlich". Von den verschiedenen Formen und Modalitäten der Mediatisierung von Privatheit fasst die Untersuchung den denkbaren Einfluss ins Auge, den die *Darstellungen* des Fernsehens auf die gesellschaftlich verbreitete *Wahrnehmung* und darüber vermittelt auf die Praxis der Unterscheidung von Privatheit und Öffentlichkeit haben können. Das ist auch die leitende Fragestellung an die Selbstbeobachtung, die der Fernsehdiskurs vornimmt (Kap. 6). Daher bleibt hier die entscheidende Frage, welche Rolle das Fernsehen als Medium von Anschauungsweisen spielt.

25 Eine knappe Vorverständigung dient dazu, eine theoretische Folie zu gewinnen, vor deren Hintergrund (in Kapitel 6) diskutiert werden kann, welches Verständnis der öffentliche Diskurs von der Rolle des Fernsehens entfaltet hat.

oder kontrastiv zur Welt seiner sozialen Erfahrungen verhalten. Ein Transfer müsste das Objekt der situativen Affektion erst in ein Element subjektiver Handlungspläne verwandeln; der Rezipient müsste sich also nicht nur innerlich *berühren* lassen, sondern die parasoziale Szene als Orientierung für den Aktivismus seines eigenen sozialen Handelns *verinnerlichen.* Eine solche Metamorphose ist durchaus nicht die Regel. Insofern halten Rezipienten die erlebnisreiche medienvermittelte Wahrnehmung und ihr aktives soziales Handeln voneinander geschieden. Darüber belehren solche theoretischen Auskünfte, die – gestützt auf kulturwissenschaftliche Einsichten in den konstruktiven Charakter des Rezeptionsprozesses – die Vorstellung zurückweisen, mediale Inszenierungen modifizierten von sich aus ohne weiteres die soziale Wirklichkeit (vgl. Fiske, Hartley 1978).

Wenn man diese Lektion in Rechnung stellt, bleibt gleichwohl zu bedenken, dass es zwischen Wahrnehmungsweisen und handlungsleitenden Orientierungen einen subjektiven Zusammenhang gibt. Man kann eine handlungsleitende Orientierung wie beispielsweise das Prinzip der Diskretion als sanktionsbewehrtes Gebot zur Kenntnis nehmen. Man kann sich dafür Gründe einleuchten lassen und diese Einsicht bei Gelegenheit zur Sprache bringen. Man kann diese Einsicht gegebenenfalls kritisch überprüfen, den Geltungsanspruch der Regel limitieren oder bekräftigen. Subjektiv wahrgemacht ist das Prinzip aber erst mit einer *Habitualisierung*, die den Respekt vor der Regel der Diskretion als Gewohnheit einschleift. Zu dieser Habitualisierung gehört auch die Gewohnheit, mit der der Blick auf eine Szene hin – oder von ihr abgewendet wird. Die Verinnerlichung der Regel der Diskretion verlangt eine ihr gemäß eingestellte Gewohnheit des Wahrnehmens, eine gebildete Wahrnehmungs*weise.*

Die indiskreten Fernsehgeschichten erlauben es, diese Wahrnehmungsweise abzulegen, ohne damit zugleich ihre Verbindlichkeit im Raum sozialer Erfahrungen bewusst aufzugeben. Die mediale Inszenierung hält für die Wahrnehmung gegenwärtig, dass die Indiskretion in einem anderen *Rahmen* stattfindet. Zugleich legt sie es aber darauf an, dass sie von denselben Themen und Figuren handelt, die den Erfahrungsraum des Alltags bevölkern. Die medialen Indiskretionen spielen mit der Nähe zum Alltagsleben und beziehen daraus ihren Reiz. Nicht Artifizialität und ästhetische Distanz, sondern „Authentizität" ist ihr gewähltes Markenzeichen. „Authentizität" soll das Verhältnis bezeichnen, in das sich die mediale Inszenierung zur sozialen Erfahrung stellt. Die Inszenierungskunst hebt an der von ihr erschlossenen indiskreten Wahrnehmungsweise nicht die Differenz zum Alltagsleben hervor, sondern sucht sie umgekehrt zu „normalisieren". Die Gewöhnlichkeit, mit der Privates und Intimes ohne weiteres zur Schau gestellt werden, erhebt den indiskreten Blick zur Normalität. Sie macht ihn zur Gewohnheit, die alltäglich aufs Neue ausgeübt werden kann. Aus der medial eröffneten Gewohnheit indiskreter Wahrnehmung herauszutreten macht dann eine Extraanstrengung nötig; die Grenzen dieser Erlebnisweise müssen kognitiv erst vergegenwärtigt werden. Das ist nicht ausgeschlossen, aber auch nicht zwingend.

In diesem Sinn etabliert die serielle Exposition von Privatem und Intimem eine Wahrnehmungsweise, in der die subjektive Einstellung auf die Regel der Diskretion aufgehoben ist. Diese Aufhebung vollzieht sich gleichsam „schleichend". Eine förmliche Kündigung der Regel ist nicht erforderlich. Denn sie wird gar nicht *zur Debatte* gestellt. Umgestellt werden allein die Gewohnheiten, die die individuelle Wahrnehmung steuern. Die *Banalisierung der Indiskretion*, an der sich die Fernsehgeschichten zu schaffen machen, wird im sozialen Alltag etwa dann spürbar, wenn Begründungs- und Legitimationsaufwand nötig wird, um die Regel der Diskretion in Anspruch nehmen zu können.

Es bleibt also doch nicht dabei, dass die Fernseherlebnisse allein als die karnevaleske, sozial und zeitlich begrenzte *Ausnahme* aus dem Sinnhorizont des Alltags begriffen werden können. Mit Wahrnehmungsweisen und Gefühlsgewohnheiten bewirtschaftet das Fernsehen die subjektiv gewordenen, verinnerlichten Daseinsweisen handlungsleitender Orientierungen des sozialen Alltags. Mit den Gewohnheiten des Wahrnehmens und des Fühlens überformt das Medium die Orientierungen – und in der Folge das durch sie angeleitete soziale Handeln. Das bedeutet nicht, dass Zuschauer und Teilnehmer in Hinsicht auf das Prinzip der Diskretion gar keinen Unterschied zwischen Fernsehgeschichten und sozialem Leben *machten*. Aber es dürfte sich die Empfindlichkeit verändern, mit der sie *wahrnehmen*, ob und wann eine Indiskretion nicht „am Platz" ist.

In Hinsicht auf Toleranz und Dialogizität als Prinzipien einer freien Vergemeinschaftung hat das Fernsehen, wie die Medien insgesamt, ein enormes kulturelles Potenzial. Es macht Lebensweisen und kulturelle Ausdrucksformen jenseits der begrenzten sozialen Räume und Milieus, in denen sie realisiert werden, wahrnehmbar (vgl. Meyrowitz 1987). Das Medium erschließt dem Einzelnen damit Erfahrungsräume, die außerhalb der Reichweite seiner unmittelbaren Interaktionsbeziehungen liegen. Das begründet seinen Reiz. Mit einem sozialräumliche Grenzen überspringenden Angebot an die Vorstellungsbildung etabliert das Fernsehen seine eigene spezifische Rolle *im* Alltag – *neben* den Institutionen, die ihn ansonsten prägen, wie Partnerschaft, Familie, Beruf oder Behörden. Das Fernsehen bringt – der Möglichkeit nach – die Vielfalt zunächst wie ein babylonisches Nebeneinander sozial distinkter Lebensformen zum Vorschein – im Sinne von Weintraubs Metapher der „cosmopolis". Damit wird diese Vielfalt dem Einzelnen als kulturelle Ressource verfügbar, auf die er für die Gestaltung seiner Lebensführung zurückgreifen kann. Sie wird darüber hinaus aber auch einem gesellschaftlichen, einem kulturellen Prozess zugeführt. Das dank des Mediums augenscheinliche Nebeneinander verschiedenartiger Lebensformen unterzieht alle einzelnen einer elementaren Form von Reflexivität: Ihre Reichweite und ihr Geltungsanspruch *erscheinen* limitiert. Dieser Augenschein kündet implizit von der Legitimität der Verschiedenartigkeit und bringt so das Metaprinzip der posttraditionalen Moderne zur Anschauung: die Kontingenz gewählter Lebensformen. In diesem abstrakten Sinn kann davon die Rede sein, dass der „kosmopolitische" Vorstellungsraum des Fernsehens „Reflexivität" begünstigt.

Das Fernsehen nähert sich der „ästhetischen Reflexivität" in dem von Lash skizzierten anspruchsvolleren Sinn, wo es die Differenz seiner vorgestellten Welt zur Alltagserfahrung kreativ ausgestaltet – zu einem „fantastischen", dabei zugleich szenisch-konkreten Entwurf für ein erfülltes Erleben. Einschlägige Anstrengungen entspringen durchaus dem Eigensinn des Mediums. Denn es befestigt seine Rolle im Alltag seiner Nutzer, wenn es deren unerfüllte Erlebnisbedürfnisse anspricht und ihnen eine kulturelle Gestalt gibt. Dieses kulturelle Potenzial hat dem Fernsehen das Lob eingebracht, eine wesentliche, wenn nicht die einzig verbliebene Agentur zu sein, die den Individuen in einer Gesellschaft ohne Tradition und ohne unbestrittene Instanzen der Sinngebung Orientierungshilfen geben kann. Das Fernsehen figuriert als letzter Bürge für Enkulturation und Vergemeinschaftung (vgl. Mikos 2000a, 51).

Das kulturelle Potenzial des Fernsehens ist aber durchaus ambivalent. Die Thematisierung origineller oder gar anstößiger Praktiken geht auch mit deren förmlicher Verurteilung und Ausgrenzung einher. Die inszenierte Ausgrenzung erneuert die Fiktion eines herrschenden moralischen Pflichtenkataloges. Für Geschichten dieser Art liefert der Opportunismus, mit dem das Medium nolens volens auf breite Akzeptanz zielt, einen bleibenden Antrieb. Denn Medien, die sich an Massen wenden, suchen den „gesunden Menschenverstand" bzw. das „gesunde Empfinden" der Mehrheit nicht herauszufordern, sondern zu bedienen. Dabei müssen sie jedoch auch die Aufmerksamkeit eines durchschnittlichen Gemüts erregen. Schon vor dem Fernsehen beherrschte die illustrierte Presse die Kunst, die Thematisierung von Fantasien, welche die Grenzen des Legitimen oder Tabus verletzen, mit einer Erneuerung der moralischen Regel zu verbinden. Vincent zitiert mit Blick auf die wachsende Freizügigkeit medialer Darstellungen den Schluss: „Die Permissivität des sexuellen Humanismus wird mit dem Appell an die Ordnung erkauft" (Vincent 1993, 321). Dieses mediale Nebeneinander von anstößiger Regelverletzung und Erneuerung der Regel findet sich in verschiedenartigen Inszenierungsweisen (Kriminalgeschichte, Boulevard, Reportage, Talkshow u.a.). Die Beurteilung, was die Ambiguität der medialen Inszenierung für die Kultur einer Gesellschaft bedeutet, kann sich mehr auf die eine oder die andere Seite in diesem Spannungsverhältnis verlegen. Mikos nimmt einen Gedanken von Herzinger auf, der die Talkshows als „moralische(s) Konsensritual“ entschlüsselt (Mikos 1999, 240). Die Selbstdarstellung des Intimen, Obszönen, Devianten wird in eine Form gebracht, in der die konventionelle moralische Ordnung durch die Ausgrenzung, die „Victimisierung“, die inszenierte Bekehrung oder die „Reinigung“ des Abweichlers bekräftigt wird.

Die inszenierte Bekräftigung der konventionellen Regel zehrt von einer Vereindeutigung, die die „Fälle“ als bloße Verkörperung einfacher moralischer Klischees lesbar macht – die treulose Ehefrau, der unzuverlässige, pflichtvergessene Vater, der unbeherrschte Spieler, die reumütige Abtrünnige u.s.f. Die „Abweichung“ wird so wenig wie die „Regel“ in ihrer Vermitteltheit zum Vorschein gebracht. Die Ausgrenzung wird einfach *vollzogen*, die Abweichung durch die mediale Zeremonie „gebannt“. Eben darin gleicht die Inszenierung einem Ritual. Diese dramaturgische Praxis ist anti-reflexiv. Der antithetische Bezug des Fernsehgeschehens zum Erfahrungsraum des Alltags liegt hier darin, moralischen Geboten als Sinnprinzipien den *Anschein* einer Gültigkeit und Gewissheit zu geben, den die Alltagserfahrung so nicht einspielt. Das Fernsehen lockt mit dem *Dementi* sozial erfahrener Ambivalenz und Ambiguität.

Das Fernsehen bewährt sich mit solchen Inszenierungsmustern als Medium der kulturellen Reproduktion für einen weltanschaulichen Rigorismus, den Sennett „destruktiven Gemeinschaften“ attestiert. Mit gutem Grund. Die konventionelle Moral wird inszenatorisch als Rahmen installiert, innerhalb dessen die Lust an der Anschauung des Regelverstoßes bedient wird. Diese Gleichzeitigkeit begründet die spezifische kulturelle Gestalt, in der den moralischen Empfindungen Raum gegeben wird: Bigotterie und Niedertracht, d.h. die Lust am Vollzug der Ausgrenzung einer anschaulich präsenten „Abweichung“. Eine solche Inszenierungsweise greift die kulturellen Grundlagen für kommunikativ auszuhandelnde Moralen von zwei Seiten her an. Sie banalisiert die Anschauung der Normabweichung (in dem für die „Diskretion“ oben diskutierten Sinn); und sie bringt mit dem Rigorismus des gefühlsbetonten Moralisierens die kulturelle *Form* kommunikativen Aushandelns zum Verschwinden, in der ein moralischer Konsens allein begründet und erneuert werden kann. Insofern kann von einer zersetzenden Auflösung kultureller Grundlagen für Toleranz und Dialogizität die Rede sein.

Aufs Ganze gesehen sind demnach durchaus widerstreitende Auswirkungen des Fernsehens auf die sozialkulturellen Voraussetzungen der privaten Lebensführung denkbar. Es ist eine empirisch zu beantwortende Frage, welche Indizien für welche Art der „Mediatisierung“ des privaten Lebens auffindbar sind. Die Studie wird sich damit im Folgenden mittelbar auseinander setzen; vermittelt nämlich über die Frage, welche der denkbaren Auswirkungen im öffentlichen Diskurs wahrgenommen, ggf. streitig erwogen und am Ende als neue gesellschaftliche Normalität festgestellt werden.

2.4 Privatheit und Politik/politische Öffentlichkeit

Folgt man Weintraubs Systematisierung, dann bildet die Sphäre der Politik die Gegenwelt zum Reich des Privatlebens. Während es in diesem Reich allein um persönliche Beziehungen, zentriert um das Selbst und seine Verwirklichung, geht, werden in jener Sphäre Angelegenheiten von allgemeinem Belang verhandelt und Entscheidungen getroffen, die auf gleichsam „unpersönliche" Weise Verbindlichkeit beanspruchen. Die scharfe Polarisierung der Sphären gründet – Weintraub zufolge – auf der Souveränität der öffentlichen Gewalt (vgl. 1997, 10-14). Allerdings werden die geschiedenen Sphären durch eine Bewegung wieder verklammert, die im Privatleben ihren Ausgang nimmt. Privatleute machen sich die Angelegenheiten von allgemeinem Belang zu ihrer Sache, nehmen am Prozess der Meinungs- und Willensbildung in diesen Angelegenheiten teil und suchen darauf einzuwirken, was die souveräne öffentliche Gewalt zum „Sachgesetz" gesellschaftlicher Lebensführung macht. Diese Teilhabe findet im Medium der Öffentlichkeit statt. In diesem Sinn ist die Sphäre der Politik „a world of discussion, debate, deliberation, collective decision making, and action in concert" (Weintraub 1997, 11), an der die Privatleute als Bürger teilhaben. Die Verklammerung der Welten hat in der politischen Struktur der repräsentativen Demokratie ihre Grundlage.

Habermas identifiziert die Öffentlichkeit als die Sphäre, in der der Eigensinn der Lebenswelt mit der Systemlogik der politisch-administrativen Staatsapparatur *vermittelt* wird. Mit dieser Vermittlung wird das Prinzip der Demokratie, die Volkssouveränität, wirklich. Daraus gewinnt Habermas die wesentlichen Bestimmungen seines normativen Begriffs von Öffentlichkeit (vgl. Habermas 1989). Die Vermittlung unterstellt die Lebendigkeit „nichtvermachteter" Kommunikationsströme, die in den öffentlichen Raum Eingang finden und so allgemein wahrnehmbar und verhandelbar werden. Öffentliche Kommunikation darf demzufolge nicht allein von den berechnenden Manövern der Loyalitätssicherung beherrscht sein, mit denen Akteure des politisch-administrativen Systems den Erhalt ihrer Macht betreiben. Die Vermittlung gelingt erst dann, wenn Meinungen und Haltungen gesellschaftlich diskussionsfähig werden, in denen sich der Eigensinn artikuliert, der in den sozialen Erfahrungen der privaten Lebensführung wurzelt. Aus dieser lebensweltlichen Quelle entwickeln sich prätentiöse Gesellschaftsbilder, die durch individuelle Interessen und Wertauffassungen motiviert sind. Das Aufeinandertreffen solcher Welt-Bilder erzeugt eine konflikthafte kommunikative Auseinandersetzung, die in – der Möglichkeit nach konsentierte – Entwürfe für die Regelung sozialer Beziehungen und staatlicher Funktionen mündet.

Peters erläutert die elementare Bedeutung einer Öffentlichkeit, in der sich der lebensweltliche Eigensinn von Privatleuten entfalten kann, für das Funktionieren einer demokratischen Gesellschaftsordnung.

> Diese Konzeption von Öffentlichkeit (...) ist dazu bestimmt, ein altes Problem der Demokratietheorie zu lösen. Wenn Demokratie kollektive Selbstregulierung bedeuten soll, wie ist dann zu erreichen, dass es zu einer Einigung auf Entscheidungen kommt, die zugleich freiwillig und vernünftig ist? Wie kann sich eine volonté générale bilden, die ,allgemein' ist im Sinne der Überwindung partikularer Perspektiven und der Verkörperung allgemeiner Einsichten, die den Einzelnen nicht oktroyiert wird und auch ihre disparaten Interessen und Aspirationen nicht einfach einfach negiert? (Peters 1994, 47f.)

Aus dieser allgemeinen Konzeption leitet Peters die spezifischen Qualitäten ab, die die Kommunikation in dieser Sphäre bestimmen müssen, wenn ihre Funktion als „Scharnier" zwischen „systemischer Integration" und lebensweltlicher Vergemeinschaftung im Sinne von Habermas erfüllt werden soll. Diese Kommunikation muss zunächst in thematischer Hinsicht die „Angelegenheiten von kollektivem Interesse" zur Sprache bringen, „Probleme" also, „die ,alle' angehen oder interessieren sollten" (Peters 1994, 45). Dabei darf kein Thema a priori ausgeschlossen werden. Denn die Entscheidung, welchem Thema Relevanz zukommt, muss selbst das Produkt der öffentlichen Verhandlung sein. Insofern ist die thematische Offenheit eine wesentliche Voraussetzung für das Gelingen öffentlicher Kommunikation. Darüber hinaus müssen Wissensbestände bereitgestellt werden, die es Gesellschaftsmitgliedern mit ganz unterschiedlich ausgebildetem Vorwissen erlauben, die in Rede stehenden Probleme in ihrem sachlichen Gehalt angemessen wahrnehmen und beurteilen zu können. Die für heterogene soziokulturelle Milieus adäquate „Verarbeitungskapazität" ist demzufolge eine weitere Anforderung an das Gelingen öffentlicher Kommunikationsprozesse. Damit die sich herausbildende Meinung tatsächlich das Produkt einer „zwanglos erzielten Überzeugung" und nicht das Werk einer Manipulation ist, muss der Prozess des öffentlichen Verhandelns von Einschüchterung und Sanktionierung frei sein. Reziprozität der öffentlichen Kommunikation und diskursive Struktur des öffentlich ausgetragenen Meinungsstreits sind demzufolge Maßstäbe für das Gelingen eines öffentlichen Kommunikationsprozesses, in dem sich das Prinzip der Volkssouveränität wirksam verwirklichen kann (vgl. Peters 1994, 45-47).

Der Prozess der öffentlichen Kommunikation soll hier nun allein mit Blick auf ein spezifisches Phänomen näher betrachtet werden, nämlich im Hinblick auf die „Personalisierung" des Politischen. Zu klären ist, welche Konsequenzen die Personalisierung für die Teilhabe der Privatleute am Prozess politischer Kommunikation und daher mittelbar am politischen Prozess der Entscheidungsfindung selbst zeitigt. Dafür gibt der in Erinnerung gerufene Begriff der Öffentlichkeit einen Bezugsrahmen ab, innerhalb dessen die Spezifika einer personalisierenden Politikvermittlung beurteilt werden können.[26]

Die Auseinandersetzung mit der Personalisierung des Politischen entfernt sich von dem Thema, wie das Privatleben von nicht-prominenten Akteuren medial verhandelt wird. Sie nimmt publizistische Formate in den Blick. Wenn die Personalisierung des Politischen Schritt für Schritt entschlüsselt wird, kommt jedoch auch die Stelle zum Vorschein, an der in die Logik einer personalisierten Politikwahrnehmung gleichsam ein „Scharnier" eingebaut ist, durch das sie mit der intimisierenden Wahrnehmungsweise verkoppelt ist, die die Unterhaltungsformate des „Affektfernsehens" kultivieren. Die normalisierte Veröffentlichung des Privaten erweist sich als soziokultureller Untergrund, auf dem die Personalisierung des Politischen zur Blüte kommt (vgl. Wilke 1998).

Für Praktiker wie Beobachter der politischen Kommunikation steht fest: Politik wird über Personen vermittelt. Nicht ausschließlich, aber zu wesentlichen Teilen. Parteien und Institutionen entwickeln entsprechende Strategien der Politikdarstellung, die Personen als Repräsentanten auf die Bühne stellen (vgl. Hitzler 1996, Sarcinelli 1987). Die Regeln journalistischer Realitätskonstruktion befördern diese Strategien. Abstrakte Sachstandsanalysen fügen sich nämlich schlecht in eine Darstellungsweise, die über das „neueste *Geschehen*" ins Bild setzen will. Themen werden anhand von Ereignissen behandelt; und die Ereignisreportage stellt das Handeln von Personen ins Zentrum. So werden politische Problem und Prozesse in eine narrative Grundstruktur übersetzt, anhand derer „Neuigkeiten" vermeldet werden (entlang der Antworten auf die elementaren Fragen „wer, mit wem/gegen wen, in Bezug auf was, wo und wann").

Eine personenzentrierte Darstellung hilft, die Erfordernisse der Einfachheit, Klarheit, Übersichtlichkeit und Abgeschlossenheit in der journalistischen Darstellung zu erfüllen. Sie macht politische Probleme und Prozesse auf das Handeln einzelner Akteure, auf ihre Motive, Fähigkeiten und Beziehungen rückführbar. Sie kommt zudem dem Bedürfnis von Medien entgegen, mit der Ansprache des „Human Interest" an Personen und Emotionen Aufmerksamkeit zu gewinnen (vgl. Holtz-Bacha 2001, 24f.). An diese Vereinfachung und Vereindeutigung knüpft sich die Spekulation, die Personalisierung könne eine ansonsten abstrakte und unzugängliche Politik wieder für die Perspektive des Alltagslebens erschließen (vgl. Brants 1998, 332f.; Wehner 1998, 323).

Die „Personalisierung" stellt aber eine durchaus eigentümliche Beziehung zwischen der Alltagswelt und der Sphäre politischer Macht her. Nur deshalb macht es ja auch Sinn, von der Personalisierung wie von einer spezifischen

---

26 Bei den folgenden Ausführungen handelt es sich um die überarbeitete Fassung von Darstellungen in Weiß 2001 und Weiß 2002.

Darstellungsweise zu sprechen. Was zeichnet sie also aus? Der von den Medien auf die handelnden politischen Akteure ausgerichtete Blick des Publikums ist zunächst von einer ambivalenten Bezugnahme auf diese Akteure getragen: Der politische Akteur wird einerseits wie ein Beauftragter wahrgenommen, der am Maß des subjektiven Verständnisses darüber zu beurteilen ist, was „eigentlich“ die Aufgabe der Politik zu sein habe und wie diese Aufgabe angemessen zu „lösen“ wäre. In diese subjektive Auslegung vom Aufgabenkatalog der Politik ist das Interesse, das in einer individuellen Lebenslage des Beobachters wurzelt, übersetzt. Der politische Akteur wird andererseits als Inhaber einer machtvollen Zuständigkeit für Entscheidungen von allgemeinem Belang angesehen, denen der Einzelne allein als Betrachter beiwohnt (vgl. Meyer u.a. 2000, 198). Diese Gleichzeitigkeit von Anspruchshaltung und Unterordnung ergibt sich aus der Konstruktion der politischen Macht in einer repräsentativen Demokratie. Entscheidend für die Analyse spezifischer Darstellungs- und korrespondierender Wahrnehmungsweisen ist es nun, wie der Zusammenhang von individueller Lebens- und Interessenlage mit der Souveränität der politischen Macht zu denken gegeben wird.

Für den auf das Personal der Politik ausgerichteten Blick existiert der Zusammenhang vermittels einer Übereinstimmung in Grundorientierungen, in „Werten“. Die Übereinstimmung in Werten soll über die kategoriale Differenz zwischen einer Position im Gefüge der Macht und der Abhängigkeit einer Allerweltsexistenz hinweg dafür sorgen, dass die Ausübung der Macht aus einem Geist erfolgt, den der beobachtende Einzelne teilt. Der Zusammenhang wird insoweit versubjektiviert konstruiert, d.h. in die Eigenschaften der dramatis personae versenkt. Für den beobachtenden Einzelnen gewinnt die Frage, wie es in der Politik um die Berücksichtigung seiner Bedarfe und Bedürfnisse bestellt ist, dadurch ein neues Thema: Was sind die subjektiven Eigenschaften der Person, die politische Macht ausübt?

Die Suche nach Antworten auf diese Frage erfolgt in zwei grundsätzlichen Dimensionen, die von dem doppelten Ausgangspunkt der Betrachtung herrühren: Zum einen ist zu inspizieren, ob die politische Figur die eigenen Wertorientierungen erklärtermaßen teilt und insofern Sympathie verdient und ob sie als integer genug angesehen werden kann, um die behauptete Selbstbindung an übereinstimmende Wertauffassungen glauben zu können. Darüber hinaus werden zweitens Wille und Geschick im Gebrauch der Macht zu einer selbstständigen Dimension beim Taxieren politischer Figuren; denn der beobachtende Einzelne weiß sich nun von entsprechenden Fertigkeiten seines erklärten und erkorenen Anwalts abhängig. Schütz setzt daher treffend „Sympathie“, „Integrität“ und „Kompetenz“ als Schlüsseldimensionen für die Selbstdarstellung von Politikern an (vgl. Schütz 1999, 106f.).

Die Beobachter im Publikum vor der Medientribüne können diese Dimensionen teils nebeneinander teils unabhängig voneinander taxieren. Stets bewegen sie sich in der Suche nach Anhaltspunkten für die Glaub*würdigkeit* der politischen Figur. Diese Suche ist durchaus kreativ. Denn sie lebt von Interpretationen, die zu ergründen suchen, was die Person „wirklich“ im Innersten antreibt. Die Interpretation hält sich nicht nur an Taten oder Erklärungen. Für die Interpretation der *persönlichen* Eigenschaften eines Politikers wird auch und gerade interessant, welche Figur er macht. Wirkt er sicher oder angespannt, souverän oder verärgert?

Wenn es um eine Einschätzung der Person geht, wird auch der Blick auf ihr Handeln auf anderen Feldern wie bei Spiel, Sport und Spaß interessant. Wie gibt sie sich in Talkshows, auf dem Fußballplatz, im Karneval? Kann man ihr die Mischung aus kumpelhafter Nähe zum Volk, mit der sie sich „menschlich“ gibt (vgl. Holtz-Bacha 2001, 23f.), und würdevoller Distanz, die den zu Höherem berufenen Charakter auszeichnet, abnehmen? Selbst das Benehmen in Ehe oder Familie nimmt die medial angeleitete Personeninspektion ins Visier. „Im Zuge der Personalisierung und Dramatisierung macht man jetzt auch vor der Privatsphäre nicht halt“, berichtet Wilke mit Blick auf die Entwicklung der Inhalte der amerikanischen Presse (1998, 288).

Das ist folgerichtig. Denn mit dem Übergang zur *Person als Thema* ist die Betrachtung von dem Feld des im engeren Sinn politischen Handelns entgrenzt. Die psychologische Perspektive totalisiert. Ihr ist alles gleichermaßen gültiges Material für den spekulativen Schluss auf Motive oder Haltungen der politischen Akteure. Hier liegt das Scharnier zur intimisierenden Wahrnehmungsweise, zu der die mediale Ausstellung von Privatpersonen in ihren ganz alltäglichen Neigungen und Drangsalen einlädt. Die mediale Verhandlung des Privatlebens stellt den Blick auf die öffentliche Bühne auf den Wahrnehmungsmodus der moralisierenden Personeneinschätzung ein.

Die personalisierende Inszenierung von Politik schreibt politische Probleme oder Prozesse in Zeichen für Integrität und Kompetenz der dramatis personae um. Mit dieser *Übersetzung* in den Sinnhorizont der Charakterologie hält die Willkür der moralisierenden Personenwahrnehmung Einzug in das Politikverständnis. Interpretationen kommen folgerichtig zu keinem bündigen Ende. „Da man jedoch in die Köpfe nicht hineinschauen kann, bleiben Personen prinzipiell unberechenbar“ (Wehner 1998, 323). Die Inspektion der politischen Bühne hält sich weiter bei der Personenwahrnehmung auf – und findet so zum Thema nicht zurück. Die Personalisierung funktioniert daher wie eine *Dethematisierung*. Sie schlägt eine Brücke zwischen der Sphäre der Politik und der Erfahrungswelt des Alltags, die die materielle Einwirkung dieser Sphären aufeinander thematisch umgeht. Sennetts Urteil fällt daher auch kategorisch aus. Er hält die Personalisierung für eine „Ablenkung“, die dem Publikum seine „Urteilskraft“ nimmt (vgl. Sennett 1983, 281-283; siehe auch Holtz-Bacha 2001, 24).

> Zuletzt schließt sich der Kreis: Das Fernsehen zeigt uns in unserer Wohnung Bilder von Politikern in ihrer Wohnung. Die privaten Eigenschaften, die ein Mann des öffentlichen Lebens zu inszenieren versteht, begründen seine Glaubwürdigkeit als Mann des öffentlichen Lebens. (Prost 1993, 148)

Politische Akteure wollen sich durch eine personalisierte Inszenierung ihrer Politik auf symbolische Weise Legitimation beschaffen. Sie stilisieren beispielsweise die expressive, ritualisierte Seite ihrer Amtsführung – die Begegnung mit Staatsmännern, den Auftritt in den Arenen der Macht im Zentrum der Mikrophone und Kameras – zum Zeichen der Vorzüge des Amtsinhabers. Die Botschaft dieser „symbolischen Politik" lautet: „Das Ruder liegt in den richtigen Händen". Diese Versicherung soll eine Evaluation der Inhalte ihrer Politik begleiten, wenn nicht ersetzen. Eine solche Personalisierungs*strategie* ist insbesondere bei Wahlkämpfen zu beobachten. Sie scheint im Wahlkampf um die US-Präsidentschaft zur Vollendung gebracht.

Beim Erzeugen neuer Gesichtspunkte und Prüfsteine der Glaubwürdigkeit für die als Symbol ausgestellten politischen Personen werden die Medien produktiv. Sie stellen die gesellschaftliche Wahrnehmung des politischen Prozesses auf die Erkundungsinteressen der Alltagspsychologie um. Schütz stellt aufgrund inhaltsanalytischer Beobachtungen fest, Politiker würden in Talkshows nicht vornehmlich als politische Experten auftreten; vielmehr übernehmen sie Elemente eines für Fernsehstars üblichen Stils, indem sie sich durch die Bezugnahme auf ihr privates Leben als sympathische Personen geben (vgl. Schütz 1999, 112). Daneben und darüber hinaus werden zugleich Maßstäbe für die Charakterologie politischer Führungsfiguren implementiert: Visionen, Pragmatismus, Entschlossenheit, Flexibilität u.s.f. Die medial inszenierte Verschmelzung von Macht und Autorität politischer Institutionen mit Statur und Habitus politischer Figuren, die als leibhaftige Verkörperung von Hoheit und Würde ins Bild treten, erinnerten mitunter an „höfische" Rituale (siehe etwa Meyer u.a. 2000, 199).

Wilke sieht in einer so eingestellten Wahrnehmung der Politik – gestützt auf Autoren der Nachrichtenwerttheorie und im Einklang mit ethnographischen Medientheorien – einen „kulturellen Idealismus" am Werk, der davon ausgeht, der herausragende einzelne „Mensch sei der ‚Herr der Geschichte'" (Wilke 1998, 288). Diese Konstruktion bringt das politische Führungspersonal in die Nähe von Figuren der Mythologie. Diese Nähe zum Mythos gehört mithin zu den wesentlichen inhaltlichen Kennzeichen der Personalisierung. Aus dieser Analogie beschafft sich die publizistische Darstellung ihre vermeintliche Einfachheit, die Übersichtlichkeit einer dichotomen Grundstruktur.

> Nicht ohne Grund spricht man häufig von Nachrichten-‚Story'. Stories weisen aber bestimmte Genremerkmale auf und folgen wiederkehrenden Mustern und Topoi. Dazu gehört beispielsweise das Vorkommen von Helden und Schurken, von Tä-

> tern und Opfern, von Reichen und Armen, von Schönen und Hässlichen usw. Nicht selten stehen die Stories mit einem derartigen Personal in der Nähe zum Märchen. (Wilke 1998, 292)

Der Kommunikationssoziologe Jäckel warnt, die Personalisierung könne am Ende Programm und Leistungen der Politik der allgemeinen Wahrnehmung und Bewertung entziehen. „Je mehr Tele- und Medienpräsenz gefordert wird, desto eher könnte eine Rückkehr der Arkan-Politik die Folge sein. Die vermeintliche Öffnung des politischen Feldes würde also de facto zur Schließung führen" (Jäckel 1999, 52).

Diese „Schließung" besteht zuvörderst darin, dass die Privatleute von der gedanklichen Verfügung über den Sachgehalt der Politik ausgeschlossen werden. An die Stelle des kompetenten Urteils in der Sache tritt der erwartungsvolle Blick auf die Person. In einer solchen personenbezogenen Politikwahrnehmung werden politische Haltungen *vollzogen* und zugleich außer Reflexion gestellt, weil der Betrachter das, *was* er für nötig hält, ohne weiteres festsetzt und sich nicht weiter gegenwärtig hält, wenn er sich in der Vorstellung umtreibt, *wem* die Qualitäten zugetraut werden können, das Nötige umstandslos zu tun.

Eine personalisierte Politikwahrnehmung vereitelt, dass die eingangs rekapitulierten Maßstäbe für das Gelingen öffentlicher Kommunikation erfüllt werden – eine dem verhandelten Problem „angemessene Verarbeitungskapazität" und eine zugleich plurale und diskursive Struktur der Debatte. Die Beschränktheiten einer personalisierten Weltanschauung werden in zugespitzter Weise wirksam, wenn sie auch noch die individuelle Identifikation mit einer politischen Gemeinschaft beherrschen. Diese Herrschaft vollendet sich, wenn der Einzelne die Identität mit einem politischen „Wir" an sich „findet" – im politischen Empfinden. Im Wir-*Gefühl* macht sich der Betrachter mit einem vorgestellten Kollektiv, mit dessen substanziellen Erfolgs- und symbolischen Ehrgesichtspunkten oder mit dessen Feindschaften gemein und ist von dieser Identität auf eine distanzlose Weise erfüllt. Kultur- und kommunikationswissenschaftliche Arbeiten beschreiben, wie die politische Teilhabe beschaffen ist, die im politischen Empfinden wurzelt.

Kellner beschäftigt sich neben anderem mit der besonderen inhaltlichen Machart der Golfkriegsberichterstattung sowie mit der Geschichte von deren Rezeption in den USA und beider Einbettung in eine gesamtgesellschaftliche Stimmungslage (vgl. Kellner 1995, 214-222). Kellner beschreibt mediale Darstellungsweisen, die wie gezielt eingesetzt scheinen, um das politische Empfinden als Form distanzloser Identifikation wachzurufen und zu orchestrieren. Dafür spielt die Personalisierung eine herausragende Rolle. Kellners Darstellung zufolge sind das politische Ziel und die Zweckmäßigkeit der US-Militäraktion gegen den Irak hinter die einfühlsame Porträtierung der Soldaten vor Ort zurückgetreten. Die Soldaten werden gleichsam als „Vertreter" und Sinnbild einer Gemeinschaft vorgestellt, der die Zuschauer gleichfalls angehören. Das politische Wir-Bewusstsein wird aufgerufen und dem Militär assoziiert. Das prädestiniert dessen Angehörige zu Objekten einer anteilnehmenden Betrachtung. Die medienvermittelte Anteilnahme am Geschick derjenigen, die „uns" in einer gefährlichen Fremde vertreten, führt wie von selbst in die Perspektive kriegerischer Selbstbehauptung hinein. Die empathische personenzentrierte Betrachtung sorgt sich um den Sieg – im Mitgefühl für „unsere Jungs".

Die vermittels solcher personalisierender Darstellungsweisen nahe gebrachte Parteilichkeit ist antireflexiv. Zweifel oder Einwände gegenüber dem Sinn oder der Legitimität der Militäraktion erscheinen für die Anteilnahme an dem ausführenden Personal wie ein Verrat an den Mitgliedern des Gemeinwesens, die sich vorgeblich für dessen Schutz in höchste Gefahr begeben. Die perspektivische Festlegung auf die Optik des Frontsoldaten entzieht auf diese Weise die Kriegsführung einer politischen Beurteilung und macht die parteiliche Sorge um den Sieg einer als Kampfverband gedachten Gemeinschaft zur unbedingten moralischen Pflicht. Kellner sieht die amerikanische Gesellschaft dadurch zur „warrior nation" verwandelt.

Zu der anhand einer personalisierenden Politikdarstellung gewonnenen hochgestimmten Vorstellung, als Zuschauer zugleich Mitglied einer machtvollen politischen Gemeinschaft zu sein, finden sich auch die passenden Gegenbilder: die Bilder von Feinden. Wie erinnerlich stellt eine den mythologischen Grundmustern von Märchen nachgebildete Realitätskonstruktion den „Helden" auch die „Schurken" gegenüber und gibt so dem politischen Geschehen eine einfache und klare Struktur. Feinde werden nicht nur als Bedrohung der Gemeinschaft von außen gezeichnet; auch im Innern der Gesellschaft werden solche Feind-Bilder ausgemacht. Die Feindbildkonstruktion rückt typisierte soziale Existenzen wie namentlich Migranten oder Bedürftige in eine Position, in der sie sich wie die Verursacher von Problemen ausnehmen. Diese Problemverursachung ist ihnen als Eigenschaft ihrer persönlichen Identität eingeschrieben: Unfähigkeit oder Unwillen zur Gemeinschaft beizutragen, also deren Schädigung als *böser* Wille. McQuail bringt die kommunikationswissenschaftlichen Kenntnisse über den politischen „Effekt" solcher mediengestützter Anschauungsweisen auf den Punkt: „The effect is to provide society with scapegoates and objects of indignation, to divert attention from real evils with causes lying in the institutions of society and to rally support for the agencies of law and order" (McQuail 1998, 368).

Für eine auf diese Weise vermittelte Legitimierung der Institutionen von „Recht und Ordnung" bildet dann aber ein unaufgeklärtes Verständnis von der Lage des Einzelnen in der Gesellschaft sowie von den Aufgaben der Politik die Grundlage. Für sie gilt, was Iyengar allgemein als Eigenschaft einer „episodisch" gerahmten, personalisierenden Politikdarstellung beschreibt.

Auf personalisierende Art instruiert würden Bürger „nicht nur von ihren persönlichen Interessen abgelenkt, sie werden auch zu einem illusorischen Urteilsverhalten verführt“ (Iyengar 1992, 138f.).

Das an dem Feindbild erhitzte Ressentiment bezieht seine Wut aus einer Enttäuschung. Die dieser Enttäuschung zugrunde liegende Haltung ist anspruchsvoll: Der einzelne Akteur legt sich eine subjektive Auffassung davon zurecht, welche Ansprüche er sich gegenüber Gesellschaft und Staat erworben hat. Der Beobachtung, dass diese subjektive Auslegung von wohl erworbenen Ansprüchen nicht Recht bekommt, folgt in der Logik einer personalisierenden Politikwahrnehmung aber nicht die Prüfung, inwieweit diese subjektive Auffassung tatsächlich politisch gilt oder wie sie wahrgemacht werden kann. Das Ressentiment ersetzt diese Prüfung durch die Vorstellung, die Einlösung der Ansprüche würde vereitelt. Diese vermeintliche Gewissheit sucht nach einer Konkretion für die Vorstellungskraft und wird in Figuren fündig, deren soziale Legitimität zweifelhaft ist. In diesem Sinn werden Zuwanderer oder sozial Bedürftige in die Rolle eines „Opferlamms“ versetzt, wie McQuail beobachtet.

Mit dem Fortgang aus der Unzufriedenheit in die Feindseligkeit besteht die personalisierte Politikwahrnehmung *abstrakt*, nämlich abstrahiert von jeder Reflexion auf Programmatik und Macht der Institutionen der Gesellschaft, auf der Gewissheit, dass die zuständigen Instanzen für berechenbare Lebensumstände zu sorgen haben. Die Ansprüchlichkeit, die das subjektive Politikbild „motiviert“, wird dann ganz in die Forderung gelegt, politische Führung solle für den Ausschluss derjenigen sorgen, die sie vermeintlich daran hindern, der Gesellschaft der Tüchtigen und Anständigen eine bekömmliche Ordnung zu besorgen.

Die ressentimentale Politikwahrnehmung zeichnet sich also neben ihrer Ansprüchlichkeit zugleich durch die Fixierung auf eine starke Führung aus. Dieser Geist der Abhängigkeit macht die Wahrnehmung der Politik befangen. Er findet zu keinem freien Urteil über das Wirken der politischen Macht und deren Verhältnis zu der individuellen sozialen Lebenslage. Die Wahrnehmung ist vielmehr thematisch in eine irrationelle Vorstellung verschoben: die Identifikation innergesellschaftlicher Feinde.

Das Ressentiment dehnt sich folgerichtig allerdings auch auf das Führungspersonal aus, an das die Hoffnung auf existenzsichernde Wirkungen der Politik geheftet ist. In einer vollends personalisierten Anschauungsweise haben diese Erwartungen einen vermeintlich klaren Bezugspunkt. Sie scheinen ganz mit dem Durchsetzungswillen und der Durchsetzungsfähigkeit der amtlich Zuständigen assoziiert. Diese trügerische Gewissheit gibt dann, wenn Anlass zur Unzufriedenheit besteht, ein schon vorab feststehendes Urteil zur Hand: Es fehlt den Zuständigen an Durchsetzungskraft oder -wille.

Solcher Enttäuschung gegenüber der Politik ist schwer beizukommen (vgl. Weiß 1994). Denn das Ressentiment, das sich aus einer personalisierenden Politikwahrnehmung speist, ist nicht nur in der Sache unaufgeklärt; es hat sich auch aus der *Form* aufklärender politischer Kommunikation verabschiedet.[27] Die Personalisierung raubt – Sennett zufolge – dem Publikum mit der Urteilskraft das Vermögen, seine Erfahrungen angemessen zu begreifen und seine Ansprüche zu artikulieren. Eine personalisierte Politikvermittlung mündet in „das elektronisch befestigte Schweigen" der Privatleute (Sennett 1983, 357) – oder in einen militanten Aktivismus, mit dem es Bewunderer starker Führer selbst in die Hand nehmen, ihren Feindbildern Recht zu verschaffen. Die personalisierende Anschauungsweise ist daher *eine Zerfallsform der politischen Öffentlichkeit.*

Gibt es nun einen Zusammenhang zwischen der „Personalisierung" als Form medialer Politikdarstellung und der medialen Veröffentlichung des Privaten, Intimen, Nicht-Politischen? In einer ersten Annäherung kann man mit Wilke vermuten, dass die mediale Verhandlung des Privaten gleichsam den Boden für die Personalisierung des Politischen bereitet, indem sie die psychologische Inspektion zu einer gewöhnlichen Wahrnehmungsweise für Personen im öffentlichen Raum macht. Aber wie bewerkstelligt das Medium diese Bodenkultivierung?

Das Fernsehen überspringt die sozialräumlichen Grenzen, die trennen, wo welche Praktiken legitimerweise „am Platz" und für wen sie wahrnehmbar sind. Im Alltag mögen familiäre Probleme und intime Liebesspiele den Blicken der sozialen Umgebung weiterhin entzogen bleiben. Das Fernsehen stellt sie aus. Die Unterscheidungen, was in welchem „Rahmen" sozial legitim und „am Platz" ist und was öffentlich betrachtet und verhandelt werden kann, verlaufen nicht immer deckungsgleich. Das Fernsehen trennt die soziale von der medienkulturellen Grenzziehung.

Entsprechendes gilt für die im Leben der Gesellschaft voneinander geschiedenen „Hoheitsbereiche". Der Raum der häuslichen Privatheit, das „Hausrecht" des privaten Eigentums über Büros und Fabriken, die Arkan-Zonen politischer Macht werden vor dem Zutritt „Unbefugter" geschützt. Diese sozial anhaltend wirksamen Grenzziehungen werden vom Fernsehen übersprungen. Es macht das Geschehen in Kabinettsälen durchaus nicht vollends transparent, aber doch auf inszenierte Weise ebenso wahrnehmbar wie dasjenige hinter den häuslichen Wänden des Privatlebens.

Innerhalb der „Sinnenklave" der Fernsehwelt werden Unterscheidungen anderer Art wirksam. An die Stelle sozialräumlicher *Grenzen für den Zugang* zu Lebensbereichen tritt die Differenzierung der Formate, innerhalb derer die Lebensbereiche für die Anschauung verfügbar gemacht werden. Diese For-

---

27 Die „Stigmatisierung des Gefühls" als Organ politischer Stellungnahme ist – wie Imhof zeigt – die unaufgebbare Voraussetzung für die Rationalität des politischen Diskurses (vgl. Imhof 1998).

mate bezeichnen je spezifische *Formen*, in denen diese Lebensbereiche *öffentlich verhandelt werden*. Ein Spielfilm gibt der szenisch anschaulichen Darstellung intimer Beziehungsdramen einen Rahmen, der sie als Angebot an die Vorstellungskraft ausweist. Formate der Fernsehpublizistik wie Nachrichten oder politische Magazine stellen Angelegenheiten von allgemeinem Belang in der Gestalt von „Informationen“ vor, die auf die Konventionen einer rationalen Urteilsweise geeicht sind. Fernsehformate sind in diesem Sinn von Produzenten wie von Zuschauern gleichermaßen beherrschte Konventionen, die den dargestellten Szenen gleichsam eine „Leseanleitung“ beigeben, wie sie verstanden werden können.

Diese Leseanleitung schließt andere Lesarten nicht aus. Gewiss kann man mit dem nötigen Mutwillen Nachrichten wie eine Comedy-Revue aufnehmen. Aber selbst diese eigenwillige Rezeptionshaltung geht von der Gewissheit aus, welcher Geltungsanspruch der „Nachricht“ beigegeben ist. Die „Nachricht“ tritt nicht als Spiel in Erscheinung, sondern prätendiert, wirkliches Geschehen so abzubilden, dass die Information für die Bildung einer Meinung taugt. Der Geltungsanspruch ergibt sich aus der „geistigen Ordnungsform“ (vgl. Pörksen), in die das verhandelte Thema gebracht wird. Welche Ordnungsform das ist, darin unterscheiden sich eben die Formate.

Die hier in Rede stehenden Fernsehangebote, die Ausstellung des Privaten und die Personalisierung des Politischen, weisen diesbezüglich einen eigenartig *hybriden* Charakter auf. Der unverschämte Blick auf das Intime, Deviante wird so emotionalisierend und dramatisierend angelegt *wie* im fiktiven Spiel; der Szenerie sind zugleich die Auspizien dokumentarischer Echtheit beigegeben. Themen und Figuren werden dramaturgisch „authentifiziert“. Das Fernsehen handelt auf der anderen Seite von Personen, deren Aufmerksamkeitswert in der Macht ihres Amtes begründet liegt. Aber es setzt die Agenten der Macht einer psychologisierenden Optik der Personeneinschätzung aus, wie sie ansonsten auf die personae eines Beziehungsdramas oder das Porträt im Promitalk gemünzt ist.

Einschlägige Fernsehangebote beziehen gerade aus diesem hybriden Charakter ihren Reiz. Die unbeholfenen Offenbarungen von Talkshow-Teilnehmern wären samt der Manieren ihrer Gastgeber und Gastgeberinnen ohne die Aura der Authentizität vollends langweilig. Die Schlüssellochoptik des Fernsehboulevards wäre ohne die Macht der beobachteten politischen Figuren von mäßigem Reiz. Die Attraktivität einschlägiger Angebote liegt also gerade darin, dass etwa das Politische eben nicht als Politisches, sondern vermeintlich ganz „privat“ vorgeführt wird.

Die hybriden Fernsehformen zehren von der eingeführten Differenzierung der Fernsehformate. Sie zehren sie aber auf. Das Fernsehen kannibalisiert damit seine Formensprache. Es verwischt die mit den Formaten assoziierten Unterschiede in den kulturellen Geltungsansprüchen der Darstellung. Die hybriden Darstellungsweisen, in denen das Private ausgestellt wird, *überblenden* das von aller praktischen Verbindlichkeit entbundene Wirken der Vorstellungskraft, den unvermittelten Subjektivismus des Fühlens und den Geltungsanspruch der Weltanschauung. Sie trüben damit den Sinn für den Unterschied zwischen Vorstellen, Fühlen und Meinen. Die mediale Vermittlung, die „Mediatisierung" des Privaten und des Politischen gerät so doppelt verheerend: Die mediale Verhandlung des Privaten und Intimen wird zum kulturellen Forum einer moralisierenden „destruktiven Gemeinschaft"; die mediale Personalisierung des Politischen trägt das Ihre zum Zerfall des öffentlichen Diskurses bei. Nicht so sehr der Umstand, dass das Fernsehen überhaupt Privates und Intimes „verhandelbar" macht, begründet ein Problem. Problematisch ist das „Wie" der medialen Verhandlung. Mit hybriden Inszenierungsweisen schleift das Fernsehen die Differenzierung kultureller Ausdrucksformen und der ihnen korrespondierenden „geistigen Ordnungsformen" ein. Es löst damit auch seine kulturelle Potenz zur „ästhetischen Reflexivität" auf. Zurück bleibt die trübe Brühe durch „moralische Konsensrituale" berechnend erhitzter Ressentiments.

2.5 Zusammenfassung: Ambivalenzen mediatisierter Privatheit in der Moderne

Welchen Sinn macht die Unterscheidung des „Privaten" von dem „Öffentlichen" in einer Gesellschaft, deren Medien privates Leben unablässig öffentlich machen? Mit der Veröffentlichung des Privaten überspringen die Medien sozialräumliche Grenzen des Zugangs zu Szenen aus den Lebenswelten anderer. Sie setzen sie aber nicht außer Kraft. Die Medien eliminieren nicht den Unterschied, den die gesellschaftlichen Akteure selbst zwischen Angelegenheiten oder Befindlichkeiten machen, die ihre „Privatsache" sind, und Affären von allgemeinem Belang oder auch solchen Momenten ihrer persönlichen Lebensführung, die „öffentlich" zugänglich sein können und sollen. Allerdings verändert die allgegenwärtige mediale Öffentlichkeit des Privaten die Praxis der Grenzziehung. Das Private wird „mediatisiert"; in die sinngeleitete Ausgestaltung der individuellen Privatsphäre geht auch der subjektive Bezug auf die medialen Formen ihrer Inszenierung ein. Um ermessen zu können, welche Rolle die Mediatisierung des Privaten spielt, ist eine Vergewisserung darüber nötig, auf welche Weise die Unterscheidung zwischen „privat" und „öffentlich" in einer „posttraditionalen" Gesellschaft hergestellt wird und welchen Sinn sie innerhalb der Lebensführung der Einzelnen sowie für ihr Zusammenleben in der Gesellschaft hat.

Aus der Perspektive individueller Lebensführung betrachtet ist das Privatleben als jene Sphäre ausgezeichnet, die wie keine andere Raum für die

Verwirklichung des Selbst schafft. Diese moderne Fassung für das Projekt der Selbstverwirklichung polarisiert das Verhältnis von privatem und öffentlichem Dasein der Person. Das Private wird zum Lebenssinn. Die Ausgestaltung dieses Sinns obliegt den Individuen. In einer posttraditionalen Gesellschaft können und müssen sie bei der ihnen aufgegebenen Wahl ohne die Festlegung auf unbestrittene Konventionen und Traditionen auskommen. Der soziale Rückhalt für die individuelle Entscheidung über die Form des „richtigen Lebens" geht selbst aus dieser Wahl hervor: „Wahlnachbarschaften" geteilter „Lebensstile". Die Form der Lebensführung und das „Selbst", in dem das Subjekt für sich bestimmt, worin es bei seiner Lebensführung mit sich identisch bleibt, werden „reflexiv". Die Praxis dieser Reflexivität ist ambivalent und widersprüchlich.

Das lässt sich anhand des zentralen Themas der privaten Lebensführung zeigen. Die Beziehung zu einem Lebenspartner spielt im Projekt der Selbstverwirklichung eine herausragende Rolle. In einer posttraditionalen Ordnung kann sie allein durch eine wechselseitige Verständigung hergestellt werden. Die gründet ihrerseits auf einer Selbstklärung, welche erst Wahrhaftigkeit verbürgt. Die moderne Beziehung benötigt in diesem Sinn „Reflexivität" und Selbst-Aufklärung. Das Beziehungsleben wird aber zugleich von dem handlungsleitenden Ideal inspiriert, in der Unmittelbarkeit des „unverstellten" Gefühls, das sich am Körper Ausdruck verschafft, das verlässlichste Zeugnis für Neigung und Haltung des anderen und obendrein den direkten Zugang zum eigenen Selbst zu haben. Das praktische Paradoxon gilt für alle modernen Formen, die Selbstverwirklichung als Selbsterfahrung zu betreiben: Diese Praxis entzieht dem Projekt der Selbstverwirklichung mit der Selbstdistanz die Reflexivität und mindert so die subjektive Freiheit zur Selbstbestimmung. Inmitten einer „rationalisierten" gesellschaftlichen Welt und als Gegenbewegung zu ihr kehrt der psychologisierte Entwurf der Selbstverwirklichung das Projekt der Aufklärung gleichsam um; das Subjekt bewegt sich in ein vermeintlich „unmittelbares", tatsächlich befangenes Verhältnis zu sich selbst, in eine selbstgewählte „Unmündigkeit" hinein.

Die widersprüchliche Konstitution der *Identität in der Moderne* bildet die subjektive Grundlage, auf der die mediale Inszenierung von Privatem ihre kulturelle Bedeutung entfaltet. Die Medien und unter ihnen namentlich das Fernsehen bieten dem subjektiven Bedarf, sich über die Optionen für die unabweisbare Entscheidung für eine Form der Lebensführung und für eine sozial lebbare Identität zu orientieren, eine bunte Palette von personalen Vorbildern und szenischen Vorlagen an. Das Angebot ergeht freibleibend, kennt keine Sanktion bei Nichtbeachtung und wahrt so vollständig die Wahlfreiheit seiner Adressaten. Die Medien fungieren als Kolporteure für Lebensstile und Identitätsmuster. Der Orientierungsbedarf der Akteure verschafft dem Angebot der Medien an die zwanglose Unterhaltung seine lebensweltliche Relevanz.

Die kulturell prägende Kraft, die die Medien auf dieser Grundlage gewinnen, macht sich nicht allein und vorrangig darin geltend, *dass* sie privates Leben ausstellen und inszenieren. Mit Blick auf die Ambiguität moderner Identitätsbildung ist von entscheidender Bedeutung, inwieweit die mediale Inszenierung Formen der Lebensführung zur Debatte stellt. Die diskursive oder *ästhetische Reflexivität* der Inszenierung bestimmt, welche gestaltgebende kulturelle Potenz sie innerhalb des Projektes reflexiver Identitätsbildung entfaltet, in das sie als Orientierungshilfe eingebaut wird. Das freie Angebot szenisch entfalteter Entwürfe für ein erfülltes Leben *kann* als „symbolische Ressource" für den individuellen Prozess der Identitätsbildung dienen. Wo es die mediale Inszenierung darauf anlegt, Themen und Figuren des privaten Lebens in Klischees zu stanzen und die eingeschliffenen Ressentiments des moralisierenden, „gesunden Empfindens" zu erhitzen, trägt sie aber ihren Teil dazu bei, die Akteure mit dem Mangel an Selbstdistanz in mangelnder Selbstverfügung befangen zu halten.

Für das Vermögen, sich selbst erfolgreich darzustellen, können sich die Akteure aus dem symbolischen Repertoire etwa an Redeweisen, an Gesten oder an Stilen der Körperinszenierung bedienen, das die mediale Schaustellung von Privatleuten ins Haus bringt. Namentlich das Fernsehen bemüht sich dabei um den Anschein, in seinen einschlägigen Sendungen kehrten die Protagonisten ihr „authentisches Selbst" hervor. Die mediale Inszenierung fügt sich so in einen „Intimitätskult" ein, der jeden öffentlichen Ausdruck als Selbstdarstellung zu geben und zu lesen verlangt. Sie macht die „Authentifizierung" damit überhaupt erst zu einem wahrnehmbaren „Kult", d.h. zu einer in der Gesellschaft „offensichtlich" lebbaren Form des öffentlichen Ausdrucks, die Anerkennung, mindestens Beachtung einbringt. Der *Kult der Authentizität* steht nun in einem durchaus doppeldeutigen Verhältnis zur Expressivität der Individuen. Denn er zieht mit der Distanz zwischen dem Selbst und der ausgeübten Rolle auch das Vermögen ein, mit Rollen zu „spielen" und dabei *etwas* auszudrücken.

Das Fernsehen hilft also der Performanz der Akteure mit einem bunten symbolischen Repertoire an Verhaltensmodellen auf die Sprünge. Es lässt überhaupt die Selbstdarstellung – gerade der „einfachen" Privatleute – als sozial prämierte Übung in Erscheinung treten und verbürgt so anschaulich die Legitimität des Bestrebens, mit dem eigenen Selbst Eindruck zu machen und Beachtung zu verlangen. Zugleich macht das Fernsehen die Selbstdarstellung als ein Schauspiel vor, das aller Kunstfertigkeit im Umgang mit diesem Zeichenrepertoire entbehrt, sofern es die Akteure auf „Authentizität" festlegt. Die mangelnde Souveränität über die Selbstdarstellung blockiert die Reflexivität der Selbstbestimmung; die ist aber die Voraussetzung dafür, dass das moderne Individuum seine Identität auf schöpferische Weise bilden kann. Die mediale Inszenierung des Privaten kultiviert daher mit der „Ideologie" der Authentizität paradoxerweise auch den Selbst-Verlust.

Für die Herausbildung und Erneuerungen der Formen gesellschaftlichen Zusammenlebens wächst dem Privatleben eine herausgehobene Bedeutung zu. Soweit es von den „systemischen" Imperativen von Geld und Macht freigehalten bleibt, wird das Privatleben zur Sphäre, in der sich mit sozialen Solidaritäten und kulturellem Wissen die lebensweltlichen „Ressourcen" der Gesellschaft erneuern können. Diese Prozesse sind kommunikativ vermittelt. Gerade in der Entfaltung seines Eigensinns bedarf das private Leben daher der normativ-praktischen Rationalität und der ästhetisch-dramaturgischen Reflexivität des kommunikativen Handelns.

Ein soziales Leben, das auf die Freiheit des Einzelnen eingestellt ist, über seine Identität selbst zu entscheiden, braucht die Regel der Diskretion. Die Toleranz für das Nebeneinander distinkter Lebensformen unterscheidet zivilisierte posttraditionale Verkehrsformen von einer „destruktiven Gemeinschaft". Die Pluralität nebeneinander realisierter Lebensformen lässt sich schließlich erst dann als „Reservoir" kulturellen Wissens für die Lebensgestaltung der Individuen und die Formen ihrer Vergemeinschaftung aufschließen, wenn diese Lebensformen allgemein wahrnehmbar und miteinander in Beziehung gesetzt werden. *Diskretion, Toleranz* und *kulturelle Dialogizität* sind mithin wesentliche Voraussetzungen dafür, dass sich soziale Solidaritäten und kulturelles Wissen in einer posttraditionalen Gesellschaft bilden und erneuern können.

Das Fernsehen übernimmt mit der Verhandlung von Privatleben und Privatleuten in Hinsicht auf diese Erfordernisse eines modernen gesellschaftlichen Lebens eine durchaus ambivalente Rolle. Das Fernsehen setzt über Formen und Möglichkeiten subjektiver Expressivität ins Bild. Die Schaustellung „authentischer" subjektiver Befindlichkeit ist dabei indiskret. Die inszenierte Indiskretion in der „Sinnenklave" der Fernsehgeschichten implementiert allerdings noch kein Modell sozialen Handelns. Denn sie findet in einem sozialen „Rahmen" statt, der neben dem Alltagshandeln angesiedelt ist. Serialität und „Authentifizierung" legen es aber darauf an, die indiskrete Schaustellung subjektiver Befindlichkeiten zu „normalisieren". Das Fernsehen begründet damit eine *Wahrnehmungsweise*, für die die *Indiskretion gewöhnlich* ist. Mit den Gewohnheiten des Wahrnehmens berührt das Erlebnisangebot des Fernsehens dann doch die subjektiven Grundlagen des sozialen Handelns.

Das Fernsehen macht den Einzelnen die Anschauung von der *Vielfalt der Lebensformen* erst verfügbar – in einem die beschränkten Erfahrungsmöglichkeiten des individuellen Handlungsraums weit übersteigenden Maß. Es erschließt diese Vielfalt damit als kulturelles Reservoir. Aber wieder gibt nicht allein die Tatsache der Thematisierung, sondern die kulturelle Formgebung durch die Inszenierung den Ausschlag dafür, was die mediale Verhandlung des Privaten und Intimen für Toleranz und Dialogizität bedeuten kann. Die Darstellung des Intimen, Obszönen oder Devianten, in den Rahmen eines inszenierten „moralischen Konsensrituals“ eingestellt, „bannt“ die „Abweichung“ zeremoniell durch Ausgrenzung. Diese inszenatorische Praxis ist anti-reflexiv. Sie verbindet die Banalisierung der Anschauung des Anstößigen mit dem *Rigorismus* gefühlsbetonten Moralisierens. Der schließt die Form kommunikativen Aushandelns von Normen aus. Dieser Rigorismus gehört zu einer „destruktiven“ Form von Gemeinschaftlichkeit, die sich durch aggressive Ausgrenzung behauptet.

In der privaten Lebensführung bilden und „verwirklichen“ die Individuen ihre soziale Identität. Aus der Privatsphäre speisen sich die lebensweltlichen Quellen für soziale Solidaritäten und kulturelles Wissen. Das kulturelle Potenzial der „Mediatisierung“ des Privatlebens erweist sich in beiden Hinsichten als ambivalent. Wie es wirksam wird, soll im Folgenden auf mittelbare Weise näher betrachtet werden (Kapitel 6) – vermittelt nämlich durch die öffentliche Wahrnehmung, die die Gesellschaft von den kulturellen Wirkungen ihres Leitmediums hat. Denn im öffentlichen Streit über den Beitrag des Fernsehens zu einem Wandel der Lebensformen wird eine neue „Normalität“ nicht nur festgestellt, sondern auch als vorherrschende Selbstauslegung der Gesellschaft festgesetzt. Insofern vollendet der öffentliche Diskurs die Mediatisierung des Privatlebens, die namentlich das Fernsehen mit seiner Schaustellung des Privaten betreibt.

Zuvor ist zusammenzufassen, was der Seitenblick auf die Bedeutung der medialen Verhandlung von Privatem für das Funktionieren der politischen Öffentlichkeit zu Tage gefördert hat. Folgt man dem von Habermas vorgelegten „normativen Begriff“, so bildet die Öffentlichkeit die Sphäre, in der der Eigensinn der Lebenswelt mit der Systemlogik der politisch-administrativen Staatsapparatur vermittelt wird. Das Gelingen dieser Vermittlung hängt von den Qualitäten der medienvermittelten öffentlichen Kommunikation ab: der Relevanz des Thematisierten und der Thematisierung des Relevanten, der thematischen Offenheit, einer für das Verständnis der Sache angemessenen „Verarbeitungskapazität“, der Pluralität, Reziprozität und Diskursivität des öffentlich gemachten Streits der Positionen und Meinungen.

Die Personalisierung der Darstellung von Politik bringt diese notwendigen Qualitäten zum Verschwinden. Denn sie übersetzt politische Probleme, Prozesse und Positionen in Anzeichen für Motive, Integrität und Kompetenz von Akteuren. Diese Transkription tauscht das Thema aus. In den Blick rückt, was die Person an der Macht „im Innersten“ auszeichnet. Die Beurteilung dieser Frage ist notwendig spekulativ. Die Frage öffnet die Wahrnehmung des politischen Feldes für die Erkundungsinteressen der Alltagspsychologie –

und die Willkür alltagspsychologischer Personeneinschätzung. Die so eingestellte Anschauung der Politik findet zu deren Substanz nicht mehr zurück. Sie bewegt sich in einem „illusorischen Urteilsverhalten“ (vgl. Iyengar 1992, 138f.). Das begründet die Sorge, die Personalisierung könne der „Rückkehr der Arkan-Politik“ den Boden bereiten (Jäckel 1999, 52). Die Personalisierung stellt daher eine Zerfallsform politischer Öffentlichkeit dar. Die mediale Inszenierung von Privatem und Privatpersonen bereitet ihr den Boden, soweit sie ihr Publikum auf den Wahrnehmungsmodus einer moralisierenden Personeneinschätzung einstellt.

Das Fernsehen überspringt innerhalb seiner Realitätskonstruktion die sozialräumlichen Grenzen für den Zugang zu Lebensbereichen, wie sie im Alltag anhaltend wirksam sind. An die Stelle dieser sozialräumlichen Grenzen setzt das Fernsehen die Unterscheidung von Darstellungsformaten, die eine je spezifische Form bezeichnen, in der der thematisierte Lebensbereich kulturell verhandelt werden kann – als Angebot an die Vorstellungskraft, als Information für die Meinungsbildung o.a. Die Formate geben der Inszenierung eine „Leseanleitung“ bei, mit welchem Geltungsanspruch sie ausgestattet ist. So wohl unterschieden haben die Offerten des Fernsehens das *kulturelle Potenzial*, einer verlässlichen Orientierung des Einzelnen in der gesellschaftlichen Wirklichkeit zu Diensten zu sein und obendrein der Vorstellungskraft Nahrung zu geben, vermittels derer er unerfüllten und vielleicht noch unartikulierten Aspirationen Gestalt verschafft.

Bei der Schaustellung des Privaten und bei der Personalisierung des Politischen kreiert das Fernsehen aber hybride Formate. Die Personalisierung des Politischen verhandelt eine *Materie*, die den Geltungsanspruch allgemeiner Relevanz hervorkehrt, in einer *Form*, in der sie den Spekulationen subjektiver Vorstellungskraft und der Willkür alltagpsychologischer Charakterurteile zugeführt ist. Wenn das Fernsehen die prägnanten Unterschiede seiner Formensprache bei der Konstruktion seiner Realitätsbilder verwischt, trübt es für die von ihm vermittelte Realitätswahrnehmung den *Sinn für den Unterschied* im Zugriff auf die gesellschaftliche Wirklichkeit beim Vorstellen, Fühlen oder Meinen. Das bekommt der Vorstellungskraft, die der Einzelne für die „reflexive“ Entfaltung seines Selbst gebrauchen kann, so wenig wie dem Urteilen, das er für die Teilhabe am politischen Prozess benötigt.

3 Blick über die Grenzen: Transkulturelle Perspektiven auf eine globale Entwicklung *(Andrea Koenen, René Michalski)*

Die zunehmende mediale (Selbst-)Präsentation von privaten, intimen und entblößenden Situationen von Alltagsmenschen in der Öffentlichkeit bedingt und erfordert einen gesellschaftlichen Diskurs über die Wirkung auf die Gesellschaft und Individuen, trotz der medialen Vergänglichkeit *einzelner* (Real-Life-)Formate.

Die Landesanstalt für Rundfunk NRW (LfR) hat parallel zu dem Gesamtprojekt „Privatheit im öffentlichen Raum. Medien(ver-)handeln zwischen Individualisierung und Entgrenzung" das Europäische Medieninstitut e.V. (EIM) beauftragt, im Rahmen dieses ergänzenden Forschungsprojektes *interdisziplinäre und interkulturelle Perspektiven* in das Gesamtprojekt einzubringen und hierzu die *Aktivierung von Expertenwissen* zu initiieren und zu koordinieren. Ziel des Projektes ist es, die öffentliche Diskussion in explorativer Form mit breiter gefächerten Hintergrundinformationen über die Entwicklung von Real-Life-Formaten und neuen Entwicklungen im Internet und deren Wechselwirkungen mit gesellschaftlichen, kulturellen und wirtschaftlichen Veränderungen anzureichern.

Das folgende Kapitel eröffnet den internationalen Bezugsrahmen des Projektes. Wie gehen andere Kulturen, in denen vergleichbare Entwicklungen hinsichtlich Privatheit, Öffentlichkeit und Medien zu beobachten sind, mit diesen Entwicklungen um? Ist die Debatte über Grenzüberschreitungen abhängig von dem Intimitätsverständnis einer Gesellschaft, von den spezifischen Vorstellungen von Privatheit und Öffentlichkeit? Welche Folgen hat es für eine Gesellschaft, wenn man die Grenzen zwischen öffentlichen Räumen und Räumen für Diskretion, die bisher in jeder Kultur von Bedeutung waren, aufhebt? Hat sich das Bewusstsein für Intimität verschoben, oder nur die Grenzen des Diskutierbaren? Welche Konsequenzen hat oder könnte diese Entwicklung für das Selbstbild jedes Einzelnen und für die Identität einer

Gesellschaft insgesamt haben? Welche Argumente dominieren die öffentliche Debatte in anderen Kulturkreisen?

Inwieweit und in welcher Form die mediale Präsentation von Privatheit gesellschaftlich akzeptiert, gewünscht, überwacht oder sanktioniert wird, unterliegt unterschiedlichen kulturellen Normen und Werten. Der Umgang mit Öffentlichkeit, die Definition dessen, was privat ist und auch die Rolle der Medien in einer Gesellschaft, um nur ein paar wichtige Punkte im Zusammenhang mit der vorliegenden Studie zu nennen, unterscheiden sich von Kultur zu Kultur. Die Untersuchung der Wechselwirkungen zwischen der Gesellschaft und den Medien erweist sich dabei als kein rein medienwissenschaftliches, sondern als ein „genuin kulturwissenschaftliches Projekt" (Keppler 2001). In Zeiten der Globalisierung schaffen Medien ein wichtiges Forum für die Orientierung; Globalisierung bedeutet aber nicht, dass die Medien losgelöst von gesellschaftlichen und kulturellen Zusammenhängen agieren. Sie treffen auf jeweils andere Erfahrungshorizonte (vgl. ebd.).

Der Vergleich mit anderen Kulturen verspricht für unser Projekt Gewinn, da die Analyse des Themas über den nationalen Tellerrand hinaus die Möglichkeit bietet, den gesellschaftlichen Dialog in Deutschland vor dem Hintergrund internationaler Entwicklungen auf eine breitere Basis zu stellen. Daher wird im Rahmen des interkulturellen Vergleichs untersucht, welches Verhältnis zwischen Privatheit und Öffentlichkeit in unterschiedlichen kulturellen Zusammenhängen besteht und welche Veränderungen zu beobachten sind.

Für den interkulturellen Vergleich sind Fragen der kulturellen Ausprägung eines „natürlichen" Schamgefühls und eventueller Überschreitungen von Schamgrenzen in der medialen Präsentation (TV und Internet) zentral. Die vergleichende Analyse der Bestandsaufnahmen in den unterschiedlichen Ländern soll auch dazu beitragen, die besonderen kulturspezifischen aber möglicherweise auch die länderübergreifenden sozio-strukturellen Rahmenbedingungen zu erschließen, in denen Fernsehen und Onlinemedien auf das gesellschaftlich vorherrschende Verständnis von Privatheit im öffentlichen Raum einwirken.

Ergänzt wird die in diesem Kapitel dargestellte interkulturelle Perspektive um einen zweiten Baustein dieses Forschungsprojektes, den interdisziplinären Diskurs unter Experten verschiedener Fachrichtungen (vgl. Kapitel 10: Werkstattbericht: Interdisziplinärer Diskurs über den Wandel der Privatheit und die Rolle der Medien). Die Ergebnisse des interkulturellen Vergleichs sind im Projektverlauf in den interdisziplinären Diskurs eingeflossen und umgekehrt.

3.1 Methodische Vorbemerkungen

Im interkulturellen Vergleich werden gesellschaftliche Strömungen, relevante Medienentwicklungen und Informationen über die öffentliche Debatte in Bezug auf die Präsentation von Privatheit in der Öffentlichkeit aufgezeigt. Umgesetzt wurde dies auf der Basis von qualitativen Länderberichten in Zusammenarbeit mit Kooperationspartnern im Ausland. Ausgehend von der Darstellung der jeweiligen soziokulturellen Rahmenbedingungen in den Ländern thematisiert der vorliegende Bericht, inwieweit die Präsentation von Privatheit in den Medien sich gewandelt hat. Ergänzt werden diese Erkenntnisse um signifikante Fallbeispiele, in denen Privates, Intimes, Tabubrüche und die freiwillige Exposition von Alltagsmenschen eine Rolle spielen sowie um Beispiele aus der öffentlichen Diskussion.

3.1.1 Auswahl der Länder

Das EIM wählte für das Projekt vier Länder aus: Großbritannien, Japan, die Niederlande und die USA. In diesen vier Ländern gibt es sehr unterschiedliche Gesellschaftskonzepte (z.B. Japan gegenüber den USA), Traditionen (z.B. „offene Fenster" in den Niederlanden[1]) sowie verschiedene Mediensysteme und mediale Erscheinungsformen (z.B. fortgeschrittene Internet-Nutzung in den USA, Erfahrungen mit ‚härteren' TV-Formaten in Großbritannien und den Niederlanden). Da eine solche Darstellung umfassende Kenntnisse der Kulturen dieser Länder verlangt, wurden Kurzgutachten von ausgewiesenen Experten eingeholt, die sich im Rahmen ihrer Forschungsarbeit mit dem Verhältnis von Privatheit, Öffentlichkeit und Medien befasst haben. Die Ergebnisse über den interkulturellen Vergleich basieren auf den Ländergutachten der folgenden Projektpartner:

Tab. 3.1: Auswahl der Experten für den interkulturellen Vergleich[2]

Jan van Dijk, Prof. Dr. Ard Heuvelman, Dr. Erwin Seydel, Prof. Dr.	Universität Twente (Niederlande)
Joshua Meyrowitz, Prof. Dr.	Universität New Hampshire (USA)
Martha Michailidou, Dr.	Goldsmiths College (Großbritannien)
Makoto Tsuruki, Prof. Dr. Takashi Ito, Dr.	Universität Tokio (Japan) Japan Newspaper Publishers & Editors Association (Japan)

3.1.2 Planung des interkulturellen Vergleichs

Die Projektpartner wurden gebeten, in ihrem Kurzgutachten länderspezifizische aktuelle Entwicklungen und gesellschaftliche Diskussionen im Hinblick

1 Vgl. hierzu Kapitel 3.2.1.

2 Eine ausführlichere Beschreibung zu den Tätigkeitsschwerpunkten der Experten s. Kapitel 3.7.

auf das Verhältnis von Privatheit und Öffentlichkeit sowie deren öffentliche Präsentation in den Medien Fernsehen und Internet darzustellen. Zur Strukturierung der Gutachten erarbeitete das EIM einen Leitfaden in englischer Sprache mit den grundlegenden Fragestellungen für den interkulturellen Vergleich. Er entspricht vom Aufbau her weitgehend dem Fragebogen für den interdisziplinären Diskurs (vgl. Kapitel 10.1), die Schwerpunkte liegen aber vor allem auf länderspezifischen Besonderheiten und Beispielen für das Verhältnis von Privatheit, Öffentlichkeit und Medien. Folgende Schwerpunkte wurden den Projektpartnern vorgegeben:

A) Soziokulturelle Rahmenbedingungen

Ein Einblick in die soziokulturellen Rahmenbedingungen eröffnet die Möglichkeit, genauer beurteilen zu können, inwieweit kulturelle Besonderheiten die Rolle der Medien beeinflussen und umgekehrt: Welches Verständnis vom Verhältnis von Privatheit und öffentlicher Sphäre herrscht vor?

- Kulturelle Normen und Werte hinsichtlich des Verhältnisses von Öffentlichkeit und Privatheit
- Konzepte von Intimität und Schamgefühl
- Traditionelle und kulturelle Grenzen zwischen öffentlichem und privatem Raum und deren Wandel
- Länderspezifische rechtliche Aspekte der Präsentation von Privatheit (z.B. Datenschutz, Mediengesetzgebung)

B) Die Rolle der Medien für die Präsentation von Privatheit

Einschätzungen zum Wandel in der Präsentation von Privatheit in den Medien sowie mögliche Gründe für solche Entwicklungen stehen im Zentrum der Ländergutachten: Wie wird in der Gesellschaft die Rolle des Fernsehens und der Onlinekommunikation für das Verhältnis von Privatheit und Öffentlichkeit eingeschätzt?

Ausstrahlung/Erfolg von Real-Life-Formaten und vergleichbaren Onlineangeboten:

- Real-Life-Formate: z.B. Reality TV, Daily Talks, Reality-Doku-Soaps, Reality-Game-Soaps und Hybridformate
- Onlineangebote: z.B. Reality Clips, Webcams, Chatrooms, private Homepages, TV-Supplements, Reality-Online-Games
- Motive der Mediennutzung in Bezug auf diese Formate (aktiv und passiv)
- Kommerzielle Bedeutung dieser Formate für Anbieter (z.B. Aufmerksamkeit, Zielgruppe, Chancen cross-medialer Vermarktung)
- Mögliche Einflüsse auf soziokulturelle Rahmenbedingungen (z.B. Veränderungen in Bezug auf Tabus, traditionelle Normen und Werte)

C) Fallbeispiele (neue Real-Life-Formate im Fernsehen und im Internet)
Ergänzt wird die deskriptive Analyse soziokultureller Rahmenbedingungen und der Rolle der Medien mittels exemplarischer, signifikanter Beispiele: Welche zentralen Veränderungen sind im Hinblick auf die Rolle der Medien für das Verhältnis von Privatheit und Öffentlichkeit beobachtbar?

D) Die öffentliche Debatte über Tabugrenzen
In den Ländergutachten wird die „Meta-Ebene", die öffentliche Debatte um Privatheit, Öffentlichkeit und Medien, berücksichtigt. Dies verspricht Vergleichsmöglichkeiten mit der Debatte in Deutschland: Welches sind die Themen der gesellschaftlichen Diskussion um Privates und Intimes in den Medien, und welche Folgerungen werden aus ihr gezogen?

- Hauptthemen (z.B. Wegfall von Tabus, Schutz der Privatsphäre) und Hauptakteure (Medienaufmerksamkeit, politische Reaktionen) der öffentlichen Diskussion um Privatheit im öffentlichen Raum
- Unterschiede in der Bewertung des Themas (zwischen verschiedenen Generationen, verschiedenen sozialen Gruppen, verschiedenen Experten etc.)
- Effekte öffentlicher Kritik an Programmen; politische Empfehlungen, Maßnahmen von Aufsichtsbehörden etc.

E) Schlussfolgerungen
Die Projektpartner wurden weiterhin um eine zusammenfassende Einschätzung hinsichtlich des Wandels im Verhältnis von Privatheit, Öffentlichkeit und Medien in ihrem Land gebeten.

Auf Grundlage der Ländergutachten ergibt sich eine „horizontale" Vergleichsebene zwischen verschiedenen Kulturen und eine „vertikale" Ebene von länderspezifischen historischen Entwicklungslinien. Da der Umfang der Länderberichte notwendigerweise begrenzt sein musste, war den Projektpartnern freigestellt, in Absprache mit dem EIM inhaltliche Schwerpunkte zu legen.

3.1.3 Auswertung

Die Projektpartner verfassten die Länderberichte in englischer Sprache. Entsprechend war es die Zielsetzung des EIM, die Terminologie angemessen in die deutsche Sprache zu übersetzen. Es wurde darauf geachtet, im Kontextzusammenhang zu übersetzen und besondere Begriffe entsprechend zu kommentieren (z.B. hat der englische Ausdruck „privacy" eine andere Konnotation als „Privatheit"). Das EIM hat die grundlegenden Aspekte der Berichte zusammengeführt und einer vergleichenden qualitativen Betrachtung entlang der oben erläuterten Punkte unterzogen.

Bei der Auswertung war zu berücksichtigen, dass die Ländergutachten der Projektpartner weitgehend den übergeordneten Themen des Leitfadens folgen, sich aber in ihren jeweiligen Schwerpunkten und der Art der Darstellung unterscheiden. Diesen Unterschieden wird in dem vorliegenden Bericht Rechnung getragen; die Kapitelstruktur pro Land ist in Analogie zum Leitfaden einheitlich, beispielsweise bei der Darstellung der medialen Präsentation von Privatheit in den Niederlanden (Kapitel 3.2.2) gibt es aber andere inhaltliche Schwerpunkte als bei dem entsprechenden Kapitel für Japan (Kapitel 3.4.2).

MEYROWITZ geht in seinem Länderbericht über den alleinigen Fokus auf die USA hinaus und stellt grundsätzliche theoretische Überlegungen über Privatheit, Öffentlichkeit und die Medien an, die in Bezug auf die USA aber auch für generelle kulturelle Zusammenhänge erhellend sind. Sein Beitrag „The Case of the United States: Post-Privacy America“ erscheint daher im *Original* in Kapitel 4 dieses Bandes. In Kapitel 3.5 erfolgt eine kurze Zusammenfassung des Berichtes in deutscher Sprache. Die Darstellung folgt der Struktur seines Länderberichts. Kapitel 3.6 resümiert die wichtigsten Erkenntnisse aus dem interkulturellen Vergleich.

3.2 Niederlande

Der Bericht der Universität Twente basiert im Wesentlichen auf der Frage, inwieweit und warum die Präsentation von privaten und intimen Themen in den niederländischen Medien in den letzten zehn Jahren angestiegen ist. Skizziert werden die gesellschaftlichen Entwicklungslinien für den Zeitraum seit den fünfziger Jahren, die Erklärungsansätze für die Popularität von Real-Life-TV und der Verlauf der öffentlichen Debatte rund um *Big Brother* (vgl. Heuvelman, van Dijk, Seydel 2001).

3.2.1 Soziokulturelle Konzepte und Entwicklungen von Privatheit und Öffentlichkeit: Offene Fenster und ‚gezelligheid‘

Warum wurde ein neues Fernsehformat namens *Big Brother* ausgerechnet in den Niederlanden erfunden und erstmalig ausgestrahlt? Wie ist die enorme Popularität dieses Real-Life-Formates zu erklären? Haben sich die Normen und Werte für Öffentlichkeit und Intimität bzw. Privatheit in diesem Land plötzlich verändert?

Die Niederländer sind im Allgemeinen bekannt für Toleranz, Ungezwungenheit, Offenheit und eine sehr multikulturelle Gesellschaft. Augenfällig sind beispielsweise die offenen Fenster ohne Gardinen in den Wohnzimmern.[3] Kaum ein Europäer zeigt weniger Interesse an strengen Kleidungssitten: „As soon as one passes the frontier with Germany or Belgium the visitor is confronted with a multicoloured passage of informally dressed people for whom the sixties seem to have never ended.“ Die Holländer selbst scheinen auf solche lockeren Gewohnheiten mit einer Kombination aus Nachlässigkeit und Interesse für die Identität anderer zu reagieren.

Die offenen Fenster sind ein anschauliches Beispiel, um die Ebene eher klischeehafter Beobachtungen zu verlassen. VAN DIJK, HEUVELMAN und SEYDEL führen in ihrem Bericht aus, dass es in den vergangenen 50 Jahren einige widersprüchliche soziale und kulturelle Veränderungen gegeben hat. Die offenen Fenster seien früher Ausdruck von Unterwürfigkeit und Gehorsam gegenüber strengen moralischen Normen gewesen: „Look how clean my household is; I have nothing to hide and I am proud of being normal.“ Seit den sechziger Jahren seien die gleichen offenen Fenster zum Zeichen einer weitreichenden Informalisierung und Individualisierung sowie zum Appell an Toleranz und Diskretion geworden: „Look, these are my norms; my home and my individual freedom are sacred and I will freely express them; I will not bother with your expression and privacy as you do not bother with mine.“

Konstatiert wird ein gesellschaftlicher Wandel anhand zweier soziologischer Argumente auf der Ebene von Privatheit und Gesellschaft/Kultur. Zum einen gibt es in der niederländischen Gesellschaft eine Entwicklung hin zu mehr Individualisierung in der Gesellschaft sowie ein Mehr an informellen Gewohnheiten, zum anderen aber auch formelle Regeln und den Wunsch nach Gemeinschaft.

VAN DIJK, HEUVELMAN und SEYDEL führen aus, dass Individualisierung und Informalisierung zu den wichtigsten gesellschaftlichen Entwicklungen der letzten Jahrzehnte gehören. Der niederländische Soziologe Cas Wouters untersuchte die Ungezwungenheit niederländischer Gewohnheiten und die Transformation von Intimität (Liebe und Trauer) in öffentlichen Ausdrucksformen (Wouters 1990, Wouters 1995). Ihm zufolge sind diese Entwicklungen nicht nur eine einfache Abkehr von auferlegten strengen moralischen Regeln der Vergangenheit zu heutigen eher anarchischen informellen Sitten, sondern ein nächster Schritt in die Evolution der Zivilisation im Sinne von Elias‘ „Über den Prozess der Zivilisation“. Ein Mehr an informellen Gewohnheiten sei eine Verfeinerung dieses Prozesses, der zunehmend kompli-

3 Gemeint sind in diesem Zusammenhang die für die Niederlande typischen großen und nicht mit Gardinen oder Vorhängen verhüllten Fenster. Eine Gardinensteuer hat es entgegen häufiger Auffassungen nicht gegeben. Das niederländische Steuergesetz von 1821 umfasste direkte und indirekte Steuern. Zu den direkten Steuern gehörten u.a.: die "Personalsteuer" auf der Grundlage von: Mietwert, Türen, Fenstern, Kaminen, Mobiliar, Dienern und Pferden. Für Türen und Fenstern bezahlte man nicht nach Größe der Öffnungen, sondern nach Größe der Gemeinde: f 0,40 (40 Cent) in kleineren Gemeinden oder f 1,10 in größeren. Ab 1896 wurden Türen, Fenster und Kamine nicht mehr besteuert. (http://www.w-akten.de/faq2.shtml).

ziert und widersprüchlich wird. Zeichen zunehmend gröberen und exhibitionistischeren Benehmens könnten demzufolge als Erkundung der Grenzen sozialen Verhaltens gedeutet werden. In einer solchermaßen geprägten Gesellschaft ist also ein spielerisches Ausloten von Grenzen des Erlaubten offenkundig.

Diese Ungezwungenheit innerhalb der Gesellschaft habe allerdings seine Gegenpole: formelle Regeln oder Gewohnheiten. VAN DIJK, HEUVELMAN und SEYDEL gehen davon aus, dass es trotz der scheinbaren Offenheit der Niederländer eine tiefe Konformität gibt. Beispielsweise stoße der öffentliche Konsum von Drogen in den Niederlanden allen Erwartungen zum Trotz ebenso an seine Grenzen wie praktizierte körperliche und sexuelle Freizügigkeit. Zwei Briten machten diese Erfahrung, als sie 1995 in diesem vermeintlichen Paradies sexueller Befreiung nackt durch die Straßen Schiedams spazierten. Verärgerte Einwohner vertrieben sie von der Straße (van Schoonhoven 1999, 213). Die Autoren mahnen so eine differenzierte Betrachtung an und wehren sich gegen gängige Klischees und Zuschreibungen von außen.

So wie informelle Gewohnheiten und Ungezwungenheit haben aber auch Individualisierungsprozesse ihre Grenzen. Der Gegenpol zu fortschreitender Individualisierung ist die Sehnsucht nach Gemeinschaft und der Schutz des Privaten. Zahlreiche Studien über die Eigenschaften der Niederländer zeigen, so der Bericht, dass diese ihre Privatheit sehr achten – in dem Sinne, dass sie sehr unter sich bleiben und Kontakten zu anderen eher reserviert gegenüber stehen. Gleichzeitig lieben sie die Gemeinschaft und kleine Treffen im sozialen Kreis. Das niederländische Wort „gezelligheid" drücke dies am besten aus. Niederländer achten die Privatheit anderer mehr als die eigene, und vermeiden eher, andere mit ihren privaten und emotionalen Problemen zu behelligen: „A consequence is that it is considered to be ‚not done' to bother others with your own private and emotional problems." Die Argumentation bezieht sich auf die Ebene von Privatheit und Identität (vgl. Kapitel 2.2). Gegenüber Mitmenschen wird in Privatangelegenheiten Diskretion gewahrt.

Doch in welchen Lebenszusammenhängen und sozialen Kreisen gilt dies? Die Autoren stellen fest, dass diese Erklärung paradox wirkt, denn: Wie sei dann die Popularität von Reality TV[4] in den Niederlanden zu erklären?

Aus kultureller und psychologischer Perspektive werde argumentiert, gerade diese niederländische Tradition, andere nicht mit den eigenen Privatangelegenheiten behelligen zu wollen, begründe den Erfolg von Real-Life-

4 Die Autoren verwenden in ihrem Bericht den Begriff *Reality TV* auch für Formate, die im vorliegenden Band unter dem weiter gefassten Begriff *Real-Life-Formate* subsumiert werden. Um bei dem eingeführten Sprachgebrauch zu bleiben, verwenden wir im Folgenden die Bezeichnung *Real-Life-Formate*, sofern nicht explizit Reality TV gemeint ist, d.h. Sendungen, für die persönliche Extremsituationen (z.B. Unfälle, Polizeirazzien) ohne Drehbuch und gezielte Inszenierung aufgezeichnet werden. Die Bezeichnung Real-Life-Formate bzw. Real-Life-TV fungiert als Oberbegriff für Sendungen, in denen Alltagsmenschen und deren Themen im Mittelpunkt stehen, z.B. Reality TV, Talkshows oder Doku Soaps.

Formaten: „According to van der Horst the success of reality TV its to be explained, paradoxically, by the Dutch tradition of not wanting to bother others with your problems.“

Die Teilnehmer vor der Kamera offenbarten ihre Gefühle nicht vor physisch anwesenden Personen, sondern medial vor anonymen Zuschauern. Das Fernsehen werde im übertragenen Sinne zu einem Psychologen, vor dem Probleme ausgebreitet werden können, Versöhnungen stattfinden und Freude gezeigt werden kann, zu einem sicheren Kanal für Emotionen, die ansonsten unterdrückt würden – und das ohne Interaktion. Die Zuschauer müssten sich nicht wegen ihres Verhaltens schämen. Sie blieben auf Sicherheitsabstand und könnten ihre Neugier befriedigen, ohne dass es irgendwelche Konsequenzen für sie hätte (van der Horst 2001).

Real-Life-Formate stellen ein Ventil für das Bedürfnis nach öffentlicher Selbstexposition dar. Ihre Präsenz in den Medien widerspricht dann weder der kulturellen Eigenheit, Distanz in persönlichen Dingen zu wahren noch dem Streben nach Gemeinschaft. Impliziert dies also eine Entwicklung hin zu *unverbindlicher* Entäußerung von Privatem und Intimem und *unverbindlicher* Orientierung?

Diese Argumentation impliziert, dass es ein starkes persönliches Bedürfnis gibt, Gefühle in der Öffentlichkeit auszudrücken und gemeinschaftlich zu erfahren, ein Anliegen, das durch Normen im Umgang mit Privatheit und Intimität unterdrückt wird. Ein solcher Wunsch nach Entäußerung scheint auch ein Grund für das eher widersprüchliche Verhalten der Niederländer in Bezug auf den Schutz von Privatsphäre zu sein.

In den Niederlanden ist den Bürgern Umfragen zufolge (z.B. Rathenau Institut 1999) die Privatsphäre wichtig. Entsprechend sorgen sie sich heutzutage um die Sicherheit persönlicher Daten, was sich aber nicht unbedingt in ihrem Verhalten widerspiegelt. Die Autoren konstatieren, dass die Niederländer sehr unbefangen mit den Neuen Medien umgehen –Persönliches über Mobiltelefon besprechen, im Internet chatten oder sich der Öffentlichkeit per Webkamera präsentieren – und somit ohne Zögern elektronische Spuren durch die Nutzung von E-Mail oder Kreditkarten ‚hinterlassen‘. Solch scheinbar widersprüchliches Verhalten könne nur durch das Bedürfnis nach persönlicher Entäußerung in einer informalisierten und individualisierten Gesellschaft erklärt werden. Die Anmerkung der Autoren, dass die Ausführungen von van der Horst nicht allein auf die Niederlande, sondern eher auf die westliche Kultur insgesamt zutreffen, erscheint plausibel, berücksichtigt man allein entsprechende Entwicklungen in den USA (vgl. Kapitel 3.5, Kapitel 4).

Ein zweiter Erklärungsansatz für die Popularität von Real-Life-Formaten im Allgemeinen und *Big Brother* im Speziellen bezieht sich auf die Ebene von Privatheit und Gesellschaft.[5]

Die niederländische Kommunikationswissenschaftlerin van Zoonen vertritt die Auffassung, dass die strikte Trennung zwischen der Öffentlichkeit (soziale Kontrolle) und der Privatsphäre (eigene Sitten) historisch auf die bürgerliche Industriegesellschaft begrenzt war. Diese Trennung werde nun nicht mehr akzeptiert. Es handelt sich ihrer Ansicht nach bei dem Erfolg von Real-Life-Formaten um Beispiele für die Gegenwehr und die Suche nach Identität oder einem medialen Raum für die Identitätsbildung, die in der politisch korrekten Medienwelt des zwanzigsten Jahrhunderts keine Chance gehabt hätten. Sie sieht in dem Format etwas Innovatives, eine Befreiung von einer strikten, fremdbestimmten Trennung zwischen Privatheit und Öffentlichkeit.

> *Big Brother* broke the ‚bourgeois' straitjacket' of the divide between public life and the private sphere by making the private life of ordinary people with their numerous common, every-day and apparently completely irrelevant experiences and worries into a daily public affair watched by millions. (van Zoonen 2000, 37)

Sie konstatiert einen Widerstand gegen die Hegemonie eines bestimmten öffentlichen Raumes und seiner Regeln und den Wunsch, modern und gemeinhin akzeptiert zu sein. Die Position von van Zoonen entstammt eindeutig feministischer Tradition. Unabhängig davon, wie man die politische Konnotation ihrer Argumente einschätzen mag, sie sind doch hilfreich, um das Zuschauerverhalten und die Popularität von Real-Life-Formaten zu erklären.[6] Die Autoren gehen davon aus, dass es sich nicht nur um einen Hype handelt, sondern dass es Real-Life-Formate auch künftig geben wird: „The new genre is here to stay."

Welche Schlüsse lassen sich aus den aufgezeigten Argumenten ziehen? Beobachtet wird zum einen eine zunehmende Informalisierung und Individualisierung innerhalb der niederländischen Gesellschaft, die im Widerspruch zu einer gewissen Konformität und Suche nach Gemeinschaft steht. Das heißt, mehr Freiheiten gehen mit einem Bedürfnis nach Orientierung und sozialem Zusammenhalt einher. Van der Horst argumentiert, es gebe ein starkes Bedürfnis nach persönlicher Entäußerung in der Öffentlichkeit, gleichzeitig sei es den Niederländern wichtig, andere nicht unnötig mit privaten und intimen Angelegenheiten zu konfrontieren – so fungieren Real-Life-Formate als willkommenes Ventil für die Selbstentäußerung in einer modernen Gesellschaft. Überspitzter ist die Argumentation van Zoonens, wie

5 Zur Ebene *Privatheit und Gesellschaft* vgl. Kapitel 2.3.
6 Die Aufmerksamkeit für das Genre und die besondere Attraktivität für junge Leute werden im Kapitel 3.2.3 erläutert.

sie im Bericht dargestellt wird. Real-Life-Formaten kommt dabei eine *aktive* Rolle für den Wandel des Verhältnisses von Privatheit und Öffentlichkeit zu.

VAN DIJK, HEUVELMAN und SEYDEL betonen die Rolle der Medien für die Identitätsbildung in modernen Gesellschaften und folgern: Es gab bis in die neunziger Jahre einfach keinen Platz für eine Selbstentäußerung und einen Austausch über Intimes in den Massenmedien. Verschiedene Ursachen legten die Grundlage für eine Entwicklung hin zu einer eher durch Medien definierten Form von privater und öffentlicher Sphäre. Im Folgenden werden Erfolgsfaktoren für ein Mehr an Privatem in den Medien und die diesbezüglichen Entwicklungen im Fernsehen und im Internet detaillierter beleuchtet.

3.2.2 Die mediale Präsentation von Privatheit

Die Präsentation von Persönlichem und Intimem hat in den niederländischen Medien in den vergangenen zehn Jahren deutlich zugenommen. Die Grundlage für dieses Mehr an privaten Themen bildeten in den Niederlanden vor allem folgende Veränderungen der Medienlandschaft:

1. Die Kommerzialisierung des Rundfunks,
2. die Entwicklung des Internets und
3. sonstige Medienentwicklungen, wie der Erfolg der Mobilkommunikation und die Verbreitung digitaler Kameras.

3.2.2.1 Privatheit im Fernsehen

Kennzeichnend für den niederländischen Fernsehmarkt ist ein vergleichsweise großes Angebot verschiedener Fernsehkanäle sowie ein hoher Prozentsatz verkabelter Haushalte. Die Struktur des öffentlich-rechtlichen Rundfunks spiegelt das holländische Demokratieverständnis wider, demzufolge jede gesellschaftliche Gruppe die Möglichkeit haben sollte, ihre Meinung frei auszudrücken und in den Medien vertreten zu sein.

Die öffentlich-rechtlichen Rundfunkveranstalter hatten bis 1989 ein Monopol. Ab dann waren ausländische Rundfunkveranstalter (RTL 4, RTL 5) in den Kabelnetzen zugelassen, ab 1995 auch privat-kommerzieller Rundfunk niederländischer Veranstalter. Im Jahr 2001 gab es zehn Fernsehstationen, drei öffentlich-rechtliche und sieben privat-kommerzielle. Über 90 Prozent der Bevölkerung empfängt Kabelfernsehen und damit ca. 25 Kanäle, was bei seit Jahren recht stabilem Fernsehkonsum zu einer Zersplitterung des Fernsehmarktes und einem hohen Wettbewerbsdruck unter den Anbietern geführt hat. Die Konkurrenz wird auch von den öffentlich-rechtlichen Fernsehveranstaltern mit getragen, die sich zu 40 Prozent über Werbeeinnahmen finanzieren.

Die zehn Fernsehveranstalter konkurrieren um Marktanteile in dem kleinen Land und versuchen entsprechend, ständig neue, erfolgversprechende Formate aus der Taufe zu heben. Was bedeutet dies für die Präsentation von Privatheit in den Medien? VAN DIJK, HEUVELMAN und SEYDEL gehen davon aus, dass aufgrund der Marktlogik u.a. mehr Programme entwickelt wurden, in denen persönliche Enthüllungen und Intimitäten eine zentrale Rolle einnehmen. Oftmals handele es sich bei der Programmgestaltung um einen Prozess nach dem Prinzip „trial and error", einem ständigen Ausloten zwischen Markterfolg und gesellschaftlich Akzeptiertem.

Die „Evolution" des Privaten im niederländischen Fernsehen entstand aus bestehenden Formaten wie Talkshows und Unterhaltungssendungen. Eines der ersten Fernsehprogramme, in dem Privates eine Hauptrolle spielt, war die erste Talkshow im holländischen Fernsehen, *TV Privé* im Jahr 1977. Die Sendung, die den Fernsehzuschauer in die Rolle eines Voyeurs versetzte, knüpfte an den Erfolg von Gossip-Magazinen Anfang der siebziger Jahre an. Visuell wurde der Slogan der Sendung „Open doors that remain closed for others" in Form eines wirklichen Blicks durch das Schlüsselloch umgesetzt. Es traten allerdings keine Alltagsmenschen, sondern Prominente auf.

Weitere Talkshows entstanden Anfang der 90er Jahre, ein Prozess, der noch beschleunigt wird durch die Einführung von US-amerikanischen Talkshows wie *Oprah Winfrey*, die *Jerry Springer Show*, *David Letterman* oder *Studs*. In den Niederlanden wurden Kopien der US-Formate ausgestrahlt, z.B. *Catherine* auf RTL 4, nun auch mit Privatpersonen als Studiogästen. Beispiele für Fernsehformate mit persönlichen Bezügen sind auch Sendungen mit versteckter Kamera, die bereits in den sechziger Jahren als Unterhaltungsprogramme ausgestrahlt worden waren. Ein besonders erfolgreiches Programm war *Taxi*, in dem ein als Taxifahrer getarnter Schauspieler den Fahrgästen Privates entlockte.

Programme der Kategorie „Emotions-TV" entstanden in den Niederlanden aus den traditionellen Unterhaltungs- bzw. Spielshows mit Kandidaten. Die Formate, die die Autoren als Beispiele angeben, sind so oder in ähnlicher Form auch in Deutschland auf den Markt gebracht worden. Die erste Dating-Spiel-Show *Op goed geluk* (Auf gut Glück) entstand 1987, gefolgt von vielen weiteren Sendungen ähnlichen Stils in den neunziger Jahren, wie *All you need is love*. Beziehungen und zwischenmenschliche Konflikte sind Thema der *Surprise Show*, *Spoorloos* (Spurlos) und *Vermist*, den niederländischen Pendants zu *Bitte melde Dich*.

3.2.2.2 Fallbeispiel *Spoorloos*

Bei *Spoorloos* handelt es sich um ein Fernsehprogramm der öffentlich-rechtlichen KRO. In der Sendung werden Verwandte gesucht, zu denen der Kontakt abgerissen ist oder nie bestanden hat. Der Prozess der Suche wird gefilmt. In Deutschland gibt es ähnliche Formate, wie *Bitte melde Dich*. In Holland läuft die Sendung außerordentlich erfolgreich: Jeden Sonntag sehen 2 Millionen Zuschauer zu (36 Prozent Marktanteil), darunter überdurchschnittlich viele Frauen, Menschen über 50 Jahre sowie geringer Gebildete und Personen aus niedrigeren sozialen Schichten. Für die Autoren ist dieses Format im Zusammenhang der Untersuchung bemerkenswert, da vor der Kamera und im Studio meist viele Emotionen im Spiel sind.

Abb. 3.1: Die Webpräsenz der Fernsehsendung *Spoorloos*

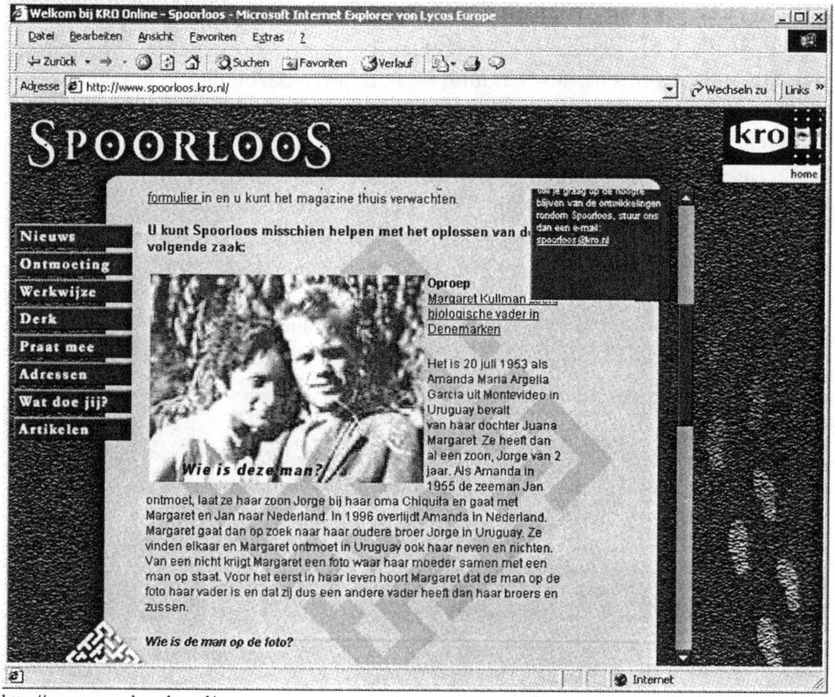

http://www.spoorloos.kro.nl/.

3.2.2.3 Nutzung und Nutzungsmotive am Fallbeispiel *Big Brother*

Die Reality Soap erobert Holland seit 1999. *Big Brother*, eine Entwicklung von Endemol für den privaten Fernsehsender Veronica, setzt auf das Konzept von Seifenopern mit ‚Leuten von nebenan‘ anstatt von Schauspielern.

Die Erfolgsbilanz: Durchschnittlich 1,4 Millionen Zuschauer (28 Prozent Marktanteil) allein bei den halbstündigen täglichen Zusammenfassungen schalteten ein. Die Abschlusssendung der ersten Staffel Ende Dezember 1999 sahen in den Niederlanden 3,5 Millionen Zuschauer (57 Prozent Marktanteil).

Big Brother versprach lukrative Zahlen. So zeigten sich auch Programmverantwortliche aus anderen europäischen Ländern und den Vereinigten Staaten interessiert. „Big Brother was, above all, a big commercial hit." Laut VAN DIJK, HEUVELMAN UND SEYDEL werden die Werbeeinnahmen von Veronica auf 34 Millionen Gulden geschätzt, während die Produktionskosten nur 13 Millionen Gulden betrügen. Endemol habe eine regelrechte Merchandising-Maschinerie in Gang gesetzt. Einnahmen seien also nicht nur durch TV-Spots, sondern auch durch den Absatz von CDs, T-Shirts, Videos, Kaffeetassen, ein *Big Brother*-Spiel, Telefongebühren beim Voting, Internet-Auktionen und Sponsoring auf den Websites erzielt worden.

Big Brother ist gleichzeitig ein Beispiel für ein konvergentes Medienformat. Die Onlinepräsenz der Sendung ist in den Niederlanden, wie fast in allen Ländern, in denen das Programm ausgestrahlt wurde, ein großer Erfolg. Täglich riefen mehrere zehntausend Menschen die offizielle Website www.bigbrother.nl auf, insgesamt 52 Millionen mal. Beim Start der Sendung wurde die Seite so häufig aufgerufen, dass der Server zusammenbrach und eine zweite Site eingerichtet wurde. Rund um *Big Brother* gibt es mindestens 500 inoffizielle Websites.

Abb. 3.2: Die Webpräsenz von *Big Brother* in den Niederlanden

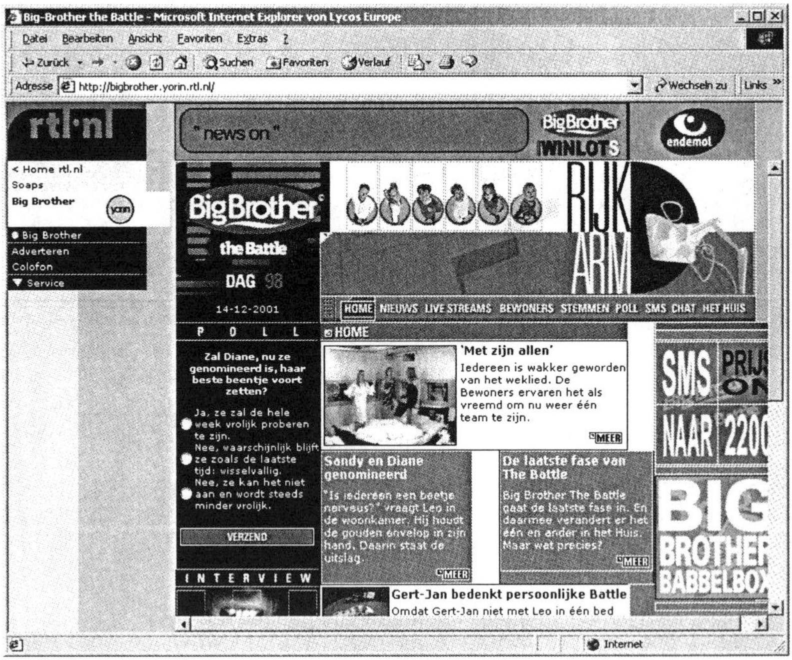

http://bigbrother.yorin.rtl.nl.

Nachfolgeformate in diesem Genre sind *Starmaker* auf Veronica und *Big Diet* auf SBS6. In der folgenden Tabelle sind die Programme im niederländischen Fernsehen nach Subgenres zusammengefasst, in denen die Präsentation von Privatheit ein wesentlicher Bestandteil des Formates ist. Sie kategorisiert exemplarisch die Real-Life-Formate, die in den Niederlanden ausgestrahlt werden.

Tab. 3.2: Real-Life-Formate im niederländischen Fernsehen nach Subgenres

SUBGENRE	Programm
Reality Soap	Big Brother, De bus, Big Diet
Doku Soap	De markt, Studentenleven, Schiphol
Medizin	Het ziekenhuis, Ingang Oost, De kraamafdeling, De bevalling
Unfälle etc.	Explosief, 112 Weekend, Blik op de weg, Gevaar op de weg
Sicherheit etc.	Opsporing Vorzocht, Het wakend oog, Ooggetuige
Intimität	Taxi, TV kapper, De 10 geboden
Dating, Beziehungen	All you need, Spoorloos, Het spijt me, Surprise Show
Reportagen	Breekijzer, De week van Willibrord, Buren

Quelle: Heuvelman, van Dijk, Seydel 2001, 7 (eigene Übersetzung)

Van Zoonen betont in ihrer Argumentation hinsichtlich der Popularität von Real-Life-Formaten in den Niederlanden die Ebene der Medienakteure und Zuschauer und die Rolle solcher Medienformate für die Identitätsbildung. Der Länderbericht ist in dieser Hinsicht ergiebig und gibt recht detailliert Aufschluss über die Nutzung und die Nutzungsmotive von Real-Life-Formaten. Die Zuschauerzahlen der Real-Life-Formate seien nach wie vor hoch, und es gebe ein anhaltendes Interesse in der Bevölkerung, als Teilnehmer bei diesen Programmen dabei zu sein.

In den Niederlanden gibt es zahlreiche Studien zur Rezeption von Real-Life-TV, Talkshows und verwandten Programmen. Wissenschaftler, Forschungsinstitute und die Medien selbst nahmen sich dort insbesondere des Formates *Big Brother* an und führten Umfragen zu den Nutzungsmotiven der Zuschauer durch. Die Frage nach dem *Zuschauerprofil* kann anhand von Studien (z.B. Untersuchungen der Abteilung Zuschauerforschung der Nederlandse Omroep Stichting – NOS) beantwortet werden, hinsichtlich der *Nutzungsmotive* gibt es hingegen nur wenige Forschungsergebnisse.

Zuschauer beiderlei Geschlechts, jeder Altersgruppe und jeder sozialen Schicht sehen Real-Life-Formate: „The question of ‚who watches?‘ can better be approached from the opposite side: ‚who doesn't?'" Naturgemäß sind Differenzierungen hinsichtlich des Nutzerprofils zu machen. Die Untersuchungen der NOS zeigen, dass Männer, Zuschauer zwischen 30 und 50 Jahren sowie höher gebildete Menschen unter den Nutzern von Real-Life-Formaten unterrepräsentiert sind. Insbesondere in den Subgenres des Real-Life-TV, bezogen auf Intimes, Medizinisches, Bekanntschaften und Beziehungen, seien Frauen überrepräsentiert, während das Verhältnis zwischen weiblichen und männlichen Zuschauern in anderen Kategorien, z.B. Unfälle, Sicherheit und Reportagen, ausgewogen sei. Vielseher von Real-Life-Formaten stammten eher aus niedrigen Bildungsschichten und seien unter 30 oder über 50 Jahre alt (NOS-KLO 1996).

Forschungsergebnisse zu den Nutzungsmotiven zeigen eine große Spannbreite an Motivationen, die für andere Unterhaltungsprogramme in ähnlicher Weise gelten dürften. Die Forschungsabteilung der Nederlandse Omroep Stichtung (NOS) führte 1999 eine Telefonbefragung zu den Nutzungsmotiven der *Big Brother*-Zuschauer im Auftrag der Zeitung NRC Handelsblad durch. Die Motivation für den Konsum des Programms variierten demzufolge stark - abhängig von Geschlecht, Bildungsstand und Alter. Frauen hätten die Sendung doppelt so häufig wie Männer gesehen und sie insgesamt besser bewertet. Für sie sei *Big Brother* in gewisser Weise ein Bestandteil ihres Lebens, sie schauten sich die Sendung an, um mit anderen darüber reden zu können (NRC Handelsblad 1999). Frauen mit niedrigem Bildungsstand sähen *Big Brother* aus quasi pädagogischen Gründen, um zu lernen, wie man mit anderen Menschen umgeht. Männer hingegen hätten häufig angegeben, die Sendung zu sehen, weil Personen aus dem näheren Umfeld – vermutlich Frauen! - das Programm sehen wollten. Jüngere Zuschauer unter 30 Jahren sähen *Big Brother* häufig, um inhaltliche Arten der Belohnung zu erhalten, z.B. Information und soziales Lernen, während ältere Zuschauer eher das Unterhaltungsmoment und die Zerstreuung schätzen, also Gratifikationen wie Entspannung, Pflegen von Gewohnheiten und Flucht aus dem Alltag (Rubin 1984). Der Kommentar einer 17-Jährigen im Rahmen der Studie verdeutlicht dies:

> „When I would be able to view how my older sister goes about with her friends, how my maths teacher talks to his wife, how my parents behave among adults then I would have no need for a substitute for life. But I do not get this at all." (Woltz 1999)

Van Zoonen erklärt die Faszination *Big Brother* mit einer Mischung aus Sehnsucht nach Authentizität und sozialer Absicherung eigenen Verhaltens:

> „It is a matter of nostalgic longing for authenticity, for relationships with other people like yourself, for familiarity and commonality and for a legitimisation of your own private experiences by society" (van Zoonen 2001, 32).

Zu Zeiten der größten *Big Brother*-Euphorie in den Niederlanden gaben ein Drittel der Bevölkerung zwischen 20 und 35 und über die Hälfte der 13- bis 19-Jährigen an, liebend gern im *Big Brother*-Haus leben zu wollen.

Soziales Lernen und Identitätsbildung scheinen also die Hauptmotivationen insbesondere für jugendliche *Big Brother*-Seher zu sein. Die dargestellten Ergebnisse aus der Zuschauerforschung sowie aus Studien zu Nutzungsmotiven geben Anhaltspunkte auf der Ebene von Privatheit und Identität. Gemeinsam mit den Erläuterungen zu den soziokulturellen Rahmenbedingungen verdichtet sich hier das Bild, dass Real-Life-Formaten in bestimmten Milieus eine Bedeutung für die soziale Orientierung des Einzelnen zukommt.

3.2.2.4 Privatheit im Internet

Privatheit in der Netzwelt – welche Rolle spielt dies in den Niederlanden? Der Länderbericht liefert Hinweise auf eine zunehmende Präsentation von Privatem und Intimem auch in diesem Medium und belegt dies anhand von größtenteils quantitativen Daten zur Internetnutzung.

Die Nutzung von Onlinediensten ist in den vergangenen zehn Jahren kontinuierlich angestiegen. Ende 2000, so die Autoren, waren ca. 7,3 Millionen, das heißt ca. 46 Prozent, der Bevölkerung online. Damit liegen die Holländer in der Internetnutzung im europäischen Vergleich an fünfter Stelle nach Schweden, Norwegen, Island und Dänemark. Anfang der neunziger Jahre wird das Internet noch vorrangig beruflich genutzt, seit Mitte der neunziger Jahre auch zunehmend privat. Insbesondere junge Männer gelten, wie auch in Deutschland, als „early adopters", und zwei Drittel der Onliner sind unter 35 Jahre alt. Die Zahl der Frauen, älteren Menschen und der Menschen mit niedrigerem Bildungsniveau unter den Nutzern steigt allerdings seit ein paar Jahren.

Erfolgsfaktoren für die rasche Verbreitung des Internets in den Niederlanden sind eine funktionierende Wirtschaft, eine stabile Telekommunikationsinfrastruktur sowie eine vielsprachige, technikbegeisterte Bevölkerung. Holländer sind Finanzaktivitäten im Netz gegenüber auch vergleichsweise aufgeschlossen (Online-Banking, E-Commerce). Ein Parameter für die Präsentation von Privatem ist die Verbreitung privater Websites mit Webcams in privaten Haushalten. Die Zahl der Webcams auf privaten Homepages steigt kontinuierlich und hat die Zahl der Websites mit Webcams für Verkehrs- oder Wetterinformationen bereits überflügelt. An die Zahl der kommerziellen „Sexcams" reichen private Webcams jedoch nicht heran.[7]

Die Begeisterung für Webcams macht sich im Hinblick auf die Onlinepräsentation von Privatheit bemerkbar. Im Internet wird ein neues Genre begründet, als Privatpersonen anfangen, via Webcam einen kontinuierlichen Einblick in ihr Privatleben zu gewähren. Der erste Hype in Holland begann 1996: Eine junge Frau zeigte der Internet Community, was rund um die Uhr in ihrem Wohnzimmer vor sich geht – *Petra's livingroom* ist die erste „Mini-Soap" mit ein paar tausend Besuchern pro Tag.

7 Vgl. die Informationen auf dem Portal www.pagina.nl.

3.2.2.5 Fallbeispiel cam@home

Eine der erfolgreichsten privaten Websites in den Niederlanden ist Cam@home[8]. Laut Nedstat website statistics erfolgten im Jahr 2001 ca. 2.500 Pageviews täglich. Auf der Website sind Bilder per Webcam aus dem Zuhause der Studentin Corrie und ihres Freundes Rickert zu sehen, es gibt einen Chatroom und ein Online-Tagebuch. Besucher sind fast ausnahmslos Männer aus aller Welt. Entsprechend sind verbale „Flirtattacken" an der Tagesordnung. Die Selbstregulierung unter den Chattern sei allerdings bemerkenswert. Explizite sexuelle Äußerungen würden sofort angeprangert. Corrie weist vor dem „Eingang" in den Chatroom auf angemessenes Benehmen hin: „Please behave in our chat channel, so everybody is having fun." Unter der Rubrik „faq" beantwortet die Betreiberin Fragen zu ihrer Person und u.a. auch zu ihrer Motivation, eine private Homepage zu pflegen:

> Why do you run this cam?
> Past: I don't know! It's so hard to explain. But i'll give it a try. We run this cam for several reasons. First of all, we want the Internet community to know us. Doesn't everybody deserve 15 megabytes of fame? Hehe, partly a joke ☺ Secondly, we really like to set a trend in the Netherlands with webcams. Unlike the United States, telephone costs are way too high here. But since people can get cable access now, its possible to run a webcam 24 hours a day without going broke. The third reason is that this project gives us the chance to get some attention for our web editing capacities.
> Now: The above was written one and a half years ago. Did something change since then? Yes and no. I think we have already had our 15 megabytes of fame.. our 15 articles of fame.. and all that. But still, its nice to get all this attention. For the 2nd and 3rd reason, compared to a year ago there are many more cams in the Netherlands now. Of course not only because of us... ☺ In those years I learned at least one thing: you better watch webcams than talk about it ☺
> It's good to ‚run a project' which is appreciated by a lot of people. It's fun being entertainment for others.
> How did you get the idea?
> We got the idea when we were studying in the US (Dayton, OH). At least one of us was really hooked on the net and did see a lot of good and bad examples of webcam sites. And as usual he was thinking he could do better....or different LOL! Back in Amsterdam we just tried out how it worked, chatting with some friends. Day after day more people heard about our webcam, and our site changed from a parttime webcam site (only on when chatting) to almost a full-time webcam site. It has never been a 24/7 webcam though, we do not take the cam into the bedroom. (www.camathome.nl, Eintrag vom 22.11.2001)

Corrie und Rickert stellen fest, dass sie tatsächlich einen Trend gesetzt haben und es immer mehr Webcams in den Niederlanden gibt.

---

8 http://www.camathome.com oder http://www.camathome.nl.

3.2.2.6 Privatheit und neue Kommunikationsmedien

In den Niederlanden ist die Einführung digitaler Medien ein Erfolgsfaktor für die Medialisierung von Privatheit. Dabei ginge es neben dem Internet, den Chatforen, MUDs, Webcams und digitalen Kameras auch um Mobiltelefone und Short Message Services (SMS). Diese Technologien haben die Möglichkeiten für private Kommunikation in der Öffentlichkeit wesentlich erhöht, erläutern VAN DIJK, HEUVELMAN und SEYDEL. Ca. 50 Prozent der niederländischen Bevölkerung nutzten ein Handy: „(...) mobile conversations are part of the scenery." Anhand eigener Beobachtungen in Holland stellen die Projektpartner fest, dass sogar sehr vertrauliche Informationen in der Öffentlichkeit über Mobiltelefone ausgetauscht werden. Auch die Nutzung von 0900-Nummern mit speziellen Dating-Angeboten, bei denen Anrufer garantiert anonym bleiben sollen, sei überdurchschnittlich angestiegen.

Ebenfalls habe die Entwicklung von sehr kompakten Digitalkameras die Präsentation von Privatem beeinflusst. Im Jahr 2000 seien in den Niederlanden mindestens 25.000 Webkameras verkauft worden. Derzeit befänden sich ca. 70 Prozent der verkauften Webcams in den Händen der Pornoindustrie, aber es werde erwartet, dass private Nutzer in ein paar Jahren die größte Gruppe bilden werden. „It might well be that within a few years all personal computers would be equipped currently with a webcam." In den Niederlanden gebe es bereits eine Kindertagesstätte mit Webcams. So haben Eltern die Möglichkeit, von der Arbeit aus im Internet zu verfolgen, was ihre Kinder machen. Das Frauenmagazin *Margriet* wiederum zeigte bereits einen Kaiserschnitt über das Internet.

Die Informationen des Länderberichts belegen in erster Linie die allmähliche Durchsetzung des Internets als Kommunikationsmittel im privaten Lebensumfeld. Hinsichtlich der Rolle des Internets für die Präsentation von Privatheit ist festzuhalten, dass immer mehr Menschen Websites mit persönlichen Inhalten ins Netz stellen und diese gezielt zur Selbstpräsentation nutzen. Tiefer gehende Informationen, die Rückschlüsse auf eine besondere Durchsetzung dieser Art von Kommunikation in den Niederlanden zuließen, enthält der Bericht nicht.

Die Autoren des Berichts versuchen, die Perspektive der Zuschauer und ihren Umgang mit neuen Medienformaten einzunehmen. Sie liefern Erklärungen für das Zuschauerverhalten anhand demografischer Größen wie Alter, Geschlecht und sozialer Klasse. Sie argumentieren, dass die zunehmende Präsentation von Privatem und Intimem in den Medien in Form von Real-Life-Formaten kein vorübergehendes Phänomen ist. Die Programme stoßen auf Interesse in der Bevölkerung und haben Potenzial für den Ausdruck sozialer und persönlicher Identität. Dabei handelt es sich ihrer Ansicht nach um keine typisch niederländische Entwicklung. Eine Rolle spielen eher die

Marktkonstellationen und die Geschäftspolitik von Fernsehsendern und -produzenten.

3.2.3 Die öffentliche Debatte

Inwieweit spiegelt sich die Durchsetzung privater und intimer Medieninhalte auf der Ebene des gesellschaftlichen Diskurses in den Niederlanden wider? Die Autoren zeichnen in ihrem Länderbericht vor allem die öffentliche Debatte um Real-Life-Formate in den Niederlanden nach, kommentieren die Diskussion kritisch und geben Anregungen für den künftigen Umgang mit dem Thema Privatheit und Öffentlichkeit in den Medien.

Der Schutz der Privatsphäre in Bezug auf die Medien ist ein beständiges Diskussionsthema in den Niederlanden. Allerdings geht es in der Debatte weniger um die Präsentation von Privatem und Intimem in den Medien, sondern vor allem um die Problematik des Datenschutzes in Verbindung mit der Nutzung neuer Medien. Eine Ausnahme bildet die vehemente Diskussion um *Big Brother* vor Ausstrahlung der ersten Sendung.

Damals hätten Experten aus verschiedenen gesellschaftlichen Bereichen das Programm kommentiert, kritisiert oder verrissen. Die Spannbreite der Diskussion, so VAN DIJK, HEUVELMAN und SEYDEL, habe von möglichen psychologischen Schäden bei den Kandidaten bis hin zu dem Vorwurf gereicht, persönliche Emotionen würden für kommerzielle Zwecke ausgeschlachtet. Die meisten Kritiker prophezeiten, *Big Brother* würde todlangweilig. Psychologen, Soziologen und Medienethiker hielten das Konzept für entwürdigend und gefährlich für die Bewohner des Containers. Andere Kritiker zogen z.B. Zimbardos Gefängnisexperiment für die Argumentation heran.[9] Tierschützer protestierten gegen die Produzenten, da sie um das Leben der Hühner im Garten fürchteten.

Die Kritik verebbte mit dem Erfolg der Sendung schnell. Dies halten die Autoren für besonders augenfällig. Psychische Gefahren für die Kandidaten erwiesen sich nicht als existent, da die Kandidaten während der Aufzeichnung der Staffel psychologisch betreut wurden. Das Argument, Privates würde dem Kommerz untergeordnet, verstummte ebenfalls. Selbst konservative Zeitungen berichteten über das Format, der Erfolg der Sendung habe das wachsende Interesse der intellektuellen Elite an der Sendung legitimiert. Missachtung sei einem generellen Interesse gewichen und die Arbeit der Produzenten wurde gewürdigt:

---

9 Anfang der siebziger Jahre führte der Sozialpsychologe Zimbardo das so genannte Gefängnisexperiment durch. Er baute eine Gefängnisattrappe, in dem Freiwillige entweder die Rolle des Gefängniswärters oder des Gefangenen einnehmen sollten. Es gab echte Zellen für die ‚Gefangenen', und sie sollten strenge Regeln befolgen. Die Konsequenzen waren dramatisch. Die Gefangenen fühlten sich unterlegen und benahmen sich gehorsam. Die Gefängniswärter wiederum zögerten nicht, die Gefangenen zu erniedrigen. Zimbardo stoppte das Experiment in einem frühen Stadium.

> Since the unprecedented success of ‚Big Brother‘ it is remarkable that its producers not only received commercial but also intellectual appreciation. Now media specialists are considering the ‚Big Brother‘-producers as the greatest innovators of television in this period of time.

Die Autoren halten *Big Brother* und ähnliche Programme für ein von Kritikern, Intellektuellen, Wissenschaftlern und auch den Produzenten unterschätztes Phänomen, unterschätzt hinsichtlich seiner Wirkung *auf* bzw. Bedeutung *für* die Zuschauer. In diesem Sinne sei das Format tatsächlich innovativ und experimentell. Und die Art der Niederländer, mit der Präsentation von Privatem in den Medien umzugehen, sei eher abwartend: „Perhaps, everybody is satisfied at the moment. This is in fact the way the Dutch people, experts or not, were coping with the problem of private versus public spheres in television programmes."

Eine mögliche Erklärung für den vergleichbar unaufgeregten Umgang der Niederländer mit den Real-Life-Formaten sei die Tatsache, dass bereits in den 70er Jahren eine grundlegende Diskussion über öffentlichen und privaten Rundfunk und die jeweiligen Qualitätskriterien stattgefunden habe. Immer, wenn nun ein neues gewagtes Programm gesendet würde, käme die Debatte wieder in Schwung, verhafte aber auf moralischen und ethischen Sichtweisen.

Auch im Falle von *Big Brother* ist offensichtlich, dass die Diskussion einseitig verlief. Die Problematik *privat versus öffentlich* kam über einen Austausch von Standpunkten auf völlig verschiedenen Ebenen – medienethischen Bedenken gegenüber dem Argument des Publikumserfolges – nicht hinaus. „As was noticed before, a large part of the Dutch population would have loved to be exploited in this way as a participant." Die Produzenten rechtfertigten ihre Erfindung mit dem Argument, dass das Publikum die Programme immerhin sehen wollte – mit den Worten des Präsidenten der Federal Communications Commission (FCC) während der US-amerikanischen Präsidentschaft Ronald Reagans: „The public interest is that which interests the public."

Bekommt das Volk also die Programme, die es verdient? Die Autoren des Berichts werfen die Frage auf, wie eine gesellschaftliche Debatte um das Verhältnis von Privatheit und Öffentlichkeit geführt werden kann, wenn die Logik eines Medienmarktes die dominierende Perspektive ist. Wie können Exzesse dann vermieden werden? Medienregulierung habe ihre Grenzen und sei im Falle der Real-Life-Formate nicht anwendbar, zu unklar seien die anzulegenden Kriterien. Eine Selbstregulierung der Akteure, z.B. indem sie sich verpflichten, die Rechte der Kandidaten zu schützen, sei vielleicht ein gangbarer Weg. Der Druck der Industrie, nicht in einem in irgendeiner Form fragwürdigen Umfeld zu werben, könne unterstützend wirken. Die defensive, ablehnende Haltung vieler Kritiker gegenüber neuen Unterhaltungsformaten des Infotainment, den Spielshows und Real-Life-Formaten verhindere in jedem Fall einen konstruktiven Umgang mit Programmideen. Möglichkeiten des öffentlich-rechtlichen Fernsehens, seinen Informations- und Bildungsauftrag in neuer Form umzusetzen, würden so nicht genutzt.

3.2.4 Zusammenfassung

Die Projektpartner der Universität Twente richten in ihrem Bericht den Fokus auf die Zuschauer und ihre Teilnahme am Genre der Real-Life-Formate.

Angefangen mit den soziokulturellen Rahmenbedingungen über die Medienentwicklungen in den Niederlanden bis hin zur Debatte um Real-Life-Formate im Fernsehen zeichnen sie ein Bild, das vielfach an die Situation in Deutschland erinnert, denkt man allein an die Diskussion um *Big Brother* hierzulande.

Die niederländische Gesellschaft hat in den letzten 50 Jahren tiefgreifende soziale und kulturelle Veränderungen erlebt. Zwei eher gegensätzliche Entwicklungen sind dabei maßgeblich: zum einen eine zunehmende Individualisierung und Ungezwungenheit und zum anderen der Fortbestand von formellen Regeln und Gewohnheiten und die Sehnsucht nach Gemeinschaft. Dies dürfte für moderne Gesellschaften allgemein gelten. Typisch niederländisch scheint allenfalls ein hoher Grad an Ungezwungenheit und gleichzeitig eine eher reservierte Haltung zu sein, wenn es darum geht, Privates gegenüber Mitmenschen direkt zu kommunizieren. Die offenen Fenster, auf die der Besucher in den Niederlanden aufmerksam wird, sind vom Zeichen für die Angepasstheit zum Zeichen für Individualität und Freiheit geworden.

In modernen Gesellschaften scheint die Motivation, in der Öffentlichkeit scheinbar spielerisch Privates kundzutun, hoch zu sein. Die Kommerzialisierung des Rundfunks, mehr verfügbare Fernsehprogramme, die Suche nach neuen Formaten und neue Kommunikationsmittel haben dies in den Niederlanden zunehmend ermöglicht. Auf privaten Websites ist man sein eigener Regisseur. Die wachsende Zahl privater Homepages und die Verbreitung von Webcams verweist auf neue und sich mehr und mehr durchsetzende Formen der Präsentation von Privatheit durch die neuen Medien.

Warum *Big Brother* nun ausgerechnet in den Niederlanden erfunden wurde? Dies dürfte eher ein Zufallsprodukt der Konstellationen auf dem Rundfunkmarkt sein.

Der Präsentation von Privatem in den Medien haftet offenbar etwas Fortschrittliches, etwas Modernes an, das Loslassen konservativer Werte – oder, wie van Zoonen es ausdrückt, der „Widerstand gegen die Hegemonie eines bestimmten öffentlichen Raumes“. Dieser Eindruck entsteht sowohl anhand der zitierten Literatur als auch durch die niederländische Debatte um Real-Life-Formate. Diese Debatte bewegt sich zwischen sehr grundsätzlichen

Standpunkten: Handelt es sich beim Medium Fernsehen und dem Produkt Unterhaltung um ein Kultur- oder um ein Wirtschaftsgut? Müssen die Kandidaten und die Zuschauer vor dem Medium geschützt werden, oder sollten sie selbst entscheiden, was gut für sie ist?

Die Autoren kritisieren den immer gleichen Ablauf medienkritischer Diskussionen und plädieren für einen unvoreingenommenen Umgang mit neuen Programmformen sowie für eine verstärkte Berücksichtigung der Zuschauerinteressen.

> Taking the perspective of the viewers and the participants in the reality genre the biggest priority would become to defend their rights as humans, consumers, actors and ‚experimental subjects' (dignity, privacy, transparency of goal and design, reward etcetera) when they are harmed *according to their view* and putting forward a concrete list of demands safeguarding them in practice.

3.3 Großbritannien

Die Auffassung über die britische Medienberichterstattung und deren Umgang mit der Privatsphäre war in den vergangenen Jahren vielfach durch Skandale um die Königsfamilie und den Medienwirbel um Diana Spencer, die Prinzessin von Wales geprägt. Welche kulturellen Werte gelten also im Hinblick auf das Verhältnis von Privatheit und Öffentlichkeit in Großbritannien? Und wie haben sich Formate entwickelt, in denen *nicht Prominente* im Mittelpunkt stehen?

Die Rolle von Real-Life-Formaten für das Verhältnis von Öffentlichkeit und Privatheit steht im Zentrum des britischen Ländergutachtens. Der britische Bericht mit dem Titel „The Value of the Daytime: confessional television as education in communication" (vgl. Michailidou 2001) bezieht sich dabei vor allem auf Talkshow-Formate und ihre Bedeutung im britischen öffentlich-rechtlichen Fernsehen. Ausführlicher werden daher die Punkte des Berichts berücksichtigt, die als Erläuterung zur Rolle der Medien für die Präsentation von Privatheit dienen (Kapitel 3.3.2). Die hier dargestellten Ergebnisse aus dem Länderbericht beziehen sich ausschließlich auf das Medium Fernsehen.

3.3.1 Soziokulturelle Konzepte und Entwicklungen von Privatheit und Öffentlichkeit: Rechtliche Aspekte

MICHAILIDOU argumentiert in ihrem Bericht vom Speziellen zum Allgemeinen, d.h. sie erläutert grundlegende gesellschaftliche Entwicklungen im Verhältnis von Öffentlichkeit und Privatheit immer dann, wenn es darum geht, die „aktuelle Wertschätzung" von Real-Life-Formaten im britischen Fernsehen in einen größeren Zusammenhang zu stellen. Grundsätzliche Überlegungen hinsichtlich soziokultureller Konzepte und damit der Frage, welches Verständnis von Privatsphäre, von Öffentlichkeit und dem Verhältnis der beiden Größen zueinander in der britischen Gesellschaft vorherrscht, werden in dem Bericht nicht angestellt. Detaillierter beschreibt sie aber die Praxis der britischen Medienaufsicht im Hinblick auf die mediale Präsentation von Privatheit und zugrunde liegende Rechtsnormen. Geht man davon aus, dass die Rechtsprechung und verbindlich ausformulierte Normen auf einem gesellschaftlichen Konsens beruhen, ermöglichen rechtliche Setzungen in einem Land einen Einblick in gesellschaftliche, soziokulturelle Rahmenbedingungen. Die Ausführungen der Projektpartnerin über das rechtliche Umfeld für die Entwicklung von Real-Life-Formaten im britischen Fernsehen versprechen daher Aufschluss.

Seit 1996 kontrolliert die Broadcasting Standards Commission (BSC) die Einhaltung von Programmstandards im britischen Hörfunk und Fernsehen, Kabel-, Satelliten- und Textdienste sowie digitale Dienste eingeschlossen. Die Abschnitte 107 und 108 des *British Broadcasting Act* von 1996, maßgeblich für die Verantwortung der BSC, schaffen einen eindeutigen Bezug zum Schutz von Privatheit in der Berichterstattung. Die BSC ist demnach u.a. verpflichtet, Standards für die Produzenten und Programmverantwortliche aufzustellen, die eine ungerechte Behandlung oder einen unzulässigen Eingriff in die Privatsphäre bedeuten, sowie weiterhin, diese Standards regelmäßig zu überprüfen. Im Rahmen ihrer Aufsichtspflicht formuliert die BSC entsprechende Richtlinien, die *Codes of Practice*, die den Produzenten hinsichtlich der Grenzen des Akzeptierten bei der Präsentation von Privatheit durch Rundfunkmedien als Orientierung dienen sollen.

Die Kommission geht davon aus, dass es nicht möglich ist, die Grenzen der Darstellung von Privatheit in den Medien erschöpfend zu bestimmen. Die Schwierigkeit, einen unzulässigen Eingriff in die Privatsphäre zu definieren, wird in den Richtlinien reflektiert. In der Praxis, so MICHAILIDOU, sei es nicht die Darstellung von Privatheit per se, die als problematisch erachtet werde. Die Regulierungsbemühungen beziehen sich auf die Art und Weise der Präsentation von Privatheit. Wie Weiß es beschreibt: „Nicht so sehr der Umstand, dass das Fernsehen überhaupt Privates und Intimes ‚verhandelbar' macht, begründet ein Problem. Problematisch ist das Wie der medialen Verhandlung." (vgl. Kapitel 2.4) Das *Wie* medialer Verhandlung von Privatheit wird in den Prinzipien der BSC ausführlich beschrieben; im Mittelpunkt steht dabei der Schutz der dargestellten Person. Zur Illustration ein Beispiel aus dem *Code on Fairness and Privacy*[10]:

10 Vgl. Appendix 3 „Extracts from regulatory and broadcasters guidelines. Extracts from Broadcasting Standards Commission Code on Fairness and Privacy" im Länderbericht für Großbritannien (Michailidou 2001). Besondere Erwähnung findet in den Richtlinien auch der Schutz von Kindern und Jugendlichen.

14. The line to be drawn between the public's right to information and the citizen's right to privacy can be a fine one. In considering complaints about the unwarranted infringement of privacy, the Commission will therefore address itself to two distinct questions: First has there been an infringement of privacy? Second, if so, was it warranted?
An infringement of privacy has to be justified by an overriding public interest in disclosure of the information. This would include revealing or detecting crime or disreputable behaviour, protecting public health or safety, exposing misleading claims made by individuals or organisations, or disclosing significant incompetence in public office. Moreover, the means of obtaining the information must be proportionate to the matter under investigation.

Die BSC fordert die Programmmacher ausdrücklich dazu auf, gründlich zwischen öffentlichem Interesse und dem Interesse der betroffenen, dargestellten Person zu unterscheiden. Grundsätzlich sei eine fallweise Untersuchung der individuellen Bedingungen der Produktion und Ausstrahlung des Materials nötig.

The BSC operates under the assumption that ‚the guidance in a code can never be exhaustive. Whether the needs of fairness and privacy have been met can only be judged by considering each particular case in light of the information the broadcaster had available after diligent research at the time the programme was made or broadcast.' (Broadcasting Standards Commission 1998b, 7)

Daher werden die Standards der BSC durch spezifische Richtlinien der Rundfunkveranstalter für Produzenten ergänzt, z.B. durch Richtlinien der BBC oder Organisationen, die dem privat-kommerziellem Fernsehen übergeordnet sind, wie der Independent Television Commission (ITC).[11] Außerdem findet zwischen Regulierungsbehörden und Produktionsfirmen ein reger Informationsaustausch statt.

Die BSC kümmert sich um Beschwerden von Bürgern, die sich durch die Medien unfair behandelt oder sich ihrer Privatsphäre beraubt fühlen. Gleiches gilt für Beschwerden über Programminhalte, die die Zuhörer oder Zuschauer als indiskret oder geschmacklos empfinden. Die BSC ist legitimiert, Nachforschungen über die entsprechenden Programme anzustellen und einen Ausgleich zwischen den Parteien zu erzielen; das heißt, sie darf Aufzeichnungen der Programme einfordern, diese selbständig beurteilen und gegebenenfalls Sanktionen erteilen, so sie in dem Programm einen Verstoß gegen Fairness, Anstand und den Schutz der Privatsphäre sieht.

Aufgrund der Annahme, dass ein normativer Katalog nicht erschöpfend und erst recht nicht stets zeitgemäß sein kann, kontrolliert die BSC laufend ihre Kriterien und Zielvorgaben. Die Kommission veröffentlicht jährlich Berichte auf der Basis ihrer Kontrolle (monitoring) und gibt unabhängige

11 Vgl. die Auszüge der „Codes of Practice" der BSC, der ITC und der BBC in Appendix 3 des Länderberichts für Großbritannien (Michailidou 2001).

Forschung über Rundfunkentwicklungen in Auftrag, um über die Entwicklungen in der Rundfunkbranche, aktuelle Standards in der Rundfunkberichterstattung und auch die öffentliche Meinung über Rundfunkfragen auf dem Laufenden zu sein. Ersichtlich wird, dass der Rechtsrahmen für den britischen Rundfunk auf dem Prinzip der Kooperation und der Selbstregulierung der Medienschaffenden basiert. Hierbei bleiben Vorgaben in Bezug auf Medieninhalte nach Ansicht von MICHAILIDOU allgemein:

> It is evident from this that the regulatory framework for broadcasting in the UK relies on the co-operation and self-regulation of media production organisations: here, statutory regulation with regards to media content remains very broad, supplemented by mechanisms aiming to correct particular instances of imbalance in particular programmes.

Wie die Kombination und die Ergreifung von Maßnahmen im Einzelfall aussehen, wird nicht thematisiert. So bedarf das Handeln der Betroffenen im Streitfalle der Auslegung; die Richtlinien der BSC bilden aber durch ihre Formulierung von ‚Soll-Zuständen' eine Basis für eine Diskussion.[12]

Das Internet ist durch die derzeitige Regulierungsstruktur noch nicht erfasst. Bisher stattgefundene Erörterungen in Großbritannien hinsichtlich von Regulierungsanforderungen im Internet bezogen sich mehr auf infrastrukturelle denn auf inhaltliche Fragen. Es liegt jedoch mit dem *White Paper on Communications* ein Entwurf für eine neue Regulierungsbehörde, dem Office of Communications (OFCOM) vor, dem die Regulierung von Infrastruktur und Inhalten für alle medialen Plattformen obliegen soll.

Die Projektpartnerin behandelt weiter die Frage, wo Grenzen bei der Präsentation von Privatheit in den Medien liegen. Was ist *zu privat* für die Öffentlichkeit? Sie weist darauf hin, dass sich die Definition dessen, was an Privatem von öffentlichem Interesse ist, verändert hat. Inwieweit die mediale Darstellung von Privatheit Grenzen überschreitet, dies muss gemäß der britischen Regulierungspraxis von Fall zu Fall entschieden und beurteilt werden.

Die britischen Medienaufsichtsbehörden und Rundfunkorganisationen vertreten die Position, dass Grenzen des Erlaubten nicht angemessen im Voraus definiert werden können. Die Richtlinien hinsichtlich der Rundfunkinhalte sind daher eher allgemein formuliert. Durch die beschriebene Kombination von Regulierung, Selbstregulierung und Forschung sowie die Kooperation zwischen den Aufsichtsbehörden und den Programmmachern werden Verfahrensnormen geschaffen, die eine Auseinandersetzung über Pro-

---

12 Beispielsweise sieht der *Code on Fairness and Privacy* der BSC in Bezug auf die Fairness gegenüber Mitwirkenden vor: „4. Contributors should be dealt with fairly. Where they are invited to make a significant contribution to a factual programme, they should: (i) be told what the programme is about; (ii) be given a clear explanation of why they were contacted by the programme; (...)." Vgl. Appendix 3 „Extracts from regulatory and broadcasters guidelines. Extracts from Broadcasting Standards Commission Code on Fairness and Privacy" im Länderbericht für Großbritannien (Michailidou 2001).

gramminhalte sowohl ex-ante (z.B. bei der Diskussion um neue Formate) als auch ex-post (z.B. nach Beschwerden) ermöglichen.

3.3.2 Die mediale Präsentation von Privatheit

Bemühungen, die Präsentation von Privatem und Intimem in den Medien zu regulieren, wie oben ausgeführt, sind in Großbritannien nicht neu. MICHAILIDOU verortet erste Debatten um Eingriffe in die Privatsphäre in den fünfziger und sechziger Jahren, als das Fernsehen noch in den Kinderschuhen steckte und Mitglieder der Gesellschaft in Dokumentationen über das britische Alltagsleben erstmalig im Fernsehen zu sehen waren.

3.3.2.1 Privatheit im Fernsehen

Die Projektpartnerin gewährt in ihrem Bericht einen Rückblick auf Fernsehformate in Großbritannien, die privates Leben in all seinen Facetten zum Thema haben, diskutiert mögliche Gründe der Akteure für die Teilnahme an Real-Life-Formaten sowie die kommerzielle Relevanz solcher Produktionen für die britische Medienwirtschaft. Die Argumentation stellt insbesondere die Bandbreite von Fernsehprogrammen rund um Privates und Intimes heraus – so werden auch positive Potenziale einer Präsentation von Privatheit in den Medien diskutiert.

Die Präsenz von Real-Life-Formaten im britischen Fernsehen ist nach Ansicht von MICHAILIDOU das Resultat eines generellen Wandels hin zu der Präsentation von Alltagsleben und Alltagsmenschen. Die zunehmende Darstellung von Privatem bzw. einer „demokratischeren Repräsentation“ von Menschen im Fernsehen sei Teil eines tiefgreifenden Wandels kultureller Werte in den sechziger Jahren gewesen. Der Ruf nach mehr Teilhabe an der Gesellschaft und das Verfechten demokratischer Werte in den *Swinging Sixties* habe somit eine Basis für die Präsentation von mehr Privatem in den Medien dargestellt. Die Chronologie medialer Verhandlung von Privatheit im Fernsehen beschreibt sie folgendermaßen:

In den fünfziger und sechziger Jahren bildeten Dokumentationen über Menschen des öffentlichen Lebens sowie Quiz- und Spielshows den Auftakt einer Reihe von Fernsehformaten, in denen private Angelegenheiten ein hauptsächliches Charakteristikum sind. Seit den späten fünfziger Jahren ist das Vormittags- und Nachmittagsprogramm im Fernsehen vornehmlich auf Frauen ausgerichtet („woman-only zone“). Bedenken hinsichtlich möglicher Eingriffe in die Privatsphäre von Privatpersonen wurden laut. Zu dieser Zeit fand auch eine grundsätzliche Debatte über die Aufgaben des öffentlich-rechtlichen Rundfunks und die Inhalte einer Grundversorgung statt. Die sechziger Jahre bildeten dann den Ausgangspunkt einer Neuauslegung des öffentlich-rechtlichen Auftrags: demokratische Elemente wurden betont, u.a.

wurde festgelegt, dass die Präsentation des alltäglichen, privaten Lebens in den Medien ein wichtiger Bestandteil für verantwortungsvollen (öffentlich-rechtlichen) Rundfunk sei.

Die britischen Fernsehanbieter erweiterten in den siebziger Jahren die Möglichkeiten für die Einbeziehung des Publikums in die Programmgestaltung. In den neuen Programmen konnten Alltagsmenschen zunehmend sich oder ihr privates Umfeld darstellen, und soziale Gruppen, auch Randgruppen, erhielten häufiger die Möglichkeit zur Partizipation. Ein Beispiel für ein solches demokratisierendes Element im Medium Fernsehen ist die Einrichtung einer Abteilung für Bürgerprogramme bei der BBC, die Community Programming Unit. In den achtziger Jahren nahm Channel 4 die Verpflichtung zu mehr öffentlichem Zugang in seine Statuten auf und etablierte Programme mit Alltagsgeschichten um Alltagsmenschen. Im Rahmen von Sendungen wie *Video Diaries* oder *Video Nation* in der BBC und über das *Community Video Project* auf Channel 4 wurde der Gebrauch audiovisueller Medien durch die Bürger gezielt gefördert und trainiert und die Resultate schließlich ausgestrahlt. Allerdings seien die Programme eher in den späten Abendstunden oder auf vereinzelten Sendeplätzen ausgestrahlt worden – die Bürgerbeteiligung im Fernsehen wirkte in den siebziger und achtziger Jahren nicht als ‚Straßenfeger'.

Massenattraktiv wurden Sendungen mit Publikumsmitwirkung und Einbeziehung von Alltagsmenschen erst in den neunziger Jahren. Programme mit Fokus auf persönliche Angelegenheiten von Alltagsmenschen seien mittlerweile ein allgegenwärtiges Phänomen; sie werden gleichermaßen im öffentlich-rechtlichen und im privat-kommerziellen britischen Fernsehen ausgestrahlt. „The 1990s have seen the widespread deployment of the element of confession in mainstream television in Great Britain." Damit hätte sich innerhalb der vergangenen vier Jahrzehnte der Zugang zu Themen und Personengruppen, die früher meist in einer eng definierten Privatsphäre verortet waren, zunehmend in den öffentlichen Raum verlagert und Grenzen der Diskretion verschoben:

> Notions as to what is ‚too private' to broadcast or present in the public sphere have of course changed in the last 40 years, and specifically following the interpretation of the remit of public service broadcasting already discussed above. Ordinary everyday life and its problems used to be considered outside the limits of the public sphere, and public participation was limited in genres such as political debates. The presentation of, for instance, the strifes and sorrows of divorce would have no place in factual television in the pre-Community Programming days. Their presentation outside fictional genres would have been considered inappropriate and perhaps sensationalist and shameful.[13]

13 Persönliche E-Mail von Martha Michailidou vom 04.11.01.

Das „Element des Bekenntnisses", wie MICHAILIDOU es bezeichnet, freiwillig Intimstes vor dem Publikum im Fernsehstudio und vor den Bildschirmen preiszugeben, werde im britischen Fernsehen auf zweierlei Weise umgesetzt:

a) im Vor- und Nachmittagsfernsehen als zentraler Programmaspekt und
b) im Abendprogramm als Erzählform, die in bestehende Genres eingebunden wird.

Talkshows (a) hätten sich von dem gediegenen Small Talk mit Prominenten oder der politischen Talkshow (Debatte) hin zu Bekenntnisshows („confessional talk shows") gewandelt, die das Vor- und Nachmittagsprogramm auf allen Kanälen dominieren. Beispiele für *diese* Art der Sendungen sind *Kilroy* (BBC), *Trisha* (ITV) und *Vanessa* (Channel 4).

3.3.2.2 Fallbeispiel *Kilroy*

Die tägliche Talkshow *Kilroy*, „the one with the longest history", wird seit 1986 kontinuierlich auf BBC 1 ausgestrahlt und genießt nach MICHAILIDOU institutionellen Status, da sie im Vergleich zu anderen Programmen wegen tagesaktueller Sondersendungen oder Sportereignissen selten von ihrem Sendeplatz verdrängt wird. Hauptthemen von *Kilroy* sind alltägliche Familien- und Beziehungsprobleme.

Das Konzept von *Kilroy* habe nichts mit der amerikanischen „School of Confrontainment" zu tun, wie z.B. die britische Talkshow *Trisha* auf ITV, die mit Titeln wie „You are so slick it makes me sick!" oder „I may be fat but you're a rat!" Konfliktpotenziale nutzt, um Zuschauer zu gewinnen. Die Sendung erhebe Anspruch auf Wahrhaftigkeit, Echtheit, Plausibilität und zeichne sich als „confessional talk show" dadurch aus, dass sie in jeder Ausgabe ein konsensorientiertes Ergebnis anstrebt. Wie die US-amerikanischen Talkshows *Donahue*, die *Oprah Winfrey Show*, *Sally Jessie Raphael*, *Geraldo* u.a. biete *Kilroy* lebensnahe, nützliche Informationen über zwischenmenschliche und psychologische Themen für eine weibliche Zielgruppe an. In der Sendung bekennen sich die Teilnehmer in Erzählform zu bestimmten Handlungen oder Vorlieben, der Moderator oder andere Studiogäste fragen nach. In einer Ausgabe zum Thema „My partner is too possessive" im Dezember 1998 habe der Moderator am Ende der Sendung nicht die konfliktträchtigen Aspekte der diskutierten Partnerschaft betont, sondern Möglichkeiten zur Lösung:

> Hello and good morning.
> What about your partner? Does your partner spy on you, check up on you, eavesdrop on your telephone calls, are you losing friends because of it? I bet it's killing your love, isn't it? What makes a partner so possessive? Simon, I wanna know, why *do* you follow Anne Marie? (...)

Simon: „There is few reasons why. One is because I love her, she's beautiful, we've been together for four years now, I don't want her go with anyone else and that's probably why I do it.
Kilroy: What do mean, you follow her because you don't want her to go with anybody else? Your love her, she's beautiful, why do you follow her?
Simon: Probably because I'm insecure, very insecure (...)
Kilroy: It's a cliché isn't it, but you have to talk, because if you don't talk you won't communicate, and if you don't communicate you don't understand each other, and if you don't understand you can't sort it out, and you *can* sort it out. Take care of yourselves and your partners.

Der Sendeplatz und die Themenauswahl der Sendung seien auf das eher *therapeutische* Ziel abgestimmt, erfolgreiche Kommunikation zwischen Partnern, Familienmitgliedern oder Freunden zu ermöglichen. Im Internet ist es möglich, jeden Morgen per Chat mit *Kilroy* zu diskutieren.

Abb. 3.3: Die Eingangsseite zu *Kilroys* Chatforum auf der BBC-Website

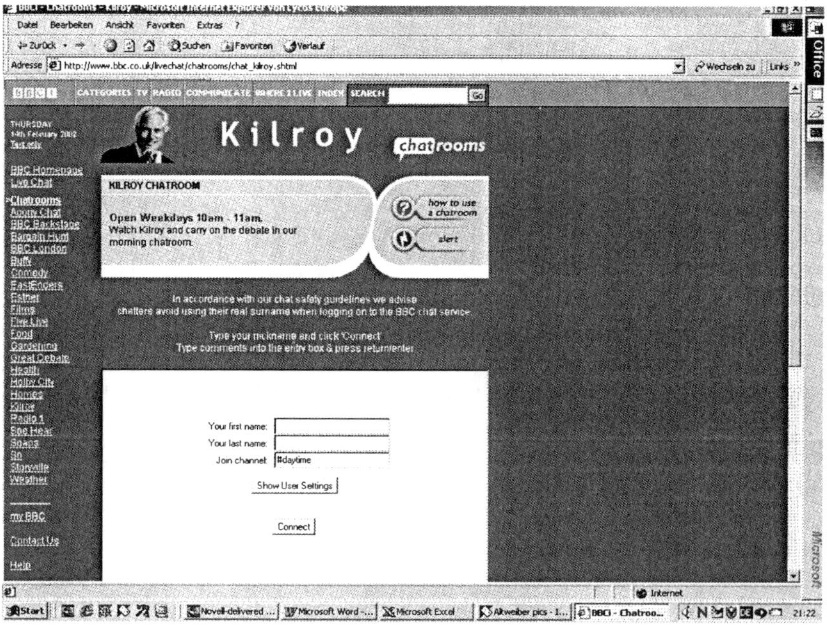

http://www.bbc.co.uk/livechat/chatroom/chat_kilroy.shtml.

Inwieweit die Präsentation von Privatheit Grenzen überschreitet, dies hängt letztlich von dem erzieherischen Anspruch und dem entsprechenden Wert für die Öffentlichkeit und ihrem Gewinn für die einzelnen Teilnehmer ab, argumentiert MICHAILIDOU. *Kilroy* sei ein Beispiel, das dem heutigen Auftrag öffentlich-rechtlichen Fernsehens in Großbritannien nachkomme, „to devise a programming strategy which rearticulates the principles of public service broadcasting – access, education, information to the nation – within the terms of service delivery and consumer sovereignty." Durch *Kilroys* Bemühungen, Frauen zu einer effizienten Art der Kommunikation in Partnerschaften zu „erziehen", gewinne das Nachmittagsprogramm an Profil und entspreche gleichzeitig dem Themengeschmack der weiblichen britischen Zuschauer.

3.3.2.3 Nutzung und Nutzungsmotive von Real-Life-Formaten

Nach Ansicht von MICHAILIDOU beinhaltet die mediale Verhandlung von Privatheit in der Daytime, dass sich das Verständnis von Privatheit *und* von Öffentlichkeit wandelt.

> The intense valorisation of the private in the daytime zones of public service and commercial television does not therefore simply reform our conceptualisation of the private, but in the process also promotes a conceptualisation of the public as a collection of individuals who ought to manage their personal affairs through the voluntary consumption and application of self help knowledge and techniques.

Öffentlichkeit bedeutet demnach auch eine Gruppe von Menschen, die persönliche Angelegenheiten selbständig bewältigen sollten, indem sie die ‚Hilfe zur Selbsthilfe' aus dem Fernsehen für sich nutzen. Das Medium Fernsehen übernimmt aus dieser Perspektive somit eine erzieherische Funktion im Rahmen der medialen Präsentation von Privatheit.

Zu den Formaten im Abendprogramm (b) (s.o.): Die Einbeziehung von Momenten des Bekenntnisses in *fiktionalen Programmen* wie Kriminalfilmen erweitere die üblichen Grenzen eines Genres und schaffe Hybridformen mit traditionellen Genres wie Dokumentationen. Solche Hybridformen sind zum Beispiel Videotagebücher, Reality Soaps oder „psycho games"[14], die im Abendprogramm aller Sender präsent sind:

„In shows like *Big Brother* I and II, *Pop Stars* and *Survivor* the desire to make the personal public seems to have reached the logical extension (...)." In diesen Fällen *kann* das Private nur in der Öffentlichkeit stattfinden, und der Zuschauer beobachtet in „real time", wie andere in künstlicher Umgebung den „Alltag" leben, eine Popkarriere anstreben oder unter widrigen Umständen überleben. MICHAILIDOU geht davon aus, dass sich durch Hybridformate die Präsentation und die Bedeutung von Privatheit in der britischen Populärkultur grundlegend wandeln könnten. Diese Programme bezögen genauso viel „Realismus" (im Sinne von Alltäglichkeit, Normalität; d.A.) aus Quiz Shows wie aus den Bekenntnisshows. Durch die Möglichkeit des Ausscheidens aus der Sendung, entweder mittels Zuschauerauswahl (*Big Bro-*

14 Als *Psychospiele* werden in dem Länderbericht Großbritannien solche Formate bezeichnet, in denen die Konzentration auf das Privatleben, wie es für Talkshows im Nachmittagsprogramm typisch ist, mit Wettbewerbselementen aus Spielshows aus dem Abendprogramm verknüpft wird.

ther) oder durch entsprechende Spielregeln (*Survivor*, *Pop Stars*), basierten sie mehr auf dem Wettbewerb der Kandidaten als auf deren Miteinander. Derartig konzipierte Programme spiegelten die Seite der Gesellschaft wider, die auf reine Unterhaltung und Kommerz ausgerichtet sei.

Die gleichzeitige Nutzung mehrerer technischer Plattformen (terrestrisches und digitales Fernsehen, Websites, Mobilkommunikation) verwiese außerdem auf eine zunehmende Konvergenz, in deren Rahmen Marktpotenziale optimal ausgeschöpft werden sollen. *Big Brother*, das erfolgreichste dieser Hybridformate im Fernsehen, nutze außerdem das interaktive Potenzial des Internets sowie die Mobiltelefonie als Marketinginstrument. MICHAILIDOU hält es für erstaunlich, dass außer *Big Brother* kaum ein anderes Format erfolgreich im Internet präsent ist. Gerade von Talkshows, die vorgeben, das Fernsehen durch die Einbeziehung von Alltagsmenschen zu demokratisieren, sei dies zu erwarten.

Die ausnehmende Präsenz von Fernsehformaten, in denen Privates und Intimes die Hauptrolle spielt, führt sie auf mehrere Faktoren zurück. Die entsprechenden Programme seien zwar teilweise aus den ursprünglichen Bemühungen entstanden, mehr Publikumsbeteiligung zu erreichen. Kommerzielle Interessen beeinflussten aber ebenfalls, in *welchen* Programmen und *wie* Privatheit im britischen Fernsehen präsentiert wird. Real-Life-Formate erwiesen sich aus kostenökonomischen Gesichtspunkten als vorteilhaft für Sender und Produzenten, da sie bei niedrigen Produktionskosten vielfach längerfristig hohe Einschaltquoten garantierten (vgl. Livingstone und Lunt 1994; SMRI 2000).

Die Autorin führt aus, dass die britische Fernsehlandschaft heute stark durch kommerzielle Interessen gelenkt und geprägt ist. Wirtschaftliche Interessen und Mechanismen, Wettbewerb, Produktionskosten und Gewinne spielten heute eine bedeutende Rolle und determinierten vielfach das Handeln der Fernsehveranstalter und -produzenten.

Die britischen Fernsehzuschauer und -kandidaten sind sich dessen offensichtlich bewusst. Studien zur Motivation von Teilnehmern an Reality-TV-Sendungen in Großbritannien konzentrieren sich, so MICHAILIDOU, vor allem auf die Genres Talkshow und Doku Soap.

Ergebnissen des Stirling Media Research Institute (SMRI) zufolge, entscheiden sich die meisten Menschen für eine Teilnahme an einer Talkshow oder Doku Soap, um eigene Erfahrungen mit einem größeren Publikum zu teilen (vgl. SMRI 2000, 53). Teilnehmer sähen allein in der Erfahrung, in einer Sendung dabei zu sein, einen Anreiz, insbesondere dann, wenn sie mit Menschen mit politischem oder psychologischem Sachverstand konfrontiert wurden. Um zu vermeiden, dass ihre Ansichten und Interessen möglicherweise nicht angemessen berücksichtigt werden, wählten die Protagonisten *ihre* Fernsehsendung bewusst aus. „Some participants were particularly concerned that the entertainment imperative which governed so much contemporary programming might stop them from making serious contributions." (SMRI 2000, 53)

Rundfunkveranstalter und Programmmacher betonten den Aspekt, dass viele Kandidaten die Teilnahme in Real-Life-Formaten nutzen, um bestimmte Erfahrungen oder Standpunkte mitzuteilen. Teilweise strebten die Menschen aber auch gezielt den Aufbau eines Images an:

> As an executive producer explained to the Stirling Media Research Institute: ,I think the society has split up in different ways. There are people who resolutely refuse to be involved (...) and don't like to participate in any form of media. But I think there's a much bigger proportion who see the media for what it is. It's a place of instruction, it's a place of moral engagement, it's a place that has all sorts of conventions and people participate because they feel they understand and know what these conventions are. The vast majority who participate do so on a cooperative basis (...) There is however, a small minority of people who over-participate in the media, who see it as a kind of game. These are the ones who are likely to phone up, insinuate themselves into positions where the media will come to them. People who offer up versions of their lives that the media find attractive.' (SMRI 2000, 53)

Die große Mehrheit der Bevölkerung, so lässt sich auf Basis der Studien folgern, weiß um die Rahmenbedingungen der Programmproduktion im Fernsehen. Menschen, die an einer Teilnahme an einem Real-Life-Format interessiert sind, trauen sich zumindest zu, eventuelle Folgen einzuschätzen. Gleichzeitig gibt es aber auch zahlreiche Personen, für die eine Teilnahme an einer Talkshow oder Doku Soap nicht in Frage käme bzw. solche, die diese Sendungen gezielt für ihre Zwecke nutzen, und für die Berühmtheit an sich ein Wert ist. Erweiternd zu den Ergebnissen aus dem Expertendiskurs (vgl. Kapitel 10.3) wird hier auf die Bedeutung der zu gewinnenden persönlichen Erfahrung für die Motivation der Akteure hingewiesen.

3.3.3 Die öffentliche Debatte

Erkenntnisse über die öffentliche Debatte in Großbritannien liefert das Ländergutachten hinsichtlich zweier Aspekte: Wie beurteilen die britische Presse und die Medienaufsichtsbehörden die Präsentation von Privatheit im Fernsehen? Wie beurteilen Forschungsinstitutionen die mediale Darstellung von Privatem und Intimem?

MICHAILIDOU führt aus, dass die Präsentation von Privatheit im Fernsehen seit den fünfziger und sechziger Jahren ein beständiges Diskussionsthema in Großbritannien ist. Dabei bezieht sie sich vor allem auf die Debatte um Talkshows im britischen Fernsehen. Es werde skeptisch beäugt, wie sich die zunehmende Präsenz von *normalen* Menschen und die Ausstrahlung ihrer *pri-*

vaten Angelegenheiten entwickelt. Kritiker gingen häufig davon aus, dass es sich dabei um unverantwortliches sensationalistisches Vorgehen der Medien auf der Jagd nach Einschaltquoten handele. Im Kreuzfeuer der Kritik ständen vor allem die Bekenntnisshows. Ihnen werde unterstellt, dass die *öffentliche Beichte* als Hauptbestandteil des Talkshowprogramms gravierende Konsequenzen für die Institution Fernsehen in Großbritannien und die moralischen Standards in der Gesellschaft hat. In der Diskussion um Reality TV bzw. Real-Life-Formate allgemein sähen Pressevertreter den Einfluss US-amerikanischer Fernsehformate auf die britische Fernsehlandschaft und die Zuschauer dabei als erwiesen an. *The Guardian* kommentierte 1998:

> What's gross, raucous, mindless, sensational and earning $60 million a year? America's top schlock television show. On this side of the Atlantic, reports Nicholas Fraser, we too are learning how to mouth off. Have you got something sick or nasty to confess? For 10 minutes you could be a star, like these women in the Jenny Jones Show. (Fraser 1998, 1)

Die Systematik hinter der Kritik ist denkbar einfach: Die Popularität von Real-Life-TV wird mit dem Mangel an Anspruch erklärt – die britische Presse stellt den Fernsehzuschauern ein Armutszeugnis aus.

> The assumption here is that the high popularity of reality television can be explained with reference to its ‚lowquality', which is seen as undemanding of the viewer. This link is expressed clearly in Jonathan Freedland's article in *The Guardian*: ‚the cruder and more vile the televised gabfests become – the higher their ratings.' (Freedland 1995, 14)

Nicht nur die britische Presse, auch die Medienaufsicht kritisiert die Praxis der Fernsehsender und -produzenten. Die Broadcasting Standards Commission (BSC) äußerte sich im Rahmen eines Jahresberichts besorgt hinsichtlich der wachsenden Zahl an *Bekenntnisshows* – britische Eigenproduktionen wie *Esther* und US-amerikanische Importe wie *Ricki Lake* und *Oprah Winfrey* –, und deren journalistischer Praxis „to make the abnormal normal" (Millar 1998, 12).

Forschungsarbeiten in Großbritannien thematisieren vielfach die positiven Potenziale der medialen Präsentation von Privatheit. Bis auf wenige Ausnahmen machen die Wissenschaftler, so die Ansicht von MICHAILIDOU, das Fernsehen nicht für den ‚Verfall von Sitte und Moral' verantwortlich, sondern widmen sich detaillierten Analysen der Programme. Dabei gelte die Aufmerksamkeit der Forschung den formalen Innovationen im Vergleich zum standardisierten Ablauf von Talkshows mit Prominenten oder Fernsehdebatten sowie dem Mehr an Zuschauerbeteiligung, was wiederum als innovativ und politisch relevant angesehen wird. Es gebe sowohl ein kritisches Bewusstsein in Bezug auf die politische Reichweite einer solchen Show als auch eine optimistische Sichtweise hinsichtlich des Demokratiepotenzials, vor allem für *die* Teile der Bevölkerung, die ansonsten keine Artikulationsmöglichkeiten in der Öffentlichkeit hätten.

Interessant für die wissenschaftliche Debatte um das Thema sei die Bedeutung des Genres für die Kommunikation zwischen den Geschlechtern. KEPPLER verwies im Rahmen des Expertendiskurses auf die feministische Frauenbewegung, die unter dem Motto „Das Private ist politisch" auf den politischen Charakter des Privaten aufmerksam machte und so eine Argumentation für eine Auflösung klarer Grenzziehungen zwischen Öffentlichkeit und Privatheit bot (vgl. Kapitel 10). Diese Ansätze feministischer Kritik finden sich auch in der britischen Debatte um Talkshows wieder. Hinsichtlich der diesbezüglichen sozialen und politischen Implikationen zeigt sich aber kein einheitliches Bild. MICHAILIDOU führt aus: Während feministische Kritik das Potenzial und die politische Bedeutung von Bekenntnisshows unterstreiche, das Genre könne bisweilen sogar als perfekter Ausdruck von Weiblichkeit gelten, argumentieren andere, dass die Shows ihr Potenzial nicht im Ansatz ausschöpfen, da Bekenntnisse von Frauen letztlich doch von Männern bewertet würden und sie es nicht schafften, individuelle Lebensgeschichten in einen größeren gesellschaftlichen Zusammenhang zu stellen oder soziale Missstände aufzudecken.

3.3.4 Zusammenfassung

Der britische Länderbericht legt das Hauptaugenmerk auf die Rolle von Talkshows für die Präsentation von Privatem. Herausgegriffen wurden für den vorliegenden Bericht vor allem die Ergebnisse, die sich auf gesellschaftliche und mediale Entwicklungen im Zusammenhang mit Privatheit, Öffentlichkeit und Medien beziehen. Die Ausführungen im Länderbericht hinsichtlich der Bedeutung von Bekenntnisshows für die Kommunikation von Frauen im privaten Umfeld wurden weitgehend außer Acht gelassen, da uns dieser Aspekt zu speziell für die Thematik des Projektes erschien.

Der Präsentation von Privatheit im britischen Fernsehen liegt eine beständige Entwicklung, von einer marginalen Randerscheinung zum *Mainstream*, zugrunde. Das Fernsehen berichtet nicht mehr nur über Prominente, sondern zunehmend auch über Alltagsmenschen und alltägliche Situationen. Privates und Intimes rückt ins Blickfeld der Öffentlichkeit. Diese Entwicklung geht offenbar einher mit einem veränderten Umgang der Briten mit Privatheit und Intimität: Öffentlichkeit war bis in die sechziger Jahre ein *exklusiver* öffentlicher Raum. Themen, die noch vor 40 Jahren diskret aus der Öffentlichkeit herausgehalten wurden, z.B. zwischenmenschliche Probleme, werden heute *eher* in die (mediale) Öffentlichkeit getragen. Das Fernsehen nimmt für das Verständnis dieser Öffentlichkeit eine konstituierende Rolle ein. Formate aus dem Bereich der Unterhaltung thematisieren den privaten Menschen teils aus eher pädagogischer, teils aus einer rein unterhaltungsorientierten Perspektive. Das Ziel mancher Formate ist es, die Partizipation breiter Bevölkerungsgruppen am Medium Fernsehen zu gewährleisten, die Vorgabe für andere sind hohe Einschaltquoten.

Die Konzepte der in den vergangenen Jahrzehnten, vor allem in den neunziger Jahren, entstandenen Fernsehformate bewegen sich offenbar zwischen den beiden Polen *Bildung/erzieherischer Auftrag* auf der einen sowie *Wirtschaftlichkeit/Gewinnerzielung* auf der anderen Seite. *Bekenntnisshows* dominieren das Vor- und Nachmittagsprogramm im britischen Fernsehen. Gegenüber den Talkshows nach dem Vorbild der „School of Confrontainment" soll z.B. *Kilroy* dem öffentlich-rechtlichen Auftrag nach Information und Bildung nachkommen. Im Abendprogramm sind es die Hybridformate *Big Brother*, *Survivor* oder *Pop Stars*, die mit Elementen aus live anmutenden Talkshows, Unterhaltungssendungen und Dokumentationen breite Zielgruppen ansprechen. Sie verwässern die Grenzen zwischen Realität und Fiktion und betonen vielfach den Konkurrenzaspekt zwischen den Teilnehmern. Diese Formate vermögen es, einen grundlegenden Wandel in der Präsentation und der Bedeutung von Privatheit in der britischen Populärkultur herbeizuführen: Konfrontation statt Kooperation, Kommerz statt public service, Vereinheitlichung statt Vielfalt.

MICHAILIDOU thematisiert in ihrem Bericht auch die Chancen, die aus der Präsentation von Privatheit in den Medien erwachsen und macht deutlich, dass das *Wie* der Darstellung entscheidend ist für individuelle und gesellschaftliche Folgen einer solchen Entwicklung.

Schwierigkeiten, die sich daraus ergeben, Privatheit hinreichend zu definieren, Grenzen einer medialen Präsentation von Privatem und Intimem zu bestimmen oder Produzenten entsprechende Leitlinien für die Praxis an die Hand zu geben, werden in den *Codes of guidance* der Broadcasting Standards Commission (BSC) und den Richtlinien der Rundfunkveranstalter reflektiert. Regulierungs- und Rundfunkorganisationen sehen in der Praxis nicht die Darstellung von Privatheit an sich als problematisch an, sondern die sensationalistische Präsentation von Privatheit, das heißt die Präsentation von Privatheit, die reine Unterhaltungs- oder Profitzwecke verfolgt.

Die Präsentation von Privatheit in den Medien ist ein beständiges Diskussionsthema in Großbritannien. Manche Presseorgane bewerten eine zunehmende Präsenz von Alltagsmenschen und das Ausstrahlen ihrer persönlichen Angelegenheiten als unverantwortliches Vorgehen der Medien, um gute Quoten zu erzielen. Die Debatte um Talkshows und Real-Life-Formate schwankt zwischen der Kritik an moralischen Standards und der Anerkennung der Bemühungen, soziale Kontakte abzubilden und zu diskutieren. Die Diskussion in der britischen Presse um britische Talkshows und Real-Life-Formate im Fernsehen ist vorsichtig zu beurteilen, da Beschuldigungen und

Gegenbeschuldigungen, Kritik und Gegenkritik oftmals Teil des intermedialen Wettbewerbs auf dem Medienmarkt sind.

Insgesamt erinnert die Diskussion in Großbritannien, wie MICHAILIDOU sie beschreibt, an ein „Diskurs-Perpetuum" (Schütte 2001, 59), in dem wenig Platz für eine grundlegende und sachliche Diskussion um Wertewandel und mögliche gesellschaftliche oder individuelle Effekte der medialen Präsentation von Privatheit ist. Konstruktiver erscheinen die Beiträge der BSC zur Diskussion, da sie qua Auftrag eine gewisse Kontinuität und die nötige Faktenbasis aufweisen sowie Ansätze zur Erforschung neuer Genres. Gerade die Beispiele aus dem Bereich feministischer Kritik im Zusammenhang mit Talkshows dürften zeigen, dass die Debatte von konkreten Fallbeispielen zu generellen Ableitungen führen sollte.

3.4 Japan

Der asiatische Kulturkreis weckt vielfältige Assoziationen über ein Gesellschaftskonzept, das in Bezug auf die Lebensverhältnisse und den Umgang mit Kultur, Religion, Arbeit, Familie und Beziehungen nicht mit dem unsrigen vergleichbar ist. Welche Werte sind für die Japaner für das Verhältnis von Öffentlichkeit und Privatheit bedeutsam?

Das Anliegen des Projektes und die Diskussion zum Thema Privatheit und Öffentlichkeit war für die japanischen Projektpartner anfänglich nur schwer nachzuvollziehen. Mittels E-Mail und Telefon wurde versucht, die Problematik zu verdeutlichen und den Leitfaden zu erläutern. In dem Länderbericht für Japan (Tsuruki, Ito 2001) wurde schließlich offensichtlich, wo die Verständnisschwierigkeiten herrührten: Auffassungen von Individualität und Privatheit, auch Konnotation und Historie des Öffentlichkeitsbegriffs sind andere als in Westeuropa.

3.4.1 Soziokulturelle Konzepte und Entwicklungen von Privatheit und Öffentlichkeit: Nippon und Japan AG

Im Gegensatz zu der Entstehung vieler Demokratien in Europa, ging dem Aufbau der Demokratie in Japan keine bürgerliche Revolution voraus. Japan hat eine auf Gewaltenteilung beruhende konstitutionelle Monarchie und eine parlamentarische Regierung. Das Staatsoberhaupt ist der Kaiser (tenno), der als Symbol für Japan und die Einheit der Monarchie gilt, repräsentiert und formal an der Gesetzgebung mitwirkt. Das Land lebte nach dem Zweiten Weltkrieg unter sehr schwierigen und ärmlichen Bedingungen. Das änderte sich 1955, als der Wirtschaftsaufschwung einsetzte und Japans Wirtschaft ca. 20 Jahre lang boomte.

Nach dem Zweiten Weltkrieg begann in Japan eine Suche nach neuen Wertorientierungen. Die Traditionen des Kaiserreichs und westliche Ideale standen im Widerstreit. Denn durch die Phase der amerikanischen Besatzung bis 1952 und durch das Wirtschaftswunder – vielfach unter dem Begriff „Japan AG“ (Pohl 1998, 99) zusammengefasst – entstand eine starke Hinwendung zu westlichen Idealen. Die 1946 in Kraft getretene japanische Verfassung ist aufgrund der Phase der amerikanischen Besatzung in ihrer inhaltlichen Ausgestaltung u.a. durch amerikanische Ideen beeinflusst. Die Orientierung an amerikanischen Werten bringt auch mit sich, dass die Japaner dem „Freedom of Speech“ einen hohen Stellenwert beimessen.

TSURUKI und ITO problematisieren in ihrem Bericht insbesondere das Konzept von Öffentlichkeit, verbunden mit den Charakteristika des gesellschaftlichen Wandels in Japan.

3.4.1.1 „Öffentliche“ Debatten über die „öffentliche“ Sphäre

Ihre Argumentation geht von historischen Entwicklungen aus, um dann den Dualismus privat und öffentlich in Japan zu erläutern. Es wird deutlich, dass sich das Verhältnis von Privatheit und Öffentlichkeit in Japan nicht ohne weiteres mit einem westeuropäischen Verständnis der Begriffe analysieren lässt. Zu unterschiedlich ist der kulturelle und historische Hintergrund der japanischen Gesellschaft. Die Projektpartner erläutern, dass in Japan ein direkter Übergang von der Feudal- in die Massengesellschaft stattgefunden habe.

> In this sense, if we can very roughly formalise the historical developments of Japan, we did not follow the course from feudal society to civil society and then to mass society, but we jumped directly from feudal society into mass society, skipping the civil society stage.

Übersprungen wurde somit das Stadium einer bürgerlichen Gesellschaft. Es entspreche gängiger Auffassung in Japan, dass sogar nach einem längeren Zeitraum in der Demokratie die bürgerliche Natur der Gesellschaft kaum existent sei. Das bedeutet gleichzeitig, dass eine öffentliche Sphäre im Sinne von Habermas in Japan nicht ausgereift ist:

> And we cannot discuss the issue of privacy and the public sphere without giving serious thought to the ‚immaturity of the civil nature‘ of our society. In other words, even if the ‚public sphere‘ in Jürgen Habermas‘ sense appeared in Japan, it came only after the World War II and it is believed to have been fragile in Japan.

Nach 1946 könne man von der Entstehung einer politischen und kritischen bürgerlichen Öffentlichkeit im Habermasschen Sinne nur für bestimmte Eliten sprechen. Die politische Öffentlichkeit bleibe lediglich einigen wenigen Gruppen, wie z.B. hochstehenden Beamten vorbehalten. Im Umgang mit den

Begriffen „public sphere“, „öffentliche Sphäre“, „Öffentlichkeit“ ist insbesondere in interkulturellen Zusammenhängen Differenzierung geboten. Die Autoren des Länderberichts gehen auf die Bedeutung des japanischen Begriffes für Öffentlichkeit ein und ermöglichen so Aufschluss über sprachliche Besonderheiten. Das japanische Wort für Öffentlichkeit bedeute gleichzeitig *offiziell* oder *regierungsbezogen*: „We use the same word (pronounced ‚kou‘) to mean ‚the public‘ as to mean ‚official‘ or ‚governmental‘.“ Dies präge die Einstellung vieler Japaner gegenüber *öffentlichen* Angelegenheiten als etwas, mit dem sich Beamte und Funktionäre befassen:

> It has been pointed out that this shows the mind-set of many Japanese thinking that the matters of the public sphere is something to be handled by officials, not by ‚the public‘ or ‚the citizens‘. Some argue that this symbolically shows the tendency that the government and the other dominant forces keep the public away from ‚the public sphere‘ to control the society.

Kennzeichnend scheint somit die Tendenz zu sein, dass unter anderem die Regierung versucht, die Entwicklung einer kritischen Öffentlichkeit zu unterbinden und bürgerliche Kräfte zu kontrollieren. Zu belegen sei dies beispielsweise durch die Tatsache, dass zwar auf lokaler Ebene Volksentscheide abgehalten werden können, aber nicht auf nationaler Ebene. Gemäß dem Prinzip einer repräsentativen Demokratie könnten die Entscheidungen nicht durch einen Volksentscheid auf nationaler Ebene außer Kraft gesetzt werden. Einige Japaner kritisieren die fehlende Möglichkeit für nationale Referenden; dies sei ein Zeichen dafür, dass zum einen die Regierung die Öffentlichkeit quasi für sich beansprucht und dass zum anderen der Gesellschaft das bürgerliche Element fehlt. Progressive Kräfte unterstützten aus diesen Gründen Bürgerinitiativen und -bewegungen. Sie hoffen, dass sich in Japan eine Öffentlichkeit im Habermasschen Sinne entwickelt.

3.4.1.2 Intimität und Schamgefühl – Konzepte in Japan

Geht man davon aus, dass die private Sphäre sich nur durch den Bezug auf die öffentliche Sphäre bestimmen lässt (vgl. Kapitel 2.1), erscheint folgerichtig, dass TSURUKI und ITO kein japanisches Konzept von Privatheit und Öffentlichkeit aufzeigen, sondern sich auf Größen beziehen, die in der japanischen Gesellschaft eine Rolle einnehmen: Intimität und Schamgefühl. Ihre Erläuterungen bewegen sich zwischen den Polen Intimität, Schamgefühl und Rückständigkeit sowie Individualismus und Progressivität.

Die Kultur Japans könne als eine „Kultur der Scham“ in Abgrenzung zu der „Kultur der Sünde“ westlicher Prägung charakterisiert werden. Menschen im Westen unterschieden Gut und Böse demnach anhand christlich-religiöser Vorgaben für sündhaftes Verhalten, während Japaner ihr Verhalten anhand ihres Schamgefühls, d.h. entsprechend der Verhaltensbeurteilung anderer einschätzten. Die Autoren beziehen sich in ihren Ausführungen auf die Anthropologin Ruth Benedict. Ihre Argumentation impliziert, dass Japaner heteronom sind, d.h. abhängig von anderer als der eigenen sittlichen Gesetzlichkeit. Westlicher Individualismus könne sich insofern in Japan kaum entwickeln:

> When people cite her argument, it is tacitly presupposed that Japanese people are heteronomous in its nature and that is why the Western individualism is hard to take roots in Japan. The individualism is one of the basics of the ‚civil society' since the age of enlightenment. In this sense, to define the nature of the Japan's society as ‚the culture of shame' is to point out the lack of ‚civic nature' of the society.

Die japanische Kultur als eine „Kultur der Scham" zu bezeichnen, bedeute eine erneute Betonung des Mangels einer bürgerlichen Öffentlichkeit. Dies klingt kompliziert - und ist es auch. Gemeint ist: Es gibt nach Ansicht der Autoren Personenkreise, die die Existenz eines ausgeprägten Schamgefühls in der japanischen Gesellschaft als Zeichen ihrer *Rückständigkeit* ansehen. Sich nach anderen zu richten, gelte demnach als rückständig und altmodisch. Wird nun das ausgeprägte japanische Schamgefühl herangezogen, um die gesellschaftliche Situation in der Diskussion um öffentliche Themen zu kritisieren, gebe man seine Rückständigkeit als heteronomer Japaner zu.

Die Charakterisierung der japanischen Gesellschaft als eine „Kultur der Scham" ist also immer auch ein Hinweis auf häufig kritisierte Zustände innerhalb der Gesellschaft, z.B. die Differenz Japans zu einer westlichen Kultur der „Individualisierung", in der der Einzelne selbst das oberste Maß ist. Auf der einen Seite gilt noch stets das Stereotyp des wenig selbst bestimmten, nicht autonomen Japaners; auf der anderen Seite denken viele Leute seit dem Krieg, dass jemand, der sein Verhalten nicht nach der Meinung anderer ausrichtet, der modernere Personentypus sei. Die Auffassung progressiver japanischer Intellektueller hinsichtlich überkommener Traditionen treibe diese Entwicklung hin zu einem Mehr an Hedonismus voran.

> As we stated later, the behaviour of youngsters who perform in front of the public as if they are in the private has become an issue of the public discussion. Such behaviour may have something to do with the negative evaluation of the culture of shame by many of the ‚progressive' Japanese intellectuals.

Ist in Japan also das öffentliche Spiel mit Tabus, eines wie auch immer verstandenen „individuellen" Verhaltens *up to date*? TSURUKI und ITO gehen davon aus, dass tendenziell ein Verlust des Schamgefühls in Japan stattgefunden hat. Anhand von Beispielen gehen sie auf Tabubrüche ein, die in Japan zu einer Diskussion geführt haben.

3.4.1.3 Traditionelle und kulturelle Grenzen zwischen Privatheit und Öffentlichkeit

> In today's Japan, it is discussed, apart from the issue of the mass media, that people have come to leave the sense of shame behind and ignore the conventional distinction between the private and the public sphere.

Sich etwa in öffentlichen Verkehrsmitteln zu schminken oder zu essen, habe lange Zeit als verpönt gegolten. „It was for my (Ito's) surprise to see people eating apples in the street busses in Germany when I lived there." Dies sei aber ein eher harmloses Beispiel für einen Wertewandel. Ein schwerwiegenderes Thema seit Anfang der neunziger Jahre sei die Prostitution bei jungen Frauen. Die Japaner bezeichnen diese Praxis als „enjo kosai". Übersetzt bedeutet dies soviel wie „subventionierte Rendezvous" (Muschg 1998). Die Teenager prostituieren sich meist nicht aus existenziellem Geldmangel, sondern um sich Luxusartikel und einen höheren Lebensstandard leisten zu können:

> Mädchen erklären ihre gutbezahlten Begleit- und Liebesdienste für Firmenangestellte, die ihre Väter sein könnten, zum Beispiel mit dem unbezähmbaren Wunsch nach einer Tasche der Nobelmarke Prada für über 1500 Franken. Der Gruppenzwang zur Uniformierung ist enorm, die gnadenlose ‚peer pressure' lässt das Verlangen nach den neuesten Markenartikeln an einzelnen Schulen eskalieren. (Muschg 1998)

Die Entwicklung tendiere zu mehr „Spaßorientierung" statt zu Arbeit und Bescheidenheit, zur stärkeren Präsentation von Alltagsmenschen in den Medien und zu einem generellen Relativismus, Egoismus und Hedonismus, insbesondere bei der jüngeren Generation. Bevor die Rolle der Medien für die Präsentation von Privatheit (Kapitel 3.4.2) dargestellt wird, geht es im nächsten Abschnitt um die rechtlichen Implikationen rund um Medien, Öffentlichkeit und Privatheit.

3.4.1.4 Rechtliche Aspekte bei der Präsentation von Privatheit in den Medien

Meinungsfreiheit und Pressefreiheit sind in der Verfassung verankert und genießen in Japan einen hohen Stellenwert. Eingriffe in die Privatsphäre durch die Medien führen aber zunehmend auch zu juristischen Streitfällen. Aufgrund der Erfahrungen vor und während des Zweiten Weltkrieges, ist die Meinungs- und Pressefreiheit in Japan seitdem ein zu schützendes Gut. TSURUKI und ITO erläutern in ihrem Bericht, dass die Japaner der Meinungs- und Pressefreiheit im Zweifel Vorrang vor anderen Werten einräumen, wie dem Schutz der Privatsphäre.

Gesetzgebung und juristische Praxis bei Konfliktfällen im Hinblick auf Privatheit in den Medien geben Aufschluss über Veränderungen. Es gibt keine spezifische Mediengesetzgebung für Medien und Journalismus in ihrer Gesamtheit. Rundfunkveranstalter unterliegen historisch aufgrund von Frequenzknappheit strengeren Richtlinien als die Presse. Maßgeblich sind das *Radio Law* und das *Broadcast Law* von 1950. Artikel 3-2 (1) (i) des Rundfunkgesetzes bezieht sich am ehesten auf die Grenzziehung zwischen Privatheit und Öffentlichkeit. Der Artikel legt Normen für die ausgestrahlten Rundfunkinhalte fest:

> The Broadcaster shall, in compiling the broadcast programs for the domestic broadcasting, follow what is laid down in the following items:
> (i) Shall not disturb public security and good morals and manners;
> (ii) Shall be politically impartial;
> (iii) Shall broadcast news without distorting facts;
> (iv) As regards controversial issues, shall clarify the points of issues from as many angles as possible.

Der Rundfunksektor wird also reguliert, genießt aber auch ein großes Maß an Freiheiten, gestützt durch das verfassungsmäßig garantierte Recht auf Meinungsfreiheit.

Bei Eingriffen in die Privatsphäre durch Journalisten wandten die Gesetzeshüter in der Vergangenheit meist das Gesetz gegen Verleumdung (defamation law) aus dem Bürgerlichen Gesetzbuch an. Medienbetreiber wurden in der Regel aber kaum ernsthaft belangt; Entschädigungen beliefen sich maximal auf 200.000 Yen (ca. 2.000 €). In der letzten Zeit habe es hier eine Umorientierung gegeben. Eingriffe der Medien in die Privatsphäre werden strenger geahndet als früher, und die Höhe der Entschädigungszahlungen steigt. Im März 2001 erhielt ein Baseballspieler beispielsweise 10.000.000 Yen (ca. 100.000 €) Entschädigung in einem Gerichtsverfahren gegen ein Magazin, welches einen diffamierenden Artikel über ihn veröffentlicht hatte.

Der Schutz der Privatsphäre wird indirekt berücksichtigt: Das Recht auf Privatheit ist Teil des Rechts, nach Glück zu streben (Art. 13 d. Verf.) und die Verletzung der Privatsphäre bedeutet ein illegales Verhalten im Sinne des Bürgerlichen Gesetzbuches. Auch die japanische Regierung genoss entsprechende Freiheiten hinsichtlich ihrer Informationspolitik. Erst im Jahr 2001 sei auf nationaler Ebene im *Freedom of Information Act* gesetzlich festgelegt worden, dass die Regierung ihre Informationen der Öffentlichkeit zugänglich machen muss. Dies könne man als Zeichen werten, dass die öffentlichen Anstrengungen, eine Bürgergesellschaft aufzubauen, in Ansätzen erfolgreich sind. Welche Rolle das Medium Fernsehen für die Herausbildung einer öffentlichen Sphäre und für den Umgang mit Privatheit hat, wird im Folgenden beleuchtet.

3.4.2 Die mediale Präsentation von Privatheit

TSURUKI und ITO beschäftigen sich im Schwerpunkt mit den Effekten der Präsentation von Privatheit in den Medien für die Medien*nutzer*. Die folgenden Ausführungen beziehen sich entsprechend weniger auf die gesellschaftliche Ebene, sondern auf die Ebene der Individuen. Ihrer Meinung nach spielen elektronische Medien eine große Rolle für den Aufbau und das Absichern von Identitäten. Die Autoren belegen anhand ausgewählter japanischer Fernsehprogramme, inwieweit und warum mehr Privates in den Medien präsentiert wird.[15]

3.4.2.1 Privatheit im Fernsehen

Die gebührenfinanzierten öffentlich-rechtlichen Sender der Nihon Hoso Kyokai (NHK) koexistieren seit 1955 mit werbefinanzierten Privatsendern. Dies sieht die Rundfunkgesetzgebung vor, die in der Phase der US-amerikanischen Besatzung Japans unter der Führung der amerikanischen Streitkräfte eingeführt wurde. Insgesamt gibt es fünf große japanische Rundfunkveranstalter, die auf ihren Kanälen größtenteils japanische Produktionen ausstrahlen.

Die Programmierung der Fernsehkanäle lässt ähnliche Tendenzen wie in Westeuropa erkennen: eine zunehmende Verspartung von Programmen, zugeschnitten auf eine segmentierte Nutzerschaft und vor allem auf die junge Zielgruppe. Der Siegeszug des Unterhaltungsfernsehens bei den Zuschauern sei unter anderem durch den Erfolg von Real-Life-Formaten begründet. Unter den zehn Top-Ten-Programmen in der Zuschauergunst fanden sich in der letzten Juniwoche 2001 (25.06.-01.07.01) drei Real-Life-Formate:

7. *Gakko-he ikou* (Let's go to school) auf TBS mit einem Marktanteil von 19,9 Prozent,
8. *Gachinko!* (A game played in real earnest) auf TBS mit einem Marktanteil von 19,2 Prozent und
10. *Susunu! Denpa Shonen* (Not go! Radio Wave Boy) auf NTV mit 18,4 Prozent Marktanteil.

Real-Life-Formate in Japan ähneln in der Konzeption europäischen oder US-amerikanischen Formaten. TSURUKI und ITO kategorisieren die Real-Life-Formate im japanischen Fernsehen, in denen Alltagsmenschen oder verhältnismäßig unbekannte Entertainer auftreten, in drei Gruppen:

15 Die freiwillige Selbstdarstellung von Alltagsmenschen im Internet ist in Japan bisher ein kaum problematisiertes Thema, obwohl viele Menschen Tagebücher und Fotos im Netz veröffentlichen. Daher gilt das Augenmerk des Berichts dem Medium Fernsehen.

1) Sendungen vom Typ Herausforderung und Wettbewerb (Challenge Type): Unterhaltungskünstler und Alltagsmenschen meistern schwierige Aufgaben. Der Prozess wird von Produzenten vorgegeben und aufgezeichnet.
2) Sendungen zum Aufbau von Stars (Making-Stars-Type): Dieses mit dem deutschen *Pop Stars* (RTL 2) vergleichbare Format läuft in Japan bereits seit den achtziger Jahren. Das Konzept war richtungsweisend für spätere Real-Life-Formate (Bsp. *Yuyake Nyan-Nyan*).
3) Sendungen rund um Beziehungen und Beziehungsprobleme (Love-Quarrel-Type): Das Format hat die Eifersucht in all seinen Facetten zum Thema.

Die Präsentation von Privatheit habe im japanischen Fernsehen stets eine große Rolle gespielt und insofern sicherlich zu dem Publikumserfolg von Real-Life-Formaten und dem Unterhaltungsfernsehen allgemein beigetragen. Den Erfolg von Real-Life-TV begründen die Autoren mit dem Argument, der *Einbruch* der Privatsphäre in den öffentlichen Raum, werde offensichtlich gerade dort begrüßt, wo man von so genannten traditionellen Werten loskommen möchte.

Bei *Susume! Denpa Shonen* (Go! Radio Wave Boy)[16] handelt es sich um ein Programm der Kategorie *Herausforderung und Wettbewerb*. Das Programm, das 1992 startete, ist eines der beliebtesten Fernsehprogramme in Japan. Es richtet sich vor allem an die jüngere Zielgruppe und verspricht durch das Konzept, über mehrere Wochen parallel von verschiedenen Projekten zu berichten, Erfolge trotz der Zappinggewohnheiten der Zuschauer. Die Autoren stellen in ihrem Bericht vier Projekte vor, die im Rahmen der Sendung *Denpa Shonen* auf dem japanischen Kanal Nippon Television (NTV) ausgestrahlt werden. Die Fallbeispiele (davon auch eines aus einer anderen Reihe) geben einen Eindruck von der Praxis der Real-Life-Formate in Japan.

3.4.2.2 Fallbeispiel *Sruganseki's travel project*

Zwei Männer (beides Komiker) hatten die Aufgabe, von Hongkong nach London zu trampen. Ihnen standen umgerechnet ca. 1.000 € zur Verfügung, um die Herausforderung zu meistern. Der Sender übertrug die Aufzeichnungen der Reise wöchentlich von April bis Oktober 1996; der Zuspruch durch die Zuschauer war groß.

Die Reaktion der Zuschauer *nach* Ende des Projektes sei, so TSURUKI und ITO, interessant für dieses Projekt. Es wurde publik, dass die Kandidaten nicht die ganze Zeit getrampt sind, sondern auf der Rückreise einen Teil der Strecke geflogen waren. Die Flugtickets hatte der Fernsehsender bezahlt. In

---

16 Der Name des Programms wurde später in *Susunu! Denpa Shonen* (Not go! Radio Wave Boy) geändert.

der Öffentlichkeit gab es daraufhin eine Diskussion um die ethischen Standards der Fernsehveranstalter und die Authentizität der gezeigten Programme. NTV argumentierte, dass sie die Flüge nicht als problematisch angesehen hatten, da es sich um keine Dokumentation, sondern um eine Unterhaltungssendung handelt: „It was not a documentary film, but a variety show. We suppose that the audience knew it was just impossible to go through only by hitch-hike and they presumed that the program incorporated some ‚staged' scenes." Die Zuschauer schienen damit einverstanden zu sein, denn dem Erfolg der Sendung tat die Diskussion um die Authentizität des Programms keinen Abbruch.

3.4.2.3 Fallbeispiel *Hako-Otoko*

Ein weiteres Projekt im Rahmen von *Denpa Shonen* war *Hako-Otoko*. Das Konzept sah vor, dass der Protagonist in einer mobilen, 1,20m² großen Box leben sollte. Über eine elektronische Anzeigetafel konnte er mit der Außenwelt kommunizieren; die Box hatte auch eine Toilette. Die Kiste samt menschlichem Inhalt wurde in Kagoshima Prefecture, im Süden Japans, abgestellt und sollte durch Passanten bis Tokio bewegt werden.

Als Ziel des Projektes, so TSURUKI und ITO, wurde angegeben, dem Protagonisten, einem unbekannten, als sehr misstrauisch charakterisierten Entertainer, eine positive Erfahrung mit Mitmenschen zu verschaffen. Durch die Kommunikation des Protagonisten mit Passanten sollte dessen Verpflegung und eine insgesamt positive soziale Erfahrung gewährleistet werden. Die Autoren berichten, dass der Komiker während seiner *Reise* Passanten um Essen bitten musste und sich dabei nicht freundlich verhielt. Vermutlich aufgrund dieses unfreundlichen Verhaltens des Protagonisten hätten sich die Passanten nicht als kooperativ erwiesen, so dass seine mutmaßliche Freundin schließlich hinzukam und ihm Nahrungsmittel gab. Zu diesem Zeitpunkt sei das Projekt aufgrund des mangelnden Zuschauerzuspruchs eingestellt worden.

Für TSURUKI und ITO ist die Sendung ein prägnantes Beispiel für einen Misserfolg. Die Zuschauer hätten das Format für inszeniert gehalten und deshalb abgeschaltet. Für die Autoren besteht das Risiko für den Misserfolg darin, ein Programm zu produzieren, dessen Verlauf von unvorhersehbaren Geschehnissen abhängig ist: „There is a risk of failure when they produce the program depending on the developments of the events."

3.4.2.4 Fallbeispiel *Go straight to any University*

Bei *Go straight to any University* handelt es sich um ein themenorientiertes Projekt im Rahmen des Real-Life-Formates *Denpa Shonen*. Eine Schauspielerin mit Universitätsabschluss sollte einen Entertainer, der bereits mit leichten Mathematikaufgaben Probleme hatte, in einem Appartement in einem Jahr auf die schwierigste Aufnahmeprüfung an einer japanischen Universität, der Universität Tokio, vorbereiten. Diese Rahmenbedingungen des Projekts wurden am Anfang festgelegt, die Inhalte entwickelten sich im Verlauf der Reihe. So musste das Programm abgeändert werden, da der Kandidat die Prüfung an der Tokioer Universität nicht schaffen konnte, statt dessen aber nach acht Monaten an einer anderen Universität bestand. Diese Art von Programmen wird auch als „Unterhaltungsdokumentation“ bezeichnet, da ein Projekt, wie eine Dokumentation, bis zu seinem Abschluss verfolgt wird. Attraktiv sei ein solches Format für die Zuschauer, weil es sich von konventionellen Unterhaltungsshows mit vorbestimmtem Ablauf unterscheide: „The major feature of such programs is the thrill that the programs develop by themselves and no one knows what happens in the next moment.“

3.4.2.5 Fallbeispiel *Nasubi's life of prize competition*

Anfang 1998 begann im Rahmen von *Denpa Shonen* ein Projekt, in dem ein junger Mann („Nasubi") nackt in ein Einzimmer-Appartement gesperrt wurde und versuchen musste, nur von dem zu leben, was er über die Teilnahme an Preisausschreiben gewinnen konnte. So war „Nasubi" in Ermangelung anderer Nahrungsmittel zwischenzeitlich gezwungen, in Preisausschreiben gewonnenes Hundefutter zu essen.

> Das Publikum kreischt auch vor Vergnügen, wenn Nasubi ein Steak, das an einem sich langsam verformenden Kugelschreiber baumelt, direkt über der Gasflamme röstet, weil er keine Pfanne hat. Oder wenn er verzweifelt versucht, den lang ersehnten und endlich gewonnenen Reis in den leergelöffelten Fruchtgelee-Aluminiumbehältern zuzubereiten. (Muschg 1998)

Abb. 3.4: Bilder von Nasubi im Appartement

Quelle: http://www3.tky.3web.ne.jp/~edjacob/nasubi.html.

Alles in allem lebte Nasubi 15 Monate von den Waren, die er durch die Preisausschreiben sammelte. Nippon Television (NTV) zeichnete die Geschehnisse in dem Appartement rund um die Uhr auf, und übertrug jeden Sonntag eine viertelstündige Zusammenfassung im Fernsehen – und das ohne sein Wissen! Das Experiment wurde beendet, als er eine Million Yen (10.000,- Euro) Preisgelder gesammelt hatte. Zu diesem Zeitpunkt war Nasubi bereits ein Fernsehstar.

> Seine Beliebtheit lässt sich möglicherweise auch darauf zurückführen, dass er einem trotz Konjunkturflaute mit allen Attributen einer zwar nicht westlichen, aber modernen Industriegesellschaft ausgestatteten TV-Publikum die Freude über die kleinen Dinge des Lebens vorführt und damit erlebbar macht. Dass Nasubis Erfolg messbar ist - er steht nach 180 Tagen, 31.197 verschickten Karten und 49 Gewinnen (eine Trefferquote von immerhin 0,157 Prozent) bei 446.890 Yen -, ist sicherlich weniger ausschlaggebend für seine Popularität als der Umstand, dass er vor Freude echte Tränen vergoss, als der Postbote die fünf Kilogramm Reis brachte und er das Hundefutter für schlechtere Zeiten beiseite legen konnte. Die Qualen des Reisentzugs - Ursorge aller Japaner - waren vorerst ausgestanden. Eine Fernsehnation atmete auf. (Muschg 1998)

Die öffentliche Diskussion in Japan richtete sich allerdings in erster Linie nicht auf moralisch-ethische Bedenken, sondern die Japaner erörterten, ob es sich bei dieser Sendung um echte oder gestellte Aufnahmen handelte:

> In this case, again, there was a rumour that he must live a normal life when he is not televised. The broadcaster denied the rumour, and partly because of such rumours, they televised his life on the Internet for 24 hours on July 4 in 1998 on pay-per-view basis (50 yen for the first 5 minutes, then 10 yen for each additional minute). About 40.000 people pay to view it and there was a viewer who stayed for as long as 8 hours.

Erst als es weltweit möglich wurde, per Internet jederzeit live in das mit Kameras ausgestattete Zimmer zu schalten, um Nasubi permanent zu beobachten, endete diese Diskussion und die Sendung erzielte einen enormen Erfolg (vgl. Muschg 1998).

3.4.2.6 Fallbeispiel *Platinum London Boots*

Ein Beispiel für Sendungen der Kategorie Beziehungen und Beziehungsstress (Love-Quarrel-Type) ist *Platinum London Boots* (*Gasaire*), ausgestrahlt bei TV Asahi. Ein eifersüchtiger Mann berichtete in der Sendung zwei Amateurdetektiven, dass er befürchte, seine Freundin würde ihn betrügen. Die beiden Männer suchten das Appartement der Frau auf und fahndeten nach Beweisen für mögliche Affären. Diese Formate rund um das Thema Beziehungsstress und Eifersucht stehen in dem Verdacht, vollständig inszeniert zu sein. Nach Ansicht der Projektpartner wäre alles andere ein schwerwiegender Eingriff in die Privatsphäre der Protagonisten:

> If the ‚Gasaire' mentioned above is really done without any ‚staged' process, it could constitute serious violation of privacy. But as far as we know, the program does not cause any serious public criticism and I suppose that the audience enjoys it, assuming the program was all staged.

Die Fallbeispiele verdeutlichen, dass die Projekte im Rahmen japanischer Real-Life-Formate die Protagonisten vor in unserem Verständnis bisweilen menschenunwürdige Herausforderungen stellen. Auffällig ist die Tatsache, dass sich die Diskussionen in Japan um diese Sendungen in der Hauptsache um den Aspekt der Authentizität zu bewegen scheinen.

3.4.3 Öffentliche Debatte

Neben dem Aspekt der Authentizität von Real-Life-Formaten werden in diesem Kapitel auch grundlegende Überlegungen hinsichtlich der Präsentation von Privatheit in den Medien angestellt. TSURUKI und ITO reflektieren in ihrem Bericht die Effekte einer „Invasion der privaten in die öffentlichen Sphäre" und auf „Intimität und die Fähigkeit, Realität" zu erfahren.

Trotz des Erfolgs der Real-Life-Formate in Japan ist das mögliche Verschwinden traditioneller Grenzen zwischen privater und öffentlicher Sphäre offensichtlich kein Thema der öffentlichen Diskussion. Die Autoren verweisen auf Suzuki, Lehrbeauftragter für Recht an der Universität Hiroshima, der in einem Artikel über Real-Life-Formate explizit auf die deutsche Diskussion um *Big Brother* verwiesen habe, um sich in Japan Gehör zu verschaffen.

> The protection of human dignity in the reality format programs with the participation of amateurs is not the issues discussed only in Germany. As the legal regulations are lose in the production of programs in Japan, the human dignity must be protected by the self-regulations. (Suzuki, 2000)

Es gebe hinsichtlich der Real-Life-Formate auch keine Diskussionen um eine strengere Regulierung von Fernsehinhalten oder Stimmen, die für eine Selbstregulierung der Veranstalter plädieren. Die Zahl der verfügbaren Fernsehkanäle nehme zu, und die Fernsehveranstalter investierten in digitales Fernsehen. Daher gehen TSURUKI und ITO davon aus, dass die Rundfunkveranstalter aus Gründen der Moral nicht auf quotenträchtige Real-Life-Formate verzichten können.

3.4.3.1 Die Debatte um die Präsentation inszenierter Szenen

Die folgenden Beispiele drehen sich ebenfalls um den Aspekt der *Echtheit* der Programminhalte:

- Im Oktober 1992 übertrug die NHK die Dokumentation *Far Away in the Himalayas: The Hidden Kingdom of Mustang*. Der Sender hatte mehrere gestellte Szenen in die Dokumentation integriert, z.B. wie ein Mitarbeiter Höhenangst vortäuschte, um die Dramaturgie zu steigern. Der Direktor der NHK formulierte aufgrund von Vorwürfen eine offizielle Entschuldigung.

- Der privat-kommerzielle Fernsehveranstalter Asahi Broadcasting Corporation in Osaka strahlte 1992 in der Sendung *Suteki-ni dokument* (Wonderful document) die Folge „Tracking the Sex Life of Female Workers and Female University Students around The Clock" aus. Eine der Protagonistinnen hatte die weibliche Studentin nur gespielt und entpuppte sich als die Bekannte eines Produktionsassistenten. Das Ministerium für Post und Telekommunikation verwarnte die Fernsehstation.

Die Zuschauer seien aber mittlerweile offensichtlich großzügiger gegenüber Inszenierungen in den Programmen. Laut TSURUKI und ITO schätzen die Zuschauer *Sruganseki's Travel Project, Platinum Boots London* und ähnliche Sendungen. Sie wüssten, dass es sich um inszenierte Inhalte handelt, während die Fernsehveranstalter stillschweigend davon ausgingen, dass das Publikum die Praxis der Programmproduktion diesbezüglich durchschaut. Dies führt aber zu einem interessanten Punkt im Zusammenhang mit der Diskussion um die öffentliche Sphäre in Japan. Denn selbst wenn dies für Selbstbestimmtheit und Medienkompetenz in der Bevölkerung spräche, sehen die Autoren doch eine Gefahr darin, wenn die Japaner beginnen, sich an die Inszenierungen zu gewöhnen.

> While the practices presenting staged scenes as 'real' were once something against the professional ethics of broadcasters, now the audience become more generous to such practices. The audience turns the blind eyes on such practices and wants more enjoyable programs presenting things more ‚real' than the simple presentation of real happenings.

Die Autoren befürchten, dass das Vertrauen der Bevölkerung in die Öffentlichkeit langfristig untergraben wird, wenn diese zunehmend davon ausgehen müsste, dass die im (pseudo-) öffentlichen Raum Fernsehen dargestellte *Realität* eine *gefälschte Realität* ist.

3.4.3.2 Die „Invasion" der privaten in die öffentliche Sphäre

Ein weiterer Faktor könne das Vertrauen in die Öffentlichkeit stören: Die Präsentation von Privatem in den Medien und die Inszenierung von Alltagsleben habe einen Eingriff, eine „Invasion" der Privatsphäre in die öffentliche Sphäre zur Folge. Die Autoren beziehen sich in ihrer Argumentation auf den Tokioter Professor Toru Nishigaki, der die Ansicht vertritt, dass die Teilnahme von Zuschauern an Fernsehsendungen die Unterscheidung von professionellen Medienakteuren und Amateuren verwische und die Zuschauer heutzutage Auftritte von Amateuren mehr schätzten (vgl. Nishigaki 2001). Öffentliche Akzeptanz von amateurhaften Inhalten versinnbildlicht aber ihres Erachtens, dass nicht mehr zwischen Bühne und Zuschauerschaft unterschieden werde.

Diese Problematik wurde auch im Rahmen des interdisziplinären Diskurses diskutiert – können die Zuschauer überhaupt noch zwischen Vorder- und Hinterbühne unterscheiden?

Die veränderte Rolle des Fernsehens in der Wahrnehmung der Japaner seit der Nachkriegszeit erläutert Nishigaki folgendermaßen: Das Fernsehen habe einst das Ideal vom bürgerlichen Leben repräsentiert. Während der amerikanischen Besatzung hätten die Japaner im Fernsehen verfolgen können, wie westlicher Lebensstandard und das perfekte Familienleben aussehen. Mittlerweile habe die Bevölkerung einen solchen Standard und Reichtum erlangt, und das Fernsehen wurde zu einer alltäglichen Informationsquelle, die nicht mehr das ideale Leben vorspiegelt, sondern das einfache Leben von nebenan zeigt. Gerade in Programmen für die jüngere Zielgruppe sei dies der Fall. Die Projektpartner führen aus, dass die Banalitäten in den Sendungen aber künstlich ‚auf *normal* getrimmt' werden. Ungeschnittene Fernsehübertragungen vom wirklichen Geschehen vor der Kamera wären zu langweilig. In diesem Sinne werde die *Invasion des Privaten* in die (Pseudo-)Öffentlichkeit nicht nur den Wandel der öffentlichen, sondern auch der privaten Sphäre begleiten.

> The world represented on TV is a creation through staging the private lives. We believe that when the audience take the tricks to make the staged scenes more ‚real' than reality for granted for the production of documentary-like film, such perception cannot help affecting the ability of the audience to feel ‚reality' in their lives.

Mediale Inszenierungen im Bereich von Real-Life-Formaten haben demzufolge einen Einfluss auf die Wahrnehmung der Zuschauer hinsichtlich dessen, was privat ist und darüber hinaus auf das, was als real empfunden wird.

3.4.3.3 Verschwindet der Sinn für Realität?

Der Gedanke ist interessant: Ist davon auszugehen, dass Mediennutzer regelrecht verlernen, zwischen Inszenierung und Realität zu unterscheiden? TSURUKI und ITO halten die Fähigkeit, Realität zu erfahren, für bedeutsam. Verschwände die Grenze zwischen Privatheit und Öffentlichkeit, und ist der öffentliche Raum in Teilen ein pseudo-öffentlicher Raum, dann werde die Öffentlichkeit Einfluss auf die Privat- und die Intimsphäre haben und umgekehrt. Hierzu liefern die Autoren ein Beispiel aus dem Bereich des Internet und der Mobilkommunikation:

Der Soziologe Prof. Shinji Miyadai habe bereits vor Jahren beobachtet, dass die Nutzung moderner Kommunikationsmittel zu gelockerten Banden in der

Familie führe, dass die junge Generation weniger im *direkten* Austausch mit Leuten kommuniziere und keine tiefer gehenden Beziehungen zu anderen zu wünschen scheine. Die oben erwähnten jungen Mädchen, die der Prostitution nachgingen, pflegten ihre „Geschäftskontakte" über neue Kommunikationsmittel wie Mobiltelefone, Schüler kommunizierten mit Freunden vorrangig per Telefon, in den Familien besitze fast jeder ein eigenes Telefon und einen eigenen Fernseher, so dass Rücksichtnahme und Diskretion bei der Mediennutzung in der Familie nicht mehr nötig seien. Junge Leute hielten es für erstrebenswert, über die Medien *real* zu sein, sich ihre eigene *Hauptrolle* zu schaffen, und wollten damit ihrem Leben einen besonderen Wert verleihen.

Die Argumentation verdeutlicht, dass die Absicherung der eigenen sozialen Identität über die Kommunikation geschieht. Heutzutage ist der *Raum*, in dem man die Gegenwart anderer und die eigene Identität erfährt, zunehmend ein medialer Raum.

> Hanna Arendt once used the concept of Public Realm where the people appear and confirm their identities through the communication with the others recognising the being of ourselves. The question is where we can meet such others who could give us the identities.

Der kommunikative Marktplatz innerhalb der Gesellschaft, so lässt sich die Argumentation von TSURUKI und ITO deuten, ist nicht mehr nur dort, wo sich Menschen persönlich treffen, sondern weitet sich durch die elektronischen Medien aus. Entsteht dann ein raum- und zeitunabhängiger Basar von Identitäten? Offenbar suchen die Menschen in den Medien auch gezielt nach entsprechender Orientierung bzw. nutzen die Medien für die Abgrenzung der eigenen Identität:

> As the personal communication become shallower and shallower through the spread of electronic media, people search for something that they can feel ‚real'. And the staged scenes on TV made the audience feel that the lives on TV is more ‚real' than their actual ordinary lives. People need the staged scenes and the media to present them to feel things real. It seems that they recognise their identities not through the face-to-face-communications in the sphere of intimacy, but through the presentation of themselves in the electronic media which can be seen by the unspecified persons.

Mögliche Effekte für Einzelne illustrieren die Autoren anhand der Aussagen der japanischen Psychologin Rika Kayama. Diese habe in Patientengesprächen festgestellt, dass das Fernsehen die Grenzen zwischen Realität und Imagination verwischen könne. Das Symptom der so genannten „TV experience" ließe sich in bestimmten psychischen Krankheiten wiederfinden. Die Patienten, die in nicht geringer Anzahl unter dieser *Fernseherfahrung* litten, bildeten sich ein, dass die Personen auf dem Bildschirm persönlich zu ihnen sprechen. Hintergrund der Symptomatik sei das Gefühl eines desorganisierten, zerfallenen *Selbst* (vgl. Kayama 2000). Weiss thematisiert diesen Aspekt im Zusammenhang mit Privatheit und Politik bzw. politischer Öffentlichkeit und argumentiert, dass die hybriden Darstellungsweisen, in denen das Private im Fernsehen ausgestellt wird, den Sinn für den Unterschied zwischen Vorstellen, Fühlen und Meinen überblenden (vgl. Kapitel 2.4).

In Japans Medien intensiv diskutiert wurden Fälle, die auf einen Werteverlust innerhalb der japanischen Gesellschaft deuten: Schüler tragen Messer bei sich, schikanieren sich gegenseitig und wenden gröbste Gewalt bis hin zum Mord an, und keiner getraut sich, einzugreifen, nicht einmal die Lehrer.

Dies wurde zu einem öffentlich diskutierten Problem, und der Bürgermeister von Tokio kommentierte die Geschehnisse mit dem Verweis auf die Rolle der Medien. Filme wie *Rambo* erweckten beispielsweise einen falschen Eindruck von Gewalt. Die Autoren argumentieren vorsichtig, dass solche Fälle ein Stück weit aufzeigen, wie die Grenzen zwischen wahren Vorfällen und dem, was wir als real empfinden, verschwinden. „When we receive the staged scenes as ‚banal‘ uncritically, it seems to us that our banal lives cannot stay away from receiving any impact from the conflation of the real and the staged." Ihre Kritik gilt aber nicht allein den Medienakteuren, sondern auch dem unkritischen Umgang der Bevölkerung mit den Medien.

3.4.4 Zusammenfassung

Japan tat nach dem Zweiten Weltkrieg den direkten Schritt von der Feudal- in die Massengesellschaft und übersprang die Phase einer Bürgergesellschaft. Viele Japaner verbinden mit *öffentlich* oder *Öffentlichkeit* („kou") eher gezielte Eingriffe der Regierung in die Meinungsbildung als ein kritisches Korrektiv von Seiten der Bürger. Bis April 2001 war nicht einmal verbindlich festgelegt, dass die Regierung relevante Informationen der Öffentlichkeit vermittelt. Der Begriff *Öffentlichkeit* ist quasi in Anführungszeichen zu setzen. Daher beziehen sich die Ergebnisse aus Japan vor allem auf die Rolle der Medien als öffentlichkeitsstiftendes Element sowie auf die (möglichen) Effekte der Mediennutzung für die Privatsphäre und die Identitätsbildung der Individuen.

TSURUKI und ITO ermöglichen einen Einblick in das gegenwärtige japanische Verständnis von Privatheit und Öffentlichkeit und die Veränderungen im Wertegefüge durch eine Abkehr von japanischen Traditionen und eine Hinwendung zu westlichen Idealen. Die Definition von Tabus geschah in Japan traditionell durch die Orientierung an anderen, anhand dessen, was gegenüber den Mitmenschen als schamhaft empfunden wird. Individualismus westlicher Prägung spielte keine Rolle; er gewinnt aber in der heutigen japanischen Gesellschaft, in der traditionelle Moralvorstellungen als rückständig erachtet werden, an Bedeutung. In dem Bericht gibt es Beispiele für die eher negativen Ausprägungen von Individualismus – Relativismus, Egoismus, Bruch mit Tabus. Harmlose Beispiele für Tabubrüche sind das Schminken und Essen in der Öffentlichkeit, äußerst problematische Tabugrenzen werden durch Prostitution und Gewaltkriminalität bei Jugendlichen überschritten.

Die Präsentation von Privatem und Intimem in den Medien spielt auch in Japan eine immer größere Rolle. Denn die öffentliche Verhandlung privater Themen und die Präsenz von Alltagsmenschen in den Medien wird als Fortschritt gewertet. Die Autoren beziehen sich in erster Linie auf Fernsehprogramme und liefern interessante Programmbeispiele. Real-Life-Formate gehören in Japan zu den erfolgreichsten Unterhaltungsprogrammen; sie kommen durch ihren Fortsetzungscharakter und die Umsetzung verschiedener Projekte den Nutzungsgewohnheiten der jungen, zappenden Zielgruppe entgegen. Die Grundkonzeption der japanischen Real-Life-Formate ähnelt den europäischen Pendants, die sich um den Aufbau von Popstars, zwischenmenschliche Beziehungen oder abenteuerliche Herausforderungen drehen. Die konkrete Ausgestaltung der Programme, d.h. beispielsweise die Art der *Herausforderungen* unterscheidet sich deutlich von in Deutschland bekannten Formaten. *Nasubi* wurde ohne sein Wissen einem Millionenpublikum auf entwürdigende Weise vorgeführt. Das Mobiltelefon spielt für die auf engstem Raum lebenden Japaner eine wichtige Rolle für die alltägliche Kommunikation und Unterhaltung.

Die öffentliche Diskussion über Real-Life-Formate hat insbesondere die Frage nach der Authentizität der Programme zum Thema. Die Japaner haben die Erfahrung gemacht, dass auch noch so *real* erscheinende Programme inszenatorischen Charakter haben, akzeptieren dies aber offensichtlich. Bemerkenswert ist dabei der Verweis der Autoren auf das Verhalten der Sender, die sich ihrer Ansicht nach nicht um eine ersichtliche Trennung von *echten* und *inszenierten* Inhalten bemühen. Die Formate seien vielmehr konzipiert, möglichst real zu *erscheinen*. Die Projektpartner wenden sich damit explizit gegen die achselzuckende Hinnahme bestimmter Programme, und wehren sich so gegen die Auffassung, dass es naiv sei, Fernsehinhalte, insbesondere von Unterhaltungsprogrammen, auch nur ansatzweise für authentisch zu halten. Stattdessen bringen sie Problembewusstsein zum Ausdruck. Bemerkenswert und nutzbringend sind ihre diesbezüglichen Reflexionen. Sie fragen: Welchen Eindruck hinterlassen inszenierte Programme beim Betrachter? Was ist öffentlich, was pseudo-öffentlich? Was ist noch *real*?

Die Grenzen zwischen den Polen privat und öffentlich, authentisch und inszeniert verschwimmen zusehends. Die Medien tragen dazu bei, sind aber gleichzeitig ein wichtiges Instrument für die Identitätsbildung in der heutigen japanischen Gesellschaft. Identitäten werden zunehmend über Medienkommunikation ausgehandelt. Der medialen Kommunikation kommt damit eine verantwortungsvolle Rolle zu. Daher plädieren die Projektpartner in ihrem

Schlusswort für einen kritischen Umgang mit den Medien und eine Wertediskussion innerhalb der Gesellschaft, um in Japan zu konsensfähigen Grundlagen für das Zusammenleben zu gelangen: „To say ‚stop it' (Gewalt unter Jugendlichen, d.A.), we need the standard like ‚civic morality' to judge the right from the wrong of human conducts. The standard must be based on the sense of moral and justice that could be shared in society, and the society could share such sense only after overcoming the relativism and egoism taking roots in our society for so long."

3.5 USA - Kurzzusammenfassung

Interessant für den interkulturellen Vergleich sind die Vereinigten Staaten von Amerika aufgrund des unterschiedlichen Gesellschaftskonzeptes und Mediensystems. Wie ist die Wertekonstellation in Bezug auf das Verhältnis von Privatheit und Öffentlichkeit in den USA zu charakterisieren? Deutet der Blick in die USA in gewisser Weise auf künftige Entwicklungen in Europa hin?

Der Bericht aus den USA (Meyrowitz 2001, vgl. Kapitel 4) zeichnet ein kritisches Bild von der US-amerikanischen Gesellschaft und den Medien im Hinblick auf das Verhältnis von Privatheit und Öffentlichkeit. MEYROWITZ konstatiert eine Entwicklung hin zu einem zunehmenden Verlust von Normen und Werten, zu einer *„Kultur der Schamlosigkeit"*. Die einst deutliche Grenzziehung zwischen privat und öffentlich sei durchlässig geworden.

Sein Szenario bewegt sich zwischen den fünfziger Jahren, als Zensur für Filme mit anrüchigen Inhalten üblich war, und den neunziger Jahren, als Presse, Hörfunk, Fernsehen und Internet rund um die Uhr intime Details über die Affäre des Präsidenten der Vereinigten Staaten, Bill Clinton, mit Monica Lewinsky berichteten. Bemerkenswert sei dabei nicht unbedingt die Tatsache, dass ein hochrangiger Politiker in einen Skandal verwickelt ist, auch nicht der Umstand, dass die Öffentlichkeit davon erfährt. Interessant sei vielmehr eine ausgeprägte Toleranz der Amerikaner für private Verhaltensweisen, die früher zu ernsthaften sozialen Sanktionen geführt hätten. Während davon auszugehen sei, dass die „Hauptdarsteller" in der Affäre früher mit Schimpf und Schande aus dem öffentlichen Leben verbannt worden wären, überlebten sie den Skandal politisch und gesellschaftlich. Gemäß Meinungsumfragen stieg die Zustimmung der Amerikaner für ihren Präsidenten während des Skandals sogar. Bill Clinton blieb Präsident der Vereinigten Staaten von Amerika, und sowohl er als auch Monica Lewinsky konnten lukrative Buchverträge abschließen.

Der Medienwirbel um Skandale wie die Clinton-Affäre lässt oberflächlich betrachtet eine Rückkehr zu einer *Kultur der Schamhaftigkeit* vermuten, in der die Gemeinschaft Vorrang vor dem Individuum hat und es den Betroffenen nur so lange an Schuldbewusstsein mangelt, bis die Medien das Verhalten öffentlich machen. MEYROWITZ geht aber eher von einem gegenteiligen Trend in den USA aus. Die *Kultur der Schamlosigkeit* zeichne aus, dass Verhaltensweisen, die früher als schamlos galten, heute regelrecht förderlich für Erfolg und Berühmtheit sein können.

Die öffentliche Akzeptanz von Reality-Formaten wie *Big Brother*, *Survivor* oder *Temptation Island* ist seiner Meinung nach nicht die *Ursache* für den aktuellen Wandel dessen, was einst das *puritanische* Amerika war, sondern das *Symptom* einer sich verändernden Grenzziehung zwischen Öffentlichem und Privatem. Die Amerikaner hätten in nur zwei Generationen eine Kultur verloren, in der man davon ausgehen konnte, dass es so etwas wie Privatsphäre gibt.

Ausgangspunkt des Berichtes ist ein historischer Rückgriff auf die *puritanische Vergangenheit der Vereinigten Staaten von Amerika.* Puritanische Ideen hatten bedeutenden Einfluss auf soziale, wirtschaftliche, politische und religiöse Strömungen in der Entwicklung der Vereinigten Staaten: Es gab ein ausgeprägtes Schamgefühl, Körperlichkeit und Sexualität wurden tabuisiert und Sittenwidrigkeiten streng verfolgt. Misstrauen herrschte gegenüber jeglichen Formen von Abbildungen.

Durch *technische Neuerungen*, wie die Erfindung des Buchdrucks und später die Erfindung von Fotografie und Film, wurden puritanische Ideen zunehmend in Frage gestellt, wie MEYROWITZ ausführt. Körperlichkeit und Erotik wurden auf Zelluloid gebannt; Kameras und Filmtheater lösten eine starke Faszination in der Bevölkerung aus – sehr zum Unbehagen von Wissenschaftlern, Theologen und Politikern. Der anfänglichen Schließung von Filmtheatern folgte eine strenge Zensur filmischer Werke und eine zunehmende Selbstregulierung der Produzenten.

Der Projektpartner beschreibt eine Reihe von weiteren *Medienentwicklungen*, die eine Herausforderung für das puritanische Amerika bedeuteten. Dazu gehören die schnelle Verbreitung des Fernsehens, die Einführung des Kabel- und Bezahlfernsehens und schließlich der Einsatz neuer Medien. In der Argumentation geht es MEYROWITZ weniger um die Erläuterung von Programmbeispielen, die im Zusammenhang mit Öffentlichkeit und Privatheit interessant sein könnten. Er geht davon aus, dass die Medien unsere Wahrnehmung und Erfahrungswelt in weiten Teilen prägen und betont insbesondere die Eigenheiten der durch Film und Fernsehen verbreiteten visuellen Kommunikation.

Zum ersten Mal in der menschlichen Geschichte sei es möglich geworden, gemütlich zu Hause zu sitzen und unbeobachtet Gestik und Mimik von Personen im *Fernsehen* zu betrachten. Die visuelle Darstellungsform des Mediums wirke unmittelbarer als verbale oder akustische Präsentationsformen, ohne dass es in einem Programm notwendig um Persönliches gehen müsse. Auf die zahlreichen Konsequenzen, die die audiovisuellen Medien und neue interaktive Medien z.B. für das Empfinden von Nähe und Privatheit oder für die politische Kommunikation haben, geht der Autor ausführlich ein.

Jugendschutz wurde ein zentrales Diskussionsthema. Filme fielen seit 1952 als Teil der Presse unter den Schutz des ersten Amendement in der Verfassung, und der 1934 in Kraft gesetzte „Motion Picture Code", der die Bevölkerung, vor allem Kinder und Jugendliche, vor unangemessenen Medieninhalten schützen sollte, erwies sich in der Fernsehära als nicht praktikabel. Ein 1966 eingeführtes Bewertungssystem für Programme konnte nicht verhindern, dass die Grenzen des Erlaubten heruntergeschraubt und Zensurmaßnahmen zunehmend gelockert wurden.

Kabel- und Satellitenfernsehen, Video und DVD, TV-Abonnement-Services wie Home Box Office und Pay TV forcieren seines Erachtens den Wegfall von Standards und verschieben die Grenzen zwischen Öffentlichkeit und Privatheit weiter. Die Zahl der Real-Life-Formate in den USA liege bei über 50. Kinder und Jugendliche würden regelmäßig mit Inhalten konfrontiert, die man früher für inakzeptabel befunden hätte. Die Grenzen zwischen angemessenen und unangemessenen Inhalten verschiebe sich kontinuierlich hin zu einer verstärkten Einbeziehung von einst verbotenen Worten und Bildern. Die *Jerry Springer Show* ist nur ein Beispiel für die „Kultur der Schamlosigkeit".

Der Bericht aus den USA belegt, dass das *Internet* die „grenzauflösenden" Effekte des Fernsehens noch zu übersteigern vermag. Reflektiert werden vor allem die *Wirkungen* der Nutzung neuer Medien – Wirkungen auf die Wahrnehmung dessen, was privat ist. Interaktivität, gezieltes Suchen und die Möglichkeit, raum- und zeitunabhängig Informationen abrufen zu können, dies verkürze quasi den Abstand eines Menschen zum Medium. Onlinekontexte suggerierten eine „seltsame" Art der Nähe zwischen faktisch Fremden.

Der Länderbericht beschreibt die bedeutende Rolle, die unterschiedlichste Interessen für die veränderte Balance zwischen privat und öffentlich gespielt haben. Dabei handelt es sich weniger um eine „Manipulation von oben" – auch wenn die große Mehrheit in der Bevölkerung ein hohes Maß an öffentlicher Darstellung von Privatem nicht unbedingt befürwortet. *Wirtschaftliche Interessen* spielen eine bedeutende Rolle: Die Interessen der großen Medienunternehmen seien ein Stück weit maßgeblich für den Wandel dessen, was in den USA öffentlich gemacht werde. Der unbekümmerte Umgang mit diesem „Trash TV" sei unter anderem auf ein ausgeprägtes Bewusstsein der Amerikaner für Meinungsfreiheit, wirtschaftliche Erfolge sowie technische und soziale Innovationen zurückzuführen.

In den USA entwickele sich eine *gemeinschaftliche Konstruktion von öffentlicher Intimität.* Ein Fallbeispiel über politische Diskurse in den USA soll das Argument illustrieren: Denn meist hätten sich seiner Ansicht nach diejenigen, die sich später am meisten über einen Mangel an Privatsphäre und über die Berichterstattung der Medien ereiferten, selbst aktiv darin geübt, die Grenzen zwischen privat und öffentlich durchlässig zu machen bzw. zu verschieben.[17] MEYROWITZ veranschaulicht, wie Politiker der beiden großen Parteien ihre Kandidaturen für politische Aufgaben und die Durchsetzung inhaltlicher Themen gezielt mit Personalisierung und Einladungen in ihr privates Reich fördern, das sie vorgeben zu schützen. Politisches Handeln hingegen verschwände aus der öffentlichen Wahrnehmung.

Auch wenn es, so MEYROWITZ, nicht möglich ist, den Wandel im Verhältnis von Öffentlichkeit und Privatheit an einer bestimmten, maßgeblichen Gruppe gesellschaftlicher Akteure festzumachen, so sei festzuhalten, dass Veränderungen in der Medienkommunikation einer Gesellschaft ein Mehr oder ein Weniger an Distanz zwischen einzelnen Gesellschaftsmitgliedern zur Folge haben kann, je nach der Beschaffenheit des Mediums.

MEYROWITZ unterscheidet *Arten der Präsentation und Rezeption von Privatheit in den Medien.* Die Kategorisierung bezieht auch semantische und syntaktische Charakteristika elektronischer und digitaler Medien im Vergleich zu Printmedien ein und macht so qualitative Veränderungen in der Kommunikation deutlich. Kommunikation wird durch elektronische und digitale Medien und durch zunehmende Vernetzung und Konvergenz unmittelbarer, omnipräsenter und interaktiver.

Der Bericht aus den USA veranschaulicht, dass sich bei der Kommunikation mittels elektronischer und digitaler Medien die Distanz des Nutzers zum Medium verringert. Niedrige Kosten und einfache Distribution unterstützen die Verbreitung und häufige Nutzung der Medien und damit auch den Gebrauch für alltägliche und persönliche Themen. Des Weiteren vergrößert sich das vorhandene Informationsangebot, während die *zielgerichtete* Auswahl von Informationen schwieriger wird.

Real-Life-Formate und Webcams sind nur ein Teil einer generellen Entwicklung. Die zunehmende Verhandlung von Privatem und Intimem in der Öffentlichkeit und die medialen Entwicklungen stehen in einem engen Zusammenhang mit datenschutzrechtlichen Aspekten der Medien und der möglichen Gewöhnung an Überwachungsmaßnahmen. Die Bevölkerung zeige sich einerseits besorgt, begrüße aber andererseits die Annehmlichkeiten, die mit der Nutzung neuer Medien und Kommunikationsmittel verbunden sind. Seit 1999 gebe es in den Vereinigten Staaten das „Financial Privacy Law", welches Unternehmen zur Aufklärung der Verbraucher in Datenschutzfragen

17 Qualitative Differenzen, *wie genau* sich Grenzen zwischen Privatheit und Öffentlichkeit verändern, erläutert Meyrowitz nicht. Ihm geht es um Entwicklungen im Umgang mit Privatheit auf gesamtgesellschaftlicher und individueller Ebene, die er wiederum vielfach auf die Dimensionen Scham, Intimität und Sexualität bezieht.

verpflichte. Seitdem das Gesetz verabschiedet wurde, „hagele" es, so MEYROWITZ, in US-amerikanischen Haushalten E-Mails und Post von Kreditinstituten, Versicherungen, Banken und anderen Unternehmen, in denen sie die Verbraucher über die Verwendung ihrer persönlichen Daten aufklären. Im Kleingedruckten erschienen auch Hinweise darauf, wie man die Weitergabe von Daten verhindern könne – oftmals nur, indem man initiativ werde und an die entsprechende Firma schreibt, also einen „Papierkrieg" startet. Informationsflüsse über persönliche Daten zu stoppen und damit eventuellen Missbrauch zu verhindern, dies bedeutet also zusätzlichen Aufwand. Dennoch: Wie der Autor ausführt, begrüßen die Amerikaner auch die Annehmlichkeiten neuer Medien und Kommunikationsmittel.

Im Fazit konstatiert MEYROWITZ einen Trend hin zu einer *„postprivaten" Welt*, in der physische Grenzen keine Rolle mehr spielen. Möglicherweise, so sein Szenario, führen uns die beschriebenen Entwicklungen in ein längst vergangen geglaubtes Stadium des Zusammenlebens zurück, ein „vorprivates" Stadium, von der Struktur her vergleichbar mit der Gesellschaft der Jäger und Sammler.

3.6 Zusammenfassung des interkulturellen Vergleichs

Ziel des Vergleichs war es, hinsichtlich des Verhältnisses von Privatheit, Öffentlichkeit und Medien über den eigenen Tellerrand zu schauen, transkulturelle, neue Sichtweisen in die Diskussion in Deutschland einzubringen und so von den Erfahrungen in anderen Ländern zu profitieren. Wissenschaftler aus den Niederlanden, aus Großbritannien, aus Japan und aus den USA haben mit ihren Berichten dazu beigetragen. Die Zusammenfassung hinterfragt, was wir aus den Erfahrungen in den vier Ländern lernen können.

Neben den Möglichkeiten ist es an dieser Stelle ebenfalls geboten, auch die Grenzen eines interkulturellen Vergleichs aufzuzeigen. Aus Gründen der Konsistenz orientierte sich jedes Kapitel, so die Gestaltung der nationalen Gutachten dies zuließ, an der anhand des Leitfadens vorgegebenen Struktur. Durch unterschiedliche Schwerpunkte in den Länderberichten sind bestimmte Themen in einem Land detaillierter behandelt als in dem anderen.

Die schwierigste Herausforderung ist es, sowohl die Unterschiede als auch die Gemeinsamkeiten zwischen den einzelnen Ländern herauszufiltern. Bei kulturvergleichenden Studien stehen wir stets vor dem Dilemma, Dinge abzufragen, die in anderen Ländern eventuell anders aufgefasst werden (vgl. Triandis, Berry 1980) – beispielsweise der Begriff der *Öffentlichkeit*. In Japan werden damit andere Konstrukte assoziiert als sie dem westeuropäischen Verständnis von Öffentlichkeit entsprechen. Ähnliches würde passieren, wenn wir in Japan nach der Bedeutung von *Freiheit* oder *Liebe* fragen würden. In verschiedenen Kulturen unterscheiden sich die Arten des Zugriffs auf ein Thema. Sind solche Unterschiede eine Frage der Forschungstradition? Sind sie kulturspezifisch? Oder eher konzeptionsspezifisch? Auf drei Ebenen ergibt sich ein kulturvergleichendes Problem:

1. Das *Wer*. Die *theoretische Herangehensweise* differiert zwischen den einzelnen Experten. Beispielsweise ist die britische Projektpartnerin im Bereich der Cultural Studies tätig, die Projektpartner in den Niederlanden hingegen in der angewandten Kommunikationswissenschaft mit eher sozialpsychologischer Orientierung.
2. Das *Was*. Es ist zu hinterfragen, was *beobachtet und gemessen* wird. Das heißt in unserem Fall, jeder Projektpartner hat bei der Beschreibung der soziokulturellen Rahmenbedingungen, der Rolle der Medien oder der öffentlichen Debatte andere Schwerpunkte im Sinn.
3. Das *Wie*. Die maßgeblichen Dimensionen, hier z.B. Privatheit und Öffentlichkeit, werden unterschiedlich *konzeptionalisiert bzw. operationalisiert.*

Dies bedeutet, dass vermeintliche Unterschiede zwischen den Schwerpunkten und Ergebnissen und in der Darstellung des Verhältnisses zwischen Privatheit und Öffentlichkeit in den Länderberichten einerseits auf Unterschiede in der Kultur dieser Länder zurückgehen, andererseits aber in einer divergierenden theoretisch-konzeptionellen Herangehensweise an das Thema begründet sein können.

Die Herangehensweise der japanischen Projektpartner und die Ergebnisse aus ihrem Länderbericht deuten beispielsweise vor allem auf inhaltliche, in der Kultur begründete Besonderheiten hin. Die Ausstrahlung eines Formates wie *Nasubi*, bei dem der Protagonist nichts von den Kameraaufzeichnungen seines Tuns weiß, würde in Deutschland zu einem Aufschrei in der Öffentlichkeit führen. Die Japaner sorgten sich stattdessen um die Authentizität des Fernsehprojekts. Bei dem britischen Länderbericht wurde der theoretische Zugang zu dem Thema aus Sicht der Cultural Studies deutlich. Die Cultural Studies bilden im angelsächsischen Raum einen Forschungszweig mit wachsender Bedeutung für das vorliegende Thema. Bei der Rezeption der Ergebnisse ist zu berücksichtigen, dass eher Schwerpunkte auf die Analyse des Zuschauerverhaltens gelegt werden und weitere Determinanten im Kommunikationsprozess, wie z.B. die Bedingungen der Produktion oder Strukturen von Fernsehmärkten, eine untergeordnete Rolle spielen.

Beim Blick über die Grenzen und dem Vergleich der beschriebenen Entwicklungslinien in den einzelnen Länderberichten überwiegen die Gemeinsamkeiten. Dies ist in Anbetracht der unterschiedlichen Voraussetzungen in den Berichten besonders erstaunlich. Deutlich werden aber auch Unterschiede in bestimmten Aspekten. Im Folgenden sollen die wichtigsten Ergebnisse dargestellt werden, die Gemeinsamkeiten in Form von Thesen, die Unterschiede in deskriptiver Form.

Gemeinsamkeiten

Die Konzepte von Privatheit und die Konzepte von Öffentlichkeit verändern sich in einem gesellschaftlichen Kontext laufend. Dabei ist *das Verhältnis von Privatheit und Öffentlichkeit durch den Wertewandel betroffen und umgekehrt.* Der Zugewinn an Freiheiten und das Infragestellen von traditionellen Werten hat in den Niederlanden, in Großbritannien und in Japan seit der Nachkriegszeit das Gefüge bestehender Klassen mit entsprechenden Regeln und Sitten gewandelt.

Die Art und Weise, wie sich Öffentlichkeit konstituiert, ist nicht nur durch eine oder mehrere dominante gesellschaftliche Gruppen geprägt, oder anders formuliert: *Am aktuell gültigen Konzept von Öffentlichkeit bastelt eine ganze Generation, also alle gesellschaftlichen Akteure.*

Privates und Intimes wird kulturübergreifend zunehmend in den Medien öffentlich gemacht. In diesem Punkt besteht kein Zweifel. Programme im Fernsehen, die Privates ausstellen, erfreuen sich in allen vier Ländern großer Beliebtheit. Es handelt sich nicht um einen kurzfristigen Trend.

Der Ausstrahlung von Alltagsmenschen und persönlichen Themen haftet historiographisch eine Aura des Modernen an. In Japan bedeutet der Bruch mit Tabus für viele eine Abkehr von der Rückständigkeit und traditionellen Werten; in den USA von puritanischen Ideen.

Interessant ist das *Wie* der öffentlichen Präsentation von Privatheit, und interessant sind die beschriebenen Wirkungen, die dies auf der gesellschaftlichen, der individuellen und der politischen Ebene hat.

Fernsehsendungen rund um private Menschen vermischen Genres und Darstellungsformen; sie vermischen Grenzen zwischen Authentischem und Inszeniertem.

Real-Life-Formate und Talkshows gehören zum Repertoire der meisten Fernsehveranstalter; sie sind nach Einschätzung der Experten sehr beliebt. *Neue Kommunikationsdienste und interaktive Medien entwickeln das Bedürfnis, Privates öffentlich zu machen, weiter.* Physische, räumliche und soziale Grenzen spielen in der Kommunikation immer weniger eine Rolle.

Die zunehmende mediale Verhandlung von Privatem ist auf der gesellschaftlichen Ebene in einem engen Zusammenhang mit einer zunehmenden Individualisierung bei gleichzeitigem Bedürfnis nach Orientierung zu sehen, auf wirtschaftlicher Ebene im Zusammenhang mit einem hohen Wettbewerbs- und Kostendruck auf den Medienmärkten und den ökonomischen Interessen der Medienunternehmen. Besonders deutlich werden ökonomische

Determinanten und ihr Einfluss auf die Präsentation von Privatheit in den Medien in dem Bericht aus den USA hervorgehoben.

Die öffentliche Debatte um Privatheit im öffentlichen Raum geschieht in den vier untersuchten Ländern vergleichsweise unaufgeregt. Eine Diskussion um den ,Zustand' der Privatsphäre und die Grenzen des Erlaubten in den Medien findet meist nur aufgrund entsprechender Anlässe statt, z.B. vor der ersten Ausstrahlung von *Big Brother*, im Zusammenhang mit provokativen Talkshows oder während der Affäre um den Präsidenten der USA, Bill Clinton, und Monica Lewinsky.

Ist Fernsehen ein Kulturgut oder ein Wirtschaftsgut? Die Debatte über Fernsehsendungen, in denen Privates und Intimes Thema ist, bewegt sich zwischen Erwägungen, ob diese der sozialen Bildung bzw. der sozialen Orientierung für die Identitätsbildung dienen und der Vorstellung, dass sie einen Werteverfall oder einen unzulässigen Eingriff in die Privatsphäre bedeuten. Vor allem in den Niederlanden und in Großbritannien wird dies deutlich.

Kontinuierlicher diskutiert werden Herausforderungen im Bereich Kinder- und Jugendschutz (USA), Schutz der Medienakteure (GB) sowie Datenschutz (USA, NL).

Die Experten gehen davon aus, dass die Diskussion um Privatheit im öffentlichen Raum auf sehr grundsätzlicher, gesamtgesellschaftlicher und auch normativer Ebene geführt werden muss. Die Beurteilung, wo Grenzen des Erlaubten liegen, sollte hingegen am konkreten Fall erfolgen.

Unterschiede

Eine kritische, bürgerliche *Öffentlichkeit* im westeuropäischen Verständnis gibt es in Japan nicht. Die Diskussion um das Verhältnis von Öffentlichkeit und Privatheit findet entsprechend nicht statt.

In den USA und in Japan handelt es sich, jeweils auf eigene, spezifische Weise, um Gesellschaften mit strengen Normen und Werten und einem ausgeprägten ,Code' für Privatsphäre und Schamgefühl – in den USA in der Tradition puritanischer Ideen, in Japan durch eine starke Orientierung an dem Verhalten anderer, d.h. durch ein enges Band sozialer Kontrolle.

Die Personalisierung von Politik ist insbesondere in den USA ein Thema von Bedeutung. Privates erweist sich als leichte, gut transportierbare ,Kommunikationskost'. Problematisch ist, dass Themen aus dem privaten Bereich politisch relevante Inhalte von der Agenda verdrängen.

Die Grenzen des zu Tolerierenden bei der öffentlichen Präsentation von Privatheit unterscheiden sich in den einzelnen Kulturkreisen: In den Niederlanden und Großbritannien erregen sensationalistische Darstellungen oder die mögliche Erniedrigung von Menschen die Gemüter, während in den USA vor allem Tabubrüche im sexuellen Bereich diskutiert werden. Teilhabe an der Öffentlichkeit im Allgemeinen und in Bezug auf die Medien insbesondere die

Authentizität von Real-Life-Formaten ist für die Debatte in Japan von größerer Bedeutung.

3.7 Übersicht Experten „Interkultureller Vergleich“

Prof. Dr. Jan van Dijk (University of Twente), Niederlande

Jan van Dijk ist Professor für angewandte Kommunikationswissenschaft an der University of Twente. Er ist Lehrstuhlinhaber für Soziologie der Informationsgesellschaft. Sein Forschungsschwerpunkt umfasst die sozialen Aspekte der Informations- und Kommunikationstechnologie seit 1984. Weitere Spezialgebiete sind soziale, kulturelle sowie politische Fragen. Die wichtigsten Resultate sind zusammengefasst in: The Network Society (1999), Sage Publication (Original in niederländisch), und Digital Democracy (2000), herausgegeben mit Ken Hacker, Sage Publication. Er ist Berater der Europäischen Kommission, Mitglied des Steering Committee of the Information Society Forum. Des Weiteren ist er als Berater für niederländische Minister, Städtebüros und politische Parteien in Sachfragen der ICT tätig.

Prof. Dr. Erwin R. Seydel (University of Twente), Niederlande

Erwin R. Seydel ist Professor für angewandte Kommunikationswissenschaft und Dekan der philosophischen und sozialwissenschaftlichen Fakultät an der University of Twente, Enschede. Seine Forschung widmet sich den gesellschaftlichen Einflüssen von Kommunikation, den Medienwirkungen sowie Unternehmenskommunikation und politischer Kommunikation. Erwin Seydel ist außerdem als Gastprofessor tätig, ist Mitglied in zahlreichen wissenschaftlichen kommerziellen, nicht kommerziellen sowie politischen Räten und arbeitet zusätzlich als Berater in den Niederlanden und im Ausland.

Dr. Ard Heuvelman (University of Twente), Niederlande

Ard Heuvelman ist Lehrbeauftragter für Kommunikationswissenschaften an der University of Twente. Von 1980-1989 arbeitete er als Researcher für den niederländischen Sender Teleac sowie bis 1998 für die Abteilung Zuschauerforschung der NOS (Netherlands Broadcasting Corporation). Seine Forschungsinteressen gelten dem Verhalten der Mediennutzer sowie kognitive und affektive Effekte der traditionellen und neuen Medien.

Dr. Martha Michailidou (University of London), Großbritannien

Martha Michailidou lehrte bis Ende 2001 im Fachbereich der Kommunikations- und Medienwissenschaften am Goldsmiths College der Universität London. Sie promovierte bei Prof. David Morley über Daily-Talk-Formate im Fernsehen. Mittlerweile arbeitet sie als Researcherin für die Foundation of the Hellenic World, eine unabhängige kulturelle Organisation in Athen. Ihre Forschungsinteressen umfassen: Studien im Bereich der Fernsehforschung, insbesondere die Verspartung und der Übergang von Fernsehen für breite Zielgruppen auf Fernsehen für ein schmales Zuschauersegment in Europa, kommerzielle Frauenzeitschriften, Politik und Populärkultur.

Prof. Dr. Joshua Meyrowitz (University of New Hampshire), USA

Joshua Meyrowitz ist Professor an der University of New Hampshire in den Bereichen Massenkommunikation, Nachrichtenanalysen, Medienanalysen, und Kommunikationstheorien. Sein Forschungsschwerpunkt reicht von der Berichterstattung bis zur Wirkung neuer Technologien, und umfasst auch die Wechselbeziehung zwischen interpersonaler und (medien-)vermittelter Kommunikation. Er ist Autor zahlreicher Artikel, Buchbeiträge und des Buches „No Sense of Place. The Impact of Electronic Media on Social Behavior." (1985)

Prof. Dr. Makoto Tsuruki (University of Tokyo), Japan

Makoto Tsuruki ist Professor an der University of Tokyo im Institute of Socio-Information and Communication Studies and Information, Society Division. Er lehrt in den Fachbereichen politische Soziologie, Theorien der Massenkommunikation sowie kultureller Anthropologie. Seine Forschungsinteressen umfassen: Politik in hochinformierten Gesellschaften, Internet, Cyberspace, Web-basiertes Lernen, Terrorismus und Krisenmanagement, Webbasierte Seminare, lebenslanges Lernen.

Dr. Takashi Ito (Japan Newspaper Publishers & Editors Association), Japan

Dr. Takashi Ito lebte zeitweise in Deutschland und ist mit der deutschen Sprache und Kultur vertraut. Er ist Mitglied der Japan Newspaper Publishers & Editors Association und als Journalist für die Zeitungen der Vereinigung tätig. Sein Forschungsbereich ist die Meinungs- und Pressefreiheit, im Speziellen aus der Perspektive der politischen Philosophie.

4 Post-Privacy America
(Joshua Meyrowitz)

4.1 Introduction: Toward a Culture of Shamelessness

In 1953, film director and producer Otto Preminger sought approval from the Production Code Administration (PCA) for the U.S. release of *The Moon Is Blue*. The film portrayed a young actress in television commercials who resisted the seduction attempts of two men and remained a virgin. Even with such a "moral" ending, however, the movie was denied the PCA's seal of approval. *The Moon Is Blue* was deemed inappropriate for display in public movie theaters in the United States. Its sin? The film's dialogue included the scandalous words "virgin," "seduce," "mistress," and "pregnant." Otto Preminger and United Artists released the movie anyway, becoming the first major director and studio to snub "The Code" that had controlled the content of motion pictures in the United States for twenty years.

A mere forty-five years after the release of *The Moon Is Blue*, the public airwaves of the United States would be filled with reports and discussions of successful seduction in high places: sex in the Oval Office of the White House. In this case, no members of the public had to leave their homes, buy tickets, or go into a movie theater to follow the story. And rather than fanciful fiction, the tale was raw reality, with content far racier than *The Moon Is Blue*. In the scandal that erupted surrounding President Bill Clinton's relationship with White House intern Monica Lewinsky, the public reports and discussions dwelled on detailed descriptions of topics traditionally kept behind closed American doors: fellatio, a cigar used as a dildo, phone sex, sexy underwear, and semen stains on a blue dress. The revelations and the political and legal maneuverings were beamed into U.S. homes, cars, and offices hour after hour, day after day, week after week, month after month.

Even the staid public affairs network C-SPAN (which normally carries dry, unedited coverage of Congress, Congressional and other hearings, press conferences, and speeches) played hours of taped telephone conversations between the non-virginal intern and her loose-lipped confidante, Linda Tripp. (This airing obviously involved a new definition for C-SPAN of their obligation to cover a "public affair," an obligation that overrode any concerns they might have had about cablecasting tapes of private conversations that had been recorded illegally by Tripp, illegal because the state of Maryland has a two-party consent law for recordings.)

No adult, and few children, could escape the onslaught. Many anecdotal reports indicated that there was a sudden rise in sexual humor at corporations, universities, and other institutions that had previously moved to ban all such risqué topics in order to avoid complaints (and lawsuits) regarding "hostile work environments" or "sexual harassment." In keeping with the assumption that people of all ages already knew about the affair from other sources, even children's editions of news magazines used in schools – which normally "protect" young people from such adult scandals – apparently felt they could not maintain credibility with their young readers if they ignored the topic. They therefore included references in their articles to "the President's girlfriend."

It would be a mistake to believe, however, that the *content* of the Clinton-Lewinsky scandal drove its public display and dissection. After all, many other U.S. presidents had engaged in extra-marital affairs. Indeed, in terms of juicy content, the Clinton-Lewinsky scandal could not hold a candle (or cigar) to the multiple exotic affairs of President John F. Kennedy, who allegedly cavorted in and out of the White House with secretaries, starlets, suspected spies, and mafia molls. Yet, even as recently as President Kennedy's days (the early 1960s), those who had some knowledge of these activities – reporters, secret service personnel, White House staffers, and the women themselves – all had a sense that such private behaviors were not to be exposed to the public.

This once relatively impermeable barrier between public and private has now been turned into a porous sieve. And along with the change is a broad new tolerance for behaviors that would once have led to severe social sanctions. Indeed, what is perhaps the most intriguing aspect of the Clinton-Lewinsky scandal is not to be found in the details of the sex play between President Clinton and Monica Lewinsky, but in the manner in which the two primary participants have survived the "shame" that would once have banished them from public life. President Clinton's public opinion poll approval ratings *rose* during the scandal, seemingly in proportion to the intensity of attacks from opposition politicians and from media pundits and in response to attempts to impeach him for his sexual misdeeds and his misrepresentation of them in sworn testimony. Moreover, President Clinton survived politically to complete his second term in office and to receive more than a $10 million advance for his memoirs (what is believed to be the largest advance ever given for a nonfiction book, as heralded on the front page of the 7 August 2001 *New York Times*). For her part, Monica Lewinsky has parlayed her notoriety into multiple media appearances, photo shoots, a lucrative book contract, and various business ventures.

Anthropologist Ruth Benedict and other social scientists have described how traditional cultures, which typically emphasize the community over the individual, often control behavior by public *shaming*. More modern societies, in contrast, develop a sense of individuality and private morality, where the individual often prevents or punishes his/her own behavior through an internal sense of *guilt*.[1] The media frenzies that surround scandals such as the Clinton-Lewinsky affair might, on the surface, suggest a return to a shame culture, where there appears to be little guilt until the media spotlight illuminates and publicizes the behavior. But there is also another strong trend in the United States toward what I have called The Culture of Shamelessness. That is, in the post-modern era, once-shameful (or guilt-worthy) acts become a source of fame and success. If this is true, then all the discussions and late-night TV jokes about shameful behavior actually suggest a trend in the opposite direction. People do not wither and disappear by suicide or self-banishment after such shamings. Instead, they appear as celebrities on talk shows and are featured in *People* magazine profiles. In another example, President Clinton's top political advisor, Dick Morris, seems to have developed a higher TV profile as a political strategist following the revelation of his long-running extra-marital affair with a prostitute that led to his 1996 resignation from the Clinton staff. And Mike Barnicle, former columnist for *The Boston Globe*, maintains a healthy schedule of media appearances even though – or perhaps because – he was very publicly fired from the *Globe* for plagiarizing material and presenting fiction as fact.

Scandals raise one's "profile" in a world of information overload. Candidate Clinton discovered this in his 1992 presidential campaign: As the media focused on the accusations about his marijuana use, draft evasion, and extra-marital affairs, the other candidates were furious about the relative lack of attention to their campaigns and issues. Similarly, less than two weeks after actor Hugh Grant was arrested for paying for oral sex from a black prostitute in Hollywood in 1995, he made the unusual decision to proceed with television interviews to promote the movie *Nine Months*. After entering *The Tonight Show* stage to wild cheers, Grant responded to Jay Leno's opening question ("What the hell were you thinking?") by saying "I'm not one to go around blowing my own horn." The studio audience went wild. Grant's appearance on the program pushed it to its third highest rating ever. As interest in Grant's films spiked, the prostitute he cavorted with, Divine Brown, re-

1 Ruth Benedict, *The Chrysanthemum and the Sword* (Boston: Houghton Mifflin, 1946).

ceived large sums for exclusive interviews and for appearances in advertisements.[2] In today's America, there is often much truth in the old saying, "There's no such thing as bad publicity."

When we speak about "privacy" being enacted in the "public" sphere, we are usually addressing a much more complex system than the simple duality of "public" versus "private." We are typically referring to a complex continuum, in which behaviors are accessible only to ourselves, to one other person, to a few people, to many within a category or location, to a huge number of people across categories, and to almost everyone. Overlaid on this continuum are other dimensions such as physical locations (what is public to those physically present may be private to those absent), temporal issues (a personal journal that is private when written may later be published), and hierarchal roles, which often involve non-reciprocal access to information among people who share the same space-time continuum (the "boss" can look at you in a way you can't look at him, can come into your office more freely than you can go into hers, have access to your personnel files while you have no access to his, etc.). Other role structures are also relevant. What might be public to most physicians may be private to most lay people. What may be public to most adults (e.g., sexual experience) may be private to most young children. And so forth. Therefore, when we speak about shifting conceptions of privacy, we are often speaking about a changing relationship between and among social contexts, a shift in the degree of permeability of the boundaries that separate one social setting from another.[3]

This essay argues that the airing and general public acceptance in the United States of television programs such as *Big Brother, Survivor, Temptation Island,* and other "reality programs," are not the *cause* of recent changes in the sensibilities of what was once "puritanical America," but a *symptom* of a shifting situational geography in which it is increasingly difficult to maintain separate streams of behavior in different settings. Private blurs with public. What was once technically public, but functionally semi-private (such as Congressional debates and hearings), becomes more broadly public. What was public to one category of people (adults or men or lawyers) but private from other categories (children or women or clients) is now more readily

2 See Gael McGear's thorough "Hugh Grant Timeline" at http://users.aol.com/gaelmcgear/hughtimeline.html.

3 For an analysis of the variable nature of the definitions of, and boundaries between, public and private spheres, see Joshua Meyrowitz, *No Sense of Place: The Impact of Electronic Media on Social Behavior* (New York: Oxford, 1985). See also Jeff Weintraub, "The Theory and Politics of the Public/Private Distinction," in Jeff Weintraub & Krishan Kumar, (Eds.), *Public and Private in Thought and Practice: Perspectives on a Grand Dichotomy* (Chicago: Univ. of Chicago Press, 1997, pp. 1-42), for an important overview of the complex, ambiguous, multi-dimensional, and socio-historically variable character of the public/private distinction. For a general analysis of the complexity underlying seemingly simple distinctions, see Eviatar Zerubavel, *The Fine Line: Making Distinctions in Everyday Life* (New York: Free Press, 1991).

available to all. It is increasingly difficult to separate the experiences of different classes, genders, and ages from each other, which weakens the ability (and the sense of the need) to keep a wide variety of traditional secrets.

Rather than pointing to the impact of a particular behavior or of particular programs, I argue that the contexts of public and private in the United States have shifted dramatically over the course of a relatively few years. This essay begins with a description of America's Puritanical heritage and the distrust of "graven images." Then a number of media developments that have challenged that heritage will be described. The significant role that corporate interests have in altering the balance of public/private will be outlined. But I will suggest that rather than a simple "top-down" manipulation, the U.S. is experiencing a "collaborative construction of public intimacy." To illustrate this argument, a case study of political discourse in the U.S. will suggest that even those who complain the most about loss of privacy are often willing participants in the blurring of the line between public and private. As I will document, politicians of both major parties promote their candidacies and agendas with invitations to the intimate spheres they claim they want to protect. This essay will link these collaborative changes to adjustments to new behavioral environments, environments shaped in part by the characteristics of new media that have interacted with, and in many cases overridden, America's Puritan heritage. And finally, the essay will conclude with a look at major trends in "post-privacy America."

4.2 America's Puritanical Past

The Puritan movement began in England in the 1500s and spread to the British colonies in America. Puritan philosophy had a great influence on the social, economic, political, and religious institutions of what was to become the United States.

Puritan ideas grew from the teachings of religious reformers such as John Calvin, one of the leaders of the Reformation who spurred the development of Protestantism. The Puritans emphasized the Bible as God's true law. They had a strong sense that human beings' natural tendency was to sin. A godly life was a constant struggle against innate human depravity. Hard work was one source of salvation. The Puritans viewed the human body with distrust. Sex was impure, a font of defilement and a source of shame, even within marriage. Outside of marriage, sex was an abomination. In the early colonial settlements in the Americas, sexual acts outside of marriage were punished by public whippings, fines, and imprisonment. Convicted adulterers sometimes were displayed for public view with the word "ADULTERY" written in capital letters across their chests.

Even in virtual modes – drawings, paintings, sculpture, and the like – the Puritans eschewed the portrayal of bodily forms. Indeed, images in general were suspect. And this legacy lingers in America, if in significantly muted form. As the Rev. Kendyl Gibbons of the First Unitarian Society of Minneapolis described in a recent sermon,

> [The Puritans'] starkly simple whitewashed meeting houses reflected not merely the hardships of their wilderness existence, but also their rejection of the elaborate elegances of the Church of England. The truth of God without distraction was what they wanted; no altars, no carvings, no gildings, no sumptuous vestments, just the simply spoken words and the shattering, healing encounter of genuine prayer. Three centuries later, our theological perspectives have shifted considerably from theirs, but we inherit their absolute refusal of idolatry. Whatever is sacred, even if at last only the integrity of our own minds, does not yield to representation, is not captured in any image or statement, however provocative. The unadorned church, the empty niche, the missing panel, all, at their best, point beyond themselves to a living reverence that will not tolerate naming or being named. We may have our reservations about the Ten Commandments as a whole, but we take the second one "thou shalt not make unto thee any graven images" very seriously indeed![4]

4.3 The Spread of Graven Images

The printing press helped give life to the Reformation by undermining the restricted access to the Bible that had supported the hierarchy of the Catholic Church. A scribe could produce only two to four pages of a Bible in a six-hour day. (A complete Bible typically took ten to fifteen months to the produce.) But even early Gutenberg printing presses could produce fifty or more page imprints in an hour. The new efficiency of producing texts allowed for translations of the Bible from Latin into the spoken languages of the people, bypassing the average person's need for Catholic priests to translate and interpret God's word as the route to eternal salvation.

Printing also supported other aspects of the Puritan agenda. As media theorist Marshall McLuhan argued, the printing press and the growing literacy it encouraged helped to "detribalize" Western peoples. The more literate people became, the more they could remove themselves from oral culture's multi-sensory world of sound, touch, and immediate response.[5] And most early printing emphasized the word over the image. Puritan suspicions of the

4 Sermon, 2 April 2000 http://www.unitarian.org/fus/sermons9900/ser040200.htm.

5 For an overview of McLuhan's theories, see Joshua Meyrowitz, "Canonic Anti-Text: Marshall McLuhan's *Understanding Media*, in Elihu Katz, John Peters, Tamar Liebes, and Avril Orloff, (Eds.), *Canonic Texts in Media Research: Are There Any? Should There Be Any? How About These?* (Cambridge: Polity Press, in press).

body and raw sensory experiences, therefore, were supported by the medium of communication that helped give birth to their movement.

The invention of photography in the 19th century, however, put pressure on these Puritan ideals. With the development of easy-to-use photo cameras, the production of realistic sensual images was now in the hands of any person, regardless of his or her artistic abilities. Americans' enthusiasm for "discovery," the "new," and "progress" (which were among the values that brought Puritan settlers, and later many immigrants, to North America) led to a surprisingly rapid embrace of the new technology. Then, the rise of motion pictures near the turn of the century added further strain to the Puritan admonition against graven images. Bodies in motion were even more sensuous than still images. And within a relatively short time, movie stars became the subject of idolatrous mass worship. As early as the silent era, grand "movie palaces" were built to pay homage to these new deities.

But before the movies drew the interest of the mass audience, they were the province of the lower classes. "Nickelodeons," owned mostly by immigrant businessmen, began spreading rapidly through downtown areas of U.S. cities, where immigrants and ethnic groups lived. The nickelodeons were storefront theaters, which as their name suggests, charged only a nickel (5 cents) for admission. In the vaudeville theaters, movies were being tacked onto the live performances as a novelty. In the nickelodeons, however, the movies themselves were the entire show. The programs were typically 15-20 minutes in length. The image quality was often quite poor, marred by a constant flicker. The movies were silent. Nevertheless, motion pictures fascinated audiences, and children and adults flocked to them.

Many early U.S. movies were of a base nature. Their titles were often double entendres and sexual teases (such as "Bridgette Served the Salad Undressed"). And their content was often on the border of then acceptable public morality (the wind lifting a woman's skirts, a couple kissing in close-up, a belly dancer displaying her craft).

Movie historian Robert Sklar notes that movie theaters were at first viewed in same category with brothels and gambling dens. Movies were placed among the vices bred among the lower classes. Social scientists, religious leaders, and politicians all began to grow concerned about the intense public fascination with the movies. The police responded with raids, the padlocking of theaters, and confiscation of property.[6]

Just as the printing and translation of the Bible in 15th century Europe had led to concerns among the powerful about too much access to information on the part of the less powerful, so did the rise of the nickelodeons lead to concern among elites in the United States. Most other forms of experience for the

6 Robert Sklar's *Movie-Made America* (New York: Vintage, 1976), is an excellent source for the aspects of movie history discussed in this report.

poor – schools, churches, newspapers, workplaces, and so on – were structured and controlled by the middle and upper classes. But through the movies, the lower classes were gaining access to entertainment and experiences outside of the channels provided by the traditional caretakers of American culture.

At first, The Motion Picture Patents Company, also known as "The Trust," attempted to control all motion picture production and exhibition in the United States. The Trust was a group of white, Anglo-Saxon Protestant males headed by inventor Thomas Alva Edison. All together, nine companies pooled 16 patents and set up a complete monopoly over motion picture activity in the United States. The Patents Company made an agreement with Eastman Kodak, the only producer of raw film stock in America, to sell only to licensed producers. The Trust restricted its business to exclusive distributors and exhibitors of licensed films. (In other words, if a company dared to distribute or exhibit a non-Trust film, it would not be allowed access to any Trust films.)

Edison's Trust, having contempt for movies and the lower classes, had decided that no audience would sit through a movie longer than 10 minutes. All the Trust's licensed movies were limited to one reel. But movie production changed dramatically as the business shifted to a whole new form of production, promotion, and exhibition under the control of former nickelodeon managers, mostly immigrants, from the urban ghettos of New York and Chicago. They were much more adventurous than Edison, and they were more willing to experiment with the content and form of movies.

Both the content of early American movies and the key roles played by immigrants in their production and distribution led to increased efforts to censor and control the motion picture industry. With a growing tide of anger and concern about the movies, various cities and states began to exercise "prior restraint" (blocking of the showing of a movie) and censorship of films that were exhibited. In 1915, two cases reached the U.S. Supreme Court. The Court rejected the notion that movies were protected under the First Amendment, with the following reasoning:

> We immediately feel that the argument is worn or strained which extends the guarantees of free opinion and speech to the multitudinous shows which are advertised on the billboards of our cities and towns. (...) It cannot be put out of view that the exhibition of moving pictures is a business pure and simple, originated and conducted for profit, like other spectacles, not to be regarded, nor intended to be regarded...as part of the press of the country or as organs of public opinion.

The motion picture industry, already centered in Hollywood, California, worked to keep the public's interest in stars alive through elaborate public relations. The large amount of publicity, however, turned out to be a double-edged sword. Stars were always in the headlines, which was generally good for business. But the constant attention to Hollywood by the press proved to be too great to maintain a veneer of respectability for the movies.

Soon Hollywood came to be seen as a den of sex and sin. Young people from all over the country came looking for stardom. No one was quite sure who would look like a star on film. And many of those who flocked to Hollywood were willing to do almost anything to gain a chance to enter motion pictures. Hollywood often tried to present a traditional and conservative view to the public (emphasizing the long hours and hard work of movie-making), but this image was easily pushed aside by the news stories and rumors about Hollywood's wild side.

The first major crack in the image of Hollywood came in September 1921. A young actress died at a drinking party hosted by Roscoe "Fatty" Arbuckle, the second most popular comedian in the country (after Charlie Chaplin). The actress was found near death, with her clothes torn. She died in the hospital from a burst bladder. Arbuckle was accused of sexually attacking the young, innocent movie actress in his bedroom during the party. It was theorized that her injuries came from Arbuckle's crushing weight during an unwanted sexual advance. Arbuckle was charged with murder. His arrest and trial electrified the country in a manner similar to the 1990s arrest and trial of football legend O.J. Simpson for the alleged murder of his wife. Protests led to the withdrawal of Arbuckle's films from theaters.

After three trials, Arbuckle was finally declared not guilty. The actress, it turned out, was hardly the naïve virgin that she had been portrayed to be. The young woman's injuries pre-dated the party and were possibly linked to a recent abortion. She had on previous occasions torn her own clothing while screaming in pain. Although Arbuckle was found innocent, his career was ruined. And Hollywood was revealed to be guilty of many sins. Other scandals tainted the image of the movie business. And there were multiple stories about divorces and quick remarriages, about drug abuse and suicides. Movie attendance began to fall somewhat, partly in reaction to the scandals, and partly because of the growth of radio, which began to entertain people at home.

There was a certain irony involved with Hollywood's growing image as a city of orgies and immorality: For most people in the country, their experience with orgies was limited to one primary source – having seen staged ones in the movies.

After the Arbuckle scandal, 32 state legislatures debated censorship bills. The fear of government regulation made the movie producers move quickly to regulate themselves as a means of stopping government intervention. The movie industry followed a model used successfully in baseball after the game had faced outside regulation because of a bribery scandal in 1919. To stop external regulation, the baseball industry had hired a conservative judge to be the baseball commissioner. Now the movies also moved toward self-regulation.

They formed the Motion Picture Producers and Distributors Association (MPPDA), and they offered its head a salary of $150,000 (twice the salary of the President of the United States). They wanted someone who was beyond criticism and who could ward off regulation. They wanted someone with political influence and active religious conviction. They wanted someone who was very, very "American," not a recent immigrant, not a Catholic, not a Jew. They offered the job to Will H. Hays, who resigned his position as Postmaster General in the cabinet of President Harding to take the job. Hays fit the bill. He was a former chairman of the Republican National Committee, a Presbyterian elder, and he came from the heartland of America – Indiana.

Hays served as the movies' public relations man on a grand scale. He gave speeches, authored articles, and negotiated. Under his leadership, the MPPDA reviewed synopses of scripts, books, and plays that might be filmed. In addition, Hays prepared a list of prohibited books and plays and a guide to "touchy topics" that were to be avoided in motion pictures. Hays was also a powerful lobbyist. Of the 30 censorship bills still pending at the end of 1921, only one (in Virginia) became law.

But the pressure on the motion picture industry continued. Although attacks on the movies were often framed in terms of the need to protect children, self-preservation may also have been a stimulus for some critics. Hostility toward the movies among the upper classes was probably related to concerns about how movies would expand the wishes and desires of the poor. The formerly "private" excesses of the rich were being publicly revealed. Movies often displayed lifestyles and possessions that were out of the reach of the poor. Movies also suggested that those with power and wealth were not necessarily worthy of special respect.

Motion pictures, some feared, would lead to social unrest as the poor demanded more from society. This issue was rarely discussed openly. In 1926, however, a sociologist wrote an article for a special issue of *The Annals* (a political science journal) devoted to the motion picture. He placed the movies among other forms of recreation that create "a reckless lack of appreciation of true values" and "introduce and spread personal and social standards far beyond the reach of most of us." Another contributor wrote that the motion picture was a "purveyor of ideas and symbols and secrets." "It could narrate facts to the great majority and offer suggestions which the jealous minority did not intend, as it never has intended, the humble servants of humanity and an exploiting civilization to know."[7]

As the movies expanded in length and spread in popularity up the ladder of social class, concern about their content and impact continued to grow. The "Establishment" moved in to bring these "excesses" under control. With

7 Quoted in Robert Sklar, *Movie Made America* (New York: Vintage, 1976), p. 123.

threats of boycotts and of government intervention, the motion picture industry was forced to intensify the monitoring of its own productions.

Faced again with a serious outside threat, Will Hays moved toward increased self-regulation. He vowed to enforce the movie production code that had been approved three years earlier. The PCA would grant the industry's seal of approval only to those movies that observed the Code. The movie studios agreed not to distribute a film that did not earn the seal. And since all the best movie houses in the United States were owned by the major studios, movie producers had little choice but to comply with the new rules. All major producers of movies began to submit their scripts to the Hays Office before shooting began. In many cases, a project was turned down even before a script was written if the book that the proposed movie was based on was considered "inappropriate." Moreover, a film that was modified to meet the demands of the Hays Office might later be censored further by state censorship boards and the censors in other countries.

The sense of sin, and the need to separate public from private contexts, was still quite alive in the Motion Picture Code put into effect in 1934. The preamble to the Code stated the need to protect the public from inappropriate media content:

> Motion picture producers recognize their responsibility to the public (...). Hence, though regarding motion pictures primarily as entertainment without any explicit purpose of teaching or propaganda, they know that the motion picture within its own field of entertainment may be directly responsible for spiritual or moral progress, for higher types of social life, and for much correct thinking.

The Code banned a wide range of human behavior from being portrayed in the movies, including "lustful kissing," "suggestive postures," "seduction or rape," "sex relationships between the white and black race," "scenes of actual childbirth," and "details of crimes." Many words were banned, including: whore, slut, fanny, God, Lord, Jesus, hell, and damn (unless the latter five were used in proper religious context). Crimes and sin could not go unpunished. The kidnapping of a child could be shown, but only if the child were returned unharmed. No hint of homosexuality (which the Code referred to as "sex perversion") could be portrayed.

The censorship was real. Many themes that had been typical in movies were no longer allowed. Not only were many aspects of human behavior hidden from view in the movies that were censored by the Hays Office, but all correspondence between the censors and the studios was also kept secret. The files of the Hays office were not opened to historians until 1986.

Some critics have suggested that the censorship during this period was a purely evil activity that cost American culture much in distortion of movies that were made and in the loss of great movie art that was never permitted to come into being. Yet there is also some evidence that the new restrictions somehow gave the movies a new burst of energy. Perhaps the new limitations required more creativity and focus. Although we cannot know for certain what the period would have been like without the Code, we do know that during this period Hollywood experienced a "Golden Age." Many of the U.S. movies made in the 1930s are still seen as classics: *David Copperfield* (1934); *Treasure Island* (1934); *Mutiny on the Bounty* (1935); *A Night at the Opera* (1935), *The Wizard of Oz* (1939), *Gone with the Wind* (1939), and on and on. This period also saw the production of what came to be called the "screwball comedies" (1935-1941), such as those starring the young Cary Grant and Katharine Hepburn.

The movies produced under the Code were, for the most part, sentimental and idealistic. They defined for many viewers a sensibility that became associated with everything that was wonderful about America: honesty, fairness, a sense of justice, a faith in progress and the future, a sense of humor, and so on. Hidden, however, was much of the intimate, private texture of everyday life.

4.4 TV's Home Invasion and Its Aftermath

4.4.1 Rapid Adoption of TV

In 1950, only 9 percent of U.S. households owned television sets. Within a few years, more than 50 percent of homes had TVs (56 percent in 1954; 65 percent in 1956). Suddenly, at the flick of a switch, graven images were available for viewing in most American homes many hours a day. Television, because of its small screen size and relatively blurry images, favored the close-up rather than the cinematic panorama. For the first time in human history, average members of society, both children and adults, could sit comfortably at home and stare at the moving faces of other people for hours a day without being concerned about their own expressions, words, or gestures being seen or responded to by the persons being watched.

Television was a major leap beyond the movies and radio in terms of exposure of facial expressions and subtle body movements, a stream of behavior that was once relatively "private," even though technically public. Before television, for example, few people could watch the faces of presidents closely. Without pictures, radio had little potential to expose listeners to the close-up views of others. To achieve a close-up, early movie technology required a willing participant (whether an actor or "real person") to step up to the camera and microphone. And even in the heyday of the movies, viewers had to select, travel to, and pay for admission to an *individual* movie. Even those who attended movies the most at the time of the 1930s Payne Fund Studies of motion pictures – youth aged 9 to 19 who reported attending "regularly" – saw only one movie per week. The movie experience was quite limited in exposure of other people and other places compared with the experience that children and all viewers now receive from the often random, channel-surfing TV viewing that exposes slices of behavior that have not been intentionally sought out.

There is an inherent intimacy and sensuality about TV images of faces and bodies in motion, even when the official "subject" of the program has nothing to do with personality, sensuality, or sex. On TV, there is a general similarity in the ways viewers respond to a rock star, to a newscaster, and to a politician. (Among other effects of this television transformation, I believe, was the rapid growth of a new area of study since the 1960s: non-verbal communication.)

4.4.2 Easing of Restrictions on Movies

With the spread of television in the United States, and with the concerns about what its programs were doing to children and adults, the restrictive controls on motion pictures began to seem outdated and quaint. In 1952, the U.S. Supreme Court, reversing its 1915 ruling, held that movies were part of the nation's "press" and were therefore covered by the protections of the First Amendment. This ruling undermined the legal status of state and local censorship boards. It also undermined the authority of the Code.

A few years after the release of *The Moon Is Blue*, Otto Preminger and United Artists filmed *The Man with the Golden Arm*, starring Frank Sinatra, even though the script had been denied Code approval (because it treated the subject of drug addiction). When the PCA turned down the movie's application for an approval seal, United Artists distributed the film anyway – and resigned from the motion picture association that monitored the enforcement of the Code. It quickly became obvious that those movies that were released without Code approval usually made more money than those that received the seal. Fearing the loss of its power, the movie association quickly held a meeting of studio presidents to reassess the Code in light of "changing community standards." As a result of that meeting, the rules were changed to allow the treatment of some formerly forbidden topics, including drug addiction. The climate was clearly changing, and despite the motion picture association's efforts to adjust, the Code soon lost its power. The attempts at censoring, however, continued until the late 1960s, and many love scenes in American movies were shot in two versions, one with nudity for export to Europe, and one with clothed bodies to suit the U.S. censors.

In 1966, Jack Valenti became head of the motion picture association. Realizing that the Code was no longer functioning, Valenti junked it in 1968 and replaced it with a "ratings system," which remains in effect today (with several modifications). Jack Valenti? Does that sound like the name of a Presbyterian elder whose family comes from the heartland of America? Hardly. With television taking the heat in the culture wars, the movies had now become relatively safe – safe enough to have a motion picture association head who was of Sicilian-Catholic heritage, rather than an Anglo-Saxon Protestant.

By the mid-1970s, even movies with the tame "parental guidance" ("PG") ratings had some nudity, and what was once considered vulgar language was being included even in general audience ("G") movies. R-rated movies could contain extensive nudity, violence, and obscene language. And X-rated movies contained explicit portrayals of a variety of sexual acts. (Later the PG-13 and NC-17 were added as in-between ratings.) In 1973, *Variety* reported that the X-rated *Deep Throat* and *The Devil in Miss Jones* were among the top-earning films of the year. Things had certainly changed since the days when the Code barred showing married couples sleeping together (literally sleeping!) in double beds. And the line keeps shifting.

The rapid spread of video cassette players and recorders since the 1980s (and now DVD players) has allowed the average American household to rent and watch movies in the privacy of their homes. Among the results has been the dramatic increase in women and couples who watch sexually explicit movies and videos. (Porno movie theaters, now virtually defunct, were largely the province of males.) Today, many mainstream movies appear in more than one version, R-rated for theater release, NC-17 or unrated for video rental or purchase.

4.4.3 Cable Offerings Further Push the Boundaries

The line between private and public contexts has been blurred further by the development of subscription services on television. The existence of Home Box Office (HBO, the pioneer of satellite-based services launched in the early 1970s), Cinemax, the Movie Channel, and dozens of others has led to a dramatic loosening of standards. Most of these networks now routinely broadcast behaviors, images, and language that only two decades ago would have been considered outrageously inappropriate on U.S. broadcast television. (Indeed, in the trade, Cinemax is often referred to as "Skinemax" for its late-night softcore adult programming.) And since the primary decision in most households is whether or not to subscribe to the service (rather than whether to allow each individual program into the home), children and teens are now routinely exposed to media content once deemed wholly unacceptable for them to see. Even daytime programming on cable often contains nudity and sexual violence. (Recently, I turned on the TV around the time my 13-year-old son normally returns home from school, and I saw a scene from the movie *Strange Days* in which the nude actress Juliette Lewis is being raped and murdered. The scene was shot from the subjective view of the rapist/murderer as it is experienced by the character played by Ralph Fiennes through a virtual reality device.)

Although HBO gives the most publicity to its more respectable offerings, the network's most popular programs include its *Real Sex* series, a "magazine" program that for nearly a decade has been featuring segments on a wide variety of sexual activities, including straight sex, gay sex, tantric sex, group sex, masturbation, male strippers, sex toys, voyeurism, sex festivals, fetishes, sex workshops, home-made sex movies, swingers, dominatrixes, and so forth.

Other popular programs on HBO include its *Taxicab Confessions* (real cab riders with wild stories and behaviors taped without their knowledge, but aired with their post-taping approval), *G-String Divas* (a 13-part documentary series about strippers), and *Shock Video* (whose early versions featured segments from hidden cameras and camcorders and whose recent editions have featured segments from sex-oriented television programs from around the world).

With the ready availability of such programs in most middle-class households, a cultural shift has occurred in the face-to-face discussion of once-taboo topics. Only a generation ago, teenagers and adults, and men and women, could never be sure about what (even whether) "the other" knew about private adult behaviors and sexuality. And so in order to avoid awkward conversations, people of different ages and different genders tended to give each other the "benefit of potential ignorance." That is, they would speak to each other as if the other did *not* know about such topics. But with the publicness of such information, there is not only a difference in who indeed knows about such things, but even more significant for interaction styles, there is a dramatic shift in what people know other people know. Now, everyone knows. And everyone knows that everyone knows. And everyone knows that everyone knows that everyone knows. And so it now seems almost strange *not* to mention at least some of these topics in casual conversations between people of different ages and both sexes. Such explicit awareness fueled the intensity of discussion of the Clinton-Lewinsky scandal.

In 1981, Music Television (MTV) debuted in the United States. Although commonplace by now, the video images that accompanied the singing of pop songs on MTV were a startling sight (at least to many adults) when the network premiered. Suddenly, almost every home with cable television was offered 24 hours a day of scantily clad youth writhing in sensual movements, caressed by the panning and tilting of the camera, touching themselves and each other in sexually suggestive ways. Spreading to 80 countries, MTV helped expand the sense of an international youth culture based on style and sound and sensuality. MTV became a form of confirmation of what media guru Marshall McLuhan – who had died only a year before MTV's launch –

had foreseen decades earlier as the "retribalization" of youth in an electronic era. McLuhan argued that TV encouraged a hunger for sensual, tactile experiences. To the shock of many middle- and upper-class parents, their teenagers have adopted hairstyles, dress, and body ornamentation (including piercings and tattoos) that were traditionally associated with the lower classes and pre-literate societies. Perhaps emblematic of the public-private shift has been the pop-star Madonna-induced style of wearing underwear as outerwear; that is, displaying in public what would have once been private.

In recent years, as MTV has felt the competition from other music video sources and other forms of entertainment, it has decreased the number of hours per day of straight music video. Among the many other program types added to the MTV schedule is the popular *Real World* series, a precursor to *Big Brother* initiated in 1992, where selected youth are thrown together to live and be recorded for all their waking hours. The program is now seen in more than 40 countries.

Even more daring than regular cable content and subscription cable are the pay-per-view (PPV) offerings, which in addition to featuring movies that are between their theater releases and cable showings, include a full range of hard-core adult sexual programming. PPV channels include The Hot Network, the Hot Zone, Vivid TV, and the Playboy channel. (In July 2001, Playboy announced its purchase of its three rivals.) Adult programming has been the most profitable of all PPV offerings. In 2000, sexually oriented PPV generated $465 million in revenue, or 27 percent of the total $1.73 billion in pay-per-view revenue for satellite and cable operators, according to the media industry research firm Kagan World Media. [8]

The Playboy channel limits the portrayal of erect penises and sexual penetration to its "Naughty Amateur Home Videos" series and its Friday and Saturday nights' "Director's Cut" full-length videos. But the Hot Network and the Hot Zone routinely show an almost full range of male-female and female-female (but not male-male) sexual interactions. (Anal intercourse and explicit shots of ejaculation are still excluded.) The common element underlying all these programs is the publicness with which once-taboo words, behaviors, and images are being displayed.

The Telecommunications Act of 1996 dictated that cable companies had to completely scramble the signals of adult-programming or restrict the broadcast of channels devoted to sexual content to the time period between 10 p.m. and 6 a.m., when children were likely to be asleep. In May 2000, however, the United States Supreme Court voted 5 to 4 to allow cable companies to decide their own schedule for broadcasting channels with sexual content. Playboy, for example, now broadcasts 24 hours a day. Oddly, its hardcore

8 Christopher Stern, "Playboy Gets More Explicit," *Washington Post*, 2 July 2001, http://www.washtech.com/news/media/10930-1.html.

amateur series is shown midday on weekends (among other times), when young children are potential viewers.

Ironically, what was once seen in the United States as a seedy business restricted to lower-class neighborhoods and depraved visitors from other walks of life is now, in effect, mainstream entertainment. Pornography is experienced in millions of homes and other locations. Most U.S. hotel chains, for example, currently offer explicit hard-core movies on a pay-per-view (or one payment for viewing all available shows) basis. Indeed, so many "respectable" companies are now in the pornography business as cable distributors or sites of exhibition that lawyers have successfully defended local pornography merchants against prosecution in trials by comparing the defendants' offerings with those available to guests the night before at local high-class hotels. Small-time purveyors of pornography hardly seem worthy of prosecution and punishment when they are, in practice, minor competitors of giants such as General Motors, AT&T, Hilton, Westin, and Marriott.

In home cable systems, adult programming is supposed to be available only to adults who order and pay to watch it. Yet there is an oddity in the way adult channels are scrambled. As was portrayed with humor in the opening scene of the popular 1999 motion picture *American Pie*, it is possible for millions of cable viewers to discern the basic unclothed anatomy and actions of the adults in the not-fully-scrambled images. Only a few years ago, such a possibility would have led to vocal mass protests in the United States, yet now there is mostly silence.

4.4.4 Broadcast Television Adjusts to the New Climate

Today, lingering puritanical attitudes maintain restrictions on nudity and certain language on regular broadcast and cable television, but even here the line between appropriate and inappropriate content keeps shifting toward greater inclusion of once-forbidden words and images.

One of the earliest reality programs, *Cops*, started on the Fox Network in 1989. Professional camera crews travel with inner-city police officers to record their interactions with suspects. Many segments feature minority men being arrested. The interactions are raw, the sound is full of "bleeps" to delete the cursing, and many images are blurred electronically to obscure nudity and selected faces. Less-censored versions of the program are available on "too-hot-for-TV" videos that have sold in the millions. *Cops* remains one of the most popular reality programs. (By focusing primarily on inner-city police, however, the program typically ignores the reality of drug use and other criminal activity on college campuses and the white suburbs. Moreover, former staff from the program admit to creating a "selective reality" by editing out police profanity and racist remarks in order to maintain access to police activities. And, of course, attempts to capture police brutality or other illegal police conduct are left to off-air amateurs.)

In-studio programs have also been pushing the boundaries of good taste. *The Jerry Springer Show* went tabloid in 1994. By 1998, it had overtaken *Oprah* as the top-rated TV talk show and drew about 12 million viewers to each episode.[9] The program features such topics as "Home Wrecking Affairs," "I Strip with My Family," "Sisters Pregnant by the Same Man," "Fiery Love Triangles," "I've Been Unfaithful," "I'm Having a Bi-Sexual Affair," and "I'm Sleeping with my Brother." Guests typically shout at each other and usually start physical fights on the set, which are broken up by Jerry's security staff before serious damage is done.

As described on TVTalkShows.com, on one *Springer* episode "cameras track down a woman's boyfriend who is having an affair with a 75-year-old woman." On another, "cameras follow a woman who visits her boyfriend's wife for a confrontation." On another, "a gay relationship hits a snag when one of the men is discovered having an affair with the other's mom." On yet another, "the girlfriend of a construction worker discovers that he likes to dress up in women's lingerie and is cheating with his male best friend." The more "serious" topics have included a panel of Ku Klux Klan members and Jewish leaders, which ended in a fist fight.

Springer's company also has sold more than half a million copies of the "Jerry Springer Too Hot for TV" video that includes uncensored footage of cursing, fighting, and nudity. Springer has a huge following of fans, who fill his studio shouting "Jer-ry, Jer-ry, Jer-ry," send mail and e-mail, and post messages to fan web sites. Although guests are typically shamed and humiliated, about 3,000 people call the production company every day hoping to be featured on the show.[10]

Springer's programs are routinely condemned by those who evaluate the moral landscape (such as Senator Joseph Lieberman), but the American respect for "daring" and "success" maintain Springer as a powerful icon of the Culture of Shamelessness. Springer's ratings improve as a result of the attacks.

4.4.5 Magazines Go Explicit

The greater exposure of the private on broadcast television, which is so easily available to any child or adult, and can be caught without intent while flipping through the stations, has led to even greater permissiveness in print me-

---

9 David Plotz, "Jerry Springer," *Slate*, 21 March, 1998, http://slate.msn.com/Assessment/98-03-21/Assessment.asp.

10 David Plotz, "Jerry Springer," *Slate*, 21 March, 1998, http://slate.msn.com/Assessment/98-03-21/Assessment.asp.

dia. Mainstream magazines aimed at members of each gender now often give rather graphic and detailed textual descriptions of how to sexually please lovers. Even more dramatic, however, has been the shift in well-known sexually oriented men's magazines, such as – *Penthouse, Oui, Gent, Cheri, Fox, Swank,* and *High Society* – which have started to include pictorials that leave almost nothing to the imagination. Photo spreads portray explicit images of oral sex, vaginal and anal penetration, ejaculation, even urination. (For a bit of historical perspective, it is startling to realize that at the time of the original Woodstock festival in August 1969, where youth cavorted naked in ponds in upstate New York, *Playboy* magazine – then in the vanguard of sexual photography – had not yet published a centerfold model displaying pubic hair.[11]) While there have been some complaints and (thus far) failed attempts to prosecute those selling the newly explicit magazines, there has been almost no loud public outcry about this major transformation in what is available on most U.S. newsstands.

4.5 Web Exposures

Although television has had a huge impact on the boundaries between private and public in the United States, it can now be viewed as merely laying the groundwork for the boundary-shattering Internet. TV demystifies other places and people, encouraging an easy familiarity with "strangers" and "elsewheres" that were once very mysterious. But TV, in the way it functions in the United States, does not provide the means to "talk back" or even to search its archives of programming. The Internet allows for both interacting and searching.

The Internet is a new "place" that is both nowhere geographically and everywhere informationally. The Net contains an infinite variety of personal and public information, information that is textual, pictorial, and aural. The Net offers medical information, educational information, political information, sexual information, psychological information, music, games, speeches, photographs, videos, and on and on. One can use the Net to access almost any type of information and products or services for purchase, and one can use the Net to cast broadly one's own information, goods for sale, behaviors, and experience.

There is perhaps no other context, other than in an intimate face-to-face relationship, where one finds such an odd mix of personal and public information. Personal web sites routinely combine traditionally "public" information, such as résumés or professional writing, with traditionally "private" in-

11 The first Playmate centerfold to expose public hair was in the January 1971 issue, though a few smaller pictures revealing pubic hair did appear in the magazine in the prior two years.

formation, such as updates about family and pets or emotional concerns. Using a search engine to look for sites that included both "Research" and "pictures of my cat," for example, I discovered sites such as that of a professor of psychology at a college in Georgia (I've decided to give her privacy she didn't give herself by not mentioning her name or institution), which reveals her office and home phone numbers, her daily schedule (including when she's driving and when she's watching *Trek*), her research areas, and pictures of her cat. There are thousands of such personal/public sites on the web.

As this professor may or may not be aware, there are also multiple "reverse directories" on the Net that allow anyone in the world to input a listed phone number and get an address (and a map and directions). Thus, sharing one's home phone number and teaching schedule with anyone in the world may not be the wisest move in terms of home security.

Yet, what is most remarkable about the Net is the generally trusting behavior of those who go online, a trust that is, even more remarkably, usually rewarded. Through web sites, personal online journals, chat rooms, and e-mail exchanges, tens of thousands of people are finding new sources of support and friendship.

Such interactions are changing the nature of social roles. Professor Susannah Stern, for example, has found that the web sites of adolescent girls display a "public" confidence and assertiveness that researchers such as Carol Gilligan have said tend to disappear among girls of that age in face-to-face contexts.[12]

There are, of course, thousands of online scams. And there are people who pose as being someone other than who they are. There are well-publicized reports of attempts at abduction when online acquaintances arrange to meet in person. Less well publicized are the much more frequent exchanges of help, advice, and empathy. As Anelise Pacheco has argued at length, a dominant characteristic of the online world is its "generosity."[13]

Through online journals and chat rooms, people share love and health problems. Often they find solace. In a moving example from a CompuServe online community quoted by Jon Katz in a 1994 *New York Times* article, for example, a father reveals to strangers what he has not yet told his parents:

> My daughter (Jennifer) has cancer. As some of you know, she is 8. In all the world I never conceived of all the sorrow I would feel at learning this, all the horror at watching her suffer so stoically through test after test. There is not a lot of hope,

12 See Susannah R. Stern, "Adolescent Girls' Expression on WWW Home Pages: A Qualitative Analysis." *Convergence: The Journal of Research into New Media Technologies*, 5(4), (1999), 22-41, and "Sexual Selves on the World Wide Web: Adolescent Girls' Homepages as Sites for Sexual Self-Expression," in J. Brown, J. Steele, & K. Walsh-Childers, (Eds.), *Sexual Teens/Sexual Media: Investigating Media's Influence on Adolescent Sexuality* (NJ: Lawrence Erlbaum), 2001, pp. 265-285.

13 Anelise Pacheco, *Das Estrelas Móveis do Pensamento - Ética e Verdade em um Mundo Digital* (Rio de Janeiro: Civilização Brasileira, 2001).

just a lot of medicine. We are preparing ourselves for the worst, which her doctor has hinted is what we should expect. I have decided to journal you everyday, those of you who can bear to read it. Feel free to answer, to offer sympathy, encouragement or whatever else you are feeling. Please feel free to check me if I am too sorry for myself or for her (...). I do not know how to tell her grandparents, or even our friends, for she is much loved, inside and out of the house. We can start here. She asked me this morning, "Dad, does it get better? It does, doesn't it?" My mouth moved up and down, but nothing came out of it. I could sure use some words.[14]

Similar messages can be found by "searching" on almost any combination of life's woes. I found the following May 2001 online diary entry by searching on "Divorce + OCD" (Obsessive Compulsive Disorder).

> There are some really special people out there in Cyberland who have become very good friends thanks to the Web Site, and they help and support me as much as I do them. In fact, to be really honest, I think I would have given up altogether without their kind shoulders to lean on! I hope they know who they are. Thank you. :o)
>
> Out of it all, some good has happened; freedom, loving friendships and more fulfillment in my life. Of course, there are plenty of times when it also feels like there's a huge loss and a part of me will always be missing, but for now though, I'm just plodding on and going along with the flow, trying to be supportive to any one who needs it and as a byproduct getting some support and happiness back. I'm not looking ahead too far or planning my future. I'm just taking some of my own advise [sic] and taking each day as it comes (...).
>
> Thanks for being there guys, and thanks to everyone who's signed my *OCD bulletin board.* The kind words and uplifting messages really, really help me, especially right now when so much in my life is unknown and uncertain. I guess you all give me reasons to carry on.
>
> Well! That's all I can think of to say at the moment. Don't lose faith in your abilities everyone! I'm trying very hard not to lose faith in mine!
>
> Love ~*~

Again, I feel the odd need to delete the name, even though this essay of mine is probably functionally much more "private" than this person's online entry.

What is clear is that, for better or worse, online contexts are creating an odd sense of intimacy among people who are, by all other measures, strangers. And it allows millions of people who know each other from live interactions to stay in touch across any distance and in spite of time-zone and schedule differences. The Net has given new meaning to the concept of the

14 This quote was brought to my attention by Karen A. Cerulo in her "Reframing Sociological Concepts for a Brave New (Virtual?) World," *Sociological Inquiry*, 67(1), 48-58.

electronically created "global village" (a term coined by Marshall McLuhan in the 1950s, long before there was an Internet).

Much of the content of the Net, however, less resembles a village than the seedy downtown area of a big city. Until the mid-1990s, at least, "adult" content comprised up to 80 percent of Internet traffic. Pornography is generally considered the only web content that routinely makes a profit. Pornographers pioneered some of the advanced technological features of the web, such as shopping-cart software and streaming video. Nielsen NetRatings reported that 17.5 million Net surfers stopped at porn sites from their homes in January 2000, a nearly 50 percent increase over a few months earlier. It is estimated that Web surfers will spend more than $3 billion dollars a year on access to adult web sites by 2003. Meanwhile, celebrated online enterprises, such as Amazon.com, have been saddled with staggering losses in most years. And the money made by other e-enterprises often comes at least partly from sexual content. AOL, for example, which presents itself in advertising as a family-centered service, survived its early years in large measure because of sexually charged chat room exchanges and access to porn. And almost 16 percent of Internet porn is still accessed through AOL. In 2000, there were an estimated 40,000 sex-oriented sites available online, and adult online material accounted for 69 percent of the $1.4 billion market for pay-to-view content online (in contrast with 4 percent for videogames and less than 2 percent for sports.) [15]

Some web sites lie ambiguously between categories of content. When someone puts her life on a 24-hour web cam (as in Jennifer Ringley's pathbreaking Jennicam.com that seemed to start the trend), is she acting like the new assertive young females that Susannah Stern has studied? Or is she seeking support from strangers, like the father of the sick child or the divorced OCD woman? Or is she selling sexy content for money, as in classic adult sites? And what does one make of the decision of Sheriff Joe Arpaio to offer "Live Jail Cam," which features 24-hour live web feeds of his jail in Maricope County, Phoenix, Arizona, and which may, as the site warns, offer views of "sexually inappropriate behavior by detainees during the booking process?" [16]

Even with unambiguously pornographic sites, regulating online content has been extremely difficult. What is the geographical jurisdiction for content that comes from no place and everyplace? The U.S. Congress passed two laws attempting to regulate adult content on the Internet, but both were thrown out by federal courts. In June 2000, for example, a U.S. Court of Ap-

15 The information in this paragraph was drawn from Brendah I. Korener, "A Lust for Profit," *U.S. News & World Report*, 27 March 2000, 36-38, 40, 42, 44.

16 The jail cam is accessible through http://www.crime.com/info/jailcam_redirect.htm, but only if one is willing to provide quite a bit of personal information.

peals upheld an injunction against the Child Online Protection Act (COPA) of 1998. The court argued that the notion of "community standards" is obsolete in the age of the Internet.

> Because material posted on the Web is accessible by all Internet users worldwide, and because current technology does not permit a Web publisher to restrict access to its site based on the geographic locale of each particular Internet user, COPA essentially requires that every Web publisher subject to the statute abide by the most restrictive and conservative state's community standards in order to avoid criminal liability. [This] imposes an impermissible burden on constitutionally protected First Amendment speech.[17]

4.6 Corporate Dominance

4.6.1 Keep Costs Down, Maximize Profits

Some of the reasons for the dramatic shift in what is publicly visible in the United States can be found in the nature and interests of the corporations that dominate in ownership of U.S. media. In this sense, the change can be seen, at least *partly*, as a "top-down" imposition on a population that may not want this degree of public exposure of what was once private. The drive to maximize profits by decreasing costs and increasing revenues has lowered the standards for broadcast and print media and for web-site content. (A talk show such as *Jerry Springer*, or a reality program like *Big Brother*, costs only one fourth as much as a news program and one-tenth as much as a drama, and is much more profitable than these other genres.)[18]

4.6.2 Selling the Audience

Further, the commercial media business remains one in which the product is not the media content, but the audience. The audience is sold in lots of a thousand to advertisers. Advertisers do not want to pay for types of consumers who are unlikely (or less likely than others) to buy their products. Therefore, contrary to the rhetoric of broadcasters ("We give the public what it wants," "We're in the audience-pleasing business," "TV is a democratic medium; the public votes with its eyes," and so forth), broadcasting is actually in the advertiser-pleasing business. Sometimes these pleasures overlap; audiences get the programs they want and advertisers get the audiences they want. But when the interests diverge, the advertisers almost always win.

17 Janelle Brown, "Another Defeat for 'Kiddie Porn' Law," *Salon*, 23 June 2000, http://www.salon.com/tech/log/2000/06/22/copa/index.html.

18 David Plotz, "Jerry Springer," *Slate*, 21 March, 1998, http://slate.msn.com/Assessment/98-03-21/Assessment.asp.

Viewers get to choose, but only among advertiser-friendly alternatives. And not all viewers' votes are equal. Thus, the CBS program *Murder, She Wrote* starring Angela Lansbury went off the air in 1996 even though it had high ratings because the "wrong" people were watching. That is, the viewers were considered "too old." CBS's "success" with *Survivor,* therefore, goes far beyond raw statistics in terms of number of viewers who watch the show. *Survivor* has drawn younger viewers to CBS. In 2002, the ABC network (owned by the Disney Corporation), used similar advertiser-friendly logic to attempt to woo talk-show host David Letterman away from CBS to replace *Nightline.* Although the venerable news program draws a larger audience than Letterman's program, *Nightline*'s audience is, on average, a few years older.

The drive for profits in selling viewers to advertisers has been pushing the logic of broadcasting further toward the logic of spectacle. Expose, reveal, shock, titillate. NBC's *Fear Factor,* for example, has designed challenges to have contestants face their phobias by jumping from tall buildings, eating Buffalo testicles or sheep eyeballs, lying in a pit with 400 rats or thousands of worms. The syndicated series *Cheaters* features private investigators who catch unfaithful lovers and spouses on videotape and then, together with the wronged partner, confront the cheater publicly, usually with the "other lover" present. Fox has planned a show with divorcing couples fighting it out on the air (*I Want a Divorce*).

Producers scramble to design whatever programs will most attract the eyes of the target audiences desired by advertisers. And that target audience has shifted in recent years. Until recently, women aged 18 to 49 were the main target of much commercial media. These women were thought to purchase most products for the household. In recent years, however, U.S. advertisers have discovered the market significance of younger viewers, 18 to 34, and more recently, the burgeoning teen demographic. Today's U.S. teens are the largest generation of teenagers ever (32 million). In 2000, they spent more than $100 billion on their own and convinced their parents to spend an additional $50 billion. They are exposed to an estimated average of 3,000 advertising messages every day, 10 million by the time they are 18.[19] There is a tremendous drive to find media messages that will stand out and attract this huge potential market.

Among the resulting media programs is *The Howard Stern Show.* Featuring the shock-radio performer, transported to television, Stern broadcasts the spoken thoughts of a lascivious, horny teenage boy. Women are quizzed, for example, on their anatomical features and encouraged to shed their clothes to display them. (Nipples and pubic hair are obscured electronically.) Stern enthusiastically asks about breast-enhancement surgeries, sexual experiences,

19 "Merchants of Cool," *Frontline*, PBS, 27 February 2001.

and sexual preferences. He makes fun of the physical appearance of many of his guests. The show is intentionally offensive, in the way that teenage boys often enjoy shocking and disrupting the adult world.

In a similar search for the "key demographic" of young viewers, MTV airs *Spring Break* specials, featuring scantily clad teens (sometimes wearing only whipped cream) having fun on the beach. Jerry Springer hosts some of the segments. As for dramatic programming, the WB network has abandoned its promise to offer shows the family could watch together, airing instead the sex-dominated, horny-teenager program, *Dawson's Creek.* On the first episode, one the main characters, a 14-year-old boy, begins a sexual affair with one of his teachers. Sensing a threat to its audience draw, MTV started a new nighttime soap opera titled simply, and tellingly, *Undressed.*

Network executives are unapologetic about doing whatever it takes to capture the "right" demographic. (As publicly traded corporations, they are legally obligated to maximize profits, or they may be faced with shareholder suits.) The official website for the Fox network's *Temptation Island* (which presents members of "committed couples" with temptations to cheat) proudly reports that the series was the top-rated show its first season among adults 18-34. The same web site boasts that the show's finale "posted its highest ratings performance ever against original competition in all key demos" (but no "demo" over 49 years of age is listed). What the web site does not mention is that several major corporations (Sears, Best Buy, and Quaker Oats) resisted the temptation to advertise on the program for fear of association with the immoral premise.

Most Americans, as believers in the general correctness of capitalism and the wisdom of the "market" (and suspicious of government or other censorship) seem to tolerate the descent into trash TV. Indeed, in contrast to the condemnations from government and religious leaders and intense discussions of *Big Brother* in Germany, there was little outrage expressed in the United States. Instead, Americans condemned the first season of the show with low ratings, declaring it poorly produced and boring television. And they rewarded the better-produced *Survivor* with high ratings: The last episode of the first season captured 50 million viewers. (One of the few exceptions to this laissez-faire attitude involved Court TV's short-lived series of videotaped confessions of murderers. The first program featured a man describing how he killed his female roommate, cut up her body, and boiled it. The series led to a furor of complaints from victims of crimes and others, and it was canceled after two episodes.)

The general lack of furor over the new crop of reality programs in the United States may also be related to the fact that the "father" of reality programs was presented on the respectable Public Broadcasting System (PBS) network in 1973. *An American Family* featured 12 hours (edited from 300 hours taped over seven months) of the Loud family. Ten million viewers watched as son Lance announced that he was gay and as his parents, Bill and Pat, moved toward divorce. Then Frederick Wiseman's shocking, narration-free documentary *Welfare* (1975) played on public television to critical acclaim. The "grandfather" of reality programs was the even more benign *Candid Camera*, which premiered in 1948 and featured unsuspecting victims of practical jokes. The lovable founder of the show, Allen Funt, was involved with the program until he died in 1999. Peter Funt, his son, continues with *Candid Camera* on CBS.[20]

4.6.3 Conglomeration

While U.S. media content is expanding in one sense, by pushing the envelope in terms of what is seen as acceptable public entertainment, the resulting media landscape can be also viewed as narrower, even more of a "vast wasteland" than was the case when Federal Communications Commissioner Newton Minow coined that phrase in 1961.

One reason for this narrowing of the types of information and entertainment is the narrowing of ownership patterns in the media. Ben Bagdikian was called an alarmist in the 1980s when he warned that U.S. media were being dominated by 50 companies, with the number shrinking. But now, only seven gigantic corporations dominate in U.S. media ownership: Rupert Murdoch's Newscorp, Disney, Viacom, Universal Vivendi, AOL/Time Warner, Sony, and General Electric (GE). Moreover, they engage in many business deals with each other. When these giants see dollar signs in attracting the huge teen market, they can sway the whole landscape of media content.

As scholar and media activist Robert McChesney of the University of Illinois said in a recent interview with the U.S. Public Broadcasting System (PBS):

> The entertainment companies are a handful of massive conglomerates that own four of the five music companies that sell 90 percent of the music in the United States. Those same companies also own all the film studios, all the major TV networks, and pretty much all the TV stations in the ten largest markets. They own all or part of every single commercial cable channel. They look at the teen market as part of this massive empire that they're colonizing.
>
> You should look at it like the British or the French empires in the nineteenth century. Teens are like Africa. There's this range that they're going to take over, and their weaponry is films, music, books, CDs, internet access, clothing, amusement parks, sports teams. That's all this weaponry they have to make money off of this market, to colonize this market. And that's exactly how they approach it. So they look at music

20 Beth Rowen, "History of Reality TV," www.infoplease.com/pot/realitytv1.html.

as just one small part of it. They aren't music companies; they're moneymaking companies, and music is a weapon that generates money for them.[21]

Conglomeration assures the success of whatever media product is selected to attract a demographic seen as desirable by advertisers – while banishing other potential content. Left to his own devices, for example, it is unclear how popular and successful Howard Stern would be. But Stern's cross-media success is almost guaranteed by the conglomerate power behind him. Viacom syndicates him on 50 of their Infinity Radio stations. Stern's weekly TV show is broadcast on Viacom's network, CBS. (Bill Paley, the founder of what was once known as the "Tiffany network," is probably turning in his grave.) Stern's best-seller autobiography, *Private Parts*, was published by Simon and Schuster (owned by Viacom). The movie based on the autobiography was produced by Paramount Pictures (also owned by Viacom). The movie grossed $40 million in the U.S. and made millions more from videos sold at Blockbuster video, yet another Viacom company.[22]

With this sort of mega-media backing, it is difficult to know the degree to which Stern's offensive sexual and scatological exposures reflect the culture or simply reflect corporate greed. MTV is also owned by Viacom. And virtually everything on MTV is an advertisement for something. The videos are ads for purchasing the songs (or collections of videos). MTV is, in a sense, ads interrupted by ads.[23]

Another concern about conglomeration that is rarely mentioned is that there are many types of media content that belong in a vibrant democracy that the corporations who own the media do not want to air. The handful of mega-corporations that dominate in media ownership have many interests in the U.S. and around the world and are often concerned about seeing that U.S. media do *not* pay attention to or raise questions about those interests. This is facilitated by their ownership of the news organizations in question. The General Electric Corporation (GE), for example, is a major polluter in the U.S. and is heavily involved in military production. (It is also a convicted felon for defrauding the government.)[24] War and unrest are good for its business. GE also has been moving more and more of its operations overseas to benefit from cheap labor, destroying the economies of many U.S. towns it helped to expand. GE was among the corporations that lobbied for more

21 The interview can be found at http://www.pbs.org/wgbh/pages/frontline/shows/cool/interviews/mcchesney.html.

22 "Merchants of Cool," *Frontline*, PBS, 27 February 2001.

23 For an insightful analysis of MTV, see Pat Aufderheide's "The Look of the Sound," in Todd Gitlin, (Ed.), *Watching Television* (New York: Pantheon, 1986), pp. 111-135.

24 Sam Husseini, "Felons On The Air: Does GE's Ownership of NBC Violate the Law?," *Extra*!, November/December 1994 http://www.fair.org/extra/9411/ge-felon.html.

military aid to the Indonesian dictatorship.[25] GE is also a major media owner. It controls the television networks NBC and CNBC, and it has interests in MSNBC, A&E, and many other media outlets. Not coincidentally, NBC was among the media outlets in the U.S. that maintained more than 20 years of near-silence about Indonesia's 1976 occupation of East Timor, the U.S. approval and military support for the invasion, and the genocide committed there (highest in proportion since the Nazis). Much better, from the corporate perspective, for a news show to do a segment on "behind the scenes" at the network's latest reality program than to do an exposé of the corporate owner's foreign entanglements or its role as a domestic polluter. There are similar conflicts of interest for every major media corporation. Thus, the sense that new "reality programs" are "showing all" and "telling all" is a corporate-friendly illusion.

As educator and media critic Renée Carpenter has suggested:

> Media values have become substitutes for more traditional human values. A public addicted to sexual media images, pleasure-seeking, and consuming is *not*, for the most part, going to be concerned about the broader corporate agenda or be practiced in the analytical skills needed to confront corporate power. Corporations have invaded our individual psychic spheres and distracted us from the need for the richer public debate and interaction required of citizens in a democratic society.[26]

4.6.4 Multiplying Viewing Options

The push toward "reality programming" and "shock TV" is also driven by the multiplication of the number of media options, both on television and on the Internet, and the move toward 24-hour programming. In 1964, for example, only 8 percent of U.S. households could receive more than 9 stations. By 1985, there was an average of 19 channels per household. By 1990, the average was 33 channels. By the end of the decade, the average number was about 60.[27] The multiplying options are reducing the size of the audience for most programs and increasing the competition for viewers. When most TV viewers in the United States had only a few stations from which to choose, they would typically linger a bit at each station to consider it as a viewing option (if they bothered to get up between shows to change the channel at all). Now that many homes have dozens, some even hundreds, of viewing options, and these choices are controlled through a wireless remote control, the first fraction of a second of image and sound may determine whether the viewer watches a station or moves on. And most viewers now report that they

25 "East Timor and the United States: An Interview with Allan Nairn," *New Politics*, vol. 7, no. 4 (new series), whole no. 28, Winter 2000, http://www.wpunj.edu/~newpol/issue28/nairn28.htm.

26 Personal communication, September 2001.

27 Nielsen Media Research, *2000 Report on Television* (New York: Nielsen Media Research, 2000).

do not watch programs all the way through. Producers therefore feel they are fighting to pull in viewers every moment of a program. As a result, plot, character development, and continuity yield to images and sounds that grab a passing viewer.

With so many viewing options, critics and would-be censors find it difficult to focus on any one program. There are more than 50 outrageous reality programs on ABC, CBS, NBC, FOX, HBO, WB Network, TBS, MTV, VH1, UPN, USA, A&E, even PBS, with others in development. And this safety in numbers is encouraging producers to push the boundaries even further.

4.7 Collaborative Construction of Public Intimacy: A Case Study of Political Discourse

Although corporate needs have been enhancing the drive toward private exposure in the public sphere, the roots and sources of the trend are much more complex. Indeed, I argue that there is no one prime human "cause" or "driver" of these changes in the U.S. These shifts are not driven solely by corporate executives, or producers, or journalists, or the public. They are, instead, enacted collaboratively by all categories of social participants. Indeed, even those who complain about the blurring of public and private often participate in the very exposures about which they complain. The December 14, 1998 cover of *Newsweek* magazine conveyed what is now a familiar paradox. "Nicole Kidman bares all – about her daring Broadway debut [with full nudity], marriage to Tom Cruise and their fight for privacy." Thus Kidman fights for privacy while "baring all." Nicole Kidman has many parallels in other public arenas, including the political realm.

4.7.1 Calling for a Public-Private Distinction

The complexity of trying to point a finger at a single set of social actors in the new Culture of Shamelessness is seen in a case study of political discourse. I start with what on the surface appears to be the most well-known recent example of a plea for re-establishing the line between public and private: a 1998 television speech by President Bill Clinton.

At around 10:00 pm on 18 August 1998 (timed for after children's bedtime?), President Clinton delivered a four-minute television address to the nation admitting that he had had a relationship with Monica Lewinsky that was "not appropriate" and that he had misled people. The main thrust of the very brief speech, however, was his own accusation that a line had been inappropriately crossed into the private life of a public figure and that he was going to reclaim his family life for his family. Here's what he said:

Good evening. This afternoon in this room, from this chair, I testified before the office of independent counsel and the grand jury. I answered their questions truthfully, including questions about my private life, questions no American citizen would ever want to answer.

Still, I must take complete responsibility for all my actions, both public and private. And that is why I am speaking to you tonight. As you know, in a deposition in January, I was asked questions about my relationship with Monica Lewinsky. While my answers were legally accurate, I did not volunteer information.

Indeed, I did have a relationship with Miss Lewinsky that was not appropriate. In fact, it was wrong. It constituted a critical lapse in judgment and a personal failure on my part for which I am solely and completely responsible. But I told the grand jury today, and I say to you now, that at no time did I ask anyone to lie, to hide or destroy evidence, or to take any other unlawful action.

I know that my public comments and my silence about this matter gave a false impression. I misled people, including even my wife. I deeply regret that. I can only tell you I was motivated by many factors: first, by a desire to protect myself from the embarrassment of my own conduct. I was also very concerned about protecting my family. The fact that these questions were being asked in a politically inspired lawsuit, which has since been dismissed, was a consideration too. In addition, I had real and serious concerns about an independent counsel investigation that began with private business dealings twenty years ago, dealings, I might add, about which an independent federal agency found no evidence of any wrongdoing by me or my wife over two years ago. The independent counsel investigation moved on to my staff and friends, then into my private life. And now the investigation itself is under investigation. This has gone on too long, cost too much, and hurt too many innocent people.

Now this matter is between me, the two people I love most, my wife and our daughter, and our God. I must put it right. And I am prepared to do whatever it takes to do so. Nothing is more important to me personally. But it is private. And I intend to reclaim my family life for my family. It's nobody's business but ours. Even presidents have private lives. It is time to stop the pursuit of personal destruction and the prying into private lives and get on with our national life.

Our country has been distracted by this matter for too long. And I take my responsibility for my part in all of this. That is all I can do. Now it is time, in fact it is past time, to move on. We have important work to do, real opportunities to seize, real problems to solve, real security matters to face.

And so tonight, I ask you to turn away from the spectacle of the past seven months, to repair the fabric of our national discourse, and to return our attention to all the challenges and all the promise of the next American century.

Thank you for watching and good night.

Highlighting key excerpts from the speech [with emphases and parentheticals added] reveals President Clinton working hard to draw a clear distinction between public and private contexts:

> I answered (...) questions about my *private* life, questions no American citizen would ever want to answer.
>
> I know my *public* comments (...) gave a false impression [but about a *private* matter].
>
> I was (...) very concerned about protecting my *[private]* family.
>
> I had (...) concerns about [a *public*] independent counsel investigation that began with *private* business dealings twenty years ago (...).
>
> The (...) [*public*] investigation moved on to my staff and friends, then into my *private* life."
>
> Now this [*private*] matter is between me, the two people I love most, my wife and our daughter, and our God. I must put it right (...). Nothing is more important to me *personally*. But it is *private*. And I intend to reclaim my family life for my family. It's nobody's business but ours. Even presidents have *private* lives. It is time to stop the [*public*] pursuit of *personal* destruction and the prying into *private* lives and get on with our [*public*] national life.
>
> I ask you to turn away from the [*public*] spectacle [over a *private* matter] of the past seven months, to repair the fabric of our [*public*] national discourse, and to return our attention to all the [*public*] challenges and all the promise of the next American century.

President Clinton clearly implies here that the press and the public and the independent counsel's office have inappropriately crossed a line into the Clintons' private lives. In the absence of a larger context, it is easy to agree with this argument. One need only recall the sanctimonious, gossipy, prying commentary and "reporting" that characterized the seemingly endless media discussions on the scandal. Also, the way in which journalists and talk-show hosts assumed the language of intimacy was disturbing. They commented on what "Bill" should say to "Hillary," and on what "Hillary" should have said to "Bill," and on what "Monica" was thinking when she did this or that, and how "Chelsea" must be reacting to the whole matter – as if the reporters and pundits were family friends of the Clintons or professional therapists familiar with all the relevant intimate details. It is difficult not to sympathize with President Clinton, or with anyone who might be targeted in such a manner.

However, when one steps back from the framework presented by President Clinton in the speech, some more complex questions arise. Did the Clintons themselves play a role in this blurring of public and private *before* the Clinton-Lewinsky scandal? Was it simply the independent counsel and the media and the public who crossed the line into President Clinton's private life, or did President Clinton invite and encourage the media and the public to cross that line in appealing for votes? I think the latter is clearly the case.

4.7.2 Clintons Invite the Public into Their Private Sphere

Let us go back just two years prior to the Clinton apologia speech. Let us revisit the August 1996 Democratic Convention and look at a few excerpts from President Clinton's appeals to voters. One can ask whether President Clinton presents a national discourse of issues or a discourse of personal appeal that is based on the strength of his relationship with Hillary, Chelsea, his brother, and his mother.

In the film about President Clinton prepared for the Democratic Party's convention, there are many scenes of intimacy: a picture of Bill looking lovingly at Hillary on the day of their wedding, Bill and Hillary with baby Chelsea (Hillary is kissing the baby's head), a clip from a home video (dated February 1989) of Bill dancing with Chelsea, Bill taking the oath of office as governor with a smiling Hillary behind him, pictures of Bill and Hillary dancing, a scene of Bill and Al Gore hugging. The public is taken into the President's "private" spheres and asked to judge his suitability for public office on the basis of the quality of his role as husband and father and friend.

Hillary Clinton's speech at the convention continues the theme of a close marriage and shared parenting as virtues worthy of discussion in the public arena. "In October, Bill and I will celebrate our 21st wedding anniversary." *[pause for applause]* "Bill was with me when Chelsea was born in the delivery room, in my hospital room, and when we brought our baby daughter home." *[Viewers are shown live shots of a smiling Chelsea watching her mother speak.]*

In another Democratic National Committee movie, Hillary's mother is called upon to "tell the truth" about President Clinton:

> Everybody knows that there's only one person in the world that can really tell the truth about a man, and that's his mother-in-law (...). I admire him (...) but I *love* him for the way he defended and loved my daughter (...). I would love to have had the kind of intellectual partner that I could bounce off these great ideas (...) the good natured ribbing and fun that they have with each other. These are both very complicated people. But their relationship is not. They just simply love each other. It's really a joy to see your daughter, your son-in-law, and your grandchild in that kind of environment. *[The last few sentences are heard as the film dissolves between seven intimate photos of Bill and Hillary, with a final image of Bill and Hillary kissing Chelsea.]*

In the next segment of the film, Bill Clinton is seated on a couch, speaking softly in an intimate tone (with ums and ahs) of how "Chelsea normally doesn't want uh, doesn't want to be involved in public affairs very much because she likes her privacy." Yet the film then violates Chelsea's privacy by showing image after image of Chelsea at public events and during political travels. (Thus, it is almost as if each viewer is being told that he/she is not a member of the mass public, but a friend, visiting in the Clintons' home, whom the Clintons trust to maintain Chelsea's sense of privacy.) The President continues, "We maintained a level of family intimacy with Chelsea that I'm very proud of and very pleased by and very grateful for. I'm going to miss her when she's gone." Then with more intimate talk and images, President Clinton describes two new nephews, one of whom reminds him so much of his deceased mother, and in whose face he claims to see what his job in the presidency is all about. *[We see video of the young child romping in the Oval Office with the President.]*

In his convention speech, President Clinton makes other personal revelations. He describes how "Hillary and I still talk about the books we read to Chelsea when we were so tired we could hardly stay awake." He reveals that "Drugs nearly killed my brother when he was a young man. And I hate them." Clinton also talks about missing his mother very much.

Even these brief excerpts suggest the incredible revelation of details and scenes of intimacy – marriage, dancing, drug use in the family, births, deaths, toddlers in the Oval Office. After considering Bill Clinton's blurring of private and public, one could argue he has little grounds for complaining about the attention given to his "inappropriate" relationship with a White House intern. Once Clinton used his loving relationship with his wife (as testified to by him, his wife, his mother-in-law, and numerous images of family intimacy) as part of his credentials for re-election, he put his fidelity to that relationship on the public agenda. (It's jarring to combine in one's mind the image of the toddler, who reminds Clinton of his mother and of what his work is all about, with the image of Clinton's sexual rompings with Monica Lewinsky in the same office.)

4.7.3 Democrats Say "Come Home with Me"

Is intimate revelation in pursuit of political goals a peculiarity of the Clintons? Hardly. An examination of other speeches given at the same 1996 Democratic Party convention suggests that many of the other speakers make similar invitations to the public to enter their intimate spheres.

Representative Jesse Jackson, Jr., for example, speaks about his father, saying:

> I want to take you home. Come home (...) with me to the breakfast table (...) where I learned about Jesse Jackson [Sr.] – the father, the husband, and my best friend (...). [T]he greatest thing that Jesse Jackson ever did for me was that he married my mother.

Governor Evan Bayh speaks to his father in front of the convention and television audiences. (His father, a former Senator, is sitting behind him next to the Governor's wife and twins and in view of the camera.) "I want to tell you Dad how proud I am and grateful for the love and guidance you've given me." Governor Bayh then describes how his mother was raised in the dustbowl during the Great Depression and how he misses her. As do other convention speakers, he invites the public into private, intimate scenes normally off limits to public display:

> Mom died of breast cancer when she was 46. I'll never forget the last time we spoke. I sat at her bedside and held her hand in mine. We talked of the future, not of the past (...). We talked of the girl I would marry, she would never meet, of the grandchildren she longed for but would never hold. Well, nine months ago, my wife Susan gave birth to those grandchildren, twin baby boys, Bo and Nick. And when we tiptoe into our children's room at night and look down at them sleeping there, we know that all of our hopes and fears for tomorrow lay quietly before us. *[Viewers are shown close-ups of his wife and twin baby boys, sitting next to his father.]*

Vice President Al Gore also engages in the discourse of intimacy. As Gore approaches the podium, ABC news anchor Peter Jennings comments on how President Clinton has a reputation for being "Mr. Smooth," while Al Gore has a reputation for being "Mr. Stiff." Al Gore doesn't need to hear this particular comment to address the crowd with a clear recognition of this image. He starts by joking about the jokes about him. With extra stiffness, for effect, he notes that President Clinton asked him to speak a day earlier than vice presidents usually speak at conventions because of "my reputation for excitement." He pauses for the laugh. He comments on having seen the convention attendees doing the Macarena dance, and offers to do the "Al Gore version of the Macarena." He stands still like a statue for a few seconds, and then asks "Do you want to see it again?" to audience (and, awkwardly, his own) laughter.

As Gore becomes more serious, he spends the bulk of his time describing in excruciating, and painful to listen to, detail the death of his only sibling from smoking.

> My sister Nancy was older than me. There were only the two of us, and I loved her more than life itself. She started smoking when she was 13 years old. The connection between smoking and lung cancer had not yet been established, but years later the cigarettes had taken their toll. It hurt very badly to watch her savaged by that terrible disease (...). When she was 45, she had a lung removed. A year later, the disease had come back and she returned to the hospital. We all took turns staying with her. One day I was called to come quickly because things had taken a turn for the worse. By then, her pain was nearly unbearable, and as a result, they used very powerful painkillers. And eventually it got so bad they had to use such heavy doses that she could barely retain consciousness. We sometimes didn't know if she could hear what we were saying or recognize us. But when I responded to that call and walked into the hospital room that day, as soon as I turned the corner, someone said, "Al's here." She looked up, and from out of that haze, her eyes focused intensely right at me. She couldn't speak, but I felt clearly, I knew she was forming a question: "Do you bring me hope?" All of us had tried to find whatever new

> treatment or new approach might help, but all I could do was to say back to her with all the gentleness in my heart, "I love you." And then I knelt by her bed and held her hand. And in a very short time, her breathing became labored and then she breathed her last breath.
>
> Tomorrow morning another 13-year-old girl will start smoking. I love her, too. Three thousand young people in America will start smoking tomorrow. One thousand of them will die a death not unlike my sister's, and that is why, until I draw my last breath, I will pour my heart and soul into the cause of protecting our children from the dangers of smoking.

On most of the networks, this segment of Gore's speech was broadcast with intercutting shots of his parents struggling to keep their composure, as well as with close-ups of the faces of teary-eyed convention attendees.

These excerpts from the Democratic Party's convention suggest that the Democrats may be trying a special strategy to show themselves as more human and compassionate than the Republicans. Yet, if one examines how the Republicans presented themselves at their own convention two weeks earlier, we see further evidence of a trend of collaborative intimate exposure.

4.7.4 Republicans Open Private Windows

Invitations to the public to come into politicians' intimate sphere come early in the Republican Convention with remarks from former President George Bush, who addresses the large convention hall and TV viewers as if speaking to friends in his living room.

> My friends, I must now confess that I've been going through a bit of an identity crisis. It is not easy being married to arguably the most popular woman in the United States of America.

After his speech, he and his wife hug their son, George W. Bush (later U.S. President), and then George and Barbara walk off stage holding hands.

When her turn comes, the former First Lady Nancy Reagan speaks tearfully and with a voice breaking with emotion about her husband "Ronnie" (former President Ronald Reagan) and his Alzheimer's disease,

> I can't tell you what your cards and letters have meant to both of us. The love and affection from thousands of Americans has been and continues to be a strengthening force for Ronnie and me each and every day. We have learned, as too many other families have learned, of the terrible pain and loneliness that must be endured as each day brings another reminder of this very long goodbye.

Mrs. Reagan's speech is followed by a video of displaying images of the loving relationship between Ronnie and Nancy. There are pictures of them hugging, gazing into each other's eyes, of Nancy looking lovingly and admiringly at Ronnie as he faces others. The final image is of the Reagans walking away from the camera, hand in hand, and of Nancy bending her leg back and giving Ronnie a playful kick in the behind. There is not a word or image in the speech or film of any public policy issue. Voters are, in effect, encouraged to support the Republican agenda because Nancy loves Ronnie.

Apparently trying to humanize the stiff and distant presidential candidate Bob Dole, convention planners have both Dole's daughter and wife speak. Robin Dole says she is violating her father's wishes in order tell convention attendees who her father is.

> My dad is public man in a world where everyone feels qualified to offer opinions on the character of public men. But I am Bob Dole's only child. I have a private window I can open for you, and if I do, perhaps you too will see the man I'll always love best.

By opening this private window, and calling up memories from her childhood, Robin Dole offers to let us behind the public façade to show us the private man: the loving, supportive, father who rode the roller coaster with her and taught her to drive.

An even more valiant attempt to humanize Bob Dole is made by his wife, Elizabeth Dole. In an unprecedented move, Mrs. Dole comes down from what she calls the "imposing podium" to be with "friends" while "speaking about the man I love." Speaking to her husband (who then, to her claimed surprise, appears on a big screen behind her), she notes that "I may be saying some things that you in your modesty would never be willing to talk about." Following the style of a talk-show host, Mrs. Dole addresses and hugs individuals in the crowd. And then in an even more remarkable departure from conventional behavior, Mrs. Dole pulls out members of the audience as visual displays for her talk (without allowing them to speak). She introduces Pat Lynch, Bob's veterans hospital nurse, who used to wheel him around in his wheelchair to tell jokes to cheer up the other wounded soldiers. Mrs. Dole recounts (badly) one of Bob's more recent jokes. She hugs a Senator. She tells of how U.S. Senate employees voted Bob "The nicest, friendliest of all 100 senators." Mrs. Dole then displays Trudy Parker, the female Capitol police officer who tearfully hugged Dole on his last day in the Senate.

In the campaign film presented at the convention, Bob and Elizabeth are shown sitting shoulder-to-shoulder, engaged in marital bantering. And in his convention speech, Senator Dole describes how he can never forget his mom and dad, whom he calls by their first names.

4.7.5 Politics as Personal

In short, speaker after speaker at both 1996 conventions invited the public into the private realm of their lives – into the loving connection between spouses, into parent-child relationships, to the breakfast table, the living room, the birthing room, the deathbed. By conflating the personal and the political, Democrats and Republicans both did their part in making the private lives of politicians legitimate subject matter for public discussion and news coverage. Once Bill Clinton used his role as husband and father to promote his candidacy for public office, he lost some of his right to complain "I intend to reclaim my family life for my family. It's nobody's business but ours. Even presidents have private lives."

The focus on the personal dimensions of politicians' lives deceptively defocuses attention on issues that should be central to democratic debate. Dwelling on Nancy's love for Ronnie makes it difficult to criticize President Reagan's endorsement of the training and arming of the Contras to terrorize Nicaraguan civilians and the training and arming of soldiers who massacred hundreds of Salvadoran men, women, and children at El Mozote and elsewhere. Discussions of President Bush, Sr.'s marriage to popular Barbara distract us from analyzing his role in building up Saddam Hussein's arsenal, which the same George Bush later said needed to be destroyed in the costly Gulf War. Admiring the cute toddler in Clinton's Oval Office obscures the need for public debate over Clinton's continuation of bombings and sanctions in Iraq, which had killed over a million Iraqi civilians by the end of his term in office.[28] When politicians open themselves up to us with such emotion, it feels almost rude to raise these kinds of issues. Even more direct contradictions seem off limits. (Should one mention in response to Gore's passionate story about his sister's cancer and his vow to save other girls' lives that Gore continued to proudly identify himself as a tobacco grower and to take tobacco campaign funds for years after Nancy's death?)

4.8 Reasons for the Change

Although it is not possible to single out one set of social *actors* – media executives, journalists, politicians, or the public – as creating the environment of personal exposure in the United States, it is possible to ask whether there has been any *environmental change* that has affected all these categories of people and that may have fostered this collaborative move toward a blurring of personal and public.

Has there been any change in the last 50 years in the ways we see others and display ourselves in the United States (and many other countries) that might stimulate this increased blurring of the line between public and private, any change that might stimulate the focus on gesture, emotion, and family rather than on public roles and abstract issues?

28 Seth Ackerman, "*New York Times* on Iraq Sanctions," *Extra,* March/April 2000, http://www.fair.org/extra/0003/crossette-iraq.html.

One can make a strong case that the rise and ever-increasing role of television and other electronic media have encouraged these changes, altering the ways in which all members of society experience each other. The new behaviors of journalists, politicians, and members of the public can be seen, in this sense, as ways of adapting to, and trying to make the best of, the more porous boundaries that separate different social settings.[29]

When a man and a woman decide to move in together, they often find that they can no longer maintain many of the formal rituals of courtship. They come to know too many intimate details about each other to sustain the old formalities. Changes in media of communication can have an effect analogous to such changes in physical living arrangements. A shift in media of communication in a society can create more or less distance between members of society, altering the degree of formality of social interaction. The next section outlines some of the characteristics of electronic media that have been encouraging a blurring of private and public.

4.9 Characteristics of Media that Affect Privacy

4.9.1 Media Access Codes

The more complex the codes used in a medium, the more the medium will serve to isolate social settings and separate experiences of public and private, as well as separate technically public situations from each other.

Reading and writing, for example, involve an abstract code of semantically meaningless symbols that must be memorized, internalized, and then forgotten – forgotten in the sense that when literate people read and write letters of the alphabet, they *hear words* rather than take notice of the shape and form of the written letters. In addition, reading and writing are not mastered "all-at-once"; they require years of practice and involve many stages of proficiency based on increasing linguistic, grammatical, and stylistic complexity. Because of this, young children and illiterates are excluded from all printed communication, and society is further divided into many distinct sets of information on the basis of different levels of reading ability and interest. For several centuries, books served, in effect, as private communications among distinct categories of people.

In contrast to reading and writing, however, television and graphics- and audio-based web sites involve an access code that is barely a code at all. Mediated images and audio by no means present "reality," but such forms look and sound much more like reality than sentences and paragraphs do.

---

29 See Joshua Meyrowitz, *No Sense of Place: The Impact of Electronic Media on Social Behavior* (New York: Oxford University Press, 1985) for a detailed analysis of the implications of these changes.

The biggest impact of varying access codes in media is on children. With complex access codes, children can be kept in the dark about many aspects of adult life. In contrast, simple access codes encourage exposure of many dimensions of private adult life that were once kept secret from children. Thus, while young children have no functional access to the sex acts described in the classic book *Fanny Hill*, even if the book is in their homes, they can experience the basics of a steamy scene from a TV soap opera on the family television or the images on a sexually oriented web site if it is found on the family computer.

A similar trend occurs for adults as well. With simpler access codes, adults stray into areas of knowledge and experience that would have once seemed remote. A televised or webcast court trial or surgical operation, for example, makes for riveting viewing by the layperson, even though written descriptions or transcripts of such events would likely be read only by specialists. The simpler access codes of television and the images and sounds on web sites encourage a blurring of different spheres. What would be functionally private becomes public.

4.9.2 Message-Object Link

The more closely particular messages are tied to specific objects, the more private and isolated the communications will be. The more that one object provides a multitudinous array of messages, the greater blurring there will be between public and private and among other communications.

In print media, particular messages are inseparable from specific objects. Books and magazines, for example, must be acquired individually. Each particular message or set of messages must be actively sought out, actively carried into the house, actively kept somewhere – whether on the living-room coffee table or under a mattress. Children can easily be given access to one set of books (in certain sections of bookstores and libraries) without giving them access to other books. And adults also tend to acquire only certain types of books, magazines, and newspapers.

With electronic media, however, a seemingly endless supply of different messages can be received through one acquired object (a radio, television, or computer). These media encourage much broader patterns of access to information, including what was once considered private or was functionally private in that its publicness was restricted to those physically present. Recently, for example, controversy has arisen over the Internet posting of New York City voter registration records. These records have always been technically public, but functionally inaccessible because of the time and travel needed to retrieve them. When the same information was put online, however, anyone in the world could type in the name and date of birth of any registered city voter and gain access to the voter's address and party affiliation. Privacy advocates were alarmed.[30]

On television and the Internet, people come across many types of experiences and information aimed at "others." Adolescent boys watch TV exercise programs aimed at young women or cruise web sites aimed at adolescent girls. Women use search engines to research traditionally "male" topics (including using web information to work around the still somewhat sexist and paternalistic male medical establishment). Average citizens use the Internet to research foreign policy issues, once restricted largely to professional politicians and diplomats. And millions of young and old, male and female, "visit" pornographic sites without ever leaving the home.

In short, books and other print objects are like guests in the home or office. They must be invited in and housed somewhere. But TV and Internet are like new doorways to the home that bring in many invited and uninvited visitors – and blur old lines between public and private.

4.9.3 The Association Factor

The more a person's interaction with a medium involves a public choice and an explicit claim of identification, the more restricted will be the flow of information and experience. The more that monitoring a medium's content can be defined as simply "observing others," the more blurring there will be among types of experiences.

As an object, a book or magazine is more than a medium of communication. It is also an artifact and a possession. It serves not only as a channel to provide information, but also as a symbol of self and identity. In contrast, the television arena and cyberspace function more like street corners or marketplaces. That is, they serve as environments for us to monitor, but not necessarily identify with. Reading a newspaper requires an investment of money and reading effort and at least some minimal identification with its style and editorial policy. We have to reach out for it and embrace it – both literally and metaphorically. But with television, and with at least a sub-set of web surfing, we simply sit back and let the information wash over us. While we usually select reading material that clearly reflects our own self-image, with TV and Internet we often feel we are passively observing what *other* people like and are like.

Most Americans would feel uncomfortable stopping at a local store to pick up the current issue of a publication titled "Barely Legal Teen Sluts," "Transvestite Times," "Male Strippers Review," or a magazine on incest, child abuse, or adultery. But millions of viewers feel quite comfortable shar-

30 Amy Harmon, "As Public Records Go Online, Some Say They're Too Public," *New York Times*, 24 August 2001, A1, A19.

ing their homes, in effect, with transvestites, male strippers, and victims and perpetrators of incest, or almost anyone else who appears on a popular TV talk show such as *Jerry Springer* or is found on a computer web site.

The relative lack of personal identification with content on TV and the Internet allows for an odd paradox: high ratings for programs and web sites that many viewers claim to be disgusted with. They watch while saying, "I can't believe people watch this stuff." Even many professional critics who condemn programs such as *Jerry Springer* comment on how difficult it is to *not* watch them once one comes across them. Ironically, our personal dissociation from TV and Internet content allows for the most widespread sharing of types of experiences across traditional categories of age, gender, education level, and location.

4.9.4 Information Forms

One of the key differences between "word media" and "image media" is their primary reliance on different types of symbols: language "communications" versus images and "expressions."

Expressions include body and facial movements, gestures, and vocalizations. Expressions are both more direct and more ambiguous, more natural yet less precise than linguistic statements. While one can start and stop communicating verbally, expressions are constantly given off. Expressions suggest how a person "really feels" and what they are "really like." Expressions are a rich and essential part of human interaction. Yet like pictures without captions, their meanings are often unclear. As Paul Watzlawick and his colleagues have noted, a smile may indicate love or contempt, one can cry from happiness or sadness, subdued expression may be interpreted as tact or as indifference, and a clenched fist may suggest upcoming aggression or a decision of restraint.[31] Even when images and expressions are "captioned" with words, they can never be reduced to them.

Print media draw primarily on verbal communications, while TV's power (and increasingly the power of the web) derives primarily from images and expressions. Of course, words are spoken and responded to on television. Indeed, we would probably turn off the set if TV newscasters or politicians refused to speak to us. But the role of language is dramatically altered, and often overshadowed, by the nonverbal. We usually *watch* television more than we listen to it. And we listen to tone of voice and aural expressions at least as

31 Paul Watzlawick, Janet Helmick Beavin, and Don D. Jackson, *Pragmatics of Human Communication: A Study of Interactional Patterns, Pathologies, and Paradoxes* (New York: Norton, 1967), p. 65. The distinction between communication and expression that I use here is drawn from Erving Goffman, *Strategic Interaction* (Philadelphia: University of Pennsylvania Press, 1969). My application of the communication/expression distinction to differences among media is developed more fully in *No Sense of Place: The Impact of Electronic Media on Social Behavior* (New York: Oxford University Press, 1985), pp. 93-114.

much as we pay attention to words spoken. We often *feel* good or bad about what we see and hear – more than we *think* about it.

Before TV, very few citizens ever saw their leaders in the flesh, and virtually all those who did see leaders, saw them at a distance too great to see facial expressions and subtle gestures. The speaker's platform once raised politicians up and away from the public. TV now lowers them to our level and brings them close for public inspection. Television gives voters the impression that they "really know" the politician as a person. This has diminished the mediating roles of the political parties and journalists. TV also makes us more aware of politicians' relationships with those around them (both family and political advisors)

The *words* "President," "governor," "senator," and "leader" still call forth respect. But the close-up *pictures* of the persons filling those roles are rarely as impressive. We cannot help but notice the sweat on the brow, the bags under the eyes, the nervous twitch. Presidential auras were once much better protected. Before TV coverage of press conferences, newspapers were not even allowed to quote a president without his explicit permission, and a president's public statements were carefully edited and controlled. Now, at live television press conferences, presidents must a start a sentence before they know how the sentence will end. On camera, even a five-second pause for thought may be viewed as a sign of stupidity or senility. (Yet surely we would benefit from a president who *does* take some time to think!)

On television, political "debates" often have relatively little to do with verbal ideas. Most viewers do not respond to a television debate with ongoing comments such as: "That was an excellent argument"; "That's not historically accurate"; "He just contradicted what he said a few minutes ago"; or "Let me look that up in the encyclopedia to see if it's true." Much more commonly, people react by saying things such as: "He looks nervous"; "She's doing very well"; "He's tough!"; "I like her!; "Look at those bags under his eyes"; or "I don't trust him."

Much more than print media, image-media thrust the personal, private realm into the public arena. One can choose, of course, to write about very personal matters – as in Augustine's *Confessions* or in letters to *Penthouse* magazine, but unlike presentational media, one's physical self is completely absent. Even when printed words are about intimate matters, the *form* in which the message is conveyed is impersonal and abstract. Relatively little about the flesh-and-bones person is ever revealed in print.

With images and sounds, however, one can speak about very impersonal matters, and yet be unable to escape sending, along with the abstract "topic," a broad array of personal cues. Mediated images and sounds thrust the personal, private realm into the public arena. TV, for example, provides the type of information we are accustomed to responding to when we are with family members, lovers, and friends. The separation between private emotion and public communication is blurred. The sudden loss of breath, the welling of tears in the eyes, the voice that cracks with emotion or moves steadily through a difficult passage – all these convey very personal information.

Private interactions have always been dominated by concrete appearance, gestures, and vocalization: "What is the person like?" But the public sphere was once tied closely to the abstractions of language: "What has the person said, written, and accomplished?" We don't normally reject a potential lover or friend based on a poor résumé, and before television, voters had little opportunity to react negatively to national candidates because they were unpleasant to watch from a few feet away. But television has increasingly fostered the use of "dating criteria" over "résumé criteria" in the public sphere.

In short, politicians can either try to fight the power of expressions in electronic media, or they can try to exploit them. It is not surprising then that both Democrats and Republicans strive to be the best "date." In a sense, presidential elections have become auditions for a 4-year or more intimate television relationship with the public.

This is why Al Gore was seen to have such a disadvantage at the start of the 2000 presidential campaign. Gore was saddled with a reputation for knowing his facts, but being a "cold fish." In a print-oriented résumé world, Gore would have been the strong front-runner against George W. Bush, who was never accused of being overly intelligent or well-educated. But in a TV-era of image and style, Gore had a problem. With the help of advisers in and out of his family, he changed his dress to make him look more comfortable, and practiced sounding less like an encyclopedia. He spoke about the mutual sexual passion he and wife still shared. His new "laid-back" style helped. At the 2000 Democratic Convention, his daughter ended her introduction of him, saying "He's a really cool person, and I know you'd like him." And his best campaign gesture is generally seen to have been giving his wife, Tipper, a long, lustful kiss on the lips at the convention. (Ironically, this politically successful public display of private passion might have been banned by the Movie Code!) His poll ratings shot up, and he maintained enough strength to win the popular vote (and many argue convincingly was the real winner of the election).Yet his lingering unease before the camera continues to limit his long-term political potential.

There is what I've called the "Vanishing Truth Paradox" inherent in these close, more intimate views of politicians. We come close to search for evidence of greatness; yet an image of greatness relies on distance and mystery. And so the close scrutiny to find greatness destroys the possibility of seeing it. For their part, politicians feel driven to be intimate with us; but they wake up to find we don't respect them in the morning.

The same dynamic has led to a new sense of personal connection between strangers. In the period of two generations or less, Americans have moved from assumptions of distance to assumptions of familiarity, as evidenced by widespread use of first-name greetings, even among strangers and people of vastly different social status, even in e-mail messages sent from corporations. Such a shift, encouraged by TV, has fostered the spread of Internet chat room communications.

4.9.5 Size and Sensitivity

The exposure of what were once the private and relatively private spheres of life has been enhanced by the shrinking size and increased sensitivity of cameras and microphones. Even as late as the 1960s, politicians could control much of the flow of information about them because the equipment was large and needed special lighting and careful placement of a cooperative subject. And average citizens could assume that most of their behaviors were unmonitored by cameras and microphones and other devices.

Now, sensitive microphones and small cameras that require no special lighting can capture the behaviors of unwilling and unknowing subjects. The reality program *Taxicab Confessions* is made possible by six lipstick-size cameras that fit in a single taxicab. Many citizens voluntarily expose (and preserve for viewing in unknown future contexts) scenes of their own private lives with the use of small, sensitive camcorders to record family births, celebrations, even lovemaking. And news organizations try to maintain a constant "death watch" on the president (ever since having to buy an amateur's home movie of the assassination of President John Kennedy).

4.9.6 Speed and Bi-Directionality

A person writing a (slow) letter to be mailed to a relative is likely to summarize the nature of several months of family events. But if the same relative calls on the telephone or sends an e-mail requesting an immediate response, the very same letter-writer may respond with specifics of how he/she is feeling at that moment. In general, the more rapid and bi-directional the transmission, the more that intimate details of everyday life emerge in the public arena.

The increase in moment-to-moment behavioral display (in home-made videos, reality TV, journalistic reports, etc.) is fostered by the rapidity of current electronic communication technologies. In contrast, President Eisenhower's press secretary, Jim Hagerty, was able to request the right to preview news media *films* of the President's press conferences because of the time delay in processing, editing, and broadcasting film.

The instant or rapid bi-directionality of many current electronic media also enhances the exposure of intimate detail, as feedback encourages more exposure, and discourages delays for thinking (and censoring). Similarly, the norm of rapid response to e-mail often leads to less than wise care in managing the technology. Often, a message is sent by accident before it is completed, and, even more embarrassingly, many intimate messages aimed at a single person are sent, by mistake, to a whole list of e-mail addresses.

4.9.7 Low Cost and Ease of Distribution

Finally, the new degree of exposure of the private in public is driven by the remarkably low cost and ease of publicizing the private in a digital age. Hours of videotape cost less than a few minutes of silent 16mm film. It costs almost nothing to have one's private pictures posted on a web site or to set up a web cam opening one's private sphere to the whole world. Those who want to post their personal journals online have the help of free hosts and easy-to-use tools courtesy of sites such as Blogger.com, which has been tried by about 100,000 journal writers.[32]

4.10 Conclusion: The Post-Privacy Era

In the year 2001, the mailboxes of virtually all American households started to clog with "Privacy Notices" from credit-card companies, insurance companies, banks, department stores, and so forth. These notices, mandated by the "financial privacy" law of 1999, all begin with some reassurance about how the company is dedicated to protecting the consumer's privacy. However, as the small print continues over several pages, many of the notices reveal that the company shares personal information with others. The notice I received from Discover Card, for example, reveals on the third page that, among other exceptions to its declared commitment to privacy, "we may share the information we collect about you (...) with non-affiliated third parties (...) in order to provide you with access to products and services offered directly by those companies that may be of value to you." As with other similar notices, the consumer is notified that he/she has the right to "opt out," that is to stop the company from sharing information with others by contacting the company with an explicit, detailed request (one for each account with the company!). Unlike most other mailings from such corporations, there is no postage-paid envelope provided (indeed no envelope at all), and no form is included for checking off boxes to indicate one's preferences. In short,

32 Deborah Branscum, "Who's Blogging Now?," *Newsweek*, 5 March 2001, p. 62.

protecting one's privacy with these companies requires an unusual amount of paperwork and postage.

In a sense, the paradox of these privacy notices (most actually notify consumers of their *loss* of privacy) are emblematic of a trend in American life in general, of which the spread of reality TV and web cams are but a part. In the period of just two generations, Americans have lost a culture where one could assume that most of one's behaviors, interactions, and documents (educational and medical records, for example) were inaccessible to all but a small circle of friends, family, lovers, and professional associates. Conversely, all but a small circle of intimates were strangers; one would never expect to be able to watch strangers closely or find out detailed personal information about them. One once had to work hard to spread information, personal or otherwise, and one would have had to work very hard to access information about, or monitor the behavior of, non-intimates. Now, one has to work hard to *stop* the flow of information in both directions. The boundaries of access and accessibility are greatly expanded, and the ultimate limits of access remain unclear.

The computerization of most educational and medical records means that their potential accessibility is greatly enhanced. Reports of one's credit history are accessible to those willing to pay a small fee. Unobtrusive microphones and security cameras are spreading through toll booths, shopping malls, schools, parks, offices, even streets. In 1999, the New York Civil Liberties Union's "Surveillance Camera Project" found 2,397 visible surveillance cameras in Manhattan, New York. More recently in New Orleans, police have installed surveillance cameras in downtown areas and are using computers to scan and match the faces of passersby against image databases of criminals. Gary Gumpert and Susan Drucker have suggested that as such surveillance technologies proliferate, we increasingly interact in spaces that are transformed by the "gaze of the unseen eye."[33]

Many employers monitor the keystrokes on their employees' office computers. Companies and universities declare the right to snoop into the e-mail of those who work for them. Internet companies such as AOL, MSN, and Yahoo routinely record e-mail and chat-room messages, although they claim they don't usually read what they record.[34]

The scanners used in supermarkets provide the stores with information on inventory and restocking – and information on the consumption habits of those who buy the products. Any purchase made by credit card creates a record that can be accessed and, theoretically, a database that can be analyzed for marketing purposes. For similar reasons, the ZapMe! Corporation, backed

33 Gary Gumpert and Susan J. Drucker, "Public Boundaries: Privacy and Surveillance in a Technological World," *Communication Quarterly*, 49(2), Spring 2001, p. 115.

34 Cade Metz, "What They Know," *PC Magazine*, 13 November 2001, p. 108.

by Microsoft and Dell Computer, gives thousands of U.S. schools free computer equipment in exchange for exposing students to online ads and tracking their web movements to sell as valuable data to marketers.

Caller ID systems on telephones linked to computers allow companies to know one's name, address, and prior purchases before the phone is even answered. Those computer users who take advantage of "cable modems" that keep them constantly connected to the Internet are discovering that without installed "firewalls," the connection is *bi*-directional. That is, data on the individual's computer can be accessed at any time by skilled others through the Internet connection.

Even regular telephone modem connections open one's private behaviors to scrutiny. Online businesses install benign-sounding "cookies" on computer users' hard drives in order to monitor consumers' servers, their online behavior, and their site preferences and passwords. (To my alarm and dismay, for example, Amazon.com greets me by name and with purchase suggestions when I reach their web site.) Many companies now use "web bugs" – nearly invisible tracking tags embedded in web pages and e-mail messages – to monitor who is reading the page or message and to deliver targeted ads to consumers. Web bugs can also surreptitiously install programs on a computer user's hard drive and "steal" copies of a person's programs and data.[35] In a similar vein, millions of computer users who have downloaded software from the web have unwittingly installed "E.T. applications" on their computers, which – like the extraterrestrial creature in the famous movie after which the applications are named – "call home" to their corporate owners with information about each computer user. This information may include home address, web sites visited, ads clicked on, items purchased, even items merely *considered* for purchase.[36]

Government officials and police departments are pushing for widespread fingerprinting and DNA sampling. Former U.S. Attorney General Janet Reno asked a federal commission to study the plausibility of establishing a national database of DNA samples collected from every person arrested in the country, even for minor traffic offenses. The U.S. Defense Department has begun to collect DNA samples of all military personnel, and it hopes to keep the samples indefinitely for security and research purposes. Former New York City Mayor Giuiliani called for DNA sampling from all newborns.[37]

The government has tried to use its Carnivore software to monitor all Internet traffic, and there is evidence that the National Security Agency's

35 Brian Krebs, "'Web Bugs' Make Cookies Look Good Enough to Eat," *Newsbytes*, 1 March 2001 http://www.newsbytes.com/news/01/162611.html.

36 Adam Cohen, "Paranoia," *Time Digital*, July 2000. *http://www.onmagazine.com/on-mag/magazine/reports/paranoia/.*

37 Electronic Privacy Information Center, Vol. 6.04, 4 March 1999 http://www.epic.org/alert/EPIC_Alert_6.04.html.

Echelon system already spies on a wide array of telephone and other communications, domestically and globally. The plans and powers of monitoring have been greatly enhanced since the terrorist attacks on the World Trade Center and Pentagon on September 11, 2001. For a tiny hint at what government technology may permit, anyone can type in an address at globexplorer.com and get an instant map and (usually) an aerial, satellite photo of the street.

Automobile manufacturers have been experimenting with installing multiple cameras in cars to adjust air-bag sensitivity to the needs of the passengers. But the same technology could be used to spy on drivers and passengers and capture information that could be used by insurance companies to deny claims. Some car rental agencies have used global positioning technology to monitor drivers' speeds so they can charge them extra fees if they drive too quickly. (Thus far, however, car renters have successfully challenged this process in court.)

Some technologies that appear to give citizens more control over their environments may do the reverse. Wireless phones are convenient, but they also increase the chances that others are listening in. Inexpensive wireless video cameras, such as those used by many parents to monitor their children and/or nannies, may broadcast their images up to a quarter of a mile away, making them accessible to anyone outside the home with inexpensive receiving equipment. Ironically, then, those who install the cameras to spy on others are unwittingly compromising their own privacy.[38]

In short, it is becoming more difficult to say with certainty which social contexts can be described as fully "private" or "public." And it is not clear whether the greater threats to personal privacy now come from government or private corporations. In the recently published *The Unwanted Gaze*, Jeffrey Rosen has sounded the alarm over the loss of privacy that "protects us from being misdefined and judged out of context in a world of short attention spans, a world in which information can easily be confused with knowledge."[39]

Surveys show that Americans are increasingly concerned about the loss of privacy – but that they are not doing very much to educate themselves about the issues or to stop the blurring of public and private. Many Americans do not know what "cookies" are, for example, and those who do are often hesitant to disable them because Internet access is then slowed (and Americans are certainly into speed!). Refusing to provide personal information may bar or limit one's access to certain online information and activities. (For example, access to the jail web cam described earlier in this essay requires giving detailed demographic data, including name and income.) Trying to remain

38 John Schwartz, "Nanny-Cam May Leave a Home Exposed," *New York Times*, 14 April 2002, 1, 27.

39 Jeffrey Rosen, *The Unwanted Gaze: The Destruction of Privacy in America* (New York: Random House, 2000), p. 8.

anonymous online can lead to other annoyances: the ads that pop up will no longer be customized to one's interests, and the same ads will keep repeating ad nauseum. Similarly, Americans embrace the convenience of mobile telephones and accept the resulting loss of privacy as strangers overhear personal, sometimes intimate, conversations. Tens of millions of viewers watch privacy-stealing reality programming, and tens of thousands of citizens volunteer to participate in those programs.

Many Americans have accepted the tradeoff of loss of privacy with the use of surveillance cameras for the increased sense of security. Acceptance of that tradeoff only increased after the September 11, 2001 terrorist attacks. So far, only a small number of civil libertarians have sounded the alarm over the increased invasions of privacy of all citizens permitted by the USA Patriot Act, signed into law by President Bush on 26 October 2001. The law dramatically increases the government's access to individuals' sensitive business, medical, travel, and educational records, significantly lowers the threshold for wiretaps and other forms of surveillance, allows for secret searches, and opens the door to classifying primarily peaceful protest groups as "domestic terrorists." Anyone who provides lodging or food or any other support to a member of those protest groups, could be defined, in turn, as a supporter of terrorism who would then be subject to surveillance and prosecution.[40] (Such increases in government surveillance of citizens would be slightly less troubling if citizens were also gaining increased access to government records. But the Bush-Cheney administration, following through on plans devised before September 11, has been moving to curb citizens' use of the Freedom of Information Act and to seal the papers of prior presidential administrations that were due to be released. For the first time, vice-presidential records are also being sealed without a clear time limit. The first vice president to benefit from protection of potentially damaging exposures is the current president's father!)

The relative lack of outcry over the loss of a clear private/public boundary for average citizens may be related to accompanying social changes that are generally viewed as positive. The whole structure of "selectively public" contexts of the past has been blurred beyond recognition, at least partially for the better. As late as the mid-twentieth century in the United States (and most Western cultures), for example, the worlds of men and women of the middle and upper classes were distinctly different from each other. Women were restricted from many roles in business, sports, politics, and other parts of the "public" male realm. Pregnancy was to be hidden behind closed doors. And men were not supposed to be capable of the emotional and nurturing roles that women were to fulfill. Yet, in recent decades, the public male realm and

40 See, for example, the ACLU Legislative Analysis of the Patriot Act at http://www.aclu.org/congress/1110101a.html.

the private female realm have been blurring into each other. Television and computer have exposed even homebound women to those parts of the culture that were once considered exclusively male. And TV and web-site close-ups have revealed the personal, emotional dimensions of public actions. We see tears well up in the eyes of presidents, senators, sports coaches, and other men. As male realms have been demystified, women have demanded to integrate the male realm. (Once a small minority in the legal profession, for example, women now comprise about 50 percent of law-school classes.) And the close-up views of most public events have made men more aware of the emotional dimensions and consequences of their public actions. Virtually every study on the subject suggests that American men have become much more involved parents over the last few decades. The demise of past gender segregation can be seen as progressive social change.

Less clearly good or bad is the change in child/adult boundaries. Parents could once assume that a child isolated at home or in school would have limited access to "adult information." The age-graded structure of the school and the staggered access to information in books written at different levels of complexity for children of different ages kept children relatively sheltered. But today, television and the Internet take children across the globe before parents give them permission to cross the street. These are "secret-exposing machines" that reveal to children what adults spent several centuries trying to keep private from them. Children now know about adult weaknesses and doubts, about adult violence and sexuality. And children learn early the biggest secret of all: that adults try to control what children know about the world and about adults. Such changes are deadly to the traditional hierarchal and age-graded structure of schools, but they are not necessarily wholly bad.

In the past, the higher up the hierarchy of leadership one stood, the more inaccessible one was to those below. Very few citizens of the U.S., for example, ever saw a president close-up. In the last thirty years, however, average citizens have watched President Nixon sweating with nervousness and pushing his press secretary in anger, President Ford tripping over words and down stairs, President Carter collapsing while jogging, President Reagan falling asleep in an audience with the Pope, President Bush, Sr. throwing up and fainting at a state dinner in Japan, President Clinton dissembling like a guilty schoolboy, and President Bush Jr. mispronouncing words. Americans now ask "Where have all the great leaders gone?" It may be bad that there is a loss of faith in leadership and government, yet it is probably good that there is a shift toward a greater sense of the need for average citizens to be involved in political decision making.

In short, we see a pattern of blurred roles. We have more public, career-oriented women and more private, family-oriented men. We see more adultlike children and more childlike adults. And we have more leaders who try to act like the "person next door," while our real neighbors demand to have more of a say in local, national, and international affairs. These changes are disorienting, but they are neither clearly good nor clearly bad. The old belief that a "man's house is his castle" offered comforting privacy, but also hid behaviors we now call "wife abuse" and "child abuse." And presidential secrecy allowed for massive deceptions and abuse of political power (as in the multi-decade debacle of the undeclared Vietnam War).

With an absence of legal constraints, with the general loss of the moral outrage that fueled movie censorship, and with national and global technology that bypasses local "community standards," American now live in what journalist Gary Webb has called a "post-censorship" world.[41] Although new TV sets in the U.S. have V-chips that can be programmed to censor content inappropriate for children, few adults seem to know how to program them. Most tech-savvy youth are able to get around filters in the computer world as well. Informational sites about alternative treatments for diseases such as breast cancer seem to live happily online as virtual neighbors with hardcore home movies of surgically enhanced celebrities such as Pamela Anderson. Politicians' websites coexist with WhiteHouse.com, a porno site.

As traditional physical boundaries have been rendered communicationally insignificant, we can also say that Americans are moving into a "post-privacy" world. Some aspects of this may be good (the monitoring of crime); but others are frightening. There may be some small comfort in realizing that we are, in some ways at least, *returning* to something resembling an ancient "pre-privacy" state.

Oddly, our post-modern existence resembles in some ways the oldest form of human association, the hunter and gatherer society. When the earliest humans hunted and gathered for survival, they relied on – and could only rarely escape from – the close, physical proximity of others in their community. Although there was some separation of labor by sex (men mostly engaged in the hunting, women in the gathering), men and women could not get away from each other consistently enough to develop highly distinct roles for each gender. With no separate "workplace" and no fixed "home," both men and women were involved in childcare; both men and women participated in the group's decision-making. Without walls, doors, rooms, or neighborhoods, children could not be separated easily from the activities of adults. Children were not shielded from a set of "adult secrets" about such things as sex and death. Children's play mirrored the full range of adult activities and gradually evolved into adult participation in the group. Children were not particularly in awe of, or highly respectful toward, adults. Leadership was also not a distant and mystified phenomenon. Because would-be leaders could not escape

41 Gary Webb, "Sex and the Internet," *Yahoo Internet Life*, May 2001, 89-95, 136-137.

the scrutiny of those to be led, leaders had to work the hardest, while simultaneously exposing themselves to constant challenges, criticism, and ridicule. In nomadic societies, different types of social activities also overlapped. Whatever strains of education, business, politics, healthcare, housework, news, socializing, and entertainment we might now recognize in this form of social organization were intertwined components of the totality of everyday life. In many ways, we are returning to something structurally similar to this nomadic world of minimal privacy, even as we spiral forward into an unknown future.

As electronic data seep through walls and leap across vast differences, we are experiencing a physical restructuring of the social world. Yet the changes are difficult to see as we look around us because our streets, buildings, and rooms appear mostly unchanged.

As described throughout this essay, the changes in public and private spheres in the United States are not attributable solely to those who run the media, to reporters, to politicians, or to the public. The U.S. is experiencing a collaborative construction of a post-privacy era, a construction that is responding to the new possibilities and difficulties of electronic media. Nevertheless, the future we are heading toward is not pre-ordained. It is not too late for Americans to educate themselves better about the dramatic shifts that are occurring and to debate their implications for the quality and texture of public and private life.[42]

---

42 The author wishes to thank Janna Meyrowitz for her research assistance and Renée Carpenter and Peter Schmidt for their comments and suggestions.

Teil II:
Privates in Fernsehen und Internet

5 Formatiertes Privatleben: Muster der Inszenierung von Privatem in der Programmgeschichte des deutschen Fernsehens *(Joan Kristin Bleicher)*

Im bestehenden Medienensemble passt sich das Fernsehen mit seinem Spektrum an Präsentationsformen und Inhalten den spezifischen Umständen seiner Rezeption im privaten Lebensumfeld an und besitzt so ein besonders großes Wirkungspotenzial hinsichtlich der medialen Beeinflussung von Alltagsgestaltung. Ralph Weiß stellt fest: „Das Fernsehen funktioniert unstreitig als Kolporteur für Formen der privaten Lebensführung und für die Vielfalt der Codes öffentlicher Selbststilisierung. Das Fernsehen bringt diese Pluralität zum Vorschein. Das wird ihm als Orientierungsleistung gutgeschrieben" (Weiß in Kapitel 2 dieser Studie). Die hier konstatierte Vielfalt der vermittelten Codes basiert auf unterschiedlichen Vermittlungsformen der Präsentation, die sich im bisherigen Verlauf der Fernsehgeschichte herausgebildet haben.

Fernsehen als Medium der Privatheit

Vertreter des Modells der Mentalitätsgeschichte beschreiben schon für die Frühzeit der Fernsehentwicklung, wie unterschiedliche Formen der Thematisierung des Privaten der Etablierung des Dispositivs Fernsehen im privaten Umfeld dienten. Das Fernsehen entfalte „seine kommunikativen Möglichkeiten in der Lebenswelt des Alltags und der Privatsphäre der eigenen Wohnung". Es richte sich „unmittelbar an ‚den Menschen' und könne ‚ein Gegenzug gegen die Entpersönlichung' und ‚ein Instrument zur Überwindung der Vermassung' sein" (Elsner, Müller, Spangenberg 1993, 42). Bereits die Ansprache des NWDR-Direktors Adolf Grimme zur Eröffnung des gemeinschaftlichen Fernsehprogrammbetriebes 1953 verdeutlicht diesen Anspruch:

„Das Schicksal der Anderen wird künftig mitten in unserer eigenen Stube stehen, und das Fernsehen kann so aus dem Entfernten unseren Nächsten machen“ (Grimme, zit. n. ebd.). Schon in dieser frühen Programmatik ist die Integration des öffentlichen Raums in die private Lebenswelt durch das Fernsehen impliziert.

Seit der Neuaufnahme des Sendebetriebs in den fünfziger Jahren hat das Fernsehen in diversen Programmformen unterschiedlich gestaltete Einblicke in private Lebensräume gegeben. Eine der Ursachen für diese Kontinuität der Thematisierung des Privaten in unterschiedlichen Programmformen liegt bereits in der spezifischen Angebotsstruktur des Mediums begründet, die mit einer als Zeitpfeil strukturierten Abfolge von Sendungen den Zuschauern ständig zur Rezeption zur Verfügung stehen. Im Folgenden wird an ausgewählten Beispielen der Gesamtuntersuchung beschrieben, nach welchen genrespezifischen Inszenierungsmustern sich die ästhetische Reflexivität[1] von Privatheit im Fernsehen gestaltet. Das Element der ästhetischen Reflexivität ist in die formalen und inhaltlichen Konventionen der medialen Vermittlungsstrukturen eingebunden.

Grundmuster der Thematisierung und Inszenierung von Privatheit in den Programmformen

Das Spektrum des Fernsehprogramms umfasst eine Vielzahl von Genres, die auf unterschiedliche Weise Privatheit als zentrales Thema, aber auch als einen zentralen Faktor der Inszenierung nutzen. In den unterschiedlichen Programmformen werden teilweise auch verschiedene Lösungsansätze für die gezeigten Konfliktkonstellationen präsentiert:

- Fiktionale Sendeformen verdichten Lebensgeschichten, indem sie Alltagssituationen und -konflikte in einzelnen dramaturgischen verdichteten Handlungsabschnitten isolieren und modellhaft inszenieren. Unterschiedliche Lebensformen werden durch diese Modellbildung für die Zuschauer identifizierbar. Gleichbleibende Themenkomplexe der dramatischen Verdichtung von Lebensformen sind etwa existenzielle Krisen durch Krankheit oder Tod, unterschiedliche Formen zwischenmenschlicher Beziehungen, berufliche Probleme, Konflikte und ihre Lösung. Existenzielle Krisen und Konflikte sozialer Beziehungen bilden den Ausgangspunkt für die Präsentation unterschiedlicher Lösungsansätze der menschlichen Umgangsformen Verhalten oder Kommunikation. Die jeweils präsentierten

1 Vgl. hierzu die Ausführungen von Weiß in Kap. 2.2.

Lösungsansätze sind an Wertesysteme geknüpft, die gesellschaftlich akzeptiert oder abgelehnt werden.

- Dokumentationen zeigen Lebensausschnitte – wie etwa die Phase einer Krebserkrankung in Rolf Schübels Dokumentarfilm *Der Indianer* –, oder versuchen, wie in der Langzeitdokumentation *Die Kinder von Golzow*, Lebensläufe zu verfolgen. Für die Zuschauer besteht der Reiz des dokumentarischen Zugriffs in der scheinbaren Authentizität des Abbildes von Privatheit. Das Medium gewährt „Zutritt“ in den ansonsten für geheim erklärten Raum der Privatheit.
- Diverse Werbespots schildern in kurzen narrativen Abfolgen Alltagsprobleme, die durch den Gebrauch eines bestimmten Konsumartikels gelöst werden. Das kulturhistorisch etablierte Glücksversprechen von Problemlösungen wird als Emotionsversprechen an den Konsum des Produktes gebunden.
- Gameshows inszenieren in unterschiedlichen Spielformen und -einheiten das Individuum in Anforderungssituationen, in denen es sich bewähren muss. Diverse Spielanforderungen führen zur Präsentation und Bewertung individueller Kompetenzen durch spielinterne Juroren ebenso wie durch die Zuschauer.
- In Talkshows erzählt unter der Leitung eines Moderators eine Gruppe von Prominenten und/oder Nichtprominenten aus ihrem Privatleben. Ausgewählte Lebensausschnitte werden in der direkten Ich-Erzählung oder der dialogischen Kommunikation und Konfrontation vermittelt.

In der seit der Einführung des kommerziellen Fernsehens wachsenden Anzahl an Hybridformen verwischt sich auch die bis dato im Formenspektrum spezialisierte Darstellung von Lebens- und Konfliktlösungsmodellen. Boulevardmagazine thematisieren – anhand der den Spannungsmustern des Krimis folgenden Inszenierung diverser Einzelschicksale – in Kurzbeiträgen die kontinuierliche Gefährdung des privaten Lebensraums durch kriminelle Aktivitäten. Diverse Reality Formate versuchen neben der Präsentation dokumentarischer Aufnahmen krisenhafter Situationen auf unterschiedliche Weise, menschlichen Alltag ebenso dramaturgisch aufbereitet zu präsentieren wie menschliches Beziehungsverhalten. Reality Soaps integrieren Realaufnahmen nichtprominenter Menschen in die narrative Handlungsstruktur des Serienformats.

Die kontinuierliche Ausdifferenzierung des Programmangebots in unterschiedliche Programmformen im Verlauf der Fernsehgeschichte markiert formale und inhaltliche Differenzen im Zugriff auf das Thema Privatheit. Im folgenden Untersuchungsteil werden diese Veränderungen anhand einiger beispielhaft ausgewählter Sendungen vorgestellt, die bereits Gegenstand der historiographischen Analyse fernsehbezogener Diskurse waren (vgl. Kapitel 6).

Beobachtet man den Verlauf der Programmgeschichte an einer Auswahl charakteristischer Sendungskonzepte, so erscheint auffällig, dass die Schwerpunkte der Thematisierung von Privatheit schrittweise von der dramaturgischen Modellbildung im Bereich Fiktion und der diversen Spielformen des Showbereichs hin zur direkten Präsentation des Alltagsverhaltens nichtprominenter Zuschauer verschoben werden. Noch in den fünfziger Jahren wurde in einem Talkshowformat das Privatleben Prominenter im Studio inszeniert, das Alltagsleben nichtprominenter Menschen präsentierten Schauspieler in seriellen Erzählungen. Heute ist der Alltag nichtprominenter Teilnehmer ein wesentlicher Stoff der Fernsehunterhaltung. Einzelne Stadien dieser Entwicklung werden im Folgenden anhand der Beschreibung ausgewählter Programmformen charakterisiert.

5.1 Das Fernsehen als Podium einer „Musterfamilie" in den fünfziger Jahren

In der Frühphase der Fernsehentwicklung in der Nachkriegszeit musste sich das Fernsehen erst als medialer Faktor in der „Reflexivität der Identitätsbildung" (Weiß, Kap. 2.5) etablieren. „Die Gelegenheit zu produktiver Aneignung beginnt mit der Wahrnehmbarkeit andersartiger Lebensformen" (ebd.). Diesem grundlegenden Bedarf begegnete das Medium mit einer Vielzahl von Angeboten, die der Präsentation unterschiedlicher Lebensformen dienten. Schon zu diesem Zeitpunkt der medienhistorischen Entwicklung begannen tradierte Grenzen zwischen Öffentlichkeit und Privatheit in der Fernsehkommunikation zu verschwinden, ohne dass dies Gegenstand kontroverser öffentlicher Debatten wurde. Vielmehr etablierte sich das Fernsehen schnell als „Fenster zur Welt", das die Grenzen zwischen Privatleben und Öffentlichkeit auflöste. „Die Privatsphäre der Fernsehzuschauer und die Situation der Fernsehsendung begannen, zu einer Wirklichkeit zu verschmelzen – zur Fernsehwirklichkeit" (Gumbrecht 1988, 247). Das von Hans Ulrich Gumbrecht, Monika Elsner, Thomas Müller und Michael Spangenberg formulierte Modell vom „angewachsenen" Fernseher signalisiert, dass schon das Nachkriegsfernsehen in unterschiedlichen Präsentationsformen die Integration in das Privatleben der Zuschauer suchte.

Ein zentraler Faktor der Integrationsversuche von Medieneinführungen war das Figurenensemble. Stars waren den Fernsehzuschauern bereits in der im Kinofilm etablierten Mischung aus Starimage und Rollenimage als modellhafte Persönlichkeiten vertraut (vgl. hierzu Dyer 1986). Filmprotagonisten verkörperten die jeweils zum Produktionszeitpunkt positiv besetzten Wertesysteme. Eines der ersten Sendungskonzepte einer Talkshow, das explizit auf die Thematisierung des Privatleben von Prominenten setzte, stammt bereits in den fünfziger Jahren von dem bayerischen Regisseur Kurt Wilhelm. Margot Hielscher empfing ab dem 12.01.1955 in ihrer im Studio nachgebauten Schwabinger Dachwohnung prominente Gäste wie Romy Schneider zum vertraulichen Gespräch, das auch die Thematisierung von Erlebnissen anderer Prominenter integrierte. So knüpfte das Sendungskonzept an etablierte Kommunikationsformen der Thematisierung des Privaten an, die auf Vorstellungen vom abgeschlossenen, geheimen Raum intimer Beziehungen basieren, in die der Klatsch für die Dauer seiner Erzählung Einblick verschafft. Schon in den frühen fünfziger Jahren traten die Selbstinszenierung der Mitwirkenden und die mediale Inszenierung der Sendungsverantwortlichen in ein spannungsvolles Wechselverhältnis.

Die erste Familienserie des deutschen Fernsehens suggerierte bereits in ihrem Titel das Versprechen des medialen Einblicks in die private Lebenswelt: *Unsere Fernsehnachbarn heute Abend – Die Familie Schölermann*. Erstmals wurde die Erzählform Serie im deutschen Fernsehen als „a continuous chronicle of domesticity that has provided a changing commentary on family life" (Taylor 1989, 17) eingesetzt. Das Familienleben der Schölermanns war modellhaft für die Gestaltung des Alltags der Zuschauer. Die Serienfolgen lieferten Konfliktlösungsstrategien, Verhaltensanleitungen für Alltagssituationen ebenso wie zeitgemäße Formen der Selbstinszenierung. Die Zuschauer konnten sich „aus dem symbolischen Repertoire etwa an Redeweisen, an Gesten oder an Stilen der Körperinszenierung bedienen, das die mediale Schaustellung von Privatleuten ins Haus bringt" (Weiß, Kap. 2.5).

In einer Sendungsankündigung wird die Nähe der Serienwelt zur Lebenswelt der Zuschauer betont: „Ja, Schölermanns sind eine Art Musterfamilie, keine 'Leinwandhelden', sondern eine Familie, die von einem mittleren Angestellten-Gehalt leben muss, die sich keine großen Sprünge erlauben kann, die es aber versteht, ihre Wünsche und ihr Leben den Gegebenheiten anzupassen. Und ohne den Zeigefinger zu heben, hat sie manchen klugen Ratschlag erteilt, immer in einer heiteren, lebensbejahenden Form."[2]

Mit der regelmäßigen Ausstrahlung der Serienfolgen etablierten sich die Fernsehnachbarn Schölermanns als Teil des Alltagsleben der Zuschauer. Das Familienleben der Serie war als Parallelwelt zum Familienleben der Zuschauer gestaltet. Beide, Serienfamilie und die Familien der Fernsehzuschauer, erlebten ihr Privatleben im Bezug zur zeitgeschichtlichen Entwicklung der fünfziger Jahre. Das Wirtschaftswunder spiegelt sich auch im Leben der Schölermanns wider.

> Während die Familie ihre Ferien im Sommer 1955 noch im Schrebergarten verlebt, unternimmt sie 1956 'nach schweren Jahren' die erste gemeinsame Urlaubsreise an die Ostsee, wohnt bei Fischern und verpflegt sich selbst, fährt 1957 mit dem von

2 Sendungsankündigung in der *Hörzu* vom 01.10.1958.

Vaters Chef zur Verfügung gestellten Mercedes und Wohnwagen an die Nordsee, und 1958 macht das Elternpaar eine Schiffsreise nach Las Palmas, die es in einem Preisausschreiben gewonnen hat. Nachdem zunächst nur der Sohn einen alten, häufig defekten Wagen besitzt und der 'Chef' der Familie seinen Wagen ausleiht, bekommt der Vater 1958 'als Anerkennung für seine Tüchtigkeit' einen Geschäftswagen zur Verfügung gestellt, Sohn Heinz kauft sich einen besseren Gebrauchtwagen, und außerdem erfüllt sich die Familie den 'Traum ihres Lebens': sie baut ein Eigenheim. (Wichterich 1979, 26)

Die Schölermanns wurden nach einer Sendepause wie alte Bekannte begrüßt, die man eine längere Zeit nicht gesehen hat. Zur Wiederaufnahme der Ausstrahlung der Schölermanns nach einer längeren Sendepause heißt es in der *Hörzu*-Sendungsankündigung am Mittwoch den 01.10.1958:

20.20 Uhr Kennen Sie noch Familie Schölermann. Regie: Ruprecht Essberger. Liebe alte Freunde sind aus ihrem Urlaub zurück! Heute Abend werden sie zum erstenmal wieder bei Ihnen zu Hause sein. Und sie hoffen, Sie werden ihnen ein herzliches Willkommen sagen. Man hat sie lange vermisst, die Familie Schölermann, ihre nette Art, ihre Fröhlichkeit, ihre kleinen Kümmernisse. Denn in ihr erlebten viele Tausende von Familien ihre eigenen Freuden und Sorgen, den kleinen Ärger mit den heranwachsenden Kindern, das Glück, mit den jungen Menschenkindern jung und glücklich zu bleiben.

Aus der Perspektive der gendertheoretischen Mediengeschichtsschreibung zeigt sich, wie in der Serienfamilie der 50er Jahre traditionelle Rollenmuster der Geschlechter modellhaft inszeniert werden. Damit wird im televisionären Lebensmodell die in der Nachkriegszeit erfolgte Veränderung der Geschlechterrollen wieder in traditionelle Grundmuster zurückgeführt. Frau Schölermann verkörpert durch ihre intentionale Beschränkung auf das Wohl ihrer Familie das klassische Hausfrauenideal. Die Drehbücher zeigen die Tochter insbesondere im Bereich der Technikbeherrschung unselbstständig und auf männliche Hilfe angewiesen. Die Rollenverteilung zwischen den als positive Identifikationsangebote konzipierten Serienfiguren in Verbindung mit dem gleichbleibenden Handlungsmodell Konflikt/Konfliktlösung als Modell einer geglückten Lebensgestaltung wirken beispielhaft für die Lebensgestaltung der Zuschauer.[3]

Die Modellhaftigkeit der Begegnung zwischen Fernsehnachbarn und Zuschauern war im öffentlichen Diskurs der fünfziger Jahre unumstritten. Themen und Inszenierung orientierten sich am Alltagsleben der Zuschauer und vermieden skandalträchtige Zuspitzungen oder Provokationen. Skandalträchtig hingegen erwies sich die Präsentation körperlicher Nacktheit etwa in dem Fernsehspiel *Lysistrata* 1961, das die gleichen Kontroversen auslöste wie die

3 Dies belegen auch die zahlreichen Leserbriefe von Zuschauern an die *Hörzu* in den fünfziger Jahren. Zum Einfluss von Familienserien auf die Genderkonstruktion in den fünfziger und sechziger Jahren vgl. auch: Bernold (1997).

Darstellung der nackten Hildegard Knef in dem Kinofilm *Die Sünderin* in den fünfziger Jahren. Das Tabu der Darstellung von Sexualität besaß in den fünfziger Jahren in der Bundesrepublik medienübergreifende Gültigkeit. Auch wenn es, wie Pundt in Kapitel 6 aufzeigt, in dem Fall *Lysistrata* als Scheinargument diente, um sich der missliebigen politischen Inhalte des Fernsehspiels zu entledigen.

5.2 Familienleben als Gameshow in *Wünsch Dir was*

Mit *Unsere Nachbarn heute Abend – Die Familie Schölermann* etablierte sich die Inszenierung von Privatheit innerhalb der Fiktion, insbesondere in der Programmform Familienserie. Handlungsstrukturen, die auf die Wiederherstellung familiärer Harmonie nach einfach lösbaren Konflikten setzen, wirkten einer kontroversen Auseinandersetzung um die Präsentation von Privatheit im Medium entgegen. Das änderte sich, als Privatheit in die Inszenierung anderer Programmformen wechselte und zum Spielkonzept einer Gameshow wurde. Das menschliche Sozialverhalten stand im Zentrum des Interesses der Programmplaner des Gameshow-Formats *Wünsch Dir was* (ARD). Sie strebten eine Modernisierung bisheriger Unterhaltungsformen an. „Unser Familienspiel soll alte Zöpfe abschneiden" verkündete Moderator Dietmar Schönherr gleich in der ersten Sendung. Das Sendungskonzept von *Wünsch Dir was* gilt in der Mediengeschichtsschreibung „als ein paradigmatischer Schauplatz (...) an dem rekonstruierbar war, inwiefern sich soziale, geschlechtliche und kulturelle Differenzen und gesellschaftliche Widersprüche Anfang der 70er Jahre in einem (inter)nationalen Kontext neu zu organisieren begannen und sich in veränderten Darstellungskonventionen und Ausprägungen des Fernsehens selbst artikulierten." (Bernold 2001, 20)

Schönherr moderierte die Sendung gemeinsam mit seiner Ehefrau Vivi Bach und in Beisein des familieneigenen Zwergpinschers Dimky. Durch dieses familienähnliche Moderationsensemble wurde bereits Privatheit im Studio inszeniert. Schönherr erklärte in der ersten Folge am 20.12.1969 das Sendungskonzept: Ziel sei es, „etwas über die mitspielenden Familien zu erfahren und gleichzeitig Erkenntnisse über die eigene Familie zu gewinnen" (zit. n. Strobel, Faulstich 1998, 70). Als Kandidaten fungierten jeweils Familien aus dem Sendegebiet Deutschland, Österreich und der Schweiz. Der Kulturraum der Beteiligten war so klar abgegrenzt und unterschied sich von Showkonzepten, die Kandidaten aus dem gesamten europäischen Sprachraum präsentierten.

Das allgemeine Interesse an privaten zwischenmenschlichen Beziehungen zum Thema einer Gameshow zu machen, war zu diesem Zeitpunkt eine Innovation im bundesdeutschen Fernsehen. Die Programmverantwortlichen versuchten, „die Beliebtheit des Genres zu nutzen, um die Zuschauer in spielerischer Form zum Nachdenken über sich selbst, ihre angelernten Verhaltensweisen und die Gesellschaft, in der sie leben, anzuregen" (Hallenberger, Kaps 1991, 48). Die Mitarbeit des Künstlers und Inszenierungsspezialisten André Heller im Redaktionsteam signalisiert die Intention, neue kreative Formen für das Fernsehen fruchtbar zu machen. Das Erkenntnisinteresse an zwischenmenschlichen Beziehungen bestimmte das Spektrum der sendungsübergreifend gleichbleibenden Spielkategorien. Die Kandidatenfamilien boten den Zuschauern einen televisionären Spiegel, in dem sie eigene soziale Beziehungen wiedererkennen und bewerten konnten:

In *Organisationsspielen* löste die gesamte Familie eine vorgegebene Aufgabe wie etwa das Zusammensetzen einer Abbildung aus großen Würfeln manuell. Leistungsbereitschaft war zur Bewältigung der Aufgaben ebenso erforderlich wie die Kooperation innerhalb der Gruppe. Der Zusammenhalt von Kandidatenfamilien war ein Identifikationsangebot für den Zuschauer, der Vergleiche mit eigenen Familienkonstellationen ziehen konnte.

Bei dem *Delegationsspiel* musste die Familie entscheiden, welches ihrer Mitglieder die gestellte Aufgabe mutmaßlich am besten lösen könne. Vielfach waren diese Spiele besonders gefährlich, was ihren Spannungsgrad steigerte. So musste Geld aus einem Käfig geholt werden, in dem auch eine Pythonschlange lag. Die richtige Einschätzung über die im Familienensemble vorhandenen Kompetenzen wurde durch die erschwerten Bedingungen der Leistungsschau dieser Kompetenz zugespitzt. Der Zuschauer erhielt das im Spielfilmbereich etablierte Identifikationsangebot der Gefährdung des Kandidaten. In der Rhythmusbildung der Gesamtsendung bot diese Spielform eine Möglichkeit der Langsamkeit, der gedehnten konzentrierten Anspannung.

Präsentationsspiele erforderten von allen Familienmitgliedern, einen bestimmten Gesamteindruck herzustellen. Auch hier bildete die Geschlossenheit der sozialen Gruppe die Kernanforderung der Spieleinheit. Familien waren gezwungen, gemeinsame Konzepte der Inszenierung für das gesellschaftliche Umfeld zu realisieren. Die Zuschauer erhielten die Möglichkeit, eigene Inszenierungsstrategien wieder zu erkennen, zu überprüfen oder neue kennen zu lernen.

Im *Harmoniespiel* wurde die familiäre Übereinstimmung überprüft. Wie gut kennen sich die Familienmitglieder untereinander? Traditionelle Ideale des Familienzusammenhalts werden hier in spielerische Anforderungsstrukturen umgewandelt. Dieses Spiel überprüfte die Inszenierungsformen der Präsentationsspiele und bot so den Familien im Studio und zu Hause die Möglichkeit, die Authentizität ihres Gesamteindrucks zu erhöhen.

In *Rollenspielen* übernimmt ein Familienmitglied die Rolle eines anderen. In der Nachinszenierung der Selbstinszenierung lassen sich durch Abweichungen grundlegende Konflikte andeuten. Zuschauer können aus der unbeteiligten Beobachterperspektive einen Inszenierungsvergleich durchführen.

Aktionsspiele erfordern gute Zusammenarbeit, um schnell und geschickt agieren zu können. In einer Sendung musste eine Familie gemeinsam einen Raketenstart vorbereiten. Hier ließen sich Temposteigerungen des Sendungsrhythmus vornehmen. Hier bildet die Zeitknappheit und die besonders hohe Anforderung die Grundlage des dramaturgischen Spannungsbogen.

Diese unterschiedlichen Spieleinheiten sollten aus Sicht der Programmverantwortlichen die Familienbindung ebenso austesten, wie die familieninterne Kommunikation und Organisation. Auch das Ideal der generationsübergreifenden Verständigung wurde hier in unterschiedliche Spielkonzepte umgesetzt, in denen Jung und Alt nur gemeinsam gewinnen konnten. Diese Spielstrukturen spiegelten auch zeitgenössische Ideale sozialer Beziehungen innerhalb der sozialen Kerneinheit Familie wider.

Das Funktionieren dieser familieninternen Verständigung führte, gepaart mit der genauen, auf der ständigen Wiederholung der Spielformen basierenden Sendungskenntnis auch zu einem der von den Zuschauern und den Medien viel diskutierten Sendungsskandale der Fernsehgeschichte. Über mehrere Sendungen hinweg gab es ein Spiel, in dem die Familie die Kleiderwahl eines ihrer Angehörigen erraten musste. So hatte sich eine der Familien mit ihrer Tochter bereits vor der Sendung auf die Wahl einer Hose als Kleidungsstück geeinigt.[4] Dass mit der Hose das Tragen einer durchsichtigen Bluse auf nacktem Oberkörper einherging, nahm die Tochter im Sinne der Familienvereinbarung hin, als sie sich den vereinbarten Hosenanzug aussuchte. Doch geriet diese scheinbar „freiwillige" exhibitionistische Selbstdarstellung der Tochter in die öffentliche Kritik. Sie schien ein willkommener Anlass zu sein, um die neue Mischung des Formats aus Lebenshilfe, Gesellschaftskritik und Unterhaltung zurückzuweisen.

> Schönherr sind gesellschaftskritische Tendenzen bescheinigt worden. Nicht zuletzt deshalb hat er auch die Goldene Kamera bekommen. Diese Auszeichnung ist nicht zu bereuen; zu bedauern ist allenfalls, dass unter anderem auch diese Auszeichnung ihn und sein Team ermuntert haben könnte, die Grenze zwischen Nervenkitzel und Lebenshilfe, zwischen gesellschaftskritischem Wirklichkeitssinn und Selbstgerechtigkeit zu überschreiten. (*Der Spiegel* 22/1972)

Folgenreich für die weitere Entwicklung im Bereich Fernsehunterhaltung blieb nicht der gesellschaftskritische Wirklichkeitssinn des Formats, sondern der Tabubruch des respektlosen Umgangs mit den Kandidaten als „Menschenmaterial" der Sendungen. Freiwillige Selbstdarstellung nichtprominenter Kandidaten wurde immer mehr für bloße Unterhaltungszwecke ausgebeutet und geriet immer wieder in die öffentliche Debatte.

---

4 Diese Angaben machten sie in einem Interview in der Sendung *Parlazzo* (WDR).

5.3 Bloßstellungsshows

Als Antwort auf die Konkurrenz kommerzieller Sender haben die Programmplaner der öffentlich-rechtlichen Sendeanstalten in den achtziger Jahren Unterhaltungskonzepte entwickelt, die den Formaten der Konkurrenten ähnelten. Die Überschreitung bestehender Tabus sollte das Publikum von der kommerziellen Konkurrenz abziehen. „Wir bringen ein bisschen Anarchie in die Wohnstuben", beschreibt Jochen Filser das Sendekonzept von *4 gegen Willi*, „wir wollen provozieren, eine Sendung machen für das trotzige Kind, das in jedem von uns steckt." Mit diesem Konzept gezielter Provokation ließ sich die Aufmerksamkeit des Publikums gewinnen. Es erscheint aus der Perspektive des Rückblicks, als hätten die Programmverantwortlichen die allgemeine Medienschelte an der Geschmacklosigkeit des Sendungskonzeptes bewusst als strategisches Instrument der Zuschauerwerbung eingesetzt.

Donnerlippchen mit Jürgen von der Lippe und *4 gegen Willi* mit Mike Krüger (beide ARD) markieren in den achtziger Jahren den Beginn einer Reihe von Gameshows, die Fernsehkritiker mit dem Begriff „Bloßstellungsfernsehen" charakterisierten (Mönninger 1987, 64f.). Damit ist vor allem der respektlose und unbarmherzige Umgang mit Kandidaten gemeint, die ihren Fernsehauftritt eigentlich zur Selbstdarstellung nutzen wollen. Die Moderation der aus dem Kleinkunstbereich stammenden Showmaster war mit ironischen Kommentaren durchsetzt, die die Kandidaten zusätzlich blamierten. Die Bloßstellung von Menschen als Darstellungsmittel des Vergnügens, das sich in der Reaktion der Schadenfreude manifestiert, war ein neuer Faktor im Programmangebot, der nun das bisherige Erlebnisspektrum der Gameshows erweiterte.

In der Medienkritik entstand eine Kontroverse um dieses neue Show-Prinzip der Fernsehunterhaltung.[5] Nicht erst bei den Talkshows der neunziger Jahre, sondern bereits in dem Diskurs um diese Showformate werden die Selbstdarstellungswünsche der Kandidaten kritisiert. So konstatiert der *Spiegel*: „Und massenhaft stürzen sich die Laien-Spieler, die aufgekratzten Exhibitionisten, ins öffentliche Gelächter. (...) 'Jeder einmal für 15 Minuten ein Star' – danach lechzt, laut Andy Warhol, der Mensch im elektronischen Zeitalter. Einmal berühmt sein, ein Auto gewinnen oder 20000 Mark, dafür sind die Kandidaten zu jedem groben Unfug, zu den peinlichsten Scherzen bereit." (*Der Spiegel* 25.05.1987) Für sie galt es durchzuhalten, um dem Unterhaltungsanspruch der Spielinszenierung gerecht zu werden. Der Kandidat steigert den Unterhaltungswert, „je sinnloser er sich verausgabt. Er opfert sich, indem er widernatürlich handelt." (Mönninger 1987, 64)

---

5 Vgl. hierzu u.a.: „Mein Gott Willi" in: *Stern TV* 21/1989, S.3 und die Diskursanalysen von Hickethier und Pundt in dieser Studie.

Das Ertragen von Peinlichkeit, Mut zur Selbstentblößung und Geschicklichkeit bildeten die Kernanforderungen der acht unterschiedlichen Spielrunden. Sieht man die Gameshowanforderungen als Spiegel gesellschaftlicher Kompetenzanforderungen an (vgl. Bleicher 1999, 212), so scheint die Vermutung nahe zu liegen, dass in diesen Showformaten die Inszenierungskompetenzen der Mediengesellschaft erkennbar werden. Die Freiwilligkeit der Selbstinzenierung ersetzt den einstigen Zwang kollektiver Rituale. So werden die Kandidaten auch den Anforderungen der vielfach diagnostizierten gesellschaftlichen Individualisierungsprozesse gerecht. Diese erfordern „Selbstdarstellung, Egoismus und Exzentrik“ (Pundt, Kap. 6.5).

Bei erfolgreicher Bewältigung der jeweils gestellten Spielanforderungen stieg die Familie eine Stufe höher in einer Platzierungspyramide auf. Beim Spitzenplatz stand der Gewinn von 20.000 DM in Aussicht. Doch war nicht der Faktor persönliche Leistung entscheidend, sondern es entschied das Prinzip der Willkür in Gestalt eines Hamsters. Erriet die Familie den tatsächlich benutzten seiner beiden Laufstallausgänge, konnte sie den Gewinn einstreichen. Dieses dramaturgische Prinzip der willkürlichen Belohnung von Kandidatenleistung widerspricht dem tradierten Gameshowkonzept, das auf die gerechte Belohnung der Kandidatenleistung setzt.

Kandidaten werden in unmögliche Situationen gebracht, die zur Unterhaltung des Zuschauers beitragen, ohne dass er als Urheber oder Beteiligter der Aktion tätig werden muss. Marie-Luise Scherer hat diese Form des Zuschauens mit der Behaglichkeit eines Unwetters verglichen: „Zumindest für den, der nicht hineingerät, vielmehr hinterm Fenster zusieht, wie die Hüte fliegen und die Schirme sich nach oben stülpen.“ (*Der Spiegel* 43/1974)

Doch an der redaktionell inszenierten Opfersituation der Kandidaten kam Kritik auf. „Der Kandidat hat keine Chance, er wird nicht als Spieler auf die Bühne geholt, er wird aufs Spiel gesetzt. Bei neueren Fernseh-Spielshows wie *Na sowas*, *Donnerlippchen* oder *4 gegen Willi* sind Kandidaten der lebende Hauptgewinn in einer Lotterie, die nur Verlierer auslost. Ihre Aufgabe im Spiel ist die Selbstaufgabe. Was sie als Applaus erhalten, ist in Wahrheit eine kollektive Ohrfeige“ (*Frankfurter Allgemeine Zeitung* 25.02.1987).

Das dramaturgische Grundprinzip der Bloßstellungsshows beschrieb der Fernsehkritiker Michael Mönninger: „Der Kandidat als Geisel, der Zuschauer als Terrorist“ (Mönninger 1987, 64f.).[6] In den Bloßstellungsshows nimmt der Zuschauer eine zentrale Beobachterposition ein, da er durch die Moderation oder Schrifteinblendungen genau weiß, dass der Held die ihm gestellten Aufgaben nicht erfüllen kann. Der Zuschauer ist dem Kandidaten an Wissen überlegen. Die im traditionellen Fernsehgenre Gameshow implizit vorherrschende Strategie der Personenbindung über die Identifikation mit dem Kan-

6 Ein Vorläufer dieses Genres ist in Lou van Burgs *Jede Sekunde ein Schilling* zu sehen. Kandidaten erhielten eine Aufgabe, die ihnen durch widrige Umstände erschwert wurde.

didaten wird von Wirkungselementen abgelöst, die eine stärkere Distanz zum Handlungsgeschehen und den beteiligten Personen einnehmen lassen.

Die Showformate des Bloßstellungsfernsehen begaben sich durch die unmittelbare Bloßstellung der Kandidaten mit dem Ziel der Unterhaltung der Zuschauer in den damaligen ethischen Grenzbereich der Unterhaltungsgenres. Die *Frankfurter Allgemeine Zeitung* diagnostizierte das Ende der traditionellen Showunterhaltung für die ganze Familie: „Was ist eine Familienspielshow? In einer Familienspielshow wird einer Familie übel mitgespielt. Jedenfalls galt diese Definition noch bis vor kurzem für Mike Krügers so genannte Familienspielshow *4 gegen Willi*" (*Frankfurter Allgemeine Zeitung* 24.10.1988).

Bei *4 gegen Willi* war die Inszenierung von Privatheit bereits Bestandteil der Dekoration des Bühnenbilds. Beide Kandidatenfamilien wurden mit ihrer Wohnzimmereinrichtung präsentiert. Wie in den Sendeformen der Fernsehfiktion dienten Möbel des direkten Lebensumfeldes der Charakterisierung ihrer Bewohner (Bleicher 2000, 124). Auch andere Gegenstände des privaten Besitzes wurden in die Spiele integriert. Was in anderen Gameshows der kommerziellen Konkurrenz als Preis zu gewinnen war, wurde bei *4 gegen Willi* der Zerstörung Preis gegeben. Ein Kandidat brach fast in Tränen aus, als das Familienauto vor seinen Augen in der Schrottpresse landete und erst im weiteren Verlauf der Sendung durch einen Neuwagen ersetzt wurde. An der Seite dieses Tabus der Zerstörung von in der Gesellschaft als wertvoll eingestuften Gegenständen stand auch ein im Vergleich zu anderen Sendungen ungewöhnlicher Anteil an destruktiv erscheinenden Musikelementen. So traten 1986 die beiden Punkbands Sigue Sigue Sputnik und die Toten Hosen auf, die selbst unter den damaligen Jugendlichen nur eine vergleichsweise geringe Anhängerschar hatten (Hallenberger, Foltin 1990, 53).

Das neue Sendungskonzept traf mit diesen provokativen Handlungselementen zunächst das Interesse der Zuschauer. Fast 17 Millionen Zuschauer verfolgten die ersten beiden *4 gegen Willi* Shows. Das waren über 43 Prozent der TV-Haushalte. Nach 13 Folgen wurde die Show trotz ihrer anfänglichen 40 Prozent Einschaltquote eingestellt. Immer mehr Zuschauer hatten gegen die rücksichtslosen Spiele protestiert. Die Sendung erhielt zudem den „Saure Gurke"-Preis für die frauenfeindlichste Sendung.[7] Dennoch erwies sich die Provokation des respektlosen Umgangs mit den Kandidaten als zentrales Unterhaltungselement der Sendung. Nachdem die ARD das Sendungskonzept harmonisiert hatte, kritisierte die *Frankfurter Allgemeine Zeitung* die „Zahnlosigkeit" des neuen Konzeptes. (*Frankfurter Allgemeine Zeitung,* 24.10.1988).

---

7 Grund der Auszeichnung war u.a. ein Spiel, in dem eine Kandidatin über die fast nackten geölten Körper einer Eishockey-Mannschaft kriechen musste.

Im weiteren Verlauf der Fernsehgeschichte wurde das Selbstinszenierungsanliegen der Kandidaten auf ihre Kosten von den Gameshowplanern in immer neuen Sendungsformaten ausgewertet. In der von Jürgen von der Lippe moderierten Mischung aus Comedy- und Gameshow *Donnerlippchen* waren die Kandidaten Opfer von Rachemaßnahmen ihrer Kollegen oder Angehörigen.

> Seinen Chef ins Wasser fallen lassen, den Ehemann an einem stilisierten Galgen in klebrige Brühe versenken, vor Arbeitskollegen in Frauenkleidern auftreten, die Hände in eine black box stecken, in der man allen Ankündigungen nach etwas „Unangenehmes" ertasten wird – solche Mutproben, die obendrein ein schwarzgekleideter Komparse sekundiert, eine Mischung aus Scharfrichter und Bestatter, werden vom Publikum mit rasendem Beifall goutiert. (*Frankfurter Allgemeine Zeitung* 25.02.1987)

Auch in diesem Format wurden die Kandidaten mit der Zerstörung ihres Besitzes, etwa des familieneigenen Autos konfrontiert, dessen Einzelteile es zu identifizieren und in ihrem Wert einzuschätzen galt (Hallenberger, Kaps 1991, 83). Auch der lässig zynische Moderationsstil von Jürgen von der Lippe geriet in die Kritik: „In der Tat verkauft von der Lippe seine vorsätzlich blöden Scherze ('in der Unterhaltung kann man auf Einzelschicksale keine Rücksicht nehmen') in der schmierig-tuntigen Manier eines Rummelplatz-Conferenciers und unterbietet mühelos jedes Niveau" (*Der Spiegel* 24.03.1986).

In der *Gong Show* (RTL) gerät das Prinzip des Talentwettbewerbs zur gnadenlosen Bloßstellung der Talentlosigkeit der Kandidaten. Eine dreiköpfige Jury unterbricht bei Missfallen die Darbietungen durch einen Gong. *Entweder oder* (ZDF) betont den sadistischen Zug des Bloßstellungsfernsehens: Die Zuschauer weiden sich an den Qualen der Kandidaten, die unter dem Druck der Öffentlichkeit gerade zu solchen Handlungen angespornt werden, vor denen sie am meisten Angst haben. *Halli Galli* (SAT.1) bestraft die Kandidaten bei Nichterfüllen der Aufgabenstellung mit einer Rutschfahrt in einen mit Jauche gefüllten Swimmingpool. Grundelemente der Bloßstellung von Kandidaten fanden seit den achtziger Jahren ihre Fortsetzung auch in zahlreichen „Überraschungssendungen", die die Gefühle der überraschten Gäste schonungslos den Blicken der Öffentlichkeit preisgeben. Moderatoren inszenieren sich als Glücksboten, die geheime Wünsche der Menschen öffentlich machen und zugleich erfüllen.[8] Vorzugsweise kommt es zur inszenierten Begegnung von Familienmitgliedern oder Freunden, die lange keinen Kontakt mehr hatten. Die so zielgerecht ausgelösten und in der Großaufnahme präsentierten Emotionen der Kandidaten sind zentrales dramaturgisches Wirkungselement der Fernsehunterhaltung. Vorläufiger Endpunkt des respektlo-

8 Schon die Überraschungsshow *Die Rudi Carrell Show* (ARD) setzte auf Emotionen. Danach gab es *Einladung zu Schimpf* (ARD, ab April 1993), ab dem 30.10.1994 war bei RTL die *Surprise Show* zu sehen, in der Linda de Mol Herzenswünsche erfüllte.

sen Umgangs mit Kandidaten sind die amerikanischen Foltershows wie *The Chamber*, in denen Kandidaten unter Hitze- oder Kältequalen Quizfragen beantworten müssen. Die Lizenzrechte für dieses Showformat wurden bereits von einer deutschen Produktionsfirma erworben.

5.4 Intimisierung als Programmstrategie der neunziger Jahre

Der Prozess der Ausdifferenzierung gezielter Emotionalisierung durch unterschiedliche Formen der Thematisierung des Privaten setzt sich im Formatspektrum des Fernsehens der neunziger Jahre fort. Die Fernsehkritikerin Klaudia Brunst unterteilt den Entwicklungsprozess der Thematisierung von Intimität im Fernsehen in diesem Zeitraum in drei Teilabschnitte: Auf die harmlosen Affekte der Gewinnspiele in den achtziger Jahren folgte mit Reality TV und Boulevardmagazinen eine neue Verbindung des Journalismus mit den Gesetzen des Entertainment. „Vorgeführt wurden zu allererst Dramen, Geschmacklosigkeiten, Intimitäten. (...) In der auf Konfrontation angelegten Krawall-Show trafen jene zerstrittenen Geschwister, über die Boulevard-Formate bisher berichtet hatten, nun mit aller Wucht und dem vermeintlichen live-Charakter aufeinander" (Brunst 1999, 16). Als dritte Stufe konstatiert Brunst den Comedy Boom: „Als brauche es eine emotionale Gegenbewegung zu den vielen tragischen Momenten des Nachmittags-Fernsehens, tauchen die Armen, Glaubenden und Behinderten in *RTL Samstag Nacht* oder der *Harald Schmidt Show* nun erneut auf: diesmal allerdings als Vorlage für Spott und Hohn" (Brunst 1999, 17).

In den neunziger Jahren ist Privatheit zur allgemeinen Planungsmaxime der Programmverantwortlichen aufgestiegen. Damit reagieren sie auf eine medienübergreifende Entwicklung, die Thomas Assheuer für den Printbereich beschreibt:

> Richtig ist, dass die Nachfrage nach privaten Geschichten und Skandalen in dem Maß gestiegen, wie das Interesse an öffentlicher Politik gesunken ist. Die Entpolitisierung von Politik geht Hand in Hand mit der Karriere von Promi-Magazinen, deren Neuaufstieg nicht zufällig in der längsten Stagnationsperiode der Republik begann, in der Ära Kohl. Im Übrigen lautet die alte Faustformel: Je unübersichtlicher die Verhältnisse, desto intimer die Berichterstattung. Von innen ist das stahlharte Gehäuse der Gesellschaft plakatiert: mit schönen Gesichtern und pikanten Geschichten. (Assheuer 2001)

Programmliche Innovationen werden nicht mehr nur in der Fiktion, sondern vor allem in Themen aus dem Bereich der privaten Lebenswelt gesucht. Barbara Sichtermann diagnostiziert eine zunehmende Intimisierung der Fernsehkommunikation. Programmplaner folgen der Devise: „Geh ran an die Leute, noch näher als nah, das bringt Quote. Quer durch die Programme hat sich das eh schon intime Medium um eine immer privatere Ansprache bemüht; aus Studios wurden Wohnzimmer, aus Diskussionen Plaudereien und aus Moderatoren Beichtväter" (Sichtermann 1999). Das Medium präsentiert sich als Familienersatz. Für diese Form der Intimisierung ist die Präsentation nichtprominenter Menschen ein zentrales Darstellungselement.

5.5 Struktur und Dramaturgie der Daily-Talk-Sendungen – „näher ran an die Leute"

Die Wortbestandteile der Genrebezeichnung Talkshow markieren die grundlegenden Darstellungselemente der Sendeform. Show steht für das generelle Unterhaltungsversprechen, Talk signalisiert das grundlegende Darstellungsmittel des Gesprächs. Mit der Übernahme der Kommunikationsform des zwischenmenschlichen Gesprächs in die Sendungsinszenierung ist die Talkshow schon in ihrer Sendungsstruktur auf die Medialisierung von Privatheit ausgerichtet.

Die Gesprächsabläufe weisen eine Mehrfachadressierung auf. Angesprochen werden nicht nur die Gesprächspartner im Fernsehstudio, gerade die Zuschauer zu Hause sind die eigentlichen Adressaten der Kommunikation. Diese Form der Publikumsadressierung bildet eine Parallele zur Kommunikationssituation des Theaters. Wulff konstatiert: „Fernseh-Talk ist nicht Gespräch, sondern Gesprächsaufführung, nicht unmittelbar, sondern vermittelt. Er rechnet nicht zu den Formen der Alltagskommunikation, sondern ist eine Form des Theaterspiels" (Wulff 1998, 14).

Für die Programmplanung bilden Talkshows ein quotenbewährtes Sendungsformat. Die Anlage dieser Sendungen bietet eine Reihe von Möglichkeiten, ihre Unterhaltsamkeit sicher zu stellen. Der additive Wechsel der Gesprächseinheiten und Themenschwerpunkte erhöht das Empathiepotenzial. Unterschiedliche Charaktere bilden eine weitere Fläche an Identifikationsmöglichkeiten und erhöhen so auch die Sendungsbindung des Zuschauers. Die Orientierung an diesen bewährten Sendungsformaten führte zu einer Erweiterung des Talkshowspektrums in den neunziger Jahren. Da sich der Bedarf für die Primetime „Promitalkformate" nicht grenzenlos steigern ließ, lag der Rückgriff auf nichtprominente Talkgäste in den Daily-Talk-Reihen nahe.[9]

Nun mussten interessante, skandalöse oder emotionale Geschichten und eine spannende Inszenierung den fehlenden Faktor Prominenz aufwiegen. Der Übergang von Personality Shows zu den Daily-Talk-Shows markiert eine wachsende Bedeutung der Thematisierung des Privaten und ungeschützt

9 Zum Angebotsspektrum der Daily Talkreihen vgl. auch Paus-Haase u.a. (1999, 49-121).

Intimen. Plakes Kategorisierung von Subgenres kennzeichnet den Fortgang von der Persönlichkeits- zur Intimitätsorientierung.

> Die Kategorien der (...) Typologie, Forum, Personality-Show und Bekenntnisshow, bezeichnen zunächst nur den Inhalt der Kommunikation, nämlich Politik, Prominenz und Intimität. Dabei mag es zunächst etwas willkürlich erscheinen, die Persönlichkeit und das Intime zu trennen. Es macht trotzdem einen Sinn, da bei der Personality-Show die Persönlichkeit des Gastes im Vordergrund steht und die verschiedenen Geschichten, seien sie nun intim oder nicht, durch die Identität eines Prominenten zusammengehalten werden und von dort aus ihre Bedeutung erhalten, so dass sich der Betreffende zu beinahe beliebigen Themen äußern kann, während bei der Bekenntnisshow die Person des Gastes hinter die Darstellung des Privaten zurücktritt. (Plake 1999, 35)

Daily-Talk-Sendungen nutzen ein Grundset an Sendungselementen, die je nach Sendungskonzept variabel eingesetzt werden: Vorstellung der Kandidaten durch die Moderatoren, Ich-Erzählungen, Einspielungen von Filmen zum Talkgast und seinem Thema, Gespräche zwischen den Talkgästen, verbale und körpersprachliche Meinungsäußerung des Saalpublikums. Bereits der Studioaufbau macht den Charakter der Selbstinszenierung deutlich. Der Studioaufbau orientiert sich am Amphitheater der griechischen Antike. Bühne und Zuschauerraum sind halbkreisförmig einander zugeordnet, die Gäste betreten die Bühne durch eine Studiotür und sitzen nebeneinander – nach persönlichen Beziehungen angeordnet – in einem Halbkreis. Diese Bühnenkonstruktion verdeutlicht visuell den Charakter der Vorführung ebenso wie der Inszenierung. Die Bühne ist auf die Treppe und die Zuschauer als Adressaten der vermittelten Erzählungen ausgerichtet. So werden die mimisch/gestischen und verbalen Reaktionen des Saalpublikums durch ihre erhöhte Platzierung auch für den Zuschauer zu Hause erkennbar. Der Halbkreis der Studiogäste und der Halbkreis im Wohnzimmer vor dem Bildschirm bilden einen Doppelhalbkreis. Diese Anordnung öffnet den Studioraum für den Zuschauer zu Hause.

Die Binnendramaturgie der einzelnen Talkreihen unterscheidet sich je nach Sendungskonzept. So sind die Gespräche der Combat Talks pointierter strukturiert als die der Bekenntnissendungen. Polarisierung ersetzt die schrittweise Emotionalisierungssteigerung in der Gesprächsführung. „Stehen dagegen ergreifende und delikate Geschichten im Vordergrund, dann muss dafür gesorgt werden, dass auf knappe, pointenreiche und dramatische Weise Fälle und Episoden dargestellt und ein emotionales *feed-back* (Hervorh. i.O.) gegeben wird. Beim Forum kommt es darauf an, dass es für alle Standpunkte eine faire Chance gibt, vorgetragen zu werden und dass auch im Dialog niemand eine Benachteiligung erfährt, bei der Bekenntnisshow, dass die richtige Geschichte zum passenden Zeitpunkt erzählt wird.“ (Plake 1999, 36)

Auch die jeweiligen Themen beeinflussen die Sendungsstruktur. Es werden Gäste mit klaren, polarisierenden Meinungen bevorzugt, um so die Ausdifferenzierung des Themenspektrums vorab bestimmen zu können. In Combat Talks ist die Ich-Erzählung mit Anklagen durchsetzt, die die jeweils Angeklagten außerhalb des Studioraums (aber im Bild eingeblendet) hören und auf die sie im Studio in der direkten Konfrontation reagieren. Auch die Bekenntnisse der Confessional Talks haben unterschiedliche Publika: Die Gäste richten sich an ihre von den Bekenntnissen unmittelbar betroffenen Gesprächspartner, werden dabei aber vom Moderator ebenso bewertet wie von anwesenden „Experten" und vom Saalpublikum. An eine allgemeine Öffentlichkeit richten sich die Bekenntnisse von Personen, deren Körperkonturen nur als Schatten hinter einer halbtransparenten Wand zu sehen sind.

Der Moderator offeriert die Verbindung zwischen den einzelnen Gesprächseinheiten und die emotionalisierende Bewertung des Gesagten; er ist darüber hinaus auf dem Bildschirm auch Gesprächspartner des Zuschauers. „Dazu trägt bei, dass sich der Moderator zeitweise zurückhält oder seinen Part als Gesprächsleiter versteckt, indem er eine andere Interpretation seiner Identität nahe legt, nämlich die des väterlichen Freundes, der mütterlichen Freundin, der älteren Schwester, des kumpelhaften Lehrers oder des Kollegen. In seinen verschiedenen Rollen ähnelt der Talkmaster den Figuren, denen wir im täglichen Leben begegnen, dem Gastgeber bei einer Abendeinladung, dem leutseligen Chef, den Eltern oder Schwiegereltern, den Vereinskollegen und Nachbarn." (Plake 1999, 131)

Die Daily Talkshows nutzen eine dem Spielfilm vergleichbare personengebundene Konfliktdramaturgie als Spannungsfaktor. Empathie und Abgrenzung von dem Protagonisten der fiktionalen Welt weichen hier Empathie oder Abgrenzung von Mitmenschen. Neben diversen Themen aus den an grundlegende Zuschauerinteressen appellierenden Bereichen Sex und Gewalt werden auch alle möglichen Teilaspekte zwischenmenschlicher Beziehungen oder sozialer Probleme ausdifferenziert. Castingfirmen wählen vorzugsweise Gäste aus, die eine klar abgegrenzte Meinung zu einem Thema haben und diese auch verteidigen. In der Zusammensetzung verschiedener Typen mit Kontrastwirkung bilden die Gäste ein Ensemble, das den dramaturgischen Anforderungen des Theaters vergleichbar ist. Die von der Redaktion geplante Rollenverteilung zwischen den Gästen einer Sendung folgt den stereotypen dramatischen Grundmustern aus Ankläger und Büßer, Täter und Opfer. Diese Grundmuster kennzeichnen auch die Gerichtssendungen als Nachfolgeformate der Daily Talks wie beispielsweise *Richterin Barbara Salesch* (SAT.1).

Thematische, inszenatorische Vorgaben und die gewählte Form der Selbstdarstellung von Talkgästen stehen in einem engen Wechselverhältnis. Um den Erwartungen und Anweisungen der Redaktion und des Talkmasters zu entsprechen, dramatisieren und übertreiben viele Talkgäste ihre individuellen Geschichten. Sie geraten so in ihrer Selbstinszenierung häufig zur Parodie ihrer eigenen Geschichte. „Jeder macht sich lächerlich", meinte eine Frau, die sich bei *Hans Meiser* selbst als Schlampe präsentierte. Diese Formen der bis ins parodistische hineinreichenden Selbstinszenierung sind zentrales Unterhaltungselement der täglichen Talkshowreihen.

Gleichzeitig bildet die Emotionalisierung der Talkgäste ein wichtiges Attraktionselement. Im additiven Ablauf der Auseinandersetzungen sind die Selbstdarstellung intimster Details, Gefühlsausbrüche und Konfrontationen dramaturgische Höhepunkte, die das Umschaltverhalten der Zuschauer abwenden. „Die Tränen kamen einzeln. Links. Rechts. Weit aufgerissene Augen, die ihn anstarrten und nicht sahen. Immer mehr Tränen. Schwarze Tränen. (...) Man konnte den Blick nicht von ihr wenden. Nur ein Unmensch hätte in diesem Moment zur Fernbedienung gegriffen, um zu sehen, was auf den anderen Sendern läuft. Man geht nicht aus dem Kino, wenn Bambis Mutter stirbt" (Lewinsky 1997, 45).

Der ARD-Talkshowmoderator Jürgen Fliege nutzt Identifizierungsstrategien als Ausgangspunkt für emotionalisierende Fragen. Nachdem er mehrfach verbal und durch seine Körperhaltung der unmittelbaren Nähe neben oder vor dem Gast seine Anteilnahme bekundet hat, folgen Fragen nach den Emotionen des Gastes, die oft in Tränenausbrüche münden. Seine Reaktionen auf die von ihm ausgelösten Emotionen sind symbolträchtig. Kai Strittmatter beschreibt eine typische Kommunikationssituation:

> In der Weihnachtssendung tritt eine 65-jährige Schaustellerwitwe auf. Zwölf Krebsoperationen hat sie hinter sich, ihr Mann wollte sie im Krankenhaus besuchen, verunglückte auf dem Weg und starb zwei Stockwerke unter ihr. Jetzt muss sie von 520 DM im Monat leben. „Aus diesem Loch heraus habe ich Ihnen geschrieben, Herr Fliege", sagt sie mit unsicherer Stimme, „Sie waren mein Strohhalm." „Strohhalm", flüstert Fliege, „Strohhalm". Er steht auf und marschiert feierlich zum Weihnachtsbaum in der Studiodekoration und nestelt an den Zweigen: „Ich geb' Ihnen einen Strohstern, Ok?" (Strittmatter 1997)

Neben den emotionalen Ausbrüchen der Talkgäste sind es „starke Affekte, insbesondere solche der plötzlich aufwallenden Art, die unsere Aufmerksamkeit fesseln. Schreck, Wut, Entsetzen, Angst ziehen das Interesse der Mitwelt automatisch an. Gelingt es, den Gast in irgendeine Art von Bestürzung zu versetzen, indem man den Ahnungslosen etwa mit seiner vor Äonen verlassenen Ehefrau oder zur Adoption freigegebenen Tochter konfrontiert, entsteht ebenfalls quotenträchtiger Thrill. Der Schreck *ist* die Show. (Hervorh. i.O.). Die fasziniert immer auch die Zuschauer mit gutem Geschmack" (Strittmatter 1997). Diese Momente der Offenlegung privatester Emotionen werden als dramaturgische Höhepunkte der Sendung dem Zuschauer zum Einblick freigegeben.

Die Reaktionen des Saalpublikums bieten Modelle für die Reaktionen der Zuschauer zu Hause. Hier finden sich Vorbilder und Argumentationsmuster für Sympathie und Abgrenzung. Die Zeitgleichheit zwischen der Reaktion des Studiopublikums und der Rezeption der Sendung durch die Zuschauer ist ein zentrales Wirkungsmoment des Formats. „Das Präsenzpublikum im Studio ist für dieses *live*-Erlebnis (Hervorh. i.O.) verantwortlich. Je mehr durch lebhaften Beifall und Zwischenrufe Atmosphäre erzeugt wird, um so mehr ergibt sich für die Zuschauer vor den Bildschirmen der Eindruck, dass es sich um einen *live*-Mitschnitt (Hervorh. i.O.) handelt. Der Reiz der Talkshow besteht für den Zuschauer darin, Zeuge zu sein, Zeitzeuge, wenn es sich um bedeutende Persönlichkeiten handelt, heimlicher, anonymer, unerkannter Beobachter, wenn intime Geständnisse gemacht werden.“ (Plake 1999, 25)

Auch innerhalb der Emotionalisierungsstrategien des Sendeformats ist das Saalpublikum unverzichtbarer Faktor. Es fungiere, so Plake, als „ein Sensorium für Stimmungen, für Anspannung und Langeweile, vor allem für das Ergriffensein, also ein Gradmesser für Gefühle, die den Zuschauern, die das Geschehen am Fernsehgerät verfolgen, übermittelt werden. Auch unausgesprochene Gedanken, Assoziationen, Phantasie usw., die sich etwa bei zweideutigen Formulierungen einstellen, treten durch Reaktionen des Präsenzpublikums zutage.“ (Plake 1999, 30)

Formen des Alltagsgesprächs und die Anlehnung der Bezeichnungen für die Gesprächspartner an private Alltagssituationen dienen der Wahrnehmungssteuerung der Zuschauer. „Während der ‚Treffpunkt‘ dem Zeitpunkt und dem Ort der Handlung, der fiktiven Gesprächssituation, gewissermaßen auch der Kulisse einen Namen gibt, wird mit ‚Gastgeber/Gastgeberin‘ und ‚Gast‘ die Rollenverteilung während der Kommunikation selbst in Begriffe der Alltagswelt übersetzt“ (Plake 1999, 29). Doch „Gastsein in einer täglichen Talkshow ist nicht Alltag, sondern eine Aufführungspraxis, in der Alltag dargestellt und erzählt wird. In diesem Sinn können Talkshows als ‚ein auffälliger Schnittpunkt zwischen ‚Fernsehdiskurs‘ und alltäglichem Reden begriffen werden‘ (Gallus 1996, S.50)“ (Mikos 2000, 36).

Im Unterschied zum alltäglichen Klatsch der direkten Kommunikation, der das abweichende Verhalten nicht anwesender Personen thematisiert, sind in der televisionären Form des medialen Klatsches – in Amerika konsequenterweise als „Chat Show“ bezeichnet (Sokolowsky 1996, 15f.) – die Personen mit abweichendem Verhalten selbst als Kommunikatoren anwesend. Ungewöhnliche Themen aus den Bereichen menschliches Leben und Beziehungen – der Themenkomplex Politik bleibt ausgespart – sollen voyeuristische Instinkte der Fernsehzuschauer ansprechen. „Sie wollen Menschen sehen, die sich verbal ausziehen. Nackt“ (Lewinsky 1997, 11). Der Fernsehkritiker Bernd Gäbler bezeichnet Talkshows daher als „soziale Pornographie.“[10]

Bereits die Platzierung der Daily Talks im Programmschema von Fernsehsendern der neunziger Jahre zielt mit einer Kombination von gleichbleibendem formalen Sendungsablauf und einer gleichbleibenden Zentralfigur, dem „Gastgeber“ und wechselnden Inhalten auf die kontinuierliche Zuschauerbindung ab. RTL besetzte in den neunziger Jahren die traditionell nutzungsschwache Zeit zwischen Vormittags- und Nachmittagsprogramm mit täglich ausgestrahlten Talkshows: *Hans Meiser* (Ausstrahlungsbeginn am 14.09.1992), *Ilona Christen* (Ausstrahlungsbeginn 1994) und *Bärbel Schäfer* (Ausstrahlungsbeginn am 04.09.1995). Der Einblick in das Fremde, das Andere und das Gefühl der Selbstbestätigung wird zum täglichen Ritual. Trotz rasanter gesellschaftlicher Veränderungen bestätigt sich der Zuschauer täglich der Gültigkeit seines gleichbleibenden Wertesystems, seiner fixierten Lebenseinstellung. Das serielle Prinzip und die Funktion der Sendungen als medialer Kaffeeklatsch sollten die kontinuierliche Integration der Sendungsnutzung in den Alltag erreichen. Bei den Auseinandersetzungen zwischen den Studiogästen beobachtet der Zuschauer, er ist aber nicht unmittelbar betroffen. Verschiedene Reaktionen sind möglich: Amüsement wechselt mit Distanzierung und der Orientierung an der Gültigkeit von Wertesystemen.[11] Diesem Beobachtungsbedürfnis entsprechen neben den Talkreihen auch weitere Sendungsformate der neunziger Jahre.

5.6 „Real Life“ als Fernsehunterhaltung

Das Interesse am Leben nichtprominenter Menschen ist in den neunziger Jahren Grundlage einer Vielzahl von Formatbildungen im Mischbereich aus Fiktion und Dokumentation.[12] Was einst mit den *Fußbroichs* (WDR) als Langzeitdokumentation begann, folgt nun den dramaturgischen Gesetzen kommerziellen Fernseherzählens. In jugendorientierten Daily Soaps wie *Gute Zeiten, Schlechte Zeiten* (RTL) und in Reality Soaps wie *The Real World* (MTV) sind nicht professionell ausgebildete Darsteller die Protagonisten. *Helden wie wir*[13] sichern Identifikationsmöglichkeiten durch die Nähe der Kandidaten zu den Zuschauern.[14] Der Medienpsychologe Mario Gmür bemerkt: „Der Zuschauer sieht sich in diesen Shows gespiegelt, deshalb mag er sie. Durchschnittliche und langweilige Kandidaten bestätigen ihn in seinem

10 So seine Äußerung in der *WDR-Talkshow* vom 28.10.1999.

11 Vgl. hierzu auch: Paus-Haase u.a. (1999) und Göttlich, Krotz, Paus-Haase (2001).

12 Zu allgemeinen Tendenzen der Vermischung von Programmbereichen vgl. auch Paus-Haase u.a (2000).

13 Dieser Titel eines Romans von Thomas Brussig kennzeichnet die spezifische Form der Personenbindung im Fernsehen. Siehe dazu das Kapitel *Götter, Helden, Wickert* in Bleicher (1999, 243-251).

14 Zum Konzept dieser Formate vgl. auch Bleicher (2000).

eigenen langweiligen Alltagsleben, in seiner eigenen Durchschnittlichkeit."[15] Die Wirkungsforschung konstatiert insbesondere bei den Reality Soaps einen kontinuierlichen Vergleich des Kandidatenverhaltens mit der eigenen Lebenssituation durch die Zuschauer (Böhme-Dürr, Sudholt 2001).

Bleiben die Darsteller der Daily Soaps an Drehbuchvorgaben gebunden, so inszenieren sich Laiendarsteller in den Reality Soaps selbst als Helden. Trotz dieses Elements der Selbstinszenierung kritisiert Norbert Schneider, Direktor der nordrhein-westfälischen Landesanstalt für Rundfunk, die „Instrumentalisierung von Menschen zum Zwecke der Unterhaltung" (zit. n. Hanemann 2000, 22). Das Zuschauerinteresse an freiwilligen Selbstinszenierungen wird für quotenträchtige Formate ausgewertet und bei Erfolg in zusätzliche Vermarktungsketten der Unterhaltungsindustrie, etwa der Musikbranche eingebunden. Daily-Soap-Stars aus *Gute Zeiten, Schlechte Zeiten* wie Jeanette Biedermann, aber auch *Big-Brother*-Kandidaten wie Zlatko sorgen für Kassenerfolge bei den Plattenproduzenten.

Die Instrumentalisierung der individuellen Selbstdarstellung für quotenwirksame Inszenierungsweisen zählt mittlerweile zum Grundprinzip einer Vielzahl von Sendeformen. Der themenbezogene Einblick in das Alltagsleben von Menschen (etwa Wohnungsumzüge in *Mit Sack und Pack*, WDR) wird in einer Vielzahl von Doku Soaps in serielle Handlungs- und Personendarstellungskonventionen strukturiert. In Reality Soaps steigern sich die Inszenierungselemente. Hier findet sich die Addition folgeninterner Spannungsbögen und die Platzierung von Cliffhangern als Spannungshöhepunkten am Ende der Sendung, die beispielsweise auf die Möglichkeiten von Konflikt und Gewalt in weiteren Folgen verweisen.

Auch Elemente der Bloßstellungsshows aus den achtziger Jahren finden sich in den Reality Soaps[16] der neunziger Jahre wieder. Fahr- und Skischul-Soaps nutzen das Attraktionselement der Schadenfreude an den Lernschwierigkeiten skurriler Erwachsener und prominenter Gäste (etwa Boxer Axel Schulz als Fahrschüler in *You Drive me Crazy* bei RTL 2). Das Versagen der anderen ist Unterhaltungsfaktor der Zuschauer, der selbst nicht den Anforderungen ausgesetzt ist und sich so leicht in die Position des überlegenen Beobachters hinein versetzen kann. Einzelne Mitwirkende erweisen sich durch besondere Qualitäten ihrer Selbstinszenierung als besonders publikumswirksam. Etablierte Laienstars wie „Ruhrpott" Doris aus *Die Fahrschule* (SAT.1) werden von Reality Soap zu Reality Soap weitergereicht. Nach dem in endlosen Fahrstunden erkämpften Führerschein, darf sich die übergewichtige Doris gleich in der *Skischule* (SAT.1) neuen sportlichen Anforderungen aussetzen.

---

15 Äußerung von Mario Gmür in Ebert (2001).

16 Zum Angebotsspektrum von Reality Soaps vergleiche auch die im Juli 2001 aktualisierte Webseite der BLM: Reality Soaps und vergleichbare Formate. Bestandsaufnahme, Problempotenzial, Handlungsbedarf. http://www.blm.de/jugendschutz/js_in_blm/realitysoaps.pdf.

Ihr von Lachanfällen begleitetes Scheitern ist ja bereits publikumserprobt. Die serielle Präsenz „normaler" Menschen im Medium verhilft ihnen zum Aufstieg in die neue Elite einer „Aufmerksamkeitsökonomie", die sich laut Georg Franck in der kollektiven Beachtung konstituiert (Franck 1998).

5.7 Die Reality Soap *Big Brother*

Während diese Formen der Reality Soaps nur wenig Aufmerksamkeit auf sich ziehen, war die erste Staffel von *Big Brother* im Jahr 2000 das zentrale Diskussionsthema. In diesem Sendungsformat werden Grundelemente der bisher behandelten Formen skandalträchtiger Präsentation von Privatheit im Fernsehen zu einer besonders „brisanten" Mischung zusammengefasst. *Big Brother* wird daher in diesem Untersuchungsteil besonders viel Raum eingeräumt, da sich hier unterschiedliche Präsentationsformen detailliert beschreiben lassen.

Das eigentlich innovative Element dieses bei der Erstausstrahlung in der Öffentlichkeit ebenso umstrittenen wie häufig rezipierten Unterhaltungsformats der holländischen Produktionsfirma Endemol, ist die Dauerbeobachtung des menschlichen Alltags, die über das Internet live ausgestrahlt wird, und seine allabendliche Kondensierung in einem 45-minütigen Zusammenschnitt. Erstmals erscheint eine Langzeitbeobachtung menschlichen Verhaltens durch die Zuschauer möglich. Gleichzeitig verändert das Medium einschneidend die soziale Wirklichkeit der Kandidaten:

> Einerseits stellt das Leben im Container für die Dauer ihres Aufenthaltes ihre subjektive soziale Wirklichkeit dar, da sie auch keinen Kontakt zur Außenwelt haben, andererseits hat ihre Teilnahme an *Big Brother* Auswirkungen auf ihr späteres Leben in der sozialen Wirklichkeit außerhalb des Containers. (Mikos, Prommer 2002, 328)

Sowohl mit dem Innovationsversprechen als auch mit der scheinbaren Unmittelbarkeit der Beobachtungssituation lassen sich die Quotenerfolge der ersten Staffel erklären. Die Wiederholung verdeutlichte den Inszenierungscharakter des Kandidatenverhaltens und führte damit zum Verlust des entscheidenden Wirkungselements der Authentizität. Da es im Folgenden um die Analyse der Formen geht, vermeintlich „authentisches" Gruppenleben zur Massenunterhaltung zu machen, konzentriert sich die Beschreibung auf die erste Staffel. Veränderungen des Sendungskonzeptes in den beiden weiteren Staffeln werden in den Angaben zu den entsprechenden Abschnitten dargestellt.

Das Sendungsprinzip ist in die Regularien einer Gameshow eingebunden und erinnert so an die Beobachtung von Sozialverhalten in *Wünsch Dir was*. In einer Spieldauer von 100 Tagen werden 10 Personen in einem total von

Kameras beobachteten Container untergebracht. Selbst in der Toilette sind „zur Sicherheit der Kandidaten" Kameras montiert, die Bilder von dort werden nicht gesendet.[17] Die Bewohner müssen während ihres Aufenthaltes schwierige Tages- und Wochenaufgaben absolvieren, die über ihre finanzielle Ausstattung entscheiden. Je nach Art der gestellten Wochenaufgabe entscheiden sie, welchen Prozentsatz ihres Etats sie einsetzen (Mindesteinsatz 30 Prozent, Höchsteinsatz 50 Prozent). Bei Gelingen der Aufgabe wird dieses Geld dem Etat zugerechnet oder abgezogen. Lebensmittel und Kosmetika können nur dem jeweiligen Etat entsprechend von der Gruppe eingekauft werden. Etatverluste steigern die Auseinandersetzung in der Gruppe um knappe Ressourcen (etwa die Zigaretten für nikotinsüchtige Raucher) und damit das Konflikt- und Spannungspotenzial der Sendung.[18]

Nach 14 Tagen nominieren die Kandidaten in einer Show am Samstagabend zwei Mitbewohner zur Abwahl durch die Zuschauer. Diese haben eine Woche Zeit, per Ted einen Kandidaten zur Abwahl auszuwählen. Am nächsten Samstagabend wird das Abstimmungsergebnis durch den Sendungsmoderator (in der ersten Staffel Percy Hoven, in der zweiten und dritten Staffel Oliver Geissen) den Kandidaten im Container bekannt gegeben. Diese haben nur wenige Minuten Zeit sich von ihren Mitbewohnern zu verabschieden, was zu emotional wirksamen Situationen führt. Eine Moderatorin (in der ersten Staffel Sophie Rosentreter, in der zweiten und dritten Staffel Aleksandra Bechtel) holt den Kandidaten am Container ab und fährt mit ihm eine Strecke von wenigen Meter an den anwesenden Fans vorbei ins Studio, wo in einer klassischen Showkulisse wiederum in Interviews persönliche Befindlichkeiten abgefragt werden.

In den letzten beiden Wochen sind nur noch drei Kandidaten im Container. In einer abschliessenden Show werden Platz drei (in der ersten Staffel: Andrea, zweite Staffel: Frank, dritte Staffel: Tajana) und Platz zwei (erste Staffel: Jürgen, zweite Staffel: Harry, dritte Staffel: Wulf) gebeten den Container zu verlassen. Die Übergabe des Preisgeldes in Höhe von 250.000 DM an den Sieger John (zweite Staffel: Alida, dritte Staffel: Carina) findet nach dem Catwalk über einen öffentlichen Laufsteg vor dem Container im Studio statt. Trotz einiger Veränderungen des Studiodesigns blieb dieses Verfahren der Preisverleihung auch in den weiteren Staffeln erhalten.

---

17 In der dritten Staffel wurde dieses Prinzip durchbrochen und etwa eine Kandidatin bei ihrer Intimrasur gezeigt.

18 In der dritten Staffel konnte bei zwei der Aufgaben ein Joker gesetzt werden. Beim Scheitern an den gestellten Anforderungen gab es eine Woche lang nur Bundeswehrverpflegung und einen täglichen Drill durch einen GI-Trainer. Bei Absolvierung der geforderten Leistung wurden die Kandidaten mit einer Luxuswoche belohnt, zu der auch ein Butlerservice und mehrgängige Menüs nach Wahl gehörten.

5.7.1 *Bauelemente aus dem Formatspektrum der Fernsehunterhaltung der neunziger Jahre*

Das Wirkungsspektrum von Fernsehsendungen hängt auch von der jeweiligen Nutzung dramaturgischer Inszenierungsformen ab. Im Folgenden sollen zunächst die dramaturgischen Elemente von *Big Brother* analysiert und darauf aufbauend das Wirkungspotenzial der Sendung untersucht werden. *Big Brother*, das als Format dem performativen Realitätsfernsehen (Keppler 1994) zuzurechnen ist, kombiniert Konventionen erfolgreicher Sendungsformate des Fernsehprogramms der neunziger Jahre. Aus den diversen Shows mit versteckten Kameras ist ein Reality-Format[19] mit sichtbaren Kameras geworden. Beziehungsshows wie *Herzblatt* (ARD) bilden die Vorlage für die sprachliche Selbstinszenierung der Kandidaten und ihre Beobachtung durch die Zuschauer. Beziehungsshow-Formate beinhalten diverse Kommunikationsrituale wie Frage und Antwort zu Charaktereigenschaften, Konsumverhalten oder Interessen. Diese Kommunikationsrituale finden in *Big Brother* ihre Entsprechung in vielen Gesprächen der Kandidaten, die die gleichen Themenkomplexe behandeln.

Neben die Kommunikationsrituale tritt das Element der Thematisierung von Konflikten nichtprominenter Menschen der Daily Talks.[20] Auch Inszenierungsmuster der Daily Talks wurden in *Big Brother* integriert.[21] Aus Sicht Eggo Müllers haben Beziehungsshows „das Medium für Darbietungen 'wirklicher' Konflikte alltäglicher Menschen geöffnet und damit schleichend dessen Charakter verändert“ (Müller 1999, 12). Erst die zunehmende Thematisierung von Privatheit in den Beziehungs- und Talkshows der frühen neunziger Jahre ermöglichte den televisionären Menschenzoo am Beginn des neuen Jahrtausends.

Big Brother integriert nicht nur, sondern erweitert auch das Spektrum von Unterhaltungsshows der neunziger Jahre. So steigert dieses Format seine potenzielle Unterhaltungswirkung. Diverse Spiele rund um den Haushalt in Hochzeitsshows weichen in *Big Brother* dem szenisch strukturierten Abbild häuslicher Aktivitäten. Gleichzeitig werden mit den zahlreichen Gesangseinlagen der Kandidaten Elemente von Musikshows in die Sendung integriert, die bis hin zur Übernahme der Choreographie von Tanzdarbietungen reichen.

Big Brother bindet Unterhaltungselemente der Showunterhaltung in die Darstellungskonventionen jugendorientierter Langzeitserien ein. Diese etablierten sich mit dem Erfolg der Daily Soap *Gute Zeiten, schlechte Zeiten* (RTL seit 1992) im Programmangebot der 90er Jahre. Die szenische Struktur

---

19 Zur Traditionslinie des Reality Fernsehens vgl. auch Hohlfeld (2000, 196f.).

20 Ihr Themenspektrum wird beeinflusst durch die inhaltlichen Vorgaben der Redaktion für die abendlichen Diskussionen im *Big Brother*-Container.

21 Nicht umsonst bildete die Parodie einer Daily Talkshow einen Höhepunkt der schauspielerischen Leistung der Kandidaten in der ersten Staffel.

der täglich ausgestrahlten *Big Brother*-Folgen passt sich den dramaturgischen Konventionen dieser am jugendlichen Zielpublikum orientierten Langzeitserien an: etwa in der Dialogorientierung und dem Wechsel der Emotionen in unterschiedlichen Handlungssträngen. Auch die Darstellungsmittel ähneln sich. Dialoge werden seriellen Kamerakonventionen entsprechend im Schuss/Gegenschuss-Verfahren präsentiert. Musikeinblendungen signalisieren akustisch Spannungshöhepunkte. Kurzeinblendungen der Titelmelodie schaffen Übergänge zwischen den unterschiedlichen Handlungsabschnitten. Wie in den Daily Soaps erhöhen Auftritte von prominenten Gaststars (Verona Feldbusch oder Tony Polster) die Publikumswirksamkeit der Folgenhandlung, binden die Sendung aber auch in medienökonomische Verwertungsketten ein. Musik- und Tanzeinlagen prominenter Bands sorgen für die Unterhaltung der Kandidaten und die Vermarktung der jeweiligen Popgruppe.

Die Nähe der Sendung zum Zeiterleben der Zuschauer ist ein weiteres zentrales Wirkungselement von Langzeitserien. Wie in den Daily Soaps feiern auch im *Big Brother*-Container die Charaktere jahreszeitspezifische Feste zeitgleich mit den Zuschauern. So inszenierten die Kandidaten ihre eigene Karnevalssitzung mit Büttenreden und Verkleidung (03.03.2000). Um die Feierlaune zu heben und die Selbstdarstellung der Kandidaten zu enthemmen, stiftete die Redaktionsleitung auch schon mal hochprozentige Getränke.

Wie die Daily Soaps nutzt auch *Big Brother* als Handlungsort den televisionären Bühnenraum Wohnung, für die szenische Präsentation von Beziehungskonflikten und die Selbstinszenierung der Kandidaten. Auch die den Daily Soaps vergleichbare serielle Konstruktion des Alltagsverlaufs in *Big Brother* nähert sich dem Alltag der Zuschauer an. Die Sendungsfolgen kennzeichnet die wiederkehrende Handlungsabfolge: Gespräche, Essen, Garten, Tages- oder Wochenaufgabe, Haushalt, Körperpflege[22], Training, thematisch orientierte Abenddiskussion, Schlafen oder nächtliche Gespräche. Dieser gleichbleibende Ablauf verleiht den Sendefolgen Ritualcharakter.[23] Der Zuschauer gewöhnt sich an seine tägliche Begegnung mit den Menschen in der Containerwelt, sie wird ihm langsam vertraut. In dieser gewohnten Umgebung wird er durch das Verhalten der Kandidaten und durch ihre Gespräche exemplarisch mit aktuellen Kompetenzanforderungen wie etwa die schnelle Anpassung an wechselnde soziale Konstellationen und dem akzeptierten Normsystem der Gesellschaft vertraut gemacht. Die Kandidaten versuchen, sich in ihren Äußerungen und Verhalten dem gesellschaftlich geltenden Status Quo anzupassen, um so eine vorzeitige Abwahl zu vermeiden. Der Zuschauer hat nicht nur die Möglichkeit der täglichen Beobachtung dieser

22 Holger Gertz spricht von der inoffiziellen deutschen Meisterschaft im Alltagsdreikampf mit den Disziplinen Zähne putzen, Brusthaar trimmen, Achselhaar entfernen (Gertz 2000).

23 Zur Notwendigkeit des Gleichbleibenden für das Ritual vgl. auch Thomas (1998).

Selbstdarstellung, er kann auch seine Wertung über Meinung und Verhalten via Internet oder Telefon abgeben.

Das rituelle Element der täglichen Wiederholung wechselt mit der Höhepunktdramaturgie des Wochenendes, die in Konventionen des Showformats eingebunden ist.[24] Neben die 45-minütige tägliche Zusammenfassung des seriellen Alltagslebens treten mit den Abwahl- und Nominierungssendungen selbstreferentielle Shows über die Show. So feiert, beobachtet und kommentiert sich *Big Brother* selbst. Zentraler Teil dieses Selbstkommentars sind „Experten"-Meinungen über den Sendungsverlauf, die wöchentlich im Studio abgefragt werden und Sendungseinschätzungen durch einzelne Fans, zu denen werbewirksam auch Soapstars von RTL *Unter Uns* gehören. Diese Einschätzungen und die Prognosen eines mit EDV-Ausstattung operierenden Astrologen über das weitere Verhalten der Kandidaten lenken die Zuschauerwahrnehmung und die -sympathien. Der Astrologe teilt in der ersten Staffel mögliche Konfliktkonstellationen mit, die einen dramatischen Höhepunkt in einer der nächsten Sendungen nahe legen. Da die Abwahlentscheidung über Kandidaten letztendlich bei den Zuschauern liegt, kann in den Einschätzungen und Prognosen die Redaktion steuernd in den Sendungsablauf eingreifen. Gleichzeitig wird die Erwartungshaltung der Zuschauer für die folgende Programmwoche vorstrukturiert. So bilden die Wochenendshows mit ihrer Starorientierung, ihren Vorverweisen und dem interaktiven Angebot, über das Schicksal der Kandidaten mit zu entscheiden, einen wichtigen Faktor in der Zuschauerbindung. Showelemente wie Musikeinlagen prominenter Sänger steigern darüber hinaus das Unterhaltungspotenzial.

Nicht nur Elemente von Unterhaltungs-, sondern auch von Informationssendungen werden in das Format integriert. Durch die zahllosen Tipps der Kandidaten untereinander beinhaltet *Big Brother* auch die Empfehlungsstruktur von Ratgebersendungen, in denen sich Experten mit Ratschlägen an die Zuschauer wenden. Ratgeberfunktionen betreffen nicht nur private oder berufliche Probleme, sondern auch Themen der Alltagsgestaltung wie Kochen oder das Basteln von Freizeitgeräten für Haustiere und die Gartenpflege. Der medial vermittelte Alltag erhält Vorbildfunktion für die eigene Alltagsgestaltung.

5.7.2 Die Verwandlung von Alltagsmenschen in bühnentaugliche „Typen"

Wie in Beziehungsshows, Langzeitserien und Doku Soaps basiert die Handlung des Containers auf dramaturgisch wirksamen Figurenkonstellationen. Die für die Abwechslung der Zuschauer notwendige Vielfalt der Selbstinsze-

24 Dies entspricht grundlegenden Entwicklungen im Bereich der Programmplanung, die in den neunziger Jahren zwischen den Extrempositionen Ritual und Höhepunktsdramaturgie wechselt. Siehe dazu Bleicher (1998).

nierung der Kandidaten bedarf der Mischung unterschiedlicher Persönlichkeiten durch die Produktionsfirma. Das Kandidatencasting von *Big Brother* entspricht nicht nur dem etablierten Figurenensemble von Langzeitserien, sondern folgt auch der Typenstruktur von Beziehungsshows (Müller 1999, 58): der „charmante Schwiegersohn" (Jürgen), der „selbstverliebte Beau" (Alex), der „zurückhaltende Sensible" (Thomas), die „üppige Blondine" (Sabrina), die „kurzhaarige Burschikose", die „geheimnisvolle Dunkelhaarige" (für beide steht Andrea).

Gleichzeitig sind neben der äußerlichen Typenvielfalt auch Unterschiede in den Typen, in den Charakteren erkennbar. Produzent Rainer Laux charakterisiert die ideale Gruppenstruktur: „In Holland wurden die Kandidaten so zusammengestellt, dass sie eine relativ homogene Gruppe bildeten. In Deutschland werden wir das Gegenteil versuchen."[25] Unterschiedliche Persönlichkeiten und kontrastive Lebensauffassungen sollen für das Confrontainment-Potenzial im Container sorgen.

Zlatko und der spätere Sieger John fallen durch ihre soziale Außenseiter-Stellung aus dem Rahmen. Ihre Integration in die Gruppe erweitert das Potenzial der Sendung, als Spiegel gesellschaftlicher Realität zu fungieren. Aus Sicht des Soziologen Sighard Neckel hat die Redaktion nur bestimmte Milieus ausgewählt: „Wir haben es im Wesentlichen mit den Vertretern von nur zwei Milieus zu tun. Auf der einen Seite stand die Gruppe, die in der Öffentlichkeit als Spaßgemeinschaft verschrien ist, das moderne hedonistische Arbeitnehmermilieu der Bundesrepublik, am besten verkörpert natürlich von Jürgen. (...) Am Rand dieses Milieus stehen Personen wie John und Zlatko, die von Deklassierung bedroht sind und auf Action und Risiko aus sind. Auf der anderen Seite war das kleinbürgerliche Aufsteigermilieu repräsentiert, also Manu, Kerstin, Jona und Andrea, mit Alex als Randfigur, dem gefallenen Sohn aus dem etablierten Bürgertum. Vertreter anderer Milieus tauchten gar nicht auf."[26]

Bereits in den *Big Brother*-Vorläuferformaten der Beziehungsshows spielt die Selbstinszenierung der Kandidaten beim Casting eine entscheidende Rolle. So wird die Selbstdarstellung der Kandidaten in Gruppenspielen beobachtet. Die Hunters von *Herzblatt* bevorzugen Kandidaten, „die in alltäglichen Situationen über besondere selbstdarstellerische Fähigkeiten verfügen" (Müller 1999, 56). Genau diesem Prinzip folgte auch das Casting von *Big Brother*. Publikumswirksame Selbstdarstellung in Alltagssituationen erweist sich als zentrale Anforderung vieler Showformate der neunziger Jahre.

Regieanweisungen ersetzen im Inszenierungsraum des Containers gesellschaftliche Vorgaben für den Alltagsablauf. In der televisionären Präsentati-

25 Rainer Laux zitiert nach: Ab in den Container. http://www.stern.de vom 06.03.2000.

26 „Ein bisschen Kerstin ist in jedem von uns." *Big Brother* – ein Talk: Sighard Neckel, Detlef Kuhlbrodt, Peter Körte und Harry Nutt im Gespräch. In: *Frankfurter Rundschau*, 08.06.2000,20.

on erhalten alltägliche Handlungen wie Kochen und Essen einen eigenen Wert. Angela Keppler bemerkt im Zusammenhang mit Hochzeitsshows: „Dass hier vom Fernsehen Alltagshandlungen inszeniert werden, dass das Fernsehen die Regie übernimmt, verändert die Alltagshandlungen und gibt ihnen eine andere Kontur" (Keppler 1994, 79). In den weiteren Staffeln von *Big Brother* ist eine deutliche Dramatisierung der Alltagsinszenierung zu beobachten. Redaktionelle Vorgaben wie etwa deutlich erschwerte Spielanforderungen und aus ihnen resultierende knappe Ressourcen führten zu einer Konfliktsteigerung und damit erhöhten dramaturgischen Wirkung der Alltagsdarstellung. Das serielle Prinzip der Reality Show näherte sich immer mehr den Dramaturgien und Darstellungskonventionen von Langzeitserien an, verlor so aber die Authentizität des dokumentarischen Einblicks.

Die Präsentation unterschiedlicher Denk- und Verhaltensmodelle ist in *Big Brother* wie in den Langzeitserien an Personen gebunden. Doch das Bild der Kandidaten wird nicht nur durch ihre Selbstinszenierung durch eigenes Gesprächs- und Alltagsverhalten bestimmt, sondern vor allem von der Auswahl präsentierter Szenen durch die Redaktion. Wie in den Langzeitserien folgt die Szenenauswahl einer klaren Zuweisung von Protagonisten- und Antagonisten-Rollen. In der Woche nach ihrer Nominierung forderte eine Vielzahl von Szenen mit Jana als Antagonistin, die gegen andere Gruppenmitglieder lästert, ihre Abwahl geradezu heraus. Mit der unter den Zuschauern weit verbreiteten Negativstimmung gegen Manu[27] ging eine Szenenauswahl einher, die Manu als Zicke präsentierte. Auch Zlatkos Beliebtheit bestimmte die Szenenauswahl, die ihn als Protagonisten positiv ins Zentrum setzten. Die Regisseure integrierten seine Drohungen gegen Manu oder seine Gewaltausbrüche gegen Alex nicht in die Ausschnitte der täglichen Sendung. Gleichzeitig blendeten die Fernsehsendungen Regieanweisungen aus, die in den Internetübertragungen durch Lautsprecher im Container hörbar waren. So wurde etwa Manu einmal in das Sprechzimmer gerufen. Bei ihrer Rückkehr erzählte sie den anderen Kandidaten, dass die Redaktion ihre Passivität kritisiert und sie zu mehr Selbstdarstellung aufgefordert habe.[28]

Die Redaktion nutzt im Fernsehen etablierte Genrevorgaben für ihre Inszenierung der Kandidaten: Am Abend vor Liedaufnahmen im Sprechzimmer werden die Kandidaten bei der Bekanntgabe der Tagesaufgabe schriftlich zu attraktiver Kleidung aufgefordert (09.03.2000), um die Kamerabilder der Gesangsaufnahmen in den Videoclip des *Big Brother*-Liedes integrieren zu können. Der Gastauftritt des Berliner Promifrisörs Udo Waltz am 10.05.2000 diente der Aufbesserung des optischen Erscheinungsbildes, das Waltz aktuellen Starstandards anpasste.

27 Diese Negativstimmung wurde auch in den Artikeln des die Sendung begleitenden Fanzines geschürt. Sie bezeichneten Manu und Kerstin als Lügnerinnen und charakterisierten Manu als weinerlich.

28 Eigene Beobachtung d.A. im Internet.

Sympathie ist das zentrale Kriterium, das über den Erfolg der Kandidaten entscheidet. Sie versuchen nicht allein im Container selbst die eigene Nominierung für den Ausschluss zu verhindern, sie müssen auch die für sie anonyme Masse der Zuschauer für sich gewinnen. Mit ihrer Selbstinszenierung erreichen die Kandidaten drei Publika: die Gruppe im Container, die Redaktion, die als Erstseher über die Dauer und Art der Fernsehpräsenz entscheidet und die Zuschauer an den Bildschirmen.[29] Die Gruppe übernimmt die erste Kontrolle und Reglementierung der Selbstdarstellung der Kandidaten und ihres Alltagsverhaltens. Ihre Bewertung und Reglementierung kann dem Zuschauer in seiner Bewertung Vorgaben liefern und so sein eigenes Abwahlverhalten beeinflussen und steuern. Der Container spiegelt so exemplarisch allgemeine gesellschaftliche Disziplinierungen abweichender Lebens- und Wertevorstellungen und des nicht gruppenkonformen Verhaltens wider.

5.7.3. Modelle medienwirksamer Selbstinszenierung

Im Container lassen sich grundlegende Modelle der Selbstinszenierung unterscheiden:

1. das Verbreiten positiver Stimmung durch die performative Inszenierung: die ständige Präsentation guter Laune und einer Reihung selbstgeschaffener komischer Situationen, der Imitation von Comedystars und einer Folge von erzählten Witzen (Jürgen, Sabrina),
2. die Veröffentlichung des Privaten durch die Offenlegung der eigenen Persönlichkeit und das Erzählen von Ausschnitten der eigenen Lebensgeschichte (John, Andrea, Alex) und
3. Confrontainment Strategien in Verhalten und Diskussionen, um die Aufmerksamkeit der Zuschauer zu erregen und um in Erinnerung zu bleiben (Christian, Michael).

Um dem Unterhaltungsanspruch der Sendung zu entsprechen, müssen die Kandidaten dem Anspruch, gute Laune zu vermitteln, gerecht zu werden. Schon das Regelwerk der Sendung enthält den Hinweis: „*Big Brother* hängt von Ihnen und Ihrer Einstellung ab (...). Sie und Ihre Mitbewohner tragen entscheidend zum Erfolg der Sendung bei."[30] Jonas Entschuldigung signalisiert ihre generelle Bereitschaft, dem Gruppenziel Unterhaltung zu entsprechen: „Ich wollte sagen, dass ich mein Tief überwunden hab, und dass es mir leid tut, dass ich so einen Hänger hatte. (...) Jetzt bin ich wieder mit Spaß dabei" (zit. n. Kuhlbrodt 2000). Mediale Produktionsvorgaben und die Un-

---

29 Sei es nun am Computer- oder am Fernsehbildschirm.

30 Zitiert aus: Der große Bruder. Erstmals dokumentiert: Aus dem Geheimen Regelbuch für die Mitwirkenden der Endemol-Produktion Big Brother. *Frankfurter Allgemeine Zeitung*, 10.06.2000, 41.

terhaltungsfunktion als Teil der Selbstinszenierung treffen in dem Verhalten der Kandidaten aufeinander.

Da sie für die Zuschauer nur in der medialen Präsentation sichtbar sind, passen sich die Kandidaten etablierten Formen medialer Popularität an. In der mediengerechten Selbstinszenierung liegt eine der zentralen Anforderungen des Spielkonzepts. Die Kandidaten nutzen ihre Kenntnis unterschiedlicher Genrekonventionen des Fernsehens für die Gestaltung ihrer performativen Auftritte. Ihre wechselnde Imitation medialer Rollen ist in die Handlungsstruktur des jeweiligen Genres eingebunden. Im Container als Showbühne parodieren die Kandidaten Nachrichtensendungen, Daily Talkshows und imitieren Musik- oder Comedystars des Fernsehens.

Eine wesentliche Reaktion auf den Zustand der Dauerbeobachtung ist die konzentrierte Körperselbstwahrnehmung der Kandidaten, die sich in diversen sportlichen und kosmetischen Aktivitäten äußert. „Unter dem Blick des Anderen schämen wir uns unseres Körpers, unseres Aussehens, unseres Benehmens[31] – des ganzen Bildes, mit dem wir uns der Welt zeigen. Der bloße Verdacht, dass der fremde Blick mich beobachtet, genügt, um diese allumfassende Scham hervorzurufen" (Groys 2000, 80). In der zweiten und dritten Staffel wurden die Fitnessaktivitäten in Gruppen koordiniert und kollektiviert. Die Kandidaten passen ihr äußeres Erscheinungsbild via Körpertraining und Schminken den Inszenierungsmustern etablierter Stars an. Diese Inszenierungsmuster sind für die anderen Kandidaten identifizierbar, so verglich Jürgen Sabrina mit den weiblichen Mitgliedern der *Dallas* Serienfamilie Ewing (10.05.2000). Sie selbst hingegen inszenierte sich als Sexbombe[32] und Dauerrednerin mit humoristischem Anspruch.

Andere Kandidaten nutzen die gezielte Emotionalisierung bestimmter Themen für ihre Einzelinszenierungen. Jona und Kerstin wählen die Form des persönlichen Bekenntnisses, um durch Emotionalisierung Zuschauersympathien zu wecken. So sind Abtreibung (Jona) und Fehlgeburt (Kerstin) Themen mit hohem Mitleidspotenzial. Manus und Jonas Tränenausbrüche folgen den darstellerischen Konventionen des Melodrams, obgleich der Zuschauer auf die passende musikalische Untermalung verzichten muss. Sie bleibt Szenen mit weinenden Männern (John und Alex) vorbehalten.

Eine bruchlose Einheitlichkeit der verbalen Selbstinszenierung kann zu Problemen bei der Einschätzung durch die Zuschauer führen. „Wenn bestimmte Menschen immer nur wiederholen, was man von ihnen schon hundertmal gehört hat, entsteht nicht der Eindruck, dass sich dabei ihr verborge-

31 Dies trifft insbesondere auf Sabrina zu, die wiederholt in Gesprächen mit anderen Bewohnern ihre möglicherweise negative Außenwirkung diskutiert und auch schon mal den Wunsch „Das bitte schneiden" an die Redaktion äußert.

32 Ihre körperliche Selbstdarstellung beim Duschen schaffte es immerhin auf die Titelseite der *Bild-Zeitung*.

nes Denken manifestiert – vielmehr erwecken sie den Verdacht, dass sie anders denken als sie sprechen“ (Groys 2000, 68).

Szenisch strukturierte Inszenierungen mit hohem Unterhaltungswert erfolgen unter der Mitwirkung mehrerer Kandidaten. Kleine, wechselnde Ensembles realisieren humoristische Sketche. John nutzt gemeinsam mit Andrea die parodistische Imitation, um fiktive Gesprächssituationen zu inszenieren. Jürgen und Sabrina inszenieren ihre Beziehung als Sitcom mit einer Kombination aus witzigen Dialogen und komischen Situationen. „Dass Kerstin, die arbeitslose Schauspielerin, auf die Mittel der Soap Opera zurückgriff und mit dem Kneipenwirt Alex eine Beziehung in Episoden inszenierte, zeigt die Raffinesse, mit der die Darsteller am Drehbuch ihrer Biographie arbeiten“ (Kegel 2000). Dazu zählen auch Kerstins professionell inszenierte Knutschereien und Auseinandersetzungen mit Alex, bei denen sie sich den Darstellungsformen von Serien entsprechend neben ihn setzt, so dass beide gleichzeitig von der Kamera erfasst werden können. Den Konventionen der Langzeitserien entsprechend beendet sie die Auseinandersetzung mit der verbalen Betonung ihrer Gefühle und dem Verlassen des Raumes als Szenenabschluss. Karim und Daniela nutzten in der zweiten Staffel vergleichbare Inszenierungsmuster.

Zur Selbstinszenierung der Kandidaten gehört den Darstellungskonventionen der Langzeitserien entsprechend die wiederholte Thematisierung ihrer Handlungsmotivation, die die Identifikation der Zuschauer motivieren soll. Nur Zlatko bekennt offen, nur wegen des Geldes im Container zu sein. Jürgen verkündet in den letzten Wochen in direkter Zuschaueransprache im Sprechzimmer sympathieträchtig: „Ich tue alles nur, um die Zukunft meiner Tochter zu sichern.“ Thomas will in der sozialen Begegnung lernen, den Anforderungen des Gemeinschaftslebens gerecht zu werden. Andrea betont ihre Harmonisierungs-Kompetenz in der Vermittlung innerhalb von Gruppenkonflikten und entspricht so den Vermittlerfiguren in den Langzeitserien, die durch ihre bloße Aufforderung „Redet doch mal miteinander“ Konflikte beenden.

Gesten werden als körpersprachliches Darstellungsmittel unterschiedlich eingesetzt. Jürgen und Sabrina nutzen eine heftige Gestik, um die Witzigkeit ihrer humoristischen Einlagen zu unterstützen. In Gesten deuten sich auch Konflikte an, die das Sehinteresse der Zuschauer wecken. Jens Jessen konstatiert „mit kleinen Gesten der Gier und Gewalt hielten sie (die Kandidaten, Anm. d.A.) die Hoffnung wach auf das große Böse“ (Jessen 2000). Körpersprache wird den Darstellungskonventionen des Fernsehens entsprechend zum Schauspiel der eigenen Selbstdarstellung ebenso wie zum Teil der Dramaturgie des Handlungsverlaufs.

Die in den Spielregeln vorgeschriebenen täglichen Statements im Sprechzimmer sind Monologe, in denen die Kandidaten die aktuelle Situation im

Container schildern, das Verhalten der anderen bewerten und ihre subjektive Befindlichkeit thematisieren. Diese Äußerungen entsprechen in idealer Weise den Anforderungen des klassischen dramatischen Monologs, der hauptsächlich auf die sprechende Person bezogen ist: „Es gibt eine einzige Referenzebene, er fordert keine Gegenrede, ist aber desto nachhaltiger an das Publikum gerichtet“ (Brauneck, Schneilin 1986, 624). So sind Tränenausbrüche Manus und Jonas vor allem im isolierten Bühnenraum des Sprechzimmers angesiedelt. Vergleichbar der reflexiven Ebene subjektiver Stellungnahmen in Langzeitserien nehmen die Kandidaten in ihren Statements eine moralische Bewertung der aktuellen Gruppensituation und des Verhaltens der einzelnen Kandidaten vor. Kritik wird häufiger im Sprechzimmer geäußert als in den Gesprächen untereinander.

Im Serien-Schauspiel bilden Requisiten einen zentralen Faktor der Figurencharakterisierung (Bleicher 1999). Auch die Kandidaten versuchen durch die Auswahl ihrer Kleidung nicht nur ihrem Lebensstil Ausdruck zu verleihen, sondern auch eine schnelle visuelle Identifizierbarkeit in der Sendungsrezeption zu erreichen. So sind John und Alex anhand ihrer Kopfbedeckungen im Bild sofort zu erkennen. Zentrales modisches Requisit bilden die Sonnenbrillen, die den Container als Werbefläche der optischen Industrie erscheinen lassen. Marshall McLuhan vermochte ein ganz besonderes Wirkungspotenzial in der Sonnenbrille zu erkennen: „Sonnenbrillen erzeugen das undurchschaubare und unnahbare Vorstellungsbild, das sehr stark zu aktiver Teilnahme und Vervollständigung einlädt“ (zit. n. Kuhlbrodt 2000).

Zu den zentralen Ausdrucksformen der Selbstinszenierung zählen die sprachliche Selbstdarstellung und das Gesprächsverhalten in der Gruppe. Gespräche richteten sich nicht nur an die körperlich anwesenden Gesprächspartner, sondern galten der publikumswirksamen verbalen Selbstdarstellung. Die Kandidaten folgen einer impliziten Regelung des Gesprächsablaufs, die besagt, jeder darf in seinem Beitrag ausreden und hat so Zeit für seine Selbstdarstellung. Bei redaktionell vorgegebenen Themenkomplexen der Bewertung unterschiedlicher Sachverhalte oder Verhaltensformen orientierten sich die Kandidaten an der generellen Meinung zu einem Thema und verzichteten auf strittige Extrempositionen. Sie entwerfen Lebensmodelle und Wertevorstellungen von breiter Akzeptanz. Wechselseitige Zustimmung ersetzt die Kontroverse, die eine Abwahl durch die Zuschauer zur Folge haben kann.

Gruppengespräche konfrontierten die einzelnen Kandidaten mit anderen Kriteriensystemen der Bewertung von Menschen. Sie diskutierten die Bedeutung von Attraktivität, Handlungs-, Unterhaltungs-, Sozial- und Wissenskompetenz. In der zweiten und dritten Staffel bildeten die spezifischen Anforderungen der angestrebten Medienkarrieren einen Themenschwerpunkt.

Das Gesprächsverhalten wird in zentraler Weise von der Beobachtungssituation gesteuert. Die Dialogpartner richten sich in einer Mehrfachadressierung[33] an die direkt präsenten Zuhörer[34] und an die Zuschauer an den Beobachtungsgeräten, die als Publikum der inszenierten Dialoge und Monologe adressiert werden. Boris Groys stellt fest, dass Menschen klarere moralische Positionen vertreten, wenn sie sich von Unbekannten beobachtet fühlen. Es entstehe „ein Gefühl der unbedingten Verantwortung vor dem Abwesenden" (Groys 2000, 84). Genau diese klaren ethischen Positionen vertraten die Kandidaten der ersten Staffel in Statements, Diskussionen und Gesprächen. In den abendlichen Diskussionen orientierten sie sich an den Vorgaben der Political Correctness. Bei einer Debatte über das Für und Wider von Atomkraftanlagen (29.03.2000) propagierten sie unterschiedliche Formen der Beteiligung von Bürgern an der Politik; beim Thema „Für eine Million Mark Sex mit einem Freier" (05.04.2000) taten Jürgen, Kerstin und John alles für ihre Familie. Die Nähe zur allgemeinen konservativen Moral ist in diesen Diskussionsbeiträgen offensichtlich. Alex vertrat in seiner Selbstinszenierung als „lonesome heroe" wiederholt einen subjektiven Ehrenkodex, den er einzuhalten gedenke, und grenzte sich so auch sprachlich von der Gruppe ab. Teile dieses Kodexes, wie das füreinander Einstehen von Freunden, gab er nur situationsgebunden in den abendlichen Diskussionen preis. In der zweiten und dritten Staffel versuchten Christian und Michael durch Diskussionsbeiträge zu provozieren, um so ihrer selbstgewählten Antagonistenrolle auch in den Gruppengesprächen gerecht zu werden.

In der zweiten und dritten Staffel wechselten mit der veränderten Zielsetzung der Kandidaten auch die Muster ihrer Selbstinszenierung. Das Modell Zlatko, über bloße Medienpräsenz zum Star zu werden, steigerte die Inszenierungsstrategien der Containerbewohner. Sie versuchten sich durch gezielte Aktionen wie einen Striptease (Marion) oder bewusst herbeigeführte Auseinandersetzungen (Christian, Michael) ins Zentrum der kollektiven Aufmerksamkeit zu setzen. Auch versuchten sich die Kandidaten werbewirksam als Markenartikel der Unterhaltungsindustrie anzupreisen. Wiederholte musikalische Darbietungen (Stefanie, Harry, Tajana, Jörg, Medy) wechselten mit schauspielerischen (Christians Kameramonologe oder sein zärtlicher „Dialog" mit einem Schmetterling) oder choreographischen Leistungen (Daniela). Die Rollenmuster der Selbstinszenierung wurden direkt für die Weitervermarktung der Kandidaten als Produkte der Unterhaltungsindustrie übernommen. Christians erster Hit trug den seinem Containerverhalten entsprechenden Titel „Es ist geil ein Arschloch zu sein". Versuche von Kandidaten der dritten Staffel, diese Rollenmuster der Selbstinszenierung für sich zu nutzen,

33 Zum Phänomen der Mehrfachadressierung im Fernsehen siehe Hickethier (2001).

34 Als zusätzliches Publikum fungieren neben der Redaktion die Zuschauer hinter dem Zaun, die sich durch Zwischenrufe und Musikeinspielungen akustisch bemerkbar machen. Alex kommuniziert unmittelbar nach dem freiwilligen Auszug von Kerstin mit den Fans am Zaun. Die körperliche Präsenz am Zaun ermöglicht die direkte Teilnahme am medialen Ereignis.

waren wenig erfolgreich. Michaels Versuche, Christians Rollenverhalten zu imitieren, scheiterten im Container selbst ebenso wie in der musikalischen Weitervermarktung.

Mit dem enormen Zuwachs an deutlich erkennbaren und auch häufig im Dialog thematisierten Inszenierungsmustern ging ein Attraktionsverlust der Sendung einher. Der scheinbar direkte Einblick in das private Lebensumfeld einer Gruppe von Menschen wich der täglichen Leistungsschau von Nachwuchsstars, die dank der Einheitlichkeit und des schlechten Niveaus der Inszenierung schnell an Reiz verlor. Die Kandidaten machten „sich selbst zum Beobachter ihres uneigentlichen Tuns" (Mikos, Prommer 2002). Auch die Versuche der Redaktion, durch die Inszenierung wöchentlicher Events wie etwa Insektenessen der Kandidaten neue dramaturgische Höhepunkte zu setzen, konnten diesen Attraktionsverlust nicht ausgleichen.

Die Integration diverser formaler und inhaltlicher Vermittlungskonventionen des Fernsehens bildet eine wichtige Grundlage für die spezifischen gesellschaftlichen Funktionen der Sendung.

5.7.4 Die Medienbühne als kulturelle Reflexion des sozialen Alltags?

„Die Überwachung ist lückenlos" (Foucault 1994, 252).

Der zur täglichen Beobachtung durch die Fernsehzuschauer freigegebene Menschenzoo des Containers von *Big Brother*, der im abgeschlossenen Raum scheinbar exemplarische Grundstrukturen der Gesellschaft ausstellt, ermöglicht dem Zuschauer mikrosoziologische Studien.[35] So erfährt die Theorie Pierre Bourdieus (1992), dass richtiges Konsumverhalten ein zentrales Kriterium sozialer Zugehörigkeit darstelle, im Container ihre televisionäre Bestätigung: Das eigene Konsumverhalten bildet einen thematischen Schwerpunkt der Kandidatengespräche. Mit diesem Angebot einer Mikrosoziologie perfektioniert das Sendungsformat im 20. Jahrhundert das von Michel Foucault beschriebene Überwachungsideal des Panoptismus des 18. Jahrhunderts.[36] Der Psychologe Lothar Hellfritsch kritisiert die aktuelle Fortentwicklung des Panopticons durch das Fernsehen als „ein menschenverachtendes Gruppenexperiment und zugleich eine ungeahnte Steigerung des exhibitionistischen Fernsehens."[37] Dieser Vorwurf zielt in unterschiedliche Richtungen. Der Experimentcharakter trifft eher auf die Beschreibung des Beobachtungsinte-

35 Dieses Moment der Ausstellung hat Boris Groys im Sinn, wenn er den *Big Brother*-Container mit dem Museumsraum vergleicht. Gleichzeitig sieht er eine Parallele zum Kirchenraum, der der Säkularisierung von Außenseitern diene. So Boris Groys während einer Diskussion im Literaturhaus Hamburg am 21.09.2000.

36 Zum Konzept und Realisation des Panopticon siehe Foucault (1994, 251ff.).

37 Zitiert nach: Sendestart der umstrittenen TV-Show 'Big Brother'. In: http//www.zeit.de vom 01.03.2000.

resses vieler Zuschauer zu. Die Produzenten sind vorrangig an der Steigerung der exhibitionistischen Wirkung interessiert.

„Die Panoptische Anlage schafft Raumeinheiten, die es ermöglichen, ohne Unterlass zu sehen und zugleich zu erkennen" (Foucault 1994, 257). Wie die von Foucault beschriebene panoptische Anlage ist auch die Dauerbeobachtung des Fernsehens auf eine spezifische Raumgestaltung angewiesen. Jede Inszenierung nutzt ihren spezifischen Darstellungsort, der in der Tradition des Theaters als Bühne fungiert. Im 20. Jahrhundert gleichen sich die Raumstrukturen der Fernsehbeobachtung dieser speziellen Form der „Naturforschung" an (Hensel 2000): Ort der Beobachtung bleibt wie im 18. Jahrhundert der „geschlossene, parzellierte, lückenlos überwachte Raum, innerhalb dessen die Individuen in feste Plätze eingespannt sind, die geringsten Bewegungen kontrolliert und sämtliche Ereignisse registriert werden" (Foucault 1994, 253). Den Beobachterplatz im Benthamschen Panopticon ersetzen die Kameras hinter den Spiegeln des *Big Brother*-Containers. Der Regieraum bildet die Machtzentrale, die das Verhalten der Kandidaten reglementiert und bei Fehlverhalten, wie beispielsweise dem Aufbau eines Kamera-Sichtschutzes durch die Kandidatin Despina, reglementiert.

Die Raumstruktur passt sich etablierten Vermittlungskonventionen des Fernsehens an. In *Big Brother* fungiert der lückenlos überwachte Raum des Containers wie die Studiokulisse einer Langzeitserie, in der jeder einzelne Raum seine spezifische Funktion hat und bereits die Szenen charakterisiert, die in ihm stattfinden. Der Garten markiert den Freizeitbereich, wo die Kandidaten relaxen oder im Krafttraining ihre Körperideale zu verwirklichen suchen. Die Küche ist der Ort der Gruppenzusammenführung, hier werden die gemeinsamen Mahlzeiten vorbereitet und eingenommen. In den Haushaltsaktivitäten innerhalb der Küche realisieren sich traditionell Genderkonstruktionen. Der Wechsel zwischen tradierten und aktuellen Geschlechterrollen zeigt sich praktisch an der wechselnden Arbeitsaufteilung zwischen Männern und Frauen. Im Wohnzimmer werden die gemeinsamen Gespräche inszeniert, Konflikte ausgetragen, gefeiert oder das gemeinsame Relaxen als Freizeitaktivität zelebriert. Das Schlafzimmer ist Ort der intimen Gespräche, dient aber auch der Realisation des sonst dialogorientierten Paarungsverhaltens. Das Badezimmer fungiert als die Hinterbühne im Sinne Erving Goffmans, der von der Außenwelt unzugängliche Raum, in dem sich Menschen auf ihre öffentliche Selbstdarstellung vorbereiten (Goffman 1996, 104). Hier bereiten die Kandidaten durch Maßnahmen des Körperdesigns wie Schminken, Frisieren und Brusthaarentfernung ihre visuelle Selbstinszenierung vor.

Die Dauerbeobachtung im Fernsehen radikalisiert gesellschaftliche Entwicklungen außerhalb des Mediums, indem diese als Unterhaltungsformen mit einem besonderen Erlebnisversprechen versehen werden. Freiheits- und Persönlichkeitsverlust wird mit medialem Erlebnismehrwert belohnt. Die

Überwachung des öffentlichen Raums via Videokameras (Gössner 2000) wird in der Fernsehkommunikation durch die Überwachung des privaten Raums über Fernsehkameras und Webcams mit dem Ziel der Unterhaltung verdeckt. Mit der angebotenen Beobachtungssituation von *Big Brother* erweitert das Fernsehen den Bereich etablierter gesellschaftlicher Kontrollinstanzen. Neben Kontrollen und Reglementierungen im Arbeitsbereich tritt nun die Legitimierung der Kontrolle und Reglementierung des Privatlebens. Das Fernsehen setzt die historische Entwicklung der gesellschaftlichen Beobachtung fort, ersetzt aber den professionellen Beobachter durch den Zuschauer. Diese spezifische Form der Medienrezeption scheint den Zuschauer aus bestehenden Machtkonstellationen seines Alltagslebens herauszulösen. In seinem Berufsalltag ist der Zuschauer selbst das Objekt der Kontrollbeobachtung, nun kann er die Position wechseln und am Bildschirm die Position des allwissenden und allgegenwärtigen Kontrolleurs einnehmen. Das Medium bietet ihm eine Disziplinierungsrolle an, die die Erfahrung der Machtlosigkeit im eigenen Leben kompensiert.

An die Stelle der beruflichen Anforderungen treten in der Spielwelt des Beobachtungscontainers die Anforderungen von Tages- und Wochenaufgaben. Doch erfordern diese Aufgaben Kompetenzen, die den Berufsalltag vieler Menschen bestimmen: Es gilt, die gestellten Aufgaben in wechselnden Teams zu erfüllen, gleichzeitig muss sich der Einzelne seine Machtposition in der Gruppenhierarchie sichern. Die Bildung strategischer Allianzen zur Erfüllung situativ begrenzter Anforderungen ist also ebenso gefragt wie das geschickte Intrigieren gegen Konkurrenten in der Gruppenhierarchie. Fehler bei den Intrigen gefährden die eigene Position. Alex scheitert an seiner Nominierung von Jürgen, bei der Abwahl der Zuschauer hatte er gegen den Dauersympath Jürgen keine Chance. Jürgen selbst versucht sich durch Allianzen – etwa mit Zlatko und Jana oder Sabrina – gegen Intrigen abzusichern. In den folgenden beiden Staffeln wurden die Absprachen zwischen den Kandidaten über das Abwahlverhalten immer detailgenauer.

Die Beobachtungssituation des *Big Brother*-Containers perfektioniert die bisherige Kandidatenpräsentation in Fernsehshows, die der Position eines Delinquenten gleiche, „der Objekt der Beobachtung wird, ohne Subjekt einer Kommunikation zu sein“ (Friedrich 1991, 52f.). Doch ergänzt Eggo Müller: „Die nonprofessionellen Kandidaten befinden sich als Akteure auf einer Bühne, auf die sie sich freiwillig zum Zwecke ihrer (Selbst-)Darstellung begeben haben“ (Müller 1999, 66).

Die Beobachtungssituation impliziert auch die Bewertung und Reglementierung der Eingeschlossenen durch den televisionären Beobachter. Die Beobachtung durch den Zuschauer ist die Grundlage seiner Bewertung des normgerechten Verhaltens der Kandidaten. Im Nukleus der räumlich abgegrenzten zwischenmenschlichen Beziehungen spiegeln sich aktuelle Wertestrukturen der Gesellschaft. Die in Dialogen geäußerten Wertevorstellungen der Kandidaten können die Zuschauer anhand des sozialen Handelns im Container überprüfen. Gleichzeitig vermitteln gruppendynamische Prozesse Informationen über aktuelle Konflikte und Konfliktlösungsstrategien, deren Bewertung ebenfalls den Zuschauern überlassen bleibt.

Die Tages- und Wochenaufgaben wie etwa das Durchqueren einer schwierigen Kletterwand oder sportliche Vorführungen im Garten erinnerten häufig an Beschäftigungstherapie für gefangene Tiere im Zoo. Wie im Zoo bilden in den Sendungsausschnitten die Bereiche Nahrungsaufnahme, Paarungsverhalten und gemeinschaftliche Spiele die zentralen Attraktionsfaktoren der Beobachtung. Dennoch sind die Aufgaben auch ein zentraler Teil der televisionären Spiegelung von aktuellen gesellschaftlichen Anforderungen. Praktische Kompetenzen sind ebenso Gegenstand der spielerischen Anforderungen wie Wissen, das schnell erworben werden muss und in Einzelabfragen geprüft wird. „Die Prüfung kombiniert die Techniken der überwachenden Hierarchie mit denjenigen der normierenden Sanktion. Sie ist ein normierender Blick, eine qualifizierende, klassifizierende und bestrafende Überwachung." (Foucault 1994, 238)

Auch Gedächtnisleistungen gehören zu den Kompetenzanforderungen, die sich auch im Berufsleben finden. Doch wird in den Spielen nicht nach der Bedeutung des angeeigneten Wissens (Hauptstädte von Ländern und ihre Bewohnerzahl, Taxirouten in deutschen Großstädten) gefragt. Es zählt die Bereitschaft, in möglichst kurzer Zeit möglichst viele Fakten abrufbar zu halten und diese in einer Prüfungssituation der Einzelbefragung adäquat vermitteln zu können.

In den Wochenaufgaben sind auch Analogien zu Strukturen der industriellen Produktion erkennbar. Hier gibt es zahlenmäßige Akkordvorgaben etwa beim Legosteine-Verbauen, Autogrammkarten-Schreiben oder Luftballons-Aufblasen. Wochenaufgaben, deren Absolvierung über die Versorgungslage der Gruppe entscheiden, erfordern zur Erreichung des Zieles strategische Kooperationen der Kandidaten. Diese Kooperationen spiegeln „die Kunst der Zusammensetzung von Kräften zur Herstellung eines leistungsfähigen Apparates" (Foucault 1994, 212) in der Gesellschaft wider. Vorhandene Kompetenzen der Kandidaten müssen je nach situativer Anforderung neu kombiniert werden.

Der *Big Brother* Container fungiert wie das von Foucault beschriebene Panopticon als „Laboratorium, (...) als Maschine für Experimente, zur Veränderung des Verhaltens, zur Dressur und Korrektur von Individuen" (Foucault 1994, 262). In ihrem Verhalten reproduzieren die Kandidaten die gesellschaftlichen Anforderungen. Im Falle der Leistungsverweigerung treten die etablierten gesellschaftlichen Interventionstaktiken auch im *Big Brother*-

Container in Kraft: Die zentrale Interventionsmaßnahme ist der Entzug von finanzieller Zuwendung, die die Möglichkeit zur Selbstversorgung erschwert.

Auch Konfliktstrukturen innerhalb der Gruppe sind gesellschaftstypisch. Konflikte entstehen um die Machthierarchie, die gerechte Verteilung von Arbeit und kontrastierende Wertesysteme, die sich in unterschiedlichen Verhaltensanforderungen niederschlagen. Die Gruppe legt das richtige Verhalten fest und diszipliniert den Einzelnen. Der Mikrokosmos „*Big Brother*-Container“ legt typische Muster der Selbstbehauptung in der modernen Gesellschaft zur unterhaltsamen Wahrnehmung und Aneignung vor.

Die Kandidaten zeigen die Kompetenzen, die allgemeine gesellschaftliche Anforderungen im Berufsleben charakterisieren: strategisches Denken im Konkurrenzverhalten, Durchsetzungskompetenz, imageorientierte außenwirksame Selbstdarstellung und wechselnde strategische Kooperationen in begrenzten Aufgabengebieten. Der Sieger verkörpert das derzeitige gesellschaftliche Ideal des „Ego-Taktikers“ (Klaus Hurrelmann), der kommunikativ ist, sich schnell veränderten Anforderungen anpasst und sie zur Optimierung der eigenen Situation zu nutzen weiß (Willeke 2000). Der Sieger der ersten Staffel, John, wies mehrfach in Gesprächen darauf hin, dass sein Verhalten in der Fernsehsendung nicht seinem normalen Sozialverhalten im Alltag entspricht. In der dritten *Big Brother*-Staffel zählte diese Differenz zwischen medialer Selbstinszenierung und Alltagsverhalten zu den zentralen Themen der Kandidatengespräche.[38]

Der Container wird zur Schaubühne, die als moralische Lehranstalt verschiedene Modelle des gesellschaftlich adäquaten Denkens und Verhaltens von Menschen präsentiert.[39] *Big Brother* spiegelt auch Veränderungen in der gesellschaftlichen Hierarchiebildung. Der Mikrokosmos des Containers zeigt exemplarisch die Funktionsweise der Aufmerksamkeitsökonomie des Makrokosmos Mediengesellschaft. Im abgegrenzten Raum und einer festgelegten Zeitspanne treten normale Menschen durch Medienkompetenz und ihre bloße Dauerpräsenz im Fernsehen in den Status von Prominenten über. Die Kandidaten fungieren als Aufmerksamkeitsgladiatoren.[40] Mediale Selbstinszenierung wird zum besonderen Wert, der über den gesellschaftlichen Status entscheidet. Die Anforderungsstruktur des Sendungsformats spiegelt wider, wie sich der Zwang zur Selbstinszenierung in der Mediengesellschaft gesteigert hat. Medien bestimmen nicht mehr nur unsere Wahrnehmung von Wirklichkeit, sie liefern durch ihre Rollenvorgaben auch Strukturmuster für unsere individuelle Selbstrepräsentation in Sprache und Handlung. „Die Prominenten sind die klassischen Kapitalisten in der Ökonomie der Aufmerksamkeit“,

---

38 Vgl. hierzu Mikos, Pommer (2002, 331).

39 Diese Funktion beschrieb Friedrich Schiller 1784 ausführlich in „Die Schaubühne als moralische Anstalt betrachtet“.

40 Diese Metapher verwendete Florian Rötzer in einer Diskussion mit Boris Groys im Literaturhaus Hamburg am 21.09.2000.

konstatiert Georg Franck (1998, 118). Der Aufstieg in diese neue Oberschicht ist nur über Medienpräsenz erreichbar. Sie funktioniert als ein Automatismus, der kollektive Aufmerksamkeit sichert.

5.8 Fazit

Der Rückblick auf die Programmgeschichte zeigt unterschiedliche Formen der Thematisierung von Privatheit: Die direkte Präsentation menschlichen Zusammenlebens in der szenischen Inszenierung von *Unsere Nachbarn heute abend – Die Familie Schölermann* war in den fünfziger Jahren noch unumstritten. Doch mit der Ausdifferenzierung der Präsentation von Privatheit in diversen Programmformen steigerte sich das Konfliktpotenzial. Erst mit dem Überschreiten der Darstellungsgrenze menschlicher Nacktheit als „Geheimraum" des Körpers in dem Fernsehspiel *Lysistrata* setzte der kritische Diskurs ein. Das Durchbrechen bestehender Tabus der Selbstdarstellung von Kandidaten und die Verwertung dieser Selbstdarstellung für einen Unterhaltungszusammenhang stand im Zentrum der Debatte um diverse Spiele der Gameshow *Wünsch Dir was*. Die Fremdinszenierung von Kandidaten durch nicht lösbare Spielanforderungen, der Verzicht auf das Leistungsprinzip als Gewinnfaktor und die Zerstörung von Gegenständen aus dem Privatbesitz der Kandidaten waren Auslöser der Diskussion um das „Bloßstellungsfernsehen" in Showformaten der achtziger Jahre. Bei den Talkshows verwiesen Kritiker auf die Folgen der tabulosen individuellen Selbstdarstellung für das gesellschaftliche Zusammenleben. Sie fürchten „die allmähliche Unterminierung bestimmter Normen, die soziales Zusammenleben fördern oder aber soziales Zusammenleben zerstören. Es geht ja nicht um den Erhalt der Schamgrenzen im Allgemeinen. Es geht um eine ganz bestimmte Funktion der Scham: um den Erhalt der Sensibilität für den anderen. Was tue ich einem anderen Menschen an, wenn ich in seine Intimsphären einbreche, ohne vorher das nötige Vertrauen erworben zu haben?" (Deutsches Allgemeines Sonntagsblatt 20.02.1998)

Es sind vergleichbare Darstellungselemente, die im Verlauf der Programmgeschichte in unterschiedlichen Sendungszusammenhängen öffentliche Diskurse provozierten:

- Die Darstellung von Sexualität, die in den fünfziger und sechziger Jahren bereits bei der Präsentation unbedeckter Körperteile wahrgenommen und als anstößig befunden wird.
- Die Ausbeutung verschiedener Formen menschlicher Selbstdarstellung für den Zweck massenwirksamer Unterhaltung. Steht mit Blick auf die Bloßstellungsshows die Grausamkeit der Kandidatenbehandlung durch redaktionelle Spielvorgaben im Zentrum der Kritik, so wird im Diskurs über

Talkshows von der Redaktion der Schutz der Kandidaten vor ihrer Tabugrenzen überschreitenden Selbstdarstellung gefordert.
- Die Verletzung der Grenzen des Nichtabbildbaren. Diese Grenzen sind jeweils aktuellen Veränderungen unterworfen. So ist beispielsweise bei *Big Brother* die Präsentation menschlichen Verhaltens außerhalb des Inszenierungsraums Studio umstritten.

Am Ende der exemplarischen Analyse von Beispielen aus der Skandalchronik des Fernsehens steht das vor Sendungsbeginn von *Big Brother* ausgesprochene Fazit von Ingo Brüggenjürgen, „dass es immer schwieriger wird, überhaupt noch Tabus zu verletzen, weil diese Grenzen sich immer weiter verschoben haben." Im Verlauf der Programmgeschichte haben sich die Tabugrenzen erweitert. In der wachsenden Vielzahl der Programmangebote ist es auch zunehmend schwieriger, Tabuverletzungen auszumachen und in die öffentliche Diskussion zu bringen. Insbesondere die Einführung der digitalen Verbreitungstechnik markiert eine drastische Erweiterung der Programmangebote des Mediums. Sendungen haben es im Angesicht einer wachsenden Zahl digitaler Programmbouquets schwer, die kollektive Aufmerksamkeit für ein Angebot zu finden und so die Grundlage für medienübergreifende kontroverse Diskurse zu bilden.

Öffentliche Diskurse, so scheint es, weichen immer mehr Formen der privaten Kommunikation über Medienangebote. An die Seite der Strukturierung öffentlicher Kommunikation durch die Medien tritt die Integration von Medieninhalten in den privaten Dialog.[41] Aus dem Kontrast zwischen den bisherige Darstellungsgrenzen überschreitenden Formen der medialen Inszenierung und den aktuell verbreiteten Vorstellungen von Privatheit entsteht die Brisanz, die sich auch im öffentlichen Diskurs über einzelne Fernsehsendungen niederschlägt.

Neben den vielfältigen Formen der Kritik an der medialen Verschiebung von Öffentlichkeit und Privatheit gibt es auch Stimmen, die der Medienentwicklung positive Aspekte abgewinnen können. Aus Sicht von Douglas Adams ist die Rückführung der medienöffentlichen Kommunikation auf die private Kommunikation Ergebnis einer kontinuierlichen Veränderung der Medienwirkung. „Die Kommunikationsmittel sind aus einer Notwendigkeit entstanden: aus der Anzahl von Menschen und der Komplexität der Aufgabe, uns zu organisieren. Mittlerweile sind sie fast so weit entwickelt, dass sie uns befreien könnten und zurückführen zu einem menschlichen Umgang miteinander" (Adams 2001). Indem die Medien zentrale Funktionen wie Kontingenz- und Komplexitätsreduktion übernehmen, schaffen sie neue Freiräume für nichtmediale Erfahrungen von Privatheit. Es bleibt angesichts der weiteren Medienentwicklung abzuwarten, ob diese Vorstellung Utopie bleibt oder sich in den Medienalltag überführen lässt.

41 Linguistische Studien befassen sich mit unterschiedlichen Formen der Übernahme von Medienthemen in die private Dialogführung, so etwa Hepp (1998).

6 Konflikte um die Selbstbeschreibung der Gesellschaft: Der Diskurs über Privatheit im Fernsehen *(Christian Pundt)*

In diesem Kapitel wird der (print-)mediale Diskurs über die Darbietung von Privatheit und Intimität bzw. über die ‚moralischen' Grenzen von deren Darbietung im Fernsehen nachgezeichnet. Formate, Sendungen und Sendungsereignisse werden in den Blick genommen, die sich in der öffentlichen Debatte als Konfliktfälle erwiesen und deshalb eine gesellschaftliche Debatte in den Printmedien nach sich gezogen haben.

In solchen Konfliktfällen wird zum einen ein Genre- und Medienwissen artikuliert, zu dem neben der Einschätzung inszenatorischer Eigenschaften des thematisierten Sendungsereignisses bzw. Formats auch das jeweilige zeitgenössische Verständnis von Aufgaben des Fernsehens, Maßstäben seiner Qualität, Rang und Wirkung des Mediums in der Gesellschaft herangezogen wird. Zum anderen zeigen ‚skandalträchtige' Debatten die Normen zur Beurteilung des Programms auf und wie sie ausgelegt werden sollen. Denn Skandale sind in ihrer Grundstruktur Normenkonflikte, die einen gesellschaftlichen Prozess nicht nur passiv dokumentieren, sondern selbst zu der Stabilisierung alter oder Durchsetzung neuer Normen beitragen (vgl. Schoeps 1989).

Bei der Auswertung der Debatten wird so verfahren, dass zentrale Aspekte des theoretischen Diskurses über Privatheit im öffentlichen Raum an die Debatten angelegt und in ihrem Verlauf beschrieben werden. So wird herausgearbeitet, wie sich parallel zu der Veränderung der Inszenierung von Privatheit im Fernsehens auch die Sichtweisen auf Normen und Grenzsetzungen des Mediums und somit letztendlich der Gesellschaft als Ganzes gewandelt haben (Kap. 6.4-6.8).

Zuvor wird in zwei Kapiteln das methodische Vorgehen kurz beschrieben: wie die Auswahl der sendungsbegleitenden Debatten getroffen, ein Textkorpus zusammengestellt und systematisch erschlossen (Kap. 6.1) und wie die

Rekonstruktion der Debatten als Diskurs- (Kap.6.2) und Argumentationsanalyse strukturiert wurde (Kap. 6.3).

6.1 Zusammenstellung und Erschließung des Untersuchungskorpus

6.1.1 Zusammenstellung des Untersuchungskorpus

Die Grundlage der Analyse des Diskurses über Privatheit im Fernsehen bilden Artikel aus Zeitungen und Zeitschriften, die unter Bezugnahme auf eine der ausgewählten Sendungen und Sendungsereignisse das Ausstellen von Privatem in der Öffentlichkeit des Mediums Fernsehen thematisieren. Dazu wurden Sendungen identifiziert, die in der Öffentlichkeit wegen ihres Umgangs mit „Privatem“ als Konfliktfälle wahrgenommen wurden, und daran anschließend Zeitungs- und Zeitschriftenartikel zu diesen Sendungen recherchiert.

Die Identifikation solcher Art in der Öffentlichkeit als konfliktträchtig wahrgenommener Sendungen erfolgte in einem ersten Schritt über die Auswertung medienwissenschaftlicher Fachliteratur, die sich mit Entwicklung, Aufbau und Rezeption von Fernsehgeschichte und einzelnen Sendungen bzw. Formaten befasst (vgl. Dt. Rundfunkarchiv 1973ff.; Foltin/Hallenberger 1990; Bleicher 1993; Wegener 1994; Keppler 1994; Ludes et al. 1994; Erlinger/Foltin 1994; Hickethier 1998; Müller 1999; Feise et al. 2000; Goldbeck/Kassel 2000). Die Ergebnisse dieser Auswertung wurden stichprobenartig mit Primärtexten – Artikeln aus Tageszeitungen und Zeitschriften – abgeglichen, um sicherzustellen, dass die Sendungen auch in dieser Öffentlichkeit unter relevanten Aspekten als konfliktträchtig erörtert wurden. Ausgewertet wurden:

- die Wochenzeitschrift *Der Spiegel*, dessen Archiv über ein Volltextsuchsystem seit 1980 und mittels eines Stichwortregisters für die davor liegenden Jahre erschlossen wurde,
- der *Stern*, der ab 1993 über ein Volltextsuchsystem und ab 1981 mit Hilfe eines Stichwortregisters zur Verfügung stand und dessen Jahrgänge bis 1980 selektiv, ‚von Hand‘ durchgesehen wurde,
- die Programmzeitschrift *Hörzu*, die ebenfalls selektiv, ‚von Hand‘ erschlossen wurde,
- sowie Artikelsammlungen aus den privaten Archiven der Projektmitarbeiter.

Eine besondere Bedeutung nehmen dabei die Zeitschriften *Der Spiegel* und *Stern* ein, da ihnen beim Inter-Media-Agenda-Setting eine Schlüsselrolle zukommt.

Neben den bereits erwähnten Quellen wurden die Artikel über den Ausschnittdienst der „Deutschen Film- und Fernsehakademie" in Berlin und das Medienarchiv des NDR in Hamburg recherchiert, in denen Zeitungs- und Zeitschriftenartikel zur Programmgeschichte des deutschen Fernsehens archiviert werden. So konnte ein umfangreicher und heterogener Textkorpus zusammengestellt werden, dessen Verteilung bezüglich der Diversifikation der Zeitungs- und Zeitschriftenquellen jedoch auf die Auswahlkriterien der Archive angewiesen war.

Das Ergebnis dieser Recherchen war eine Liste mit 18 Sendungen und Sendungsformaten. Ihre Auswahl erfolgte nach Maßgabe einer formalen und einer inhaltlichen Bedingung: Formal mussten die thematisierten Sendungen eine breitere Resonanz in den Printmedien gefunden haben; in unserem Fall wurde deshalb festgelegt, dass sie in mindestens zwei der oben genannten Medien (*Der Spiegel*, *Stern*, *Hörzu*) thematisiert wurden. Inhaltlich musste in den Artikeln zudem bei der Auseinandersetzung mit den Fernsehsendungen ein klarer Bezug zum Thema *Privatheit/Öffentlichkeit* zu erkennen sein. Letzteres wurde dann als gegeben gesehen, wenn einer der folgenden vier Normbereiche bei der Thematisierung der Sendung relevant war:

1. *Thematisierung von Sexualität.* Zur Disposition steht hier, in welcher Art und Weise Sexualität im Fernsehen vorkommt bzw. vorkommen darf. Die Frage, welche Legitimität der Sexualität zugesprochen wird, reicht dabei von der Thematisierung der Legitimität bestimmter Formen von Sexualität (Stichwort ‚Homosexualität') über die Legitimität im Umgang mit Sexualität (Stichwort ‚partnerschaftliche Treue') bis hin zu der Legitimität der öffentlichen Präsentation von Körpern (Stichwort ‚Nacktheit/Pornographie').
2. *Selbstdarstellung.* Wie dürfen sich Personen als Privatpersonen im Öffentlichkeit herstellenden Medium Fernsehen präsentieren bzw. wie sollten sie vom Fernsehen präsentiert werden? Wann laufen sie Gefahr in ihrer Würde und Integrität (z.B. als Kandidaten einer Gameshow) beschädigt zu werden?
3. *Zwischenmenschliche Beziehungen.* Wie sehen legitime Verhaltensmuster des zwischenmenschlichen Umgangs aus? Wie weit und auf welche Art und Weise darf das Fernsehen in die Intimität und Authentizität privater Beziehungen eingreifen, indem es sie zeigt und ritualisiert?
4. *Intimität der Betroffenheit.* Welche Regeln gelten für die Präsentation von menschlichem Leid und allgemein für das Zeigen von Personen in Situati-

onen, in denen sie die Kontrolle über ihr Verhalten und ihre Erscheinung verloren haben?

Die ausgewählten Sendungsereignisse, Sendungen und Formate lassen sich im weitesten Sinne dem unscharfen Bereich der ‚Unterhaltung' zuordnen, die Auswahl reicht von Fernsehspielen über Spiel- und Talkshows bis hin zu modernen Hybridformaten.

Da sich im Lauf der Fernsehentwicklung mit den Produktions- und Programmformen (namentlich mit ihrer Serialisierung) auch deren öffentliche Wahrnehmung verschoben hat, wurde das Untersuchungskorpus differenziert in einzelne Sendungsereignisse, Sendereihen und Sendungsformate. Denn während bis in die frühen Achtzigerjahre in erster Linie einzelne Sendungen und Sendungsereignisse Gegenstand der Auseinandersetzung waren, traten mit der Vermehrung des Programmangebotes länger währende Debatten um Formate und Programmtrends auf den Plan. Diese Unterscheidung floss in die numerische und zeitliche Auswahl der Artikel ein, die sich nach der Ausführlichkeit der Debatten richtet. Sendungsereignisse wurden mit 10, Sendereihen mit 20 und Sendungsformate[1] mit je 40 Artikeln veranschlagt, so dass am Ende dieses Arbeitsschrittes zu den 18 Sendungen etwa 360 Artikel recherchiert wurden (vgl. Tab. 6.1).

1 Lediglich bei der Sendereihe *Big Brother* erschien es uns sinnvoll von diesem Schema abzuweichen, da sich die Ausführlichkeit dieser Debatte nur durch eine größere Anzahl an Texten dokumentieren lässt.

Zusammensetzung des Untersuchungskorpus (Tabelle 6.1)

Format/Sendung(en)	Sender	Gattung	Sendedatum bzw. Untersuchungszeitraum	Anzahl der Artikel	Normbereich(e)
Die Sendung der Lysistrata	ARD	Fernsehspiel	17.01.1961	10	1. Thematisierung von Sexualität
Das Millionenspiel	ARD	Fernsehspiel	18.10.1970	10	2. Selbstdarstellung
Wünsch Dir was (2 Sendungen)	ZDF	Spielshow	07.11.1970/ 27.03.1971	20	1. Thematisierung von Sexualität 2. Selbstdarstellung
Die letzte Station	ZDF	Reportage	03.10.1971	10	4. Intimität der Betroffenheit
Nicht der Homosexuelle ist pervers, sondern die Situation, in der er lebt	ARD	Fernsehspiel	15.01.1973	10	1. Thematisierung von Sexualität
Das Podium	ARD	Gesprächssendung	19.08.1973	10	1. Thematisierung von Sexualität
Spätere Heirat nicht ausgeschlossen	WDR	Beziehungsshow	13.10.1974	10	3. Zwischenmenschliche Beziehungen
Arena: ‚Die neuen Nackten'	ARD	Diskussionssendung	07.09.1982	10	1. Thematisierung von Sexualität
Donnerlippchen, 4 gegen Willi	ARD	Öffentlich-rechtliche Spielshows	1986-1988	20	2. Selbstdarstellung
Erotikmagazine *(Männermagazin M/Sexy Follies/Sexy Night)*	RTL/ Tele 5	Erotikmagazine	1988-1991	20	1. Thematisierung von Sexualität
Confrontainment: *Der heiße Stuhl/ Einspruch!*	RTL/ SAT.1	Talkshow	10.12.1991/ 14.09.1993	20	1. Thematisierung von Sexualität 3. Zwischenmenschliche Beziehungen
Tutti Frutti	RTL	Erotik-Spielshow	1990-1992	20	1. Thematisierung von Sexualität 2. Selbstdarstellung
Traumhochzeit	RTL	Spielshow	1992-1995	20	2. Selbstdarstellung 3. Zwischenmenschliche Beziehungen
Verzeih mir	RTL	Gesprächssendung	1992-1994	20	3. Zwischenmenschliche Beziehungen 4. Intimität der Betroffenheit
Reality TV	RTL, SAT.1, Tele 5	Dokumentation	1992-1994	40	4. Intimität der Betroffenheit
Das wahre Leben	Premiere	Real-Life-Soap	1994	20	2. Selbstdarstellung 3. Zwischenmenschliche Beziehungen
Daily Talk	ARD, RTL, Pro7, SAT.1	Talkshow	1996-1998	40	2. Selbstdarstellung 3. Zwischenmenschliche Beziehungen 4. Intimität der Betroffenheit
Big Brother (1. Staffel)	RTL 2	Real-Life-Show	1999-2000	40	1. Thematisierung von Sexualität 2. Selbstdarstellung 3. Zwischenmenschliche Beziehungen 4. Intimität der Betroffenheit

6.1.2 Erschließung des Untersuchungskorpus

Die inhaltliche Auswertung der Debatten soll Standpunkte in der öffentlichen Diskussion aufzeigen, die darüber Aufschluss geben, wie sich die gesellschaftliche Wahrnehmung der Bestimmung von Privatheit gewandelt hat.

Dazu wurden die ausgewählten Debatten einer systematischen Inhaltsanalyse unterzogen, um in den Zeitungsartikeln Argumentationsmuster aufzufinden und diese Argumentationsmuster miteinander zu vergleichen.

Die Artikel wurden mittels einer systematischen Inhaltsanalyse erschlossen, d.h. an die Texte wird mit einer Systematik von Codewörtern ein Analyseraster angelegt, mit Hilfe dessen die Textmenge codiert wurde. Auf Ergebnissen des theoretischen Fundaments dieser Studie (Kap. 2: Vom gewandelten Sinn für das Private) aufbauend, wurden verschiedene inhaltliche Analysekategorien gebildet und ihnen zur Erschließung der Texte jeweils Textpassagen zugeordnet. Das Ziel dieses Verfahrens bestand darin, die Textmenge nach inhaltlichen Kriterien (Themen) für die weitere Auswertung vorzustrukturieren und so den Zugriff auf den Textkorpus zu systematisieren.

Um eine solche Form der Texterfassung zu ermöglichen, wurden die Artikel digitalisiert, in ein Computerprogramm zur qualitativen Analyse von Texten eingelesen und einer Systematik von Codewörtern zugeordnet. Die Strukturierung des Textkorpus erfolgte mittels sechs Analysekategorien, die mit weiteren Unterkategorien versehen wurden:

- Privatheit im Fernsehen,
- Interventionen ins Fernsehprogramm ,
- Werte und Wertewandel,
- Aufgabe und Funktion des Mediensystems,
- Sendungsbeschreibungen,
- Programmwissen.

Explizit ausgewertet wurden von diesen sechs Bereichen nur die ersten beiden: der zentrale Punkt *Privatheit im Fernsehen*, der in die drei Unterthemen *Moralische Erwägungen* (Kap. 6.4), *Gesellschaftliche Aspekte der Grenzziehung zwischen dem Privaten und dem Öffentlichen* (Kap. 6.5) und *Integrität von Personen in Fernsehsendungen* (Kap. 6.6) unterteilt ist, sowie die Diskussion der Frage nach dem *Sinn und der Möglichkeit von Interventionen ins Fernsehprogramm* (Kap. 6.8).

Neben der Zuordnung von Codewörtern ermöglichte der Einsatz der Software, den Artikeln weitere Variablen zuzuordnen. So konnten die in den Texten identifizierten Argumente, die einem Codewort zugeordnet sind, zusätzlich bestimmten Akteursgruppen zugerechnet werden. Im Normalfall ist der Urheber eines Argumentes natürlich der Autor des Textes – und somit meistens Journalist. Es gehört jedoch zur Arbeitsweise journalistischer Texte, auch verschiedene Akteure des Medienspiels (zitiert oder in indirekter Rede) anzuführen. Diese Textpassagen wurden bei der Auswertung gesondert markiert, sodass auch darüber Aussagen gemacht werden konnten, ob sich bestimmten Gruppen von Akteuren bestimmte Argumentationsweisen und Diskurspositionen zuschreiben lassen.

6.2 Diskursanalyse

Gegenstand der Untersuchung sind in Pressemedien geführte Diskussionen über „anstößige" Sendungen des Fernsehens. In diesen Diskussionen kommen eine Fülle unterschiedlicher Aspekte zur Sprache: Aussagen über Machart und Verlauf der Sendungen, Urteile über gesellschaftliche Auswirkungen ihrer Ausstrahlung, Auskünfte über die Interessen und Neigungen von Zuschauern, Bezüge auf innergesellschaftliche Diskussionen über angemessene Formen der Lebensführung, legitime Praktiken der Selbstdarstellung oder die Rolle und Verantwortung des Fernsehens etc. Um diese Elemente systematisch zu erfassen und analysieren zu können, greift die Auswertung auf die Diskurstheorie zurück. Der besondere Reiz diskurstheoretischer Verfahren liegt darin, dass mit Hilfe des weit gefassten Diskursbegriffs ein sinnvolles Analyseraster gewonnen werden kann, das es ermöglicht, größere Kommunikationsverläufe zu analysieren.

Die Bedeutung des Begriffs *Diskurs* ist weder umgangssprachlich noch wissenschaftlich eindeutig definiert (vgl. Dijk 1997a; Krotz 1998). Als wissenschaftlicher Terminus lassen sich dem Begriff Diskurs zwei Bedeutungspole zuordnen (vgl. Link 1999a). Zum einen wird Diskurs mit einem „Dialog" oder einer „Debatte" über ein bestimmtes Thema gleichgesetzt, eine solche Bedeutung findet sich beispielsweise im Diskurs-Modell von Habermas (Habermas 1988a). Zum anderen wird mit Diskurs ein über allen Äußerungen liegender Ordnungsbegriff verstanden (Foucault 1974). Nach dem Verständnis Foucaults repräsentiert der Diskurs nicht nur ein bestimmtes Moment sozialer Wirklichkeit, sondern konstituiert diese gleichsam mit. Denn die Regeln des Diskurses entscheiden darüber, welche Arten von Argumenten, Einstellungen und Denkweisen überhaupt gesellschaftlich akzeptiert werden.

Die Einwände gegenüber Foucaults Diskurstheorie sollen hier nicht weiter verfolgt werden (vgl. z.B. Habermas 1988b, 313ff.). Eingedenk dieser Kritik ist in den letzten Jahren unter dem Sammelbegriff „Diskursanalyse" eine Forschungsrichtung entstanden, die an den Foucaultschen Diskursbegriff anschließt. Insbesondere die Critical Discourse Analysis, die sich im Anschluss an die Studien des Linguisten Teun A. van Dijk herausgebildet hat, stellt eine anwendungsorientierte Weiterentwicklung der Foucaultschen Diskursanalyse dar.

Ausgehend von van Dijks Unterscheidung der drei „Dimensionen", in denen der Diskurs seine Wirkung entfaltet – Kognition („communication of beliefs"), gesellschaftliche Kommunikation („language use") und gesellschaftliches Verhalten („interaction in social situations") –, setzt die Analyse der Debatten über das Fernsehen auf der Ebene der gesellschaftlichen Kommunikation an (v. Dijk 1997, 2). Mit Rückgriff auf das Diskursmodell von Siegfried Jäger, das besonders zur Analyse von Printdebatten entwickelt wurde, lässt sich diese „Dimension" noch weiter präzisieren (vgl. Jäger 1999, 158ff.). Jäger unterteilt Diskurse in Diskursfragmente, Diskursstränge, Diskurspositionen, diskursive Ereignisse und Diskursebenen.

Legt man dieses Modell, das für die hier durchgeführte Analyse leicht modifiziert wurde, an die Debatten über das Fernsehen an, ergibt sich folgendes Schema:

- *Diskursfragmente* sind die *codierten Textpassagen*, die mit Hilfe der – oben beschriebenen – systematisierten Inhaltsanalyse aus den Zeitungs- und Zeitschriftenartikeln herausgefiltert wurden.
- Das Ziel der Auswertung der Diskursfragmente liegt im Aufspüren und Beschreiben von *Diskurspositionen.* Das besondere Augenmerk ist dabei auf die Frage gerichtet, ob und – wenn ja – wie sich Diskurspositionen im historischen Verlauf verschieben. Die Auswertung ist also als eine Kombination der Rekonstruktion von Diskursformationen zu bestimmten Zeitpunkten (Querschnitt) und als Wandlungsprozess (Längsschnitt) angelegt. Dabei geht es weniger um die Frage, welche gesellschaftliche Bedeutung einzelnen Diskurspositionen zukommt (etwa im Sinn der Unterscheidung zwischen einem hegemonialen und einem oppositionellen Diskurs), sondern darum, Diskurspositionen zu ermitteln und die *Argumentationsmuster* transparent zu machen, derer sie sich bedienen.
- Die *Codeworte* der Codewortliste stehen für:
  a) einzelne *Diskursstränge*; der für die Fragestellung zentrale Diskursstrang ist der Bereich *Privatheit im Fernsehen*, in dem Bedeutung und Grenzverlauf zwischen Privatsphäre und Öffentlichkeit erörtert wird. Der Bereich *Interventionen ins Fernsehprogramm* bildet die Diskussion über Möglichkeiten und Grenzen von Eingriffen in die Handlungen und Entscheidungen der Programmveranstalter ab. Diskursstränge können zwar analytisch voneinander separiert werden, stehen jedoch in einem Wechselverhältnis zueinander. Denn die Auseinandersetzung über Interventionsfragen ist z.B. von der Art und Weise abhängig, wie zur Verschiebung der Grenzen zwischen dem Privaten und Öffentlichen in der Gesellschaft Stellung bezogen wird. Während der Diskursstrang über *Werte und Wertewandel* das normative Fundament der Urteile bezeichnet, kommen in den Textstellen, die dem Bereich *Aufgabe und Funktion des Mediensystems* zugeordnet wurden, einschlägige Sichtweisen zum Ausdruck. Die Bereiche *Sendungsbeschreibungen*

und *Programmwissen* stehen für Diskursstränge, die über Aspekte von einzelnen Fernsehsendungen bzw. das Fernsehen als Medium Auskunft geben; sie stehen für das Medienwissen, das in die Auseinandersetzung über das Medium Fernsehen eingeflossen ist.

b) *Themen* und *Unterthemen* der sechs Diskursstränge; die Einteilung der Diskursstränge in Themen und Unterthemen ermöglichte eine bessere Strukturierung des Materials. Als Themen und Unterthemen gelten die Unterpunkte der sechs Diskursstränge.

- Die *Diskursebene* ist der soziale Ort, an dem der Diskurs stattfindet, das *Mediensystem.* In den Kritiken des Fernsehens in Zeitungen und Zeitschriften drücken sich öffentliche Meinungen über Privatheit im öffentlichen Raum aus.
- Diskursstränge werden aber nicht nur von anderen Diskurssträngen entscheidend beeinflusst, sondern auch durch Faktoren, die außerhalb der Diskursstränge selbst liegen. Dabei handelt es sich um *diskursive Ereignisse*; damit sind Ereignisse der sozialen Realität gemeint, die von solcher Bedeutung sind, dass sie auf den Diskursstrang rückwirken. In unserem Fall sind das die einzelnen *Sendungen, Sendungsereignisse* und *Formate,* auf die sich die Artikel beziehen. Ein Schwerpunkt der Auswertung besteht darin, die Bedeutung der einzelnen Sendungen zu erfassen, die ihnen als konkreten diskursiven Ereignissen im Diskurs über Privatheit im öffentlichen Raum zugeschrieben wird. Dabei ist es wichtig festzuhalten, dass auch dieser diskursive Kontext, also die einzelnen *Sendungen, Sendungsereignisse* und *Formate,* an den gesellschaftlichen Diskurs und seine einzelnen Diskursstränge rückgekoppelt ist. Die als Ergänzung zu den Artikeln hinzugezogene Beschreibung über die Veränderung des Fernsehprogramms (Kap. 5: Formatiertes Privatleben), beschreibt die Wandlung dieses Kontextes.

6.3 Argumentieren und Argumentationsmuster

Die Untersuchung der TV-Diskurse will zu den ausgewählten Diskurssträngen Diskurspositionen und deren Argumentationsmuster aufzeigen, die den Wandel der Inszenierung von Privatheit im Fernsehen begleiten. Dazu werden die in den Zeitungs- und Zeitschriftentexten zum Ausdruck kommenden Einstellungen und Denkweisen rekonstruiert. Das geschieht im Nachzeichnen der Diskursstränge:

- Privatheit im Fernsehen als Herausforderung für das moralische Empfinden,

- gesellschaftliche Aspekte der Grenzziehung zwischen dem Privaten und Öffentlichen,
- Integrität von Privatpersonen im Fernsehen,
- Interventionen ins Fernsehprogramm.

Dieses ‚Nachzeichnen' erfolgt als Rekonstruktion der Argumentationsverläufe der wichtigsten Debatten. Denn Diskurspositionen werden durch typische Muster des Argumentierens konstituiert. Die Argumentationsanalyse stellt ein methodisches und kategoriales Instrumentarium bereit, um solche Muster systematisch zu bestimmen und zu klassifizieren (vgl. Bayer 1999).

Jedes Argument ist Teil einer „Superstruktur“ (vgl. Dijk 1980), die sich aufspalten lässt in eine oder mehrere Prämissen und eine Konklusion. Prämissen bezeichnen Aussagen, die für die Geltung eines Arguments vorausgesetzt werden und denen bei der Argumentation die Aufgabe zukommt, eine Konklusion zu stützen (vgl. ebd., 87). Die Konklusion ist die eigentliche Aussage, auf die eine Argumentation abzielt, beispielsweise eine These über eine bestimmte Art und Weise der Verfasstheit der Welt oder die Qualität einer Fernsehsendung. Da bei der alltäglichen Anwendung von Argumenten nur in Ausnahmefällen nach Maßgabe sprachphilosophischer Vorgaben vorgegangen wird, besteht ein gewichtiger Teil der Argumentationsanalyse in der Auffindung, Strukturierung, (gegebenenfalls) Vervollständigung und Explizierung von Argumenten (ebd., 97). Um diesen Vorgang zu vereinfachen, greifen wir auf das allgemein anerkannte Argumentationsschema des britischen Philosophen Stephen Toulmin zurück (Toulmin 1975). Toulmin differenziert in diesem Schema die Prämissen in Daten, Rechtfertigung, Stützung und ergänzt die Konklusion um einen Qualifikator und Ausnahmebedingungen.

Abbildung 6.1: Argumentationsschema nach Toulmin (vgl. Bayer 1999, 144)

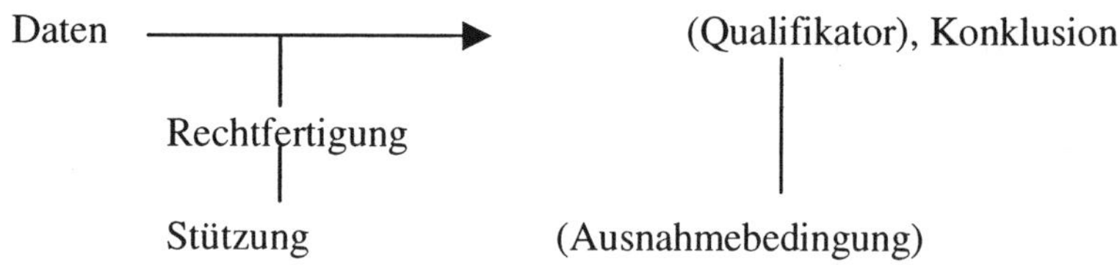

Jede Prämisse eines Arguments besteht aus quasi „neutralen“ Daten, die im Vorgang des Argumentierens zu einer Konklusion führen. Der Schritt von der Überführung der Daten zur Konklusion bedarf einer Rechtfertigung („weil ...“), deren Geltungsanspruch wiederum noch einmal unterstützt sein kann („aufgrund von ...“). Die Konklusion kann an zwei Arten von Bedingungen bzw. Einschränkungen gekoppelt sein; ein Qualifikator kann Aufschluss geben über den Geltungsanspruch einer Konklusion („es ist *wahrscheinlich*, dass ...") oder es kann eine Sonderbedingung genannt werden, die eine Konklusion außer Kraft setzt („außer wenn ...").

Zur Erläuterung dieses Schemas ein Beispiel (ein Auszug aus einem Interview mit dem Ethnologen Hans-Peter Duerr):

> So wie die Menschen den Zugang Fremder zu ihrer Privatsphäre kontrollieren, so beschränken sie in allen Gesellschaften auch den visuellen und taktilen Zugang anderer zu bestimmten Regionen ihres Körpers. Eine solche Exklusivität ist vor allem dann sinnvoll, wenn es um Sexualität geht, denn sie stärkt die Partnerbindung und damit die Keimzelle der menschlichen Gesellschaft. Ein Mensch, der an solchen Bindungen nicht oder kaum interessiert ist, bräuchte keine Scham. Er könnte seine sexuellen Signale wahllos in die Umgebung aussenden. Dies bedeutet wiederum, dass mit einer fortschreitenden sozialen Lockerung von Partnerbindungen auch die Schamschranken sinken. Genau das lässt sich in der Moderne beobachten. Auf der anderen Seite werden beispielsweise Armut, Alter oder mangelnde Durchsetzungsfähigkeit gegenüber den Interessen anderer Menschen immer stärker mit Scham besetzt. (*Die Welt* 16.03.2000)

Die Kernaussage (Konklusion) dieses Zitats ist, dass „mit einer fortschreitenden sozialen Lockerung von Partnerbindungen auch die Schamschranken sinken". Die Daten der Prämisse stammen aus der „allgemeingültigen" Erkenntnis: „So wie die Menschen den Zugang Fremder zu ihrer Privatsphäre kontrollieren, so beschränken sie in allen Gesellschaften auch den visuellen und taktilen Zugang anderer zu bestimmten Regionen ihres Körpers." Die Rechtfertigung, die diese Daten zur Konklusion führt, lautet: „eine solche Exklusivität [des Schamgefühls, d.A.] ist vor allem dann sinnvoll, wenn es um Sexualität geht, denn sie stärkt die Partnerbindung und damit die Keimzelle der menschlichen Gesellschaft." Diese Rechtfertigung wird zusätzlich durch eine allgemeine Erwägung über den Sinn von Scham untermauert: „Ein Mensch, der an solchen Bindungen nicht oder kaum interessiert ist, bräuchte keine Scham. Er könnte seine sexuellen Signale wahllos in die Umgebung aussenden." Der Konklusion fügt Duerr schließlich noch zwei Ergänzungen an: Zum einen, dass die Beobachtung des Zusammenhangs einer Lockerung von Partnerbindungen und dem Sinken von Schamschranken für die Moderne gilt (Qualifikator) und dass zweitens diese Beobachtung insofern eingeschränkt werden muss, als es Bereiche gibt, die stärker mit Scham besetzt sind („Armut, Alter oder mangelnde Durchsetzungsfähigkeit gegenüber den Interessen anderer Menschen").

Abbildung 6.2: Beispiel für den Aufbau einer Argumentation (nach Toulmin).

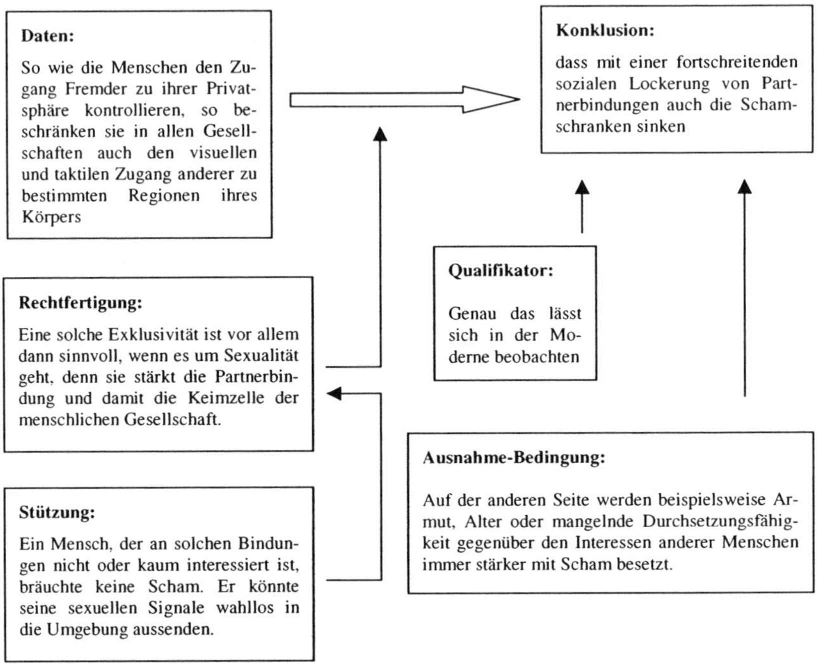

Ohne allzu tief in den logischen Aufbau von Argumenten einzusteigen, der – grob gesagt – in der Beziehung zwischen Prämissen und Konklusion liegt, ist es für die Analyse der zugrundeliegenden Textsorte dennoch unerlässlich, auf einige grobe Unterscheidungen einzugehen. Besonders drei Aspekte sind für das Verständnis des Argumentierens in Zeitungstexten von Bedeutung; sie werden im Folgenden erläutert.

6.3.1 Die Unterscheidung zwischen deduktiven und induktiven Argumenten

Auf der Makroebene lassen sich zwei grundsätzliche Formen von Argumenten unterscheiden: deduktive und induktive Argumentationsweisen. Deduktive Argumente wenden allgemeine Erkenntnisse auf spezielle Tatbestände an; sie bilden somit lediglich „Wahrheiten" ab, die schon in den Prämissen enthalten sind und dienen deshalb „nicht der Erweiterung, sondern bestenfalls der Erläuterung und Entfaltung unseres Wissens" (Bayer 1999, 102). Sind deduktive Argumente nach den Kriterien der Logik richtig formuliert, so lassen sie sich als „gültig" bezeichnen (vgl. Salmon 1983, 41). Induktive Argumente hingegen ziehen aus Einzelbeobachtungen Schlüsse, die einen Geltungsanspruch für das Ganze besitzen. Damit produzieren sie einerseits zwar neue Erkenntnisse, können andererseits aber nicht den Status der Gültigkeit erlangen sondern (bestenfalls) den der „Korrektheit“ (vgl. Bayer 1999, 129). In Tabelle 6.2 sind die wichtigsten Formen des Argumentierens mit Argumentationsmustern überblicksartig zusammengestellt.

Tabelle 6.2: Argumentformen (vgl. Bayer 1999, 87-146)

Argumentform	Erläuterung
Deduktive Argumente:	
konditional	wenn x, dann y
bikonditional	genau dann, wenn x, folgt y
tautologisch	wenn x, dann x
kategorische Aussage	(jedes/kein) x ist (manchmal/nie) y
Induktive Argumente:	
statistisch	Beobachtung eines Ausschnitts repräsentativ für das Ganze
aus Autorität	Stellenwert des Urhebers (Person, Institution, Amt etc.) entscheidend
„gegen den Mann“	negativer Stellenwert des Urhebers (Person, Institution, Amt etc.) entscheidend
analogisch	Übertragung beobachtbarer Erscheinungen auf unbeobachtbare
kausal	Erklärung komplexer Zusammenhänge mit Ursache-/Wirkungsschema

6.3.2 Die ‚Unvollständigkeit‘ von Argumenten

Wie bereits angedeutet, erfolgt der alltagsbezogene Gebrauch von Argumenten nicht nach dem abstrakten Schema sprachphilosophischer und wissenschaftlicher Logik. Alltagsargumentation zeichnet sich in der Regel dadurch aus, dass sie – im Gegensatz zu dem oben angeführten Beispiel aus dem Duerr-Interview – auf impliziten Annahmen und Verweisen beruht. Der Grad der Expliziertheit eines Arguments hängt dabei vom institutionellen Kontext ab, in dem kommuniziert wird. Während beispielsweise in einem Gerichtsverfahren Argumente sehr präzise dargelegt werden müssen, kann eine zu große Ausführlichkeit in Alltagsgesprächen hingegen zu Konflikten führen (vgl. Dijk 1980, 147). Dass in diesem Kontext beispielsweise auf eine klare Rechtfertigung eines Arguments verzichtet wird, heißt jedoch nicht, dass eine solche nicht vorhanden wäre. Vielmehr wird davon ausgegangen, dass Sprache in diesen Fällen einen „allgemeinen Wissensrahmen“ (ebd.) voraussetzt, auf den die Kommunikationsteilnehmer rekurrieren.

Das gilt natürlich auch für Zeitungsartikel. Allerdings tritt bei massenmedialen Artefakten neben den Wissensrahmen der Kommunikation, der durch den gesellschaftlichen Diskurs strukturiert wird, noch eine zweite Dimension. Die Vorstrukturierung der Kommunikationssituation ist hier auch von der Präsentationsform abhängig. Neben der Art des Mediums (Zeitung/Zeitschrift; regional/überregional; Boulevard/Qualität) ist damit besonders der journalistische Texttyp gemeint, in dem ein Artikel abgefasst ist. Für Zeitungen lässt sich beispielsweise feststellen, dass Kommentare explizit-bewertende Argumentationsstrukturen aufweisen, während in Berichten implizit argumentiert wird (vgl. Eggs 1995, 183).

Medien gehören zu den maßgeblichen Agenturen einer Gesellschaft, durch welche der ‚allgemeine Wissensrahmen' für soziales Handeln tradiert und dabei auch modifiziert wird. Dies gilt nicht allein für die publizistischen Leistungen der Medien, deren diesbezügliche Bedeutung die Theorie der Öffentlichkeit bestimmt. Auch die Erlebnisangebote der Medien tragen dazu bei, Anschauungsweisen zu kultivieren, in denen der allgemeine Wissensrahmen für Einzelne verfügbar wird. Dieser wird dabei im Ganzen gleichzeitig dem Eigensinn medialer Programmgestaltung unterworfen und so einem Wandel unterzogen. Die historische Längsschnittanalyse von fernsehbezogenen Diskursen will den Wissensrahmen explizit machen, der sich in den Texten artikuliert. Dazu wird es nötig sein, jene Rechtfertigungen im Sinne der Toulminschen Argumentationstheorie zu erschließen und aufzudecken, die in der öffentlichen Rede selbst oft als implizit mobilisiertes ‚stilles' Wissen bzw. als geteilte Wertorientierung abgerufen werden.

6.3.3 Die Struktur normativer Argumente

Eine Sonderform unter den Argumentationstypen nehmen normative Argumente ein (vgl. zum Folgenden Bayer 1999, 202f.). Denn beim Bewerten von Sachverhalten wird nicht nur eine Konklusion gebildet, sondern gleichzeitig vorausgesetzt, dass es mögliche andere Konklusionen gibt, die in Abwägung zu der erwogenen Schlussfolgerung stehen. Bei der Analyse normativer Argumente lässt sich der Vorgang des Bewertens transparenter machen, indem der strukturelle Aufbau aufgezeigt wird, der einer Bewertung zugrunde liegt. Dabei lassen sich drei Variablen unterscheiden (vgl. Abb. 6.3):

(1) Der Gegenstand der Bewertung bzw. *Ausgangszustand* einer Sache wird implizit oder explizit in Bezug gesetzt zu *Alternativzuständen*, die eventuell wünschenswerter sind.
(2) Hinter dieser gegenstandsbezogenen Zuschreibung eines Urteils verbirgt sich eine spezifische *normative Ordnung*, die dem gegenwärtigen Zustand einen *Istwert* zuschreibt, der mit einem *Sollwert* verglichen wird, an dem er sich messen muss.
(3) Neben der Bewertungsrangfolge, die durch Istwert und Sollwert ausgedrückt wird, kann bei einer Bewertung auch unterschieden werden bezüglich der *Hinsicht*, unter der sie vorgenommen wird. Unter Hinsicht wird ein bestimmter Aspekt verstanden, unter dem die Beurteilung eines Gegenstandes vorgenommen wird. Bei der Beurteilung einer Fernsehsendung könnte das die Frage sein, ob sie für Kinder geeignet oder für

die Werbewirtschaft interessant ist. Beide Hinsichten installieren offenkundig divergierende Maßstäbe der Beurteilung.

Abbildung 6.3: Struktur normativer Argumente (Bayer 1999, 203)

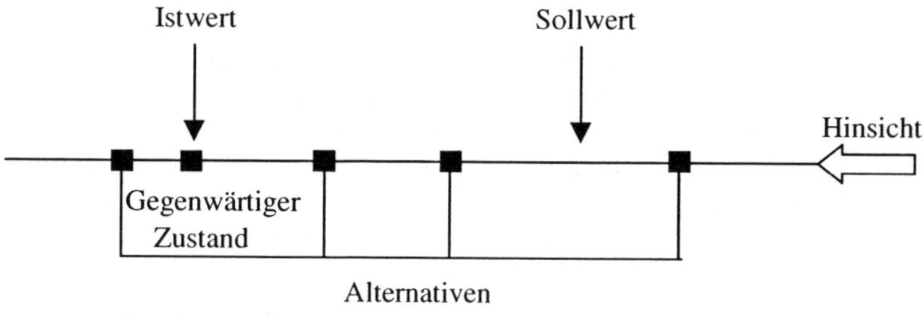

6.4 „Es ist, als ob Sie beim Nachbarn durchs Schlüsselloch schauen" – Privatheit im Fernsehen als Herausforderung für das ‚moralische Empfinden'

Zu diesem Diskursstrang wurden solche Textpassagen gezählt, in denen Formen der Darbietung von Privatheit im Fernsehens als ‚peinlich', ‚unschicklich', ‚unangemessen' etc. zurückgewiesen werden, da das öffentliche Massenmedium nicht der Ort ist, an dem sie geschehen sollten. Diese Zurückweisungen haben die Gemeinsamkeit, dass die Bewertungen, die sie vornehmen, nicht explizit begründet werden, sondern Ausdruck eines sozialen Affektes sind. Die codierten Textpassagen zu diesem Codewort geben also darüber Auskunft, welche Arten von Geschmacks- und Moralvorstellungen in Bezug auf die Veröffentlichung des Privaten in der *Form* einer sich von selbst verstehenden Haltung kommuniziert werden.

Bezogen auf die Argumentationsmodelle heißt das: Hier werden in erster Linie normative Argumente vorgebracht. Deshalb ist es für die Auswertung von besonderem Interesse, darauf zu schauen, nach welchen Argumentationsmustern bei den Wertungen vorgegangen wird. Untersucht wird:

- *was genau* an den Sendungen als „Geschmacklosigkeit" und also als Grenzübertretung kritisiert wird,
- unter welchen *Hinsichten* die Wertungen vorgenommen werden,
- ob sich *Bewertungsmaßstäbe* erkennen lassen, nach denen die Urteile vorgenommen werden,
- ob sich bestimmte Bewertungsmuster bestimmten *Akteuren* zuordnen lassen.

6.4.1 *Die paternalistische Entscheidung über die Moral:* Die Sendung der Lysistrata *(Zeitraum: 1960-1961)*

Das Sendungsverbot des Fernsehspiels durch einige der Anstalten der ARD war zu seiner Zeit nicht nur der „größte Skandal in der Geschichte des deutschen Fernsehens" (*Der Spiegel* 51/1960), der Diskurs, der sich um diesen Skandal herumrankt, bildet in dieser Untersuchung gleichzeitig auch den einzigen einschlägigen ‚Fund' für den publizistischen Diskurs der frühen Bundesrepublik. Das vom NDR produzierte Fernsehspiel sorgte zum Jahreswechsel 1960/61 für erhebliches Aufsehen, da sich einige Rundfunkanstalten der ARD weigerten, die Kortner-Verfilmung des antiken Dramas in ihrem Programm auszustrahlen. Dem Stück wurde vorgeworfen, zu freizügig mit Sexualität umzugehen.

Ein Kennzeichen der frühen Jahre der bundesrepublikanischen Fernsehkritik liegt darin, dass die Beurteilung des noch jungen Mediums Fernsehen zwischen autoritärer Bevormundung und ironischer Distanz schwankte (vgl. Hickethier 1994). Diese Haltung wird auch in der Auseinandersetzung um *Die Sendung der Lysistrata* deutlich.

Deshalb verwundert es nicht, dass der Kritiker der *Frankfurter Allgemeinen Zeitung* seine Kritik wie ein Gerichtsurteil aufbaut, das aus drei Punkten besteht und im ersten (und ‚Hauptanklagepunkt') die Sendung gewissermaßen *ex cathedra* freispricht:

> 1. Das filmische Bild enthält keine erotischen Entgleisungen. Wenn die Fernsehanstalten, die sich ursprünglich der Sendung enthalten wollten, ihrem Publikum gewisse Laszivitäten nicht anbieten zu können glaubten, dann muß sich dieser Vorbehalt auf den ins Deutsche übersetzten Originaltext des Aristophanes bezogen haben, dessen sich die Fernsehsendung auf weite Strecken bedient. (*Frankfurter Allgemeine Zeitung* 19.01.1961)

Die *Hörzu* hingegen urteilte über das Stück mit unterschwelliger Ironie:

> So unmoralisch, so staatsfeindlich, so verderblich, wie man erwartet hatte, war das ja gar nicht; doch leider war auch die künstlerische Bewältigung der Aufgabe, die Kortner sich gestellt hatte, unvollkommen. Ruhe deshalb sanft, Lysistrata! (*Hörzu* 6/1961)

Auf den Freispruch vom Vorwurf der Amoralität, die nicht von ungefähr in einem Dreiklang mit den Begriffen „staatsfeindlich" und „verderblich" genannt wird, folgt die *ästhetische Verurteilung* des Fernsehspiels, ein Muster, das in den meisten anderen Kritiken ebenfalls zu finden ist.

Die moralische Entlastung erfolgt unter zwei Aspekten, die jeweils auf einem Vergleich von Istwert und Sollwert (vgl. Abbildung 6.3) beruhen. Zum einen wird darauf hingewiesen, dass die „gewisse Laszivität" auf den Text der Vorlage zurückgeht, was zu einer Entlastung beiträgt, da Dinge, die in dem Medium Theater akzeptabel sind, auch im Fernsehen akzeptabel sein müssen:

> (...) muß sich dieser Vorbehalt auf den ins Deutsche übersetzten Originaltext des Aristophanes bezogen haben (...). (*Frankfurter Allgemeine Zeitung* 19.01.1961)

> Wobei zu untersuchen wäre, welchen Unterschied es ausmacht, ob unsere reifende Jugend im Theater oder im Wohnzimmer herumrätselt, was denn wohl ein „achtzölliger Tröster" sei. (*Der Spiegel* 51/1960).

Zum anderen wird der Vorwurf der Unsittlichkeit damit zurückgewiesen, dass:

> (...) er [= der Kritiker, d.A.], bevor ihm die Lider schwer wurden, keine Sinnesregung verspüren konnte, die ihn nicht auch auf einem Adelsball angewandelt hätte. (*Der Spiegel* 5/1961)

> (...) im Fernsehen doch wohl schon Degoutanteres gezeigt worden [ist] als Frauen, die sich ihren Männern verweigern, damit diese ihre Kriege beenden. (*Die Welt* 12.12.1960)

Sollwerte, mit denen hier verglichen wird, bilden zum einen der quasi-soziale Ort eines eher traditionell-prüden Verhaltens („Adelsball"), der in Anbetracht der konservativen Kritiker des Films mit ironischer Absicht gewählt wurde, und zum anderen das Fernsehprogramm selbst. Letzteres verweist darauf, dass das Medium Fernsehen nicht per se dem Verdacht unterlag, anstößig zu sein, sondern als eher bieder galt. Dass die normativen Vergleichswerte so stark variieren, liegt daran, dass der Istwert der Auseinandersetzung um die *Lysistrata* – also der Stein des Anstoßes – von den Gegnern des Fernsehspiels nicht benannt wurde – oder zumindest in der Debatte nicht angeführt wird. Zitiert wird immer wieder der damalige Koordinator des ARD-Fernsehens und Direktor des bayerischen Fernsehens Clemens Münster, der die partielle „Zensur" des Fernsehspiels durch einige ARD-Anstalten mit initiiert hatte.

> Denn nicht einfach schlecht fand Münster das Kortner-Produkt („Eine Vokabel, die ich bewußt vermieden habe"), auch nicht unmoralisch, nein, er fand mit aller ihm zu Gebote stehenden Hartnäckigkeit, daß es das sittliche Empfinden der Zuschauer verletze. (*Der Spiegel* 05/1961)

Die Beanstandungen an Kortners *Lysistrata* wurden nicht weiter konkretisiert, was in der Debatte dazu führte, dass wiederholt Ausschau gehalten wurde nach verschiedenen Anhaltspunkten, worin denn die Verletzung des „sittlichen Empfindens der Zuschauer" gelegen haben könnte. Gesucht wurde sowohl nach Bild- als auch Textpassagen, die dafür in Frage kämen. Als ebenfalls ironisches Zeichen der sittlichen ‚Unbedenklichkeit' beschließt der *Spiegel*-Kritiker Telemann (Günther Goercke = Morlock) seinen Kommentar mit einer Anspielung auf Jozef Filser, einer satirischen Figur des bayerischen

Volksschriftstellers Ludwig Thoma, die die bayerische Scheinheiligkeit der Jahrhundertwende verkörpert:

> Merke: „Die Romy Schneider hat ein bar Mahl mit dem Hinterkwardier gewakelt, damit man meinte, daß sie recht lüstern ist. Aber g'sehn hast ums Verrecken nix ..." (CSU-Landtagsabgeordneter Jozef Filser nach einem Besuch des Münchner Universum-Filmtheaters). (*Der Spiegel* 05/1961)

Telemann spielt mit der literarischen Anspielung auf die Doppelbödigkeit einer paternalistischen Moral an (er zielt hier direkt auf den Programmdirektor Münster, der selbst Schriftsteller war), kritisiert aber auch eine Grundhaltung, die sich in den meisten anderen Bewertungen finden lässt. Denn die Hinsichten unter denen die Bewertungen vorgenommen werden, korrespondieren mit dem autoritären Gestus der Kritiken. Die Selbstverständlichkeit mit der sich beispielsweise der Kritiker der *Frankfurter Allgemeine Zeitung* in dem oben angeführten Artikel selbst zum Bezugspunkt einer nicht begründungspflichtigen Beurteilung setzt („Das filmische Bild enthält keine erotischen Entgleisungen"), steht *nicht* für eine subjektive Relativität der Kritik (‚meiner Meinung nach'), sondern wird als moralische Wertung absolut gesetzt: Während Mit-Produzent Trebitsch (Realfilm) mit dem Satz: „Ich würde nichts machen, wofür ich mich vor meinen Kindern geniere." (*Der Spiegel* 51/1960) begründet, dass das Fernsehspiel nicht unsittlich sei, legitimieren andere Programmverantwortliche des Fernsehens ihre Ablehnung ebenfalls mit einer eher ‚privaten' Einschätzung:

> WDR-Fernsehdirektor Dr. Lange: „Mit meiner Frau zusammen würde ich den Fernsehfilm nicht sehen wollen. Auch nicht mit meinem 19jährigen Sohn." (*Der Spiegel* 51/1960)

Das für den Beginn der sechziger Jahre liberale Frauenbild der Kortner-Verfilmung bot – so lässt sich vermuten – neben der antimilitaristischen und somit politischen Botschaft einen Grund für die vermeintliche Anrüchigkeit des Fernsehspiels. Der konservative Publizist William S. Schlamm führt diesen Vorbehalt in seiner Stern-Kolumne recht ungeniert aus:

> (...) da es sich ja um die Bearbeitung von „Lysistrata" handelt, also einer Komödie, deren Inhalt der Ehestreik von Frauen gegen die Kriegsgelüste ihrer Männer ist. Wie können Leute, die zur Durchsetzung politischer Ansichten die Verweigerung so wesentlicher privater Rechte empfehlen, Rundfunkintendanten das Recht verweigern, in Vertretung ihrer politischen Ansichten eine Affäre mit Herrn Kortner abzulehnen? Am Liebesstreik der Frauen gemessen ist die Absetzung der Kortnerschen „Lysistrata" wahrhaftig eine humane und geradezu harmlose Vernichtungswaffe. (*Stern* 01/1961)

Hinter der öffentlichen Abwägung, die sich überwiegend auf die Zulässigkeit der Ausstrahlung der *Lysistrata* verständigte, lässt sich als Horizont eine paternalistische Moral erkennen, der daran gelegen ist, die Normen für die Präsentation von Sexualität verbindlich festzuschreiben. Der öffentliche TV-Diskurs hat analog dazu die Form eines ideellen Gerichtsverfahrens, das mit kategorischen Urteilen moralischen Empfindens operiert, die auf ihrer allgemeinen Geltung bestehen.

6.4.2 Differenzierung der moralischen Wertungen: Wünsch Dir was *(Zeitraum: 1970-1971)*

Die Debatten um die beiden *Wünsch Dir was*-Folgen sind – im Vergleich zu den Auseinandersetzungen zu den anderen Sendungen – am stärksten geprägt von Erwägungen zum Aspekt *moralisches Empfinden*. Das bedeutet jedoch nicht, dass die Wellen der Empörung in diesen beiden Debatten am höchsten geschlagen wären. Viele Kommentare wurden gerade von der Zurückweisung der öffentlichen Kritik an den *Wünsch Dir was*-Folgen bestimmt.

Besonders bei der *Wünsch Dir was*-Folge vom *07.11.1970*, in der eine 17-jährige Kandidatin bei einem Spiel in einer durchsichtigen Bluse die Bühne betrat, enthalten acht der codierten Textpassagen eine Zurückweisung der Kritik. Unter Berücksichtigung der Herkunft der Debattenbeiträge verschiebt sich dieses Verhältnis noch einmal: Von den acht Beiträgen, die die Sendung anprangern, geht nur ein Beitrag auf einen Journalisten zurück. In den übrigen Fällen wird die Kritik zumeist als Aufhänger für den Artikel genommen, um sie dann zu relativieren oder ganz zurückzuweisen.

Die affektive Kritik (‚Geschmacklosigkeit') läuft dabei parallel zu der Kritik, dass es sich bei dem Auftritt der Kandidatin um eine Grenzverschiebung zwischen der Privatsphäre und der medialen Öffentlichkeit handle:

> Die Vollversammlung der Elternvereinobmänner in Österreich, die eine mächtige Gruppe darstellt, empörte sich über die letzte „Wünsch-Dir-was"-Quiz-Reihe am vergangenen Samstag. Sie bezeichnete die Gestaltung der Sendung als Geschmacklosigkeit und einen Eingriff in die Privatsphäre. Nicht nur, daß Dietmar Schönherr ein Oben-ohne-Foto vor der Kamera gezeigt hatte, erregte die Gemüter der katholischen Elternvereine, sondern auch die Tatsache, daß die 17-jährige Deutsche Leonie Stöhr in einer Transparentbluse aufgetreten war, ebenso wie vorher ein Mannequin, bringt die Moralhüter auf die Barrikaden. (*Münchner Merkur* 13.11.1970)

Dabei fällt auf, dass die ablehnenden Äußerungen zwar relativ heftig formuliert sind, aber von den meisten Zeitungen nur referiert werden. So sprach die Vollversammlung der Elternvereinobmänner in Österreich von „Attacken gegen den guten Anstand" (*Münchner Merkur* 13.11.1970), der Wiener Express von einem „‚Schock' über soviel Freizügigkeit" (*Stern* 50/1970) und ein vom Stern zitierter „ Stammtisch aus Niederbayern" urteilte „pauschal: ‚Ihr seid alle Porno-Säue'" (ebd.). Die Urheber solcher Äußerungen sind neben Boulevard-Blättern zum größten Teil Fernsehzuschauer; dazu passt auch, dass wiederholt auf entrüstete Anrufe von Fernsehzuschauern bei den Sendeanstalten verwiesen wird:

> Das Österreichische Fernsehen registrierte dagegen weit über 600 Anrufe empörter Zuschauer, weil in „einer Familiensendung, die auch Kinder ansehen, Busen gezeigt werden". Zum Teil mußte sich das Österreichische Fernsehen harte Ausdrücke anhören. (*Die Welt* 10.11.1970)

Da die Zurückweisung des Vorwurfs einer Tabuverletzung durch die Transparentbluse – wie gesagt – fast einhelliger Konsens unter dem größten Teil der Fernsehkritiker ist, wird die Zuschauermeinung in der Debatte jedoch nicht zu einer Maßeinheit (etwa im Sinne eines ‚gesunden Menschenverstandes') stilisiert, sondern als inszenierter Skandal eines Teils der Boulevardmedien identifiziert:

> Blanker Busen im Familienspiel – das mußte Boulevard-Blätter auf den Plan rufen. Lohnt Dietmar Schönherrs Präsentation eines barbusigen Fotos die Aufregung? Nein. (*Lübecker Nachrichten* 10.11.1970)

Die Empörung der Zuschauer hingegen wird als übertrieben abgewehrt:

> Eine Mutter aus Bad Neuenahr schilderte ihre Gewissensnöte angesichts des harmlosen Jungmädchen-Busens: „Ich wußte nicht, wie ich meinem kleinen Sohn die Augen zuhalten sollte." (*Stern* 50/1970)

Und mit Verweis auf die veränderten Wertvorstellungen der Gesellschaft wird die Normalität des Auftritts einer 17-Jährigen in einer durchsichtigen Bluse herausgestellt:

> Der weibliche Busen scheint sich soweit herumgesprochen zu haben, daß er heutigentags kaum noch der Textilstütze, gewiß aber nicht des schwül parfümierten Tabus bedarf. (*Die Welt* 10.11.1970)

Die Kritik an der *Wünsch Dir was*-Sendung wird nicht nur zurückgewiesen, die Sendung selbst wird als aufklärerisch verstanden, denn in ihr werde „ein kleiner Ausschnitt unserer Gesellschaft gezeigt, mit ihren Vorurteilen, Heucheleien oder, wenn man so scharf formulieren will, auch ihrer doppelbödigen Moral" (*Kölner Stadtanzeiger* 07.11.1970).

Die Geschmacksurteile werden also aus verschiedenen Perspektiven (Hinsichten) formuliert. Dass vor der Kandidatin schon ein Mannequin in gleicher Bekleidung posiert hatte, wird in den Artikeln kaum erwähnt; hingegen taucht in den 12 Artikeln 43-mal der Begriff „Familie" auf. Die Diskussion über ‚Geschmacksgrenzen' ist also eng verknüpft mit einer Auseinandersetzung über das Aufeinandertreffen des gesellschaftlichen Subraums Familie (als privatem Schutzbereich) und deren öffentlicher Präsentation. So wird einerseits berichtet:

> Am meisten lehnten Männer die Zurschaustellung der Tochter als einen Eingriff in die Intimsphäre der Familie ab. (*Die Welt* 10.11.1970)

Um dann entwarnend fortzufahren, alles sei gelaufen „wie es sich gehört". Andererseits wird dieser patriarchalische Standpunkt als überholt eingestuft und der Sendung damit bescheinigt eine Entwicklung nachvollzogen zu haben, die in der Gesellschaft schon längst gelaufen sei:

> Da diesmal ganz normale Mittelstandsfamilien an diesem „Harmoniespiel" teilnahmen, zeigt das, wie sehr die „Busenwelle" schon zum selbstverständlichen Allgemeingut geworden ist und wie selbst das, was noch vor nicht langer Zeit für „unmöglich" galt, bereits in bürgerlichen Kreisen akzeptiert ist. (*Stuttgarter Nachrichten* 07.11.1970)

> Das Ganze wäre ein munteres Spiel, und darin Aufstieg oder Verfall der Sitten zu suchen, wäre ganz gewiß verfehlt: Erstaunlich oder nicht, aber niemand von den Betroffenen zog irgendwelche Sittencodices heran. Offenbar kam Dietmar Schönherr mit seiner abgelegten Oben-ohne-Problematik einige Postkutschen zu spät. (*Die Welt* 10.11.1970)

Im rückblickenden Vergleich mit der Diskussion um die Lysistrata lässt sich die Debatte über die Wünsch Dir was-Sendung als Dokument eines Übergangs lesen. Die Hegemonie des alten Körpertabus ist aufgehoben, eine libertäre Moral in Bezug auf die Exposition des Körpers hat sich nachhaltig im Raum öffentlicher Meinungsäußerung etabliert. Die Schaustellung des – teilweise – entblößten Körpers wird aus dem Bereich der geschützten Intimität herausdefiniert und als legitimes Moment der Bewegung im „öffentlichen Leben" aufgefasst. Begrenzte Nacktheit hat sich die Anerkennung als legitimes Moment der öffentlichen Pose innerhalb jenes Teils von Öffentlichkeit und Gesellschaft verschafft, der sich als modern und aufgeklärt versteht.

Das Versenken eines mit einer vierköpfigen Familie besetzten Autos in einem Wasserbassin in der *Wünsch Dir was*-Folge vom *27.03.1971* wurde hingegen einhellig verurteilt:

> Nahezu jede bundesdeutsche Zeitung empörte sich nach dem letzten Wochenende, über eine Fernsehsendung, die sich als „Familienspiel" eingeführt hat und unter leiser Zustimmung des Publikums bisher fast ein Dutzendmal über die Bildschirme ging. (*Kölner Stadtanzeiger* 30.03.1971)

Gegenstand der scharfen Kritik war das „unverantwortliche Spiel mit dem Tod" (*Berliner Morgenpost* 30.03.1971), denn: „Mit dem Leben von Kandidaten zu spielen ist geschmacklos." (*Bild* 29.03.1971). Auch diese Urteile gehen auf Äußerungen von Fernsehzuschauern zurück. Im Gegensatz zu der Sendung von 1970 schließen sich die Fernsehkritiker jedoch diesen Urteilen an. Sie gehen teilweise in ihrer Ablehnung der Sendung sogar noch weiter; der *Kölner Stadtanzeiger* schrieb mit Blick auf das im Herbst gelaufene Fernsehspiel *Das Millionenspiel*, ein als Fernsehrealität erzähltes Science-Fiction-

Szenario, in dem ein Kandidat im Wettstreit mit drei Gangstern sein Leben als Spieleinsatz setzen muss:

> Um des Gewinnes von einer Million Mark willen war der Millionenspieler in dem Fernsehfilm bereit gewesen, sein Leben notfalls zu opfern – für ein paar Tausend Mark setzte sich in „Wünsch Dir was" eine ganze Familie einer Gefahr aus, die sie zuvor gar nicht erkennen konnte. (*Kölner Stadtanzeiger* 30.03.1971)

Weiter gehend ist diese Kritik insofern, als die Sendung hier nicht unter dem Aspekt ihrer pädagogischen Ausrichtung betrachtet wird. Die sonst angeführten Bewertungen gehen entweder von der Frage der Verhältnismäßigkeit der Mittel aus, derer sich eine Show bedienen darf, um über das Verhalten während eines Autounfalls aufzuklären (so ein Zuschauer an die *Hörzu*, 17.04.1971), oder stoßen sich daran, solche Situationen überhaupt in eine Unterhaltungssendung aufzunehmen (ein Vertreter der bayerischen Verkehrswacht gegenüber *Bild*, 29.03.1971). Der Kritiker des Kölner Stadtanzeigers hingegen sieht die Sendung in einem anderen Kontext, nämlich als Gewinnspiel, dessen Amoralität darin bestünde, die Kandidaten dazu zu bringen, „für ein paar Tausend Mark" ihre Gesundheit zu riskieren.

Festzuhalten ist das moralische Maß, dessen Geltung in der Diskussion über die Unterhaltungsofferte des Fernsehens sozial etabliert bzw. verteidigt wird. Es ist eine Moral, die den Wert des Lebens reklamiert. Der Respekt vor der Schutzwürdigkeit des Lebens verbiete es, die Lebensbedrohung zum Gegenstand einer spielerischen, darin gleichgültig-instrumentellen Benutzung für eine durch das Mediensystem organisierte Schaulust zu machen.

6.4.3 Der mediale Tabubruch: Die letzte Station *(Zeitraum: 1971)*

Die Auseinandersetzung um die Dokumentation der Dreharbeiten eines Filmteams in einer Londoner Sterbeklinik berührt die Frage, wo die Grenzen des Zeigbaren im Medium Fernsehen liegen. „Menschen im Todeskampf vor den Objektiven der Fernsehkameras – geht das nicht zu weit?" fragte die Programmzeitschrift *Funkuhr* (42/1972) mit einem ausdrücklichen Verweis auf den Sendeplatz des Berichts am Sonntagabend um 19:15 Uhr. Und die *Frankfurter Rundschau* befand:

> Die sogenannte Selbstdarstellung des Teams artete zu einer peinlichen Beobachtung von Sterbenden aus. Die Kamera wartete auf den Tod, „um festzustellen, was drumherum ist – den Übergang vom Leben zum Tod", sagte Siegfried Braun. Doch ein anderer Mitarbeiter meinte: „Abwarten, daß ein Mensch stirbt, das geht mir gegen den Strich." (*Frankfurter Rundschau* 05.10.1971)

Bei genauerer Betrachtung ergibt sich jedoch, dass die Bewertungen des Films sehr unterschiedlich ausfallen. Schon die beiden zitierten Kommentare argumentieren unterschiedlich: Während die *Funkuhr* das Zeigen von Sterbenden – die zu „Menschen im Todeskampf“ metaphorisiert werden – in einem bestimmten Programmkontext für fragwürdig hält, wird in der *Frankfurter Rundschau* das Zeigen der Beobachtung der Sterbenden durch die Kamera, die „auf den Tod wartete“, als „peinlich“ empfunden. Dahinter liegt die Befürchtung, dass es durch eine solche Präsentation Sterbender zu einer Entsensibilisierung gegenüber dem Tod kommen könnte. Denn der Artikel fährt fort:

> [Die Zuschauer, d.A.] mußten nicht nur mit dem gezeigten Tod fertig werden, sondern auch damit, daß ein Teammitglied nach viertägigem Aufenthalt in der Klinik sagte: „Man ist persönlich nicht mehr erschüttert, wenn einer stirbt, man merkt nur, daß ein Bett frei ist.“

Eine weiteres Argumentationsmuster liegt einem Artikel aus der *Münchner Abendzeitung* (05.10.1971) zugrunde:

> Daß Sterben ja noch immer ein gesellschaftliches Tabu sein und man Omas in Agonie zeigen müsse – das war die Idee dabei, und der Tabubruch um des Tabubrechens willen wurde auch zum ZDF-Alibi. Wen interessiert schon der kleine „Moralische“, den sich das ZDF hier zulegte. (*Münchner Abendzeitung* 05.10.1971)

Sterben wird wieder umgedeutet („Omas in Agonie“) und darüber hinaus als gesellschaftliches Tabu bezeichnet. Die Kritik richtet sich nicht auf das Zeigen bestimmter Bilder oder Szenen, sondern dieses Zeigen wird als „Tabubruch um des Tabubrechens willen“ generalisiert. In den sieben ausgewerteten Artikeln fanden sich zwei entgegengesetzte Positionen, von denen die Rezension aus der *Süddeutschen Zeitung* einige der zuvor genannten Kritikpunkte aufgreift und umkehrt:

> Wie viele Tote es in einer Woche im Fernsehen gegeben hat, wurde schon oft mit Akribie zusammengezählt und mit pädagogischem Zeigefinger als Beweis der Brutalisierung unserer Gesellschaft gebraucht. Im allgemeinen aber gehören Tote zum festen Repertoire des Programms: Verkehrstote, Kriegstote, Katastrophentote und Mordopfer. Sie regen uns kaum noch auf. Wer fröhlich am vergangenen Sonntag, abends zur gewöhnlichen Essenszeit, im ZDF den Film über „Die letzte Station“ anschaute, dem verging nicht nur der Appetit, sondern auch die Gleichgültigkeit, mit der man für gewöhnlich echte oder gemimte Tote auf der Mattscheibe zur Kenntnis nimmt. Man sah keine Leichen, sondern Sterbende, in einer eigens dafür eingerichteten Londoner Klinik. Man wurde nicht mit Toten konfrontiert, sondern mit dem Tod und mit Menschen, die mit ihm ringen, ohne noch eine Chance zu haben. (*Süddeutsche Zeitung* 05.10.1971)

Implizit findet sich in dieser Auseinandersetzung eine Vorstellung über die kulturelle Macht des Fernsehens artikuliert. Das öffentliche Räsonnement schreibt dem Fernsehen das Vermögen zu, ein Motor der Entsensibilisierung zu sein. Das Fernsehen wird als kultureller Faktor hingestellt, der gewissermaßen die Kraft hat, seine eigenen ‚Nebenwirkungen‘ zu heilen – mediale

Authentizität, Bilder vom wirklichen Tod zu geben, erscheint als Remedur mediatisierter Gleichgültigkeit.

6.4.4 *Tabuverletzung durch das unansehnliche Nackte:* Arena *(Zeitraum: 1982)*

Der Diskussionssendung des SFB über die „Neuen Nackten" folgte eine besonders erhitzte Debatte über die Frage nach den Schamschranken des Fernsehens. Im Mittelpunkt der Diskussion stand der Auftritt einer 60-jährigen Zuschauerin, die sich während der Sendung auszog. Einige Zitate:

> „(...) ich finde diese alte nackte Frau mit ihrem traurigen Körper schamlos und würdelos." (*Bild und Funk* 08.10.1982)

> Scham und Würde wurden in ihren Augen vor allem durch jene Frau verletzt, die nackt vor der Kamera posierte. (*Bild und Funk* 08.10.1982)

> Eine alte Hausfrau zog sich splitternackt aus, (...). (*Bild am Sonntag* 12.09.1982)

> (...) die wohl unvermeidliche Frau Götze, die noch jeden ihrer Auftritte auf den vulgären Punkt zu bringen verstand. (*Frankfurter Allgemeine Zeitung* 09.09.1982)

> „Knorriger Baum" (Überschrift in *Der Spiegel* 37/1982)

Dabei stand wie auch aus den Zitaten ersichtlich ist, nicht die Tatsache im Mittelpunkt, dass sich hier eine Frau nackt ausgezogen hat, sondern, dass es sich dabei um eine 60-jährige Zuschauerin handelte, die – auch darauf wird immer wieder hingewiesen – in der Öffentlichkeit wegen ihrer sexuellen Offenheit schon bekannt war. In verschiedenen Zeitungen (*Berliner Morgenpost*, *Bild und Funk* und *Bild am Sonntag*) wird ausführlich die Sichtweise einer „Pfarrersfrau" wiedergegeben, die an der Diskussionsrunde teilgenommen hatte und die sich im Verlauf der Sendung in ihrem „Schamgefühl" verletzt sah. In einem Interview äußert sie sich folgendermaßen:

> „Einige Teilnehmer der Sendung boten derartig verletzende Schamlosigkeiten, daß ich hin- und hergerissen war, ob ich das Studio demonstrativ verlassen sollte. Ich bin geblieben, weil ich überzeugt war, daß ich nicht nur meinen Protest, sondern auch die Empörung vieler Zuschauer zum Ausdruck bringen mußte. Es ist beschämend, was in unserem Fernsehen möglich geworden ist. Es scheint keine Tabus mehr zu geben. Auch der obszöne Mißbrauch unserer Nationalflagge in dieser Sendung war skandalös. Wir können dagegen nicht laut genug protestieren und dürfen das Feld nicht gewissen Sexual-Chaoten kampflos überlassen." (*Berliner Morgenpost* 09.09.1982)

Deutlich wird hier auf „die Empörung vieler Zuschauer" Bezug genommen, um den eigenen Standpunkt als den des *normalen Empfindens* zu legitimieren. Als Steigerung wird darauf verwiesen, dass die Normverletzung mit einem „obszönen Mißbrauch unserer Nationalflagge" einher gegangen sei.

Die körperliche Entblößung wird in den breiteren Kontext eines oppositionellen politischen Subdiskurses gestellt und so zu einem auch politischen Zeichen erhoben. Diese politische Konnotation, die den Missbrauch der Flagge parallel setzt zu einem generellen Missbrauch des Mediums Fernsehen zu politischen Zwecken, taucht auch in anderen Artikeln auf. Im *Münchner Merkur* wird aus einem Aufruf der konservativen „Aktion Funk und Fernsehen e.V." zitiert:

> In den Schreiben heißt es unter anderem, daß seit dem NDR-Beitrag „Obszönität als Gesellschaftskritik" vom 3.11.79 „nichts so Widerwärtiges mehr über den Bildschirm gelaufen" sei und die Mehrheit der Zuschauer ein Recht habe, gegen solche „Provokationen einer Minderheit und eine so schwerwiegende Verletzung ihrer religiösen und sittlichen Gefühle geschützt zu werden". (*Münchner Merkur* 16.09.1982)

In den Kommentaren der Fernsehkritiker selbst hingegen klingt die Einschätzung wesentlich nüchterner. In der *Hörzu* ist zu lesen:

> Am Ende hatten alle Beteiligten vergessen, daß ein nackter Hintern noch keine klassenlose Gesellschaft macht und dümmlicher Exhibitionismus keinen Kulturschock auslöst. Höchstens einen Schnupfen – der nächste Winter kommt bestimmt. (*Hörzu* 38/1982)

Dabei wird wiederholt darauf hingewiesen, dass die öffentliche Moral mit zweierlei Maß messe:

> Im Anspielfilm, wie so was heißt, waren zuvor viel länger blanke Busen und Gemächte zu betrachten (und niemand hatte sich beschwert), und daß der nackte Artefakt nicht als peinlich empfunden wurde, konnte man förmlich spüren: zu exakt war sein Bild. (*epd-Medien* 11.09.1982)

Verhandelt wird an dem Fall, ob und inwieweit eine libertäre Auffassung von den im „öffentlichen Leben" legitimen Körperposen Geltung beanspruchen kann. Die Debatte zeugt von der Konkurrenz zweier Auffassungen:

Auf der einen Seite wird das Recht, das sich eine Einzelperson nimmt, ihren – ‚unansehnlichen' – Körper dem Blick anderer auszusetzen und deren Augenmerk für sich so in Anspruch zu nehmen, als Anmaßung zurückgewiesen; die Kritiker von Frau Goetze rekurrieren dabei nicht allein auf Gebote der Scham, die durch diese Anmaßung verletzt seien, sondern identifizieren den Normbruch als politische Provokation. Die verteidigten Normen der Schamhaftigkeit scheinen in der Gesellschaft so weit außer Kraft gesetzt, dass sich ihre Verteidiger in einer fast märtyrerhaften Oppositionsrolle sehen. Der Versuch der Restitution der Normen reklamiert ihre Notwendigkeit für die Gesellschaft – auf abstrakte und insofern ‚totalisierte' Weise.

Auf der anderen Seite beharrt die Gegenposition auf einer libertären Auslegung der legitimen Formen öffentlicher Selbstpräsentation. Sie weist dabei den Auftritt der Frau Goetze zurück und stuft ihn als eine individuelle Schrulle ein, durch die die Regel nicht angegriffen wird. Damit wird die Regel in ihrer libertären Fassung zugleich ausgelegt: Illegitim bleibt eine Form der Selbstexposition, die sich nicht für den Blick der fremden anderen stilisiert, indem der Körper ‚ansehnlich' gemacht wird. Diese idiosynkratische Selbstdarstellung wird als ungebührliche Anmaßung des Subjekts verstanden und deshalb abgelehnt.

6.4.5 Normalisierung der Nacktheit: Tutti Frutti *(Zeitraum: 1990)*

Von einem Tabubruch ist bei der direkten Auseinandersetzung mit *Tutti Frutti* nicht die Rede. Eine „moralische Schallgrenze: das Höschen bleibt an" (*Berliner Morgenpost* 21.10.1990) wurde nicht verletzt. Denn was hier gezeigt wurde „sieht man doch heute in jeder Badeanstalt" (RTL-Mann Hoenisch in *Funkuhr* 24.02.1990). Die Sendung wird jedoch grundsätzlich und durchgehend als „geschmacklos" verurteilt:

> Nach Eindruck [des Präsident der BLM, Wolf Dieter Ring,] werfe die Sendung allerdings eher Geschmacks- als Jugendschutzfragen auf. (*Funkkorrespondenz* 26.01.1990)

> Die Sendung ist wie jene Blätter, in die man angeblich nur beim Friseur hineinschaut: total schwachsinnig, geschmacklos, billig, blöde, primitiv. (*Stern* 21.06.1990)

> Und eine Bayerin ist ausgesprochen wütend: „Des is nix, überhaupt nix. So was kann man ja keinem Menschen zumuten. Das soll Unterhaltung sein? Pfui Deibl!" (*Quick* 15.02.1990)

> Auch Balders „Alles Nichts Oder?!"-Kollegin, die Sexualdissidentin Hella von Sinnen, die eigentlich neigungsbedingt für den ausdrucksvollen Frauenleib schwärmt, hat den Maître mehrfach verwarnt: „Ich kann Ihre Sendung nicht mehr sehen, Hugo, sie ist äußerst peinlich." (*Der Spiegel* 24.12.1990)

Schon die verschiedenen Urheber dieser Einschätzungen (Präsident der BLM, Sternreporter, Zuschauerin, Prominente) verweisen darauf, dass die Beurteilung der Sendung konsensuell ist. Selbst Moderator Balder ließ sich damit zitieren, er fände die Sendung „unterirdisch" (*Stern* 21.6.1990). Zwei Beurteilungen schließen sich dieser Einschätzung an. Einerseits wird das Urteil der Geschmacklosigkeit in Hinsicht *Unterhaltungswert* weiterverhandelt; aus dieser Perspektive betrachtet liegt die Geschmacklosigkeit der Sendung darin, dass sie ihr Unterhaltungsversprechen, eine Erotiksendung zu sein, nicht einlöse:

> Verkommener als die Moral ist jedenfalls die Ästhetik von „Tutti Frutti" (...). (*Tagesspiegel* 20.02.1990)

> Um es gleich vorwegzunehmen: Knisternde Erotik war am späten Sonntagabend bei Tutti Frutti (RTL plus) nicht zu spüren. Zwar mögen die Programmverantwortlichen des Kölner Privatsenders mit ihrer Einschätzung, über solche Sendungen die Einschaltquoten nach oben zu schrauben, durchaus richtig liegen, doch ob eine Spielshow wie diese dem genüge tut, darf in Zweifel gezogen werden. (*Die Welt* 23.01.1990)

Während hier also die Ästhetik der Präsentation von Erotik kritisiert wird, setzen andere (zitierte) Urteile von Zuschauerinnen und kirchlichen Organisationen bei der gesellschaftspolitischen Konnotation an. Der Vorwurf lautet hier, die Sendung sei frauenverachtend:

> Harscheste „Tutti Frutti"-Kritiker sind generell die Frauen. „Sexistisch", „frauenfeindlich", „Schwachsinnig" – das sind die Adjektive, die Lutz Schiffer am Telefon immer wieder zu hören bekommt. (*Quick* 15.02.1990)

Auch in der Debatte um *Tutti Frutti* tauchen Positionen auf, die sich mit der allgemein geäußerten Kritik auseinander setzten und die allgemeine Erregung als überzogen und doppelbödig zurückweisen:

> Während wir Prüden auf der Sofakante sitzen, erst frauenfeindlichen Schweinkram vermuten und dann in der nächsten Woche wieder heimlich einschalten, hocken andere vor dem Fernseher und amüsieren sich einfach. Gelassen, erheitert, ungezwungen. (*Süddeutsche Zeitung* 20.01.1990)

Verglichen mit der Debatte über *Die Sendung der Lysistrata* dokumentiert die Auseinandersetzung um Tutti Frutti die vollzogenen Normalisierung öffentlich inszenierter Nacktheit. Der in bestimmten Grenzen entblößte Körper wird als Angelegenheit des Geschmacks vom Geltungs- und Aussagebereich der Moral getrennt, die öffentliche Blöße wird – solange sie in einem bestimmten Rahmen bleibt – zur Privatsache erklärt.

In der öffentlichen Beurteilung wird daneben ein neuer moralischer Bezugspunkt etabliert. Es ist nicht mehr das Gebot der Züchtigkeit der Erscheinung, das in der Debatte um die transparente Bluse in einer Wünsch Dir was-Sendung noch zur Sprache kam (und gleichsam ausgeleitet wurde). Vielmehr wird die Instrumentalisierung des weiblichen Körpers problematisiert. Auf diese Weise wird die Ästhetik, die Frage der Form der Inszenierung von Blöße, zur Scheidemünze der moralischen Beurteilung.

6.4.6 Mediatisierung des Leids und zugelassener Voyeurismus: Reality TV (Zeitraum: 1992-1994)

Am 12. Januar 1992 zog mit der Sendung *Polizeireport Deutschland* (Tele 5) ein neues Format ins bundesrepublikanische Fernsehen ein: das Reality TV[2]. Der schnelle Quotenerfolg dieser neuen Form der Fernsehunterhaltung führte zu einem Boom ähnlich konzipierter Sendungen, die wegen ihrer Gewaltdarstellungen in der Öffentlichkeit umstritten waren. In der Debatte um das Format Reality TV finden sich besonders scharfe Verurteilungen. So ist die Rede von „Perversion, ein Verfall der Sitten" (Kölner Regierungspräsident Antwerpes in *Der Spiegel* 25.11.1993), „Grenzen des guten Geschmacks überschritten" (CDU-Politiker Eylmann in *Frankfurter Rundschau* 27.02.1993), „Verwahrlosung des Journalismus" (Bischof Kohlwage in ebd.), „immer nackter, immer näher, immer brutaler" (*Neue Züricher Zeitung* 18.02.1993), „widerlich" (*Stern-TV* 14.01.1993), „ungezügelte Rohheit und ungezügelte Lüsternheit" (*Tagesspiegel* 20.03.1993), „Tiefpunkt deutschen Fernsehgeschmacks" (*Die Zeit* 19.03.1993) etc. Die starke Empörung zielt einerseits direkt auf die visuelle Ebene, die Menschen in Situationen extremer Not zeigt:

> Eine Schwangere sprang aus einem brennenden Hochhaus, ein Wal zog eine Sporttaucherin in die Tiefe (während ihr Mann alles filmte), ein Streifenpolizist wurde vor laufender Videokamera erstochen. (*Stern-TV* 14.01.1993)

Andererseits wird aber auch darauf verwiesen, dass der Tabubruch des Reality TV nicht nur in der Heftigkeit der Bilder an sich liegt, sondern in der Einbindung von Szenen extremen menschlichen Leids in die Verwertungsbedürfnisse kommerzieller Interessen:

> „Reality TV" kommt aus den USA. Es verspricht, die ungeschminkte Wirklichkeit zu zeigen. Die Mehrzahl der einschlägigen Sendungen verwandelt allerdings den Bildschirm eher in ein elektronisches Boulevardblatt – mit einer nach unten offenen Skala des schlechten Geschmacks. Live-Reportagen aus Katastrophengebieten, direkte Kamerapräsenz bei Unfällen, Verbrechen und Selbstmorden, aber auch Amateurvideos von privatem und öffentlichem Schrecken sollen das obige Versprechen einlösen. Die moralfreie Kalkulation macht die fernsehtägliche Sensation des Grauens zur erfolgreichen Zauberwaffe: im Konkurrenzkampf um den Zapper und die Quote. (*Deutsches Allgemeines Sonntagsblatt* 03.07.1992)

Ein weiteres Beispiel:

---

2 Die bisweilen etwas beliebig verwendete Bezeichnung ‚Reality TV' bezieht sich im Folgenden auf solche Sendungen, die – vereinfacht gesagt – tatsächliche Ereignisse in Form von Originalaufnahmen oder nachgestellten Szenen im Rahmen einer Magazinsendung aneinander reihen. Die einzelnen Beiträge zeichnet das Fehlen eines aktuellen gesellschaftspolitischen Bezugs und die Konzentration auf nicht prominente Personen aus, die mit physischer oder psychischer Gewalt konfrontiert werden (vgl. Wegener 1994).

> Die Veranstalter münzen mit Reality TV Unglücksfälle kostengünstig in werbeumsatzträchtige Einschaltquoten um. (*Frankfurter Rundschau* 27.02.1993)

Die moralische Verurteilung des Reality-Formats wird in unserem Ausschnitt der Debatte ausschließlich von Journalisten, Politikern, Vertretern von Landesmedienanstalten und Kirchen ausgesprochen. Zuschauer werden nicht zitiert, spielen aber dennoch eine nicht ungewichtige Rolle. So fährt der oben zitierte Artikel aus der Frankfurter Rundschau fort:

> Einzelne Sendungen werden in der Spitze von neun Millionen, im Durchschnitt von sieben Millionen Zuschauerinnen und Zuschauern gesehen. (ebd.)

In diesem Satz steckt nicht nur eine nüchterne Information über die Reichweite des Formats. Es zeigt sich gleichzeitig, dass – bei aller Empörung über die „kostengünstige Ummünzung von Unglücksfällen in Einschaltquoten" – die unmoralische Kalkulation der Veranstalter aufgeht, da „die Zuschauer" in Massen einschalten. So tritt zur Entrüstung über den Umgang mit Bildern durch die Fernsehmacher die Entrüstung über die Schaulust des Publikums. Denn die Schaulust, die sich in der Quote niederschlägt, hat die Kraft eines faktischen Arguments, das die moralischen Einwände zu relativieren scheint. Auch der oben zitierte Ausschnitt aus *Stern-TV* folgt diesem Argumentationsschema. Auf die abschreckende Beschreibung der Sendung folgt die eigentlich rhetorische Frage „Widerlich?", die jedoch vom Zuschauerverhalten relativiert wird:

> Eine Schwangere sprang aus einem brennenden Hochhaus, ein Wal zog eine Sporttaucherin in die Tiefe (während ihr Mann alles filmte), ein Streifenpolizist wurde vor laufender Videokamera erstochen. Widerlich? Die ersten beiden Ausgaben von Augenzeugen-Video sahen jeweils über fünf Millionen Zuschauer. (*Stern-TV* 14.01.1993)

In der Verurteilung kommt eine alte normative Grundlage zum Vorschein: der Respekt vor der Schützwürdigkeit des menschlichen Lebens. Als neues Moment im Mediendiskurs wird eine Scheidung zwischen der veröffentlichten Moral, also der Verurteilung der Mediatisierung authentischen Leids einzig zum Zweck der Schaulust, und dem gesellschaftlich weithin praktizierten Medienhandeln, dem Phänomen eines allgemeinen Voyeurismus vorgenommen.

6.4.7 Ermüdung der Kritik, Rückzug der moralischen Einwände: Daily Talk (Zeitraum: 1996-1998)

Die medienkritische Debatte über Daily Talks lässt sich von Anfang 1993 bis Ende 1998 datieren. Damit ist sie die am längsten dauernde Auseinandersetzung um ein Sendeformat innerhalb dieser Untersuchung. Obwohl der Untersuchungszeitraum auf die letzen drei Jahre von 1996 bis 1998 eingeschränkt wurde, blieb dennoch eine große Bandbreite unterschiedlicher Beiträge zu der Debatte erhalten. Das macht sich natürlich auch in der Verschiedenheit der Äußerungen bemerkbar, die sich dem Diskursstrang *Moralisches Empfinden* zuordnen lassen.

Von den codierten Textstellen lassen sich – wie schon bei der Debatte um Reality TV – einige einer Argumentation zurechnen, die auf das Bedienen der voyeuristischen Neigungen der Zuschauer hinweisen:

> TV-Talk versteht sich ausdrücklich auch als Unterhaltung. In der Tat: Wer voyeuristisches Vergnügen daran hat, bei anderen Leuten durchs Schlüsselloch zu gucken, wird bei Meiser, Christen und Co. wohlbedient. (*Berliner Morgenpost* 08.09.1996)

> Der voyeuristische Durst nach schneller Befriedigung sichert die Einschaltquoten. (*Kölner Stadtanzeiger* 23.03.1996)

> Genau, die Fragen des Moderators waren ihr zu persönlich und emotional. Gerade Fliege hat ja so einen seelsorgerischen, therapeutischen Gesprächsstil. Der zentriert alles auf die Gefühlsebene. Damit bedient er doch perfekt den Voyeurismus der Zuschauer. (*Süddeutsche Zeitung* 19.06.1996)

Die Hinsicht, unter der diese Bewertungen vorgenommen werden, bezieht sich auf den Akt des Zuschauens und dessen (niedere) Motive. Die Kritik richtet also sich nicht nur an die Sendung selbst, sondern indirekt auch an ihre Zuschauer, die kalkuliert und unter dem Gesichtspunkt der Quote abgeschöpft würden. Andere Verurteilungen von Daily Talks setzen direkt bei den präsentierten Inhalten an. Am häufigsten wurde dabei vorgebracht, dass diese Inhalte nicht in die Öffentlichkeit gehörten.

> In der Ehe von Peter und Hannelore kriselt's. „Sie läßt mich im Bett nicht mehr ran", klagt er. „Und das seit zwölf Jahren!" Was Hannelore auch unumwunden zugibt. „Ich hab' einfach kein Verlangen mehr", erklärt sie schulterzuckend. Eine Situation, wie sie in den Praxen für Ehe- und Sexualberatung tagtäglich vorkommt. Nur schütten Peter und Hannelore ihr Herz Sonja Zietlow aus. Und das heißt allen, die an diesem Tag um 13 Uhr SAT.1 eingeschaltet haben. (*Berliner Morgenpost* 16.02.1997)

Der hier beschriebene Konflikt wird als durchaus normal („Eine Situation, wie sie in den Praxen für Ehe- und Sexualberatung tagtäglich vorkommt.") eingestuft. Die Normverletzung besteht ‚lediglich' in der Ausbreitung dieser Auseinandersetzung auf der öffentlichen Bühne einer Fernsehshow. Anders verhält es sich in folgendem Textausschnitt:

> Und sie blicken gebannt auf die Szenerie und ihre Protagonisten, wenn Meiser effektvoll die „Schweinefotos" eines „Bodydesigners" ankündigt, die er dann doch nicht im Fernsehen zeigen darf (RTL, 16.12.1996) oder wenn Kerner eine Frau präsentiert, die an einem Tag mit 400 Männern schlafen wollte, aber „nur" 100 vor

der Kamera Lust dazu hatten (SAT.1, 27.12.1996). (*Frankfurter Rundschau* 16.05.1997)

Der Artikel verzichtet auf eine weitere Ausführung, warum die angeführten Beispiele zu beanstanden sind. Er unterstellt damit, das sei deshalb nicht notwendig, da sie für Verhaltensweisen stehen, die schon an sich außerhalb der sozialen Norm liegen. Alle Beispiele haben mit der menschlichen Sexualität zu tun. Sexualität ist das Zentrum der Intimität. Hier erfüllt sich auch die Subjektivität. Dafür braucht sie die Befreiung, den Schutz vor Legitimationskriterien, die für den öffentlichen Auftritt gelten. Indem nun die Sexualität mit einer öffentlich ausgetragenen Rechthaberei oder aber mit dem abstrakten Leistungswahn der Rekordsuche assoziiert wird, wird sie den elementaren Kriterien der Bewährung im ‚öffentlichen Leben' ausgesetzt. Darin liegt die Normverletzung. Woran Anstoß genommen wird, ist die Aufhebung der Sphärengrenzen, durch die der Bereich subjektiver Erfüllung in der Intimität den Kriterien öffentlichen Auftrumpfens untergeordnet wird.

Zur Beschreibung ‚geschmackloser', weil Prostitution nahe legender Szenen kommt ein weiterer Indikator hinzu, der die ‚Geschmacklosigkeit' als über die Grenze des Erträglichen hinausgehend ausweist:

> Stamm: „Dann kommt die Partnerin des Pornodarstellers. Die hat mit seinen Filmen überhaupt kein Problem. Im Gegenteil, sie will jetzt auch ins Pornogeschäft. Der Höhepunkt ist, daß dann noch der Mann dazu kommt, mit dem sie zwei Kinder hat, und es wird über Minuten ausgebreitet, wie das jetzt mit dem flotten Dreier funktioniert. Das ist eine Niveaulosigkeit, die hat in einem Nachmittagsprogramm nichts zu suchen." (*Süddeutsche Zeitung* 25.04.1998)

Indikator ist der Programmrahmen („Nachmittagsprogramm"), der in direktem Zusammenhang damit steht, dass sich unter den Zuschauern Kinder befinden können und folglich Jugendschutzbestimmungen verletzt würden. Das Interessante an einer solchen Argumentation besteht in ihrer Verbindung zu dem davor genannten Bewertungsschema. Denn durch die Anbindung der Bewertung an einen Verbotsdiskurs wird einerseits die Auseinandersetzung verschärft („hat in einem Nachmittagsprogramm nichts zu suchen"), andererseits bedeutet sie auch einen argumentativen Rückzug, da die Hinsicht der Beurteilung eingeschränkt wird. Während in erster Argumentation der Istwert der Bewertung (die Sendungsbeispiele) unter der Hinsicht des allgemeinen Normverhaltens in einem Bereich außerhalb des Akzeptablen (Sollwert) liegt, gilt dies in dem Stamm-Interview *nur noch* unter dem Aspekt des Jugendschutzes.

Der Kontrolldiskurs, wie er am Beginn der TV-Diskurse (im FAZ-Kommentar zu *Die Sendung der Lysistrata)* beobachtbar war, ist hier auf den Erziehungsstandpunkt zurückgenommen, beansprucht also nur mehr eine limitierte soziale Autorität. Ansonsten stehen die moralische Wertung und die

Diagnose eines abweichenden gesellschaftlichen Ist-Zustandes in diesem Diskursstrang unvermittelt nebeneinander.

Auch wenn es nicht um eine Thematisierung des Sexualverhaltens geht, können Inhalte die Geschmacksgrenzen überschreiten, wenn sie gesellschaftlich nicht akzeptable Verhaltensweisen präsentieren:

> Aggressionen: Autoraser (180 Stundenkilometer in der Stadt als „geiles Gefühl“) finden den Adrenalinstoß beim schnellen Fahren „besser als einen Orgasmus“ oder bekommen dabei „ein feuchtes Höschen“ (Arabella, Pro7, 23.12.1996). Demütigungen: Eine Mutter erörtert in Anwesenheit ihrer fünf kleinen Kinder, daß zwei von ihnen eigentlich ab getrieben werden sollten (Bärbel Schäfer, RTL, 15.01.1997). (*Frankfurter Rundschau* 16.05.1997)

Eine Grenzüberschreitung wird auch dann wahrgenommen, wenn Sendungen Konflikte auf eine Art und Weise behandeln, die an dem öffentlichen Ort Fernsehen unangemessen erscheint:

> (...) zum Beispiel die Sendung „Sonja“ bei SAT.1, in der sich kürzlich eine Mutter und ihre dreizehnjährige Tochter zu streiten begannen. Der Disput endete vor der Kamera mit Handgreiflichkeiten. (*Stuttgarter Zeitung* 13.04.1998)

> Bei Birte Karalus wird noch heftiger gestritten als in anderen Talkshows, da die Sendung weniger Gäste hat und viel tiefer ins Detail gehen kann. Da werden Verwandte, ehemalige Freunde oder Bekannte als „Schlampen“, „Schweine“ oder „Eckenpenner“ bezeichnet. (*Süddeutsche Zeitung* 14.09.1998)

Der relativ lange Zeitraum, in dem die Daily Talks öffentlich diskutiert wurden, lässt sich in der Dynamik seines Verlaufs differenzieren. Es fällt auf, dass die zuerst angesprochene Kritikform (‚Bedienen des Voyeurismus der Zuschauer‘) nur 1996 zu finden ist, während besonders Kritik an Verhaltensweisen von Kandidaten und der Verletzung von Jugendschutzbestimmungen erst ab 1998 auftauchen.

Ein Großteil der Kritik an Daily Talks stammt nicht von den Journalisten selbst, sondern lässt sich Politikern, Vertretern von Landesmedienanstalten, TV-Prominenten oder verschiedenen Experten zurechnen. Während die Äußerungen aus den Bereichen Politik und Landesmedienanstalten die Präsentation von Sexualität und den Missbrauch der Talkshows als Bühne für die Präsentation unangemessener Verhaltensweisen kritisieren, beziehen sich Äußerungen von Moderatoren auf das voyeuristische Vergnügen der Zuschauer und das Abgleiten von Gesprächen. Ein besondere Stellung nehmen ‚Medienexperten‘ ein. Häufig wiederholen sie in ihren Argumentationen lediglich verschiedene der genannten Vorwürfe, um sie anschließend zu relativieren:

> Die Talkgäste sprechen über alles und jedes, am liebsten aber, so die Forschung, über Familie und Beziehungen. Tabubruch ist dabei gar nicht besonders gefragt. Auf die Zuschauerquote hat das jeweilige Thema übrigens wenig Einfluss – wenn

nur der Redefluss zum fixen Termin gesichert bleibt. (*Neue Züricher Zeitung* 20.06.1997)

Dieser Befund ist gewissermaßen kennzeichnend für die gesamte Debatte über Daily Talks. Denn resümierend lässt sich die Auseinandersetzung um die moralische Akzeptanz der Daily Talks als ein argumentativer Rückzug lesen. Anders ausgedrückt: Das Format gewinnt mit längerer Laufzeit eine immer größere Akzeptanz im öffentlichen Diskurs. Die Kritik wird immer weiter zurückgenommen.

6.4.8 Allmählicher Verzicht auf moralische Bewertungen: Big Brother *(Zeitraum: 2000)*

Die Entrüstung über *Big Brother* hat zwei Stoßrichtungen, die eng miteinander verknüpft sind. Zum einen bezieht sie sich auf den Akt des ‚geschmacklosen' Voyeurismus, der dem Sendekonzept zugrunde liege, zum anderen auf den durch Ruhm und Geldgier motivierten Exhibitionismus der Kandidaten.

Der Vorwurf des „voyeuristischen Blicks" (*Der Spiegel* 41/2000) auf die Kandidaten richtet sich, wie das auch schon in der Debatte um Daily Talks der Fall war, nicht nur gegen die Sendung, sondern ebenso gegen die Zuschauer, die solche Sendungen überhaupt erst ermöglichten:

> Der private Blick des Zuschauers ist ebenso konstitutiv für solche Sendungen, wie es die Selbstdarbietung der Kandidaten im Container ist. Also sollte man sich hüten, diese soziale Versuchsanordnungen für Blicke eine „Sendung" zu nennen. Der Veranstalter stellt den perfiden Apparat, durch den die Bilder – im Internet sogar rund um die Uhr – nur hindurchgeschleust werden. Auf Sendung aber gehen wir Zuschauer. Darum schaut man nicht „Big Brother", sondern man wird schauend zum Großen Bruder. (*Süddeutsche Zeitung* 28.03.2000)

Erst durch das Zusammenspiel von Sendung, die nicht als komplette Inszenierung sondern als „Apparatur" begriffen wird, und Rezeption, dem voyeuristischen Blick der Zuschauer, entsteht das Setting der „Observationsshow" *Big Brother*. Das Verwerfliche dieser Konstellation sieht Bernd Graff in der damit verbundenen ethischen Abwertung der Mitspieler, die der „Verfügungsgewalt eines Blickes ausgeliefert [sind], einer Macht, der [sie] nichts entgegensetzen" können (ebd.). Für Graff manifestiert sich in dieser Anordnung („der Verfügungsgewalt eines Blickes") – analog zu dem literarischen ‚Vorbild', dem Roman Orwells, – der kategorische Imperativ eines neuen Totalitarismus, dessen Herrschaftsanspruch nicht über Ver- sondern über Gebote durchgesetzt wird:

> In Orwells „1984" gibt es eine Passage, die das besondere Charakteristikum des Big-Brother-Systems benennt. „Das Gebot des alten Despotismus lautet: ‚Du sollst nicht.' Das Gebot der totalitären Systeme heißt: ‚Du sollst.' Unser Gebot ist:

‚Sei.'" Der Titelsong der Fernsehserie „Big Brother" gab dasselbe Gebot auf seine Weise wieder: „Leb!" (ebd.)

Die Degradierung der Kandidaten zu Objekten der Schaulust kritisiert auch der US-amerikanische Kulturhistoriker Neal Gabler in einem Interview mit dem *Spiegel*:

> Es ist, als ob Sie beim Nachbarn durchs Schlüsselloch schauen. 99mal legt er nur Wäsche zusammen oder trinkt Kaffee. Aber Sie könnten ihn plötzlich nackt sehen oder ermordet – das ist enorm spannend. Die Zuschauer vergnügen sich, weil der Voyeurismus Macht schenkt. Gewissermaßen besitzen sie die Akteure. Wer nervt oder langweilt, wird eliminiert. Wie im alten Rom. (*Der Spiegel* 23/2001)

Auch wenn Gabler hier nicht an Orwell sondern an die altrömische Unterhaltungstradition der *panem et circenses* anknüpft, so ist die Stoßrichtung seiner Kritik dennoch dieselbe: Der Vorwurf lautet, *Big Brother* hebe unter dem Diktat des Unterhaltungsimperativs tradierte ethische Umgangsformen aus den Angeln. Solche Bewertungen gehen entweder einher mit Verurteilungen bezüglich der Ausbeutung der Kandidaten durch das Fernsehen, das diese ausstelle „wie früher auf dem Jahrmarkt, wo in den Schaubuden Schlangenmenschen, Pygmäen und Frauen mit Bärten ausgestellt wurden" (Markus Peichl in *Der Spiegel* 39/2000), oder aber es wird der Exhibitionismus der Kandidaten selbst kritisiert.

> Ein US-Serienräuber wurde mal gefragt, was ihn süchtig mache, Banken zu überfallen. Er antwortete: „Weil dort das Geld liegt." Wer sich für „Big Brother" internieren lässt, müsste analog antworten: „Weil dort der Ruhm wartet." Jeder ist Performer. Warum nicht Geld damit verdienen? Prominent sein ist heute eine der härtesten Währungen. (Gabler in *Der Spiegel* 23/2000)

Ein derartiger Vergleich der Motive der Kandidaten mit denen von Verbrechern blieb jedoch in der Diskussion eher randständig – auf die Beurteilung der Kandidaten in der Öffentlichkeit werden wir noch genauer zu sprechen kommen (Kap. 6.6.8). Die Empörung über *Big Brother* wurde vor allem vor Sendebeginn von politischen und gesellschaftlichen Akteuren massiv artikuliert. Der Medienjournalismus hielt sich demgegenüber merklich zurück; nicht zuletzt auch deshalb, weil für das Konzept dieses neuen Unterhaltungsformats scheinbar kein Maßstab zur Verfügung stand:

> Die Kandidaten sind vielleicht alle ein wenig bescheuert, wer weiß, aber es gibt kaum eine Party, kaum eine Pause in der Schule, bei der nicht über John und Jona gesprochen wird, kaum ein Geschäftsessen, kaum ein Kaffeeklatsch, bei dem nicht über Sinn und Blödsinn der Sendung diskutiert wird. Die Moderatoren Percy Hoven und Sophie Rosentreter sind peinlich? Die Einrichtung des Hauses ist geschmacklos? Naja. Eben. Muss man gesehen haben. (*Stern* 13.04.2000)

Big Brother galt als eines der Beispiele einer neuen Trash-Ideologie, die auch unter dem Begriff der Spaßgesellschaft diskutiert wurde. Wer diese allzu ernst nahm, lief in der öffentlichen Auseinandersetzung Gefahr, der – immer wieder betonten – ‚Banalität der Unterhaltung' auf den Leim zu gehen. Den Kritikern von *Big Brother*, die in dem neuen Format eine Verletzung der Menschenwürde sahen, hielt Ansgar Graw in einem Kommentar mit dem ironischen Titel „Willkommen, großer Bruder" zum Start der Sendung in der *Welt* entgegen:

> Eher handelt es sich um einen Amoklauf gegen die menschliche Intelligenz. Kaum eine Sendung ist geistloser, damit auch überflüssiger als die, in der nichts anderes getan wird, als durchaus unspektakuläre Zeitgenossen rund um die Uhr zwischen Schlafzimmer, Klo und Kühlschrank von Kameras beobachten zu lassen. Doch das Voyeuristische, auch das Geschmacklose gehört zum Menschlichen und Allzumenschlichen. Das beweisen die Quoten der Talk-Shows, in denen sich zahlreiche Teilnehmer durch Einblicke in ihr Seelenleben viel radikaler entblößen, als man es durch Verzicht auf Textilien je tun könnte. (*Die Welt* 01.03.2000)

Soweit in *Big Brother* eine Verletzung des moralischen Empfindens gesehen wurde, lässt sich deutlich ein Oberton vernehmen, der sich schon in der Auseinandersetzung um die Reality TV-Formate allmählich herausgebildet hat: Der Anstoß, den die öffentliche Beurteilung am Programm nimmt, wird zur Absage an eine Gesellschaft gewendet, die ihre moralischen Grundsätze verloren zu haben scheint. Aber diese Wendung bleibt letztlich defensiv. Das Argument der Moral schien vielen Kritikern als nicht mehr schlagkräftig angesichts einer von vielen als dominanten Diskursposition angesehenen Spaß-Ideologie. Die Auseinandersetzung um *Big Brother* verlagerte sich so auf andere Felder.

6.5 „Hier ist man Schwein, hier darf man's sein" – Gesellschaftliche Aspekte der Grenzziehung zwischen dem Privaten und dem Öffentlichen

Der Diskursstrang *Gesellschaftliche Aspekte der Grenzziehung zwischen dem Privaten und dem Öffentlichen* bezieht sich auf Argumentationen, die die Entfaltung von Privatheit im Fernsehen als nicht akzeptabel bezeichnen, da unterstellt wird, sie wirkten sich negativ auf das gesellschaftliche Zusammenleben aus. Die klassische Spielart dieses Arguments geht auf Norbert Elias' *Theorie der Zivilisation* zurück. Elias geht davon aus, für moderne, funktional differenzierte Gesellschaften sei es unerlässlich, die Sphären des öffentlichen gesellschaftlicheren Handelns von bestimmten affektiven Verhaltensweisen freizuhalten, um die fundamentalen Handlungszusammenhänge, in denen sich die Individuen zueinander verhalten, nicht zu stören. Die

„Interdependenz" (Elias) der Menschen untereinander zwinge also dazu, bestimmte Verhaltensregeln im *öffentlichen* sozialen Verkehr einzuhalten. Diese Verhaltensregeln zeichnen sich nach Elias dadurch aus, dass sie im Prozess der Zivilisation von den Gesellschaftsmitgliedern immer stärker verinnerlicht wurden, d. h. also auf einem „Selbstzwang" (Elias) beruhen, der die Grundlage moderner, ausdifferenzierter Gesellschaften bildet. Es kommt zu einer schleichenden Umstellung der Affektkontrolle von Fremdzwängen auf Selbstzwänge (zur Zivilisationstheorie von Norbert Elias sowie den Theorien zur Unterscheidung zwischen Privatem und Öffentlichem siehe Kap. 2).

Im Folgenden wird jedoch nicht nur auf Textstellen Bezug genommen, die sich direkt auf Elias beziehen. Das Kriterium, das diesen Diskursstrang eingrenzt, ist die Erörterung der Frage, welche generelle Notwendigkeit in Normen des öffentlichen Verhaltens gesehen wird im Hinblick auf das Funktionieren einer moderner Zivilisation.

6.5.1 Anfangs kaum entschiedene Grenzziehungen: Die Sendung der Lysistrata *bis* Spätere Heirat nicht ausgeschlossen *(Zeitraum: 1961-1975)*

Das Diskursfeld *Gesellschaftliche Aspekte der Grenzziehung zwischen dem Privaten und dem Öffentlichen* spielt in den von uns ausgewerteten Debatten über das Fernsehen der 60er und 70er Jahre nur eine sehr untergeordnete Rolle.

So deutet sich zum Beispiel in der zuvor bereits zitierten Passage aus der *Lysistrata*-Kritik von William S. Schlamm eine gewisse Parallele zur Zivilisationsthese von Elias an. Den „Liebesentzug", mit Hilfe dessen die Frauen in dem Fernsehspiel ihre Männer vom Kriegführen abhalten wollen, verurteilt Schramm als „Verweigerung wesentlicher privater Rechte" und im Vergleich zu deren Entzug sei „die Absetzung der Kortnerschen ‚Lysistrata' wahrhaftig eine humane und geradezu harmlose Vernichtungswaffe" (*Stern* 01/1961). Die unterschwellige Ironie dieses Analogieschlusses täuscht nicht darüber hinweg, dass die Verweigerung so genannter ‚ehelicher Pflichten' als eklatanter Normverstoß betrachtet wird. Der Stein des Anstoßes ist für Schlamm aber nicht die (Geschmacks-)Frage der Darstellung, sondern das Infragestellen der ehelichen Ordnung und der „privaten Rechte" der Männer innerhalb dieser Ordnung.

Etwas ausführlicher ist eine Argumentation von Helmut S. Ruppert in den *Katholischen Nachrichten* zum Praunheim-Film *Nicht der Homosexuelle ist pervers, sondern die Situation in der er lebt*. Dort heißt es:

> Die Erkenntnisse des Naturrechts sind nämlich – und das möge nicht vergessen werden – (...) in das Grundgesetz der Bundesrepublik eindeutig eingeflossen und haben sehr konkret den Schutzraum für die Familie, ihre Werte und ihre Würde

> umschrieben. Wenn nun diese, nach allgemeiner Übereinstimmung als schützenswerte Rechtsgüter unter den Schutz der Verfassung gestellte Ehe und Familie im Medium des Fernsehens ziemlich widerspruchslos als pervers, als kapitalistische Ausbeutungsinstrumente und darum als in sich verwerflich und umzustürzend gekennzeichnet werden, dann ist hier spätestens die Grenze des Zumutbaren erreicht, ja überschritten. (*Katholische Nachrichten* 17.01.1973)

Folgendes Argumentationsschema lässt sich erkennen: Die Konklusion „dann ist hier spätestens die Grenze des Zumutbaren erreicht, ja überschritten" bezieht sich auf die – zuvor im Text angesprochene – Frage, ob es richtig oder falsch war, den Film im Fernsehen zu zeigen. Dementsprechend meint die Feststellung, die „Grenze des Zumutbaren [wurde, d.A.] überschritten", dass der Film hätte zensiert werden müssen. Diese Forderung stützt sich auf die Feststellung, Ehe und Familie würden in dem Film diffamiert. Und zwar deshalb, weil sie als „in sich verwerflich und umzustürzend gekennzeichnet werden". Die Rechtfertigung, die aus einer solchen Interpretation des Films zu der Verbotsforderung führt, ist der besondere Schutz, den Ehe und Familie durch die Verfassung genießen, die wiederum auf allgemeine „Erkenntnisse des Naturrechts" zurückgeführt bzw. von ihnen gestützt werden.

Übertragen auf den Kontext des Diskurs über die Darstellung von Homosexualität im Fernsehen lässt sich daraus schlussfolgern:

- Homosexualität ist (für Ruppert) eine „von den aus der Sicht des Naturrechts evidenten Normen her abweichend Veranlagung" (wie er im Absatz vor der zitierten Passage ausführt), die „dem Schutzraum" Familie als Ort wert- und würdevoller Beziehung gegenüber steht.
- Eine Gefahr für den Schutzraum Familie besteht allerdings nicht schon bei der bloßen Darstellung von Homosexualität, sondern ‚erst' dann, wenn diese verbunden ist mit einer aggressiven Infragestellung der Familie. Bezogen auf zuvor vorgestellte Argumentationsschemata (Kap. 6.3.1) handelt es sich hier um ein bikonditionales deduktives Argumentationsmuster. Es lautet: *Die Darstellung von Homosexualität im Medium Fernsehen ist dann abzulehnen, wenn sie einhergeht mit einer Beschädigung des tradierten Familienbildes.*

Hinter Rupperts Argumentation verbirgt sich ein Generalverdacht, der als das eigentliche Motiv des Films nicht so etwas wie Toleranz oder Verständnis gegenüber Homosexualität identifiziert, sondern in dem Film einen „Versuchsballon" zu erkennen meint, mit Hilfe dessen die Grenzen ausgelotet werden sollen, „wie weit man über öffentlich-rechtliche Fernsehanstalten im Amoklauf gegen die Grundlagen der Gesellschaft ungestraft gehen kann" (ebd.). In der Auseinandersetzung um den Film bezeichnet dieser Artikel jedoch eine radikale, randständige Diskursposition, die in ihrer Schärfe so wohl nur in den sehr konservativen *Katholischen Nachrichten* möglich war.

Allgemein lässt sich festhalten, dass der Aspekt Interdependenz als Diskursthema kaum vorkommt. Das bedeutet jedoch nicht automatisch, er wäre als unwichtig erachtet worden. Dazu müssen zwei Faktoren beachtet werden. Zum einen nämlich lässt sich besonders scharfe Kritik, wie der Vorwurf, die Grundlagen des gesellschaftlichen Zusammenlebens seien angegriffen, in den untersuchten Debatten so gut wie nie direkt auf Journalisten zurückführen, da diese selbst die in der Öffentlichkeit als ‚skandalös' bezeichneten Sendungen als weniger skandalös einschätzten. Die radikale Kritik ging in der Regel auf Zuschauermeinungen oder konservative gesellschaftliche Gruppen zurück, deren Positionen über die Boulevardzeitungen oder konservative Blätter wie die *Katholischen Nachrichten* in die Debatten einflossen. Als Diskursposition erscheint deren Kritik am Fernsehen in der bisher betrachteten öffentlichen Debatte jedoch – und das ist der zweite Punkt – nur in Form kurzer pointierter ‚Geschmacksurteile'.

6.5.2 Unzulässige Verallgemeinerungen und Prognosen: Arena *(Zeitraum: 1982)*

Die Auseinandersetzung über die Sendung *Arena* folgt grundsätzlich auch diesem Schema. Mit dem Unterschied allerdings, dass der so genannten „Pfarrersfrau", Frau Motschmann, die an der Diskussion teilgenommen hatte, hinterher in verschiedenen (Boulevard-)Zeitungen und Fernsehzeitschriften in Form von Interviews ein Forum geboten wurde, ihre Kritik an der Sendung zu präzisieren:

> Das Fernsehen hat große Fehler begangen, die kaum wieder gutzumachen seien. Je mehr sexuelle Tabus aufgehoben würden, je weiter der Abstumpfungsprozeß fortschreite, um so schneller wird sich die Zahl der Sexualneurosen vermehren.
> „Gerade, wenn wir die Freude der geschlechtlichen Liebe nicht verlieren wollen", sagt sie [Frau Motschmann, d.A.], „müssen wir auf der Hut sein. Man will uns das Schamgefühl nehmen, will es als Überbleibsel aus alten Tagen diffamieren. Liebe und Erotik aber leben auch vom Geheimnis, und das Lüften dieser Geheimnisse muß Sache der einzelnen bleiben." (*Bild und Funk* 08.10.1982)

Im ersten Absatz wird in indirekter Rede eine allgemeine Aussage über die Folgen des Brechens von Tabus referiert, die im zweiten Absatz aufgenommen und mit einem Appell verknüpft wird. Die Konklusion der Aussage zielt darauf, dass das Medium Fernsehen einen nur schwer umkehrbaren Weg eingeschlagen habe, der letzten Endes zu psychischen Pathologien („Sexualneurosen") führe. Die Begründung dafür liefern zwei kausale Aussagen, deren Ausgangspunkt (Daten) allgemein die *Arena*-Sendung darstellt, die in dem Artikel jedoch nicht von Frau Motschmann beschrieben wird, sondern von der Autorin, und zwar gleich zu Beginn des Artikels: „Vier Millionen Fernsehzuschauer haben (...) miterlebt, wie sich eine 61jährige Frau vor der Kamera nackt auszog und obszöne Worte ins Mikrofon schrie, hörten die vulgären Sprüche (...).“ Die 61-jährige nackte Frau und die vulgären Sprüche stehen einerseits für das Aufheben sexueller Tabus, das zu einem (sinnlichen) Abstumpfungsprozess führe und andererseits einen Verlust an Schamgefühl zur Folge habe, der Liebe und Erotik ihrer Geheimnisse beraube.

Das Argumentationsschema besteht aus einer Reihung von induktiven Argumentationsschritten: der erste ist die Übertragung der Ereignisse der Sendung auf eine generellen Entwicklung des Fernsehens (statistisches Argument), der zweite ist die (prognostische) Kausalverknüpfung, das Fallen von Tabus führe zu Sexualneurosen. Das Kernargument lautet hier: *Nacktheit und vulgäres Verhalten in dem öffentlichen Medium Fernsehen lassen Tabugrenzen sinken und zerstören das Schamgefühl. Dadurch wird die freie Entfaltung der Menschen eingeschränkt.*

Die explizite Bezugnahme auf Sexualität, die ausdrücklich positiv konnotiert wird („Freude der geschlechtlichen Liebe“), und das Plädoyer für mehr Scham und weniger „Liebe und Erotik“ in der Öffentlichkeit müssen in dem Kontext der Auseinandersetzung gesehen werden. Das Porträt Elisabeth Motschmanns, in *Bild und Funk* unter der Überschrift „Eine Frau liest dem Fernsehen die Leviten“ veröffentlicht, bezieht eindeutig Position gegen die *Arena*-Sendung. Schon der zitierte Beginn des Artikels macht diesen Standpunkt klar. Zu den durchgehend positiven Attributierungen, mit denen Frau Motschmann hingegen versehen wird, gehört die mehrmalige Betonung, dass es sich bei ihr um eine „lebenslustige junge Frau“ handelt, an der „nichts von klösterlicher Strenge oder religiöser Prüderie zu finden ist“. Damit sollte Zuschreibungen entgegengewirkt werden, die sie als „fromme Pfarrersfrau“ hinstellten und ihr unterschwellig die Kompetenz in Fragen der Sexualität absprachen – ein Vorwurf, mit dem sie schon in der Sendung konfrontiert wurde. So wurde versucht, die Diskursposition Motschmanns vermittels „Autorität“ zu stützen, indem sie mit dem Image einer natürlichen, unverklemmten und normalen Frau versehen wurde.

6.5.3 Gesellschaftlicher Wandel oder anthropologische Konstante: Traumhochzeit, Verzeih mir, *Reality TV (Zeitraum: 1992-94)*

Die Diskussionen um die Sendungen *Traumhochzeit*, *Verzeih mir* und das Sendeformat Reality TV lassen sich bei der Frage nach dem Vorkommen von Argumentationen, die durch die Sendungen negative Auswirkungen auf das gesellschaftliche Zusammenleben befürchten, sehr gut zusammen abhandeln. Denn obwohl *Traumhochzeit* und *Verzeih mir* auf der einen Seite und die verschiedenen Reality-TV-Formate auf der anderen eigentlich unterschiedliche Unterhaltungswerte bereitstellen (emotionale Konflikte versus spektakuläre Bilder), werden sie in ihrer Wirkung von der Kritik identisch eingeschätzt. Das liegt nicht nur daran, dass diese Formate zur gleichen Zeit im Fernsehen liefen; sie wurden vielmehr als gemeinsamer Ausdruck einer allgemeinen Entwicklung des (privatrechtlich-kommerziellen) Fernsehens betrachtet.

Am deutlichsten bringt diese Einschätzung Cordt Schnibben in einem Essay im *Spiegel* über „RTL – die Zukunft des deutschen Fernsehens" zum Ausdruck:

> „Privatfernsehen" bedeutet, das Private öffentlich zu machen. (*Der Spiegel* 34/1993)

lautet die Diagnose der jüngsten Fernsehentwicklung. Und die *Süddeutsche Zeitung* fragt in einem Artikel zu der Sendung *Traumhochzeit*:

> Besteht der Preis (...) etwa darin, daß das Fernsehen im Kampf um die Quoten unser Privatleben auffrißt, indem es dieses Leben an die Öffentlichkeit zerrt? (*Süddeutsche Zeitung* 08.02.1992)

Aber was ist damit gemeint, wenn es heißt, dass das Fernsehen das Privatleben „auffrisst"? Es lassen sich verschiedene Argumentationsmuster vorfinden, deren Gemeinsamkeit zunächst einmal darin besteht, dass sie die jüngsten Entwicklungen des Fernsehens als bedrohlich einschätzen. Die Bedeutung, die dem Thema beigemessen wurde, lässt sich nicht zuletzt daran ablesen, dass im *Spiegel* 1993 sogar eine Titelgeschichte über „Die schamlose Gesellschaft" abgedruckt wurde, in der sich die Kritik des Fernsehens – zum ersten Mal innerhalb der untersuchten Debatten – direkt auf den Soziologen Norbert Elias bezieht:

> Stück für Stück sind so in der medial vernetzten, entmystifizierten Welt jene Gewalt- und Sexualtabus gefallen, die Gesellschafts- und Völkerkundler für Voraussetzungen des Zusammenlebens halten. Ohne „die Muster der zivilisatorischen Trieb- oder Lustbewältigung" könne keine Gesellschaft überleben, lehrte etwa der Soziologe Norbert Elias. Freud hielt moralische Restriktionen für unentbehrlich, „um die stärksten Gelüste der Menschen" im Zaum zu halten. Er pries ihre „sozialpsychologische Funktion" als „wirksame Einschränkung der Triebbefriedigung", die „ein geregeltes Leben" erst möglich mache. (*Der Spiegel* 11.01.1993)

In dieser Textstelle verbirgt sich jedoch nur ein Ausschnitt des gesamten Argumentationsmusters, das – überspitzt gesagt – auf die These hinaus läuft, die derzeitige Entwicklung der Medien führe zu einer Zersetzung der Grundstrukturen einer zivilisierten Gesellschaft. Elias' Theorie über den „Prozess der Zivilisation" nimmt innerhalb dieser Argumentation einen zentralen Stellenwert ein. Die Argumentation vollzieht sich hier in mehreren Schritten: Am Anfang steht eine Reihe von Beobachtungen, die darauf verweisen, dass innerhalb der Medien eine Häufung von „Tabubrüchen" und „Obszönitäten" zu beobachten sei, die anhand verschiedener Beispiele aus Literatur, Theater, Kino, Fernsehen und Internet beschrieben werden. Diese Einzelbeobachtungen werden in einer induktiv-statistischen Argumentation in einen allgemeinen Zusammenhang gesetzt und bekommen so einen repräsentativen Charakter. Dem Fernsehen wird dabei ein besonderer Stellenwert zugeschrieben, da es

> stärker noch als Kino, Pop oder gar Literatur (...) das öffentliche Bewußtsein durchdringt. (ebd.)

Die Tragweite der Argumentation wird zusätzlich dadurch erweitert, dass der unterstellte „tiefgreifende Sittenwandel" nicht nur in verschiedenen Medien beobachtet werden könne, sondern zeitgleich auch unterschiedliche Tabubereiche vereinnahme und in den unterschiedlichsten Formen auftrete. Die in dem Artikel angeführten Beispiele beziehen sich nämlich zum einen sowohl auf Sexualität als auch auf Gewalt und – als Ausdruck einer Steigerung des Tabubruchs – auf eine Vermischung beider Bereiche. Zum anderen werden die Tabubrüche auf verschiedenen kommunikativen Ebenen lokalisiert, sie reichen vom geschriebenen Wort, über die Gesprächsthemen von Unterhaltungssendungen bis hin zu Popmusik und Kinobildern. Als allem gemeinsam wird eine Verschiebung und Neudefinition der Grenzen dessen ausgemacht, was in der Öffentlichkeit gesagt, gezeigt, getan etc. werden darf.

Es ist genau diese breite Basis verschiedenartigster Symptome, die es dem Autor des Artikels ermöglicht, im Rekurs auf Elias von einer Gefährdung etablierter Spielregeln des gesellschaftlichen Zusammenlebens zu sprechen. Das Neue dieses Prozesses der Grenzverschiebung wird aber nicht nur in der Häufung von Tabubrüchen in den Medien gesehen. Eine neue Qualität wird auch – mit ausdrücklicher Bezugnahme auf das Fernsehen – dem veränderten Kontext zugeschrieben, in dem sie sich ausmachen lassen:

> Die Obszönität aus der Bildröhre freilich ist schon lange kein wütender Befreiungsschlag mehr, keine zornige Protestgebärde, sondern dient allein kommerziellem Ziel. (ebd.)

Die Kommerzialisierung führe wiederum zu einer Art Verschärfung der Verhältnisse. Denn obzwar es Tabubrüche in allen Gesellschaften und zu allen Zeiten gegeben habe (ein Gedanke der stärker auf den Ethnologen Hans-Peter Duerr zurückgeht als auf Elias), so liege das Neue in der Motivation, die das Mediensystem für das Brechen von Tabus bereit stelle:

> Doch während der vorindustrielle Tabuknacker danach trachtete, nicht erwischt zu werden, gilt in der medialen Massenkultur die Tabuverletzung als begehrte Trophäe: Sie stiftet Sensationen, ködert ein Multimillionen-Publikum und befriedigt damit die schönsten Umsatzerwartungen. (ebd.)

Anders ausgedrückt, hat demnach also das kommerzielle Fernsehen zu einem System geführt, das den Tabubruch nicht nur grundsätzlich ermöglicht, sondern auch noch finanziell belohnt. Erst dieser argumentative Kontext erlaubt eine Anbindung an Elias' These, wie sie in der eingangs dieses Abschnitts angeführten Passage aus der Titelgeschichte des *Spiegels* vorgenommen wird: Das (besonders vom privatrechtlich-kommerziellen Fernsehen vorangetriebene) Verschieben von Grenzen des allgemein akzeptierten Schambereichs wird in Analogie gesetzt zu dem im *Spiegel* angeführten Elias-Zitat über die Bedeutung von „Mustern der zivilisatorischen Trieb- und Lustbewältigung" für das Funktionieren moderner Gesellschaften. Diese wiederum wird zusätzlich noch einmal untermauert mit Bezugnahme auf Siegmund Freud und dessen These, dass erst die „wirksame Einschränkung der Triebbefriedigung ein geregeltes Leben" möglich mache.

Die Konklusion dieser Argumentation ist – wie bereits erwähnt – die Andeutung oder Befürchtung einer allmählichen Zersetzung der Grundstrukturen, die für das Funktionieren einer zivilisierten Gesellschaft unablässig sind. Direkt ausgesprochen wird diese These jedoch nicht. Der Artikel argumentiert statt dessen indirekt, indem eine Reihe von gesellschaftlichen Phänomenen angesprochen wird, denen die Aufgabe zufällt, als Indizien eines *gesellschaftlichen* Wandels zu fungieren. Zusammengefasst wird dieser Wandel als Anwachsen von „alltäglicher Gewalt, Rücksichtslosigkeit und Gefühlskälte in der Gesellschaft" beschrieben, für das zumindest latent *die* Medien und insbesondere *das* Fernsehen verantwortlich gemacht werden. Die Zivilisationstheorie von Elias hat folglich die Funktion eines Bindeglieds oder – mit Bezug auf des Toulminsche Argumentationsschema – einer Rechtfertigung bei der Verbindung medialer und gesellschaftlicher Entwicklungen. Paraphrasiert lautet hier also das Argument: *Der Abbau von Schamschranken in den Medien hemmt die „Stabilität der Selbstzwangapparatur, die als entscheidender Zug im Habitus jedes zivilisierten Menschen hervortritt" (Elias 1969, 320) und führt zu einem Verlust von Verhaltensnormen. Erste negative Auswirkungen dieser Veränderungen lassen sich bereits in der Gesellschaft ablesen.*

Dieser Argumentation lässt sich besonders in der Auseinandersetzung um die Reality-TV-Formate eine herausragende Rolle zuschreiben. Elias Interdependenzthese fällt dabei die Aufgabe zu, die – wenn auch nicht immer ausgeführte – Rechtfertigung der Argumentation zu liefern. So wird in einem Artikel in der *Zeit* kritisiert:

> Doch die Freude der Fernsehmacher über den regen Zuschauerzuspruch wird seit kurzem getrübt. Rettungsdienste beklagen, daß Aufnahmeteams ihre Arbeit behinderten. Notärzte protestieren. Branddirektoren verwehren ihren Männern die Videokamera. Opfer und ihre Angehörigen beklagen, daß schlimme Schicksalsschläge für Sensationsmache ausgeschlachtet würden. (*Die Zeit* 19.03.1993)

In einem Interview mit dem *FAZ-Magazin* äußert sich der CDU-Politiker Horst Eylmann, damals Vorsitzender des Rechtsausschusses im Deutschen Bundestag:

> (...) wir stellen zunehmend fest, daß uns die Relativierung vieler Grundwerte zugunsten eines freien Auslebens des einzelnen die Erscheinungen beschert hat, die wir heute beklagen. Also müssen wir Grenzen setzen, denn sonst werden demnächst Vergewaltigungen und Hinrichtungen im Reality TV über den Bildschirm flimmern. (*FAZ-Magazin* 29.04.1993)

Dass das hinter diesen Textstellen liegende Argumentationsschema besonders in Bezug auf Reality TV starke Verbreitung fand, hängt wohl auch damit zusammen, dass die unterschwellig an Elias angehängte, ‚alarmierende' These, ein Abbau der Regeln der Affektkontrolle führe in letzter Konsequenz zu einer Bedrohung der Zivilisation, den theoretischen Überbau für die starke moralische Zurückweisung des Formats liefern konnte (vgl. Kap. 6.4.6). Im Unterschied zu Elias, bei dem sich die Affektkontrolle auf den gesamten Bereich sozialen Verhaltens bezieht, zielen die beiden letztgenannten Zitate allerdings lediglich auf spezielle Bereiche, d.h. sie sind in ihrer Kritik und damit auch in der Ausführung des Bedrohungspotenzials, das von dem Format ausgeht, begrenzt. In dem *Zeit*-Artikel werden Folgen angeführt, die Verhaltensweisen kritisieren, die in direktem Zusammenhang mit dem televisionären Produktionsprozess stehen; Eylmanns Prophezeiung bezieht sich sogar ‚nur' auf das Fernsehprogramm selbst. Einerseits kommt so in beiden Artikeln ein weniger zerrüttetes Bild der Gesellschaft zum Tragen als im *Spiegel.* Andererseits wird aber gerade darin die Bedrohung deutlich, die von dem Medium Fernsehen ausgeht. Denn die bedrohlichen Folgen der letzten Entwicklung des Fernsehens, die in dem Artikel im *Spiegel* nur assoziativ hergestellt wurden, werden jetzt direkt dem einen Format zugeschrieben und somit konkreter.

Ein zweites Argumentationsmuster innerhalb der Auseinandersetzung um *Traumhochzeit*, *Verzeih mir* und das Sendeformat Reality TV bezieht sich zwar nicht direkt auf Elias, geht jedoch in eine ähnliche Richtung. Tobias Kniebe nennt in einem Artikel über den „Rausch des Bekennens" in *Focus* unter Berufung auf einen Psychoanalytiker als mögliche Folge, die eine Verschiebung der Grenzen zwischen dem Privaten und dem Öffentlichen nach sich ziehen könnte:

> Die ganze Hysterie, so fürchten die Kritiker des Geständniswahns, verkehrt sich inzwischen in ihr Gegenteil: Je mehr die Bekennenden ihr Leben der Öffentlichkeit preisgeben, desto weniger wissen sie, wie sie sich selber verstehen sollen. Je mehr die Suchenden in ihrer eigenen Psyche forschen, desto besser erfüllen sie Forderungen, die andere ihnen unbemerkt diktiert haben. Bevor wir ganz der Ideologie verfallen, alles aussprechen zu müssen, sollten wir uns an den Wert von Geheimnissen erinnern, meint [der Psychoanalytiker, d.A.] Nitzschke: „Selbst die

intimste Beziehung wird vollkommen unerträglich, wenn jeder vom anderen alles weiß und alles wissen will." (*Focus* 30.08.1993)

Der Eingangssatz rekurriert implizit auf das zuvor beschriebene Argumentationsmuster, wobei zunächst einmal fraglich ist, inwieweit es von der folgenden Argumentation ins „Gegenteil verkehrt" wird. Diese formuliert den medial forcierten Prozess der Entprivatisierung als ein Paradox. Die Durchdringung des öffentlichen Lebens mit allgemeinem Wissen über Privates führe demnach für den Einzelnen zu einem Verlust, da das jeweils individuelle Selbstbild in Konkurrenz trete zu den anderen, medial vermittelten Selbstbildern. Das habe Identitätskrisen zur Folge, deren vermeintliche Auflösung wiederum genau dort gesucht werde, von wo sie eigentlich ihren Ausgang genommen hat: in den Medien. Diese beiden kausalen Argumentationen werden gestützt durch die Autorität der (kategorischen) Aussage Nitzschkes, dass Intimität nur dort möglich sei, wo der Selbstoffenbarung Grenzen gesetzt sind. Paraphrasiert lautet hier also das Argument: *Je mehr Intimität durch die Medien in die Öffentlichkeit gelangt, desto problematischer wird der Umgang mit Intimität im Privaten.*

Die Parallele zur Elias-These besteht darin, dass sich hier eine Veränderung des Grenzverlaufs zwischen dem Öffentlichen und dem Privaten ebenfalls negativ auf gesellschaftliches Zusammenleben auswirkt. Mit dem beträchtlichen Unterschied allerdings, dass die negativen Folgen nicht im allgemeinen gesellschaftlichen Verkehr der Menschen untereinander liegen, sondern auf die psychische Konstitution einzelner Individuen bezogen werden.

In der Auseinandersetzung um die Formate *Traumhochzeit, Verzeih mir* und Reality TV wurden auch solche Textstellen codiert, in denen die Kritik, diese Formate förderten gesellschaftliche Zersetzungsprozesse, zurückgewiesen wird. Das erste Beispiel dafür stammt aus einem Streitgespräch zwischen dem damaligen Geschäftsführer von RTL, Dieter Thoma, und Angela Merkel, zum damaligen Zeitpunkt Bundesfamilienministerin, über die Problematik von Reality-TV-Formaten, das im *Stern* veröffentlicht wurde:

> Thoma: (...) auch das Theater hat immer so gewirkt. Schon in griechischen Tragödien ging's nicht ohne Gewalt. Shakespeares Macbeth würde heute auf dem Index jugendgefährdender Schriften stehen. Statt dessen wird immer so getan, als ob das Fernsehen plötzlich die Gewalt in der Kunst erfunden hätte. (*Stern* 07.01.1993)

Die Gesprächspassage ist eigentlich zwar eher dem Interventionsdiskurs zuzuordnen, nimmt indirekt jedoch auch Bezug auf die Frage der Interdependenz. Thoma weist den Vorwurf der Schädlichkeit von Reality TV mit einem Analogieschluss zurück, indem er das Fernsehen mit einem Medium der so genannten Hochkultur, dem Theater, gleichsetzt und sich daran anschließend – das ist der entscheidende Punkt – mit Berufung auf die Geschichte des

Theaters bzw. der Kunst im Allgemeinen gegen die These eines Wandlungs- und Zivilisationsprozesses wendet, wie sie von Elias vertreten wird. Deutlicher wird diese Diskursposition in einem kurzen Kommentar von Peter Dyckhoff in *Stern-TV* über das „Gaffer-TV" des neuen deutschen Fernsehens:

> Nun stehen sie am Pranger, die Sendungen, die uns zur Einschaltquoten-Maximierung die grausige Wirklichkeit auf den Bildschirm zerren. Und der Chor derer, die nach Remedur, gar Zensur rufen, wird immer lauter. Als wäre das Fernsehen der Täter und der Zuschauer das Opfer. Die Überschreitung der Schamgrenzen ist so alt wie die Sensationsgier der Menschen. Und würde das Fernsehen aus Gründen der Medien-Hygiene ganz abgeschafft, dann hielten sich die Gaffer eben anderweitig schadlos. (*Stern-TV* 01.04.1993)

Dyckhoff geht hier noch einen Schritt weiter als Thoma. Denn während Thoma den Tabubruch dadurch zu legitimieren versucht, dass er ihn als zum Wesen der modernen Kultur gehörend adelt, sind die „Überschreitung der Schamgrenzen" und die „Sensationsgier der Menschen" nach Dyckhoffs Meinung ein Teil des menschlichen Wesens und lassen sich deshalb nicht aus der Welt schaffen. Dyckhoffs Argumentation stützt sich dabei auf eine kategorische Aussage über das Wesen des Menschen, die – wie für solche Argumentationstypen üblich – nicht weiter untermauert wird.

Aber inwieweit handelt es sich dabei überhaupt um eine Gegenposition zu den zuvor ausgeführten Diskurspositionen? Die anthropologische These, der Mensch bzw. Zuschauer sei ein Voyeur, korrespondiert mit einer Position, wie sie schon in der von uns als moralischer Diskurs gekennzeichneten Auseinandersetzung um das Format Reality TV (Kap. 6.4.6) vorgefunden wurde. Im Gegensatz zu der Elias-Position ist der Fokus der Argumentation nicht auf Fragen der Voraussetzungen des gesellschaftlichen Zusammenlebens ausgerichtet, sondern auf die Motivationslage der Zuschauer. Die Feststellung ‚der Mensch sei ein Voyeur' widerspricht jedoch zunächst einmal nicht der Notwendigkeit des Vorhandenseins von Schamschranken. Ganz im Gegenteil ließe sie sich sehr gut als Rechtfertigung für das Vorhandensein von Regeln anführen, die einen solchen ‚Trieb' in seine Schranken weisen. Aber Dyckhoff zieht andere Konsequenzen, die Paraphrase seiner Folgerungen heißt: *Da der Mensch ein Voyeur ist, ist es sinnlos, gegen diese Neigung einzuschreiten.* Begründet wird diese resignative bzw. anti-kritisch affirmative Position damit, dass voyeuristische Neigungen irgendwo immer ausgelebt würden.

6.5.4 Schamverletzung als notwendige ‚Kosten' einer sich ausdifferenzierenden Fernsehöffentlichkeit: Die Daily Talks (Zeitraum: 1996-1998)

Wie schon bei dem Codewort *Moralisches Empfinden* entfielen im Verhältnis gesehen auch bei dem Codewort *Gesellschaftliche Aspekte der Grenzziehung zwischen dem Privaten und dem Öffentlichen* die meisten codierten Textstellen auf die Auseinandersetzung um die boomenden Daily Talks zwischen 1996 und 1998. Dabei fällt auf, dass sich die Debatte in ihrem dreijährigen Verlauf verändert hat. Im Vergleich zu den Argumentationen der Jahre 1992 und 1993 lässt sich bereits für das Jahr 1996, in dem auch das Format Daily Talk schon in sein viertes Sendungsjahr ging, eine Verschiebung der Argumentation feststellen. Es lassen sich vermehrt Ausführungen finden, die sich gegen pauschale Verurteilungen wenden, wie sie in vielen Artikeln drei Jahre zuvor von einem großen Teil der Kritik getroffen wurden. Beispielhaft dafür ein Ausschnitt aus einem Kommentar von Barbara Sichtermann aus der *Zeit*:

> Wenn jedoch der moralische Mensch in diesen Shows das Ende der Privatsphäre wittert und über die Verletzung des Schamgefühls klagt, so muß ihm ein „gemach!" entgegengehalten werden. Selbstverständlich appellieren Sendungen über Striptease an die Schaulust, und Debatten über den Einfluß von Pornos auf den Ehefrieden verletzen ein Gefühl für Diskretion. Aber auch als Zuschauer biederer Sportsendungen delektieren wir uns an halbnackten Körpern, und als unverdächtige Bewunderer hoher Filmkunst saugen wir an fremden Obsessionen. Die Lust an der Sensation und am Outing ist so unbezähmbar wie allgemein. (*Die Zeit* 01.03.1996)

Sichtermann schließt hier einerseits an Peter Dyckhoffs Argumentation über das „Gaffer-TV" an, die im letzten Kapitel dargestellt wurde. Sie verweist aber nicht nur auf den grundlegenden Charakter einer „Lust an der Sensation", sondern zählt die Auswirkungen dieser Lust des Zuschauens zu den generellen Voraussetzungen vieler Bereiche von Film und Fernsehen. In einem anderen Essay Sichtermanns, der unter dem Titel „Ist die Talk-Show nicht doch besser als ihr Ruf?" im gleichen Jahr in der *Zeit* veröffentlicht wurde, gesteht sie zwar einen Wandlungsprozess ein:

> Die Schamschranken, die immer beschworen werden, wenn im Fernsehen allzu Intimes in Rede steht, sind in den vergangenen zwanzig Jahren erheblich gesunken. (*Die Zeit* 11.10.1996)

Sie rechnet den gesunkenen Schamschranken auch eine – nicht weiter ausgeführte – „Kostenseite" (ebd.) zu. Dann führt sie jedoch weiter aus, dass:

> Diskretion und Takt als Tugenden nicht einfach dahingeschwunden, sondern in neue Bezüge eingetreten sind. Man bedauert zum Beispiel die Prostitution des Geheimnisses, das einst über der Erotik geschwebt hat, will aber ungern wahrhaben, daß dieses Geheimnis auch eine repressive Funktion hatte und daß ein großer Ge-

> winn in dem Freimut liegt, der das ganze alte Muckertum mit seinen Lügen und Drohungen – „Von Masturbation kriegt man Rückenmarkschwund“ – hinweggefegt hat. Aller Wahrscheinlichkeit nach ist die Bilanz hier positiv – zumal die Schamschranken ja nicht absolut, sondern nur kontextspezifisch gefallen sind und man zum Beispiel in dem anerkannten „Recht auf eine Maske“, auf Verstellung und Spiel, einen neuen Respekt vor dem Innenleben der Menschen erblicken kann. (ebd.)

Das Zitat steht in enger Beziehung zu dem bisherigen Diskurs. Mit dem Argument, dass ein Verlust an Schamgefühl Liebe und Erotik ihrer Geheimnisse beraube, wandte sich schon 1982 die Teilnehmerin der *Arena*-Diskussion, Frau Motschmann, gegen die verbalen und physischen Freizügigkeiten der Sendung. In dem *Focus*-Artikel über den „Rausch des Bekennens“ von 1993 wurde der Psychoanalytiker Nitzschke mit der Forderung „wir sollen uns an den Wert von Geheimnissen erinnern“ zitiert. Beide Argumentationen lassen sich einer Art Subdiskurs zum Thema Geheimnis zuordnen. Das Geheimnis stellt neben dem Privaten einen anderen Gegenbegriff zur Öffentlichkeit dar, wobei auch das Private sich ja gegenüber dem Öffentlichen dadurch definiert, dass es von diesem abgegrenzt bleibt, also nicht veröffentlicht werden und damit geheim bleiben soll.

Motschmann und Nitzschke besetzen innerhalb des Subdiskurses zum Geheimen zwei verschiedene Pole. Motschmanns religiös-konservativ ausgerichtetes Argument steht für eine politisch motivierte Argumentation, die in der Veröffentlichung von intimen Dingen generell die Gefährdung von tradierten Werten heraufziehen sieht und abzuwehren versucht. Aus Sicht der Psychoanalyse ist das Augenmerk hingegen auf das ‚Wohlbefinden‘ des Einzelnen gerichtet. Sichtermann hingegen vertritt eine andere Position: Einerseits lässt sie Befürchtungen gelten, wie sie Nitzschke geäußert hat (die „Kostenseite“), zum anderen sieht sie in einem ‚übermäßigen‘ Schamgefühl die Möglichkeiten der persönlichen Selbstentfaltung des Einzelnen unverhältnismäßig eingeschränkt.

Sie rechtfertigt diese Erwägung – allerdings betont vorsichtig („aller Wahrscheinlichkeit nach“) – mit einem neuen Argument. Das Fernsehen verändert nach Sichtermanns Einschätzung Schamschranken nämlich nicht absolut, sondern nur „kontextspezifisch“; gestützt wird diese (lediglich kategorische) Aussage damit, dass auch neue Schambereiche entstünden, wie ein allgemein anerkanntes Recht, sich zu verstellen und nicht dem ‚Diktat‘ authentischen Verhaltens zu unterliegen.

Die Bedeutung der Interdependenz-These von Elias ist in dieser Argumentation nur noch sekundär. Was nicht daran liegt, dass ihre Gültigkeit in Zweifel gezogen würde; zwar findet in dem Sichtermann-Essay keine explizite Auseinandersetzung mit Elias statt, doch die Anspielung auf eine Kostenseite ist nichts anderes als ein Verweis auf eine Diskursposition, wie sie im *Spiegel*-Artikel über die „Schamlose Gesellschaft" von 1993 vertreten wurde. Während die Elias-These dort das Bindeglied zwischen Beobachtungen des Fernsehens und der gesellschaftlichen Realität ist, spielt sie in Sichtermanns Argumentation, die gegen etablierte Diskurspositionen gerichtet ist, eine untergeordnete Rolle. Der Fokus liegt bei ihr auf einer Neuinterpretation der Beziehung zwischen Fernsehen und Gesellschaft. Dafür führt sie zwei Veränderungen an: gesellschaftlicher Wandel und eine veränderte Struktur und Bedeutung von Öffentlichkeit, wie sie vom Fernsehen hergestellt wird.

> Für die Jüngeren ist Fernsehen keine Offenbarung mehr, sondern ein schlichtes Begleitmedium – es kann von Interesse sein, man will es nicht missen, aber es hat keine höheren Weihen und kommt als Verführer nur für Arme in Betracht. Sie, die Jüngeren, haben auch begriffen, daß das Fernsehen verschiedene Sphären von Öffentlichkeit herstellt und bedient und daß am Nachmittag, wenn sie ohne Scheu von ihren Pickeln reden, gerade nicht die pathetische „große" Öffentlichkeit mit Fritz Pleitgen und Daniel J. Goldhagen dran ist, sondern die Service-Station mit Ilona Christen, die ein wechselndes, auf Fragen des Alltagslebens eingestelltes, buntes Publikum anspricht. (ebd.)

Solche und ähnliche Einschätzungen kommen in einer Reihe von Artikeln besonders aus dem Jahr 1996 zum Tragen. In einem Interview mit der *Süddeutschen Zeitung* äußert sich der Medienpsychologe Gary Bente beispielsweise auf die Frage nach dem Voyeurismus der Zuschauer:

> Selbst wenn man unterstellt, daß die Zuschauer den Nervenkitzel spannend fänden, dann funktioniert immer noch die Selbst-Kontrolle: Die Leute wissen, hier wird der Intimbereich verletzt, daß es sich nicht gehört, so etwas anzuschauen. (*Süddeutsche Zeitung* 19.06.1996)

Auch hier wird wieder auf die gesellschaftliche Wirklichkeit als einen Faktor verwiesen, der die Daily Talks vom Vorwurf einer gesellschaftszersetzenden Wirkung entlastet; im Gegensatz zu Sichtermann kann sich Bente bei seinen Ausführungen auf eine wissenschaftliche empirische Basis („Wirkungsexperiment mit 260 Versuchspersonen") und seinen Ruf als Wissenschaftler (‚Argument aus Autorität') stützen, was seiner Diskursposition zusätzliches Gewicht verleiht. So wird Bentes Argumentation in fünf der 40 ausgewerteten Daily-Talk-Artikeln angeführt.

Zusammenfassend lässt sich daraus eine Verschiebung in der Ausrichtung der Kritik an Daily Talks feststellen. Nicht die allgemeine gesellschaftliche Wirkung dieses Formats erscheint zuvorderst problematisch, sondern die konkreten Folgen, die Daily Talks auf die teilnehmenden Kandidaten haben können – wie in folgendem Textausschnitt deutlich wird:

> Das moralische Problem der modernen Talk-Shows mit Nichtprominenten bestehe letztlich weniger in der Themenauswahl solcher Fernsehsendungen, die kaum eine Intimitäts- oder Schamgrenze kenne, als darin, daß sie in rasantem Tempo echte

Menschen mit echten Schicksalen verbrauchten. Das Medium vermittle den Kontakt zu Affekten, Emotionen und Spannungen, die im sozialen Korsett unseres Alltags kaum je so ausgelebt werden könnten, aber oft auf Kosten der Talkgäste. (*Stuttgarter Zeitung* 29.10.1996)

Wie schon 1993 erschien auch 1997 im *Spiegel* eine Titelgeschichte, die sich mit den Entwicklungen von Gesellschaft, Kultur und Medien auseinander setzt. Aus der „schamlosen Gesellschaft" des Jahres 1993 ist 1997 die „exhibitionistische Gesellschaft" geworden. Was auf den ersten Blick wie eine Neuetikettierung des gleichen Inhalts erscheint, entpuppt sich bei genauerer Betrachtung jedoch als ein weiterer Baustein einer Diskursverschiebung. Der Artikel argumentiert wiederum induktiv-statistisch, d.h. anhand einer Aneinanderreihung von Beispielen. Diese stammen diesmal jedoch nicht aus dem Bereich der Medien sondern beschreiben direkt gesellschaftliche Phänomene. Der Tenor des Artikels ist, dass der zu beobachtende Trend zu Selbstdarstellung, Egoismus und Exzentrik die Folge eines gesellschaftlichen Individualisierungsprozesses sei. Dem Fernsehen wird dabei nicht mehr die Rolle eines Motors dieser Veränderungen zugeschrieben, und somit wird es auch nicht mehr für sie verantwortlich gemacht. Es hat nun die Rolle eines Instruments, dessen sich die „exhibitionistische Gesellschaft" bedient. So endet ein der Titelgeschichte beigefügter Artikel über den „Selbstdarstellungswahn der TV-Talkshow-Gäste":

> Die tägliche Talkshow aber ist die Autobahnraststätte des Lebens – Zapfsäule, Gemeinschaftstoilette und Kantine in einem. Hier saut man sich richtig ein – und ab in die Waschstraße. Hier ist man Schwein, hier darf man's sein. (*Der Spiegel* 14.07.1997)

Daily Talks sind also die Bühne, auf denen die neuen Selbstdarsteller ihr angemessenes Podium finden. In der Titelgeschichte werden – als Kritiker der „exhibitionistischen Gesellschaft" – der Ethnologe Hans Peter Duerr, Bundespräsident Roman Herzog und der katholische Bischof Franz Kamphaus zitiert. Sie firmieren als „Kulturkritiker jeglicher Couleur", die übereinstimmend den

> alltäglichen Fernsehschwachsinn und -schweinkram nur [als, d.A.] ein sichtbares Symptom des Wandels aller Werte [ansehen, d.A.]. In Deutschland, so die Klage, gehen generell Sitte und Anstand, Diskretion, Familie, Hilfsbereitschaft, Treue, Selbstzucht, Respekt, Gottesfurcht – kurzum: alle Tugenden und dazu der Glaube – den Bach hinunter. (ebd.)

Der Absatz mit dem Duerr-Zitat lautet:

> Völlig „beispiellos in der Kulturgeschichte" seien die „drastische Enttabuisierung" und „Brutalisierung", die „Auflösung des Schamgefühls" und der „Zerfall von Familienstrukturen" in unserer modernen Zeit, sagt Hans Peter Duerr, 54, langhaariger Professor für Völkerkunde an der Universität Bremen. „Es hat sicher noch

keine Gemeinschaft gegeben, in der die Tendenz zur Veröffentlichung von Privatem und Intimem so stark war wie in der heutigen." (ebd.)

„Drastische Enttabuisierung", „Brutalisierung", „Auflösung des Schamgefühls" und „Zerfall von Familienstrukturen" erscheinen in dieser Passage als partielle Beobachtungen, die lediglich in einem kumulativen und nicht in einem kausalen Zusammenhang zueinander stehen. Da aus dem Text nicht hervorgeht, auf welche Quelle sich die Autoren des *Spiegels* beziehen, lässt sich nicht sagen, ob Duerrs Argumentation hier absichtlich umgestellt wurde, denn seine Argumentation lautet eigentlich anders – nämlich kausal. (Im nächsten Abschnitt zur *Big-Brother*-Debatte werden wir genauer darauf eingehen.) Wichtig ist, dass seine Argumentation auf diese Weise geschwächt wird, was durch seine Attributierung als „langhaariger Professor" noch leise untermalt wird (‚Argument gegen den Mann'). Die Absicht dahinter besteht darin, die Bedenken herabzuspielen, die Duerr hinsichtlich der zunehmenden „Tendenz zur Veröffentlichung von Privatem und Intimem" hat. Er wird so zu einem Vertreter einer wertkonservativen, überholten Diskursposition, aus deren Sicht pauschal „in Deutschland alle Tugenden und dazu der Glaube den Bach hinunter" gehen.

Der Artikel hingegen vertritt eine Position, die der Barbara Sichtermanns sehr nahe kommt. Ähnlich wie Sichtermann sieht auch der *Spiegel* in der medialen Entwicklung ein positives Moment sozialen Wandels:

> Die narzißtischen und exhibitionistischen Trends in der deutschen Gesellschaft mögen den Feinsinnigen nerven, den Beamten ängstigen und den Gottesmann an das Ende der Welt gemahnen – doch sie signalisieren nicht die Rückkehr der Barbarei. Zunehmender Individualismus verändert die herkömmlichen Solidarbeziehungen, er schafft sie aber nicht ab. An die Stelle des Zwangs tritt Freiwilligkeit.
> Wenn der einzelne selbständig über sein Gefühlsleben disponiert, ohne sich, wie der großzügige (Ost-)Berliner Philosoph Wolfgang Engler sagt, sein „Verhalten bis in die Einzelheiten durch eine strenge Moral, überfeinerte Manieren und eine Fülle scharf ausgearbeiteter Tabus vorschreiben zu lassen", dann übernimmt er doch in „höherem Maße die Verantwortung für sein Tun und Lassen" – ist das nicht gut so?
> Nur wer die Menschheit über das Individuum stellt, wünscht sich (vom anderen) Pflichtbewußtsein, Disziplin und persönliche Opfer für das jeweilige große Ganze – wahlweise die römische Kirche, das Großdeutsche Reich oder den realen Sozialismus. Solche Art Engagement führt erfahrungsgemäß ins Desaster. (ebd.)

Daily Talks sind in dieser Lesart nicht länger Ausdruck oder gar Auslöser eines beginnenden Prozesses gesellschaftlicher Entzivilisierung. Ganz im Gegenteil stellen sie eher einen herausragenden kulturellen Ausdruck für den gesellschaftlichen Individualisierungsprozesses dar, der als höchste Stufe eines stetigen Zivilisations- und Emanzipationsprozesses gesehen wird. Der zivile Gehalt moderner Gesellschaften drückt sich dabei nicht negativ, in

Formen der Affektkontrolle aus, sondern über den Grad an individueller Freiheit, der dem Einzelnen zur Verfügung steht.

Die Argumentationsfigur liest die mediale Schaustellung des Privaten als kulturelle Vergegenständlichung für den Zustand des gesellschaftlichen Lebens. Im Gegensatz zu der Denkfigur sechs Jahre zuvor wird dabei aber die erklärtermaßen abgeschmackte Medieninszenierung („Schwein sein") nicht zur Kritik der Gesellschaft gewendet; umgekehrt bürgt ein positiv besetzter Gesellschaftsbegriff – das Bild einer Gesellschaft des Individualismus und der individuellen Wahlfreiheit – für die Unbedenklichkeit des Vergnügens, das diese Gesellschaft mit dem medialen ‚Schweinkram' hat.

Diese Veränderung in der Auseinandersetzung über das Fernsehen bedeutet jedoch nicht, dass vorherige Diskurspositionen damit obsolet geworden wären. 1997 berichtet das *Deutsche Allgemeine Sonntagsblatt* in zwei zusammenhängenden Artikeln mit den Dachzeilen „Talkshow I" und „Talkshow II" über das Format. In „Talkshow I" berichtet ein Redakteur von einem Selbstversuch vor dem Fernseher und kommt zu dem Schluss:

> Sechs Stunden mit Ilona Christen, Jürgen Fliege und all den anderen sind eine heftige Attacke auf das Schamgefühl. (*Deutsches Allgemeines Sonntagsblatt* 26.09.1997)

„Talkshow II" trägt den Untertitel „Vom Verlust der Scham" und berichtet von Erfahrungen, die der Psychoanalytiker Rolf Lindner in seiner therapeutischen Praxis gesammelt hat:

> Eine auf zwei Jahre angelegte Therapiegruppe versammelt sich zum ersten Mal. Die Teilnehmer stellen sich vor und suchen behutsam eine gemeinsame Ebene. Bis ein Mann brüsk dazwischenfährt und von seinen sexuellen Problemen zu sprechen beginnt. In einer späteren Phase wäre das möglich oder sogar nötig gewesen. Jetzt, am Beginn, wirkt der Auftritt auf die anderen nur schockierend. Szenen wie diese erlebt auch der Hamburger Psychoanalytiker und evangelische Theologe Professor Wulf-Volker Lindner immer häufiger. Er vermißt dann die Scham. (...) Auch in Talk-Shows beobachtet er dieses Verhalten. Da träten immer wieder Menschen mit dem Gestus auf: „Bin ich nicht toll, frei, selbstbestimmt?" (*Deutsches Allgemeines Sonntagsblatt* 26.09.1997)

Unter Scham versteht Lindner – wie Elias – einen „sozialen Affekt", der dann zum Tragen komme, wenn „bestimmte Normen, die ich mit anderen teile, mit meinem tatsächlichen Verhalten nicht übereinstimmen" (ebd.). Nach Lindners Einschätzung lässt sich ein Rückgang dieses gesellschaftlich notwendigen Verhaltensmechanismus beobachten, wofür er das Fernsehen mit verantwortlich macht, da besonders die Daily Talks diesen Prozess „sowohl benutzt als auch verstärkt" (ebd.) haben. Der Psychoanalytiker hat in diesem Artikel die Funktion, die Argumentation qua Autorität zu stützen. Ihr Aufbau folgt dem gleichen Schema wie in der Titelgeschichte des *Spiegels* über Schamverlust von 1993. Die ‚alarmierenden' Daten sind die Zustandsbeschreibung von Daily Talks („Talkshow I") und die empirisch beobachtbare Verschiebung von Schamgrenzen in der Gesellschaft („Talkshow II"), die mittels des Verweises auf deren gesellschaftliche Relevanz (Elias-These) zu dem Appell Lindners führen: „Die Fähigkeit, sich zu schämen, muß wieder als gesellschaftlicher Wert gelten."

Im Februar 1998 wurden im *Deutschen Allgemeinen Sonntagsblatt* Auszüge eines Streitgesprächs zwischen der Fernsehkritikerin Barbara Sichtermann und dem Psychoanalytiker Wulf-Volker Lindner abgedruckt, in dem sie ihre konträren Diskurspositionen aneinander messen konnten. Interessant ist an diesem Interview, dass hier die Unterschiede der Argumentationsweisen noch einmal besonders deutlich werden. Konsens herrscht darüber, dass in Daily Talks Privates in bisher unbekannter Weise öffentlich wird. Umstritten ist hingegen, erstens wie sich diese Tendenz auf das Schamverhalten auswirkt und zweitens welche Rückwirkungen sich daraus auf die Gesellschaft ergeben.

Dabei wird deutlich, dass beide von verschiedenen Konzepten von Scham ausgehen. Für Sichtermann hat Scham eine Art anthropologischen Kern, der durch kulturelle Einflüsse nur bedingt determiniert werden kann:

> Scham, besonders die sexuelle Scham, [ist, d.A.] womöglich angeboren, jedenfalls ist sie sehr stark. (...) Es ist sehr schwer, diese Scham dauerhaft zu schädigen. Da können wir noch so viel niveauloses Fernsehen machen, sie läßt sich nicht einfach so unterkriegen. (*Deutsches Allgemeines Sonntagsblatt* 20.02.1998)

Die Schamgrenzen, die in Daily Talks fallen, berühren diesen Kern nach ihrer Meinung nicht, sondern sind Teil einer „verordneten" Moral. Weshalb Daily Talks „zugespitzt" manchmal sogar eine „Schule der Toleranz" sein können.

Lindner hingegen sieht Scham als eine soziale Kompetenz, die kulturell auf- und abgebaut werden könne und die dabei helfe, Werte aufrecht zu halten, die für das gesellschaftliche Miteinander unerlässlich sind:

> Die positive Funktion von Scham liegt etwa darin, eine Sensibilität zu entwickeln. Scham macht mich darauf aufmerksam, wenn ich meinen Idealen nicht gerecht werde. (...) Die Scham zeigt dem einzelnen an, wenn er notwendige Grenzen überschreitet. (ebd.)

Seine Kritik richtet sich deshalb nicht auf die „momentanen" Wirkungen von Daily Talks, die auch nach Lindners Ansicht für den Einzelnen durchaus positiv seinen können, sondern auf die

> Langzeitwirkung, (...) die allmähliche Unterminierung bestimmter Normen, die soziales Zusammenleben fördern oder aber soziales Zusammenleben zerstören. Es geht ja nicht um den Erhalt der Schamgrenzen im allgemeinen. Es geht um eine ganz bestimmte Funktion der Scham: um den Erhalt der Sensibilität für den ande-

> ren. (...) Nicht das Absenken von Grenzen ist das Problem, die Qualität verändert sich. (ebd.)

Zusammenfassend lässt sich innerhalb des Zeitraums zwischen 1996 und 1998 eine elementare Verschiebung in der Auseinandersetzung über die gesellschaftlichen Folgen der Veränderung des medialen Zugriffs auf Privatheit feststellen. Gesellschaftskritische Diskurspositionen, wie eine auf die Eliassche Interdependenz-These zurückgreifende Befürchtung, dass sich der von den Medien forcierte, stetige Abbau von Schamschranken negativ auf das sozialpsychologische Korsett der Gesellschaft auswirken könnte, finden in der Öffentlichkeit – allgemein gesprochen – immer weniger Anklang. In der Auseinandersetzung um Daily Talks bzw. das Fernsehen als Medium treten sie zunehmend hinter Positionen zurück, die einer das Individuum befreienden Wirkung des Öffentlichmachens von Privatem das Wort reden. Ansichten wie sie von der Fernsehkritikerin Barbara Sichtermann oder der Titelgeschichte des *Spiegels* von 1997 über die „Exhibitionistische Gesellschaft" vertreten werden, finden in der öffentlichen Arena einen immer größeren Resonanzboden und beherrschen weithin das Bild, das der öffentliche Diskurs vom Fernsehen bietet.

6.5.5 Freiwilliger Verzicht auf Schamgrenzen und die Selbstinszenierung als ausgestellte Intimität: Big Brother *(Zeitraum: 2000)*

Die Sendung *Big Brother* wird in der Debatte übereinstimmend als Anbruch einer neuen Epoche des Fernsehens gesehen. Die Diskussion dreht sich dabei wesentlich um die Frage nach der Veränderung der Grenzziehung zwischen dem Privaten und dem Öffentlichen. Argumentationsmuster, die diese Grenzverschiebung in direkten Zusammenhang setzten zu Elias' Interdependenzthese sind dabei kaum mehr aufzufinden. Ein zentraler Topos der Diskussion um *Big Brother* war jedoch die Frage nach einem veränderten Schamgefühl, das im bereitwilligen Ausbreiten der Privatsphäre der Kandidaten vor den Kameras zum Ausdruck kommt. Hier besteht ein Zusammenhang zu Elias' Theorie: Die Intensität der Scham, die in der Gesellschaft vorhanden ist, kann als ein wesentlicher Indikator für den Prozess der historischen Durchsetzung der Kontrolle individueller Affekte verstanden werden.

Kurz nach dem Start von *Big Brother* wurde in der *Welt* ein Interview mit dem Ethnologen Hans Peter Duerr publiziert. Darin äußert er sich über das „Verschwinden der Scham", wie der Untertitel des Artikels lautet. Duerr, der eine wissenschaftliche Gegenposition zu Elias vertritt, taucht in unserem Textkorpus das erste Mal 1993 im *Spiegel* mit einem Interview zu der Titelgeschichte über die „Schamlose Gesellschaft" auf. Dort fungierte er als renommierter Zeuge der allmählichen Zersetzung der Gesellschaft, als der er in den folgenden TV-Debatten hin und wieder angeführt wird. Der Zivilisationskritiker Duerr vertritt einen anthropologisch ausgerichteten Schambegriff; seiner Ansicht nach wird Scham im Zivilisationsprozess eher ab- als aufgebaut. Eine These, die er durch die Entwicklung des privat-kommerziellen Fernsehens immer wieder bestätigt findet. In dem Interview in der *Welt* antwortet er auf die Frage, ob sich die sexuelle Scham nicht immer weiter verflüchtige, während andere Lebensbereiche stärker mit Scham und Peinlichkeit besetzt würden:

> Duerr: So wie die Menschen den Zugang Fremder zu ihrer Privatsphäre kontrollieren, so beschränken sie in allen Gesellschaften auch den visuellen und taktilen Zugang anderer zu bestimmten Regionen ihres Körpers. Eine solche Exklusivität ist vor allem dann sinnvoll, wenn es um Sexualität geht, denn sie stärkt die Partnerbindung und damit die Keimzelle der menschlichen Gesellschaft. Ein Mensch, der an solchen Bindungen nicht oder kaum interessiert ist, bräuchte keine Scham. Er könnte seine sexuellen Signale wahllos in die Umgebung aussenden. Dies bedeutet wiederum, dass mit einer fortschreitenden sozialen Lockerung von Partnerbindungen auch die Schamschranken sinken. Genau das lässt sich in der Moderne beobachten. (*Die Welt* 16.03.2000)

Schon der Ausgangspunkt (die ‚Daten') dieser Argumentation verweist auf Duerrs anthropologischen Ansatz, sie sind die ‚feststehende' Erkenntnis, dass „die Menschen (...) in allen Gesellschaften den visuellen und taktilen Zugang anderer zu bestimmten Regionen ihres Körpers" begrenzt haben. Dem gegenüber steht die Beobachtung (hier die Konklusion), dass in der modernen Gesellschaft genau dies immer weniger der Fall sei („die Schamschranken sinken"). Den Grund dafür sieht Duerr in der fortschreitenden sozialen Lockerung von Partnerbindungen, da ein Mensch, „der an solchen Bindungen nicht oder kaum interessiert ist, keine Scham bräuchte". Nach Duerr ließe sich also sagen: *Der Prozess der Modernisierung untergräbt die gesellschaftlichen Fundamente des Zusammenlebens wie am Wandel des Schamverhaltens ersichtlich ist. Das Fernsehen ist ein Baustein dieser negativen Modernisierung.* Diese kulturpessimistische Fundamentalkritik ist insoweit interessant, als sie innerhalb des Diskurses mittlerweile zu einer absoluten Randposition geworden ist.

Duerr ergänzt seine Ausführungen zum Schamverhalten am Ende des Interviews jedoch um eine Beobachtung:

> Auf der anderen Seite werden beispielsweise Armut, Alter oder mangelnde Durchsetzungsfähigkeit gegenüber den Interessen anderer Menschen immer stärker mit Scham besetzt. (ebd.)

Er unterscheidet also das Vorhandensein von Scham für unterschiedliche Bereiche. Die zahlreichen aktuellen Beispiele, die er zuvor für das Absenken von Schamgrenzen angeführt hatte, bezogen sich auf den Umgang mit Sexualität, in deren Enthemmung eine gesteigerte Exzessivität und somit – Duerr zufolge – letztlich eine Brutalisierung zum Ausdruck komme. Dabei wird der Eindruck der Brutalisierung der Gesellschaft durch die Errichtung neuer Schambereiche noch einmal verstärkt, da es sich hier offensichtlich um ‚menschenunwürdige' Tabus handelt.

Der Aspekt der Scham taucht auch in einem Artikel von Ulrich Greiner in der *Zeit* auf, in dem – das einzige Mal in den 40 ausgewerteten Artikeln zur *Big Brother*-Debatte – direkt auf Elias' *Prozess der Zivilisation* Bezug genommen wird. Greiner kommt bereits zu Beginn seines Essays „Versuch über die Intimität" zu dem – zunächst einmal – ebenfalls ‚alarmierenden' Befund:

> Es gibt viele Anzeichen dafür, dass eine der großen Errungenschaften des bürgerlichen Zeitalters freiwillig aufgegeben wird: die rechtlich geschützte Privatsphäre, die Intimität. (*Die Zeit* 27.04.2000)

Greiner fährt in seiner Argumentation in bekannter Manier fort, indem er Beispiele aus den Medien anführt, die diese Beobachtung stützen und daran anschließend die soziologische Theorie (Elias, Goffmann) referiert. Und auch bei Greiner besteht der dritte Schritt in der Argumentation darin, die gesellschaftlichen Folgen dieser Entwicklung (die „Langzeitwirkungen") aufzuzeigen. Genau hier kommt es jedoch zu einer neuen Wendung:

> Die Eliassche These von der Affektkontrolle stimmt im Wesentlichen nach wie vor. Man muss sich nur vor Augen halten, welches Ausmaß an Selbstzwang die wachsende Beschleunigung und Mobilisierung der Lebenswelt ihren Teilnehmern abverlangt. (...) Dieses extrem regulierte Leben bildet Exklaven, wo (teils geplant, teils ungeplant) die Regeln partiell und temporär außer Kraft gesetzt werden. Hooligans, die nach dem Spiel marodierend durch die Straßen ziehen und ansonsten brav an der Werkbank stehen; Bankangestellte, die ordentlich ihren Dienst verrichten und am Wochenende den Swinger-Club aufsuchen; Hausfrauen, die in der Talkshow Leib und Seele entblößen und zu Hause sorgsam die Teppichfransen kämmen – sie alle folgen dem Karnevalsprinzip, demzufolge die durchorganisierte und selbst kontrollierte Bürgergesellschaft von Zeit zu Zeit die Sau rauslässt. (ebd.)

Nach Greiners Diagnose schlagen die Folgen der durch die Medien forcierten Entwicklung des Absenkens von Tabu- und Schamgrenzen nicht auf die gesamte Gesellschaft durch. Ganz im Gegenteil ‚funktioniere' die Kontrolle der Affekte in wesentlichen Bereichen des gesellschaftlichen Zusammenlebens mindestens so gut wie eh und je; er geht sogar noch einen Schritt weiter, indem er dieses Funktionieren als einen wesentlichen Faktor dafür ansieht, dass es in anderen Bereichen dazu kommt, dass „von Zeit zu Zeit die Sau rausgelassen" werden müsse. Der Prozess der schleichenden Veröffentlichung des Privaten hat damit das Drohpotenzial verloren, das ihm noch innerhalb der Debatte um Reality TV zugeschrieben wurde. Denn Greiner stellt diese Entwicklung lediglich fest und enthält sich – wie so ziemlich alle Journalisten in der Auseinandersetzung um *Big Brother* – jeglicher moralischer oder sonstiger Wertung.

Dahinter steht die Einsicht, dass eine unumkehrbare und tiefgreifende Veränderung stattgefunden habe, die gewissermaßen ‚normal' sei, denn bei einer Gesellschaft „handelt es sich nicht um statische Zustände, sondern um fließende Prozesse, wechselseitige Durchdringungen" (ebd.). Ein solcher Prozess finde momentan statt und habe zu einer Flexibilisierung der Menschen geführt:

> Der wahrhaft zeitgemäße Mensch ist multiethnisch und multiethisch, multikulturell und multifunktional. Er besteht aus Fragmenten. Er hat keine Intimität mehr, sondern frei fluktuierende Intimitäten, deren Grenzen sich von Fall zu Fall ergeben. Seine Scham ist nicht mehr existenziell, sondern akzidenziell. (ebd.)

Die eigentliche Pointe dieses Artikels steckt in dem letzten Satz; auch wenn seine Bedeutung ein wenig kryptisch bleibt (denn „akzidenziell" lässt sich übersetzen mit „zufällig", „nur äußerlich", „wechselnd" oder auch „bedeutungslos" – gemeint ist aber wohl „wechselnd" – analog zur Flexibilisierung der Intimität), verweist er doch auf eine neue Diskursposition. Schamschranken werden hier durch die Medialisierung der Gesellschaft nämlich nicht einfach abgebaut oder wie auf einer numerischen Skala zwischen Null und Zehn verschoben. Greiner verbindet gegenläufige Positionen wie sie beispielsweise in den Titelgeschichten des *Spiegels* von 1993 zu Reality TV und 1997 zu Daily Talks vertreten wurden: Einerseits lässt sich demnach besonders in den Medien, wie aus dem veränderten Schamverhalten ersichtlich werde, ein Abbau der Affektkontrolle beobachten, der sich jedoch nur in partiellen Bereichen der Gesellschaft bemerkbar mache. Andererseits sei diese Entwicklung Teil eines allgemeinen radikalen Gesellschaftswandels, der zu einem lebensfähigen Nebeneinander von kontextspezifischen Formen der Selbstkontrolle und des „enthemmten" Erlebens führe und dessen Auswirkungen sich (noch) nicht überschauen lassen. Die (kategorische) These dazu lautet: *Das Schamverhalten hat sich ausdifferenziert. Der Abbau von Schamschranken in den Medien taugt deshalb nicht oder nur bedingt als Indikator für einen zu beobachtenden Abbau der Affektkontrolle.*

Winfried Hassemer, Richter am Bundesverfassungsgericht, erklärt den Erfolg von *Big Brother* und die Tatsache, dass sich gegen das Showkonzept der medialen Überwachung kein gesellschaftlicher Widerstand regt, in einem Artikel in der *Süddeutschen Zeitung* unter anderem ebenfalls mit einem Wandel der Scham:

> Die Kategorie Scham hat ihren Witz verloren. Dieses Gefühl ließ sich einmal erwecken durch schlichtes Entdecktwerden am falschen Ort oder zur falschen Zeit oder an falschen Objekten, egal, ob da etwas Normales zu entdecken war oder nicht. Frei von Scham zu sein, hatte mit Form zu tun. Heute braucht das Schamge-

fühl Inhalte: Misserfolg, Schaden, Fehlverhalten. Um seiner selbst willen muss nichts mehr verborgen bleiben. (*Süddeutsche Zeitung* 28.02.2000)

Die Unterscheidung des Schamgefühls in „Form" und „Inhalt" steht ebenfalls für eine Ausdifferenzierung von einem generellen zu einem nur noch partiell vorhandenen Verhaltensmechanismus. Hassemer meint mit der „Kategorie Scham" jedoch weniger eine Form gesellschaftlicher Affektkontrolle, die wie bei Elias eine Art Indikator des gesellschaftliche Zivilisationsprozesses darstellt. Vielmehr ist sie für ihn ein unbewusster Maßstab für die Art und Weise, in der die Gesellschaft die Bereiche Öffentlich und Privat voneinander scheidet. Deshalb fährt er fort:

> Ob das alles gut ist oder schlecht, lässt sich nicht einfach beurteilen. Ein solches Urteil verlangt, wenn es gut begründet sein will, prinzipielle Vorentscheidungen, etwa über das richtige Verhältnis von Privatheit und Freiheit, von Autonomie und Minderheitenschutz in der Informationsgesellschaft oder über Inhalte, Möglichkeiten und Wünschbarkeit heutiger Öffentlichkeit. (ebd.)

Hassemers Argumentation knüpft hier an den Subdiskurs über die Funktion des Geheimen an. Der Wert des Geheimnisses steht bei ihm jedoch nicht in einem moralischen (wie bei der Diskussion um die Sendung *Arena*) oder psychischen (wie in der Diskussion um die Sendung *Verzeih mir*), sondern in einem politischen Kontext und weist insofern eine starke Parallele zu der Interdependenzthese von Elias auf. Denn ähnlich wie Elias, bei dem die Umstellung der gesellschaftlichen Affektkontrolle von Fremd- in Selbstzwänge eine wesentliche Voraussetzung für die Herausbildung des liberalen, säkularisierten Rechtsstaats ist, verweist Hassemer auf die Bedeutung gesellschaftlich anerkannter Arkanbereiche, als Schutzzonen des Einzelnen vor dem Zugriff nicht nur des Staates sondern auch der Gesellschaft.

Mit Bezug auf das Geheimnis argumentiert auch Volker Zeese in einem Kommentar zum Start von *Big Brother* in der *Welt* unter der Überschrift „Die Macht der Schamlosigkeit". Auch er weist zunächst darauf hin, dass ein grundlegender Wandel der Scham zu beobachten sei, wie aus der zunehmenden Tendenz des Ausbreitens von Privatleben vor Kameras deutlich werde, und folgert:

> All das kann man verurteilen. Dabei wird jedoch übersehen, dass die Entwicklung der westlichen Zivilisation unweigerlich unter dem Signum der Abschaffung jeder Art von Geheimnis und damit letztlich auch von Intimität oder Privatheit segelt. Die „Entzauberung der Welt", von der Max Weber sprach, ist der Preis des Fortschritts, dem sich die Zivilisation nach dem Weltkriegstrauma zunehmend freiwillig unterwirft. (*Die Welt* 29.02.2000)

Im Gegensatz zu Hassemer, der im Wandel des Schamgefühls und der daraus resultierenden Verschiebung zwischen dem Öffentlichen und dem Privaten eine Zäsur sieht, ist für Zeese die Abschaffung des Geheimnisses (als ‚Entzauberung der Welt'), ein grundsätzliches Kennzeichen des Zivilisationsprozesses. Dieser sei – was nicht zuletzt an *Big Brother* deutlich werde – zunehmend mit einem Paradox konfrontiert:

> Denn wie jeder feste Standpunkt entpuppt sich auch das Beharren auf Freiheit zunehmend als Fessel in einer mobilisierten Welt, als eine Art Behinderung auf dem Weg nach vorn. (ebd.)

Die angeführten Artikel verbindet bei aller Differenz bei der Definition der Begriffe Scham und Zivilisation drei wesentliche Gemeinsamkeiten. Erstens stehen sie der Sendung *Big Brother* grundsätzlich eher verhalten bis negativ gegenüber; zweitens diagnostizieren sie einen grundlegenden gesellschaftlichen Wandel, der sich phänomenologisch an *Big Brother* als ein Wandel des Schamgefühls festmachen lässt; und drittens sind sie sich – bis auf Duerr – darin einig, dass sich diese Veränderungen und damit natürlich auch die Sendung selbst nicht einfach mit einer kulturkritischen Geste aburteilen lassen, da die Entwicklung der Gesellschaft einen Zustand der Offenheit und Pluralität herbeigeführt habe, der sich einer Steuerung entziehe.

6.6 „Die Hamsterisierung des Menschen" oder Zur Integrität von Privatpersonen im Fernsehen

Während sich die vorherigen Kapitel mit Erwägungen zu den *gesellschaftlichen* Folgen und Konsequenzen des Öffentlichmachens von Privatem und Intimen durch das Fernsehen innerhalb des TV-Diskurses auseinander setzten, geht es in diesem Kapitel um Aspekte, die mit der Rolle der *Persönlichkeit* im Fernsehen zusammenhängen. Dabei handelt es sich in erster Linie um Erwägungen, die entweder mit dem Auftreten ‚nicht-professioneller' Kandidaten im Rahmen verschiedener televisionärer Unterhaltungsformate zu tun haben oder das Auftauchen ‚normaler', privater Menschen in Formen einer dokumentarischen Berichterstattung (wie bei Reality TV) zum Inhalt haben. Ausgewertet wurde ihr Auftreten unter drei Gesichtspunkten:

Erstens waren hier Textstellen von Interesse, die sich damit befassen, ob in bestimmten Sendungen bzw. wie durch bestimmte Sendungsereignisse *Würde oder Integrität der Teilnehmenden* durch das Fernsehen gefährdet wurde. Diese Klassifizierung geht in theoretischer Hinsicht davon aus, dass die Freiheit und Unversehrtheit einer Person nur solange gewährleistet bleibt, wie eine Differenz besteht zwischen ihrer ‚öffentlichen' Präsenz, bei der sich Personen in konventionalisierte Rollen ‚hüllen' (können), und ihrem eigentlichen privaten Selbst, das den ‚Blicken' und somit der Beurteilung der Öffentlichkeit nicht zur Verfügung stehen soll. Anhand der Debatten wurde erörtert, in welcher Art und Weise Übergriffe des Mediums Fernsehen auf die

Würde der betroffenen Personen, als Eingriffe in ihr ganz privates, ‚eigentliches' Selbst unterstellt werden. Und durch welche Inszenierungsformen welches Verständnis von der Würde der Privatpersonen betroffen gesehen wird.

Um ein besseres Verständnis von den Debatten zu erlangen, wurden zweitens nicht nur solche Aspekte des Diskurses registriert, die Eingriffe in die Privatsphäre „gewöhnlicher" Bürger verurteilen. Auch Textstellen, in denen eine Kritik der Kritik stattfindet, also etwaige Vorwürfe zurückgewiesen werden, waren bei der Beschreibung des Diskursstrangs von Interesse.

Darüber hinaus wurden drittens auch solche Einschätzungen der Sendungen ausgewertet, in denen die Einbindung von Laien in die Fernsehunterhaltung nicht nur nicht verurteilt, sondern ganz im Gegenteil als positiv angesehen wird. Das Fernsehen wird hier als eine Bühne gesehen, die es ‚normalen' Menschen erlaubt, sich selbst zu inszenieren.

6.6.1 Liberalisierung der öffentlich gemachten individuellen Erscheinung bei gleichzeitiger Wahrung der körperlichen Unversehrtheit: Wünsch Dir was *(Zeitraum: 1970-71)*

Hier wurden – zur Erinnerung – die Debatten zu zwei *Wünsch Dir was*-Folgen zur Beurteilung herangezogen. Und ähnlich wie schon bei der Betrachtung der Sendungen unter dem Aspekt „Moralempfinden" festgestellt wurde, verteilt sich die Kritik zwischen den beiden Folgen auch hier eindeutig. Von den Artikeln, in denen die Würde der Spielkandidaten nach Ansicht der publizierten Meinungen beeinträchtigt wurde, entfallen nur wenige auf den Auftritt der 17-jährigen Schülerin, die sich bei einem Modewettbewerb für eine (allzu) durchsichtige Bluse entschieden hatte. Stärker thematisiert wurde hingegen das Versenken einer Kleinfamilie samt Kleinwagen in einem Wasserbassin in der Sendung von 1971.

‚Die durchsichtige Bluse' – *Wünsch Dir was* 1970:

Dass die Wahl der minderjährigen Kandidatin unter dem Aspekt ihrer Würde problematisch sei, wurde damit begründet, die junge Frau hätte sich zu diesem Schritt nicht freiwillig entschieden. So wurde im *Stern* ein „besorgter Vater aus Bremen" zitiert, der „argwöhnte":

> „Ihr habt das Mädchen gefügig gemacht und zum Ausziehen getrieben." (*Stern* 50/1970)

Der Kritiker Hans Habe unterstellt in einem „Brief" an Dietmar Schönherr in der *tz* ebenfalls, die Kandidatin habe ihre Wahl nicht aus freien Stücken getroffen:

> Sie haben, lieber Herr Schönherr, selber zugegeben, daß das Mädchen „oben ohne" gezeigt wurde – trotz des durchsichtigen Materials. Gewiß hat das Mädchen das

> Kleid selber gewählt. Geschmacksache. Aber wenn Sie ihm den scheußlichen Fetzen schon schenkten – das Mädchen war in dieser Stresssituation geradezu gezwungen, vor Millionen darin zu paradieren. Und das ist doch immerhin etwas anderes. (*tz* 14.11.1970)

Das Argument lautet hier, dass die Kandidatin durch den Druck der Inszenierung zu ihrer Handlung gezwungen worden sei, und dass ein solcher Zwang einer Person die Möglichkeit zur selbstbestimmten Entscheidung nehme. Das Unvermögen, in der Showsituation eine eigenverantwortliche Entscheidung zu treffen, wird in beiden Argumentationen dadurch untermauert, dass die Kandidatin als „Mädchen" bezeichnet wird. Mit ihrem jugendlichen Alter wird also eine gewisse Unmündigkeit hinsichtlich ihres Entscheidungsvermögens verbunden.

Der Großteil der Kritiken der *Wünsch Dir was*-Sendung teilt diese Einschätzung jedoch nicht. Auf der semantischen Ebene kommt das darin zum Ausdruck, dass die Kandidatin hier nicht als „Mädchen" bezeichnet wird. Sie wird entweder mit ihrem vollen Namen, Leonie Stöhr, genannt, wodurch sie zur „vollständigen" Person wird, oder aber als „Tochter" bezeichnet und ihre Entscheidung zu einem Teil der Entscheidung der auftretenden Familie gemacht. Der Nennung des Namens der Kandidatin folgt in den meisten Fällen eine Argumentation, die die Wahl des Outfits als bewusste und souveräne Entscheidung einer jungen Frau bezeichnet, in der ein veränderter Umgang mit der Körperlichkeit zum Ausdruck kommt:

> Die Bluse verhüllte gerade so viel wie ein weitmaschiges Fliegengitter und vermittelte mit der reizenden Einsicht die Ansicht der Trägerin: „Die Jugend denkt heute frei und kleidet sich auch danach." (*Stern* 50/1970)

Die Folgen ihrer Entscheidung werden als eindeutig positiv für ihr Image angesehen, auch was ihre Wahrnehmung durch die eigene Familie betrifft:

> [Vater] Stöhr fand den Auftritt seiner Tochter zunächst „etwas gewagt, als mich da plötzlich die Schlußlichter anschauten". Später sagte er jedoch stolz: „Leonie sah wirklich gut aus."
>
> Auch Ingeborg Stöhr („Wir sind eine tolerante Familie") steht zum hochmodischen Fernseh-Debüt ihrer „Loni": „Es sah ausgesprochen hübsch, natürlich und ungezwungen aus. Ein bißchen überrascht waren wir trotzdem." Und Leonie-Bruder Robert freut sich: „Meine Klassenkameraden haben mich gelobt: ‚Du hast eine dufte Schwester'". (*Stern* 50/1970)

Indem diese innerfamiliären Reaktionen auf den Auftritt der Tochter und Schwester angeführt werden, wird implizit auf den Vorwurf Bezug genommen, das Verkleidungsspiel des „Fernseh-Familienprogramms *Wünsch Dir was*" (Habe) stelle auch einen Eingriff in die Würde des gesellschaftlichen Schutzraums Familie dar.

Auch die Außenwahrnehmung der Kandidatin durch die Öffentlichkeit wird als positiv dargestellt, da die junge Kandidatin es „aber auch wagen" (*Stuttgarter Nachrichten* 07.11.1970) konnte, der Öffentlichkeit Blicke auf die Beschaffenheit ihres Oberkörpers zu gewähren. Den erwähnten Protestbriefen, die einige erboste Zuschauer an das ZDF schickten (vgl. oben), wird in einem Artikel der *Westfälischen Rundschau* entgegengehalten:

> Die betroffene Familie stört das jedoch wenig: Ihr brachte der Postbote bisher nur positive Zuschriften. (*Westfälische Rundschau* 12.11.1970)

Zugleich wird in allen Artikeln, deren Tenor die Zurückweisung des Vorwurfs einer Verletzung der Integrität der Kandidatin ist, darauf hingewiesen, dass sich die Familien und deren Töchter bei dem Spiel frei entscheiden konnten und keineswegs unter einem medialen Zwang gehandelt hätten.[3]

Die *Lübecker Nachrichten* sahen in dem fast Oben-ohne-Auftritt ebenfalls eine Lappalie, die keine „Aufregung" lohne. Und die Zeitung fährt fort:

> Viel bedenklicher sollte stimmen, was Randwerk war: die versteckte Kamera, die die Familien vor dem Auftritt beobachtete. Hier zeigen sich Entwicklungen zur Originalität um jeden Preis ab, die folgenschwerer sein können als ein blanker Busen: mitspielende Familien müssen sich darüber im klaren sein, daß mit ihnen alles gemacht wird. 1980 könnte es vielleicht Folge einer zwangsläufigen Entwicklung des Unterhaltungsfernsehens sein, 1970 sollte es noch nicht zur Selbstverständlichkeit werden, daß das Fernsehauge allgegenwärtig ist. (*Lübecker Nachrichten* 10.11.1970)

Aber auch dabei handelte es sich um eine Minderheitenposition. Das *Hamburger Abendblatt* schrieb dazu, was wohl die meisten Fernsehkritiker meinten:

> (...) man muß sagen, daß Schönherr auch dieses delikate Thema korrekt und „familiengerecht" behandelte. Die Sexwelle, wie immer man zu ihr stehen mag, geht auch an unseren Kindern nicht unbesehen vorüber. In Familien mit heranwachsenden Kindern wird sie, wie die sympathischen Spielfamilien es bewiesen, sicher des öfteren diskutiert. Ihre Entscheidungen, mit versteckter Kamera gefilmt, zeigten außerdem, daß sie unabhängig von modischen Strömungen ihre eigene Meinung dazu haben. (*Hamburger Abendblatt* 10.11.1970)

Die öffentliche Debatte anhand der Sendungsepisode besorgt eine Klarstellung. Die Wahl eines freizügigen Erscheinungsbildes wird überwiegend als legitime Praxis wahrgenommen. Die Betroffene selbst – und die Angehörigen ihrer Familie – bezeugen, dass es sich dabei um einen Akt freier Wahl, nicht

---

3 Ironischerweise gab für die Kandidatin nicht die durchsichtige Bluse den Ausschlag, sondern die Tatsache, dass diese mit einer Hose getragen wurde, denn die Familie hatte sich im Vorhinein darauf verabredet, eine Hose als Auswahlkriterium für die Entscheidung der Tochter zu nehmen. So äußerte sich zumindest die Kandidatin Leonie Stöhr retrospektiv in einer Fernsehsendung (*Parlazzo Spezial*, WDR 3 20.08.1998).

um das Produkt einer Nötigung durch die Sensationslust des Mediums handelt. Die öffentliche Diskussion nimmt dieses Zeugnis als Beleg, dass die Integrität der Beteiligten gewahrt ist, und setzt die Inszenierungspraxis als legitime „Normalität" fest.

‚Die Familie im Wasser' – *Wünsch Dir was* 1971:

Die Debatte um die *Wünsch Dir was*-Folge vom 27.03.1971 entwickelte sich erst allmählich zu einer Auseinandersetzung um die Frage, wie weit eine Fernsehsendung bei der Unterhaltung des Publikums gehen darf. Bei genauerer Betrachtung fällt ins Auge, dass die ersten Reaktionen auf die Sendung noch sehr unterschiedlich ausfielen. Die *Süddeutsche Zeitung* beschrieb das Versenken von Familie und PKW in ihrer Kritik vom 29.03.1971 beispielsweise als „entlarvendes Spiel mit zwischenmenschlichen Beziehungen und die aufregende Vergegenwärtigung der Risiken des Autofahrerdaseins". Ebenfalls am 29.03. erschien auf Seite 1 von *Bild* jedoch schon ein groß aufgemachter Artikel mit der Überschrift: „Das war grausam, Herr Schönherr!" Er begann mit den Worten:

> Beinahe wäre die Familien-Sendung „Wünsch Dir was" zum Todesspiel geworden. Sekundenlang kämpfte eine 46jährige Frau vor Millionen Fernsehzuschauern um ihr Leben.

Die unterschiedlichen Bewertungen der Spielrunde sind darauf zurückzuführen, dass die Skandalisierung des missglückten Versuchs der Frau, sich aus dem Auto zu befreien, erst durch eine zusätzliche Unterfütterung der Fernsehbilder mit weiterführenden Informationen möglich war:

> Tapfer hatte Irene Dreyer ihren Schock überspielt. Mühsam hatte sie in die Kameras gelächelt und Showmaster Dietmar Schönherr gesagt: „Es war halb so schlimm." Doch was Millionen Zuschauer nicht mehr sahen: Sekunden später fiel die gerettete Frau ihrem Ehemann Heinz (53) um den Hals und flüsterte: „Um Gottes willen, das ist ja gerade noch gutgegangen." (*Bild* 29.03.1971)

Des Weiteren wurden Statements von Ärzten eingeholt, die die potenzielle Gefährdung der Gesundheit der Familie bei diesem Spiel mit ihrer Autorität untermauerten. Die Einbindung dieser Hintergrundinformationen in die Debatte führte dazu, dass sich in ihrem weiteren Verlauf Argumentationen durchsetzten, die sich auf die physische Bedrohung der Familie durch das riskante Spiel bezogen. Dabei wird sogar des Öfteren – in fünf der zehn ausgewerteten Artikel – auf das kurz zuvor gesendete Fernsehspiel *Das Millionenspiel* angespielt:

> Aber bei dem kleinen Spiel mit der Schlange konnte es nicht bleiben. Schönherr und „Wünsch Dir was" mußten sich steigern und steigerten und verstiegen sich in

ein Spiel, das an die Nähe des berühmt-berüchtigten Fernseh-"Millionenspiels" heranreichte. Und das war nicht mehr gut. (*Funkuhr* 17.04.1971)

Der Vergleich mit dem *Millionenspiel* bleibt in den Kritiken zum Teil eher eine assoziative Anspielung, andere Artikel hingegen ziehen eine größere Parallele. Sie weisen darauf hin, dass es auch bei *Wünsch Dir was* eine Siegprämie („ein Familienwunsch im Wert von 4500 Mark") gibt, für die „wie die Erfahrung lehrt, die mitspielenden Familien fast alles mitmachen" (*Münchner Abendzeitung* 30.03.1971).

Von den Produzenten von *Wünsch Dir was* und den Programmverantwortlichen des ZDF wurden die Vorwürfe entschieden zurückgewiesen:

Zum neunköpfigen Team der Sendung gehören auch Guido Baumann und Peter Hajek. Sie haben beide wie „etwa 40 andere Personen" (Baumann) das Tauchexperiment vorher getestet und dabei festgestellt: „Nicht gefährlich" (Hajek). Hajek weiter: „Ich halte diesen Test nach wie vor für gut. Er diente der Verkehrserziehung und hat nichts mit dem ‚Millionenspiel' zu tun. Wir machen keine Unterhaltung mit der Angst anderer Menschen." (*Münchner Abendzeitung* 30.03.1971)

ZDF-Programmdirektor Joseph Viehöver: „Um es klar zu sagen: Dieses Spiel haben wir nicht gemacht, um Spaß an der Angst anderer Leute zu haben." (*Bild* 29.03.1971)

Das ZDF rechtfertigte das Spiel mit der (volks-)pädagogischen Ausrichtung und mit Testdurchläufen, die sicherstellen sollten, dass die Kandidaten beim Versenken des Autos im Wasser nicht gefährdet würden. Insgesamt erschien diese Argumentation innerhalb der Debatte jedoch nicht ausreichend zu sein, denn diese Argumente wurden von keinem der anderen Teilnehmer der Debatte übernommen. Besonders die Kritik von Ärzten und die Schockreaktion der Kandidatin, Frau Dreyer, die erst im Nachhinein vermittelt wurden, waren starke Argumente für die These, dass hier eine tatsächliche physische Bedrohung von Fernsehkandidaten vorlag, mit der eindeutig eine allgemein anerkannte Grenze überschritten wurde, so dass die Bedrohung weit über eine Verletzung der ‚Kandidatenwürde' hinaus reicht.

Die öffentliche Wahrnehmung und Bewertung fällt so einhellig aus, dass von einer an die Strenge des Tabus heranreichenden Norm die Rede sein kann, die besagt: Risiken für die körperliche Unversehrtheit dürfen kein Gegenstand öffentlicher Unterhaltung sein.

6.6.2 *Das Moment der selbstbestimmten Freiwilligkeit als Ausdruck gewahrter Würde:* Spätere Heirat nicht ausgeschlossen *(Zeitraum: 1974)*

Der WDR startete im Oktober 1974 in seinem Regionalprogramm mit der Beziehungsshow *Spätere Heirat nicht ausgeschlossen* ein – auch im internationalen Vergleich – absolut neues Format. Die Idee zu der Sendung stammte von dem Dramatiker Tankred Dorst: In einem Fernsehstudio wurden während einer Dreiviertelstunde nacheinander drei ‚Singles‘ von Moderator Reinhard Münchenhagen in einem Interview porträtiert. Diese Porträts verstanden sich als Heiratsgesuche, die über den Bildschirm abgegeben wurden.

Die Debatte um die WDR-Sendung *Spätere Heirat nicht ausgeschlossen* verlief alles in allem sehr unaufgeregt. Die größte Sensation ging nicht von der ‚Heiratsshow‘ direkt aus. Es war mehr der Umstand, dass hier eine Sendung geschaffen wurde, deren innovatives Potenzial als so stark eingeschätzt wurde, dass sich selbst US-amerikanische und britische Medien für die Sendung interessierten (vgl. *Kölner Stadtanzeiger* 17.10.1974). Dementsprechend fallen die Kommentare und Berichte zu der ersten Folge der „verrücktesten TV-Idee des Jahres“ (*Kölner Express*, zit. n. *Der Spiegel* 41/1974) eher ambivalent aus. Moderator Münchenhagen lässt sich im *Stern* mit der Bemerkung zitieren, hier handle es sich um eine „im landläufigen Begriff ganz ungeheuer unseriöse“ Sendung. Der *Spiegel* bezeichnet *Spätere Heirat nicht ausgeschlossen* in einem Vorbericht als „problematisches Experiment“, bei dem eine „ganze Menge Tabus“ – so die Überschrift des Artikels – berührt würden:

> Noch nie schaltete sich bislang ein öffentlich-rechtlicher Sender aktiv in die Vermittlung privater Beziehungen zwischen seinen Kunden ein. Redakteur Spinrads will das „spekulative Unternehmen“ denn auch „in völlig unspekulativer Form durchziehen“: „Wir machen weder so eine Art Quiz mit Psycho-Spielchen noch einen Ball der einsamen Herzen auf dem Bildschirm.“ (*Der Spiegel* 41/1974)

Der Kern der Debatte betraf – wie auch aus diesem Zitat ersichtlich ist – die Frage, wie ‚normale Menschen‘ als Kandidaten präsentiert werden können, ohne dabei Schaden zu nehmen. Dass das Konzept der Sendung grundsätzlich als tiefer Einschnitt in die Privatsphäre der Teilnehmenden und damit in die Normen des im Fernsehen Verhandelbaren verstanden wurde, wird aus der Rechtfertigung ersichtlich, mit der der Sendung Legitimation verschafft werden sollte. Die Beteiligten machten von vornherein deutlich, dass es nicht darum ginge, eine Unterhaltungssendung zu produzieren. So sollte einer Kritik vorgebeugt werden, eine solche Sendung sei „ein Schritt zuviel [in die] Intimsphäre des Menschen“, wie die „erste ‚Wort zum Sonntag‘-Frau“, Barbara Hahne, auf Nachfrage von *Hörzu* befürchtete (*Hörzu* 14/1974). Für den Redakteur des WDR bedeutete das, kein „Psycho-Spielchen“ oder keinen „Ball der einsamen Herzen“ zu veranstalten, sondern eine ‚seriöse‘ Sendung, deren vorrangiges Ziel darin bestehen sollte, Kontakte zwischen Heiratswilligen zu schließen. Redakteur Spinrads beschreibt die Kandidaten laut *Der Spiegel* deshalb so:

> Die Debütanten vom Sonntag sind „einfach Heiratswillige, die sich ihrer Situation voll bewußt sind und denken: „Scheiße, ich halte es so nicht mehr aus". (*Der Spiegel* 41/1974)

Die Kandidaten wurden dementsprechend danach ausgesucht, dass sie einen wirklichen ‚Heiratswunsch' hegten. Ihre eigenen Erwartungen im Vorfeld der Sendung standen im Mittelpunkt eines Artikels in der *Hörzu*. Dabei wird deutlich, dass die drei (Heirats-)Kandidaten der ersten Sendung ebenfalls mit gemischten Gefühlen in die Öffentlichkeit gingen:

> „Dies ist mein erster gezielter Versuch, neue Freunde und vielleicht auch einen Mann fürs Leben zu finden", bekennt Ingeborg R., 40, Junggesellin und Werbeberaterin aus Düsseldorf. Dann setzt sie, ein wenig verlegen lächelnd, hinzu: „Hoffentlich falle ich dabei nicht allzu sehr auf die Nase!"
> Dazu der einzige Mann des Ledigen-Trios, Eckehard B., 30, Flachglasschleifer aus einem kleinen Dorf im Rheinland: „Sicher, das gibt ein Spießrutenlaufen nach der Sendung zu Hause. Nachbarn und Freunde werden ganz schön was zum Hecheln haben." (*Hörzu* 41/1974)

Dass es sich bei diesen Erwägungen nicht nur um Floskeln handelte, wurde daran deutlich, dass die erwähnte Kandidatin Ingeborg R. einen Tag vor der Sendung einen Rückzieher machte. Sie hatte im Regionalprogramm des WDR eine Parodie auf die geplante Sendung gesehen:

> Der Ulk mußte die sensible Werbeberaterin um so mehr treffen, als sie sich ohnehin mit einer „gewissen Skepsis" auf das Fernseh-Abenteuer einließ. „Da schlich sich Lächerlichkeit ein, und das finde ich absolut nicht gut. Ich dachte, mit dieser Sendung sollte die Kontaktlosigkeit abgebaut werden. Man lebt doch heute nebeneinander statt miteinander. Ich glaubte, auf dieses Problem sollte hingewiesen werden. Aber ich lasse mich doch nicht wie in einer Arena zur Zuschauer-Belustigung vorführen." (*Hörzu* 42/1974)

Im Rückblick fällt dabei auf: Die Teilnehmer unterstellen ein gesellschaftliches Umfeld, in dem ihr ganz persönliches Anliegen vorzustellen mit dem hohen Risiko belegt ist, dass in einer Blamage (Unvermögen, Versagen, Unbeholfenheit) bestehen könnte und sie damit der ‚Lächerlichkeit' preisgegeben wären. Überspitzt ausgedrückt: Das bloß Persönliche ist 1974 noch das Lächerliche.

Interessant ist daran, dass der Rückzug der Kandidatin der *Hörzu* zwar einen Artikel Wert war, das Geschehen von der Zeitschrift jedoch nicht eindeutig kommentiert wird. So wird Ingeborg R. als „grüblerische Frau" bezeichnet, deren Entschluss akzeptiert wird. Andererseits zitiert der Artikel den WDR-Redakteur Spinrads, der für die Entscheidung vollstes Verständnis hat und darauf hinweist, dass der Rückzieher der Kandidatin kein Problem darstellte:

> Den WDR brachte Ingeborg R. mit ihrer kurzfristigen Absage allerdings nicht in Schwierigkeiten. „Nach ein paar Telefonaten“, so Spinrads, war die nächste Kandidatin gefunden – eine 28jährige Turnlehrerin aus Köln. (*Hörzu* 42/1974)

Die Kritiken nach der Sendung fielen unterschiedlich aus. Die *Hörzu* sprach von einem „vollen Erfolg für die Kandidaten“, da „schon nach wenigen Tagen fast hundert ‚Bewerbungen‘ eingegangen“ waren (‚Bewerbungen‘ meint Kennenlernangebote an die drei Kandidaten), weshalb ihnen nach der Sendung einzig die „Qual der Wahl“ zwischen den vielen potenziellen Heiratswilligen ‚drohe‘ (vgl. *Hörzu* 44/1974). Das Gelingen des Auftritts wird hier also unter der Maßgabe beurteilt, ob das strategische Kalkül der Kandidaten und damit der zuvor erklärte Sinn der Sendung aufging oder nicht. Es bestand darin, durch das Wagnis der Entblößung des eigenen Privatlebens vor laufenden Fernsehkameras die Chance zu erhalten, eine besonders exponierte Heiratsannonce aufzugeben.

Die Publizistin Maria-Luise Scherer beurteilt den Auftritt der Kandidaten in einem Kommentar, der im *Spiegel* unter der Überschrift „Telegene Brautschau“ erschien, unter dem Gesichtspunkt des situativen Eindrucks, den die heiratswilligen Fernsehlaien innerhalb der Sendung machten. Sie beginnt ihren Artikel mit einer Metapher, die wiederum auf das grundsätzliche Problem eines solchen Sendekonzepts abhebt:

> Die Veröffentlichung anderer Leute Menschlichkeit kann behaglich wie ein Unwetter sein: Zumindest für den, der nicht hineingerät, vielmehr hinterm Fenster zusieht, wie die Hüte fliegen und die Schirme sich nach oben stülpen. (*Der Spiegel* 43/1974)

Damit wird zum einen zum Ausdruck gebracht, dass der Blick auf das „Unwetter“ intimer Menschlichkeit trotz anderslautender Beteuerungen immer mit einem Unterhaltungswert verbunden ist, der daraus resultiert, dass sich die Betroffenen im Zentrum des Unwetters immer in der Gefahr befinden, die Kontrolle über ihr Verhalten zu verlieren.

Während sich die Zuschauer dementsprechend in „Wechselbädern zwischen Zustimmung und Mitgefühl“ ergingen, „riskierten die Kandidaten einen Kopfsprung ohne Garantie auf tiefes Wasser“ (ebd.). Scherer konzediert der Sendung allerdings, es nicht darauf angelegt zu haben, dass sich die Kandidaten – um bei der metaphorischen Sprechweise zu bleiben – bei diesem Kopfsprung zwangsläufig verletzen mussten. Dennoch blieb die „Courage“ der drei Kandidaten ihrer Meinung nach unbelohnt. Maßgeblich für diese Einschätzung ist der Eindruck, die Selbstdarstellung sei keinem der drei Protagonisten geglückt, da „Skizzen unter Zeitdruck“ entstanden, die einer vielfältigen Persönlichkeit nicht gerecht würden. Die Verantwortung für dieses Misslingen führt sie in erster Linie auf die fehlende Sensibilität des Moderators Münchenhagen zurück:

Und Eckhard D., 30, ließ vertrauensvoll ein Gerüst um sich bauen, auf dem der Moderator sozio-psychologisch turnen konnte. Weil der Feinglasschleifer Eckhard D. mit dreißig noch zu Hause wohnt, seiner kranken Mutter hilft und vorzugsweise Bier trinkt, wurde ihm schließlich die Aura des mühsam entwöhnten, mutterlastigen Daumenlutschers verpaßt. (*Der Spiegel* 43/1974)

So kommt sie zu dem Schluss:

Sie blieb unbelohnt, die Courage, die einer ja haben muß. wenn er unverhohlen und ohne Schutz einer anonymen Chiffre einen Partner sucht. Und ihn alle Welt dabei ertappen darf. Die Frische des Augenblicks, im Fernsehen „live" genannt, wurde irreparable Biographie. (ebd.)

Insgesamt überwog – so weit sich das mit unserem Textkorpus einschätzen lässt – bei der Beurteilung von *Spätere Heirat nicht ausgeschlossen* jedoch die positive Kritik an dieser neuen Unterhaltungsform. Die unterschiedlichen Betrachtungsweisen der Heiratssendung lassen sich dabei nicht nur auf verschiedene Konzepte des ‚Privaten im Öffentlichen' zurückführen. Sie sind in der Auseinandersetzung um diese Sendung untrennbar verknüpft mit divergierenden, nicht zuletzt politischen Auffassungen der Rolle von Öffentlichkeit innerhalb einer modernen Gesellschaft. In der *Hörzu* wurde der Schritt der Kontaktsuchenden in die Öffentlichkeit des Fernsehens schon vor Ausstrahlung der ersten Folge als logische Fortführung der mittlerweile selbstverständlich gewordenen Partneranzeigen gewertet. Diese Fortführung wurde zwar nicht als völlig unproblematisch angesehen, aber dennoch als Teil einer emanzipatorischen Selbstentfaltung gewertet. So wurde der Entschluss zur Teilnahme der Kandidatinnen zur einer geschichtsträchtigen Tat erhoben:

Eine vergleichbare Pioniertat machte vor mehr als zweihundert Jahren die hübsche Engländerin Helen Morrison. Sie ist die erste, historisch überlieferte Person weiblichen Geschlechts, die auf die damals noch ungewöhnlichen Art einer Zeitungsannonce den Bund fürs Leben suchte. Es gab einen Skandal. Helen Morrison wurde zwangsweise zwecks Untersuchung ihres Geisteszustands in ein Irrenhaus eingeliefert. Doch die Geschichte hatte ein Happy-End: Helen wurde wieder entlassen und fand einen Mann. (*Hörzu* 41/1974)

Maria-Luise Scherer sieht die Medialisierung des menschlichen Beziehungslebens dagegen als eine weniger positive Errungenschaft. Ihr Kommentar endet:

Inhaltlich unterscheiden sich diese visualisierten und vertonten Steckbriefe kaum von den Zuchtdaten knapp gefaßter Zeitungsannoncen. Auch die Kandidaten der Partner-Suchsendung geben Warnschüsse ab, schützen sich vor sozialen Mesalliancen: Das besorgen auf schonende Weise Diapositive aus ihrer Lebenskulisse (Biedermeier-Eckschrank, Mercedes vor der Tür, Kuh auf der Weide). Die Furcht, die Katze im Sack zu kaufen, wird durch optische Präsenz verringert. Die Schrecksekunde beim ersten Rendezvous entfällt. (ebd.)

Die Medienentwicklung ist in dieser Argumentation genereller Ausdruck einer Rationalisierung der Lebenswelt, in der die Individualität des Einzelnen den standardisierten Normen der Gesellschaft unterworfen ist. Die mediale Selbstdarstellung ist in dieser Anschauung per se den Mustern und Zwängen des Mediensystems unterworfen, die in dem Medium Fernsehen nur fortgesetzt werden.

Denn die öffentliche Beurteilung aus der Beobachterperspektive nimmt eine Art Tauschgeschäft wahr: Die Teilnehmer gehen das Wagnis eines Auftritts ein, in dem sie nicht kontrollieren können, welches Bild sie abgeben; sie erhalten dafür vom Medium die vorübergehende Prominenz herausgehobener Wahrnehmbarkeit für ihr persönliches Anliegen – die „Kontaktanzeige". Diese marktförmig vorgestellte Beziehung fügt die Fernsehinszenierung in das Bild einer Gesellschaft ein, in der die Akteure in einer entformalisierten, ‚rationalisierten' Weise das Anbahnen von Beziehungen als ‚Problem' ihrer individuellen Lebensführung zu bewältigen suchen, indem sie sich auf wirkungsvolle Weise präsentieren. Die anerkannte ‚Normalität' der modernen Form, Beziehungen anzubahnen, wird überwiegend in die Anerkennung eines Fernsehformats verlängert, das diese soziale Praxis zum Thema eines Unterhaltungsangebotes macht. Problematisierungen gelten nicht den Formen der Mediatisierung, sondern den Ambiguitäten der Beziehungspraxis in der Moderne, die in der Sendung lediglich wieder zum Vorschein kommen.

6.6.3 Kritik an der Persönlichkeitsdemontage: Donnerlippchen, 4 gegen Willi *(Zeitraum: 1986-1988)*

Die öffentlich-rechtlichen Unterhaltungssendungen *Donnerlippchen* und *4 gegen Willi* erfuhren Mitte der achtziger Jahre eine starke öffentliche Aufmerksamkeit seitens der Fernsehkritik. Sie verkörperten eine neue Form von Unterhaltung, deren Besonderheit darin bestand, als eine Mischform aus Comedy und Spielshow Fernsehlaien als Kandidaten gezielt in Spielsituationen einzubinden, in denen es in erster Linie darum ging ‚durchzuhalten'. Die Spiele richteten sich bewusst ‚gegen' die Kandidaten, der Unterhaltungsanreiz sollte der Schadenfreude über eventuelle Missgeschicke der Kandidaten entspringen (zur Beschreibung des Formats siehe Kap. 5.3).

Zum Auftakt von *Donnerlippchen* im Januar 1986 titelte *TV Hören & Sehen* über die neue Show und ihren Moderator Jürgen von der Lippe noch relativ neutral „Bei seiner turbulenten Show brauchen die Kandidaten viel Humor und starke Nerven" und zwei Monate später schrieb *Der Spiegel* über von der Lippe, er drücke zwar „erfolgreich aufs Niveau", träfe ansonsten aber „exakt den deutschen Lachnerv". Mit fortschreitender Dauer jedoch gerieten die Showkonzepte, die auf die Schadenfreude der Zuschauer über die Kandidaten zielten, immer mehr ins Zentrum der Kritik. Ein wesentlicher Auslöser für eine Verstärkung der Kritik war die ‚Auszeichnung' Mike Krügers und seiner Show *4 gegen Willi* mit der „Sauren Gurke" für die „frauenfeindlichste Sendung" des Jahres 1986. Rainer B. Jogschies resümiert Ende 1986 in einem Artikel über die Entwicklung des Humors im deutschen Fernsehen:

> Die rastlose Choreographie des Klamauks besteht nicht bloß aus der Gewalt gegen Sachen wie der Einstampfung eines Kandidaten-Autos – sie endet nicht einmal bei der aus der Seele gesprochenen, beklatschten Ankündigung der Kandidatin Astrid, nun wolle sie „einen Grünbeck vernichten". Unmenschlichkeit ist die Kategorie der derzeit einheimischen Komik, mal als alltäglicher Rassismus oder Frauenfeindlichkeit, mal in fröhlicher Verarbeitung der Nazizeit. (*Deutsches Allgemeines Sonntagsblatt* 14.12.1986)

Die Vorwürfe „alltäglicher Rassismus", „Frauenfeindlichkeit" und „fröhlicher Verarbeitung der Nazizeit" spielten in der weiteren Diskussion der neuen Unterhaltungskultur jedoch nur eine untergeordnete bis keine Rolle. Worin die „Unmenschlichkeit" solcher Sendungen besteht, konkretisierte Michael Mönninger in einem Essay über die „Ästhetik der neuen Fernsehunterhaltung", der im Februar 1987 in der *Frankfurter Allgemeine Zeitung* erschien. Mönninger fokussiert darin die Kritik an den neuen Unterhaltungsshows und bringt ihren veränderten Umgang mit den Fernsehlaien auf eine pointierte Wendung, die im weiteren Verlauf der Debatte immer wieder aufgenommen wurde. Sie ist gleichlautend mit der Überschrift des Artikels und lautet: „Der Kandidat als öffentliches Opfer". Nach einer Aufreihung verschiedener Beispiele aus Unterhaltungssendungen resümiert Mönninger:

> Nicht mehr durch Leistung, sondern durch Leiden kommen Fernsehkandidaten neuerdings zu öffentlichen Ehren. Der Weg nach oben ist nicht mehr bloß steinig, er wird zur schiefen Ebene, auf der nur noch der Ausrutscher zählt. Um abwechslungsreich zu bleiben, brauchen diese „game shows" nach angloamerikanischem Muster ständig neue Spielsequenzen. Als „Freak" oder öffentlich vorgeführte Monstrosität läßt sich der Kandidat darin um so besser einsetzen, je sinnloser er sich verausgabt. Er opfert sich, indem er widernatürlich handelt. (*Frankfurter Allgemeine Zeitung* 25.2.1987)

Mönninger argumentiert, diese Unterhaltungssendungen würden bewusst darauf abzielen, die Kandidaten ihrer Würde zu berauben, indem bei den Spielen gezielt Situationen geschaffen würden, in denen die Fernsehlaien zum allgemeinen öffentlichen Ergötzen ausgestellt werden. Das Prinzip, nach dem sich die Kandidaten in der Öffentlichkeit behaupten, sei nicht mehr das Leistungsprinzip, nach dem die Präsentation und Belohnung der Kandidaten in traditionellen Formen der Unterhaltung funktioniere. So sind die Kandidaten dazu angehalten, sich entgegen ihres natürlichen Triebes zur Selbstbehauptung und Wahrung des eigenen Selbstwerts zu verhalten. Das „Spiel" sei dabei längst kein Spiel mehr, sondern eine abgekartete Angelegenheit:

> Der Kandidat hat keine Chance. Er wird nicht als Spieler auf die Bühne geholt, er wird aufs Spiel gesetzt. Bei neueren Fernseh-Spielshows wie „Donnerlippchen" oder „Vier gegen Willi" sind Kandidaten der lebende Hauptgewinn in einer Lotterie, die nur Verlierer auslost. Ihre Aufgabe im Spiel ist die Selbstaufgabe. Was sie als Applaus erhalten, ist in Wahrheit eine kollektive Ohrfeige. (ebd.)

Die Kandidaten können nach Mönningers Ansicht in diesen Shows deshalb „nur verlieren", weil die Voraussetzung der Teilnahme an den Spielen darin bestehe, die Verfügungsgewalt über das eigene mediale Erscheinungsbild gewissermaßen in der Maske abzugeben. Sie überantworten sich dabei sozusagen ‚mit Haut und Haaren' der Verfügungsgewalt einer amüsierwilligen Öffentlichkeit, aus deren Händen sie nur durch neuerliche Demütigungen entkommen können:

> Die Beliebigkeit der Tortur macht die Kandidaten zu Geiseln, die sich selber auslösen müssen. Geiseln sind bekanntlich Tauschobjekte. Showgeiseln dienen auf ähnliche Weise der Erpressung. Sie werden auf der Bühne als Opfer malträtiert, um in Schadenfreude entlassen zu werden. (ebd.)

Der für die Laienkandidaten sendungsimmanente Zwang zur Aufgabe der eigenen Persönlichkeit wurde in der weiteren Auseinandersetzung zu *dem* schlagenden Argument gegen *Donnerlippchen* und *4 gegen Willi.* Besonders in einem Kurzinterview, das die *Hörzu* mit Frank Elstner führte, wurde das Argument gegen die Shows vorgebracht:

> Elstner: (...) Und mit einer Idee, die von mir nicht verlangt, Kandidaten zu mißbrauchen.
> Hörzu: Spielen Sie hier auf „4 gegen Willi" an?
> Elstner: Ich spiele nicht an, ich greife an. Es ist für mich das Ende der guten Unterhaltung, wenn sogenannte Profis die Amateure zu Opfern machen. Lachen um jeden Preis will ich um keinen Preis. (*Hörzu* 14/1987)

In diesem Ausschnitt deutet sich jedoch eine Differenz zu Mönningers Argumentation an, die aus der Sicht des Moderators Elstner allerdings auch eine gewisse Logik hat. Denn während Mönninger allgemein das Showprinzip für eigentlich schädlich hält („die Beliebigkeit der Tortur macht die Kandidaten zu Geiseln"), hebt Elstners Kritik zusätzlich explizit auf das Verhalten der Moderatoren, in diesem Fall Mike Krüger, ab („wenn sogenannte Profis die Amateure zu Opfern machen"). Der Umgang der Moderatoren mit den Fernsehlaien bzw. das mehr als bereitwillige Eingehen der Moderatoren auf das Konzept der ‚Bloßstellungsshows' ist der zweite Vorwurf der in der Debatte erhoben wird. Ein Ausschnitt aus einer Reportage über die TV-Unterhaltung von 1987 aus dem *Stern*:

> Da ist Jürgen von der Lippe, das bauchige Prachtexemplar einer neuen Spezies von Showmastern. Die sehen so aus, als seien sie direkt vom Sonntagnachmittagsschläfchen ins Studio getapert. Die Show, die wir sahen, begann damit, daß er ei-

> nen jungen Ehemann die BH-Größe seiner Frau raten ließ. Er kennt keine Peinlichkeitsschranken, macht vor laufender Kamera aus Menschen klägliche Versager oder enthemmte Gewinner. (*Stern* 2/1988)

Belegt wird der verletzende Umgang mit den Kandidaten mit nacherzählten Szenen aus den umstrittenen Sendungen. Mehrfach angeführt wurden u.a. folgende Vorkommnisse:

> Eine Kandidatin mußte durch eine Röhre über die eingeölten Leiber einer fast nackten Eishockey-Mannschaft krabbeln. „Die Jungs gucken schon ganz gierig", hatte Krüger kommentiert. (*Die Zeit* 16.10.1987)
> Johlend quittiert das Publikum Krügers Frage, nachdem ein Junge der Familie Grünbeck sein zu Schrott gepreßtes, ehedem motziges Auto wie somnambul identifizieren muß: „Astrid, was machen wir denn jetzt bei dir kaputt?" (*Deutsches Allgemeines Sonntagsblatt* 14.12.1986)
> „Heiner, du hast zwei Minuten, deinen Vater zu einem Irokesen-Haarschnitt zu überreden!" Der Vater, das ist der Postangestellte Heinrich Gronenberg, ein Mitspieler in der Fernseh-Show „4 gegen Willi". Der 58jährige nimmt in einem Friseursessel Platz und ehe er sich versieht, sind ihm die Seitenhaare wegrasiert und das restliche Haarbüschel grell gefärbt. Kommentar des Showmasters Mike Krüger: „Heinrich, jetzt bist du der König von Meschede." (*Hörzu* 15/1987)
> So plazierte Lippe unlängst zwei frisch ondulierte und gebügelte Mitspielerinnen in eine Badewanne, stellte Nonsens-Fragen und bei falschen Antworten die Dusche an. Sichtlich vergnügt betrachtete der Showmaster sodann die Damen-Qual, das ruinierte Make-up, die entstellten Gesichter. (*Der Spiegel* 25.05.1987)

Bemerkenswert ist daran, dass in dieser Auseinandersetzung das alleinige Anführen von Spielszenen als ausreichend erachtet wurde, um die These des Missbrauchs der Fernsehlaien als Opfer zu belegen und die Sendungen an den Pranger zu stellen. Daraus lässt sich schließen, dass die beschriebenen Beispiele als quasi selbsterklärend angesehen wurden, d.h. die Überschreitung von Normen des vertretbaren Umgangs mit Fernsehkandidaten trat hier nach allgemeiner Beurteilung offen zu Tage. Das deutet zum einen auf offensichtliche und somit extreme Fälle einer Grenzüberschreitung hin, andererseits ist es jedoch auch notwendig zu beachten, *wie* diese Szenen geschildert werden, denn das Skandalpotenzial dieser Ereignisse hängt auch von der Art und Weise der Schilderung ab.

Auffällig ist dabei – wie schon Mönninger in seinem Artikel angemerkt hatte –, dass die Kandidaten nicht als aktive Akteure sondern als passive ‚Objekte' geschildert werden, die keinerlei Kontrolle über das haben, was mit ihnen geschieht. Sie handeln nicht aus eignem Antrieb und erscheinen somit als wehrlose Opfer. Angetrieben werden sie durch die Spielleiter, die die Kandidaten wie eine Verfügungsmasse bedienen können. Dabei erfahren die Kandidaten zumeist Eingriffe in ihre Intimsphäre, die körperlicher Art sind, ohne jedoch tatsächlich Eingriffe in ihre physische Unversehrtheit zu sein – selbst das Zerstören eines Autos endet mit der Frage: „Astrid, was machen wir denn jetzt bei *dir* kaputt?" Ein Grenzfall ist dabei sicherlich das Abrasieren der Haare, das wohl deshalb auch das mit Abstand am häufigsten angeführte Ereignis ist.

Auch wird deutlich, dass die Moderatoren die Kandidaten nicht nur durch die Spiele ‚geleiten'; in allen vier Zitaten traktieren von der Lippe und Krüger die Kandidaten zusätzlich auch noch mit ironischen Bemerkungen, die eine weitere Bloßstellung bewirken. Den Kandidaten als „öffentlichen Opfern" stehen die Moderatoren in dieser Zuschreibung als Peiniger gegenüber. *Der Spiegel* schrieb über Jürgen von der Lippe:

> Lippe ist der junge Wilde der Zerstreuungs-Television, ein Virtuose der öffentlich-rechtlichen Zote, ordinär und rüde bis zum Sadismus. (*Der Spiegel* 22/1987)

Eine weitere Funktion haben die geschilderten Reaktionen der anwesenden Zuschauer im Studio. Das Bild vom Kandidaten als Opfer und dem Spielleiter als sadistischem Zeremonienmeister wird schließlich durch das „johlende" Publikum vervollständigt, das mit den Spielleitern in einer gesinnungsmäßigen Verbindung steht. Das Publikum ist nicht nur der zentrale Bezugspunkt, auf den hin das ganze Spektakel inszeniert wird. Erst in den bedrohlichen Reaktionen des Live-Publikums wird das ganze Ausmaß des entwürdigenden Spotts offenbar, der über die Spielkandidaten ausgeschüttet wird.

In der Debatte finden sich kaum Gegenpositionen. Angeführt werden Äußerungen von Krüger und von der Lippe sowie einem Redakteur von *Donnerlippchen*. Sie argumentieren alle in die gleiche Richtung: Sie bestreiten, die Kandidaten wären tatsächlich die Opfer, als die sie hingestellt werden:

> Mike Krüger: „Kein Kandidat der je bei mir angetreten ist, hat sich beschwert." (*Hörzu* 15/1987)
> Und „Donnerlippchen"-Redakteur Wolfgang Neumann insistiert, die Laienspieler hätten stets ‚eine unbändige Freude" an der Flagellanten-Show und empfänden keinerlei Opfer-Trübsinn. (*Der Spiegel* 25.05.1987)
> Auch Jürgen von der Lippe steht zu seiner Show: „(...) meinen Kandidaten macht es Freude, auch ihre dicken Bäuche in die Kamera zu halten." (*Hörzu* 15/1987)

Von den zwanzig ausgewerteten Artikeln springt lediglich einer in diese Bresche. Nach einer Aufzählung verschiedener Szenen aus Unterhaltungssendungen resümiert Ivo Kroeger in der *Berliner Morgenpost*:

> Im Ernst: Wer über solch rüde Regeln und soviel entfesseltes Entertainment in Rage gerät, darf zwei Dinge nicht vergessen. Erstens: Gezwungen wird keiner. Zweitens: Belohnt wird jeder. (*Berliner Morgenpost* 09.08.1987)

Die starke Kritik führte unter anderem dazu, dass sich der ARD-Programmrat mit der Show *4 gegen Willi* auseinander setzte (*Tagesspiegel* 07.03.1987). Im Herbst 1988 lief in der ARD eine überarbeitete Version der Spielshow an.

Jens Jessen schrieb in der *Frankfurter Allgemeine Zeitung* über die neue Konzeption der Show:

> Was nur ist in der Sommerpause mit dem armen Mike Krüger geschehen? Alle Zähne sind ihm gezogen. Er, der so grausam seine Gäste zu manipulieren verstand, ist selbst das Opfer einer grausamen Manipulation geworden, „Ausgewogenheit" und „Akzeptanz" geheißen. Traurig tappt er durch die Show mit nun nicht mehr geheuchelter Blödigkeit; nur das Phlegma und die Nonchalance sind ihm geblieben, die freilich taktische Ziele nicht mehr verfolgen dürfen. Es zeigt sich aber, daß Krügers Show, solchermaßen zensiert und zahnlos, selbst das alltägliche Brot der Fernsehunterhaltung nicht mehr zur rechten Freude des Zuschauers vorzukauen vermag; es ist kein leckeres, sondern ein fades Breichen geworden. (*Frankfurter Allgemeine Zeitung* 24.10.1988)

Die Debatte um diese neuen Unterhaltungsformate, die von den öffentlich-rechtlichen Fernsehanstalten als Teil einer neuen Unterhaltungsausrichtung im Angesicht der drohenden Konkurrenz des Privatfernsehens ins Programm genommen wurden, bieten im Rückblick ein widersprüchliches Bild: Einerseits zeugen sie von dem Vorhandensein starker Wertmaßstäbe bei der Präsentation von Fernsehlaien in der Fernsehöffentlichkeit. Sie sind so gesehen ein Beispiel für eine erfolgreiche öffentliche Mobilisierung gegen den Verstoß gegen Regeln zwischenmenschlichen Verhaltens. Andererseits fällt auf, dass in der gesamten Debatte nicht einmal einer der betroffenen Kandidaten selbst zu Wort kommt. Nicht gefragt wurde außerdem, worin eigentlich der Reiz einer solchen Form der Unterhaltung sowohl für die Kandidaten als auch für das Publikum liegen könnte.

Das Scheitern der Sendungen führte zu einem Rückzug der Öffentlich-Rechtlichen aus der Produktion solcher neuen, ‚innovativen' Formen der Fernsehunterhaltung. Dieses Gebiet wurde relativ kampflos den immer erfolgreicher agierenden privat-kommerziellen Sendern überlassen, die es in den folgenden Jahren erfolgreich zu besetzen verstanden.

6.6.4 Outen von sexuellen Neigungen im Confrontainment: Der heiße Stuhl/Einspruch! *(Zeitraum: 1991-1993)*

Gegenstand der folgenden Erörterungen sind zwei Vorfälle, die sich im Dezember 1991 in der RTL-Sendung *Der heiße Stuhl* und im September 1993 in der SAT.1-Sendung *Einspruch!* ereignet haben. Beide Sendungen zählten nicht nur zu den so genannten Confrontainment-Formaten, die hier betrachteten Fälle weisen darüber hinaus auch die Parallele auf, dass während ihres Verlaufs Personen unerwartet ‚geoutet', also als homosexuell bezeichnet wurden. Im Folgenden wird zu klären sein, wie diese ‚Outings' in der öffentlichen Debatte im Hinblick auf die Integrität der Betroffenen beurteilt wurden.

Das Outing von Prominenten durch Rosa von Praunheim in *Der heiße Stuhl*, RTL 10.12.1991.

Das Forum der RTL-Sendung *Der heiße Stuhl* hatte der Filmemacher und bekennende Homosexuelle Rosa von Praunheim dazu genutzt, um vor laufender Kamera nach amerikanischem Beispiel Prominente zu ‚outen', d.h., solche bekannten Persönlichkeiten öffentlich mit Namen zu benennen, die als homosexuell gelten. Obwohl Homosexualität immer noch als *gesellschaftliches* Tabuthema angesehen wird (ein Gesichtspunkt, der auch innerhalb der Debatte wiederholt auftaucht), erwies sich die Tatsache, dass es um Homosexualität ging, in der *öffentlichen* Debatte über das Outen nicht als diskussionswürdig. Die Auseinandersetzung kreiste voll und ganz um die Frage, ob diese Form des Öffentlichmachens der sexuellen Präferenzen bestimmter Personen, die im Licht der Öffentlichkeit stehen, zu vertreten ist oder nicht. Die öffentliche Meinung dazu erwies sich – wie im *Stern* beobachtet wurde – als „ungewöhnlich" homogen:

> „Outing" als Thema der Woche hat zu ungewöhnlichem Meinungseinklang geführt: Da gehen Homosexuelle mit Machos d'accord, Linke mit Rechten, die „Bild"-Zeitung mit der „taz" und Alice Schwarzer mit Schimanski. Wie selten zuvor ist sich die sogenannte öffentliche Meinung darin einig, daß es jedem Menschen erlaubt sein müsse, selbst darüber zu bestimmen, ob und wann er seine Sexualität öffentlich macht, also sein eigenes „Coming-out" beschließt. (*Stern* 52/1991)

Die unautorisierte Veröffentlichung der Namen von Prominenten in einer Fernsehsendung, die von Praunheim vorgenommen hatte, wurde demgemäß einhellig abgelehnt. Auch die von uns erfassten Texte spiegeln die allgemeine Verurteilung dieser Praxis als Eingriff in die Privatsphäre wider, lediglich ‚Täter' von Praunheim rechtfertigt seine Aktion. Dabei beruft er sich in einem Artikel in der *tageszeitung* auf den Vorrang des politischen Ziels seiner Aktion vor der Integrität des Einzelnen, die er insbesondere bei ‚öffentlichen' Personen nicht so stark gefährdet sieht:

> Wir brauchen die Hilfe von Prominenten, die uns zeigen, daß wir nicht allein sind. Wir brauchen die Presse, die über Schwule nicht nur berichtet, wenn sie ermordet werden. Wir brauchen positive Leitbilder, auch wenn es ein Schlagersternchen ist. Natürlich hat der normale Schwule Angst vor dem Outing, denn es könnte ja auch ihm am Arbeitsplatz passieren, wo er sich so sicher getarnt fühlt. Ich denke, diese Zeiten sind vorbei. Wir brauchen mutige, offene Schwule. Aber da dies ein Wunschtraum ist, müssen wir alle ein bißchen nachhelfen. Was hat denn ein Biolek zu verlieren? Statt in einem Talk mit Aidskranken zu sagen: „Sie als Homosexueller" kann er doch unendlich viel für die Schwulen in der Öffentlichkeit tun. (*die tageszeitung* 14.12.1991)

Dass sich von Praunheim mit dieser Argumentation nicht durchsetzen konnte, hängt aber sicherlich auch damit zusammen, dass auch die dahinter stehende politische Strategie dieses Vorgehens selbst von Gleichgesinnten in Zweifel gezogen wurde:

> Jutta Oesterle-Schwerin, Ex-Bundestagsabgeordnete und Sprecherin des Lesbenrings, kritisierte Praunheims Outing als „gefährlich", weil es Angst und Entsolidarisierung fördere und damit „nur unseren Gegnern hilft". Es sei Sache jeder einzelnen Person, ob sie mit ihrer lesbischen oder schwulen Lebensweise offen, offensiv und politisch umgeht oder nicht. (*die tageszeitung* 14.12.1991)

In der Diskussion um das Outing von Praunheims wurde dessen Auftreten zwar recht eindeutig verurteilt, jedoch nicht negativ gegen das Sendeformat gewendet, in dem es stattfand. Die Auseinandersetzung erscheint unabhängig von dem Forum, in dem sie ihren Ausgang genommen hat, als eine zwischen dem schwulen Filmemacher und seinen ‚Opfern', bei der die Sympathien eindeutig verteilt sind. Der Grund dafür lässt sich darin vermuten, dass Outing grundsätzlich nicht an ein bestimmtes Format oder Medium gebunden ist, sondern unabhängig davon in verschiedenen Medien stattfinden kann. Verantwortlich für diesen „Fernsehskandal erster Ordnung" (Hans-Herrmann Tiedje in *Bild*, zit. n. *Der Spiegel* 51/1991) ist die Person Rosa von Praunheim, gegen den deshalb beispielsweise auch ein grundsätzliches Auftrittsverbot in der ARD erwogen wurde (*die tageszeitung* 18.02.1992).

Obwohl die Aktion von Praunheims und damit das Outing generell abgelehnt wurde, erscheinen die Betroffenen, Hape Kerkeling und Alfred Biolek, dort, wo konkret von ihnen die Rede ist, nur bedingt als die schweren Opfer, zu denen sie in den theoretischen Erörterungen gemacht wurden:

> Biolek, der aus seiner sexuellen Identität nie ein Geheimnis machte und sich in Köln mehrfach mit seinem Freund fotografieren ließ, ist stinksauer. „Kein Kommentar", so Bio am Donnerstag. Doch bei der Verleihung des „Tele-Star" ging auch der Talkmaster in die Offensive. Den Preis, verriet er den Zuschauern, werde er mit seinem Lebensgefährten teilen, mit dem er seit 16 Jahren zusammenlebe.
>
> Hape Kerkeling („Jetzt ist es endlich raus") hat sich dagegen gleich nach Praunheims Outing offen als homosexuell bekannt. Nach seiner Rückkehr aus dem Urlaub werde er mehr zu diesem Thema sagen, hieß es gestern in seinem Büro. Dem Kölner *Express* vertraute der sympathische Komiker an, daß er „mit einem farbigen katholischen Priester" zusammenlebe. (*die tageszeitung* 14.12.1991)

Das liegt einerseits sicherlich daran, dass die Schwere der Folgen, die sie zu tragen haben, wesentlich von den Reaktionen der Öffentlichkeit abhängen. Denn die Gefahr, die von dem Outing für die Integrität prominenter Personen ausgeht, bezieht sich in erster Linie auf deren öffentliche Wahrnehmung. Da die öffentliche Preisgabe ihrer Homosexualität nicht mehr rückgängig zu machen ist, entsteht eine offene Solidarisierung mit den ‚Opfern', deren gefährdetes Image in Reaktion auf das Outing bewusst positiv aufgewertet wird. Der *Stern* merkte deshalb zur gesamten Debatte an:

> Outing klingt aufregend und bleibt folgenlos. Den Schwulen geht es seit Praunheims Attacken nicht besser, das Stasi-Outing hat wenig erhellt, sondern vor allem viel verfinstert. Demnächst werden wir noch erfahren, daß Rudolf Augstein die Kommaregeln nicht beherrscht, Wim Wenders farbenblind ist und Wolfram Siebeck einen tauben Gaumen hat. Und damit hätte sich der ganze Outing- Zirkus von selbst erledigt. Wenn nicht ...
> Ja. wenn nicht Outing den Marktwert erhöhen wurde. Die Empörung der Erwischten ist meist gespielt. Wer geoutet wird, wird interessant. Neue Kunden für müde Talkshows. Frischzellen für ermattete Prominenz. (*Stern* 11/1992)

Das vermeintliche Outing eines Funktionärs der Partei ‚Die Grünen' in *Einspruch!,* SAT.1 14.09.1993.

Ein wenig anders verhielt es sich mit der Debatte, die die Folge der Sendung *Einspruch!* vom 14.09.1993 auf SAT.1 nach sich zog. In dieser Diskussionssendung über Kinder in der offenen Drogenszene in Hamburg wurde der anwesende Justizreferent der Hamburger GAL, Peter Mecklenburg, von einem 18-jährigen, drogensüchtigen ‚Strichjungen' beschuldigt, sein Freier gewesen zu sein. Die Anschuldigung des Jungen stellte sich im Nachhinein als haltlos heraus. Als das Besondere erwies sich hier im Gegensatz zu der Praunheim-Debatte der Ablauf des ‚Outings' – also die Art und Weise in der es geschah –, deshalb wird in der Auseinandersetzung um die Sendung der Beschreibung der Vorkommnisse ein wesentlicher Platz eingeräumt. So wurde beispielsweise in der *Hörzu* ein ‚neutrales' Protokoll der entscheidenden Stelle des Streitgesprächs abgedruckt, das zur besseren Orientierung hier vorangestellt wird:

> Meyer: Herr Mecklenburg, drehen Sie sich mal um, schauen Sie mal den jungen Mann an. Kennen Sie den?
> Mecklenburg: Ja... den habe ich gerade da im Fernsehen gesehen.
> Meyer: Das ist Pico. (...) Pico, Sie sagen, Sie kennen Herrn Mecklenburg?
> Pico: Das is ‚n Freier von mir.
> Meyer: Wieviel Geld haben Sie bekommen?
> Pico: Als erstes habe ich 80 Mark bekommen, dann habe ich 100, dann habe ich 120 bekommen.
> Meyer: Gut – Pico, und Sie haben gesagt, Sie wissen genau, was Sie uns an dieser Stelle erzählen. Wir haben das in Hamburg gecheckt, und dort ist diese Behauptung bestätigt worden. Herr Mecklenburg – was sagen Sie jetzt zu dem, was dieser Junge hier sagt?
> Mecklenburg: Ich weiß nicht, was Sie bewegt, hier eine solche Behauptung aufzustellen, ich kann doch nicht wirklich näher drauf eingehen." (*Hörzu* 42/1993)

Anders als in der Debatte über die Outings von Rosa von Praunheim wurde das ‚Outen' des Politikers nicht nur allgemein verurteilt sondern darüber hinausgehend die Integrität, ja sogar die körperliche Unversehrtheit Mecklenburgs durch die Sendung als stark gefährdet betrachtet. Am Eindringlichsten wird dies in einem Artikel in der *Wochenpost* geschildert:

> Dienstag abend, zwanzig Minuten vor Mitternacht, bricht Peter Mecklenburg zusammen. Er hat ausgehalten, bis die Kameras aus waren. Zwei Malteser-Hilfsdienst-Jacken beugen sich über ihn, lächelnde SAT.1-Schergen drängen das Publikum zur Türe. Moderator Ulrich Meyer guckt betreten aus seinem flauschigen Sakko. Die Hostessen haben noch nichts gemerkt und balancieren Sekt in den Sendesaal. (*Wochenpost* 23.09.1993)

Ähnlich drastisch wird die Reaktion Mecklenburgs, der ja eigentlich ‚nur' als Talkgast in der Sendung aufgetreten war, auch in anderen Artikeln zum Ausdruck gebracht:

> Dem überrumpelten Studiogast Mecklenburg verschlug es die Sprache. Er wisse nicht, was den Jungen bewege. Nach der Sendung erlitt der Beschuldigte einen Schwächeanfall. Einen Tag später stellte er klar: „Ich bin nicht homosexuell. Meine Frau kann's bestätigen." (*Der Spiegel* 20.09.1993)

> Doch Experte Mecklenburg wurde zum TV-Opfer. (...) Mecklenburg war schockiert, sagte nur: „Ich weiß nicht, wie der Junge dazu kommt." Nach der Sendung erlitt er einen Schwächeanfall: „Ich bin ärztlich versorgt worden. Ich hatte das Gefühl, daß die TV-Leute das selbst bedauern." (*Hamburger Morgenpost* 16.09.1993)

Dahinter steht ein Bewertungsmaßstab über die Grenzen des Eingriffs in die Würde von Personen im Fernsehen, die auch schon in der öffentlichen Wahrnehmung der *Wünsch Dir was*-Sendung beobachtet wurde: Wird die körperliche Unversehrtheit von Beteiligten beeinträchtigt, so ist eindeutig eine Grenze des Akzeptablen überschritten. Diese moralische Konvention gilt ebenso für das Jahr 1971 wie für das Jahr 1993. Und sie lässt sich in beiden Fällen auch anders herum ausdrücken: Erst wenn die körperliche Unversehrtheit eines oder einer Beteiligten in Mitleidenschaft gezogen wird, ist eine eindeutige Skandalisierung der Sendung möglich. Deshalb mussten die Beschreibungen der Abläufe der Sendungen in beiden Fällen mit Informationen angereichert werden, die dem Fernsehzuschauer über den Bildschirm allein nicht zugänglich waren.

Die Beeinträchtigung der körperlichen Gesundheit wird in den Debatten zu einem extremen Zeichen, einer Art realen, physischen Metapher der Verletzung der Würde einer Person. Deshalb ist sie als ein Symbol der Folgen des Medieneingriffs in die Integrität einer Person sehr anschaulich kommunizierbar. Sie steht – und das wird bei der Betrachtung der Auseinandersetzung über die *Einspruch!*-Sendung deutlich – aber nicht allein dafür. Entscheidend ist das Überraschungsmoment: Es handelt sich um eine Gefährdung, die für den Betroffenen *so* nicht vorhersehbar war. Der Studiogast wird – wie es im *Spiegel* heißt – „überrumpelt“, ihm wird also mehr oder weniger gezielt die Möglichkeit genommen, die Folgen seines Auftritts abzusehen und zu kontrollieren. Und dieser Kontrollverlust des Studiogasts wird gezielt herbeigeführt; sein Verursacher ist der Repräsentant der Sendung, im Falle Mecklenburgs der *Einspruch!*-Moderator Ulrich Meyer. Er wird Mecklenburg gegenüber als rüde dargestellt, als „Don Krawallo Meyer“ (*Der Spiegel*) hat er es auf den Kandidaten abgesehen und ist eigentlich dafür verantwortlich, dass der zum Opfer wird. Gisela Sonnenburg im *Neuen Deutschland* über Meyer:

> Eine seiner Hauptaufgaben ist die rhetorische Hilfe für diejenigen, deren Position sonst zu kurz kommt. „Waffengleichheit herstellen“, nennt er das, und daß Ulrich Meyer Sprachbilder aus dem militärischen Bereich bevorzugt, ist kein Zufall. Er ist Offizier der Reserve bei der Bundeswehr, strikter Gegner einer Berufsarmee und erachtet strategisches Denken für sehr wichtig. Auf dem Schlachtfeld Fernsehen macht ihm denn auch so schnell keiner was vor. (*Neues Deutschland* 13.11.1993)

Der Kandidat hängt also an der langen Leine des Moderators, der die Verantwortung für dessen Unversehrtheit trägt. Dahinter steht ein Vorwurf, der aus dem größeren Blickwinkel des Diskurses um die ‚Würde von Fernsehkandidaten‘ betrachtet, bekannt ist. Eine wesentliche Aufgabe von Moderatoren und Spielleitern wird zeit- und sendungsübergreifend darin gesehen, den Kandidaten (be)schützend zur Seite zu stehen, die in ihrem öffentlichen Auftritt ungeübt sind und deshalb stärker Gefahr laufen, die Kontrolle über ihre Außenwirkung – also ihr Image – zu verlieren.

Im Fall Mecklenburg verhält es sich zwar insofern anders, als er in der Sendung nicht als Privatperson, sondern in der Rolle des Politikers auftrat. Die Vorwürfe, mit denen er konfrontiert wurde, rissen ihn jedoch schlagartig aus genau dieser Rolle heraus; aus dem jugendpolitischen Sprecher der Hamburger GAL-Fraktion wurde im Moment der Beschuldigung ein hilf- und wehrloses Opfer: die Privatperson Peter Mecklenburg. So wird in den Kritiken immer wieder angemerkt, dass es Mecklenburg „die Sprache verschlug“ (*Der Spiegel* 20.09.1993; *Süddeutsche Zeitung* 21.09.1993), „seine Hände zitterten“ (*Wochenpost* 20.09.1993), er „geschockt“ (*Hörzu* 29.10.1993) war. Und in genau dieser Situation stand ihm Moderator Meyer nicht nur *nicht* zur Seite, sondern er nutzte die Hilflosigkeit des Studiogasts auch noch ‚gezielt‘ aus:

> Meyer, in der Attitüde des Ermittlungsrichters, ließ die Zuschauer die unappetitliche Anschuldigung nachschmecken: „Haben Sie geredet, oder was ist gewesen?“ fragte er Pico, und der nuschelte: „Nee, er wollte in ‚n Arsch ficken.“ Noch ehe Mecklenburg antworten konnte, wertete Meyer die Äußerung des Strichers auf:

„Wir haben das in Hamburg gecheckt, und dort ist diese Behauptung bestätigt worden." (*Der Spiegel* 20.09.1993)

Pico, eben hat ihn ein Redakteur hereingeführt, behauptet mit schwerer Zunge, daß Mecklenburg sein Freier sei. Meyer bohrt, bis er das Wort „Arschfick" endlich draußen hat und wendet sich – fair play – dem Beschuldigten zu: „Was sagen Sie dazu?" Kontrahent Behnel, der mit Pico gemeinsam angereist ist, windet sich vor Lachen. Mecklenburg zittern die Hände. Die Regie läßt aufs Gesicht halten. Der Mann dementiert unter Schock, bevor ihm die Beine wegknicken. (*Wochenpost* 23.09.1993)

Mecklenburg ließ nach der Sendung über einen Anwalt Strafantrag erstatten, in fast allen Artikeln wird der Anwalt ausführlich dazu zitiert; in einem Artikel der *Frankfurter Rundschau* bezeichnet er die Sendung als „Hinrichtungsjournalismus der modernen Art, für den Einschaltquoten alles, die Würde oder gar die Ehre von Menschen nichts bedeuten" (*Frankfurter Rundschau* 27.09.1993). Die Metapher der Hinrichtung taucht auch in der Überschrift einer Reihe von Artikeln wieder auf:

„Hinrichtungsjournalismus der modernen Art" (*Frankfurter Rundschau* 27.09.1993),

Quote kostet Kopf – Hinrichtung gelungen (*Wochenpost* 23.09.1993),

Infotainment brutal. Die Sat.1-Show „Einspruch!" als Schauprozeß (*Der Spiegel* 20.09.1993),

Meyer und die gute Tradition. Wie in „Einspruch!" versucht wurde einen Mann zu zerstören (*Frankfurter Allgemeine Zeitung* 21.09.1993).

Damit verkehrt sich in der Debatte allerdings auch das Bild des Talkgastes, der live vor den Augen eines Millionenpublikums ‚hingerichtet' wird. Während viele Zeitungsartikel die Outings von Rosa von Praunheim damit beantworteten, dass sie den ‚Geouteten' zu einer positiven Darstellung verhalfen, wurden in der Debatte um die Sendung *Einspruch!* SAT.1 und besonders Moderator Ulrich Meyer auf die Anklagebank gesetzt. Es entstand „Der Fall Ulrich Meyer", so die Überschrift des Artikels in der *Hörzu*. SAT.1 und Meyer wurden nun beschuldigt, die Deformation des Talkgastes gezielt betrieben zu haben, um dem Konzept einer Sendung gerecht zu werden, das darin bestehe, Gäste „aufeinander zu hetzen" (*Die Zeit* 21.10.1994). SAT.1-Chefredakteur Michael Rutz hatte das Geschehen damit gerechtfertigt, dass seine Redakteure „journalistisch korrekt" gehandelt hätten, denn:

„Wir haben das in Hamburg gecheckt, und dort ist diese Behauptung bestätigt worden", untermauert Ulrich Meyer, Moderator und Verantwortlicher der Sendung. (*Frankfurter Rundschau* 27.09.1993)

Ebenso wie Mecklenburgs Anwalt kommt auch Meyer in fast allen Artikeln direkt oder indirekt zu Wort. Seine Darstellung der Angelegenheit läuft darauf hinaus, dass der „Stricher“ während einer Werbepause in der Sendung plötzlich erklärt habe, er erkenne in Mecklenburg einen Kunden wieder. Diese Aussage sei dann nachgeprüft und bestätigt worden, woraufhin Meyer Mecklenburg damit konfrontiert habe. Aber dieser Bezug auf allgemeine journalistische Regeln wird in (fast) allen gesichteten Artikeln als nicht hinreichendes Argument angesehen, um das Verhalten Meyers zu rechtfertigen. Dabei lassen sich jedoch zwei unterschiedliche, implizite Argumentationen auffinden, die teilweise getrennt und teilweise zusammen auftreten: Einerseits wird darauf abgehoben, dass der Umgang mit Mecklenburg als solcher nicht zu vertreten sei, andererseits wird der Umgang mit dem Talkgast davon abhängig gemacht, ob die Anschuldigungen gegen ihn stichhaltig beweisbar sind oder nicht.

In keinem Artikel wurde hingegen diskutiert, ob es gerechtfertigt ist, einen offensichtlich unter Drogen stehenden 18-jährigen Jungen dazu zu verleiten, in einer Livesendung die als sehr schwerwiegend angesehenen Anschuldigungen zu verbreiten. Für die Würde eines „drogensüchtiger Strichers“ schien in der öffentlichen Debatte 1993 eine andere Fallhöhe gegolten zu haben, als für die eines verheirateten Politikers.

Mit Blick auf Letzteren lässt sich festhalten: Der öffentliche Diskurs nimmt den physischen Zusammenbruch eines Talkgastes als ‚reale Metapher‘ für die Verletzung seiner Würde wahr, die von der Fernsehsendung gezielt inszeniert worden ist. Die überrumpelnde Bloßstellung, die dem Gast die Kontrolle über sein öffentliches Bild nimmt, wird als strategisches Kalkül der Sendung identifiziert und – Anfang der 90er Jahre – einhellig als unzulässiger Übergriff des Mediums verurteilt.

6.6.5 Diskussion der Inszenierungsformen als Kritik von Verletzungen der Persönlichkeit: Reality TV (Zeitraum: 1992-1994)

Die bisher beschriebenen Sendungen in der öffentlichen Debatte um die Darstellung von Privatpersonen im Fernsehen waren – abgesehen von der RTL-Sendung *Der heiße Stuhl* – durchgängig, dadurch gekennzeichnet, dass die Kandidaten oder Talkgäste, deren Würde und Integrität zur Diskussion stand, direkt als (Privat-)Personen in die jeweiligen Sendungen involviert waren. Sie also waren zum Zeitpunkt der Aufzeichnung der Sendung physisch anwesend, die Bedrohung ihrer Integrität ging von der Sendung selbst aus. Dabei wurde festgestellt, dass besonders Moderatoren und Spielleiter eine mögliche Gefahrenquelle für die Fernsehlaien verkörpern, da sie auf deren Image einen wesentlichen Einfluss nehmen können.

Reality TV hingegen bezieht sich auf Formate, in denen Fernsehlaien in der Fernsehsendung nicht physisch anwesend sind. Sie erscheinen dort nur in Situationen, die sich zuvor in der Realität abgespielt haben und die filmisch oder elektronisch (Video) aufgezeichnet wurden. Das Fernsehen wird in diesem Fall nicht als eine Instanz angesehen, die *unmittelbar* in das Leben der Beteiligten eingreift. Ein Eingriff in die Würde von Personen wird Reality TV erst im Nachhinein zugeschrieben, nämlich im Moment des Versendens und (folglich) Veröffentlichens von Privatem.

Während also in den zuvor beschriebenen Debatten der Vorwurf verhandelt wurde, ob das Medium Fernsehen – pointiert ausgedrückt – aus Kandidaten Opfer mache, steht im Zentrum der Debatte um Reality TV die Frage, ob Menschen, die im realen Leben zu Opfern geworden sind, im Medium gezeigt werden dürfen. Der Vorwurf an Reality TV lautet, hier würden die Grenzen des Zeigbaren menschlichen Leids überschritten. Die Diskussion dieser Grenzen lässt sich in zwei Dimensionen aufteilen. Zum einen wird diskutiert, *in welchen Situationen* Menschen als Opfer gezeigt, zum anderen, *wie* Menschen als Opfer im Fernsehen inszeniert werden dürfen.

Die Situationen, in denen das Zeigen von Menschen in der Opferrolle kritisiert wird, haben im Allgemeinen mit Gewalt zu tun. Die Kritik wendet sich dagegen, Menschen dann zu präsentieren, wenn sie von Gewalt, Krankheit oder anderen Extremsituationen ‚entstellt' sind oder sie sich in Situationen befinden, in denen sie existenziell gefährdet sind (wie im Ersten der folgenden Beispiele):

> SAT.l brachte in „Akut" kurze Ausschnitte aus der Videoaufnahme eines Mannes, der nach den Anweisungen der „Deutschen Gesellschaft für Humanes Sterben" (DGHS) Tabletten eingenommen hatte und sich nun nackt in die Badewanne legte, um „mich selbst zu erlösen", wie er mitteilte. (*Deutsches Allgemeines Sonntagsblatt* 14.08.1992)

> Ins Bild paßte ein Kölner Vorfall. Dort war vorvergangenen Freitag ein RTL-Team für eine Reportage über Notärzte Rettern in die Wohnungen von Sterbenskranken gefolgt und hatte mit einem Hubschrauber den fliegenden Unfallhelfern nachgesetzt, um deren Arbeit bei Autowracks und Schwerverletzten live zu filmen. Nach Beschwerden von Angehörigen der auf Video gebannten Patienten empörte sich der Kölner Regierungspräsident Franz-Josef Antwerpes: „Diese Art von Fernsehen ist eine Perversion, ein Verfall der Sitten." (*Der Spiegel* 12.01.1993)

> In einem Bericht über Kinderpornographie genierte er sich nicht, die Gesichter der armen Würmer auf dem Bildschirm zu präsentieren. Die Story eines Polizistenmordes krönte er mit Live-Aufnahmen der Beerdigung – die entsetzten Trauergäste versuchten, sich mit aufgespannten Regenschirmen der aufdringlichen Kameraleute zu erwehren. Die Angehörigen eines vergewaltigten und ermordeten Mädchens schockierte er, indem er das Opfer von einer Schauspielerin nachstellen ließ – voyeuristisch fährt die Kamera durchs Gebüsch, stößt auf ein mit gespreizten Beinen daliegendes Mädchen. (*Die Zeit* 19.03.1993)

Die Auseinandersetzung um Reality TV war bezüglich dieses Aspekts stark davon geprägt, feste Normen zu finden, die verbindlich Grenzen aufzeigen. CDU-Rechtsexperte Horst Eylmann, der in der Auseinandersetzung als exponiertester Kritiker von Reality TV auftrat, schlägt in einem Interview mit dem *Spiegel* eine mögliche Grenzziehung vor:

> Wenn ein Mensch in einer Notsituation gefilmt worden ist und eine Veröffentlichung nicht will, dann darf der Film nicht gesendet werden. Selbst wenn er zustimmt, dürfte es nach meiner Auffassung nicht erlaubt sein, das Sterben eines Menschen über den Bildschirm flimmern zu lassen und auch nicht seine extreme Todesangst. (*Der Spiegel* 01.03.1993)

Der Verweis, dass diese Norm unabhängig von der Zustimmung der oder des Betroffenen gelten soll, verweist darauf, dass die Diskussion über die juristische Frage des Rechts am eigenen Bild hinausgeht. Obwohl auch diese juristische Debatte im Zusammenhang mit Reality TV wiederbelebt wird, da das Format auch Medienrechtler vor neue Probleme stellte (vgl. *Frankfurter Rundschau* 23.02.1993), wird das Problem des Umgangs mit der Integrität von abgefilmten Opfern weiter gefasst. So zitiert zwar die *Frankfurter Rundschau* ausführlich aus einer Pressemitteilung der Hamburgischen Anstalt für Neue Medien (HAM):

> Der HAM-Vorstand sieht, wie die HAM in einer Pressermitteilung erklärte, „in den verschiedenartigen Sendungen dieses Genres nicht lediglich Geschmacksfragen angesprochen. Um solche mag es sich bei Produktionen rund um Hochzeiten, gegenseitiges Verzeihen und andere Selbstdarstellungen aus dem privaten Leben handeln. Bei Sendungen jedoch, in denen Opfer von Unfällen und Katastrophen in voyeuristischer Weise präsentiert werden, kann das Persönlichkeitsrecht der Betroffenen verletzt sein und diese Personen zum Schadensersatz gegenüber dem Sender berechtigen." (*Frankfurter Rundschau* 27.02.1993)

Doch in dem gesamten Ausschnitt der Debatte, der hier ausgewertet wurde, taucht nicht ein Fall auf, in dem von einem Opfer berichtet wird, das nach einem unfreiwilligen Auftauchen in einem Format des Reality TV tatsächlich einen Schadenersatz erklagen wollte. Das liegt zum einen sicherlich an der Herkunft der Filme, die wie beispielsweise im Falle der besonders umstrittenen Sendung *Augenzeugen-Video* zum überwiegenden Teil aus dem Ausland importiert wurden, und somit der Wahrnehmung möglicher Betroffener entzogen waren. Andererseits konzentrierte sich eine Reihe der neuen Formate des Reality TV darauf, reale Geschichten mit Schauspielern nachzustellen. Damit verteidigte auch RTL-Chef Helmut Thoma die Reality-Formate seines Senders in einem Interview mit dem *Deutschen Allgemeinen Sonntagsblatt* (12.03.1993). Eine andere Erklärung bietet Elfriede Hammerl im *Stern* in einer Glosse mit dem Titel „Öffentlicher Striptease":

> Wenn das Fernsehen kommt, sind wir zu allem bereit. Die vom Fernsehen dürfen mit uns machen, was sie wollen. Wenn's der Fernsehunterhaltung dient, lassen wir vor einem Millionenpublikum die Hosen runter, schwenken wir das Glasauge, reißen wir uns die dritten Zähne aus dem Mund, steigen wir aus dem Stützstrumpf, zeigen wir glücklich die Windel her, die wir unserer unverläßlichen Blase wegen tragen. (*Stern* 11/1994)

In der zynischen Manier der Beschreibung kommt ein Vorbehalt gegenüber der Vernunft und Moralität der Zuschauer zum Vorschein, wie er auch schon in Kapitel 6.5.3 ausgeführt wurde. Denn in der Rolle exhibitionistischer Opferdarsteller korrespondieren die ‚normalen' Menschen mit den voyeuristischen Zuschauern vor den Fernsehschirmen. Das Fernsehen greift in dieser Argumentationsweise nicht direkt in die Privatsphäre der Menschen ein; alles, was das Fernsehen leisten muss, ist als Medium zwischen ‚Bedürfnissen' zu vermitteln. Genau darin wird die Crux gesehen, die einen Großteil der Empörung absorbiert, die zu diesen Sendungen unter moralischen und gesellschaftlichen Gesichtspunkten geäußert wurde:

> Der Zuschauer ist Teilnehmer und in nicht wenigen Fällen schonungslos öffentlich der Lächerlichkeit preisgegeben. Mit Sendungen wie ‚Notruf' (SAT.1) und ‚Retter' (RTL) begibt sich das Privatfernsehen in seiner Gier nach Einschaltquoten endgültig in die Schlüssellochperspektive; dabei ist der Zuschauer Beobachter und Akteur zugleich. (*Tagesspiegel* 20.03.1993)

Die Rollen von Täter und Opfer fallen also gewissermaßen zusammen und werden als zwei Seiten einer Medaille gesehen. Denn erst durch den (unterstellten) voyeuristischen Blick der Betrachter werden die realen Opfer des Reality TV ein zweites Mal ‚verletzt'. Auch dahinter steht die Vorstellung, Personen sollten im Fernsehen die Möglichkeit haben, Einfluss zu nehmen auf die Art und Weise ihres Auftretens. In dem Zusammenspiel zwischen dem voyeuristischen Zuschauer und dem passiven Opfer liegt auch der Kern der – in der Debatte immer wieder ausgeführten – Verletzung der Würde von Personen durch Reality TV, die eigentlich eine Verletzung der Würde von Privatpersonen als Darsteller durch Privatpersonen als Zuschauer ist. Eine solche Definition des Reality TV taucht auch in einem Interview zwischen Eylmann und dem *FAZ-Magazin* auf, in dem er sich zu der Frage äußert, wo die Grenzen des Formats liegen:

> *FAZ-Magazin:* Ist die Reportage mit Bildern von grausam verstümmelten Menschen in Sarajevo Reality TV ?
> *Eylmann*: Nein, das ist Kriegsberichterstattung. Aber auch hier kommt es darauf an, mit welcher Absicht die Kamera die Szene beobachtet. Wenn sie auf den Voyeurismus des Zuschauers spekuliert und nicht nur vermittelt, was geschehen ist, dann ist auch diese Berichterstattung Reality TV im weiteren Sinne. Man kann vieles, was sich heute in unseren Fernsehkanälen abspielt, unter diesen Begriff

bringen. Und ich mache dabei zwischen öffentlich-rechtlich und privat keinen Unterschied. (*FAZ-Magazin* 29.04.1998)

Der entscheidende Punkt dieser Definition – Reality TV ist, wenn auf „den Voyeurismus des Zuschauers spekuliert" wird – lässt sich auch generell als zweites zentrales Element in der Debatte über die Personenwürde der Opfer des Formats ausmachen. Neben der Frage, in welchen Situationen Menschen als Opfer gezeigt werden dürfen, dreht sich die Debatte um die Frage, ob und wie die Darstellung von Opfern inszenatorisch vorgenommen werden darf. Die Produzenten der angegriffenen Formate bestreiten die inszenatorische Absicht und reklamieren eine „bloß dokumentarische", eine mimetische Darstellung eines realen, vormedialen Geschehens. Sie verteidigen sich damit, „dokumentarischen Zielen" gerecht zu werden (*Frankfurter Rundschau* 27.02.1993), da sie lediglich Reportagen über die „tagtäglich vorhandene Wirklichkeit" machten (SAT.1-Programmdirektor Mertes, zit. n. ebd.). Die Grobdefinition Eylmanns, die zwischen der informierender Berichterstattung und der berechnenden Inszenierung von Leid unterscheidet, findet sich dabei in zahlreichen kritischen Äußerung wieder:

> Die „Grenzen nicht nur des ethisch Tolerablen, sondern auch des rechtlich Zulässigen" seien überschritten, wenn sich „Gaffer sekundenlang an dem blutverschmierten Gesicht eines Unfallopfers weiden", erklärte CDU-Medienpolitiker Joseph-Theodor Blank. In solchen Sendungen werde der Mensch und sein Leid „zum bloßen Objekt der Begierde" herabgewürdigt. (*Frankfurter Rundschau* 23.02.1993)

> Durch die Zurschaustellung von Notlagen werde die Menschenwürde verletzt, sagte der Präsident der Hilfsorganisation, Wilhelm Graf zu Schwerin, in Bonn. (*Frankfurter Rundschau* 23.02.1993)

> Denn in „Augenzeugen-Video" ist nicht das konkrete Ereignis selbst das besondere Verbrechen, das bizarre Naturereignis, das überdimensionale Unglück von Interesse, sondern allein die in diesen Augenblicken durchlittene Lebensangst und das Entsetzen. (*Freitag* 02.10.1992)

> Die Kamera verlangsamt ihre Fahrt; hält unerträglich lange auf einen Mann, der blutüberströmt im Rinnstein liegt, doch weiter geschlagen und getreten wird. Eine vorbeiziehende Horde Jugendlicher kippt rote Farbe auf das blutende Bündel Mensch. (*Süddeutsche Zeitung* 09.06.1992)

Die Frage, mit welcher Inszenierung gefilmte Personen in der Opferrolle dem Voyeurismus der Zuschauer feilgeboten werden, ist dabei immer eng verknüpft mit der generellen Problematik von Gewalt im Fernsehen. Gegen das Zeigen bestimmter Szenen wird also nicht nur angeführt, dass sie die Integrität der abgefilmten Personen beeinträchtigen, sondern auch ihre ‚gewaltverherrlichende' Wirkung kritisiert.

Dabei kristallisierten sich im Verlauf der Debatte allgemein anerkannte Grenzen heraus, was daraus zu ersehen ist, dass auch Produzenten der kritisierten Formate für bestimmte Standards einstehen:

> Deshalb gilt für unsere Eigenproduktionen ja auch: keine Zeitlupe und Detailaufnahme, wenn Blut spritzt. Das würde ich auch sofort als Abkommen mit anderen Anstalten unterschreiben. (Helmut Thoma in *Stern* 07.01.1993)

> Olaf Kracht: „Nur bis zu einer gewissen Grenze. Die Videoaufnahme eines Selbstmords, wie jüngst gesendet, geht eindeutig zu weit, obwohl es die Boulevardzeitungen am nächsten Tag groß bringen und damit wieder für höhere Einschaltquoten sorgen." (*die tageszeitung* 23.10.1992)

> Oder ein Beitrag, der so angekündigt wird: „Mein Freund hat sich in einem Baum erhängt, er kriegt keine Luft mehr" – der Selbstmordversuch eines schwarzen Amerikaners, realistisch nachgedreht. RTL-Sprecher Tilman Fuchs gibt sich inzwischen von der Kritik geläutert: „Natürlich muß es Grenzen geben. Einen mißglückten Selbstmordversuch würden wir nicht noch einmal zeigen." (*Die Zeit* 19.03.1993)

Mit diesen Äußerungen antworteten die Fernsehmacher auf diverse Vorwürfe, die im Verlauf der Debatte über Reality TV gegen sie und ihre Produkte ins Feld geführt wurden. In der Auseinandersetzung in der Öffentlichkeit standen sie eindeutig in der (moralischen) Defensive, wie in diesem Ausschnitt aus einem Artikel aus *Stern-TV* deutlich wird:

> „Mir geht es nicht darum", versichert Kracht, „persönliches Leid auszuschlachten. Ich kann's wirklich nicht sehen, wenn Leute leiden oder wenn denen nicht geholfen wird." Und fügt dann, ganz gegen seine Natur etwas stotternd, hinzu: „Das, das glaubt man mir oder nicht". (*Stern-TV* 3/1993)

Insgesamt ergibt sich der Eindruck, die Kritik der Öffentlichkeit habe dazu geführt, Grenzen festzuschreiben, indem negative Extrembeispiele aus den Sendungen in den Fokus des allgemeinen Interesses gerückt wurden. Alle zuvor angeführten Zitate von Fernsehmachern deuten darauf hin, dass sich die Produzenten und Moderatoren von Reality-TV-Formaten spätestens ab Ende 1992 wieder auf Grenzen einlassen mussten, die sie in den Monaten zuvor infrage gestellt hatten. Das folgende Zitat von Michael Harder, dem Chefredakteur von *Polizeireport Deutschland*, wurde im Vorfeld der Ausstrahlung der ersten Reality-TV-Sendung im deutschen Fernsehen veröffentlicht. Es liest sich wie eine Vorverteidigung zu der kommenden Debatte:

> „Bei uns werden Sie keine Ermordeten im Detail sehen", sagt Michael Harder, Chefredakteur der Hamburger Redaktion von *Polizeireport Deutschland*. „Wir machen auch keine ‚Reality-Show', sondern ein Magazin, das einen Teil der Realität, den kriminellen, abbildet." (*Stern* 03/1992)

Die Kritik richtete sich von Beginn an nicht nur gegen konkrete Sendungen und Sendungsereignisse. Immer wieder (in sieben von 40 Artikeln) taucht der Hinweis auf die Gefahr einer möglichen Sendung von „Hinrichtungen" als *worst case* in einem drohenden Zukunftsszenario auf, den es im Vorfeld zu verhindern gelte:

> Also müssen wir Grenzen setzen, denn sonst werden demnächst Vergewaltigungen und Hinrichtungen im Reality TV über den Bildschirm flimmern. (Eylmann in *FAZ-Magazin* 29.04.1993)

Die öffentlich Debatte über das Reality TV hinterlässt insgesamt betrachtet ein ambivalentes Bild. Auf der einen Seite verschiebt die Diskussion den Blick von der Inszenierungsleistung der Sendungen auf die gesellschaftlichen Akteure, die ihnen Stoff und Resonanz liefern. In der Kritik an Exhibitionismus und Voyeurismus erscheint das Mediums zurückgenommen auf die Rolle eines Mittlers, der zwei korrespondierende und komplementäre populäre Neigungen zusammenkommen lässt und so befriedigt. Die öffentliche Absetzung von dem populären Vergnügen mit Leid und Schaden (anderer) absorbiert manches von der Kritik des Mediums, das dieses Vergnügen ‚vermittelt'.

Auf der anderen Seite sucht die öffentliche Debatte allerdings auch nach einer Verständigung über den Unterschied zwischen einer Dokumentation von Betroffenheit, die zum Zweck der Information akzeptabel ist, und einer Zurschaustellung von Leid, die als Verstoß gegen die Würde der Betroffenen zugunsten der berechnend angestachelten Schaulust des Publikums nicht toleriert werden soll. Der fernsehbezogene Diskurs macht sich an einer Differenzierung von Darstellungs- und Inszenierungsweisen des Mediums zu schaffen. Dessen Formensprache wird so explizit zum Gegenstand des praktisch-normativen öffentlichen Diskurses. Einschlägige Beiträge gehen von der Gewissheit aus, dass dieser Unterschied zwischen dokumentarischer Information und inszenierender Schaustellung existiert und wahrnehmbar ist. Als Handhabe für die Identifikation dieses Unterschieds bietet die öffentliche Debatte aber vornehmlich eine Art Kasuistik: An Sendungsbeispielen wird dingfest gemacht, was nicht sein darf.

6.6.6 *Auflösung von Privatheit und Intimität als Indiz einer neuen Kultur:* Das wahre Leben *(Zeitraum: 1994)*

Die Real-Life-Soap *Das wahre Leben* wurde im Vorfeld der Ausstrahlung teilweise dem Format Reality TV zugerechnet, ein impliziter Vorwurf, den Produzent Markus Peichl jedoch in einem Interview als abwegig zurückweist, das neue Format sei mit Reality TV „überhaupt nicht zu vergleichen", da die Sendung mehr „Inhalt" habe (*Berliner Zeitung* 28.05.1994). Ob der Unterschied tatsächlich quantitativ signifikant ist, sei dahingestellt, aber während bei Reality TV die Inszenierung von Menschen in spektakulären Situationen als Opfer verschiedener Formen von Gewalt im Mittelpunkt des Konzepts steht, geht es bei *Das wahre Leben* um die Inszenierung von Intimität und zwischenmenschlichen Emotionen. Als problematisch für die beteiligten Kandidaten erschienen dabei besonders im Vorfeld der Ausstrahlung das Setting der Show und ihre grundlegenden Spielregeln:

> *The big brother is watching you*, egal, ob du ißt oder liest oder duschst oder streitest oder schläfst oder gerade kuschelst. Jedes Telefonat wird mitgehört und aufgezeichnet. Wenn Erci der Manou aus heiterem Himmel gesteht, daß sie ihm tierisch auf den Sack geht: Spot an! Und ein mobiles Kamerateam hält drauf. Selbst wenn sich die drei Mädels am Grunewaldsee über die Schwanzlänge ihrer vier Mitbewohner unterhalten, ist immer einer dabei. (*Stern* 08.09.1994)

Die *Neue Züricher Zeitung* sprach von der „ersten Medienhospitalisierung der deutschen Fernsehgeschichte" (03.11.1994), da das Konzept nicht nur einen Eingriff in die Privatsphäre der Kandidaten darstelle, sondern die Auflösung ihrer Privatsphäre betreibe – eine Kritik, die im Großteil aller Artikel wiederzufinden ist, die zum Start der Real-Life-Soap im September 1994 zu lesen waren. Das wichtigste Gebot der Unterhaltungssendung sei – so fährt der Artikel der *Neuen Züricher Zeitung* fort – die „Einhaltung der Spielregeln", die darauf ausgerichtet seien, die Intimität der Mitspieler bloßzustellen. Dieter Deul verweist in *epd-Medien* dazu passend auf einen historischen Zusammenhang:

> Sie und einige unauffällige Mitbewohner wurden im Jahre 10 n. O. (nach Orwell) von drei Kamerateams rund um die Uhr observiert, registriert, konserviert und redigiert. Resultat: eine „Doku-Soap" (Peichl) – und nicht umgekehrt. (*epd-Medien* 81/1994)

Die *Münchner Abendzeitung* vergleicht die Situation der Kandidaten mit der von „Laborratten", da sie sich vor der Kamera „auch bei den privatesten Verrichtungen anstarren lassen" müssten, wozu sie „alle Hemmungen ablegen" (17.09.1994). So gilt auch *Das wahre Leben* als „Ware für Voyeure" (*die tageszeitung* 17.09.1994), die gezielt darauf aus sei, Personen zu Objekten zu degradieren, um sich an deren Intimität zu ‚weiden'.

Neben einer Kritik an dem grundsätzlichen Aufbau der Sendung finden sich auch immer wieder Hinweise auf die Produktionscrew, die das Regelwerk willig und mit Zynismus exekutiere. So durfte Gernot Kamper für die *Frankfurter Allgemeine Zeitung* während der Dreharbeiten einen Blick hinter die Kulissen werfen:

> Das Betreten der eigentlichen Wohnung ist nur den Aufnahmeteams erlaubt. Also drängen sich zwölf Leute aus der Produktionscrew im stickigen Kontrollraum. Sie warten, daß die Handlung ihrer Serie endlich weitergeht. Sie warten auf das High-

light der Woche: Ralphs Rausschmiß. Wie Fußballfans vor dem Fernseher kommentieren sie das Geschehen. Unter den Technikern sollen bereits Wetten über den Ausgang des Abends abgeschlossen worden sein. Ralphs' Wartburg wurde vorsichtshalber zugeparkt. Falls er allzu eilig verschwinden will, kann er den Hinterhof nicht ohne Kamerateam im Nacken verlassen. (*Frankfurter Allgemeine Zeitung* 09.09.1994)

Mit einer solchen Textstelle wird auf deskriptive Art der Vorwurf des inhumanen Konzepts des Formats in die Praxis der Show überführt. Wie schon bei der Spielshow *Wünsch Dir was* wird dazu auf Informationen zurückgegriffen, die dem Fernsehzuschauer nicht zugänglich sind. Während für die Öffentlichkeit im Jahre 1971 der Schwächeanfall einer Kandidatin, die zuvor mit einem Auto im Wasser versenkt wurde, ein gewisses Skandalpotenzial hatte, sind in der Fernsehunterhaltung von 1994 jedoch nicht die emotionalen Reaktionen der Kandidaten das zu hebende Geheimnis, sondern die emotionale, berechnende Abgebrühtheit der Macher und der Prozess der Inszenierung von Emotionen und Kandidatenbildern. Pointierter wird letzterer Kritikpunkt in einer anderen Textstelle des *FAZ*-Artikels ausgedrückt:

Der gelernte Metzger setzt sich anfangs noch mit kernigen Sprüchen („Kann ich auch nichts dafür") zur Wehr, später kann er kaum die Tränen zurückhalten. Ein Kameramann kniet zwischen seinen Beinen und filmt sein verzerrtes Gesicht. (ebd.)

In dieser Szene wird etwas bildhaft, worin die eigentliche Gefährdung für die Kandidaten gesehen wird. Während bei der grundsätzlichen Beschreibung des Formats abstrakt von einem Verlust der Privat- oder Intimsphäre die Rede ist, wird hier deutlich, was das konkret bedeutet: Es ist das Eindringen des Fernsehens in Gestalt des Kameramanns in die Intimität der Kandidaten und die daraus folgende Okkupation ihrer Personalität durch das Fernsehen für seine Zwecke. In dieser Beschreibung dringt die Kamera nicht nur in die Intimsphäre ein, sie entscheidet auch darüber, welches Bild des von ihr überwältigten Kandidaten nach außen übermittelt wird, in diesem Fall also „sein verzerrtes Gesicht". Der Vorwurf lautet hier: Der Versuch der bewussten Inszenierung der Kandidaten durch das Fernsehen führt dazu, die Ausprägungen ihrer Rollen als Person in der Öffentlichkeit festzuschreiben, unabhängig davon, ob das zugeschriebene Image den Kandidaten gerecht wird oder nicht:

Dabei mühte man sich noch um Themen. Skinhead Ralf zum Beispiel. Der sollte als jungdeutscher Norm-Nazi herhalten. Und da er nur CSU-Parteimeinung zu sagen hatte, wurden die Ralf-Meinungsschnipsel der anderen so kraus montiert, daß man sich schon fragen wollte warum der Kerl immer noch nicht aus der Wohnung geprügelt wurde. Doch seine Eigenart (wie auch die Art der anderen) wurde nur redaktionell nachbearbeitet, ins sensationell Mythische verstümmelt. (*Süddeutsche Zeitung* 07.11.1994)

In der Einflussnahme des Produktionsteams auf die öffentliche Darstellung der WG-Bewohner liegt die wesentliche ‚Sorge', die bezüglich der Integrität der Kandidaten artikuliert wird. In einem Porträt über einen der Mitspieler von *Das wahre Leben* wird ein Kandidat selbst vor dem ersten Sendetermin mit dieser Befürchtung konfrontiert (die Sendung wurde erst nach dem vollständigen Abschluss der Dreharbeiten ausgestrahlt, so dass die Kandidaten ihr Auftreten in der Soap im Fernsehen mitverfolgen konnten):

> Ja, er hat Angst davor, den Fernseher einzuschalten. Angst, was daraus wird. (Er sagt nicht „Angst", sondern „ein kleines Zittern"). Ob er verkürzt dargestellt wird? Wird er sich bei seinen Freunden noch sehen lassen können? („Ich wette mal, ja.") Jedenfalls legt er großen Wert darauf, daß es nicht das wahre Leben ist, was da gefilmt wurde. Auch die Umstände fand er nicht durchweg wirklichkeitsnah. In welcher WG müssen die Leute schon im Doppelzimmer schlafen? (*Tagesspiegel* 08.09.1994)

Mit der Fokussierung der Auseinandersetzung über die Präsentation von Privatheit im Fernsehen auf die Frage der Authentizität der Darstellung von Privatpersonen, geht eine Verschiebung der Diskursperspektive einher. Denn problematisch ist hier nicht mehr die Präsentation von Privatheit an sich, sondern das Kriterium ihrer Beurteilung ist der Grad an ‚Echtheit', mit der sie vorgenommen wird. Interessant ist daran, dass der Mitspieler von *Das wahre Leben*, Gregor, in seinem Porträt im *Tagesspiegel* darauf besteht, die Real-Life-Soap – und damit also auch seine eigene Präsentation im Fernsehen – solle nicht mit der Realität – also seiner eigentlichen Personalität – verglichen werden, da es sich um eine Konstruktion handle. Von der Kritik hingegen wurde dieser Umstand immer wieder als Kriterium für die (Unterhaltungs-)Qualität der 13 Folgen ins Feld geführt. Das verdeutlichen schon einige Überschriften zu den Kritiken:

- Schwindel (*Die Zeit* 08.12.1994),
- So echt kann nur das wahre Leben sein (*Münchner Abendzeitung* 17.09.1994),
- Die erste Reality-WG (*Hamburger Abendblatt* 10.09.1994),
- Pfirsich aus der Dose (*Frankfurter Allgemeine Zeitung* 09.09.1994),
- Leben als Videoclip (*Berliner Morgenpost* 19.09.1994).

So wird der Soap in vielen Artikeln zwar ein „Etikettenschwindel" (*Die Zeit*) attestiert, da sie den Anspruch ihres Titels, das ‚wahre Leben' darzustellen nicht einlöse; dieser Aspekt sprach jedoch nicht dagegen, der Sendung insgesamt ein hohes Unterhaltungspotenzial zuzuschreiben. Am besten drückt sich das in der Überschrift eines Artikels des Supplements *rtv* aus: „Spannend. Und ziemlich indiskret" sei *Das wahre Leben*.

Diese Überschrift trifft den Tenor vieler Artikel. Einerseits wird nämlich konstatiert, dass es sich um eine neue Form der Präsentation vermeintlich privaten Lebens handele, andererseits wird dieses „indiskrete" Format nicht als wirklich skandalös angesehen. Das ‚Mitleid' mit dem Verlust der Privatsphäre der Kandidaten hält sich insgesamt gesehen in Grenzen. Immer wieder wird darauf hingewiesen, dass sich die Kandidaten freiwillig an der Sendung beteiligen:

> Dort gibt es keine Türen, keine Privatsphäre – nur die allgegenwärtige Kamera. Und nun vertragt euch, liebt euch oder kloppt euch. Aber beklagt euch nicht. Ihr habt ja zugestimmt, daß wir auch bei euren intimsten Geständnissen und Konflikten Zeuge sein dürfen. Wir, die 20 Mann vom TV, die euch Tag und Nacht mit Kamera und Mikro auflauern. (*Münchner Abendzeitung* 17.09.1994)

Viele Artikel verfahren so, dass etwaige Befürchtungen bezüglich der Würde der Kandidaten zunächst angeführt werden, im weiteren Verlauf des Artikels jedoch mit Selbsteinschätzungen der Kandidaten konfrontiert und somit insgesamt ausgeräumt werden. Denn die Kandidaten erscheinen als die Vertreter einer neuen Generation, als die sie zuvor von Produzent Markus Peichl hingestellt wurden. Manfred Riepe in der *tageszeitung*:

> Die totale Adaption des Privaten durch das Medium, wie sie in „Das wahre Leben" modellhaft vorgeführt wird, funktioniert vollkommen zwanglos, weil alle ernsthaften Kandidaten in ihrem unbedingten Willen zur Telepräsenz gleichsam eine Prädisposition zur Charakterlosigkeit in sich tragen: „Das wahre Leben" ist ein Zuchtlabor für den Mensch ohne Eigenschaften. Ich finde das großartig. (*die tageszeitung* 22.04.1994)

In fast allen Kurzporträts, die in den Sendungskritiken enthalten oder ihnen beigefügt sind, wird ihnen ein ausreichendes Maß an Darstellungs- und Medienkompetenz attestiert, die es ihnen möglich macht, sich für eine solche Art Fernsehen bereitzustellen.

> „Das wahre Leben" – als Geschichte aus einer schneller werdenden Kultur – ist dabei nur für diejenigen wahr, die unerfahren durchs Fernsehzeitalter irren. Keine Generation aber versteht es so gut, mit medialer Ironie umzugehen, wie die Jugendlichen heute, die mit Informationsflut und MTV aufgewachsen sind. Die Ware Leben bietet Unterhaltung so authentisch, wie es das Medium eben zuläßt. (*Hamburger Abendblatt* 10.09.1994)

Die Befürchtung, hier sei die Integrität von Personen gefährdet, kommt selbst dann nicht zum Ausdruck, wenn sich Fernsehkritiker der Sendung so annehmen, wie das an dem oben angeführtem Artikel aus der *Frankfurter Allgemeinen Zeitung* dargelegt wurde, sie also anhand konkreter Beispiele aus der Sendung und dem Sendungsumfeld eine ‚Umdeutung' des Geschehens versuchen. Kramper schließt seinen Artikel mit einem Eindruck, den er am Ende des Tages hinter den Kulissen, im Kontrollraum der Sendung gewonnen hat und der auch als typisch für die Einschätzung der Sendung angesehen werden kann:

> Der Besucher bleibt allein im Kontrollraum zurück. Es war ein bemerkenswerter Einblick in die Jugendkultur: gemein und ganz ohne Gewalt. (*Frankfurter Allgemeine Zeitung* 09.09.1994)

Letzten Endes sind also die emotionalen Offenbarungen und kleineren Verletzungen der Spielkandidaten untereinander nicht allein Folgen einer neuen Fernsehkultur, die den Kandidaten durch die Spielregeln aufgenötigt werden und sie dazu zwingen, Einblicke in ihr Intimleben zu geben. Sie zeugen vielmehr von einem neuen Verständnis der Normen des zwischenmenschlichen Umgangs einer Jugendkultur (der immer wieder erwähnten ‚Generation X'):

> Wenn Gregor in der abendlichen Dachgartenrunde die heitere Frage „Wann hast du zuletzt einen Orgasmus gehabt?" nicht beantwortet, regt sich Unwille. Ein solch altmodischer Versuch, Intimität zu wahren, gehört hier nicht her. (*Neue Züricher Zeitung* 03.11.1994)

Ein wesentlicher Impuls für das radikale Verschieben der Grenzen des Privaten im Fernsehen geht – so die weit verbreitete Wahrnehmung in der Debatte über *Das wahre Leben* – von den Kandidaten selbst aus. Die Bewohner der Fernseh-WG in der Linienstraße 126 in Berlin-Mitte sind keine „öffentlichen Opfer" wie die Kandidaten von *4 gegen Willi* und *Donnerlippchen* knapp zehn Jahre zuvor. Sie werden als egozentrische Selbstdarsteller charakterisiert, die mit ihren Auftritten in der Real-Life-Soap ein kalkuliertes Risiko eingehen, das durch die Hoffnung gerechtfertigt wird, berühmt zu werden. Im *Stern* wurden in einer Titelgeschichte zum Auftakt der Sendung von allen Kandidaten kleine Statements abgedruckt, die – wahrscheinlich stammen sie aus einer Pressekonferenz oder einer ähnlichen Form der öffentlichen Selbstdarstellung – so wortwörtlich auch in anderen Artikeln angeführt wurden. Einige Auszüge:

> „Ich sehe gut aus und inszeniere mich gern selbst. Die Jugend ist nicht so, daß sie nur Drogen nimmt und tanzt, aber sonst nichts im Kopf hat." Ute, 22, Visagistin aus Hessen.

> „Ich lebe in den Tag hinein, und dann ist er schon vorbei. Aber irgendwas passiert mit mir. Vielleicht werde ich Popstar oder Moderatorin." Manou, 24, arbeitet manchmal als Barfrau in Berliner Szeneläden.

> „Für die Wessis sind wir früher alle Trabi gefahren, haben geredet wie Ulbricht und den Mond mit der Stange nach oben geschoben." Ralf, 24, einziger aus dem Osten, Metzger von Beruf, arbeitet zur Zeit als Mode-Model.

> „Das Lebensgefühl in Deutschland ist kalt und unfreundlich. Andere schlagen sich die Köpfe ein, ich rappe mir den Ärger von der Seele." Erci, 21, ist Sohn türkischer Gastarbeiter und Moderator beim Berliner Radiosender *KissFM*.

„Ich bin ein Exhibitionist mit Sendungsbewußtsein. Ich bin schwul und bekenne mich dazu." Adriano, 26, Redakteur bei einer Hamburger Szenezeitschrift, schreibt Partyberichte und Nightlifereportagen. (Alle: *Stern* 37/1994)

Im zugehörigen Artikel wird von einer der Kandidatinnen eine Geschichte erzählt, die sich während der Dreharbeiten zugetragen hat. Ein Todesfall in der Familie zwingt sie dazu, für kurze Zeit den WG-Aufenthalt zu unterbrechen, um zur Beerdigung zu fahren:

> Als Ute ins Flugzeug steigt, begleitet sie das Kamerateam zu ihrem Fensterplatz und hält ihre Tränen fest. Drei Stunden später ruft sie in der WG an und wütet: „Ich hab' mich verkauft. Alles ist meine Schuld. Die stehen mit vor der Haustür und wollen alles filmen. Aber der Tod des Jungen betrifft gar nicht unsere Story." Doch, Ute. Das war alles so abgemacht. Das wahre Leben als Ware Leben. Da mußt du jetzt durch. Und die ganze Nation wird weinen, wenn sie diese Folge sieht. Vielleicht schicken ihr die Zuschauer sogar Blumen oder Häkeltaschentücher, wenn sie Ute so durch Nacht und Wind zu ihrem Liebsten hetzen sehen. (ebd.)

Die vorherrschende Argumentationsfigur in der öffentlichen Debatte über die erstmals umfassende Ausstellung von Privatpersonen führt Bedenken gegen den Verlust der Selbstbestimmung über die Selbstdarstellung ein: Sie werden entkräftet durch den Hinweis auf die Freiwilligkeit der Teilnahme sowie durch das Lob des „charakterlosen" Willens zur unbedingten „Telepräsenz", die als Kennzeichen einer mediengeprägten und daher medienkompetenten Generation verstanden werden, so dass die Serie als Dokument einer neuen „Jugendkultur" egozentrischer Selbstdarsteller verstanden wird. Diese Blickwendung war schon in der Debatte um das Reality TV zu beobachten, auch dort wurden exhibitionistische Neigungen als Motiv für den freiwilligen Verlust von Privatsphäre angeführt. In den Kritiken zu *Das wahre Leben* werden diese Neigungen mit Verweis auf die neue Mediengeneration jedoch nicht mehr als eine Art ‚anthropologisches Ärgernis' betrachtet. Die Argumentationsfigur interpretiert die mediale Ausstellung des Privaten nun als Zeichen kultureller Befindlichkeit und wird so im Ton lapidar. Der kritische, auf praktisch-moralische Korrektur dieser Befindlichkeit drängende Grundton verliert sich.

6.6.7 Objekte der Macher, Therapieersatz oder selbstinszenierte Intimitätsdarstellung als Mittel zum Zweck: Daily Talks (Zeitraum: 1996-1998)

Der Umgang mit den Kandidaten war einer der zentralen Gesichtspunkte in der öffentlichen Diskussion des umstrittenen Formats *Daily Talk* zwischen 1996 und 1998. Das wird nicht zuletzt auch daran deutlich, dass bei der Auswertung der Artikel zu diesem Format die meisten einschlägigen Textpassagen vorgefunden wurden. Das gleiche ließ sich auch schon für eine Betrachtung der Debatte unter den Aspekten *Moralempfinden* und *Gesellschaftliche Wirkung* von Daily Talks beobachten. Während diesem Format jedoch unter gesellschaftlichen Gesichtspunkten besonders von Fernsehkritikern eine schädigende Wirkung abgesprochen wurde, bildet die Gefährdung der Integrität der Kandidaten einen zentralen Kritikpunkt innerhalb der Auseinandersetzung.

Wie schon in der Debatte um die Reale-Life-Soap *Das wahre Leben* setzt ein großer Teil der Kritik an der Konstellation an, in die die Kandidaten während ihres Auftritts eingebunden sind. An die Stelle der allgegenwärtigen Kamera tritt in den Talkshows die exponierte Positionierung der Fernsehlaien. Sie seien einer mitleidlosen Öffentlichkeit ausgeliefert, die durch die Person des Moderators bzw. der Moderatorin und das Publikum repräsentiert wird:

> Die Live-Atmosphäre im Studio und das Bewußtsein, daß jetzt gleich Millionen Menschen den eigenen Auftritt verfolgen, sind allerdings so verunsichernd, daß viele schlicht vergessen, was sie eigentlich sagen wollten. Um Sicherheit zu gewinnen, spielen sie willfährig den ihnen zugedachten Part, in vorauseilender Übernahme der Erwartung von Moderator und Publikum, unter Vernachlässigung jeder Diskretion und Scham: „Ich hatte in zwölf Ehejahren keinen einzigen Orgasmus." Der Ehemann, der das offenbar zum erstenmal hört, sitzt daneben und ringt um Fassung. (*Berliner Morgenpost* 08.09.1996)

Die Atmosphäre im Studio, der die Kandidaten ausgesetzt sind, „überrumpelt" sie und nimmt ihnen die Möglichkeit, die Kontrolle über die Darstellung der eigenen Person zu behalten. Der Auftritt wird so zu einer Tortur, die gezielt inszeniert ist:

> Vorab extra auf Gejohle und Mißfallenskundgebungen getrimmt, finden sich hier immer ein paar Heckenschützen: „Was die da sagt, find' ich total Scheiße." Vielfach betätigen sich die Studiogäste als Hobby-Psychologen („Der hat ja wohl ,nen Mutterkomplex") oder fallen in inquisitorischer Manier über einzelne Gäste auf dem Podium her. Schutz wird nicht geboten. (*Berliner Morgenpost* 08.09.1996)

Die Melange aus Studiokulissen, Moderator und Publikum wird wie auch in diesem Artikel aus der *Berliner Morgenpost* immer wieder mit einer Gerichtssituation verglichen, in der die anwesenden Kandidaten wie Verbrecher abgeurteilt werden. Über den Auftritt eines elfjährigen Mädchens in der Sendung *Sonja* war in der *Frankfurter Allemeine Zeitung* zu lesen:

> Eine halbe Stunde lang wurde ihr der Prozeß gemacht. Die Fernsehrichter ließen von ihrem Opfer erst ab, als die Sendezeit vorüber war. (*Frankfurter Allgemeine Zeitung* 02.07.1998)

Die *taz* berichtet von einer Frau, die

> ihren Gatten lieber zu Huren schickte, als ihren ehelichen Pflichten nachzukommen. Jetzt ist er aidskrank. Und das Saalpublikum hat die Schuldige in Gedanken längst exekutiert. (*die tageszeitung* 02.03.1998)

Allgemein erscheinen die Kandidaten in Artikeln, die sie als Opfer ausmachen, als dem Medium nicht gewachsen. Hatte sich das Mitleid mit der verlorenen Privatsphäre der Teilnehmer von *Das wahre Leben* hauptsächlich deshalb in Grenzen gehalten, weil sie als genügend selbstständig und medienkompetent erschienen, um sich dem Medium auszusetzen, so wird in vielen Artikeln zu Daily Talks die mangelnde Befähigung der Talkgäste angesprochen, den Medienauftritt souverän zu meistern. Moniert wird dabei zum einen immer wieder der Auftritt von Kandidaten, die für zu jung gehalten werden, um den Gefährdungen einer öffentlichen Präsentation gewachsen zu sein. Noch schärfer kritisiert wird jedoch, dass sich Daily Talks Menschen bedienen, die reale, medizinisch diagnostizierbare psychische Störungen haben und deshalb in den einschlägigen Sendungen einer gesundheitlichen Gefahr ausgesetzt seien:

> Vielfach treten aber auch Menschen auf, die, selbst dem Laien erkenntlich, psychisch schwer gestört sind. Solche Menschen wie auf dem Jahrmarkt vorzuführen, stellt Zynismus ohnegleichen dar. (*Berliner Morgenpost* 08.09.1996)

> Psychotherapeuten wie Michaela Huber versuchen anschließend, den gröbsten Schaden zu lindern. Huber behandelt in Kassel sexuell mißbrauchte Frauen, von denen schon einige einen Talkshow-Auftritt hinter sich haben. Haben sie auch oberflächlich die größte Not überwunden, so wird diese Präsentation von den Betroffenen doch meist als Grenzüberschreitung, als eine Art neues Trauma erlebt und kann zu einer erneuten Schädigung führen, vor allem weil es in und nach solchen Sendungen an psychischer Betreuung fehlt. (*Kölner Stadtanzeiger* 23.03.1996)

> Goldner: Einige der Talkshowgäste, die bei uns anrufen, waren natürlich schon vor ihrem Auftritt im Fernsehen Kandidaten für eine Psychotherapie. Zynischerweise werden aber gerade Menschen mit teils schweren Störungen in die Show gehievt, so daß man sich an ihren „Verrücktheiten" und Nöten ergötzen kann. Zum Beispiel trat mal eine Frau auf, die sich von einer Ufo-Besatzung geschwängert wähnte. Kurz vor der Geburt habe man ihr den Fötus aus dem Bauch herausgebeamt, erzählte sie. Die Frau litt unter dem Wahngeschehen genauso wie eine Frau, die tatsächlich vor der Entbindung ihr Kind verliert. Das seelische Trauma war völlig identisch. Ihr Auftritt diente aber nun nicht dazu, Verständnis für verwirrte oder psychisch kranke Menschen zu erzeugen, sondern nur dazu, daß das Publikum johlen und geifern konnte. Es gibt unzählige solcher unsäglichen Beispiele. (Psychotherapeut Colin Goldner im Gespräch mit Michael Bitala; *Süddeutsche Zeitung* 20.08.1997)

Dieser Kritik kann eine besondere Bedeutung zugeschrieben werden, da sie zum einen eine existenzielle Bedrohung der Kandidaten aufzeigt, die medizinisch konkret ist und somit auch überzeugend vermittelbar wird. Zum anderen wird diese Position besonders von Kommunikatoren vertreten, die der Gruppe der Experten (in der Regel Psychotherapeuten) zugeordnet werden können, was die Autorität einer solchen Argumentation stützt. Psychotherapeut Goldner geht in dem zitierten Interview in der *Süddeutschen Zeitung* so weit, dass ein Auftritt unter bestimmten Bedingungen „eine Art psychischer Vergewaltigung" (so lautet auch die Überschrift des Interviews) bedeuten könne. Der harte Vergleich mit einer Vergewaltigung, dem neben Mord wohl schwersten Verbrechen, taucht in Bezug auf Kandidaten, die mit psychischen Störungen behaftet in Talkshows auftreten, wiederholt in den Artikeln auf. Aber auch in minder schweren Fällen wird den Talkshows vorgehalten, die Talkgäste zu benutzen. ‚Benutzen' deshalb, da unterstellt wird, der Auftritt der Fernsehlaien werde in den Sendungen in einer Art und Weise konterkariert, die ihnen nicht bewusst sei:

> Ob es um „sexuellen Mißbrauch" geht (eine Sendung, die von einer männlichen Offstimme süffisant mit den zynischen Worten „Erinnern Sie sich auch noch so gut ans erste Mal" angetrailert wurde), ob die Themen „Ehe mit dem Pornostar", „Die neuen Jungfrauen" oder „Reporter haben mein Leben zerstört" heißen, stets rühren Veras Fragen so lange in der Gästetrommel, bis Mißhandelte zu Denunzianten werden, das Böse zu Melodramatischem, das Alltägliche zu Unerhörtem, Exzesse zu Allzumenschlichem und Mitgefühl zu ungebrochener Schadenfreude. (*die tageszeitung* 02.03.1998)

Bei einer solchen Argumentation wird davon ausgegangen, die Talkgäste würden die Shows mit „einem authentischen Bedürfnis nach Kommunikation" betreten, das jedoch durch eine „Entwürdigung und Verletzung [ihrer, d.A.] Intimität" in „unverantwortlicher" Weise – wie Heike Mundzeck in der *Frankfurter Rundschau* vom 16.05.1997 ausführt – hintergangen werde. Das Bild des Mediums Fernsehen, das den Kandidaten bei ihrer Selbstpräsentation im Fernsehen untergeschoben wird, ist in dieser Argumentation vergleichbar mit den Motiven, die den Kontaktsuchenden in der Beziehungsshow von 1975, *Spätere Heirat nicht ausgeschlossen*, zugeschrieben wurden (und die die Sendung damals öffentlich legitimierten): Das Fernsehen sollte nach dieser Auffassung dazu dienen, ein Forum für authentische Kommunikationsbedürfnisse zur Verfügung zu stellen, in das sich Menschen, die in der öffentlichen Präsentation unerfahren sind, vertrauensvoll hineinbegeben können.

Doch während die „Beziehungsanbahnungssendung" (*Der Spiegel*) von 1975 diesem Bedürfnis nach allgemeiner Einschätzung gerecht wurde, wird den Daily Talks unterstellt, dieses Kommunikationsbedürfnis ‚schamlos' auszunutzen. Immer wieder werden in der Debatte Beispiele angeführt, die davon berichten, dass sich die Schamschranken in dem Verhältnis der unbedarften Kandidaten und dem Medium Fernsehen – vertreten durch das Studiopublikum, den Moderator und die voyeuristischen Zuschauer – nun einseitig verschoben haben. Das Medium selbst – so der immer wieder angeführte Vorwurf – sei schamlos geworden. Es ködere die Kandidaten mit dem Versprechen, wirklich an ihren Belangen interessiert zu sein, sei in Wirklichkeit aber nur auf die Preisgabe intimer Bekenntnisse aus. Colin Goldner im Interview mit der *Süddeutschen Zeitung*:

> Seelenstriptease vor der Kamera mag im ersten Augenblick vielleicht wirklich befreiend sein, die Auswirkungen sind jedoch überhaupt nicht absehbar. Vielen Talkgästen dämmert erst viel später, viel zu viel oder viel zu Intimes preisgegeben, sich und andere aufs Beschämendste entblößt oder zum Narren gemacht zu haben. Sie müssen nun damit leben, vor Millionenpublikum ihre Probleme und Unzulänglichkeiten zur Schau gestellt zu haben. Da gibt es zum Beispiel eine Frau, die hat sich – gegen ihre ursprüngliche Absicht – entlocken lassen, daß ihr Sohn auf den Schwulenstrich geht. Sie traute sich nach der Sendung wochenlang vor Scham nicht mehr aus dem Haus. (*Süddeutsche Zeitung* 20.08.1997)

Goldner führt hier den zentralen Kritikpunkt gegen die Daily Talks an. Er lautet: Die eigentliche Gefährdung der Fernsehlaien bestehe dann, wenn sie die Sendung wieder verlassen haben und in ihre gewohnte soziale Umgebung zurückgekehrt sind. Denn erst dort würden die Konsequenzen der ihnen entlockten Selbstentblößungen wirksam werden. So argumentiert beispielsweise auch die damalige Bayerische Sozialministerin Barbara Stamm in einem Streitgespräch mit Moderatorin Arabella Kiesbauer in diese Richtung:

> Stamm: Wenn sie sich vor einer Million Zuschauern streiten, kann das dazu führen, daß noch mehr zerstört wird. (*Süddeutsche Zeitung* 25.04.1998)

Nach der ‚Verschärfung' des Formats im Zuge der Einführung einer Reihe neuer Moderatorinnen und Moderatoren in den Jahren 1997/98 taucht diese Kritik verstärkt in der Debatte auf. Die bis hierhin aufgeführten Argumente bilden jedoch nur einen Teilstrang der Argumentation über die Integrität von Kandidaten in Daily Talks ab. So entgegnet Moderatorin Kiesbauer auf den Vorwurf von Stamm:

> Kiesbauer: Wir hatten neulich ein schwules Pärchen da, Olli und Jürgen. Die hatten kein Wort mehr miteinander gesprochen, und in der Sendung sind dann auch verschiedene Dinge hochgekommen. Betrug, Geldgeschichten. Wir haben beide nach der Sendung weiter betreut. Sie sind dann zusammen zurückgefahren. Mittlerweile sind sie wieder zusammen und heiraten jetzt. Also: Auch wenn in der Sendung noch so sehr die Fetzen fliegen – für uns war das ein Beispiel, daß wir den Leuten den Anstoß geben, wieder miteinander zu reden. (*Süddeutsche Zeitung* 25.04.1998)

Besonders Moderatoren und Produzenten betonen immer wieder, sie würden die Talkgäste nicht ausbeuten. In ihrer Einschätzung bieten die Daily Talks gewöhnlichen Menschen ein Forum zur Erörterung von Themen, für die in der (Fernseh-)Öffentlichkeit ansonsten kein Forum vorhanden ist.

> „Die meisten Gäste, die bei uns auftreten, machen das, weil sie anderen Betroffenen durch ihre Offenheit helfen und Mut machen wollen", versicherte Peter Escher, bis vor kurzem Mitarbeiter bei „Hans Meiser". (Inzwischen hat er seine eigene Sorgentelefon-Sendung beim MDR.) „Wir ziehen doch gemeinsam an einem Strang. Bei uns kann der Bürger von der Straße, über den sonst niemand redet, zu Wort kommen, Probleme aufzeigen, Vorurteile abbauen und vielleicht sogar gemeinsam nach einer positiven Wende suchen – das ist doch eine gute Sache. Wir glauben alle daran." (*Kölner Stadtanzeiger* 23.03.1996)

Es wird immer wieder betont, dass die Kandidaten in den Talkshows keine willfährigen Opfer seien, sondern mit den Produzenten der Daily Talks „an einem Strang ziehen". Dabei muss das Ziel für die Kandidaten gar nicht so hoch gesteckt sein, wie Escher glauben machen will. Einige Bedeutung für eine solche, weniger dramatische Sichtweise des Auftritts von Fernsehlaien in Daily Talks hatte die Tatsache, dass es auch hier möglich war, sich auf Experten zu beziehen. Es werden in den untersuchten Artikeln wiederholt die Studien von Bente/Fromm und Hoffmann („Öffentlichkeit als Therapie") angeführt (vgl. z.B. *Süddeutsche Zeitung* 06.08.1998). In einem Interview mit der *Süddeutschen Zeitung* beschreibt Bente das gemeinsame Interesse von Produzenten und Kandidaten allerdings weniger ‚idealistisch' als Escher und mehr nach Art eines Tauschgeschäfts zu beiderseitigem Nutzen:

> *Bente*: Wieder andere Talkshow-Gäste wollen mit ihrem Auftritt ihre soziale Angst bekämpfen. Die sagen, wenn ich mich das getraut habe, bin ich meine Schüchternheit los.
> *Süddeutsche Zeitung*: Erfüllen sich die Erwartungen?
> *Bente*: In der Regel schon. Die Gäste machen in der Sendung die Erfahrung, jemand zu sein. Die meisten fühlen sich gut aufgehoben. Der Moderator gibt ihnen Zuwendung, er hilft ihnen bei der Selbstdarstellung. Und damit geht der Deal auf. (*Süddeutsche Zeitung* 19.06.1996)

In Anlehnung an diese modellhafte Beschreibung der Motive der Akteure von Daily Talks werden – analog zu den negativen Beispielen für gescheiterte Auftritte in Daily Talks – dann auch immer wieder Fälle aus der Fernsehrealität angeführt, in denen davon berichtet wird, welch eine befreiende Wirkung das Ausplaudern intimer Geschichten und Zusammenhänge aus der Beziehungswelt für die Betroffenen haben kann. Ein Beispiel dafür ist der Bericht eines ‚gelungenen' Talkshowauftritts, der in dem bereits angeführten Artikel im *Kölner Stadtanzeiger* schon 1996 zu lesen war. Eine Arzthelferin sitzt darin „freudestrahlend auf der heimischen Couchgarnitur" und erzählt, wie sie bei Hans Meiser erfolgreich mit ihrer Schwiegermutter abgerechnet hat:

> „Ich wußte, daß Meiser eine von Mutters Lieblingssendungen ist. Und ich dachte, wenn ich da hingehe und einen Seelenstriptease mache, ist sie gezwungen, sich das anzuhören. Natürlich rechnete ich damit, daß sie geschockt sein würde, daß sie da-

nach nicht mehr mit mir spricht. Das habe ich voll abgewogen." Irmgard Jansen vertritt die Meinung, daß der moderne Zuschauer von heute sich des Mediums Fernsehen ruhig aktiv bedienen sollte, aber nur, wenn er einen ganz persönlichen Nutzen vor Augen hat: „Die wollen Voyeure locken und ihre Werbeminuten verkaufen. Und wir setzen uns dahin, weil es sich auch für uns lohnen soll." Dieses „Geschäft auf Gegenseitigkeit", wie sie es nennt, hat trotz großem Ärger mit verständnislosen Verwandten und gehässigen Kolleginnen vorläufig in ihrem Sinne funktioniert. „Meine Mutter nennt mich eine Verräterin. Jetzt hat sie den Entschluß gefaßt, weit weg von mir zu ziehen. Endlich habe ich meine Ruhe. Durch die Sendung habe ich die Freiheit gewonnen!" (*Kölner Stadtanzeiger* 23.03.1996)

Die Präsentation von Intimität wird also genau dann für Fernsehlaien als weniger problematisch erachtet, wenn sie als so souverän wahrgenommen werden können, das Medium für irgendeinen persönlichen Zweck zu nutzen. Der „moderne Zuschauer" nutzt das Fernsehen nicht nur passiv als Konsument, sondern auch aktiv als Kandidat für seine je spezifischen Interessen. Die Motive dafür müssen jedoch nicht zwingend in der jeweils individuellen Privatsphäre des Alltags liegen. Mit Voranschreiten der Diskussion taucht immer häufiger der Gesichtspunkt auf, dass die Erörterung von Privatem nicht immer unbedingt als öffentliche Therapie angelegt sein muss.

Wo einst händeringend gesucht wurde, müssen nun Dämme errichtet werden – die Menschen entdecken den geilsten Medienkick: sich selbst. (...) Die Lust an der narzißtischen Selbstbespiegelung läßt sich nur ausleben, wenn man mit freizügigen Bekenntnissen nicht geizt. Wer im mittlerweile weltumspannenden Jahrmarkt der Eitelkeiten, den TV-Kameras pausenlos reflektieren, sichtbar werden will, der muß sich auf Imagepflege, Pressekontakte und Talkshows einlassen. Nur wer redet, bleibt. Nur wer etwas herzeigt, was andere nicht zeigen, hat Anspruch auf Interesse, Zuwendung, vielleicht sogar Liebe. (*Der Spiegel* 14.07.1997)

Mit dem Wandel der Charakterisierung von Talkgästen von gegenüber dem Medium unerfahrenen, psychisch labilen Opfern zu berechnenden Selbstdarstellern, verschiebt sich natürlich auch die Sensibilität der Kritiker für eine potenzielle Gefährdung der Personen. Die Gefahr, die die Kandidaten mit ihrem Auftritt eingehen, liegt nun eher darin, eine schlechte ‚Performance' als Selbstdarsteller geliefert zu haben, was jedoch ein verkraftbarer Wermutstropfen ist, da der Auftritt im Fernsehen an sich schon einen Erfolg darstellt.

Zusammenfassend lässt sich feststellen: Mit der Konzentration der Diskussion auf Motive und Folgen von Talkshow-Auftritten erweisen sich auch in dieser Debatte wiederum solche Informationen als entscheidend, die nicht aus der Sendung direkt ersichtlich sind. Die Bipolarität der Debatte ist hauptsächlich darauf zurückzuführen, dass sich die beiden aufgezeigten Diskurspositionen in ähnlicher Art und Weise an Beispielen belegen und mit verschiedenen ‚Expertenmeinungen' unterlegen lassen. Relativ feste Grenzen lassen sich hingegen festmachen, was das Bild und die Behandlung von Kandidaten während der Sendung betrifft. So gaben selbst Moderatoren wiederholt an, dass für sie eine Grenze dann überschritten ist, wenn Kandidaten beispielsweise während der Sendung in Tränen ausbrechen:

> STERN: Sie sagen, die Sendung verletze auch Ihre Grenzen. Vor zwei Wochen hatten Sie eine Frau zu Gast, die vom Tod ihres Mannes berichtete und dann, von Tränen überwältigt, unfähig war weiterzusprechen. War das für Sie ein Moment der Grenzüberschreitung?
> KARALUS: Ich persönlich brauche keine weinenden Menschen vor der Kamera. Ich finde das zu intim. Ich habe diese Frau dann gefragt, ob sie weitermachen möchte. Ich finde schon, daß der Gast das entscheiden darf. Wenn sie gesagt hätte, sie will raus, dann sofort raus. Gar keine Frage. (*Stern* 12.11.1998)

Der entscheidende und keinesfalls geklärte Punkt dieser Diskussion liegt – und das wird auch in diesem Interviewausschnitt deutlich – in der Frage, wie lange und unter welchen Bedingungen es einer Person möglich ist, vor der Kamera zu einem autonomen und somit eigenverantwortlichen Verhalten fähig zu sein. Deshalb werden im Allgemeinen auch solche Inszenierungsstrategien recht einhellig abgelehnt, bei denen nach Vorbild der US-amerikanischen Jerry Springer Talkshow die Talkgäste mit (bösen) Überraschungen konfrontiert werden, deren Sinn genau darin besteht, einen Kontrollverlust zu provozieren. Diese Ansicht schlug sich auch in dem 1998 ausgehandelten Verhaltenskodex für Daily Talks („Code of Conduct") nieder, in dem u.a. darauf Wert gelegt wird, Konflikte vor der Kamera nicht bis zur Eskalation voranzutreiben.

6.6.8 Symbiose zwischen Mensch und Medium: Big Brother *(Zeitraum: 2000)*

Die ersten Artikel zu *Big Brother* erschienen bereits im Herbst 1999, also etwa ein halbes Jahr bevor die Sendung in Deutschland ins Programm kam. Der Beginn der Debatte um *Big Brother* war geprägt von den Erfahrungen, die mit dem neuen Format während seiner Weltpremiere in Holland gemacht wurden. Auch die Frage, ob die Kandidaten durch die Fernsehsendung in irgendeiner Form gefährdet würden, nahm hier ihren Anfang. Der *Spiegel* gab in der Novemberausgabe 1999 für potenzielle Interessenten einen Vorgeschmack darauf, was es bedeuten kann, als Kandidat dieser neuen Real-Life-Soap von einer ganzen Nation beobachtet zu werden:

> Bei Bart und Sabine endete die Wohnsymbiose sogar auf der Drahtpritsche. Im Containerhaus bildeten die beiden plötzlich ein Liebespaar, die eifersüchtigen Mitbewohner setzten die Separatisten sofort auf die Rausschmiss-Liste. Das Publikum feuerte Sabine, die einer Wohngenossin unter vier Augen vor laufender Kamera

und damit den ganzen Niederlanden anvertraut hatte, „das mit Bart" sei keine allzu ernste Sache.
„Sie hat ihn nur benutzt und ihm was vorgespielt!", erklärt [Produzent] Roemer Hände reibend, „Bart hingegen hat sich richtig verliebt." Mit der unverhofften Love-Story ging die Quote noch mal in die Höhe. Ganz Holland weiß nun, dass der 22-jährige Macho bei der properen Sabine längst abgemeldet ist - nur Bart, gemein gemein, weiß es noch nicht. (*Der Spiegel* 44/1999)

Bei *Big Brother* gab es weder ein Livepublikum noch einen Moderator, mit dem die Kandidaten direkt konfrontiert wurden. Eine mögliche Gefährdung der Kandidaten wurde bei diesem Sendeformat – ähnlich wie bei der Real-Life-Soap *Das wahre Leben* – auf die mediale Konstellation zurückgeführt, in der sich die Kandidaten der Öffentlichkeit präsentierten. Das war natürlich besonders die lückenlose Überwachung der ‚Spieler' durch eine Anzahl fest installierter Kameras und Mikrophone, die – von einem anonymen Kontrollraum aus gesteuert – die Kandidaten rund um die Uhr bei allen Gesprächen und sonstigen Verrichtungen aufzeichneten. Hinzu kam noch, dass die Kandidaten in den Spielcontainer eingesperrt und von der Außenwelt abgeschirmt waren. Genau dieses Setting der Sendung wurde von verschiedenen Seiten scharf kritisiert. Besonders vor Sendestart und am Beginn der Sendung gab es eine Reihe heftiger Formulierungen wie:

„Folter-TV" (ARD-Vorsitzender Peter Voß, zit. n. *Berliner Zeitung* 28.02.2000),

„Angriff auf die Würde des Menschen" (Bundesinnenminister Otto Schily und der Hessische Ministerpräsident Roland Koch, zit. n. *Berliner Morgenpost* 28.04.2000),

„böse, gefährlich und gemein" (Berufsverbands deutscher Psychologen, zit. n. *Berliner Morgenpost* 28.04.2000),

„eklatante Verletzung der Menschenwürde" (Kurt Beck, Ministerpräsident von Rheinland-Pfalz, zit. n. *Berliner Morgenpost* 09.06.2000).

Aus solchen kurzen Verurteilungen der Sendung wird zum einen deutlich, dass die Gefährdung der Integrität der Kandidaten die umstrittene Frage zum Beginn der Sendung *Big Brother* war. Während den Kandidaten der Real-Life-Soap *Das wahre Leben* – wie gesehen – nur ein eingeschränktes ‚Mitleid' gewährt wurde, da sie sich freiwillig an der Show beteiligt hatten und als ausreichend mediengewandt galten, sich auf das Risiko des kameraüberwachten Lebens einzulassen, wurde den Kandidaten von *Big Brother* anfangs eine rege Anteilnahme entgegen gebracht. Dabei stand zu Beginn eine ähnliche Argumentationsfigur, wie sie aus der Daily-Talk-Debatte bekannt ist:

Ob wenigstens die Kandidaten ahnen, auf welch böses Spiel sie sich eingelassen haben? Schließlich müssen sie hinterher damit leben können, einem Millionenpublikum nicht nur die Licht-, sondern auch die Schattenseiten ihrer Seelen offenbart zu haben. Wer von ihnen wird daran zerbrechen, dass ihn künftig wildfremde Menschen so seltsam ansehen? In Schweden hat der Kandidat einer ganz ähnlichen Show Selbstmord begangen. Auch diese Sendung, „Robinsons Insel“ heißt sie, wird bald in Deutschland zu sehen sein. (*Berliner Morgenpost* 02.03.2000)

Hier wird die Befürchtung geäußert, die Kandidaten wären nicht dazu in der Lage, die Folgen ihres Auftritts, den öffentlichen Blick in intime Bereiche ihrer Persönlichkeit, abzusehen, und setzten sich deshalb einer Gefahr aus, die sie nach Abschluss der Sendung in ihrer Lebenswelt einholen könnte. Die Freiwilligkeit der Teilnahme an der Sendung wurde den Kandidaten im Vorfeld nicht bereits als Anhaltspunkt ihrer Souveränität *in* der Sendung zugestanden. Sie galten – im Gegensatz zu ihren ‚Kollegen‘ aus *Das wahre Leben* – als nicht ausreichend medienkompetent. Dabei spielt auch der Hinweis auf die Situation vollständiger Überwachung eine Rolle, die den Zweifel begründet, ob es überhaupt noch eine Frage der Kompetenz ist, die Kontrolle über den eigenen Auftritt im Fernsehen zu behalten, oder ob diese den Teilnehmern nicht durch die Art der Inszenierung per se entzogen ist. Wiederum lässt sich diese fundamentale Kritik an *Big Brother* nur in Ausnahmefällen auf journalistische Fernsehkritiker zurückführen. Bedenken werden vielmehr besonders von verschiedenen ‚Experten‘ geäußert:

Ich finde es nicht unproblematisch, dass man so etwas mit den Leuten macht, auch wenn sie selbst dazu bereit sind. Wenn jemand erklärt, er wolle unter dem Mindestlohn arbeiten, darf er das nach unseren gesetzlichen Bestimmungen ja auch nicht. Ich glaube schon, dass die Big-Brother-Teilnehmer einer gewissen Gefahr ausgesetzt sind, die sie wahrscheinlich nicht realistisch einschätzen. Sie gehen da relativ salopp hin, vielleicht weil sie berühmt werden oder einen Gewinn mit nach Hause nehmen wollen. Möglicherweise sehen sie jedoch nicht, dass damit auch vielfältige Kränkungen, Verletzungen, Bloßstellungen und Blamagen einhergehen können. (Medienpsychologe Peter Vorderer im Interview in: *Tagesspiegel* 03.02.2000)

Selbst der Umstand, dass die unter tausenden Bewerbern ausgewählten „Big-Brother“-Kandidaten freiwillig für drei Monate in den Wohncontainer ziehen, konnte die Kritiker nicht beruhigen. Ein Gutachten, das die Landesmedienanstalten bei dem Rechtsprofessor und Verfassungsrichter Udo Di Fabio in Auftrag gaben, lieferte ihnen die notwendigen Argumente: Di Fabio kommt in seiner Studie zu dem Schluss, dass die „Kommerzialisierung“ von Kandidaten und ihre „Degradierung zum Objekt“ auch dann als menschenunwürdig angesehen werden kann, wenn die Beteiligten aus eigenem Entschluss an den Sendungen teilnehmen. Denn echte Freiwilligkeit sei nicht gegeben, wenn Menschen die Folgen einer Teilnahme nicht absehen könnten, sich also instrumentalisieren ließen, „ohne recht zu wissen, was mit ihnen geschieht“. (*Berliner Zeitung* 28.02.2000)

Keine Ethikkommission würde ein solches Experiment genehmigen. Schon die Einwegspiegel entsprechen nicht dem moralischen Standard. Und vor allem ist die Möglichkeit psychischer Schäden zu groß: Die Leute stehen unter Druck, weil sie

> das Geld gewinnen wollen. Die Isolation und gezielte Information, welche Spiele gemacht werden und wer ausscheiden muss, werden dann als Methoden der Gehirnwäsche eingesetzt, um die Gruppendynamik zu beeinflussen. (Verhaltensforscher Karl Grammer im Interview in: *Der Spiegel* 11/2000)

Mit dem Start von *Big Brother* im März 2000 verlor sich jedoch ein großer Teil dieser Befürchtungen. Das ist auf Ereignisse zurückzuführen, die zum Teil außerhalb des Sendungsgeschehens liegen; denn fast alle fachlichen (zumeist juristischen) Prüfungen stellten der Real-Life-Soap einen Persilschein aus:

> Fast alle Gutachten kommen zu dem Schluss, dass die Voyeurs-Show einfach noch nicht menschenunwürdig genug ist, um abgeschossen zu werden. (*Der Spiegel* 11/2000)

Noch wichtiger aber war wohl der Start der Sendung selbst:

> Als „Big Brother" dann am 1. März erstmals die deutschen Bildschirme heimsuchte, zeigten sich die Bedenkenträger ebenso irritiert wie erleichtert. Was sich da auf den gut 150 Quadratmetern vor den Toren Kölns zutrug, war alles andere als spektakulär. Da saßen zehn junge Menschen beisammen, führten einander ihre Tatoos und Piercings vor, rauchten schweigend vor sich hin oder redeten, was ihnen gerade in den Sinn kam. Das vermeintliche Skandalfernsehen entpuppte sich als grenzenloser Langweiler. (*Berliner Morgenpost* 09.06.2000)

Allmählich gewannen jedoch die Kandidaten und damit auch die umstrittene Sendung die Sympathien der Öffentlichkeit. Aus vielen Artikel wich mit voranschreitender Laufzeit von *Big Brother* der (kultur-)kritische Gestus, stattdessen gab es reihenweise Porträts der Containerinsassen. Denn mit den steigenden Quoten gewann die Fernsehkritik ein neues Interesse an der Sendung:

> Galt es anfangs als unschicklich, bei „BB" reinzuzappen, schalten nach etwa zwei Wochen fast täglich rund ein Drittel der 14- bis 29-Jährigen RTL 2 ein. „Big Brother" als Aufsatzthema, als Anmach-Spruch, als Kollegen-Joke: Selbst bei den 14- bis 49-Jährigen erzielt die Sendung Marktanteile bis zu 25 Prozent. Diesen Hype können auch die seriösen Presseorgane nicht mehr ignorieren: Als Sladdi von den Mitbewohnern auf die Abschussliste gesetzt wird, jammert die SZ, dass hier ein Mann getroffen wurde, der „medialen Artenschutz genießt". Die taz startete eine Kampagne, um Manu statt Zlatko aus dem „Brother"-Haus zu entfernen, und die Welt widmet Sladdis Kulturkritik („Alles Dummschwätzer") fast 100 Zeilen. (*Berliner Morgenpost* 28.04.2000)

Big Brother wandelte sich von der „größten Grenzüberschreitung, seit es Fernsehen gibt" (*Frankfurter Allemeine Zeitung*) zum *Kultevent*, die Kritik schwankte zwischen Ironisierung und ‚Feuilletonisierung' des Formats. Umstritten war damit nicht mehr die anfangs kritisierte, grundsätzliche Anordnung, in die sich die Kandidaten einfügen mussten, sondern die Behandlung der Containerbewohner innerhalb dieses ‚Systems'. Auf Interesse stieß beispielsweise die Behandlung einer *Big Brother*-Mitspielerin durch die ‚Fans', die das Produktionsgelände in Köln-Hürth belagerten:

> Dann ein Schnitt: das Big-Brother-Haus. Sladdi ist eben gegangen worden, rausgewählt von den Zuschauern, die ihn jetzt feiern. Die sieben verbliebenen Teilnehmer der Show stehen verloren in ihrem sichtverblendeten Garten, hören den irren Trubel, können die wild gewordene Welt da draußen aber nur erahnen. Sehen können sie nichts – alle sind sie für die Dauer des Spiels sozial erblindet, freiwillig. „Die Mauer muss weg!", schreien sie, lachen sich unsicher Mut zu. „Manu raus!", brüllt die Menge hinter der Mauer zurück, und Manuela gefriert ihr Lächeln. „Das ist doch nicht wahr, oder?", fragt sie die anderen.
> Zusammen singen sie alle laut „Mendocino", diesen lustigen Schlager, und ihr eigenes Lied: „Big, Big Brother, Big Brother is okay" Über die erste Strophe kommen sie nicht hinaus. Von draußen tönt es im Chor: „Manu raus! Manu raus!" Was da passiert? Sie haben keine Ahnung. Und zurückschreien dürfen sie nicht. Steht im Regelbuch. Kein Kontakt. Also stehen sie da. Einfach so. Kommen sich vielleicht zum ersten Mal wirklich wie Gefangene vor. In Ekel-Haft. Ekelhaft einsam in diesem Moment. Manu hat den Kopf im Nacken, schaut nach oben. Der Himmel. Sonst nichts. (*Stern* 13.04.2000)

Als „Manuelas psychische Massenhinrichtung" fasst der *Stern*-Artikel diese Szene zusammen. Der Artikel, eine Titelgeschichte über *Big Brother*, konstatiert diese Situation als Teil eines besonderen Abends in der noch jungen Geschichte der Sendung: Sie bescherte ihrem Sender RTL 2 an diesem Tag nämlich eine Rekordquote. Und die Kandidaten seien – wie es in dem Artikel weiter heißt – zu Protagonisten eines „Sozialpornos" geworden, der „dem Minisender Riesenquoten [einbringt, d.A.] und die Teilnehmer zu Stars macht" (ebd.). Mit Voranschreiten der Sendung änderte sich so auf fundamentale Weise das Bild der Kandidaten:

> Den Erfolg von „Big Brother" lediglich auf die neue deutsche Liebe zum Trash zurückzuführen, greift dennoch zu kurz. Wo Menschen ihr Leben zunehmend nach dem Vorbild von Seifenopern inszenieren, sind sie offenbar auch bereit, Inszenierungen wie „Big Brother" für das Leben selbst zu halten. So gesehen, bestände der Kulturschock dieser Reality-Show weniger in der Tatsache, dass da Menschen für 100 Tage unter den Augen der Öffentlichkeit freiwillig auf ihr Privatleben verzichteten, sondern in dem Umstand, dass es da womöglich gar keine Intimsphäre mehr gibt, derer man sie berauben könnte. (*Berliner Morgenpost* 09.06.2000)

Die Kandidaten wurden zu Menschen ohne Intimsphäre. Folglich konnten sie auch nicht mehr Gefahr laufen, dergleichen beraubt zu werden. Aber wie konnte es passieren, dass sie überhaupt dazu wurden? Eine angebotene Erklärung dafür ist, dass die Kandidaten innerhalb der Regelwelt des Containers, die in quasi totalitärer Weise auf Emotionen ausgerichtet war, nicht mehr emotional aus der Rolle fallen konnten. So wie es für die professionellen

Darsteller eines Pornofilms zum ‚Geschäft' gehört, ihre Körper schamlos den Blicken der Kamera auszuliefern, gehörte es nun zu den selbstverständlichen Aufgaben der Containerbewohner, sich ihren Gefühlen hinzugeben. Selbst emotionale Extremsituationen wurden so nicht mehr als Zeichen einer wirklichen Gefühlsregung gedeutet. Die Kandidaten mutierten in der Außenwahrnehmung mit der Zeit immer mehr von Fernsehlaien zu semi-professionellen Darstellern eines „Sozialpornos":

> Sex-Voyeurismus ist für den Erfolg der Sendung verzichtbar, Gefühls-Voyeurismus ist es nicht. Das Eindrücklichste und Erschreckendste an „Big Brother" ist die Leichtigkeit, mit der Gefühle, wahre Gefühle, erzeugt oder freigesetzt wurden. Es ist schlimm genug, wenn sich erwachsene Menschen auf Hometrainer setzen lassen, um Tag und Nacht zu strampeln – die Hamsterisierung des Menschen sozusagen, das hatte das ARD-Morgenmagazin mit seiner Hamsterparodie auf „Big Brother" richtig erkannt. Schlimmer aber ist es, wenn diese erwachsenen Menschen – Mittdreißiger wohlgemerkt, bei allem jugendlichen Anspruch! – auch noch ihre Gefühle ins Tretrad schicken lassen. Die psychologischen Spielchen, mit denen die Sendeleitung die Konflikte zwischen den Kandidaten schürte, waren dabei in ihrer Einfältigkeit vollkommen durchschaubar; immer wieder mussten die Kandidaten reihum einander spielen, möglichst jeder den, der ihn am meisten verabscheute. Dabei zeigte es sich, dass ungute Gefühle nicht nur leichter zu erzeugen sind als gute, sondern auch besser ankommen. Dass es sich um wirkliche Gefühle wirklicher Menschen handelte, dafür ging der Sinn verloren, die Morddrohungen an „Manu, die Schlampe" im Internet bewiesen es. (*Berliner Zeitung* 06.06.2000)

So setzte sich mit der Zeit die Überzeugung durch, dass die Kandidaten von *Big Brother* nicht mit den psychisch labilen potenziellen Fernsehopfern gleichzusetzen sind, die in eine Talkshow gehen, um ihre realen Beziehungsprobleme zu bearbeiten. Die Kandidaten verloren im öffentlichen Diskurs mit dem Wandel von No-Names zu Kultstars ihren Opferstatus:

> Aber anders als bei der Ursendung in den Niederlanden, wo die Kandidaten nicht ahnen konnten, welchen Eindruck die Banalität ihres Lebens draußen vor der Tür hinterlassen würde, sind sich ihre Brüder und Schwestern hierzulande dessen nur zu bewusst. Sie haben auf die Wirkung spekuliert. Der Mensch wird nicht mehr vorgeführt, er führt sich selber vor. Die stellvertretende CDU/CSU-Fraktionsvorsitzende Böhmer irrt daher, wenn sie ein Verbot der Sendung fordert mit dem Argument, die Darsteller würden zu „bloßen Objekten" degradiert. Die Probanden von RTL 2 sind keine Opfer. Sie sind Akteure in einem Spiel, das sie durchschaut haben. Dass Kerstin, die arbeitslose Schauspielerin, auf die Mittel der Soap Opera zurückgriff und mit dem Kneipenwirt Alex eine Beziehung in Episoden inszenierte, zeigt die Raffinesse, mit der die Darsteller am Drehbuch ihrer Biographie arbeiten. (*Frankfurter Allgemeine Zeitung* 05.10.2000)

Der Wandel der Charakterisierung der Kandidaten von *Big Brother* von schützenswerten Privatpersonen zu gewieften Selbstdarstellern führte zu einer Neudefinition ihrer Intimgrenzen. Die Kritiker wollten ihnen dabei aber nicht insofern auf den Leim gegangen sein, dass sie dieses entscheidende Persönlichkeitsmerkmal zu Beginn der Sendung übersehen hätten. Die *Big Brother*-Bewohner wurden deshalb zu den ersten Kandidaten in der Geschichte des deutschen Fernsehens erklärt, die überhaupt erst durch das Medium zu einer eigenen Persönlichkeit gefunden haben:

> Zlatko hat es vorher nicht gegeben. Die Kultfigur von „Big Brother" ist im medialen Labor geschaffen worden. Der einfältige Schwabe („The brain", Stefan Raab), an dem jede zivilisatorische Bemühung gescheitert schien, hat im Wohncontainer unter Beteiligung der Zuschauer seine Identität erst ausgebildet. Er ist, inzwischen zum Hype der Proll- und Spaßkultur aufgestiegen, ein Mediensubjekt und -objekt zugleich. Im Warentest des interaktiven Fernsehens ist ein Produkt entstanden, das sich nun multimedial vermarkten lässt. (*die tageszeitung* 09.06.2000)

Als die Klone eines neuen Fernsehens und „legitime Kinder des Zeitgeistes" fanden sich die medialen Gewinner der Real-Life-Soap in einem neuen Diskurs wieder. Denn:

> Das Dumme ist: Die Befremdung bleibt. Alle wollen dabei sein, sind auch dabei, aber keiner ist mehr bei sich. Vor lauter Schein hat sich das Sein davongestohlen. Vor lauter Freiheit der Wahl ist jede Orientierung dahin. Und die Live-Schaltung vertreibt jedes Leben aus der Bude. (*Tagesspiegel* 03.03.2000)

Kaum dass sie zu medialen Figuren geworden sind, sitzen der ehemalige Automechaniker, der Kneipenwirt, die Schauspielschülerin und der tätowierte Arbeitslose in der Authentizitätsfalle. Aus Opfern sind Betrüger und Falschspieler geworden, die den Zuschauern vorgaukeln, Wesen mit einer realen Identität zu sein, zu der auch eine schützenswerte Privatsphäre gehören würde:

> Man kann es auch so deuten: Die Bewohner haben in ihrem Leben zu viel ferngesehen. So kommt es, dass sie ihr Reden und Handeln den Akteuren von Seifenopern und Talkshows abschauen und sich dabei noch für authentisch halten. Das führt dann häufig zu hemmungslosem Geschimpfe im Stil der täglichen Quasselrunden. Oder zu jenen Endlos-Diskussionen darüber, wer wen gerade irgendwie echt mag oder nicht, wie es bei „Gute Zeiten, schlechte Zeiten" üblich ist. (*Der Spiegel* 39/2000)

Damit sind sie jedoch nicht aus dem *Diskurs über die Integrität von Privatpersonen im Fernsehen* ausgeschieden. Das öffentliche Verständnis ihrer Abhängigkeiten hat sich lediglich um 180 Grad gedreht. Überlebenswichtig ist nicht mehr eine von den Blicken der Öffentlichkeit abgetrennte Privatsphäre, in der sich die eigene Identität entwickeln und regenerieren kann, identitätsstiftend ist für Menschen dieser neuen Gattung vielmehr der Verlust von Intimität. Ein Leben mit der Angst davor, nicht die ganze Zeit beobachtet zu werden, denn:

„Ich existiere nur insofern, als ich dauernd beobachtet werde.“ (Claude Lefort) (*Süddeutschen Zeitung* 28.03.2000)

„Ich werde gesehen, also bin ich.“ (*Tagesspiegel* 03.03.2000)

Ich werde gesehen, also bin ich. (*Die Zeit* 27.04.2000)

Der Fernsehdiskurs liest das ehedem als totalitär angefeindete Sendungsarrangement als ein kulturelles Dokument, das nun weniger anstößig als vielmehr aufschlussreich erscheint. Es bringt einen schlechthin modernen Menschen zum Vorschein, der seine Identität im Schau-Spiel hat, für das ihm das Fernsehen die Bühne einrichtet. Die Beziehung von Medium und Akteur erscheint so betrachtet nicht länger gegensätzlich, sondern symbiotisch. Denn das performative Subjekt hat sich für seinen Selbstdarstellungswillen längst aus dem Repertoire der Gesten und Szenen aus dem Fernsehen genährt, mit dem es aufgewachsen ist.

6.7 Wer darf was wo von sich zeigen? Der öffentliche Diskurs über Privatheit im Fernsehen

Bei einer zusammenfassenden Betrachtung von Kritiken zu verschiedenen Fernsehsendungen und Formaten, die im Laufe von fast 40 Jahren geschrieben wurden, muss berücksichtigt werden, dass sich sowohl der Standpunkt der Betrachter, also die Wertmaßstäbe der Gesellschaft, als auch die Gegenstände der Betrachtung, das Fernsehprogramm, verändert haben. Vorkommnisse in einer Fernsehsendung, die uns heute lächerlich unspektakulär erscheinen, können für zeitgenössische Fernseher ein enormes Skandalpotenzial gehabt haben, und umgekehrt können wir uns nach heutigen Wertmaßstäben über Dinge ereifern, die zu einer anderen Zeit niemand wahrgenommen hat.

So erscheint aus heutiger Sicht ein Fernsehspiel wie *Die Sendung der Lysistrata*, das WDR-Fernsehdirektor Dr. Lange nicht einmal mit seiner Frau zusammen hätte sehen wollen, fast schon kompatibel mit dem Kinderprogramm. Andererseits wirkt der autoritäre, patriarchale Gestus, der die Auseinandersetzung zu einem Kontrolldiskurs geraten ließ, aus heutiger Sicht unvorstellbar.

Es kann auch vorkommen, dass sich im öffentlichen Bewusstsein Skandalisierungen über zurückliegende Dinge festgeschrieben haben, die bei genauerer Betrachtung zur damaligen Zeit viel weniger skandalös erschienen, als die Nachwelt glauben machen will. So war in der Sendung *Parlazzo Spezial*, vom WDR im Jahre 1998 ausgestrahlt, die Folge von *Wünsch Dir was*, in der die 17-jährige Schülerin Leonie Stöhr mit einer durchsichtigen Bluse über einen Laufsteg wandelt, zu den größten Skandalen der deutschen Fernsehgeschichte gezählt worden und der *Spiegel* sah in der Kandidatin sogar eine erste Vorbotin der Erotik-Magazine der späten Achtziger (*Der Spiegel* 30/1989). So formiert sich im TV-Diskurs ein Gedächtnis des Mediums: Leonie Stöhrs Auftritt bei Dietmar Schönherr und Vivi Bach wurde im Lauf der Zeit zu einem der herausragendsten Beispiele für die Überschreitung der Grenzlinie zwischen dem Privaten und dem Öffentlichen in der deutschen Fernsehgeschichte.

Im Auge der damaligen Öffentlichkeit jedoch erwies sich die gespielte Modenschau nach vorherrschender Auffassung als wenig anstößig. Während es bei der *Lysistrata* 1961 nach allgemeiner Einschätzung offensichtlich nicht mehr und nicht weniger zu sehen gab als ein politisches Fernsehspiel mit einer (für einige Entscheidungsträger) unliebsamen Botschaft, stellte das Maß an Privatheit, das die junge Frau 1970 der Öffentlichkeit entblößte, offensichtlich keine Verschiebung von Grenzen dar, deren Erschütterbarkeit zuvor noch nicht erprobt worden wäre. 1961 hingegen wäre Leonie Stöhrs Gang über den Laufsteg ein (vielleicht sogar unvorstellbarer) Skandal gewesen. In den knapp zehn Jahren, die zwischen den beiden Sendungen liegen, hatte die Bundesrepublik jedoch einen elementaren kulturellen Wandel durchlaufen. Das Fernsehen wagte mit dem Zeigen der durch die Bluse schimmernden Brust der 17-jährigen Kandidatin einen ‚Vorstoß', mit dem es Teil einer Entwicklung wurde, die sich in der Gesellschaft längst vollzogen hatte. Ob damit retrospektiv betrachtet innerhalb des Mediums Grenzen angegriffen wurden, lässt sich aufgrund einer diskursanalytischen Betrachtung nicht entscheiden.

Als wiederum gute zehn Jahre später eine Hausfrau, die schon erwachsene Kinder hatte, einen praktischen Beitrag zu dem Thema „Die neuen Nackten" in der Diskussionssendung *Arena* beisteuerte und sich im Publikum auszog, stieß sie auf größere Gegenwehr in der Öffentlichkeit. Das Normverständnis der frühen achtziger Jahre reagierte auf diese ‚Demonstration' gespalten. Zwar galt die Präsenz eines nackten Körpers selbst in der Öffentlichkeit des Fernsehens als kein Tabu mehr, doch der Körper einer älteren Frau, der die Form eines „knorrigeren Baums" hatte (wie Frau Goetze selbst sagte), schien in so einem exponierten Forum nicht angemessen. Dabei ging es in der Diskussion nur vordergründig um die Frage, wer was wo von sich zeigen durfte. Anstoß wurde vor allem daran genommen, dass hier ein ‚gewöhnlicher' Mensch ohne besondere Verdienste oder Vorzüge die Öffentlichkeit dazu benutzte, sich selbst zu exponieren.

Die Frage nach der Scheidung von Privatheit und Öffentlichkeit war in der *Arena*-Debatte in erster Linie eine Frage der politischen Ideologie. Das Private und das Öffentliche waren hier das Politische, anhand der Trennung dieser Bereiche verliefen die politischen Konfliktlinien zwischen den ‚Progressiven' und den ‚Konservativen'. Und zwar deshalb, weil allenthalben ein Bewusstsein dafür herrschte, dass die Reglementierung der Grenze zwischen diesen Bereichen Teil einer Weichenstellung einer im Wandel begriffenen Gesellschaft war.

Wieder knappe zehn Jahre später müssen sich die schärfsten Kontrahenten dieser Debatte eigentlich beide als Verlierer gefühlt haben. Denn die Kommerzialisierung des Mediums Fernsehen hat zwar zu einer Liberalisierung der öffentlichen Beurteilung von Nacktheit und Sexualität im Medium geführt, für die es ein gewisses Bedürfnis gegeben zu haben schien. Davon zeugen beispielsweise viele Reaktionen auf die erste *Sexy Night* auf Tele 5 im Juli 1988, in denen die Harmlosigkeit dieser „Schonkost für lüsterne Senioren" (*Stern* 25.08.1988) aufs Korn genommen wurde – wobei auch Enttäuschung über den ausgebliebenen Skandal eine Rolle gespielt haben mag.

Die neue Freizügigkeit des Fernsehens wurde in der öffentlichen Wahrnehmung jedoch nicht nur als Befreiung aus überkommenen Moralvorstellungen gefeiert. Die alte Moral der Züchtigkeit tauchte so gut wie nicht mehr auf. An ihre Stelle trat mit der Kritik an der Formatierung der Präsentation von Sexualität ein neuer moralischer Bezugspunkt, der den Sendungen einen Mangel an Respekt vor der Integrität und Würde der in Szene gesetzten – insbesondere – Frauen vorhielt.

An der Sendung *Tutti Frutti* hingegen wurde insgesamt gesehen jedoch der Kontext der Spielshow anstößiger empfunden als die Präsentation von Nacktheit. Das Skandalöse an *Tutti Frutti* war nicht, dass sich dort entkleidet wurde, sondern dass das Entkleiden in ein Spielkonzept eingebettet war, dessen Sinn nicht erkennbar war. Der breite öffentliche Diskurs um die Inszenierung von Sexualität wurde so ironisiert. Die Auseinandersetzung über die Grenzen des Zeigbaren wurde auf das Feld juristischer Auseinandersetzungen abgeschoben, die zu klären hatten, welche Körperteile zu welcher Uhrzeit zu sehen sein dürfen und in welchem Zustand sie sich dabei befinden müssen. Die Erörterung der Grenze dessen, was gezeigt werden darf, wurde so an eine Fachöffentlichkeit abgegeben.

Der Diskurs über Privatheit im Fernsehen hat sich, wie sich aus den Debatten der neunziger Jahre schließen lässt, auf andere Felder kapriziert. Er ist in erster Linie zu einer Auseinandersetzung über den Umgang mit Emotionen und Affekten geworden. Und über die Frage, wie sich diese in und mit dem Medium kontrollieren lassen und wie weit sie stimuliert werden dürfen.

Rückblickend wirkt es überraschend, welch ein hohes Maß an Respekt die Teilnehmer der WDR-Heiratsshow *Spätere Heirat nicht ausgeschlossen* 1975 vor dem Fernsehen besaßen. Die öffentliche Präsentation wurde sowohl von den Teilnehmern der Sendung als auch von der Produktion und den Kritikern als ein riskantes Unterfangen eingeschätzt, dass sich öffentlich nur durch eine Sache rechtfertigen ließ: einen Partner fürs Leben zu finden. Damit einher ging ein festgefügtes Bild der Funktion des Mediums. Das Fernsehen wurde als ein modernes Instrument der Gesellschaft verstanden, das nur funktionsgebunden in die soziale Praxis der privaten Lebenswelt integriert werden durfte.

Im Gegensatz dazu wirkt die Degradierung der Kandidaten zu „öffentlichen Opfern" durch (scheinbar) sinnentleerte Unterhaltungssendungen Mitte der achtziger Jahre, als hätte sich das Medium von der Kette gerissen und wäre wie ein Monster über die immer noch vertrauensvoll dreinblickenden Fernsehlaien hergefallen. Dabei bleibt jedoch innerhalb der Debatte im Unklaren, wie es zu einer solchen Entwicklung hatte kommen können. Es scheint so, als wären große Teile der Öffentlichkeit überrascht von dem, was sich plötzlich im Bereich der doch eigentlich harmlosen Unterhaltung abspielt. Keiner der öffentlichen Kritiker von *Donnerlippchen* und *4 gegen Willi* kann den Reiz nachvollziehen, der beispielsweise für einen braven Familienvater entstehen kann, wenn ihm sein Sohn vor laufenden Kameras einen Irokesenschnitt schert. Die Lust an der Selbstinszenierung, die hinter der Bereitwilligkeit steht, sich im Fernsehen solcherart malträtieren zu lassen, hat sich scheinbar unbemerkt von der öffentlichen Wahrnehmung ereignet. Rückblickend ist es deshalb kein Zufall, dass die Perspektive der Kandidaten, die Frage nach ihrer Motivation in der Auseinandersetzung mit den „Bloßstellungsshows" keine Rolle spielte.

Nicht nur format-, sondern auch diskursgeschichtlich wurden Sendungen wie *4 gegen Willi* und *Donnerlippchen* zu Vorreitern einer Verschiebung öffentlicher Normen. Die Entdeckung eines Unterhaltungspotenzials, das offensichtlich von der frohen Beschlagnahme des Intimen durch das Mediale ausgeht, kündigte sich hier bereits an. Das Unverständnis der öffentlichen Kritik für solche Vorlieben sollte in der Dauerklage über den Voyeurismus der Zuschauer und die Bereitwilligkeit von Fernsehlaien, sich vor Fernsehkameras zu produzieren, einen Großteil der Auseinandersetzung über das Private im öffentlichen Raum in den neunziger Jahren bestimmen.

Dabei erwies sich die TV-Debatte als beweglich und statisch zugleich. Statisch wurde dort verfahren, wo Grenzen angetastet wurden, die offensichtlich und unbestreitbar, weil erkennbar existenziell waren. Also immer dann, wenn Leib und Leben von Personen einer Gefährdung ausgesetzt waren: unabhängig davon, ob die Bedrohung real war – eine Familie 1971 zu Aufklärungszwecken mit einem Auto im Wasser versenkt wurde oder ein Politiker 1993 nach haltlosen Vorwürfen während einer Livesendung einen Zusammenbruch erlitt – oder ob die Gewalt des Fernsehens nur medialen Charakter hatte, indem die Würde von Verkehrs- oder Unfallopfern ein zweites Mal gebrochen wurde (Reality TV). Die Ablehnung des mörderischen Unterhaltungsszenarios des Fernsehspiels *Das Millionenspiel* ist, so lässt sich recht zweifelsfrei mutmaßen, seit 1970 relativ konstant geblieben.

Beweglich erwies sich die öffentliche Debatte über das Fernsehen hingegen dort, wo sie es mit Grenzen zu tun hatte, die soziale und psychologische

Dimensionen betrafen: Beziehungen und Gefühle. Die allgemeine Sicht auf das Medium zu Beginn der neunziger Jahre war noch bestimmt von einer kultur- und gesellschaftskritischen Abwehrhaltung: Das Bedrohungsszenario des *Millionenspiels* erschien zum damaligen Zeitpunkt nicht bloß negative Utopie zu sein. Das Privatfernsehen wurde als Speerspitze einer medialen Bewegung betrachtet, die die Gesellschaft aufsaugt und zersetzt. Der zentrale Bereich dieser Durchdringung wurde in der Kolonialisierung des Privaten gesehen: „Privatfernsehen bedeutet, das Private öffentlich zu machen" (*Der Spiegel* 23.08.1993).

Mit dem Ende der als besonders gewalttätig eingestuften Ausprägungen von Reality TV (wie *Augenzeugen-Video*) durch öffentliche Interventionen und rückläufige Quoten verschob sich insgesamt der Diskurs über das Fernsehen. Der Vorwurf der gesellschaftszersetzenden Wirkung, die dem Medium unterstellt wurde, löste sich nach und nach auf. An seine Stelle traten vermehrt Vorstellungen, die sich den gesellschaftlichen Wirkungen des Mediums gegenüber indifferent verhalten oder sie eher positiv einschätzen. Das stetige Eindringen des Fernsehens in die Sphäre des Privaten blieb zwar ein zentraler Bestandteil des Diskurses, es verlor jedoch sein Bedrohungspotenzial.

Der Ton der Auseinandersetzung der Fernsehkritik änderte sich mit der Zeit merklich. Bis in die späten sechziger Jahren ging es darum, sittliche Kontrolle über das Medium auszuüben, danach wurde der TV-Diskurs Teil einer politischen Auseinandersetzung über die Entwicklung der Gesellschaft. Mit dem Aufkommen des privat-kommerziellen Fernsehens werden Empörung und kritische Distanz dem Fernsehen gegenüber immer deutlicher vernehmbar. In den Neunzigern werden die Sichtweisen auf das Fernsehen differenzierter, deutlich vernehmbar fließen Urteile verschiedener ‚Experten' in die Debatten ein, wodurch die Diskussionen zunehmend mit ‚Medienwissen' angereichert werden. Ab Mitte der Neunziger Jahre tritt mit der zunehmenden Grenzverschiebung zwischen dem Privaten und dem Öffentlichen auf der Programmebene im Mainstream der TV-Kritik eine Versöhnung mit dem Gegenstand ein. Die Gründe für diese Diskursverschiebung lassen sich hier nur thesenhaft formulieren.

So lassen sich Hinweise finden, die auf Ermüdungserscheinungen der Kritik hindeuten. Ihnen liegt ein gewisses Maß an Resignation zugrunde, die sich aus der Sisyphusarbeit speist, eine ‚Qualität' des Programms zu fordern, die von der Mehrheit der Zuschauer (und Leser?) scheinbar nicht gewünscht wurde:

> Heute wollen die Offenbarer nicht mehr aufklären, sondern Bedürfnisse bedienen – die Bedürfnisse des Voyeurs, der eben mehr oder weniger in jedem von uns steckt. Solang all das unter dem Vorzeichen der Freiwilligkeit geschieht, ist eine liberale Gesellschaft gegen „Big Brothers" machtlos. Ihre einzige Macht wäre, den

> Akt der Respektlosigkeit demonstrativ nicht zur Kenntnis zu nehmen. Aber wer will noch auf so was hoffen? (*Stuttgarter Zeitung* 01.03.2000)

Im TV-Diskurs tauchen aber auch neue Aspekte und Sichtweisen auf die Entwicklung von Fernsehen und Gesellschaft auf, die mit dieser Veränderung zusammenhängen. Ein wesentlicher Gedanke, mit dem der Wandel des Fernsehprogramms legitimiert wird, ist das Auftreten einer neuen, mit dem TV-Gerät aufgewachsenen Generation, die weniger bzw. andere Anleitungen zum Gebrauch des Mediums verlangt. Im Allgemeinen gelten diese ‚Kinder des Fernsehens' als weniger anfällig für die Verlockungen des Mediums, in dessen Lichtschein sie wesentlich sozialisiert wurden. Das gilt nicht nur für den privaten Umgang mit dem Fernsehen in den eigenen vier Wänden, auch im öffentlichen Gebrauch des Mediums als Kandidaten wird ihnen mehr zugetraut als der Generation ihrer Eltern.

Der veränderte Umgang mit dem Medium Fernsehen durch die Rundfunkteilnehmer, deren Teilnahme am Rundfunk nicht länger alleine auf den Empfang beschränkt bleiben soll, wird dabei einerseits als ein Akt der Befreiung angesehen – aber nicht aus überkommenen Moralvorstellungen, sondern aus einem autoritären Mediensystem. Das Fallen von Tabus ist in dieser Sichtweise eigentlich eine kulturelle Demokratisierung, in der die gesellschaftlich unterprivilegierten und medial unterrepräsentierten sozialen Milieus ihren verdienten Raum in der Öffentlichkeit finden. Verknüpft ist dieser Geltungsgewinn mit dem Aufstieg der privaten Sender, die die „Ära des Erziehungsfernsehens" beendeten und „dem Proletariat ‚die Kaperung des einstigen gepflegten Bildungs- und Unterhaltungsdampfers Fernsehen' (die Schriftstellerin Karen Duve)" ermöglichte (*Der Spiegel* 41/2000).

In dieser Lesart ist Kritik am Fernsehen, die fundamental ohnehin kaum noch von den Journalisten selbst geäußert wird, nicht mehr angebracht. Dort, wo die Menschenwürde der Kandidaten eingeklagt wird, sei – so stellte die Publizistin Mariam Lau fest – „mehr als evident, dass [eigentlich, d.A.] die Menschenwürde der Kritiker gemeint" sei (*Die Welt* 14.03.2000).

Ein weiterer Aspekt der Verschiebung in der öffentlichen Einschätzung des Fernsehens ist sicherlich auch darin zu sehen, dass zu dem veränderten Programm nicht nur eine neue Zuschauergeneration hinzugetreten ist. Auch die Kritiker selbst sind ja Teil dieser neuen Generation, die sich nicht nur selbst mit neuen Diskurspositionen in der Öffentlichkeit zu profilieren versucht, sondern ihre eigenen Erfahrungen mit dem Medium gemacht hat und sie in neue Betrachtungsweisen fasst. Dazu gehört auch die Erkenntnis, dass hinter der medialen Fassade ein neuer gesellschaftlicher Zwang zur Flexibilisierung der Identität steht. Die praktisch geteilte Erfahrung des „corrosion of character" (Sennett 2000) stiftet dabei vielleicht ein verbindendes Element zwischen Kritikern und Kandidaten und fordert in der Auseinandersetzung mit dem Medium neue Positionen heraus:

> Ebenso gut ist aber auch denkbar, dass die Mediengesellschaft eine neue Form der Identitätsfindung und sozialen Nähe hervorbringt, die mit nervösen Hinweisen auf „Menschenversuche", „Würdeverletzung" und der moralischen Abscheu vor Voyeurismus begrifflich nicht mehr erfasst werden kann. (*Die Welt* 29.02.2000)

Dieses Zitat von Volker Zeese macht aber auch deutlich, dass es sich hier um eine (noch) nicht zu einem Ende gedachte Position handelt, die in erster Linie in Abgrenzung zu alten kulturpessimistischen Verurteilungen des Fernsehens steht.

In der Auseinandersetzung über *Big Brother* wurde diese Entwicklung offensichtlich. Die Anstrengungen, sich Klarheit darüber zu verschaffen, was anhand der Sendung über den Zustand und die Entwicklung der Gesellschaft erkannt werden kann, kamen darin überein: Es findet ein soziokultureller Wandel statt, dessen Wurzeln und dessen Wirksamkeit über das Fernsehen hinaus reichen. Diese Auffassung schließt die Überzeugung ein, dass alle Überlegungen zu kurz greifen, die allein bei dem Medium Fernsehen oder gar nur einer Sendung ansetzen, um sie entweder gedanklich als ‚Ursache' für unerwünschte gesellschaftliche Folgewirkungen dingfest zu machen oder in praktischer Absicht zum Objekt regulierenden Eingriffs zu stempeln.

Die gegenwärtige öffentliche Debatte über das Fernsehen zeichnet so insgesamt ein unscharfes Bild gesellschaftlicher Ambivalenz. Sie erscheint dabei implizit auch wie ein generelles Muster des politischen Umgangs mit Prozessen des gesellschaftlichen Wandels: Die Gesellschaft sieht sich immer stärker in eine Beobachter-Position gestellt, die Veränderungen, die sie an sich selbst herbeigeführt hat, nicht länger selber verantworten will.

6.8 „Ja, Himmel, darf man denn das?" Zum Aspekt der Interventionen bei Grenzverletzungen: Privates in der Öffentlichkeit des Fernsehens *(Knut Hickethier)*

Wird das Verhältnis von Privatheit und Öffentlichkeit als eines getrennter Sphären verstanden, deren Scheidung als konstitutiv für die Gesellschaft gedacht wird, so werden Grenzüberschreitungen in der Regel mit gesellschaftlichen Sanktionen geahndet. Am Grad der Interventionen, also der Androhung und Durchsetzung von gesellschaftlichen Sanktionen, ist der Grad der Grenzverletzung zu erkennen bzw. es lässt sich erkennen, als wie schwer die Grenzverletzung zum Zeitpunkt ihres Geschehens im gesellschaftlichen Diskurs angesehen wird.

Grundsätzlich muss davon ausgegangen werden, dass die Bewertung von Grenzverletzungen zwischen Privatem und Öffentlichem historischen Veränderungen unterliegt, diese Veränderungen also abhängig sind vom kulturellen

Kontext, von dem Medium, in dem sie geschehen, und von der konkreten Situation, in der die Regelverletzung stattfindet.

Die Hypothese besteht darin, dass die Mediatisierung der Gesellschaft an der Verschiebung der Grenzen beteiligt ist. Im gesellschaftlichen Diskurs werden diese Verschiebungen, wenn sie als gravierend angesehen werden, thematisiert, ebenso auch, ob und wie Einzelne, Gruppen und Institutionen intervenieren. Interventionen, die nicht öffentlich bemerkt werden, können zwar Einfluss nehmen; indem sie nicht öffentlich etwas anstoßen oder verhindern, wirken sie sich aber nur indirekt auf die gesellschaftliche Grenzziehung zwischen dem Privaten und dem Öffentlichen aus. Vor allem in einer konkurrenzbestimmten Medienwelt ist ein solches Vorgehen für den Intervenierenden in der Regel wenig erfolgversprechend, weil ein stilles Einwirken nicht verhindern kann, dass dann andere Anbieter vergleichbare Grenzverletzungen begehen, um sich Marktvorteile zu verschaffen. Erfolgversprechender ist also, über Grenzverletzungen öffentlich zu reden, weil nur so möglicherweise weitere verhindert werden können bzw. die Grenz-,Verletzungen' nicht mehr als solche verstanden und ,legalisiert' werden.

Interventionen können dazu führen, dass die Grenzen zwischen dem Privaten und dem Öffentlichen neu definiert werden. Dies geschieht

a) dadurch, dass im Diskurs über das Verhältnis von Privatheit/Öffentlichkeit eine *schleichende Veränderung der Bewertungen* stattfindet. Konfliktträchtige Grenzüberschreitungen erscheinen nicht mehr als solche, weil der Konfliktanlass anders bewertet wird: Er erscheint als öffentlich vertretbar und damit als ein legitimer Teil des Öffentlichen, wo er zuvor noch als Teil des Privaten gesehen wurde;
b) in Form *punktueller institutioneller Setzungen*, oder – anders gesagt – dadurch, dass der Konflikt vor einer übergreifenden gesellschaftlichen Schiedsstelle verhandelt und auf diese Weise durch einen Urteilsspruch entschieden wird. In der Regel handelt es sich hierbei um eine Bestätigung oder Veränderung von Grenzziehungen, die durch eine gesellschaftlich anerkannte Autorität, eingesetzte Aufsichtsbehörden oder Gerichte, vorgenommen werden. Im Folgenden geht es vor allem um die unter a) genannten Diskursveränderungen, die sich zwischen einzelnen konfliktträchtigen Diskursanlässen feststellen lassen, die auch als Basis der Gesamtuntersuchung dienen.

6.8.1 Zur Vorgeschichte

Die gesellschaftlichen Interventionen bei Grenzüberschreitungen zwischen dem Privaten und dem Öffentlichen im Medium Fernsehen haben eine Vorgeschichte, die für die Untersuchung und Bewertung von gesellschaftlichen

Interventionen bei der Präsentation von bewegten Bildern auch für das Fernsehen eine Rolle spielt. Sie kann hier nur grob skizziert werden.

Mit der Gründung der Bundesrepublik und dem Ende der Lizenzzeit in den Medien wurde für den Film als dem zu dieser Zeit dominanten audiovisuellen Medium entgegen dem Postulat der Filmfreiheit im Grundgesetz (Art. 5) eine vielgliedrige Filmzensur etabliert, die aus den Institutionen der Freiwilligen Selbstkontrolle des Films (FSK), der Filmbewertungsstelle (FBW) und dem Interministeriellen Filmprüfungsausschuss besteht (Noltenius 1958, Geissler 1986, Hickethier 2002). Diese Institutionen verfügten nicht nur Aufführungsverbote von Filmen, sondern griffen auch auf vielfältige Weise in die einzelne Produktgestaltung ein, verfügten Umbesetzungen, Drehbuchänderungen und vor allem Kürzungen an fertigen Filmen. Diese Praxis löste die NS-Zensur und die alliierte Zensur ab, baute also auf eine gewisse Tradition und war anfangs fraglos akzeptiert. Sie führte jedoch vor allem ab Ende der fünfziger Jahre zu immer heftigeren öffentlichen Kontroversen und zu einer anhaltenden Kritik der Zensurpraxis (vgl. auch Schoenberner 1957, Thiel 1963/1975, Hack 1967). Es kam sowohl zu Bundestagsdebatten bei Interventionen der Bundesregierung bei einzelnen Filmen (spektakulär: 1956 nach der Intervention der Bundesregierung gegen die Aufführung des KZ-Dokumentarfilms *Nacht und Nebel* von Alain Resnais) als auch zu Debatten in den Printmedien. Der wachsende öffentliche Unmut über die versteckte und heimliche Zensurpraxis führte zu zweierlei:

Zum einen entstand in den sechziger Jahren ein Veröffentlichungsinteresse an Eingriffen und Interventionen, woran sich in der Regel eine gesellschaftliche Debatte über die konfligierenden Wertauffassungen und Normansprüche anschloss. Mit dem wachsenden Bewusstsein der Presse, insbesondere des *Spiegels* und der überregionalen Zeitungen, als einer „vierten Gewalt“ im Staate, sah man sich in der Rolle des Aufdeckers von verborgenen Konflikten, die den eigentlichen Zustand der Republik sichtbar machten. Zum anderen verzichteten die staatlichen und halbstaatlichen Instanzen angesichts der anwachsenden öffentlichen Kritik zunehmend auf Interventionen. Dies fiel vor allem der Bundesregierung um so leichter, als die Kinoöffentlichkeit immer mehr an Bedeutung verlor und durch das Fernsehen als öffentlicher Instanz der gesellschaftlichen Verständigung abgelöst wurde.

Beim Fernsehen war die Einrichtung verdeckter staatlicher oder gesellschaftlicher Zensurinstanzen von vornherein aufgrund seines öffentlich-rechtlichen Charakters mit seinen Gremien-Aufsichten sehr viel schwieriger zu installieren. Sie schien auch nicht nötig, da einerseits Aufsichtsgremien existierten und andererseits die Rundfunkgesetze und Programmrichtlinien einen allgemeinen Programmauftrag definierten, der auch die Wahrung des Privaten einschloss (vgl. z.B. Rundfunkstaatsvertrag § 2a: „Allgemeine Programmgrundsätze“).

Fernsehen galt und gilt als ein gesellschaftlich neutralisierter, auf Ausgewogenheit, Ausgleich und Moderierung von Konflikten angelegter öffentlicher Ort, der den Konflikt eher zu meiden und verhindern hatte als dass er ihn provozierte und erzeugte. Aufgrund seiner institutionellen Konstruktion der Unterordnung unter Aufsichtsgremien, die sich aus verschiedenen gesellschaftlichen Gruppen rekrutieren – sowohl bei den öffentlich-rechtlichen Anbietern (Rundfunkräte) als auch bei den privatrechtlichen Anbietern (bei denen die Landesmedienanstalten eine Aufsichtspflicht ausüben) –, werden Konflikte um einzelne Sendungen zumeist öffentlich verhandelt und diese Verhandlungen werden Teil des Diskurses über das Fernsehen. Damit ist nicht ausgeschlossen, dass es auch versteckte und unbekannte Konflikte um Sendungen, Einflussnahmen und Interventionen gegeben hat, die nicht öffentlich bekannt wurden.

Dieses Verständnis vom Fernsehen als einer moderierten Öffentlichkeit bedeutete auch, dass es bei Konflikten um einzelne Sendungen einer öffentlichen Erregung außerhalb des Mediums bedurfte und diese von Gruppierungen initiiert wurde, die sich häufig der Unterstützung von Elternverbänden, kirchlichen Gruppierungen und Parteien versicherten und – oft mit der Geste der „Stimme des Volkes“ oder als „Sprachrohr des allgemeinen Publikums“ – lautstark empörten und Stellung bezogen. Das Vorbild für derartige Gruppen-Intenventionen waren dabei nicht zuletzt die Kampagnen, wie sie seit den fünfziger Jahren die Kinoöffentlichkeit geprägt hatten (vgl. Hickethier 2002).

Zu solchen Konflikten der Sendeanstalten mit außermedialen Gruppierungen kamen weitere, die zwischen den verschiedenen, in der ARD miteinander verbundenen Rundfunkanstalten bzw. zwischen den einzelnen Instanzen innerhalb der Senderhierarchien entstanden und die oft öffentlich diskutiert wurden, weil die eine oder andere Seite sich auf diese Weise Verbündete außerhalb der Anstalten suchte und damit die eigenen Durchsetzungschancen im Hause erhöhen wollte. Daran hängten sich dann oft weitere Debatten an, d.h. Konflikte begannen, ein Eigenleben zu führen, unüberschaubar und unkontrollierbar zu werden.

Generell gilt jedoch auch, dass Konflikte innerhalb der Anstalten und Eingriffe der Programmverantwortlichen in die Programmgestaltung nicht im klassischen Sinne als Intervention gelten können, da nach einer Definition von Christian Longolius der Autor aller Sendungen eines Senders letztlich der Intendant ist, der sich zur Realisierung der Programmherstellung zusätzlicher Mitarbeiter bedient (vgl. Longolius 1973, 192).

Auch bei Interventionen durch Programmverantwortliche kann von öffentlichen Konflikten gesprochen werden, wenn die senderinternen Entscheidungen nach ‚außen‘ getragen wurden, also andere Medien (z.B. die Presse) darüber berichteten und diskutierten. Dazu genügte in der Regel schon, dass Konfliktfälle in den Aufsichtsgremien erörtert wurden. Denn da die Rundfunkräte bzw. der Fernsehrat mit Vertretern „gesellschaftlich relevanter Gruppen“ besetzt sind, ist hier eine Öffentlichkeit vorhanden (in einigen Rundfunkhäusern sind die Rundfunkratssitzungen auch einer allgemeinen Öffentlichkeit zugänglich). Dabei handelt es sich jedoch um eine besondere Öffentlichkeit, da sie als Aufsichtsinstanz auch selbst Sanktionen verhängen kann. Weiterführend kann von den allgemeineren Medienöffentlichkeiten der Presse und anderer Massenmedien auf Diskussionen in den Rundfunkräten verwiesen und diese können als Aufsichtsinstanz angerufen werden.

Damit wird hier das für die Gesellschaften der zweiten Hälfte des 20. Jahrhunderts typische System ineinander greifender Teilöffentlichkeiten sichtbar, die mit unterschiedlichen Befugnissen, unterschiedlichen Reichweiten und unterschiedlichen Formen medialer Präsenz ausgestattet sind.

6.8.2 Interventionsdebatten in den sechziger und siebziger Jahren

6.8.2.1 Forderung eines weitgehenden Interventionsverzichts: *Die Sendung der Lysistrata* (1960-61)

Zu einem ersten Konfliktfall wurde *Die Sendung der Lysistrata* (NWRV 1960/61) von Fritz Kortner, aus der sich bei der Ausstrahlung im ARD-Programm der BR ausschaltete. Damit wurde für die Presseöffentlichkeit ein Dissens innerhalb der ARD sichtbar. Dieser Konflikt wurde unter dem Stichwort der „Zensur“ diskutiert. Eine solche Thematisierung entsprach der zunehmend sensibilisierten öffentlichen Diskussion von Zensurfällen im Kino und Film, auch wenn der Begriff der Zensur im Fall von *Lysistrata* unzutreffend war, weil es sich hier um einen Abstimmungsdissens zwischen den verschiedenen Anstalten handelte. So schrieb die *Zeit* vom 27.01.1961:

> Wenn noch nicht einmal diese erotisch wie politisch gleich lahme Bilderfolge erlaubt sein soll – was ist es dann? Wenn hier zensiert wird – in wessen Namen, nach welchen Maßstäben eigentlich? (*Die Zeit* 27.01.1961)

Das ‚sittliche Empfinden‘ als Deckmantel einer politischen Kritik
Der Begriff der Zensur wurde deshalb abgelehnt und auf das „sittliche Empfinden“ der Zuschauer verwiesen, das jedoch zu wenig fassbar und letztlich nicht handlungsleitend sei, weil es in einer pluralistischen Gesellschaft nicht eindeutig auszumachen ist:

> Juristisch ist die Sache einwandfrei. Der Rundfunkrat, jenes Gremium, das unter anderem über die Einhaltung der Statuten zu wachen hat, hat unter Berufung auf deren dritten Paragraphen von seinem Einspruchsrecht Gebrauch gemacht; in ihm ist von der Achtung des sittlichen Empfindens der Hörerschaft die Rede.
> Das „sittliche Empfinden der Hörerschaft“! Hier liegt der Hund begraben. Eine Zensur kann in sich konsequent nur im Rahmen eines durchformulierten Wertsystems, das eindeutig Gut und Böse bestimmt, ausgeübt werden – in unserer Gesell-

schaft also z.B. im Namen expliziter Staats-, Partei- oder Verbandsinteressen. Eine Zensur im Namen des unwägbaren Seelenlebens einer unbestimmbaren Allgemeinheit ist ein Ding der Unmöglichkeit. Sie muß so unberechenbar sein, wie sie maßstablos ist, wird sich zu arrangieren trachten, das meiste durchgehen lassen und irgendwo zufällig und unversehens zuschlagen – aber dann erwischt sie möglicherweise gerade den Falschen. (*Die Zeit* 27.01.1961)

Eine verbindliche Bewertung wurde dadurch erschwert, dass der eigentliche Anlass für den Ausstieg des BR nicht ein tatsächliches sittliches Verfehlen einer der Filmfiguren bzw. des Regisseurs gewesen war, sondern offenkundig die pazifistische Grundhaltung des Fernsehspiels. So schrieb die *Frankfurter Allemeine Zeitung* am 19.01.1961:

Der Grund, der die Fernsehsender Köln, Stuttgart, Baden-Baden bis zum letzten Moment zögern ließ und München bestimmte, Kortners Lysistrata-Bearbeitung nicht zu senden, kann, nachdem nun die Sache selbst bekannt ist, nur auf die von Kortner frei erfundene Rahmenhandlung zu den prekären Themen Meinungsfreiheit in Dingen der Atomrüstung, technisch-wissenschaftliche Mitwirkung an der Atomrüstung und politischer Opportunismus gewesen sein. Es ist festzustellen, daß die Intendanzen der deutschen Rundfunkanstalten entweder den Spielraum der Meinungsfreiheit in solchen Dingen unterschiedlich beurteilen oder daß sie sie für falsch oder gefährlich halten oder daß sie Kortners filmische Erfindung zum politischen Thema für mißlungen erachten. (*Frankfurter Allgemeine Zeitung* 19.01.1961)

Auch der *Stern* monierte, dass es sich nicht um eine wirkliche sittliche Verfehlung, sondern um einen unter dem Deckmantel der „sittlichen Empörung" verdeckten politischen Eingriff handelte (*Stern* 52/60). Und die *Welt* sah die Grenzverletzung, dass hier unzulässigerweise Privates in die Öffentlichkeit gezerrt werde, als nicht gegeben an: „Mit Moral und Sitte ist also nicht viel zu machen, scheint es. Bleiben politische Einwände der zensierenden Intendanten" (*Die Welt* 12.12.1960). Der Vorwurf der „sittlichen Verfehlung" erschien also den meisten Diskursteilnehmern nur vorgeschoben zu sein, mit ihm wurde ein Maßstab aufgerufen, der unangemessen erschien.

Dass politische Vorbehalte bestanden, wurde von vielen Diskursteilnehmern grundsätzlich abgelehnt. So schrieb *Der Spiegel*:

Daß die Fernseh-Verantwortlichen sich freilich auch von anderen Beweggründen leiten ließen, wurde in der vergangenen Woche offenkundig. So äußerte WDR-Lange, man könne des Kortners „Lysistrata"-Inszenierung nicht nur aus „geschmacklichen", sondern auch aus „politischen" Gründen nicht senden. (...)
Gewiß kann man die „Friedensbereitschaft um jeden Preis" für unrealistisch halten. Aber man kann einem überzeugten Pazifisten nicht vorwerfen, daß er seine Gegner „unfair karikiert" habe. Hätte Kortner – neben dem gradlinig-aggressiven Aristophanes – einen SPD-Eiertänzer im atomaren Wahlfieber zeigen sollen? Hätte er, statt „politisch einseitig" vorzugehen, auch den Minister Strauß eins raufloben müssen?

Was wäre das für eine seltsame Auffassung von Überparteilichkeit, zu glauben, man dürfe einer ehrenwerten und gesetzlich immer noch „erlaubten Meinung nur deshalb keine Sendezeit, einräumen, weil sie das Publikum zu anderen Gedanken anregt als den höherenorts erwünschten! (*Der Spiegel* 51/60)

Einzig der *Stern* sah den Fernsehintendanten im Recht, wobei er jedoch die Konfliktlinien vertauschte und nicht eine zwischen Fernsehen und Zuschauer, sondern eine zwischen den Fernsehintendanten und dem auf seine künstlerische Freiheit pochenden Autor sah.

Einen Anspruch darauf, seine „Abneigung gegen jegliche Beteiligung an der Produktion moderner Vernichtungswaffen" von allen deutschen Fernsehanstalten verbreiten zu lassen, hat Herr Kortner ebenso wenig, wie ich einen Anspruch darauf habe, meine Ansichten über seine dem Aristophanes angehängten Späßchen auf allen deutschen Fernsehscheibchen vorzubringen. In beiden Fällen ist es ganz und gar Sache der jeweiligen Intendanten, ob sie ihre Anstalt einer privaten Meinung zur Verfügung stellen wollen. (*Stern* 1/61)

Auch das Argument, das Fernsehspiel sei „künstlerisch misslungen", wurde als vorgeschoben erkannt und als ein Mittel, die eigentlich politische Intentionen der Intervention zu verschleiern.

So bliebe denn zur Verteidigung der stillen Zensur eigentlich nur das Argument, Kortners Arbeit sei künstlerisch indiskutabel. Koordinator Münster hat sich bis zum Zeugnis „mißlungen" vorgewagt. Vielleicht hat er recht, vielleicht hat die Produktion Schwächen – aber seit wann ist das für unsere Fernseh-Oberen ein Grund, eine fertige Arbeit nicht zu senden? (*Die Welt* 12.12.1960)

Das Argument „künstlerisch misslungen" wurde auch weitergehend als nicht zulässig angesehen und in einer Umkehrung für eine Argumentation gegen die Intervention eingesetzt: Der Zuschauer habe sogar ein Recht auf „misslungene" Sendungen.

Zudem: wir wissen, das dort, wo ein Kortner einmal daneben greift, er es auf imponierende, interessante Art tut. Haben wir nicht das Recht, diese Arbeit zu sehen, die auch mißlungen noch mehr bringt, als mancherlei, das gerade so gelang? (*Die Welt* 12.12.1960)

Der *Spiegel* wurde noch grundsätzlicher:

Während es tatsächlich darum geht, ob Kortner gute oder schlechte Arbeit geleistet hat – in diesem Fall; schlechte –, werden Begriffe wie Meinungsfreiheit, politische Mündigkeit, künstlerische Freiheit, Pazifismus, Atomtod oder gar Antisemitismus und Rassenhochmut aufgeboten. Die Streiter, die das Recht auf freie Meinung und die Freiheit der Kunst gefährdet sahen, hatten Kortner fast im ganzen Land eine andere Freiheit erstritten: die Freiheit, sich zu blamieren. (*Der Spiegel* 5/61)

Zweifel am Verfahren

Der angebliche Verstoß gegen sittliche Normen, der zum Ausstieg des Bayerischen Rundfunks führte, wurde als nicht erkennbar dargestellt. Die Grenzverletzung zwischen Privatem und Öffentlichem war z.B. für den *Hörzu*-Kritiker nicht sichtbar:

> Trübe sieht es nur aus, wenn man diese Lysistrata als Maßstab nimmt für das, was im Deutschen Fernsehen erlaubt oder nicht erlaubt sein soll. Nimmt man sie als untragbar, wie es die Mehrzahl der Rundfunkanstalten getan hat, was wäre dann noch alles untragbar? Und was fiele dann künftig alles unter den Tisch? (*Hörzu* 6/61)

Kritisiert wurde vor allem, dass die Rundfunkanstalten nicht selbst zu einer Entscheidung – wie auch immer – standen, sondern sich auf die Instanz der für den Kinofilm zuständigen Freiwilligen Selbstkontrolle des Films (FSK) beriefen, der sie die Sendung vorführten.

> Zuerst „Pfui!“ rufen und „Das verstößt gegen unser Rundfunkgesetz!“ oder „Ich würde mich vor Weib und Kind schämen!“ und dann, wenn der Zuschauerzorn gefährlicher zu werden droht als das Stirnrunzeln christdemokratischer Anstoßnehmer, hinter der Freiwilligen Selbstkontrolle in Deckung gehen und die Ansagerin flunkern lassen: Die endgültige Fassung habe „einen Teil der gegen die Sendung erhobenen Bedenken ausgeräumt“ – so viel Anpassungsfähigkeit ist wahrlich nicht jedermann eigen. (*Der Spiegel* 5/61)

Das Argument des Anspruchs auf Teilhabe der Zuschauer an der Fernsehöffentlichkeit

Ein zweiter Argumentationsstrang stellte die Regelung in Frage, nach der sich einzelne Rundfunkanstalten nach eigenem Belieben aus dem Gemeinschaftsprogramm ausklinken können. Hier wurde ein übergeordnetes Recht der Zuschauer auf Teilhabe an einer bundesweiten gleichen Medienöffentlichkeit in Anspruch genommen und dieses Recht über die regionalen und parteipolitischen Bedenken gegenüber einer Sendung gestellt.

> Nun, das Recht, sich einer TV-Übertragung zu enthalten, steht jedem Sender rundfunkgesetzlich zu. Aber darf man von seinen verbrieften Rechten so unbedenklich Gebrauch machen? (...)
> Der Zuschauer ist nicht auf das Bayrische oder Hessische, er ist auf das Deutsche Fernsehen abonniert. Dessen Gemeinschaftsprogramm will er nach 20 Uhr sehen; es sei denn, man schriebe gerade Karneval und Köln wäre an der Reihe. Notwehrmaßnahmen verstehen sich immer von selbst. Wollte jeder Anstaltsleiter als Zar und Zensor schalten und alles, was ihm aus diesem oder jenem Gewissensgrunde mißbehagt, vom Programm streichen – was bliebe übrig? (*Der Spiegel* 5/61)

Das allgemeine Recht, eine Sendung bundesweit sehen zu dürfen, wurde über die Bedenken einzelner Kritiker und Programmverantwortlicher gesetzt. Das Recht öffentlicher Darbietung galt als höherwertig gegenüber den sittlichen

Bedenken einzelner Programmverantwortlicher, hier musste das Missfallen einzelner Zuschauer zurückgestellt werden.

> Solange die Wertvorstellungen auf keinen gemeinsamen Nenner zu bringen sind und die Leute nicht gelernt haben, dem Nachbarn mit anderen Ideen im Kopf das Leben zu gönnen, muß man die Pfiffe der Galerie schon in Kauf nehmen, wenn man den Beifall des Parketts will – und umgekehrt. Will man sich nur irgendwie und ohne Unbequemlichkeiten durchlavieren, so bleibt man keiner einzigen Wahrheit verpflichtet, und heraus kommt eine abgestandene Langeweile, die keinen Hund hinter dem Ofen hervorlockt. (*Die Zeit* 27.01.1961)

Auch die *Welt* verwandte sich energisch gegen derartige Eingriffe und formulierte ihren Einwand mit einem normativen Anspruch: In dieser Zeitung sei diese Frage wie nahezu überall dahin beantwortet worden, dass derlei nicht geschehen soll und darf (*Die Welt* 18.01.1961).

Grundsätzliche Kritik an der Intervention

Anders als bei der Diskussion um Interventionen bei Filmaufführungen in den Kinos, die noch in den fünfziger Jahren zu strikten Verboten geführt hatten, wurde beim Fernsehen ein mediales, strukturelles Argument eingeführt: Der Zuschauer sei ja nicht gezwungen, eine Sendung unbedingt sehen zu müssen, er können ja einfach abschalten, wenn ihm eine Sendung nicht zusage. Lenkende Eingriffe seien deshalb im Einzelfall nicht nötig, denn grundsätzlich sorgten ja die Programmgrundsätze und die öffentliche Kontrolle via Aufsichtsgremien für die Einhaltung der Normen. Eine solche Position verlängert nun die Kritik an dieser Intervention ins Grundsätzliche. Grundsätzlich sei von einem ‚mündigen Bürger' auszugehen, der selbst darüber zu entscheiden habe, was er sich anschaue.

> Dafür können sich die fünf Intendanten nicht erwärmen: gleich zwei gefährliche Tendenzen in einem Stück. Die eine moralisch und die andere politisch. Das ist zuviel. Die Intendanten übersehen in ihrem Zensureifer gern, daß jedes Fernsehgerät serienmäßig mit einem Knopf zum Abschalten ausgestattet ist. Der Zuschauer braucht keinen Vormund. Wenn ein Fernsehspiel in einem Teil der Bundesrepublik gezeigt werden darf, ist wohl anzunehmen, daß es nicht gegen die Jugendschutzbestimmungen verstößt. Die Sorge und Vorsorge der west- und süddeutschen Rundfunk-Intendanten ist also völlig unbegründet, zumal sich die Damen auf dem Fernsehschirm ihren Männern doch nur versagt haben. (*Stern* 52/1960)

Auch die *Welt* plädiert für den „mündigen Zuschauer":

> Wie man nun dazu stehen mag, das ist eine Meinung, die dem Zuschauer zur eigenen Entscheidung vorgelegt werden muß. Oder soll ein Mann wie Kortner mit seiner Meinung nicht zu Wort kommen? Alle Sender der Bundesrepublik sind nach ihren Statuten verpflichtet, der Verständigung zu dienen, zur sozialen Gerechtigkeit zu mahnen und zum Frieden und die demokratischen Freiheiten zu verteidigen. (*Die Welt* 12.12.1960)

Fazit: Streit um Lysistrata als erste Konzipierung der ‚Fernsehfreiheit'

Was war also geschehen? Der ARD-interne Konflikt um die Ausstrahlung einer Sendung und das Aussteigen des BR aus dem ARD-Programm wurde zum Anlass für eine grundsätzliche Erörterung der Dimensionen der Fernsehöffentlichkeit genommen und eine weitgehende „Fernsehfreiheit" (im Sinne der im Grundgesetz festgelegten „Pressefreiheit" und „Filmfreiheit") eingefordert. Dabei galten moralisch-sittliche Bedenken ebenso wenig wie politische und künstlerische. Als eine Grenzüberschreitung zwischen Privatem und Öffentlichem konnte der Gebrauch einiger ‚obszöner, Ausdrücke und die Verhinderung eines Beischlafs nicht gelten.

Der Konfliktfall wurde zum Anlass genommen, grundsätzlich über die Freiheit der ungehinderten, auch von einer Mehrheitsmeinung abweichenden Äußerung im Fernsehen zu debattieren und dabei den Freiheitsraum der Meinung im Fernsehen im Künstlerischen und Politischen weit zu stecken. Entscheidend war dabei auch, dass durchgängig ein Missverhältnis zwischen dem Anlass und der Intervention konstatiert wurde und das Argument einer moralischen und sittlichen Anstößigkeit als Camouflage anderer Kritikpunkte abgetan wurde. Dadurch entstand der Eindruck einer Unangemessenheit der Intervention.

6.8.2.2 Partielle Interventionsbestrebungen: *Wünsch Dir was* und *Millionenspiel* (1970-71)

Waren bei der *Sendung der Lysistrata* die Fronten noch unklar, weil die Grenzverletzung nicht richtig erkennbar war, so waren die Konfliktlagen bei der Sendung *Wünsch Dir was* sehr viel deutlicher ausgeprägt. Hier fühlten sich größere Zuschauergruppen in ihrem Normverständnis irritiert. Die Grenzen, was öffentlich darstellbar war, wurden für viele offenbar deutlich verletzt.

Von der Presse wurde vor allem auf empörte Zuschauer in Österreich verwiesen, nicht zuletzt weil es sich um eine koproduzierte Sendung (ORF/ZDF/SRG) handelte, bei der der ORF die Federführung hatte. Man berief sich auf diese Empörung, offenbar stellvertretend für eine nicht so deutlich erkennbare deutsche Irritation. Der *Münchner Merkur* schrieb:

> Die katholischen Elternverbände Österreichs wollen sogar, daß Schönherr nicht mehr in seiner Sendung auftrete: In einer bundesweiten Entschließung verlangen sie vom österreichischen Fernsehen, daß es sich von Dietmar Schönherr, der auch früher einmal die Ehe in Frage gestellt hatte, offiziell distanziert. Die öffentliche Meinung wollen die Elternverbände dadurch erkunden, daß über Dietmar Schönherr und die Präsentation seiner Sendung abgestimmt werden soll. (*Münchner Merkur* 13.11.1970)

Der *Münchner Merkur* stand dem Protest also schon etwas distanziert gegenüber. Denn die Institution der Ehe sahen katholische Elternverbände durch die Sendung in Frage gestellt, einer Sendung, die gerade auf Harmonie und Übereinstimmung der Familiemitglieder abzielte und diese in den Spielen positiv bewertete. Entscheidend war deshalb auch der Verweis, dass der Protest von den Verbänden, nicht unbedingt von einzelnen Zuschauern kam.

Wiederholt wurde auch vermutet, dass der Anlass der durchsichtigen Bluse, die die Tochter einer Kandidatenfamilie in der Show trug, nur dazu diente, eine letztlich politisch motivierte Ablehnung des Showmasters durch Teile der Presse zu forcieren. Um diesen Verdacht zu artikulieren, wurde eine Aussage der Betroffenen verwendet:

> Die grauäugige, 1.60 Meter kleine Leonie, die später Lehrerin werden will und sich in ihrer Freizeit im Judo-Kampf übt, schätzt den Wirbel um ihre hübsche Figur so ein: „Da wollen manche dem Schönherr eins auswischen, weil er sich im österreichischen Wahlkampf für die Sozialdemokraten stark gemacht hat." (*Stern* 50/70).

Der Meinung der jungen Frau wurde hier eine Beweiskraft zugewiesen, die sie letztlich nicht haben konnte, weil sie selbst darüber keine authentische Informationen haben konnte, sie aber als direkt Betroffene galt. Damit wurde auch der Vorwurf konterkariert, in der Sendung habe der Showmaster die junge Frau manipuliert (vgl. Kap. 6.6.1).

Die Forderung nach einer Zuschauerabstimmung der Unterhaltungsöffentlichkeit

Ironisch berichtete die *Neue Ruhr-Zeitung* über die Interventionsforderungen der katholischen Elternverbände, distanzierte sich aber durch die Verwendung des Begriffs „Gottesurteil" von der geplanten Kampagne.

> Mit einer Art „Gottesurteil" wollen nun allen Ernstes die katholischen Elternverbände Österreichs Dietmar Schönherr aus seiner Wünsch-Dir-was-Sendung hinausekeln. In einer Entschließung verlangen sie vom Österreichischen Fernsehen, daß es sich von Dietmar Schönherr, der die Ehe infrage gestellt habe, offiziell distanziere. (...)
> Die öffentliche Meinung, wollen die Elternverbände dadurch erkunden, daß nach dem Muster von „Wünsch Dir was" mittels eines Lichttestes über Dietmar Schönherr und die Präsentation seiner Sendung abgestimmt werden soll. Der Generalintendant des österreichischen Rundfunks (ORF), Gerd Bacher, hat diesem Ansinnen sogar stattgegeben und versprochen, bei der nächsten Wünsch-Dir-was-Sendung werde ein derartiger Lichttest vorgenommen werden. (*Neue Ruhr-Zeitung* 13.11.1970)

Die Intervention sollte mit sendungsspezifischen Interaktionsformen („Lichttest") durchgeführt werden. Damit ließen sich die Verbände bereits auf die Bedingungen des Mediums, also auf eine Spielform ein, die zwangsläufig wenig Aussicht auf Erfolg hatte, denn das Publikum, das die Sendung sah, sah sie ja, weil es sich von der Sendereihe in der Regel unterhalten fühlte.

> Kaum war der „Schock" („Wiener Express") über so viel Freizügigkeit überstanden, schossen die Moralhüter scharf: Beim nächsten „Wünsch Dir was" am 19. Dezember sollen alle Einwohner der Donaumetropole – auf Wunsch des „Katholischen Elternverbandes" – durch einen Lichttest über das Schicksal der Schönherrs entscheiden. Knipsen die Wiener während einer festgesetzten Testzeit zum größten Teil das Licht aus, wird das Quizmeister-Ehepaar von der Bühne verbannt. (*Stern* 50/70)

Das Interventionsbegehren wurde zu einem Mitspielereignis. Es blieb im Ergebnis erfolglos, die Sendereihe wurde fortgeführt.

Die Differenzierung der Publikumshaltungen

Deutlich verwiesen im Streit um *Wünsch Dir was* einige Zeitungen darauf, dass es zwar eine lautstarke, gegen die Sendung protestierende Minderheit gab, aber auch eine „leise Publikumsmehrheit":

> Nahezu jede bundesdeutsche Zeitung empörte sich nach dem letzten Wochenende, über eine Fernsehsendung, die sich als „Familienspiel" eingeführt hat und unter leiser Zustimmung des Publikums bisher fast – ein Dutzendmal über die Bildschirme ging. (*Kölner Stadtanzeiger* 30.03.1971)

Hier artikulierte sich also eine Auffassung vom Agieren unterschiedlicher Gruppen innerhalb der Öffentlichkeit. Protest war also nicht gleich Protest, es gab große, offenbar als zufrieden eingeschätzte Publikumsmehrheiten und kleine unzufriedene Gruppen, die den Eindruck erweckten, sie verträten die Mehrheit, es aber offenkundig nicht taten.

Einen weiteren größeren Konflikt um die Sendereihe bildete das Versenken einer Kandidatenfamilie in einem Auto, aus dem sich die Familienmitglieder selbst befreien mussten (vgl. zur Struktur der nachträglich in den Diskurs eingebrachten Informationen Kap. 6.6.1). Die Folge dieses ‚Zwischenfalls' war wiederum, dass Zuschauer eine Intervention forderten und die Ablösung des Showmasters verlangten. Die *Abendzeitung* machte sich zum Fürsprecher dieser Publikumsmeinung:

> 520 andere Seher griffen zum Telefon, weil sie um das Leben der Schweizerin Irene Dreyer fürchteten. Gebannt hatten sie mit Millionen anderer verfolgt, wie die Tür im versenkten Auto klemmte und ein Froschmann der Quizkandidatin zu Hilfe eilen mußte. Auch sie forderten: Schönherr muß weg. (*Münchner Abendzeitung* 30.03.1971)

Die Bedrohung der körperlichen Unversehrtheit wurde damit eindeutig als Interventionsfall angesehen. Umgekehrt wurde die Grenzüberschreitung, bei der Kandidaten etwas zugemutet wurde, was bis dahin in der Fernsehunterhaltung nicht üblich war, genutzt, um grundsätzlich das Problem der Reizakkumulation und Reizsteigerung in den Fernsehangeboten zu thematisieren. Diese mussten zwangsläufig zu Konflikten führen, weil die neue Unterhaltungsattraktion auf die Erwartung gängiger Konventionen in der Durchführung von Fernsehunterhaltung traf.

> Es ist doch nicht mehr so sehr weit bis zum „Millionenspiel“, in dem ein Mann für eine Million sich von einer eiskalten Killerbande jagen ließ – wenn hier schon acht Menschen für ein progressives Spiel im samstagabendlichen Familienprogramm ihren Kopf hinhalten müssen. Und wie, bitte schön, will Schönherr sich noch steigern, ohne immer mehr in die Nähe des Millionenspiels zu geraten? Schönherr ist ein Mann mit Verstand, der weiß, wie er die Popularität seiner Sendung durch ständige erhitzte Diskussion steigert. Aber hat er Herz, wenn er für seine Quizaufgabe so mit dem Leben seiner Kandidaten spielt? (*Funkuhr* 17.04.1971)

Die Diskussion zeigte, dass es hier offensichtlich zu einer Polarisierung der Zuschauermeinungen gekommen war, bei der Sendungsinnovationen, Grenzüberschreitungen und ein zugelassenes Risiko für die Kandidaten zu Widerstand führten. Gleichwohl hielten sich die Interventionswünsche in Grenzen. Sie erwiesen sich auch als von Verbänden gesteuert und wurden deshalb in der Öffentlichkeit nicht hoch bewertet. Eine Publikumsmehrheit nahm offensichtlich das Durchbrechen von Unterhaltungskonventionen nicht nur hin, sondern sah diese offenbar als wünschenswert an. Nicht jede Androhung einer Intervention stieß also auf breite öffentliche Zustimmung.

Um Wolfgang Menges Fernsehspiel *Das Millionenspiel*, das durch die Inszenierung suggerierte, eine Unterhaltungsshow mit einem Preisgewinn von einer Million DM beim Einsatz des eigenen Lebens zu sein, entstand ebenfalls eine öffentliche Debatte. Wieder wurde auf die unterschiedlichen Teilpublika verwiesen. Die *Bild-Zeitung* operierte mit Leserzuschriften, die mit dem Topos der Wechselhaftigkeit von Publikumsmeinungen verbunden wurden:

> „Heute regen sich alle Leute über das Spiel auf. Morgen warten alle gespannt auf die nächste Folge.“ Schülerin S. H., Hamburg (*Bild* 29.10.1970)

Entsprechend einer alten journalistischen Praxis erlaubte der Einsatz von Leserbriefen, ganz konträre Meinungen gegeneinander zu stellen, ohne selbst Position beziehen zu müssen.

> „Das ist etwas für den Staatsanwalt. Das geht entschieden zu weit, denn das ist bestellter Mord für Geld.“ H. Semmelhaak, Elmshorn (*Bild* 20.10.1970)

Grundsätzlich wurde jedoch der Konfliktfall, dass ein Kandidat sein Leben für eine Million DM aufs Spiel setzte, öffentlich nicht ausführlich debattiert, weil der fiktionale Charakter der Sendung erkannt wurde. Auch die Äußerungen des Senders, es hätten sich mehrere Zuschauer gemeldet, um als Kandidaten für eine nächste Spielrunde aufzutreten, änderte offensichtlich nichts daran, dass die Sendung mehrheitlich der Fiktion zugeordnet wurde. Die *Hörzu* thematisierte die Fiktionalität, die allein der Grund für den Verzicht auf Intervention war.

> Empörung ist angebracht. Aber wogegen? Nicht jedenfalls gegen das Spiel von Wolfgang Menge. Das ist Schock und Warnung zugleich. Wohl aber gegen die Doppelbödigkeit unserer Moral, gegen die Kräfte der Abstumpfung, gegen die Barbarei in uns. Wenn das Mordspiel Wirklichkeit würde, hätte unsere Gesellschaft ihr einziges wirklich bedeutendes Spiel verloren, jenes nämlich, in dem es um den Sieg der Menschlichkeit geht. (*Hörzu* 42/70)

Fazit der Debatte um Wünsch Dir was *und* Millionenspiel

Kennzeichen der Veränderung des Diskurses Anfang der siebziger Jahre war, dass jetzt nicht mehr von einer einheitlichen Haltung des Publikums ausgegangen wurde, sondern in der Diskussion von in der Gesellschaft vorhandenen unterschiedlichen Normen und Werten ausgegangen wurde. Die Empörung einer Teilgruppe der Gesellschaft schien nicht mehr ausreichend, eine allgemeine Intervention zu legitimieren. Um eine solche zu erreichen, durfte ein Sendungsereignis nicht nur von einer Gruppe als Grenzverletzung gesehen werden, sondern musste von mehreren (politisch einflussreichen) als solches eingeschätzt werden. Auch der Umstand, dass die körperliche Unversehrtheit bei der Spielepisode des Autoversenkens in Frage gestellt wurde, führte nicht zu einer Durchsetzung von Interventionen.

Der Ruf nach dem Staatsanwalt als einer Interventionsinstanz wurde zwar in den Diskussionen der verschiedenen Sendungen stereotyp weiter erhoben, blieb jedoch zunehmend folgenlos und wurde damit zu einer rhetorischen Ausdruckssteigerung der Empörung entwertet.

6.8.2.3 Bewusst gesuchte Grenzverschiebung: *Nicht der Homosexuelle ist pervers, sondern die Situation, in der er lebt* (1973)

Die Konflikte der sechziger und siebziger Jahre bedienten sich verwandter Argumentationsmuster, vor allem dahingehend, wie Interventionen als notwendig begründet wurden. Es hatten sich zwei Auffassungen herausgebildet: eine eher konservative, ‚bewahrpolitische' Sicht, die beim Abweichen von tradierten Konventionen der Sittlichkeit und Moral nach Reglementierung, Sanktionen der Aufsichtsgremien, Kontrolle des Staates durch ein Eingreifen des Staatsanwalts riefen und ankündigten, dieses Verlangen durch Boykottandrohungen, Unterschriftensammlungen etc. zu unterstützen. Hier spielten die in früheren Zeiten zumeist aus den süddeutschen und nordrheinwestfälischen Provinzstädten initiierten Kampagnen (etwa der Aktion „Saubere Leinwand") gegen einzelne Filme (*Das Mädchen Rosemarie*, *Das Schweigen*, *491* etc.) eine prägende Rolle. Dagegen stand eine eher liberale Sicht, die vor allem in den Großstädten beheimatet und stärker bei jüngeren als bei älteren Menschen vertreten war. Aus dieser Sicht heraus wurde für mehr Offenheit plädiert und nicht immer gleich eine sittliche und moralische Entgleisung gesehen, wenn einmal eine nackte Brust auf dem Bildschirm erschien.

Diese Aufspaltung der öffentlich artikulierten Moralvorstellungen führte zu deutlich unterschiedlichen Bewertungen in den öffentlichen Äußerungen über konfliktträchtige Sendungen, wobei die veröffentlichte Meinung mehrheitlich der liberaleren Auffassung zuneigte.

Veranstalterinterne Interventionen

Dass sich der BR bei der Ausstrahlung von Rosa von Praunheims Film ausschaltete, führte dazu, dass sich die liberalen Stimmen darin bestätigt sahen, es mit einer unzulässigen Intervention zu tun zu haben. In der Diskussion wurde besonders die Tradition dieser „Ausschaltungen" des BR aus dem ARD-Programms hervorgehoben.

> Womit die CSU der CDU nur drohte, das ist im Fernsehen keine Seltenheit: ein Abfall Bayerns. Als bisher einzige ARD-Anstalt pflegt sich der Bayerische Rundfunk immer wieder mal aus dem Gemeinschaftsprogramm auszublenden.
> In diesen Tagen schaltet der Freistaat gleich doppelt ab. Bayrischen Kindern soll die Vorschulserie Sesamstraße (seit Montag im Bundes-Norden) verborgen bleiben, mündigen Bayern der Rosa-von-Praunheim-Film „Nicht der Homosexuelle ist pervers, sondern die Situation, in der er lebt" (am nächsten Montag). Im Fall der „Sesamstraße" bleibt erstmals auch das übrige Süddeutschland blind. Für Samstag dieser Woche haben die Bayern überdies der ganzen Republik ein traditionelles TV-Vergnügen genommen – die jährliche Übertragung von der Münchner Lach- und Schießgesellschaft fällt aus. Programmtitel diesmal: „Der Abfall Bayerns".
> Die Zurück-Haltung ist nur legal: Das Landesrundfunkgesetz fordert Sendungen, die der Eigenart Bayerns gerecht" werden und das sittliche Gefühl" des Stammes schonen. (*Der Spiegel* 2/73)

Der Spiegel führte eine Beispielkette von Eingriffen der Leitung des BR in das Programm an, wobei die Absetzung des Praunheim-Films nur eine von vielen war. War der Verweis auf das Rundfunkgesetz beim *Spiegel* eher ironisch gemeint, so meinte ihn die *Abendzeitung* durchaus ernst.

> Ein Fernsehdirektor kann sich so was leisten, muß das vielleicht sogar – da er das Landes-Rundfunkgesetz mit Sicherheit kennt, in dem vom „sittlichen Gefühl" die Rede ist; aber auch davon, daß Sendungen „der Eigenart Bayerns gerecht" zu sein haben. (*Münchner Abendzeitung* 17.01.1973)

Auch die *Katholischen Nachrichten* fanden die Absetzung der Sendung durchaus berechtigt:

> Was auch immer die Verantwortlichen der Intendantenkonferenz bewogen haben mag, ihre, wie es auch heute noch scheint, wohlbegründeten Bedenken gegen eine Ausstrahlung des Praunheim-Streifens binnen Jahresfrist zu revidieren, es scheint

> nach „vollbrachter Tat“ mehr als bedenklich. Auf Argumente der Rechtfertigung wird man deshalb gespannt sein dürfen. Klar zu seinem Veto stand ausschließlich der Intendant des Bayerischen Rundfunks. Im Bereich dieses Senders fand Praunheim nicht statt. Einige mokante Anmerkungen des „Monitor“-Moderators Casdorff hierzu vor Sendebeginn sprachen für sich – und für den Bayerischen Rundfunk. (*Katholische Nachrichten* 17.01.1973)

Kunst oder Moral und die Mündigkeit der Zuschauer

Als Argument für oder gegen die Absetzung wurden nicht sittliche oder moralische Argumente vorgetragen, sondern künstlerische Bedenken bzw. es wurde darauf verwiesen, dass hier ein Strafantrag gestellt wurde und ein derart inkriminierter Film nicht im öffentlich-rechtlichen Hauptprogramm gezeigt werden dürfe.

> Gegen den Film ist nämlich eine Strafverfahrensuntersuchung bei der Generalstaatsanwaltschaft in Köln anhängig. Deren Ergebnis hätte in jedem Falle abgewartet werden müssen. Niemand der Fernsehverantwortlichen wird sich damit herausreden können, daß dies nicht bekannt sei. Der Erzbischof von Köln, Kardinal Joseph Höffner, hatte zuletzt zwei Tage vor der Sendung auf diesen Sachverhalt hingewiesen und sich in aller Form dagegen verwahrt, daß der Film trotz des schwebenden Verfahrens nicht vom Programm abgesetzt wurde. (*Katholische Nachrichten* 17.01.1973)

Wieder wurde der Vorwurf der Unmoral mit dem der mangelnden Qualität in künstlerischen Gestaltungsfragen verbunden. Diese Verbindung wurde jedoch zurückgewiesen:

> Doch nunmehr, bei diesem „Abfall von Bayern“, tauchten reichlich befremdende Formulierungen auf, wie etwa „künstlerisch nicht befriedigend“, oder gar „mit dem künstlerischen Gewissen nicht zu vereinbaren“. (*Münchner Abendzeitung* 17.01.1973)

Gegenüber den Interventionen wurde von der Kritik der Respekt vor der Mündigkeit des Zuschauers eingeklagt. Die Zuschauer könnten beanspruchen, selbst darüber entscheiden zu wollen, was ihnen zugemutet werden kann und was nicht.

> Protestiert haben auch die bayerischen TV-Zuschauer. Aber aus anderen Gründen: Sie bekamen den Film erst gar nicht zu sehen. Bekanntlich hat sich der Bayerische Rundfunk ausgeschlossen, als es galt, den Homo-Streifen vom Dritten Programm des WDR (am 31. Januar 1972) ins Abendprogramm der ARD zu übernehmen. „Sind wir nicht mündig?“ fragten die Bayern. (*Hamburger Morgenpost* 17.01.1973)

Hier etabliert sich ein Verständnis vom Fernsehen als einem weitgehend unzensierten Kommunikationsraum, in dem auch Randpositionen zu Wort kommen dürfen und nicht nur Positionen der breiten Mehrheit.

Eine breitere Diskussion entzündete sich dann vor allem an einer Fernsehdiskussion im Anschluss an den Film. Hier ließ sich argumentationsstrategisch besser operieren, weil man nicht auf den Film und seine mögliche Grenzverletzung konventioneller Verhaltensformen und der Thematisierung gleichgeschlechtlicher Liebe eingehen musste, sondern diesen Aspekt politisieren konnte, denn in der fiktionalen Thematisierung von Homosexualität wurde ein Moment von Gesellschaftsveränderung gesehen.

> Die anschließende Diskussion verlief, wie heute fast alle „emanzipatorischen" Diskussionen in Westdeutschland verlaufen: Eine kompakte Masse von (in diesem Falle homosexuellen) Systemveränderern betete ununterbrochen die pseudosoziologischen, anarchokommunistischen Spruchbänder her, und der einzige Mann aus dem Publikum, der das zu kritisieren wagte, wurde als „heterosexuelles Arschloch, das nichts versteht", beschimpft, ohne daß der Moderator eingriff. Angeblich anwesende medizinische Experten hüllten sich in totales Schweigen. Zwei Bonner Politiker übten sich in exzessivem Liberalismus, wurden aber trotzdem mit Spott und Hohn überschüttet und dazu auch noch vom Moderator getadelt, weil sie angeblich nicht zur Sache sprächen. „Die Sache" – das war eben „Systemüberwindung mittels Homosexualität". (*Die Welt* 17.01.1973)

Nicht das Ereignis selbst, sondern die Herstellung einer Öffentlichkeit innerhalb des Fernsehens über eine Sendung wurde hier zum Thema in der Presse. Unterstellt wurde, dass die Fernsehöffentlichkeit selbst keinen wirklich offenen Raum und eine unbeeinflusste Diskussion zustande kommen ließ, sondern diese beeinflusst sei. Dagegen wandten sich andere Diskursteilnehmer. Dass innerhalb dieser Fernsehöffentlichkeit die Rechtswahrer ein schlechtes Bild abgaben, lag, wie die *Süddeutsche Zeitung* schrieb, vor allem an deren „hilfloser Argumentation" (*Süddeutsche Zeitung* 17.01.1973): „Sie machten sich zur Zielscheibe des Spotts der Frustrierten, die sich zu einem Dank dafür nicht durchringen mochten, nicht mehr als gemeine Kriminelle behandelt zu werden" (ebd.). Die Polarisierung, zu der es in dieser Diskussionssendung kam, setzte sich in der Reaktion auf diese Diskussion außerhalb des Fernsehens fort.

Entscheidend an der Behandlung dieser konfliktreichen Sendung war, dass die Thematisierung von Homosexualität als ein Politikum verstanden wurde. Es war deshalb ein Tabubruch, weil über Homosexualität im Fernsehen bislang geschwiegen wurde. Die Grenzverletzung, das öffentliche Verhandeln eines bislang verschwiegenen, als privat geltenden Phänomens, galt den einen als illegitime, den anderen als eine notwendige und längst fällige Veränderung der gesellschaftlichen Bewertung von Sexualität.

6.8.2.4 Die Verschiedenheit der Tabubrüche: *Die letzte Station* (1971)

Eine ganz andere, ebenfalls bewusst gesuchte Verschiebung der Grenzen zwischen dem Privaten und dem Öffentlichen betrieb 1971 die Sendung *Die letzte Station*, indem sie das Sterben zu einem öffentlichen Thema machte.

Interventionen und Verbote wurden nicht gefordert. Die Empörung wurde als eine „innerliche" (*Süddeutsche Zeitung* 02.10.1971) oder auch als eine zwiespältige empfunden, weil sie als „angeheizt" wahrgenommen wurde:

> Wie schon vor der Sendung würde man jedoch auch auf die nachgelieferten Sensationen nicht lange zu warten brauchen: Entrüstung darüber, daß man am Beispiel von sterbenden Menschen unser aller Verhältnis zu Leben und Tod durchdenkt, Entrüstung über die Indiskretion und die Verletzung jener Intimsphäre, die freilich oft genug nicht mehr ist, als die unmenschliche Einsamkeit, in die wir Alte und Kranke zum Sterben so diskret verbannen. Kann die bereits angeheizte Empörung über diesen herausfordernden Film nicht auch aus dem schlechten Gewissen kommen, wie so mancher heuchlerischer Pomp auf Friedhöfen auch? (*Süddeutsche Zeitung* 05.10.1971)

Bei dieser Sendung zeigte es sich, dass die Frage nach den Interventionen bei möglichen Grenzverletzung im Fernsehen unterschiedlich gehandhabt wurde – je nach der Art der Grenzverletzung. Konfliktträchtig waren die Grenzverletzungen im Bereich der Darstellung des Sexuellen. Sie waren und blieben „anstößig", bei ihnen trafen immer wieder die unterschiedlichen sittlichen und moralischen Normvorstellungen aufeinander, gerade auch weil es sich um ohnehin immer sehr ambivalent gehandhabte Tabus der Gesellschaft handelte.

Bei der Darstellung des Sterbens war ein anderes Tabu berührt worden, das mit der Verdrängung des Todes zu tun hat. Hier spielten tief wurzelnde Ängste vor dem Ende des Lebens eine Rolle. Deshalb erschien es unangemessen, hier Eingriffe, Sendungsabsetzungen, Verbote zu fordern, es war so, als würde man damit das Sterben verbieten wollen.

Es ist deshalb kein Zufall, dass die Thematisierung von Grenzverletzungen zwischen dem Privaten und dem Öffentlichen immer wieder die Darstellung des Sexuellen und des nackten Körpers betraf.

6.8.3 Zunehmender Interventionsverzicht in den achtziger Jahren

6.8.3.1 Die Provokation durch die Selbstinszenierung der Zuschauer: *Arena* (1982)

Die Tabuverletzung im Kontext der SFB-Sendung *Arena* (1981) (vgl. Kap. 6.4.4) unterschied sich grundsätzlich von den bis dahin aufgetretenen Konflikten, als es sich hier nicht um eine von den Sendungsmachern gewollte Provokation handelte, sondern das Fernsehen hier von mitwirkenden Zuschauern als ein Forum genutzt wurde. In der Diskussionssendung, die mit Publikumsbeteilung in einem Studio stattfand, zog sich eine Zuschauerin spontan aus.

Die Provokation lag in zweierlei: zum einen darin, dass hier ein Teil des Saalpublikums sich nicht an die Spielregeln einer solchen Sendung hielt, sondern sich selbst inszenierte, zum anderen darin, das sich eine *ältere* Frau öffentlich nackt auszog und damit die gemeinhin geltenden Schamgrenzen bewusst verletzte. Diese doppelte Provokation führte zu öffentlichen Forderungen, dass ein solches Verhalten unterbunden und verhindert werden müsse.

Moral als Kampfplatz politischer Gegensätze

Wieder waren es vor allem die organisierten Interessengruppen, die sich protestierend zu Wort meldeten. Das Zur-Schau-Stellen eines nackten Körpers wurde als „obszön" verstanden, dabei wurde auf eine dokumentarische Sendung des NDR, die ca. zwei Jahre zurück lag, Bezug genommen. Das vom Fernsehen mit dieser Dokumentation eingebrachte Thema der Obszönität wurde nun auf das Fernsehen selbst angewandt, wobei die – von den Fernsehanstalten ja nicht geplante, sondern nur erduldete – Aktion der Entkleidung in der Diskussionssendung gegen das Medium gewendet wurde :

> Gegen die „Arena"-Sendung vom vergangenen Dienstag über die „neuen Nackten" hat die Aktion Funk und Fernsehen e.V. bei BR-Intendant Reinhold Vöth sowie den Rundfunkratsvorsitzenden von BR und SFB protestiert. In den Schreiben heißt es unter anderem, daß seit dem NDR-Beitrag „Obszönität als Gesellschaftskritik" vom 03.11.79 „nichts so Widerwärtiges mehr über den Bildschirm gelaufen" sei und die Mehrheit der Zuschauer ein Recht habe, gegen solche „Provokationen einer Minderheit und eine so schwerwiegende Verletzung ihrer religiösen und sittlichen Gefühle geschützt zu werden". (*Münchner Merkur* 16.09.1982)

Der Konflikt wurde dadurch besonders sichtbar, dass in der Sendung eine Pfarrersfrau saß, die sich über diese „Schamlosigkeiten" empörte. Im Grunde war eine ideale Sendung zustande gekommen, in der zwei konträre Auffassungen über gesellschaftliche Normen aufeinander trafen und damit dem Publikum beide Versionen als einen Impuls anboten, sich selbst dazu zu verhalten und darüber eine eigene Einschätzung zu gewinnen.

> Die 29jährige Pfarrersfrau Elisabeth Motschmann, Mitglied der Diskussionsrunde, gab gestern folgende Stellungnahme ab: „Einige Teilnehmer der Sendung boten derartig verletzende Schamlosigkeiten, daß ich hin- und hergerissen war, ob ich das Studio demonstrativ verlassen sollte. Ich bin geblieben, weil ich überzeugt war, daß ich nicht nur meinen Protest, sondern auch die Empörung vieler Zuschauer zum Ausdruck bringen mußte. Es ist beschämend, was in unserem Fernsehen möglich geworden ist. Es scheint keine Tabus mehr zu geben. Auch der obszöne Mißbrauch unserer Nationalflagge in dieser Sendung war skandalös. Wir können

> dagegen nicht laut genug protestieren und dürfen das Feld nicht gewissen Sexual-Chaoten kampflos überlassen." (*Berliner Morgenpost* 09.09.1982)

Die Darstellung der Nacktheit durch eine einzelne ältere Frau wurde umgedeutet in eine Aktion einer gesellschaftlichen Gruppe, als eine Kampagne mit dem Ziel der Destruktion gesellschaftlicher Werte. Diese Verallgemeinerung wurde durch eine Verkoppelung nahe gelegt: die Entkleidung einer Frau im Saalpublikum wird mit einem nicht-respektvollen Umgang mit der Nationalfahne verbunden, wobei die Anstößigkeit beider Aktionen kombiniert wurde: von der Nacktheit nahm man die ‚Obszönität' und vom Fahnenspiel den ‚Missbrauch'. Aus beidem wird ein „obszöner Missbrauch", der sanktionsbedürftig sei. Damit wird auch die Nacktheit in einen politischen Kontext gerückt. Sofort bildeten sich die bewährten politischen Konfliktlinien heraus:

> Rückendeckung bekommt Frau Motschmann von der „Aktion Funk und Fernsehen e.V." aus Köln. Der Vorsitzende hat bereits schriftlich beim Rundfunkrat des SFB Protest eingelegt. Briefauszug: „Kinder sind in der Sendung entgegen der Schutzvorschrift von Art. 6 des Grundgesetzes gegen ihre Eltern aufgehetzt worden – ‚Schaut fleißig zu, wenn eure Eltern bumsen'!" Weiter heißt es: Wir haben das Recht, gegen so schwerwiegende Verletzungen unserer religiösen und sittlichen Gefühle geschützt zu werden. (*Bild am Sonntag* 12.09.1982)

Hier zeigt sich ein deutliches Schema derartiger Diskursverläufe. An die Verschärfung des Konflikts durch eine Teilnehmerin des Sendungsereignisses im Anschluss an die Sendung in einer Zeitung knüpften andere Diskursteilnehmer an, die sich nun nicht mehr auf die Sendung bezogen, sondern nur auf die Darstellung der Teilnehmerin. Um eine Intervention seitens des Rundfunkrates zu provozieren, wurde eine weitere Umdeutung des Ereignisses vorgenommen und auf eine Jugendschutzbestimmung hingewiesen, die angeblich verletzt worden sei.

Die *Frankfurter Allemeine Zeitung* zog die Linien der kontroversen Positionen in der *Arena*-Sendung nach. Aus ihrer Sicht war die Diskussion ein Beispiel für die nicht vorhandene Toleranz gegensätzlicher Meinungen, wobei sie vor allem kritisierte, dass den konservativen Positionen nicht der nötige Respekt entgegen gebracht wurde.

> Und als der katholische Theologe und heftiger noch die evangelische Pfarrersfrau Elisabeth Motschmann, die tapfer „im Namen vieler" darauf bestand, zu verurteilen, was sie für schamlos, und zu verteidigen, was sie für natürlich ansah – als diese beiden erst einmal als Opfer erkannt waren, wurde endgültig zum Halali geblasen. Unruhe schließlich allenthalben, Konfusion, Empörung. Es war eine Lehrstunde in angewandter Toleranz, wie nützlich. (*Frankfurter Allgemeine Zeitung* 09.09.1982)

Fazit: Aufgebauschte Konflikte führen zur Abschwächung der Interventionsbereitschaft

Der Skandalisierungsverlauf (spontane Aktion einer Zuschauerin, Empörung einer Pfarrersfrau, Widerspruch der anderen Diskussionsteilnehmer, Beistand durch einen Theologen, Medienbericht, Unterstützung durch die konservative Zuschauerorganisation *Funk und Fernsehen e.V.)* führte nicht zu Interventionen, weil es sich beim Ausgangspunkt nicht um eine gravierende Grenzverletzung handelte, sondern um eine eher spielerische Provokation, so wie sie sich vergleichsweise zur gleichen Zeit in den Großstädten auf den Stadtwiesen ereignete, auf denen sich Sonnenbadende bei schönem Wetter längst nackt auszogen. Die eigentliche Provokation bestand darin, dass es sich nicht um junge Menschen handelte, hier also nicht das aus den Medien (insbesondere der Werbung) längst traktierte Bild des schönen jungen Körpers handelte, sondern um die Darstellung des alten (und offenbar unerotischen) Körpers, und dass gerade daraus der Vorwurf der „Obszönität" abgeleitet wurde. Implizit bedeutete dies, dass eine ausgestellte Erotik und Sexualität eher akzeptiert wurde als die bloße Nacktheit.

Unter dem Aspekt der Intervention ist auffällig, dass weniger nach Interventionen staatlicher Einrichtungen verlangt, sondern dass der individuelle Widerstand propagiert wurde. So blieb Frau Motschmann trotz ihrer Empörung im Studio, um dieser Nachdruck zu verleihen und ihrem Anliegen damit auch eine Öffentlichkeit zu verschaffen. Der Ruf nach einer Intervention, wie er von der *Aktion Funk und Fernsehen* ertönte, war auch deshalb abwegig, weil es sich um eine spontan ausgeführte Aktion einer Zuschauerin handelte, nicht um ein längerfristig angelegtes Sendungskonzept. In der Folgezeit organisierte der Sender jedoch die Sendung um und verzichtete auf ein Saalpublikum. Der *Arena*-Zwischenfall wurde zum Vorboten für die Praxis, das Fernsehen auch als Medium der Selbstinszenierung durch die teilnehmenden Zuschauer zu nutzen.

6.8.3.2 Banalisierung der öffentlichen Unterhaltung: *4 gegen Willi* und *Donnerlippchen* (1986-88)

Konflikte entstanden auch um die Unterhaltungssendung *4 gegen Willi* mit Mike Krüger und *Donnerlippchen* mit Jürgen von der Lippe. Moniert wurden vor allem der Verstoß gegen die körperliche Unverletzbarkeit (vgl. Kap. 6.6.3). Widerspruch erregten auch die Zerstörungen der Studiorequisiten und ein Bruch mit den Konventionen der Fernsehunterhaltung. Die *Frankfurter Allemeine Zeitung* fand den Vorgang „unfair und skandalös" (*Frankfurter Allgemeine Zeitung* 24.10.1988). Zwar wurde damit noch keine Grenzverletzung hin zum Privaten betrieben, auch wenn es als nicht üblich galt, öffentlich Sachwerte zu demolieren. Das Entscheidende war, dass hier im Fernsehen eine Provokation gesucht wurde.

Szenen wie diese empören nicht nur die Zuschauer. Auch Showmaster-Kollegen finden es gar nicht so lustig, wenn in Quiz- und Spiel-Shows mal ein Auto zertrümmert, mal eine Wohnung demoliert wird, Schlammschlachten veranstaltet oder Kandidaten, wertvolle Gewinne vor Augen, mit nutzlosem Tand abserviert werden. (*Hörzu* 15/87)

Mit der gesuchten Provokation verstießen die Sendungsmacher gegen die Normen des Schicklichen. Noch galten Formen der Höflichkeit und des Sich-Achtens im öffentlichen Miteinander, die nicht unterlaufen werden durften. Indem sich Jürgen von der Lippe und Mike Krüger darüber hinweg setzten, sich betont geschmacklos gaben, provozierten sie und begannen damit auch mittelfristig die Regeln des öffentlichen Auftretens zu unterminieren. Die Sendung erwies sich gerade in diesem neuen Umgang mit den Kandidaten als erfolgreich, was den ARD-Programmbeirat nicht an einer heftigen Kritik der Sendung hinderte.

Die Spielshow „4 gegen Willi" ist im ARD-Programmbeirat heftig kritisiert worden. Die von Mike Krüger moderierte Samstagabendsendung bietet nach Ansicht des ARD-Beratungsgremiums unter anderem schwerfällige Unterhaltung, dümmlichen Humor und nervende Sprechweisen. Allerdings passe sich „4 gegen Willi" damit der sonstigen Abendunterhaltung an, berichtete der Vorsitzende des ARD-Programmbeirats, Prof. Ulrich Hommes, über die geäußerte Kritik im Rundfunkrat des Bayerischen Rundfunks (BR). Die Show wird vom BR produziert. Hommes selbst hält Verbesserungen für „notwendig und machbar". *(Tagesspiegel* 07.03.1987)

Die Kritik argumentierte mit Geschmacksurteilen. Interventionen gegen Geschmacklosigkeit ließen sich jedoch nicht leicht fordern, weil es keinen festgeschriebenen Code des Geschmacks gab und auch nicht geben konnte. Die *Zeit* forderte deshalb „Nichtbeachtung", also ein Ignorieren dieser Sendungen, schrieb jedoch selbst mehrfach über sie.

Kritik daran fällt nicht schwer. Sie braucht bloß auf überkommene Vorbehalte zurückzugreifen. Solche, die gerne von „Wert", „Geschmack" und „Niveau" sprechen und das Unterhaltsame nur schlechten Gewissens zugestehen. Die alte Kulturgemeinde straft das Lecker-Locker-Leichte am Liebsten durch Nichtbeachtung. (*Die Zeit* 14.08.1987)

Es handelte sich um eine schleichende Veränderung der Verhaltensnormen, wie man sich im öffentlichen Raum im Fernsehen zu geben hatte, wie andere Menschen behandelt wurden und was man sich zumuten lassen durfte. Letztlich ging es auch um Bloßstellungen der Kandidaten. Diese wurden zu Objekten der Entertainer gemacht, wehrten sich aber nicht dagegen, sondern spielten das Spiel freiwillig mit.

Fünf Folgen gab es bislang. Es hagelte Proteste. Intern im Sender, von den Zuschauern, von der Presse. Obendrein gab es noch die „Saure Gurke", den von der

> Gruppe „Frauen in den Medien" vergebenen Wanderpreis für die frauenfeindlichste Sendung des Jahres 1986. Preiswürdig war: Eine Kandidatin mußte durch eine Röhre über die eingeölten Leiber einer fast nackten Eishockey-Mannschaft krabbeln. „Die Jungs gucken schon ganz gierig", hatte Krüger kommentiert. In einer anderen Sendung mußte eine Frau mit einem Wildschwein um die Wette laufen. Das Schwein war schneller. (*Die Zeit* 16.10.1987)

Gerade in dieser Freiwilligkeit lag jedoch ein entscheidendes Moment, weil die Kandidaten nicht gegen ihren Willen zu Objekten gemacht wurden, sondern diese Rolle auch suchten.

Zwar wandten sich auch zahlreiche Zuschauer gegen diese Form einer als verdummend empfundenen Unterhaltung, gleichzeitig fand jedoch ein breites Publikum an dieser Unterhaltung Gefallen und bescherte der Sendung hohe Einschaltquoten.

Die Grenzüberschreitung war auf einem niedrigen Niveau angesiedelt, die Konflikte hielten sich in Grenzen, Interventionen wurden nur in geringem Maße gefordert. Die Abnahme von Interventionsforderungen, die an die Gremien und Aufsicht führenden Instanzen gerichtet waren, steht für eine schleichende Anpassung an veränderte Normen der Unterhaltung.

6.8.3.3 Interventionsverzicht: „Erotische Programme" (1988-1990)

Mit der Diskussion von Softpornos und Sexmagazinen gerieten erstmals die privatrechtlichen Anbieter in die öffentliche Debatte um die Veränderung von Privatheit und Öffentlichkeit. Als ein Mittel zur Gewinnung neuer Marktanteile diente die Erkundung neuer Marktnischen in den Programmen, die von den öffentlich-rechtlichen Anbietern nicht besetzt waren.

Es entstand in der publizierten Öffentlichkeit der Eindruck, als müsse man diese Sendungen hinnehmen und könne nicht gegen sie einschreiten. Zwar intervenierten die Landesmedienanstalten, aber offensichtlich mit wenig Erfolg, erst in späteren Produktionsstaffeln wurde die Darstellung der Sexualität abgeschwächt. Im öffentlichen Diskurs wurde diese Intervention jedoch wenig sichtbar. Statt dessen entstand der Eindruck mangelnder Eingriffsmöglichkeiten.

> Die mürrische Bayerische Landeszentrale für neue Medien hat neulich mal wieder vergebens verlangt, die „viel gescholtenen erotischen Programme" und alle „geschmacklosen" Beiträge zu unterlassen. (*Der Spiegel* 24.07.1989)

Nicht einmal die Betreiber dieser Programme schienen offenbar etwas gegen diese Sendungen unternehmen zu können:

> Dies wäre auch ein Herzenswunsch des RTL-plus-Großaktionärs Bertelsmann, der „Ein verrücktes Freudenhaus" und ähnliche Unzucht zutiefst verabscheut und den Pornograph von Luxemburg, Senderchef Helmut Thoma, am liebsten unverzüglich loswerden würde. (*Der Spiegel* 24.07.1989)

Das war ein paradoxes Argument, das im weiteren Diskursverlauf jedoch nicht weiter erörtert wurde. Ökonomische Erwägungen waren offenbar wichtiger als die moralischen Skrupel selbst des „Großaktionärs Bertelsmann“, und wenn nicht er, wer sollte sonst noch etwas gegen diese anstößigen Sendungen unternehmen können. Es wurde ein Fatalismus erzeugt: Das unausgesprochene Primat des Ökonomischen war dominant, wurde aber in der öffentlichen Diskussion nirgends wirklich in einen scharfen Kontrast zur Moral gesetzt. In der Diskussion wurde immer wieder nur der Effekt, die Haltung, man könne nichts machen, thematisiert.

Selbst der Protest der Interessenverbände blieb offenbar weitgehend erfolglos, und dieser Eindruck bestärkte den Fatalismus, man könne aus letztlich ökonomischen Gründen gegen diese Sendungen nichts ausrichten.

> Selbst in den warmen Sommermonaten ließen sich montags, kurz vor Mitternacht, rund eine Million Zuschauer noch mal richtig einheizen So hüllen- und schamlos wie im „Männermagazin“ auf RTL plus geht es sonst nirgends auf deutschen Fernsehkanälen zu. Proteste von Frauenverbänden oder dem Kinderschutzbund haben den Sender bislang nur bewogen, „M“ von dem einst früheren auf den späteren Termin zu verschieben. (*Stern-TV* 42/1989)

Der Ökonomismus in der Argumentation bediente sich der alten Legitimation der Publikumsnachfrage. Weil diese derartige Fernsehangebote sehen wollte, könnte man dagegen nicht intervenieren, schließlich sei es ja auch etwas ganz Alltägliches, was dort zu sehen sei. Eine Gleichsetzung der Darbietung von Sexualität im Fernsehen und sexuellen Begierden der Zuschauer im Alltag ließ eine Intervention fragwürdig erscheinen. Damit wurde der moralische Konflikt negiert. Der *Stern* sah es als das Selbstverständlichste an, was hier geschah. Damit wurde die Empörung für gegenstandslos erklärt.

> Brauchte man früher in der erotischen Praxis Mut und Phantasie und einen Partner, genügen heute beim TV-Schauen ein bequemer Fauteuil und was Anregendes zum Trinken. Die Welt und die Mieder stehen uns offen. Und das ganz ohne schlechtes Gewissen, was im Fernsehen gezeigt wird, kann ja nicht verwerflich sein. Was Herrn Meier und Frau Puvogel nebenan mit hunderttausend anderen vor der Glotze anmacht, wie soll das noch öffentlich Ärgernis erregen? Gemeinsam spannen, stöhnen, rubbeln, lachen, vielleicht auch mal entrüstet Pfui rufen und nach der Zensur schreien – was kann es Schöneres geben? (*Stern* 27.07.1989)

Das Argument der Jugendgefährdung

Allenfalls schien man ein hartes Argument in der Hand zu haben, wenn ein Film auf dem Filmindex der Bundesprüfstelle stand, also einer Einrichtung, die für das Fernsehen gar nicht zuständig war. Hatten sich die liberalen Medien in den sechziger Jahren noch heftig gegen die Filmzensur gewandt und immer wieder gegen Verbote und Kürzungen von Filmen gekämpft, so schien das Instrument der Filmzensur – auch wenn es von der Bundesprüfstelle benutzt wurde, die primär für Printerzeugnisse zuständig war – jetzt geeignet, gegen die Softpornos in den privatrechtlichen Programmen vorzugehen.

> Die vorgesehene sadomasochistische Freikörper-Parade „Die Geschichte der O.", Teil zwei, so hieß es, befinde sich leider auf dem Film-Index der altmodischen Bonner Bundesprüfstelle für jugendgefährdende Schriften und sei deshalb für die TV-Vorführung ungeeignet. (*Der Spiegel* 15.08.1988)

Gleichzeitig wurden solche Einschränkungen eher skeptisch beurteilt. Die Verlegung derartiger Filme auf einen späten Sendeplatz schien wenig hilfreich, weil das Fernsehen jederzeit zugänglich war, und Kinder auch unter den Zuschauern der spätabends gesendeten Softpornos waren. Es wurden deshalb allgemeine Grenzen formuliert, jedoch nur in der Form eines allgemeinen Anspruchs, ohne dass Interventionen angedroht wurden.

> Natürlich darf es nicht zu weit gehen. Kein Hardcore-Porno, kein Sex in Verbindung mit Gewalt, Rassismus und Kriegsverherrlichung, auch nicht nach 23 Uhr, das verbietet unser Jugendschutzgesetz. Denn ein Prozent der lieben Kleinen von sechs bis 13 Jahren delektieren sich laut Einschaltquoten um diese Zeit unverdroßen an „M". (*Der Spiegel* 24.07.1989)

Die Legitimation von erotischen Sendungen in den Programmen bediente sich auf der Gegenseite neuer Strategien, die sich nicht mehr in einer defensiven Haltung gegenüber der vorgetragenen Kritik erschöpften, sondern die Kritiker selbst offen kritisierten. Diese Kritik der Kritik hatte wiederum zur Folge, dass sich die Kritiker wehrten. „Kulturkritik", noch mehr „Kulturpessimismus" wurde zum Schimpfwort, die Kritiker erschienen als Verweigerer einer neuen, offenen, modernen Gesellschaft, sie erschienen als konservativ (später bürgerte sich das Etikett „strukturkonservativ" ein), als „Berufsnörgler". Diese wiesen nicht die Prämissen dieser Argumentation zurück, wollten nur nicht als Nörgler erscheinen, sondern die Kritik als konstruktiven Beitrag verstanden wissen.

> Gegen die zunehmende Zahl von Sexmagazinen im Privat-Fernsehen protestieren evangelische und katholische Frauen in Bayern. Bei einer gemeinsamen Tagung der Landesverbände des Deutschen Evangelischen Frauenbundes und des Katholischen Frauenbundes in Augsburg richtete sich ihre Kritik vor allem gegen die „entwürdigenden Darstellungen" in dem spätabendlichen Magazin „M" von RTL plus. Diesen Protest an RTL-plus-Geschäftsführer Helmut Thoma unterstreichen die Frauen mit einer Unterschriftensammlung. Die beiden Frauenverbände begleiten bereits seit Jahren Rundfunk- und Fernsehprogramm durch positive oder kritische Stellungnahmen aus der Sicht des Zuschauers. Dabei verstehen sie sich nicht als „Berufsnörgler", sondern wollen über „praktische Formen kommunikativer Medienarbeit" zu einem distanzierten und kritischen Urteil verhelfen, erklärte Anke Geiger, Mitglied im Medienrat der Bayerischen Landeszentrale für neue Medien. (*Süddeutsche Zeitung* 22.02.1988)

Eine weitere Strategie der privatrechtlichen Anbieter von erotischen Programmen bestand in der Umlenkung der Argumente. Die „erotischen Programme“ galten als quotensteigernd und schienen deshalb die privatrechtlichen Sender langsam in die Gewinnzone zu bringen. Die Befürworter der privatrechtlichen Programme lenkten deshalb die Angriffe um und schossen gegen eine öffentlich-rechtliche Sendung, die sich in einer Glosse mit der medialen Sexualität beschäftigt hatte. *Der Spiegel* berichtete darüber mit ironischem Unterton:

> Der Schmutzproduzent Radio Bremen mußte – auf Einspruch des Bayernfunks – eine harmlose Glosse („Was ist männlich?“) um ein Transvestiten-Interview kürzen, auch ein Magazin-Beitrag über Selbstbefriedigung fiel der Schere zum Opfer. Der CSU-Politiker Erwin Stein forderte nicht nur ein Verbot für derlei „Pornographie“, sondern auch gleich für jegliches „ostzonales Filmwerk“. (*Der Spiegel* 24.07.1989)

Indem man nun Interventionen gegen eine kritische Thematisierung forderte, weil darin ja auch sexuelle Darstellungen erfolgten, trug man zur Verwirrung der Fronten bei und entschärfte gleichzeitig die Kritik an den Angeboten privatrechtlicher Sender.

Von der Politisierung zur Ökonomisierung der Erotik

Bei der Glosse „Was ist männlich“ von Radio Bremen handelte es sich um eine Art Kommentar mit ironisch-dokumentarischer Absicht. Dokumentationen waren jedoch immer wieder gefordert worden, mit dem Ziel, die Thematisierung der Erotik zu versachlichen und mehr Informationen darüber anzubieten. Die Verknüpfung von Politik und Erotik, wie sie Mitte der siebziger Jahre thematisiert und als ein Mittel der medienpolitischen Liberalisierung verstanden worden war, führte nun zu einer Debatte, in der Aufklärung der Vermarktung gegenüber gestellt wurde:

> Die „Erotisierung“ des Bildschirms ist also nicht unbedingt als Ausdruck größerer Offenheit und Enttabuisierung des Themas „Sexualität“ zu werten. Eine sachliche Auseinandersetzung mit dem Thema Sexualität in den Medien ist grundsätzlich zu befürworten. Sie wäre ein Korrektiv zu der „vermarkteten“ Sexualität und Beitrag zur Aufklärung und Information über einen Bereich, der nach wie vor von falschen Vorstellungen, und Mißverständnissen geprägt ist. (*Berliner Morgenpost* 04.11.1990)

Das ökonomische Argument wurde als so gewichtig eingeschätzt, dass eine Intervention gar nicht mehr erörtert wurde. Expliziert man das dahinter stehende Argumentationsmuster, so hieß dies: In einer marktorientierten Medienwelt muss man dies hinnehmen, weil es dazu gehört, mit dem, was ‚das Publikum‘ wolle, Gewinn zu machen.

Zu den Protesten gegen die „Sexualisierung“ des Fernsehens gehörte nun auch ein Protestaktion der Mitarbeiter des Sendeunternehmens:

Mit Nachdruck protestierten vor einigen Wochen die Nachrichtenredakteure von RTL plus gegen die Sexlastigkeit des privaten Programms. Keiner von ihnen mochte sich mit einer TV-Anstalt identifizieren, die in der Öffentlichkeit als „Tittensender" apostrophiert werde. Konkreter Anlaß für das an Programmdirektor Helmut Thoma gerichtete Schreiben war der Silvesterabend, an dem RTL plus sein gesamtes Abendprogramm aus der untersten Schublade („Gaudi in der Lederhose") gestaltet hatte. Der Protest wurde zwar zur Kenntnis genommen, doch die Konsequenzen dürften sich bei dem Kölner Sender in Grenzen halten (immerhin wurde jetzt eine Rücknahme der Sexprogramme um ein Drittel angekündigt). (*Stuttgarter Zeitung* 16.02.1990)

Zwar kündigte das Sendeunternehmen RTL aufgrund der Anfang der neunziger Jahre gewachsenen Proteste eine „Rücknahme" der Softpornoprogramme an, doch war selbst die berichtende *Stuttgarter Zeitung* skeptisch, ob sie auch wirklich realisiert werden würde. Im Grunde war damit eine Intervention durch öffentliche Diskussion erfolgreich gewesen. Ein direkter Zusammenhang war öffentlich jedoch nicht hergestellt worden. Es könnte auch der Fall eingetreten sein, dass der Sender seine Sexprogramme absetzte, weil ihm die „Programmware" ausgegangen war.

Fazit: Neue Interventionsformen beim Auftreten privatrechtlicher Anbieter

Insgesamt hatte sich mit den privatrechtlichen Anbietern im öffentlichen Diskurs ein neues Verhältnis zur Intervention eingestellt. Da die Sender vor allem ökonomisch mit der Zuwendung der Zuschauer zu ihren Programmen operieren mussten, schien man die Sexualisierung der Angebote zu tolerieren. Manch ein Diskursteilnehmer sah das Ausstellen von Sexualität im Fernsehen als eine unausweichliche Konsequenz eines marktwirtschaftlich denkenden Medienbetriebs an, den man ja auf konservativer Seite nachdrücklich gewollt hatte.

Von Interventionen sah man zunehmend ab, weil diese – war man schon einmal auf der marktorientierten Diskursschiene – als eine regulative Form grundsätzlich abzulehnen waren. Fernsehverbote, Eingriffe und Interventionen wurden jetzt nur noch ironisch angesprochen.

Auch wenn bei den Zuschauern Interventionswünsche, also die Forderung nach Zensur, vermutet wurden, galt diese im öffentlichen Diskurs als nicht mehr wünschenswert. Das Zitieren eines Experten dient nur dazu, die Unangemessenheit des Interventionswunsches noch zu verstärken.

Und auch Familienserien zu früher Abendstunde bieten immer wieder Überraschungen: Vergewaltigung in der Schwarzwaldklinik, Kettenraucherin Ashton in „Fackeln im Sturm" macht sich über die kleinen Westpoint-Absolventen her und in „O Gott Herr Pfarrer" schlüpft der Geistliche gleich nach der Einsegnung eines teuren Verschiedenen ins Bettchen seiner Angetrauten. Ja, Himmel, darf er denn das? Die Menge tobt. „Das ist typisch", sagt der Münchner Soziologe Georg

> Seeßlen, „viele Leute reagieren auf offene Sexualität im Fernsehen. Da fühlt sich dann jeder aufgerufen, Zensor zu sein." (*Stern* 27.07.1989)

Deutlich wird hier zwischen einem eher provinziellen Verbotswunsch („Ja, Himmel, darf er denn das?") und einer (nicht explizierten) liberalen und weltoffenen Haltung, wie sie der Autor des Beitrags einnimmt, unterschieden.

Seeßlen lehnt hier im Sinne der Kritik an der bundesdeutschen Zensurtradition letztlich jedwede Intervention ab. Man kann soweit gehen, dass dies die Grundhaltung des öffentlichen (als veröffentlichten) Diskurses gegenüber dem öffentlich-rechtlichen Fernsehen darstellte, die in einer Art gewachsenem Grundvertrauen davon ausging, dass es beim öffentlich-rechtlichen Fernsehen keine gravierenden Grenzverletzungen zwischen den Sphären des Öffentlichen und des Privaten geben werde. Sie wurde vor dem Hintergrund der neu aufgetretenen privatrechtlichen Anbieter formuliert, um deren Angebote sich die Debatten zunehmend drehten.

6.8.3.4 Fortsetzung der Konflikte um Erotik in der Fernsehöffentlichkeit: *Tutti Frutti* (1990)

Fatalistische Hinnahme einer permanenten Grenzverletzung war bei den Diskursbeiträgen zu den Sexmagazinen und Softpornos zu beobachten. Bei *Tutti Frutti* wurde nun der Konflikt sogar als Aufmerksamkeit steigerndes Moment direkt angestrebt und gezielt gesucht.

Wieder ging es um die Darstellung nackter Körper im Fernsehen und damit wurde die Tradition einer gesellschaftlichen Zensur und der Boykotte angesprochen, wie sie sich seit dem Film *Die Sünderin* (1951) gebildet hat, die absichtsvoll für andere Zwecke funktionalisiert und deshalb auch gesellschaftlich kontrovers bewertet wurde (so diente der Konflikt um *Die Sünderin* dazu, den Kirchen und den staatlichen Vertretern mehr Einfluss in der FSK zu verschaffen – vgl. Geissler 1986).

Gegen *Tutti Frutti* traten nun vor allem gesellschaftliche Akteure auf, die meinten, Moral und Sittlichkeit verteidigen zu müssen.

> Mit einer Art „Werbeboykott" solle auf die niveaulose und die Würde des Menschen verletzende neue RTL plus-Spielshow „Tutti Frutti" reagiert werden. Diese persönliche Konsequenz zog der Vertreter der katholischen Kirche in der Bayerischen Landeszentrale für neue Medien (BLM) sowohl im Medienrat als auch in einer Glosse im Regensburger Bistumsblatt. Er werde dem Frauenbund, dem allein in der Diözese Regensburg 50.000 Frauen angehören, empfehlen, sich in diesem Sinne mit der Sendung und dem verantwortlichen Sender auseinander zu setzen, sagte Gegenfurtner bei der Medienratssitzung am 25. Januar. Gegenüber der Funk-Korrespondenz erklärte er, daß er beabsichtige, eine entsprechende Reaktion in ganz Bayern zu initiieren. (*Funkkorrespondenz* 26.10.1990).

Die Ankündigung einer gesellschaftlichen Intervention assoziiert hier – ohne dass darauf explizit hingewiesen wird – mit einer Anspielung auf die Aktion „Saubere Leinwand" in den sechziger Jahren, bei der in ähnlicher Weise Frauenverbände mobilisiert, Unterschriftenaktionen gestartet und Boykottandrohungen ausgesprochen wurden. Dabei stellte sich wie damals auch hier die Frage, inwiefern denn die mobilisierenden Kräfte diese Sendung überhaupt kannten oder ob sie sie nicht erst durch die Kampagne gegen die Sendung kennen lernten.

Wie bei anderen derartigen Kampagnen wurde von den Intervenierenden nach Verbündeten Ausschau gehalten. Dabei ging es nicht nur um gleichgesinnte Bundesgenossen, sondern auch um institutionelle Autoritäten, hier also um die Landesmedienanstalten.

> Unterstützung fand Gegenfurtner nicht nur bei Anke Geiger, Vertreterin der Evangelischen Frauenverbände, die es bedauerte, daß solche Verstoße nur schwer medienrechtlich einklagbar seien. Insgesamt wächst im bayerischen Medienrat der Unmut gegenüber dem Köln-Luxemburger Sender. Die Anhäufung erotischer Sendungen bei RTL plus sei ein „Ärgernis", erklärte Medienratsvorsitzender Klaus Kopka (CSU), das Schielen nach Einschaltquoten sei zwar legitim, aber selbst die Redakteure im eigenen Haus wendeten sich inzwischen dagegen, daß ihr Sender zu einem „Schmuddelkanal" verkomme. Kopka nannte „Tutti Frutti" seinem persönlichen Urteil nach „langweilig und dumm", die Sendung verstoße aber nicht gegen Straf- und Medienrecht. Auch der Präsident der BLM, Wolf Dieter Ring, stellte das neue Ausziehspiel auf eine Ebene mit den anderen Programmen der RTL-Sex-Schiene, Sexy Folies und Männermagazin, und wandte sich daher gegen den Beginn bereits um 22:40 Uhr statt um 23:00 Uhr. Seinem Eindruck nach werfe die Sendung allerdings eher Geschmacks- als Jugendschutzfragen auf. (ebd.)

Dass überhaupt eine Aufsichtsinstitution tätig wurde, ist als Ankündigung einer gesellschaftlichen Intervention zu werten. Dabei zeichnet sich jedoch eine Strategie ab, wie damit umgegangen wird.

> Die BLM hat sich wegen Sendebeginn und Inhalt bereits an die für die RTL plus-Lizenzierung zuständige Landesmedienanstalt von Niedersachsen gewandt, wo das Thema am 13.Februar behandelt werden wird. Außerdem werde sich die Direktorenkonferenz der Landesmedienanstalten sowie der Fernsehausschuß der BLM damit beschäftigen. Dabei wird es auch um eine mögliche Verletzung der Werbegrundsätze gehen, die durch die Art der Kooperation mit der Zeitschrift „Neue Revue" vorliegen könnte. Nach Ansicht von Ring verfolgt RTL plus die Strategie, die Grenzen der Programm- und Werberichtlinien der Mediengesetzgebung auszuloten und die Schmerzgrenze der Landesmedienanstalten zu ergründen. (ebd.)

Der BLM-Präsident Wolf Dieter Ring gab eine marktbezogene Einordnung dieser Sendung und relativierte damit zugleich – so nahm es der öffentliche Diskurs wahr – den damit verbundenen sittlichen Konflikt als von den Anbietern nicht wirklich gesucht, sondern als nur einem ökonomischen Kalkül folgend. Er schob – auch dies wieder der Diskurseindruck – eine mögliche Intervention gegen den Sender auf ein lange Bank, indem er weitere Institutionen einschaltete.

Instrumentalisierung der Interventionsankündigung und Strategien der Aufmerksamkeitsgewinnung

Deutlich wurden nun in der öffentlichen Debatte weitere Strategien erkennbar. Die Forderung nach einer Kontrolle der privatrechtlichen Anbieter markierte von Seiten der Politik, dass man sich handlungsstark gab und gegenüber einem Wählerpublikum als deren Interessenvertreter in Szene setzte, gleichzeitig wissend, dass eine solche Initiative, eine gemeinsame Zentrale zu schaffen, bei der föderalen Struktur der Bundesrepublik wohl wenig Chancen einer Realisierung besitzt. Interventions*ankündigungen* wurden als ein politisches Instrument genutzt. In der schnelllebigen Debatte waren die Ankündigungen oft wichtiger als tatsächlich erfolgte Interventionen, weil bis zur erfolgten Durchsetzung einer Intervention der Anlass oft vergessen war.

> Der Leiter der Medienkommission, der Landtagsabgeordnete und frühere CSU-Generalsekretär Otto Wiesheu, wartet mit dem Vorschlag auf, den Privatsendern eine stärkere Aufsicht zu verpassen. (...) Wenn es nach den Überlegungen ihrer [der CSU, d.A.] Medienkommission geht, dann vereinbaren die elf Bundesländer in einem gemeinsamen Staatsvertrag die Errichtung einer einheitlichen Kontrollinstanz. Die wiederum soll, so die Absicht der CSU, einen direkten Zugriff auf die Privatsender ermöglichen, ähnlich wie das beim ZDF mit dem Fernsehrat als Aufsichtsgremium geschehe. Nur so ließen sich Auswüchse nach der Art von „Tutti Frutti" in den Griff bekommen. (*Funk-Report* 01.03.1990).

Deutlich war damit, dass es im Diskurs um Positionsgewinnung ging. Dies betraf nicht nur die Kritiker, Politiker und andere Vertreter einer allgemeinen Öffentlichkeit, sondern auch die privatrechtlichen Programmanbieter selbst.

Bei den Programmverantwortlichen und -machern dienten Konflikte, wenn sie nicht grundsätzlich die eigene Unternehmenspolitik gefährdeten, der Aufmerksamkeitsgewinnung. In einem Interview äußerte sich der Sendungsmacher von *Tutti Frutti*:

> HörZu: Sie bekommen Feuer von allen Seiten: Der Bayerische Medienrat möchte Ihre Strip-Show am liebsten verbieten lassen; die Zeitschrift „Emma" will zum Boykott aufrufen; für Millionen Frauen sind Sie der „Macho". Haben Sie eigentlich noch Spaß an Ihrer Sendung?
> Hugo Egon Balder: Ich bin nicht unglücklich. Wir veranstalten ein großartiges Spektakel. Einschaltquoten und Werbepreise stimmen. (*Hörzu* 23/90)

Es handelte sich bei der Skandalproduktion vor allem um eine Maßnahme, den Marktanteil des Senders zu vergrößern. Die öffentliche Debatte um die Sendung wurde nicht etwa bedauert, sondern begrüßt, weil sie die Aufmerksamkeit auf das Programm lenkte. Auf die Möglichkeiten gesellschaftlicher

Interventionen ging der Sendungsmacher nicht ein, sie würde aber, so lässt sich aus seiner Reaktion schließen, vor allem als ein weiteres Aufmerksamkeit weckendes Mittel verstanden werden.

Normalisierungen der Grenzverletzung
Indem der *Stern* das Spiel um die Aufmerksamkeitserzeugung wiederum selbst thematisierte, schob er die Frage der Grenzverletzung, des Tabubruchs bei der Darstellung nackter Körper im Fernsehen, in den Hintergrund und relativierte ihn damit. Er verglich den Tabubruch im Fernsehen mit dem in anderen öffentlichen Bereichen praktizierten und dort längst geduldeten. Indem er darauf verwies, stellte das in der Sendung Gezeigte keinen Tabubruch mehr dar, sondern etwas Normales.

> Wer hat Angst vor Tutti Frutti? Verglichen mit den alltäglichen Zumutungen, die das Fernsehen als Programm ausgibt, hat die kleine Vormitternachts-Show erstaunlich harsche Reaktionen provoziert. Obzwar dort weniger Porno stattfindet als auf der sommerlichen Liegewiese einer Kreisstadt, machte zur Freude des Senders die große Koalition der Berufsbeleidigten mobil. Ein eingespieltes Team von „Emma"-Redakteurinnen, Frauengleichstellungsstellenbeauftragtinnen, Sprechern erzbischöflicher Ordinariate, CSU-Landtagsabgeordneten und christlichen Medienräten hat die Sendung bereits schärfstens gegeißelt, und noch immer trudeln Bannbullen aus der Diaspora des organisierten Frauenschutzes ein. Die katholischen Medienfrauen beispielsweise, erklärtermaßen „nicht prüde", können es einfach nicht verantworten, „daß sich junge Frauen so leichtfertig gierigen Männeraugen aussetzen". Und eine andere ebenfalls katholische Frauenriege hat erkannt: „Von Niveau kann auch im nur entferntesten Sinne nicht die Rede sein." Das ist wahr. Möpse haben kein Niveau, nur ein Volumen. Das freilich liegt bei Tutti Frutti gewöhnlich über Normalniveau. (*Stern* 21.06.1990)

Der *Stern* betrieb damit selbst eine Grenzverschiebung, indem er die in der gesellschaftlichen Diskussion als konfliktträchtig verstandene Tabuverletzung negierte und als eine in der Gesellschaft schon längst vollzogene Normalisierung ausgab. Die Illustrierte machte sich auch noch lustig über die Kritikerinnen, indem sie ein Wortspiel mit ihrer Kritik (statt „Niveau" „Volumen") betrieb. Sie benutzte also das Mittel des Lächerlichmachens, um eine neue Normalität zu konstatieren.

Ob hier eine tatsächlich schon in Teilen der Gesellschaft längst vorhandene Normalität nur mehr eingeklagt oder ob hier aktiv eine Grenze verschoben wurde, ist durch eine Diskursanalyse nicht zu klären. Es lässt sich vermuten, dass solch eine öffentliche Diskussion eine Begleitung multifaktorieller gesellschaftlicher Veränderungen darstellt. Indem die Medien, das Fernsehen in seinen Diskurs stiftenden Sendungen und die Fernsehkritik in ihrer Thematisierung dieser Veränderungen, über solche Veränderungen auch auf unterschiedlichen Ebenen tätig werden, tragen sie zu den Veränderungen selbst bei, indem sie diese normalisieren.

Indem Interventionen gefordert und angestrebt werden, diese Forderungen von aufsichtsführenden Gremien angestrebt und angekündigt, aber dann – aus welchen Gründen auch immer – nicht realisiert werden, tragen sie zu diesen Normalisierungsprozessen ebenfalls bei. Sie signalisieren damit: die Vorwürfe waren unberechtigt, eine Grenzverletzung hat es nicht gegeben.

Jede moralische und sittliche Empörung wies deshalb z.B. der *Tagesspiegel* zurück, indem er auf den Ursprung dieser Programme durch die Zulassung privatrechtlicher Anbieter verwies.

> Man kann sich denken, daß „Tutti Frutti“ unter anderem im christlich-konservativen Lager heftige Reaktionen provoziert. Dabei war doch von Anfang an klar, daß die von diesem Lager angestrebte private Fernsehlandschaft zu Sendungen solcher Art führen würde, die das Pendant zu gedruckten Publikationen wie „Neue Revue“ bilden. CDU-Politiker sollten sich bei der Kritik an „Tutti Frutti“ zurückhalten, denn diese Kritik fällt auf sie selbst zurück. (*Tagesspiegel* 20.02.90).

Hier wurde den Kritikern und denen, die Interventionen forderten, Heuchelei und Bigotterie vorgeworfen, weil sie selbst diese Anbieter zugelassen hätten. Damit wurde der Tabubruch noch weiter reduziert, er erschien jetzt nur noch als Folge eines falschen und unüberlegten politischen Handelns. Ähnlich argumentierte auch der *Spiegel*:

> Moralstrenge oder feministisch aufgehetzte Damen sind derlei Auswüchsen immer energisch entgegengetreten. „Brust raus!“ pöbelten katholische Matronen. (*Der Spiegel* 24.12.1990)

Daraus entwickelte sich eine öffentliche Diskussion, die Kritik nur noch uneigentlich formulierte (der Satz „Brust raus“ lebt in diesem Kontext von seiner Mehrdeutigkeit), so dass der Schlagabtausch etwas Ironisches und Spielerisches bekam. Vor allem der RTL-Chef Helmut Thoma nahm – publizistisch versiert und öffentlichkeitswirksam – den Ball auf und spielte ihn zurück, indem er die Kritik als provinziell und verbiedert zurückwies und sie wiederholt durch geschickte Formulierungen und Metaphern lächerlich machte.

> Helmut Thoma: (...) jedenfalls beschäftigen sich diese Juristen mit lächerlichen Lappalien, zum Beispiel, ob auf den Bademänteln der „Tutti Frutti“-Nudisten ein Sponsorname gezeigt werden darf. (*Der Spiegel* 15.10.1990)

Thoma wurde damit mehr und mehr zu einer geschätzten Medienfigur, die schon durch ihre Prominenz gegen Interventionen geschützt war.

> Kokettiert er nun mit den Schattenseiten seines frischen Berüchtigtseins, oder ist er echt gekränkt? Fest steht, daß ihn die Busen-Parade auf RTL plus in Rekordzeit zu einer Medienfigur gemacht hat, die man ausschlachten kann. Daß ihm unlängst der Führerschein abgenommen wurde, schlägt sich nun gleich in den Klatschspalten

> nieder. Das ärgert ihn, sehr im Gegensatz zu seinem Programmdirektor, der sich über jedwede Tutti-Frutti-Erwähnung freut. (*Stern* 21.06.1990)

Die liberale Presse vollzog spätestens bei *Tutti Frutti* nun eine deutliche Profilierung ihrer Position und erklärte das Ausstellen von Sexualität, das noch wenige Jahre zuvor als Grenzverletzung und eine unzulässige Thematisierung von Privatem kritisiert worden war, als öffentlich ungefährlich und damit als zulässig. Thoma selbst hatte dafür die griffige Formel gefunden: „Es gibt Schlimmeres, als ein Erotiksender zu sein".

Der moralische Tabubruch wurde nun nicht mehr in der öffentlich ausgestellten Erotik gesehen, sondern im Zeigen von Mord, Verbrechen, Gewalt, Krieg.

Indem Erotik als öffentlich legitim und damit als Teil der Öffentlichkeit verstanden wurde, bot sich nun auch ein neues publizistisches und feuilletonistisches Spiel mit zweideutigen Bildern und schlüpfrigen Formulierungen an, das wiederum für die Presse selbst Aufmerksamkeit schaffend genutzt wurde. Der *Stern* gibt dafür ein anschauliches Beispiel:

> Zum Beispiel die Windhosen der Entrüstung, von Kirchen und Frauenverbänden immer mal wieder in Richtung Tutti Frutti geblasen, wegen Sexismus und so: Ihn beschäftigt das insofern, als er es ungerecht findet. Ja, er hat sich sogar Gegenargumente zurechtgelegt. Ist denn Tutti Frutti nicht tausendmal harmloser als die 420 TV-Leichen, die eine Fernsehzeitschrift an einem einzigen Wochenende zählte? Können Titten Sünden sein? „Aber Herr Balder". sage ich, „Sie haben doch ein Riesenschwein! Jeder Protest ist unbezahlbare Werbung für Sie." – „Hmm". grummelt er, „das sagt mein Programmdirektor auch." RTL-Chef Helmut Thoma hat die Parole ausgegeben: „Es gibt Schlimmeres, als ein Erotiksender zu sein – nämlich, langweilig zu sein." (*Stern* 21.06.1990)

Diese Tendenz lässt sich bei vielen Zeitungen beobachten. Die zunehmende Thematisierung von Privatem im öffentlichem Raum bot nun Stoff für ein sich selbst thematisierendes Spiel zwischen den Zeitungen und Medien insgesamt.

> Was soll man da noch schreiben? Hugo Egon Balder, dessen Gesicht nahezu makellos ist, obwohl es in der RTL-Blödelshow „Alles Nichts Oder?!" unter Dauerbeschuß schäumender Flockentorten steht, hat sich zu seiner neuen Sendung „Tutti Frutti – die Spielshow mit erotischem Flair" die Kritiken selbst geschrieben. Morgen will er seinem Publikum den Spiegel hinhalten und ausgiebig zitieren. Der Spiegel – so stellen es sich die Macher von „Tutti Frutti" vor – wird schreiben: „Balder ferkelt sich durchs Programm der mammographischen Wohltaten." Die Zeit lasse sich von dem „Kölner Sex-Elaborat" brüskieren, und Emma werde „die saure Gurke an Chauvi Balder" verleihen. (*Süddeutsche Zeitung* 20.01.1990)

Aktivierung des Topos der Kindergefährdung

Auf der Seite der konservativen Öffentlichkeit wurde *Tutti Frutti* zum Ort eines letzten Kampfes gegen die „zunehmende Sexlastigkeit" des RTL-Fernsehens. Man suchte wieder die alten Mittel der Kampagne von Zuschauergruppen und Verbänden, wobei insbesondere die Gefährdung von Kindern als Argument eingesetzt wurde. Da man nicht mehr mit einer sittlichen Gefährdung des erwachsenen Publikums argumentierenden konnte (die Erotik von *Tutti Frutti* wurde öffentlich zunehmend als langweilend eingeschätzt), war die sittliche Gefährdung der Kinder die letzte argumentative Bastion für eine moralische Intervention.

> Für die Mutter, Andree Scheichen-Georges, war das, was sie am nächsten Tag von ihren Kindern über das Programm des Vorabends erzählt bekam, „der Tropfen, der das Faß zum Überlaufen brachte": Die streng katholische Frau organisierte spontan eine Unterschriftenaktion gegen die „zunehmende Sexlastigkeit" des RTL plus-Programms und trat damit eine Lawine los, die mittlerweile für viele BürgerInnen des Großherzogtums zu einer nationalen Frage obersten Ranges geworden ist. (*die tageszeitung* 23.03.1990)

Ähnliches berichtete die Westdeutsche Allgemeine Zeitung:

> Als „unzumutbar" hat Ingrid Bellmann von der „Katholischen Frauengemeinschaft Deutschlands" (KFD) die RTL-Show „Tutti Frutti" gerügt. Im Namen ihrer Organisation hat die Paderborner Diözesenvorsitzende den Sender schriftlich aufgefordert, „Tutti Frutti" umgehend aus dem Programm zu nehmen. Der katholische Frauenverband sieht das weibliche Geschlecht durch die Sendung „in primitivster Weise vermarktet und diffamiert". (*Westdeutsche Allgemeine Zeitung* 16.02.1990)

Doch diese alte Kampagnenpolitik war nun nicht mehr durchsetzungsfähig, weil sie auf das relativ hoch bewertete Marktargument traf, nach dem hier die Zuschauer bestimmten, was sie sehen wollten. Der Markterfolg wurde als ein quasi-demokratisches Argument („Markt als Demokratie") eingesetzt. Nicht eine übergeordnete Instanz sollte mehr für die öffentliche Moral und die Grenzziehung zwischen Privatheit und Öffentlichkeit sorgen, sondern die Bevölkerung in der Rolle des Publikums, indem sie durch ihre Zuwendung zum Angebot bestimmte, was sie sehen wollte. Im Hintergrund stand dabei die nicht unbegründete Annahme, dass die Neugier auf das Zweideutige und Schlüpfrige Einschaltquoten und damit Erfolg bringe.

Helmut Thoma formulierte es in seiner immer als leicht zynisch empfunden metaphorischen Bildersprache treffend, als er das – in den folgenden Debatten immer wieder zitierte – Bild vom Wurm erfand, der dem Fisch und nicht dem Angler schmecken müsse.

> Thoma: Der Zuschauer darf sich seine Regierung wählen, also auch sein Fernsehprogramm. Ich wundere mich auch hin und wieder über die Wahl, aber der Wurm muß dem Fisch schmecken und nicht dem Angler. Und wir diskutieren aus der

Angler-Perspektive. Sehen Sie, es war das Mißverständnis in vielen öffentlich-rechtlichen Anstalten, daß sie glaubten, ihr eigener Geschmack müsse auch der der Masse sein. Die haben jetzt 40 Jahre Zeit gehabt, die Leute zu diesem höheren Geschmack zu erziehen, geholfen hat's nix. (*Der Spiegel* 15.10.1990)

6.8.4 Neue Bewertung von Interventionen in den neunziger Jahren

6.8.4.1 Konfliktverschärfung im „Confrontainment": *Einspruch!* (1993)

Die Suche nach Marktnischen in den Programmangeboten führte in den achtziger Jahren zu verstärkten Konflikten um die Ausgestaltung dieser Nischen. Sichtbar wird daran, dass ein zuvor bestehender gesellschaftlicher Konsens über das, was im Fernsehen über den privaten Bereich öffentlich sagbar ist, jetzt offensichtlich gestört war. Die Darstellung von Erotik war zunehmend öffentlich möglich geworden, dies galt jedoch nicht für alle ebenfalls versuchten Grenzverschiebungen, die aus einer marktökonomischen Nischenbesetzung entstanden waren.

Die Veränderung des Diskussionsstils in den Konfrontationssendungen um 1993 – als eine weitere Form des Ausreizens von neuen Angebotseigenschaften und der Besetzung einer Marktnische bei den kommerziellen Anbietern – führte anders als bei der Erotik zu heftigen Konflikten. Der Streit um das Outen des Grünen-Politikers Mecklenburg stellte einen solchen Konflikt dar (vgl. Kap. 6.6.4).

Deutlich wurde in der Diskussion, dass hier nun die Grenzziehung deutlich verletzt und deshalb nach Sanktionen gegen den Sender gesucht wurde. Wie stark der Konsens verletzt worden war, ist daran erkennbar, dass sofort nach einer juristischen Ahndung gerufen wurde. Die Grenzverletzung war keine, die als Verstoß gegen allgemeine Sittlichkeitsnormen gesehen, sondern die als konkrete Verletzung der Persönlichkeitsrechte einer Individualperson deklariert wurde.

So schrieb die *Frankfurter Rundschau* am 27.09.1993, nachdem ein Strichjunge den Politiker als „Freier" bezeichnet hatte, der Politiker daraufhin jede sexuelle Beziehung abgestritten und danach in der Sendung zusammengebrochen war:

> Doch diese Behauptung hat Konsequenzen: Der grüne Politiker Mecklenburg hat Strafanzeige wegen übler Nachrede gegen Meyer, dessen Metaproductions Einspruch für Sat 1 herstellt, erstattet. Er will auf Schmerzensgeld klagen, darüber hinaus eine Beschwerde beim Deutschen Presserat führen. (*Frankfurter Rundschau* 27.09.1993)

Die Konflikthöhe wurde dadurch gesteigert, dass sich weitere Strafanzeigen anschlossen, zumindest von weiteren gesprochen wurde. Der Konflikt wurde dadurch verallgemeinert: „Auch Manfred Mahr [Sprecher der Arbeitsgemeinschaft Kritischer Polizisten und ebenfalls geladener Diskussionsgast bei *Einspruch!*, d.A.] hat Strafanzeige gegen Ulrich Meyer gestellt, wie er gegenüber der *FR* sagte" (*Frankfurter Rundschau* 27.09.1993). Wie die *Frankfurter Rundschau* nahm auch die *Hörzu* das Justiziable des Konflikts als Maßstab für die Grenzverletzung: „Jetzt entscheidet der Staatsanwalt, ob Ulrich Meyer angeklagt wird. Mögliche Strafe: Freiheitsentzug bis zu zwei Jahren" (*Hörzu* 29.10.1993). Und *Der Spiegel* konkretisierte die Justizebene dadurch, dass der Politiker jetzt über einen Anwalt zur Öffentlichkeit sprach: „Die Rufschädigung wird auch ein rechtliches Nachspiel haben: Mecklenburg-Anwalt Gerhard Strate erstattete wegen übler Nachrede Strafanzeige gegen Meyer" (*Der Spiegel* 20.09.1993).

Umgekehrt führte die Gegenseite – wieder durch einen Anwalt – das Recht auf die „Freiheit einer wahrheitsgemäßen Berichterstattung" ein:

> Bei „Einspruch!" mag es sich um eine Sendeform handeln, „die einem nicht so zusagt", meint Johann Schwenn, Verteidiger von Ulrich Meyer im Strafverfahren. Aber es gehe um die Freiheit der wahrheitsgemäßen Berichterstattung. (*Die Zeit* 21.10.1994)

Damit war der Konflikt letztlich aus der Diskussion von Sittlichkeit und Moral herausgenommen und auf eine juristische Ebene der Abwägung zwischen Freiheit der Berichterstattung und individuellem Persönlichkeitsschutz gehoben worden, für die es eine Reihe einschlägiger Urteile bis hin zum Bundesverfassungsgericht gab. Die Grenzziehung zwischen Privatem und Öffentlichem wurde nun von außen als Neufestsetzung bzw. Bestätigung der bestehenden Grenzen in den Diskurs gegeben.

Der *Spiegel* schätzt auch gleich die Erfolgschancen eines Prozesses ein und ordnet den Vorgang in einen größeren Zusammenhang ähnlicher Grenzverletzungen ein:

> Derlei Schritte haben zwar nur geringe Erfolgsaussichten: Veranstalter von TV-Live-Diskussionen müssen – im Gegensatz zu Printmedien – presserechtlich nicht dafür einstehen, wenn Diskussionsteilnehmer die Privatsphäre Dritter verletzen. So blieb es juristisch folgenlos, daß Rosa von Praunheim den TV-Spaßvogel Hape Kerkeling als Schwulen outete. Das geschah, als Meyer noch bei der Sat-Konkurrenz RTL den „Heißen Stuhl" moderierte.
> Doch nun stehen die juristischen Chancen, Meyer zu belangen, besser. Denn mit der Bemerkung, seine Redaktion habe die Vorwürfe überprüft, hat sich der Moderator die Anschuldigungen des Strichers, wie es die Juristen nennen, „zu eigen gemacht". (*Der Spiegel* 20.09.1993)

Der Konflikt um die Grenzverletzung wurde jetzt ganz zu einem juristischen Fall und als solcher in der Öffentlichkeit diskutiert. Für die Frage nach dem Erfolg der Intervention spielten nun auf einer allgemeineren Ebene auch Aspekte der journalistischen Regeln und damit einer medialen Ethik eine Rolle.

> Gerhard Strate, Mecklenburgs Anwalt, ist dagegen überzeugt: „Mein Mandant ist heimtückisch in eine Falle gelockt worden, die Geschichte war von langer Hand vorbereitet worden." Kommt für Strate hinzu: „Der Junge war mit Drogen vollgepumpt, das konnte jeder sehen. Das hat man mir bei Sat 1 auch bestätigt." Jetzt bekommt Meyer eine Strafanzeige – wegen übler Nachrede. Und die könnte tatsächlich Folgen haben: Durch die Nachbemerkung, die Redaktion habe die Behauptung des Strichjungen überprüft, habe sich Meyer dessen Worte „zu eigen gemacht". (*Süddeutsche Zeitung* 21.09.1993)

Die Strategie, neue Marktnischen zu suchen, die aufgrund eines Konsenses über das Einhalten der Grenzziehung zwischen Öffentlichkeit und Privatheit als tabu galten, führt über den Tabubruch zwangsläufig zu einem Konflikt und damit zu einer Thematisierung von Interventionen.

6.8.4.2 Der Wunsch nach einer konsensualen neuen Ethik: *Verzeih mir* und *Traumhochzeit* (1993)

Die Suche der privatrechtlichen Anbieter – insbesondere von RTL – nach neuen Marktnischen hatte zum Ziel, Zuschauer an sich zu binden. Sie richtete sich u.a. auf die von den öffentlich-rechtlichen Anbietern eher gemiedenen Bereiche der Darstellung von Intimität, Sexualität und Erotik und hatte den Konflikt zwischen den beiden Lagern im Für und Wider um die öffentliche Präsentation von privaten Aspekten neu entfacht, ohne dass jedoch im öffentlichen Diskurs noch an die Wirksamkeit eines ordnenden Eingreifens von außen mit einer Wiederherstellung eines konsensualen öffentlichen Moralverständnisses geglaubt wurde.

An der Sendung *Verzeih mir*, eine Sendung, die die öffentlich präsentierte Wiederherstellung einer Harmonie zwischen zwei Privatpersonen zum Gegenstand hatte, wurden deshalb weniger einzelne Details, als noch einmal die grundsätzlichen Positionen erörtert. Details der Sendung spielten keine argumentative Rolle mehr, die Sendung diente nur zum grundsätzlichen Schlagabtausch darüber, was öffentlich sag- und zeigbar war und was nicht:

> Die Landesmedien-Anstalten melden unterdessen erbost, private TV-Betreiber versuchten „unter dem Diktat der Einschaltquoten" immer häufiger, „die Grenzen des noch Erlaubten auszutesten". (*Der Spiegel* 11.01.1993)

> Macher de Mol ist überzeugt, daß „die Menschen heutzutage mündig sind und zu 100 Prozent wissen, was sie wollen. Sie schämen sich nicht für ihre Gefühle oder Bedürfnisse". (*Stern* 29.04.1993)

Auch hier wurde nun wieder die Differenz hervorgehoben: Einerseits konstatierte man eine Auflösung des Tabus bei der Darstellung von Erotik und Sexualität, andererseits sollte ein neuer Konsens über ein (allgemeines) Bekenntnis zu den „Gefühlen und Bedürfnissen" erreicht werden. Verloren gegangen war auf beiden Seiten der konservativen wie der liberalen Öffentlichkeit der Aspekt des Politischen bei der Verletzung der Grenzen zwischen dem Privaten und dem Öffentlichen. Damit schwand auch der argumentative Rahmen für ein Eingreifen des Staates als politischer Instanz. Die Entscheidung darüber wurde zunehmend zu einer individuellen, oder anders gesagt: Sie wurde von einer öffentlichen und institutionell zu entscheidenden Frage zu einer privaten und vom Einzelnen zu klärenden Positionsbestimmung.

Deutlich wurde dies bei *Traumhochzeit*, wo die Frage des Tabubruchs (‚Darf man das oder nicht') zum Teil der Show selbst gemacht wurde.

> Aber es war wohl ein bißchen blauäugig, in der holden Blonden eine heimliche Suffragette zu sehen. Gleich am Anfang ihrer Friede-Freude-Hochzeitstorten-Show stellte die Moderatorin „in aller Deutlichkeit" klar, daß sie sich keinesfalls in die Politik einmischen wolle. Nur frage sie sich, warum in ihrer Sendung nicht auch homosexuelle Paare „den schönsten Tag ihres Lebens erleben dürfen". Statt ihr Publikum einfach damit zu konfrontieren, ging Linda auf Nummer Quotensicher und fragte die Zuschauer, wie sie es denn fänden, wenn im nächsten Jahr auch „ab und an" Homo-Paare mitmachen würden: „Sind Sie schon so tolerant oder denken Sie: Nein, das geht mir doch zu weit? Rufen Sie an. Sie dürfen's ehrlich sagen." (*Süddeutsche Zeitung* 29.05.1995)

Diese Verschiebung von einer öffentlichen zu einer privaten Entscheidung wurde auch bei den Diskurspartnern bemerkt:

> Es hat ein herber Klimawechsel stattgefunden in der bürgerlichen Öffentlichkeit. Obszönität und extreme Brutalität, bislang streng geächtet, sind herangewachsen zu salonfähiger Unterhaltung – während doch gleichzeitig die verunsicherte, verstörte Menschheit die explosive Zunahme realer Gewalt gegen Ausländer, in Schulen, auf der Straße, in Fußballstadien und öffentlichen Verkehrsmitteln verdammt. (*Der Spiegel* 11.01.1993)

Damit korrespondiert, dass nun nach einer neuen, allgemeinen öffentlichen Instanz für die Entscheidung über Sitte und Moral gerufen wurde. Verlangt wurde nun nach einer „umfassenden Medienethik" (*Der Spiegel* 11.01.1993), wobei nicht ganz klar war, wie diese aussehen sollte und wie sie mehr sein konnte als ein Appell. Denn es gab im Grunde keine Instanz mehr, die einer solchen Medienethik zur Durchsetzung verholfen hätte. Als appellative Beschwörung erfüllte sie ihren Zweck: Sie wurde von nun ab zu einer virtuellen Münze im Diskursgeschäft.

6.8.4.3 Noch einmal: Staatliche Intervention oder privates Abschalten: Reality TV (1992-94)

Eine neue Situation entstand durch den Versuch der privatrechtlichen Anbieter, ein neues Programmformat zu etablieren: Reality TV, also die dokumentarische, semi-dokumentarische oder sogar inszenierte Darstellung von Gewalttaten, katastrophischen Situationen, die auf eine starke emotionale

Wirkung setzte. Zwar fand RTL-Chef Helmut Thoma: „Die Zuschauer wollten Reality TV, und RTL liefert es ihnen frei Haus." Und: „Reality TV ist das unsägliche Glück, bei einem Unglück dabeizusein" (*Stern TV* 14.01.1993). Doch diese Position setzte sich nicht durch.

In einer bis dahin nicht gekannten Weise wurde erneut die Möglichkeit eines Eingriffs, einer Intervention diskutiert.

> Das rundfunkrechtliche Aufsichtsinstrumentarium der Landesmedienanstalten greift bei Reality-TV kaum. Die Beiträge bewegen sich bis auf Ausnahmen im Rahmen der grundgesetzlich garantierten Programmfreiheit und verstoßen nicht gegen rundfunkrechtliche Vorschriften oder das Strafgesetzbuch. Sie sind in erster Linie eine Frage des Geschmacks und journalistischer Maßstäbe. Bußgeldvorschriften, deren Anwendung bei den Landesmedienanstalten wiederholt öffentlich angemahnt wird, enthält der Rundfunkstaatsvertrag für die Sanktionierung von Programminhalten nicht. Trotz der im Rundfunkbereich angebrachten Zurückhaltung gegenüber programminhaltlichen Reglementierungen sollte überlegt werden, ob vorhandene Vorschriften zu konkretisieren sind und das Aufsichtsinstrumentarium zu schärfen ist. Es stellt sich auch die Frage nach einem verstärkten Schutz der Persönlichkeitsrechte Betroffener. Die ULR wird ihr Anliegen in die gemeinschaftliche Arbeit der Landesmedienanstalten einbringen." (*Frankfurter Rundschau* 27.02.1993)

Verlangt wurde eine neue, übergreifende gesellschaftliche Diskussion, die verbindlich Normen durchsetzen sollte und die Präsentation bestimmter Sendungen, die Gewalt darstellten, verhindert. Es müssten andere als staatliche „Instrumentarien zur Wiederherstellung des Anstands und der sittlichen Normen geschaffen werden", meinte der *Tagesspiegel* (20.03.1993), ein „international zusammengesetztes Forum", dem eine „Kompetenz zuwachsen" müsste (ebd.). Die Zeitung forderte dann mit Nachdruck: „Die Verantwortlichen müssen handeln. Ein Staat, der alles zulässt, gibt seine innere Ordnung preis" (ebd.). Die *FAZ* forderte eine „Ethikkommission", und verneinte die rhetorisch gestellte Frage, ob ein solches „staatliches Machtinstrument" Zensur wäre: „Grenzenlos ist diese Freiheit nicht" (*FAZ-Magazin* 29.04.1993).

Politikern wie dem damaligen Bundespräsidenten Richard von Weizsäcker schwebte „ein neuartiges Gremium" vor, „entweder als Stiftung, Sachverständigenrat oder Kommission organisiert", das „einmal im Jahr dem Bundestag einen Bericht zur Medienlandschaft vorlegen" sollte (*Der Spiegel* 31.01.1994). Und der CDU-Politiker Horst Eylmann (CDU), Vorsitzender des Rechtsausschusses im Bundestag, verlangte im *Spiegel* die „Einrichtung einer staatlichen Kommission, die das Recht erhalten soll, diejenigen Sendereihen zu untersagen, in denen fortlaufend gegen ihre Richtlinien verstoßen wird" (*Die Zeit* 19.03.1993). Die Reihe derartiger politischer Forderungen ließe sich fortsetzen.

Bedenken richteten sich dagegen, dass hier eine neue „Superbehörde" entstehe (*Die Zeit* 19.03.1993). Es wurde geäußert, dass es keiner neuen Behörde bedürfte, weil das öffentlich-rechtliche Fernsehen ja zeige, dass man eine solche moralische Aufsichtsinstanz organisieren könne (*Deutsches Allgemeines Sonntagsblatt* 20.02.1998).

Zwar gab es auch immer noch Forderungen nach dem Eingreifen der Justiz, doch blieben diese Positionen randständig. Sie wurden auch nur selten von anderen aufgegriffen, so z.B., wenn der CSU-Politiker Theodor Blank ein Verbot der Sendungen forderte:

> Der CDU-Medienpolitiker sieht darüber hinaus auch die Staatsanwaltschaften gefordert, weil die „gravierendsten Fälle" des Reality-TV den Tatbestand des Paragraphen 131 Strafgesetzbuch erfüllten, der verbotene Gewaltdarstellungen mit Strafe bedroht. Die „Grenzen nicht nur des ethisch Tolerablen, sondern auch des rechtlich Zulässigen" seien überschritten, wenn sich „Gaffer sekundenlang an dem blutverschmierten Gesicht eines Unfallopfers weiden", erklärte Blank. In solchen Sendungen werde der Mensch und sein Leid „zum bloßen Objekt der Begierde" herabgewürdigt. (*Frankfurter Rundschau* 23.02.1993)

Dagegen sprach sich der FDP-Bundestagsabgeordnete Hans-Joachim Otto aus, der keine rechtliche Handhabe sah (ebd.). Zwar empörten sich viele, wie z.B. Rudolf Steffen, Vorsitzender der Deutschen Gesellschaft für Jugendschutz (*Der Spiegel* 31.01.1994), weil Filme gezeigt wurden, die von der Bundesprüfstelle als „jugendgefährdend" begutachtet waren. „Von Januar bis August 1992 sind von den Privaten 132 Filme [nach 23 Uhr, d.A.] gesendet worden, die von der Bundesprüfstelle für jugendgefährdende Schriften indiziert waren" (*Stern* 07.01.1993), doch zu einer neuen Gesetzgebung oder einer administrativen Intervention kam es nicht:

> Vor einem totalen Sendeverbot für indizierte Spielfilme, wie es Ministerin Merkel und ein Initiativantrag mehrerer Bundestagsabgeordneter aus verschiedenen Parteien fordern, schreckte die Runde zurück. Die Ministerpräsidenten fürchten, ein solcher Eingriff könne als Einschränkung der Freiheit von Rundfunk, Information und Kunst interpretiert werden und Verfassungsklagen provozieren (*Der Spiegel* 31.01.1994).

Verwiesen wurde jedoch auf das allgemeine Persönlichkeitsrecht, das vom Bundesverfassungsgericht in verschiedenen Urteilen aus den Grundrechten der Menschenwürde und der freien Entfaltung der Persönlichkeit abgeleitet worden war. Das allgemeine Persönlichkeitsrecht umfasst das Recht, die Darstellung der eigenen Person anderen gegenüber grundsätzlich selbst zu bestimmen (vgl. mit Nachweisen zur Rechtsprechung Jarass 1989), erfährt aber im Interesse der Kommunikationsfreiheiten und der freien Willensbildung verfassungsimmanente Einschränkungen, deren Folge ist, dass Personen, die nicht Teil der Zeitgeschichte sind, ein im Vergleich zu den ‚relativen, und ‚absoluten‚ Personen der Zeitgeschichte höheres Schutzniveau genießen. Ihre ‚private Geschichte‚ wird so vor dem Zugriff der Öffentlichkeit weitestgehend abgeschirmt. In der *Frankfurter Rundschau* (23.02.1993) wurde darauf hingewiesen, dass dieser Status nicht bereits dadurch aufgehoben werde, dass jemand in einen Autounfall verwickelt sei.[4] In einem weiteren Artikel der *Frankfurter Rundschau* wird aus einer Presseerklärung der Hamburger Landesmedienanstalt zitiert:

> Bei Sendungen jedoch, in denen Opfer von Unfällen und Katastrophen in voyeuristischer Weise präsentiert werden, kann das Persönlichkeitsrecht der Betroffenen verletzt sein und diese Personen zum Schadensersatz gegenüber dem Sender berechtigen. (*Frankfurter Rundschau* 27.02.1993)

Doch der Verweis auf den Persönlichkeitsschutz war nur eine hilflose Geste, weil die öffentliche Ordnung nicht in der Lage war, eine allgemeine befriedigende Lösung herbeizuführen. Denn diese Vorgaben wurden offenbar zunehmend verletzt, wie der Medienrechtler Johannes Kreile meinte.

> Schließlich lohnt es sich auch in Europa, die Gaffsucht anzuheizen. Hohe Einschaltquoten bei diesen billig zu produzierenden Sendungen (Amateurvideos, Laien, die kostenlos ihre erlebten Schrecken vor der Kamera nochmals nachspielen und Polizisten im Freizeiteinsatz) sichern hohe Gewinne. Immerhin entwickelte sich „Notruf" (die deutsche Kopie von „Rescue 911") in wenigen Monaten mit 10 Millionen Zuschauern zur erfolgreichsten RTL-plus-Sendung. Da werden bei Rechten schon mal die Augen zugedrückt. „Notruf"-Moderator Hans Joachim Meiser schien zumindest vom „Recht am Bild" noch nie gehört zu haben. Bei gräßlichen Unfällen würde jedoch „hart" über die Grenzen des Zeigbaren diskutiert. Bei „Notruf", so betonte Meiser, steht nicht das Verbrechen im Mittelpunkt, sondern wie dem Opfer geholfen wurde. (*Süddeutsche Zeitung* 09.06.1992)

Auch die Kampagnen einiger Elternverbände brachten außer Waschkörbe voller Elternpost wenig.

> Die Hamburgische Anstalt für neue Medien (HAM) verweist auf eine privatrechtliche Lösung. Bei Sendungen, in denen Opfer von Unfällen „in voyeuristischer Weise" präsentiert würden, könne das Persönlichkeitsrecht der Betroffenen verletzt sein und diese Personen zum Schadenersatz gegenüber dem Sender berechtigen. (*Die Welt* 02.03.1993)

Doch dieser Weg wurde als wenig erfolgreich eingeschätzt. „Ein Konsens über dabei noch einzuhaltende Prinzipien ist derzeit nicht in Sicht" (*Frankfurter Rundschau* 19.11.1992). Im Hintergrund blieb die ungelöste Frage

4 Die Frage, wann der Status einer Person der Zeitgeschichte erreicht ist, wird von der Rechtsprechung anhand des so genannten Informationsinteresses der Öffentlichkeit aufgelöst. Sie geht davon aus, dass an Opfern von Unfällen und Straftaten im Regelfall ein Informationsinteresse der Öffentlichkeit, das den Status als ‚relative Personen der Zeitgeschichte‚ begründet, nicht bestehe (OLG Karlsruhe ZUM 1990, 91 (91) – *Anatomie eines Unfalls*).

bestehen: „Lässt sich Brutalität auf dem Bildschirm verbieten?“ (*Die Zeit* 19.03.1993).

Realityshows als Bollwerke gegen eine imaginäre Informationszensur
Gegen ein staatliches Verbot sprachen sich andere aus, vor allem Vertreter der privatrechtlichen Sender. Helmut Thoma ging zur Gegenoffensive über und hielt die Bundesprüfstellen für den Jugendschutz für verfassungsrechtlich bedenklich, weil es sich hier um Zensur handele. Und auch einige Zeitungen hatten grundsätzliche Bedenken.

> Wer heute einzelne Reality-Shows oder gleich das ganze Genre vom Bildschirm verbannen will, macht sich verdächtig, vielleicht morgen schon die Kommunikationsfreiheiten des Artikels 5 im Grundgesetz beschneiden zu wollen. (*Die Zeit* 19.03.1993)

Mit dem Nachlassen der öffentlichen Diskussion ging auch das Interesse des Publikums an den Reality-TV-Sendungen zurück. Damit wurden die Sendungen für die privatrechtlichen Sender weniger attraktiv. Auch blieb das Angebot an spektakulären Darstellungen offenbar hinter der Nachfrage zurück. RTL stellte einige der Sendereihen ein, das Genre war damit nicht mehr in dem Maße auf dem Bildschirm präsent, die verbleibenden Sendungen wurden entschärft.

Aus den Diskussionen um eine neue Institution, die eine Kontrollinstanz darstellen sollte, entstand die Freiwillige Selbstkontrolle Fernsehen der privatrechtlichen Fernsehunternehmen, die eingereichte Filme auf Gewaltdarstellungen kontrolliert und Empfehlungen an die einreichenden Unternehmen gibt. Damit war auch dem öffentlichen Interesse scheinbar Genüge getan. Man war damit um die Schaffung einer institutionalisierten Kontrollinstanz mit Sanktionsrecht herum gekommen. Damit war die Gesamttendenz einer Verlagerung der Interventionen in den individuellen und privaten Bereich bestätigt. Eine grundsätzliche Kurskorrektur hatte trotz der großen Dimension der gesellschaftlichen Empörung und Kritik nicht statt gefunden.

6.8.4.4 Individualisierung der Moral im Dienste der Ökonomie: Daily Talk (1996-98)

Der Durchgang durch den Diskurs folgt im Wesentlichen der Chronologie. Dabei wird sichtbar, dass sich die Schwerpunkte im Diskursverlauf selbst verschieben: Die Grenzverletzung durch Präsentationen von Nacktheit und Erotik war nicht durchgängig im Blickpunkt, sondern wurde immer wieder durch Diskussionen um die Grenzverletzungen durch Aggressionen und Gewalt abgelöst.

Die Auseinandersetzung über die Reality-TV-Sendungen knüpfte an die Debatte über die Confrontainment-Sendungen an. Die Diskussion um die

Daily-Talk-Sendungen, bezog sich wiederum auf die Debatte um Tabuverletzungen durch Zurschaustellung von Nacktheit sowie – allgemeiner – auf die Präsentation des Obszönen, Banalen, Kitschigen. Die Kontroversen begannen nicht mit der Implementierung der neuen Formate, die ebenfalls dem Konzept der Suche und Besetzung freier Marktnischen folgte, sondern entwickelte sich erst mit der Akzentuierung dieser Sendereihen ab 1996/97. Sie fand ihren Höhepunkt im Jahr 1998, als es in den Daily Talks einerseits zu einer verstärkten Thematisierung intimer Sachverhalte, sehr persönlicher Beziehungsprobleme sowie auch zur Verletzung von Anstandsregeln etc. kam.

Die ersten Beiträge über Interventionsmöglichkeiten und -bedarfe sind ab 1997 zunächst eher allgemein, sprechen aber schon den zentralen neuen Topos der Diskussion an: Verletzung der menschlichen Würde. Zunächst wird in den Sendungen ein Distinktionsgewinn gesehen, der beim Sich-zur-Schau-Stellen von Talkgästen entsteht, da diese sich hier als Vertreter gesellschaftlicher Gruppen begreifen können, deren kulturelle Identität nicht zuletzt auch über die Abgrenzung von bzw. das Bekenntnis zu den Daily Talks erzeugt werde:

> Verschiedene Milieus und Generationen haben auch unterschiedliche Vorstellungen vom Privaten. Volkskultur, sagt [der Medienpsychologe, d.A.] Vorderer, ist gerne derb und zuviel Emotion und Unterhaltung der Bildungselite stets verdächtig. Da gleiten die Rufe nach Jugendschutz dann schnell ins Heuchlerische. (*die tageszeitung* 15.05.1998)

Die Fernsehkritikerin Klaudia Brunst betonte, dass sich das Publikum diese Sendungen bewusst aussuche und sich damit nicht identifiziere. Es ginge hier auch nicht um eine Verletzung der „Scham- und Intimitätsgrenzen“, sondern darum, dass sich „echte Menschen mit echten Schicksalen“ darstellten und die Daily Talks sie „in rasantem Tempo verbrauchten“: „Das Medium vermittle den Kontakt zu Affekten, Emotionen und Spannungen, die im sozialen Korsett unseres Alltags kaum je so ausgelebt werden könnten, aber oft auf Kosten der Talkgäste“ (*Stuttgarter Zeitung* 29.10.1996). Zu Interventionen sah sie 1996 noch keinen Anlass.

Die Presse markierte den Anfang des Konfliktdiskurses, der mit der Sexualisierung der Daily Talks einsetzte:

> Im März ging Arabella Kiesbauer dann unter dem harmlosen Titel „Hausfrauen“ zu weit und ließ eine gewisse Karin, 44, von ihrer Vorliebe für Fernfahrer berichten. Karin sei gern zu ihnen in den Wagen gestiegen und habe „dort die Antenne gemessen“. Zufällig entdeckte eine Zuschauerin Kinder im Alter zwischen acht und zwölf Jahren im Publikum und erstattete Anzeige. Die Staatsanwaltschaft ermittelte gegen Pro Sieben wegen des Verdachts der „Verbreitung von Pornographie“. Die Wiener Moderatorin zog den Bremsfallschirm und bekannte Reue. (*Stern* 07.12.1998)

Die Diskursverschärfung im Segment ‚Nacktheit/Erotik' war zuletzt durch den Topos ‚Gefährdung der Kinder durch das Fernsehen' neu aktiviert worden. Dieser Topos erwies sich nun auch für die Debatte um die Daily Talks als brauchbar:

> Die bayerische Sozialministerin Barbara Stamm (CSU) könnte beruhigt sein; ist sie aber nicht. Standhaft fordert sie ein Verbot von Nachmittagstalkshows, weil Tausende von Kindern zusehen. Keiner spreche von der geistigen Nahrung des Volkes: „Wir können uns doch nicht tagtäglich von jedem Schmutz und Schund berieseln lassen." (*Der Spiegel* 27.04.1998)

Ein RTL-Sprecher hielt dagegen:

> Dieter Czaja, der Jugendschutzbeauftragte des Privatsenders RTL, hält sämtliche Gegenmaßnahmen für unnötig. „Die Personen, um deren Schutz es geht, nämlich die Kinder, sitzen in der Zeit kaum vorm Fernseher", sagt Czaja. „Und wenn, gucken sie keine Talkshows." (*Stuttgarter Zeitung* 23.04.1998)

Besonders die Thematisierung sexueller Angelegenheiten in den Daily Talks führte dazu, dass die Interventionsdebatte wieder auflebte und an den alten Argumentationsmustern anknüpfte. Wieder wurde das Nebenargument der Justitiziabilität eingebracht. Zuschauer stellten Strafanzeigen wegen Pornographie (*Süddeutsche Zeitung* 25.04.1998), doch erwies sich dieses Interventionsmittel, wie auch in der Öffentlichkeit diskutiert wurde, als stumpf.

> Da die reißerische Aufmachung vor allem sexueller Themen am Nachmittag nicht justiziabel seien, sollen sich die Programm-Macher freiwillig einer Selbstbeschränkung beugen. „Statt Regulierung wollen wir Selbstverantwortung ähnlich der Selbstbeschränkung beim Einsatz von Gewalt im Fernsehen." Pro Sieben will den „internen Diskussionsprozeß" über die „Arabella"-Talkshow verstärken. „Wir werden uns künftig zusammen mit der Redaktion noch mehr Gedanken darüber machen, daß die Dosierung und der Themenmix stimmen." (*Kölner Stadtanzeiger* 25.04.1998)

Weil die Verkoppelung von Moral und Ökonomie als Topos bereits im Diskurs präsent war und dazu geführt hatte, dass man glaubte, gegen das privatrechtliche Fernsehen nicht mehr ordnungspolitisch, sondern nur noch marktökonomisch vorgehen zu können, orientierten sich die ersten Interventionsvorschläge an dieser Vorstellung: Heike Mundzeck, die Vorstandsvorsitzende der Hamburgischen Anstalt für neue Medien, forderte die werbungtreibende Wirtschaft auf, im Programmumfeld der nachmittäglichen Talkshows keine Spots mehr zu schalten: „Wenn die Sender an ihrer empfindlichsten Stelle, und zwar am Geldbeutel, getroffen werden, müssen sie reagieren". Sie erinnerte daran, dass „auch die Diskussion um das Reality TV vor ein paar Jahren den Bertelsmann-Konzern dazu bewegte, aus Imagegründen diese Programme nicht mehr auszustrahlen" (*Stuttgarter Zeitung* 23.04.1998).

Die Werbewirtschaft verwahrte sich dagegen, auf diese Art instrumentalisiert zu werden. Und *die tageszeitung* meinte:

> Nützlich ist die öffentliche Debatte. Denn die Sender lieben ihre Plaudertaschen – als billige Quotenjäger zu den flauen Sendezeiten am Vor- und Nachmittag. Werden sie stigmatisiert, bleiben die Werbekunden weg, die Sache läuft sich tot. (*die tageszeitung* 15.05.1998)

Politiker äußerten sich vor allem mahnend, was jedoch schon ironisch aufgenommen wurde, weil die Politik wieder als Verursacher des Moralkonflikts ausgemacht wurde:

> Nicht anders verhält es sich, wenn Politiker zu Fernsehkritikern werden. Was für eine Woche also, in der sich Edmund mit Arabella beschäftigte und den hohen Standard seiner doppelten Moral verriet! Denn Stoiber hat als starker Fürsprecher des privaten, marktregulierten Fernsehens Kiesbauer doch erst möglich gemacht, und daß das Kommerzfernsehen nicht den ganzen Tag „Best of Beethoven" spielt, das wissen am besten jene, die sich seit Jahren einer echten medienpolitischen Regulierung des Privatfernsehens widersetzen. (...)
> Die Wirklichkeit ist anders: Nur um Arabella zu unterstützen, bittet Stoiber den Sender, solche Sex-Talks künftig einzudämmen. Er hängt also nicht nur der altmodischen Vorstellung an, eine Sendung sei dann besonders gefährlich, wenn sie sich mit Sex beschäftigt, er macht auch aus einer belanglosen eine kostbare Sendung. Denn so allein kann „Arabella" jetzt fortbestehen: als die Subversive unter den Schmuddlern. (*Die Woche* 15.05.1998)

Interveniert wurde jetzt konkret durch die Aufsicht führenden Landessmedienanstalten.

> „Vera" schließlich hatte schon bei ihrem Einstand als Nachmittagsunterhalterin alle Rekorde gebrochen. Sie präsentierte vier Gäste, ein Thema, keine Meinung: Einer war von Kopf bis Fuß auf Leder eingestellt, ein zweiter mußte sich unbedingt in Windeln hüllen, eine Domina und ihr Sklave referierten animiert ihr Tun – die zuständige Landesmedienanstalt beschied die Vorstellung schließlich mit einem sechsstelligen Bußgeldbescheid. (*Frankfurter Allgemeine Zeitung* 02.07.1998)

Auch wurde verlangt, dass die Landesmedienanstalten eine Talkshow vom Nachmittag in den Abend versetzen sollten.

> Themen wie „Alle Männer sind schwanzgesteuert" oder „Die schnelle Nummer: Sex in der Pause", die reißerisch ums Publikum buhlen, haben laute Proteste von Politikern, Zuschauern und Medien erregt. Die führten soweit, daß Arabella nach dem Willen der Medienwächter auf 20 Uhr verlegt werden soll, um den Jugendschutzvorschriften gerecht zu werden. Das wäre ein Novum in der deutschen TV-Geschichte. Erstmals würde eine etablierte Sendereihe zwangsversetzt. (*Süddeutsche Zeitung* 09.05.1998)

Zu erwähnen ist, dass die Landesmedienanstalten zunehmend eingriffen und Bußgelder verhängten. Diese Interventionsmöglichkeiten und -praktiken wurden jedoch im öffentlichen Diskurs nicht immer ausreichend bemerkt.

Daneben traten abstrakte Forderungen: „Bessere Talk-Shows" wurden gewünscht und eine neue individuelle wie medial geförderte Moral verlangt: „Die Fähigkeit, sich zu schämen, muss wieder als gesellschaftlicher Wert gelten." (*Das Sonntagsblatt* 26.09.1997) Es wurde appellativ gefordert, „die Persönlichkeit und die Würde der Betroffenen zu achten" (*Frankfurter Rundschau* 16.05. 1997).

Die privatrechtlichen Anbieter wollten Interventionen zuvor kommen, und einen Verhaltenscodex für die Talkshows entwickeln, als ein internes Regelwerk, an das sich alle zu halten haben, um damit möglicherweise Image schädigende gesellschaftliche Interventionen zu verhindern. „Neun Gebote sind es geworden, die Landesmedienanstalten haben ihnen vorgestern ihren Segen erteilt." (*Frankfurter Allgemeine Zeitung* 02.07.1998)

Die Wirkungslosigkeit eines solchen freiwilligen Codex wurde jedoch gleich thematisiert.

> Für den neuen Verhaltenskodex, von den Privatsendern bis vor kurzem schamhaft „Code of Conduct" geheißen, gibt es übrigens ein Vorbild. Als die Empörung über die Brutalität im Fernsehen wieder einmal hochging, gaben sich die Kommerzsender Grundsätze über den Umgang und die Darstellung von Gewalt. Damals war der publizistische Apparat plötzlich so beruhigt wie heute. Geändert hat sich wenig. Gegen „Arabella", wo bei anderer Gelegenheit zwei Frankfurter Nachwuchskriminelle vom lustigen Gangsterleben schwärmen durften, hat die Berliner Landesmedienanstalt kürzlich acht Beanstandungsverfahren eingestellt. (*Frankfurter Allgemeine Zeitung* 02.07.1998)

Die Diskussion lief auf freiwillige Maßnahmen hinaus. Die Ministerpräsidenten von Bayern und Rheinland-Pfalz ermahnten den Verband der Privatanbieter (VPRT), er solle die Mitglieder (und Sendeunternehmen) „sehr zügig" zu einer Selbstverpflichtung drängen (*Kölner Stadtanzeiger* 25.04.1998). Der bayerische Medienratsvorsitzende Karl Kopka regte „eine Erweiterung der Berliner Einrichtung Freiwillige Selbstkontrolle Fernsehen an" (*Stuttgarter Zeitung* 23.04.1998). Hintergrund war der heraufdrängende Bundestagswahlkampf.

> Was ist zu tun? Für Liberale sind Verbote und Strafen, wie sie gefordert werden, immer nur die zweitbeste Losung. Es kann und soll auch nicht um Zensur und Einschränkung der Pressefreiheit gehen. Vielmehr sind die verantwortlichen Fernsehsender aufgerufen, möglichst schnell eine freiwillige Selbstkontrolle ihrer Programminhalte einzuführen, besonders für Zeiten, zu denen Kinder hauptsächlich fernsehen. Und Firmen, die mit Werbung in solchen Sendungen vertreten sind, sollten sich überlegen, ob es Eltern und Verbraucher nicht honorieren würden, wenn sie sich in gleichem Sinne einsetzen würden. (*Tagesspiegel* 06.05.1998)

Ende im Diskursspiel um Profilierung

Die Programmverantwortlichen von SAT.1 und RTL sahen dennoch – wohl mehr aus diskursstrategischen Gründen – bereits „die Zensur heraufdämmern" (*Stuttgarter Zeitung* 29.04.1998). Selbstbeschränkungen wurden angekündigt. Birte Karalus wollte „weniger Alkoholiker in die Sendung nehmen" und „Kinder unter 16 dürfen nicht mehr in die Show". Der Anlass der öffentlich bekundeten Selbstbeschränkung war, dass „ein 15jähriger Junge neben seinem leiblichen und seinem Pflegevater saß, während die beiden sich fast schlugen, das kam bei den Landesmedienanstalten nicht so richtig gut an" (*Süddeutsche Zeitung* 10.10.1998).

Gleichzeitig wurde den Kritikern vorgeworfen, sie würden die Sendungen gar nicht kennen und sich auf Kosten der Sendungen als „Moralapostel profilieren" (*Süddeutsche Zeitung* 14.09.1998). Der Produzent von *Birte Karalus*, Alexander Stille, meinte:

> Es sei eine Mediendebatte, (...) angezettelt von Menschen, die die Sendungen nie gesehen hätten. „Die haben die reißerischen Titel gelesen, und dachten, die Talkshow sei genauso deftig – was aber meistens gar nicht so war." Eine der amüsantesten Sendungen habe „Pinkeln im Stehen" geheißen, „das war so witzig, daß die Leute in der Regie vor lauter Lachen die Regler nicht mehr bedienen konnten." (*Süddeutsche Zeitung* 14.09.1998)

Seine Argumentation meinte explizit: Die Titel seien so ‚reißerisch', um das Publikum anzulocken; was geboten werde, sei dann völlig harmlos, selbst die Regisseure und Techniker am Regiepult hätten es nur lustig gefunden, und Techniker seien schließlich ganz normale Leute wie Du und Ich. Ähnlich äußerte sich auch Arabella Kiesbauer (*Süddeutsche Zeitung* 25.04.1998). Die Bildschirmgrößen wurden aufgeboten, man betonte die eigene Verantwortung. Produzent Körbelin meinte: „Welche Grenzen setzen wir diesen Auseinandersetzungen? Hier sind wir in der Verantwortung" (*Süddeutsche Zeitung* 25.04.1998).

Die tageszeitung meinte dagegen, hier werde die falsche Diskussion geführt. Es ginge gar nicht um Sexualität: „Gestritten werden müsste um Intimität, genauer: um deren Grenzen" (*die tageszeitung* 15.05.1998). Doch sie blieb damit allein.

Auffällig ist, dass der Diskurs über die Talkshows sich verselbstständigt hatte. Zum einen ging es nicht mehr wirklich um Konflikte, sondern darum, mit Hilfe dieses Genres „Diskursgewinne" zu machen. Die Programmverantwortlichen der privatrechtlichen Sender fuhren eine Doppelstrategie: Einerseits diente die öffentliche Diskussion um die Daily Talks dazu, die Aufmerksamkeit immer wieder auf das Genre zu lenken und damit die Einschaltquoten hoch zu halten, andererseits gelobten sie Deeskalation in der Thematisierung intimer Aspekte. Die Politiker profilierten sich, indem sie Sittlichkeit und Moral einforderten und dabei im Wahljahr bei einem konservativen

Klientel Punkte machen wollten. Die Kritik warf insbesondere den konservativen Politikern vor, sie empörten sich scheinheilig über das, was sie mit dem Zulassen privatrechtlicher Anbieter selbst hervorgerufen hätten (*Die Spiegel* 27.04.1998). Auch die Kritik der Medien selbst konnte sich über die Abwärtsspirale des Geschmacks beim Fernsehen empören und in der Diskussion gegeneinander profilieren. *Die Woche* führte dieses letztlich selbstreferentielle Spiel exemplarisch vor:

> So hat sich „Die Zeit" mit nur Monaten Verspätung zum Generalverriß von Kerner und Christiansen durchgerungen, aber nicht gesagt, daß sie selbst erfolglos ein verwandtes TV-Magazin produziert, außerdem noch nie eine Sendung dieser Gattung für gut und würdig befunden hat. So erhebt sich der Hochmut des gedruckten „Spiegel" über jede Fernseh-Hervorbringung, die nicht vom Testosteron der eigenen Redakteure geadelt wurde, und so mußte auch die medienkritische „Süddeutsche" im Fernseh-„SZ-Magazin" erfahren, daß das Sexuale einfach mehr Wallung auslöst als das Soziale. Wenn man also sieht, wie auch Medienkritiker viel lieber Schund besprechen als Themenabende, dann erkennt man ihre so tiefe wie bigotte Liebe zu dem, was sie zu bekämpfen vorgeben, dem Banalen. Seine soziale Bedeutung wird so unterschätzt wie die des Sex, der als solcher kaum, als Geschmacksverstärker dafür um so häufiger eingesetzt wird. (*Die Woche* 15.05.1998)

Der Diskursverlauf führte verstärkt dazu, dass sich die Diskurspartner direkt attackierten. Dass der ehemalige *Bild*-Chef und spätere Kanzlerberater Hans-Hermann Tiedje den Zuschauern den „IQ von Primaten" bescheinigte, fand der ehemalige ARD-Programmdirektor Dietrich Schwarzkopf „menschenverachtend", ebenso verurteilte er, dass ZDF-Intendant Dieter Stolte von den „Fehlfarben der Gesellschaft" gesprochen hatte (*Stern* 30.07.1998).

Das Argument der privatrechtlichen Anbieter, man nehme mit den „Daily Talkshows" das Recht auf Meinungsäußerung in Anspruch (Doetz) konterte der Direktor der LfR, Norbert Schneider: „Die Berufung auf die Rundfunkfreiheit ist keine rabattierbare Veranstaltung." (*Tagesspiegel* 01.07.1998)

Fazit der Debatte um die Daily Talks

Der Diskursverlauf zeigte damit eine für die neunziger Jahre typische Entwicklung. Die Thematisierung von Moral und Sittlichkeit, hier unter dem Etikett der Darstellung von Sexualität und der „Verletzung der Intimitäts- und Schamgrenze" wurde anfangs noch vom Ruf nach dem Staatsanwalt und einer juristischen Intervention gegen die Verschiebung der Grenzen begleitet; der Ruf wurde dann jedoch dahingehend abgeschwächt, dass es sich hier um ein Marktgeschehen handle, in dem es um gewisse unternehmerisch bedingte Grenzüberschreitungen im Sinne einer Aufmerksamkeitsgewinnung und Produktinnovation gehe. Diese Grenzverletzungen im sittlichen Bereich sollten durch freiwillige Kontrollinstanzen und Selbstregulierungen verhindert werden. Dabei reichte es schon, dass sie öffentlich angekündigt wurden; ob sie eingesetzt wurden und sich jeder daran halten würde, wurde schon nicht mehr nachgefragt. Man schränkte die Grenzverletzungen ein Stück weit ein und nahm damit die Sendungen aus dem Kreuzfeuer der Kritik. Man erwies sich auf diese Weise als belehrbar, um auf etwas reduziertem Niveau weiter zu machen. Die öffentliche Diskussion ließ nach, das Diskurspublikum wandte sich einem neuen Thema zu. Damit hatte faktisch eine Neubewertung des Verhältnisses von Privatheit und Öffentlichkeit stattgefunden.

Im Diskursverlauf war die Frage nach Sanktionen mehr und mehr aus dem Blick geraten, das Kiosk-Argument setzte sich langfristig durch: Was die Zeitschriften an den Kiosken – auch hier Kindern zugänglich – an Thematisierung von Intimität und Sexualität boten, sollte nach und nach auch im Fernsehen möglich sein. Je weniger es bei der Durchsetzung dieser Auffassung zu Interventionen kam, umso unwahrscheinlicher wurden sie auch bei weiteren Grenzverletzungen.

6.8.4.5 Interventionsverzicht und Verzicht auf Moralkritik: *Big Brother* (2000)

Der nächste Anlass kam mit der RTL-Real-Life-Soap *Big Brother.* Über sie wurde bereits vor Beginn der Ausstrahlung intensiv berichtet, weil die Produktionsfirma und der Sender durch eine entsprechende PR-Arbeit Erwartungen schürten. Dass sich eine Gruppe von Menschen freiwillig für hundert Tage in einen Wohncontainer einsperren und über zahlreiche Kameras permanent beobachten ließ, immer auch im Bewusstsein, das alles jederzeit gesendet werden konnte, wurde als „perfekte Perversion" (*Der Spiegel* 39/2000), als „Menschenzoo" (*Die Welt* 13.03.2000) gesehen. Prominenteste Kritiker waren Bundespräsident Johannes Rau und Karl Lehmann, der Bischof von Mainz und Vorsitzende der Deutschen Bischofskonferenz: „Das Bedürfnis nach Unterhaltung, so Rau am Freitagabend, scheine mittlerweile alles zu rechtfertigen. Das Schlimmste daran sei, dass der Verlust von Freiheit und Würde, von Scham und persönlicher Intimität gar nicht mehr wahrgenommen werde." (*Die Welt* 13.03.2000)

Diesmal waren es keine einzelnen Verstöße gegen die Normen (Darstellung von Nacktheit, Erotik, Sexualität, Aggression, Denunziation etc.), die Anstoß erregten, sondern es war insgesamt die Aufhebung des Privaten als eines von der Sphäre der Öffentlichkeit abgeschiedenen Raumes, die im Fernsehen zu beobachten war. Sie löste heftige Kritik aus und führte sofort zur Debatte um mögliche Interventionen. Die *Süddeutsche Zeitung* bemerkt, dass es aus dem Verständnis einer bürgerlichen Öffentlichkeit heraus leichter sei, sich gegen ein unzulässiges Eindringen des Staates in den privaten Bereich zu wehren, als gegen eine Bedrohung des „Privaten" durch dessen Veröffentlichung in den privatrechtlichen Sendern.

> Dass es nicht mehr der Staat ist, der ins Persönliche dringt, ist kein Trost, eher im Gegenteil. Den Staat könnte man, jedenfalls derzeit und in unseren Breiten, leichter kontrollieren und an die Kette legen, als man das mit mächtigen Privaten könnte. Deren Drohpotenzial ist heute ungleich nachdrücklicher, und deshalb müssten wir eigentlich ungleich nachdrücklicher irritiert sein. Sind wir aber nicht. (*Süddeutsche Zeitung* 28.02.2000)

Zunächst scheint es an der semantischen Überlagerung zu liegen, dass die Privatsphäre offensichtlich eine Nähe zu den ‚Privatsendern' habe, was jedoch real nicht der Fall ist, weil es sich nur um ‚privatrechtlich' definierte Unternehmen handelt, die mit der Individualsphäre des Einzelnen nichts zu tun haben. Die *Süddeutsche Zeitung* benennt deshalb die Privatheit auch in das „Persönliche" um, um die Differenz zu bewahren. Die Verletzung der „Menschenwürde" und das „Menschenexperiment" stehen im Zentrum der Kritik.

Wieder standen am Anfang der Ausstrahlung von *Big Brother* unterschiedliche Formen des Interventionsverlangens. Die *Berliner Morgenpost* fragt: „Soll ‚Big Brother' verboten werden?" (*Berliner Morgenpost* 28.04.2000) und bezieht sich dabei darauf, dass auch die Landesmedienanstalten ein Verbot überlegen. Bundesinnenminister Otto Schily rief zum Show-Boykott auf. Die ‚Gemeinsame Stelle Jugendschutz und Programm, (GSJP) in München beriet den Antrag der hessischen Landesmedienanstalt, *Big Brother* abzusetzen (*Der Spiegel* 11/2000).

Zu Interventionen kam es – abgesehen von einer von den Medienanstalten durchgesetzten Stunde, während derer die Kameras in den Schlafräumen keine Bilder übertrugen – nicht. Der Diskursverlauf unterschied sich gegenüber dem bei den Daily Talks dadurch, dass es nach den ersten Interventionsforderungen nicht zu einer Phase der freiwilligen Selbstbeschränkungen kam, auch keine neuen Selbstverpflichtungen (Verhaltenskodex) eingegangen wurden, sondern man gleich in die Phase der Ironisierung eintrat. Der *Spiegel* berichtet noch, dass „fast alle Gutachten zu dem Schluss [kommen, d.A.], dass die Voyeurs-Show einfach noch nicht menschenunwürdig genug ist, um abgeschossen zu werden" (*Der Spiegel* 11/2000). Offensichtlich blieb nur noch die Ironie übrig, weil man nicht mehr intervenieren konnte. Zunächst wird deshalb die Kritik selbst lächerlich gemacht, indem sie in einem überspannten Kontext – Untergang des Abendlandes – gerückt wurde.

> Was empört die Kritiker daran? Dreierlei. Erstens der Verstoß gegen Menschenwürde (weil das so genannte Intime öffentlich wird), zweitens das Menschenexperiment (weil die Akteure sich gegenseitig aus der Sendung mobben, also andere fertig machen müssen), drittens der Untergang des Abendlandes (weil der Unsinn zur Publikumsattraktion ausartete). (*Weltwoche* 09.03.2000)

Die Kritik an der Sendung, der Eindruck eines Verstoßes gegen die Menschenwürde, eines „Menschenexperiments" wurde von der gesellschaftlichen

Ebene auf die Ebene bloß individueller Entscheidungen und Haltungen verlagert.

> Es fällt schwer, aber die Fernseh-Provokation muss ausgehalten werden, sonst gehören viele Volksbelustigungen verbannt. Die Sendung darf boykottiert, andererseits eingeschaltet werden. Für Geschmack und Grenzziehung sind nicht das Grundgesetz, dafür ist der Einzelne zuständig. Eine kompromisslose Leistungsgesellschaft braucht ihren kompromisslosen Hochleistungs-Spaß. Und eine Vorzensur findet nicht statt. (*Tagesspiegel* 29.02.2000)

Kritiker wurden als „Dauerkritiker" denunziert, dabei gab es interessante Vertauschungen. Kam das Argument, die Kritiker seien doch wieder einmal nur die ewig Gestrigen, eher aus dem liberalen und kritischen Öffentlichkeitslager, so kam es jetzt aus einer eher konservativen Zeitung. Die *Berliner Morgenpost* ordnete die Kritik:

> Diejenigen, die in solchen höchst zweifelhaften Fernsehfällen immer protestieren, haben auch diesmal protestiert. In Hessen läuft eine Unterschriftenaktion gegen „Big Brother", Zeitungen eröffnen Diskussionsforen, die zuständige Landesmedienanstalt gibt sich alarmiert, aber machtlos, der Bundesinnenminister sieht die Menschenwürde in Gefahr. (*Berliner Morgenpost* 02.03.2000).

Aber auch der linke *Freitag* sprach von „moralinsaurer Empörung oder unbegrifflicher Verachtung" und fand die Kritik an der „permanenten ‚Überwachung' der Insassinnen mittels Bild und Ton" als unzulässig, weil es sich ja nur um ein „Spiel" handele (*Freitag* 31.03.2000).

Weiterhin wurde auch immer unklarer, worüber man sich empörte:

> Der Gedanke liegt nahe, dass die Empörung über Big Brother überhaupt nicht den möglichen psychischen Schäden der Teilnehmer gilt (man verbietet ja auch keine Eheschließung mit Blick auf mögliche Zerrüttung), sondern der öffentlichen Besichtigung solcher Schäden. Mit anderen Worten: Nicht die Teilnehmer, sondern das Publikum soll geschützt werden; nämlich vor allzu deprimierenden Einblicken in die Menschennatur – beziehungsweise vor Einblicken in die zynische Praxis des Privatfernsehens, das die moralische Entblößung von Menschen gewerbsmäßig betreibt. (*Die Zeit* 11/2000)

Die Kritik der Umkehrung ist zwar voll Empörungspathos, aber im Kern entzog sie jedem Interventionsgedanken den Boden. War denn nicht der Zuschauer in den letzten Jahren immer als bewusster, mündiger, entscheidungsfähiger Bürger gedacht worden? Wenn dem so war, konnte gar nicht mehr interveniert werden. Das alte Argument jeglicher Intervention in moralischen und sittlichen Dingen, den Menschen vor sich selbst zu schützen, war obsolet geworden.

Dieser Prozess des Wandels wurde als Gewöhnung interpretiert: Die Öffentlichkeit habe sich „mit den Usancen des Privatfernsehens längst abgefunden (...) wie mit einer Krankheit, die man nicht heilen kann, deren hässliche

Symptome man aber zumindest den Blicken entziehen möchte" (*Die Zeit* 11/2000).

Der Wandel wurde auch als Akzeptieren eines unternehmerischen Erfolgs, eines Markterfolgs verstanden, einer „wirtschaftlichen Logik", die in Erwartung von Spitzenquoten bereits Werbezeiten zu Höchstpreisen buchte, als in den Landesmedienanstalten noch laut über den Verstoß gegen die Menschenwürde nachgedacht wurde" (*Berliner Zeitung* 28.02.2000). Damit hatte sich die Ökonomisierung der Moral wieder einmal Bahn gebrochen.

Keine Verletzung des Schamgrenzen bei Selbstinszenierung der Beteiligten
Der mögliche Interventionsanlass, Verletzung der Menschenwürde, wurde als nicht mehr vorhanden gesehen, weil das Mitspielen in der Reality-Show als Selbstinszenierung verstanden wurde, wodurch der Vorwurf ‚Verletzung der Menschenwürde' offenbar ohne Gültigkeit war. Vom Gedanken eines Schutzes des Menschen vor sich selbst war der Diskurs inzwischen weit entfernt.

> Proportional zum wachsenden Erfolg wurde auch die Kulturkritik leiser, die zu Beginn noch die schwersten, sonst längst verloren geglaubten Geschütze gegen die Sendung auffuhr. Sie musste erkennen, dass die ausgewählten Bewohner nicht bloß ohnmächtige Opfer einer maßlos gewordenen Medienindustrie sind, sondern durchaus selbstbewusste, raffinierte Taktiker der Kunst, sich selbst zu verkaufen. Diskutiert wird heute nur noch, ob Kerstin ihre Liebe zu Alex instrumentalisiert, wie Andrea mit ihrem Biorhythmus klar kommt („Wenn Andrea um den 10. April mit Intrigen konfrontiert wird, könnte ihr der Kragen platzen", lautet die Prognose des „Big Brother"-Magazins) und welche Geschäftsaussichten die Kandidaten nach ihrem Ausscheiden haben („sein Potential ist phänomenal", behauptet ein Fachmann von Zlatko). (*Frankfurter Allgemeine Zeitung* 11.04.2000)

Die Freiwilligkeit diente nun als Argument für Kritikverzicht, so als hätten vorher bei allen anderen Konfliktfällen die Beteiligten unter Zwang gehandelt. Auch früher wurden schon ‚freiwillig' die Intimitäts- und Schamgrenzen verletzt.

> Solange all das unter dem Vorzeichen der Freiwilligkeit geschieht, ist eine liberale Gesellschaft gegen Big Brothers machtlos. Ihre einzige Macht wäre, den Akt der Respektlosigkeit demonstrativ nicht zur Kenntnis zu nehmen. Aber wer will noch auf so was hoffen? (*Stuttgarter Zeitung* 01.03.2000)

Systematisch waren alle Argumente der Kritik destruiert worden. Auch das letzte, die Gefährdung der Kinder durch die Grenzverletzungen durch Präsentation des Intimen im öffentlichen Raum, fiel nun. Jetzt war der Umstand, dass vor allem Jugendliche *Big Brother* sahen, ein Argument, nicht dagegen vorzugehen.

> Die Jugend hat das Fernsehen nicht erfunden. Ihr Leben ist aber zutiefst mit ihm verstrickt. Mit dem Paternalismus des rheinland-pfälzischen Ministerpräsidenten Kurt Beck, der „Big Brother" schlichtweg verbieten wollte, können junge Menschen nichts anfangen. (*Der Spiegel* 41/2000)

Die Erörterung des Skandalfalls *Big Brother* diente nun merkwürdigerweise dazu, zu diskutieren, dass die Kritik nicht angemessen auf *Big Brother* reagiert habe, sondern dem Markterfolg gefolgt und *Big Brother* zum ,Kultgegenstand' erhoben hatte.

> Wurde einst alles todernst genommen, so erscheint nun alles irre komisch. Selbst die Intellektuellen, lange Zeit die Spaßverderber der Nation, bei denen das Lachen stets „im Halse stecken bleiben" musste, um das Siegel „gesellschaftskritisch" zu verdienen, fiebern jetzt mit Zlatko und Sabrina, lieben Harald Schmidt und lesen „Gala" statt „Kursbuch". Kult statt Kulturkritik, Ironie statt Ideologie: Das deutsche Feuilleton hat sich geradezu überschlagen in der Bemühung, das Phänomen „Big Brother" niveauvoll zu deuten, ohne es, wie früher, umstandslos zu TV-Müll zu erklären: „Trash" klingt besser.
> Doch angesichts von Wucht und Breite der geballten Spaßattacken auf die Gesellschaft ist die „alte" Kulturkritik fast völlig verstummt. (*Der Spiegel* 23/2000)

Was der *Spiegel* hier kritisiert, war die konsequente Fortentwicklung der Diskurs-Topoi, wie sie sich von Skandalfall zu Skandalfall entwickelt hatten. Die Meta-Haltung des *Spiegels* gegenüber der Kritik lässt fast vergessen, dass dieser selbst Teil der Kritik war, also durchaus hätte dagegen halten können.

Ähnlich paradox argumentierte die *Stuttgarter Zeitung*:

> Also bleibt vorerst nur die Hoffnung auf so etwas Vages wie einen grundlegenden Selbstachtungsimpuls jedes Einzelnen. Dass er da, wo sein Privates im Sinne des wirklich Existenziellen auf dem Spiel steht, den aufgestellten Kameras irgendwann doch noch Widerstand leistet. Ja, so weit hechelt die Medienkritik den Verhältnissen hinterher: Den Aufklärern (über die Macht der medialen Öffentlichkeit) bleibt nur der Wunsch, die Menschen mögen die Antiaufklärung (ihr Privates betreffend) wieder schätzen lernen. (*Stuttgarter Zeitung* 01.03.2000)

Am Ende der Diskussion konnte die *tageszeitung* nur noch ein hilfloses Drehen der Kritik um das Phänomen *Big Brother* konstatieren. Die privatrechtlichen Anbieter hatten schon in den Jahren zuvor das gesellschaftliche Mittel der direkten Intervention durch immer neue Grenzüberschreitungen außer Kraft gesetzt. Der Diskurs über Sinn und Möglichkeiten von Interventionen ins Fernsehprogramm folgte dabei der Logik der ,Ökonomisierung' der Moral (,Marktfreiheit für Grenzverletzungen') und damit den Diskursargumenten der Anbieter. Den Kritikern der Sendung *Big Brother* und damit der Diskursinstitution Presse blieb so am Ende nichts anderes übrig, als die eigene Positionslosigkeit zu thematisieren und damit *Big Brother* zu einem bloß ästhetischen Ereignis zu machen. Gleichzeitig hatte sich damit tendenziell die Differenz zwischen Öffentlichkeit und Privatheit aufgelöst: Wenn die Infrarotkamera es einem Millionenpublikum zeigen konnte, wie Kerstin sich mit Alex im Bett sexuell befriedigte, geschah dies in einer selbstgewählten Entscheidung, um die Einschaltquoten in die Höhe zu treiben und damit auch selbst Erfolg zu haben.

Die Kritik thematisierte deshalb die Diskursbewegungen selbst, wie es *die tageszeitung* beispielhaft vorführte. War eine Intervention schon nicht mehr vertretbar, schien die Empörung der Diskursteilnehmer über die Sendung interessanter als diese selbst.

> Das Feuilleton war indigniert und schoss tief und zielgenau. In einem anhaltenden Verachtungsdiskurs wurde die „Explosion des Privaten" registriert (Andreas Zielcke, *Süddeutsche*), ein „neuer Exhibitionismus" erkannt (Ulrich Greiner, *Die Zeit*); das „Spannerspektakel" (Thomas Tuma, *Spiegel*) sei „die größte Grenzüberschreitung, seit es Fernsehen gibt", für welche auch noch „die Zuschauer dem Medium die Absolution erteilt" haben (Sandra Kegel, *Frankfurter Allgemeine Zeitung*). Die Empörung galt wahlweise dem Voyeurismus des Mediums oder der Schamlosigkeit der Wohngemeinschaft, die sich unter dem bedrohlichen Motto „Du bist nicht allein!" von zahllosen Kameras beobachten und von sensiblen Mikrofonen belauschen ließ. (*die tageszeitung* 09.06.2000)

In der Umkehrung wurde nun jeder Verzicht auf ein Verbot zum Ausweis einer pluralistischen und demokratischen Medienkultur, die Ausstrahlung von *Big Brother* galt als Beispiel für die Progressivität des „Standorts Deutschland":

> Als Medienunternehmer müssen wir eine pluralistische Kultur fördern. Für den demokratischen Standort Deutschland wäre es schlimm gewesen, wenn die Sendung von Politikern oder der Medienaufsicht verboten worden wäre. Wir hatten ja schon mal eine Epoche der Zensur. (*Stern* 06.07.2000)

Damit war letztlich auch der Diskurs über die Möglichkeit und Notwendigkeit gesellschaftlicher Interventionen gegen die Verletzungen von Anstand und Würde, von Scham und Intimität im Fernsehen an einen Endpunkt gekommen. Im Grunde sind jetzt nur noch Wiederholungen denkbar.

6.8.5 Zusammenfassung

Das gesellschaftliche Einschreiten bei normverletzender öffentlicher Darstellung des Privaten im Fernsehen wurde und wird in den veröffentlichten Diskussionsbeiträgen in zwei Richtungen diskutiert: zum einen als eine von den Aufsichtsinstanzen unterschiedlichen Zuschnitts vollzogene Intervention, die in ihrer Berechtigung und Rechtmäßigkeit, ihrer Angemessenheit und ihren Folgen erörtert wird; zum anderen als eine notwendige, aber noch nicht vollzogene Intervention, deren Vollzug einzelne Diskursvertreter öffentlich von den Aufsichtsinstanzen (Rundfunkgremien, Staat, Gerichte) fordern und deren Durchsetzbarkeit und Sinnhaftigkeit diskutiert wird.

Diskurslager. Deutlich lässt sich erkennen, dass sich seit den sechziger Jahren zwei – vom Milieu, der Verwendung der Argumentationsmuster und der Zielsetzung her – unterschiedliche Öffentlichkeitslager herausgebildet und unterschiedliche Diskurspositionen über das Verhalten von Öffentlichkeit und Privatheit entwickelt haben: Zum einen ein konservatives Lager, das sich für eine deutliche Kontrolle der Öffentlichkeit, für eine klare und feste Begrenzung dessen, was als ‚privat' verstanden in der Öffentlichkeit verhandelt wird, ausspricht. Hier ist der Ruf nach Intervention stark ausgeprägt. Das Fernsehen wird häufig als eine Gefährdung des Privaten verstanden und deshalb kritisch beobachtet und bekämpft.

Zum anderen ist ein eher liberales, gelegentlich auch kritisches Lager zu erkennen, das sich gegen Kontrollen der Öffentlichkeit wendet und gegen Interventionen richtet, die vom Staat und von Aufsichtsinstanzen kommen. Hier werden auch medieninterne Aufsichtsinstanzen kritisch beobachtet. Die Abgrenzung von Öffentlichkeit und Privatheit wird hier als zu fest und rückständig angesehen und einer Öffnung das Wort geredet. Hier wird eine freizügigere Behandlung akzeptiert und begrüßt, insbesondere in der Darstellung des nackten Körpers, von Erotik und Sexualität. Das Fernsehen wird innerhalb dieses Lagers weniger als eine Gefahr denn als ein Mittel der Kommunikation angesehen.

Alle Positionen werden in der Auseinandersetzung über die Fernsehsendungen nie explizit angesprochen, sondern sind immer nur – im klassischen Sinne der Diskurstheorie – Orte, an denen sich Argumente für oder gegen die Sendungen finden lassen.

Die zeitliche Diskursentwicklung lässt sich in zwei Phasen gliedern: in eine, in der es nur um das öffentlich-rechtliche Fernsehen geht, und in eine zweite, in der sich der Diskurs vor allem auf das privatrechtliche Fernsehen konzentriert und in dem das öffentlich-rechtliche Fernsehen so gut wie keine Rolle mehr spielt. Dies ist auch der Fall, wenn über Genres und Formate verhandelt wird, die in beiden Fernsehsystemen vertreten sind.

Der Diskurs über das öffentlich-rechtliche Fernsehen ist durch punktuelle Konfliktfälle gekennzeichnet: Es werden einzelne Sendungen diskutiert, in denen Grenzverletzungen gesehen werden. Nur bei den Sendereihen *Wünsch Dir was* und, weniger bedeutsam, *Ekel Alfred*, sind Thematisierungen serieller Produktionen zu beobachten, die sich über einen längeren Zeitraum als gesellschaftliche Kontroversen verstehen lassen.

Der Diskurs über das privatrechtliche Fernsehen ist von länger andauernden Debatten über serielle Produktionen bestimmt. Hier geht es immer um Showreihen wie *Tutti Frutti*, um Genres und Formate wie Reality TV und die Daily Talks oder um Serien wie *Big Brother*. Diese Diskurse werden zumeist erst beendet, wenn die Sendereihe oder das Genre aus dem Programm genommen wird oder wenn ihre Programmpräsentation sich deutlich verringert hat. Diese länger andauernden Debatten haben zur Folge, dass diese Kontroversen über das Verhältnis von Privatheit und Öffentlichkeit im privatrechtlichen Fernsehen mehr Diskursbeiträge als die Kontroversen in der ersten Phase hervorgebracht haben, sich damit in der Öffentlichkeit gewichtiger ausnehmen und damit auch nachhaltiger das allgemeine Verständnis von Privatheit und Öffentlichkeit geprägt haben. Dabei muss man natürlich auch in Rechnung stellen, dass der Diskurs über das Fernsehen in der zweiten Phase des Beobachtungszeitraums insgesamt an Umfang zugenommen hat.

Abnahme der Interventionsforderungen beim Aspekt der Nacktheit und Erotik. Der Ruf nach Interventionen bei der Darstellung von Nacktheit, von Erotik und Sexualität verlor über den gesamten Zeitraum an Schärfe, die Forderung nach juristischen Sanktionen wurde geringer und gewann mehr und mehr den Charakter einer bloß rhetorischen Verstärkung einer geäußerten Empörung.

Auf der anderen Seite wurde zunehmend mit der freizügigen Darstellung von Erotik und Sexualität gespielt, wurde die Kritik daran ironisch behandelt und daraus vor allem im Feuilleton eine neue Form der Thematisierung und Darstellung entwickelt. Die Kritik an einer Zurschaustellung des Nackten und Erotischen wurde als prüde, bieder und provinziell verstanden, während der freizügigere Umgang damit als weltoffen, aufgeklärt und selbstbewusst herausgestellt wurde.

Gefährdung der Kinder. Zu einem neuen Topos in der Argumentation entwickelte sich in der Kritik an der dargestellten Nacktheit und Erotik der Verweis auf die zuschauenden Kinder, die dadurch in ihrer Entwicklung gestört werden könnten. Dahinter stand in der Regel das Modell einer klaren Abgeschiedenheit von Kindheit und Erwachsenenzeit im privaten Bereich, wie es sich im Bürgertum des 18. und 19. Jahrhunderts herausgebildet hatte, wie es aber mit Joshua Meyrowitz seit den fünfziger Jahren als – nicht zuletzt durch die Einwirkung des Fernsehens – in Auflösung begriffen gesehen wird (vgl. Meyrowitz 1987).

Durch den neuen Topos, der für unterschiedliche Diskursargumente Material lieferte, blieb die öffentliche Auseinandersetzung über die Darstellung von Nacktheit, Erotik und Sexualität weiterhin im Diskurs und war fortdauernd virulent.

Politisierung der Erotik. Die in den sechziger und siebziger Jahren vorhandene Verknüpfung mit der Politik, also die Einschätzung der Freizügigkeit der Darstellung des nackten Körpers als einen politischen Akt, verlor sich in den achtziger und neunziger Jahren. Die Verkoppelung von Erotik und Nacktheit mit der Politik hatte dazu geführt, dass das Private gesellschaftlich verhandelbar wurde. Indem sich diese Verbindung in den achtziger und neunziger Jahren wieder auflöste, wurde die Einschätzung, ob sich jemand nackt darstellen könnte und dürfte bzw. welchen Raum Erotik und Sexualität im öffentlichen Rahmen des Fernsehens einnehmen könnten, nun zu einer individuellen und letztlich privaten, nicht gesellschaftlichen Entscheidung erklärt.

Ökonomisierung der Moral. Seit den achtziger Jahren kam es zu einer Verkoppelung der Diskussion über Moral und Sittlichkeit mit ökonomischen Argumenten. Fernsehen wurde jetzt als ein Marktgeschehen der privatrechtlichen

Anbieter gesehen und eine begrenzte Tabuverletzung als Marktinnovation nicht nur zugestanden, sondern auch als letztlich notwendig eingeräumt. Der Bruch von Tabus beim Verhältnis von Privatheit und Öffentlichkeit wurde teilweise als positiv bewertetes risikofreudiges Verhalten von Unternehmen eingeschätzt.

Zunahme der Interventionsforderungen beim Segment Gewalt/Aggression. Neben die Kontroversen über Nacktheit und Erotik trat seit den achtziger Jahren die Kontroverse über eine Zulässigkeit von individuellen und kollektiven Aggressionen, von Angriffen auf die Integrität einzelner Personen und die Darstellung von Gewalt im Fernsehen. Hier ist deutlich eine Verschärfung der kritischen Positionen gegenüber Grenzüberschreitungen festzustellen. Bei diesem Themensegment ist die oben beschriebene Lagerbildung auch deutlich geringer ausgeprägt. Hier wird sehr viel schneller nach dem äußersten Mittel, nach einer juristischen Ahndung einer Grenzverletzung, gerufen.

Forderung nach neuen Aufsichtsinstanzen. Die Debatten um Confrontainment und Reality TV sehen in diesen Programmformen unter anderem eine Gefährdung des sozialen Friedens und der gesellschaftlichen Konsensbildung. Über diese Segmente entsteht das Verlangen nach einer neuen Aufsichtsinstanz mit eigenem Interventionsrecht, z.B. in der Form eines Ethikrates oder einer nichtstaatlichen, gesellschaftlich übergreifenden Medienkommission, wobei es jedoch bei der Debatte darüber bleibt und sich die Öffentlichkeit schließlich mit der Einrichtung der freiwilligen Selbstkontrolle des Fernsehens durch die privatrechtlichen Anbieter begnügte.

Anstelle der Intervention staatlicher oder institutioneller Kontrollinstanzen die Macht der Diskurse. In der letzten Phase der öffentlichen Debatte über das Private im öffentlichen Raum wurde die Möglichkeit von Interventionen von außen durch übergeordnete Kontrollinstanzen weiter reduziert, über die Interventionen der Landesmedienanstalten wurde kaum debattiert. Stattdessen verstand sich die publizistische Diskussion selbst als Regulativ, wobei sie sich nicht als eine Diskursmacht verstand, sondern sich selbst zu destruieren begann, indem die einzelnen Kritiker und Medien sich gegenseitig im Verhalten zum diskutierten Phänomen beobachteten und dazu wieder Stellung bezogen. Die Ökonomisierung der Moral hatte dabei schon vorher den neuen Grundsatz etabliert: Was ökonomisch erfolgreich ist und viel Aufmerksamkeit auf sich zieht, ist letztlich auch moralisch nicht ganz verwerflich. Dabei wurden auch neue Tabus aufgebaut (etwa im Umgang mit und in der Darstellung von Sexualität mit Kindern), doch diese neuen Tabus wurden bei den diskutieren Sendungen (noch) nicht verletzt. Ein weiteres Tabu wurde nicht vollständig aufgelöst: die direkte schädigende Bloßstellung eines Einzelnen durch ein ‚Outen‘ privater (meist sexueller) Haltungen und eine direkte Aggression innerhalb des medialen Raums.

7 Der private Mensch in der Netzwelt
(Bertram Konert, Dirk Hermanns)

7.1 Einleitung: Privates im Netz

Im Mittelpunkt der nachfolgenden Überlegungen steht die Frage, welche Rolle Onlinemedien und computervermittelte Kommunikationsformen für die öffentliche Verhandlung des Privaten und den Wandel in der Wahrnehmung und Realisierung von Privatheit spielen. Die Entwicklungen in der Netzwelt stehen bisher nicht in der Weise im Zentrum der öffentlichen Wahrnehmung wie die Entwicklungen neuer Formate im traditionellen Massenmedium Fernsehen. Daher liegt die zentrale Aufgabe darin, die netzbasierte Verhandlung des Privaten anhand von Fallbeispielen stärker in die Aufmerksamkeit der öffentlichen Debatte zu rücken. Dies gilt umso mehr, wenn davon auszugehen ist, dass die Onlinekommunikation zu einem wesentlichen Faktor eines kulturellen Wandels der Privatheit werden kann. Ziel ist es, solche netzbasierten Erscheinungsformen exemplarisch zu identifizieren und zu analysieren, die auf Veränderungen im Verhältnis von Privatheit und Öffentlichkeit verweisen.

Zentraler Bezugs- und Ausgangspunkt dieser Untersuchung ist das Phänomen, dass Privates zunehmend öffentlich verhandelbar und vorzeigbar geworden ist. Intime Beziehungen, Vertraulichkeiten und Momente persönlicher Ergriffenheit werden aus den behüteten Räumen der Diskretion hervorgeholt und nicht nur im Fernsehen, sondern auch in der Netzwelt präsentiert. Um die Analyse netztypischer Formen von veröffentlichter Privatheit einzugrenzen, werden folgende Auswahlkriterien angelegt:

- Es werden mediale Präsentations- und Kommunikationsformen analysiert, bei denen reale Alltagsmenschen auftreten.
- Die mediale Verhandlung des privaten Daseins der Menschen steht im Vordergrund. Zentrales Kriterium für die Auswahl ist somit die Veröf-

fentlichung von (unter Umständen auch inszenierten) privaten Alltags- und Beziehungssituationen.

- Die persönliche Schaustellung der realen Personen erfolgt freiwillig.
- Die Analyse konzentriert sich vor allem auf solche Präsentationen des Privaten, bei denen traditionelle Normen und Werte der Diskretion und traditionelle Grenzziehungen zwischen Privatheit und Öffentlichkeit in Frage gestellt werden. Gesucht und beschrieben werden potenzielle Konfliktfälle für das (noch) vorherrschende Normverständnis.

7.2 Strukturelle Eigenschaften der Onlinekommunikation

Das Internet und hier insbesondere die neuen Formen der Onlinekommunikation bzw. computervermittelten Kommunikation (CvK) sind im Vergleich zu herkömmlichen Kommunikationsformen mit strukturell neuen Eigenschaften ausgestattet. Da die strukturellen Eigenschaften der CvK die Grundlage dafür bilden, wie Privates im Netz vorkommen kann, skizziert dieses Kapitel die spezifischen Besonderheiten. Die nachfolgende Systematisierung gibt einen Überblick über die neuen Formen computervermittelter Kommunikation.

Tabelle 7.1: Typisierung computervermittelter Kommunikationsformen im Internet

	Synchron (nahezu zeitgleich)		Asynchron (zeitunabhängig)	
	textbasiert	multimedial (textlich, auditiv, visuell)	textbasiert	multimedial (textlich, auditiv, visuell)
one-to-one	Online-Chat-Systeme (bilateral und personifizierbar) via Instant Messaging (z.B. ICQ)	Internet-Telefonie Instant Messenger mit Voice- und Video-Chat und Audio-/ Video-Filetransfer	E-Mail IP-Fax SMS-Service	IP-Telefon-Sprachmailbox E-Mail-Anhänge (Bild-, Musik- oder Video-Dateien) File-Sharing per Point-to Point-Clients (z.B. Gnutella)
one-to-few/ one-to-many aber auch: many-to-one	Online-News-Ticker	Live-Web-Cam Live-Internet-Rundfunk per Streaming (Video+Audio)	E-Mail Online-Tagebuch Gästebuch Newsletter, News-Board Online-Befragung/ Abstimmung	Webpage/ Homepage WWW-Portal Bilder/Fotogalerie Video/Audio-on-Demand (VoD)
many-to-many	Chat-Channel/ in Chat-Rooms Internet Relay Chat (IRC)	Video-Konferenz-Systeme inkl. Chat (z.B. Net-Meeting) Online-Games, Multi-User-Dungeons (MUD), „virtuelle Welten“	Foren Mailing-Listen Newsgroups	File-Sharing-Systeme (Bilder, Video und Audio) über zentralen Server (z.B. Napster)

Die neuen Kommunikationsformen

- sind potenziell unabhängig von Ort und Zeit nutzbar,
- integrieren Elemente der Individual- und der Massenkommunikation, der Interaktivität und Multimedialität und
- erleichtern die unmittelbare, nicht durch Medienakteure vermittelte Kommunikation zwischen Organisationen, Unternehmen und Einzelpersonen.

Die *Unabhängigkeit von Ort und Zeit* beinhaltet, dass Entfernungen oder Grenzen für einen Kommunikationsaustausch im Internet keine Rolle spielen. Egal von welchem Ort der Welt auch immer Inhalte ins Netz gegeben werden, sie sind jederzeit und weltweit kommunizier- oder abrufbar. Hierbei ist gemäß der oben aufgeführten Systematisierung zu unterteilen zwischen asynchronen und synchronen Übertragungsmöglichkeiten. Asynchrone Übertragungsverfahren stellen die Möglichkeit zur Verfügung, textliche oder multimediale Inhalte zu speichern und über das Internet erst dann abzurufen, wenn sie benötigt werden (z.B. Video/Audio-on-Demand, E-Mail etc.). Die asynchronen Übertragungsarten erhöhen somit die zeitliche Unabhängigkeit des Zugriffs beim Anwender. Synchrone Übertragungsverfahren verkürzen dagegen drastisch den Übermittlungszeitraum zwischen der Eingabe bzw. Einspielung von aktuellen Inhalten und Botschaften sowie deren Empfang. Dies gilt insbesondere für *Liveübertragungen* im Bereich multimedialer Dienste, aber auch für interaktive Chat-Dienste wie dem *Internet-Relay-Chat* (IRC), bei denen der Sende- und Empfangsprozess nahezu zeitgleich erfolgt (vgl. Bleich 2001, 100ff.).

Der *umfassende Charakter* der Online-Kommunikationsformen beschreibt die komplexe Integration von Elementen der Individualkommunikation (one-to-one) und Massenkommunikation (one-to-many) sowie die potenzielle Interaktivität und die Multimedialität der Onlinemedien. Die *One-to-One*-Kommunikation ermöglicht einen bilateralen Kommunikations- oder Datenaustausch zwischen zwei Kommunikationspartnern. Typische Beispiele für diese Form der Individualkommunikation im Internet sind der E-Mail-Austausch, der Datenaustausch zwischen zwei Teilnehmern oder die Internet-Telefonie. Bei *One-to-Many*-Kommunikationsformen stellt ein Anbieter über das Netz bestimmte Inhalte für viele Nutzer zur Verfügung. Das Internet bietet hiermit neue Publikations- und Distributionskanäle für eine massenhafte Verbreitung von Medieninhalten. Hierzu zählen sowohl audiovisuelle Internet-Rundfunkdienste, die Verbreitung von Online-Zeitungen und Nachrichtendiensten als auch die Präsentation von privaten Homepages. Im Unterschied zu traditionellen Medien übermittelt die Rückkanalfähigkeit des Internet allerdings auch eine interaktive und direkte Reaktion der Empfänger zum Inhaltsanbieter (many-to-one). Neue *Many-to-Many*-Kommunikationsmöglichkeiten erlauben potenziell einen Dialog aller Beteiligten, die Botschaften oder multimediale Inhalte untereinander austauschen. So haben sich auch neue Möglichkeiten entwickelt, selbstorganisierte *virtuelle Gemeinschaften* oder *Special-Interest-Communities* entlang einer gemeinsamen Themenagenda innerhalb der Netzwelt aufzubauen. Aufgrund der Integration von Elementen der Massen- und Individualkommunikation bei den Internetdiensten ist eine scharfe Abgrenzung zwischen den an die Allgemeinheit gerichteten Internetangeboten und den individuellen interaktiven Kommunikationsdiensten (Newsgroups, Chatrooms, E-Mail etc.) nicht durchgängig einzuhalten.

Die *unvermittelten Kommunikationsmöglichkeiten* im Internet erleichtern es einzelnen Organisationen, Unternehmen, Personen oder Gruppen, sich eigenverantwortlich und ohne redaktionelle Auswahlverfahren (beispielsweise durch Sende- und Programmverantwortliche, Verlage oder Redakteure) mit eigenen Meinungen, Interessen und Themen direkt der Netzöffentlichkeit zu präsentieren. Die (gegenwärtige) praktische Wirkungslosigkeit vorherrschender Kontroll- und Sanktionsmöglichkeiten im Online-Kommunikationsraum eröffnet beispielsweise im Unterschied zu Presse und Rundfunk zusätzliche Spielräume zum Ausprobieren und zur Grenzauslotung bei der Präsentation von Privatheit. Gemeinsames Merkmal der Online-Kommunikationsformen im Internet ist die potenzielle Öffnung der Internet-Infrastruktur für eine nahezu unüberschaubare Vielfalt der Inhalte und für eine Vielzahl von Anbietern, die unabhängig von Zulassungsverfahren, Seriosität oder Professionalisierungsgrad im Internet publizieren können.

Daher rückt für die Frage nach neuen Formen veröffentlichter Privatheit und deren Auswirkungen das Medium *Internet* zunehmend ins Blickfeld. Welche Bedeutung kommt speziell der Onlinekommunikation in Bezug auf einen Wandel des Verhältnisses von Privatheit und Öffentlichkeit zu?

7.3 Neue Gestaltungspotenziale: Die Privatheit in der Netzwelt

Die Auswertung der einschlägigen Literatur (vgl. u.a. Döring 1999; Thimm, 2000; Turkle 1999) verweist darauf, dass Onlinekommunikation als ein wesentlicher Faktor des kulturellen Wandels der Privatheit anzusehen ist. Gegenwärtig ist jedoch (noch) davon auszugehen, dass es sich bei den netzbasierten Kommunikations- und Darstellungsräumen im Vergleich zum umfassend verbreiteten Massenmedium *Fernsehen* um semi-öffentliche Bereiche mit geringerer öffentlicher Aufmerksamkeit und Reichweite handelt. Experten schätzen, dass erst auf längere Sicht davon auszugehen ist, dass „sich computervermittelte Kommunikationsformen bei der Pflege privater, persönlicher oder intimer Beziehungen nur bei bestimmten Gruppen wirklich etabliert haben" (Beck, Glotz, Vogelsang 2000, 94). Daher werden bisher auch Real-Life-TV-Formate in der Öffentlichkeit weitaus stärker diskutiert als veröffentlichte Privatheit im Internet. Tendenziell lassen allerdings die multimedialen Angebote des World Wide Web (WWW) und das rasante Wachstum der Internetnutzung einen zunehmenden massenhaften Charakter der Onlinekommunikation als Alltagsmedium für breite Nutzerschichten erkennen (vgl. BITKOM 2001; UCLA 2000; Eimeren, Gerhard 2000).

Das folgende Kapitel skizziert deshalb zentrale Dimensionen der Netzkommunikation, die für die öffentliche Verhandlung des Privaten einschlägig sind. Hierzu zählen neue Formen von interaktiven Partizipations- und Kommunikationsmöglichkeiten beispielsweise in Chatrooms, von virtuellen Rollenspielen oder Online Communities. Es wird ferner dargestellt, inwieweit das Internet als sozio-kulturelles Netzwerk neue Potenziale zur individuellen Selbstdarstellung und zum Identitätsverständnis bereitstellt und welche Besonderheiten für soziale Beziehungen im Netz diskutiert werden.

Eines der wirklich neuen Elemente des Internet ist die Möglichkeit, über das Netz Verbindung mit Gleichgesinnten herzustellen. Das zentrale Unterscheidungskriterium zwischen den medialen Darstellungs- und Vermittlungsräumen im Bereich des traditionellen Fernsehens und der Onlinemedien liegt vor allem darin, dass Internet-basierte Kommunikationsformen interaktive Partizipationsmöglichkeiten bereitstellen. Das klassische Kommunikationsmodell von Kommunikator und Rezipient wird brüchig. Der User wird zum Kommunikator. Es entsteht ein Dialog aller Beteiligten (vgl. Rössler 1997, 247f.). Daher und aufgrund zeitlicher Unbegrenztheit können im Internet längerfristige, themenbezogene Diskurse stattfinden, welche die strikten Dramaturgien des Fernsehens (z.B. im Daily Talk) in dieser Form nicht gestatten.

Community Chats im Internet, die beispielsweise von nahezu allen Fernsehsendern in speziellen Chatrooms im Internet angeboten werden, bieten den Teilnehmern die Möglichkeit, zu jeder Zeit und ohne räumliche Begrenzungen direkten Kontakt mit Gleichgesinnten aufzunehmen. Die zentrale Besonderheit gegenüber anderen Kontaktaufnahmen (z.B. Telefon, Brief, Kleinanzeige etc.) liegt beim *Chatten* vor allem in der Unmittelbarkeit und der Anonymität der Kommunikationssituation. *Nick-Namen* und selbsterstellte Profilbeschreibungen erleichtern hierbei die Suche nach Gleichgesinnten, aber auch das Ausprobieren und Spielen mit Identitäten.

„Chat-Channels bieten direkten Zugang zu unbefangener Geselligkeit in Echtzeit rund um die Uhr. Die getippten Gespräche reduzieren soziale Ängste und Hemmungen. Man kommt schnell in Kontakt, kann witzig und herausfordernd sein, wobei die Angst, sich lächerlich zu machen oder bedrängt zu werden, deutlich reduziert ist" (Döring 2001c, 93).

Online Chats können auch dazu genutzt werden, sich *virtuelle Identitäten* zuzulegen, die – quasi als Maskerade – mit dem tatsächlichen Alter, Geschlecht, Status, Beruf etc. der Chatter nichts zu tun haben. Chatrooms befördern somit ähnlich wie MUD-Online-Games (Multi-User-Dungeons = Abenteuer-Rollenspiele)[1] ein virtuelles Rollenspiel, bei dem der Unterschied zwischen Realitätsgehalt und Illusion verschwimmt. Dieser virtuelle Kommunikationskontext erleichtert es, persönliche Befindlichkeiten, Obsessionen, ethische Werte oder Träume miteinander auszutauschen. Gleichzeitig erfordert der mediale Kontext von Online Communities von den Nutzern ein hohes Maß an Kompetenz, um beispielsweise die getippten Botschaften hinsichtlich ihres Wahrheitsgehaltes oder ihres Spielgehaltes sowie ihrer möglichen Risiken adäquat einschätzen zu können. So beschreibt eine Protagonistin ihre Erfahrungen in der Community folgendermaßen:

> (...) Die Community-Mitglieder agieren allerdings so, wie sie sein möchten, und nur in Einzelfällen so, wie sie wirklich sind. Sie verstecken sich hinter Namen wie Angel, Kuschelbaer oder Giftzwerg und verschleiern auch manchmal ihr Geschlecht. Das Kennenlernen via Chat hat seine Vor- und Nachteile. Man weiß nie, ob sich hinter dem Flirtpartner mit dem Namen Romeo nicht der pickelige Nachbarjunge von nebenan verbirgt oder ein glücklich verheirateter Familienvater aus Paderborn. Auf der anderen Seite habe ich festgestellt, dass die Leute im Chat viel offener sind, wenn es um persönliche Dinge geht. In dem anonymen Rahmen ist es leicht, über Probleme zu reden oder einfach nur seine Träume und Gedanken mitzuteilen. Die natürliche Scham, sich vor einem Bekannten lächerlich zu machen, spielt kaum eine Rolle (...). (Döring 2001c, 97)

Innerhalb der Literatur zum Thema *Onlinekommunikation als sozio-kultureller Faktor* oder *Das Internet als soziales Netzwerk* werden insbesondere zwei zentrale Diskussionsstränge verfolgt:

- Erstens werden die möglichen Veränderungen für die Bereiche Identität und Selbstdarstellung erörtert und
- zweitens wird der potenzielle Wandel der sozialen Beziehungen diskutiert.

Im Unterschied zum traditionellen *Identitätsverständnis*, das auf Individualität, Kontinuität und Konsistenz beruht und somit die dauerhafte *wahre Identität* der Person in den Mittelpunkt stellt, werden in den postmodernen Konzepten – insbesondere im Zusammenhang mit der Entwicklung der Netzkommunikation – die multiplen, situationsspezifischen Teilidentitäten besonders

1 Zugriff u.a. über Web-Portale wie www.mudconnect.com.

betont (z.B. Berufsidentität, Geschlechtsidentität, Fan-Identität etc.). Diese Teilidentitäten bilden zusammengefasst für die jeweiligen Personen ein *Identitäts-Patchwork*. Die hierzu notwendige Identitätsarbeit ist einerseits egozentrisch (private Identität), da die unterschiedlichen Selbst-Aspekte zusammengefügt werden müssen und andererseits sozialbezogen, da es für den Einzelnen wichtig ist, wie die anderen Menschen reagieren (soziale Identität).

Die Identitätsbildung wird somit auch dadurch geprägt, in welchen medialen Umgebungen wir auf welche Art mit anderen Menschen in Kontakt treten. Insbesondere die Onlinekommunikation ermöglicht es, individuelle Identitäten (Identifizierung über persönliche Besonderheiten) in ihren unterschiedlichen Selbst-Aspekten aktiv zu präsentieren und kollektive Identitäten (Identifizierung über Gruppenmerkmale) durch den Zugang zu diversifizierten Zielgruppen oder Teilöffentlichkeiten aufzubauen. Die Selbstdarstellung richtet sich nach den Selbstansprüchen und den sozialen Normen, wodurch das Darstellungsverhalten immer einen Balanceakt zwischen der Innen- und Außenperspektive darstellt. Zu den Selbstdarstellungstechniken zählen folgende Variablen, die von den Einzelnen berücksichtigt werden müssen (vgl. Döring 1999, 261f.):

- *Öffentlichkeit*
  Selbstdarstellung ist nur dann erforderlich, wenn Öffentlichkeit existiert und das Verhalten beobachtet werden kann.
- *Adressat*
  Selbstdarstellungen müssen auf die Erwartungen und Interpretationsmöglichkeiten der Adressaten abgestimmt werden, um erfolgreich zu sein.
- *Soziale Beziehung*
  Die Qualität und die Art der sozialen Beziehung bestimmt das konkrete Abstimmungsverhalten der Selbstdarstellung des Einzelnen in Hinsicht auf Erwartungen der sozialen Umgebung oder des Publikums.
- *Intention*
  Die gewählte Darstellungsstrategie ist von den intendierten Zielen abhängig (z.B. positiven Eindruck erzeugen, negativen Eindruck verhindern).
- *Inhalte*
  Die Art der gewählten Inhalte zur Selbstdarstellung sind relevant für die Überprüfbarkeit bzw. Glaubwürdigkeit von Selbstdarstellungen.
- *Selbstaufmerksamkeit*
  Die Selbstaufmerksamkeit bei der Selbstdarstellung hängt davon ab, wie stark das Bewusstsein dafür ist, von anderen Menschen beobachtet und beurteilt zu werden.
- *Wirksamkeit der Selbstdarstellung*
  Die Qualität der Kontrolle darüber, ob und welcher Eindruck erzeugt wurde, wird durch die Reaktionen der sozialen Umgebung und durch das Medium bestimmt, das für die Vermittlung eingesetzt wird.

Bezieht man diese Dimensionen auf die zuvor aufgeführten strukturellen Besonderheiten der computervermittelten Kommunikation (CvK), so werden veränderte Bedingungen für das Gelingen oder Scheitern von Selbstdarstellungen deutlich. Im Unterschied zu Selbstdarstellungen in der breiten Öffentlichkeit (z.B. in traditionellen Massenmedien) handelt es sich (zumindest gegenwärtig) bei Onlinepräsentationen von Privatheit eher um Selbstdarstellungen in spezifischen Teilöffentlichkeiten. Dies beinhaltet einerseits, dass sich die Schwierigkeit, allgemeine Erwartungshaltungen und Interpretationsmöglichkeiten eines breiten Massenpublikums berücksichtigen zu müssen reduziert und dass das Darstellungsverhalten genauer auf spezifische Adressaten bzw. Gleichgesinnte ausgerichtet werden kann. Hier bestehen verbesserte Möglichkeiten, die Innen- und Außenperspektive beispielsweise bei der Darstellung homosexueller privater Lebensweisen und Einstellungen aufeinander abzustimmen (kollektive Identitäten durch Ansprache von Teilöffentlichkeiten). Ein zentraler Konflikt bzw. ein potenzieller Misserfolg der angestrebten Selbstdarstellung kann insbesondere dann entstehen, wenn diese im eigenen Bewusstsein auf bestimmte Zielgruppen ausgerichteten Präsentationen im Internet von anderen als den ursprünglich adressierten Personengruppen rezipiert werden. Die Veröffentlichung von Onlinetagebüchern kann beispielsweise als nicht intendierte Handlungsfolge Schwierigkeiten mit dem Arbeitgeber, mit Freunden oder Arbeitskollegen hervorrufen, wenn diese auf für sie unvorteilhafte Darstellungen treffen (vgl. Kapitel 7.4.1).

Die durch keine professionelle Organisation vermittelte, direkte Kommunikation in der Netzwelt kann in Kombination mit einer reduzierten Bewusstheit für die eigene Selbstdarstellung gleichfalls zu nicht intendierten Handlungsfolgen führen. Dies gilt beispielsweise für die Ausstattung der eigenen Wohnung mit Webcams, die fortwährend Live-Bilder des privaten Verhaltens unmittelbar in das Internet einspeisen. Hier erhöht sich das Risiko, einfach zu vergessen, dass man in seinem privaten Verhalten von anderen Menschen beobachtet und beurteilt werden kann. Dies kann bewusst gewollt, aber in bestimmten Situationen auch unerwünscht sein. So hat beispielsweise ein Jugendlicher nach der Internet-Installation der Webcam in seinem Zimmer bei einem Besuch seiner Freundin nicht darauf geachtet, beim *Liebesspiel* die Webkamera auszuschalten. Dies hatte erhebliche familiäre Verwicklungen und eine sich rasch verbreitende *Schadenfreude* in der Netzwelt zur Folge (vgl. Roth 2001). Dieses eher amüsante Beispiel zeigt deutlich, dass die Bewusstheit für die öffentliche Wirksamkeit der Selbstdarstellung bei den unmittelbaren Kommunikationsmöglichkeiten des Internet von zentraler Bedeutung für den Erfolg oder Misserfolg von privaten Präsentationen ist.

Insgesamt bietet die Netzwelt durch die unvermittelten und interaktiven Kommunikationsmöglichkeiten für alltägliche Menschen erweiterte Chancen, soziale Reaktionen auf Online-Selbstpräsentationen zu erhalten. Die Selbstkontrolle der Selbstdarstellung ist insbesondere bei der Darstellung auf privaten Homepages als ein zentraler Faktor und ein zentrales Motiv für diese Form der privaten Präsentation anzusehen (vgl. Sozialdimension bei privaten Homepages, Kapitel 7.4.1.3).

Soziale Beziehungen im virtuellen Raum (vgl. Döring 1999, 315ff.) sind zumeist nicht stabil und verlässlich, sondern werden selektiert, erprobt, verändert, neu geknüpft und wieder verworfen. Onlinekommunikation erleichtert grundsätzlich die Möglichkeit zum Beziehungsrückzug ohne Rechtfertigungsdruck. Andererseits bieten sich im Vergleich zur direkten Individualkommunikation erweiterte Möglichkeiten, im Netz neue Kontakte zu knüpfen, Hilfe bei persönlichen Problemen zu finden oder bestehende Beziehungen weiter auszubauen. Ein eindrucksvolles Beispiel für den besonders intensiven Austausch über persönliche Belange bietet die private Homepage eines an Anorexia Nervosa erkrankten Mädchens. Unter www.squirrel82.de hat die Protagonistin die Gelegenheit, sich zur Krankheit zu bekennen. Darüber hinaus bieten Gästebuch und Chatforum die Möglichkeit der befreienden Offenbarung und des Austauschs auch von Seiten der User. Gerade im Hinblick auf bestimmte Krankheitsbilder bietet die anonyme Offenbarung (z.B. anonyme Onlinetagebücher etc.) ohne direkte Konsequenzen (Kontrolle, Hinterfragen etc. aus dem sozialen Umfeld) nach eigenen Aussagen der Betroffenen eine große Entlastung und Hilfe (vgl. Kapitel 7.4.2).

Der Grad der Verbindlichkeit ist vor allem von den Inhalten der gemeinsamen Kommunikation (gemeinsame Themenagenda), der Häufigkeit und der Verlässlichkeit der Kontakte abhängig. Aufgrund der normativ vorherrschenden Auffassung, dass private, emotionale oder erotische Präsentations- und Kommunikationsbedürfnisse insbesondere im direkten Kontakt und im unmittelbaren sozialen Umfeld gelebt werden sollten, treffen computervermittelte Kommunikationsformen, die private oder intime Angelegenheiten und Beziehungen in den Mittelpunkt stellen, zumeist (noch) auf Unverständnis in der Öffentlichkeit. Der öffentliche Diskurs über soziale Beziehungen im Netz ist aus diesem Grund vor allem durch *zwei verbreitete Bedenklichkeiten* geprägt:

Erstens wird die These vertreten, dass eine Ausweitung computervermittelter Kommunikationsformen zur sozialen Isolation, zur Verarmung und zum Beziehungsverlust führt. Hintergrund dieser Argumentation ist, dass das zur Verfügung stehende Zeitbudget zur Aufrechterhaltung sozialer Kontakte begrenzt und damit die notwendigen Aktivitäten zur Pflege der direkten persönlichen Beziehungen reduziert werden (vgl. Stoll 1996, 44ff.). Ein weiteres Argument betrifft die relative Oberflächlichkeit der virtuellen Beziehungen, bei denen eher die Quantität und Vielfalt als die Qualität und Tiefe der Beziehungen in den Vordergrund rückt. So vertrat Robert Kraut auf der Grundlage einer empirischen Studie von 1995/96 noch die These, dass Internetnutzer die Stabilität ihrer direkten sozialen Beziehungen durch relativ instabile Kommunikationsbeziehungen (z.B. Chatten im Internet) ersetzen würden. Als zentrales Fazit zog er unter der Überschrift „Internet-Paradox" hieraus den Schluss, dass mit einer verstärkten Internetnutzung für die Benutzer Vereinsamung und Depression verbunden sei (vgl. Kraut 1998). In seiner aktuellen Folgestudie „Internet Paradox Revisited" werden diese negativen Wirkungen allerdings nicht mehr festgestellt (vgl. *Carnegie Mellow News* 2001). Auch in anderen Studien wird als zentrales Gegenargument vorgebracht, dass in der Regel die computervermittelte Kommunikation nicht als Konkurrenz oder Ersatz zu sehen ist, sondern für die meisten Menschen ein supplementäres Medium darstellt, welches das bestehende soziale Netzwerk der Beziehungen ergänzt oder sogar erweitert (vgl. Wellmann 2001).

Zweitens wird in den Massenmedien das Thema der computervermittelten Präsentation und Kommunikation vor allem dann diskutiert, wenn Bereiche wie Privatheit, Emotionalität und Intimität in der Netzwelt berührt sind. Ähnlich wie bei den öffentlichen Debatten zu Daily Talks werden mit Blick auf potenzielle Tabuverletzungen bestimmte Formen der Netzkommunikation besonders hervorgehoben. Abgesehen von strafrechtlich relevanten Kommunikationsformen (z.B. Kinderpornografie, *Cybercrime*, rassistische Gewalt etc.) stehen hier Erscheinungsformen wie *virtueller Sex* oder die öffentliche Präsentation des privaten Lebens von realen Menschen (z.B. via Webcam) im Vordergrund (vgl. *Der Spiegel* 48/2000, *Focus* 33/2000).

Für unsere Untersuchung sind insbesondere diese Debatten von besonderem Interesse, da die potenziellen Konfliktfälle und Tabubrüche innerhalb der Netzwelt auf die Auslotung bzw. Überschreitung von durch traditionelle Normen gesetzte Grenzen verweisen und – quasi als Seismograph – Hinweise auf potenzielle gesellschaftliche Veränderungen im Verhältnis von Privatheit und Öffentlichkeit bieten. Bei der nachfolgenden Analyse von solchen netzbasierten Erscheinungsformen konzentrieren wir uns in den beiden folgenden Kapiteln auf zwei zentrale Nutzungsformen, in denen Privates (netz-)öffentlich präsentiert und verhandelt wird. Hierzu zählen insbesondere

- private Homepages[2], die als eigenständiges Format spezifische Themen aus dem Leben von realen Menschen netzöffentlich präsentieren und

2 Streng genommen wird unter *Homepage* die Startseite einer Internetpräsenz verstanden. Ruft der User eine Internetadresse auf, gelangt er zuerst auf die Homepage, von der aus er durch die Inhalte der Website manövrieren kann. *Webseite* bezeichnet die Einzelseite innerhalb einer Internetpräsenz, nur aus einem Dokument bestehend. Die *Website* ist die Bezeichnung für den gesamten Umfang eines Internetauftrittes mit allen dazugehörigen Einzelseiten. Eine Website besteht aus einer Homepage und einer beliebigen Anzahl von Webseiten. Im allgemeinen Sprachgebrauch sowie auf den untersuchten Internetpräsenzen werden die Begriffe *Website* und *Homepage* jedoch gar nicht oder nur sehr selten differenziert. Es ist durchaus üblich, von einer *Homepage* zu sprechen, obwohl eigentlich der gesamte Internetauftritt – also die *Website* – gemeint ist. Daher unterscheiden die Analyse und vorliegender Bericht die Begriffe *Homepage* und *Website* nicht. Bezieht sich eine Aussage auf die Homepage nach Definition, werden die Beg-

- *Real-Life*-Angebote im Internet, die eine Verschränkung von Fernsehen und Netzwelt beinhalten sowie die Möglichkeiten der öffentlichen Exposition und Verhandlung von Privatheit erweitern.

An ausgewählten Fallbeispielen von privaten Homepages und *Real-Life*-Angeboten werden solche Netzpräsentationen untersucht, bei denen das (noch) vorherrschende Normverständnis der privaten Diskretion sowie traditionelle Grenzziehungen zwischen Privatheit und Öffentlichkeit in Frage gestellt werden.

7.4 Selbstdarstellungen auf privaten Homepages

Dass Menschen ihre Privatsphäre öffentlich machen, gehört in der Netzwelt, anders als im Fernsehen, zur alltäglichen Praxis. Das Selbstdarstellungsinteresse trifft im Internet auf vergleichsweise vielfältigere Darbietungsformen. Weltweit finden sich Tausende, die freiwillig ihre privaten Räume mit Webcams ausrüsten, die durchgehend Bilder des Alltags frei zugänglich im Internet übertragen. Zumeist sind diese Livebilder eingebunden in private Homepages, auf denen reale Personen sich (multi-)medial präsentieren und interaktive Möglichkeiten wie Chat-Bereiche, E-Mail, Gästebücher etc. bereitstellen. So haben sich in der Netzwelt unabhängig vom Massenmedium *Fernsehen* neue Präsentations- und Kommunikationsformen entwickelt, die es Alltagsmenschen ermöglichen, das eigene private Leben medial zugänglich zu machen.

Wenn das Fernsehen Tabugrenzen berührt, dann werden Öffentlichkeit und Medienaufsicht mobilisiert. Das Internet ist demgegenüber ein weitgehend unreglementierbarer und auch deutlich weniger öffentlich beobachteter Raum. Es wird als Freiraum genutzt, um Grenzen des Sag- und Zeigbaren auszuloten und Tabus zu brechen. Dabei gehen einschlägige Darstellungen weiter als im Fernsehen. Daher zielt die Analyse gerade auf jene Themenbereiche und Präsentationsweisen, die gegenüber dem Fernsehen eine kommunikative Innovation darstellen.

Mit der Analyse privater Homepages wird der Versuch unternommen, Aussagen darüber zu treffen, was die Onlinekommunikation für Authentizität und Intimität, für Selbstdarstellung und Selbstverwirklichung bedeuten kann. Es soll typisierend beschrieben werden, inwieweit sich im Internet neuartige Formen der Expressivität in der Darstellung von Privatheit aufspüren lassen.

Die Analyse besteht aus zwei Elementen:

- Detailanalyse
- Kurzanalyse

---

riffe *Startseite* oder *Eingangsseite* verwendet, während die gesamte Internetpräsenz mit Homepage oder Website bezeichnet wird.

Die Detailanalyse konzentriert sich auf solche private Homepages, über die in traditionellen Medien bereits berichtet wurde. Sie umfasst eine Evaluation der Websites und des Pressematerials sowie eine Kontaktaufnahme per E-Mail zu den Protagonisten. Anhand der Befunde werden Aussagen getroffen über inhaltliche und formale Gestaltung, Grenzen der Selbstdarstellung, Zielgruppe, interaktive Partizipationsmöglichkeiten sowie Motivation und Nutzen der Akteure.

Der zweite Schritt der Analyse gilt in erster Linie der Vielfalt der Formen privater Selbstdarstellung in der Netzwelt. Auf welche Weise werden private Homepages gestaltet, auf welche Weise kommunikativ nutzbar gemacht? Welche Inhalte werden vermittelt? Das Ziel ist eine Typisierung und Differenzierung privater Webpräsenzen.

7.4.1 Dimensionen der Selbstdarstellung in der Netzwelt

Für die inhaltliche Detailanalyse wurden fünf Fallbeispiele (*Webgirls*) ausgewählt, bei denen es sich um reale Alltagsmenschen handelt, die sich freiwillig in ihrem privaten Dasein via Internet präsentieren. Wichtigstes Auswahlkriterium war, dass es nicht kommerzielle Websites sind, die zur Steigerung der Aufmerksamkeit lediglich unter dem Label *private Homepage* in Erscheinung treten. Die Analyse konzentriert sich auf solche Fallbeispiele, bei denen die Übertragung von Kameraaufnahmen aus privaten Räumen und die Veröffentlichung von Onlinetagebüchern im Zentrum der Selbstdarstellung stehen. Privataufnahmen aus den eigenen Wänden und private Tagebücher gehören nach traditionellem Verständnis mit zu den intimsten Bereichen der Privatsphäre. Die freiwillige Veröffentlichung dieser Bereiche trifft somit im Kern das normative Selbstverständnis der Gesellschaft über Privatheit und Öffentlichkeit und deren Grenzziehungen. Sie findet daher auch eine entsprechende Aufmerksamkeit in den traditionellen Medien (Presse, Rundfunk).

Über das Medium der privaten Homepage wird die Frage der Identitätsbildung, „Wer bin ich?", durch die freiwillige Veröffentlichung persönlicher Inhalte thematisiert (vgl. Chandler 1998). Authentische Zeichen der eigenen Identität werden der *Community* öffentlich präsentiert (vgl. Döring 1999). Die Anonymität der Beobachter mindert dabei allem Anschein nach die Scham. Denn es gibt einem anonymen Betrachter gegenüber keine im Alltag spürbaren sozialen Verbindlichkeiten. Die Einrichtung privater Homepages bietet alltäglichen Menschen die Möglichkeit, sich mittels der Verwendung von Texten, Bildern, Fotos und Audio- und Videoclips einer breiteren Öffentlichkeit im Internet darzustellen. Hierbei geht es um die möglichst authentische Dokumentation des *realen* Lebens mittels neuer Kommunikationstechniken:

> Mit den konkreten Bildern aus den Wohnungen der Leute wird im WWW ein belebter, sozialer Ort eingerichtet, der Raum gibt für die Präsentation der physischen Körper der identifizierbaren Persönlichkeiten der Akteure. Im Fokus stehen nicht die Momente der Virtualität, die eine große Rolle beim Chatten spielen, wo ja mit Identitätsmaskierungen und Identitätsfragmentierungen operiert wird. Im Zentrum steht vielmehr die realitätsbezogene Selbstbehauptung: Das ungeschönte Leben wird in Echtzeit dokumentiert und mit ausufernden Darlegungen in Form von Tagebüchern und dergleichen kommentiert. (Neumann-Braun 2000, 16)

Diese Form der Onlinepräsentation eröffnet einem breiten Personenkreis die Möglichkeit, in einen Kommunikationsprozess einzusteigen, der normalerweise (unter nahen Bekannten) in der interpersonellen privaten Kommunikation stattfindet. Hiermit werden herkömmliche kulturelle Kommunikationstraditionen in neue Formen transformiert.

Bei der Analyse von persönlichen/privaten Homepages stellen sich vielfältige methodische Probleme ein, die nicht zuletzt mit den Spezifika des Mediums *Internet* selbst zu erklären sind. Im Kommunikationsraum *Netz* lassen sich kaum klar abgrenzbare Einheiten nach Art der Fernsehprogramme identifizieren. Während des Analysezeitraums muss damit gerechnet werden, dass die zu untersuchenden Angebote Veränderungen unterzogen werden. Die Schnelllebigkeit des Internet, der oftmals provisorische, vorläufige Charakter privater Homepages zwingt, anders als bei Film- oder Fernsehformatanalysen, zur Berücksichtigung jener Aktualisierungen. Gemeint sind hier nicht nur Aktualisierungen, die von den Homepage-Betreibern selbst vorgenommen werden; im Hinblick auf eine Evaluation des Gästebuchs müssen auch Neueinträge von User-Seite berücksichtigt werden.

Darüber hinaus sind dem Forscher viele interaktive Prozesse objektiv nicht zugänglich (E-Mail, geschlossene Mitgliedsbereiche etc.). Daher lassen persönliche Homepages nur selten eine *ganzheitliche* Analyse zu. Ihre Analyse muss sich in Teilbereichen auf Vermutungen, Interpretationen oder eigene Aussagen der Homepage-Betreiber stützen.

Um Formen der Selbstdarstellung im Netz vertiefend analysieren zu können, wurden deshalb solche Webpräsenzen ausgewählt, bei denen es sich durchweg um vergleichsweise *bekanntere* persönliche Homepages handelt, zu denen sowohl im Internet als auch in den traditionellen Medien weiterführende Referenzen und Hinweise erschienen sind. Dieser höhere *Aufmerksamkeitsgrad* gewährleistet einen erleichterten Zugriff auf Sekundärinformationen (z.B. Interviews in der Presse, Radio-Features, TV-Auftritte etc.), die für die Detailanalyse wertvolle Hintergründe liefern können.

Auffällig ist, dass es sich bei diesen relativ populären Websites ausschließlich um junge Frauen handelt, die ihr Alltagsleben präsentieren. Dies liegt zunächst daran, dass die Selbstdarstellung von Frauen von den traditionellen Medien generell als attraktives Thema angesehen wird. Die im Rahmen der Präsentation von Privatheit und Intimität potenziell dargestellte Erotik und Sexualität von Frauen sorgt auch deshalb für erhöhte Aufmerksamkeit im Internet, weil das Internetumfeld eher von Männern geprägt ist.

Abbildung 7.1: Freizügige Bilder von Tina

Quelle: www.tinacam.de, August 2001

Zunächst wurde versucht, anhand der Homepages selbst Aussagen über die im Folgenden dargestellten Beschreibungsdimensionen zu gewinnen. In einem zweiten Analyseschritt konnte das Pressematerial zu den einzelnen Seiten häufig Aufschluss geben in Fragen, die mit einer Inspektion der Homepage allein nicht zu beantworten waren. Zusätzlich wurde, wenn nötig, via E-Mail bei den Webgirls persönlich angefragt. Diese gaben in der Regel bereitwillig Auskünfte, die bisher nirgendwo erschienen sind. So herrschte ein reger E-Mail-Kontakt zu Susan (www.camgirl.de), Claudia (www.claudicam.de), Jennifer (www.jennicam.org) und Tina (www.tinacam.de). Mit einer Veröffentlichung von Auszügen aus der E-Mail-Korrespondenz waren die Protagonistinnen einverstanden. Lediglich Naconi (www.naconi.de) zeigte kein Interesse an einer Unterstützung des Projekts, da sie zum Zeitpunkt der Anfragen bereits geplant hatte, ihre Seite aus dem Internet zu nehmen.

Bei der Analyse privater Homepages stellen sich forschungsethische Fragen: „Denn es ist sicher eine Verletzung der Intimsphäre Dritter, wenn ihre Kommunikation beobachtet, aufgezeichnet, analysiert, zerlegt und interpretiert wird, wie es Wissenschaft nun einmal tut" (Krotz 2001, 305). Diese forschungsethischen Bedenken wurden im Rahmen der Detailanalyse von den Protagonistinnen selbst ausgeräumt. Die tiefgehende Beschäftigung mit den Websites löste bei allen Betreiberinnen positive Resonanz aus. So schreibt eine der Protagonistinnen (www.claudicam.de) in einer persönlichen Mail:

> habe (...) deine mail und die materialsammlung von dir sofort gelesen. ich bin echt beeindruckt, was man alles in so analytischer form über mich schreiben kann. nein, im ernst, es hat mir gut gefallen. (...) ich bin immer noch beeindruckt, wie viel du recherchiert hast, sogar die ganz alten radio-interviews. ist ein komisches gefühl, so „alte" sachen von sich zu lesen. also, ich finde deine abhandlung wirklich gut. falls du noch fragen hast, dann schreib ruhig. ich werde dir sofort antworten. (www.claudicam.de, E-Mail vom 16.06.2001)

Zwar bringt die Protagonistin in ihrem Schreiben zum Ausdruck, dass die ihr zugesandte Materialsammlung in Teilen „ein komisches Gefühl" auslöst, doch wird dadurch nicht der Eindruck vermittelt, sie fühle sich in ihrer Intimsphäre verletzt.

Der Detailanalyse der Seiten:

- http://www.claudicam.de,
- http://www.jennicam.org,
- http://www.online-today.de/tinacam,
- http://www.camgirl.de,
- http://www.naconi.de

liegen folgende Analysekategorien zugrunde:[3]

Tabelle 7.2: Analyseraster der Detailanalyse

Basisdaten zur öffentlichen Präsentation und Wahrnehmung	Start der Homepage Berichte in traditionellen Medien Bindung an ein anderes Angebot/andere Angebote (Re-)Finanzierungsarten Sind Verweisungsstrukturen aufgebaut?
Dimensionen der Selbstdarstellung	Persönliche Angaben Anonymisierung Inhaltsangebote in Bild und Text Webcam Onlinezeiten Bilder/Galerie Video/Audio Tagebuch Sonstige Inhalte Thematische Substanz Der entblößte Körper Der affizierte, von Gefühl, Krankheit oder Gewalt betroffene und dadurch unbeherrschte Körper Die intime Paarbeziehung Das sich reproduzierende Subjekt Geselligkeit/soziales Erleben Außeralltägliches Erleben Berufsleben Hobbys Das Politische im Privaten Grenzen der Selbstdarstellung
Sozialdimension	Zielgruppe Nutzungsquote Interaktivität: Formen der Offenbarung von Seiten des Users
Motive/Funktionen/Folgen	Motive der Selbstdarstellung Erklärte Funktionen/Selbstaspekte/Autonomie Außenwirkungen und soziale Konsequenzen Vermarktung

3 Im Folgenden werden die ausgewählten Seiten nicht weiter mit der vollständigen Web-Adresse, sondern mit *Claudia*, *Jennifer*, *Tina*, *Susan* und *Naconi* bezeichnet.

7.4.1.1 Basisdaten zur öffentlichen Präsentation und Wahrnehmung

Die erste deutsche, mit Webcam ausgestattete private Homepage gibt es mit www.camgirl.de seit Ende 1996. Gleichzeitig handelt es sich in ihrem Fall um die erste Gehörlosen-Webcam weltweit. Bereits im April 1996 ging unter www.jenni.org die weltweit erste private Webpage online. Jennifer gilt damit als die *Pionierin* der privaten Homepage. Mit vielen anderen zu dieser Zeit entstandenen privaten Webauftritten folgten www.tinacam.de (10/1998), www.claudicam.de (09/1999) und www.naconi.de (03/2000). Über die ausgewählten Angebote wurde auch in traditionellen Medien ausführlich berichtet: Die *Neue Westfälische* beschrieb die „Stille Netz-Power" (vgl. *Neue Westfälische*, 08.04.2000) des Camgirls Susan; unter dem Sendetitel „*Ausziehen!Ausziehen!*: Das Ende des Privaten" stellte *RADIO BREMEN* verschiedene Webgirls, darunter auch Naconi, Jennifer und Claudia vor (*RADIO BREMEN 2*, 08.10.2000); die WDR Talkshow lud Tina zum Gespräch ein (*WDR Talkshow*, 18.03.1999) etc.

An dieser Stelle sind wichtige Aktualisierungen zu betonen, denen die ausgewählten Webauftritte während der sich über den Zeitraum von Oktober 2000 bis Dezember 2001 erstreckenden Detailanalyse unterzogen wurden:

- Naconi nimmt am 31. März 2001 ihre Seite aus dem Netz.
- Claudia meldet sich nach dreiwöchiger Pause am 01. April 2001 mit einer völlig neuen grafischen Gestaltung ihrer Seite zurück. Eine weitere Pause legt sie ein wegen der Vorbereitung ihrer Hochzeit und beruflicher Neuorientierung (von Juni bis Oktober 2001).
- Susan pausiert zwei Monate bis zum 02. November 2001.

Das Internetumfeld bietet zur (Re-)Finanzierung der entstehenden Kosten für einen Webauftritt und als zusätzliche Einnahmequelle verschiedene Möglichkeiten. So geben die Bindungen an andere Angebote und Verweisungsstrukturen (z.B. Verlinkungen mit kommerziellen Anbietern) sowie geschlossene Mitgliedsbereiche Auskunft über das Ausmaß eines kommerziellen Interesses. Ein kommerzielles Interesse wird besonders bei Jennifer deutlich. So unterscheidet sie zwischen einem offenen Gästebereich (*Guest*) und einem geschlossenen Mitgliedsbereich (*Members*). Neben dem Mitgliedsbereich, für den alle drei Monate 15 Dollar zu entrichten sind, ist ihr Angebot mit zahlreichen Werbebannern versehen. Genaue Auskunft darüber, wie viel Gewinn das Webangebot bringt, wird nicht gegeben. Vermutlich werden die Werbeeinnahmen aufgrund der hohen Nutzungsquote[4] die entstehenden Kosten weit überbieten.

4 Laut www.spielfilm.com sind es im Februar 2000 über 5 Millionen Zugriffe pro Tag.

Auch bei Tina ist ein solches Interesse ersichtlich. Zwar bietet sie keinen geschlossenen Mitgliedsbereich, doch werden verschiedene Refinanzierungsmaßnahmen (Sponsor- und Werbebanner) über *TV Today* vermarktet. Darüber hinaus gibt es einen *Tina-Shop*, in dem mit Tinac@m-Schriftzügen versehene Tassen, Feuerzeuge, Mousepads etc. angeboten werden.

Susan verfügt zwar über einen geschlossenen Mitgliedsbereich (Für 35 DM Jahresbeitrag dürfen sich Mitglieder die Bilder ihrer Duschkamera anschauen), nach eigenen Angaben wird jedoch lediglich eine Kostendeckung angestrebt. Von Werbemaßnahmen sieht Susan ab. So schreibt sie auf ihrer Homepage unter der Rubrik *advertise*:

> Vielen Dank für die Interesse für den werben auf den bekannte Seite www.camgirl.de. Nun möchte ich euch mitteilen, dass hier auf diese Seite www.camgirl.de keine Werbung drauf haben möchten. (www.camgirl.de, Februar 2002) [5]

Claudia und Naconi sind ebenfalls bestrebt, die Kosten für den Webauftritt durch Sponsoring auszugleichen. Es bereitet nach eigenen Angaben jedoch Probleme, seriöse Sponsoren zu finden. So äußert Claudia in einer Mail, dass das Betreiben ihrer Homepage kommerziell nicht lukrativ ist:

> es gibt keine sponsoren und bzw. banner-werbung (...). die seite ist wirklich komplett gratis, d.h. ich zahle für dieses hobby eher drauf. Wär schön, wenn ich einen seriösen sponsor hätte, aber das ist nicht so einfach und meine seite mit klickbannern oder anderen blinkenden elementen zum geldverdienen zu verschandeln, darauf lege ich echt keinen wert. alles, was als banner auf meiner seite ist, sind links zu befreundeten website-inhabern, seiten, die mir wirklich gut gefallen und deshalb als tipp ‚beworben' werden oder banner im austausch z.b. mit anderen girlcams. also nichts, womit man reich wird. (persönliche E-Mail vom 16.06.2001)

Insgesamt sind alle fünf Protagonistinnen einem zusätzlichen Verdienst über die Homepage nicht abgeneigt. Doch die mit finanziellen Einnahmen verbundene Ausstattung mit Werbebannern wird nicht durchweg hingenommen. Ebenso scheint ein Problem darin zu bestehen, dass es sich bei *Webgirls* vorwiegend um pornografische Anbieter handelt, die sich als Sponsoren oder Werbepartner anbieten. Dieses Angebot wird jedoch von keiner der untersuchten Seiten angenommen. Demnach scheint bei den untersuchten Fällen mit dem Betreiben der eigenen Homepage nicht das lukrative Geschäft um jeden Preis im Zentrum des Interesses zu stehen.

---

5 Eine Rechtschreibschwäche ist in den schriftlichen Ausführungen von *Camgirl* deutlich sichtbar. Sie ist zum einen auf ihre Behinderung (die Protagonistin ist gehörlos) zurückzuführen, darüber hinaus scheint sie auch darin begründet zu sein, dass sie nicht in Deutschland aufgewachsen ist. Der Geburtsort wird zwar nicht angegeben, doch findet sich in der Rubrik „My World" unter dem Punkt „Ich hasse:" folgender Eintrag: „[...]Leute die über meine Gramatik blöde Kritik machen, anstatt vorher zu fragen, wo ich herkomme."

7.4.1.2 Dimensionen der Selbstdarstellung

Die *persönlichen Angaben* verweisen darauf, wie real die eigene Person präsentiert und identifizierbar gemacht wird. Gleichzeitig zeigt sich, welche Schutzmaßnahmen zur Anonymisierung getroffen werden, um eine vollständige persönliche Identifizierung und bestimmte Kontaktaufnahmen möglichst zu verhindern. So bietet keine der fünf untersuchten Webpräsenzen die Möglichkeit der persönlichen Kontaktaufnahme im Sinne eines Hausbesuchs oder Telefonanrufs. Somit wird ein gewisses Maß an Anonymität bewahrt. Vermutlich ist der Wunsch nach Anonymität umso stärker, je populärer die Homepage und dadurch unüberschaubarer die Nutzergruppe ist. So äußert Tina nach einer unangenehmen E-Mail ihre Ängste:

> Ich hatte heute eine Mail, die war so ekelig, daß ich die Nachricht direkt gelöscht habe. Ich habe nicht einmal zu Ende gelesen (.).Anrufe hatte ich zum Glück noch keine..Wenn man länger darüber nachdenkt, gruselt es mich!!! Sehr sogar! (...). (www.tinacam.de, Tagebucheintrag vom 30.01.1999)

Nach eigenen Aussagen würde sie sich niemals mit irgendeiner Netzbekanntschaft allein treffen (vgl. *Spiegel Online* 26.01.1999). Darüber hinaus gibt sie an, insgesamt durch ihre Webpräsenz vorsichtiger geworden zu sein.

> Bei mir hat es an der Tür geklingelt und unten an der Sprechanlage ist keiner rangegangen. Ich habe erst durch den Spion gelauert und gewartet, wer da hochkommt. Früher hätte ich einfach die Tür aufgemacht."(*Spiegel Online* 26.01.1999)

Letztlich kann die selbstbestimmte Präsentation im Internet den vollständigen Namen zwar geheim halten; durch eine intensive Recherche der Homepage (Tagebucharchive, Bildergalerien etc.) bestehen oftmals dennoch potenzielle Möglichkeiten der Identifizierung. Zusätzlich geht von begleitenden Berichten in traditionellen Medien immer auch die Gefahr aus, dass vollständige Namen preisgegeben werden und demzufolge die genaue Adresse recherchiert werden kann.

7.4.1.2.1 Inhalte der Selbstdarstellung

Die Inhaltsangebote sind zu unterteilen in:

- audiovisuelle Inhalte (Webcams, Bildergalerien sowie Video- und Audio-Streaming),
- textbasierte Inhalte (Tagebuch, Nachrichten/Neuigkeiten, Profil, Hobbys etc.) und
- interaktive Angebote (Gästebuch, Kontaktaufnahme via E-Mail, Chat-Foren etc.).

Die verschiedenen Angebote wurden auf die verhandelten Lebensbereiche/ Themen hin untersucht, um zu erfassen, wie *weit* die Selbstexpression geht.

Zunächst ist die Frage von Bedeutung, in welcher Form der zuweilen entblößt präsentierte Körper bildlich dargestellt wird. Handelt es sich um fotogerechte Posen, in denen der Körper auf die Betrachtung vorbereitet ist und kontrolliert ausgestellt wird, oder um ein dem Anschein nach unvermittelt festgehaltenes reales Abbild, ohne dass die Person ihren Körper *beherrscht* und *in Szene* setzt?

Abbildung 7.2: Claudia in fotogerechter Pose

Quelle: www.claudicam.de, Januar 2002

Claudia und Naconi bieten ausschließlich inszenierte Fotografien an. Dies drückt sich vor allem darin aus, dass die Protagonistinnen sowohl im Webcam- als auch im Fotoarchiv nahezu immer direkt in die Kamera blicken, oder zumindest eine fotogerechte Pose einnehmen. Hiermit wird der Reiz, der normalerweise von im Internet veröffentlichten Webcambildern ausgeht, insofern gemindert, als keine *zufälligen Entblößungen* zu erwarten sind. Selektion und Selbstbestimmung der Protagonistinnen werden offensichtlich. Die Auswahl der Fotos und das *Posieren* lässt darauf schließen, dass sie das Bild der eigenen Person zu korrigieren oder eine von der Realität abweichende Selbstdarstellung zu konstruieren versuchen. Naconi fokussiert vor allem den Bereich der erotischen Fotografie, ohne auch nur im Geringsten einen Einblick in alltägliche Abläufe zu gewähren. Auch Claudia stellt sich teilweise (inszeniert) erotisch dar, doch nehmen diese Darstellungen nur einen geringen Teil des Angebots ein. Vermutlich begründet sich der relativ geringe Erfolg (vgl. Zugriffszahlen, Kap. 7.4.1.3) dieser beiden Webpräsenzen gerade darin, dass vordergründig nicht das Alltägliche, das *Normale* vorgeführt wird, sondern die offensichtliche Inszenierung in zuweilen gekünstelt anmutenden Modelposen.

Auffällig bei Susan ist die Inszenierung der Bilder dann, wenn es um ihr wichtige Themen geht. So handelt es sich beispielsweise bei der fotografischen Demonstration der Taubstummensprache um aufwendig inszenierte, professionelle Fotos, während die *privaten* Bilder dem Anschein nach spontan und somit in höherem Maße authentisch wirken. Bei den nicht inszenierten Fotos handelt es sich zum Großteil um Bilder, die das sich mit *banalen* Verrichtungen reproduzierende Subjekt (Hausarbeit, Körperpflege etc.) abbilden.

Abbildung 7.3: Susan demonstriert die Gehörlosensprache

Quelle: www.camgirl.de, April 2001

Den von Gefühl und Schmerz erfüllten und dadurch unbeherrschten Körper offenbart Susan ebenfalls: Am 19. August 2000 überträgt sie die Hausgeburt ihres Sohnes live im Internet. Die Geburt eines Kindes ist eine Situation, in der weder Mutter noch Kind auf den Blick Dritter ausgerichtet sind. Die Beziehung zwischen Mutter und Säugling ist eine Szene von kaum überbietbarer *Inniglichkeit* und eben dies macht sie als öffentlich zugängliche Präsentation so außergewöhnlich. Die Veröffentlichung dieser Szene überschreitet traditionelle und kulturelle Grenzziehungen. Sie löste ein heftiges Echo aus in Bezug auf die Möglichkeiten und Entwicklungen privater Homepages. So berichtete u.a. die *Neue Osnabrücker Zeitung* über das Camgirl, das die Geburt ihres Sohnes live ins Internet übertrug, und stellte die Frage: „Leichtes Mädchen oder ernsthafte Kämpferin für mehr Rechte der Gehörlosen?" (*Neue Osnabrücker Zeitung* 02.09.2000)

Bei Tina befinden sich in der Bildergalerie ebenfalls sowohl *authentische* als auch inszenierte Bilder. Zu unterscheiden ist zwischen dem Webcamarchiv, das in größerer Anzahl *spontane* Fotos präsentiert und dem Digicamarchiv, das überwiegend inszenierte Fotos zeigt. Zudem wird eine sehr genaue Fotoauswahl augenscheinlich. So verfügen die Fotogalerien nur selten über *Serien*, die aus kurz hintereinander aufgenommenen Bildern bestehen und werden nur sporadisch aktualisiert. Die gezielte Auswahl, die in den Bildergalerien ersichtlich wird, führt dem User vor Augen, dass er nicht die Gesamtheit der alltäglichen Aktivitäten verfolgen kann, sondern es sich vielmehr um einen von der Betreiberin genau kalkulierten (Realitäts-) Ausschnitt handelt, auf den er Zugriff erhält.

Jennifer präsentiert seit Ende 1996 ihr Leben im Internet. Sie bietet unter den ausgewählten Seiten den tiefsten Einblick in ihr privates Alltagsleben. Sie sortiert keine Webcambilder aus, sondern sendet im Guest Modus im 15-minütigen Rhythmus. In den Webcamarchiven befinden sich Schnappschüsse aller Lebenslagen, die natürlicherweise in ihrer Wohnung entstehen: Jenni am Schreibtisch. Jenni vor dem Fernseher. Jenni bei der Hausarbeit. Auch die intime Paarbeziehung wird glaubwürdig, dem Anschein nach authentisch präsentiert. So werden Bilder eingespeist, die sie bei offensichtlich realem Sex mit ihrem Freund zeigen. Der Sex erscheint als *normales* Element des Alltags. Die sexuellen Szenen sind nicht in augenfälliger, besonders herausfordernder Weise inszeniert. Insofern wird ihre Anzüglichkeit nicht dramaturgisch hervorgekehrt. Sie liegt allein in der Einladung zum voyeuristischen Blick.

Abbildung 7.4: Jenni im Alltag

Quelle: www.Jennicam.org, März 2001

Insgesamt ist festzuhalten, dass es den Protagonistinnen augenscheinlich in erster Linie um die (mehr oder weniger alltägliche) bildliche Präsentation ihrer eigenen Person, um die Selbstdarstellung geht. Jennifer erklärt, dass sie mit ihrer Webpräsenz nicht beabsichtigt, einen perfekten Körper abzubilden. Sie möchte ihren normalen Körper präsentieren, mit dem sich viele Menschen identifizieren können. Gerade hierin scheint das Erfolgsrezept vieler privater Homepages zu liegen. Auch wenn Unterschiede bezüglich der Intensität und der Authentizität der Darstellungen unter den fünf ausgewählten Seiten festzumachen sind, so haben sie dennoch eines gemein: Das außeralltägliche Erleben, das Berufsleben, die Hobbys usw. stehen, zumindest auf Bildebene, eher im Hintergrund. Primär geht es um die Präsentation der eigenen Person vornehmlich in den eigenen vier Wänden. Ausnahmen bilden Naconi, deren Bildergalerie im Wesentlichen Strand- und sonstige Urlaubsfotografien archiviert, und Tina, die zusätzlich eine *Office Cam* anbietet.

Über die vielen Standbildaufnahmen hinaus sind die Webpräsenzen mit weiteren Selbstdarstellungsmaterialien angereichert. So werden verschiedene

Textsorten variiert: Lebenslauf, Gedichte, Tagebuch etc. Private Offenbarungen der Protagonistinnen finden sich im Wesentlichen in den Tagebuchaufzeichnungen. Um Aussagen über Sinn und Zweck des relativ neuen Phänomens *Onlinetagebuch* treffen zu können erscheint es zunächst sinnvoll, einen Blick auf das traditionelle Tagebuch und dessen Funktionen zu werfen.

Der Autor eines traditionellen Tagebuchs zeichnet in subjektiver Reflexion möglichst täglich Inhalte auf, die seiner eigenen Auswahl unterliegen (Jurgensen 1979). Tagebücher und der hiermit verbundene fiktive Gesprächspartner begleiten die tägliche Selbsterkundung. Sie skizzieren den Gemütszustand ihres Verfassers. Wichtig ist die Erkenntnis, dass diese Bücher gemeinhin nur in seltenen Fällen für andere und nur in den seltensten Fällen für eine breite Öffentlichkeit niedergeschrieben wurden, verwahren sie doch intimste Geheimnisse. Auch für Baumann sind die Inhalte eines Tagebuchs nur in Ausnahmefällen für den öffentlichen Raum bestimmt:

> Das Tagebuch bildet ein fortwährendes Selbstgespräch; allein sich selber sucht man verständlich zu machen und das Unverständliche einzukreisen. Nur sich selbst vertraut man die Gedankengänge an; man weiß sich vor der Öffentlichkeit geborgen. Darum bildet eine Veröffentlichung dieser Aufzeichnungen zu Lebzeiten die Ausnahme; eine vielleicht fragwürdige sogar. (Baumann 1981, 77)

Die Veröffentlichung traditioneller Tagebücher ist einer kleinen Anzahl von Elitepersönlichkeiten wie Literaten, geschichtlich relevanten Personen u.a. vorbehalten. Zu unterscheiden ist hier allerdings, ob diese Aufzeichnungen schon mit dem Ziel einer späteren Veröffentlichung geschrieben wurden, oder zu Lebzeiten die intimen Begleiter der Schreibenden darstellten. Werden diese intimen Hefte nach Ableben des Autors dann veröffentlicht, bieten sie meist über die subjektive Reflexion hinaus historische und kulturhistorische Reflexionen.

Die Präsenz von Tagebuchaufzeichnungen in *öffentlich* zugänglichen Homepages wird verschiedentlich problematisiert. Die Diskussion wird vor allem von den oben beschriebenen Charakteristika inspiriert, die dem traditionellem Tagebuchschreiben anhaften. So gelten die *traditionellen* Aufzeichnungen als intim und nicht für die Rezeption anderer bestimmt. Der Begriff *Tagebuch* wird stets assoziiert mit den Begriffen *Geheimnis*, *Intimität* und *Tabu*. Es überrascht nicht, dass eine Veröffentlichung privater Aufzeichnungen teilweise als skurril bezeichnet wird, wenn man bedenkt, dass das traditionell geführte Tagebuch normalerweise mit einem Schloss versehen oder zumindest versteckt aufbewahrt wird. Es muss jedoch bedacht werden, dass das Tagebuch im Internet insofern eine signifikante Veränderung erfährt, als Online Diaries mit direktem Blick auf ein Publikum geschrieben sind. Letztlich bestimmt jeder Schreiber selbst, wie weit seine im Internet publizierten Texte in den intimen Bereich gehen und wo seine individuellen Grenzen des

Darstellbaren liegen. Wer glaubt, dass im Internet angebotene Tagebücher spontan und authentisch sind, wird oftmals enttäuscht.

Im Fall der Integration eines Tagebuchs in eine private Homepage beschränken sich die Texte inhaltlich im Wesentlichen auf Tagesabläufe, Hinweise zu Handhabe und Neuerungen der Website sowie Berichte über Unternehmungen. Die Beschreibung der intimen Paarbeziehung oder ein Problematisieren sozialer Kontakte bilden eher die Ausnahme. Insgesamt stehen im Onlinetagebuch nicht primär Gefühle im Vordergrund. Dies lässt sich vor allem bei Tagebüchern diagnostizieren, die im Rahmen einer persönlichen Homepage geführt werden und daher nicht anonym bleiben. Auch sind es oftmals nicht die spektakulären, außeralltäglichen Lebensbereiche, die abgebildet werden, vielmehr geht es häufig um das Gegenteil: Normalität und alltägliches Leben wird präsentiert.

Ein Onlinetagebuch wird von vier der fünf ausgewählten Protagonistinnen angeboten. Susan bietet, vermutlich aufgrund ihrer Rechtschreibschwäche, kein Tagebuch an. Naconi fokussiert in erster Linie den Bereich der erotischen Fotografie und ist augenscheinlich nur wenig daran interessiert, einen Einblick in ihren alltäglichen Lebenslauf zu gewähren. Daher gleicht das von ihr angebotene Onlinetagebuch eher einem Informationsforum, das sich direkt an die User wendet und Auskünfte erteilt über Neuerungen, künftige Veränderungen und Handhabe der Homepage. Neue Fotos, Chats, sonstige Umgestaltungen werden durch direkte Ansprache des Users angekündigt. So schreibt Naconi in ihr Tagebuch:

> Hurra (...) wir haben endlich die lang ersehnte digicam (...) jetzt kann ich euch noch besser mit neuen bildern versorgen (...) die flatrate ist auch beantragt (...) es geht voran... und wenn der zugang steht, werde ich die webcam immer wenn ich zuhause bin anlassen (...) großes indianerehrenwort (...). (www.naconi.de, Tagebucheintrag vom 28.05.2001)

Eine starke Bereitwilligkeit zur Offenbarung privater Inhalte findet sich in den Tagebuchaufzeichnungen von Tina und Jennifer. So lassen sich im Tagebuch von Jennifer Passagen finden, in denen sie neben einem umfangreichen Einblick in ihren Tagesablauf ebenso über Empfindungen und Gefühle berichtet, die mit bestimmten Erlebnissen verbunden sind. Bei Tina ist auffällig, dass sie häufig eine teilweise selbstironische Beschreibung persönlicher Eigenarten und Alltagssituationen liefert. So betont sie verstärkt ihre Vorliebe und Schwäche für ‚Shopping'. Immer wieder berichtet sie im Tagebuch von ihren Einkäufen (vorwiegend Kleidung). An anderer Stelle nimmt sie humorvoll Bezug auf eine pikante Alltagssituation, die sie erlebt hat:

> Wusstet ihr eigentlich das Männer seit neuestem bereits mit 29 Jahren unter sexueller Frustration leiden!? Ich war ehrlich entsetzt und zutiefst betroffen! Tja im Grunde ein Tag wie jeder andere! Außer das die Nacht weniger prickelnd war. Ich

hab total schlecht geträumt (...) wahrscheinlich von sexuell frustrierten 29jährigen (...) so dass ich Karsten im Schlaf eine geknockt habe! Daraufhin ist er wach geworden, hat mich wach gemacht und wir konnten beide nicht mehr schlafen. (...) Als ich dann zum 3. Mal das Licht angemacht habe, hat Karsten einer seiner berühmten Wutanfälle bekommen was dazu geführt hat, dass ich dermaßen entnervt nun gar nicht mehr schlafen konnte. MÄNNER!!!! (www.tinacam.de, Tagebucheintrag vom 20.07.1999)

Das Tagebuch von Tina bietet mit seinen regelmäßigen Aktualisierungen detaillierte Einblicke in ihr sowohl berufliches als auch privates Alltagsleben. Die Thematisierung des Berufslebens stellt durchaus einen Tabubruch dar. Die Art und Weise der Schilderungen lässt eine Identifikation jener Mitarbeiter zu, über die nicht immer in freundlicher Weise berichtet wird. Auch wenn sie nicht für ein breites Publikum identifizierbar werden, so ist es doch der Rest des Kollegiums, der via Internet über Details aus dem beruflichen und privaten Alltag des Mitarbeiters informiert wird. So werden Online Diaries in seltenen Fällen auch zu Indiskretionen genutzt, die Fremdbilder berühren:

Wie jeder Montagmorgen war auch dieser eher bescheiden und noch dazu eiskalt! Mein Büro ist so groß, dass sich die Heizungswärme erst im Laufe des Tages verteilt hat. Dazu kommt, dass unser Azubi anscheinend irgendwelche Hitzewallungen hatte und seine Balkontür den ganzen Tag aufstand. Naja, manchen Menschen ist einfach nicht zu helfen! Nicht unerwähnt bleiben sollte auch Herr G. (42 Jahre alt), erzählt mir jeden Montagmorgen, dass er am Wochenende wieder mal auf 32 geschätzt wurde (wer`s glaubt wird selig!) Darüber hinaus hat er mir doch – superfreundlich wie immer – heute Mittag Streuselkuchen angeboten, mit dem man jemanden hätte erschlagen können (Haltbarkeitsdatum: 01.10.98). (www.tinacam.de, Tagebucheintrag vom 05.10.1998)

Trotz aller Offenheit und Detailgenauigkeit einiger Onlinetagebücher stellen die Niederschriften nur einen selbst festgelegten Ausschnitt der Realität dar. So wird beispielsweise bei Jennifer die Trennung von ihrem Freund nicht zur gleichen Zeit, sondern erst nach Vollzug im Tagebuch thematisiert. Hier wird von der Möglichkeit Gebrauch gemacht, den Zeitpunkt und das Maß der Offenbarung selbst zu bestimmen.

Mit der nachträglichen Eintragung zu ihrer Trennung liefert Jennifer dennoch einen Einblick in Gefühlslagen:

The other big news is that on Thursday, Geofry moved, (...) his stuff is all moved out, his mail has all been forwarded, and our goodbyes have mostly been all said. Of course I hope, and we've both agreed, that we'll continue to be very good friends. He's even going to stop in on his way from Connecticut to Colorado, and we've spoken on the phone a couple times since he's left, but for all intents and purposes I am now, bizarrely enough, single again. It's strange really, everything feels different. I don't know why that should be, but that's probably a big part of

> why I feel like it's really important for me to be single for at least a few months. I know I said that last time we broke up, but with Geofry being gone and thus drastically reducing our chances for yet another reconciliation, I don't think it will be that hard this time. I mean, Geofry and I were so good together in so very many ways, but something was still planted firmly in the way of us having a successful long term relationship. There's nothing wrong with Geofry, certainly. He's intelligent, funny, sensitive, good looking, affectionate, and on and on. It could be my enormous fear of commitment rearing its ugly head, but I really don't think that was it. I think it's probably just possible for two people to just not be right for each other, without there being anything WRONG, per se. (www.jennicam.org, Tagebucheintrag vom 18.12.1999)

Während auf verschiedenen Servern anonyme Tagebuchautoren versammelt sind, die in der Regel weder ihren richtigen Namen noch ein Foto veröffentlichen, besteht kaum die Chance, innerhalb einer privaten Homepage derart anonym zu bleiben, da diese in den meisten Fällen mit Fotografien oder anderen persönlichen Daten versehen ist. So haben die Onlinetagebücher, die in die untersuchten Seiten integriert sind, teilweise nur sehr wenig mit einem traditionellen Tagebuch gemein. Das an dieser Stelle nur am Rande behandelte anonyme Onlinetagebuch hingegen scheint im Hinblick auf die Intimität der Inhalte stärkere Gemeinsamkeiten zum traditionellen Tagebuch und seinem überragenden subjektiven Sinn, der Selbstklärung, vorweisen zu können. Dies liegt nicht zuletzt daran, dass ihm der Spagat gelingt zwischen dem Wunsch nach Bekenntnis einerseits und dem Schutzbedürfnis gegenüber einem anonymen Publikum andererseits. Frackowiak stellt über Onlinetagebücher fest:

> Das natürliche Bedürfnis, sich gegenüber der fremden anonymen Masse zu schützen, scheint mit dem Wunsch nach der Bekanntmachung des Privaten zu ringen. (Frackowiak 2000)

Tagebücher, die innerhalb privater Homepages veröffentlicht werden, haben einen anderen kommunikativen Sinn als traditionelle Tagebücher. Deren Anliegen, Selbstklärung durch Selbstoffenbarung zu ermöglichen, kommen eher die anonym veröffentlichten Online Diaries nahe, die trotz der vergleichsweise stärker dargestellten Intimität die Privatsphäre ihrer Schreiber insofern erhalten, als diese nicht identifizierbar gemacht werden. So können die Schreiber dafür sorgen, dass für sie steuerbar bleibt, ob und welche kommunikativen und sozialen Konsequenzen ihre anonym veröffentlichte Offenbarung sowie ein sich eventuell anschließender Dialog mit den Besuchern haben soll. Genau darin liegt der wesentliche Unterschied zu in Homepages integrierten Diaries. Die Tagebücher in privaten Homepages sind für den Zweck geschrieben, dem Bild zu dienen, das die betreffende Person von sich zeichnen will. Nicht das Motiv der Selbstklärung, sondern die Absicht der Selbstdarstellung führt die Feder.

Der kommunikative Sinn von Onlinetagebüchern lässt sich weitergehend umschreiben, wenn sie mit dem persönlichen Gespräch verglichen werden. Es ist eine beliebte Praxis, sich mit anderen zu vergleichen und von anderen, auch in den individuellen Schwächen, bestätigt und akzeptiert werden zu wollen. Es fällt auf, dass sich – unbeschadet des Selbstdarstellungszwecks – mitunter in Onlinetagebüchern weitaus ehrlichere Ausführungen über persönliche Schwächen finden als sie in Alltagssituationen üblich sind. So als würden die Schreiber darauf vertrauen, dass die Bestätigung hier leichter zu bekommen ist, als im persönlichen Gespräch. Das Gegenüber im ‚Gespräch unter vier Augen' verlangt gegebenenfalls spontan nach zusätzlicher Hintergrundinformation, setzt den Betreffenden unter Rechtfertigungszwang oder lässt vergleichsweise weniger Zeit zur Konstruktion einer Argumentationsstruktur. Die Vorteile des persönlichen Gesprächs für das subjektive Motiv, Anerkennung zu gewinnen, liegen in der Verbindlichkeit. Face-to-Face-Kommunikation ist verbindlicher als eine schriftliche Offenbarung vor einem unüberschaubaren Publikum. Daher ist der Wert der Anerkennung, wenn sie denn gewährt wird, unterschiedlich. Die Anerkennung in der computervermittelten Kommunikation mit anonymen *Gesprächs*partnern ist vergleichsweise unverbindlich und in ihrer Aufrichtigkeit und Verlässlichkeit nicht einschätzbar. Das vertrauliche Gespräch wird in der Regel zu einer nahe stehenden Person gesucht, deren Reaktionen ernstzunehmender und wertvoller sind. Es scheint, als böte das Bekenntnis im Onlinetagebuch demgegenüber den Gewinn, dass sich der Protagonist mit dem Mut zur Darstellung gleichsam selbst und ohne das Risiko eines nachhaltigen Einspruchs bestätigen kann, dass er *beachtlich* ist.

Das Onlinetagebuch unterscheidet sich in seiner kommunikativen Funktion von dem geheim gehaltenen persönlichen Tagebuch; und das Gespräch mit den Gästen, die sich im Onlinegästebuch eintragen, hat gewiss nicht denselben Rang und Charakter wie das personale Gespräch. Gleichwohl lässt sich erwägen, ob die besonderen kommunikativen Bedingungen für eine Selbstdarstellung im Netz nicht helfen können, die aus der Tagebuchforschung bekannten Funktionen des Tagebuchschreibens für den Autor/die Autorin in besonderer Weise zu realisieren. Im Folgenden werden zunächst in Anlehnung an Döring (Döring 2001b, 89f.) *denkbare* Funktionen des Tagebuchschreibens im Netz beschrieben, um im Anschluss zu überprüfen, inwieweit die fünf Protagonistinnen die spezifischen Bedingungen der Onlinekommunikation zur Realisierung dieser Funktionen nutzbar machen:

- *Archivfunktion*
  Das Führen eines Onlinetagebuchs erfüllt zunächst die Funktion der Gedächtnisstütze. Der normale Alltag und besondere Erlebnisse sollen lebendig, für einen späteren Zeitpunkt abrufbar festgehalten werden. Die

Verwaltung von Texten sowie eine zusätzliche Bilddokumentation sind mithilfe moderner Computertechnologien hervorragend möglich. Darüber hinaus bietet das *netzöffentliche Archiv* die Chance, in den Text E-Mails oder Chats sowie Verlinkungen zu anderen Websites oder Bildergalerien einzufügen.[6]

- *Ventilfunktion*
  Sich ,den Frust von der Seele zu schreiben' wirkt erleichternd und lässt den Alltagsstress besser verarbeiten. Im traditionellen Tagebuch besteht hierbei die Gefahr des ,Sich-im-Kreis-Drehens', d.h. eine bequeme Opferhaltung wird beibehalten, ohne dass Versuche der Problemlösung erkennbar werden. Hingegen muss im Onlinetagebuch abgewogen werden, ob dieses wiederholte ,Jammern' vor dem Publikum zu rechtfertigen ist, und ob das Tagebuch für den Leser vielleicht auf Dauer langweilig wird. Dies führt möglicherweise dazu, dass die Opferhaltung rechtzeitig verlassen und die Problematik angegangen wird.
- *Reflexionsfunktion*
  Im Hinblick auf die Dramaturgie der Texte stellt das oftmals notizbuchartig geführte traditionelle Tagebuch keine Ansprüche an seinen Verfasser, während die Leserschaft des Onlinetagebuchs durchaus berücksichtigt wird. Das äußert sich in direkten Ansprachen der Leser oder zusätzlichen Erläuterungen zum Verständnis der Texte. Die Reflexion, die Ordnung und Verarbeitung verletzender oder enttäuschender Erfahrungen ist eine signifikante Funktion des Tagebuchschreibens. Die Orientierung auf ein lesendes Publikum verlangt die Konstruktion einer nachvollziehbaren Geschichte. Hieraus entsteht ein Erzählzwang, der zu einer heilsamen Sinnsuche beitragen und als Hebel für den Prozess der Selbstklärung wirken kann. D.h., indem ich mich einem anonymen Publikum in meiner persönlichen Problematik verständlich mache und zusätzlich erkläre, wie ich diese zu lösen gedenke, mache ich mir möglicherweise auch selbst besser verständlich, welche Handlungsoptionen mir zur Verfügung stehen, um die problematische Situation zu bewältigen.
- *Sozialfunktion*
  Anne Frank adressierte ihre Tagebucheinträge an eine fiktive Freundin namens Kitty (vgl. Frank 1991). Allgemein bekannt ist die Anrede *Liebes Tagebuch*. Döring bezeichnet dies als „Pseudobeziehung" zum Tagebuch (vgl. Döring 2001b, 90). „Wer Tagebuch schreibt ist in Gesellschaft, oder besser: Er leistet sich selbst Gesellschaft" (Baumann 1981, 72). Er befindet sich in vertrauter Gesellschaft mit seinem Alter-Ego. Das imaginäre Gegenüber – *Liebes Tagebuch!* – des traditionellen Tagebuchs wird im

6 Im Tagebuch von Tina ist beispielsweise die Eintragung vom 20.10.2001 mit einer Website verlinkt, die nähere Auskunft zu einem Fest erteilt, das sie mit ihrem Freund besucht hat: „Abends hatten wir Karten für die ,Schöne Party' in der Kalkscheune. Dort hat u.a. auch Barbara Schöneberger aufgelegt (...)".

Onlinetagebuch real. Die Leserschaft hat die Chance, sich zu Wort zu melden und nutzt diese in der Regel auch. Onlinetagebuchautoren sind sich einer Öffentlichkeit bewusst und schreiben dementsprechend an ihr Publikum. Das *fiktive Gegenüber* wird durch eine bewusst wahrgenommene Leserschaft ersetzt. Um ein täglich geführtes Onlinetagebuch bildet sich möglicherweise eine Fangemeinde, die an den Einträgen partizipiert. Besonders äußert sich das Interesse an dem jeweiligen Schreibenden, wenn dieser sich über ihn belastende Probleme in seinen Aufzeichnungen auslässt. Häufig reagieren User mit Trost oder nachfühlenden Ausführungen im Gästebuch oder per E-Mail. Dies hat den positiven Effekt, dass der Schreiber das Gefühl bekommt, begleitet zu werden. Die Sozialfunktion des Tagebuchschreibens wird offenbar durch Reaktionen der Leserschaft im Online-Kontext stärker eingelöst als durch ein fiktives Gegenüber.

- *Übungsfunktion*
  Das Tagebuch als Skizzen- und Übungsbuch ist vor allem für schriftstellerisch ambitionierte Schreiber sinnvoll. So ist teilweise der Ehrgeiz erkennbar, in Onlinetagebüchern den Erzählstil und die Dramaturgie der Texte zu optimieren. Die Adressierung an ein Publikum verändert die Aufzeichnungen im Hinblick auf die Authentizität der Texte. Der Tagebuchschreiber ist sich bewusst darüber, dass ein Publikum die Aufzeichnungen liest. Daher treten möglicherweise die Elemente *Unterhaltsamkeit* und *Spannung* in Erscheinung. Den Leser ‚bei der Stange zu halten', sprich: in ihm ein Interesse für die Schriften zu wecken, ist notwendig, um tiefer gehende Reaktionen der Leserschaft zu erhalten. Auch die Protagonistinnen der untersuchten Seiten sind teilweise bemüht darum, interessante Berichte zu schreiben und langweilige Passagen auszusparen: „I won't bore you with all the details" (www.jennicam.org, Tagebucheintrag vom 06.01.1999).

Es sind jedoch keine Fälle von Onlinetagebüchern identifiziert worden, die einen intensiven Austausch über Inhalte des Tagebuchs mit der Leserschaft einleiten konnten. Offenbar ist ein solcher Austausch von den Protagonistinnen auch nicht beabsichtigt. In den nur sporadisch geführten Onlinetagebüchern von Claudia und Naconi werden beispielsweise weder thematische Schwerpunkte gesetzt, noch intime Empfindungen dokumentiert. Im Gegenteil: Das Tagebuch wird vorwiegend genutzt, um die User zu informieren über Unternehmungen, TV-Auftritte, über Pläne bezüglich einer Neu- oder Umgestaltung der Homepage etc. .

Zwar wird teilweise der Wunsch nach Reaktion in sehr direkter Form geäußert über explizite Aufforderungen zu Eintragungen in das Gästebuch oder einer Kontaktaufnahme über E-Mail: „Ich bin übrigens dankbar für jeden Hinweis oder jede Kritik (...). Schreibt mir einfach ins Gästebuch oder eine

Email“ (www.claudicam.de, Tagebucheintrag vom 05.10.1999). Offenbar sind Hinweise und Kritik jedoch weniger an der textlichen, als an der bildlichen Selbstpräsentation in den Bildergalerien erwünscht. Derartige Ansprachen allein ziehen dementsprechend oberflächliche Reaktionen nach sich. Ein Ausschnitt aus dem Gästebuch von Claudia verdeutlicht dies:

> Daniel aus Hannover schrieb am 19. Oktober 2001 um 22:58 Uhr:
> Hallo Claudia,
> ne interessante Seite die du da aufgebaut hast. War lustig und spannend auf deiner Home-Page zu stöbern. Leider warst du nicht online. Werde mal wieder reinsehen.
> Gruß Daniel
>
> Andrew aus USA schrieb am 06. Oktober 2001 um 04:50 Uhr:
> I sure wish I could understand what is written on this site, but I have no idea what I'm looking at.
>
> Franky 2000 aus E. schrieb am 16. September 2001 um 13:03 Uhr:
> Hey Claudi .
> Coole Seite. Aber bist du eigentlich auch mal online? Immer wenn ich hier mal schaue ist hier nix los.
> (www.claudicam.de, Gästebucheinträge)

Mit Blick auf die von Döring spekulativ beschriebenen denkbaren Funktionen eines Onlinetagebuchs lässt sich daher feststellen: Die untersuchten Fallbeispiele verdeutlichen, dass die populären Homepages das *Potenzial* von Online Diaries für die Selbstreflexivität nicht nutzen. Sie folgen einem anderen Zweck.

Die Protagonistinnen nutzen das Onlinetagebuch oftmals dazu, das Selbstbild zu korrigieren, wenn sie sich falsch verstanden fühlen. So wird beispielsweise die ‚Shopping-Leidenschaft‘ relativiert: „Jetzt stellt sich nur die Frage (...) wohin damit (...) meine Schuhe stapeln sich schon... aber ich glaube das ist ein allgemeines Frauenproblem“ (www.tinacam.de, Tagebucheintrag vom 08.08.2001), die Vorliebe für ‚Kitsch‘ abgestritten: „Ich bin aber sonst kein Fan von Glitzer und Blinkersachen im Fenster zu Weihnachten (...) Nicht, daß hier einer ein falsches Bild von mir kriegt“ (www.claudicam.de, Tagebucheintrag vom 27.11.2000) oder einer Fehleinschätzung der Webpräsenz entgegengewirkt:

> I think some people receive it as crap, and some people receive it as something worthwhile. The people who are looking at the site as entertainment, to them it is just crap. And I don't blame them when they say mean things, because they're seeing something completely different. But when somebody writes to me and says: „I saw you with your big thighs, naked on the cam, and not looking self-conscious. It gave me more confidence to not be self-conscious around my husband, to just say this is my body, and I'm sexy anyway.“ Every time I get one of those emails,

> I'm like, oh my God, somebody got it! (www.jennicam.org, Tagebucheintrag vom 01.11.1998)

Für eine gelungene Selbstdarstellung sind die Protagonistinnen um die Korrektur eines für sie ungünstigen Bildes bemüht. Dafür setzen sie auch die Selbstbeschreibung in ihren *Tagebüchern* ein.

Wie viel sie von ihrer Privatsphäre preisgeben, bestimmen die Protagonistinnen selbst. Claudia schreibt in einer E-Mail, dass sie im Tagebuch zwar auch von Emotionen schreibt, „(...) aber es wird nie ans Eingemachte gehen, dafür habe ich dann doch zu sehr Angst, dass meine Privatsphäre verletzt wird" (persönliche E-Mail vom 22.05.2001). So muss sich der Leser der untersuchten Homepages oftmals mit Andeutungen zufrieden geben. Tina schreibt beispielsweise am 24.12.1998 in ihr Tagebuch: „Karsten hat mir was für sein Auge geschenkt und ich ihm für meine Nase. Nach dem Essen haben wir es uns auf der Couch bequem gemacht (...)" (www.tinacam.de, Tagebucheintrag vom 24.12.1998).

In seltenen Fällen wird konkret formuliert, dass ein Detail nicht für das Onlinetagebuch geeignet ist: „Es gab bei ‚area5F' (...) ein Event. Freier Eintritt und Getränke für lau. War ganz witzig. Ab einem bestimmten Zeitpunkt dieses Abends landen die Tagebucheinträge im privaten Tagebuch!!!!" (www.tinacam.de, Tagebucheintrag vom 31.08.2000) Oder: „WOW (...) schon September (...) die Zeit fliegt nur so vorbei!! Der Morgen und Mittag landet wieder im privaten Tagebuch und weiter geht`s ab ca. 15.00 Uhr (...)" (www.tinacam.de, Tagebucheintrag vom 01.09.2000).

Häufig wird betont, dass bestimmte Sachverhalte wegen der Arbeitskollegen oder des privaten Umfelds nicht thematisiert werden können: „Naja, was soll ich sagen (...) ein typischer Montag!! Allerdings war es diesmal ganz besonders schlimm (...) leider kann ich das hier nicht alles so wiedergeben, wie ich es eigentlich gerne tun würde!! Denn ich bin sauer und zwar stinksauer!!!" (www.tinacam.de, Tagebucheintrag vom 31.01.2000). Auch Jennifer macht am 23.04.2001, nach fünf Jahren Online-Zeit auf dieses Problem aufmerksam:

> I couldn't even tell you what I've figured out. It's been hard for me to keep writing. Being on the camera is still no big deal. You can't really tell too much from a still image. It's a lot more subjective. But continuing to right is getting creepier and creepier. My mother reads my journal. My cousin reads my journal. I found out yesterday that my brother reads my journal. (...) and friends reading the journal, and possibly even a co-worker which I really don't like to think about, makes it basically impossible to speak. (www.jennicam.org, Tagebucheintrag vom 23.04.2001)

Um mögliche soziale Konsequenzen bei Kollegen oder Bekannten unter Kontrolle zu halten, sind die Protagonistinnen demnach um Selbstkontrolle und Zurücknahme bemüht, was die Artikulation von Empfindungen angeht.

Zusammenfassend muss ausdrücklich betont werden, dass sich die subjektive Funktion des Tagebuchs und damit sein Charakter als Texttyp durch den Rahmen einer Internetpräsentation verändert. Die Untersuchung der ausgewählten populären Seiten legt nahe, dass Online Diaries, anders als das traditionelle Tagebuch, nicht primär der Selbstklärung dienen. Im Unterschied zu anonymen Onlinetagebüchern nutzen die populären privaten Homepages das Potenzial von Online Diaries nicht; die im Hinblick auf eine Selbstklärung besondere Potenz der Dialogizität von Online Diaries wird nicht ausgeschöpft. Offensichtlich sind auch die Tagebücher dem die Homepage insgesamt beherrschenden Zweck der Selbstdarstellung untergeordnet, auf ihn hin gestaltet und geführt. Die Protagonistinnen stellen dabei den Öffentlichkeitsstatus ihrer *Selbstoffenbarung* bewusst in Rechnung, und worauf sie dabei rechnen, ist eine gelungene Selbstdarstellung.

7.4.1.2.2 Grenzen der Selbstdarstellung

Im Rahmen der Analyse wird aufgezeigt, welche individuelle inhaltliche Auswahl von den Homepagebetreiberinnen für die Präsentation vorgenommen wird.

- Wird die Webcam in bestimmten Situationen (z.B. Besuch von Freunden) ausgeschaltet?
- Sind alle Zimmer mit einer Webcam ausgestattet, die rund um die Uhr Livebilder ins Internet überträgt?
- Werden in den Onlinetagebüchern intime Details über persönliche Beziehungen beschrieben?
- Werden Arbeitssituationen bzw. Meinungen über Arbeitskollegen veröffentlicht?
- Wie weit reicht die Darstellung der verschiedenen Lebensbereiche und wo werden individuelle Grenzen für eine mediale Veröffentlichung des Intimen gezogen?

Die freiwillige Präsentation von intimen Bereichen unterliegt unterschiedlichen Wertmaßstäben der Protagonistinnen. Die Grenzen der zu schützenden Intimsphäre auf ihrer Homepage werden selbstbestimmt definiert (Neumann-Braun 2000, 4). So wurde bereits festgestellt, dass auf einigen der untersuchten Homepages keine Nacktaufnahmen veröffentlicht werden (vgl. www.tinacam.de), andere wiederum ihre Webcams auch im Schlafzimmer installieren (vgl. www.jennicam.org), und wieder andere die Geburt ihres Kindes als Live Videostream ins Internet stellen (vgl. www.camgirl.de). Susan lässt sowohl auf Textebene als auch in den umfangreichen Bildarchiven individuelle Tabugrenzen erkennen. Nacktaufnahmen ausschließlich zum Zwecke der erotischen

Präsentation existieren nicht. Vermutlich aufgrund ihrer aus der Behinderung resultierenden Rechtschreibschwäche reicht die textliche Offenbarung nicht in den intimen Bereich. Lediglich in knappen Ausführungen schildert sie ihre Anliegen, die hauptsächlich im Bereich von Taubstummenprojekten liegen, und gibt über steckbriefartige Aufzeichnungen persönliche Daten bekannt.

Claudia gibt Auskunft über individuelle Grenzen ihrer Tagebuchaufzeichnungen in einer E-Mail vom 22. Mai 2001:

> Also, meine thematischen Grenzen liegen sicherlich im sehr eng persönlichen Bereich, welche aber weit gesteckt sind. So würde ich Trauer und Glück dort [im Tagebuch, Anm. d. Verf.] sicherlich auch erwähnen und schreiben, da dies ja ein Teil von mir ist und somit auch in das Tagebuch gehören.
> (...) Klar würde ich auch dies [Themen: Paarbeziehung, Erotik, Sex, Anm. d. Verf.] im Tagebuch schreiben, wenn es in dieser Richtung etwas gäbe, was dort hinein gehören würde. Sicherlich ist es von der Sache her denkbar, daß da auch Sex dazu gehören könnte, da Sex für mich etwas normales, wichtiges und schönes ist. Tabu ist für mich eigentlich nichts (...). (www.claudicam.de, Tagebucheintrag vom 22.05.2001)

Hier fasst Claudia ihre persönlichen Grenzen des Darstellbaren sehr weit und gibt zusätzlich denkbare Themenbereiche an, die ihres Erachtens verhandelbar sind (Sex, Trauer etc.). Zu betonen ist, dass es sich hierbei um für sie denkbare Themen handelt; ihr Tagebuch liefert jedoch keine intimen Details. Eine an anderer Stelle geäußerte, auf ihre bildliche (Selbst-) Darstellung bezogene Grenzziehung wirkt weitaus entschlossener. So schreibt sie am 27.11.2001, als Reaktion auf einige Aufforderungen von Usern zu freizügigeren Fotografien, in ihr Tagebuch:

> Eines wird Claudicam mit Sicherheit nicht, eine Seite wo mehr nackte Haut zu sehen sein wird als bisher. (www.claudicam.de, Tagebucheintrag vom 27.11.2001)

In einem Fernsehinterview betont sie: „Es gibt für mich eine Grenze – ich würde mich niemals nackt vor der Kamera bewegen“ (Phoenix, *Tacheles* 04.04.2000), meint damit aber wahrscheinlich, sie würde sich niemals *ungestellt* und unkontrolliert nackt vor der Kamera bewegen, denn sie agiert durchaus nackt vor der Kamera, allerdings in einer Pose, die jene Körperpartien verhüllt, die ihres Erachtens in den Intimbereich fallen.

Abbildung 7.5: Kontrollierte Freizügigkeit

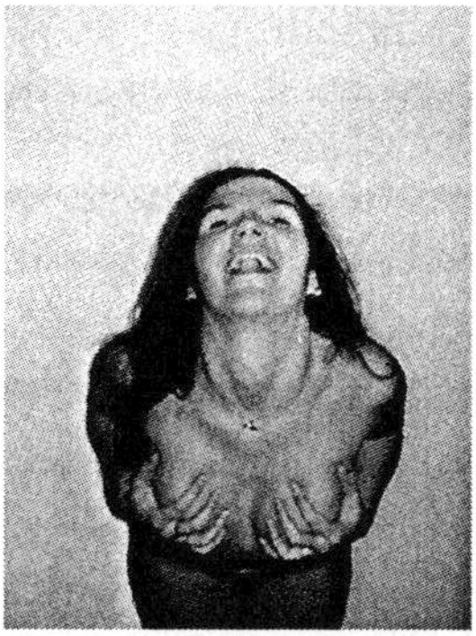

Quelle: www.claudicam.de, April 2001

Der Bereich der Arbeit wird überwiegend ausgespart. Zwar findet sich im Tagebuch von Claudia ein Eintrag vom 27. November 2000, in dem sie über schlechte Arbeitsbedingungen klagt, doch gehen diese Ausführungen nicht so weit, dass sie Kollegen identifizierbar machen würden:

> (...) die letzten Wochen waren im Büro nicht nur stressig, sondern megastressig. Nachdem eine Kollegin vom Urlaub in den Krankenstand gewechselt ist, aber die nachfolgenden Urlauber trotzdem ihre wohlverdienten freien Tage genommen haben, war für den Rest leider doppelt und dreifache Arbeit angesagt. Das hieß an manchen Tagen, dass ich früh im Büro war und abends erst um 21 Uhr rausgekommen bin. An Freizeit war da nicht zu denken und so musste auch die Homepage darunter leiden. (www.claudicam.de, Tagebucheintrag vom 27.11.2000)

Claudia macht am 16.06.2001 per E-Mail darauf aufmerksam, dass sie in Bezug auf manche Lebensbereiche deshalb auf eine Thematisierung verzichtet, weil bestimmte Menschen davon nicht erfahren sollen:

> außerdem kommt noch ein anderes problem dazu, dass nämlich aus privaten bzw. z.z. beruflichen gründen einige bestimmte personen nicht alles erfahren sollen, was ich nach meiner kündigung so mache (...) mehr kann/möchte ich dazu nicht sagen. deshalb muß ich mich in vielen dingen bedeckter halten als gewollt. (persönliche E-Mail vom 16.06.2001)

Wie bereits weiter oben angedeutet, stellt Tina in Bezug auf die Bereitwilligkeit, auch über ihren beruflichen Alltag zu informieren, eine Ausnahme dar: Zum einen erteilt sie sehr viel genauer Auskunft über ihr Kollegium, darüber hinaus verfügt ihre Homepage über eine *Office Cam.* Sie berichtet in einer solchen Ausführlichkeit über ihren beruflichen Alltag, insbesondere über den Umgang unter den Kollegen, dass sie von ihrem Chef um Unterlassung der Preisgabe derartiger Intima gebeten wurde.

In Bezug auf veröffentlichte Fotografien auf ihrer Homepage gibt Tina an, sie sei nicht bereit, eine Webcam im Schlafzimmer zu installieren. Auch im Hinblick auf Nacktfotos markiert sie eine klare Grenze, wenngleich sie nichts gegen die Veröffentlichung von Fotografien in Unterwäsche einzuwenden hat. In einer persönlichen Mail vom 16. Oktober 2001 nimmt sie zu ihren individuellen Grenzen der Selbstexpression Stellung:

> (...) im persönlichen liegt auch schon die grenze. meiner meinung gibt es von mir gar nicht so sehr viel wirklich persönliches auf der seite! es gibt einen groben umriss meiner person und eine menge bilder aber tiefe gefühle und empfindungen findet man so gut wie gar nicht! meine innersten „geheimnisse"/ empfindungen gehören nur mir und wirklich vertrauten personen. was die bilder betrifft achte ich schon auf einen nicht zu offenherzigen umgang mit der kamera, d.h. es gibt keinerlei nacktbilder. keine cam im bad oder im schlafzimmer. (persönliche E-Mail vom 16.10.2001)

Tina ist ein gutes Beispiel für die uneingeschränkte Selbstbestimmung in Bezug auf die Inhalte, die via privater Homepage veröffentlicht werden. Es fällt auf, dass sie an keiner Stelle Angaben darüber macht, welche Userinteressen zu berücksichtigen sind, um entsprechende Aufmerksamkeit zu erreichen. Sie scheint die mit ihren Grenzen zu vereinbarenden Darstellungen zu offenbaren, ohne in erster Linie Interessen ihrer Besucher erfüllen zu wollen, um eine höhere Nutzungsquote zu erreichen.

Das Wissen um die Userinteressen unterstützt gerade im Hinblick auf erotische/sexuelle Darstellungen in einigen Fällen möglicherweise eine Verschiebung von bzw. ein Spiel mit persönlichen Grenzen der Protagonistinnen. So ist am Beispiel von Naconi zu vermuten, dass ihre überwiegend erotische Selbstdarstellung nicht zuletzt auf das Wissen um die Erfolgsaussichten solcher Darstellungen zurück geht. Während Naconis persönliche Grenze auf Bildebene also durchaus erotische Fotografien zulässt, sind textlich klare Grenzziehungen ersichtlich. Ihr „Tagebuch" nutzt sie fast ausschließlich mit direktem Blick auf ihr Publikum als Informationsforum. Ihr Alltagsleben wird gar nicht präsentiert. Weder wird im Tagebuch versucht, den täglichen Tagesablauf zu schildern, noch werden in den Bildergalerien Fotografien veröffentlicht, welche die Protagonistin in alltäglichen Handlungen zeigen.

Die persönlichen Grenzen von Jennifer sind hinsichtlich ihrer an Intimität kaum zu überbietenden Selbstdarstellung schlecht ersichtlich und nachvollziehbar. Es ist nicht auszuschließen, dass beispielsweise für bestimmte Sexpraktiken, intime Streits oder Momente des Schmerzes die entsprechenden Kameras aus- oder umgeschaltet und durch andere ersetzt werden. Genaue Aussagen sind jedoch nicht zu treffen. Zu betonen ist, dass es sich bei Jennifer um eine Offenheit in Text und Bild handelt, die von keiner der anderen ausgewählten Webpräsenzen übertroffen wird. Lediglich die Trennung von ihrem Freund hat sie nicht direkt thematisiert, sondern erst zu einem späteren Zeitpunkt. (vgl. www.jennicam.org, Tagebucheintrag vom 18.12.1999)

Der Produktionsort privater Homepages sind die privaten Räumlichkeiten der Protagonisten. Es ist nicht erforderlich, beispielsweise in ein Fernsehstudio vor ein anwesendes Publikum zu treten. Die Protagonisten unterliegen keiner redaktionellen Leitung, müssen sich keinen unvorhersehbaren Fragen stellen. Zudem ist auch kein von weiteren Personen betriebener technischer Aufwand nötig, die Inhalte zu senden. Vielmehr versinnbildlichen das sichere Umfeld der Häuslichkeit und die Abwesenheit Fremder die eigene Kontrolle: Alles ist selbstbestimmt; nichts Unerwartetes kann passieren.

Die Selbstdarstellung soll keine vollkommene Selbstoffenbarung sein. So werden *innerste* Geheimnisse gewahrt und lediglich ein nach eigenem Empfinden *grober Umriss* der eigenen Person und des eigenen Alltags präsentiert (Tina). Die Selektion dient dem Selbstschutz. Teilweise dürfen *bestimmte Leute* nicht alles über Berufs- und Privatleben erfahren (Claudia). Zur Präsentation des alltäglichen Daseins zeigt sich Naconi nicht bereit. Ihr Webangebot konzentriert sich vornehmlich auf den Bereich der erotischen Fotografie.

In Bezug auf erotische Bilder gestalten sich die persönlichen Grenzen des Zeigbaren sehr unterschiedlich. Während Naconi ausschließlich posierte, erotische Fotografie bietet und spontane Bilder vermissen lässt, sind es gerade die kontrollierten, posierten Bilder, die Jennifer nicht präsentiert. Ihr scheint es vielmehr um eine alltägliche, ungestellte Selbstpräsentation zu gehen, die Nacktheit lediglich impliziert, nicht aber zum Mittelpunkt ihrer Site erhebt. Auch Susans Darstellungen deuten darauf hin, dass sie Erotik zum Selbstzweck ausschließt. Für Tina sind Dessousfotos in Ordnung; Nacktfotos aber lehnt sie kategorisch ab. Ähnlich klar formuliert Claudia ihre Grenzen im Bereich der dargestellten Erotik. Für sie kommen Nacktfotos nicht in Frage, auf denen *alles zu sehen* ist.

Abbildung 7.6: Erotische Pose

Quelle: www.naconi.de, Januar 2001

Zusammenfassend lässt sich feststellen: Es gehört zu den Besonderheiten persönlicher Homepages, dass sie eine eigentümlich einseitige Kommunikationsofferte sind. Sie unterliegen keinem Rechtfertigungszwang. In der persönlichen Face-to-Face-Kommunikation hingegen werden derartige Legitimationszwänge und Interaktionsregeln wirksam. Die mediale Öffentlichkeit installiert ihre medientypischen Inszenierungsregeln, die eine von dem Teilnehmer nicht steuerbare Vorgabe machen. Solche sozialen und institutionellen Reglements entfallen hier. Das ermöglicht eine individuell bestimmte und deshalb soziale *deregulierte* Selbstoffenbarung. Von dieser Möglichkeit machen die Betreiberinnen privater Homepages Gebrauch.

Das bedeutet nicht, dass die Selbstdarstellung *schrankenlos* ausfiele. Bei der Offenbarung des Privaten auf den untersuchten Homepages konnten vielmehr individuell markierte Grenzen diagnostiziert werden. Entscheidend sind Modus und *Quelle* der Grenzziehung. Durch subjektives Empfinden für das Angemessene regulieren die Protagonistinnen selbst ihre Webpräsenzen, nicht durch die Reflexion auf normative Anforderungen (z.B. des angemessenen Verhaltens im öffentlichen Raum). Normen existieren versubjektiviert, eben als individuelles Empfinden.

7.4.1.3 Sozialdimension

Protagonisten privater Homepages stellen verschiedene interaktive Partizipationsmöglichkeiten bereit, an denen abzulesen ist, inwieweit Kontakt zu den Usern erwünscht ist. E-Mail-Systeme und Einträge in Gästebücher bieten den Besuchern die Chance, direkt auf die Selbstdarstellungen zu reagieren und diese zu kommentieren. Zudem kann die Interaktivität auch Formen der Selbstoffenbarung der User einschließen. Chat-Bereiche als computervermittelte Kommunikationssysteme eröffnen darüber hinaus zu bestimmten Zeiten die Gelegenheit zu einer interaktiven *Online-Unterhaltung* per Tastatur zwischen den Besuchern und dem Homepagebetreiber. Welche dieser interaktiven Möglichkeiten angeboten werden und inwiefern der User Gebrauch von ihnen macht, hierüber werden im Folgenden Aussagen getroffen.

Zusätzlich soll Aufschluss darüber gegeben werden, ob Aufmachung oder Themenschwerpunkte der Homepage sowie die Art und Weise der Ansprache der Nutzer auf eine bestimmte Zielgruppe bzw. Community verweisen. Zur Nutzungsstruktur und -quote der Webpräsenzen wurden teilweise die Protagonistinnen selbst befragt.

Claudia

Auf die Frage, ob Claudia Angaben über ihre Nutzergruppe machen könne, antwortet sie in der persönlichen Mail vom 22. Mai 2001:

> Also, dies ist natürlich eine schwierige Frage. Der Hauptanteil meiner Besucher ist sicherlich männlich aber bei einer Aufschlüsselung zu einem Prozentsatz würde ich aus den letzten Jahren sagen (Claudicam ist online seit September 1999 und somit zusammen mit Tina die ‚älteste‘ Girlcam in Deutschland), dass 70% der Be-

> sucher Männer und 30% Frauen sein dürften. Natürlich ist das nur geschätzt, aber die Verteilung dürfte so einigermaßen anhand der Mails, welche ich bekomme, stimmen. (persönliche E-Mail vom 22.05.2001)

Claudia verzeichnet etwa 1.500-2.000 Zugriffe täglich (vgl. www.texxas.de). Sie bietet die Möglichkeit der Kontaktaufnahme über E-Mail, der Teilnahme an einem sporadisch, vorher angekündigten Chat sowie einer Eintragung in ihr Gästebuch. Das Gästebuch wird häufig, etwa zur Hälfte der Eintragungen, zur Bewertung der Homepage genutzt; Inhalte aus dem Tagebuch finden sich nicht wieder. Gästebucheinträge werden von Zeit zu Zeit von Claudia kommentiert. Auf der Bildebene trägt die Präsentation in Modelposen oftmals durchaus Züge eines Starauftritts. Die authentische Darstellung ihrer Normalität und des Alltäglichen scheint nicht ihr Hauptanliegen zu sein. Und doch wirkt sie durchaus interessiert daran, mit den Usern in schriftlichen E-Mail-Kontakt zu treten.

Susan

Susan verfügt nach eigenen Angaben über eine überwiegend männliche Zielgruppe. Das verspielte Design lässt zusätzlich auf den Wunsch nach relativ jungen Besuchern schließen. Bis zu 30.000 Zugriffe verzeichnet sie täglich; am Tag der Hausgeburt waren es sogar 100.000 Besucher (Lintel 2000). Interaktivität ist gewährleistet zum einen durch sporadisch stattfindende Chats sowie durch die Chance, via E-Mail zur Protagonistin in Kontakt zu treten. Verschiedene Hinweise auf die Möglichkeiten der Interaktion lassen darauf schließen, dass Susan an Kontakten interessiert ist. Aufforderungen an die Besucher, mit ihr in Kontakt zu treten, beziehen sich inhaltlich weniger auf die Selbstdarstellung als auf die beschriebenen Gehörlosenprojekte.

Jennifer

Auch die Nutzergruppe von Jennifer ist nach eigenen Angaben überwiegend männlich. Nur eine Frau befindet sich unter den Abonnenten. Jennifer beschreibt, dass sich zu Beginn ihrer Onlinezeit die User mit ihr verbunden fühlen wollten. Mit zunehmender Popularität gewinnen Unterhaltungsinteressen die Oberhand, die den Wunsch nach Verbundenheit und Kontakt in den Hintergrund drängten.

www.jennicam.org ist mit Abstand die erfolgreichste private Homepage weltweit. In Spitzenzeiten erhielt diese Homepage an einem Tag über fünf Millionen Zugriffe (vgl. www.spielfilm.com). An interaktiven Partizipationsmöglichkeiten bietet sie ein Chatforum, die E-Mail-Korrespondenz, die Kontaktaufnahme über ein Fax sowie über Brief- und Paketpost. Ein Gästebuch, das die Chance einer Selbstoffenbarung von Seiten der User einschließen würde, bietet die Protagonistin nicht an. Und doch sieht Jennifer in ihrem Angebot auch große Vorteile für ihre Besucher. So betont sie, dass gerade die nicht inszenierte, alltägliche Präsentation einer *nicht perfekten* Person auch einen Nutzen für den Betrachter darstellen kann:

> I think some people receive it as crap, and some people receive it as something worthwhile. The people who are looking at the site as entertainment, to them it is just crap. And I don't blame them when they say mean things, because they're seeing something completely different. But when somebody writes to me and says: „I saw you with your big thighs, naked on the cam, and not looking self-conscious. It gave me more confidence to not be self-conscious around my husband, to just say this is my body, and I'm sexy anyway." Every time I get one of those emails, I'm like, oh my God, somebody got it! Somebody's actually happier in their body, or happier in their life, or less insecure with something about themselves, just because I was able to say that I didn't have to be. (www.jennicam.org, Tagebucheintrag vom 01.11.1998)

Im Onlinetagebuch findet sich häufig eine Thematisierung verschiedener E-Mail-Korrespondenzen mit Usern, die darauf schließen lässt, dass ein reger Kontakt gepflegt wird. Thematisch behandeln die Dialoge offenbar meist die Auswirkungen der sehr freizügigen Selbstdarstellung für die Protagonistin selbst und für die User.

Tina

Nach eigenen Angaben sind ausgehend von den empfangenen E-Mails nahezu alle Besucher der *Tinacam* männlich (Schieb 1999). Die Zugriffszahlen schwanken, so Tina, zwischen 3.000 bis zu 10.000 Zugriffen täglich. Die durchschnittliche Zahl der Besucher pro Monat beträgt angeblich 130.000 (Neumann-Braun 2000, 14). Die Mails, die Tina von überwiegend männlichen Usern erhält, sind nach eigenen Angaben selten tiefgreifend. Insgesamt sind sie eher oberflächlich („einen schönen Tag"). Dennoch klagt Tina über einige obszöne E-Mails. Die Chance zur Kontaktaufnahme per E-Mail und die sporadisch angesagten Chat-Foren sichern das interaktive Potenzial der Homepage. Ein Gästebuch bietet Tina nicht an.

Naconi

Über die Nutzergruppe der Site von Naconi lassen sich keine sicheren Angaben machen; nicht zuletzt deshalb, weil Naconi nicht bereit war, das Forschungsprojekt durch Auskünfte ihrerseits zu unterstützen. Aufgrund der Tatsache, dass es sich um eine junge, den Erotikbereich fokussierende Protagonistin handelt, wird das Webangebot vermutlich überwiegend von einer männlichen Nutzergruppe aufgerufen. Die Nutzungsquote lag zuletzt bei über 1.000 Zugriffen täglich.[7]

---

7 Insgesamt haben ca. 300.000 User die Homepage besucht (www.naconi.de). Im Oktober 2000 waren es erst 65.081 Page Impressions (RADIO BREMEN 2, 08.10.2000). Hieraus lässt sich errechnen, dass im ersten Halbjahr (Naconi war insgesamt ein Jahr online, s.o.) durchschnittlich ca. 350 Personen pro Tag

An interaktiven Möglichkeiten bot Naconi mittwochs einen Chat und die Kontaktaufnahme über E-Mail. Zudem konnten sich die Besucher ihrer Webpräsenz in ihr Gästebuch eintragen; Die Eintragungen wurden in sehr seltenen Fällen von Naconi kommentiert. Auffallend oft wurde das Gästebuch lediglich zur Beurteilung der Homepage genutzt.

Insgesamt lässt sich das interaktive Potenzial der fünf untersuchten *Webgirls* auf folgende Angebote reduzieren:

Tabelle 7.3: Interaktive Angebote der untersuchten Seiten

Interaktive Angebote	Protagonistinnen
Chat	Susan, Jennifer, Tina, Claudia, Naconi
Gästebuch	Claudia, Naconi
Reaktionen auf Gästebucheinträge	Claudia, Naconi
E-Mail	Susan, Jennifer, Claudia, Tina, Naconi
Fax	Jennifer
Brief und Paketpost (Postfach)	Jennifer

Bei den untersuchten Websites wird augenscheinlich, dass die Themen der Interaktion eng verknüpft sind mit der thematischen Substanz der Tagebuchaufzeichnungen. So finden sich weniger tiefgreifende Gästebucheinträge in erster Linie auf solchen Homepages, die im Tagebuch wenig Inhalt transportieren. In diesen Fällen nimmt der User überwiegend als Beobachter Kontakt zur Protagonistin auf, um die bildliche Präsentation zu beurteilen:

> Eine super Seite, weiter so!!!!!!!! (www.claudicam.de, Gästebucheintrag vom 26.11.2001)

> Echt super, Deine Site! Naconi, ich ‚muß' Dich ja noch immer, kurz hier besuchen, bevor ich ins Bett geh. Tolle Frau, tolle Fotos (...) mach weiter so. Gruß aus Ostfriesland: Ewald (www.naconi.de, Gästebucheintrag vom 20.03.2001)

Gerade dieser Beurteilung, vor allem wenn sie negativ ausfällt, versucht Jennifer entgegenzuwirken, indem sie wiederholt ein Missverständnis auszuräumen versucht: Ihr geht es nicht darum, einen dem Schönheitsideal entsprechenden Körper auszustellen, sondern dem Besucher ihrer Seite ihren gerade nicht perfekten Körper vorzuzeigen, mit dem er sich identifizieren kann. Insgesamt scheint es ihr Anliegen zu sein, dass ihre Besucher einen Nutzen aus ihrer Webpräsenz ziehen. Über die Identifikation sollen sie lernen, sich selbst mit allen Schwächen anzunehmen. Die Protagonistin möchte ihnen gleichsam vorbildlich in ihrer körperlichen Unbefangenheit zeigen, dass ein unbeschwertes (Liebes-)Leben keiner überdurchschnittlichen Schönheit bedarf. Dieses Anliegen findet sich so oft in ihren Aufzeichnungen, dass ver-

---

die Seite angeklickt haben. Hingegen waren es im zweiten Halbjahr durchschnittlich ca. 1.300 Besucher pro Tag.

mutlich auch die Interaktion mit den Usern darauf ausgerichtet ist. Bei Susan sind es neben der bildlichen Präsentation wohl vorwiegend die Gehörlosenthemen, aufgrund derer Kontakt zwecks eines Austauschs zu ihr aufgenommen wird. Als Vorreiterin (sie betreibt die erste Gehörlosen-Webcam weltweit), die konkrete Probleme wie beispielsweise die Untertitelung von Fernsehsendungen angeht, bietet sie die idealen Voraussetzungen für einen Interessenaustausch Gleichgesinnter.

Eine Untersuchung der Nutzungsweisen interaktiver Angebote legt die Vermutung nahe, dass User der untersuchten Seiten in der Regel lediglich die Position eines Beobachters, im Falle einer Interaktion im Allgemeinen die des Kritikers einnehmen. Der User als Gesprächspartner, verbunden mit einer persönlichen (Selbst-)Offenbarung seinerseits, bildet eher die Ausnahme.

7.4.1.4 Motive – Funktionen – Folgen

Die vorliegende Analyse spürt Motive zur Selbstdarstellung per privater Homepage auf. Hierbei sollen zusätzlich Aussagen über Funktionen gemacht werden, die für die Protagonistinnen mit ihrer Webpräsenz einher gehen. Am Rande werden Folgen (Reaktionen aus dem sozialen Umfeld, *Prominentenstatus* etc.) aufgedeckt.

Um Aussagen über die Motivation zum Betreiben einer persönlichen Homepage treffen zu können, werden folgende Beweggründe berücksichtigt (vgl. Döring 2001a, 338):

- Positive Selbstkonstruktion
- Kontaktaufnahme
- Politische Ziele
- Öffentliche Aufklärung
- Ökonomische Motive
- Autodidaktisches Motiv (eigene Webkompetenz steigern)
- Organisatorisches Motiv (Linksammlung; Vereinfachung des Zugriffs auf bestimmte Webseiten)

Anzumerken ist, dass die nachstehenden Ausführungen das Motiv, einen Prominentenstatus zu erlangen, im Mittelpunkt zu stehen und die individuelle Zeigelust zu befriedigen unter dem Punkt *positive Selbstkonstruktion* subsumieren. Das organisatorische Motiv (durch Linksammlungen) ist teilweise, so z.B. bei Susan, anhand von Linklisten ersichtlich, doch gibt diese Motivkategorie vermutlich zu wenig Aufschluss über das veröffentlichte Private, als dass es lohnenswert wäre, diese in vorliegendem Report näher zu behandeln.

Susan

Der individuelle Netzauftritt ist frei von einschränkenden Eingriffen. Die Protagonistinnen machen Gebrauch von ihrem Recht, der eigenen Subjektivität ein Forum zu schaffen. Dieses wahrgemachte Recht der Ausstellung des eigenen Lebens wird nach eigenen Angaben der Protagonistinnen zuweilen als Aufwertung der eigenen Identität empfunden. So präsentiert sich Susan als selbstbestimmte Autodidaktin. Der Nutzen, den die Homepage für die realitätsbezogene Selbstdarstellung mit sich bringt, zeigt sich in ihrem Fall vor allem darin, dass sie Fähigkeiten im Bereich des Webdesigns unter Beweis stellen kann, die ihr zuvor vom Arbeitsamt abgesprochen wurden (autodidaktisches Motiv) (vgl. www.camgirl.de). Hiermit geht eine Aufwertung des Selbstbildes einher, das durch eine mit ihrer Taubheit begründeten Ablehnung stark eingeschränkt war.

Zudem ist die Internetkommunikation insofern verknüpft mit gehörlosenspezifischen Vorteilen, als eine behinderungsbedingte Rechtschreibschwäche im unkonventionellen E-Mail-Austausch weniger augenscheinlich wird. Darüber hinaus ermöglicht das Netz zum einen eine problemlose Informationsbeschaffung in nahezu allen Themengebieten, zum anderen auch die Chance, Kontakte zu Menschen der ganzen Welt aufzunehmen (Kontaktaufnahme). Vor dem Hintergrund, dass ein großes Problem für Gehörlose darin besteht, Kontakte zum hörenden Teil der Bevölkerung aufzunehmen und in den bildlichen und textlichen *Szenarien* der Netzkommunikation die Behinderung zweitrangig wird, werden die diagnostizierten Vorteile durchaus schlüssig.

Offenbar haben auch gehörlosenspezifische Projekte die Protagonistin dazu bewegt, eine private Homepage zu betreiben. So verspricht sie sich nach eigenen Aussagen von der erhöhten Aufmerksamkeit, die ihre Homepage genießt, eine schnellere Durchsetzung ihrer Ziele (vgl. www.camgirl.de). Sie möchte eine möglichst breite Öffentlichkeit aufklären über Missstände, die Gehörlose tagtäglich spüren und von dem hörenden Teil der Bevölkerung nur zu häufig ignoriert werden (politische Ziele, öffentliche Aufklärung).

Susan ist mit der Zeit zur Internet-Berühmtheit avanciert: Magazine und Zeitschriften wie *Stern*, *Tomorrow* und *Hörzu* haben bereits über sie berichtet. Auch das Fernsehen war schon bei ihr zu Hause. Im Bus und auf der Straße wird sie häufig (überwiegend von Männern) erkannt. Ein Fan hat ihr Turnschuhe mit ihrem Namenszug fertigen lassen. Unbekannte stellen Blumen vor ihre Tür. Leider gibt es auch viele obszöne Angebote. Susan sagt dazu: „So etwas ärgert einen natürlich. (...) Gemessen daran, dass ich die Mauer, hinter der ich wegen meiner Gehörlosigkeit lebe, mit dem Internet erstmals durchbrechen kann, fällt es jedoch kaum ins Gewicht." (zit. n. Lintel 2000)

Ihr soziales Umfeld reagiert nicht durchweg positiv auf die Webpräsenz: Unter www.taubenschlag.de wird die Vorgehensweise, mit der Susan ein Problembewusstsein schaffen will, eher kritisch beobachtet. So heißt es:

„Welche Assoziationen verbinden sich bei Leuten eigentlich mit diesem Begriff [Camgirl? Sexy Frauen?]? Und was hat das mit einer Aktion zu tun, die viele Gehörlose direkt und nachhaltig beeinflussen will?“ (www.taubenschlag.de, Juni 2001) Es wird befürchtet, dass der Ruf der Gehörlosen geschädigt wird durch diese Aktion und die Links, die auf Erotikseiten verweisen.

Tina

Auf die Frage, was sie dazu bewegt hat, eine persönliche Homepage zu erstellen, antwortet Tina in einer persönlichen Mail vom 16. Oktober 2001, dass die Tinacam-Idee im August 1998 aus einer Bierlaune heraus geboren wurde, weil ihr Exfreund eine Webcam gekauft hatte. Am Anfang sei sie eher skeptisch gewesen und habe sich gedacht, dass sich das sicherlich keiner anschauen wird. Erst nach einer gewissen Anlaufzeit und diversen Fernseh- und Printberichten, habe sie einen Werbepartner gefunden und „ganz gut Geld damit verdient“. Der Vertrag mit *TV Today*, so führt Tina aus, der 1999 abgeschlossen wurde, sicherte ihr zunächst einen *kleinen Nebenverdienst*, der ihr die Entscheidung, von Düsseldorf nach Berlin zu gehen, sehr erleichtert habe.

Aus der Perspektive der Protagonisten ist das Betreiben einer privaten Homepage also durchaus als ein mehr oder weniger lukratives Geschäft zu verstehen (ökonomisches Motiv). So wird bereits im Juli 2000 geschätzt, dass Tina inzwischen das Fünffache ihrer monatlichen Kosten (1000 DM) einstreicht (vgl. Dimsch, Reckeb, 2000, 13). Ebenfalls als kommerziellen Nutzen lässt sich ihr Job bei einem Softwarehersteller verbuchen, der ihr über Kontakte durch ihren Webauftritt vermittelt werden konnte und ihr eine interessante Tätigkeit und eine berufliche Abwechslung bescherte.

Tina veröffentlicht einen Teil ihres alltäglichen Privatlebens und es öffnen sich ihr dadurch Türen in Sphären, die ihr als ‚Normalsterblicher‘ verschlossen blieben. Sichtlich genießt sie den Rummel, der auf verschiedenen Events (Geburtstagsfeier in einer bekannten Düsseldorfer Diskothek, TV-Auftritte, Fotoreportagen etc.) um ihre Person gemacht wird. Hiermit ist ein weiterer Beweggrund geliefert, eine persönliche Homepage zu betreiben (positive Selbstkonstruktion). „Wer will nicht mal im Mittelpunkt des Interesses stehen, sei es im kleinen oder großen Rahmen!?“ (persönliche E-Mail vom 15.10.2001) fragt Tina und verleiht damit ihrer Vermutung Ausdruck, dass sie mit dem Spaß, den sie an der Selbstpräsentation und deren Folgen hat, sicher nicht allein steht. Noch deutlicher wird sie, indem sie schreibt, dass ihrer Meinung nach jeder Mensch exhibitionistische Züge hat.

Bezogen auf den Erfolg ihrer Homepage äußert sie in einer persönlichen E-Mail, dass sie den anfänglichen „Webcam-Hype absolut nicht verstehen“ kann. „Ich habe bei jeder neuen Fernsehanfrage immer ganz ungläubig gefragt, wieso über mich und meine Seite ein Bericht gemacht wird." (persönliche E-Mail vom 15.10.2001)

Der Wunsch nach neuen Kontakten ist nach eigenen Angaben mit dem Betreiben ihrer Webpräsenz nicht verknüpft. Sie sei wirklich „nur so reingestolpert" und habe erst zu einem späteren Zeitpunkt den kommerziellen Nutzen und die Lust an der Selbstpräsentation für sich entdeckt (ökonomisches Motiv, positive Selbstkonstruktion).

Ihr soziales Umfeld, so schreibt sie in einer Mail vom 15.10.2001, reagiert auf ihre Website jedoch nicht durchweg positiv:

> Nach Big Brother und dem Webcam-Hype – jeder wollte mit nackter Haut Kohle verdienen – haftet den „Webcamgirls" (ich mag diesen Ausdruck eigentlich nicht) ein unheimlich schlechter Ruf an. Wenn ich mal erzähle was ich so nebenbei noch mache, dann wird gleich die Nase gerümpft. (persönliche E-Mail vom 15.10.2001)

Bei ihrem Arbeitgeber hatte sie ebenfalls zunächst ‚Anlaufprobleme'. Als sie im Oktober 2000 ihre neue Stelle angetreten ist, hat sie von vornherein erzählt, dass sie eine private Homepage betreibt und damit auch die letzten vier Monate ihr Geld verdient hat, schreibt sie in einer persönlichen E-Mail vom 18. Oktober. „Danach wurde in meinen Arbeitsvertrag eine Klausel gesetzt, in der ich aufgefordert wurde, die Seite einzustellen und mein Gewerbe abzumelden." (persönliche E-Mail vom 18.10.2001) Nach diversen Diskussionen wurde die Klausel heraus genommen. Ansonsten, so Tina, hätte sie die Stelle auch nicht angenommen.

Nicht zuletzt, weil einige Mitarbeiter private Homepages noch immer mit *Peepshow* assoziieren und davon ausgehen, Tina würde sich jeden Abend ausziehen, habe es zu Beginn ihrer Tätigkeit häufiger Probleme im Kollegenkreis gegeben. Rückblickend, so Tina in der persönlichen E-Mail, ist sie jedoch froh, sich durchgesetzt zu haben.

Weitere negative Resonanz erhält sie von jenen Mitmenschen, die mit Missgunst auf „den Erfolg und das wirklich leicht verdiente Geld" reagieren. „Da gab es viele fiese Sachen und Bemerkungen, aber das ist hier in Deutschland ja leider generell so." (persönliche E-Mail vom 18.10.2001)

Ihre Eltern aber sind von ihrer Website begeistert. Für sie ist die Webpräsenz ihrer Tochter mit dem positiven Nutzen verknüpft, dass die Entfernung zwischen Düsseldorf und Berlin über die Möglichkeit, sich über das Internet Einblick in das private, alltägliche Dasein ihrer Tochter verschaffen zu können, überbrückt wird.

Claudia

Auf die Frage, was sie zum Betreiben einer privaten Homepage bewegt habe, antwortet Claudia in einer persönlichen Mail vom 22. Mai 2001:

> Es gibt zwei Gründe für die Entstehung von Claudicam: Im Sommer 1999 habe ich über das Internet Sabine von binecam kennen gelernt. (...). Wir haben uns ziemlich eng angefreundet und ich fand das schon sehr spannend, was sie so alles macht. In dieser Zeit hatte ich das Bedürfnis, mal wieder etwas Neues zu erlernen, da in meinem Job (Disponentin in einer Druckerei) alles ziemlich alltagsmäßig war und ich meinen Horizont etwas erweitern wollte. Also habe ich mir ein HTML-Buch gekauft und angefangen zu lernen, wie man Webseiten programmiert. Da ich das Gelernte natürlich auch umsetzten wollte habe ich angefangen, die Webseite Claudicam zu programmieren und ins Netzt zu stellen. Es war sehr spannend und mir hat es gut getan, etwas Neues zu machen. Bis heute programmiere ich fast alle Seiten immer noch selbst im Windows – Editor (Ausnahme sind nur ein paar wenige Seiten in Dreamweaver). Mit der Zeit habe ich Photoshop erlernt, etwas Javascript und werde im nächsten Monat mit Flash anfangen. (persönliche E-Mail vom 22.05.2001)

Hier wird zunächst ein *autodidaktisches Motiv* deutlich. Das Betreiben der eigenen Homepage dient einer Steigerung der eigenen Webkompetenz. Als weiteres Motiv gibt Claudia den Wunsch nach *Kontaktaufnahme* an. „In einem Satz: Der wichtigste Grund der Seite *Claudicam* ist, mit Menschen zu kommunizieren." (persönliche E-Mail vom 22.05.2001) Sie berichtet begeistert darüber, mit Menschen aus der ganzen Welt via E-Mail in Kontakt zu stehen:

> Es kommen wirklich Mails von überall her (von Brasilien bis Australien) und gerade in den USA ist Claudicam, was mich bis heute sehr wundert, unheimlich populär und ich habe wirklich täglich (!) einige hundert Besucher aus den USA. (persönliche E-Mail vom 22.05.2001)

In diesem Zusammenhang betont sie, dass es sich bei den ihr so wichtigen Kontakten nicht ausschließlich um „virtuelle Kontakte über das Netz" handelt. Hiermit seien auch persönliche Kontakte zu einigen wenigen Menschen gemeint, die sie über das Netz kennen gelernt habe und die sie mittlerweile wirklich als sehr gute Freunde bezeichnen könne. Die Rede ist nicht von vielen Menschen. Es handelt sich um drei Pärchen, zu denen sie und ihr Freund seit langer Zeit „wirklich ein tolles Verhältnis" haben. Sogar die ihr „absolut besten und wichtigsten Freunde" habe sie über das Netz kennen gelernt. „(...) so ist das Medium WWW alleine in dieser Beziehung [soziale Kontakte, Anm. d. Verf.] ein Glücksfall für mich gewesen."

In einem Radiofeature (Eichhorst, 2000) sieht Claudia in ihrer Kindheit den Ursprung für ein verstärktes Bedürfnis nach Anerkennung. Dieser Hintergrund könnte ebenfalls als Motiv zur privaten Homepage interpretiert werden; vor allem aber liegt hierin ein persönlicher Nutzen. Als Einzelkind groß geworden, wurde sie von ihrer Mutter nicht hinreichend unterstützt in der Ausbildung eines gesunden Selbstbewusstseins. So habe die Mutter nicht ermutigt im Sinne von „Du sollst dein Licht nicht untern Scheffel stellen", sondern eher mit Äußerungen wie „Sei lieber ein bisschen bescheidener und zeig nicht gleich alles, was du kannst" in der Entwicklung und Selbsterkundung gebremst. „Schau nicht so oft in den Spiegel, da kommt der Teufel raus!" habe die Mutter gesagt, um zu vermeiden, dass ihre Tochter eitel werde oder eingebildet. Auch heute noch fehlt Claudia das Feedback im Berufsleben. So klagt sie darüber, dass man „aus der Umgebung zu wenig Reaktion überhaupt bekommt, wie man überhaupt ist und was man überhaupt darstellt." Mit ihrer eigenen Homepage aber erhält sie Reaktionen, die zwar, so räumt sie ein, nicht mit Lob oder Anerkennung im persönlichen Gespräch zu vergleichen sind, aber dennoch, ob nun positiv oder negativ, für sie selbst eine große Bereicherung darstellen.

Einen zusätzlichen Nutzen sieht sie in der Chance, Menschen aus dem Bereich der Medien zu treffen, ob nun beim *Deutschlandfunk*, bei der *Berliner Tageszeitung*, bei *RTL* oder einer „wirklich tollen TV-Diskussion in Hannover mit der Medienbeauftragten der katholischen Kirche", dem Geschäftsführer von Endemol und anderen interessanten, wichtigen Medienschaffenden, Kontakte also, die ihr ohne ein gewisses Maß an Prominenz verwährt geblieben wären. Neben dem autodidaktischen Motiv und der Kontaktsuche weisen die Bildergalerien deutlich auf den Wunsch hin, im Mittelpunkt zu stehen (positive Selbstkonstruktion).

Ihr soziales Umfeld reagiert nach eigenen Angaben auf ihre Webpräsenz „zu fast 100% positiv" und sehr begeistert. Für die Eltern sei es zwar schon etwas komisch, sie wegen ihrer Website in der Zeitung oder im Fernsehen zu sehen, doch liege dies sicher daran, dass sie aufgrund ihres Alters keinen Bezug haben zum Internet.

Jennifer

Ein Freund schleuste Bilder von seinem Aquarium ins Internet. Da dachte Jennicam: „Das kann man mit einer Person auch machen" (zit. n. Linnartz 1998). Als Programmierübung erstellte sie eine Homepage, die Bilder aus ihrer Wohnung von einer digitalen Kamera wiedergab (autodidaktisches Motiv). Heute hinterlässt die Homepage den Eindruck einer einigermaßen lukrativen Einnahmequelle, denn mehrere Tausend Besucher sind bereit, 15 Dollar pro Quartal zu zahlen, um jede Minute ein aktuelles Foto geliefert zu bekommen (ökonomisches Motiv). Nach eigenen Angaben steht die Zeigelust nicht im Vordergrund:

> I keep JenniCam alive not because I want to be watched, but because I simply don't mind being watched. It is more than a bit fascinating to me as an experiment, even (especially?) after five years. So feel free to watch, or not, as you so desire. I am not here to be loved or hated, I am here simply to be me. If that's not enough, there's an entire web of other sites for you to visit. Find your happy place. There is

enough love and happiness in the world for us all. (http://www.jennicam.org/j2kr/concept.html)

Sich bewusst darüber, nicht dem gängigen Schönheitsideal zu entsprechen, betont sie, dass durch den Zuspruch, den sie aufgrund ihrer Homepage erhält, ihr Selbstbewusstsein enorm gewachsen ist (positive Selbstkonstruktion). „Ohne die Kameras wäre ich ein Niemand geblieben, heute habe ich eine feste Fangemeinde" (*Hamburger Morgenpost*, 20.09.1997). Hier wird die bereits weiter oben beschriebene, mit der Webpräsenz verbundene *Aufwertung des Selbst* offensichtlich: Über die eingehenden Reaktionen der User erfolgt eine Bestätigung der Privatperson *Jennifer* in all ihren Stärken und Schwächen.

Jennifer ist offenbar in erster Linie darauf bedacht, sich in ihrer Normalität alltäglich zu präsentieren. Der Zuspruch, den sie nicht zuletzt durch die hohe Nutzungsquote erhält, zeigt ihr, dass sie in ihrer Alltäglichkeit durchaus interessant ist. Eine Popularität einzig durch die Präsentation des eigenen Alltags zu erlangen, wertet diesen auf. Es ist nicht ein Talent, eine Fähigkeit oder ein überdurchschnittliches äußeres Erscheinungsbild, durch das sie auf sich aufmerksam macht. Vielmehr bestätigt die erhöhte Aufmerksamkeit das Selbst der Protagonistin in all seiner Normalität.

Jennicam.org hat Jennifer zum Star gemacht. Sie tritt in Talkshows auf und gibt Interviews. Alle zwei Wochen präsentiert sie ihre *JenniShow*, in der sie einmal ihre Schuhkollektion zeigt, ein anderes Mal tanzend ihren neuen Küchenmixer präsentiert. Ihr Erfolg hat eine ganz neue Internetkultur geschaffen, die nur von der Faszination des Alltags lebt (Linnartz 1998).

Naconi

Naconi ging es augenscheinlich nicht um die Präsentation ihres Alltags, sondern um die erotische Selbstdarstellung (positive Selbstkonstruktion). Auch auf der Textebene waren keine Ansätze ersichtlich, dass es Naconi um die Präsentation ihres Tagesablaufs oder ihrer Empfindungen ginge. Vielmehr begleitete das Tagebuch die Fotogalerie insofern, als dort neue Fotos angekündigt wurden. Intime Details wurden nicht geboten.

Die Tatsache, dass Naconi ihr Tagebuch nur unregelmäßig geführt und auf Gästebucheintragungen kaum reagiert hat, legt nahe, dass es der Protagonistin hauptsächlich darum ging, sich bildlich in Szene zu setzen. In den Bildergalerien wurde die Zeigelust der Protagonistin augenscheinlich. Vermutlich zog Naconi insofern einen Nutzen aus der erotischen Selbstdarstellung im Netz, als sie sich in den ausschließlich inszenierten Fotos *bestätigt* sah, sehenswert zu sein. So liegt die Vermutung nahe, dass es sich auch bei Naconi um eine *Aufwertung ihres Selbst* handelte. Es wurden keine Angaben gemacht zu ihren persönlichen Erfahrungen hinsichtlich der Reaktionen aus dem sozialen Umfeld auf ihre Homepage. Es liegt kein Textmaterial vor, das Auskunft gibt über Außenwirkungen.

Zusammenfassend lässt sich anhand der vertiefenden Analyse von Webpräsenzen zeigen, wie die von Döring formulierten Motivkategorien realisiert werden können:

Das Motiv der *„positiven Selbstkonstruktion“* spielt durchweg eine prägende Rolle. Tina macht keinen Hehl daraus, dass sie es zeitweise als äußerst angenehm empfindet, im Mittelpunkt zu stehen, beispielsweise, wenn sie zu einem Fernsehauftritt geladen oder ihr Geburtstag in einer großen Diskothek in Anwesenheit einer Auswahl von Fans gefeiert wird. Sie genießt ihr im Ansatz prominentes Dasein. Auch die inszenierte, erotische Selbstdarstellung von Naconi lässt auf das Motiv schließen, sich als Star zu präsentieren, im Mittelpunkt zu stehen und *bewundert* zu werden. Jennifer ist offenbar eher interessiert daran, in ihrer Normalität akzeptiert und anerkannt zu werden. Sie gibt an, dass sie an Selbstbewusstsein gewonnen hat durch ihre Homepage und den damit verbundenen Zuspruch vonseiten ihres Publikums. Susan verschafft sich mittels ihrer Netzpräsenz die Erfahrung, dass sie mit der offensiven Auseinandersetzung mit ihrer Behinderung Beachtung nicht nur verdient, sondern auch findet.

Die Chance, Kontakte zu Menschen aus aller Welt aufzunehmen, impliziert für Susan insofern eine Überwindung ihrer Gehörlosigkeit, als ihre Behinderung über das Netz an Bedeutung verliert. Gerade der Kontakt zum hörenden Teil der Bevölkerung stellt Betroffene im Alltag vor gewaltige Probleme. Da sich die Netzkommunikation einerseits über Bilder, darüber hinaus über unkonventionellen Schriftverkehr vollzieht, hindert die Behinderung die Protagonistin nicht an Kontakten, die ihr im Alltagsleben verwehrt blieben.

Auch Claudia gibt als wichtigsten Beweggrund den Wunsch nach sozialen Kontakten an und verleiht ihrer Begeisterung Ausdruck darüber, dass sie täglich E-Mails aus aller Welt erreichen. Die *soziale Resonanz* ist ihr immens wichtig. Dies sieht sie darin begründet, dass sie in ihrer Kindheit wenig Bestätigung durch ihre Mutter erfahren hat. Außerdem betont sie, dass über die virtuellen Kontakte hinaus, aus ihrer Netzpräsenz auch wirkliche Freundschaften erwachsen sind. Tina hingegen macht deutlich, dass es nicht der Wunsch nach sozialen Kontakten war, der sie zum Betreiben einer privaten Homepage bewegt hat. Der Bezug der Anbieterinnen auf das interaktive Potenzial einer Webpräsenz kann also sehr unterschiedlich motiviert sein. Während die einen ihr Interesse darauf beschränken, Anhaltspunkte für die Wertschätzung ihres Auftritts und damit für den Erfolg ihrer Selbstdarstellung einzusammeln, gestalten andere ihren Auftritt auch als Einladung zum Gespräch. Wenn das über einen ‚small talk‘ hinausreichen soll, gliedern die Protagonisten das Gespräch allerdings aus ihrer Netzpräsenz aus und überführen es in die personale Interaktion.

Die Projekte, anhand derer Susan die Öffentlichkeit aufklären möchte über gehörlosenspezifische Missstände, die allzu häufig im Alltagsleben ignoriert werden, tragen durchaus *politische* Züge. Eine Unterschriftenaktion „pro Untertitel (IpU)“ wurde von ihr initiiert und in eindringlicher Form auf der Homepage – durch Verlinkung auf eine speziell auf diese Initiative zugeschnittene Website – beworben. Susan verbindet die Ausstellung ihres Privatlebens mit ausdrücklich gesellschaftspolitischen Motiven. Damit umgibt sie die Darstellung ihres privaten Daseins mit der Aura, in ihrem persönlichen, ganz alltäglichen Leben *verkörpere* sie zugleich eine *Botschaft*. Ihr Leben tritt als Vorbild für die Behauptung des eigenen Selbst in Szene. Auch Jennifer zeichnet ihre Selbstdarstellung, die ausdrücklich darauf verzichtet, sich *ansehnlich* zu machen, als Vorbild für das Selbstbewusstsein aus, mit dem sie denen ein Zeichen geben will, die sich mit Selbstzweifeln plagen – aufgrund ihres Erscheinungsbildes.

Tina gibt offen zu, dass die Aussicht, über das Betreiben einer privaten Homepage auf relativ einfache Weise Geld zu verdienen, durchaus einen Reiz in ihr ausgelöst und sie letztlich zum Aufbau der eigenen Site bewegt hat. Auch Jennifer vermittelt den Eindruck, dass sie – vom *ökonomischen Motiv* geleitet – ihre Site als lukratives Geschäft betreibt (Mitgliedsbereich, Werbebanner etc.).

Das *autodidaktische Motiv* trifft in besonderer Weise auf Susan zu. Gerade vor dem Hintergrund, dass sie aufgrund ihrer Gehörlosigkeit vom Arbeitsamt für die Vermittlung ihres Wunschberufsbildes abgelehnt wurde, scheint die Möglichkeit, ihre (Lern-)Fähigkeiten durch das Betreiben einer eigenen Homepage unter Beweis zu stellen, für sie von besonders großem Interesse zu sein und eine Aufwertung ihres Selbstbildes zu beinhalten. Auch der Homepage von Claudia liegt u.a. das autodidaktische Motiv zugrunde. So nutzt sie Aktualisierungen und Umgestaltungen ihrer Site auch zur Steigerung ihrer Webkompetenz. Ebenso verhält es sich bei Jennifer, die zu Beginn ihrer Onlinepräsenz die Arbeit an ihrer Site ebenfalls als Programmierübung verstanden hat.

Susans selbst erklärtes Ziel, Gehörlosen Orientierung zu liefern, äußert sich in einer Linkliste, die den User im Wesentlichen über gehörlosenspezifische Webangebote informiert.

7.4.2 Typen privater Homepages

Um ein Bild von der Vielfalt der Formen zu gewinnen, mit denen private Homepages gestaltet und kommunikativ genutzt werden können, wurden im Anschluss an die Detailanalyse fünfzig weitere Websites in die Untersuchung einbezogen. Die Analyse erhebt nicht den Anspruch, repräsentativ zu sein; es geht vielmehr darum, die im Web veröffentlichte Vielfältigkeit der Homepagekultur abzubilden und daraus ableitbare Typisierungen und Differenzen herauszuarbeiten.

Daher wurde bei der Auswahl der Homepages Wert darauf gelegt, möglichst verschiedene (persönliche) Inhalte und Themenschwerpunkte, unterschiedliche technische Realisierungen und sich hinsichtlich Alter, Geschlecht, sozialer Situation und Orientierung unterscheidende Protagonisten zu erfassen. Hierzu wurde die Suchmaschine *www.google.de* genutzt, die neben den üblichen Textanalysetechniken auch ein spezielles *Page-Rank*-Verfahren einsetzt. Dabei wird die Bedeutung einer Seite im Netz u.a. durch den Zuspruch ermittelt, den diese Seite durch Verweise von anderen Websites erhalten hat. Der auf diese Weise ermittelte *Page-Rank*-Wert integriert die Meinungen und Bewertungen der Internet Community hinsichtlich der gelisteten Funde. Dieses technische Such- und Bewertungsverfahren scheint für das Aufspüren aktueller Tendenzen besonders geeignet.

Primär konzentriert sich die Recherche auf die das gesamte World Wide Web umfassende Suchoption von *www.google.de.* Ausgangssuchbegriff war *(private) Homepage*, der bei weiteren Suchdurchläufen in Kombination durch die Begriffe *Webcam*, *Gästebuch* und *Tagebuch* ergänzt wurde. Diese Spezifika wurden einbezogen, da die Begriffe die Schwerpunkte der Analyse charakterisieren und aussagekräftigere Vergleiche ermöglichen.[8]

Mit der bloßen Eingabe der Suchbegriffe und einem Blick auf die ersten fünfzig Ergebnisse allein kann der Prämisse, die Vielfalt privater Webangebote darzustellen, allerdings nicht nachgekommen werden. Zwar demonstriert das *Page-Rank*-Verfahren die Popularität einer Website im Netz und kann so Tendenzen, Entwicklungslinien und Moden aufzeigen, doch sind populäre, häufig frequentierte und verlinkte private Homepages oft sehr ähnlich konzipiert.

Da die Analyse darauf zielt, einen Überblick über die unterschiedlichen Gestaltungs- und Kommunikationsformen privater Selbstdarstellungen auf Homepages zu verschaffen, ist eine Auswahl der Seiten lediglich nach Popularität dem Forschungsziel wenig förderlich. Zur Vielfalt gehören gerade auch Homepages von Minderheiten (z.B. Behinderte, Senioren, Homosexuelle, Magersüchtige etc.), die aufgrund kleinerer Zielgruppen weniger populär sind und daher in den oberen Rängen der Google-Suche nicht in Erscheinung treten. Aus diesem Grund ist ein manuelles Selektionsverfahren notwendig. Die manuelle Auswahl ist geleitet von dem Ziel, die Dimensionen *Inhalte*, *Geschlecht* und *soziale Orientierung* zu besetzen, soweit diese Dimensionen durch das Page-Rank-Verfahren noch nicht abgedeckt worden sind.

8 Beispiel für die Suche mit dem Begriff „Private Homepage“: www.susi-online.com (Analyse Nr. 16); Beispiel für die Suche mit den Begriffen „Homepage + Webcam“: www.baby-webcam.de (Analyse Nr. 22); Beispiele für die Suche mit den Begriffen „Homepage + Tagebuch“: www.else-buschheuer.de (Analyse Nr. 37), www.goedeka.de (Analyse Nr. 36); Beispiele für die Suche mit den Begriffen „Homepage + Webcam + Tagebuch“: www.eurogay.de/tagebuch (Analyse Nr. 13), www.jasmin-cam.de (Analyse Nr. 24); Beispiel für die Suche mit den Begriffen „Private Homepage + Webcam“: www.guido-kuendgen.de (Analyse Nr. 48); Beispiel für die Suche mit den Begriffen „Private Homepage + Gästebuch“: http://members.tripod.de/m_e_nerlich (Analyse Nr. 44).

Über die einfache Google-Suche hinaus wurde weiterhin das Webverzeichnis dieses Suchdienstes verwendet. In diesem Verzeichnis werden Webangebote manuell recherchiert und nach Themenbereichen sortiert. Der Vorteil liegt in der Möglichkeit, auf alphabetisch sowie regional geordnete Datenbanken zugreifen zu können, die sich unter anderem speziell auf die Kategorie *private Homepages* beziehen. Eine Evaluation der aufgeführten Internetseiten hinsichtlich der Brauchbarkeit für die Analyse ist folglich nicht in dem Umfang nötig, wie bei den ungefilterten Ergebnissen über die Standardsuche. Bei Eingabe des Suchbegriffes *Webcam* beispielsweise wird dort nicht differenziert zwischen Webcams im Kontext einer privaten Homepage und Webcamvertreibern oder -tests. Nachteilig ist, dass ein Verzeichnis lediglich über begrenzte und vorselektierte Inhalte verfügt und somit eine geringere Dynamik besitzt als die herkömmliche Suche. Da auf diese Weise nicht die gesamte Spannbreite des Internetangebotes an privaten Homepages reflektiert wird, wurde das Webverzeichnis lediglich als ergänzendes Suchwerkzeug genutzt.[9]

Die ausgewählten Homepages lassen sich folgenden Kategorien zuordnen:

Tabelle 7.4: Angebote und Themenschwerpunkte

Protagonisten[10]	
Männlich	22
Weiblich	21
Familien	7
Angebote:	
Webcam	10
Gästebuch	34
Onlinetagebücher	15
Themenschwerpunkte:	
Hobby	5
Sex (sexuelle Orientierung, sexuelle Vorlieben etc.)	5
Krankheit/Behinderung	10
Familie	8
Beruf	15
Design	8
Ich	24
Botschaft (bezüglich Religion, Gewalt an Frauen etc.)	4

9 Beispiele für die Suche über das Webverzeichnis: http://home.t-online.de/home/barbara3000 (Analyse Nr. 03), www.beate.at (Analyse Nr. 04), www.numbat.de (Analyse Nr. 05), www.chaosreporter.de (Analyse Nr. 06), http://buerger.metropolis.de/schwarze_flocke (Analyse Nr. 07), www.down-syndrom.ch (Analyse Nr. 18).

10 Unter *Familien* sind jene Familien-Homepages subsumiert, bei denen nicht festzumachen ist, welches Familienmitglied die Site betreibt. Somit ist das Geschlecht des Betreibers/der Betreiberin nicht ersichtlich. Ebenfalls sind dieser Kategorie jene Homepages zugeordnet, bei denen ein Elternteil der Betreiber, das Kind aber der Protagonist ist.

Gezielt ausgewählt wurden Sites, die durch inhaltliche und formale Varianzen die Vielfalt privater Homepages abbilden. So wurde versucht, neben der weitverbreiteten, mit dem Kürzel *Ich* bezeichneten Selbstdarstellung zum Selbstzweck auch solche Webpräsenzen aufzuspüren, deren inhaltliche Vorgaben die Initiierung eines Dialoges unter Gleichgesinnten als Motiv vermuten lassen (Krankheit/Behinderung, sexuelle Präferenzen, berufliche Präsentation etc.). Denkbar sind Dialoge, die via Internet anonym und risikofrei geführt werden, im sozialen Umfeld jedoch nicht praktikabel wären. Lassen sich solche Dialoge aufspüren, so würde eine sowohl für den Protagonisten als auch für die User sinnvolle Nutzung interaktiver Möglichkeiten im *Netz* transparent.

Tabelle 7.5: Beschreibungsdimensionen

Verweisungsstrukturen auf der Eingangsseite	Die Verweisungsstrukturen auf der Eingangsseite geben Aufschluss über das Ausmaß eines kommerziellen Interesses.
Persönliche Basisdaten	Anhand der persönlichen Angaben lassen sich Aussagen zum Grad der Anonymisierung treffen.
Inhaltsangebote – Thematische Substanz	Die Inhaltsangebote werden sowohl auf der Text- als auch auf der Bildebene auf ihre thematische Substanz überprüft. Wird außeralltägliches Erleben oder der Alltag präsentiert? Handelt es sich um dem Anschein nach authentische oder eher inszenierte Darstellungen? Welche Formen der Interaktion werden nutzbar gemacht?
Tabuverletzungen	Tabubrüche werden aufzuspüren versucht. Wo werden traditionelle Grenzen der (In-)Diskretion überschritten? Wo ziehen die Protagonisten ihre individuelle Grenze des Darstellbaren?
Aussagen über die Motivation des Protagonisten	Weiteres Ziel ist es auch bei der Kurzanalyse, Aussagen über die Motivation des Protagonisten zu machen. Welcher Nutzen wird aus der medialen Selbstdarstellung gezogen, welches Ziel verfolgt?
In welcher Art äußern sich die User im Gästebuch (Interaktion)	Im Hinblick auf die Gästebucheinträge der User sind deutliche Unterschiede festzumachen: Geht es lediglich um eine Bewertung der Homepage oder beinhalten die Beiträge eine Selbstoffenbarung von Seiten der Besucher?
Sonstiges	z.B. Besonderheiten in der formalen Gestaltung etc.

7.4.2.1 Verweisungsstrukturen

Viele der ausgewählten Homepages verfügen über Verweisungsstrukturen. Zu unterscheiden sind solche Sites, die ein eindeutiges kommerzielles Interesse erkennen lassen, von solchen, die zwar auf andere Angebote verweisen, jedoch nicht aus einer ökonomischen Motivation heraus. Letztere bieten Linklisten entweder zur Information oder zwecks Eigenwerbung. So befinden sich unter den analysierten Fallbeispielen themenzentrierte Sites, die auf Informationsangebote zum behandelten Thema im Netz verweisen.[11] Zwecks

11 Z.B. www.squirrel82.de verweist auf Informationsseiten im Netz sowie auf Beratungsstellen zum Thema *Magersucht*. Sie bietet darüber hinaus auch eigene, nach thematischen Schwerpunkten gegliederte Rubriken zur Orientierung (Beschreibung verschiedener Formen der Krankheit, Literaturangaben etc.).

Eigenwerbung verweisen viele künstlerisch ambitionierte Homepagebetreiber auf andere, selbst erstellte Angebote (vgl. www.das-elektron.de). Streng genommen könnte Eigenwerbung als kommerzielles Interesse verbucht werden. Denkbar ist beispielsweise ein aufgrund der karriereorientierten Selbstdarstellung erfolgendes Stellenangebot. *Kommerzielles Interesse* bezieht sich jedoch vor allem auf solche Betreiber, die unmittelbar über die Homepage (durch Verlinkungen zu kommerziellen Anbietern, geschlossene Mitgliedsbereiche etc.) finanziellen Gewinn erlangen.

7.4.2.2 Persönliche Angaben

Im Hinblick auf die preisgegebenen persönlichen Basisdaten sind durchaus Seiten aufzuspüren, auf denen vollständige Postadressen und Telefonnummern angegeben werden. Insgesamt lässt sich jedoch feststellen, dass die Protagonisten der untersuchten Homepages umso seltener ihre persönlichen Basisdaten angeben, je höher die Popularität der Homepage ist. Untermauert wird diese Feststellung ebenfalls durch die Ergebnisse der Detailanalyse, da die relativ populären Protagonistinnen zumindest jene persönlichen Angaben aussparen, die eine persönliche Kontaktaufnahme und damit auch eventuell unerwünschte, direkte Konfrontationen (Hausbesuch, Telefonanruf etc.) ermöglichen würden. Zusammenfassend kann festgehalten werden, dass an persönlichen Basisdaten am häufigsten diejenigen Daten ausgelassen werden, die eine eindeutige Identifikation und eine direkte Kontaktaufnahme ermöglichen (Adresse, Telefonnummer, vollständiger Name).

7.4.2.3 Präsentierte Inhalte

Die Untersuchungsergebnisse deuten darauf hin, dass sich einige Inhalte/Rubriken als *Standard* herausgebildet haben. So sind beispielsweise steckbriefartige Präsentationen der Protagonisten sowie Porträtfotografien auf der Eingangsseite inzwischen üblich. An den auf den verschiedenen Seiten immer wiederkehrenden gleichartigen Inhaltsangeboten lässt sich ablesen, dass die Relevanz bestimmter Informationen für die meisten Homepagebetreiber sehr ähnlich ist. Nach Nicola Döring lässt sich ein „Prozess der Konventionalisierung" (Döring 2001a, 337) persönlicher Homepages diagnostizieren.

Trotz der Konventionalisierungstendenz sind deutliche Unterschiede unter den Geschlechtern festzumachen. Hinsichtlich der Art und Weise der Präsentation sowie der inhaltlichen Substanz der Seiten zeichnet sich eine Reproduktion etablierter geschlechtsspezifischer Kommunikationsstile im Internet ab:

- Männer betonen vermehrt ihren Status, wählen nüchterne und technikbezogene Designs und setzen neueste Netztechnologien ein.

- Frauen hingegen bauen verstärkt Publikumsansprachen ein, greifen häufig zu floralen Designs und integrieren in stärkerem Maße autobiografische Texte.

Auch die emotionale Selbstdarstellung in Gedichtform lässt sich nach Untersuchung der ausgewählten Seiten als ein Phänomen weiblicher Betreiberinnen klassifizieren. Offenbar ist bei Männern die Bereitschaft, sich auf diese Weise emotional zu präsentieren, gering. Einziges Gegenbeispiel ist die Webpräsenz eines Mannes, der ausschließlich seine Gedichte veröffentlicht, darüber hinaus jedoch keinerlei Angaben zu seiner Person macht oder Bezüge zu persönlichen Erfahrungen herstellt (vgl. www.martinharner.de). Hingegen ist ein beruflich orientierter Themenschwerpunkt fast ausschließlich auf Seiten von männlichen Protagonisten erkennbar.[12] Ein Webauftritt bietet durchaus die Chance, berufliche Fortschritte zu initiieren. So finden sich auf beruflich orientierten Homepages Lebensläufe sowie gezielte Stellengesuche. Diese Chance wird jedoch überwiegend von Männern genutzt. Gegenbeispiel ist die Seite www.carlazone.com: Hier verweist die Protagonistin auf ihr hauptberufliches Internetprojekt. Die Thematisierung der Ausbildung oder des Berufs ist bei Frauen wahrscheinlicher, wenn das Berufsfeld, wie bei *Carlazone*, aus dem Medien- oder Internetbereich stammt. So wird über die persönliche Homepage die Möglichkeit genutzt, Kompetenz im Bereich des Webdesigns unter Beweis zu stellen.

Die Präsentation von Statussymbolen, wie beispielsweise die Abbildung des Autos[13], oder eine allgemeine Darstellung des Reichtums (z.B. www.kimble.org) sind im Rahmen der ausgewählten Seiten lediglich bei männlichen Protagonisten vorzufinden.

Eine Preisgabe von emotionalen Angelegenheiten findet sich vor allem bei weiblichen Protagonisten (z.B. www.muttispace.de). Ausnahmen sind männliche Homosexuelle und Protagonisten, die von einem bestimmten Krankheitsbild oder einer Behinderung betroffen sind und diese am eigenen Beispiel thematisieren. In diesen Fällen zeigen sich auch Männer häufiger bereit, ihrer Problematik emotional Ausdruck zu verleihen.[14]

Die Selbstdarstellungen von Behinderten unterscheiden sich in ihrer Offenheit schon hinsichtlich persönlicher Basisdaten deutlich von den übrigen untersuchten Homepages. Behinderte geben oftmals vollständig ihre persönlichen Daten bekannt (z.B. goedeka.de). Sie suchen über das Internet zumeist ernsten, direkten sozialen Kontakt, zum Teil auch Hilfe von Fachärzten. Demgegenüber wollen beispielsweise Magersüchtige unter sich bleiben und

---

12 Beispiele einer beruflichen Selbstpräsentation: http://privat.schlund.de/martmor/index.html, www.guido-kuendgen.de, www.goedeka.de.

13 Z.B. www.familie-hoefft.de, www.guido-kuendgen.de.

14 Z.B. www.eurogay.de/tagebuch, www.andreas-matuschke.de.

primär eine Problemberatung und Hilfestellung von Gleichgesinnten erhalten (vgl. www.magersucht.ch). Magersüchtige schützen sich vornehmlich mit einem Online-Pseudonym. Sie geben in der Regel nicht einmal ihren Vornamen an, um sich vor einer Identifikation zu schützen z.B. „Mein Name ist squirrel und ich habe Bulimie“ (www.squirrel82.de). Magersüchtige möchten deshalb nicht identifizierbar sein, weil das Krankheitsbild *Anorexia Nervosa* die Geheimhaltung des Essverhaltens, der Folgeerkrankungen etc. impliziert. Eine Bloßstellung der eigenen Betroffenheit vor dem direkten sozialen Umfeld wird durch Geheimhaltung zu verhindern versucht. Hier bietet das Internet sich geradezu an, einen anonymen Dialog zu initiieren oder sich an diesem zu beteiligen.

Unter den themenzentrierten Angeboten privater Homepages werden signifikante Varianzen augenscheinlich. Die Interaktion bei problembezogenen Seiten, insbesondere im Themenbereich *Krankheit*, ist tiefgreifender und anspruchsvoller, als bei Webpräsenzen, deren Schwerpunkt weniger durch ein spezifisches Thema/Problem vorgegeben ist. So wird in den Gästebüchern häufig nicht allein der Protagonist der Site angesprochen, sondern es entsteht auch ein Dialog unter den Schreibern. Vor dem Hintergrund der gemeinsamen Themenagenda wird aufeinander Bezug genommen und Information ausgetauscht. Die Vermutung liegt nahe, dass vor allem ‚Gleichgesinnte‘ die problembezogenen Homepages besuchen und einen persönlichen Nutzen in der Möglichkeit sehen, sich an einem (teilweise anonymen, in seiner Verbindlichkeit frei dosierbaren) Austausch zu beteiligen.

Durch die Selbstoffenbarung des Protagonisten einer problembezogenen, privaten Homepage fühlen sich an selbigem Problem Interessierte oder von ihm Betroffene vermutlich in einem sicheren und verständnisvollen Umfeld, das sie ermutigt, auch sich selbst zu offenbaren. Eine Selbstoffenbarung steht in Onlinegästebüchern selten allein und wird schnell durch weitere ergänzt. So ist zu beobachten, dass in einigen Gästebüchern aufeinander Bezug genommen, gegenseitig um Rat gebeten und Ratschläge erteilt werden, also eine Interaktion auch unter den Usern stattfindet (z.B. www.squirrel82.de). Zudem ist die Art der bereits vorhandenen Beiträge im Gästebuch ausschlaggebend für die Bereitschaft zu einer Selbstoffenbarung. Existieren bereits offenbarende Einträge und erfolgt keine Kritik durch andere User, so erhöht sich offensichtlich der Eindruck eines geschützten Raumes und die Bereitschaft zu eigener Offenbarung.

Während insgesamt eher von einem unkonventionellen Kommunikationsstil im Netz ausgegangen werden darf, sind diesbezüglich gerade im Hinblick auf das Alter des Protagonisten deutliche Varianzen erkennbar. So reden die Protagonisten mit zunehmendem Alter ihre User vermehrt mit *Sie* an, da sich das im Internet dominierende *Du* vermutlich nicht in der Gruppe der älteren Protagonisten hat durchsetzen können. Ältere Menschen halten offensichtlich an ihnen vertrauten Konventionen fest und transportieren diese aus dem *Offline-Alltag* in die Onlinewelt (z.B. www.wessjohann.de). Im Allgemeinen erscheint ein *Sie* auch dann angebrachter, wenn mit der Homepage berufliche Interessen verfolgt werden.

Abbildung 7.7: Startseite Hubert Wessjohanns

Quelle: www.wessjohann.de, Februar 2002

Deutliche Varianzen weist die Kurzanalyse auf in Bezug auf die formale Gestaltung der Webpräsenzen. So ist zunächst hinsichtlich des Alters der Protagonisten zu betonen, dass professionell und aufwendig gestaltete Internetpräsenzen ausnahmslos von jungen Protagonisten erstellt worden sind. Offensichtlich sind junge Leute besser mit den technischen Möglichkeiten vertraut. Der Umgang mit dem Medium *Internet* und dessen Technologien ist für junge Menschen offenbar selbstverständlicher, während ältere Protagonisten den Eindruck vermitteln, froh zu sein, sich mit dem *neuen Medium* überhaupt vertraut gemacht und eine Homepage ins Netz gestellt zu haben.

Zudem fällt eine Verbindung der Geschlechterverteilung zum betriebenen Aufwand zur Erstellung der Homepage ins Auge. So tritt der Einsatz von zusätzlichen Internettechnologien wie *Flash* besonders bei männlichen Protagonisten auf. Frauen nutzen zusätzliche Technologien nur, wenn sie in der Medienbranche tätig sind (vgl. www.carlazone.com) oder ihre Website als Webkunst verstehen (vgl. www.anacam.com). Es lässt sich festhalten, dass Websites mit künstlerischer Ambition oder künstlerischem Inhalt unabhängig vom Geschlecht des Protagonisten am häufigsten mit den neuen Webtechnologien ausgestattet sind. Die technische Entwicklung ist der Perfektion des Designs förderlich, was zur Attraktivitätssteigerung des Content beiträgt.[15]

Hinsichtlich der kritischen Reaktionen des Publikums sind ebenfalls Auffälligkeiten festzuhalten: Homepages, die für sich in Anspruch nehmen, professionell gestaltet zu sein[16], obwohl ein deutlicher Unterschied zu *Webkunst*[17]erkennbar ist, sind diesbezüglich im Gästebuch wesentlich schneller Kritik ausgesetzt, als amateurhaft gestaltete Seiten, die oftmals auch für vergleichsweise schlichtes Design Lob von Seiten der User erhalten. Amateurhaft entworfene Seiten sind nicht auf Design fokussiert und sprechen daher vermutlich andere, weniger kritische Usertypen an. Bei gestalterisch aufwendigeren Seiten handelt es sich meist um fachlich versierte, junge, männliche Protagonisten, die ihre Homepage als *Aushängeschild*, als Beweis ihres technischen bzw. künstlerischen Talents ins Netz stellen. Offenbar wird Kritik in erster Linie von Usern gleichen Profils laut. Erstaunlicherweise findet Kritik an der Optik auf Websites weiblicher Protagonisten, die ebenfalls den Schwerpunkt auf Gestaltung legen, auf den untersuchten Seiten nicht statt.

Abbildung 7.8: Webkunst

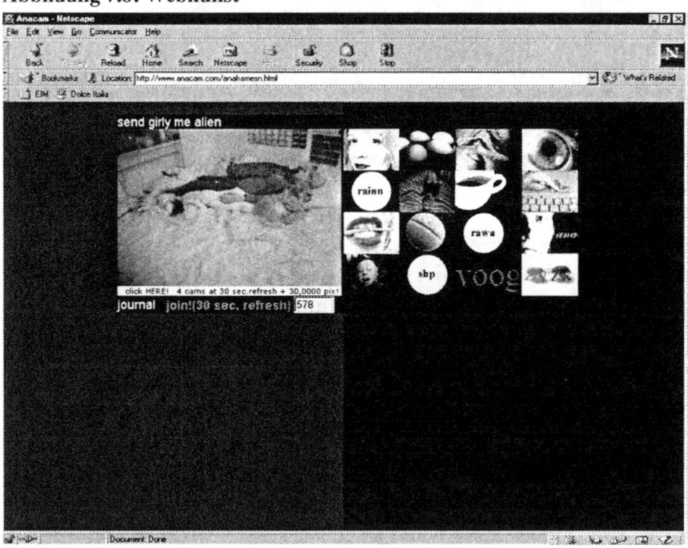

Quelle: www.anacam.de, Februar 2002

15 Vgl. www.blackeyed.com, www.ghostwatcher.com.
16 Vgl. www.carstenseel.de, www.alphamensch.com.
17 Vgl. www.blackeyed.com, www.anacam.com.

7.4.2.4 Tabuverletzungen

Unter den untersuchten Webpräsenzen befinden sich tabubrechende Inhalte in Wort und Bild, die gegen Regeln des gesellschaftlichen Zusammenlebens verstoßen. Die Praktiken erstrecken sich von detaillierten Schilderungen des Konsums von Drogen (vgl. www.korn.exit.mytoday.de). über gewaltverherrlichende, religions-, frauen- und behindertenfeindliche Inhalte (vgl.www. pflegefaelle.de) bis hin zu in Bildergalerien integrierten pornografischen Fotografien (vgl. www.anacam.com). Die Selbstdarstellung unter Einschluss gewaltverherrlichender, pornografischer u.a. Elemente provoziert das Bewusstsein von den Regeln zivilisierten (gewaltfreien etc.) Betragens. Derartige Selbstdarstellungen brechen also das gesellschaftliche Gebot, dass das *Böse* nicht vorgestellt und ausgesprochen werden darf.

Textlich finden sich Tabuverletzungen in der Regel über sehr detaillierte Beschreibungen intimer, teils sexueller Erlebnisse. Oftmals ist es nicht allein der vermittelte Inhalt, der nicht mit dem gesellschaftlichen Normverständnis zu vereinbaren zu sein scheint, sondern die Form der Darstellung. Teilweise entspricht der Schreibstil nicht den gängigen gesellschaftlichen Regeln.[18] Häufig lässt sich erst die detaillierte Schilderung eines Sachverhaltes und nicht der Sachverhalt selbst als ein Tabubruch bezeichnen. Beispielsweise wird die Beschreibung des Versuchs, künstlich eine Schwangerschaft herbeizuführen erst durch eben diese Detailgenauigkeit intim und zum Tabubruch (vgl. www.susi-online.com).

Im erotischen/sexuellen Bereich anzusiedelnde *Tabus* werden primär von jungen Protagonisten gebrochen (z.B. www.korn.exit.mytoday.de). Sexuell strittige Inhalte werden von Männern vorwiegend in Texten behandelt.[19] Hingegen liegen sexuelle Tabugrenzüberschreitungen von weiblichen Akteuren im Wesentlichen auf der Bildebene (sehr freizügige, zuweilen pornografische Fotografien).

Ein Spiel mit *Tabugrenzen* auf Bildebene erfolgt im Wesentlichen über sexuelle Darstellungen. Ausnahmen bilden die so genannten *Baby Webcams*, bei denen das Leben von Säuglingen und Kleinkindern fotografisch dokumentiert wird. Hier müsste hinterfragt werden, inwiefern auch ein Kleinkind über eine schützenswerte Intimsphäre verfügen sollte.

Die oben dargestellten *Verstöße* gegen allgemeine gesellschaftliche Normen und Werte sind zu differenzieren von dem *Tabu*, das im Schweigen über Themen besteht, die Angst machen (z.B. Krankheiten). So werden auf einigen Websites gesellschaftlich weitestgehend verschwiegene Krankheiten wie z.B. Magersucht und Bulimie (vgl. www.magersucht.ch) verhandelt. Hier

---

18 So ist unter www.else-buschheuer.de teilweise obszöner Schreibstil verbunden mit stark gewöhnungsbedürftigem, weil gewaltverherrlichendem Humor vorzufinden.

19 Beispielsweise wird das oftmals tabuisierte Thema Homosexualität primär auf textlicher Ebene behandelt: www.korn.exit.mytoday.de, www.eurogay.de/tagebuch.

geht es um die Selbstoffenbarung Betroffener, die – oftmals auf anonymer Basis – in einen kommunikativen Austausch mündet und dadurch das gesellschaftliche Schweigen über Probleme wie Bulimie u.a. überwindet.

7.4.2.5 Motivation

In Inhalt und Design variieren die Homepages stark. So sind die auf den untersuchten Seiten vorfindbaren Präsentationen auf bestimmte Lebensbereiche bezogen: Urlaub, Familie, Freunde, Arbeit, häuslicher Alltag, Sexualität etc. Außerdem sind Homepages identifiziert worden, die sich thematisch bestimmter Krankheiten oder Behinderungen annehmen. Ähnlich vielfältig wie die thematische Substanz und die formale Aufbereitung gestalten sich auch die Motive der Protagonisten.

In Bezug auf den persönlichen Nutzen und die Motivation zum Erstellen einer Homepage steht bei Behinderten und Erkrankten offenbar gleichermaßen die Schaffung von persönlichen Kontaktmöglichkeiten (*Kontaktaufnahme*) im Vordergrund.[20] Hierbei geht es um anonyme Austauschmöglichkeiten Betroffener und auch um professionellen Rat.[21]

Ein *ökonomisches Motiv* ist an den professionell designten Seiten deutlich erkennbar: Die erstellten Angebote können zu Bewerbungszwecken im Web-Design-Sektor nutzbar gemacht werden. Sie stellen sich der Kritik Gleichgesinnter und wenden sich darüber hinaus an potenzielle Arbeitgeber.

Den Bewerbungszweck, den eine private Homepage[22] durchaus erfüllen kann, machen sich unter den untersuchten Homepages nicht nur an Webdesign Interessierte zunutze. So befindet sich ein Ehepaar unter den ausgewählten Angeboten, das ausschließlich seine detaillierten Lebensläufe mit allen beruflichen Qualifikationen und Arbeitsproben gezielt präsentiert, um dadurch lukrative Arbeitsangebote zu erhalten (vgl. www.christian-weinbruch.de). Hinzugefügt werden zwar ausgewählte, inszenierte Hochzeitsfotos, anderes Private bleibt jedoch verborgen.

Sowohl an potenzielle Arbeitgeber als auch an potenzielle Freunde richtet sich ein weiteres Angebot, auf dem der Protagonist neben einer ausführlichen Beschreibung seiner beruflichen Referenzen auch detailliert seine Krankengeschichte (er leidet an einer seelischen Erkrankung) beschreibt. Neben seiner Hauptseite www.goedeka.de/impressum.html verweist der Betreiber auf ein zusätzliches, in stärkerem Maße fachlich ausgerichtetes Angebot www.goedeka.de/home.html. So schafft er sich zum einen ein Forum, seine fachli-

---

20 Vgl. www.01090freenet.de/lorenz-p/index.htm, wwwgodeka.de, www.down-syndrom.ch.

21 Z.B. www.members.nextra.at/g.gruber/, www.down-syndrom.ch.

22 Der Begriff *Private Homepage* bezieht sich inhaltlich nicht nur auf das Privatleben, sondern auf die selbstbestimmte Veröffentlichung einer Privatperson. Hält diese es nun für richtig, ausschließlich ihren beruflichen Werdegang zu schildern, oder sonstige Themen zu behandeln (Urlaubsberichte, Krankheitsbilder etc.), so ist weiterhin von einer privaten Homepage die Rede.

chen Qualitäten unter Beweis zu stellen, zum anderen die vermutlich durch seine seelische Erkrankung zwangsläufig vernachlässigten Kontakte zu kompensieren. Die vom Protagonisten in einer persönlichen Mail verfassten Ausführungen zu seiner Motivation bestätigen obige Vermutungen:

> Als Chemielaborant, wegen gesundheitlicher Gründe nicht mehr arbeitsfähig, kann ich so mein Hobby, das auch mein Beruf war, fortsetzen. Als Bürger von Karlsruhe habe ich mich auch kritisch mit THERMOSELECT Müllverbrennung beschäftigt und schlußendlich aufgrund meiner Publikation im Internet eine Einladung zu einer Vortragsreise nach Japan erhalten, ein feedback, mit dem ich nie gerechnet hätte, das aber Realität wurde. Auch ergeben sich Kontakte mit hobby- und einstellungsmäßig Gleichgesinnten, wie zum Beispiel einem Chemiker in einem Büro für Umweltdokumentation. Das einmal als Extrakt der Motivation für das Betreiben meiner Internetseiten. (persönliche E-Mail vom 31.07.2001)

Die Motivation, Sensibilität für spezielle Neigungen, Präferenzen oder individuelle Lebensstile zu schaffen, wird beispielsweise in den detaillierten Tagebuchaufzeichnungen zum alltäglichen Leben eines homosexuellen Protagonisten ersichtlich (*öffentliche Aufklärung*, *politische Ziele*) (vgl. www. eurogay.de/tagebuch).

Auch im Rahmen der Kurzanalyse lässt sich die *positive Selbstkonstruktion* als ein häufiger Beweggrund zum Betreiben einer persönlichen Homepage ausmachen, sei es als einziges oder begleitendes Motiv. So versucht die Homepage www.pflegefaelle.de die einzelnen Mitglieder einer Wohngemeinschaft zu charakterisieren. Dies geschieht über einen sehr eigenwilligen Humor, der keine thematische Substanz erkennen lässt, außer einer konstruierten Selbstdarstellung zum Selbstzweck. Die überspitzte Darstellung ihres unbefangenen Junggesellenlebens ist offensichtlich Hauptmotiv der Protagonisten, was sich in ihrem radikal frauenfeindlichen Humor, Fotos von verdorbenen Lebensmitteln und den langen Ausführungen über ihren hohen Alkoholkonsum äußert. Authentisch ist die Darstellung nicht, vielmehr erscheint sie unter dem Leitsatz ‚Alles ist erlaubt' konstruiert. Ein Rahmenthema, wie es auf verschiedenen Seiten auch zur Unterstreichung persönlicher Weltansichten integriert wird[23], lässt sich auf diesem Angebot nicht finden.

Webpräsenzen, bei denen der Betreiber der Homepage nicht gleichzeitig der Protagonist ist, sind insofern strittig, als es sich oftmals um Säuglinge und Kleinkinder handelt, die sich gegen die Aktivitäten ihrer Eltern (die in der Regel die Betreiber sind) nicht wehren können. Es wurden Fälle identifiziert, bei denen die Motivation des Betreibers/der Betreiber eindeutig im Stolz auf das eigene Kind liegt. Das Kind scheint nicht von einem *ökonomischen Motiv* geleitet vorgeführt zu werden. Vielmehr wurde im Fall einer jungen Familie das Motiv erkennbar, über die Homepage Hilfe für ihren behinderten Jungen

---

23 Z.B. Antifaschismus unter http://buerger.metropolis.de/schwarze_flocke.

zu erlangen. Eine so genannte *Familienhomepage* präsentiert sich und ihre Familiengeschichte in einer dermaßen zurückhaltenden Harmlosigkeit, dass davon ausgegangen werden darf, dass der Familienvater vom *autodidaktischen Motiv* geleitet wird, ohne in irgendeiner Weise den geschützten Raum der Familie zu gefährden.

7.4.2.6 Interaktion (Gästebuch)

Der Großteil der Gästebücher weist ausschließlich die Homepage bewertende und den Protagonisten grüßende Einträge vor. Selbstoffenbarende Gästebucheinträge liegen in den untersuchten Fällen nur dann vor, wenn der Protagonist ebenfalls Persönliches offenbart. Eine Selbstoffenbarung von Usern, die Probleme des Protagonisten teilen, ist am wahrscheinlichsten (vgl. www.squirrel82.de). Vereinzelt werden durch Gästebucheinträge von Bekannten oder Freunden Hintergrundinformationen über den Protagonisten geliefert. In diesen seltenen Fällen stellt sich die Frage, inwieweit von einer selbstbestimmten Grenzziehung die Rede sein kann, was mitteilbar ist und was nicht (vgl. www.carstenseel.de).

Die private Homepage www.numbat.de ist eine der Seiten, bei denen die User-Offenbarungen weit über eine bloße Bewertung der Homepage hinaus gehen. Neben vereinzelten anonymen Eintragungen (Lob der Homepage, Grüße an die Protagonistin) wird in vielen Einträgen deutlich, dass sich die User mit der Protagonistin verbunden fühlen, daher intime Details preisgeben und über ihren Alltag schreiben. Ein der Protagonistin offenbar bekannter User wählt die *einsehbare* Form der Kontaktaufnahme über das Gästebuch:

> Hallo Beate!
> Voller Hoffnung bin ich auf Deine Page gegangen. Endlich jemand, der mich kennt und den ich kenne, da wird sich doch sicherlich einmal ein nettes Geschichtchen oder ein Gedanke über mich finden (Ja, auch bei mir ist das menschliche Grundbedürfnis, sagen zu können ‚Da steht was über mich im großen Netz und die Welt kann es lesen!' vorhanden). Wie auch immer – ich bin wirklich enttäuscht. Zuerst muß man Jahre zurückblättern um überhaupt etwas zu finden, und das einzige, was man dann über mich zu lesen bekommt ist: ‚Ach der Schorsch, der ist ohnehin überhaupt nicht mein Typ'. Hast Du eine Ahnung, welche Auswirkungen solche frei zugänglichen Aburteilungen auf meine Karriere – sowohl beruflich als auch sexuell gesehen – haben können? Ich bin jetzt neugierig, ob dieser Eintrag deiner berüchtigten Zensur zum Opfer fallen wird oder nicht. Tja, es liegt bei Dir, den einfachen Weg (Zensur) zu gehen oder doch den Steinigeren zu wählen (nämlich den, in mühevoller Gedankenarbeit mein Bild, das die Welt von mir hat, wieder zurechtzurücken).
> Viele Grüße und viel Spaß beim Denken. Schorsch.
> (www.numbat.de, Gästebucheintrag vom 13.02.2001)

Die Protagonistin reagiert ebenfalls über das Gästebuch:

Hi Schorsch,
so, jetzt noch einmal so richtig offiziell und im Internet und so (...)
Wie gesagt, so ein wunderbarer Eintrag wird natürlich nicht zensiert!!! Und ich muß Dir natürlich Recht geben: Es war schon reichlich unbedacht von mir, solche wenig euphorischen Bemerkungen über einen so gutaussehenden, vielversprechenden und in jeder Hinsicht (beruflich wie sexuell) außergewöhnlichen jungen Mann wie Dich zu tätigen, ohne angemessene Berücksichtigung der daraus möglicherweise resultierenden gravierenden Risiken und Nebenwirkungen. Wie konnte mir nur ein solcher Fauxpas passieren??? Ich bin zutiefst zerknirscht und werde versuchen, künftig meinen wahren Gefühlen in angemessenerer Form Ausdruck zu verleihen (...)
Viele Grüße,
Beate
(www.numbat.de, Gästebucheintrag der Protagonistin vom 14.02.2001)

Das Gästebuch im Internet geht durch private Bekenntnisse also gelegentlich über seine traditionelle Funktion hinaus. Nämlich dann, wenn ein Dialog unter Usern (vor allem im Themenbereich *Krankheit*) oder zwischen User und Protagonisten entsteht.

Fasst man die Beobachtungen über die verschiedenen Beschreibungsdimensionen hinweg zusammen, so können folgende *Typen* privater Homepages bestimmt werden:

- Werbliche, praktisch-instrumentelle Selbstdarstellung
  Es konnten Seiten identifiziert werden, denen eindeutig ein ökonomisches Motiv zugrunde liegt (über Werbebanner, Verlinkungen zu kommerziellen Anbietern etc.). Andere Protagonisten nutzen ihre Webpräsenz als Instrument der Eigenwerbung. Teils durch die formale Gestaltung der Homepage selbst, teils auch durch Verlinkungen zu weiteren, eigens erstellten Angeboten werden auf professionell designten Seiten die technischen Fähigkeiten ihrer Betreiber unter Beweis gestellt. Hier werden private Homepages zu Bewerbungszwecken im Web-Design-Sektor nutzbar gemacht.
  Ein beruflich orientierter Themenschwerpunkt, der überwiegend auf Seiten von männlichen Protagonisten erkennbar wird, bietet die Chance, durch Präsentation des Lebenslaufs und Arbeitsproben lukrative Stellenangebote zu erhalten. Die Onlinebewerbung über die persönliche Homepage findet sich auch unter den ausgewählten Fallbeispielen: Ein Ehepaar, das gezielt ausschließlich seine detaillierten Lebensläufe mit allen beruflichen Qualifikationen und Arbeitsproben präsentiert, erhofft sich offenbar dadurch lukrative Arbeitsangebote.
- Betroffenheit und problemzentrierte Kommunikation
  Je stärker die Webpräsenzen ein spezifisches Thema subjektiver Betroffenheit fokussieren, desto tiefgreifender und anspruchsvoller sind die Dialoge. Problemzentrierte Kommunikation findet sich vor allem auf sol-

chen privaten Homepages, die den Themenbereich *Krankheit* behandeln. Insbesondere am Beispiel des Krankheitsbildes *Anorexia Nervosa* wird deutlich, dass gerade die Möglichkeit der anonymen Onlinekommunikation dem Dialog Betroffener förderlich sein kann. Protagonisten und User erhalten gleichermaßen Hilfestellung und Unterstützung. Der Austausch im Netz hält von den Sanktionen frei, die im gesellschaftlichen Leben mit der Betroffenheit etwa von einer tabuisierten Krankheit verbunden sein können. Er kommt darüber hinaus auch ohne die soziale Verbindlichkeit aus, wie sie etwa für die therapeutische Beziehung kennzeichnend ist. Und dennoch schafft sie ein empathisches Umfeld, in der eine Betroffenheit verhandelt werden kann, die die Identität zentral berührt. Die Homepage bietet somit ein geschütztes kommunikatives Umfeld für den problemzentrierten Dialog von Gleichgesinnten.

- Ästhetische Expressivität mit künstlerischer Ambition
  Neben der emotionalen Selbstdarstellung in Gedichtform oder der Präsentation von Selbstgebasteltem oder -gemaltem sind es vor allem professionelle und aufwendig gestaltete Internetpräsenzen, die künstlerische Ambitionen erkennen lassen. Bei gestalterisch aufwendigeren Seiten handelt es sich meist um fachlich versierte, junge, männliche Protagonisten, die ihre Homepage als *Aushängeschild*, als Beweis ihres künstlerischen Talents ins *Netz* stellen.
- Das Selbst als Repräsentant und Botschaft (Homosexualität)
  Das Selbst verbunden mit einer Botschaft vermitteln unter den analysierten Fallbeispielen vor allem männliche Homosexuelle sowie Protagonisten, die von einem bestimmten Krankheitsbild oder einer Behinderung betroffen sind und diese am eigenen Beispiel thematisieren. Indem Handlungsoptionen aufgezeigt werden, eine *normale* Lebensführung demonstriert und auf gesellschaftliche Missstände hingewiesen wird, geht es vor allem darum, Gleichgesinnte zu ermutigen und ihnen Orientierung zu liefern. Besonders homosexuelle Protagonisten scheinen dabei auch das Motiv zu verfolgen, möglicherweise mit ihren Seiten einen Teil zu langfristigen gesellschaftlichen Veränderungen (Abbau von Vorurteilen, Akzeptanz etc.) beizutragen.
- Das Ich verschafft sich in seiner persönlichen Eigenart Beachtung
  Dieser schon aus der Detailanalyse bekannte Homepage-*Typ* ist in der Homepagekultur ein weit verbreitetes Phänomen (vgl. www.jennicam.org). Seine Protagonisten suchen Beachtung und Anerkennung in ihren persönlichen Vorzügen, Schwächen und Eigenarten. Unter dem Leitsatz „So bin ich" wird versucht, sich möglichst authentisch, alltäglich und *normal* darzustellen. Der persönliche, vielleicht eigenwillige Lebensstil oder die Zugehörigkeit zu einer *Subkultur* (Homosexualität etc.) wird offenbart mit dem Ziel, beachtet und akzeptiert zu werden. Diese Anerken-

nung wird hier gerade nicht durch die Präsentation besonderer Leistungen oder Talente in fachlicher, künstlerischer oder irgendeiner sonstigen Hinsicht gesucht, um deretwillen die Person Beachtung und Anerkennung verdiente. Vielmehr ist es gewissermaßen die Person *sans phrase*, das ganz und gar gewöhnliche Ich, das sich dadurch Beachtung verschafft, dass es seinen banalen Alltag öffentlich wahrnehmbar ausstellt. Anerkennung und Akzeptanz werden durch die Reaktionen der anderen auf diese Selbstdarstellung erfahren. Dass dieser Typ innerhalb der Homepagekultur so prominent vertreten ist, wird durch die Potenz des Mediums *Internet* erklärlich: In seiner Kombination aus vereinfachten Zugangsbedingungen und vielfältigen interaktiven Möglichkeiten bietet es dem Protagonisten die Chance, sich in seiner persönlichen Eigenart *öffentlich* Beachtung und Anerkennung zu verschaffen.

7.5 Real-Life-Präsentationen im Internet

Seit Beginn der neunziger Jahre findet eine Entwicklung der Fernsehunterhaltung in Deutschland statt, welche den Zuschauer auf neue Weise zum Akteur werden lässt. In so genannten *Real-Life-Formaten* treten Alltagsmenschen nicht länger nur als Spielpartner mit Chancen auf materielle Gewinne an, sondern als Akteure ihres eigenen Lebens mit der Aussicht auf ideellen und sozialen Gewinn (vgl. Keppler 1994, 7). So wird im Fernsehen geheiratet, um Verzeihung gebeten und Privates entäußert. Das Fernsehen wird zum „Anwalt einer inszenierten und gleichwohl realen Verbesserung und Überhöhung des wirklichen Lebens (...) zum Medium einer artifiziellen Fortführung der Normalität" (Keppler 1994, 7f.).

Die Real-Life-Formate, die in Deutschland ab Frühjahr 2000 mit der ersten Staffel von *Big Brother* und einer anschließenden Ausweitung dieser Formate (vgl. *INFOSAT* 51/2000) medienwirksam ins Bewusstsein der Öffentlichkeit rückten, erreichten bis zur ersten Hälfte 2001 einen vorläufigen Höhepunkt.[24] Diese Formate geben vor, den *echten* Menschen in verschiedenen Lebenssituationen zu präsentieren. Es sind demnach nicht mehr allein professionelle Schauspieler, sondern zunehmend auch die Zuschauer selbst, welche in die Rolle der Akteure schlüpfen (Bohrmann 2000). Innerhalb der Medienwissenschaft werden solche Formate in Anlehnung an Angela Keppler als „performatives Realitätsfernsehen" (Keppler 1994, 8)[25] bezeichnet. Formate wie *Big Brother* lassen sich zwar als weitere Sendungen des *perfor-*

---

24 Vgl. u.a. *Das Inselduell* (SAT.1), *Expedition Robinson* (RTL 2), *Der Maulwurf* (Pro7), *House of Love* (RTL), *Girlscamp* (SAT.1), *Big Brother* 2+3 (RTL 2).

25 Beispielhaft sind folgende Sendungen: *Traumhochzeit* (RTL), *Verzeih mir* (SAT.1) und *Nur die Liebe zählt* (SAT.1).

mativen Realitätsfernsehens verstehen, doch reichen sie weiter: Während bislang der Alltag nur in Ausschnitten medial präsentiert wurde, liegt der neue Akzent bei *Big Brother* in der „Totalität und Abgeschlossenheit des Alltags“ (Bohrmann 2000, 6). Die Kandidaten können sich diesem *künstlichen* Alltag nicht entziehen, da die räumliche Situation sie aneinander bindet und ständig begleitende Kameras keine Rückzugsmöglichkeiten ins Private erlauben. Real-Life-Formate verweisen auf einen gesellschaftlichen Wandel, bei dem das Private immer mehr aus der intimen Lebenswelt heraustritt und sich im öffentlichen Raum präsentiert. Somit verändert sich der klassische Dualismus Öffentlichkeit und Privatheit nachhaltig (vgl. Imhof, Schulz 1998).

Real-Life-Angebote im Internet dienen im Unterschied zu den persönlichen Homepages nicht vorwiegend der Selbstpräsentation der Protagonisten. Im Vergleich zu den privaten Homepages bildet das kommerzielle Interesse bei der öffentlichen Präsentation von Privatheit und Intimität den dominierenden Rahmen der Webangebote (Cross-Media-Vermarktung).

Die klassischen Massenmedien bedienen sich des Internet in erster Linie als supplementäres Medium mit erweiterten Kommunikations- und Zugriffsmöglichkeiten. Die Kombination TV und Internet ist noch immer neu, faszinierend und birgt große Entwicklungspotenziale in sich; daher wird das Internet – auf eine neuartige Verschränkung von Fernseh- und Netzwelt zielend – in den traditionellen Massenmedien entsprechend stark thematisiert und beworben. Erst mit der TV-Ausstrahlung der ersten Staffel von *Big Brother* realisierte die breite Öffentlichkeit in Deutschland, dass Kameras in privaten Räumen installiert werden können und sich die aufgenommenen Bilder auch nach außen übertragen lassen. Die heftig geführte Diskussion über die Zulässigkeit dieser Formate zeigte exemplarisch, dass das öffentliche Bewusstsein in seiner Wahrnehmung noch immer stark TV-orientiert ist (vgl. *BLM* 2001).

Im Bereich der uns interessierenden Real-Life-Internet-Formate bieten computervermittelte Präsentations- und Kommunikationsformen TV-ergänzende sowie darüber hinausgehende Möglichkeiten zur öffentlichen Präsentation und Verhandlung der Verhaltensweisen von realen Personen in den unterschiedlichsten Situationen. Die neuen Vermittlungsformen im WWW können das Spektrum der im TV behandelten privaten Themen ausweiten. Zu nahezu allen im Fernsehen angebotenen Real-Life-Formaten (Reality Talk, Real-Life-Show, Real-Doku-Soap, Reality TV) werden inzwischen von den TV-Sendern programmbegleitende Internetauftritte angeboten. Im folgenden Abschnitt wird zur Verschränkung von Fernsehen und Netzwelt zunächst diskutiert, inwieweit sich die Formen der medialen Präsentation von Privatheit im Fernsehen und Internet gegenseitig ergänzen, verstärken oder ersetzen (Komplementär- bzw. Substitutionsfunktion).

Unter Berücksichtigung dieser Aspekte steht anschließend folgende Frage im Mittelpunkt:

- In welchen Dimensionen erweitern computervermittelte Präsentations- und Kommunikationsformen in der Netzwelt die Möglichkeiten der öffentlichen Exposition und Verhandlung von Privatheit?

Anhand von programmergänzenden, aber auch eigenständigen Real-Life-Webformaten sollen insbesondere diejenigen Tendenzen zur Darstellung und Beobachtung des Privaten in der Netzwelt aufgezeigt und abgeschätzt werden, die in inhaltlicher und funktionaler Art und Weise über Real-Life-Präsentationen im Fernsehen hinausreichen. An ausgewählten Fallbeispielen werden solche potenziellen Konfliktfälle bei der Netzpräsentation untersucht, bei denen das (noch) vorherrschende Normverständnis der privaten Diskretion und traditionelle Grenzziehungen zwischen Privatheit und Öffentlichkeit in Frage gestellt werden.

Die zentrale Ausgangsthese, die sich diesbezüglich im Rahmen des Forschungsprojektes (Internetrecherche, Literaturanalyse, Expertendiskussionen) herauskristallisiert hat, lautet:

- Im Unterschied zum Fernsehen, das neben einer höheren öffentlichen Aufmerksamkeit auch einer größeren gesellschaftlichen Kontrolle unterliegt, bietet das Internet mit seiner Vielzahl von unterschiedlichsten Anbietern einen von der breiten Öffentlichkeit weniger beachteten Raum für Abweichendes und Anstößiges, mit dem Grenzen im Bereich der Real-Life-Präsentationen ausgelotet werden.

7.5.1 Zur Verschränkung von Fernsehen und Netzwelt

Die technische Konvergenz (im Bereich der Netze, Dienste und Endgeräte) von TV und Internet stellt neue Potenziale bereit, um bestehende Produkte neu zu verteilen und neue Produkte und Dienstleistungen zu entwickeln, miteinander zu kombinieren und am Markt anzubieten.

Technisch bildet das DVB-Data-Broadcasting die standardisierte Grundlage für das digitale Fernsehen, IP-basierte Internetdienste in die Programmangebote einzubinden. Auf der anderen Seite entwickelt sich das Internet als Distributionsplattform für komplementäre Rundfunkdienste. Entweder als *Live* oder *On demand* Dienste lassen sich weltweit spezielle audiovisuelle Programme oder Kanäle über das Internet auswählen (vgl. beispielsweise http://wwitv.com). Unter Nutzung der Streaming-Technologie und mit entsprechenden Zusatzprogrammen (z.B. RealPlayer, Mediaplayer, Quicktime) können die Inhalte direkt über den Internetzugang auf dem PC empfangen werden. Gegenwärtig haben diese Streaming-Dienste zumeist zwar noch eine niedrige Qualität hinsichtlich Auflösung und Bildfrequenz, doch mit Zunahme breitbandiger Internetzugänge (per DSL, DVB-C, DVB-S, UTMS) wird sich die Übertragungsqualität des Bildempfangs zunehmend verbessern.

Diese technische Konvergenz bildet ein erweitertes Potenzial für die Diversifikation und Ausdifferenzierung der Distributionswege bis direkt zum Empfänger. Für die Anbieter (traditionelle öffentlich-rechtliche Rundfunkanbieter, kommerzielle Rundfunkanbieter sowie neue Internetprogrammanbieter) eröffnen sich prinzipiell erweiterte Chancen, vielfältige Dienste und Inhalte anzubieten und in neue Geschäftsfelder vorzudringen (Cross-over-Strategie).

Traditionelle Rundfunkanbieter verfolgen mit ihrem Webauftritt vor allem drei zentrale strategische Ziele (vgl. Konert 2001):

1. Angesichts der Entwicklung des Internet zu einer Kommunikationsinfrastruktur für neue oder TV-begleitende Dienste und Programme sind die traditionellen Rundfunkunternehmen darauf ausgerichtet, ihre potenziellen zukünftigen Marktanteile mittels eines komplementären Online-Engagements zu sichern.
2. Gegenüber neuen Wettbewerbern im Internet haben traditionelle Rundfunkunternehmen den strategischen Vorteil, dass sie zumeist im TV-Bereich bekannte Marken (als Sender oder für bestimmte Programme) aufgebaut haben und über wichtige Kernkompetenzen im audiovisuellen Bereich verfügen. Diese *brands* und *core competencies* gilt es auch im Internet gegenüber Wettbewerbern entsprechend auszuschöpfen.
3. Zur Erzielung von Aufmerksamkeit und zur Stärkung ihrer Onlineposition in der Netzwelt müssen sich die angebotenen Dienste möglichst eindeutig von anderen Wettbewerbern unterscheiden. Die Rundfunkanbieter versuchen über neue Angebote, die den Internetnutzern einen echten zusätzlichen Mehrwert (*added value*) bieten, eine *unique sales proposition* (USP) für ihre Onlinepräsentationen aufzubauen.

Zur Realisierung dieser strategischen Ziele sind insbesondere die internetspezifischen Erfolgsfaktoren (wie z.B. Aktualität, Interaktivität oder Multimedialität) als auch die Synergiepotenziale zwischen TV- und Internetdiensten auszuschöpfen. In Deutschland war die Real-Life-Sendung *Big Brother* das erste Format, das systematisch die TV-Sendung mit einem begleitenden und umfassenden Internetauftritt verknüpft hat (Trepte, Baumann, Borges 2000). Nach Angaben des Online-Marktforschungsunternehmens MMXI Europe schaffte die *Big Brother*-Website der ersten Staffel bereits im März 2000 mit 1,4 Mio. deutschen Onlinebesuchen den Sprung von null auf Platz acht in den deutschen Top-10-Domains und erzielte sogar Platz eins in der Kategorie der Unterhaltungsseiten.[26]

Die Grundlage für die erfolgreiche Wechselbeziehung lag sowohl in der enormen öffentlichen Aufmerksamkeit, die das TV-Sendeformat erhielt, als auch in der konsequenten Ausschöpfung der „mehrwertschaffenden" Angebote der komplementären Website. Internetnutzer konnten an Abstimmungen über die Beliebtheit der Bewohner teilnehmen, erhielten Hintergrundinformationen zu den einzelnen Kandidaten, konnten über Kalenderaufzeichnungen den Verlauf zentraler Ereignisse verfolgen sowie sich untereinander in Chatforen oder Mailinglisten austauschen oder sogar nach Auszug von Kandidaten mit diesen in direkten Kontakt treten.

Aus Sicht der Produzenten ist an Real-Life-Formaten insbesondere das Cross-Media-Marketingkonzept wichtig. Die privaten Menschen stellen eher das hierzu benötigte *Rohmaterial* dar. Die Teilnehmer der Show sollen möglichst zu einem „Referenz- und Multiplikationsobjekt" (Hack 2000, 27) aufgebaut werden und unterliegen – vertraglich geregelt – den Vermarktungsmechanismen des Medienunternehmens. Die privaten bis intimen Offenbarungen der Protagonisten dienen in diesem Kontext dazu, Objekte werbestrategischer Aktionen zu kreieren. Das Internet bietet hierbei die Möglichkeit, intermediale Verbindungen zu allen mit dem Format verbundenen Medienprodukten herzustellen (z.B. Kauf von CDs, Onlinespielen, Merchandising etc.) und die Vermarktung funktional zu ergänzen.

Die Vermarktungsdimension bildet bei diesen *bimedialen Angeboten* den sozio-ökonomischen Rahmen für die Entwicklung von neuen komplementären Formen der medialen Ausstellung des Privaten:

> 'Big Brother' ist nicht nur im Hinblick auf die Konzeption und Inhalte der Fernsehsendung ein neues Format, sondern auch das erste Showformat eines deutschen TV-Senders, dessen Konzept neben der Ausstrahlung im Fernsehen auf einer fast gleichberechtigten Einbindung des Internetauftritts basiert.(...) Das zweifache Medienangebot vergrößert die Verwertungsmöglichkeiten des Produzenten und die Auswahlmöglichkeiten des Rezipienten. Die Produzenten können neben der allabendlichen Sendung die Interessen der Rezipienten über einen weiteren Kanal bedienen, und ihnen steht eine größere Werbefläche zur Verfügung.(...) Dieser bimedialen Strategie liegt neben der Bereitstellung ähnlicher Inhalte über verschiedene Kanäle das Konzept einer funktionalen Ergänzung beider Medien zu Grunde. (Trepte, Baumann, Borges 2000, 551)

Bei dieser Form der funktionalen Verschränkung von Fernseh- und Internetformaten handelt es sich für die Anbieter um eine klassische *Win-Win-Situation.* Die Fernsehausstrahlung, verbunden mit der breiten öffentlichen Diskussion, schafft die notwendige öffentliche Aufmerksamkeit, und das

26 Vgl. http://de.jupitermmxi.com/xp/de/press/releases/pr_101601.xml.

Onlineprodukt als komplementäres Medium erhöht die Bindung an die spezifische Sendung und erweitert die Werbe- und Vermarktungsplattform. Die Mehrnutzung des TV-Angebotes bedingt die Mehrnutzung der komplementären Website. Trepte u.a. sprechen hier in ihrer Untersuchung der Nutzungsmotive der *Big Brother*-Website von einem *More-and-More*-Effekt (vgl. Trepte, Baumann, Borges 2000, 560).

Anders sieht es bei denjenigen Anbietern aus, die spezifische Real-Life-Angebote nur über das Netz vertreiben. Hier wird zumeist öffentliche Aufmerksamkeit nur über sensationelle Darstellungen oder spezielle interaktive Formen der Beteiligung erzielt (vgl. Abschnitt 7.5.2 beispielsweise die Internet-Reality-Show *Dare for Dollars*). Um über den Status von Nischenanbietern für spezielle (kleinere) Zielgruppen hinauszukommen, ist es für diese Anbieter zumeist notwendig, auch in anderen Medien (Presse, Rundfunk etc.) für sich zu werben, oder von diesen aufgegriffen und öffentlich bekannt gemacht zu werden.

7.5.2 Erweiterte Formen der Darstellung von Privatheit

Im Rahmen der Projektarbeit ließen sich vier zentrale *inhaltliche bzw. funktionale Dimensionen* bei der Darstellung von Privatheit im Internet identifizieren, die über traditionelle Präsentationsformen im (frei zugänglichen) TV-Bereich hinausreichen und konfliktträchtige Aspekte der öffentlichen Exposition und Verhandlung von Privatheit beinhalten. Hierzu zählen insbesondere:

- Grenzauslotung und Formatverschärfung (thematisch/inhaltlich)
- Permanente Beobachtung und individuelle *Regiefunktion*
- Interaktion und Kommunikation
- Zugänglichkeit und Archivierung

7.5.2.1 Grenzauslotung und Formatverschärfung (thematisch/inhaltlich)

Inhaltlich existieren im Internet im Vergleich zum Fernsehen erweiterte Spielräume zur öffentlichen Exposition von privaten Situationen. Besonders der Bereich der tabuisierten oder eindeutig in die Privat-/Intimsphäre des Individuums einzustufenden Themengebiete findet erheblich einfacher eine Plattform im Bereich der Onlineangebote als im Bereich des Real-Life-TV.

Reale Alltagsmenschen in nichtinszenierten Extrem- bzw. Grenzsituationen zu präsentieren und darüber hinaus einen Tabubruch durch die Darstellung der individuellen Folgen (Tod, Verletzung, Vernehmung, Verhaftung etc.) zu provozieren, dies zeichnet im Wesentlichen die Kategorie *Reality TV/ Reality Video* aus. Aufgrund der im Unterschied zum TV problematischeren Rechtssituation (grenzüberschreitendes Netzwerk, unklare Kompetenz der

Aufsichtsbehörden, Vollzugsdefizite etc.) sind im Internet auch solche Inhalte zu finden, die im Bereich des frei zugänglichen Fernsehens in Deutschland keine Ausstrahlungschance hätten. Während die diesbezüglichen TV-Angebote durch programmrechtliche Vorgaben eingeschränkt sind, ist im Onlinebereich die Präsentation tabubrechender Beiträge *schärferer* oder *härterer* Inhalte möglich.

Die Übertragung von Todesszenen, wie beispielsweise Polizei-Verfolgungsjagden mit spektakulärem Selbstmord des Verfolgten vor laufender TV-Kamera, gehört in den USA längst zu üblichen Medienereignissen. In Deutschland sind solche bezüglich der Menschenwürde problematischen Übertragungen (bisher) noch nicht an der Tagesordnung (Ausnahmen z.B. Geiselnahme Renate Wallert, Geiseldrama Gladbeck). Allerdings sind *entschärfte* zumeist von ausländischen Sendern übernommene Fassungen (z.B. *Die dümmsten Autofahrer, Die dümmsten Verbrecher*) von Reality Videos inzwischen auch bei deutschen Privatsendern (z.B. RTL 2) im TV und im Internet zu finden.

Abbildung 7.9: Die dümmsten Autofahrer

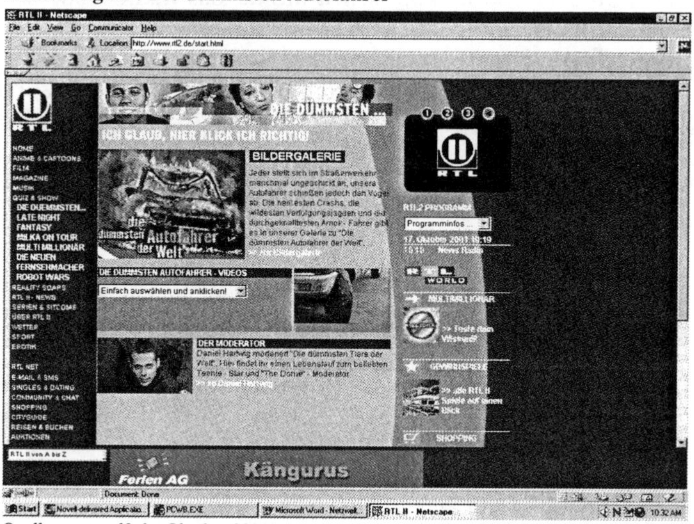

Quelle: www.rtl2.de, Oktober 2001

Seit längerer Zeit plant der amerikanische TV-Sender *Fox*, auch solche Beiträge, die er für das TV aufgrund zu drastischer Szenen für ungeeignet hält, ungeschnitten im Internet zu übertragen. Hierzu wurde bereits die aussagekräftige Internetadresse www.toohotforfox.com reserviert, die momentan jedoch lediglich auf die programmbegleitenden Websites und Communities verweist (*Police Videos, Cops, Love Cruise* etc.). Zudem sollen die Surfer zukünftig auch auf das zehn Jahre umfassende Reality-Videoarchiv des TV-Kanals zugreifen können (vgl. Siegle 2000).

Auch im Bereich sexueller Darstellungen, die gegen Moral- und Normvorstellungen bestimmter Bevölkerungsgruppen verstoßen, bietet das Internet einen im Vergleich zum TV erweiterten Präsentationsraum. So ist in Deutschland die Ausstrahlung der schwul-lesbischen Seifenoper *Montags-Kinder*, einer Art *Lindenstrasse* mit homosexuellen Laiendarstellern[27], im Sommer 2000 in einigen offenen Kanälen aufgrund zu freizügiger „erotischer" Szenen zwischen nackten Männern aus dem TV-Programm genommen worden.[28] Die Landesanstalt für Rundfunk in Nordrhein-Westfalen (LfR) hielt insbesondere aus Gründen des Jugendschutzes eine Ausstrahlung dieser TV-Soap vor 22 Uhr für nicht vertretbar. Dies hat nach Ansicht des Autors einige Veranstalter von offenen Kanälen wohl dazu bewogen, die Sendung nicht in das Programm aufzunehmen.[29]

Im Internet sind solche normativen Einwände und Begrenzungen durch traditionelle Aufsichtsbehörden und Programmverantwortliche nur schwer durchzusetzen, da für die Produzenten vielfältige Möglichkeiten bestehen, ihr Produkt direkt zu verbreiten. So ist inzwischen die für das traditionelle TV als ‚zu heiß' geltende Serie vom Autor in das Internet eingespeist worden. Auf der entsprechenden Webseite stehen gegenwärtig alle 55 Folgen der schwul-lesbischen Serie als Videostreaming frei zugänglich und ohne Zeit- und Altersbegrenzung zum Abruf bereit.

27 Vgl. http://www.kanal-global.de/film/artis/weiss/default.htm.
28 Vgl. http://www.montagskinder.claranet.de/DIESUNDDAS/OffeneOK.htm.
29 Vgl. http://www.montagskinder.claranet.de/mk/MKEssenChronoABSETZUNG.htm.

Abbildung 7.10: ***Montagskinder*** **als Filmarchiv im Internet**

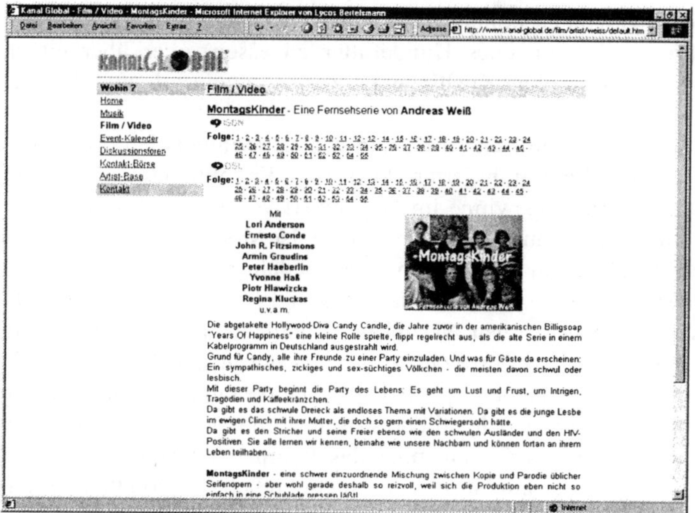

Quelle: www.kanalglobal.de, Oktober 2001

Auch für einige für das Fernsehen gedrehte Werbevideos gilt, dass bei einer Ablehnung durch Programmverantwortliche teilweise auf die neue Distributionsstruktur des Internet ausgewichen wird. So hatte der Musiksender MTV es beispielsweise abgelehnt, einen als erotisch zu gewagt geltenden Werbeclip für Süßigkeiten, der auf eine Zielgruppe von 14- bis 19-jährige Mädchen ausgerichtet war, vor 22 Uhr auszustrahlen. Der amerikanische Medienkonzern Warner Bros. hat daraufhin auf der eigenen Webseite dieses Video mit einer Aufforderung an die Netzgemeinde bereitgestellt, darüber abzustimmen, ob dieser Werbeclip wirklich ‚zu heiß' für eine TV-Ausstrahlung sei.[30]

- Fazit: Der im Vergleich zum TV (relativ) unreglementierte Raum des Internet eröffnet erweiterte Spielräume, um Grenzen des Zeigbaren auszuloten und Formate potenziell zu „verschärfen", die in dieser Art im frei zugänglichen Fernsehen (noch) nicht existieren.

Aufgrund der weltweiten Verbreitungsmöglichkeiten sind via Internet auch solche Real-Life-Präsentationen zugänglich, die aufgrund kultureller Unterschiede in den einzelnen Ländern, in sozio-kulturell anders geprägten Nationen eher auf Unverständnis stoßen. Anfang 1998 wurde im japanischen Privatfernsehen Nippon Television (NTV) eine Sendung (*Nasubi*) gestartet, in der ein junger Mann nackt in ein leeres Appartement gesperrt wurde und

30 Vgl. http://extratv.warnerbros.com/daily/news/extraspin/12_00/12_05a.htm.

versuchen musste, nur von dem zu leben, was er über die Teilnahme an Preisausschreiben gewinnen konnte.[31] So war er beispielsweise gezwungen, in Preisausschreiben gewonnenes Hundefutter zu essen, oder über einem Gasbrenner rohes Fleisch ohne Kochinventar zuzubereiten (vgl. auch Kapitel 3.4.2).

In dem Zimmer befanden sich zu Beginn des Experiments lediglich Zeitschriften und ein Stapel von frankierten Postkarten. Er sollte das Zimmer erst verlassen dürfen, wenn er Gewinne im Gegenwert von einer Millionen Yen erreicht hatte. Insgesamt dauerte die Sendereihe 15 Monate, obwohl Nasubi die Summe eigentlich schon nach einem knappen Jahr gewonnen hatte. Dies hatte jedoch der Produzent aufgrund des großen Erfolgs der Sendung absichtlich verschwiegen. Auch war Nasubi nicht darüber informiert, dass sein Verhalten in dem Zimmer aufgezeichnet und von der gesamten TV-Welt in Japan beobachtet wurde. Neben speziellen Sondersendungen wurde jeden Sonntagabend im TV eine wöchentliche Zusammenfassung übertragen. Ab Juli 1998 war es weltweit möglich, über das Internet jederzeit live in das kleine Zimmer zu schalten, um Nasubi in seinem täglichen Verhalten permanent zu beobachten. Bis zu diesem Zeitpunkt waren viele TV-Zuschauer davon ausgegangen, dass die Show lediglich gespielt wurde. Die NTV-Website mit der Nasubi-Live-Webcam wurde anschließend in Japan unglaublich populär.

- Fazit: Durch das Internet werden Präsentationen weltweit verfügbar, die auf die je besondere Gewichtung und kulturelle Ausprägung etwa des Persönlichkeitsschutzes und des Veständnisses der Menschenwürde in einzelnen Kulturen keine Rücksicht mehr nehmen. So finden sich im Internet bereits Spielhandlungen, die so im Fernsehen in Deutschland undenkbar wären. Sie reichen weit über die bei *Big Brother* diskutierten Aspekte hinaus. Je globaler und kulturübergreifender das Angebot wird, desto relativer stellen sich nationale Wertedefinitionen dar.

In der Netzwelt sind auch solche Programmanbieter zu finden, die nicht im traditionellen TV-Geschäft aktiv sind. Hierbei handelt es sich zumeist um kleine Unternehmen oder Organisationen, welche die relativ kostengünstigen Distributions- und Kommunikationsmöglichkeiten des Internet nutzen. In der nur im Internet zugänglichen amerikanischen Reality Show *Dare for Dollars* (www.darefordollars.com) traten beispielsweise junge Amerikaner für relativ geringe Preisgelder vor laufenden Kameras in bizarren Wettbewerben gegeneinander an: Sie stiegen in Badewannen gefüllt mit Würmern und Kakerlaken, ritten nackt und nur mit Sahnehäubchen bedeckt Rodeo, lutschten an

---

31 Vgl. http://www3.tky.3web.ne.jp/~edjacob/nasubi.html.

Mäusen oder hingen an Stromleitungen mit Stromstößen von 10.000 Volt (Siegle 2000b).

Abbildung 7.11: ***Dare for Dollars***

Quelle: www.darefordollars.com, Oktober 2001

Viele der Vorschläge zu diesen *Herausforderungen* wurden nach Angaben des Produzenten Barry Poznick von den Internetsurfern selber eingereicht. Sie konnten sich an der Onlinesendung direkt beteiligen, indem sie ein Wettbewerbsangebot inklusive Preisgeld als Offerte ins Netz stellten. Der Vorschlag eines Internetnutzers, für zehn Millionen Dollar vor der laufenden Kamera russisches Roulette zu spielen, wurde allerdings nach Angaben des Produzenten sofort von der Website verbannt. Nach Ablauf der Produktionsstaffeln wird gegenwärtig an einer Neuauflage dieser Online Show gearbeitet.

- Fazit: Im Internet kann nahezu jeder zu einem Produzenten von Inhaltsangeboten werden. Die Komplexität und die Vielzahl der Angebote nehmen weiter zu. Damit wird auch das gesamte Inhaltssystem anfälliger für das Bizarre, Geschmacklose, Rücksichtslose.

Auch in Hinsicht auf das Thema Persönlichkeitsschutz und Menschenwürde enthält das Internet nach westlichem Verständnis Normverstöße, die so in der deutschen Fernsehlandschaft bisher nicht denkbar wären. In Amerika hat beispielsweise der Sheriff Joe Arpaio von Maricopa County (USA) im Bezirksgefängnis Internetkameras (*Live Jail Cams*) installieren lassen, mit denen Gefängnisinsassen bei der Arbeit, in der Durchsuchungszelle, bei der

Erstvernehmung etc. im Internet live beobachtet werden können. Nach deutschem Recht sind derartige Übertragungen aus deutschen Gefängnissen im Netz unzulässig.[32]

Erhebliche öffentliche Diskussionen löste auch in Deutschland das amerikanische Internetunternehmen Entertainment Networks, Inc. (ENI) aus. ENI hatte eine Klage beim Bezirksgericht in Indiana (USA) eingereicht, um die Hinrichtung des Oklahoma-Bombenattentäters Timothy McVeigh live und weltweit im Internet zu übertragen (vgl. Rötzer 2001; Tittel 2001). Das Unternehmen, das zusätzlich als Betreiber der Porno-Voyeur-Websites Voyeurdorm (www.voyeurdorm.com) und Dudedorm (www.dudedorm.com) auftritt, argumentierte, dass es den Bürgern verfassungsrechtlich zustünde (First Amendment Right), der Hinrichtung des rechtskräftig verurteilten Massenmörders zuschauen zu dürfen.[33] Um den Zugriff auf die Liveübertragung der Hinrichtung durch Kinder und Jugendliche zu verhindern, sollte die Bezahlung des Zugangs zum Live Stream mit Kreditkarten erfolgen. Da der Hinrichtungstermin allerdings nicht genügend Zeit für eine Berufung ließ, verzichtete ENI auf ein Berufungsverfahren.

Auch in Deutschland wollte der Betreiber des Düsseldorfer Video-Stream-Portals Absolutfilm (www.absolutfilm.de) die Hinrichtung McVeighs live im Internet übertragen. Als Begründung wurde vom Firmenchef Harald Thoma angeführt, dass man über die hohe Aufmerksamkeit die eine Übertragung der Hinrichtung erzielen würde, deutlich machen könne, wie grausam eine Hinrichtung sei und dass hierdurch eine öffentliche Unterstützung für die Abschaffung der Todesstrafe gewonnen werden könne.[34] Die Mobilcom-Tochter Absolutfilm zog ihre Pläne nach einer Welle von Protesten von Politikern und Landesmedienanstalten allerdings wieder zurück. (*Tagesspiegel online* 10.05.2000)

- Fazit: Die niedrigere Publikationsschwelle im Internet bietet umfassende Risiken, einzelne Menschen in ihrer Würde zu verletzen oder Personen öffentlich „an den Pranger" zu stellen, ohne die traditionellen, im Medienbereich üblichen redaktionellen und ethischen Standards einzuhalten.

7.5.2.2 Permanente Beobachtung und individuelle Regiefunktion

Die Diskussion in Deutschland zum Thema Observation und Menschenwürde im Real-Life-Format *Big Brother* konzentrierte sich primär auf die TV-Ausstrahlung. Hierzu wurde in einer vorläufigen Bestandsaufnahme von den Landesmedienanstalten zusammengefasst:

---

32 Kultura extra (2000): An den Pranger gestellt und von der Öffentlichkeit beglotzt. Webcams im Gefängnis von Arizona, Online-Artikel v. 02.12.2000, http://www.kultura-extra.de/extra/pranger.html.

33 Vgl. http://www.entertainmentnetwork.com/mcveigh.html.

34 Vgl. http://www.heise.de/newsticker/data/fr-20.04.01-000/.

> Psychoformate machen auf z.T. drastische Weise die Intimsphäre der Kandidaten einer unbeteiligten, fremden Öffentlichkeit zugänglich. Distanz und Respekt vor Intimität werden erschwert oder unmöglich gemacht und verlieren an Bedeutung. Der Voyeurismus der Zuschauer wird gefördert. (*BLM* 2001)

Die das TV-Programm begleitende RTL 2-Website *Big Brother* blieb hingegen in der öffentlichen Diskussion weitestgehend unbeachtet, obwohl sie die als problematisch angesehenen Aspekte durch den Einsatz von Internet-spezifischen funktionalen Elementen um ein Vielfaches verschärfte.[35]

Im Unterschied zur täglichen TV-Zusammenfassung offerierte die *Big Brother*-Website eine Beobachtung der Teilnehmer via Webcams rund um die Uhr, wobei zusätzlich ein spezielles *Tracking System* in der zweiten Staffel die gezielte Kameraverfolgung und die permanente Beobachtung von speziell ausgewählten Akteuren erlaubte. Mit diesem Tracking-Verfahren, bei dem jeweils ein farblicher Punkt einem bestimmten Kandidaten zugeordnet war, konnte der Webcam-Beobachter genau verfolgen, an welchem Ort im Container sich die jeweils ausgesuchte Person aufhielt (z.B. Wohnzimmer, Küche, Schlafzimmer, Badezimmer etc.) und auf die entsprechend installierte Beobachtungskamera zugreifen. Über speziell installierte Infrarotkameras konnten die Teilnehmer von den Internetnutzern zusätzlich auch im Dunkeln in ihren Schlafzimmern live beobachtet werden.

---

35 Insbesondere unter dem Gesichtspunkt des Persönlichkeitsschutzes galt allerdings für beide Medienformate (TV und Internet) der zentrale Grundsatz, dass die Teilnehmer freiwillig dieser Form der Selbstpräsentation zugestimmt haben und nach Angaben der Veranstalter jederzeit den *Container* verlassen konnten.

Abbildung 7.12: Webcam Trackin (2. Staffel *Big Brother*)

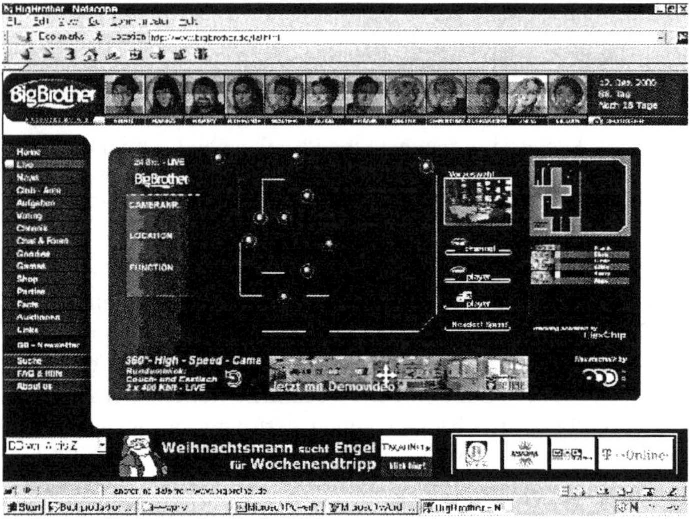

Quelle: www.big-brother.de, Oktober 2001

Auch im Bereich der Sexualität/Intimität bietet das Internet erweiterte Möglichkeiten der Grenzauslotung als sein massenmediales TV-Pendant. So boten die TV-begleitenden Websites zur deutschen *Big Brother*-Sendung beispielsweise die Möglichkeit, über unbegrenzte Zeiträume hinweg die Kameraeinstellung des Badezimmers abzurufen oder auf archivierte Mitschnitte von speziell zusammengestellten Duschszenen (z.B. Intimrasur) zuzugreifen.

Abbildung 7.13: Webcam im Bad

Quelle: www.big-brother.de, Oktober 2001

Darüber hinaus ließ es das Webangebot zu, intime Gespräche der Bewohner vollständig und ungeschnitten mitzuverfolgen.

- Fazit: Durch die Möglichkeiten einer permanenten Beobachtung des persönlichen Verhaltens mittels eines 24-stündigen Life Streaming und aufgrund gezielter individueller Auswahlmöglichkeiten erhält die mediale Ausstellung des Privaten in der Netzwelt einen nahezu grenzenlosen Charakter.

Mit der jederzeit verfügbaren Webadresse kann ein „paralleler Kanal" (Hanemann 2000, 22) technisch realisiert werden, der um die Protagonisten eine *Web Community* aufbaut. Dieser *Community* sind die Container-Bewohner in weitaus stärkerem Maße *ausgeliefert*, als einem TV-Publikum. Zwar ist die Anzahl der Internetnutzer keinesfalls vergleichbar mit dem Massenpublikum des täglichen Fernsehzusammenschnittes, doch eröffnet sich dem User die Möglichkeit einer permanenten Live-Stream-Beobachtung der *Bewohner*. So wird die medial ausgestellte Privatheit in der Netzwelt umfassend verfügbar.

Hinsichtlich der Problematik des Persönlichkeitsschutzes ist festhaltenswert, dass diese erweiterten Möglichkeiten des Internet einen intensiveren Einblick in die privaten Verhaltensweisen boten als der tägliche Zusammenschnitt, den das Fernsehen ausstrahlte. Die eigene *Regieführung* der User im Internet begrenzte sich hierbei nicht nur auf die Auswahl des Kamerastandortes, sondern interaktive Zoom- und 360°-Schwenkfunktionen ermöglichten auch eine direkte *Verfolgung* der Container-Bewohner innerhalb der Räume. Hierbei ist der Internetnutzer nicht mehr auf eine redaktionelle Auswahl von bestimmten dramaturgischen Situationen begrenzt.

- Fazit: Mittels einer eigenen *Regieführung* (Auswahl der Kameraperspektive, Zugriff auf Infrarotkameras etc.) erhalten Internetnutzer die Möglichkeit, ungeschnitten persönliche Situationen und Verhaltensweisen zu beobachten. Hierdurch sind die Teilnehmer in weitaus stärkerem Maße dem öffentlichen Zugriff *ausgeliefert* als bei den Real-Life-TV-Formaten.

Im WWW kann sich der Besucher erweiterte Einblicke verschaffen, um sich ein *objektiveres* eigenes Bild zu bestimmten Bewohnern zu machen, welches nicht zwangsläufig der Interpretation des Regisseurs unterliegt. Trotz der inszenierten Spielsituation wird durch die zusätzlichen funktionalen Beobachtungsmöglichkeiten der Eindruck von Authentizität (Beobachtung des privaten Lebens unverstellter, alltäglicher Menschen) beim Betrachter verstärkt. Mit diesen zusätzlichen Webangeboten zur umfassenden und individuell steuerbaren Beobachtung rückt auch das Authentizitätsproblem, das von den Landesmedienanstalten bereits mit Blick auf die entsprechenden Reality-TV-Sendungen hervorgehoben wurde (vgl. *BLM* 2001), stärker in den Vordergrund.

- Fazit: Für den User der Homepage wird der Reiz, Einsicht in privateste Angelegenheiten Fremder zu erlangen, also das Bedürfnis der Schaulust zu befriedigen, durch die begleitenden Live-Angebote im Internet insofern verschärft, als dieser gegebenenfalls nach dem Zufallsprinzip Einblick in jenes *ungefilterte* Material erhält, das möglicherweise nur er *entdeckt* hat.

7.5.2.3 Interaktion und Kommunikation

Auf den Real Life begleitenden Websites werden über Mailing Listen, Newsgroups, Ereignistagebücher oder Chat Foren vielfältige Interaktionsmöglichkeiten geboten, um die Rezipienten und User stärker an das jeweilige Format zu binden. Bei Real-Life-Formaten besteht ein wesentlicher zusätzlicher Nutzen für den Besucher der begleitenden Homepages darin, sich über den Ablauf der Ereignisse detaillierter zu informieren. Theoretisch eröffnet die Onlinekommunikation als supplementäres Element zu den TV-Ausstrahlungen fortgeschrittene Möglichkeiten der interaktiven *Anschlusskommunikation* innerhalb der Netzwelt. Dem User wird im Rahmen einer gemeinsamen Themenagenda auch zusätzlicher Raum zur Verfügung gestellt, um sich in *Communities* über die Teilnehmer, deren Verhalten und die Ereignisse der Real-Life-Show auszutauschen. Im Rahmen einer Studie von Trepte u.a. zu den Nutzungsmotiven des Webangebotes von *Big Brother* zeigt sich, dass die begleitenden Internetseiten vor allem dazu genutzt werden, Informationen zu detaillierteren Fragen, wie z.B. zur Biografie der Kandidaten beantwortet zu bekommen (vgl. Trepte, Baumann, Borges 2000). Das *Interaktionspotenzial* des Internet bietet aber auch erweiterte Möglichkeiten, die Teilnehmer von Real-Life-Sendungen zu bewerten: über interaktive Voting-Systeme wird der User aufgefordert, mitzubestimmen, welche Teilnehmer die Sendung verlassen müssen.

Grundsätzlich besteht im Rahmen der *Community-Bildung* eine Verantwortung der Sender, auf ihren Websites diejenigen Inhalte, die von den Nutzern eingegeben werden (z.B. Newsgroups, Links etc.), hinsichtlich ihrer rechtlichen und normativen Akzeptanz redaktionell abzuschätzen. Durch interaktive anonyme Beiträge im Rahmen von bestimmten *Communities* besteht immer auch die Gefahr, dass so genannte Hate Speeches eine (teil-)öffentliche Plattform erhalten.

In Deutschland hat beispielsweise ein bayrischer Jurastudent mit seiner *Rache-ist-suess-Homepage* (www.exfreunde.de) ein offenes Forum für wüste Schmähungen und Beleidigungen ins Internet gestellt, in der Personen aus dem Freundeskreis, der Arbeitswelt, der Schule oder der Nachbarschaft an den virtuellen Pranger gestellt werden können (Trapmann 2001). Ziel der persönlichen Anschuldigungen, Beleidigungen und Angriffe ist es nach Angaben des Betreibers der Website, die privaten Rachegelüste und den Aggressionsstau derjenigen abzubauen, die ihm diese Informationen zur Veröffentlichung übermitteln.

Abbildung 7.14: *Exfreunde*.de

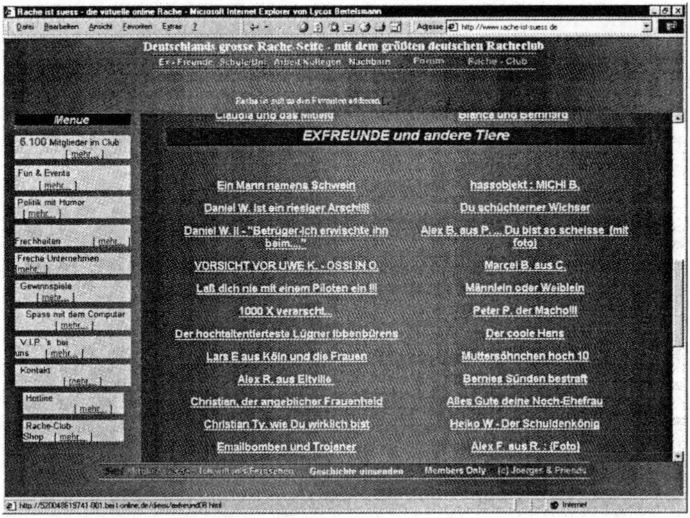

Quelle: www.exfreunde.de, Oktober 2001

Die angegriffenen Personen können sich juristisch kaum wehren, da Namen und Adressen abgekürzt und bei der Veröffentlichung von Fotos schwarze Augenbalken eingeblendet werden. Lediglich bei der Präsentation von Fotos wird ein Hinweis vom Betreiber eingefügt, dass die Betroffenen die Bildveröffentlichung löschen lassen können, wenn sie sich in ihren Persönlichkeitsrechten verletzt fühlen.

- Fazit: Mit der zunehmenden Angebots- und Nutzungsvielfalt im Internet nimmt auch die Wahrscheinlichkeit von Nischenanbietern mit extremen Inhaltsformen (z.B. Menschenverachtung, Beleidigungen, Hate Speeches) zu, die nicht wie die großen TV-Anbieter, Verlage oder Redaktionen, die dargebotenen Inhalte nach entsprechend professionellen und normativen Kriterien bewerten.

In der Bundesrepublik existiert gemäß Kulturuhebergesetz (KUG) zwar seit 1907 das Recht am eigenen Bild (Bildnisschutz), welches gewährleisten soll, dass Foto- und Videoaufnahmen nur mit der Einwilligung des Abgebildeten verbreitet oder öffentlich zur Schau gestellt werden dürfen (vgl. Dix 2001). Im Internet tauchen allerdings immer mehr Fotos von Personen auf, die von der Aufnahme und der Veröffentlichung nichts wissen und somit auch ihr individuelles Recht auf Löschung nicht ausüben können.

- Fazit: Grundsätzlich existiert im globalisierten und weitverzweigten Internet hinsichtlich des Rechts am eigenen Bild ein „Vollzugsdefizit". Unterschiedliche internationale Rechtsgrundlagen, die Schwierigkeiten der gezielten Auffindbarkeit von unberechtigten Aufnahmen und der Lokalisierung derjenigen, die unberechtigt Fotos von Personen ins Netz stellen, erschweren die Durchsetzbarkeit des nationalen Rechtsanspruches (vgl. Legler 1997).

Webformate, die sich wie im vorangegangenen Beispiel inhaltlich an Reality Talks orientieren, erzielen zwar im Internet eine grundsätzlich geringere öffentliche Aufmerksamkeit als das ‚Leitmedium' *Fernsehen* und begrenzen sich zudem auch auf bestimmte eingegrenzte Nutzerinteressen. Allerdings ist insbesondere bei diesem Beispiel hervorzuheben, dass die *interessantesten* Zuschriften mit dem Einverständnis der privaten Verfasser („Ich will ins Fernsehen") an Daily-Talk-Produzenten weitergeleitet werden. Nach Angaben von *Der Spiegel* bekommt der Betreiber täglich bis zu 75 neue Einsendungen, von denen er die besten Mails im Rundschreiben an 16 Talk Producer weiterleitet (vgl. Neumann 2001). Die Kombination von privaten Anprangerungen im Internet und deren Verknüpfung mit einem potenziellen Fernsehauftritt bieten sicherlich für bestimmte Zielgruppen einen erhöhten Anreiz, solche privaten *Entäußerungen* zu präsentieren.

- Fazit: Die Kombination der Internet-spezifischen Möglichkeiten zur persönlichen Diskriminierung mit dem Aufmerksamkeitswert des Leitmediums *Fernsehen* kann zu einer riskanten Verstärkung dieser Entwicklung beitragen.

7.5.2.4 Zugänglichkeit und Archivierung

Als ein zentraler Vorteil gegenüber Real-Life-TV-Ausstrahlungen wurde von den Nutzern des komplementären Webangebotes von *Big Brother* die erhöhte Zeitsouveränität angegeben (vgl. Trepte, Baumann, Borges 2000, 558). Die Ereignisse und persönlichen Entwicklungen der Teilnehmer lassen sich durch den zeitlich unbegrenzten und unabhängigen Zugriff auf die begleitende Website permanent nachvollziehen und bequem in die Alltagssituationen der Webnutzer integrieren. Somit unterstützt die zeitsouveräne Zugriffsoption auf die TV-begleitenden Homepages den von den Sendern angestrebten *Soap Charakter*, der eine zunehmende *Vertrautheit* und *Verbundenheit* mit den Situationsentwicklungen und mit den handelnden Personen ermöglicht. Bilder und Archivaufzeichnungen zur Sendung ermöglichen wiederholbare Zugriffe auf die Präsentation von Situationen und Verhaltensweisen der Teilnehmer über längerfristige Zeiträume hinweg. Längerfristig vor allem deshalb, da es im Internet möglich ist, Verweise auf Sendungen, Aufzeichnungen, Statements etc. zu archivieren, jederzeit aufzufinden und abzurufen. So sind auch im Oktober 2001 unter der offiziellen Website von *Big Brother* (www.big-brother.de) unter dem Motto „Best of Big Brother“ noch Bilder und Videos von allen drei Staffeln gespeichert und jederzeit abrufbar.

Abbildung 7.15: „Best of *Big Brother*“

Quelle: www.big-brother.de, Oktober 2001

Auch nach Beendigung der Programmstaffel und einer Löschung der entsprechenden Homepage kann nicht zwangsläufig davon ausgegangen werden, dass Bild- oder Videoaufzeichnungen nicht an anderer Stelle im Netz weiterhin auffindbar sind. Die digitale Speicherung auf weitverzweigten Servern und Proxy-Systemen hinterlässt längerfristig zugängliche Verweise und Datenspuren. Bei der Eingabe von *Manuela + Big Brother* in der Suchmaschine Google.de sind im Oktober 2001 noch 868 Einträge mit Links zu Texten, Bildern und Videos über die Teilnehmerin Manuela aus der ersten Staffel von *Big Brother* (Laufzeit vom 01.03. – 09.06.2000) zu finden.

Abbildung 7.16: ***Big-Brother*-Fundstellen bei Google**

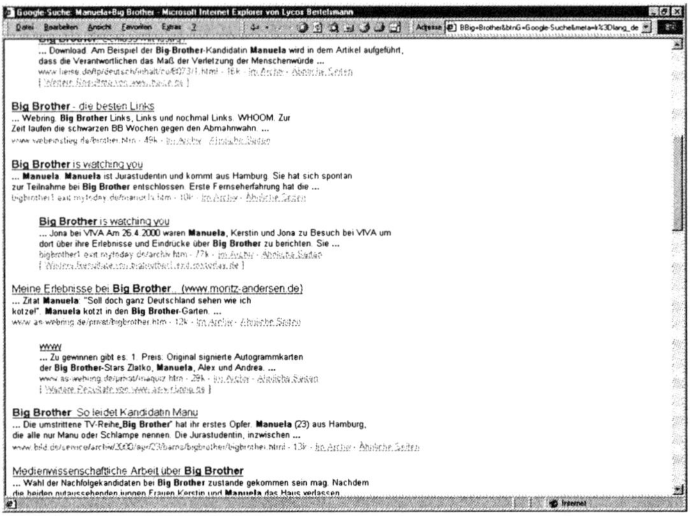

Google-Suche: Manuela+Big Brother - Microsoft Internet Explorer von Lycos Bertelsmann

... Download. Am Beispiel der **Big-Brother**-Kandidatin **Manuela** wird in dem Artikel aufgeführt, dass die Verantwortlichen das Maß der Verletzung der Menschenwürde ...

Big Brother - die besten Links
... Webring. **Big Brother** Links, Links und nochmal Links. WHOOM. Zur Zeit laufen die schwarzen BB Wochen gegen den Abmahnwahn. ...

Big Brother is watching you
... **Manuela**. **Manuela** ist Jurastudentin und kommt aus Hamburg. Sie hat sich spontan zur Teilnahme bei **Big Brother** entschlossen. Erste Fernseherfahrung hat die ...

Big Brother is watching you
... Jona bei VIVA Am 26.4.2000 waren **Manuela**, Kerstin und Jona zu Besuch bei VIVA um dort über ihre Erlebnisse und Eindrücke über **Big Brother** zu berichten. Sie ...

Meine Erlebnisse bei **Big Brother**.. (www.moritz-andersen.de)
... Zitat **Manuela**: "Soll doch ganz Deutschland sehen wie ich kotze!". **Manuela** kotzt in den **Big Brother**-Garten. ...
www.as-webring.de/privat/bigbrother.htm - 12k

www
... Zu gewinnen gibt es: 1. Preis: Original signierte Autogrammkarten der **Big Brother**-Stars Zlatko, **Manuela**, Alex und Andrea. ...

Big Brother So leidet Kandidatin Manu
... Die umstrittene TV-Reihe„**Big Brother**" hat ihr erstes Opfer. **Manuela** (23) aus Hamburg, die alle nur Manu oder Schlampe nennen. Die Jurastudentin, inzwischen ...

Medienwissenschaftliche Arbeit über **Big Brother**
... Wahl der Nachfolgekandidaten bei **Big Brother** zustande gekommen sein mag. Nachdem die beiden gutaussehenden jungen Frauen Kerstin und **Manuela** das Haus verlassen

Quelle: www.google.de, Oktober 2001

Die hier im Nachhinein aufzufindenden Verweise auf unterschiedlichste Bild-, Text- und Videoarchive gehen weit über die zeitlich begrenzten Dimensionen veröffentlichter Privatheit einer TV-Sendung hinaus. So sind auch anderthalb Jahre nach der ersten Staffel Zugriffe auf Fotos (z.B. „Manuela kotzt in den Big-Brother-Garten") oder Artikel möglich (z.B. „So leidet Kandidatin Manu"), die sich mit damaligen Verhaltensweisen von Manuela oder den *Hasstiraden* der Fans beschäftigten. Dies beinhaltet für die Teilnehmer der Real-Life-Sendungen ein *intensiveres* Ausgeliefertsein bei der öffentlichen Präsentation.

Insbesondere an den Beleidigungen, bei denen Manuela von ‚BB-Fans' mit Sprüchen wie „Manu, du Schlampe" und „Manu-raus" öffentlich herabgewürdigt wurde, und an den individuellen Folgen (Weinkrämpfe etc.) entzündete sich eine öffentliche Diskussion. Im Vordergrund stand hierbei, ob die Verantwortlichen der Sendung ihrer ‚Fürsorgepflicht' nachgekommen sind, um die Stimmung gegen die Kandidatin Manuela nicht weiter anzuheizen (vgl. Jörns 2000).

Spontane Äußerungen oder Verhaltensweisen, spezielle Situationen der Ergriffenheit, all diese Momente können archiviert und im Internet jederzeit abrufbar eine Eigendynamik erzeugen, die so in der konkreten Aufnahmesituation von den handelnden Personen sicher nicht angemessen abzuschätzen ist. So könnten die im Internet aufzufindenden Momente der privaten Entäußerungen beispielsweise Probleme bei einer späteren Arbeitssuche, mit neuen Bekanntschaften oder am Arbeitsplatz nach sich ziehen. Archiviert und jederzeit öffentlich zugänglich erhalten diese festgehaltenen Momente für die

Teilnehmer eine erheblich längere Wirkungsqualität hinsichtlich potenzieller nicht intendierter Handlungsfolgen als durch die zeitlich begrenzte *Flüchtigkeit* einer einmaligen TV-Ausstrahlung.

Abbildung 7.17: Internet-Archivmaterial zur *Big Brother*-Teilnehmerin Manuela

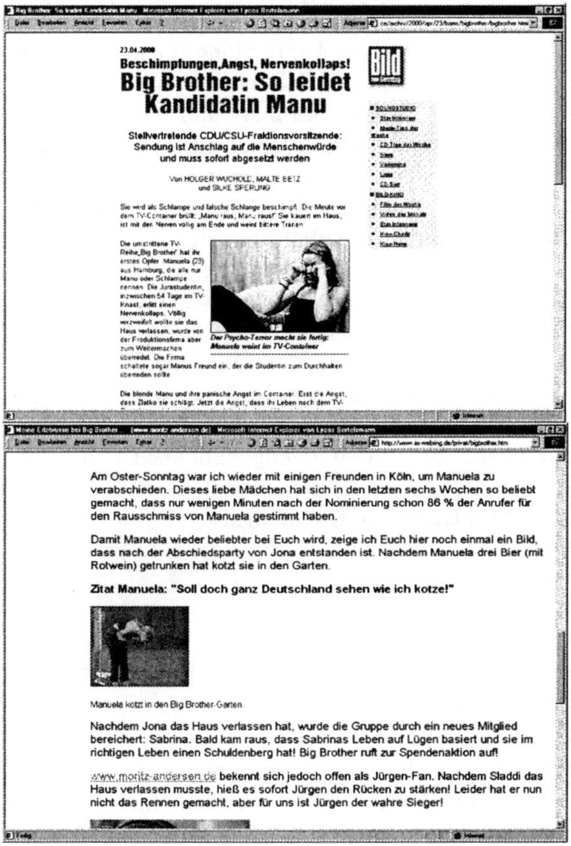

23.04.2000

Beschimpfungen,Angst, Nervenkollaps!

Big Brother: So leidet Kandidatin Manu

Stellvertretende CDU/CSU-Fraktionsvorsitzende: Sendung ist Anschlag auf die Menschenwürde und muss sofort abgesetzt werden

Von HOLGER WUCHOLD, MALTE BETZ und SILKE SPERLING

Sie wird als Schlampe und falsche Schlange beschimpft. Die Meute vor dem TV-Container brüllt: „Manu raus, Manu raus!" Sie kauert im Haus, ist mit den Nerven völlig am Ende und weint bittere Tränen.

Die umstrittene TV-Reihe „Big Brother" hat ihr erstes Opfer: Manuela (23) aus Hamburg, die alle nur Manu oder Schlampe nennen. Die Jurastudentin, inzwischen 54 Tage im TV-Knast, erlitt einen Nervenkollaps. Völlig verzweifelt wollte sie das Haus verlassen, wurde von der Produktionsfirma aber zum Weitermachen überredet. Die Firma schaltete sogar Manus Freund ein, der die Studentin zum Durchhalten überreden sollte.

Der Psycho-Terror macht sie fertig: Manuela weint im TV-Container

Die blonde Manu und ihre panische Angst im Container. Erst die Angst, dass Zlatko sie schlägt. Jetzt die Angst, dass ihr Leben nach dem TV-

Am Oster-Sonntag war ich wieder mit einigen Freunden in Köln, um Manuela zu verabschieden. Dieses liebe Mädchen hat sich in den letzten sechs Wochen so beliebt gemacht, dass nur wenigen Minuten nach der Nominierung schon 86 % der Anrufer für den Rausschmiss von Manuela gestimmt haben.

Damit Manuela wieder beliebter bei Euch wird, zeige ich Euch hier noch einmal ein Bild, dass nach der Abschiedsparty von Jona entstanden ist. Nachdem Manuela drei Bier (mit Rotwein) getrunken hat kotzt sie in den Garten.

Zitat Manuela: "Soll doch ganz Deutschland sehen wie ich kotze!"

Manuela kotzt in den Big Brother-Garten.

Nachdem Jona das Haus verlassen hat, wurde die Gruppe durch ein neues Mitglied bereichert: Sabrina. Bald kam raus, dass Sabrinas Leben auf Lügen basiert und sie im richtigen Leben einen Schuldenberg hat! Big Brother ruft zur Spendenaktion auf!

www.moritz-andersen.de bekennt sich jedoch offen als Jürgen-Fan. Nachdem Sladdi das Haus verlassen musste, hieß es sofort Jürgen den Rücken zu stärken! Leider hat er nun nicht das Rennen gemacht, aber für uns ist Jürgen der wahre Sieger!

Quelle: www.bild.de/service/archiv

- Fazit: Die Freiwilligkeit der Exposition innerhalb von Real-Life-Formaten beinhaltet nicht zwangsläufig auch eine umfassend sichergestellte Autonomie des Subjekts. Potenzielle (längerfristige) Konsequenzen für Akteure und Rezipienten sind bei archivierten Internetpräsentationen noch weniger überschaubar als bei einer zeitlich begrenzten TV-Ausstrahlung.

Insgesamt zeigen die Analyseergebnisse, dass die neuen computervermittelten Präsentations- und Kommunikationsformen die Darstellungsmöglichkeiten von Privatheit im Vergleich zu bisherigen Fernsehpräsentationen in vielfältigen Dimensionen erweitern. Dies gilt insbesondere für die mediale Präsentation von solchen Programminhalten, die für eine Ausstrahlung im frei zugänglichen TV für zu problematisch gehalten werden (z.B. gewaltsamer Tod, Unfall, Homosexualität, erotische Werbung). Präsentationsformen, die in Deutschland aus Gründen der Menschenwürde problematisch oder unzulässig wären (z.B. *Nasubi*, *Dare for Dollars*, Hinrichtung, Gefängnis-Webcams), verweisen darauf, dass im Kontext des Internet die nationalen ethischen und rechtlichen Normen ihre Geltung als Filter- und Auswahlinstanz verlieren. Auch durch nationale *Nischenanbieter* werden aufgrund rechtlicher Grauzonen und bestehender Vollzugsdefizite im Internet extremere Inhaltsformen bei der Präsentation privater Entäußerungen (persönliche Herabsetzungen, Hate Speeches etc.) der Internetöffentlichkeit zugänglich gemacht. Die Analyse der *Internet Präsentation* von *Big Brother* zeigt darüber hinaus, dass sowohl die permanente Beobachtung von Verhaltensweisen als auch der gezielte interaktive Zugriff auf spezielle Momente der Entäußerung das im TV vorherrschende Prinzip der redaktionellen Kontrolle und Auswahl zumindest teilweise außer Kraft setzt. Dies steigert im Unterschied zur TV-Ausstrahlung das Prinzip der öffentlichen Verfügbarkeit und Observation der Beteiligten. Gleichfalls erhöht die längerfristige Zugänglichkeit und Archivierung von persönlichen Darstellungs- und Verhaltensweisen im Internet das Problem der Abschätzung nicht intendierter Handlungsfolgen (im Beruf, im Privatleben) für diejenigen, die sich freiwillig diesen Real-Life-Präsentationen aussetzen.

7.6 Analyseergebnisse: Zur Exposition und Verhandlung von Privatheit in der Netzwelt

Privates ist zunehmend öffentlich verhandelbar und vorzeigbar geworden. Produzenten und Anbieter medialer Formen von veröffentlichter Privatheit erhalten mit dem interaktiven und weltweiten Distributionskanal Internet neue technisch-funktionale Potenziale. Computervermittelte Kommunikationsformen (CvK) erlauben die Verbreitung auch solcher Präsentationen von Privatheit, die beispielsweise im frei zugänglichen Fernsehen (noch) auf normative Grenzen stoßen.

Dies resultiert insbesondere aus den strukturell neuen Eigenschaften der neuen Kommunikationsformen. Hierzu zählt die zeitliche und örtliche Unabhängigkeit bei der Nutzung, der umfassende Charakter als Massen- und Individualkommunikationsmittel sowie die Gelegenheit, die Kommunikations- und Verbreitungsmöglichkeiten unabhängig von dem *Filter* einer Medienredaktion nutzen zu können.

Die Onlinekommunikation ermöglicht es, individuelle Identitäten in ihren unterschiedlichen Selbstaspekten aktiv zu präsentieren und kollektive Identitäten durch den Zugang zu diversifizierten Zielgruppen oder Teilöffentlichkeiten aufzubauen. Es bieten sich veränderte Bedingungen für das Gelingen oder Scheitern von medialen Selbstdarstellungen im Internet. Die Unvermitteltheit der Interaktion in der Netzwelt stellt hohe Anforderungen an die Bewusstheit der Selbstdarstellung und verlangt die Reflexion auf deren Wirkung bei Betrachtern, deren Bewertung der dargestellten Person selbst nicht kommunikativ kontrolliert werden kann. Andererseits haben gerade aufgrund der unmittelbaren Kommunikationsmöglichkeiten alltägliche Menschen erweiterte Chancen, soziale Reaktionen auf Onlinepräsentationen zu erhalten.

Wer der – normativ vorherrschenden – Auffassung anhängt, dass private, emotionale oder erotische Präsentationen im direkten Kontakt und im unmittelbaren sozialen Umfeld gelebt werden sollten, bei dem treffen computervermittelte Kommunikationsformen zumeist (noch) auf Unverständnis. In der medialen Öffentlichkeit werden mit Blick auf potenzielle Tabuverletzungen solche Formen der Netzkommunikation insbesondere dann diskutiert, wenn Bereiche wie Privatheit, Emotionalität und Intimität in der Netzwelt (z.B. virtueller Sex, Webcams in privaten Schlafzimmern etc.) dargestellt werden.

In der Analyse haben wir anhand von ausgewählten Fallbeispielen, in denen Privates in der Netzwelt öffentlich präsentiert und verhandelt wird, zwei zentrale Fragenkomplexe untersucht:

(a) Wie wird das private Leben von Akteuren selbst im Netz öffentlich ausgestellt (Selbstdarstellungen auf privaten Homepages) und welche Muster gibt es dafür?
(b) In welcher Form wird das Netz genutzt, um Grenzen des Zeigbaren, die im Fernsehen noch eingehalten werden, zu verschieben (Real-Life-Präsentationen im Internet)?

(a) Bei *privaten Homepages* handelt es sich um neuartige Formen der Expressivität in der Darstellung von Privatheit, die im Wesentlichen auf eine positive Selbstdarstellung ausgerichtet sind. Es gibt keine hohen Zugangsvoraussetzungen zum Betreiben einer persönlichen Webpräsenz; es bedarf keiner spezialisierten Talente, keiner Schönheit, keines besonderen Wissens. Bei entsprechender Ausstattung ist es jedem freigestellt, sich der Netzöffentlichkeit zu präsentieren. Die verhandelten Themenbereiche und Präsentationsweisen stellen gegenüber dem Fernsehen oftmals eine weiterführende kommunikative Innovation dar. Die Themenschwerpunkte erstrecken sich von Hobby/Beruf über Krankheit/Behinderung bis hin zu Erotik/Sex. Innovativ sind hierbei nicht nur die (Tagebuch-)Schriften und (Webcam-)Bilder.

Innovativ ist insbesondere die Dialogorientierung, derer sich in verschiedener Ausprägung bedient wird (Sozialdimension).

Obwohl es sich bei der persönlichen Webpräsenz um ein relativ neues Phänomen handelt, kann bereits von einer Tendenz zur *Konventionalisierung* der Gestaltung privater Homepages gesprochen werden. Im Aufbau der Netzpräsenzen haben sich verschiedene gestalterische und strukturelle Elemente durchgesetzt (steckbriefartige Selbstbeschreibungen, Porträtfotografien auf der Eingangsseite etc.), die als *Standard* bezeichnet werden können.

Das wirklich Neue an privaten Homepages liegt in der *Selbstbestimmung bei der Selbstdarstellung* der Protagonisten, deren unterschiedliche (subjektiven) Wertmaßstäbe die individuellen thematischen Grenzen markieren. Die Betreiber privater Homepages unterliegen nicht solchen Legitimationszwängen oder Interaktionsregeln, wie sie in der persönlichen Face-to-Face-Kommunikation wirksam werden. Gegenüber dem Fernsehen, dessen medientypische Szenarien von den Teilnehmern (z.B. Talkgästen) zumeist nicht steuerbar sind, entfallen derartige Reglements bei privaten Homepages. Dies ermöglicht eine selbstbestimmte, *deregulierte* Selbstdarstellung/-offenbarung. Nicht in Reflexion auf normative Vorgaben, sondern durch subjektives Empfinden für das Angemessene regulieren die Akteure selbst ihre Webpräsenzen; Normen existieren versubjektiviert.

Die Selbstdarstellung der Protagonisten stellt immer einen freiwillig gewählten Realitätsausschnitt dar. Die innersten Geheimnisse bleiben in der Regel im Verborgenen. Die eigene Kontrolle, die gezielte Selektion und Beherrschung der für andere wahrnehmbaren Situationen erfolgen im geschützten Raum der Häuslichkeit. Die Akteure müssen sich keinem anwesenden, sichtbaren Publikum stellen, sind keinem hinterfragenden Moderator ausgeliefert. Frei von einschränkenden Eingriffen, ohne redaktionelle Leitung, wird das Recht auf ein Forum für die eigene Subjektivität wahrgemacht. Dies wird zuweilen, nicht zuletzt aufgrund des potenziellen *Publikums*, als Aufwertung der eigenen Identität empfunden.

Die uneingeschränkte Selbstbestimmung der Protagonisten drückt sich nicht nur darin aus, dass in Eigenregie versucht wird, die Privatsphäre zu schützen; sie schließt auch die Überschreitung von Tabus ein. Auf Textebene wird als beliebte Praxis die Beschreibung persönlicher, intimer, teils sexueller Erlebnisse sichtbar. Zwar zeichnet sich auch im Fernsehen ein Wandel bezüglich der verhandelbaren, privaten Themenbereiche ab. Die Darstellungen auf Homepages gehen aber darüber hinaus. So werden auf den Webpräsenzen nicht selten gewaltverherrlichende, pornografische u.a. Elemente in die Selbstdarstellung einbezogen, die das Bewusstsein von den Regeln zivilisierten Verhaltens stärker provozieren. Auf Bildebene liegen die Tabuüberschreitungen im Wesentlichen im erotischen/sexuellen Bereich. Auch hier finden sich Darbietungsformen, die im Fernsehen so nicht denkbar und praktikabel wären.

Die individuell markierten Grenzen in Bezug auf die bildlichen Darstellungen des Körpers variieren stark. So sind einige Akteure bereit, sich nackt zu zeigen, wollen aber über Bildauswahl und/oder konzipierte, posierte Fotografie die Kontrolle bewahren. Andere möchten sich in ihrer Nacktheit nicht posiert, sondern möglichst authentisch und auch in ihren sexuellen Praktiken ungestellt präsentieren.

Es handelt sich bei den Abbildungen also nicht durchweg um eine authentische Präsentation des zuweilen entblößten Körpers. Zum Teil sind die Bilder durchweg inszeniert und für Fotogalerien zusammengestellt. Andere, innerhalb von privaten Homepages veröffentlichte Bildarchive, präsentieren im 15-minütigen Rhythmus unselektierte Webcambilder aus verschiedenen Räumen der privaten Wohnung. Letztere Praxis ist die seltenere, aber auch die erfolgreichere, was darauf schließen lässt, dass ein großer Anreiz für den User gerade darin besteht, möglicherweise Zeuge einer unvorhersehbaren Begebenheit zu werden. Im Rahmen der unselektierten Bildarchive sind auch Sexszenen vorzufinden. Dadurch, dass sie in den Alltag integriert, also in einer wenig spektakulären Weise präsentiert sind, verlieren sie jedoch an Anzüglichkeit.

Die textliche Darstellung erfolgt zu einem Großteil über auf der Homepage angebotene Tagebücher, die durch den Rahmen der Onlinepräsentation eine signifikante Veränderung erfahren. Online Diaries dienen nicht – wie das traditionelle Tagebuch – primär der Selbstklärung. Das Bewusstsein, nicht für sich selbst, sondern für ein Publikum zu schreiben, verändert die Texte in signifikanter Weise (vgl. *Sozialdimension*, Kap. 7.4.1.3).

Insbesondere die Analyse der Online Diaries unterstreicht deutlich die Eigenregie, die Selektivität und die Ausschnitthaftigkeit der Angebote. Für eine gelungene Selbstdarstellung sind die Protagonistinnen um die Korrektur eines für sie möglicherweise ungünstigen Bildes bemüht. Um mögliche soziale Konsequenzen bei Kollegen oder Bekannten kontrollierbar zu halten, sind sie auf Selbstbeherrschung bedacht, was das Aussprechen von Empfindungen, aber auch die *Bloßstellung* anderer betrifft.

Im Rahmen der Detailanalysen ausgewählter Homepages wurde überprüft, inwieweit das interaktive Potenzial von Online Diaries für die Selbstreflexion nutzbar gemacht wird. Es kam heraus, dass die populären fünf Protagonistinnen keinen starken Gebrauch von den Interaktionsmöglichkeiten machen. Es scheint vordergründig nicht ihr Motiv zu sein, mit den Usern in einen tiefgreifenden Dialog zu treten. Vielmehr unterliegt das in die Netzpräsenz integrierte Tagebuch dem die Homepage insgesamt beherrschenden Zweck der Selbstdarstellung. Die Protagonistinnen wollen nicht in erster Linie in einen thematischen Dialog treten; ihre Webpräsenzen verfügen selten über eine ausreichende thematische Substanz für eine entsprechende Anschlusskommunikation. Das Ziel ist nicht überwiegend der Ausdruck privater Gefühle, sondern die gelungene Selbstdarstellung.

Die im Rahmen der Detailanalyse untersuchten Homepages der fünf *Webgirls* sind durchweg einem Typus zuzuordnen, der sich durch das Motto beschreiben lässt: *Das Ich verschafft sich in seiner persönlichen Eigenart Beachtung*. Hierbei handelt es sich um ein in der Homepagekultur besonders weit verbreitetes Muster. Thema der Homepage sind allein die Protagonistinnen selbst. Über die Homepage wird versucht, mit den persönlichen Vorzügen, Schwächen und Eigenarten Beachtung und Anerkennung zu erlangen. Die Reaktion vonseiten der User wird in erster Linie gewünscht in Bezug auf die bildlichen Präsentationen; die Gästebucheinträge der User beschränken sich im Wesentlichen auf eine beobachtende Perspektive.

Die Vielfalt der Inhalte und Nutzungsweisen der Netzpräsenzen wird vor allem dann deutlich, wenn die weniger prominenten Sites ins Blickfeld rücken. So differenziert die Evaluation verschiedener, unbekannterer Sites (vgl. Kap. 7.4.2) das Bild von den Einsatz- und Gestaltungsmöglichkeiten privater Homepages gerade auch im Hinblick auf die interaktiven Möglichkeiten der Netzkommunikation:

Es lassen sich sowohl auf Inhaltsebene als auch in der Gestaltung interessante geschlechtspezifische Unterschiede festmachen. So finden sich florale Designs vorwiegend bei weiblichen Betreibern; Männer greifen eher zu nüchternen, technikbezogenen Gestaltungsmitteln. Frauen veröffentlichen über ihre Homepages weitaus häufiger autobiografische, inhaltlich teilweise im intimen, emotionalen Bereich liegende Texte. Auch bringen Frauen häufiger in Gedichtform ihre Gedanken und ihre Gefühle zum Ausdruck. Männliche Protagonisten sind inhaltlich eher beruflich orientiert.

Neben dem weit verbreiteten Muster *Das Ich verschafft sich in seiner persönlichen Eigenart Beachtung*, das sich in beiden Analyseteilen wiederfindet, lassen sich darüber hinaus folgende Typisierungen vornehmen:

Einen weiteren Homepagetyp bildet die *werbliche, praktisch-instrumentelle Selbstdarstellung*. So finden sich auf beruflich orientierten Sites *klassische*, mit Lebenslauf und Arbeitsproben bestückte Bewerbungen. Oftmals werden die Sites auch zur Demonstration der künstlerischen, technischen Fertigkeiten genutzt – die Eigenwerbung ist in diesem Fall die professionelle, kunstvoll gestaltete Homepage selbst. *Ästhetische Expressivität mit künstlerischer Ambition* demonstrieren auch solche Protagonisten, die auf ihren Sites selbst Produziertes (Fotografien, Malerei, Gebasteltes etc.) exponieren.

Das Selbst als Repräsentant und Botschaft ist ein Homepagetyp, der vor allem dann in Erscheinung tritt, wenn bestimmte Lebensstile, seltene Krankheiten etc., aufgrund derer Betroffene oftmals gesellschaftlich ausgegrenzt werden, am Beispiel des Protagonisten thematisiert werden. Gleichgesinnte/

Betroffene sollen ermutigt werden und Orientierung bekommen über Möglichkeiten einer *normalen* Lebensführung.

Unter den Fallbeispielen finden sich deshalb auch Seiten, bei denen es mittels thematischer Vorgaben um eine Initiierung *problemzentrierter Kommunikation* geht. Hier wird vor dem Hintergrund einer gemeinsamen Themenagenda eine tiefer gehende Interaktion zwischen Tagebuchschreiber und Lesern sowie innerhalb der Leserschaft augenscheinlich.

Besonders intensive Dialoge zwischen Protagonist und User konnten vor allem dann aufgespürt werden, wenn ein Themenbereich verhandelt wird, der gesellschaftlich weitestgehend ausgeblendet wird. Eine *tabuisierte* Krankheit beispielsweise wird oftmals im Onlinekontext anonym thematisiert. Ohne die Gefahr sozialer Sanktionen und ohne die Verbindlichkeit „klinischer" Beziehungen kann das gesellschaftliche Schweigen überwunden werden. Der Online-Austausch befreit von gesellschaftlichen Sanktionen und unerwünschten Reaktionen, die möglicherweise einem bestimmten Sachverhalt anhaften. Die Homepage verschafft ein empathisches Umfeld, in der Betroffenheiten und Lösungsmöglichkeiten thematisiert werden. Ohne soziale Verbindlichkeit wird ein geschütztes Forum für den problemzentrierten Dialog geboten.

Ein wesentliches Potenzial dieser Webpräsenzen liegt vor allem in der *Dialogizität*. Während die im Rahmen der Detailanalyse untersuchten Seiten eine tiefer gehende Interaktion über im Tagebuch verhandelte Themen nicht vermuten lassen, weist die Überblicksanalyse durchaus Fälle auf, die das interaktive Potenzial für einen Dialog erheblich intensiver ausschöpfen.

Die Analysen haben insgesamt die Vielfalt der Homepagekultur zum Vorschein gebracht. Es wurden einige, teilweise im öffentlichen Diskurs verhandelten *Tabuverletzungen* ebenso aufgezeigt, wie die Nutzung der Interaktionsmöglichkeiten des Netzes für die Kommunikation über eine geteilte Betroffenheit. Besonders hervorzuheben sind solche Homepages, die aufgrund eines vorgegebenen Themas in einen sozialen Austausch münden, der aus verschiedenen Gründen im direkten sozialen Umfeld in dieser Art nicht umzusetzen wäre.

(b) *Real-Life-Formate* verweisen auf einen gesellschaftlichen Wandel, bei dem das Private immer mehr aus der intimen Lebenswelt heraustritt und sich im öffentlichen Raum präsentiert. Real-Life-Präsentationen im Internet dienen im Unterschied zu den persönlichen Homepages nicht vorwiegend der Selbstpräsentation der Protagonisten, sondern werden von den Medien genutzt, um spezielle funktionale Aspekte der Formate weiter auszureizen oder bestimmte inhaltliche Grenzen des *Zeigbaren*, die im Fernsehen existieren, weiter aufzuweichen. Im Unterschied zum Fernsehen, das neben einer höheren öffentlichen Aufmerksamkeit auch einer größeren gesellschaftlichen Kontrolle unterliegt, bietet das Internet erweiterte Spielräume, normative Grenzen bei der Präsentation von Privatheit zu überschreiten. Sowohl im

Bereich von Reality Videos (Unfälle, Verbrechen etc.) als auch bei der Darstellung von Sexualität bietet das Internet einen im Vergleich zum TV erweiterten Präsentationsraum.

Dies beruht darauf, dass die im TV-Bereich geltenden programmrechtlichen Überprüfungen in verteilten und computervermittelten Kommunikationsnetzwerken, in denen umfassende Möglichkeiten der Produktion und Verbreitung existieren, zumeist nicht anwendbar sind. So findet sich im Internet eine Vielzahl von Nischenanbietern, die ausschließlich diese relativ kostengünstigen Distributions- und Kommunikationsmöglichkeiten nutzen, um ihre audiovisuellen Programme direkt zu verbreiten. Im Unterschied zu etablierten TV-Anbietern wird von diesen Anbietern häufig versucht, vergleichsweise ‚härtere' Formate zu offerieren, um entsprechende öffentliche Aufmerksamkeit zu erhalten oder spezielle Zielgruppen zu erreichen (z.B. *Dare for Dollars*, Absolutfilm, ENI etc.).

Darüber hinaus zeigt sich auch am Beispiel von *Big Brother*, dass die begleitenden Internetauftritte in der öffentlichen Diskussion und Beobachtung bisher weitgehend unbeachtet blieben, obwohl sie die als problematisch erachteten Aspekte (Observation, Entblößung etc.) erheblich stärker ausschöpften. Diese im Internet existierenden Spielräume werden auch von großen Medienkonzernen genutzt, um einige Produktionen, die für das Fernsehen als zu gewagt gelten, in der Netzwelt zu präsentieren (z.B. erotische Werbevideos). Darüber hinaus existieren im Internet erweiterte Möglichkeiten auf solche Darstellungen von Privatheit zuzugreifen, die im nationalen sozio-kulturellen Umfeld auf erheblichen öffentlichen Widerstand stoßen würden. So wäre die Produktion der japanischen *Nasubi-Show* in Form und Inhalt bisher in Deutschland undenkbar. Dies zeigt allerdings auch, dass nationale Wertedefinitionen bei globalen und kulturübergreifenden Darstellungen von Privatheit zumindest in der Netzwelt an Gewicht und Einfluss verlieren.

Ein zentrales neues Element zur Überschreitung existierender Grenzen bei der Präsentation von Privatheit liegt in den umfassenden interaktiven Kommunikations- und Verbreitungsmöglichkeiten im Internet. Die niedrige Publikationsschwelle schafft hier – unter Abwesenheit von redaktionellen und ethischen Standards – umfassende Risiken, Menschen in ihrer Würde zu verletzen oder Personen öffentlich an den Pranger zu stellen. Dies gilt insbesondere, wenn entsprechende Plattformen z.B. für private Rachegelüste (*Rache-ist-Suess*-Homepage) von einigen Betreibern zur Verfügung gestellt und diese Formen der persönlichen Verunglimpfung sogar noch durch spezielle Anreize gefördert werden (z.B. Chancen auf TV-Talk-Auftritte).

Im Unterschied zum Fernsehen erhalten die Darstellungen von spontanen Momenten der persönlichen Entäußerung in Real-Life-Shows, im Netz umfassend archiviert und jederzeit abrufbar, eine längerfristige Wirkungsqualität als bei einer TV-Ausstrahlung, die einer relativen *Flüchtigkeit* unterliegt. Die

Freiwilligkeit der Exposition begründet vor dem Hintergrund dieses komplementären Kontextes im Netz archivierter Szenen nicht zwangsläufig eine umfassend sichergestellte Autonomie des Subjektes, da beispielsweise spezielle *entblößende* Situationen (z.B. „Manu kotzt in den Garten“) langfristig für die Öffentlichkeit zugänglich bleiben. Potenzielle (nicht intendierte) Konsequenzen für das Berufs- und Alltagsleben sind somit aufgrund der archivierten Internetpräsentationen für den Einzelnen noch weniger überschaubar als bei einer zeitlich begrenzten, einmaligen TV-Ausstrahlung.

Die Analysen der privaten Homepages sowie der Real-Life-Präsentationen im Internet unterstreichen insgesamt, dass für die Exposition und Verhandlung von Privatheit und deren formaler und inhaltlicher Ausgestaltung die Freiwilligkeit und Selbstbestimmtheit der Akteure eine zentrale Schlüsselrolle einnimmt. Funktional werden die Möglichkeiten der Selbstpräsentation oder der Kommunikation von persönlichen Anliegen durch die direkten Interaktionsmöglichkeiten in der Netzwelt unterstützt. Die interaktive Präsentation des Alltagslebens, die Darstellung und Kommunikation spezifischer persönlicher Problemlagen, aber auch die direkten Distributionsmöglichkeiten von solchen *non-konformen* Programmen, die im etablierten TV nur geringe Ausstrahlungschancen besitzen (z.B. schwul-lesbische Soap Opera *MenschenKinder*), bieten neben den beschriebenen problematischen Herausforderungen (Menschenwürde, Verschärfung etc.) auch neue Chancen für gesellschaftlich wünschenswerte sozio-kulturelle Veränderungsprozesse. Medial vermittelte Tabuverletzungen können auch als kultureller *Impuls* dazu beitragen, überkommene Normen und Werte in Frage zu stellen und neue Entwicklungsprozesse im gesellschaftlichen Zusammenleben einzuleiten.

8 Zwischenruf: Präsenzelite oder die Demokratisierung der Prominenz *(Jo Groebel)*

8.1 Das Belohnungssystem Öffentlichkeit

„Wir haben Dich im Fernsehen gesehen." Der Satz, den jeder kennt, der mindestens einmal vor der Kamera stand, beschreibt bündig das Belohnungssystem, das mit Öffentlichmachung verbunden ist. Nicht so sehr, *was* man gesagt hat, sondern *dass* man etwas dem Publikum mitteilen durfte und sei es nur sein Bild, zählt dabei und adelt bereits. Die „Telewinker" der fünfziger Jahre und ein „Bildschirmluder" des frühen 21. Jahrhunderts nutzen die Medien, um einen Sekundenbruchteil an Zuschaueraufmerksamkeit mitzubekommen oder auch, um zur zumindest vorübergehend beachteten und manchmal sogar geachteten „Präsenzelite" zu gehören. Der Schritt von der Privatheit zur Öffentlichkeit muss sich also auszahlen, nicht nur für das Publikum, sondern vor allem auch für die Akteure. Davon handeln die folgenden Abschnitte.

Die Beziehung zwischen Privatheit und Öffentlichkeit wurde bislang durch den Blick auf die Angebote (Bleicher; Konert, Hermanns), eine Betrachtung der gesellschaftlichen Debatten (Pundt; Hickethier) sowie aus der gesellschaftlichen und der kulturvergleichenden Perspektive analysiert (Weiß; Koenen, Michalski; Meyrowitz). Der einzelne Mensch, der sich öffentlich macht, mag einer gesellschaftlichen Norm folgen, sie mag es ihm leichter oder schwerer machen, aber er wird in der Regel immer noch entscheiden können, wie weit er geht. Eine Momentaufnahme: Rudolf Scharping wird sich von der Veröffentlichung der Swimmingpool-Fotos im Jahre 2001 größere politische Popularität versprochen haben. Eine Naddel, deren Ruhm 2002 auf der Trennung vom deutschen Popstar Dieter Bohlen und anschließenden geschmacklich grenzwertigen Aktionen wie Busenwiegen oder Liebesveräppelungen eines Schlagerkönigs basierte, wird sich auch deshalb öffentlich gemacht haben, weil es sich schlicht und einfach finanziell auszahlte – abgesehen von der gesellschaftlichen Währung „Aufmerksamkeit", die der Wissenschaftler Georg Franck (vgl. Franck 1998) beschreibt. Beide, Scharping wie Naddel werden also von einem sehr konkreten Mehrwert für sich ausgegangen sein. Was die Gesellschaftsanalyse als Wandel der Privatheit beschreibt, muss den individuellen Akteuren natürlich einen Nutzen bieten, denn sonst würden sie nicht entsprechend handeln. Es geht also um die Entscheidung, den Schritt vom Privaten zum Öffentlichen zu machen und dabei abzuwägen, wie groß die Belohnung und wie groß die Risiken sind.

Die Veränderung der Privatheit lässt sich so als Wechselbeziehung zwischen gesellschaftlichem Klima und individuellem Handeln beschreiben. Dabei spielen Lernprozesse auf verschiedenen Ebenen eine zentrale Rolle:

Die Massenmedien präsentieren (prominente) Vorbilder, deren Öffentlichkeit in der Regel eher belohnt als bestraft wird. Gleichzeitig hat sich der Zugang zur Prominenz durch eine größere Notwendigkeit an öffentlichen Akteuren, sprich durch mehr Kanäle weiter geöffnet. Die Herrschaft über Aufmerksamkeit und Wichtigsein steht nicht mehr nur einigen wenigen Profis offen, sondern ist potenziell und zumindest in der Wahrnehmung vieler jedem möglich. Zugespitzt kann man auch von einer Demokratisierung der Prominenz sprechen. In der Kette des Lernens folgt dann auf die beobachtete Belohnung die Wahl einer Strategie, selbst öffentliche Aufmerksamkeit erringen zu können. Im Verlauf dieses Prozesses findet eine Konditionierung statt, Öffentlichkeit wird offensichtlich wahrscheinlicher, wenn sie mit bestimmten Reizen gekoppelt ist. Schließlich kann man von einer Generalisierung ausgehen, in größeren Zeitabständen verändern sich die Zutreffens- und Belohnungsbereiche und weiten sich die Lernprozesse auf neue Situationen und neue Akteure aus. Während diese Lernprozesse sich zunächst auf die Öffentlichkeitswilligen beziehen, kommt das Belohnungssystem nicht ohne Nutzen auch für die Beobachtenden aus, Beachtung wird erst derjenige schenken, der persönlich etwas von dieser Beachtung hat. So besteht also auch die Gratifikation aus einer Wechselwirkung zwischen Beachteten und Beachtenden.

Insgesamt lässt sich also das individuelle Belohnungssystem auf mehreren Ebenen beschreiben:

- Soziales Lernen
- Versuch und Irrtum
- Konditionierung
- Generalisierung
- Gratifikation

8.2 Soziales Lernen: Die beobachtbaren Vorteile der Beachtung

Im Sinne des sozialen Lernens beobachten prominente wie nicht-prominente Zuschauer, dass bestimmte Aktionen, dass bestimmte Personeneigenschaften mit besonders großer Wahrscheinlichkeit durch mediale Aufmerksamkeit honoriert werden (und genau durch diese Aufmerksamkeit auch bestraft werden können, wie der „Ehebruch“-Fall des Schweizer Botschafters in Deutschland 2002 belegt):

In der „Aufmerksamkeitsökonomie“ besteht die Belohnung abgestuft aus mehreren Schritten von abstrakt zu konkret. Die Gesellschaft, in der Öffentlichkeit und Aufmerksamkeit „Werte an sich“ sind, weist dem mehr Status zu, der diese Kriterien maximal erfüllt. Dies verlässt das Konzept der traditionellen Meritokratie und stellt den an die Spitze, der besonders häufig in den Medien vorkommt. Stammesgeschichtlich mögen die Medien, das Fernsehen dabei am unmittelbarsten, an die Stelle des Altars, der Ikone getreten sein. Das Wissen darum, dass die medial präsentierte Person gleichzeitig von Millionen anderen gesehen wird, erzeugt die Ehrfurcht, die früher Göttern oder Halbgöttern zuteil wurde. Einschaltquoten und Häufigkeit der Präsenz definieren die Stufenleitern der Wichtigkeit im Medienolymp. Die, die dies mit einer Leistung verbinden, z.B. gute Moderation oder Projektionsfläche für Zuschauergefühle, rangieren ganz oben. Leistung allein gilt in dieser Währung aber weniger als die pure Präsenz. Vielleicht nicht ganz ernst zu nehmen, sind die Placements bei manchen Großveranstaltungen ein Beleg für die unterschiedliche gesellschaftliche Wertung. Das „Luder“, früher Sternchen oder Starlet, erhält dann häufig den besseren Platz als ein verdienter politischer Funktionsträger. Vielleicht geht es dabei nur um gefällige Kameragesichter, vielleicht erleben wir aber auch eine gesellschaftliche Umwertung, wie sie seinerzeit mit all ihren Nuancen und all ihrer Komik Marcel Proust für den Übergang vom Adelssalon zu dem der Großbürger trefflich beschrieb.

Das Recht, sich öffentlich zu präsentieren, die reine Expression der eigenen Persönlichkeit, dient auch der Identitätsentwicklung in der Folge eines gesellschaftlichen Ideals der Selbstverwirklichung. Damit findet im Extrem eine Demokratisierung der Prominenz statt. Früher als Privileg einer kleinen Schicht vorbehalten, die gesellschaftliche Bedeutung ererbte (Adel) oder sich erarbeitete (Politik, Wirtschaft), wurde nun auch „öffentliche Beachtung“ von diesen beiden Kriterien losgelöst und die Feste von Gloriole und Eloquenz gestürmt. Der Trash-Star Zlatko aus *Big Brother* personifiziert diese Veränderung. Sie ist nicht losgelöst zu sehen von einer heute viel größeren Bandbreite medialer Plattformen, vom Internet bis hin zum Nachmittagstalk des Fernsehens und von dem viel größeren Bedarf an neuen Formaten und möglichst vielen Akteuren. Angebot und Nachfrage an Bildschirmpersonal haben diese Entwicklung also massiv gefördert.

Doris Day soll gesagt haben, dass sie beim Aufleuchten des Lämpchens der sich öffnenden Kühlschranktür jedesmal lächelte, so, als handle es sich um Filmscheinwerfer. Mediale Aufmerksamkeit steht auch für Zuwendung und bestätigtes Selbstwertgefühl. Ihre Abwesenheit führt sogar im Extrem zu Entzugserscheinungen und Depressionen, wie sie im Film und Musical *Sunset Boulevard* für einen alternden Star beschrieben wurden. Vielleicht geht es dabei um gekränkten Narzissmus, den Verlust der Liebe für die ‚Person an sich'. Man sollte aber nicht vergessen, dass bei einem öffentlichen Beruf die Beachtung auch der unmittelbare Gradmesser für die Anerkennung der Leistung und für den Erfolg ist. Der Psychoanalytiker würde argumentieren, dass hier die Qualität der erhaltenen Beachtung durch Quantität ersetzt wurde. Jedenfalls lässt die „Schlagzeile um jeden Preis", selbst um den des Opferns privater Diskretion, vielen Medienpersonen diese Hypothese nicht unplausibel erscheinen.

Für die Politik ist die Quantität in einer Demokratie genauso wichtig wie die Qualität der Aufmerksamkeit. Je mehr Menschen hinschauen, desto größer ist damit das Potenzial an (Wähler-)Stimmen. Insofern ist nachvollziehbar, dass ein Politiker die vermeintlich oder tatsächlich nötigen Aufmerksamkeitsrituale so gut wie möglich zu beherrschen versucht. Ähnlich quantifizierbar wie in der Politik ist im Medienwettbewerb auch der Erfolg durch Quoten. Hier gilt das simple Prinzip des „je mehr – desto besser". Also ergänzen sich die Präsentationsbedürfnisse der Akteure mit den Systemanforderungen der Medienlandschaft perfekt. Der inszenierte Skandal bringt Schlagzeilen, die Schlagzeilen bedienen das Publikumsinteresse an Orientierung oder Sensation, das Interesse führt zu höheren Auflagen oder Quoten. Die viel beschriebene „Kumpanei" zwischen Prominenten und Paparazzi macht Sinn.

Schließlich ist Öffentlichkeit auch mit unmittelbar materiellem Gewinn verknüpft. In der Quote des Fernsehens sind es Werbezeitverkäufe oder auch die Rechtfertigung für die Produktionskosten einer Sendung. Für den Akteur sind es die TV-Honorare (siehe die Summen für Gottschalk und Jauch) oder zumindest der Marktwert außerhalb der Medien wie Galas, Promotions und manchmal nur das bessere Schnitzel beim Fleischer, der den Prominenten stolz zu seinen Kunden zählt.

8.3 Versuch und Irrtum: Wie man öffentlich wird

Die im letzten Abschnitt beschriebenen beobachtbaren Vorteile des Öffentlichseins lassen Prominenz vielen also als erstrebenswert erscheinen. Zunächst ist deren Erreichen mit hohem Energieaufwand verbunden. Strategisch scheint Sichtbarkeit durch gezielten Aufwand erreichbar zu sein, aber häufig sind es eher Zufälle, die prominent werden lassen. Oft ähnelt der Öffentlichkeitsaufstieg eher einer Versuch-und-Irrtum-Anordnung als einer planbaren Karriere – trotz einer hoch professionalierten PR.

In der Meritokratie waren und sind Prominenz und Sichtbarkeit gekoppelt mit Leistung und Belohnungsverteilung für die Gesellschaft. Georg Francks Stufen von Prestige über Reputation zu Prominenz und Ruhm in der „Aufmerksamkeitsökononie" machen den steinigen Weg und die notwendigen Aufwendungen deutlich. Der Ausgang dieser Aufwendungen ist aber ungewiss. Wenn man nicht intrinsisch motiviert ist, Leistung nicht aufgrund der Sache selbst erbringt, ist das Risiko des Misserfolgs außerordentlich groß: Viele leisten etwas, nur wenige werden damit bekannt. Das gilt für Wirtschaft und Wissenschaft genauso wie für Politik und Programm. Erst recht ist die Anzahl der gesellschaftlichen Leistungsfunktionen, die automatisch mit Prominenz verbunden sind, sehr gering. Bundeskanzler, Bundespräsident, Top-Moderator sind Beispiele für solche wenigen A-priori-Prominenz-Positionen.

Hilfreich für Prominenz ist vermutlich das schwer zu fassende Persönlichkeitsmerkmal Charisma, die Ausstrahlung einer Person. Vielleicht gibt es ja noch unentdeckte „Lichtquellen" in einem Menschen, solange sie aber nicht messbar sind, gehören sie in die Ecke der Parapsychologie und des Nichtwissens. Unfreiwillig komisch ist häufig der Versuch, zum Beispiel auf Verkaufsseminaren, dieses Charisma zu trainieren; ja, es erscheint als Widerspruch in sich selbst, auswendig gelernte Bewegungen zu einem souveränen und charismatischen Auftreten weiterentwickeln zu wollen. Äußere Attraktivität reicht auch nicht, wie spätestens der bestätigen kann, der von der piepsigen Stimme eines bekannten Fotomodels bei deren Fernsehauftritt unangenehm überrascht wurde. „Präsenz" im psychologisch-sozialen Sinne korrespondiert eher mit natürlicher Authentizität. Wir haben versucht, sie für Fernsehmoderatoren messbar zu machen (vgl. Groebel 1988). Die besten Prädiktoren für Authentizität und dann auch das Sympathieurteil der Zuschauer war das stimmige Zusammenspiel zwischen verbaler Aussage, non-verbalem Verhalten, Umgang mit anderen, Selbstbild und Fremdbild. Die bekannte Diskrepanz zwischen Mund- und Augenlächeln illustriert dieses Zusammenspiel: Jemand wirkt als unauthentisch, wenn er zwar die Mundwinkel nach oben zieht, die Augenmuskulatur aber nicht aktiviert ist. Interessant ist dabei, dass nur ganz wenigen Beobachtern dieser Grund bewusst ist: Wir dekodieren intuitiv richtig, wissen aber nicht wieso. Offensichtlich spielen sich Authentizität und vermutlich auch Charisma auf einer archaischeren Wahrnehmungsebene ab, die erst im Nachhinein auch kognitiv erklärt werden kann.

Wenn also Leistung nur mit geringer Wahrscheinlichkeit zur Prominenz führt (selbst bei Schauspielern ist die Erfolgsquote verheerend niedrig), wenn äußere Attraktivität bestenfalls eine notwendige Voraussetzung darstellt und Charisma nur schwer oder gar nicht erlernbar ist, liegt es nahe, kürzere Wege zur gesellschaftlichen Öffentlichwerdung zu suchen, wenn man sie anstrebt.

In der Mediengesellschaft, in der ein Nachrichtenwert unter anderem mit Negativismus korreliert („Nur schlechte Nachrichten sind gute Nachrichten"), ist die Inszenierung des Skandals ein gutes Instrument der Öffentlichkeitswirkung („There is no such thing as bad PR"). Die Guten und Heiligen sind für die Medien meist langweilig: Belohnt wird der „Böse". Gute Taten lohnen sich also nur selten für die Öffentlichkeit. Zwar gab es in der Kulturgeschichte auch vor den Massenmedien den Mythos des Negativhelden und „Bad Guy", der bewundert wurde. Wir finden ihn schon bei Plato, bei Shakespeare, bei Schiller, zur Entfaltung kommt er aber erst mit der Film- und der Rock'n'Roll-Generation. Kenneth Anger beschreibt in „Hollywood Babylon" (vgl. Anger 1981), dass die Filmstars der 20er Jahre nur ungern ihre privaten Obsessionen in der Öffentlichkeit breitgetreten sahen – von wenigen Ausnahmen abgesehen. Mit James Dean, privat eher als schüchtern beschrieben, mit dem Sänger Gene Vincent und spätestens mit den Rolling Stones wird der Tabubruch aber immer salonfähiger. Dies erscheint als Widerspruch, tatsächlich aber beginnt die Erfüllung der Medienspielregeln wichtiger zu werden als die der traditionellen gesellschaftlichen Etikette. Der legendäre Manager der Rolling Stones, Andrew Loog Oldham, verpasst der Band langes Haar und lanciert in der Presse, sie habe öffentlich ihr „kleines Geschäft" an Tankstellenwänden erledigt. Seitdem zieht sich schlechtes Benehmen in der Öffentlichkeit als PR-Instrument durch die Mediengeschichte und wird zunehmend zum Klischee. Dabei verwischen sich zunehmend die Grenzen zwischen Spontaneität und Geschäftskalkül, wie bei der Punkband Sex Pistols oder dem „Schocker" Marilyn Manson. Der Tabubruch erfasst schließlich gesellschaftliche Gruppen, die ursprünglich der Inbegriff guten Benehmens sein sollten („Prügelprinz Haugust"), und wirkt häufig bemüht und aufgewärmt. Bei der politischen Elite ist noch unklar, wie schädlich der private Skandal ist. Bill Clinton überlebte ihn, viele britische Minister oder ein Schweizer Botschafter nicht. Auch hier mag Gewöhnung (zum Glück?!) die Normen verändern. Die Jugend hat es entsprechend immer schwerer, sich noch durch Provokation zu profilieren. In Kombination mit schon bestehender Prominenz ist jedenfalls die Inszenierung des Skandals ein vergleichsweise kurzer Weg, um jenseits von langwieriger Leistung und von Ausstrahlung zur zumindest vorübergehend öffentlichen Person zu werden. Exemplarisch dafür sind die diversen (Kurzzeit-)Partnerinnen eines deutschen Hitparadenstars mit Milieu-Manieren, die jeweils als Exfrau, „Teppichluder", Busenwiegerin und fleischgewordene Navigationsstimme reüssierten. Immerhin kann innerhalb dieses Genres selbst schon wieder eine neue Kategorie von Leistung entstehen, durch Stilisierung und systematische Vervollkommnung der vermeintlich negativen Eigenschaften, so wie in Deutschland Anfang des 21. Jahrhunderts eine Verona Feldbusch auf Grund ihrer perfektionierten intellektuellen Unperfektheit zu einem der gefragtesten Werbe- und Bildschirmstars wurde, mit einem geschätzten Multimillionen-Einkommen.

In diesem Zusammenhang ist der – stilisierte – Tabubruch als Teil des Nach-68er-Mainstreams zu sehen: Zumindest für eine Teilöffentlichkeit musste man die Attitüde des Gegen-die-Gesellschaft-Seins annehmen, um in der Gesellschaft akzeptiert zu werden. Auch das Trashfernsehen ist vermutlich ein Bestandteil der breitgewordenen Gegenkultur. So entsteht ein dialektischer Prozess: Der Tabubruch und die Revolte sind öffentlichkeitswirksam, werden medial immer präsenter und werden schließlich zum Klischee und zum Mainstream. Selbst in der Kunst ist der vermeintliche Skandal in der Folge eines Damian Hirst zur Kaufhauszigeunerin über dem Sofa geworden. Das Tabu ist nur noch Behauptung.

Kurz erwähnt seien auch zwei zeitbezogene Faktoren für öffentliche Wirkung: In der Kommunikationswissenschaft ist der „mere exposure“-Effekt systematisch untersucht worden, die Tatsache, dass Regelmäßigkeit in der Bildschirmpräsenz irgendwann zu Sympathie und sogar Prominenz führt. Wer unauffällig aber zuverlässig über Jahre per Bildschirm ins Wohnzimmer kommt, wird irgendwann zum guten Freund, der zuverlässig ist und einen nie enttäuscht. Es entsteht eine „parasoziale Interaktion“, für die sich in diesem Zusammenhang besonders Nachrichtensprecher und -sprecherinnen als Beispiele anbieten. Einen Sonderfall stellt in diesem Zusammenhang der „Lieblingsfeind“ dar, eine öffentliche Person, z.B. ein Politiker, die man zwar ablehnt, gleichzeitig aber mit wohliger Aufregung verbindet und immer wieder gerne sieht. Vermutlich erklärt sich dieses Phänomen, abgesehen von leichter Selbstgerechtigkeit, durch eine milde physiologische Stressreaktion, die einen angenehmen Nervenkitzel bietet. Man regt sich gern mal auf.

Ein aktuelles Ereignis kann auch durch Zufall einen Menschen vorübergehend prominent werden lassen. Opfer und Helfer bei Unglücken, Katastrophen und Verbrechen bilden hier einen zuverlässigen Stamm kurzzeitiger Stars, wie vor allem die Jahresrückblicke der Fernsehsender belegen.

8.4 Konditionierung: Prominenz durch Prominenz

Das öffentliche Interesse richtet sich auf das, was bereits öffentlich ist. So kann Sichtbarkeit auch durch die Verbindung mit beachteten Situationen oder Personen entstehen. Der Zuschauer reagiert wie beim Pawlowschen Reflex auf den mit dem ursprünglichen Aufmerksamkeitsauslöser gekoppelten Reiz.

In der Mediengesellschaft sind es zwar häufig die Stars, die eine Sendung, einen Film bekannt machen und entsprechende Honorare fordern können, aber jeder Prominente hat sich irgendwann erst durch eine Produktion oder durch Marketing einen Namen gemacht. Dabei sind persönliche Leistung und die des Medienkontextes nicht zwangsläufig voneinander zu trennen. Neben brillanten Schauspielern gibt es solche, die als immer gleicher (Stereo-)Typ in ähnlichen Formaten richtig besetzt werden und so einen hohen Wiedererkennungswert erreichen. Im besten Fall gibt es eine Grundausstattung an Begabung, die aus Unbekannten durch ein Programm Stars macht, aber manchmal reicht das „An-sich-Sein" eines Laien aus, sofern man für das Casting idealtypisch eine soziale Rolle erfüllt. Das kann sogar die des Deppen sein. Die Reality-Shows à la *Big Brother* stehen für diese Mischung aus Begabung und Privatperson. Zlatko musste nichts als er selbst sein, um bekannt zu werden, in der Musikvariante wurden mit den „No Angels" immerhin melodiefähige Teenager zu Hitparadenstars. In beiden Fällen zog aber zunächst das Format die Aufmerksamkeit an.

Ein weiteres Beispiel für die Verbindung von Inhalt und Person, und damit für eine mögliche Konditionierung, ist die Werbung. Zunächst heißt die Logik, dass ein Produkt mit einem möglichst angenehmen Eindruck verbunden wird, mit Abenteuer, positivem Lebensstil, mit einer Berühmtheit (siehe die angenehmen Einkünfte von Gottschalk, Jauch, Kerner). Aber die umgekehrte Konditionierung ist genauso plausibel: Ein gutes Produkt, mehr noch aber eine gute Werbegeschichte, ja die bloße Regelmäßigkeit lassen auch hier Unbekannte häufig zu Stars werden. Offenbar sind eher neutrale Produkte wie Kaffee und Waschmittel besonders dazu angetan, berühmte Protagonisten zu produzieren, den Tchibo-Onkel, den Melitta-Mann oder eine Gala-Gräfin, die die Wohnküche nobilitiert.

Nicht nur in der Werbung können Menschen auch als Idealtypen ein gesellschaftliches Klima, den Zeitgeist repräsentieren. Wieder ist es schwierig, dabei zwischen Ursache und Wirkung zu unterscheiden. Machen Menschen einen Trend, oder liegt er in der Luft und wird nur von einigen besonders frühzeitig erfasst und aufgegriffen, wie es die Trendscouts versprechen? Jedenfalls ist es nicht zwangsläufig die gesellschaftliche Avantgarde, die am auffälligsten vom Publikum mit dem Zeitgeist verbunden wird. Von der Elite abgesehen sind es eher diejenigen, die massenkompatibel und -attraktiv sind, die raschen Erfolg haben. Allerdings sind sie manchmal als modische Fußnoten auch schneller wieder weg als die archetypischeren Begabten.

Ein alter Programmtrick ist die Konditionierung von Aufmerksamkeit und gar Öffentlichkeit durch die Inszenierung positiver und negativer Publikumsreaktionen. Eingeblendeter Applaus und Gelächter, Einheizer und Aufwärmer im Saal, aber auch die provozierten Protestaktionen bei politischen Veranstaltungen stecken an, sorgen für Stimmung, lassen den Erregungsgrad ansteigen und erzeugen die Meinung, der oder die müsse ja widerlich, jedenfalls wichtig sein. Eine neuere Variante inszenierter Bedeutung ist das Arrangement von Blitzlichtgewittern, sind – häufig künstliche, unnötige – Bodyguard-Begleitungen oder aufgeregt in Walkie-Talkies und Kopfmikrofone flüsternde Ordner und Einlasskontrolleure.

Die Paarung zwischen öffentlichen Personen kann den Aufmerksamkeitseffekt multiplizieren, schon deshalb, weil das Publikum freudig auf den Bruch der Verbindung wartet. Beispiele des frühen 21. Jahrhunderts sind Tom Cruise und Nicole Kidman oder Pamela Anderson und Tommy Lee. Die wöchentliche Boulevardpresse demonstriert, dass Bekannte entweder besonders anfällig für Beziehungskrisen sind, auch nicht besser als der Durchschnittsbürger oder auch nur, dass Konflikte eben einen besonders hohen Nachrichtenwert haben. Im Sinne der Reiz-Reaktionskette ist hier aber vor allem die Koppelung von öffentlicher und nicht-öffentlicher Person interessant. Während viele der bisher genannten Prinzipien spätestens seit dem Entstehen einer massenmedialen Öffentlichkeit gelten, ist die „Ansteckung von Berühmtheit“ wohl erst mit dem massiv gesteigerten Bedarf an Prominenz-Personal durch die Vervielfachung der Kanäle entstanden. Ansteckung von Berühmtheit heißt ähnlich dem bereits genannten Pawlowschen Reflex, dass man in Kombination mit einem bereits Bekannten selbst öffentlich werden, ja die Basis für eine noch größere Bekanntheit schaffen kann. Verwandte Lebens- oder Kurzzeitpartner profitieren so von der Aufmerksamkeit gegenüber dem Prominenten, und manchmal reicht eine sekundenschnelle Aktivität für Ruhm und Reichtum, wie zum Beispiel die Mutter eines unehelichen Kindes von Boris Becker bestätigen kann. Dieses Prinzip ist insofern demokratisch, als Öffentlichkeit und Prominenz so epidemisch werden können: Der neue Partner des alten Partners gerät in den Dunstkreis der Beachtung und so weiter und so weiter.

Eine nochmalige Steigerung erfährt diese Konditionierung durch die Selbstreferentialität der Prominenz. Man ist prominent, weil man prominent ist. Irgendwann löst sich die öffentliche Beachtung vom Ursprungsgrund und die Aura des Besonderen umgibt einen schon deshalb, weil man von anderen, von Medien beachtet wird. Dies hat auch eine territoriale Komponente: Einerseits teilt sich der Raum vor dem eintretenden „Besonderen“, andererseits herrscht dort auch großes Gedränge, weil man sich von der Nähe wohl erhofft, auch ein Quäntchen „Starstrahlung“ abzubekommen. Offenbar sind auch hartgesottene Denker nicht davor bewahrt: Als in Princeton ein Film über die fiktive Begegnung zwischen Albert Einstein und Marilyn Monroe gedreht wurde, ließen die teils weltberühmten (sic!) Wissenschaftler alles stehen und liegen, nicht etwa um die Angemessenheit der Einstein-Darstellung zu beurteilen, sondern um den bekannten Schauspielern nahe zu sein. Ein Inbegriff der Selbstreferentialität schließlich sind die Talkshows des

Fernsehens. Dort lädt der eine Moderator den anderen ein. Sicher zum einen, weil so eine gewisse professionelle Kurzweil wahrscheinlich, aber auch, weil man unter sich ist (das „Du" in der Branche signalisiert die Vertrautheit) und so gemeinsam den Nutzen mehren kann, sei es im Sinne der Selbstbestätigung, sei es im Sinne der Öffentlichkeitsarbeit.

Insgesamt ist das Konditionierungskonzept besonders geeignet, den Schritt vom Privaten zur Öffentlichkeit zu erklären. In nicht-wissenschaftlichen Worten: Man kann trefflich das Angenehme, sprich die Verbindung mit schon bestehender Aura, mit dem Nützlichen, sprich dem eigenen Öffentlichwerden, verbinden.

8.5 Generalisierung: Von Sophokles über Sabrina zu Scharping

Wie sich das Besondere in der öffentlichen Präsentation immer weiter vom Göttlichen löst und immer demokratischer wird, lässt sich an einer verkürzten und unvollständigen Phasensicht der Mediendarstellung illustrieren. Dabei kann ein Punkt erreicht werden, der einen Widerspruch in sich darstellt: Jeder ist prominent, und damit keiner.

Der Demokratisierungsprozess der Darstellung entspricht einer Generalisierung des Beachtenswerten, nämlich von den Göttern über die Führenden bis hin zum Bürger und zum Volk, zugespitzt mit den „sieben S" der Medienrepräsentanz: Sophokles, Shakespeare, Stanislawski, Strasberg, Sabrina, Sommer und Scharping. Bei Sophokles stellten die Schauspieler Götter (und Halbgötter) dar. Sie boten die Leitlinien für das Leben an, ihre Beziehungen waren die Reflektionen menschlichen Glücks und Leids.

Shakespeares Sujet waren die Könige und die Führer. Ihr Aufstieg und Niedergang strukturierte unter anderem modellhaft die Existenz des Menschen.

Mit Stanislawski für das Theater und mit Strasberg auch für den Film ging es darum, die Darstellung möglichst nah an der Realität des Normalbürgers und dann auch des Außenseiters zu halten. Als „Method Actors" standen James Dean, Paul Newman oder Marlon Brando für den wirklichkeitsgetreuen Ausdruck des Verzweifelten und Desillusionierten.

Mit der weiteren Verbreitung der Massenmedien und der damit verbundenen Notwendigkeit zu immer mehr Prominenzpersonal im schon beschriebenen Sinne wurden dann auch Laien zu potenziellen und tatsächlichen Stars. Sie waren aber immer noch geprägt vom Ideal des könnenden Darstellers und so verwundert nicht, dass eine Sabrina aus *Big Brother* vor der Kamera die vermuteten Verhaltensmuster einer professionellen Medienpersönlichkeit nachempfand, allerdings letztlich scheiterte. Das Format strahlt auch wieder auf Showprominente zurück, so läuft 2002 mit sehr großem Erfolg *The Os-*

bournes, ein Reality Programm aus dem Familienleben des Metal-Stars Ozzy Osbourne, zu sehen auf MTV, das bereits mit *The Real World* eine Inspiration für *Big Brother* geboten hatte.

Das „Partygirl" Ariane Sommer steht stellvertretend für den Wegfall auch dieses Anspruchs. Nun steht das öffentliche Sein nur noch für sich selbst. Man ist wichtig, weil man vor der Kamera ist.

Damit hat sich der Demokratisierungsprozess an Öffentlichkeit vollendet und so erscheint es zunächst nahe liegend, dass ein Politiker wie Scharping mit den Pool-Bildern genau dieses Ideal der veröffentlichten Normalprivatheit zum vermeintlichen Nutzen an Popularität bediente: Zufallsereignisse wie die Tatsache, dass beim französischen Präsidentschaftswahkampf 2002 ein Kandidat nur deshalb um sechs Beliebtheitsprozentpunkte zulegen konnte, weil er einem Taschendieb als Normalbürger eine Ohrfeige gab, scheinen dieser Strategie Recht zu geben. Der professionelle Politiker inszeniert nicht mehr die große Geste, sondern „spielt" den entspannten Alltag. Bei Scharping mag es sich dabei um eine Fehleinschätzung der Authentizitätswirkung der freigegebenen Bilder und des „Passens" dieser Bilder zur öffentlichen Position gehandelt haben, wie die kontroverse Diskussion darüber zeigte. Auch Image-korrigierende Fotos, die später erscheinen, bergen die Gefahr, dass die Korrekturabsicht zu deutlich wird und, wenn immer noch gestellt wirkend, zu neuer Verstimmung führt.

Insgesamt ist der Zugang zur Herrschaft über die öffentlichen Bilder jedenfalls potenziell beim „Volk" angekommen. Volkstümlichkeit war schon immer ein Accessoire für politischen Erfolg. Dass die Präsentation des Privaten von vielen Politikern allerdings inzwischen als unabdingbare Voraussetzung für diesen Erfolg angesehen wird, dürfte eher eine Konsequenz des veränderten gesellschaftlichen Klimas sein, wie es hier beschrieben wurde.

Also (sicher zugespitzt):

Sophokles:	Schauspieler spielen Götter
Shakespeare:	Schauspieler spielen Könige
Stanislawski:	Schauspieler spielen Bürger
Strasberg:	Schauspieler spielen Außenseiter
Sabrina:	Bürger (Außenseiter?!) spielen Schauspieler
Sommer:	Bürger spielen sich selbst
Scharping:	Politiker spielen Bürger

Damit erreicht der Demokratisierungsprozess der Öffentlichkeit die Entscheidungselite und zeigt, dass vielleicht schon in absehbarer Zeit die früher beschworenen schauspielerischen Leistungen der Politiker nicht mehr nötig sind: Das Ideal ist die authentische öffentliche Privatheit.

8.6 Gratifikation: Wer belohnt, wird belohnt

Bei der Währung Öffentlichkeit muss natürlich Prominenz auch ihren Widerhall beim Publikum finden. Nur der kann bekannt werden, der beim Publikum gut ankommt und es „belohnt". Anders ausgedrückt: Wer die Motive der Zuschauer anzusprechen weiß, bekommt Aufmerksamkeit zurück, es findet also ein Währungsaustausch statt. Diese Motive der Mediennutzer sind in der Forschung mit Begriffen wie „parasoziale Interaktion" differenziert beschrieben worden. Sicher mag häufig auch so etwas wie Voyeurismus, Schadenfreude und Lust am Realitätstheater eine Rolle spielen, doch „neutralere" Beachtungsgründe stehen bei der Zuwendung zu öffentlichen Personen vermutlich zunächst im Vordergrund:

Ästhetisch – das Interesse an der angenehmen und attraktiven Gestalt (Prominente dürften mit größerer Wahrscheinlichkeit dem gesellschaftlich definierten Schönheitsideal entsprechen, auch die Teilnehmer an Reality-Shows sind nicht unbedingt „durchschnittlich" besetzt, eher teilen sie sich sogar in besonders attraktiv und besonders „hässlich", wenn es der Kontext „Trash" erfordert).

Sachlich – das Bedürfnis nach Orientierung an überzeugenden und glaubwürdigen Leitbildern, so wie Nachrichtenmoderatoren selbst zu moralischen Instanzen aufsteigen können.

Sozial – das Bedürfnis nach Mitgliedschaft in einer Gruppe, die die öffentlichen Personen idealtypisch repräsentieren können und die auch Fankulte und -riten erklärt.

Emotional – der Wunsch nach Freunden und Familienmitgliedern, die einen nie enttäuschen können, weil sie als Rollenvertreter häufig stereotype und vorhersagbare Verhaltensweisen an den Tag legen.

Beachtende und Beachtete belohnen einander also gegenseitig und stellen so eine Interessengemeinschaft an Öffentlichkeit dar. Diese Interessengemeinschaft kann allerdings auch durch Enttäuschungen aufgebrochen werden, nämlich dann, wenn die Erwartungen von den öffentlichen Personen nicht mehr erfüllt werden, wenn zum Beispiel ein beliebter Sänger plötzlich das Genre oder die Band wechselt oder ein Schauspieler bisherige Rollenklischees verlässt.

Damit ist angesprochen, dass der Öffentlichkeitsprozess auch Risiken hat, selbst wenn er nicht von vornherein als gut oder schlecht bewertet werden kann.

8.7 Risiken: Wo Lohn, da Strafe (manchmal)

Folgt man den lerntheoretischen Prinzipien, dann können mit Entscheidungen und Handeln natürlich auch negative Konsequenzen bzw. Risiken verbunden sein. Geschmacksfragen der Veröffentlichung sollen hier ausgespart bleiben. Es geht um die Einschätzung möglichen psychologischen, sozialen oder gesellschaftlichen Schadens, der mit Öffentlichmachung verbunden sein kann.

8.7.1 Der Einzelne: Kontrollverlust und Menschenwürde

Auf der individuellen Ebene dürfte das Risiko sich vor allem auf möglichen Kontrollverlust und Beeinträchtigung der Menschenwürde beziehen. Die Folgen der Öffentlichmachung sind nur schwer abzuschätzen. Einer der Kritikpunkte am Programm *Big Brother* bezog sich auf die mangelnde Möglichkeit zur Folgenbewertung für die Kandidaten. Offenbar wurde mit potenziellem Schaden für die Teilnehmer gerechnet, denn sonst hätte es keiner Begleitung durch Psychologen und Therapeuten bedurft. Diese scheinen zwar offiziell nicht allzu aktiv geworden zu sein, aber etliche Container-Bewohner berichteten hinterher doch von großer seelischer Belastung und zum Teil extremen Spannungen untereinander, die durch das Bewusstsein der ständigen Öffentlichkeit immer gesteigert gewesen seien. Nicht zuletzt die Angst vor massivem Gesichtsverlust ließ sie eine Situation aushalten, die man normalerweise verlassen hätte.

Der Akteur steht also vor der Schwierigkeit, einerseits zu hoffen, „heldenhaft“ und als Star aus der Veröffentlichung hervorzugehen, andererseits aber auch das Gesicht verlieren und sich lächerlich machen zu können. Nur ein Profi wird in der Regel die Situation (manchmal sogar auf Kosten anderer, siehe Stefan Raab) ziemlich gut kontrollieren können.

Allerdings haben sich in der Wahrnehmung und der Reaktion vieler die Grenzen der Peinlichkeit soweit verschoben, dass sie um den Preis der Prominenz in Kauf genommen wird. Die bereits beschriebene Währung (und Gewöhnung an) Öffentlichkeit veränderte gesellschaftliche Standards, die selbst einen Bill Clinton im Amt überleben ließen, obwohl er nicht nur Normen verletzt hatte, sondern sogar mit jedem vorstellbaren intimen Detail ausgestellt worden war.

In den bisherigen Beispielen war von freiwilligen Entscheidungen zur Öffentlichmachung oder von bereits bestehender Prominenz ausgegangen worden. Anders sieht die Situation aus, wenn Menschen unfreiwillig und ungeübt Objekt öffentlicher Aufmerksamkeit werden und sich gar der Lächerlichkeit preisgegeben sehen. Hier hat die Akzeptanz der Privatheitsgrenzen möglicherweise abgenommen. Wer selbst Öffentlichmachung als normal empfindet oder gar als erstrebenswert ansieht, wird weniger Empathie für den haben, der das ganz anders empfindet. Und so lässt sich in den Medien eine Tendenz beobachten, auch die Privatsphäre nicht-prominenter Menschen zur Disposition zu stellen, ja sie sogar zum Objekt öffentlichen Interesses und öffentlicher Belustigung zu machen. In diesem Zusammenhang entschied 2002 allerdings ein Gericht zugunsten einer Frau, die nachts von einem Kamerateam geweckt und öffentlich „vorgeführt" worden war (im Rahmen einer Stefan Raab-Produktion). Zu eindeutig hatte sie, aus dem Schlaf gerissen und „überfallen", keine Chance zur Einschätzung der Situation und zur Entscheidungsfreiheit gehabt. Möglicherweise noch problematischer ist das Ausstellen von Kriegs- und Unfallopfern, die durch die Situation selbst vermeintlich zu Personen des öffentlichen Interesses geworden sind. Die Balance zwischen Wahrung der Menschenwürde und Informationspflicht gehört jedenfalls zu den zentralen Themen künftiger Medienethik. Gerade im Bereich des Infotainment wird diese Ethik häufig auf eine harte Probe gestellt. Wenn eine prominente Mutter ihr Kind verloren hat und eine Journalistin sich dann, weil sie sich weigert, direkt ein Sensationsinterview zu machen, berufliche Schwierigkeiten bekommt (persönliche Kommunikation), so lässt das auf eine geringe berufsethische Verantwortung des Chefredakteurs schließen.

Schließlich ist die Veröffentlichung als wirtschaftliche, politische oder sub-legale Waffe eine besondere Variante der gesellschaftlichen Auseinandersetzung. Eine neuere Variante sind die fast nicht zu kontrollierenden Rache-Steckbriefe im Internet, bei denen Kollegen den Chef oder andere Kollegen mit manipulierten oder beleidigenden Fotos verunglimpfen oder verschmähte Liebhaber den oder die Angebetete beschimpfen. In der Politik zeichnet sich die Boulevardpresse Großbritanniens schon seit längerem durch sexuelle Enthüllungen über Kabinettsmitglieder aus, die dann in der Regel zum Sturz führen. Während man hier noch konzedieren könnte, dass öffentliche Personen mit einem solchen Risiko leben müssen und es einschätzen können, ist der Versuch, durch den Abdruck und das Zeigen von Adresse und Fotos verdächtiger Straftäter aus Vergeltungs- und Präventionsgründen wohl schon ein Eingriff in das Rechtssystem. Ein Begriff wie „visuelle Lynchjustiz" liegt dann nicht mehr fern, wenn derart an den Pranger Gestellte aus Angst und Scham Selbstmord begehen, wie es im Falle einiger britischer und amerikanischer Sexualtatverdächtiger bereits geschah.

Dass Veröffentlichung tödliche Folgen haben kann, zeigen schließlich einige wenige, Ausnahme bleibende Beispiele aus Talkshows, bei denen Kandidaten aus Scham über Bloßstellung andere oder auch sich selbst töteten.

8.7.2 Die Gruppe: Vorbilder, Weltbilder und Werte

Die Risiken in sozialpsychologischer und gesellschaftspolitischer Hinsicht wurden bereits an anderer Stelle ausführlich angesprochen (Weiß; Koenen, Michalski; Meyrowitz). Sie seien an dieser Stelle noch einmal unter dem Aspekt der Verlängerung möglicher individueller Risiken auf aggregierter Ebene zusammengefasst.

Das Vorbild (vermeintlich) erfolgreicher Ausstellung kann innerhalb der Bezugsgruppe auch von denen übernommen werden, die über (noch) geringere Kapazitäten der Verarbeitung verfügen. Durch sozialen Vergleich entstehen so Weltbilder über Lebens- und Karrieremodelle, die, selbst wenn realitätsfern, zu erlebter Diskrepanz zwischen dem Ideal und der eigenen Wirklichkeit führen können. Es entsteht ein anomischer Zustand, der den, der die öffentliche Präsentation und Expression nicht beherrscht, als Versager erscheinen lässt (vgl. Groebel, Hinde 1991). Im Extrem kann dies sogar zu einer spektakulären Gewalttat führen, um doch noch dem Wert Öffentlichkeit zu entsprechen, wie es im Fall Erfurt diskutiert wurde.

Zum Wertesystem jenseits anderer Leistungen promoviert, kann so das Öffentlichwerden langfristig eine verfälschte Vorstellung von Erfolgsentwicklungen erzeugen. Warum sich abmühen, wenn man mit dem Skandal über Nacht reich und berühmt werden kann. Was bei Verona Feldbusch als „Leistungsverweigerung" noch augenzwinkernd und de facto erarbeitet rüberkommt, ist als Gruppenkultur dann unrealistisch und riskant.

8.7.3 Die Gesellschaft: Überdruss und Überwachung

Eine Gesellschaft, die Emotion und Aufmerksamkeit als Werte über Information und kritische Bewertung stellt, läuft Gefahr, das Zeitalter der Aufklärung zu verlassen. Der bereits genannte „entspannte" Umgang mit der Privatsphäre anderer oder gar die Bereitschaft zur außergerichtlichen „visuellen Lynchjustiz" sind im besten Fall Einzelereignisse, können aber auch für ein Klima stehen, das einige Errungenschaften der modernen Gesellschaft aufgegeben haben. Dabei mögen auch die Ratlosigkeit bei der medial präsentierten Wertevielfalt und die Postmoderne-Diskussion eine Rolle gespielt haben. Nur: der individuell erlebte Schaden dürfte kaum als relativ und konstruiert eingeschätzt werden können.

Im gleichen Zusammenhang besteht auch die Gefahr, dass eine Politik, die sich eher der Präsentation als der kritischen aber konstruktiven Auseinandersetzung verschreibt, zu Überdruss führt. Die „Theaterdiskussion" bei der Debatte des Bundesrates 2002 über das Zuwanderungsgesetz belegt dieses Risiko. Im Zweifelsfall sind Profis bessere Schauspieler als Politiker.

Inzwischen scheint sich aber ein neuer Typus des populistischen und öffentlichkeitswirksamen Mediendarstellers herauszukristallisieren, der zunächst Themen besetzt, an denen sich Leidenschaften entzünden, um dann politisch zu reüssieren. Der für Haider in Österreich geprägte Begriff „Feschismus" charakterisiert diese Kombination aus Rechtspopulismus und Schickeria, für die auch Schill in Deutschland oder der später ermordete Fortuyn in den Niederlanden standen, recht gut. Sie repräsentieren durchaus eine veränderte politische Kultur, die auch auf die etablierten Parteien ausstrahlen kann. Dies belegt unter anderem die Debatte um (vermutlich?) antisemitische Äußerungen während des Bundestagswahlkampfes 2002.

Die Preisgabe der Privatsphäre kann im Extrem die Überwachung zur gesellschaftlichen Selbstverständlichkeit werden lassen, besonders, wenn sie angeblich der Sicherheit dient. Das gleichnamige Fernsehprogramm hätte dann durch Verharmlosung und Bedeutungsveränderung eine Wirkung gehabt: Der Show-*Big Brother* öffnete die Tür für den echten *Big Brother*.

9 Schluss: Entgrenzte Schaustellung – öffentlich verfügbares Selbst? *(Ralph Weiß)*

Der Sinn für das Private wandelt sich. Mit der Schaustellung von Privatmenschen bringt das Fernsehen diesen Wandel zum Vorschein und treibt ihn an. Die Netzwelt wird als Raum angeeignet, in dem Subjekte ihr privates Dasein auf selbstbestimmte Weise öffentlich wahrnehmbar machen, um sich Beachtung zu verschaffen. Soviel steht fest. Aber was war eigentlich die Frage? Die vorstehenden Untersuchungen haben auf verschiedenen Wegen versucht, des Phänomens der Veröffentlichung des Privaten habhaft zu werden. Welche Beobachtungen und Urteile dabei zusammen getragen worden sind, soll anhand der Fragestellungen resümiert werden, die die Suchbewegungen durch die gesellschaftstheoretische Literatur, die Erfahrungen in anderen Kulturen, die Geschichte der fernsehbezogenen Diskurse und die Präsentationen in der Netzwelt angeleitet haben.

Privat versus öffentlich – ist die Unterscheidung nicht obsolet geworden, wenn Medien Privates so umfassend öffentlich machen?

Streit zwischen Eheleuten, sexuelle Obsessionen, unerfüllte Sehnsüchte, Leiden an einer Sucht – das Fernsehen führt öffentlich vor, was bisher als „Geheimnis“ vor dem neugierigen Blick der Nachbarn verborgen wurde. Nahezu alles kann im Fernsehen offenbart werden. Das bedeutet aber nicht, dass alles offenbar würde. Diejenigen, die zuschauen, wenn andere im Fernsehen ihre ganz privaten Neigungen oder Leiden offenbaren, hören selbst nicht auf damit, ihr häusliches Leben vor der zudringlichen Neugier anderer abzuschirmen. Sie bewahren sich einen geschützten Raum der Intimität. Die Unterscheidung zwischen Bereichen und Gelegenheiten, in denen die individuelle Lebensführung öffentlich wahrnehmbar gemacht wird, und einer Privatsphäre, zu der nur wenige ausgewählte Lebenspartner Zugang haben, wird anhaltend praktiziert.

Der subjektive Sinn dafür, welche Form des öffentlichen Ausdrucks „angemessen“ ist, unterscheidet je nach dem situativen sozialen „Rahmen“.

Zwar wird selbst das rollenbestimmte Handeln im Kontext der Berufswelt mit Zeichen der individuellen Besonderheit angereichert. Aber auch dafür existieren soziale Codes, die festlegen, welche Art der Selbstdarstellung „am Platz" ist und welche Befremden auslösen würde. Die eigene Person im Wortsinn hüllen- und hemmungslos im „öffentlichen Raum" zu präsentieren, bleibt „Events" wie der „Love-Parade" vorbehalten. Die wird als Ausnahme aus dem wohlgeordneten Alltag der „angemessenen Erscheinung" im Beruf und des dem Blick anderer entzogenen „häuslichen Lebens" wahrgenommen und praktiziert – als „besonderes Erlebnis".

Das Fernsehen bildet eine solche „Sinnenklave", die neben dem Alltag des sozialen Lebens angesiedelt ist. Das Fernsehen macht Themen, Bilder und Szenen aus dem privaten und intimen Leben zugänglich. Es erschließt sie der Wahrnehmung anderer, daher auch ihrer Vorstellungskraft, ihrem Mitfühlen, ihrer Meinungsbildung. Das Fernsehen überspringt die Schranken, die im sozialen Leben für den Zugang zu geschützten Sphären des Geheimnisses und der Diskretion errichtet sind; allerdings nur *in* seinen Inszenierungen und damit *für* das von ihm erschlossenen Medienerleben, also *neben* dem sozialen Alltag. Das Fernsehen sorgt dafür, dass die Leidenschaften und die Leiden des privaten Lebens keine „Geheimnisse" mehr sind. Es macht sie öffentlich verhandelbar. An die Stelle sozialräumlicher Grenzen des Zugangs zu den „Geheimnissen" des privaten Lebens setzt das Fernsehen Unterschiede in der Form, in der es diese offenbarten Geheimnisse verhandelt – als Gegenstand einer gesellschaftspolitischen Kontroverse über die politisch gesteuerten Bedingungen privater Lebensführung (Reproduktionsmedizin, Erziehung, legitime Formen der Partnerschaft o.a.), als Schaustellung authentischer Bekenntnisse und eines dem Alltagsräsonnement nachgebildeten „Gesprächs" oder als Objekt einer quasi-richterlichen Inspektion und Beurteilung.

Die Unterscheidung zwischen dem Privatleben und der Sphäre des öffentlich Zeigbaren und Verhandelten ist demnach nicht obsolet geworden. Zu klären ist nicht, ob es ein Privatleben noch geben kann, wenn Fernsehen und Netzwelt es so ausgiebig öffentlich machen.[1] Es geht vielmehr darum, was

1 So auch der Länderbericht aus den Niederlanden (vgl. Kap. 3). Meyrowitz kommt – auf den ersten Blick – zu einem anderen Schluss (Kap. 4). Er führt seine „Fallstudie" über die USA zu der Pointe, wir bewegten uns in eine „post-privacy world" hinein. Dabei stützt er sich auf den Nachweis, wie der „einfache Zugangsmodus" des Fernsehens dazu beiträgt, die Grenzen zwischen Intimem und öffentlich Thematisierbarem, Privatem und Politischem zu „*verwischen*". Wenn er die „Ambivalenzen" der kulturellen Macht des Fernsehens diskutiert, auf die Praxis der privaten Lebensführung *einzuwirken*, bleibt diese aber als von der medialen Schaustellung irgendwie unterschiedene Sphäre unterstellt. (So auch in der von Meyrowitz eingangs gegebenen Definition für den soziokulturellen Wandel.) Die *Inszenierung* von Privatem verwandelt eine moderne Massengesellschaft nicht *praktisch* und im Wortsinn in eine „Horde", in der sämtliche sozialräumlichen Schranken aufgehoben sind und alle alles von allen wahrnehmen können. Ebenso wenig will die Pointe behaupten, dass kraft der medialen Darstellung die Ausübung politischer Macht nicht mehr von der Anschauung ihrer Führungsfiguren geschieden sei. Meyrowitz' Analogie darf wohl als Warnung gelesen werden, dass der Modus der Selbst-, Fremd- und Politikwahrnehmung, an den

die *Form* der medialen Verhandlung für die moderne Praxis der Unterscheidung zwischen „Privatem" und „Öffentlichem" bedeuten kann.

Was hat sich an der Art, in der die Unterscheidung zwischen „privat" und „öffentlich" hergestellt wird, im Alltagsleben verändert?

Die „Geschichte des privaten Lebens" datiert den entscheidenden Wandel auf die zweite Hälfte des zurückliegenden Jahrhunderts. Bis dahin war Privatheit das Leben im Sozialzusammenhang der Familie. Die Formen der privaten Lebensführung sind durch das feste Gefüge der hierarchischen Beziehungen und Rollenverteilungen in der Familie und durch traditionelle Formulare für das angemessene Betragen formatiert gewesen. Diese Lebensform wird durch eine handlungsleitende Orientierung abgelöst, welche „seine Majestät, das Ich", zum Zentrum des individuellen Lebensprojektes und die Verwirklichung des Selbst zum Maß des guten Lebens erhebt. Die Übereinstimmung des Subjekts mit *sich* wird zum Leitwert. Diese Psychologisierung der Moral stellt die Formulare der Tradition zur Disposition. Die Lebensführung wird „enttraditionalisiert", die Entscheidung über die Angemessenheit der Lebensführung „individualisiert".

Wie die Soziologie der „zweiten" resp. „fortgeschrittenen" Moderne notiert, hat diese „*Individualisierung*" für den Einzelnen durchaus doppeldeutige Konsequenzen. Der Einzelne ist bei der Ausgestaltung seiner Lebensführung freigesetzt von den moralisch bindenden Geltungsansprüchen traditioneller Vorgaben für das „richtige Leben". Er gewinnt die Freiheit zu wählen. Diese Freiheit verschafft dem Einzelnen aber noch nicht die Sicherheit, ob seine Wahl sozial realisierbar ist und subjektiv zufriedenstellend ausfällt. Die Freiheit zur Wahl begründet den Bedarf nach Orientierung. Für die gibt es aber keine kulturellen Garantien mehr. Diese Ambivalenz der individuellen Lebensführung in einer „posttraditionalen" Gesellschaft wird auf verschiedenen Feldern spürbar. Sie berührt im Kern auch die praktische Scheidung zwischen dem privaten und dem öffentlichen Dasein des Einzelnen.

Die Codes für das angemessene öffentliche Erscheinungsbild der Person werden komplexer. Der Trend zur „Informalisierung" erlaubt nicht nur, sondern fordert geradezu, auch in formalisierten sozialen Kontexten wie beruflichen Arbeitszusammenhängen oder öffentlichen Versammlungen das Handeln mit Zeichen zu versehen, die das situationsadäquate Ausfüllen einer Rolle wie die Darstellung eines irgendwie originellen, jedenfalls besonderen Selbst erscheinen lassen. Die Akteure stehen vor der diffizilen Aufgabe, Authentizität sozial angemessen vorzuspielen. Das Paradox ist bei der von Sennett beschriebenen Figur des „proteischen Selbst" auf die Spitze getrieben.

---

eine Gesellschaft durch die „Logik des Spektakels" gewöhnt wird, die Funktionsweise der Privatsphäre sowie der Öffentlichkeit beeinträchtigt. Davon handeln die nachfolgenden Überlegungen.

Die Akteure bezahlen die Flexibilität und Mobilität, mit der sie sich auf wechselnde situative Anforderungen einstellen als handele es sich bei dieser Beweglichkeit um eine zu ihrem Selbst passende Form der Lebensführung, mit dem Verlust der Gewissheit, worin sie bei ihrem Handeln mit sich „identisch" bleiben.[2]

Das moderne Projekt der Verwirklichung des Selbst bildet die zentrale handlungsleitende Perspektive der Akteure. Wie widersprüchlich und mehrdeutig das durch diese Perspektive instruierte Handeln ausfällt, macht sich auf einem seiner wichtigsten Felder geltend: der Begründung und Ausgestaltung von Beziehungen. Die „reine Beziehung", die nur auf der Zuneigung zu dem anderen begründet ist, hat für das moderne Projekt der Selbstverwirklichung einen herausgehobenen Rang. Sie bedarf, um zu gelingen, der kommunikativen Vermittlung der Utopien und Erfahrungen der „Partner", die ihre Lebensführung vergemeinschaften wollen, gerade weil und wenn ihre Beziehung allein aus ihren wechselseitigen Neigungen hervorgehen soll. Diese Vermittlung hat ihrerseits die Selbstklärung der Beteiligten über ihre Bestrebungen und Erfahrungen zur Voraussetzung. Zu diesem Erfordernis der Reflexivität und kommunikativen Vermittlung der modernen Beziehung steht ein Grundzug des Beziehungslebens in spannungsvollem Verhältnis. Denn instruiert von dem psychologisch gefassten Ideal, das die Selbstverwirklichung als Selbsterfahrung begreift, behandeln die Akteure die Unvermittelheit des Gefühls als glaubwürdigsten Ausdruck des Selbst. Die *unmittelbare* subjektive Wahrheit des Gefühls löst aber den Bedarf nach einer kommunikativen *Vermittlung* des gemeinschaftlich betriebenen Projekts der Selbstverwirklichung noch gar nicht ein.

Beide Beispiele für die Ambivalenz der Selbstverwirklichung in der Moderne zeugen von einem übergreifenden Prinzip, von dem die praktische Unterscheidung und Ausgestaltung von Lebenssphären beherrscht wird. In einer „enttraditionalisierten" und „individualisierten" Gesellschaft trifft der Einzelne seine Wahl, welche Form seiner Lebensführung für ihn erreichbar und erstrebenswert scheint. Er trifft sie unter der Voraussetzung der Unsicherheit. Denn er kann sich der sozialen Akzeptabilität so wenig sicher sein wie der materiellen und sozialen Bedingungen für die Realisierbarkeit der von ihm gewählten Option. Der Einzelne übt sich im Gebrauch „riskanter Freiheiten".

> To accept risk as risk, an orientation which is more or less forced on us by the abstract systems of modernity, is to acknowledge that no aspects of our activities follow a predestined course, and all are open to contingent happenings. (...) Living in a ‚risk society' means living with a calculative attitude to the open possibilities of action, positive and negative, with which, as individuals and globally, we are

---

2 Siehe hierzu im Einzelnen Kapitel 2.2.

> confronted in a continuous way in our contemporary social existence. (Giddens 1991, 28)

Im Verein mit der Relativierung überkommener Musterbiografien durch soziale „Risiken" vollzieht sich – Giddens zufolge – ein Wandel im kulturellen System der Anschauungen, vermittels derer die Akteure die soziale Welt und ihre Lage in ihr deuten – also auch ihrer Lebensführung Struktur und Sinn geben. Traditionen verlieren ihren Status als unbezweifelte Gewissheiten, die gesellschaftlichen Institutionen, die traditionelle Weltanschauungen verkörpern und vertreten, verlieren im gleichen Maße ihre Autorität (vgl. Giddens 1996). Die „Moderne" etabliere den „radikalen Zweifel" als überragendes und als einzig unangefochtenes Prinzip (Giddens 1991, 2f.). Der „Zweifel" ist Giddens' grundlegende epistemologische Korrespondenzkategorie zum Begriff des „Risikos".

„Risiko" und „Zweifel" geben den Hintergrund für das Bild ab, in dem nun das „Wählen" als das bestimmende Charakteristikum moderner Lebensführung hervortritt.

> Yet because of the ,openness' of social life today, the pluralization of contexts of action and the diversity of ,authorities', lifestyle choice is increasingly important in the constitution of self-identity and daily activity. (Giddens 1991, 5)

> In posttraditionalen Kontexten haben wir keine andere Wahl als zu wählen, wer wir sein und wie wir handeln wollen. (Giddens 1996, 142)

Der Einzelne ist aufgrund der Kontingenz seiner Entscheidungen genötigt, seine Wahl im Lichte seiner Erfahrungen und in Hinsicht auf ggf. geänderte soziale Umstände seiner Lebensführung zu überdenken. Die „Reflexivität" wird zum Grundzug der modernen Lebensführung. Sie erfasst mit dem sozialen Dasein auch die Identität der Akteure; das Selbst wird – wie Giddens es ausdrückt – zu einem „reflexiven Projekt". So vollzieht sich nun also auch die Identitätsbildung: eingestellt auf die Notwendigkeit der Wahl von Lebensstilen, vollzogen in dem Bewusstsein, dass für die individuelle Lebensführung und ihren Sinn keine andere Bürgschaft existiert als die Wahl des Subjekts. In diesem Sinn spricht Giddens von einem „reflexiven Selbst" (vgl. Kap. 2.2).

Die *fundamentale Ambiguität* der modernen Lebensführung gilt in Sonderheit für die Entscheidung des Einzelnen, was für ihn „privat" sein soll und wie er „öffentlich" präsent sein will. Diese Entscheidung ist aus dem Geltungsbereich einer allgemein verbindlichen „öffentlichen Moral" weitgehend entlassen. Sie ist dem Einzelnen übertragen und insofern selbst „privat" geworden. Das bedeutet allerdings nicht, dass der Einzelne mit seiner Entscheidung wie von selbst Recht bekommt. Mit der Individualisierung der Entscheidung geht auch eine Pluralisierung der Haltungen einher, wie sie getroffen werden soll. Die individuelle Selbstdarstellung trifft auf ggf. konkurrierende Auffassungen darüber, welche Exhibition akzeptabel ist und wieviel Formgerechtheit und Diskretion als Voraussetzung für Zusammenwirken oder Zusammenspiel verlangt werden können. Auf diese Weise bilden sich immer noch vorherrschende Regeln dafür aus, wo es „am Platz" ist, private Neigungen und Befindlichkeiten „öffentlich" wahrnehmbar zu machen, und in welchen Kontexten das als „unangemessen" erscheint. Dem Einzelnen ist aufgegeben, sich in diesen *Prozess sozialen Aushandelns*, was als „angemessene Erscheinung" gelten darf und wo Diskretion geboten ist, mit seiner eigenen Praxis einzuschalten. Wie soll er dabei für sich festlegen, welche Neigungen und welche Praktiken erst in der Abgeschiedenheit der Privatsphäre frei gelebt werden können? Stellt sich dort Selbst-Gewissheit ein oder scheint das Selbst unausgelebt und beschränkt? Soll die Verwirklichung des Selbst anders und auch in anderen Sphären erprobt werden? Wie lässt sich herausfinden, wieviel Diskretion und Abgeschiedenheit dem Selbstgefühl gut tut? Wieviel von dem eigenen Selbst und welche Seiten desselben sollen umgekehrt im sozialen Leben öffentlich geltend gemacht werden? In welchem sozialen Rahmen gelingt das auf welche Weise? Welche Gelegenheiten mit ihren je unterschiedlichen Regeln und Anforderungen für eine „angemessene" Selbstdarstellung gibt es? Welche Strategien der Expressivität versprechen wo Erfolg? Wann ist die Selbstdarstellung geglückt? Wie stellt sich die Gewissheit ein, dass mit der subjektiv gemachten Erfahrung im „öffentlichen" sozialen Leben auch ein Stück des eigenen Selbst „wirklich" geworden ist? Was tun, wenn diese Gewissheit nicht ungetrübt ist oder gar ganz ausbleibt? Kann man sich dabei seiner selbst sicher sein? Wie lassen sich Selbstzweifel überwinden? Und so weiter.

Die Notwendigkeit, sich unter der doppelten Bedingung der Unsicherheit und der Ungewissheit zu entscheiden, begründet den fundamentalen Bedarf der Einzelnen nach Orientierung. Der Orientierungsbedarf des Subjekts in der posttraditionalen Moderne verschafft den Offerten der Medien ihren herausgehobenen lebensweltlichen Rang.

Worin liegt das kulturelle Potenzial des Fernsehens gegenüber einem ambivalenten, von Widersprüchen gezeichneten Privatleben in der Moderne?

Das kulturelle Potenzial des Fernsehens ist seinerseits ambivalent. Das lässt sich auf verschiedenen Ebenen zeigen: (1) für Identitätsbildung und Selbstverwirklichung, namentlich im Privatleben, (2) für soziale Verkehrsformen und soziale Solidaritäten und (3) für die öffentliche Verhandlung des Privaten.

(1) In den Prozess reflexiver Identitätsbildung greifen Medien in zweierlei Weise ein: Medien machen Ereignisse und Prozesse zum Gegenstand der Erfahrung, die sich der Anschauung des Einzelnen ansonsten entziehen (ö-

kologische und ökonomische Risiken der „Globalisierung" sind Giddens' wiederholt benutztes Beispiel). Die „mediatisierte Erfahrung", das medienvermittelte Weltbild, geht mittelbar in die Identitätsbildung ein, insoweit sie dem Einzelnen eine Vorstellung davon gibt, worauf sein individueller Lebensentwurf sich einstellen muss und kann (vgl. Giddens 1991, 26 und 184). In unserem Zusammenhang sind von Belang: medienvermittelte Vorstellungen von der Planbarkeit einer Erwerbsbiografie, von Planbarkeit und Haltbarkeit von Lebenspartnerschaften, von Rang und subjektiver Rolle des privaten Lebens (Zuflucht, Sphäre der Selbstverwirklichung) sowie von der Anlage des Projektes des privaten Lebens (Lebensprojekt, Lebensabschnitt, situative Erfüllung).

Medien kolportieren mit ihren Geschichten und Figuren auch Vorlagen für eine moderne Lebensführung und Muster für ein „reflexives Selbst". In diesem zweiten Sinn werden sie direkt zu einer *kulturellen Ressource*, die der Einzelne bei der Bewältigung der Aufgabe nutzen kann, über die Form seiner Lebensführung und damit über seine soziale Identität zu entscheiden. Medien rücken in die Funktion ein, die die traditionellen Institutionen zur Vermittlung von Vorlagen für das „richtige Leben" und den „guten Charakter" – Giddens zufolge – verloren haben. Aber sie können diesen Platz nur einnehmen, weil sie ihn auf neuartige Weise ausfüllen: Die mediatisierte Identitätsvorlage bleibt ein Angebot, eine Gewissheit auf Widerruf – bezweifelt und relativiert durch die Gleichzeitigkeit divergierender Identitätsmuster und die Differenz zwischen medialer und sozialer Erfahrung; in Giddens' Worten: Die Auflösung der Autorität von Sinnvorlagen bleibt unwiderruflich (Giddens 1991, 196). Gewissheit ist ersetzt durch Gewohnheit. Und durch das heikle Selbstvertrauen, eine richtige Wahl getroffen zu haben.

Das Fernsehen füllt seine Rolle als kulturelle Ressource reflexiver Identitätsbildung durch verschiedenartige Vermittlungsleistungen aus: Fernsehen macht mit sozialen Codes für eine situativ angemessene Form des „öffentlichen Ausdrucks" bekannt. Es führt auf szenisch-anschauliche Weise Muster für soziales Handeln und Modelle für Charaktere vor. Seine Erzählungen machen Lebensentwürfe auf dem Wege einer para-sozialen Anteilnahme für die Nutzer erlebbar; sie können sich durch Identifikation und Empathie das Medienerleben wie eine „Biographie auf Probe" nutzbar machen (vgl. Charlton). So *kann* das Fernsehen dem Einzelnen im Prozess der Selbstverwirklichung als Mittel der Orientierung und kulturelle Ressource der Identitätsbildung dienen. Der Länderbericht aus den Niederlanden verweist in diesem Sinn darauf, dass die Sendung *Big Brother* von manchen, vorwiegend jugendlichen Zuschauern genutzt worden ist, um sich von Formen erfolgreicher Selbstdarstellung und Selbstbehauptung im zwischenmenschlichen Umgang ein Bild zu machen (Kap. 3; siehe auch Kap. 2.2).

Allerdings kann das Fernsehen mit einer spezifischen Form der Inszenierung von Privatleuten, der „Authentifizierung", dem „*Intimitätskult*" Vorschub leisten. Es belegt die Wahrnehmung der Akteure, die sich bei der Unterhaltung mit den Fernsehfiguren zugleich über die Gelegenheiten orientieren, sich sozial erfolgreich darzustellen und zur Geltung zu bringen, mit dem Vor-Bild vorgeblich unvermittelter Selbstoffenbarung. Dieser Intimitätskult blockiert mit der Selbstdistanz aber auch die Reflexivität, die das moderne Subjekt für seine Selbstbestimmung braucht. Meyrowitz betont die darin eingeschlossene Anmaßung. In der „culture of shamelessness" reklamiert der Einzelne Beachtung für sein Empfinden, seine Vorlieben und Abneigungen aus keinem anderen irgendwie einseh- oder teilbaren Grund als der offensiven Freimütigkeit, mit der er seine Befindlichkeit vor anderen äußert (Kap. 4).

Die medienkulturelle *Form*, in der das Fernsehen Themen und Figuren des privaten Lebens verhandelt, macht den Unterschied: zwischen der Funktionalität als kultureller Ressource der Selbstbestimmung und der Rolle als Medium der Affirmation einer in ihrem Bestimmtsein befangenen, intransigent auf sich bestehenden Identität (vgl. Kap. 2.2).

(2) Mit Blick auf Formen des zwischenmenschlichen Umgangs und die Herausbildung sozialer Solidaritäten hat das Fernsehen das Potenzial, die Pluralität von Lebensformen in einer Gesellschaft zum Vorschein zu bringen. Indem es das Nebeneinander verschiedenartigen Lebensweisen – divergierender Formen des Zusammenlebens, unterschiedlicher sexueller Neigungen, verschiedenartiger weltanschaulicher Orientierungen usf. – anschaubar macht, übermittelt das Fernsehen auch eine Metabotschaft: Die „kosmopolitische" Pluralität bezeugt auch die Legitimität der Verschiedenartigkeit und ist darin ein implizites Plädoyer für *Toleranz und Liberalität.* In diesem Sinn kann das Fernsehen nicht nur Ausdruck, sondern auch Faktor eines kulturellen Wandels hin zu mehr Liberalität sein. Auf diese Potenz hoffen etwa diejenigen, die sich von der Veralltäglichung der medialen Präsenz von Figuren, die Migranten oder Homosexuelle vorstellen, eine Normalisierung der sozialen Akzeptanz dieser Gruppen erwarten. Normalisierung durch medial vermittelte Vertrautheit also. Folgt man dem Bericht über die Situation in Japan (vgl. Tsuruki, Takashi 2001; siehe auch Kap. 3), so scheinen größere Teile der Gesellschaft die „anstößigen" Spiele und „schamlosen" Inszenierungen des Fernsehens deshalb zu begrüßen, weil sie davon eine Lockerung der als beengend empfundenen Konventionen der legitimen öffentlichen Erscheinung erhoffen.

Der Bericht aus den Niederlanden legt eine Lesart nahe, die die Funktion der fernsehöffentlichen Schaustellung gerade aus der Absonderung von den Verkehrsformen des sozialen Alltags begreift. Die Autoren zeichnen das Bild einer Gesellschaft, in der die Individuen ihr Recht auf eine selbstbestimmte, „informelle" Lebensweise wahrnehmen und dabei zugleich einen stark ausgebildeten Sinn für Diskretion an den Tag legen. Die Popularität der medialen Schaustellung von Privatleuten und Privatleben wird auf dieser kulturellen Grundlage aus der Gelegenheit erklärbar, die Regeln der Diskretion im zwischenmenschlichen Umgang weiter beachten und dennoch einen risikolosen Blick in die Privataffären anderer werfen zu können (vgl. Heuvelman, van Dijk, Seydel 2001; siehe Kap. 3).[3] In diesem Sinn kann die Veröffentlichung des Privaten als *funktionales Komplement* verstanden werden, das die Regeln des Alltags bewahren hilft, indem es dem Vergnügen an der regelwidrigen Schamlosigkeit *neben* dem Alltag Raum gibt.[4]

Das Fernsehen kennt schließlich auch Formen der Inszenierung von Privatpersonen sowie des sozialen Umgangs mit ihnen, die nicht Toleranz und Solidarität, sondern Ausgrenzung und Egozentrik vorspielen. Sendungen, die die Selbstentblößung als Sensation ausstellen, prämieren eine Form der Selbstdarstellung, in der die mitwirkenden Privatleute Beachtung reklamieren – nicht weil sie etwas vorzutragen wüssten, weshalb sie sie verdienen, sondern weil sie so schamlos sind, sie ohne weiteres in Anspruch zu nehmen. Das Fernsehen prämiert diesen *anmaßenen Subjektivismus*, indem es ihm eine Bühne verschafft. Die Real-Life-Soaps haben darüber hinaus die Selbstdarstellung als Mittel sozialer Konkurrenz und Auslese inszeniert (vgl. Kap. 5.7). Das Medium hat diesem *Habitus der Konkurrenz* durch die einträgliche Prämie der Prominenz sozial Recht gegeben.

Der Länderbericht aus Japan beschreibt Sendungen, die das Gegenbild dazu in Szene setzen. Menschen werden auf verschiedenste Weise drangsaliert und in dem Bemühen, dieser Drangsal standzuhalten, ausgestellt. Das Vergnügen an diesem Schauspiel scheint mitleidlos. Es zehrt von der beschämenden Lage der Fernsehfiguren. Wie alle populäre Unterhaltung verweist der Spaß auf verbreitete Erfahrungsweisen. Der Bericht hinterlässt den Eindruck, als sei es weniger das Grundproblem der sozialen Durchsetzung eines irgendwie autonom bestimmten Selbst, das der medienvermittelten Unterhaltung ihre Motive und Erlebnisinhalte (Anteilnahme oder Distanzierung) besorgt. Vielmehr scheint die Anerkennung der Respektabilität der Person das übergreifende Lebensthema in einer „Kultur der Scham“ (vgl. Kap. 3). Das Vergnügen würde so aus der allgegenwärtigen Angst vor der Beschämung erklärbar, die dann zeremoniell „gebannt“ scheint, wenn die Beschämung augenscheinlich andere trifft. Die Fernsehpersonen figurieren gleichsam als die Opferlämmer einer mitleidlosen sozialen Konkurrenz um Respektabilität. Dazu fügt sich als positiver Gegenentwurf das Ideal des großen persönlichen Auftritts. Nach Auskunft der Autoren aus Japan werden Auf-

---

3 Komplementär dazu bietet das Fernsehen den Mitwirkenden eine Bühne für ihre Selbstdarstellung, bei der sie jedoch die Regel nicht verletzen, andere nicht ungefragt mit ihren „Privatangelegenheiten“ zu behelligen.

4 Zur kritischen Diskussion dieser Lesart, die das Fernsehen gleichsam als immer währenden Karneval begreift, siehe auch Kap. 2.3.

tritte im Fernsehen oder auch das beliebte Versenden von Fotos mit Alltagsszenen dazu genutzt, um den Alltag um die Suggestion der Beachtlichkeit der eigenen Person zu bereichern. Dieses Motiv ist auch in den anderen hier betrachteten Kulturen – unter Einschluss der deutschen – zu Hause, wie etwa die Diskussion um Talkshows (vgl. Kap. 6) und die Inspektion von Homepages zeigt (vgl. Kap. 7).

Wo einschlägige Gesprächsshows es darauf anlegen, die provozierte und willig abgegebene Offenbarung einer irgendwie abweichenden Neigung, Haltung oder Praxis in einen dramaturgischen Rahmen zu stellen, der wie ein „moralisches Konsensritual" funktioniert, zieht es den ausgestellten Privatpersonen die Maske moralischer Klischees über. Meyrowitz kennzeichnet bündig die „Logik des Spektakels": „expose, reveal, shock, titillate" (Kap. 4). Der in der Sendung vorgeführte Umgang mit der „Abweichung" folgt dem Muster eines vorgespielten Gerichtsverfahrens (vgl. Kap. 5.5). Mit dieser Form der Verhandlung von Privatem macht sich das Fernsehen zum Sinnbild einer *„destruktiven Gemeinschaft"*, die sich in der moralischen Ausgrenzung derjenigen behauptet, welche dem „gesunden Empfinden" für das Richtige nicht zupass kommen. Der öffentlichen „Verhandlung" über Formen privater Lebensführung wird so eine medienkulturelle Gestalt gegeben, die die das „Gespräch" tragende „öffentliche Moral" von zwei Seiten her aushöhlt: durch die Vergewöhnlichung der anschaulichen Präsenz des Normbruchs, der nicht zur Debatte gestellt, sondern „normalisiert" wird, und durch den gleichzeitig inszenierten Subjektivismus des moralischen Urteils, das sich durch die Affektion der Richtenden, ihr „persönliches Empfinden", legitimiert und so der Form einer Begründung und Rechtfertigung, die auf eine kommunikative Vereinbarung hinaus will, entzieht (vgl. Kap. 2.3).

(3) Das Fernsehen verhandelt Themen des privaten Lebens auch in seinen publizistischen Formaten. Die Fernsehpublizistik ist ein herausragendes Medium der politischen Öffentlichkeit. Mit der Thematisierung von Themen und Formen privater Lebensführung trägt sie dem Umstand Rechnung, dass die Privatsphäre längst von dem Wirken öffentlicher Instanzen und privater Unternehmungen durchdrungen ist. Mit der Regelung von Familienverhältnissen, der Einrichtung eines öffentlichen Bildungswesens, den Institutionen sozialer Sicherung usf. greift der moderne Staat massiv in die individuelle Lebensführung ein. Aber auch von Unternehmen angetriebene Entwicklungen etwa in der Medizin oder der Biotechnologie sowie die Auswirkungen unternehmerischer Entscheidungen auf die natürlichen (Umwelt) oder sozialen (Arbeitsmarkt) Lebensbedingungen prägen nachhaltig, wie „Privatleute" ihr Leben führen können. Die Einwirkung auf die Bedingungen privater Lebensführung sind daher „von allgemeinem Belang". Die Auseinandersetzung über die staatliche oder unternehmerische Einwirkung auf die private Lebensführung sind stets auch ein Kampf darum, welche Formen des Privatlebens

wünschenswert und legitim sein können. Auch in diesem Sinne gilt: „Das Private ist das Politische".

Rössler diskutiert, wie denn die „Trennlinie zwischen Privatem und Öffentlichem" mit Blick auf die Erfordernisse eines zivilisierten Zusammenlebens bestimmt werden könnte, und kommt dabei zu folgender Unterscheidung:

> Denn dass man öffentlich darüber reden sollte, dass Homosexuelle sich nicht im Privaten verstecken müssen; dass Sexualität mit repressiven Tabus verbunden sein kann; dass Gewalt in der Familie ein strukturelles Problem ist; dass Kindererziehung nicht natürlicherweise eine weibliche Aufgabe ist usf.: all dies bedeutet nicht, dass einzelne Personen, die gegebenenfalls betroffen sind, mit ihren privaten Problemen zum öffentlichen Thema gemacht werden sollen. Ob Herr X oder Frau Y homosexuell ist, ist in der Tat ihre Privatsache; ob sie gesellschaftlich dazu gezwungen werden, dies im Privaten zu verbergen, nicht. (Rössler 2001, 328)

Soweit das Fernsehen in seinen publizistischen Formaten die Themen, Formen und Bedingungen privaten Lebens verhandelt, macht es sich darum verdient, den Privatleuten eine *Teilhabe als Bürger* am politischen Prozess der Meinungs- und Willensbildung in Fragen zu ermöglichen, die ihre Lebensführung im Allgemeinen betreffen. Diese Teilhabe bedarf der vermittelnden Leistungen des Fernsehens. Sie ist für eine Demokratie von konstitutiver Bedeutung.

Während die medienöffentliche Verhandlung des Privaten in dem eben skizzierten publizistischen Sinn der politischen Partizipation der Bürger zugute kommt, hat die publizistische Personalisierung des Politischen eine gegenläufige kulturelle Potenz. Die Personalisierung organisiert einen Themen- und Blickwechsel hin zu den Eigenschaften und Eigenarten der handelnden Personen. Die vorgestellten Züge der Person werden dann nurmehr auf spekulative Weise in Zusammenhang zu den Problemfeldern der Politik und damit auch zu den Erwartungen an die Wirkungen politischen Handelns gebracht. Die Personalisierung führt die Meinungsbildung in ein „illusorisches Urteilsverhalten" hinein. An die Stelle der Kenntnis von Problemen und Positionen tritt Personenvertrauen – und Misstrauen. Die Personalisierung des Politischen nimmt sich wie die höhnische Umkehrung der Forderung aus, das Politische im Privaten zum Gegenstand öffentlicher Verhandlung zu machen. Denn indem der Blick auf die Personen geheftet wird, wird das Politische der Aufmerksamkeit und damit der öffentlichen Verhandlung entzogen (vgl. Kap. 2.4 sowie Kap. 4, in dem Meyrowitz aufgrund der „Fallstudie" zur Clinton-Lewinsky-Affäre sowie seiner Überlegungen zur „information form" visueller Politikdarstellung zu dem gleichen Urteil kommt).

Wie richtet das deutsche Fernsehen die Bühne ein, auf der es Privates zur Schau stellt? Wie haben sich die Formen geändert, in denen das Medium Privatleute und privates Leben öffentlich wahrnehmbar macht?

Am Anfang war die *Familie Schölermann*. Das Medium Fernsehen hat sich in den 50er Jahren in der häuslichen ‚guten Stube' eingeführt. Auch programmlich hat es einen Stammplatz in der privaten Welt zu gewinnen versucht, indem es sich zum Medium der Nähe, des Privaten und Vertrauten gemacht hat. Das gespielte Serienleben der *Schölermanns* war als Parallelwelt zum Familienleben der Zuschauer ausgestaltet. Genauer genommen hat die Serie das modellhafte Idealbild einer ‚Musterfamilie' abgegeben, die ihre Konflikte zu lösen versteht, Harmonie immer wieder herstellt und mit dem allmählichen Aufstieg aus ‚schweren Jahren' in den Lebensstandard der ‚Wirtschaftswunder'-Jahre entlohnt wird (vgl. Kap. 5.1).

Die Spielshow *Wünsch Dir was*, Ende der 60er Jahre eingeführt, stellte dagegen den familiären Zusammenhalt auf die Probe und machte damit die Beziehungen von Privatleuten zum Gegenstand öffentlicher Wahrnehmung und Unterhaltung. Das Sendungsgeschehen war von der Prätention gerahmt, Teilnehmern und Zuschauern Gelegenheit zur spielerischen Auseinandersetzung mit familieninternen Strukturen und ihrem Wandel zu geben. Diese Prätention unterlegt den Umgang mit den Privatmenschen auf der Bühne mit dem Grundton der Empathie. Das Arrangement als Spielgeschehen verzichtet darauf, die Teilnehmer vollends ‚offenbar' zu machen; denn es hält die Differenz zwischen Spielgeschick und authentischem Beziehungsleben ‚im Spiel'. Es bleibt so eine Frage der Spekulation, was von dem Spielverlauf situativen Zufälligkeiten geschuldet ist und inwieweit in ihm etwas von den ‚wirklichen' Beziehungen der Mitspieler aufscheint (vgl Kap. 5.2).

Von ganz anderem Zuschnitt waren Bloßstellungsshows wie *Donnerlippchen* und *4 gegen Willi*, die in die Anfangszeit des ‚dualen Systems' in den 80er Jahren fallen. Die Sendungsregie legte es darauf an, die Teilnehmer zu überrumpeln. Das von diesen Sendungen arrangierte Vergnügen liegt in der Blöße, die sich Menschen geben, die für gewöhnlich um einen ‚guten Eindruck' bemüht sind. Das arrangierte Spielgeschehen auf der Bühne des Mediums destruiert zielstrebig die Konventionen ‚angemessenen Benehmens' und einer darauf gegründeten ‚erfolgreichen Erscheinung'. Bei diesem ironischen Spiel mit den Regeln eines ‚angemessenen öffentlichen Ausdrucks' spielen die Teilnehmer augenzwinkernd mit; teils zeigen sie sich von dem Geschehen betroffen und werden dann im Empfinden ihrer Blöße offenbar. Das Medium erschließt so seinem Publikum neben dem Spaß am Zertrümmern gesellschaftlicher Konventionen auch die Freude am ‚lebendig' und ‚wirklich' empfundenen Schaden der mitwirkenden Alltagsmenschen (vgl. Kap. 5.3).

In den Programmentwicklungen der 90er Jahre zeigt sich vielfach ein Trend zur Intimisierung. Er ist bei den Talkshows mit nicht-prominenten Teilnehmern besonders ausgeprägt. Das ‚Gespräch‘ findet als Aufführung in einer Studio-Arena statt. Es handelt von Neigungen, Konflikten oder Enttäuschungen aus dem privaten Leben der Teilnehmer. Die Gesprächsführung legt es auf Polarisierung oder Bekenntnis, in der Regel aber auf Emotionalisierung an. Die Selbstinszenierung der Teilnehmer gerät durch aufmerksamkeitsheischende Übertreibung mitunter zur Parodie. Oder sie löst sich buchstäblich in Tränen auf. Das Saalpublikum ist – gleichsam in Stellvertretung des anonymen Publikums am Bildschirm – dazu eingeladen und autorisiert, auf das vorgestellte private Geschick und die betroffene Person mit Anteilnahme oder Verurteilung zu reagieren. Die Shows kreieren so eine Art ‚Sittengericht‘ als Lustpiel oder als Melodram. Sie verbinden die Lust am Einblick in das irgendwie anrührende oder anstößige private Leben anderer mit einem aufgerührten moralischen Empfinden, das sich in rigider Manier, wie sie auch an Stammtischen oder beim Kaffeeklatsch zu Hause ist, bei der Beurteilung der medial ausgestellten Person selbst bestätigt (vgl. Kap. 5.5).

Das Medium sucht in den 90er Jahren darüber hinaus das ‚authentische‘ Leben von Alltagsmenschen mit einer Reihe von Formaten, die Fiktion bzw. Spiel und Dokumentation miteinander kombinieren, zum Stoff seiner Unterhaltungsofferten zu machen (vgl. Kap. 5.6). Der Genremix ist bei der Reality Soap *Big Brother* besonders ausgefeilt und um das Moment der Dauerbeobachtung einer Gruppe von Menschen erweitert worden. Die Sendung nimmt Elemente aus Beziehungs-, Spiel- und Talkshows auf. Sie sind nicht nur durch die redaktionelle Anlage in die Sendung mit eingebaut; die mitwirkenden Laiendarsteller zeigen sich so medienkundig, dass sie bei ihrer Kommunikation miteinander und vor den allgegenwärtigen Kameras Muster aus diesen Sendungen für ihre Selbstdarstellung nutzen. Die redaktionelle Zusammenfassung montiert das mehr oder weniger unspektakuläre Tagesgeschehen im ‚Tele-Zoo‘ zu den Spannungsmomenten, die aus der Dramaturgie von Daily Soaps vertraut sind. Die Wochenzusammenfassung operiert mit Bausteinen aus dem Repertoire von Showformaten (vgl. Kap. 5.7).

Die Sendung macht die Selbstdarstellung der Mitwirkenden zum zentralen Geschehen. Wie in Spielshows geht es auch bei der ‚Reality Soap‘ um Auslese; hier wird aber nicht eine besondere Leistung oder ein spezifisches Geschick, sondern die Selbstdarstellung zum Mittel und Medium der Konkurrenz der Teilnehmer um den Erfolg im Spiel. Der wird aufgrund eines zweistufigen Ausleseverfahrens durch die Anerkennung seitens der Mitspieler und durch das Publikum errungen. Die physische Erscheinung, modische Accessoires, die Art der Rede, der Umgang mit den anderen und die Auseinandersetzung mit den von der Redaktion gestellten ‚Aufgaben‘ sind die Medien der Expressivität. Alltagsverrichtungen, Paarungsverhalten und gemeinschaftliche Spiele schaffen Gelegenheiten und bestimmen den Rahmen der Expressivität. Das szenische Repertoire der Populärkultur wird von den Mitwirkenden als Vorlage für Strategien der Selbstdarstellung genutzt. Die Sendung bezeugt in dem unbefangenen Gebrauch, den die Teilnehmer von dem symbolischen Repertoire der populären Medienkultur machen, die Mediatisierung des Alltags.

Die Totalität der Überwachungssituation ist zugleich darauf angelegt, Momente eines ‚ungeplanten', nicht auf den Blick von Redaktion und Zuschauern taktisch ausgerichteten Handelns einzufangen (vgl. Kap. 5.7). Die Sendung versetzt den Zuschauer in die Position eines Beobachters, der mit entscheiden kann, welcher Auftritt von ihm anerkannt und am Ende prämiert wird. Gegenstand von Beobachtung und Beurteilung ist, wie die Personen im ‚Tele-Zoo' sich geben. Inhalt der Beurteilung ist, was man daran ‚sympathisch' und/oder ‚wahrhaftig' finden mag. Die Sendung macht so die geschmäcklerische Personenwahrnehmung, die zu den Standardübungen der Alltagspsychologie gehört, zum medienvermittelten Vergnügen. Sie erhebt diese Personenbeurteilung zudem in den Rang eines sozialen Ereignisses. Über die Sendung ist vielfach kommuniziert worden. Namentlich die Fan-Szenen, die sich um einzelne Figuren gebildet haben, boten Gelegenheit, Personenidole an dem von der Reality Soap vorgelegten ‚Stoff' auch im persönlichen Gespräch zu ventilieren. Die gesellschaftliche Diskussion *über* die Sendung führt darüber hinaus ein Moment der Reflexivität in den Spaß mit der Herrichtung von Privatmenschen zu Figuren einer Seifenoper ein. Welche Vorstellungen die ‚Selbstbeobachtung' einer sich mit der Beobachtung von Laienselbstdarstellern vergnügenden Gesellschaft gebildet hat, ist im Folgenden zu behandeln.

Wie verändert sich die öffentliche Wahrnehmung und Einschätzung davon, wie das Fernsehen mit Privatem und Intimem umgeht? Wie vollzieht die öffentliche Debatte über das Fernsehen den soziokulturellen Wandel in der Unterscheidung von Privatem und Öffentlichem mit?

Während das Fernsehen sich anschickt, zum Massenmedium zu werden, gerät es vermehrt in den Blick einer öffentlichen Beurteilung, die erkennbar von dem Standpunkt „motiviert" ist, durch die Kontrolle der medialen Darstellung die herrschende öffentliche Moral zu bewahren. In der Diskussion um *Die Sendung der Lysistrata* 1960 wird ein öffentlicher Streit um die Freiheit des Mediums ausgetragen. Umstritten ist die Autorität eines Standpunktes, der auf die Reglementierung des öffentlichen Erscheinungsbildes, des Zeigbaren hinaus will. Er besteht mit der Züchtigkeit der Erscheinung darauf, dass der öffentlich präsentable Körper den Sinn für die Tugend zum Ausdruck bringt.

Einschlägige Debattenbeiträge weisen einen deutlich paternalistischen Grundzug auf. Die Herrschaft über die öffentlichen Bilder soll vor allem die Sittlichkeit von Frauen und Kindern von Anfechtungen frei halten. Die erscheinen damit als Objekte einer moralischen Erziehung, die ihr Regiment auch auf den „öffentlichen Raum" der Bühnen und Plätze erstreckt. Überhaupt tritt die Sittlichkeit in diesem Diskurs wie eine Pflicht in Erscheinung, die dem Einzelnen aufgeherrscht gehört. Diese Haltung leitet einen *Kontrolldiskurs* gegenüber dem Medium Fernsehen an, das im Verdacht steht, mit seinen Spektakeln die öffentliche Zucht zu schwächen. Der Fernsehdiskurs verhandelt über den Geltungsanspruch dieser Position. Er wird zu dem vorherrschenden Schluss geführt, dass die Freiheit des Mediums zu einer unzensierten *politischen* Stellungnahme zum Zeitgeschehen gesichert werden müsse (vgl. Kap. 6.4 und 6.8).

Gut eine Dekade später spiegelt der Fernsehdiskurs eine Phase des soziokulturellen Übergangs, in der *zwei Gesellschaftsentwürfe* um ihre Geltung *konkurrieren*. Umstritten ist, ob solche Lebensformen öffentlich wahrnehmbar sein sollen, die – wie die Homosexualität – als Abweichung von der Familie als sozialer Institution und moralischem Wert identifiziert werden. Umstritten ist ferner die Freizügigkeit bei der öffentlichen Schaustellung des Körpers. Die konservative Position in diesem Medien-‚Kulturkampf' erkennt in der „Rehabilitierung des Körpers" bei der öffentlichen Selbstdarstellung der Privatperson eine *politische* Provokation. Sie verteidigt die begrenzenden Regeln für das legitime öffentliche Erscheinungsbild in der Gewissheit, dass damit eine moralische Vorgabe für eine ihrem Gesellschaftskonzept angemessene Form der Lebensführung steht und fällt.

Die liberale Position im öffentlichen Streit entlässt das Erscheinungsbild aus dem Pflichtenkanon der „öffentlichen Moral" und ernennt es so zur Privatsache. Sie *ratifiziert* das Recht der Einzelnen, ihr Erscheinungsbild zu wählen. Diese Position im öffentlichen Diskurs verschafft entsprechenden individuellen Praktiken Legitimität. Für diese Praktiken kann nun im zwischenmenschlichen Umgang unterstellt werden, dass ihre Legitimität eine weithin akzeptierte Regel ist. Das verbürgt – erst – die breite Präsenz einer entsprechenden Selbstbeschreibung der Gesellschaft im Medium der Öffentlichkeit. Dasselbe gilt für das individuelle Recht, seiner Sexualität allein als subjektiver Neigung (statt als auf die Familie abonnierter Pflicht) zu folgen. Im Rückblick fällt auf: Diese Rechte des Individuums werden nicht einfach als Selbstverständlichkeit unterstellt und wahrgenommen, sondern *begründet*. Sie werden im Diskurs explizit. Das ist die Leistung dieser Periode des Übergangs (vgl. Kap. 6.5 und 6.8).

Die diskursive Begründung im öffentlichen Streit etabliert einen neuen Bezugspunkt der normativ-praktischen Beurteilung einschlägiger Fernsehereignisse: An die Stelle der Gebote der Sittlichkeit als soziale Pflichtwerte wird das Prinzip der *Integrität* gesetzt, mit dem die Gesellschaft die Identität des Einzelnen als Wert behandelt. Gegen die konservative Auslegung, der Verstoß gegen Gebote der Scham sei menschenfeindlich, bezeugen die Akteure[5], dass mit der dosierten Schaustellung des Körpers als öffentlicher Pose ihre Integrität nicht verletzt, sondern gewahrt ist. Indem der öffentliche Diskurs den Willen der Beteiligten als Argument in Erscheinung treten lässt, erhebt er zugleich das individuelle Empfinden für den angemessenen öffentlichen Ausdruck zu einer Quelle der Legitimierung. So *vollzieht* die liberale Position im öffentlichen Streit den Wandel im Wertehorizont hin zu einer „individualisierten" Moralität.

In der öffentlichen Debatte um die Sendung *Tutti Frutti* im Jahr 1990 zeigt sich: Dieser Wandel ist vollzogen und abgeschlossen. Das Gebot der Züchtigkeit ist als Argumentationsfigur und Diskursstandpunkt abgestorben. Es taucht nur mehr in Besprechungen auf, die sich von Prüderie und Provinzialität ironisch distanzieren. Partielle Nacktheit als Bestandteil des „öffentlichen Ausdrucks" ist aus dem Geltungsbereich der „öffentlichen Moral" entlassen und – Privatsache. Es tritt ein neuer Bezugspunkt der Problematisierung in Erscheinung: die Instrumentalisierung des weiblichen Körpers für eine berechnend angestachelte – männliche – Schaulust. Der moralische Bezugspunkt ist „subjektiviert". Reflektiert wird die Sendung in Hinsicht auf das Prinzip der Integrität, der Würde der Personen, die vom Fernsehen in Szene gesetzt werden (vgl. Kap. 6.4 und 6.8).

Diese Position organisiert auch wesentlich die Diskurse über das „Bloßstellungsfernsehen", in dem Privatleute von der Fernsehshow (*Donnerlippchen*, Confrontainment) zu Betroffenen gemacht oder als solche vorgeführt werden (Reality TV). Die Position ist eingebunden in eine Argumentationsfigur, die die Kritik des Fernsehprogramms als Instrument der „Diagnose" für problematische gesellschaftliche Entwicklungen einsetzt. Die *gesellschaftskritische Diagnostik* liest den Umgang des Mediums mit Privatleuten als Anzeichen für die Popularität einer destruktiven Form von Geselligkeit, der Schadenfreude. Die positive Idee eines wünschenswerten Gemeinsinns, die diese skeptische Wahrnehmung unausgesprochen inspiriert, geht nicht auf das alte Konzept einer Gesellschaft zurück, die durch den Respekt vor der unbedingten Autorität moralischer Pflichten „zivilisiert" wird. Es scheint eher eine dem Kommunitarismus verwandte Auffassung durch, die mit dem Respekt vor der Unversehrtheit und Integrität der anderen sowie einer elementaren sozialen Solidarität die Grundlagen der Freiheit der Individuen zu sichern sucht.

Wie in der Gesellschaft sicherzustellen sei, dass der Respekt vor der Integrität und der körperlichen Unversehrtheit anderer erhalten bleibt, das ist mit

5 Das Mädchen mit der Transparentbluse und ihre Familie in einer Ausgabe der Sendung *Wünsch Dir was* (siehe Kap. 6.6).

besonderer Schärfe an Sendungen des ,Reality TV' problematisiert worden, die ,echtes' Leiden ausstellen. Der öffentliche Diskurs scheint die für die Gesellschaft konstitutive Regel nur dann gewahrt zu sehen, wenn authentische Betroffenheit in einer Haltung der Ernsthaftigkeit thematisiert wird. Daran bildet sich eine neue Diskurslinie aus. Der fernsehbezogene Diskurs stößt auf das Problem, dass der Versuch, Grenzen des Zeigbaren zu markieren und durchzusetzen, auch die erwünschte meinungsbildende Funktion medialer Thematisierung gefährdet. Beiträge zum öffentlichen Diskurs mühen sich um eine *Differenzierung der Formen medialer Inszenierung* von authentischer Betroffenheit. Die Differenzierung soll der öffentlichen Verständigung über das Fernsehen Klarheit verschaffen, was die Formen der Darstellung individueller Betroffenheit auszeichnet, mit denen es der wünschenswerten allgemeinen Verhandlung über gesellschaftliche Probleme zuarbeitet, und woran erkennbar ist, dass es diese authentische Betroffenheit nur um ihres Schauwertes willen vernutzt. Einschlägige Beiträge behelfen sich mit einer Kasuistik, über die der öffentliche Diskurs über das Fernsehen anscheinend nicht hinaus kommt (vgl. Kap. 6.6 und 6.8).

In der zweiten Hälfte der 90er Jahre greift der öffentliche Diskurs mit Talk- und Beziehungsshows eine Schaustellung von privaten Neigungen und Haltungen auf, die deren Legitimität nicht verhandelt (wie 20 Jahre zuvor), sondern den unbefangenen Selbstdarstellungswillen zur Kreation einer Sensation nutzt. Die öffentliche Problematisierung geht nicht auf Sozialwerte zurück, sondern urteilt entlang des durchgesetzten gesellschaftlichen Leitwerts der Selbstverwirklichung. Mit Blick auf diesen hegemonialen Leitwert entdeckt die öffentliche Debatte ein Paradox mediatisierter „Zügellosigkeit" – den Selbstverlust durch Selbstentblößung (Verlust der Intimität, Blamage).

Daneben tritt eine weitere differenzierende Argumentationsfigur vermehrt in Erscheinung. Das Fernsehspektakel wird als Bühne ausgemacht, auf der sich eine Horde antisozialer Bestrebungen und Impulse austoben kann – Angeberei, Schamlosigkeit, Niedertracht u.v.m. Das Spektakel wird aber nicht als Modell, sondern als *funktionale Ergänzung* des sozialen Alltags identifiziert. Einschlägige Sendungen gelten nicht als Einzug des Privaten in den öffentlichen Raum. Der Fernsehdiskurs vergegenwärtigt sich, dass vielmehr umgekehrt das Medium eine Schaubühne einrichtet, die den Blick auf Drangsale und Leidenschaften des privaten Lebens freigibt. Das ist ein elementares Sujet bürgerlicher Unterhaltung. Das Fernsehen nutzt die verbreitete Selbstdarstellungslust moderner Individuen, um diesem Sujet die Würze vorgeblicher Authentizität beizugeben. Teils simuliert es bei seiner Bühnenausstattung das Ambiente häuslicher Privatheit (vgl. Kap. 5.1), teils akzentuiert es den Arenacharakter der Inszenierung (vgl. Kap. 5.5). Stets ist allen Beteiligten aber gegenwärtig, dass das Private und Intime als *Bühnengeschehen* offenbar wird. Als solches ist es von der gelebten Privatheit geschieden. Mit

Blick auf diesen gesellschaftlichen Ort der „mediatisierten Privatheit" kommt das öffentliche Räsonnement zu dem Schluss: Gerade indem das Fernsehen das Geschmacklose, Bizarre, Böse in einem von ihm inszenierten Schauspiel zum Vorschein kommen lasse, halte es den Alltag der geregelten sozialen Beziehungen von schädlichen Impulsen frei. Die Argumentationsfigur bestimmt das Fernsehen mit seinen „Trash"-Sendungen als eine Art *„Ventil-Sitte"*, die – dem Karneval ähnlich – gerade darin für das gesellschaftliche Leben funktional ist, dass es sein Erlebnisangebot zur Ausnahme von dessen Regularien macht.

Die „Real-Life-Soap" *Big Brother* hat massiv vorgetragene Bedenken auf den Plan gerufen, durch die Sendung selbst – ungeachtet ihrer denkbaren kulturellen Wirkungen – werde die Menschenwürde verletzt. Dieses Bedenken hat sich bald verloren. Vorherrschend scheinen demgegenüber Diskurspositionen, die – neben dem nun beherrschten Gedanken vom Fernsehen als einer für den Alltag funktionalen „Sinnenklave" – zwei Argumentationsfiguren aus früheren Kontroversen reaktivieren. Der Hinweis auf die Freiwilligkeit der Teilnahme hatte im Streit mit einem konservativen Menschenbild, das den Subjekten die Empfindsamkeit gegenüber einem Ensemble sittlicher Gebote als Natur einschreibt, der Erziehung und Kontrolle auf die Sprünge helfen müssen, das Recht des Einzelnen auf die Wahl seines Erscheinungsbildes verfochten. Er wird nun ins Feld geführt, um die Veräußerung dieser längst erstrittenen „Privatsache" an das Inszenierungsinteresse des Mediums als Recht der Individuen unantastbar zu machen (vgl. Kap. 6.8).

Auch die diagnostische Lesart, die in der medialen Schaustellung des Privaten einen kulturellen Ausdruck für gesellschaftliche Befindlichkeiten ausmacht, kehrt wieder. Sie erkennt anhand der „Performance" der Mitwirkenden, dass Symbole und Inszenierungsmuster des Fernsehens als selbstverständliche Bestandteile alltagsweltlicher Expressivität angeeignet worden sind und darin der Alltagskultur Gestalt geben. Diese *„Mediatisierung"* des Alltagslebens wird darüber hinaus als Zeichen für die Aufgaben gelesen, vor die sich Individuen einer modernen „posttraditionalen" Gesellschaft in dem Bemühen gestellt sehen, ihrem Selbst Kohärenz zu verschaffen und es sozial zu behaupten; nach dem Verlust sozialer Bürgschaften suchen sich die Bewohner von mediendurchdrungenen Alltagswelten auf symbolische Weise ihres sozialen Ortes und ihrer sozialen Identität zu vergewissern (vgl. Kap. 6.7).

Schließlich findet sich noch eine letzte Diskursposition, die der diagnostischen Lesart expressis verbis jeden kritische Unterton austreibt. Bedenklichkeiten, die am individualistischen Leitwert der Selbstverwirklichung Maß nehmen, werden mit der Feststellung entkräftet, dass sie offenbar nicht beachtet werden. Wo diese Feststellung als Argument in Anspruch genommen wird, markiert sie eine Denk*haltung*: Die lapidare Beobachtung, dass das mediale Spiel mit Privatpersonen zu der Gesellschaft „passt“, die sich mit ihm vergnügt, ist nicht Auftakt für eine öffentliche Verständigung über beider Beschaffenheit, sondern ihr Schlusswort. Darin ist die Feststellung zugleich Affirmation. Diese Diskursposition unterschreitet das ansonsten erreichte Niveau der Differenzierung im öffentlichen Diskurs über das Fernsehen, die an den *Formen* der Inszenierung authentischer Privatheit *unterscheiden* können will, welche kulturelle Bedeutung der Medienofferte zukommen kann (vgl. Kap. 6.6 und 6.8).

Verändert sich dabei das öffentlich vorherrschende Verständnis des Mediums? Die Auffassung von seiner Rolle in der Kultur und für das gesellschaftliche Zusammenleben? Die Vorstellung von seiner Steuerbarkeit?

Am Beginn der Auseinandersetzung über das Fernsehen, zu Anfang der 60er Jahre, scheint das öffentliche Urteilen von der Gewissheit getragen, mit der Kontrolle über die Bilder sei auch die Sittlichkeit der Gesellschaft zu bewahren. In der Phase des kulturellen Übergangs, in der sich Ende der 60er und in den 70er Jahren ein neuer Wertehorizont gesellschaftlich durchgesetzt hat, lassen sich zwei Diskurslager prononciert ausmachen, die anhaltend präsent sind, aber hier mit besonderer Klarheit zum Vorschein kommen. Konservative attackieren die mediale Thematisierung von Homosexualtität und die mediale Präsenz von Freizügigkeit als Bezweiflung der „öffentlichen Moral“, die sie gewahrt sehen wollen; dafür sollen steuernde Eingriffe in die Programmpraxis sorgen. Liberale Positionen begrüßen dieselben Fernsehinhalte als Ermutigung für eine gesellschaftliche Liberalisierung; dafür wollen sie das Fernsehen von Interventionen frei gehalten sehen, damit es seine Rolle als kulturelles Medium entfalten kann. Beide Positionen schreiben dem Fernsehen die kulturelle Kraft zu, Lebensformen mit der medienöffentlichen Präsentation nicht nur wahrnehmbar zu machen, sondern ihnen auch *Legitimität* zu verschaffen. Das Fernsehen gilt lagerübergreifend als *Faktor* soziokulturellen Wandels. Und obendrein als nutzbares, also in seiner Wirksamkeit steuerbares *Instrument*: Durch Verhinderung oder Förderung einschlägiger Inhalte lassen sich Gesellschaftsentwürfe befördern (vgl. Kap. 6.8).

In der Debatte um das Reality TV (Anfang 90er Jahre) nimmt zunächst – lagerübergreifend – die Forderung nach steuerndem Eingreifen gegen die öffentliche Schaustellung von zügelloser Aggression und die berechnende Schaustellung von Leiden einen Aufschwung. Bald zieht jedoch die Vorstellung in die Debatte ein, dass kommerzielles Fernsehen in den Qualitäten seines Angebots und damit auch in seinem kulturellen Wirkungspotenzial *nicht mehr steuerbar* ist. Der Kontrolldiskurs ist zurückgenommen auf einen Regulierungsanspruch von limitierter Geltung: Kinder- und Jugendschutz (mit Blick auf Daily-Talk-Sendungen), der die Scheidung zwischen Kinder- und Erwachsenenwelt zu verteidigen sucht, die das Fernsehen – Meyrowitz zufolge – so wirksam unterläuft. Der Appell an eine in der Gesellschaft der Konsumenten auszubildende *Medienethik* tritt an die Stelle von Erwägungen, wie auf die Produzenten eingewirkt werden könnte (vgl. Kap. 6.8).

Die Kritik vergegenwärtigt sich die Differenz zwischen der im öffentlichen Diskurs ventilierten Bedenklichkeit und dem populären Geschmack. Diese Differenz wird nun nicht mehr – wie in der Phase des soziokulturellen Übergangs – als Moment und Bestandteil einer lebendigen sozialen Auseinandersetzung wahrgenommen, die sich an der Veränderung des gesellschaftlichen Lebens zu schaffen macht, an der die Kombattanten Teil haben. An die Stelle dieses Selbstvertrauens auf die Kraft öffentlicher Diskurse tritt vielmehr umgekehrt die nur mehr festgestellte und festgehaltene *Distanz* zwischen Kritik und Massengeschmack. Die Kritik nimmt ihre Ohnmacht wahr. Sie wendet die Bedenklichkeit gegenüber der Schaustellung des Mediums zur Kritik der Nutzer und die Distanz zur Absage an das Publikum. Diese Absage an das Massenpublikum absorbiert manches von der Kritik an der kulturellen Leistung des Mediums (vgl. Kap. 6.6).

Der Fernsehdiskurs entwickelt sich durch Differenzierungen weiter, die in der öffentlichen Debatte über Daily Talks und Real-Life-Soaps zustande gebracht werden. Populäre Fernsehinszenierungen werden als Artikulation soziokultureller Entwicklungstendenzen gelesen. Sie werden darüber hinaus als funktionaler Faktor der Alltagskultur wahrgenommen, dessen Wirksamkeit in Bezug auf Vorstellungen, Haltungen etc. zu erfassen, eine Differenzierung der Formensprache der Fernsehinszenierungen nötig macht. Die Abwägungen im öffentlichen Diskurs zeichnen ein Bild der Ambivalenzen, der Gleichzeitigkeit gegenläufiger kultureller Kräfte, des Nebeneinanders kultureller Milieus. Die öffentliche Betrachtung des Fernsehens bringt kulturelle Ambiguitäten zur Sprache, allerdings ohne sie – wie gut 20 Jahre zuvor – zu einem schlüssigen Gesellschaftsentwurf zu bündeln, der eine Ja/Nein-Option für kollektive Entscheidungen ermöglichte, an die sich die Diskursteilnehmer kommunikativ und sozial anschließen könnten. Die Gleichzeitigkeit von medialer Entblößung und romantischem Intimitätsideal, von „angemessen" codierter, distinkter Erscheinung als „Typ" und situativer „Enthemmung" in einem dafür passend arrangierten Rahmen, m.a.W. die aktuellen „Befindlichkeiten" der Gesellschaft werden zur Sprache gebracht und bleiben für sich stehen, ohne dass der öffentliche Diskurs noch den Ehrgeiz zeigte, ihre Widersprüche aufzulösen.

Der fernsehbezogene Diskurs fungiert als Medium gesellschaftlicher Reflexivität, indem er Optionen, ihre Paradoxien und Widersprüche *zur Sprache* bringt. Er enthält sich einer Schlussfolgerung, die allgemeine Geltung beanspruchen könnte. Damit bestimmt die fernsehbezogene Kritik implizit ihren gesellschaftlichen Ort. Sie nimmt die Rolle eines Beobachters ein, weiß sich als Teil des vieldeutigen medienkulturellen Prozesses ohne privilegierte

Macht, das Richtige festzustellen oder gar festzusetzen. Der fernsehbezogene Diskurs zeichnet so ein eigentümliches Muster für die Reflexivität einer „Mediengesellschaft“: Er übt sich in einem Ratschlag ohne Ratschluss. Der bleibt der Wahlfreiheit der Einzelnen vorbehalten. Es scheint, als habe sich der Diskurs bis in die Form des Argumentierens und damit in *den Modus öffentlicher Reflexivität* hinein auf die nicht rückholbare „Individualisierung“ der Gesellschaft eingestellt.

Neben in diesem Sinn einschlägigen Diskurslinien macht sich die Rhetorik der Antikritik vernehmbar. Die Kritik hebt die vormalige Distanz zum populären Geschmack auf – an sich und durch dessen Apotheose. Diese Diskursposition macht sich daran zu schaffen, die Rolle des Fernsehdiskurses als Medium der gesellschaftlichen Selbstverständigung selbst zu destruieren (vgl. Kap. 6).

Wird das Internet von professionellen Anbietern genutzt, um Grenzen des Zeigbaren, die im Fernsehen noch eingehalten werden, weiter in Richtung auf die Entblößung von „authentischer“ Betroffenheit oder Intimität zu verschieben?

Die Inspektion einschlägiger Offerten in der Netzwelt lässt erkennen: Sowohl bei der Darstellung von Sexualität als auch bei „Reality Videos“ wird das Internet als Distributionsplattform für Angebote genutzt, die für das Fernsehen „zu heiß“ sind. Die für das Internet typischen niedrigen Schwellen für die Produktion und Verbreitung von Angeboten schaffen darüber hinaus Raum und Gelegenheit für ausdrücklich anti-soziale Impulse (Rache, Schmähungen, Hasstiraden), die auf entsprechenden Foren ausgelebt werden können (vgl. Kap. 7.5).

Wie wird die computervermittelte Netzkommunikation von den Akteuren selbst genutzt, um ihr privates Leben auszustellen? Welche Muster der Selbstpräsentation von Privatleuten lassen sich in der Netzwelt finden?

Die Hürde ist niedrig. Die Möglichkeiten der Netzkommunikation entbinden das Interesse an öffentlicher Selbstdarstellung von den Entscheidungen einer Redaktion – ob sie dem interessierten Akteur überhaupt die Bühne freigibt und wie sie die Bühne herrichtet. Die Selbstdarstellung im Netz ist *selbstbestimmt.*

Umgekehrt betrachtet wird das Netz zu einer individuell nutzbaren Bühne. Es schafft erst die gesellschaftliche Grundlage dafür, dass die Akteure selbst, unabhängig von den Kalkülen von Medienorganisationen, die Schaustellung ihres privaten Daseins – über die repräsentative Ausstattung des eigenen Körpers sowie der eigenen Residenz oder des eigenen Automobils hinaus –

zu einem geläufigen Element der Lebensführung und einer *,normalisierten' Form des öffentlichen Ausdrucks* machen können.

Für die formalen Grundelemente privater Homepages hat sich bereits eine *,Konvention'* herausgebildet: Steckbriefartige Selbstbeschreibungen, Porträtfotografien, Bild-Galerien mit ausgewählten Szenen und Online-Tagebücher gehören zumeist zum Inventar privater Webauftritte (vgl. Döring 2001a, 337).

In der bunten Vielfalt der privaten Homepages lassen sich einige Grundtypen ausmachen: (a) Eine Form praktisch-instrumenteller Selbstdarstellung dient der Werbung für die professionellen Kompetenzen der Präsentatoren. (b) Künstlerisch ambitionierte Akteure nutzen die Netzöffentlichkeit als Medium ihrer ästhetischen Expressivität (Gedichte, Web-Kunst). (c) Menschen, die von der Betroffenheit von einer Krankheit oder einem sonstigen Leiden gezeichnet sind, bekennen sich netzöffentlich zu dieser persönlichen Betroffenheit. Sie schaffen so Raum und Gelegenheit zu problemzentrierter Anschlusskommunikation. (d) Menschen, die einer – aufgrund ihrer Neigung, ihrer Herkunft oder aus anderen Gründen – stigmatisierten Gruppe angehören, stellen ihr privates Alltagsleben dar. Sie inszenieren ihr ,Ich' als Repräsentanten und als Botschaft, die mit der Selbstdarstellung alltäglicher Normalität von dem Willen zur Selbstbehauptung kündet. (e) Das mit großem Abstand vorherrschende Muster ist jedoch: Eine Person, die keine besonderen Kompetenzen vorzuweisen hat, sich keiner außergewöhnlichen Schönheit rühmen kann und auch keiner „Botschaft" Beachtung verschaffen will, stellt sich vor – in ihrem eher „normalen" Alltagsdasein. Ein ,Ich' verschafft sich in seiner ganz und gar gewöhnlichen Daseinsweise im Netz öffentliche Wahrnehmbarkeit und macht sich so beacht*bar* (vgl. Kap. 7.4.2).

Die Protagonisten der Selbstdarstellung im Netz ziehen von sich aus *Grenzen*, was sie wahrnehmbar machen und was nicht. Ihre Selbstdarstellung soll und darf ihre „innersten Geheimnisse" nicht offenbar machen. Sie schützen ihr Selbst insoweit vor vollständiger öffentlicher Verfügbarkeit. Die Grenzen werden dabei nicht mehr entlang der *Räume* gezogen, in denen das private Dasein stattfindet. Sie ergeben sich mit der Selektion der situativen *Szenen*, die dem Blick anderer zugänglich gemacht werden. Wo auch noch auf diese Selektivität verzichtet wird, ist die Grenze gleichsam in das Innenleben der Protagonisten zurückgenommen: in die Differenz zwischen dem öffentlich verfügbaren Augenschein und dem „wahren" inneren Erleben, zu dem allein das Individuum selbst Zugang hat. Dieses innere Erleben kann allein kommunikativ offenbart werden; darüber reserviert sich auch die in ihrem Alltagshandeln vollends offenbare Person die Kontrolle. An die Stelle einer sozialräumlichen Grenzziehung tritt hier eine gleichsam *psychologisch* bestimmte Auffassung subjektiver Autonomie über das ,Geheimnis' des eigenen Selbst.

Soweit die zugrunde liegende Haltung erschließbar ist oder explizit artikuliert wird, lässt sich erkennen, dass die Grenzen nicht in einer Reflexion auf Regeln ‚öffentlicher Moral' bestimmt werden; sie ergeben sich aus dem subjektiven Gefühl dafür, was zur eigenen Identität ‚passt', wie weit die Darstellung also gehen kann, um als gelungene öffentliche Präsenz des eigenen Selbst empfunden werden zu können (vgl. Kap. 7.4.1).

Die Selbstpräsentation im Netz liefert so ein prägnantes Beispiel für eine *‚individualisierte'*, an das subjektive Empfinden für das Angemessene gebundene *Moralität*, die je nach dem sozialen Kontext festlegt, was ‚am Platz' ist und was nicht. Für dieses subjektive Empfinden *können* Nacktheit und Sexualität ‚zeigbar' sein. Ebenso wie emotionale Ergriffenheit, namentlich Gefühle, die dem Beziehungsleben entspringen, artikulierbar sein *können*. Damit werden Sexual- und Beziehungsleben aber nicht schon öffentlicher Verhandlung vollends ausgeliefert. Die Entscheidung wird entlang der subjektiven Erwägung getroffen, ob einschlägige Offenbarungen zu dem *Bild* passen, das der Akteur von sich geben will. Die Protagonisten handhaben Szenen aus ihrem Sexual-, Beziehungs- oder *Gefühlsleben als Zeichen*, als Stoff ihrer Expressivität (vgl. Kap. 7.4).

Welchen subjektiven Sinn macht aber die netzöffentliche Darstellung des eigenen ‚privaten' Daseins? Döring vermutet, die selbstbestimmte Darstellung der eigenen Person schaffe Gelegenheit zu einer Art innerem Dialog über die Frage, wer man ist bzw. wer man sein möchte. Sie könne daher die „Selbstintegration" fördern (Döring 2001a, 332f.). Diese weitgehende Auslegung lässt sich anhand der Inhalte der Webauftritte, die hier untersucht wurden, allein nicht prüfen. Die Anhaltspunkte, die sich für den subjektiven Sinn des Webpräsenz finden lassen, sind mehrdeutig. Es hat den Anschein, als erlebten die Protagonisten schon die Möglichkeit, im Netz von anderen wahrgenommen und beachtet zu werden, als eine Aufwertung der eigenen Identität (vgl. Neumann-Braun 2000a, 6). Unabhängig von jeder Rückmeldung gibt der Akt, das eigene private Dasein wahrnehm*bar* zu machen, diesem Dasein für das Selbsterleben der Akteure einen neuen Rang, den Rang der *Beachtlichkeit*. Dabei spielt die Einseitigkeit der kommunikativen Offerte eine bemerkenswerte Rolle. Die Selbstdarstellung findet in einem selbstdefinierten Rahmen statt; es gibt keinen sozialen Rahmen, der eine Verbindlichkeit schaffte, die die Exposition des Selbst unter Rechtfertigungsdruck setzt – in Hinsicht auf ihre Wahrhaftigkeit, ihre ‚Richtigkeit' und Angemessenheit o.a. Gerade die Unbestimmtheit und Anonymität derjenigen, die das exponierte Selbst betrachten, verschafft der Selbstdarstellung insofern die Gewissheit, dass sie nicht scheitern kann (vgl. Cheung 2001, 48). Der Erfolg der Selbstdarstellung bleibt allerdings auch allein auf die Vorstellung der Protagonisten beschränkt, solange die Selbstpräsentation nicht in irgendeiner Weise sozial ratifiziert wird. Die Selbstdarsteller imaginieren sich ihre Beachtung, nachdem sie sich wahrnehmbar gemacht haben.

Der Erfolg der netzöffentlichen Selbstdarstellung *bewahrheitet* sich in den Zeichen der Beachtung und – idealerweise – in dem Zuspruch, in Gesten der Achtung und *Anerkennung*, die durch die dialogischen Möglichkeiten der Netzkommunikation eingeholt werden können. Die Homepages sind aber – anders als themen- oder problemzentrierte Foren im Netz – selten auf Anschlusskommunikation hin angelegt. Die Einträge in „Gästebüchern", die Antwort der Protagonisten darauf sowie die Selbstbeschreibung in „Tagebüchern" gehen über ‚small talk' kaum hinaus (vgl. Kap. 7.4).

Im Umgang der Protagonisten mit ihrer netzöffentlichen Selbstdarstellung kommt damit eine Ambivalenz zum Vorschein, die Gumpert und Drucker für die Komplementärfigur der anonymen Kommunikationsbeziehung im Netz beschrieben haben, den „Lurker", der bei Homepages und in Chat-Rooms vorbeischaut (vgl. Gumpert, Drucker 1998). Die Netzpräsenz ist ‚motiviert' von dem Wunsch nach sozialer Anerkennung und Bestätigung des Selbst; sie ist zugleich geprägt von dem Vorsatz, sich dabei von jeder kommunikativen Validierung frei zu halten, die soziale Verbindlichkeit schaffen könnte – für die Anerkennung des Selbst, aber auch für die Selbst-Definition. In der Präsentation von Privatpersonen erweist sich die Netzwelt so als ein Medium der Paradoxien moderner Identität.

Und was folgt aus all den Beobachtungen und Einschätzungen?

Es folgt im besten Fall eine Fortsetzung der Debatte – angereichert um ein paar Vergewisserungen, dass auch für die Autonomie des modernen Individuums Diskretion und Reflexivität ihren Sinn behalten, und ausgestattet mit einer Übersicht, was wir schon einmal besprochen und über das Fernsehen gewusst haben. Mit Blick auf das Private in der Netzwelt wäre eher von einem Einstieg in die Debatte zu reden, für den eine systematisierte Erkundung des Feldes bereitgestellt wird.

Der öffentliche Diskurs über das Fernsehen ist ein Medium, in dem sich die Gesellschaft wie durch den Blick in einen Spiegel vergegenwärtigt, wie sich Kultur und Praxis der alltäglichen Lebensführung wandeln. Im Zuge dieser öffentlichen Reflexion wird zugleich ein gewandeltes Bild davon gezeichnet, was als ‚normal' und ‚legitim' gelten kann. Dieses öffentlich etablierte Gesellschaftsbild wird wiederum zum Bezugspunkt für Alltagskommunikation und Alltagshandeln. In diesem Sinn ist der öffentliche Diskurs über das Fernsehen nicht nur Spiegel, sondern konstitutiver Bestandteil des Prozesses, durch den sich der soziale und kulturelle Wandel vollzieht.

Dieser fernsehbezogene Diskurs weist eigentümliche Konjunkturen auf. Welche Muster die Veränderungen im Argumentationsrepertoire zeigen, verdient noch eine genauere Analyse. Vorläufig lässt sich festhalten: Manche

Positionen im Fernsehdiskurs sterben mit der weltanschaulichen Haltung ab, von der sie getragen sind. Es finden sich aber auch Erwägungen, die sich phasenweise verlieren, ohne dass sie gegenstandslos oder irrelevant geworden wären. Das gilt namentlich für manche Versuche, solche Formen in der medialen Behandlung von Privatheit, die die öffentliche Auseinandersetzung über Formen privater Lebensführung befördern können, von jenen zu unterscheiden, die problemverstärkend wirken könnten. Auch manche Errungenschaft einer zeitdiagnostischen Betrachtung, die den Umgang des Mediums mit Privatleuten und Privatleben als Ausdruck gesellschaftlicher Befindlichkeiten liest, bleibt nicht immer präsent. Es hat den Anschein, als würde die Stoßrichtung, die der öffentlichen Erwägung über den Fernsehspaß mit dem Privaten gegeben wird, nicht allein von neuen Einsichten in ihren Gegenstand, sondern mitunter auch von dem Interesse an Distinktion beherrscht – der Absetzung von anderen publizistischen Medien oder von dem Räsonnement der letzten Saison (vgl. Kap. 6.8). Ferner mag eine Rolle spielen, dass Interessenpositionen diskursiv abgesichert werden sollen wie beispielsweise vermittels der Anschauung, wonach ein kommerzialisiertes, den Sachgesetzen des Marktes unterworfenes Fernsehen nicht mehr ‚steuerbar' sei und demzufolge gesellschaftspolitische Bedenklichkeiten zwar gepflegt, aber nicht geltend gemacht werden könnten. Schließlich finden sich auch Anzeichen für ein taktisches ‚Spiel', bei dem Kritiker wie Skandalisierte sich wechselseitig den ‚Diskursgewinn' öffentlich mobilisierter Aufmerksamkeit verschaffen (vgl. Kap. 6.8). Ein Fernsehdiskurs, der so funktioniert, verfügt über kein gut funktionierendes ‚Gedächtnis'. Der Mangel an Gedächtnis behindert aber die Verfügbarkeit von Einsichten und deren Fortentwicklung, er behindert mithin die Reflexivität einer mediengeprägten Gesellschaft.

Das spricht dafür, dass für die Verständigung der Gesellschaft darüber, was das Fernsehen mit dem Privatleben macht, auch Beobachtungen zweiter Ordnung hilfreich und nötig sind. Das sind Beobachtungen darüber, was die öffentliche Beobachtung des Fernsehens und seines Verhältnisses zur Alltagskultur zu Tage fördert, was sie ignoriert, wie sie sich verändert. Solche Beobachtungen zweiter Ordnung benötigen institutionellen Rückhalt. Der wird durchaus bereitgestellt – durch das Feuilleton in manchen Elite-Zeitungen, die Programmbeobachtung der Landesmedienanstalten, auch durch die Kommunikationswissenschaft. Wirksam werden solche Beobachtungen zweiter Ordnung freilich erst, wenn sie in den öffentlichen Diskurs über die Mediatisierung des Privaten Eingang finden.

Aus den vorstehenden Überlegungen lässt sich ferner eine Ermunterung für Programmmacher herauslesen, der Unterhaltung solche Formen der Inszenierung von Privatleben zu bieten, die mit Konventionen ‚spielen', statt sie zeremoniell zu replizieren, eine Ermutigung zu „ästhetischer Reflexivität" im Sinne Lashs also. Auch für die sorgsame Pflege der Unterschiede in der

Formensprache des Fernsehens, namentlich der Differenz zwischen publizistischer Thematisierung und fiktiver Spielhandlung, lassen sich Begründungen finden. Das gibt auch ein weiteres Argument dafür ab, solche Strukturen innerhalb des Mediensystems zu fördern und zu stärken, die dieser Ermutigung Rückhalt geben.

Wenn der Fortsetzung der Debatte das Wort geredet wird, so weil es bei denen, die das Fernsehen und die Netzkommunikation wie selbstverständlich nutzen, und bei jenen, die diesen Gebrauch beobachten, augenscheinlich noch manchen Klärungsbedarf gibt. Dem liegt aber auch eine Einsicht zugrunde, zu der sich der Fernsehdiskurs längst bequemt hat. Am Ende ist es an den ‚Privatleuten', mit den Paradoxien einer mediatisierten Privatheit fertig zu werden.

10 Werkstattbericht: Interdisziplinärer Diskurs über den Wandel der Privatheit und die Rolle der Medien *(Dirk Hermanns, Andrea Koenen, Bertram Konert, René Michalski)*

Zur Aktivierung und Integration von Expertenwissen rund um das Thema „Privatheit, Öffentlichkeit und Medien" hat das Europäische Medieninstitut e.V. (EIM) neben den Sichtweisen verschiedener Kulturen (vgl. Kapitel 3, 4) die Einbeziehung interdisziplinärer Perspektiven in Form eines Gesprächskreises mit Experten verschiedener Fachgebiete (u.a. Soziologie, Psychologie, Politik) initiiert.

Ziel dieses Diskurses war es, Erfahrungen aus anderen wissenschaftlichen Fachrichtungen aufzunehmen, um eine substanzielle Versachlichung der Diskussion über die engere medienwissenschaftliche Perspektive hinaus zu ermöglichen.

Im Zentrum stand die Frage, inwieweit und warum sich die Bereitschaft zur öffentlichen Präsentation von privaten und intimen Angelegenheiten individuell und gesellschaftlich gewandelt hat.

Der Diskurs bildet die Grundlage des folgenden „Werkstattberichts", der in inhaltlichem Bezug zu der theoretisch-systematisierenden Klärung des Verhältnisses von Privatheit und Öffentlichkeit in Kapitel 2 steht.

Interdisziplinär werden die wesentlichen Entwicklungen, Ursachen und potenziellen Folgen der Präsentation von Privatheit in der Öffentlichkeit aufgezeigt. Die inhaltliche Bandbreite erstreckt sich hierbei von der Analyse der Erscheinungsformen anhand konkreter Beispiele der Experten, der individuellen und gesellschaftlichen Beweggründe und möglicher Grenzverschiebungen im Verhältnis von Privatheit und Öffentlichkeit bis hin zur Frage möglicher Risiken (z.B. Scham- und Kontrollverlust) und Chancen (z.B. Demokratisierung der Medien durch die ‚Öffentlichmachung' von Alltagssituationen). Die Abhandlung dieses breiten Themenspektrums soll anschließend in eine Formulierung konkreter Handlungsempfehlungen münden.

10.1 Methodische Vorbemerkungen

Vorliegender „Werkstattbericht" gibt Aufschluss über *soziokulturelle Konzepte und Entwicklungen von Privatheit und Öffentlichkeit* und über *die Rolle der Medien bei der Präsentation von Privatheit.* Anschließend skizziert der Bericht gesellschaftliche *Entwicklungslinien* in Bezug auf die mediale Verhandlung von Privatheit und zeigt *Handlungsperspektiven* für Entscheidungsträger aus Medien, Forschung und Politik im Umgang mit Privatheit im öffentlichen Raum auf.

Zu unterscheiden sind verschiedene Ebenen der Diskussion. Um zur „Entwirrung der Argumentationslinien" (vgl. Kapitel 1) beizutragen, sind Werturteile und Prognosen über Wirkungen von der Beschreibung konkreter Entwicklungen zu trennen. Denn neben analytisch-deskriptiven Fragestellungen erfordert das Thema notwendigerweise auch die Integration von normativen Aspekten. Die Beschreibung von gesellschaftlichen Herausforderungen und die Aufstellung von Handlungsempfehlungen beruht immer auch auf Wertvorstellungen. Insbesondere die Diskussion um die mediale Präsentation von privaten und intimen Momenten benötigt eine Diskussion hinsichtlich normativer Grenzziehungen, jenseits von Geschmacksfragen. Die in Extremfällen denkbare öffentliche Präsentation von Hinrichtungen, die öffentliche Anprangerung und Missachtung der Menschenwürde oder die Verletzung der (informationellen) Selbstbestimmung sind Beispiele, die normative Stellungnahmen fordern, denen sich auch die Wissenschaft nicht entziehen sollte. Die Experten wurden aufgefordert, Wertvorstellungen über z.B. Privatheit, Intimität, Persönlichkeit und Individualität in die Diskussion einzubringen.

Auswahl der Experten
Die Einbeziehung von Experten aus unterschiedlichen Fachrichtungen hatte zum Ziel, Entwicklungstrends, Perspektiven und Wirkungen medial vermittelter Privatheit im Fernsehen und in der Onlinekommunikation aus unterschiedlichen wissenschaftlichen Blickwinkeln zu diskutieren. Nur so, so unsere Annahme, könne der Komplexität des Themas Rechnung getragen werden und eine Objektivierung der Diskussion erfolgen.

Experten aus verschiedenen Fachrichtungen zu einem Thema an einen Tisch zu bringen, war eine besondere Herausforderung. Umgesetzt wurde das Vorhaben über eine forschungsbegleitende Organisation von Gesprächskreisen und über die Einrichtung und Strukturierung eines E-Mail-Diskussionsforums. Methodisch orientierte sich der Expertendiskurs an der Delphi-Methode, wobei vier methodische Elemente integriert wurden:

- Multidisziplinarität
- Kontinuität über direkten E-Mail-Austausch

- Transparenz durch zentrale Auswertung
- Face-to-Face-Befragungsrunden (Meeting Points)

Die Teilnahme ausgewiesener Experten aus unterschiedlichen Fachdisziplinen sollte die theoretische und inhaltliche Spannbreite der Fragestellungen abdecken und die gemeinsame Diskussion über Ursachen, Entwicklungen und potenzielle Folgen vorantreiben. Ziel war es, eine Expertenrunde mit Vertretern aus folgenden Disziplinen zusammen zu bringen:

- Soziologie und Sozialpsychologie
- Kommunikations- und Medienwissenschaft
- Medienökonomie
- Kulturorientierte und ethnografische Forschung
- Politikwissenschaft

Um den Diskurs für eine Diskussion zwischen Theorie und Praxis zu öffnen, lud das EIM zusätzlich einen aktiven Politiker und einen Fernsehproduzenten ein. Die Resonanz bei den kontaktierten Experten war überaus positiv, und das EIM konnte die folgenden Teilnehmer für das Vorhaben gewinnen:

Tab. 10.1: Auswahl der Experten für den interdisziplinären Diskurs[1]

Nicola Döring, Dr.	Technische Universität Ilmenau	Medienwissenschaft und Psychologie
Uwe Hasebrink, Prof. Dr.	Hans-Bredow-Institut für Medien-forschung an der Universität Hamburg	Medienwissenschaft, Kommunikationswissenschaft, Psychologie
Peter Glotz, Prof. Dr.	Universität St. Gallen	Medienökonomie
Jo Groebel, Prof. Dr.	Europäisches Medieninstitut e.V.	Medienwissenschaft, Kommunikationswissenschaft, Psychologie
Michael Jäckel, Prof. Dr.	Universität Trier	Soziologie
Akko P. Kalma, Dr.	Universität Utrecht	Sozialpsychologie
Wolfgang Kaschuba, Prof. Dr.	Humboldt Universität Berlin	Europäische Ethnologie
Angela Keppler, Prof. Dr.	Technische Universität Dresden	Ethnographische Medienforschung
Claus Leggewie, Prof. Dr.	Justus-Liebig-Universität Gießen	Politik und Gesellschaft
Wolfgang Nowak, Dr.	Bundeskanzleramt	Politik und Gesellschaft
Irmela Schneider, Prof. Dr.	Universität Köln	Medienwissenschaft, Kommunikationswissenschaft
Werner Schwaderlapp, Dr.	Endemol Deutschland	Kommunikationswissenschaft, Vertreter der Produzenten
Caja Thimm, Prof. Dr.	Universität Bonn	Internetkultur, Linguistische Medienforschung

1 Eine ausführlichere Beschreibung zu den Tätigkeitsschwerpunkten der Experten s. Kapitel 10.6.

Planung des Diskurses
Um den interdisziplinären Diskurs zu initiieren, arbeitete das EIM einen strukturierten Fragenkatalog aus, der die allgemeinen zentralen Fragestellungen des Projekts auf die einzelnen Fachdisziplinen zuspitzte und anhand von Beispielen konkretisierte. Der Fragenkatalog umfasste die folgenden Themenkomplexe:

- Grenzverschiebungen im Verhältnis von Privatheit und Öffentlichkeit
- Die Rolle der Medien bei der Präsentation von Privatheit
- Individuelle Beweggründe der Akteure zur Selbst-Darstellung
- Rezipienten und ihre Motive
- Potenzielle Konsequenzen für Akteure und Zuschauer
- Gesellschaftliche Wirkungen und Entwicklungstendenzen
- Politische Herausforderungen

Die Experten diskutierten anhand dieser Struktur, wobei sich im Laufe der achtmonatigen Projektarbeit auch neue Gewichtungen herauskristallisierten. Der prozesshafte Charakter des Diskurses war so intendiert und erwünscht. Insgesamt organisierte das EIM zwei Präsenz-Gesprächsrunden (Mai und September 2001), in denen die Teilnehmer ihre Positionen und Stellungnahmen präsentierten und direkt miteinander diskutierten. Diese „Meeting Points" entsprachen den Befragungsrunden und Gruppendiskussionen der Delphi-Methode. Diejenigen, die aus Termingründen hieran nicht teilnehmen konnten, wurden anhand des erarbeiteten Fragenkataloges telefonisch bzw. persönlich befragt (SCHWADERLAPP, GLOTZ, LEGGEWIE). Ihre Stellungnahmen wurden von uns in die Expertendiskussionen eingebracht.

Im Anschluss an den ersten Meeting Point wurde das E-Mail-Diskussionsforum für den kontinuierlichen Diskussionsaustausch eröffnet. Die Einrichtung und Strukturierung eines E-Mail-Diskussionsforums als computergestütztes Konferenzsystem sollte eine zeit- und ortsunabhängige direkte Korrespondenz zwischen den Experten ermöglichen. Das Europäische Medieninstitut e.V. (EIM) moderierte die Diskussion und führte die Diskussionspunkte thematisch zusammen.

Hinsichtlich der inhaltlichen Vorgaben sind uns von den Experten positive Reaktionen zurückgemeldet worden. Auch die Themenagenda traf auf ein großes Interesse. Mit Abschluss des Projekts ist allerdings festzuhalten, dass eine virtuelle Diskussion unabhängig von den technisch vorhandenen Möglichkeiten nur schwierig zu organisieren ist, da dies eine sehr starke Strukturierung des Themas sowie viel Zeit und Motivation der Beteiligten erfordert. Das zentrale Problem der ‚Nichtbeteiligung' am kontinuierlichen Diskussionsaustausch per E-Mail lag nach Angaben der Beteiligten primär darin, dass die kritische Masse nicht erreicht wurde (zu geringe Teilnehmerzahl und

Frequenz der Kommunikation) und den Experten in der Praxis die Zeit fehlte, einen kontinuierlichen Diskurs zu führen.

> Ich glaube, man muss einsehen, dass die Forums-Idee bei sehr wenigen (!) sehr hochbeschaeftigten (!) Leuten im Grunde fast nie funktioniert. Es fehlt die kritische Masse und es fehlt eine einschlaegige Motivation (dies sagten mir informell unabhaengig voneinander auch einige Experten aus unserem Kreis). Jeder Versuch, einen Online-Diskurs ‚aus dem Boden zu stampfen' waere m.E. nach sehr aufwaendig und stressig fuer alle Beteiligten und letztlich nicht von Erfolg gekroent. Wie gesagt, damit moechte ich Sie mit Ihrem insgesamt sehr schoenen Projekt nicht entmutigen, sondern nur zum Umdenken in organisatorischen Fragen ermutigen. (E-Mail-Kommentar DÖRING)

Die Ergebnisse und Anregungen aus dem ersten Gesprächskreis im Mai 2001 bildeten die Diskussionsgrundlage für den zweiten Meeting Point im September 2001. Der zweite Meeting Point war zugleich die Abschlussrunde der Expertendiskussion, in deren Rahmen das EIM auch die Ergebnisse der in Auftrag gegebenen Ländergutachten (vgl. Kapitel 3.4) vorstellte.

Auswertung des Diskurses
Das EIM protokollierte und moderierte die Beiträge der Experten, die diese in Form von schriftlichen Statements vor dem ersten Meeting Point und in Form von Gesprächsbeiträgen und Kurzstatements während der beiden Treffen einbrachten. Zur Illustration des Ablaufs der Diskussion hier ein Einblick in die Agenden der Meeting Points:

Meeting Point 1 (Mai 2001)

Thema I: Grenzverschiebungen im Verhältnis von Privatheit und Öffentlichkeit: Natur, Kultur, Geschichte und Gesellschaft

Thema II: Die Rolle der Medien bei der Präsentation von Privatheit in Fernsehen und Netzwelt

Thema III: Psychologie der Selbstdarstellung, soziale Aspekte und potenzielle Konsequenzen für Akteure und Zuschauer

Thema IV: Gesellschaftliche Wirkungen und politische Herausforderungen

Meeting Point 2 (September 2001)

Thema I: Zusammenfassung der Diskussion/Erkenntnisstand

- Zum Verhältnis von Privatheit und Öffentlichkeit
- Die Rolle der Medien bei der Präsentation von Privatheit (TV und Internet)
- Gesellschaftliche Aspekte der Medienpräsentation von Privatheit

Thema II: Präsentation über den interkulturellen Vergleich

Thema III: Kurzstatements und Diskussion aller Teilnehmer:

• Entwicklungslinien,
• Politische Herausforderungen und Handlungsoptionen

Thema IV: Methodische Bewertung des Expertendiskurses

Die Darstellung der Ergebnisse erfolgt im vorliegenden Bericht entlang der thematischen Schwerpunkte, die sich im Verlaufe des Diskurses herauskristallisiert haben. Neben der Abschätzung zukünftiger Entwicklungen im Verhältnis von Privatheit, Öffentlichkeit und Medien wurden insbesondere in der Abschlussdiskussion konkrete politische Handlungsempfehlungen diskutiert (vgl. Kapitel 10.5).

10.2 Soziokulturelle Konzepte und Entwicklungen von Privatheit und Öffentlichkeit

Um Aussagen über Grenzverschiebungen im Verhältnis von Privatheit und Öffentlichkeit treffen zu können, war zu Beginn des Expertendiskurses eine Bestimmung der Begriffe *Privatheit* und *Öffentlichkeit* unumgänglich.

So wurde vorab der Versuch einer grundlegenden Klärung der Begrifflichkeiten *Privatheit* und *Öffentlichkeit* unternommen, um anschließend das Verhältnis dieser beiden Größen zueinander sowie den *Sinn* der Privatsphäre und deren qualitative Differenz zur Intimsphäre zu diskutieren. Hierbei war die deskriptive Ebene der Fakten von der wissenschaftlich-analytischen Ebene (Individuum-Gruppe-Gesellschaft) sowie der normativen Perspektive zu unterscheiden. Unter Berücksichtigung dieser Unterscheidung bildeten praktische Phänomene der Veränderungen im Verhältnis zwischen Öffentlichkeit und Privatheit den zentralen thematischen Ausgangspunkt.

Folgende Ausführungen haben zum Ziel, die aus dem Expertendiskurs hervorgegangenen Anregungen, Denkanstöße und Ergebnisse bezüglich der soziokulturellen und gesellschaftlichen Rahmenbedingungen abzubilden. Es handelt sich bei der gewählten Textsorte nicht um eine nachzeichnende, die Diskussion nacherzählende Form; vielmehr werden die Aussagen der Experten an einer thematischen Struktur entlang präsentiert. Das vorliegende Kapitel widmet sich dem Expertendiskurs im Hinblick auf folgende Fragestellungen:

- Wie lassen sich die beiden Bereiche *öffentlich* und *privat* fassen, wie definieren?
- Ist Privatheit als Konstrukt der Kultur und/oder der Natur zu verstehen?
- Wo liegt die qualitative Differenz zwischen Privatheit und Intimität?

- Wo sind Grenzen zwischen Öffentlichkeit und Privatheit markiert, bzw. sind die beiden Bereiche *öffentlich* und *privat* überhaupt klar voneinander abzugrenzen und getrennt voneinander zu bestimmen?
- Inwieweit sind im historischen Zeitverlauf Grenzveränderungen hinsichtlich der öffentlichen Verhandelbarkeit von Privatheit zu konstatieren?

Die Fragen stehen in inhaltlichem Bezug zu Kapitel 2, das zu Theorie und Praxis der Unterscheidung zwischen *privat* und *öffentlich* detailliert Aufschluss gibt.

10.2.1 Zu den Begriffen Privatheit und Öffentlichkeit

Die zunehmende öffentliche Verhandelbarkeit von privaten und intimen Angelegenheiten hält Einzug in die kommunikations- und medienwissenschaftliche Debatte; hier wird gemeinhin von einem Dualismus *Öffentlichkeit-Privatheit* ausgegangen. Der Bereich des Öffentlichen als allgemein zugängliche Sphäre steht dem Bereich des Privaten gegenüber, der einen Raum der Diskretion darstellt und der Freiheit des einzelnen Individuums unterliegt.

> LEGGEWIE: Der normative Begriff Öffentlichkeit lebt von seinen Gegenteilen, als da sind: geheim, privat, intim. Was die (Staats-)Geheimnisse anbetrifft, kann man zu der skeptischen These neigen, dass die Zahl der geheimnisgeschützten Vorgänge in dem Maße zunehmen musste, wie der demokratische Souverän und seine selbst ernannten Agenten (Presse als vierte Gewalt) Öffentlichkeit herstellen. (...) Öffentlichkeit zehrt das Geheimnis nicht auf (das ist nur eine Selbststilisierung des investigativen Journalismus), produziert es vielmehr mit. Nur ein Bruchteil der hergestellten Politik wird auch dargestellt; das meiste wird verheimlicht, indem es entweder ganz vorenthalten oder gerade, indem es medial inszeniert und partiell vorgeführt wird.

Privatheit lässt sich, wie Weiß in Kapitel 2 bereits festhält, nicht ohne den Gegenbegriff, das Öffentliche, festmachen. Vielmehr sind die Begriffe durch ihren Bezug aufeinander bestimmt. Es handelt sich um eine *Dialektik* der beiden gegensätzlichen Sphären: Je mehr Privatheit, desto mehr Öffentlichkeit und umgekehrt. Es geht hier also nicht um einen *Entweder-Oder-Ansatz*, sondern um eine dialektische Verwobenheit der beiden Sphären *Öffentlichkeit* und *Privatheit* (LEGGEWIE).

Aus historischer Sicht lässt sich in sämtlichen westlich-demokratischen Ländern eine Verdrängung der Religion bzw. der christlichen Kirchen aus dem öffentlichen in den privaten Raum vorfinden. Im Zuge dieser Säkularisierungstendenz ist das gesellschaftliche Werte- und Normensystem, das ehemals von der Religion ausgegangen ist, als stabilisierende Komponente erodiert. Aktuelle Entwicklungen im Mediensektor deuten darauf hin, dass an die Stelle der Religion als Leitbild und als Orientierungshilfe heute zunehmend die Medien treten.

Sprechen wir heute von Öffentlichkeit, so meinen wir vor allem auch eine *mediale Öffentlichkeit*, da Medien in modernen ausdifferenzierten Gesellschaften für die Konstituierung einer Öffentlichkeit nicht mehr wegzudenken sind. Daher müssen zur Beschreibung dessen, was Öffentlichkeit ist, auch aktuelle Entwicklungen und Tendenzen des Mediensektors in die Diskussion aufgenommen werden.

HASEBRINK unterscheidet zwei Öffentlichkeitsbegriffe voneinander, die gleichermaßen unter Einfluss und Prägung der Medien(entwicklung) stehen:

> HASEBRINK: Wir benutzen Öffentlichkeit zum einen in dem emphatischeren Sinne einer politischen Öffentlichkeit, einer durch Kommunikation strukturierten Öffentlichkeit, die letztlich auf eine gesellschaftliche Willensbildung aus ist. Zum anderen benutzen wir Öffentlichkeit im Sinne einer Sphäre, die potenziell öffentlich (nicht verborgen, nicht geheim), also für alle zugänglich ist.

Zum einen also dienen Medien – und hier sind heute neben der Presse die elektronischen Medien von großer Bedeutung – als Informationsquelle zur Meinungs- und Willensbildung. Zum anderen wird der Begriff „Öffentlichkeit" für einen potenziell für alle zugänglichen medialen *Raum* verwendet.

Die Vorstellung von einer Öffentlichkeit als einer grenzenlosen Öffentlichkeit im Hinblick auf die Teilnahmemöglichkeit aller sowie auf die Verhandelbarkeit von allen Gegenständen, entspräche der Idee der Aufklärung.

Die beiden Öffentlichkeitsbegriffe HASEBRINKS werden durch THIMM mit Blick auf das Internet – und dessen „grenzenlose" thematische Vielfalt – erweitert. Die Netzöffentlichkeit ist anders geartet als die von traditionellen Medien getragene.

Beim Internet handelt es sich um einen *teil*öffentlichen Raum, der veränderte Merkmale aufweist: Zwar ist auch die Netzwelt *prinzipiell* für alle zugänglich. Durch das Aufkommen des Internet als Individualmedium, das jede Person auf der Grundlage eigener Präferenzen instrumentalisieren kann, kann nicht mehr von nur *einer* Öffentlichkeit die Rede sein. Genauer formuliert: Durch die Netzkommunikation entsteht eine Vielzahl von *Teil*öffentlichkeiten – bspw. die Bildung von auf Themen gründenden Communities –, innerhalb derer die Beteiligten für ebendiese Teilöffentlichkeit agieren. In diesem Zusammenhang ist auf unterschiedliche Konzepte von Öffentlichkeit zu verweisen. Zu unterscheiden ist zwischen einem *in-group*-Verhalten innerhalb von *partiellen* Öffentlichkeiten und einer generell öffentlichen Sphäre. Daher ist es sinnvoll, die jeweiligen Öffentlichkeiten, in denen Privates exponiert wird, klar voneinander abzugrenzen und kontextspezifisch zu diskutieren.[2]

---

2 Nicht zu vergessen ist an dieser Stelle die Gefahr eines kontextübergreifenden Zugriffs auf Veröffentlichungen im Internet. Potenziell existiert die Möglichkeit, dass enge Verwandte sich über das Internet

Eine ebensolche, an konkreten, aktuellen Beispielen aus dem Medienbereich orientierte Beschreibung von Veränderungen der öffentlichen Sphäre, die mit Zugewinn und Risiko verbunden sind, findet sich unter 10.3.

Sozial- und kulturhistorisch entsteht der Begriff des Privaten überhaupt erst mit der Entstehung bürgerlicher Öffentlichkeit. Es lag in der Intention der bürgerlichen Aufklärer, „arcana imperii" und Skandale bei Hofe – damit stets auch sexuelle Ausschweifungen – öffentlich zu machen. Sie verfolgten damit allerdings implizit das Ziel, die eigene Privatsphäre gegenüber Hof und Staatsapparat zu schützen und somit privates Familienleben aus jeder Erörterung „coram publico" herauszuhalten. Also nach LEGGEWIE: je mehr Öffentlichkeit, desto mehr Privatheit.

Auf der Grundlage *publizistikwissenschaftlicher Tradition* wird *Privatheit* als ein Bereich eingegrenzt, der nicht Veröffentlichungswürdiges, also Ereignisse ohne öffentliche Relevanz umfasst. Die Rede ist von einer Sphäre des menschlichen Lebens, die losgelöst von der Arbeitswelt sowie frei von staatlichen Eingriffen ist; Privatheit als geschützter Raum zur freien Entfaltung.

Es wird bezweifelt, ob es, nicht zuletzt mit der Entwicklung der neuen Medien, außer der populären Definition *Alles, was ich in meinem nicht beruflichen Leben tue, ist privat* überhaupt noch eine allgemein gültige Definition für Privatheit gibt.

> THIMM: Mein Eindruck – gerade aus der Netzkommunikation – ist, dass Privatheit ganz individuell, ganz verschieden, mit ganz unterschiedlichen Grenzziehungen interpretiert wird. Was für einige privat ist, ist für andere längst nicht mehr oder noch nicht privat. Daher erleben wir durch die Individualisierung, die über das Internet möglich ist, auch eine Individualisierung der Selbstdefinition, meiner Selbst und damit auch des Privaten.

Fasst man die Diskussionsbeiträge zusammen, so entsteht keine einheitliche Vorstellung, keine klare, allgemeingültige Definition von *privat* und *öffentlich*. Getrennt voneinander sind die beiden Begriffe offenbar nur schwierig zu fassen. Mit den Begriffen *Privatheit* und *Öffentlichkeit* ist kein konkreter Raum zu verorten, der sich mit Hilfe dieser beiden Begriffe klar in zwei Bereiche trennen lässt. Zentrale Aspekte der Diskussion lassen sich folgendermaßen zusammenfassen:

- Die Begriffe *Öffentlichkeit* und *Privatheit* sind durch ihren Bezug aufeinander bestimmt. Es handelt sich nicht allein um einen Dualismus, sondern um eine dialektische Verwobenheit zweier unscharfer Sphären: *Je mehr Privatheit, desto mehr Öffentlichkeit und umgekehrt.*

Einblick in private Belange eines Angehörigen verschaffen, die für diesen innerhalb der – häufig anonymisierten – Community unbedenklich, in Zusammenhang mit der Familie allerdings höchst problematisch sein können (z.B. das Verhandeln sexueller Präferenzen, die Veröffentlichung eines Tagebuchs o.ä.). Zum Aspekt der Dekontextualisierung vgl. Kapitel 10.3.2.

- Die Religion als öffentliche Institution lieferte ein allgemein gültiges Regelwerk, an dem sich der Bürger orientieren konnte. Dadurch, dass die Religion in geringerem Maße als früher Thema allgemeiner öffentlicher Anteilnahme ist und eher individuell ‚gepflegt' wird, kommt zunehmend den Medien eine Orientierungsfunktion zu.
- Die Vorstellung von einer Öffentlichkeit als allgemein zugängliche Sphäre, in der alle Inhalte verhandelt werden können, entspricht dem Leitbild der Aufklärung.
- Medien gewinnen mehr und mehr an Signifikanz für die Konstituierung einer Öffentlichkeit.
- Gerade mit Blick auf Online-Kommunikation wird nicht mehr nur von *der einen* Öffentlichkeit gesprochen, sondern von einer Ausdifferenzierung in *Teil*öffentlichkeiten. Innerhalb dieser Teilöffentlichkeiten entwickelt sich ein Ingroup-Verhalten, das von Handlungen in der generell öffentlichen Sphäre zu unterscheiden ist.
- Mit *Privatheit* wird eine Sphäre bezeichnet, die als geschützter Raum Ereignisse umfasst, die lösgelöst von Berufsleben und staatlichen Eingriffen sind.

Nachstehende Ausführungen widmen sich dem Diskurs über den *Sinn* einer Privatsphäre. Im Wesentlichen konzentrierte er sich auf die Leitfrage, welche kulturellen, historischen und anthropologischen Erkenntnisse für den Schutz von Intimsphäre und Schamgrenzen von besonderer Bedeutung sind. Vor allem galt es zu gewichten, inwieweit sich eine Herausbildung der Privatsphäre aus der Natur, inwieweit aus der Kultur verdankt. Ist also Privatheit als rein kulturelles Konstrukt zu verstehen, oder korreliert sie mit einem *natürlichen* Schamgefühl? Darüber hinaus wurde diskutiert, wo der qualitative Unterschied zwischen Privatheit und Intimität liegt.

10.2.2 Über den Sinn der Privatsphäre

Zu Beginn des Diskurses trafen – spezifisch für die vertretenen Fachrichtungen – verschiedene Ansichten über Erklärungen für den *Sinn* der Privatsphäre aufeinander: So wurde Privatheit einerseits als ein *biologisch sinnvolles* Konzept bezeichnet. Unter reduzierten Angriffsmöglichkeiten, also ohne unerwartete Reaktionen anderer befürchten zu müssen, werden geschützte Situationen geschaffen, um im Verborgenen Dinge für sich zu haben (KALMA).

Auch unter *anthropologischen Gesichtspunkten* sind Spielräume zur Bewahrung einer Intimsphäre sowie hinreichend Außenreize zur Rückmeldung über sich selbst zwingend erforderlich: Sowohl die Zerstörung jeglicher Intimität durch totale Überwachung als auch der Entzug jeder Rückmeldung gefährden die Existenz (HASEBRINK). Das Vorhandensein eines *Grundbe-*

wusstseins über eine Privatsphäre, einer anthropologischen Konstante, scheint unumstritten zu sein.

Allein der Verweis auf anthropologische Voraussetzungen oder ein natürliches Schamgefühl ist im Zusammenhang mit der Frage nach dem *Sinn* der Privatsphäre allerdings nicht ausreichend. Vor dem Hintergrund, dass die Etablierung der Privatsphäre mit der Durchsetzung bürgerlicher Normen und Werte gegenüber der Macht des Staates verbunden ist, drängt sich die kulturelle und gesellschaftliche Prägung dessen, was unter Privatheit verstanden wird, geradezu auf (HASEBRINK).

> KASCHUBA: Es gilt Vorsicht zu bewahren, wenn man von anthropologischen Grundmustern sprechen will. Die Teilung zwischen Privatheit und Öffentlichkeit, das Verhältnis zwischen Distanz und Nähe ist in hohem Maße zivilisatorisch, also kulturell und historisch determiniert.

Der Ursprung für eine Privatsphäre, so die einhellige Meinung der Experten, verdankt sich somit dem Zusammenspiel von Kultur *und* Natur. Privatheit ist demnach kein rein kulturelles Konstrukt, ist aber auch nicht allein durch biologische Funktionen erklärbar:

> GROEBEL: Der Schutz der Privatsphäre ist nicht biologisch verankert. Das, was wir beobachten, ist eher ein Schutzmechanismus. Es handelt sich um ein ‚Anlage-Umwelt-Zusammenspiel'. Diese Wechselbeziehung aus biologisch sinnvoller Anlage und kulturellen Entwicklungen beeinflusst die Evolution der Beziehung zwischen Privatheit und Öffentlichkeit.

Unterstützt wird diese Argumentation durch den schottischen Philosophen *Adam Smith*, für den sich historische Situationen aus dem Zusammenspiel der menschlichen Natur als Konstante sowie Sitten und Institutionen als Variablen ergeben (Smith 1974).

Bei der *Unterscheidung zwischen Privatheit und Intimität* handelt es sich um eine qualitative Differenz. Die gesamte Sphäre menschlichen Lebens, die weitgehend frei von Zwängen des Erwerbslebens und von staatlichen Eingriffen ist, fällt in den Bereich des Privaten.[3] Intimität wird definiert als Teil des Privatlebens, den das Individuum explizit von der Öffentlichkeit abschirmt. Sie ist als Steigerung und als eine Unterkategorie des Privatlebens zu verstehen, die sowohl physische als auch psychische Aspekte umfasst, die einzig und allein dem einzelnen Individuum zugänglich sind. Es werden verschiedene Abstufungen von intim bis privat differenziert (HASEBRINK):

1. Körperliche und psychische, allein für das Individuum bestimmte Aspekte,

---

3 U.a. Familie/Kinder, Freundeskreis, Freizeit-/Sportaktivitäten, Ernährung, Mode, Körperpflege, Sexualität, Wohnen, Kunst/Kultur, (politische) Meinungs- und Willensbildung, politisches oder soziales Engagement, Vereinsaktivitäten/Ehrenämter.

2. Dimensionen, zu denen nur eine oder einige wenige Personen Zugang haben und
3. Aspekte, die für das unmittelbare Umfeld zugänglich sind.

In den Bereich der Intimsphäre fallen demnach nicht nur intime Situationen zwischen zwei Menschen im physischen Sinne, z.B. Sexualität, sondern auch das geistige Leben, also eine psychische Komponente. Hinsichtlich der Festlegung dieser Schutzkreise herrschen je nach Kultur, Generation, Milieu, Individuum und sozialem Kontext signifikante Unterschiede. Unter den Experten herrschte Konsens darüber, dass die für angemessen gehaltenen Schutzkreise auch im Bereich der Intimität stetem Wandel unterworfen sind.

10.2.3 Kleiner Grenzverkehr - Verschiebungen im Verhältnis von Privatheit und Öffentlichkeit

Inwieweit sind Grenzveränderungen hinsichtlich der öffentlichen Verhandelbarkeit von Privatheit zu konstatieren? Diese Frage behandelten die Experten auf der Grundlage spezieller Einflussfaktoren, mit denen das Verhältnis von Privatheit und Öffentlichkeit im historischen Verlauf korreliert:

Was wir beobachten, ist ein permanenter gesellschaftlicher Aushandlungsprozess des Sag-, Zeig- und Verhandelbaren. Das heißt nicht, dass Grenzen zwischen öffentlich und privat nicht weiter existent oder relevant wären – Grenzziehungen bleiben stets erhalten. Sie sind situativ und temporär und werden durch gesellschaftliches Handeln verschoben.

Ein Blick auf Besonderheiten der gegenwärtigen, gesellschaftlichen und medialen Entwicklungen deutet darauf hin, dass die in Medien präsentierte Varianz an Lebensmodellen die Gesellschaft prägt bzw. die gesellschaftliche Vielschichtigkeit stärkt. Es begegnen sich derzeit Lebensstile und Kulturpraxen in einer Vielfalt und Direktheit, dass soziale Vorstellungen von Nähe und Distanz, Schutzbedürfnis und Erlebniswunsch neu ausgelotet werden. Die nach wie vor relevante Unterscheidung zwischen Öffentlichkeit und Privatheit ist als Aushandlungsprozess zu betrachten, der zunehmend ohne kontrollierende Instanzen stattfindet. Einzig und allein die Praxis der Individuen bestimmt diesen Vorgang, der anschließend gesellschaftlich und ethisch reflektiert wird.

Im Unterschied zur Vergangenheit, in der solche Aushandlungsprozesse von Öffentlichkeit/Privatheit lokal in Schicht- und Gruppenöffentlichkeiten stattfanden, erscheint die heutige Situation eher *entgrenzt.* Gesellschaften entsprechen nicht einer homogenen Masse, und die mediale Übermittlung verstärkt ihre inhärente kulturelle Vielfalt. Allerdings gilt es zu betonen, dass es im Umgang mit Privatheit eine Fülle potenzieller Grenzüberschreitungen gibt. Auf diese Grenzüberschreitungen haben sich die gesellschaftlichen Akteure, insbesondere die Medien, verantwortungsvoll einzustellen. Dem diesbezüglichen gesellschaftlichen Diskurs müssen sich alle Beteiligten stellen. (HASEBRINK)

Die Grenzen zwischen Öffentlichkeit und Privatheit sind nicht ganz beliebig und variabel, da ansonsten Regulierung im Sinne von Datenschutz oder Bewahrung der Menschenwürde nicht durchführbar wäre.

JÄCKEL: (...) es muss konsensfähige Vorstellungen über die Grenzen zwischen Öffentlichkeit und Privatheit geben. Ansonsten könnte man den Schutz der Privatsphäre rechtlich nicht verankern. Gleichwohl sind solche rechtlichen Setzungen nicht endgültig.

Eine einfache Grenzziehung zwischen Öffentlichkeit und Privatheit ist vermutlich kein einheitsstiftendes Merkmal für gesellschaftliche Kommunikation mehr (SCHNEIDER). Das heißt: Es handelt sich nicht nur um *eine* Grenze zwischen Öffentlichkeit und Privatheit, sondern im Zuge zunehmender Segmentierung um vielfältige, um *multiple* Grenzziehungen, die kontextbezogen zu betrachten sind.

Verschiebungen bei den Grenzziehungen zwischen Öffentlichkeit und Privatheit sind eng verflochten mit der medialen Entwicklung: „Die Lektüre von Bekenntnissen und Autobiographien und vor allem auch die Romanlektüre gehörten spätestens seit dem 18. Jahrhundert dem Privatbereich an" (SCHNEIDER 2001, 13). Zu dieser Zeit wurde das Intime zwar schon öffentlich verhandelt, aber immer als Privates und Intimes. „Das Geheimnis blieb geheimnisvoll, auch wenn es in öffentlich zugänglichen Büchern stand", da der Leseakt als solches ein intimer Vorgang war (ebd.). Mit der Verbreitung des Mediums *Buch* entsteht auch die *Codierung* von Intimität, wird also Intimität erkennbar, weil mit Zeichen belegt präsentiert.

SCHNEIDER: Die Codierung von Intimität entsteht mit dem Medium Buch, wobei im 19. Jahrhundert kopierte Gefühle und deren Nachahmung bereits die Frage nach Authentizität aufwerfen. Im 20. Jahrhundert projizieren audiovisuelle Massenmedien aus den kopierten Gefühlen – gewissermaßen im doppelten Kopierverfahren – neue Formate, die uns als Projektionsfläche eine eigene Authentizität beglaubigen sollen. Lernen erfolgt somit aus Kopien von Gefühlsdarstellungen in Massenmedien.

Die Differenzierung zwischen privat und öffentlich war bisher an räumliche Gegebenheiten gekoppelt, die man als sicheren Hafen etikettierte. Heute werden diese Grenzen – oftmals freiwillig – durchlässig gemacht. Den Medien kommt dabei eine besondere Rolle zu, z.B. in der Selbstdarstellung auf privaten Homepages (vgl. Kapitel 7.4).

Eine weitere Ursache für eine Auflösung klarer Grenzziehungen zwischen Öffentlichkeit und Privatheit liegt in der feministischen Frauenbewegung, deren Anliegen es war, auf den politischen Charakter des Privaten aufmerksam zu machen. Die Grenzziehung zwischen öffentlich und privat wurde somit als historisch und gesellschaftlich veränderlich entlarvt.

> KEPPLER: "Das Private ist politisch" – feministische Theoretikerinnen der Zweiten Frauenbewegung haben diesen Leitsatz im Hinblick auf die Situation der Frauen und des Geschlechterverhältnisses zu einem zentralen politischen und theoretisch-systematischen Thema erklärt. In erster Linie ging es ihnen um eine Kritik an der vermeintlich klaren Grenzziehung zwischen Privatheit und Öffentlichkeit mitsamt der geschlechterspezifischen Rollen- und "Platzzuweisungen", die sich aus dieser Grenzziehung ergaben. Politische Theorien aller Couleur ignorierten die Differenzen der männlichen und weiblichen Subjekte in allen Lebensbereichen. Machtverhältnisse in der "Intimsphäre" wurden so behandelt, als existierten sie gar nicht. Themen wie Gewalt in privaten Beziehungen oder geschlechtsspezifische Arbeitsteilung in und außerhalb der Familie wurden dem Bereich der Privatheit zugewiesen und somit jenseits öffentlicher Diskussion angesiedelt. Demgegenüber auf dem politischen Charakter des Privaten zu bestehen, bedeutete zum einen, die Grenze zwischen dem Privaten und dem Nicht-Privaten als eine historisch willkürliche, sachlich fragwürdige und gesellschaftlich veränderliche zu behandeln. Es bedeutete zum anderen, Themen, die bis dahin als eine Privatsache gegolten hatten, der öffentlichen Diskussion und Auseinandersetzung zuzuführen. Dahinter stand von Anfang an die deskriptive Annahme, dass auch und gerade der so genannte private Verhaltensbereich eine prägende Bedeutung für das öffentliche, und das im engeren Sinn politische Handeln hat. In keiner der beiden Aspekte jedoch läuft die Parole auf eine Abschaffung der Differenz des Öffentlichen und des Privaten hinaus; vielmehr geht es ihr um ein neues Verständnis und eine neue Handhabung dieser Differenz.

In der Veröffentlichung des privaten Lebens via Webcam wird nicht das authentische, private Leben abgebildet, sondern in den überwiegenden Fällen lediglich die Erlaubnis zur begrenzten Einsichtnahme gegeben. Neumann-Braun spricht in diesem Zusammenhang von einem „regen ‚kleinen Grenzverkehr[s]‘ zwischen öffentlicher und privater Sphäre“ (Neumann-Braun 2000, 211). Es gehe um ein Austarieren von Nähe und Distanz. Es gibt bei den Akteuren allerdings klare Vorstellungen über das Zulässige/Unzulässige. Neu scheint eher zu sein, dass man mit Hilfe neuer Medien auch neue Formen des Ausdrucks und der Selbstdarstellung testet.[4] In diesem Zusammenhang verweist DÖRING auf ein Zitat von Rosen: „Privacy: our ability to control the conditions under which we make different aspects of ourselves accessible to others.“ (Rosen 2000)

Zusätzlich ist ein großes Interesse am Privatleben anderer zu erkennen. Jeder hat das Bedürfnis, in den Nahbereich, in die Privatsphäre des anderen tauchen zu können. Ohne diese Neugier hätte es kein *Big Brother* gegeben. Das große Interesse an Privatheit lässt sich also auf beiden Seiten vorfinden: sowohl ein Interesse des Einzelnen, stärker in die Öffentlichkeit zu treten als

---

4 Grundlegend hierzu die Beiträge in Willems, Jurga 1998.

auch ein Interesse der Öffentlichkeit, sich mit dem Privatleben von interessanten *Figuren* zu beschäftigen.

10.2.4 Zusammenfassung

Generell erschließt sich der Begriff *Öffentlichkeit* vor allem durch seine Gegenteile – Privatheit, Intimität, Geheimnis. Das Verhältnis der beiden Sphären Öffentlichkeit und Privatheit zueinander besitzt dialektischen Charakter.

Öffentlichkeit wird zum einen als eine politische, durch Kommunikation strukturierte Öffentlichkeit verstanden, die gesellschaftliche Willensbildung zum Ziel hat. Darüber hinaus steht der Begriff für eine öffentliche Sphäre, die potenziell für alle zugänglich ist.

Medien sind von besonderer Bedeutung für die Konstituierung einer Öffentlichkeit. Aussagen über Veränderungen im Verhältnis zwischen Öffentlichkeit und Privatheit bedürfen demnach einer Einbeziehung medialer Entwicklungstendenzen. Eine kontextspezifische Diskussion ist notwendig, da – vor allem im Hinblick auf die Entwicklungen im Online-Sektor – zwischen dem *Ingroup*-Verhalten innerhalb von ausdifferenzierten *Teil*öffentlichkeiten und einer generell öffentlichen Sphäre unterschieden werden muss.

Der Begriff des Privaten entsteht *kulturhistorisch* erst mit dem Aufkommen der bürgerlichen Öffentlichkeit. Öffentlichkeit vermittelt zwischen Staat und Bürgern.

Aus *publizistikwissenschaftlicher Tradition* heraus umfasst Privatheit Ereignisse ohne öffentliche Relevanz. Es handelt sich um eine Sphäre des menschlichen Lebens, die gelöst ist vom Berufsleben und frei von jeglichen staatlichen Eingriffen. Eine einheitsstiftende Definition dessen, was unter Privatsphäre zu verstehen ist, ist nicht zu bestimmen, da die Eingrenzung des privaten Bereichs verstärkt individuell festgelegt wird.

Privatheit wurde zwar durchaus biologischer *Sinn* attestiert (z.B. natürliches Schamgefühl), Ursachen und Einflussfaktoren für das Konzept *Privatsphäre* wurden jedoch eher im Bereich der Kultur vermutet.

Der Schutz der Privatsphäre, so der Konsens, ist das Resultat aus einer Wechselbeziehung zwischen (biologisch sinnvoller) Anlage und (sich stets entwickelnder) Umwelt. Diese Interdependenz beeinflusst nachhaltig die Evolution des Verhältnisses zwischen Öffentlichkeit und Privatheit.

Die qualitative Differenzierung zwischen Privatheit und Intimität erwies sich als ertragreich: Zur qualitativen Unterscheidung trägt vor allem ein *Drei-Stufen-Modell* (HASEBRINK) bei, das von intim bis privat differenziert. Diesem Modell folgend, umfasst Intimität nicht nur intime Situationen zwischen zwei Menschen im physischen Sinn (z.B. Sexualität). Ebenso fällt das geistige – also psychische – Leben in den Bereich der Intimsphäre. Auch die

Schutzkreise der Intimität sind ständigem Wandel unterworfen (Kultur, Generation, Milieu usw.).

Wo sind die Grenzen zwischen Öffentlichkeit und Privatheit markiert? Verschiedene Einflussfaktoren tragen zu Veränderungen der Grenzziehungen zwischen Privatheit und Öffentlichkeit bei (biologische, kulturelle, mediale, ökonomische usw.). Permanent werden Grenzen des öffentlich Verhandelbaren ausgelotet. Grenzen werden nicht abgeschafft. Sie existieren weiterhin, aber durch gesellschaftliches Handeln in veränderter Form. Die zahlreichen beeinflussenden Faktoren hinsichtlich der Grenzveränderungen erfordern eine kontextspezifische Betrachtung langfristiger Entwicklungen und den Blick auf andere Kulturen (vgl. Kapitel 3) unter Einbeziehung konkreter Fallbeispiele aus dem Bereich der Medien.

Die veränderte Grenzziehung zwischen Privatheit und Öffentlichkeit bereitet ehemals dem Privatbereich zugeordneten Themen den Weg zu einer öffentlichen Verhandlung. Dies hatte den positiven Effekt, dass beispielsweise Gewalt in der Ehe nicht länger verschwiegen, sondern überhaupt erst zum Thema wurde. Grenzverschiebungen im Verhältnis von Öffentlichkeit und Privatheit konnten also vor allem durch einen Verweis auf langfristige historische Veränderungen transparent werden. Die aufgezeigten historischen Entwicklungslinien, vor allem aber ein Blick auf den aktuellen Entwicklungsstand zeigen, dass Aushandlungsprozesse dessen, was privat und was öffentlich ist, zunehmend ohne Kontrollinstanzen stattfinden.

Privates medial zu veröffentlichen ist heutzutage vergleichsweise einfacher umzusetzen als je zuvor. So ist die freiwillige Selbstdarstellung in Daily Talks oder via privater Homepages längst keine Seltenheit mehr, sondern medialer Alltag. Die derzeit vor allem in der Netzwelt zu beobachtende Segmentierung in partielle Öffentlichkeiten führt zu multiplen Grenzziehungen zwischen privatem und öffentlichem Raum. Hinfällig geworden ist also eine einheitliche, gesellschaftliche Grenzziehung zwischen Privatheit und Öffentlichkeit zugunsten individueller, multipler Grenzziehungen einzelner Teilöffentlichkeiten sowie jedes Einzelnen selbst.

Ausdrücklich betont wurde im Rahmen des Expertendiskurses, dass mit veränderten Grenzziehungen verantwortungsbewusst umgegangen werden sollte. Dieser Appell gilt vor allem den Medien. Auch wurde die individuelle, selbstbestimmte Entscheidung dessen, was an Privatem an die Öffentlichkeit gelangt, zur Diskussion gestellt. Die Selbstbestimmung, so wurde festgehalten, vollzieht sich immer im Rahmen konsensfähiger Grenzen zwischen Öffentlichkeit und Privatheit. Ohne derartige allgemein gültigen Grundannahmen über eine Grenzziehung zwischen Öffentlichkeit und Privatheit ließe sich keine rechtliche Verankerung des Schutzes der Privatsphäre umsetzen.

10.3 Die Rolle der Medien bei der Präsentation von Privatheit

Medien und deren technische Verbreitung sind hinsichtlich einer öffentlichen Präsentation von Privatheit unverzichtbar. Ohne ihre Vermittlungsfunktion wären bestimmte Situationen und Informationen gar nicht für die breite Öffentlichkeit bzw. für eine Rezipientengruppe zugänglich.

Das Fernsehen – als *Massen- und Leitmedium par excellence* – ist für seine Breitenwirkung bekannt. Vor dem Hintergrund unserer Frage nach neuen Formen veröffentlichter Privatheit und deren Auswirkungen rückt zunehmend auch die Bedeutung ins Blickfeld, die der Onlinekommunikation in Bezug auf einen Wandel des Verhältnisses von Privatheit und Öffentlichkeit zukommt.

In modernen Gesellschaften ist das Verhältnis zwischen Gesellschaft und Medien als ein wechselseitiger Prozess zu definieren: Eine Medienentwicklung steht einer gesellschaftlichen Entwicklung gegenüber; keine dieser beiden Entwicklungslinien hat über die andere die Definitionsmacht, sondern sie definieren sich als miteinander kommunizierende Größen wechselseitig und prozesshaft. Medien und Gesellschaft sind also nicht trennbar. Themen werden durch Medien gesetzt.

Gesellschaftlich ist eine deutliche Unbefangenheit im Umgang mit einer Exponierung der eigenen Person erkennbar. Zunehmend erklären sich Menschen bereit, mit privaten und intimen Angelegenheiten in die Öffentlichkeit zu treten. Diese Entwicklung spiegelt sich deutlich in einschlägigen Fernsehprogrammen und Online-Angeboten wider: Noch nie wurde das grundsätzliche Interesse am Privatleben anderer sowie der Wunsch von Alltagsmenschen, sich in ihrem privaten Dasein zu exponieren, von den Medien in einem solchen Ausmaß erfüllt, wie wir es derzeit beobachten können.

10.3.1 Zu Funktionen der Medien für die Darstellung von Privatheit

> HASEBRINK: Fernsehen und Netzwelt bieten Stoff für soziale Vergleichsprozesse, zur Orientierung über gesellschaftliche Verhältnisse, veranschaulichen abstrakte politische Verhältnisse anhand konkreter Einzelfälle, schaffen Nähe zu den Zuschauern, um so eine bessere Basis für die Vermittlung ihrer primären Botschaft an die jeweilige Zielgruppe zu schaffen. Sie unterhalten ihr Publikum, schaffen Anlässe für eine gesellschaftliche Debatte über Werte und Normen, regen den Konsum an und vermitteln den Eindruck, an der Gesellschaft teilzuhaben.

Die diffuse, unkonkrete, eher virtuelle Öffentlichkeit der Fernsehzuschauer scheint für manche TV-Akteure und deren intime Fragen weniger bedrohlich zu sein, als die konkrete Öffentlichkeit des unmittelbaren Umfelds.

Medien werden verschiedene Funktionen zugesprochen, die in jeweils unterschiedlicher Ausprägung auf das Massenmedium *Fernsehen* und das

Medium *Internet* zutreffen. Aus der Diskussion ergaben sich zentrale Funktionen, die im Folgenden vor allem in Bezug auf die Projektfragen beschrieben werden:

- Thematisierungsfunktion
- Ratgeber- und Orientierungsfunktion
- Demokratisierungsfunktion

Der Diskurs widmete sich vorrangig der Frage, inwieweit diese Funktionen bei den Medien TV und Internet in jeweils unterschiedlicher Weise in Erscheinung treten.

Thematisierungsfunktion
Aufgrund einer höheren öffentlichen Relevanz von TV-Angeboten werden Real-Life-TV-Formate – und die zugrunde liegenden Konzepte der Präsentation von Alltagsmenschen in ihrem privaten Dasein – in der breiten Öffentlichkeit weitaus stärker diskutiert als veröffentlichte Privatheit im Internet. Zwar lässt sich auch Internet-Kommunikation als wichtiger Faktor des kulturellen Wandels der Privatheit betrachten, doch verfügt sie über eine sehr viel geringere öffentliche Aufmerksamkeit als das Fernsehen. Bei den im Massenmedium ‚Fernsehen' verhandelten Themen ist die Anschlusskommunikation breiter als bei im Netz veröffentlichten Inhalten.

Durch prominente Beispiele privater Homepages wie zum Beispiel www.jennicam.org, kann von einer gewissen Thematisierungsfunktion[5] gesprochen werden, die das Internet erfüllt. Allerdings ist die Thematisierungswirkung nicht mit der des Fernsehens vergleichbar.

> SCHWADERLAPP: Das Fernsehen besitzt im Unterschied zur Netzwelt immer noch die Wirkung des großen Scheinwerfers; das gleißende Licht und die relativ große Zahl von Menschen, die zuschauen, ist eine andere, oder ist eine intensivere Darstellung oder auch Ausnutzung des Privaten in der Öffentlichkeit.

Bedeutung und Qualität der Online-Kommunikation hinsichtlich Privatheit und Öffentlichkeit liegen offenbar weniger in der Massenwirksamkeit, als vielmehr in den zusätzlichen interaktiven Partizipationsmöglichkeiten. Der User wird zum Kommunikator und ein Dialog zwischen allen Beteiligten wird möglich. Durch die besondere Qualität des Internet als Individualmedium, als Medium, in dem jeder selbstbestimmt und von seinen persönlichen Interessen geleitet agieren kann, entsteht ein freier Raum für individuelle Belange. Frei von institutionellen Kontrollinstanzen kann jeder eine private Homepage anmelden und diese als Plattform der Selbstinszenierung nutzen.

5 Der Begriff „Thematisierungsfunktion" umschreibt das Potenzial der Medien, Themen zu setzen, die anschließend in einen gesellschaftlichen Diskurs münden.

Nicht zuletzt wegen der zeitlichen Unbegrenztheit, können im Internet längerfristige, themenbezogene Diskurse stattfinden, die wiederum Veränderungen im Bereich sozialer Interaktion bewirken können. Die strikten Dramaturgien und die zeitliche Begrenztheit des Fernsehens (z.B. im Daily Talk) gestatten keine derartigen längerfristigen, tiefgreifenderen Diskurse.

THIMM: Durch die Nutzung der Netze als Kommunikationsraum gewinnen mediale Vermittlungsformen von Sozialität einen anderen Stellenwert und führen zu einer Veränderung von Kommunikationskulturen im Alltag.

Festzuhalten ist:

- Das Fernsehen als Massenmedium verfügt – durch ein vergleichsweise größeres Publikum – über eine stärkere Thematisierungsfunktion. Themen, die einmal im Fernsehen verhandelt worden sind, scheinen als *allgemein bekannt* vorausgesetzt werden zu können. Das Fernsehen ermöglicht also eine breitere Anschlusskommunikation.
- Die Stärke der Internetkommunikation liegt nicht in quantitativ erhöhter Aufmerksamkeit. Die Stärke liegt in der Chance, auf relativ einfache Weise in einer Teilöffentlichkeit ein Thema zu setzen und in den – auch längerfristigen – Dialog zu treten.

Ratgeber- und Orientierungsfunktion
Eine Ratgeber- und Orientierungsfunktion ist ein zentraler Bestandteil der öffentlichen Funktion des Fernsehens, denn innerhalb der Bevölkerung existiert ein hoher Bedarf an der öffentlichen Vermittlung von Ratschlägen. (HASEBRINK, THIMM) Im TV zeigt dies insbesondere der Erfolg der Sendung *Lämmle Live*[6].

Demgegenüber lässt sich insbesondere bei Real-Life-Formaten nur schwerlich eine Intention der Produzentenseite erkennen, eine Ratgeberfunktion innerhalb der Fernsehlandschaft zu erfüllen. Zwar ist mit Blick auf das Reality-Format *Big Brother* ein Effekt von Vermittlung sozialer Kompetenz zu vermuten. Die Beobachtung des sozialen Umgangs, den sozialen Umgang miteinander *abzugucken*, spielt sicherlich eine Rolle bei der Rezeption dieses Formats. Letztlich liegt ein solcher Effekt aber nicht in der Intention der Macher/Produzenten. (SCHWADERLAPP)

Die Ratgeber-Angebote des Internet liefern ein gutes Beispiel für die Kooperation zwischen TV- und Netzwelt, da in vielen TV-Ratgebersendungen zunehmend auf die im Internet vorzufindende, individuelle und tiefergehende Beratung hingewiesen wird. Unabhängig vom Massenmedium *Fernsehen* hingegen lassen sich im Internet weitreichende *beratende* Angebote auffin-

6 *Lämmle Live* ist eine Ratgebersendung in psychologischen Fragen, gesendet beim SWR. Moderiert wird das Programm von der Familientherapeutin Brigitte Lämmle.

den: Der hohe Bedarf an der öffentlichen Vermittlung von Ratschlägen wird zunehmend durch das Internet bedient.

Die Ratgeber- und Orientierungsfunktion der Medien kann im Internet in stärkerem Maße eingelöst werden als im TV. Am Beispiel der Chatkommunikation wird deutlich, dass gerade die mediale Distanz die Chance zu verstärkter Selbstoffenbarung bietet. Das Fernsehen löst diese Ratgeberfunktion oftmals nicht gebührend ein. Wenn *intime Formate* im Fernsehen den einzelnen Gästen das Wort zur Offenbarung ihrer persönlichen Belange nur für ca. fünf Minuten erteilen, kann durchaus von einer Degradierung zum (Unterhaltungs-)Objekt zugunsten kommerzieller Interessen der Sender gesprochen werden.

Demokratisierungsfunktion
Demokratisierungsfunktion meint in vorliegendem Zusammenhang, dass mittels medialer Veröffentlichung Themen öffentlich verhandelt werden können, die ehemals nicht an die Öffentlichkeit gelangt wären. Hier lässt sich auch ein Nutzen aufseiten der *alltäglichen* Akteure vermuten, die ebenso ihr Recht zur Äußerung ihrer selbst bestimmten Themen einfordern, wie in der Vergangenheit die als eher prominent angesehenen Menschen. Demokratisierung bezieht sich somit auf die Vielfalt der Themen, darüber hinaus auch auf die Bandbreite der Medienakteure.[7]

Die These einer Demokratisierungstendenz durch die mediale Präsentation von Privatem lässt letztlich auch eine pluralistischere Darstellung der Gesellschaft vermuten. Ob dies in der Tat so ist, ist jedoch fraglich.

Die Frage, ob eine mediale Vermittlung des Privatlebens wichtige Lebensthemen von Alltagsmenschen öffentlich verhandelbar macht, und individuelle Sichtweisen und Anliegen öffentlich sichtbar werden lässt, ist eng verknüpft mit formalen Aspekten der (Selbst-) Darstellung. So wird in vielen Fernsehformaten (Lebenshilfesendungen, Talkshows etc.) vorzugsweise mit Stereotypen gearbeitet, die den Akteuren wenig Spielraum zur freien Darstellung ihrer Individualität bieten und eine beliebige Qualität aufweisen.

> SCHWADERLAPP: Ob die mediale Präsentation von privaten Situationen, Ansichten und Lebensweisen die Pluralität und (soziale) Akzeptanz von unterschiedlichen Lebensstilen fördert, die Frage ist so schwierig, wie die Frage nach der Wirkung des Fernsehens oder der Wirkung der Massenmedien. Massenmedien haben eine Thematisierungswirkung, in welche Richtung auch immer.

Innerhalb des Diskurses wurden der medialen Veröffentlichung von Privatem hinsichtlich einer Demokratisierungsfunktion der Medien durchaus positive Attribute zugeschrieben: Die mediale Übermittlung verstärke die kulturelle

---

7 Die zunehmende Medienpräsenz von Alltagsmenschen verweist auf Chancengleichheit im Hinblick auf einen potenziellen Prominentenstatus. Im Zusammenhang mit dieser Demokratisierung der Ressource „Prominenz" spricht Jo Groebel von „Popularisierung der Prominenz" (Kapitel 8).

Heterogenität von Gesellschaften und sei als ein durchaus positiver Effekt zu bewerten. Denn: Einfalt der Wahrnehmung kann nur Einfalt des Denkens fördern. Es ist also wichtig, dem Mythos einer *kulturellen Homogen*ität entgegenzuwirken und diesen endgültig aufzuheben. (KASCHUBA)

Eine langfristige Akzeptanz bestimmter Lebensstile, die anfangs auf Ablehnung stießen, ist durchaus denkbar. Dies kann bei antisozialen Verhaltensgruppen problematisch sein, aber konstruktiv dort, wo Gruppen mit als ehemals *abweichend* definierten, aber nicht andere beeinträchtigenden Tendenzen schließlich gesellschaftlich integriert werden. Beispielsweise ist die Karriere des Wortes *schwul* durchaus als so ein positiver Effekt deutbar. Es sollte jedoch zwischen allgemein bekundeter Toleranz gegenüber *schrulligen* Minderheiten (etwa aus der SM-Szene) und der gelebten, nicht so selbstverständlichen Anerkennung im sozialen Nahraum unterschieden werden.

Eine skeptische Haltung vertritt HASEBRINK gegenüber einer Demokratisierungsfunktion vieler Medienformate:

> HASEBRINK: Die im deutschen Fernsehen gelaufenen Formate konnten ein Mehr an Pluralität und Akzeptanz unterschiedlicher Lebensstile nicht vermuten lassen. Das Gros der bisher gezeigten Formate hat als übergreifende Botschaft zum einen eine allgemeine Beliebigkeit, die sich um die verschiedenen Ansichten und Lebensstile gar nicht wirklich kümmert, sondern sich nur dafür interessiert, sie so authentisch wie möglich dargestellt zu bekommen. Zum anderen wird ständig bewertet, kategorisiert, in Rankings überführt. Eine Chance, nicht nur billige Akzeptanz zum Ausdruck zu bringen, sondern diese handlungswirksam und produktiv werden zu lassen, besteht in der Regel nicht.

Mit Blick auf das Internet sind – auch im Hinblick auf die Demokratisierungsfunktion – Unterschiede zum Fernsehen erkennbar. Das Internet bietet eine Fläche für individuelle Einflussmöglichkeiten, nahezu frei von institutionellen Reglements.

Zusammenfassend sind verschiedene Funktionen einer medialen Veröffentlichung von Privatpersonen festzuhalten: Es können durchaus positive Effekte diagnostiziert werden im Hinblick auf die *Thematisierung* ehemals tabuisierter oder schlicht verschwiegener Themen. Der mediale Austausch über verschiedene Themen erweist sich oftmals als wertvolle *Orientierungshilfe*. Nahezu jedes Thema ist medial verhandelbar. Jeder Einzelne ist potenzieller Medienakteur. Dies legt die Vermutung nahe, dass es in der Internet- und Fernsehlandschaft *demokratischer* und gleichberechtigter zugeht.

Allerdings sind auch Risiken zu befürchten: Mit Blick auf einschlägige Fernsehformate erhält man nicht den Eindruck, dass beispielsweise der Gast einer Daily Talkshow selbst bestimmt, was, worüber und vor allem, wie lange er spricht. Das Thema ist vorgegeben, die Zeit vorher festgelegt. Das Gespräch wird geleitet und oftmals in eine Richtung gelenkt, die gerade nicht die Normalität, sondern in erster Linie die Extravaganz oder die Abnormität des Gastes und dessen private Eigenheiten vorführt. In Zusammenhang mit derartigen Formaten von einer Ratschlagfunktion zu sprechen, ist ebenso abwegig, wie die Vermutung einer Demokratisierung durch Medien.

Im Internet scheinen die Möglichkeiten vielversprechender zu sein. Dem Ratsuchenden stehen diverse Möglichkeiten des Austauschs mit Gleichgesinnten oder Experten sowie der Informationsbeschaffung zur Verfügung. Auch kann der User selbst Themen zur Diskussion stellen oder via Homepage seine eigene Person präsentieren. Der Diskurs und auch die Selbstdarstellung halten im Internet in der Regel länger an, da sie weder zeitlich noch räumlich limitiert sind.

10.3.2 Privates in TV und Internet

Hinsichtlich der Publikationsschwelle, der Anschlussfähigkeit thematisierter Inhalte, der Rezipienten- bzw. User-Bindung sowie des Bewusstseins der Akteure, sich im öffentlichen Raum zu bewegen, treten deutliche Unterschiede zwischen Web- und TV-Angeboten hervor.

Publikationsschwelle
Eine Publikationsschwelle, wie sie aus den traditionellen Medien bekannt ist, gibt es im Internet nicht. Der Einzelne darf sich im Internet eigenverantwortlich, ohne jegliche Zugangsvoraussetzungen oder redaktionelle Vorgaben mit persönlichen Inhalten präsentieren. Nahezu frei von institutionellen Kontrollinstanzen bietet sich das Internet geradezu an, als Experimentierfeld für Grenzauslotungen bei der Präsentation von Privatheit genutzt zu werden.

Zwar sind auch im Fernsehen die Zugangsvoraussetzungen zu *intimen Formaten* für Alltagsmenschen andere geworden; die Gesprächs- oder Spielgäste solcher Programme scheinen jedoch sehr gezielt auf ihren Unterhaltungswert gerichtet ausgewählt zu sein. D.h., potenzielle Fernsehgäste sind offenbar nur jene, die ihre Geschichte oder ihr Anliegen auch auf emotionale, authentische und unterhaltsame Art schildern können.

Anschlussfähigkeit
Der Begriff „Anschlussfähigkeit" meint, dass im Fernsehen einmal veröffentlichte Inhalte als einem breiten Publikum bekannt vorausgesetzt werden können und jene Themen anschließend in soziale Kommunikationsprozesse einfließen können. Die Anschlussfähigkeit von Medien bezeichnet demnach den Einfluss, den Medien auf den außermedialen Diskurs üben. Dieser Einfluss korreliert mit der Aufmerksamkeit, die Medieninhalte erzielen.

Im TV veröffentlichte Inhalte wenden sich potenziell an alle und verfügen über eine große Aufmerksamkeit. Daher besitzen sie eine hohe Anschlussfähigkeit. Netz-Angebote hingegen sprechen zwar ebenfalls potenziell alle an, eine breitere Anschlussfähigkeit ist jedoch eher unwahrscheinlich. Während das Internet stärker selbstgesteuert und auch thematisch vielfältiger nutzbar gemacht werden kann, rückt es im Hinblick auf die öffentliche Aufmerksamkeit nicht in die Nähe des Fernsehens. Aufgrund des vergleichsweise kleineren Wirkungskreises der Online-Angebote ist davon auszugehen, dass das Internet in seiner Anschlussfähigkeit überschätzt wird.

Rezipientenbindung
Im Hinblick auf die Rezipientenbindung an das Internet sind zentrale Unterschiede zu traditionellen Medien festzuhalten: Das Internet hat nicht die publizistische Funktion von Medien wie die *Zeitung*, die eine bestimmte Nutzungsgewohnheit mit sich bringt und eine Regelmäßigkeit der Nutzung z.B. durch ein Abonnement fördert. Das Fernsehen verfügt über zahlreiche Möglichkeiten, den Zuschauer an das Programm zu binden. Eine besonders effektive Maßnahme ist die serielle Ausstrahlung, nach der sich der Zuschauer richten kann. Das Internet gibt im Unterschied zum Fernsehen keine zeitliche Struktur vor, an die sich der User gewöhnen könnte.

Bewusstsein, sich im öffentlichen Raum zu bewegen
Im Internet wird für Teilöffentlichkeiten und für abgestufte Öffentlichkeiten agiert, aber potenziell existiert dennoch die Möglichkeit eines erweiterten öffentlichen Zugriffs. Da das Internet nur eine Teilöffentlichkeit anspricht, haben die Akteure weniger das Gefühl, dass es sich um öffentliche Kommunikation handelt.

Auch aufgrund der Tatsache, dass zumeist aus privaten Räumen heraus gesendet wird, nimmt das Bewusstsein, sich im öffentlichen Raum zu bewegen, ab. Im Online-Kontext sind die Schamgrenzen in der Veröffentlichung privater Inhalte vergleichsweise gering. Der Aufbau von Intimität (E-Mail, Chats), ohne physische oder geografische Verbindlichkeit, mit geringem Preis und Risiko, ist weniger mit Hemmungen behaftet. Dagegen sind sich Fernsehakteure eher bewusst, dass auch engste Verwandte zuschauen könnten.

Ausgehend von der Frage *Inwieweit ist das Internet öffentlich?* bewegen sich Internetformate im Spannungsfeld zwischen der schützenswerten Privatheit einerseits und dem möglichen *Sich-Ausliefern* andererseits. Ein zentrales Problem liegt in der Gefahr der Dekontextualisierung:

> DÖRING: Internet-Nutzer in Chat-Rooms oder Newsgroups nehmen sich als Gleichgesinnte wahr und agieren in Teilöffentlichkeiten oder abgestuften Öffentlichkeiten mit entsprechenden Regeln der Netiquette. Im Rahmen dieses Kontextes werden beispielsweise Online-Tagebücher veröffentlicht, die allerdings bei kontextübergreifendem Zugriff (z.B. durch das Anschauen von nahen Verwandten) Probleme erzeugen können. Es wird in Teilöffentlichkeiten und für abgestufte Öffentlichkeiten agiert, aber potenziell existiert dennoch die Möglichkeit eines erweiterten öffentlichen Zugriffes.

Das geringere Bewusstsein, dass es sich bei der Online-Kommunikation um öffentliche Kommunikation handelt, die niedrigere Hemmschwelle in der Offenbarung privater Angelegenheiten, ist zusätzlich darauf zurück zu führen, dass im Internet präsentierte Belange als rückholbar empfunden werden, während dem Fernsehen aber Endgültigkeit anhaftet. Es handelt sich um eine qualitative Differenz bezüglich der Unterschiede in den Bereichen der Öffentlichkeit. Die unterschiedliche Perspektivität wird besonders deutlich, wenn privat ausgerichtete Homepages plötzlich im Fernsehen, beispielsweise bei Stefan Raab, öffentlich karikiert werden.[8]

Private und intime Angelegenheiten werden nicht mehr nur im nahen Bekanntenkreis, sondern zunehmend auch in Medienangeboten wie z.B. in Talkshows thematisiert und es hat den Anschein, als wäre diese virtuelle Öffentlichkeit des Publikums weniger bedrohlich als das unmittelbare soziale Umfeld. Die Suche nach Authentizität und Orientierung ist maßgeblicher Faktor für den Erfolg von Reality-TV-Formaten. Ganz allgemein kann man von einem Triumphzug des Privat-Alltäglichen als medialem Content sprechen. Eine Tendenz, dass Individuen ihre privaten und intimen Probleme veröffentlichen, ist zwar für alle Medien gleichermaßen feststellbar (THIMM), doch scheint die Unverbindlichkeit, die dem Internet anhaftet, einer weitaus intimeren Selbstpräsentation der Protagonisten förderlich zu sein.

Das weitgehend unreglementierte Internet ist aber auch riskant. Es lässt Formen der Anprangerung zu, die im TV undenkbar wären. Die Internetseite *www.exfreunde.de* birgt eben diese Problematik in sich. Die Funktion dieser Domain, Menschen an einen öffentlichen Pranger zu stellen, darf als eine der höchst problematischen Formen der Netzkommunikation von Privatheit gekennzeichnet werden. Problematisch sind solche Angebote vor allem deshalb, weil *die an den Pranger gestellten* Personen in der Regel nicht um ihre Internetpräsenz wissen.

10.3.3 Authentizität und Authentifizierung

Authentizität und Individualität werden im privaten Bereich hoch gehandelt (vgl. Kapitel 2). Die mediale Präsentation des Privaten befriedigt ein gesellschaftliches Bedürfnis nach Authentizität. Verschiedene Inszenierungsmuster (Authentifizierung, Personalisierung, Emotionalisierung usw.), mittels derer die mediale Selbstdarstellung von Alltagsmenschen möglichst realitätsnah gestaltet wird, lassen einen Wandel von der ‚realen' Präsentation privaten Lebens hin zu einer möglichst authentischen Inszenierung von Privatheit erkennen.[9] Es stellt einen Unterschied dar, ob ein Mensch in seinem familiä-

8 Die Rede ist von der Fernsehsendung *TV total*, Pro7.

9 Beispielsweise liefert die Fernsehserie *Menschen hautnah* (WDR) sehr tiefe Einblicke in das Privatleben der Protagonisten. Diese befinden sich in der Regel in ihrer gewohnten häuslichen Umgebung. Inszeniert

ren Umfeld gefilmt wird und sich zu persönlichen Anliegen äußert, oder dieser in einen heimisch anmutenden, aber dennoch in höchstem Maße inszenierten *Big Brother*-Container einzieht und sich, wenngleich als Alltagsperson, einem vorgegebenen Rahmen unterordnet, der von der Nahrungsaufnahme bis zur Freizeitgestaltung genau vorgibt, was zu tun ist.

Die Rezeption besonders authentischer oder authentisch gestalteter Fernsehprogramme oder Online-Angebote mit *realen* Personen ist deshalb so attraktiv, da der Rezipient es selbst sein könnte, der dort in Erscheinung tritt. In der Regel sind es die alltäglichen und weniger die prominenten, geübten Medienakteure, die den Zuschauer zu Vergleichsprozessen animieren.

Der Wunsch nach Authentizität wird in erster Linie durch die laufenden Reality-TV-Formate befriedigt. Kennzeichnend für den Authentizitätsanspruch der Rezipienten ist darüber hinaus der enorme Erfolg privater Webcams im Internet, die ganztägig Livebilder aus der Privatsphäre von Alltagsmenschen übertragen (vgl. www.jennicam.org).

Die Faszination besteht vor allem darin, dass es sich hierbei um reale Ereignisse und Menschen handelt, die im Unterschied zur Darstellung von Privatheit und Intimität durch Schauspieler nicht ins Reich der Phantasie abgeschoben werden können. Dabei ist es letztlich egal, ob es sich um authentische oder inszenierte Situationen handelt, solange die handelnden Personen als real wahrgenommen werden und der Anschein des Authentischen gewahrt bleibt.

Bei *Big Brother* war von Beginn an klar, dass in erheblichem Maße inszeniert wird (z.B. feste Spielregeln). Und doch scheint ein Reiz darin gelegen zu haben, dass es sich um reale Menschen *wie du und ich* handelte, die sich einem vorgegebenen Regelwerk und zahlreichen Inszenierungsmustern auslieferten. Mit anderen Worten: die Show, die nach Spielregeln verläuft, ist insofern real, als sich *wirkliche* Menschen darin bewegen.

Das Rätseln über Spiel und Ernst des Dargestellten gehört mittlerweile zum Rezeptionsvergnügen; das Wechselspiel von Authentizität und Inszenierung eröffnet einen breiten Spielraum für unterschiedliche Lesarten. Es scheint sich grundsätzlich um Strategien der Authentisierung zu handeln, die mehr oder weniger gut inszeniert werden; dies ist auch den Zuschauern bestens bekannt.

Im Zuge zunehmender Authentifizierung hat sich die Vorstellung von Authentizität grundlegend verändert:

---

wird weit weniger als in einschlägigen Container-Formaten. *Menschen hautnah* kann als vergleichsweise „echter" oder authentischer bezeichnet werden. Dies schließt nicht aus, dass auch dieses Format nicht den Privatmenschen „abbildet", sondern diesen nur ausschnitthaft in seinem privaten Dasein darstellt. Es geht also nicht darum, eine Aussage zu treffen im Sinne von „dieses Format ist authentisch, dieses nicht", es geht um verschiedene Abstufungen im Hinblick auf den Grad der Inszenierung.

SCHNEIDER: Diderots Paradox des Schauspielers – derjenige sei der beste Spieler, der am wenigsten seinem natürlichen Gefühl folgt und der am strengsten seine Wirkung kalkuliert – trifft heute auch den Nicht-Schauspieler: derjenige gilt als authentisch, der seine Performance am perfektesten beherrscht. Wer authentisch wirken will, sollte alles Natürliche meiden.

Selbstdarstellung muss inszeniert sein, aber so aussehen, als sei sie nicht inszeniert. Derjenige, der eine hohe inszenatorische Kompetenz hat, wirkt auch am authentischsten.

In Bezug auf die Frage, was denn überhaupt authentisch ist, sei darauf verwiesen, dass gesellschaftliches Handeln sowie Rollenverhalten im speziellen auch häufig Merkmale von Inszenierung tragen. Hinsichtlich der Wahrnehmung dessen, was nun authentisch und was inszeniert ist, lässt sich die Aussage treffen, dass die Grenze zwischen *authentisch* und *inszeniert* immer eine fließende ist und demnach gar nicht exakt festgestellt werden kann.

Die Erfahrungen mit dem Format *Big Brother* und den anderen Reality-TV-Formaten haben generell das Bewusstsein dafür geschärft, dass Fernsehen nichts wirklich Nicht-Inszeniertes zeigen kann.

LEGGEWIE: Das wahre Leben im Fernsehen gibt es nicht; das wissen auch die Zuschauer.

Ein gewisses Problempotenzial liegt darin, dass Fernsehpersonen in erster Linie als Figuren wahrgenommen werden und dies weit reichende Folgen für eine identitätsstiftende Wirkung und die sozialisierende Kraft erhält. Figuren und Personenimages lassen sich einfacher verarbeiten als komplexe Personen. (KEPPLER)

Insgesamt wird in der Expertenrunde weniger die Tatsache als problematisch empfunden, dass Privates in den Mittelpunkt rückt, sondern dass inszenierte Privatheit als authentisch ausgegeben wird.

HASEBRINK: Der mit allen Mitteln betonte Eindruck der Individualität und der Authentizität verbirgt die zugrunde liegenden Inszenierungsmuster, die nur bestimmte Erscheinungsformen von Privatheit zulassen. So konzentriert sich das mediale Interesse, den Gesetzen des Fernsehens entsprechend, auf das Kurzfristige, Sensationelle, Emotionale, Konflikthafte.

Somit sind in erster Linie manipulative sowie repressive Tendenzen wirksam, die nicht so sehr auf eine Verschiebung der Grenzen zwischen Öffentlichkeit und Privatheit, sondern vor allem auf bestimmte Verfahren ihrer medialen Realisierung zurückzuführen sind. (KEPPLER)

Privates von Politikern

Authentizität ist Dreh- und Angelpunkt des Themas *Privatheit im öffentlichen Raum*. Der gesellschaftliche Bedarf an Authentizität bringt nicht nur zunehmend das private Leben von Alltagsmenschen in die Medien, sondern verändert auch die politische PR-Maschinerie. Dass auch die Politik das Interesse an Authentizität für sich entdeckt hat, zeigt sich vor allem in den Bemühungen von Politikern, zunehmend auch real, als Privatpersonen in Erscheinung zu treten. Der Erfolg eines Politikers scheint heute verstärkt davon abzuhängen, wie glaubwürdig er das Bild einer sympathischen Privatperson vermitteln kann. Erst dann wird er auch politisch als glaubhaft wahrgenommen.

In der Diskussion ergab sich ein fortlaufender Diskussionsstrang zum Thema *Mediale Selbstinszenierung von Politikern.*[10] Dieser Aspekt wurde jedoch nur am Rande behandelt, da der zentrale Untersuchungsgegenstand des Projekts die mediale Inszenierung von *Alltagsmenschen* ist. Dennoch ist das Thema *Selbstdarstellung von Politikern* mit unserer Diskussion insofern verbunden, als es sich um eine Folgeerscheinung des zunehmenden Interesses an privaten und intimen Angelegenheiten anderer handelt. Beide Phänomene überschneiden sich darin, dass es bei Alltagsmenschen wie auch bei Politikern darum geht, sich so authentisch wie möglich zu inszenieren. Einen möglichen Erklärungsansatz des breiten Interesses innerhalb der Bevölkerung an privaten Angelegenheiten von anderen im Allgemeinen und besonders von Politikern liefert Westerbarkey:

> Und weil viele schon lange nicht mehr verstehen, was auf der großen Weltbühne beschlossen und gespielt wird und wie die daran beteiligten Organisationen und Funktionäre arbeiten (woran auch einfache PR nichts ändert), schauen sie lieber zu, was Leute wie du und ich so treiben, denn da kann jeder mühelos mithalten und kompetent mitreden. (Westerbarkey 1997, 305)

Nach eben diesem Prinzip rücken Politiker näher an die Bevölkerung heran, indem sie ein *politisch zurecht geschminktes Privatleben* entäußern – nicht selten gezielt eingesetzt, um konkrete politische Inhalte und politisches Handeln zu umgehen. Allerdings bleibt wirklich Intimes hierbei außen vor. (NOWAK)[11]

Komplexe politische Botschaften (z.B. Rentenreform) sind nur schwierig zu vermitteln; Privates besitzt ein großes Publikum. Daher besteht die Tendenz, dass Privatleben und Botschaften miteinander vernetzt werden.

Auch auf Rezipientenseite zeichnet sich der Wunsch nach eben dieser Methode ab: Die Verschmelzung von politischem Inhalt und der Privatperson *Politiker*, Politik in personalisierter Form, spricht offenbar ein breiteres Publikum an. Dass sich hinter derartigen boulevard-politischen Beiträgen zuweilen nur ein sehr geringer Informationsgehalt verbirgt, mag teils hinge-

---

10 Vgl. hierzu auch die Kapitel 2.4, 10.3.3, sowie die Ausführungen von Meyrowitz im Länderbericht für die USA (Kapitel 3.5, 4)

11 Zum Aspekt der „Personalisierung" als Strategie der Politikinszenierung vgl. Kapitel 2.

nommen, teils übersehen werden. Denn: endlich weiß man, mit welcher *Person* man es zu tun hat.

Das öffentliche Bekenntnis des SPD-Politikers Klaus Wowereit „Ich bin schwul, und das ist gut so!" im Jahr 2001 wurde mindestens so umfangreich kommentiert, wie dessen Amtsantritt als regierender Bürgermeister Berlins.

Hier wird deutlich, dass eine Thematisierung der privaten Person, die hinter dem Politiker steckt, mehr und mehr Eingang in die Berichterstattung findet. Dieser Mechanismus ist nicht neu, doch durch die Erweiterung der Medienangebote wird er verstärkt.

In Zusammenhang mit medial veröffentlichter Privatheit ist eine Einbeziehung des Aspekts *Authentizität* unverzichtbar. Zusammenfassend kann festgehalten werden, dass es vor allem die allgegenwärtigen Inszenierungsmuster von Authentizität sind, die problematisch erscheinen.

So wurde im Rahmen der Diskussion eine zunehmende *Inszenierung* von Privatem diagnostiziert. Mehr noch: die Person mit hoher inszenatorischer Kompetenz wirkt am authentischsten.

Spätestens mit dem Aufkommen der Reality Formate hat der Zuschauer sein Auge geschärft und weiß: Das wahre Leben im Fernsehen gibt es nicht. Die Folge ist eine veränderte Wahrnehmung. In erster Linie werden Fernsehpersonen heute als Figuren und nicht als komplexe Personen wahrgenommen, dies erleichtert die Identifikation.

Unter den Experten herrscht weitgehend Konsens darüber, dass die Rezipienten ziemlich genau unterscheiden können zwischen Authentizität und Inszenierung. So liegt für Zuschauer der Sendung *Big Brother* der Unterhaltungswert auch in der Überprüfung, inwiefern die präsentierten Inhalte authentisch und inwieweit sie inszeniert sind.

Ein gesellschaftliches Bedürfnis nach Authentizität oder mindestens Authentifizierung scheint unumstritten; letztlich ist es zweitrangig, ob es sich um authentische oder inszenierte Darstellungen handelt. In der Hauptsache geht es darum, dass die handelnden Akteure als real wahrgenommen werden. Auch wenn der Rahmen einer Show stark reglementiert ist, so ist der Zuschauer dennoch daran interessiert, *reale* Personen innerhalb dieses Rahmens zu beobachten.

Ebenso verhält es sich im Bereich der Politik: Die fachliche Kompetenz eines Politikers ist wichtig. Seine Fähigkeit, sich authentisch als sympathischer Bürger *von nebenan* zu inszenieren, scheint jedoch häufig im Vordergrund zu stehen. Dem Bürger sind komplexe politische Zusammenhänge oftmals nicht verständlich zu machen. Daher finden sich in den Medien nicht selten Mischformen von politischer Berichterstattung und Boulevardberichten über die Privatperson des Politikers.

10.3.4 Der Zuschauer: Nutzungsmotive

Im Folgenden werden Erklärungsansätze für Nutzungsmotive, sowie mögliche Chancen und Risiken beschrieben, die für Rezipienten von medial vermittelter Privatheit ausgehen. Voyeurismus, das Beobachten von realen Situationen und Menschen, ist eine zutiefst menschliche Eigenschaft[12], welche entsprechend von den Medien bedient wird.

Das Interesse an privaten Situationen anderer liegt im Wesen der Neugier begründet. Dieses Wesen der Neugier ist ein ganz einfaches anthropologisches Muster, aus allen gesellschaftlichen und kulturellen Bereichen bekannt und durch die Faszination der Betrachtung anderer Menschen gespeist. Diese Neugier ist sehr vernünftig, da sich in komplexen Gesellschaften Horizonte und Probleme des Alltags am leichtesten in der individuellen Perspektive von Menschen einfangen ließen. (KASCHUBA)

> GLOTZ: Die Faszination vieler Reality Formate und vor allem des Container-Fernsehens liegt gerade darin, dass Leute daran interessiert sind, was da authentisch passiert. Es löst eine gewisse Faszination aus, Lauscher zu sein, mit sehen zu können, was ein anderer Intimes tut.

Mit Blick auf die Entwicklung der letzten Jahrzehnte ist eine klare Individualisierungstendenz erkennbar. Der Schutzraum *Familie* existiert nicht mehr in gleicher Weise wie früher. Die aktuellen Debatten um Verschiebungen zwischen den Bereichen des Öffentlichen und Privaten sowie um veränderte Konzepte von Intimität sind eng an die Institution der Familie geknüpft. Das Familienkonzept von einer Sphäre, in der jeder frei von Leistungszwängen die Garantie auf Zärtlichkeit erhält, ist jedoch seit den 50er Jahren in Deutschland sowie in anderen westlichen Industriestaaten obsolet geworden. (SCHNEIDER)

Zudem liegt im Bedeutungsverlust der Kirche ein Verlust an klaren Orientierungsmustern begründet. Die Kirche stellte ehemals einen gewissen Stabilitätsfaktor innerhalb einer Gesellschaft und ein stabiles Werte- und Normensystem bereit. Heute muss durch die Praxis einer Gesellschaft und der Individuen nicht nur ausgehandelt werden, was privat und intim ist; auch Normen und Werte sind nun kommunikativ zu verhandeln.

Im Zuge einer Individualisierungstendenz verstärkt sich das Interesse am Privatleben anderer. Durch die Individualisierung entsteht ein Mehr an Entscheidungs- und Bewertungsdruck der Einzelnen in ihrem Privatleben. Das Privatleben ist immer schwieriger innerhalb von ausdifferenzierten Öffent-

12 Das Beobachten von realen Situationen und Menschen wie zum Beispiel bei einem Verkehrsunfall, Sexualität usw., beinhaltet einerseits eine Vergewisserung für den Einzelnen, nicht direkt involviert, betroffen oder gefährdet zu sein und ermöglicht andererseits aufgrund des Realitätsgehalts eine emotionale Verselbständigung biologischer Reaktionen und Gefühle (z.B. Endorphinausschüttung).

lichkeiten zu gestalten.[13] Medien liefern Verhaltens- und Lebensskripts, an denen sich die Zuschauer orientieren und selbst vergewissern können. Hier liegt ein wesentlicher Grund für das enorme Interesse an privaten Themen.

JÄCKEL: Soziale Vergleichsprozesse erfordern eine Beantwortung der Frage: Wie kann ich in diesem Milieu etwas Besonderes zelebrieren? Anregungen holt man sich bei der Selbstinszenierung seiner Mitmenschen, oder wagt selbst den Schritt in die Medien.

Medien wirken als Modelle und Wertbeispiele sowie Grenzverschieber, bieten *Scripts* über die Welt, Gesellschaft und Verhaltensweisen. Durch vergleichende Betrachtung, ob nun durch Abgrenzung oder Übereinstimmung, ist eine individuelle Orientierung möglich. Dies findet schon im sozialen Umfeld statt, zum Beispiel durch den Einblick ins Nachbarschaftsgeschehen. Dieses Verhalten hilft dem Einzelnen, sich in seiner Rolle innerhalb einer gesellschaftlichen Gruppe zu bestimmen. (GROEBEL)

Die medial vermittelten Vorlagen für Lebens- und Verhaltensweisen liefern dem Rezipienten eine Art Freiraum, der unerfüllte Erlebnisbedürfnisse befriedigt und als gefahrlose Projektionsfläche für asoziale Regungen wie Hass, Rachsucht usw. fungieren kann.

Zu berücksichtigen ist, dass durch Rezeption *intimer Formate* nicht zwingend Verhaltensmuster entdeckt und mittels Identifikation verfügbar gemacht werden. Vielmehr besteht der besondere Reiz für die Zuschauer darin, in Reflexion des gezeigten Verhaltens mit diesen Verhaltensmustern zu spielen, also sich von ihnen abzugrenzen, sich über sie lustig zu machen usw.

Und doch gilt bei intimen Fernsehformaten im Hinblick auf einen möglichen Nutzen für den Zuschauer die allgemeine Formel *Identifikation, Ablehnung, Projektion* nur bedingt, denn aufgrund des geringen Spielraumes der Akteure sowie der geringen verfügbaren Zeit (in Daily Talks) besteht nicht die Chance einer tiefer gehenden Identifikation. Die Angebote sind oftmals zu kurzatmig für Weltbilder und Lebensentwürfe; Diskontinuität gehört zum Programm. (JÄCKEL, KEPPLER)

Hinsichtlich des Fallbeispiels *Big Brother* kann von einem gewissen Identifikationspotenzial gesprochen werden, da sicherlich ein *„mere exposure"-Effekt* (GROEBEL) eintritt: Je häufiger man dieselben Personen sieht, desto mehr mag man sie, werden sie einem vertraut. Die serielle Konzeption der Sendungen zielt gerade auf diesen Effekt ab. Eine langfristige Rezeption von TV-Sendungen mit seriellem Charakter führt vereinzelt zu parasozialen Beziehungen zu Fernsehakteuren.

---

13 „Individualisierung" bezeichnet die Notwendigkeit zur Wahl einer Lebensweise, einer Identität, die jeder Einzelne zunehmend ohne verlässliche Vorlagen bestreiten muss. Vgl. auch Kapitel 2.2 .

Darüber hinaus ist eine regelmäßige Rezeption der Sendungen notwendig, um sich an der Anschlusskommunikation beteiligen zu können; intime Formate also als Gesprächsstoff im eigenen Alltag.

Früher gültige Zugangsvoraussetzungen besitzen aktuelle Fernsehsendungen kaum mehr. Der Blick hinauf zum Star, wie er bislang durch bestimmte Auswahlkriterien im Fernsehen üblich war, weicht einer Rezeptionsweise, die im Fernsehakteur eine *ebenbürtige* Person sieht.

> SCHWADERLAPP: Jeder Mensch, jedes Thema scheint heute ins Fernsehen zu kommen. Auch der Zuschauer selbst könnte es sein. So ist eine Identifikation bei Big Brother einfacher als mit Teilnehmern von anderen Unterhaltungsshows. In anderen Unterhaltungsshows muss ich entweder mit einem Bagger ein Feuerzeug an- und ausschalten können, oder gut singen oder gut tanzen können oder viel wissen.

Amüsement erhofft sich der Rezipient von eventuellen Unzulänglichkeiten der Teilnehmer. Der Unterhaltungswert und Spannungsfaktor von unprominenten Fernsehpersonen ist eng verbunden mit der Aussicht auf den realen Tabubruch, auf das Spektakuläre oder das Verbotene. Diese Hoffnung versprechen ungeübte Medienakteure in stärkerem Maße zu erfüllen, als Prominente.

> KEPPLER: Das Unterhaltenswerte für die Zuschauer und Zuschauerinnen besteht ja keineswegs nur in den mitgeteilten Informationen selbst. Vielmehr sind es die nicht selten ungewollten oder vorher nicht absehbaren Selbstenthüllungen, die mit dem Auftritt als solchem verbunden sind, die bei dem Publikum auf besonderes Interesse stoßen.

Im Hinblick auf eventuelle Risiken bzw. negative Konsequenzen für den Zuschauer bei der Rezeption von intimen Formaten herrschte weitgehend Konsens: Diese Formate sind insoweit als berechenbar einzustufen, als diejenigen, die die Darstellungen als Zumutung empfinden würden, ihnen leicht ausweichen können. Es gibt schließlich einen Ausschaltknopf und in letzter Konsequenz hat der Zuschauer selbst die Wahl. (HASEBRINK, GROEBEL) Lediglich im Zusammenhang mit dem Jugendschutz wird Reality TV als problematisch eingestuft. „Es gibt Gruppen, wie Kinder, die zwar neugierig schauen mögen, aber ohne Einordnung des Gezeigten wenig realistische Welt- und Menschenbilder entwickeln können" (GROEBEL).

Festzuhalten ist: Die mediale Inszenierung lässt private Emotionen erleben, die im Alltag nicht oder nicht so folgenlos ausgelebt werden können. Dargestelltes kann auch zum Amüsement über die Unzulänglichkeiten der Teilnehmenden genutzt werden. Auch lässt die Präsentation von oftmals ungeübten Medienakteuren darauf hoffen, dass die Sendung eine unerwartete Wendung nimmt, bestenfalls eine Entgleisung oder einen Tabubruch beinhaltet sowie mit Sensationellem oder Verbotenem aufwartet. Ein ebenfalls nicht zu unterschätzender Beweggrund zur Rezeption intimer Formate ist der Gesprächsstoff, den diese für den Alltag liefern.

10.3.5 Motive der Akteure und mögliche Handlungsfolgen

Fernsehen und Netzwelt eröffnen Alltagsmenschen die Möglichkeit, die mediale Öffentlichkeit zwecks Selbstdarstellung, Selbstinszenierung oder Präsentation eines persönlichen Anliegens zu nutzen. Mehrere Arten der Gratifikation, aber auch vielfältige negative Konsequenzen sind denkbar.

Vorliegendes Kapitel hat zum Ziel, individuelle Beweggründe für einen öffentlichen Medienauftritt von Alltagsmenschen en detail zusammenzutragen. Darüber hinaus werden mögliche, nicht vorhersehbare Handlungsfolgen aufgezeigt.

Motive

Vielfältige Arten der Belohnung für eine öffentliche Exposition sind für den Einzelnen denkbar. Die Experten sind sich einig, dass die Suche nach öffentlicher Anerkennung einen wichtigen Beweggrund zur öffentlichen Präsentation von Privatheit bildet. TV- und Internetakteure wollen in ihrer Individualität anerkannt werden; sie wollen ihrem Leben eine gewisse Bedeutung verleihen. Diese Anerkennung finden Akteure nicht selten in der medialen Öffentlichkeit, da sie sich vor Zuschauern darbieten, die sich für ihresgleichen interessieren. Anderweitig scheint die Suche nach Anerkennung bedeutend schwieriger.

Der Wunsch nach Aufmerksamkeit, nach Aufwertung sowie Vorstellungen von medialer Bekanntheit und Berühmtheit werden im Expertendiskurs als weitere Motive einer medialen Selbstdarstellung zusammengetragen. Es geht nicht um die Präsentation besonderer Talente, sondern vielmehr um die Darstellung des Selbst mitsamt seiner Individualität: *Ich werde gesehen, also bin ich.* (HASEBRINK)

Das wertvolle Gut *Aufmerksamkeit*, welches, wird es entgegengebracht, das eigene Leben aufwertet und gratifiziert, teilt die Gesellschaft in zwei Klassen: Zum einen gibt es Personen von Bedeutung, Stars, die Aufmerksamkeit auf sich ziehen, und zum anderen die Fans.

So versprechen sich einige Akteure medienvermittelte Prominenz zu erlangen, um damit die Chancen auf sozialen und ökonomischen Erfolg zu erhöhen. Von dieser Möglichkeit machten beispielsweise Teilnehmer von *Big Brother* erfolgreich Gebrauch. Die Rede ist von Zlatko, *the Brain*, von Jürgen, der den Song „Großer Bruder" präsentierte und einen Hit landete sowie Christian, dem selbsternannten „Nominator".

Bezogen auf *Big Brother* liegt ein Teilnahmemotiv zum einen also in den Aussichten auf Medienprominenz. Darüber hinaus liegt auch im Erfahrungsgewinn ein Grund, sich dem streng reglementierten Spiel zu unterwerfen. Der spielerische Umgang mit der medialen und öffentlichen Situation also könnte ein weiteres, ganz simples Motiv sein.

Bettina Fromm bietet anhand der Teilnehmer von Talkshows ein plausibles Spektrum an Beweggründen, das über die Diskursergebnisse hinausgeht und deshalb hier kurz skizziert wird (Fromm 1999):

- *Der Rächer*, der eine Möglichkeit sucht, sein verletztes Selbstbild zu korrigieren;
- *der Ideologe*, der seine Weltanschauung und seine persönliche Erfahrung weitergeben will;
- *der Fernsehstar*, der im Rampenlicht stehen will und das Bedürfnis nach sozialer Beachtung hat;
- *der konsumorientierte Propagandist*, für den das Ganze nur ein lukratives Geschäft ist, da er für wenig Einsatz relativ gutes Geld bekommt;
- *der Patient*, der sich Heilung für seine psychischen und körperlichen Leiden und mehr Anteilnahme seitens seiner Familie erhofft;
- *der Verehrer/der Kontaktanbahner*, der die Authentizität seiner Liebe beweisen will oder den Auftritt im Sinne einer Kontaktanzeige nutzt;
- *der Anwalt in eigener Sache*, der versucht, auf die Gesetzgebung einzuwirken, um seine persönliche, nicht zufrieden stellende Lebenssituation zu ändern sowie
- *der Zaungast*, der einmal hinter die Kulissen des Fernsehgeschäfts schauen möchte.

Im Online-Kontext gestalten sich die potenziellen Nutzen und Motive der Akteure anders. So geht es bei der Chatkommunikation vor allem darum, einen Kommunikationsrahmen der Unverbindlichkeit zu haben, wo die mediale Distanz die Möglichkeit gerade zu verstärkter Selbstoffenbarung bietet. Bei persönlichen Homepages geht es nicht nur um eine Darstellung des Selbst, es gibt auch den Effekt, dass die persönliche Homepage aus dezidiertem oder publizistischem Interesse genutzt wird.

Darüber hinaus ist die Möglichkeit im Internet gegeben, dass sich beispielsweise innerhalb von thematisch fokussierten Newsgroups eine positive Gruppenidentität herausbildet. Trotz räumlicher Distanz kann eine emotionale und intime Auseinandersetzung über ein gesellschaftliches Tabuthema (z.B. das Älterwerden) geführt werden; somit wird ein *Ingroup-Gefühl* erzeugt. (THIMM)

Chats bilden eine Kommunikationsplattform im Netz. Das Vorurteil, dass jeder, der chattet eine andere Identität, vielleicht noch das andere Geschlecht annimmt, um in einem spielerischen Umgang zu kommunizieren, trifft eher nicht zu. Identitätswechsel ist eher ein Randphänomen. Im Vordergrund steht die Möglichkeit einer leicht zugänglichen Kommunikation, wobei sich auch tiefgehende Freundschaften oder Beziehungen entwickeln können – diese gehen jedoch meist mit einem Medienwechsel einher. (DÖRING)

Mögliche Handlungsfolgen
Fernsehauftritte implizieren immer auch Gefahren, deren Tragweite nicht vorhersehbar ist. So können psychische, soziale, aber auch ökonomische Belastungen mit einer öffentlichen Exponierung von Privatheit verbunden sein. Der unprominente Akteur hat allenfalls in einem sehr abstrakten Sinne die Chance, die Folgen des *going public* zu überblicken. Riskant bleibt die öffentliche Selbstdarstellung. Zum Beispiel zog die öffentliche Bloßstellung einer Polizistin in der *Jerry Springer Show* berufliche Konsequenzen nach sich.

Die Unvorhersehbarkeit der Folgen ist auch dann zu problematisieren, wenn es sich um eine vermeintlich freiwillige Präsentation handelt, da sind sich die Experten einig. Von einer substanziellen und reflektierten Freiwilligkeit kann nicht die Rede sein. Ethische Konsequenzen sowie mögliche und u.U. heimlich vorgesehene Pläne zur Instrumentalisierung von Teilnehmern sind hierbei zu problematisieren.

Fester Bestandteil vieler Dramaturgien entsprechender Real-Life-Formate ist, dass es Unvorhersehbares gibt, beispielsweise Überraschungsgäste in Talkshows oder ausgefallene Aufgaben in Container- und Inselformaten.

Uneinbeschränkte Freiwilligkeit, dies ist auch bei *Big Brother* nicht gegeben. Dadurch, dass Spielregeln in bereits laufenden Staffeln verändert werden oder über bestimmte Gegebenheiten (z.B. *den Maulwurf*) vorab nicht aufgeklärt wurde, kann keinesfalls von einer Freiwilligkeit nach vollständiger Information gesprochen werden. Bei Abgabe der Einverständniserklärung wird im Grunde darin eingewilligt, nicht alles überschauen zu können und unter eigener Kontrolle zu haben. (HASEBRINK)

Big Brother wird unter den Experten auch deshalb als problematisch eingestuft, weil die Koppelung der Öffentlichmachung mit quasi-sozialpsychologischen Experimenten Gruppendynamiken entstehen lässt, die für Teilnehmer nicht vorhersagbar sind. In der Psychologie sind derartige Versuche nicht ohne Grund inzwischen verpönt. (GROEBEL)

In Bezug auf den Aspekt der Freiwilligkeit ist zu bedenken, dass Offenbarungen von den Beteiligten in der Situation aufgrund der spezifischen medialen Zwänge häufig gar nicht mehr überschaut und gesteuert werden können. Somit sind selbst feste Vorsätze der Protagonisten oftmals nicht haltbar und werden während des Auftritts überschritten.

Menschen, die in Talkshows auftreten, sehen sich zum einen einer Moderatorin gegenüber, die als ‚Medienprofi' den Gang der Dinge steuert und spezifische Interessen vertritt. Gleichzeitig sind sie mit den Reaktionen ihrer Gesprächspartner ebenso wie mit denen des Publikums im Studio konfrontiert. Nicht zu vergessen ist schließlich die indirekte Präsenz eines Publikums an den Bildschirmen zu Hause, das sowohl aus einem anonymen Massenpublikum als auch aus den Bekannten und Verwandten besteht, auf die sie nach der Sendung wieder treffen werden.

> KEPPLER: Die Grenzen zwischen Freiwilligkeit und Unfreiwilligkeit sind häufig fließend; die Konsequenzen der medialen Offenbarungen können von den Beteiligten in der Situation aufgrund der spezifischen medialen Zwänge häufig gar nicht mehr überschaut und gesteuert werden.

Eine nicht selten von Talkshowgästen intendierte Problemlösung scheint durch eine öffentliche Präsentation in Daily Talks nicht verwirklicht zu werden, denn auch eine ‚Kollektivbeichte' entlastet nicht dauerhaft; das Problem fällt in den privaten Bereich zurück.

Vor dem Hintergrund der Kürze, in der die Gäste in Daily Talks ‚vorgeführt' werden, relativiert sich das Problempotenzial eines Formats wie *Big Brother*. So ist die Wahrscheinlichkeit, dass eine positive Selbstdarstellung misslingt in Daily Talks vergleichsweise höher.

> HASEBRINK: Big Brother ist nach seiner Art während der 100 Tage eher eine Langzeitbeobachtung als eine Momentaufnahme für das Verhalten von einer bestimmten Persönlichkeit und deswegen (...) verkleinert sich das Problem, außer es wäre irgendwo ein böswilliger Regisseur, der dann 100 Tage lang irgendeine Persönlichkeit einseitig darstellt, aber das ist nicht die Vorgabe und das ist auch nicht die Praxis. Ich sehe dann eher schon ein Problem der Öffentlichkeit dort, wo wie z.B. in Talkshows ein Mensch für 5 Minuten oder 7 1/2 in einer ganz besonderen, für ihn ganz ungewohnten Situation ist, für die er nie irgendwo eine Einübungsmöglichkeit hat, in der er sich auch eigentlich kaum verändern kann, oder sein Verhalten anpassen oder weiterentwickeln kann, sondern nur in einem ganz kurzen Moment und zwar oft sehr dramatisch und direkt konfrontiert mit einem Thema oder mit irgendeinem Erlebnis. Da muss man die Natur der Sendung viel genauer überprüfen und stärker auf den Persönlichkeitsschutz aufpassen, als in einem Format, wie Big Brother, das eine Langzeitbeobachtung ist, ohne dass ich sage, bei Big Brother müsste man es nicht tun.

Nicht nur in den so genannten *intimen Formaten* werden Alltagsmenschen zu öffentlichen Personen. Es gibt auch Menschen, die über die Nachrichtenberichterstattung ungewollt Medienaufmerksamkeit erlangen.

Innerhalb der Nachrichtenberichterstattung ist die Mediengeschichte der Geisel Renate Wallert ein signifikantes Beispiel für eine unfreiwillige Medienprominenz. Hier kann durchaus von einem *Opfer der Berichterstattung* gesprochen werden. (HASEBRINK)

Hier wurde eine Frau unfreiwillig exponiert und durch die gesendeten Bilder ihrer Menschenwürde beraubt. Sicherlich ist dies mit einer aufklärerischen Funktion zu erklären. So erzeugten die Reality-Videos der auf den Philippinen entführten und körperlich geschwächten Renate Wallert Betroffenheit und medialen Druck zur raschen Hilfe, doch gleichzeitig gefährdete die öffentliche Präsentation auch die Würde der leidenden Person. Das Senden eines *Best of Renate Wallert* im öffentlich-rechtlichen Fernsehen ist ohne Zweifel ein sehr fragwürdiges Phänomen. (GROEBEL)

10.3.6 Zusammenfassung

Welche Funktionen kommen Medien bei der Präsentation von Privatheit zu? – so lautete die Frage, die es zu diskutieren galt. Im Wesentlichen sind drei Funktionen denkbar, die Medien im Hinblick auf veröffentlichte Privatheit erfüllen können:

- Thematisierung
- Demokratisierung
- Ratgeber und Orientierung

In dem vergleichsweise größeren Publikum des Massenmediums *Fernsehen* begründet sich die stärkere Thematisierungsfunktion, die das Fernsehen gegenüber dem Internet erfüllt. Themen, die einmal im Fernsehen verhandelt worden sind, sind einem breiten Personenkreis bekannt und ermöglichen eine umfangreichere Anschlusskommunikation.

Die Vorteile der Internetkommunikation liegen nicht darin, ein Massenpublikum anzusprechen. Die Chance, in einer Teilöffentlichkeit selbstbestimmt, nahezu ohne jegliche Kontrollinstanzen ein Thema zu setzen und in einen zeitlich nicht limitierten Dialog zu treten – das ist das innovative Moment der Netzwelt.

Im Zusammenhang mit einer Thematisierung ehemals tabuisierter, oder schlicht verschwiegener Themen tritt die Demokratisierungsfunktion in Kraft. Prinzipiell ist nahezu jedes Thema medial verhandelbar. Jeder Einzelne ist potenzieller Medienakteur. Dies legt die Vermutung nahe, dass es in der Internet- und Fernsehlandschaft *demokratischer*, im Sinne von gleichberechtigter zugeht. Vom medialen Austausch über verschiedene Themen erwarten sich Zuschauer/User und Akteure oftmals *Rat* und wertvolle *Orientierungshilfe*.

Letztlich aber gibt die Produzentenseite den Weg vor: Einschlägige Fernsehformate – so z.B. Daily Talks – vermitteln nicht den Eindruck, der Gast bestimme selbst, was, worüber und vor allem, wie lange er spricht. Das Thema und der zeitliche Rahmen sind vorgegeben. Moderatoren leiten das Gespräch und lenken es nicht selten in eine Richtung, die gerade nicht die Normalität, sondern in erster Linie die Abnormität des Gastes und dessen private Eigenheiten vorführt. In Zusammenhang mit derartigen Formaten von einer Ratschlagfunktion zu sprechen, ist ebenso abwegig, wie die Vermutung einer Demokratisierung durch Medien. Ziel der Produzenten scheint allein die

Unterhaltung zu sein; eine wirkliche Problemlösung ist – wenn überhaupt beabsichtigt – eher zweitrangig. Nach Meinung der Experten entsteht dieser Eindruck nicht ausschließlich bei Daily Talkshows, sondern lässt sich durchaus als ein aktuelles Phänomen der Fernsehprogrammgestaltung bezeichnen.

Im Internet scheint die Aussicht, Rat und Orientierung zu erlangen, vielversprechender zu sein. Dem Ratsuchenden stehen diverse Möglichkeiten des Austauschs mit Gleichgesinnten oder Experten sowie der Informationsbeschaffung zur Verfügung. Auch kann der User in Chats selbst Themen zur Diskussion stellen oder via Homepage seine eigene Person präsentieren. Der Diskurs und auch die Selbstdarstellung können im Internet längerfristig stattfinden, da Onlinekommunikation weder zeitlich noch räumlich limitiert ist.

Unterschiede zwischen den Medien *Internet* und *Fernsehen* wurden vor allem hinsichtlich folgender Aspekte diagnostiziert:

- Publikationsschwelle
- Anschlussfähigkeit
- Rezipientenbindung
- Bewusstsein, dass es sich um öffentliche Kommunikation handelt

Die Zugangsbedingungen zum Fernsehen haben sich mit dem Aufkommen des dualen Systems und zahlreicher intimer Formate zwar stark gelockert; dennoch bleibt potenziellen Fernsehgästen ein *Casting* nicht erspart. Auswahlkriterium: der Gast muss nicht nur brisante Inhalte zu vermelden haben, darüber hinaus muss er diese auch unterhaltsam präsentieren können. Dagegen bietet das Internet jedem Menschen Zutritt, ob er attraktiv ist oder nicht; ob er eine Botschaft hat oder keine.

Das Internet bietet zwar ein vielfältigeres, nahezu grenzenloses Themenspektrum, hinsichtlich der öffentlichen Aufmerksamkeit reicht es jedoch nicht in die Nähe des Fernsehens. Im Fernsehen präsentierte Inhalte besitzen eine Anschlussfähigkeit, die im Internet eher unwahrscheinlich ist.

Da das Internet keine zeitliche Struktur vorgibt, ist eine Bindung an spezielle Angebote weitaus schwieriger. Im Fernsehen ist die Sendeform *Serie* Erfolg versprechend für eine Zuschauerbindung, die Zeitung hat die Möglichkeit, den Leser über ein Abonnement zu binden. Vergleichbares steht im Onlineumfeld nicht zur Verfügung.

Ein ganz wesentlicher Unterschied zwischen Fernseh- und Internetangeboten liegt darin, dass deren Akteure im Hinblick auf die Öffentlichkeit, die sie mit ihren Auftritten ansprechen, eine unterschiedliche Wahrnehmung haben. Zwar besteht prinzipiell auch beim Internet die Möglichkeit eines erweiterten Zugriffs, doch wird eher für partielle Öffentlichkeiten agiert. Daher verstehen Akteure Onlinekommunikation oftmals nicht als öffentliche Kommunikation. Das unterschiedliche Bewusstsein, sich im öffentlichen

Raum zu befinden, drückt sich vor allem darin aus, dass im Internet vergleichsweise stärker Schamgrenzen überschritten werden. Ohne physische Verbindlichkeiten kann im Internet viel hemmungsloser experimentiert werden als im Fernsehen. Fernsehakteure hingegen sind sich der Tatsache bewusst, dass Nachbarn, Bekannte und Verwandte zuschauen könnten, also Reaktionen aus dem sozialen Umfeld zu erwarten sind.

In Zusammenhang mit medial veröffentlichter Privatheit ist eine Einbeziehung des Aspekts *Authentizität* unverzichtbar. Als problematisch wurden vor allem die Inszenierungsmuster von Authentizität eingestuft.

So wurde im Rahmen der Diskussion der Trend zu einer authentisch anmutenden *Inszenierung* von Privatem festgehalten. Die Person mit hoher inszenatorischer Kompetenz, so lautete die einstimmige Meinung, wirkt am authentischsten.

Das wahre Leben im Fernsehen gibt es offenbar nicht, das wissen auch die Zuschauer. Die Folge ist eine veränderte Wahrnehmung. In erster Linie werden Fernsehpersonen heute als Figuren und nicht als komplexe Personen wahrgenommen; dies erleichtert eine Identifikation.

Gerade in den Inszenierungsmustern des Fernsehens liegt häufig das wesentliche Unterhaltungsmoment für den Zuschauer: Er überprüft, inwiefern die präsentierten Inhalte authentisch und inwieweit sie inszeniert sind.

Authentizität in den Medien ist erfolgreich. In der Hauptsache geht es darum, dass die handelnden Akteure als real und authentisch wahrgenommen werden. Ist auch der Rahmen einer Show stark reglementiert, der Zuschauer ist dennoch daran interessiert, wie sich Personen seinesgleichen innerhalb dieses vorbestimmten Rahmens bewegen.

Die Popularität authentischer oder authentisch inszenierter Sachverhalte haben sowohl Politik-Berichterstatter als auch Politiker selbst für sich entdeckt. Die fachliche Kompetenz eines Politikers ist wichtig, seine Fähigkeit, sich authentisch als sympathischer Bürger *von nebenan* zu inszenieren, scheint jedoch häufig im Vordergrund zu stehen. Dem Bürger sind komplexe politische Zusammenhänge oftmals nicht verständlich zu machen. Daher finden sich in den Medien nicht selten Mischformen von politischer Berichterstattung und Boulevardberichten über die Privatperson des Politikers.

Riskant ist diese Form medialer Politikvermittlung deshalb, weil Politiker sie explizit zur Umgehung politischer Argumente instrumentalisieren könnten.

Was genau macht die authentisch anmutenden Darstellungen so attraktiv für Zuschauer und User? Diese Frage haben die Experten im Hinblick auf mögliche Nutzen diskutiert, die mit der Rezeption verknüpft sein könnten.

Festzuhalten ist: Die mediale Inszenierung macht private Emotionen erlebbar, die im sozialen Umfeld zu riskant wären. Die Rezeption von Medieninhalten macht eine Reaktion nicht notwendig. Das Erlebnis bleibt folgenlos.

Dargestelltes kann zum Amüsement über die Unzulänglichkeiten der Teilnehmer genutzt werden. Die ungeübten Medienakteure sorgen oftmals für unerwartete Wendungen und brisante Offenbarungen, die nicht zu erwarten waren. So lässt die Rezeption auf Entgleisungen oder Tabubrüche, auf Sensationelles oder Verbotenes hoffen. Besonders spektakuläre Inhalte liefern zudem Gesprächsstoff für den Alltag.

Hinsichtlich privater Webangebote verhält es sich ebenso, wenngleich ein wesentlicher Vorteil darin liegt, dass sich der Kontakt zu Protagonisten problemloser aufnehmen lässt. Der User ist demnach noch *näher dran* am Protagonisten, kann sich mit Fragen, Kommentaren oder Kritik an ihn wenden und in den Dialog treten.

Schlussendlich wurde die Motivlage der unprominenten Talk- oder Spielgäste hinterfragt. Alltagsmenschen zieht es für die berühmten fünf Minuten Ruhm in das *gleißende Licht der Scheinwerfer* des Fernsehens. Doch warum ist diese Erfahrung so erstrebenswert? Welcher Nutzen ist mit der freiwilligen Exposition verbunden? Es konnten Motivkategorien für eine aktive Teilnahme in TV oder Internet, aber auch unvorhersehbare Handlungsfolgen, diagnostiziert werden. In Bezug auf die Konsequenzen wurde vor allem der Aspekt der Freiwilligkeit diskutiert.

Motive zur Teilnahme an intimen Fernseh- oder Internetformaten sind vielfältig und schließen einander nicht aus. Als besonders häufige Motive wurden die folgenden festgelegt:

- Medienaufmerksamkeit
- Anerkennung individueller Eigenarten
- Mediale Bekanntheit/Prominentenstatus
- Ökonomischer Erfolg
- Erfahrungsgewinn (der Umgang mit der medialen Situation)

Das Internet bietet eine unverbindliche Kommunikationsplattform, die einen anonymen Austausch über weitgehend tabuisierte Themen ermöglicht. Gerade darin liegt eine über das Fernsehen hinausgehende Motivdimension. Ohne soziale Konsequenzen befürchten zu müssen, kann der User mit seiner individuellen Problematik oder seinem individuellen Anliegen in die Öffentlichkeit treten. Häufig bildet sich daraus eine positive Gruppenidentität.

Nicht intendierte Folgen einer medial vermittelten Offenbarung werden von Produzentenseite oftmals zurückgewiesen mit der Begründung, der Gast habe schließlich freiwillig teilgenommen und sei vorher umfangreich aufgeklärt worden.

Die Diskussion zeigte allerdings, dass bei den Gästen von reflektierter Freiwilligkeit häufig nicht die Rede sein kann. Als besonders problematisch wurden im Bereich des Fernsehens jene Formate bezeichnet, bei denen die Überraschung, die Aufwartung mit vorher nicht abgestimmten Programmelementen, ein fester Bestandteil der Dramaturgie ist.

Im Bereich des Internet liegt ein Problempotenzial darin, dass die Protagonisten sich selten bewusst darüber sind, dass auch das soziale Umfeld an den Veröffentlichungen teilhaben könnte und somit Folgen gerade im sozialen oder beruflichen Umfeld zu befürchten sind. Weitere Konsequenzen, die mit einer Internetpräsenz verbunden sein können, wurden bereits in Kapitel 7 beschrieben.

10.4 Entwicklungslinien, politische und gesellschaftliche Herausforderungen

Ausgehend von der Beschreibung und Diskussion der soziokulturellen Rahmenbedingungen, der Rolle der Medien bei der Präsentation von Privatheit und der öffentlichen Debatte über die Thematik im In- und Ausland fasst das folgende Kapitel zentrale Veränderungen und Entwicklungen im Verhältnis von Privatheit, Öffentlichkeit und Medien sowie Herausforderungen für Politik und Gesellschaft zusammen. Es fließen *die* Ansichten aus dem interdisziplinären Diskurs ein, die sich übergreifend mit dem Thema befassen, und die ein Stimmungsbild hinsichtlich der aktuellen Situation in Deutschland und möglicher künftiger Entwicklungen abgeben.
Welche inhaltlichen Aspekte dieses Kapitel aufgreift, dies hat sich erst im Verlauf des interdisziplinären Expertendiskurses ergeben. Jeweils am Ende der beiden Meeting Points standen die *Entwicklungslinien sowie politische und gesellschaftliche Herausforderungen* zur Diskussion. Als zentrale Aspekte kristallisierten sich heraus: aktuelle Medienentwicklungen und Konvergenz, die Logik des Marktes und Kommerzialisierung sowie die Diskussion um mögliche Wirkungen der Präsentation von Privatheit in den Medien auf das Miteinander der gesellschaftlichen Akteure, im Projekt als gesellschaftliche ‚Klimaveränderungen' bezeichnet. Das Kapitel folgt damit einem Aufbau von eher deskriptiven (Mikroebene Medienentwicklung, Medienformate) zu eher normativen (Makroebene Gesellschaft, Kultur) Gesichtspunkten.

10.4.1 Aktuelle Medienentwicklungen und Konvergenz

Unter diesem Punkt werden Überlegungen zu eher technisch begründeten Entwicklungen und der Medienkonvergenz zusammengefasst. Sie kamen insbesondere im Hinblick auf die Gründe für eine zunehmende Präsentation von Privatheit in den Medien und deren mögliche Effekte für gesellschaftliche Akteure zur Sprache.

Total digital?

- Entwicklungen im Bereich der elektronischen und digitalen Medien unterstützen die mediale Präsentation von Privatem. Die Möglichkeit, Medienprodukte cross-medial zu verwerten, bedeutet beispielsweise auch einen cross-medialen Einsatz von Real-Life-Formaten.
- Die Anwendung digitaler und elektronischer Medien und der Aspekt der Interaktivität schafft eine neue Art der Nähe eines Nutzers zum Medium und bietet neue Potenziale, sich über Privates und Intimes über Medien auszutauschen.

Medienkonvergenz spielt eine entscheidende Rolle in der Diskussion um Privatheit, Öffentlichkeit und die Medien. Durch die technischen Veränderungen und Innovationen in der Medien- und Telekommunikationsbranche vervielfältigen sich die Möglichkeiten für Kommunikation sowie für die zunehmende Vernetzung unterschiedlicher medialer Plattformen.[14] So ermöglichen elektronische und digitale Medien eine neue Qualität der Exposition von Privatem. DÖRING verweist darauf, dass ein besserer Zugang von Privatpersonen zur Onlinekommunikation für Medienschaffende neben der Adressierung an eine massenmediale Öffentlichkeit eine Adressierung an Teilöffentlichkeiten ermöglicht. Dies werde allein am Beispiel der Real-Life-Formate sichtbar. Fast jede Sendung dieses Genres sei mit einer Internetpräsenz verknüpft (vgl. hierzu auch Kapitel 7.5).

Die Möglichkeiten, Inhalte aus der Privatsphäre zu rezipieren und auch zu produzieren, potenzieren sich, und es sinkt – auch durch die Interaktivität neuer Medien – tendenziell die Hemmschwelle, sich medial über Privates und Intimes auszutauschen.

Der kommunikative Alltag wird sich, so THIMM, mehr und mehr durch ein „Ineinanderfließen" verschiedener Medienarten auszeichnen und sich weniger nach Einzelmedien wie Printmedien, Fernsehen und Radio unterscheiden. Im Mittelpunkt stehen vielmehr die konkreten Nutzungs*zwecke*, wie Unterhaltung, Information, Datenaustausch oder Interaktion. Fernsehen und Internet in der Diskussion um Privatheit im öffentlichen Raum dabei isoliert zu betrachten, greift zu kurz. Das Hauptaugenmerk ist also auf die *Vernetzung* der beiden Medien zu lenken.

14 Hier sei auf die Länderberichte aus den Niederlanden und den USA verwiesen (vgl. Kapitel 3.2, 3.5, 4), in denen die Bedeutung des Internet, von Mobilfunk, SMS, Webcams und anderer Anwendungen für die zunehmende Verhandlung von Privatem in den Medien erläutert wird.

Vorreiter Internet?

- Eine Vorreiterfunktion des Internet für die Präsentation von Privatem und Intimem im Fernsehen ist punktuell zu beobachten (Formensprache, inhaltliche Anstöße).

Im Rahmen des *Expertendiskurses* wurden die zusätzlichen Möglichkeiten diskutiert, die das interaktive Medium Internet für die Präsentation von Privatheit im Vergleich zum Fernsehen bietet. Die Ausgangsthese aus dem Leitfaden bezog sich auf die neuen technologischen Möglichkeiten für Privatpersonen, ihr Privatleben im Netz zu präsentieren, damit öffentlich zu machen (bottom-up) und auf einen daraus möglicherweise resultierenden Druck für professionelle Fernsehanbieter, diesen Trend aufzunehmen und mit eigenen Impulsen zu versehen (top-down). Beispielsweise wurde das Kernmerkmal der *Big Brother*-Show, die 24-stündige Beobachtung durch Raumkameras, im Internet mittels des Einsatzes von Webcams in privaten Wohnungen schon viel früher erfolgreich realisiert.

Die Experten differenzieren mögliche Arten einer Vorreiterfunktion (formal, dramaturgisch oder inhaltlich), bezweifeln aber, dass das Internet dauerhaft einen ‚Ideenpool' für neue Fernsehprogramme darstellt und stellen bisweilen zynisch fest, dass eine Orientierung des Fernsehens am Internet z.B. im Hinblick auf neue Formate oder die Art der Kommunikation bestenfalls aus Einfallslosigkeit geschehe: „Da Programmanbieter selbst selten kreativ sind (oder im Hinblick auf den rezeptionsstatischen Mainstream gar nicht sein dürfen), greifen sie gern auf ‚marginale' Experimente (Bsp. Webcam) zurück". (LEGGEWIE)

SCHWADERLAPP prognostiziert eine verstärkte Übertragung aus der *Formensprache* des Internet auf neue Fernsehformate: „Internet und der kommunikative Umgang mit diesen Angeboten prägt eine neue oder andere Fernsehästhetik, eine andere Nutzungsgewohnheit. Diese Entwicklung des Internet ist vergleichbar mit dem Einfluss der Videoclips auf MTV auf die Formensprache und Schnittgeschwindigkeit bei Fernsehfilmen u.a.." Die Strategieplanung bei Endemol beinhalte daher, Elemente aus der Formensprache des Internet und aus den Kommunikationsrhythmen kennen zu lernen.

Denkbar ist eine Vorreiterfunktion im Sinne eines *„Stofflieferanten"*. „Zu den ersten Erscheinungen gehörte sicherlich der mittlerweile schon stereotype Plot des sozial gestörten durch Netz und Chats streifenden Internet Freaks, der sich wie ein roter Faden durch die aktuellen Krimi-Produktionen des Fernsehens zieht." (HASEBRINK) Das Beispiel *Big Brother* mit der Anknüpfung an die Webcams spricht weiterhin für eine Vorreiterfunktion im Sinne eines *formalen* und *dramaturgischen Vorbilds*. Hier ist allerdings die Frage, ob diese Vorreiterrolle langfristig relevant ist – oder ob sie nicht auf einem

Missverständnis hinsichtlich der sich entwickelnden Funktionsverteilung von Fernsehen und Onlinemedien beruht.

> HASEBRINK: Die mittlerweile beobachtbare Aufgabenverteilung zwischen RTL und RTL 2 in Sachen Big Brother halte ich für ein Indiz dafür, dass die tägliche „Normalbeobachtung“ eigentlich eine Funktion der Online-Version ist, während die „Specials“ auf RTL das eigentliche Fernsehen darstellen und entsprechend ja auch hochgradig von den Veranstaltern beeinflusst und im Sinne von klassischer Fernsehunterhaltung zugerichtet werden.

Entsprechend steht zu erwarten, dass sich die Aufgabenverteilung zwischen den beiden Medien Fernsehen und Internet im Zeitverlauf ausdifferenzieren wird, gemäß ihren funktionalen Besonderheiten.

Mit dem Hinweis auf die unterschiedlichen jeweiligen Nutzerkulturen des Mediums Fernsehen und des Mediums Internet wird die Skepsis bezüglich einer deutlichen Vorreiterfunktion des Internet für das Fernsehen untermauert. KASCHUBA geht davon aus, dass der Online-Bereich höchstens punktuell eine Vorreiterfunktion für das Fernsehen übernehmen kann. Im Hinblick auf mögliche inhaltliche Verzahnungen von TV und Internet greift er auf das Beispiel der Videokamera zurück: „Bei Videokameras hat man sich am Anfang auch gefragt, was man damit soll. Es gab dann bald die ersten Fernsehformate wie ‚Die schönsten Home-Videos‘. Ähnlich sind nach dauerhafter Etablierung von Webcams Fernsehformate wie ‚Die schönsten Webcam-Bilder‘ zu erwarten.“

Der folgende Diskussionspunkt bezieht technische Entwicklungen auf die grundsätzlichere gesamtgesellschaftliche Ebene.

Gewöhnung an den großen Bruder?

- Der zunehmende Einsatz digitaler Medien in verschiedenen Lebensbereichen verweist auf Probleme im Bereich des Datenschutzes.

Im Rahmen des Expertendiskurses wurde eine mögliche Gewöhnung an staatliche und private mediale Überwachungsmaßnahmen problematisiert. Beispiele sind Kameras in öffentlichen Gebäuden, auf Straßen und auf Plätzen, in Unternehmen und Läden. Gerade nach den Terrorattentaten auf das World Trade Center in New York und das Pentagon in Washington vom 11. September 2001 und den damit verbundenen Debatten um die Sicherheitspolitik erhält dieser Aspekt neue Relevanz.

HASEBRINK verweist darauf, dass der *spielerische* Umgang mit neuen Medien, z.B. im Bereich der Unterhaltung, möglicherweise den Umgang mit neuen Medien *allgemein* beeinflusst: „Die Dimension unfreiwilliger Beobachtung und Kontrolle mag derzeit durch die fun-orientierte Parallelentwicklung verharmlost oder gar umgewertet werden“. Überwachungsmaßnahmen durch digitale Technik können in der Folge an gesellschaftlicher

Akzeptanz gewinnen. Im übertragenen Sinne sei „Big Brother vom Inbegriff des totalen Überwachungsstaats zum Chiffre für ein Spiel geworden, in dem die Überwachten den Überwacher als freundlichen Spielleiter und omnipräsenten Beschützer ansehen."

Eng gekoppelt an diese Problematik sind datenschutzrechtliche Aspekte von Medien, die gerade im Hinblick auf die öffentliche Debatte um Privatheit eine Rolle spielen. Im Meeting Point werden datenschutzrechtliche Aspekte angesprochen, die die Notwendigkeit einer Thematisierung auf breiterer gesellschaftlicher Ebene deutlich machen: JÄCKEL weist darauf hin, dass es mittlerweile möglich ist, online zu beichten. Dies sehen die Experten als problematisch an. Es sei zu bedenken, dass in der Beichte persönliche Dinge offenbart werden, und das Beichtgeheimnis als eine der wichtigsten Formen des Datenschutzes anzusehen ist. Als weiterer diskussionswürdiger Punkt werden die Aktivitäten des Verfassungsschutzes im Netz genannt. Gefordert sei in diesem Zusammenhang eine verstärkte Diskussion über die informationelle Selbstbestimmung (THIMM). Eine weitere Dimension bezüglich des Daten- und Persönlichkeitsschutzes im Internet eröffnet DÖRING. Sie thematisiert die mehr oder minder bewusste Offenbarung eines Mediennutzers in der Netzwelt: „So können Domaininhaber leicht identifiziert werden, da ihre Personalien gespeichert und für alle zugänglich sind." Hier verberge sich ein Problem der mangelnden Medienkompetenz. So anonym die Netzkommunikation eingeschätzt wird, sei sie de facto nicht.

Die Liste der Punkte, die im Zusammenhang mit dem Einsatz digitaler Medien in der Öffentlichkeit eine Diskussion lohnen, ließe sich noch erweitern. Wichtig für die Expertendiskussion waren mögliche Probleme für die Nutzer, die verstärkt in ihrer Medienkompetenz gefordert werden.

- Die Beispiele Kamera-Überwachung und Datenschutz liegen eher am Rande unserer Themengebietes, dennoch zeigt die Debatte um das Thema, wie nach und nach Fakten der Überschreitung von Grenzen geschaffen werden, eine Art ‚laissez-faire' gegenüber der Privatsphäre entsteht – eine Entwicklung, die sich nur schwer stoppen oder rückgängig machen lässt. Die aufgegriffenen Aspekte des Datenschutzes sind vor allem als Anstoß für Themen zu sehen, die für die öffentliche Debatte um Privatheit im öffentlichen Raum relevant sind.

10.4.2 Logik des Marktes und Kommerzialisierung

Bei der Diskussion über Gründe für eine zunehmende Präsentation von Privatheit, über Tabuüberschreitungen in den Medien sowie für die Frage nach der künftigen Entwicklung der Medienagenda, wurde eine medienökonomische Betrachtung unabdingbar. Im Rahmen des interdisziplinären Expertendiskurses wurde die Perspektive der Medienveranstalter und -produzenten, z.B. für die Fernsehprogrammplanung, sowie die ‚Spielregeln' auf dem Medienmarkt erörtert.

Medienökonomische Implikationen der Präsentation von Privatheit

- Formate, in denen Privates und Intimes im Fernsehen öffentlich wird, unterliegen wie jedes andere Programm den Gesetzen des Marktes.

Um die Aufmerksamkeit von Publika zu erzeugen, bedürfe es, so HASEBRINK, laufend neuer Kommunikationsangebote, die „eine lieber größere als kleinere Gruppe von Menschen angehen, ihnen nahe kommen, sie anstoßen." Dafür gebe es zwei Wege: den langfristig angelegten Aufbau einer vertrauensvollen Beziehung oder den kurzfristigen Sinnenkitzel, der durch verschiedenste Grenzüberschreitungen erzielt wird – „es muss lauter, bunter, schneller, intimer, brutaler, perfekter oder phantasievoller zugehen, als es die Nutzer bisher gewöhnt waren."

Was also die Aufmerksamkeit großer Teile der Bevölkerung oder bestimmter kultureller Milieus zu erregen vermag, wird von den Medien angeboten. Dies bedeutet *nicht* gleichzeitig ein Mehr an privaten oder intimen Inhalten. HASEBRINK weist darauf hin, dass die Ausrichtung auf das allgemeine Interesse möglichst großer Publika es unwahrscheinlich erscheinen lässt, dass im engeren Sinne private Inhalte, die für Außenstehende außerordentlich rasch langweilig werden dürften, dauerhaft Erfolg haben.

Wichtig im Zusammenhang mit der öffentlichen Debatte um Privatheit im öffentlichen Raum ist, die Mechanismen auf den Medienmärkten zu thematisieren – gerade für die Mediennutzer oder die Protagonisten in einer Sendung. „Privatpersonen in den Medien haben ihrerseits diverse Motive; für Medienproduzenten sind sie vor allem kostengünstige Akteure", gibt DÖRING zu bedenken. „Es läuft alles nach dem Prinzip ‚Geld verdienen'", ergänzt SCHWADERLAPP. Die mediale Selbstdarstellung sei immer ein „Gegengeschäft", und wer sich ins Medium begebe, werde nach dessen Gesetzen „weiterverarbeitet".

Marktgemäßes Handeln von Seiten der Medienveranstalter und -produzenten wird als durchaus nachvollziehbar und nicht per se problematisch erachtet. *Rein* medienökonomische Betrachtungen greifen dennoch zu kurz „Es fragt sich, ob es wirklich unmöglich ist, voluntaristisch bestimmte gesellschaftliche bzw. ethische Werte zu reklamieren." (LEGGEWIE) Die Argumente beziehen sich in der Hauptsache auf das Medium Fernsehen. Gleiches gilt für den nächsten Diskussionspunkt, in dem die Erwartungen der Experten zur inhaltlichen Entwicklung von Real-Life-Formaten zusammengeführt werden.

‚Härtere' Formate – Spirale des Nachwürzens oder ein Ende der Steigerungslogik?

Sind nach einer Phase der medialen Gewöhnung ‚härtere' Formate und Tabuverletzungen bei der Veröffentlichung des Privaten und Intimen erforderlich, um ökonomisch weiter erfolgreich zu sein?

- Profitmaximierung ist einer der Gründe für die Öffentlichmachung von Privatem.
- Ein Ausloten von Geschäftsfeldern impliziert auch ein „Spiel mit den Grenzen".
- Aber die Marktlogik bedeutet nicht *zwangsläufig* eine zunehmende Öffentlichmachung von Privatem und Intimem und ein Mehr an sensationalistischen, entwürdigenden oder zur Schau stellenden Formaten.

HASEBRINK skizziert zwei idealtypische Konzepte für ökonomischen Erfolg im Fernsehen: „Entweder eine durchdachte Programmidee mit inhaltlicher Substanz, die dramaturgisch angemessen umgesetzt wird (mittel- bis langfristiger Erfolg bei entsprechender Geduld), oder Programmideen, die im Wesentlichen auf oberflächlichen Effekten beruhen, ansonsten aber substanzlos sind. Diese verbrauchen sich rasch und setzen eine ‚Spirale des Nachwürzens' in Gang, die langfristig keine Aussicht auf Erfolg hat."

Die jeweilige Perspektive ist in der Diskussion um künftige Formatentwicklungen und eine mögliche Gewöhnung der Zuschauer an Tabuüberschreitungen zu beachten. Eine „Verschärfung" von Formaten kann die Zielgruppe einschränken, da das Programm enger auf ein bestimmtes Nutzungsinteresse ausgerichtet und damit für andere Gruppen unattraktiv wird. Hat beispielsweise ein Fernsehveranstalter die Erreichung möglichst hoher Marktanteile in der Gesamtbevölkerung zum Ziel, wäre dieser Effekt nachteilig für ihn. Eine Verschärfung des Formates brächte dann möglicherweise geringere Einschaltquoten mit sich. Anders betrachtet, könne es aber aus ökonomischer Perspektive sogar sinnvoll sein, da ein homogenes kleineres Publikum im Hinblick auf Werbeinteressen durchaus attraktiv wäre. Dies könnte besonders im Sinne von Special-Interest-Kanälen, die sich an ein bestimmtes Klientel wenden, der Fall sein, bemerkt GLOTZ.

Ob im Fernsehen nun künftig mit ‚härteren' Formaten zu rechnen ist, da sind sich die Experten uneinig. Die einen halten es für durchaus möglich, dass sich ‚härtere' Formate durchsetzen oder zumindest der Versuch unternommen wird, diese zu etablieren (GROEBEL), die anderen erwarten eher ein „Ende der Steigerungslogik" (JÄCKEL). So LEGGEWIE: „Tabubrüche verzehren sich auf Dauer selbst" und „härter bedeutet meist auch peinlicher. Dennoch kann mit härteren Formaten gerechnet werden. Dies wird jedoch kein linearer Prozess sein", prophezeit KASCHUBA. ‚Härtere' Formate ließen sich im World Wide Web bereits finden und würden sicherlich auch im TV-Bereich kommen.

Das Prinzip „trial and error" ist die gängige Praxis. Dabei müssen Grenzen der Attraktion auf Seiten der Zuschauer und auf Seiten der Geldgeber berücksichtigt werden: „Es gibt in vielen Medienbereichen – und im übrigen auch in der Kunst – das Spiel mit den Grenzen. Das Spiel mit den Grenzen wird auch die Unterhaltungsproduktion im Fernsehen weiterhin bestimmen, aber es ist eben ein Spiel *mit* den Grenzen und kein Spiel über die Grenzen *hinaus*; denn dann wird man zurückgepfiffen, siehe Amerika und anderswo, wo es Rückwirkungen von der Werbewirtschaft gibt." (SCHWADERLAPP)
Skepsis herrscht angesichts der möglichen Rolle der Alltagsmenschen, die im Medium als Akteur auftreten. Groebel verweist explizit auf mögliche Wirkungen von einer Durchsetzung von Formaten, die vor allem nach marktökonomischen Gesichtspunkten konzipiert werden. Seiner Meinung nach sollte berücksichtigt werden, dass die Koppelung von Privatsphäre in der Mediendarstellung mit dem Markterfolg als Lebensmodell weiter zur Ökonomisierung sozialer Beziehungen beitragen kann. Der Wert einer Person bemesse sich dann nach dem Maß, in dem ein Partner oder ein Mitspieler von dieser Person unmittelbar profitiert. Das „Rauswählen" in den Real-Life-TV-Programmen gelte beispielsweise nicht den Fähigkeiten, sondern der „Brauchbarkeit" eines Menschen fürs Amüsement. Damit erhielten medial ‚ausgestellte' Personen zusätzlich einen „Waren- und Objektcharakter".

- Es besteht die Gefahr, dass sich ökonomische Spielregeln (des Mediengeschäfts) in den privaten Bereich übertragen.

10.4.3 Prima Klima? Auswirkungen auf Gesellschaft und Kultur

In der Diskussion um *Wirkungen* der zunehmenden Präsentation von Privatheit in den Medien waren die Experten aufgefordert, auch normative Argumente einzubringen. Welche sozialen Auswirkungen sind zu erwarten, wenn der ‚indiskrete' Blick in die Privat- und Intimsphäre gesellschaftsfähig wird? Sind durch eine zunehmende mediale Thematisierung privater und intimer Ereignisse Veränderungen des gesellschaftlich-kulturellen ‚Klimas' zu erwarten? Ist der Zusammenhalt einer Gesellschaft bedroht? Schließlich wäre es gefährlich, wenn die allgemeine Gewöhnung an eine zunehmende Präsentation von Privatem und Intimem ein allmähliches Verschwinden von privaten Rückzugsorten und Freiräumen implizieren würde, so man davon ausgeht, dass die Freiheit einer Person nur gewährleistet ist, wenn Freiräume existieren, die für die Beurteilung und Beobachtung durch andere nicht verfügbar sind (vgl. Kapitel 2.1). Es vermischten sich in der Diskussion die Gesellschafts*diagnosen* mit *-prognosen*, die deskriptive und die normative Ebene. Die folgenden Ausführungen sollen die Argumentationslinien entwirren.

Das Ende der Diskretion?

- Zwar ist es selbstverständlicher geworden, private oder persönliche Angelegenheiten in der Öffentlichkeit zu haben. Dennoch steht nicht zu erwarten, dass indiskrete Blicke auf Privates und Intimes von Alltagsmenschen gesellschaftsfähig werden.
- Trotz einer deutlichen Gewöhnung an die Berichterstattung über Privates und Intimes der Menschen, ist tendenziell kein unbegrenztes allgemeines Interesse gegenüber dieser Art von öffentlicher ‚Teilnahme' zu erwarten.

Das gesellschaftliche Klima hat sich offenbar insofern gewandelt, als dass es durchaus normal ist, Persönliches über Mitmenschen aus den Medien zu erfahren. Nach SCHWADERLAPP ist eine größere Unbefangenheit zu konstatieren, Persönliches über andere aus den Medien zu erfahren oder sich selbst zu exponieren. Sein Beispiel: Lottogesellschaften haben früher die Millionengewinner nicht genannt, sondern die Boten unter Tarnung in die Häuser geschickt nach dem Motto: „Wir möchten diese Menschen nicht ihren Nachbarn aussetzen, die sagen, jetzt bist Du reich, nun kannst Du mir ein Darlehen geben."

Die Frage ist, im Falle welcher Mitmenschen dies überhaupt interessant ist. Mit Blick auf die genannten möglichen Effekte der Präsentation von Privatheit in der (medialen) Öffentlichkeit ist also zu differenzieren, *wer* im Fokus der Berichterstattung bzw. der Präsentation allgemein steht. Zum einen geht es um die Exponierung von Alltagsmenschen, zum anderen um das Privatleben von Personen des öffentlichen Lebens wie Politiker oder Stars. Und es geht, darauf verweist LEGGEWIE, auch um die Erwartungen von Alltagsmenschen gegenüber solchen Personen des öffentlichen Lebens: „Die Tyrannei der Intimität wird zudringlicher (...) Das geht mit Medien-Prominenz einher: die ‚Fans' fühlen sich berechtigt, etwas über das Privat- und Intimleben ‚ihrer' Stars zu wissen und diese betreiben eine systematisch dosierte Prominenz-PR. Wird dies übertragen auf ‚Nicht-Prominente'?" Wie weit geht der Anspruch, sich via Medien über andere informieren zu können? Dieser Aspekt ist interessant. Hier wäre weiter zu denken: Wann und bis zu welchem Punkt ist ein Thema von öffentlicher Relevanz? Dies wurde nicht weiter diskutiert.

Die Experten differenzieren aber vorgenannten Punkt, indem sie zwar einerseits von einem selbstverständlicher gewordenen Umgang mit privaten und persönlichen Themen auch von Alltagsmenschen ausgehen, andererseits jedoch darauf bestehen, dass das Interesse eines Publikums bzw. bestimmter Publika an den Privatangelegenheiten anderer nicht unbegrenzt ist. So wird bezweifelt, dass der indiskrete Blick in die Privatsphäre in extremer Form gesellschaftsfähig wird.

GROEBEL verweist auf die Problematik, die sich an eine solche Kultivierungstendenz hinsichtlich der Veröffentlichung von Privatem und Intimem anschließen könnte: „Nicht so sehr das ‚Gesellschaftsfähige' könne das Problem werden, sondern der mögliche Gruppendruck, der dem Einzelnen keinen Rückzug mehr erlaubt. Im Extrem wird das System hypertroph, führen die aufgeklärten Anteile an der Grenzüberschreitung zu einem neuen Irrationalismus." Dieses Argument ist aber eher als mögliches Szenario zu sehen. Langfristig hält er einen negativen Gruppendruck nicht für realistisch. Eine „destruktive Verschiebung" von privat zu öffentlich habe keine Durchsetzungschance. Die menschliche Entwicklung sei, anders als Geschichtsbücher es vermuten ließen, nicht v.a. durch Destruktivität gekennzeichnet, sondern eher durch prosoziales Verhalten.

Weitere Experten äußern Skepsis, ob ein umfassendes Interesse an mehr Privatem und Intimem in den Medien existiert. Dabei beziehen sie sich vor allem auf das Medium Fernsehen: „Der indiskrete Blick in Privatsphären, die eben auf diesen Blick hin inszeniert werden und sich für ihn inszenieren, ist ein altes Phänomen und für den größten Teil der Bevölkerung ein höchst langweiliger Vorgang", gibt HASEBRINK zu bedenken.

Auf eine grundsätzlichere Ebene führt JÄCKEL die Diskussion um gesellschaftliche Entwicklungslinien. Er diagnostiziert eine gewisse Hilflosigkeit beim Publikum genau wie bei den Medienakteuren und argumentiert, dass eine mögliche Abneigung gegen die Öffentlichmachung von Privatem und Intimem und der Rückzug ins Private durch die zunehmende Thematisierung des Privaten für (medien-)öffentliche Zwecke zunimmt. „Das Unbehagen an der Moderne wird zu einem Unbehagen an Öffentlichkeit." Er versteht das Private dann im Sinne einer privaten Sphäre, die sich von der medialen Öffentlichkeit abkoppelt. Seine Argumentation bezieht die Frage ein: Spiegeln die Medien gesellschaftliche Entwicklungen wider oder bestimmen sie die gesellschaftliche Entwicklung? – die ‚Henne-Ei-Frage' unserer Diskussion. Seine Ausführungen hinsichtlich dieser Frage zeigen auf, welche Ebenen bei der Debatte um Wechselwirkungen zwischen Gesellschaft und Medien berücksichtigt werden sollten und wie die gesellschaftlichen Entwicklungslinien zu charakterisieren sind.

> JÄCKEL: Sofern man in der Lage sein sollte, einen Ausgangspunkt der hier zu diskutierenden Entwicklung zu bestimmen, könnte man wohl bestimmte Entwicklungslinien nachvollziehen. Diese Entwicklungslinien werden sich aber nur sehr eingeschränkt im Sinne einer Ursache-Wirkungs-Kette interpretieren lassen. Der Grund dafür dürfte sein, dass sich diese Entwicklungen auf unterschiedlichen Ebenen vollziehen, die hinsichtlich ihres Wirkungsradius zu differenzieren sind. Man könnte auch sagen: Die Darstellung des privaten Schicksals in Verbreitungsmedien

(Massenkommunikation, disperses Publikum) eröffnet eine Vielzahl von darauf gerichteten Bezugnahmen bzw. Anschlusskommunikationen, die die Ebene der interpersonalen Kommunikation natürlich erfasst und mit einschließt. In diesem Zusammenhang greift beispielsweise auch die Massenpresse durch Querverweise auf Berichterstattungen oder Meldungen/Anzeigen in weniger populären Erzeugnissen das Exzentrische auf (z.B. im Bereich der provokanten Werbung). Und obwohl sich im Rahmen der interpersonalen Kommunikation in vielen Bereichen der Protest artikuliert, scheint die Asymmetrie zwischen der „Medienmoral" und der „öffentlichen Moral" zuzunehmen. Dabei wird bereits die Unterscheidung dieser beiden Ebenen problematisch, weil sich immer wieder bestätigt, dass der Inhalt von Alltagsgesprächen häufig eben nicht durch den Alltag selbst bestimmt wird, sondern dass wir uns der Wahrnehmung bestimmter Themen einfach nicht entziehen können. Verstärkt wird diese Entwicklung durch eine Inflation von Gesellschaftsdiagnosen, die ein Verschwinden von Leitbildern und gemeinsamen Wertehorizonten vermitteln. Als Resultat ergibt sich eine neue Variante von ‚pluralistic ignorance'.

Die Argumentation bringt den Aspekt in die Diskussion ein, dass es möglicherweise eine Schieflage zwischen dem tatsächlichen gesellschaftlichen Werteverständnis und dem medial vermittelten gesellschaftlichen Werteverständnis gibt. Das als „pluralistic ignorance" bezeichnete Resultat dieser Entwicklung impliziert, dass in der Bevölkerung durch die zunehmende Präsentation von Privatem in den Medien ein Desinteresse bzw. Unbehagen an dieser Art von inflationären Vorlagen entsteht. Hiermit eng verknüpft ist die Frage, inwieweit bzw. in welchen Fällen die Präsentation von Privatheit einen Tabubruch bedeutet, und was ein solcher Tabubruch für Folgen haben kann.

Umgang mit Grenzen und Tabus

- Der Wegfall von Tabus hat nicht zwangsläufig negative Folgen und bedeutet nicht zwangsläufig eine ‚entfesselte' Gesellschaft. Durch den Bruch mit einem Tabu können auch neue Werte etabliert werden.

Die Experten diskutierten im Rahmen des Projektes die Auswirkungen von Grenzüberschreitungen in den Medien auf den Umgang mit Grenzen und Tabus in der Gesellschaft. Die Argumente führen zu einer Differenzierung zwischen Arten des Tabubruchs.

Tabuüberschreitungen in den Medien müssen nicht zwangsläufig negativ sein. HASEBRINK führt aus, dass es einen gravierenden Unterschied gibt zwischen Personen, die eine Botschaft haben, die Aufklärung wollen und sich zu diesem Zwecke u.a. auch des Mittels des Tabubruchs bedienen und den Mitspielern von Unterhaltungsformaten, die aus Selbstdarstellungsinteresse und Karrierestreben sich vermeintlich ‚privat' präsentieren und darüber hinaus keinerlei Botschaft haben. Grenzüberschreitungen, die für ein Mehr an Gleichheit und Informationen sorgen, sind hilfreich, sofern in der Gesellschaft Konsens über Werte, über Demokratie und Aufklärung herrscht. Tabuüberschreitungen bieten auch neue Möglichkeiten, ehemals tabuisierte Themenbereiche in der gesellschaftlichen Diskussion zu etablieren. Homosexualität oder Sterbehilfe sind hierfür zentrale Beispiele.

SCHWADERLAPP geht davon aus, dass das „Spiel mit den Grenzen" keinen stetigen Abbau von Werten bedeutet, sondern laufend neue Grenzziehungen erwachsen: „Für die ‚Tabubilanz' unserer Gesellschaft habe ich keine Bedenken."

Die Aspekte der Diskussion beziehen sich auf unterschiedliche Ebenen und unterschiedliche Akteure. Hier ist es noch nicht gelungen, normative Aspekte wirklich umfassend zu erläutern. Ansatzpunkte für die öffentliche Debatte ergeben sich aber beispielsweise aufgrund der Frage, ob nach und nach Ansprüche entstehen, persönliche Informationen über Personen des öffentlichen Interesses bzw. auch über Privatpersonen zu erhalten. Des Weiteren ist auffällig, dass die normative Diskussion um Grenzen der Medienpräsentation von Privatem notwendig auf die Ebene einer grundsätzlichen Wertediskussion führen muss. Das Problem liegt nicht unbedingt in dem Wegfall oder Überschreiten von Tabus: vielmehr ist eine zunehmende Desorientierung hinsichtlich eines konsensualen Werteverständnisses zu befürchten. Die ausnehmende Thematisierung des Privaten löst beim Publikum Irritationen aus. Während sich diese Ausführungen vor allem auf die Ebene von Nicht-Prominenten bezogen haben, geht es im nächsten Abschnitt um die Implikationen einer zunehmenden Darstellung von Privatem und Intimem im Umfeld von Politikern.

Privatisierung des Politischen

- Beispiele aus der Politik zeigen die Mechanismen deutlich auf, nach denen Öffentlichkeit heute bedient wird. Die politische Kultur leidet Gefahr, wenn sich die zunehmende Verhandlung von Privatem in der Öffentlichkeit durch alle gesellschaftlichen Bereiche zieht.

Der Länderbericht aus den USA legt dar, wie die Personalisierung der Politik in den Vereinigten Staaten von Amerika voranschreitet (vgl. Kapitel 4). MEYROWITZ verdeutlicht vor allem, dass hier eine *gemeinschaftliche* Konstruktion von Intimität stattfindet, die auf den Interessen aller gesellschaftlicher Akteure, der Medien, der Bevölkerung, Unternehmen und eben der Politik fußt. In der öffentlichen Debatte in Deutschland wird die Art der Medienpräsenz von Politikern ebenfalls immer häufiger thematisiert. Politische Inhalte treten dabei in den Hintergrund. Warum ist das Privatleben von Personen, die eigentlich für etwas anderes stehen, überhaupt interessant? Wie ist der „Übergang zur Person als Thema" (Weiß, Kapitel 2.4) in der Politik zu beurteilen?

Im Rahmen des Expertendiskurses steht am Anfang die Diagnose der Situation in Deutschland. Zum Zeitpunkt des zweiten Meeting Points der Experten Anfang September 2001 war die öffentliche Debatte insbesondere auf die so genannte „Flug-Affäre“[15] um den deutschen Verteidigungsminister Rudolph Scharping sowie den Besuch des Bundeskanzlers Gerhard Schröder bei seinen ostdeutschen Cousinen gerichtet.

Die Experten sind sich darin einig, dass die Fokussierung auf persönliche Aspekte des Politikerlebens in Teilen auf die Schwierigkeit zurückzuführen ist, lange komplexe Inhalte in den Medien zu transportieren. NOWAK erläutert, dass aus diesem Grund häufiger mit einschlägigen Thesen gearbeitet werde, z.B. „Alle Arbeitslosen sind faul.“ Hinzu komme, dass Privates ein großes Publikum besitze, Privatleben und Botschaften immer häufiger miteinander vernetzt würden: „Politisches Leben macht künstlich-privates Leben erforderlich, plus das reale Privatleben für den Rückzug“ (NOWAK). In den Worten von GROEBEL: „Emotionale Anmutung ersetzt die Sachausgabe.“ Die Tendenz der letzten zwanzig Jahre beinhalte, so KASCHUBA, eine Abkehr von klaren Positionen und eine Hinwendung zu Masken und zu Authentisierung, die auf die Politik transportiert werde.

Damit sind erst einmal nur Diagnosen gestellt. Als sehr problematisch werden die Folgen einer solchen Entwicklung erachtet. Nach Ansicht der Experten führt die beobachtete „Privatisierung des Politischen“ (SCHNEIDER) zu gravierenden Veränderungen in der öffentlichen Meinung. Die zunehmende Verhandlung von Privatheit der Politiker übersteigere die eigentlichen Fragen des politischen Lebens und berge somit eine Gefahr für die politische Kultur, konstatiert JÄCKEL. Zur Disposition steht damit nicht weniger als die politische Kultur der Gesellschaft.

Die Diskussion der Folgen erfolgte nicht ausführlicher, da die mediale Präsentation von Alltagsmenschen im Fokus des interdisziplinären Diskurses stehen sollte. Beispiele aus dem politischen Umfeld wurden aber immer wieder aufgegriffen, weil gerade hieran Tendenzverschiebungen innerhalb der Gesellschaft anschaulich werden.

Das Kapitel hinsichtlich der gesellschaftlichen Entwicklungslinien und politischen Herausforderungen, wie sie im Rahmen des Expertendiskurses und im interkulturellen Vergleich thematisiert wurden, trägt sehr unterschiedliche Aspekte zusammen, die Diskussionsanreize bieten und relevant für die in Kapitel 10.5 zu formulierenden Handlungsempfehlungen sind.

15 Dem deutschen Verteidigungsminister wurde im September 2001 vorgeworfen, die Flugbereitschaft der Bundeswehr für private Flüge in den Urlaub genutzt zu haben, und er geriet deshalb sowie aufgrund von veröffentlichten Urlaubsfotos mit seiner Lebensgefährtin Gräfin Pilati ins Kreuzfeuer der Kritik.

10.5 Handlungsempfehlungen

Im Rahmen des Forschungsprojektes haben Experten aus unterschiedlichen Fachrichtungen grundlegende Entwicklungen der medialen Präsentation von Privatheit zusammengetragen und diskutiert. Das Verhältnis zwischen den drei Polen Öffentlichkeit, Medien und Privatheit wurde im interdisziplinären Diskurs und im interkulturellen Vergleich unter der Fragestellung erörtert, welche Entwicklung die Gesellschaft in Bezug auf diese Trias in den letzten Jahren und Jahrzehnten durchlaufen hat. Ziel war es auch, Entscheidungsträgern aus Medien, Forschung und Politik Handlungsempfehlungen für den Umgang mit dem Thema „Privatheit im öffentlichen Raum" an die Hand zu geben.

Das Verhältnis von Privatheit und Öffentlichkeit sowie die Art und Weise, wie diese Werte und ihre Grenzziehungen in den Medien Niederschlag finden, ist konstituierend für die Grundlagen des Zusammenlebens in der Gesellschaft. Ausgehend von dieser Annahme wird deutlich, dass es nicht dem Einzelnen, Partikularinteressen oder allein dem Markt überlassen sein kann, welche Werte in der Gesellschaft und entsprechend innerhalb des Mediensystems gelten sollten. Es gehört zur politischen Verantwortung, die Diskussion in der Gesellschaft über das normative Fundament für das Verhältnis von Privatheit, Öffentlichkeit und Medien zu fördern.

Pikant ist dabei, dass dieses Thema Politiker in zunehmendem Maße auch persönlich betrifft, denn die gesellschaftlichen Entwicklungen, die die Experten nachgezeichnet haben, wirken auch und gerade auf der politischen Ebene (Personalisierung von Politik, der Politiker als Privatmensch) (vgl. Kapitel 10.3.3).

Die Thematik lässt sich nicht nur hinsichtlich seines Abstraktionsgrades in verschiedene Ebene unterteilen (konkrete Fälle von Grenzüberschreitungen oder Tabubrüchen in den Medien, die Nutzungs- und Handlungsmotive von Mediennutzern und Medienakteuren, die Ebene medialer Entwicklungen und gesellschaftliche Rahmenbedingungen), sondern auch hinsichtlich der Diskussionsebene (deskriptiv oder normativ). Die Diskussion bewegt sich zwischen den Polen

Pressefreiheit vs. Sozialverantwortung,
Staatlicher Schutz vs. Eigenverantwortung,
Persönlichkeitsschutz vs. Selbstbestimmungsrecht.

Wie können also Ratschläge für Entscheider aus den gesellschaftlichen Bereichen für ein solch komplexes Thema lauten? Wie soll eine weiterführende Debatte geführt werden? Wie ist eine solche Diskussion unaufgeregt, aber doch nicht gleichgültig, kritisch aber ohne erhobenen Zeigefinger zu führen?

Zu konkretisieren ist jeweils der Gegenstandsbereich der Diskussion. THIMM schlägt vor, zwischen generalisierten und personalisierten Grenzüberschreitungen zu differenzieren:

- Generalisierte Grenzüberschreitung: auf der Makroebene, also von gesellschaftlichem, kollektivem Belang wie zum Beispiel Gewaltdarstellung, Pornografie etc.
- Personalisierte Grenzüberschreitung: auf der Mikroebene, also Grenzüberschreitungen, von denen einzelne Individuen betroffen sind, wie zum Beispiel formale Entmündigung, unfreiwillige Exponierung in der Öffentlichkeit (Renate Wallert), Anprangerung, die stets unfreiwillig geschieht (s. www.exfreunde.de) etc.

Konkrete Empfehlungen sind in diesem Bereich nicht endgültig festzumachen, vor allem nicht allein auf deskriptiver Ebene. In der Diskussion um das Verhältnis von Privatheit und Öffentlichkeit geht es nicht allein um Geschmacksfragen, sondern um gesellschaftliche Werte wie Persönlichkeit, Individualität, Freiheit oder Demokratie. Daher sollten Empfehlungen die normative Ebene einbeziehen.

In diesem Kapitel werden auf der Basis des Expertendialogs mögliche Handlungsoptionen beschrieben und analysiert. Sie wurden aus den Reihen der Experten nicht selten auch kritisch angemahnt.

Im Rahmen der Diskussion und durch die Auswertung der Länderberichte haben sich Handlungsempfehlungen herauskristallisiert, die jenseits von Ver- und Geboten liegen. Es zeigt sich, dass es notwendig ist, eine fundierte Diskussion über das Verhältnis von Privatheit und Öffentlichkeit zu führen. Diese Debatte ist am einfachsten anhand konkreter Fälle zu führen, wie sie in den vorangegangenen Kapiteln angesprochen werden, um dann auf eine abstraktere Ebene zu gelangen. In dem Kapitel beschreiben wir *miteinander eng zu verknüpfende* Handlungsbereiche, die sich während des Expertendialoges als grundlegend erwiesen haben.

10.5.1 Gesellschaftlicher Diskurs

- Der Wandel des Verhältnisses von Privatheit und Öffentlichkeit bedarf einer kontinuierlichen gesellschaftlichen und wertorientierten Diskussion.

Es ist schwierig, einen solchen Dialog zu führen, denn wer sollte der deutschen Bevölkerung eine Diskussion über mediale Grenzüberschreitungen oder eine Wertedebatte über Privatheit und Öffentlichkeit verordnen? Die Experten erörterten, wie eine solche Debatte realistischerweise anzustoßen ist und wer dafür verantwortlich zeichnen sollte.

Gesellschaftlicher Dialog und die Bildung von „Awareness“ wird durchweg befürwortet. So sieht GROEBEL in einem öffentlichen Dialog eine angemessene Form der zivilen Bürgergesellschaft. SCHNEIDER bekräftigt: „Es geht darum, die Beobachtbarkeit der Beobachtung durch Medien zu sichern. Daraus folgt als Option: der seit rund zwanzig Jahren in den Tiefschlaf geratene öffentliche Diskurs muss wiederbelebt werden. Der öffentliche Diskurs ist zwar nicht der Königsweg, aber ist die conditio sine qua non, um Entwicklungen beobachtungsfähig zu halten.“

Gefordert wird eine öffentliche Meta-Debatte über die Grenzen der Öffentlichkeit (LEGGEWIE) und eine gesellschaftliche Debatte über die Medien öffentlicher Kommunikation, „also über sich selbst“ (HASEBRINK). Mahnende Stimmen im konkreten Fall einer Grenzüberschreitung sind allerdings häufig überaus selbstreferenziell geprägt und dienen oft der Eigenwerbung.

Dennoch gehen die Experten davon aus, dass anhand von konkreten Beispielen diskutiert werden sollte. Dies wirke sich, so SCHWADERLAPP, „in einer sehr weiten Analogie auf das Handeln und Entwickeln der in den Medien Tätigen aus, weniger dass man aus einem Diskurs heraus für eine bestimmte Zeit Grenzen bestimmt hätte.“ Die Diskussion sei deshalb schwer zu führen, „weil man sich das, was man gegebenenfalls nicht möchte, vorstellen können muss.“

HASEBRINK verweist auf die Notwendigkeit von fundierten Informationen über Medienentwicklungen und Zuschauerverhalten. Bis dato sei nicht erhoben worden, wie sich der Zuschauer zu bestimmten Debatten positioniert. Dies sei bei einer werteorientierten Debatte, um die es sich ohne Zweifel handelt, notwendig. Medienpolitisch zu fördern, so GROEBEL, ist vor allem die Aufklärung über mögliche Konsequenzen der Selbstexposition. Die Aufklärung mancher Sender in diesem Bereich sei eine Farce (Bsp. *Jerry Springer Show*). Für THIMM ist vor allem die Frage interessant, wo der Schutz einer Gesellschaft über dem Schutz der Privatsphäre des einzelnen Individuums steht. Als Fallbeispiel bezieht sie sich auf die Diskussion in Großbritannien über die öffentliche Präsentation von Sexualstraftätern (mit Namen, Bild etc.) in der *Sun*.

Weitere Einflussmöglichkeiten einer breiten öffentlichen Diskussion beruhen auf ihrer ökonomischen Wirksamkeit. Nach NOWAK können die Diskussionen (z.B. in der Presse) zu einer „öffentlichen Ächtung“ beitragen, die wiederum Einfluss auf die werbetreibende Wirtschaft hätte, so dass diese in den Werbeblöcken bestimmter Formate keine Spots mehr platzieren würde.

Gesellschaftlicher Dialog muss aber auch stattfinden können. JÄCKEL geht davon aus, dass wir eine entwickelte Diskurskultur haben, was sich beispielsweise an den ausführlichen Artikeln der *Frankfurter Allgemeine Zeitung* zum „Für und Wider“ der Embryonentechnik zeige. Allerdings ist die Frage, wer für den Dialog zum Thema Privatheit und Öffentlichkeit verantwortlich ist, nicht einfach zu beantworten. Die Experten äußern Skepsis gegenüber der Reichweite von eigens eingerichteten Kommissionen: „Ethikkommissionen können Drohpotenzial entwickeln oder Lob aussprechen. Sie sind jedoch nicht fähig, allgemeingültige Werte auszusprechen.“ (KASCHUBA) Ähnlicher Auffassung ist HASEBRINK: „Die Idee der Gremien reicht hier nicht aus und ist in dieser Form der Funktionärsvertretung nicht wirklich erfolgreich.“ Er betont, dass es die Aufgabe der Politik ist, die Entfaltung wertorientierter Diskursformen zu fördern, Dies könne durch die Einrichtung oder Förderung unabhängiger Beobachtungsinstitutionen geschehen, die den öffentlichen Diskurs über ihre Angebote anstoßen, durch Landesmedienanstalten und ihre Möglichkeiten der Thematisierung (z.B. Forschungsprojekte, Diskussions- und Weiterbildungsveranstaltungen).

Zusammenfassend erläutert KASCHUBA die Rolle eines öffentlichen und medial vermittelten Dialoges als fundamentales Grundprinzip zur Aufrechterhaltung einer dialogfähigen Gesellschaft:

> KASCHUBA: Besonders interessant in diesem Zusammenhang wird offensichtlich die Frage werden, auf welcher Ebene Grenzveränderungen und Grenzsetzungen künftig stattfinden können und sollen. Denn um Grenzen wird es auch zukünftig immer gehen, keineswegs nur aus ethischen, sondern auch vielfach ganz simpel aus ökonomischen und politischen Motiven heraus. Dabei wird die Frage von Rechtsnormen wahrscheinlich immer weniger eine zentrale Rolle spielen, ebenso wie die von Ethik-Beiräten in bestimmten Bereichen. Eher geht es um die Möglichkeit, im öffentlichen und medial vermittelten Dialog der unterschiedlichsten Positionen das Dialog*prinzip* aufrecht zu erhalten. Letztlich also den Dialog darüber, wo wir dialogfähig oder gar konsensfähig bleiben wollen und sollen. Und das wäre keine schlechte Wirkung.

10.5.2 Bildung und Medienkompetenz

- Die Förderung von Medienkompetenz sollte die Bildung für den autonomen, kritischen Gebrauch von Medien ebenso unterstützen wie die Ausbildung technischer Fertigkeiten.

Es kommt im „Medienzeitalter“ immer mehr darauf an, Informationen gezielt für die eigenen Bedürfnisse auszuwählen und einschätzen zu können. Die mediengerechte Präsentation der Privatangelegenheiten von Alltagsmenschen kann Verwirrung hinsichtlich des Realitätsempfindens von Individuen stiften (vgl. auch die Ergebnisse aus Japan in Kapitel 3.4.3). Grenzen zwischen Realität und Inszenierung verschwimmen in einem stärkeren Maße, wenn die Fernsehveranstalter bei ihren medialen Inszenierungen damit werben, das „wahre Leben“ und „echte Menschen“ darzustellen.

Das Internet hat (noch) nicht die Breitenwirkung des Massenmediums Fernsehen, übersteigert aber die Möglichkeiten von Grenzüberschreitungen allein aufgrund seiner funktionalen Eigenschaften. Theoretisch hat jeder Zugriff, theoretisch kann jeder Inhalte ins Netz stellen. Insbesondere bei der Nutzung des Internet ist es schwierig, die Herkunft von Inhalten einzuordnen und die eigene Privatsphäre zu schützen. Dies gilt in rein technischer Hinsicht: z.B. ist vielen Domaininhabern nicht bekannt, dass ihre Personalien ohne viel Aufwand von Fremden recherchiert werden können, und für viele ist es schwierig einzuordnen, in welchem Umfang man persönliche Daten im Netz herausgegeben sollte (Umgang mit Providern, E-Mail, Chatroom).

Kenntnisse werden auch in Bezug auf die Inhalte benötigt (s. Verweis von MEYROWITZ auf die Kommunikation von eigentlich Fremden in Chatrooms). Im Hinblick auf konvergente Entwicklungen ist es also von Bedeutung, auf der Ebene der Bildung die Herausforderungen, die neue Medien an die Nutzer stellen, frühzeitig einzubeziehen.

Die Förderung von Medienkompetenz ist unstrittig eine wichtige Herausforderung für die Zukunft. Es geht zum einen um die eher technische Dimension von Medienkompetenz, im Zusammenhang mit dem Internet z.B. um eine Aufklärung über das scheinbar anonyme Hantieren im Cyberspace. Vor allem geht es aber um die eher strukturelle Dimension von Medienkompetenz, Medien autonom und kritisch zu nutzen, systeminhärente Bedingungen oder Abhängigkeiten zu durchschauen und entsprechend den Ein- oder Ausschaltknopf zu betätigen.

Sicherlich sollte die Medienerfahrung der meisten Menschen nicht unterschätzt werden. Nach KASCHUBA betreibt zum Beispiel das Fernsehen „mit Einblicken in die Hinterbühne diverser Shows“ auch eine Form von Aufklärung. Etwas, was früher nur in professionellen Kreisen vorhanden gewesen sei – ein reflexives Verhältnis zu den Medien – sei in den Bereich der Alltagsmenschen gewandert. Und mit Augenzwinkern ist zu bemerken, dass der Anteil der Bevölkerung, der noch nicht im Fernsehen war, zusehends sinkt. SCHWADERLAPP nennt das die „Entautorisierung des Fernsehens“.

Dennoch bleibt eine breite Aufklärung bezüglich der möglichen Konsequenzen, die mit einem solchen Schritt in das Medium verbunden sind, bisher aus. Daher fordert SCHNEIDER eine Anbindung des öffentlichen Diskurses über Medien an die „längst fällige und von vielen angemahnte Bildungsdebatte". Ihrer Meinung nach könne die Förderung von Medienkompetenz sich nicht darin erschöpfen, die Schulen ans Netz zu bringen: „Hier ersetzt Aktion die Reflektion. Eine Kopplung von beidem wäre angezeigt.“

10.5.3 Selbstregulierung der Akteure

- Maßnahmen der Selbstregulierung greifen nur, wenn es verbindliche Leitlinien und verbindliche Möglichkeiten der Sanktion gibt.

Es ist unstrittig, dass die Verantwortung für den Zustand von Unterhaltung, Information und Bildung vor allem bei den Medienakteuren liegt. Inwieweit die mediale Präsentation von Privatheit durch Maßnahmen der Selbstregulierung in einen gesellschaftlich akzeptierten Rahmen geleitet werden kann, in diesem Punkt scheiden sich die Geister.

Die Skepsis gegenüber der Effizienz solcher Maßnahmen ist groß. Nur ein paar Beispiele aus der Diskussion, um dies zu illustrieren:

> JÄCKEL: Es handelt sich um eine Paradoxie. Wenn wir festhalten, es regelt sich alles von selbst, jeder regelt es aber in seinem privaten Bereich, dann ist dies ein Paradoxon.

> SCHWADERLAPP: Unter Selbstregulierung der Akteure kann ich mir nichts vorstellen, außer vielleicht einen Beirat. Selbstregulierung funktioniert nur dann, wenn es auf einem Eigeninteresse der Akteure aufbaut. Eine Reality-TV-Richtlinie und eine Talkshow-Richtlinie machen keinen Sinn.

Versuche in der Vergangenheit, einen Verhaltenscodex zu etablieren, seien häufig gescheitert. JÄCKEL nennt das Beispiel der Gewaltdiskussion im Fernsehen, wo es nicht möglich gewesen sei, einen gemeinsamen Verhaltenskodex im Zusammenhang mit der FSK zu etablieren.

KEPPLER zeigt sich etwas optimistischer und führt aus, dass eine Selbstregulierung im TV nicht deshalb zum Scheitern verurteilt sei, weil es „Nischenanbieter" gibt oder geben wird, die sich nicht daran halten. „Es wäre schon viel gewonnen, wenn sich die „Großen" in mehr Eigenverantwortung üben."

HASEBRINK betont, dass Selbstregulierung nicht den Abschied von weiteren Maßnahmen der Regulierung bedeutet: „Wenn wir jetzt auf Selbstregulierung kommen, dann ist es gerade *nicht* Nicht-Regulierung." Zu klären sei, welches die potenziellen *Gegenstände* von Regulierung sind, *wer* reguliert und ob überhaupt eine Selbst- oder Fremdregulierung stattfinden sollte.

In der Diskussion geht es vor allem um die Regulierung im Fernsehbereich. Für Onlinekontexte gelten andere Gesetzmäßigkeiten. THIMM geht davon aus, dass „diskriminierendes oder persönlichkeitsverletzendes Verhalten in den Netzgruppen schnell selbst sanktioniert wird, so dass weitere Eingriffe von außen überflüssig werden." DÖRING weist darauf hin, dass der gesellschaftliche Kontext berücksichtigt werden muss. Ein Beispiel in diesem Zusammenhang sind Gruppen in den USA, die das Internet nutzen, um Abtreibungsärzte öffentlich an den Pranger zu stellen. „Wichtig ist es, Kontextzusammenhänge zu schaffen und diese beispielsweise für die Aufstellung von Online-Richtlinien zu nutzen."

Niemand wird die Schokoladenindustrie ermutigen können, sich freiwillige Selbstbeschränkungen aufzuerlegen, um den Schokoladenkonsum zu senken und Karies oder andere Krankheiten zu verhindern. Eine im April 2002 abgewiesene Klage eines an Diabetes Erkrankten gegen einen Süßwarenhersteller gibt dieser Überlegung recht. Deshalb: Maßnahmen der Selbstregulierung greifen nur, wenn es verbindliche Leitlinien und Missbrauchskriterien gibt und ebenso verbindliche Möglichkeiten der Sanktion, z.B. in Form von Geldbußen oder Lizenzentziehung. Schwieriger gestaltet sich die Umsetzung dieses Vorschlags für das Internet.

HASEBRINK sieht einen Ansatzpunkt auf der Ebene von Verfahrensnormen: „Wir regulieren nicht bloß, was gezeigt oder nicht gezeigt werden soll, sondern wie sich diejenigen, die etwas zeigen, für das rechtfertigen müssen, was sie zeigen, wie sie sich verantwortlich zeigen können." Weiterhin seien Verfahren zu definieren, wie sich die potenziell Betroffenen dagegen wehren können, sich dazu äußern können sowie zu einem Diskurs beitragen können, der auch zu Veränderungen in der Praxis führt.

„Codes of conduct" wie sie in Großbritannien für den Bereich des Rundfunks gelten (vgl. Kapitel 3.3.1), versprechen Aussicht auf Erfolg, da sie einen Interessenaustausch zwischen öffentlich-rechtlichen und privaten Akteuren anstreben und im Falle einer Debatte um konkrete Grenzüberschreitungen eine Argumentationsgrundlage bieten – auch wenn der Ausgang der Diskussion damit noch nicht bestimmt ist.

10.5.4 Gesetzliche Regelungen

- Gesetzliche Regulierung sollte die rechtlichen Grundlagen für einen umfassenden Schutz der Privatsphäre und der Menschenwürde legen.
- Medienpolitik sollte
  - die wirtschaftliche und politische Unabhängigkeit des Rundfunks sichern,
  - Leitlinien (normativ) für den Journalismus aufstellen, und gleichzeitig Sanktionsmöglichkeiten einbeziehen,
  - einen ungehinderten Zugang auf Online-Services ermöglichen und
  - Dialog fördern.
- Es sollten Beschwerdestellen eingerichtet werden, z.B. bei den Landesmedienanstalten, Zeitungen, den Rundfunkveranstaltern oder den großen Providern. Denkbar sind diese in Form von Hotlines und Mailboxen.

Es besteht zwischen den Experten Konsens darüber, dass Grenzüberschreitungen durch die mediale Präsentation von Privatheit kaum durch Gesetze reguliert werden können. GLOTZ betont, dass die Möglichkeiten, den „mündigen Bürger" vor dieser Art der Kommunikation zu schützen, in freien Gesellschaften begrenzt sind (Art. 5 GG). Das „Problematische" an der freiwilligen Selbstdarstellung in den Medien ist zu weich definiert und nicht eindeutig mit Schaden zu assoziieren, somit auch nicht justitiabel. Diese Themen lassen sich nach HASEBRINK nur in indirekter Form regulieren, denn:

„Wer sollte die Grenzen zwischen Öffentlichem und Privatem, wo Türen sind, die offen oder geschlossen sein sollten, definieren, geschweige denn in einem juristischen Paragraphen?“

Die Expertendiskussion hat deutlich aufgezeigt, dass diese Grenze eine kulturell geprägte, kommunikative Grenze ist und sie entsprechend behandelt werden muss. Gesetzliche Vorgaben und Normen würden im Zusammenhang mit der hier diskutierten Thematik scheitern, wenn man darunter nur einen Katalog verstehen würde, in dem verschiedene unerlaubte Darstellungsformen von Privatheit („Don‘ts“) aufgelistet sind und wenn sie sich auf konkrete Medieninhalte beziehen. Statt dessen sollte sich der rechtliche und normative Rahmen auf die Prozesse der Inhalteproduktion und der gesellschaftlichen Diskussion der Inhalte fokussieren. Nach HASEBRINK umfasst dies gesetzliche Regelungen für die Selbstregulierung und die Förderung unabhängiger Mittlerorganisationen, die den gesellschaftlichen Diskurs anstoßen und die Positionen der Nutzerinnen und Nutzer stärken.

KEPPLER betont, dass die Frage der Medienregulierung eine Frage der Medienethik ist: „Staatliche Regulierungen können nur Vorgaben machen, und die sind weitgehend vorhanden.“ Ihrer Ansicht nach ist es Aufgabe der Politik, die Wahrnehmung politischer und rechtlicher Handlungsoptionen zu fördern und zu ermöglichen. „Man kann Menschen in diesem Fall nicht durch Gesetze vor sich selbst schützen, aber man kann sie durch verantwortlich handelnde Journalisten und Journalistinnen schützen. Diese müssen dann auch von anderen zur Verantwortung gezogen werden.“ Sinnvoll erscheint ihr Vorschlag, Beschwerdestellen im Sinne der schweizerischen Einrichtung eines Ombudsmanns bzw. einer Ombudsfrau einzurichten.

Es ist eine originär politische Aufgabe, Wertmaßstäbe zu setzen und Vereinbarungen darüber auszuhandeln. Die generelle Frage lautet, so NOWAK hierbei, ob die Politik eher reaktiv oder eher initiativ tätig wird. Um dies zu verdeutlichen: Angesichts von Geiselbildern kann niemand davor geschützt werden, sich durch das Fernsehen in seiner Menschenwürde verletzt zu fühlen. Es müssen aber im Grundkonsens (auch grenzüberschreitende) Vereinbarungen darüber erzielt werden, was nicht getan werden darf. Solch ein freiwilliger Verzicht (mit entsprechenden Möglichkeiten der Ächtung) kann nur mit großer Sorgfalt geschaffen werden. Zur Erzielung von Vereinbarungen ist auf die Veranstalter zusätzlicher öffentlicher Druck auszuüben. Nach NOWAK kann man gerade auch die Politik benutzen, um den Druck zu erhöhen. Es ist aber zu berücksichtigen, dass Vereinbarungen aufgrund kultureller Entwicklungen und Veränderungen nur vorübergehend und für einen bestimmten Zeitraum Gültigkeit besitzen. Statt einer Definition von „Don‘ts“ fordert JÄCKEL eine kritische Abrechnung mit bestimmten Medienpraxen:

JÄCKEL: Wenn über so genannte ‚Don'ts‘ gesprochen wird, neigt die öffentliche Diskussion gerne dazu, als problematisch angesehene Erscheinungen des modernen Lebens zu bagatellisieren. Beliebt ist in diesem Zusammenhang die Bezugnahme auf die Vergangenheit im Sinne von ‚nicht wirklich neu'. (...) Wenn wir über die Ursachen sprechen, liegt vieles eben zunächst einmal im Ermessen der betroffenen Akteure. Wer den Daily Talk anbietet, muss sich auch im Klaren darüber sein, dass er damit eine Lawine von Pseudo-Ereignissen produziert. Und nicht nur das: Er produziert auch Ratlosigkeit darüber, warum so viele Menschen ein Bedürfnis nach bestimmten Formen der ‚Kollektiv-Beichte' verspüren. Die Interpretation der Handlungen erfolgt eben in der Regel nicht nach Rücksprache mit den entsprechenden Protagonisten. Bekanntlich macht aber seit Max Weber das Motiv die Handlung aus. Insofern wäre es vielleicht ratsam, eine konsequente Entlarvung des ‚Medienspiels' im Sinne von ‚Wie wirklich ist diese Wirklichkeit?', das sich hier offensichtlich abspielt, zu praktizieren. Man sollte gleichwohl die diesbezüglich bereits vorhandene Medienkompetenz der Zuschauer nicht unterschätzen.

Es gibt gleichwohl keinen Anlass, Präventivmaßnahmen im Bereich des Kinder- und Jugendschutzes oder im Bereich der Artikulation von Grundsätzen der Programmqualität zurückzunehmen. Diese gesetzlichen Regelungen verlieren nicht an Aktualität. Dazu erläutert LEGGEWIE: „Medienpolitisch/-rechtlich muss man das Rad nicht neu erfinden, eher darauf pochen, dass niemand auf ein unbegrenztes Recht auf ‚selbstbestimmte Entäußerung' pocht. Der Rahmen ist hier stets durch die Einschränkung der Freiheit anderer vorgegeben, die ja zunehmend sensibel werden gegen die ‚Entäußerungen' anderer. Diese Ansprüche müssen dringend staatlich bewehrt bleiben, gerade zugunsten solcher, die sich privat und etwa mit ‚Netiquette' nicht zu wehren vermögen."

Insgesamt bleibt festzuhalten, dass Maßnahmen der gesetzlichen Regulierung oder der Selbstregulierung nur dann erfolgversprechend sind, wenn sie sinnvoll mit den anderen hier vorgestellten Maßnahmen gekoppelt und durch eine gesellschaftliche Debatte begleitet werden. Es bedarf eines integrierten Gesamtkonzeptes für Regulierung und insbesondere einer Festlegung von verbindlichen Verfahrensnormen.

10.6 Übersicht Experten „Interdisziplinärer Diskurs“

Dr. Nicola Döring (Technische Universität Ilmenau), Deutschland
Nicola Döring ist Hochschulassistentin am Institut für Medien- und Kommunikationswissenschaft IfMK der TU Ilmenau. Im Wintersemester 2001/2002 war sie als Vertretungsprofessorin für Kommunikationswissenschaft an der Universität Erfurt tätig. Zu ihren aktuellen Forschungsfeldern gehören: Soziale Aspekte der Online- und Mobilkommunikation, Lernen und Lehren mit neuen Medien, Geschlechtseffekte beim Mediengebrauch. Persönliche Homepage: www.nicola-doering.de

Prof. Dr. Uwe Hasebrink (Hans-Bredow-Institut, Hamburg), Deutschland
Uwe Hasebrink ist seit 1986 als wissenschaftlicher Referent am HBI tätig. 1998 wurde er in das Direktorium des Instituts gewählt. Seit 2001 ist er zugleich Professor für Empirische Kommunikationswissenschaft an der Universität Hamburg. Die Schwerpunkte seiner Forschung liegen in den Bereichen Mediennutzung und -rezeption, vor allem: Individuelle Nutzungsmuster von Fernsehzuschauern und Radiohörern, Veränderungen von Rezeptionsstilen durch neue Medienangebote sowie länder- und sprachraumübergreifende Kommunikation.

Prof. Dr. Peter Glotz (Universität St. Gallen), Schweiz
Peter Glotz war von November 1996 bis 1999 als Rektor der Universität Erfurt sowie als Professor der Kommunikationswissenschaft tätig. Seit Januar 2000 ist er Professor für Medien und Gesellschaft am Institut für Medien und Kommunikationsmanagement (MCM) an der Universität St. Gallen. Derzeitige Forschungsprojekte: Printmedien in der digitalen Ökonomie, Executive MBA in New Media and Communication.

Prof. Dr. Jo Groebel (Europäisches Medieninstitut e.V., Düsseldorf), Deutschland
Jo Groebel ist seit Oktober 1999 als Direktor des Europäischen Medieninstituts e.V. tätig. Er ist Lehrstuhlinhaber für Medienpsychologie der University of Utrecht und Gastprofessor an der Universität St. Gallen sowie an der University of California in Los Angeles. Forschungsschwerpunkte sind: Medienpsychologie, Kommunikationsmanagement, Gewalt im TV.

Prof. Dr. Michael Jäckel (Universität Trier), Deutschland
Michael Jäckel ist seit 1996 Professor für Soziologie an der Universität Trier. Seine Forschungsschwerpunkte sind: Neue Kommunikationstechnologien, Mediensoziologie, Konsumsoziologie, empirische Sozialforschung, Allgemeine Soziologie.

Dr. Akko Kalma (Utrecht University), Niederlande
Akko Kalma ist in der sozialwissenschaftlichen Fakultät im Institut der Sozial- und Organisationspsychologie an der Universität Utrecht tätig. Er betreibt Forschung in den Bereichen Evolutionsforschung und Medienpsychologie. Besondere Forschungsinteressen sind Aufmerksamkeitsfaktoren der Masse, Lachen und Lächeln im Fernsehen sowie psychosoziale Effekte der Medienerotik und der Pornografie.

Prof. Dr. Wofgang Kaschuba (Humbold Universität, Berlin), Deutschland
Wolfgang Kaschuba ist als Professor am Institut für Europäische Ethnologie an der Humbold-Universität Berlin tätig. Forschungsinteressen sind Ethnizität als kulturelle Differenzkonstruktion, Wissenschaft und/als Alltagswissen sowie Aspekte der Kultur- und Alltagsgeschichte des 19. und 20. Jahrhunderts.

Prof. Dr. Angela Keppler (Universität Mannheim), Deutschland
Angela Keppler ist seit Oktober 2001 als Professorin der Kommunikations- und Medienwissenschaft an der Universität Mannheim tätig. Forschungsschwerpunkte sind: Fernseh- und Filmanalyse, Medientheorie, Rezeptionsforschung, qualitative Methoden.

Prof. Dr. Claus Leggewie (Justus-Liebig-Universität Gießen), Deutschland
Claus Leggewie ist Professor am Institut für Politikwissenschaft an der Justus-Liebig Universität in Gießen. Seine Forschungsschwerpunkte umfassen die Bereiche vergleichende Regierungslehre und Systemanalyse, Deutsche Innenpolitik und Zeitgeschichte nach 1945, Radikale Rechte in Europa und den USA, Multikulturalismus und Globalisierung, Politische Generationen

und Zeitgenossenschaft sowie Politische Kommunikation unter besonderer Berücksichtigung des Internet.

Dr. Wolfgang Nowak (Ministerialdirektor im Bundeskanzleramt, Berlin), Deutschland
Wolfgang Nowak ist seit September 1999 Leiter der Abteilung „Politische Analysen und Grundsatzfragen" im Bundeskanzleramt. Er absolvierte ein Studium der Rechtswissenschaften in Tübingen, Lausanne und London. Er war als Mitarbeiter in internationalen (UNESCO, Centre National de la Recherche Scientifique in Paris) und nationalen Verwaltungen (u.a. Deutsche Forschungsgemeinschaft, Bundesministerium für Bildung und Wissenschaft in Bonn, Wissenschafts- und Kultusministerien in Berlin und Düsseldorf) tätig. Ende 1990 bis 1994 war er Staatssekretär im Kultusministerium in Dresden. 1997 gründete er das Erich Pommer Institut für Medienrecht und Medienmanagement an der Universität Potsdam. Er ist Mitglied des Kuratoriums der Alfred Herrhausen Gesellschaft.

Prof. Dr. Irmela Schneider (Universität Köln), Deutschland
Irmela Schneider ist seit 1998 Professorin am Institut für Theater-, Film- und Fernsehwissenschaft an der Universität Köln. Forschungsschwerpunkte sind: Mediengeschichte und Medientheorie mit dem Schwerpunkt audiovisuelle Medien. Sie ist an zahlreichen Forschungs- und Buchprojekten beteiligt.

Dr. Werner Schwaderlapp (Endemol Entertainment Holding GmbH, Köln), Deutschland
Werner Schwaderlapp kam 1998 zu Endemol; seit März 2001 leitet er die deutsche Firmengruppe als Geschäftsführer der Endemol Deutschland Holding GmbH. Zuvor war er lange Jahre beim ZDF in der Programmplanung tätig und von 1992 bis 1997 Geschäftsführer der ZDF Enterprises. Des Weiteren ist er Gastdozent für kulturelles Management an der Hochschule für Musik und Theater in der Hansestadt Hamburg.

Prof. Dr. Caja Thimm (Universität Bonn), Deutschland
Caja Thimm ist Professorin für Medienwissenschaft an der Universität Bonn. Ihr Forschungsfeld umfasst Kommunikation im Internet, elektronische Demokratie und Unternehmenskommunikation. Sie ist u.a. Herausgeberin der neuen Reihe „Bonner Beiträge zur Medienwissenschaft".

11 Verzeichnis der verwendeten Literatur

Ackerman, Seth (2000): New York Times on Iraq Sanctions. In: Extra, March/April 2000. http://www.fair.org/extra/0003/crossette-iraq.html.

Adams, Douglas (2001): Ich habe einen Traum. In: Die Zeit Nr.22, 23.05.2001.

Anger, Kenneth (1981): Hollywood Babylon. New York.

Assheuer, Thomas (2001): Das Bett war noch warm. Aber passiert ist nichts: Wie Rudolf Scharping, Anna Ermakova oder Penélope Cruz von den People-Magazinen inszeniert werden. Sie sollen uns in Wahrheit nicht aufregen, sondern beruhigen. Sexgeschichten machen die Welt erträglich. In: Die Zeit Nr. 37, 06.09.2001.

Aufderheide, Pat (1986): The Look of the Sound. In: Todd Gitlin (Ed.): Watching Television. New York, 111-135.

Baasner, Rainer (1996): Diskursanalyse. In: Ders.: Methoden und Modelle der Literaturwissenschaft. Berlin, 129-138.

Baumann, Gerhart (1981): Sprache und Selbstbegegnung. München.

Baumann, Zygmunt (1992): Moderne und Ambivalenz. Hamburg.

Bayer, Klaus (1999): Argument und Argumentation: Logische Grundlagen der Argumentationsanalyse. Opladen.

Bayerische Landeszentrale für neue Medien, BLM (1998): Vom Boulevard- zum Trash-TV. Fernsehkultur im Wandel. Müchen.

Bayerische Landeszentrale für neue Medien, BLM (2001): „Reality Soaps und vergleichbare Formate. Bestandsaufnahme, Problempotenzial, Handlungsbedarf (aktualisierte Version Juli 2001). Quelle: http://www.blm.de/jugendschutz/js_in_blm/realitysoaps.pdf.

Beck, Klaus, Peter Glotz, Gregor Vogelsang (2000): Die Zukunft des Internet. Internationale Delphi-Befragung zur Entwicklung der Online-Kommunikation. Konstanz.

Benedict, Ruth (1946): The Chrysanthemum and the Sword. Boston.

Bente, Gary, Bettina Fromm (1997): Affektfernsehen: Motive, Angebotsweisen und Wirkungen. Opladen.

Bernold, Monika (2001): Fernsehen ist gestern. Medienhistorische Transformationen und televisuelles Dabeisein nach 1945. In: tele visionen – historiografien des fernsehen. Österreichische Zeitschrift für Geschichtswissenschaften 12. Jg. 2001. H.1. S. 8-29.

Bernold, Monika (1997): Die österreichische Fernsehfamilie. Archäologien und Repräsentation des frühen Fernsehens in Österreich. Unveröffentlichtes Dissertationsmanuskript. Wien.

BITKOM (2001): Wege in die Informationsgesellschaft. Status quo und Perspektiven Deutschlands im internationalen Vergleich. Berlin, Frankfurt.

Bleich, Holger (2001): Schneller als E-Mail. Instant Messaging – flott und direkt kommunizieren. In: c't 15/2001, 100ff.

Bleicher, Joan Kristin (1993): Chronik zur Programmgeschichte des deutschen Fernsehens. Berlin.

Bleicher, Joan Kristin (1997): Medien kritisieren Medien. Formen und Inhalte intermedialer und medieninterner Medienkritik. In: Hartmut Weßler u.a. (Hrsg.): Perspektiven der Medienkritik: Die gesellschaftliche Auseinandersetzung mit öffentlicher Kommunikation in der Mediengesellschaft. Opladen, 77-88.

Bleicher, Joan Kristin (1998): Ritualisierung und Inszenierungsstrategien des Fernsehprogramms. In: Heribert Schatz, Udo Göttlich, Jörg-Uwe Nieland (Hrsg.): Kommunikation im Wandel. Zur Theatralität der Medien. Köln, 54-72.

Bleicher, Joan Kristin (1999): Alltagsnahes Schauspiel in Langzeitserien "Lindenstraße„ und "Gute Zeiten Schlechte Zeiten„. In: Knut Hickethier (Hrsg.): Schauspielen und Montage. Schauspielkunst im Film. St. Augustin, 223-244.

Bleicher, Joan Kristin (2000a): Symbolwelten des Fernsehens. Anmerkungen zur spezifischen Raumstruktur der Narrationen. In: Sabine Flach, Michael Grisko (Hrsg.): Fernsehperspektiven. Aspekte zeitgenössischer Medienkultur. München, 114-133.

Bleicher, Joan Kristin (2000b): "Du bist nicht allein„. Big Brother und die Nachfolgeformate. In: Frank Weber (Hrsg.): Big Brother. Inszenierte Banalität zur Primetime. Hamburg, Münster, 205-215.

Böhme-Dürr, Karin, Thomas Sudholt (Hrsg.) (2001): Hundert Tage Aufmerksamkeit. Das Zusammenspiel von Medien, Menschen und Märkten bei "Big Brother„. Konstanz.

Bohrmann, Thomas (2000): Big Brother. Medienethische Überlegungen zu den Grenzen von Unterhaltung. In: Aus Politik und Zeitgeschichte, B 41-42/2000, 3-10.

Bourdieu, Pierre (1992): Die feinen Unterschiede. Kritik der gesellschaftlichen Urteilskraft. Frankfurt a.M.

Branscum, Deborah (2001): Who's Blogging Now? In: Newsweek, 5 March 2001, 62.

Brants, Kees (1998): Who's afraid of infotainment? In: European Journal of Communication 13 (3), 315-335.

Brauneck, Manfred, Gérard Schneilin (Hrsg.) (1986): Theaterlexikon. Hamburg.

Broadcasting Standards Commission (1998a): Monitoring Report 7. London.

Broadcasting Standards Commission (1998b): Codes of Guidance. http://www.bsc.org.uk/about/codes.rtf.

Brown, Janelle (2000): Another Defeat for `Kiddie Porn' Law. In: Salon, 23 June 2000. http://www.salon.com/tech/log/2000/06/22/copa/index.html.

Brunst, Klaudia (1999): Einleitende Worte. In: Die Tyrannei der öffentlichen Intimität und Tabubrüche im Fernsehen. Boulevardmagazine, Talkshows und Comedy. Dokumentation der Tagung der Niedersächsischen Landesmedienanstalt für privaten Rundfunk (NLM) im Mai 1998 in Hannover. Berlin.

Bublitz, Hannelore u.a. (1999): Diskursanalyse – (k)eine Methode? Eine Einleitung. In: Dies. (Hrsg.): Das Wuchern der Diskurse. Perspektiven der Diskursanalyse Foucaults. Frankfurt a.M., 10-21.

Carnegie Mellow News Online Edition (2001): New study finds Internet use to be less depressing, but stressful. September 2001, http://www.cmu.edu/cmnews/010906/010906_internet.html.

Cerulo, Karen A. (1997): Reframing Sociological Concepts for a Brave New (Virtual?) World. In: Sociological Inquiry, 67(1), 48-58.

Chandler, Daniel (1997): Writing Oneself in Cyberspace. http://www.aber.ac.uk/media/Documents/short/homepgid.html.

Chandler, Daniel (1998): Personal Homepages and the Construction of Identities on the Web. http://www.aberac.uk/media/Documents/short/webident.html.

Cheung, Charles (2001): A Home on the Web. Presentations of Selves on Personal Homepages. In: David Gauntlett (Hrsg.): Web.Studies. London, 43-52.

Cohen, Adam (2000): Paranoia. In: Time Digital, July 2000. http://www.onmagazine.com/on-mag/magazine/reports/paranoia/.

Dijk, Teun A. van (1980): Textwissenschaft. Eine interdisziplinäre Einführung. Tübingen.

Dijk, Teun A. van (1997a): The Study of Discourse. In: Ders. (Hrsg.): Discourse as Structure and Process. Discourse Studies: A Multidisclipinary Introduction Volume 1. London, 1-34.

Dijk, Teun A. van (1997b): Discourse as Interaction in Society. In: Ders. (Hrsg.): Discourse as Social Interaction. Discourse Studies: A Multidisclipinary Introduction Volume 2. London, 1-37.

Dimsch, Lexa, Ajnos Reckeb (2000): Tinac@m. Die Re-Normalisierung des Webcam-Abenteuers. In: medien praktisch. Zeitschrift für Medienpädagogik. H. 95, 3/2000, 13.

Dix, Alexander (2001): Das Recht am eigenen Bild – ein Anachronismus im Zeitalter des Internet? In: Bettina Sokol (Hrsg.): Mediale Selbst-Darstellung und Datenschutz. Düsseldorf, 64-78.

Döring, Nicola (1999): Sozialpsychologie des Internet. Die Bedeutung des Internet für Kommunikationsprozesse, Identitäten, soziale Beziehungen und Gruppen. Göttingen, Bern, Toronto, Seattle.

Döring, Nicola (2001a): Persönliche Homepages im WWW; Ein kritischer Überblick über den Forschungsstand. In: Medien Kommunikationswissenschaft (M&K), 3/2001, 325-349.

Döring Nicola (2001b): Öffentliches Geheimnis, Online-Tagebücher – ein paradoxer Trend im Internet. In: c't, H. 2/2001, 89f.

Döring, Nicola (2001c): Netzwärme im Ausverkauf. Online-Communities zwischen Utopie und Profit. In: c't, 11/2001, 92-101.

Dt. Rundfunkarchiv (1973ff): Magazinbeiträge im Deutschen Fernsehen. Frankfurt a.M.

Duerr, Hans Peter (1994): Intimität. Der Mythos vom Zivilisationsprozess. Frankfurt a.M.

Dyer, Richard (1986): Heavenly Bodies. Film Stars and Society. New York.

Ebert, Michael (2001): Ein Käfig voller Narren. In: Der Stern, 6/2001, 26.

Eemeren, Frans H. van u.a. (1997): Argumentation. In: Teun A. van. Dijk (Hrsg.): Discourse as Structure and Process. Discourse Studies: A Multidisclipinary Introduction Volume 1. London, 208-229.
Eggs, Ekkehard (1996): Formen des Argumentierens in Zeitungskommentaren – Manipulation durch mehrsträngig-assoziatives Argumentieren? In: Ernest W. B. Lüttich, Werner Holly, Ulrich Püschel (Hrsg.): Textstrukturen im Medienwandel. Forum Angewandte Linguistik Bd. 29. Frankfurt a. M., 179-209
Eichhorst, Sabine (2000): Ausziehen! Ausziehen! Das Ende des Privaten. Sendmanuskript gleichnamiger Sendung. Radio Bremen, 08.10.2000. http://www.radiobremen.de/rb2/feature/2000/20001008.shtml.
Eisenberg, Eric M. (2001): Building a Mystery: Toward a New Theory of Communication and Identity. In: Journal of Communication, Vol. 51, No. 3, 534-552.
Electronic Privacy Information Center (1999): Epic Alert, Vol. 6.04, 4 March 1999. http://www.epic.org/alert/EPIC_Alert_6.04.html.
Elias, Norbert (1969): Über den Prozeß der Zivilisation. Soziogenetische und psychogenetische Untersuchungen. Zweiter Band. (Nachdruck 1976). Frankfurt a.M.
Elsner, Monika, Thomas Müller, Peter Spangenberg (1993): Zur Entstehungsgeschichte des Dispositivs Fernsehen in der Bundesrepublik Deutschland der fünfziger Jahre. In: Knut Hickethier (Hrsg.): Institution, Technik und Programm. Rahmenaspekte der Programmgeschichte des Fernsehens. München, 31-66.
Erlinger, Hans-Dieter, Hans-Friedrich Foltin (1994): Unterhaltung, Werbung und Zielgruppenprogramme. Geschichte des Fernsehens in der Bundesrepublik Deutschland. Bd. 4. Hrsg. von Helmut Kreuzer, Christian W. Thomsen. München.
Fiske, John, John Hartley (1978): Reading Television. London, New York.
Foltin, Hans-Jürgen, Gerd Hallenberger (1990): Unterhaltung durch Spiel: die Quizsendungen und Gameshows des deutschen Fernsehens. Berlin.
Foucault, Michel (1974): Die Ordnung der Dinge. Frankfurt a.M.
Foucault, Michel (1994): Überwachen und Strafen. Die Geburt des Gefängnisses. Frankfurt a.M.
Frackowiak, Henryk (2000): Online-Diarys. Melle's Liste. In: Spiegel Online, 13.11.2000, http://www.spiegel.de/netzwelt/netzkultur/0,1518,102585,00.html.
Franck, Georg: Ökonomie der Aufmerksamkeit. Ein Entwurf. München 1998.
Frank, Anne, Otto H. Frank (Hrsg.) (1991): Anne-Frank-Tagebuch. Frankfurt a.M.
Franz, Barbara (2000a): Öffentlichkeitsrhetorik. Massenmedialer Diskurs und Bedeutungswandel. Wiesbaden.
Franz, Barbara (2000b): Rhetorik und massenkommunikative Meinungsbildung. In: Hans-Bernd Brosius (Hrsg.): Kommunikation über Grenzen und Kulturen. Konstanz, 43-55.
Fraser, Nicholas (1998): The cheap triumph of trash TV. In: The Guardian – the week, 31.01.1998, 1f.
Freedland, Jonathan (1995): Talking Dirty. In: The Guardian, 27.03.1995, 13f.
Frissen, Valerie (1992): Veelkijken als sociaal handelen. Een empirisch onderzoek naar het verschijnsel veel televisiekijken in Nederland (Heavy viewing as social action. An empirical study of heavy television viewing in The Netherlands). Dissertation. Catholic University of Nijmegen.
Fromm, Bettina (1999): Privatgespräche vor Millionen. Fernsehauftritte aus psychologischer und soziologischer Perspektive. Konstanz.

Geissler, Dieter (1986): Filmzensur im Nachkriegsdeutschland. Göttingen.
Gerbner, George, Larry Gross, Michael Morgan, Nancy Signorelli (1994): Growing Up with Television: The Cultivation Perspective. In: Jennings Bryant, Dolf Zillmann (Hrsg.): Media Effects. Advances in Theory and Research. Hillsdale, New Jersey, 17-41.
Gertz, Holger (2000): Im Griff des großen Bruders. In: Süddeutsche Zeitung Nr. 132, 09.06.2000, 3
Gibbons, Kendyl (2000): Graven Images. Sermon, 2 April 2000 http://www.unitarian.org/fus/sermons9900/ser040200.htm.
Giddens, Anthony (1991): Modernity and Self-Identity. Self and Society in the Late Modern Age. Cambridge.
Giddens, Anthony (1996): Leben in einer posttraditionalen Gesellschaft. In: Ulrich Beck, Anthony Giddens, Scott Lash: Reflexive Modernisierung. Frankfurt a.M., 113-194.
Goffman, Erving (1969): Strategic Interaction. Philadelphia
Goffman, Erving (1996): Wir alle spielen Theater. Die Selbstdarstellung im Alltag. München.
Goldbeck, Kerstin, Susanne Kassel (2000): Die Containergesellschaft – Big Brother im Spiegel des Feuilletons. In: Frank Weber (Hrsg.): Big Brother: Inszenierte Banalität zur Primetime. Münster, 233-252.
Gössner, Rolf (2000): "Big Brother„ & Co. Der moderne Überwachungsstaat in der Informationsgesellschaft. Hamburg.
Göttlich, Udo, Friedrich Krotz, Ingrid Paus-Haase (Hrsg.) (2001): Daily Soaps und Daily Talks im Alltag von Jugendlichen. Schriftenreihe Medienforschung der Landesanstalt für Rundfunk Nordrhein-Westfalen, Band 38. Opladen.
Groebel, Jo (1988): Der Moderatorentest. In Bernd-Jürgen Martini (Hrsg.): Journalisten-Jahrbuch 1989. München.
Groebel, Jo, Robert A. Hinde (Ed.) (1991): Aggression and War. Cambridge.
Groys, Boris (2000): Unter Verdacht. Eine Phänomenologie der Medien. München.
Gumbrecht, Hans Ulrich (1998): "Ihr Fenster zur Welt„ oder: Wie aus dem Medium "Fernsehen„ die "Fernsehwirklichkeit„ wurde. In: Hans-Georg Soeffner (Hrsg.): Kultur und Alltag. Soziale Welt. Sonderband 6. Göttingen, 243-250.
Gumpert, Gary, Susan J. Drucker (1998): The Demise of Privacy in a Private World: From Front Porches to Chat Rooms. In: Communication Theory 8 (1998), 4, 408-425.
Gumpert, Gary, Susan J. Drucker (2001): Public Boundaries: Privacy and Surveillance in a Technological World. In: Communication Quarterly, 49(2), Spring 2001, 115-129.
Habermas, Jürgen (1988a): Theorie des kommunikativen Handelns. Nachdruck der 4., durchgesehenen Auflage 1987. 2 Bd. Frankfurt a.M.
Habermas, Jürgen (1988b): Der philosophische Diskurs der Moderne. Zwölf Vorlesungen. Frankfurt a.M.
Habermas, Jürgen (1989): Volkssouveränität als Verfahren. Ein normativer Begriff von Öffentlichkeit. In: Merkur 6, 465-477.
Habermas, Jürgen (1990): Strukturwandel der Öffentlichkeit. (Neuauflage) Frankfurt a.M.

Hack, Günter (2000): Der Grosse Bruder und seine Verwandtschaft. Ein Essay zur Fernsehshow Big Brother. www.haq.de/sci/bigbrother/Bigbrother-Artikel_v_1_1.htm-101k, 27.

Hack, Lothar (1964): Filmzensur in der Bundesrepublik. In: Frankfurter Hefte 19. Jg.(1964); H.10: Das gefährliche Zelluloid, 705-716; H.11: Die Gouvernante, 785-792; H.12: Die Schweigepflicht, 849-858.

Hallenberger, Gerd, Hans Friedrich Foltin (1990): Unterhaltung durch Spiel. Quizsendungen und Game Shows des deutschen Fernsehens. Berlin.

Hallenberger, Gerd, Joachim Kaps (Hrsg.) (1991): Hätten Sie's gewusst? Die Quizsendungen und Game Shows des deutschen Fernsehens. Marburg.

Hanemann, Peter (2000): Bisher nur mit Ratten. ‚Big Brother'. In: grimme – Zeitschrift für Programm, Forschung und Medienproduktion 23. Nr. 1/ 2000, 22-23.

Harmon, Amy (2001): As Public Records Go Online, Some Say They're Too Public. In: New York Times, 24 August 2001, A1, A19.

Hensel, Thomas (2000): Zwischen Panopticon und Peep-Show. Eine Medienarchäologie des Big Brother Containers. In: Frank Weber (Hrsg.): Big Brother: Inszenierte Banalität zur Prime Time. Münster, 289-314.

Hepp, Andreas (1998): Fernsehaneignung und Alltagsgespräche. Fernsehnutzung aus der Perspektive der Cultural Studies. Opladen.

Heuvelman, Ard, Jan van Dijk, Erwin Seydel (2001): Personal and intimate affairs in the Dutch media. University of Twente (unveröff. Bericht für das Projekt des European Institute for the Media "Privacy in the public sphere").

Hickethier, Knut (1974): Zur Tradition schulischer Beschäftigung mit den Massenmedien. In: Reent Schwarz (Hrsg.): Manipulation durch Massenmedien – Aufklärung durch die Schule? Stuttgart, 21-52.

Hickethier, Knut (1984): Intimes (im) Fernsehen. In: Ästhetik und Kommunikation 15, (57/58), 87-92.

Hickethier, Knut (1994): Geschichte der Fernsehkritik in Deutschland. Berlin.

Hickethier, Knut (1998): Geschichte des deutschen Fernsehens. Stuttgart,Weimar.

Hickethier, Knut (2001): „Wie bitte, sie lieben das Meer nicht?" – „Bleiben Sie dran!" Mediale Inszenierungen und Mehrfachadressierungen. In: Dieter Möhn, Dieter Roß, Marita Tjarks-Sobhani (Hrsg.): Mediensprache und Medienlinguistik. Frankfurt a.M., Bern, New York, 111-129.

Hickethier, Knut (2002): Der Film in der Bundesrepublik – 1950-1962. In: Ders.: Medien in Deutschland: Film. Konstanz. (im Druck)

Hitzler, Ronald (1996): Die Produktion von Charisma. Zur Inszenierung von Politikern im Medienzeitalter. In: Kurt Imhof, Peter Schulz (Hrsg.): Politisches Raisonnement in der Informationsgesellschaft. Zürich, 265-288.

HMSO. 2000. White Paper (2000): A New Future for Communications. http://www.communicationswhitepaper.gov.uk.

Hoffmann-Riem, Wolfgang, Wolfgang Schulz (1997): Hamburgisches Medienrecht. Berlin (Schriftenreihe der Hamburgischen Anstalt für neue Medien, Band 17).

Hohlfeld, Ralf (2000): Weniger Wirklichkeit war nie – Big Brother und die Tradition des Reality-Fernsehens. In: Frank Weber (Hrsg.): Big Brother: Inszenierte Banalität zur Prime Time. Münster.

Holtz-Bacha, Christina (2001): Das Private in der Politik. Ein neuer Medientrend? In: Aus Politik und Zeitgeschichte, B 41-42/2001, 20-26.

Horst, Han van der (2001): The low sky: Understanding the Dutch. Den Haag.
Huber, Wolfgang (1994): Menschenwürde? Gewalt und Intimität als Unterhaltung. In: Wolfgang Wunden (Hrsg.): Öffentlichkeit und Kommunikationskultur. Beiträge zur Medienethik, Bd. 2. Hamburg, Stuttgart, 181-195.
Husseini, Sam (1994): Felons On The Air: Does GE's Ownership of NBC Violate the Law? In: Extra!, November/December 1994. http://www.fair.org/extra/9411/ge-felon.html.
Imhof, Kurt (1998): Die Verankerung der Utopie herrschaftsemanzipierten Raisonnements im Dualismus Öffentlichkeit und Privatheit. In: Kurt Imhof, Peter Schulz (Hrsg.): Die Veröffentlichung des Privaten – die Privatisierung des Öffentlichen. Opladen, Wiesbaden, 15-24.
Imhof, Kurt, Peter Schulz (Hrsg.) (1998): Die Veröffentlichung des Privaten – Die Privatisierung des Öffentlichen. Opladen, Wiesbaden.
Iyengar, Shanto (1992): Wie Fernsehnachrichten die Wähler beeinflussen – Von der Themensetzung zur Herausbildung von Bewertungsmaßstäben. In: Jürgen Wilke (Hrsg.): Öffentliche Meinung. Freiburg, München, 123-142.
Jäckel, Michael (1999): Die Krise der politischen Kommunikation: Eine Annäherung aus soziologischer Perspektive. In: Peter Winterhoff-Spurk, Michael Jäckel (Hrsg.): Politische Eliten in der Mediengesellschaft. Rekrutierung – Darstellung – Wirkung. München, 31-55.
Jäger, Siegfried (1999): Kritische Diskursanalyse. Eine Einführung. 2. überarb. u. erw. Aufl. Duisburg.
Jarass, Hans D. (1989): Das allgemeine Persönlichkeitsrecht im Grundgesetz. In: Neue Juristische Wochenschrift, 42. Jg., 857-862.
Jarren, Otfried, Ulrich Sarcinelli, Ulrich Saxer (Hrsg.) (1998): Politische Kommunikation in der demokratischen Gesellschaft. Ein Handbuch mit Lexikonteil. Opladen, Wiesbaden.
Jessen, Jens (2000): Warten aufs Böse. Aber bei 'Big Brother' wollte es sich noch nicht zeigen. In: Die Zeit Nr.24, 08.06.2000.
Johnsson-Smaragdi, Ulla, Leen d'Haenens, Friedrich Krotz, Uwe Hasebrink (1998): Patterns of Old and New Media Use Among Young People in Flanders, Germany and Sweden. In: European Journal of Communication 13 (4), 479-501.
Jones, Steve (Hrsg.) (1997): Virtual Culture. Identity and Communication in Cybersociety. London, Thousand Oaks, New Dehli.
Jörns, Gerald (2000): Big Brother: Schluss mit lustig? In: Telepolis 24.04.2000. http://www.heise.de/tp/deutsch/inhalt/co/8073/1.html.
Jung, Thomas, Stefan Müller-Doohm (1998): Das Tabu, das Geheimnis und das Private – Vom Verlust der Diskretion. In: Kurt Imhof, Peter Schulz (Hrsg.): Die Veröffentlichung des Privaten – Die Privatisierung des Öffentlichen. Opladen, Wiesbaden, 136-146.
Jurgensen, Manfred (1979): Das fiktionale Ich. Untersuchungen zum Tagebuch. Bern, München.
Kayama, Rika (2000): TV makes Reality? In: Gekkan Minpo, 30.05.2000.
Kegel, Sandra (2000): Du bist nicht allein. Frankfurter Allgemeine Zeitung, 10.05.2000.
Kellner, Douglas (1995): Media Culture. Cultural studies, identity and politics between the modern and the postmodern. London, New York.

Keppler, Angela (1994): Wirklicher als die Wirklichkeit? Das neue Realitätsprinzip der Fernsehunterhaltung. Frankfurt a.M.

Keppler, Angela (1998): Das Private ist politisch. Die Veröffentlichung des Privaten – eine ambivalente Medienstrategie. In: Kurt Imhof, Peter Schulz (Hrsg.): Die Veröffentlichung des Privaten – Die Privatisierung des Öffentlichen. Opladen, Wiesbaden, 157-164.

Keppler, Angela (2001): Mediale Kommunikation und kulturelle Orientierung. Perspektiven einer kulturwissenschaftlichen Medienforschung. In: Forum Qualitative Sozialforschung. 2(3). http://qualitative-research.net/fqs/fqs.htm.

Keupp, Heiner (1994): Ambivalenzen postmoderner Identität. In: Ulrich Beck, Elisabeth Beck-Gernsheim, (Hrsg.): Riskante Freiheiten. Frankfurt a.M., 336-350.

Kommer, Helmut (1979): Früher Film und späte Folgen. Zur Geschichte der Film- und Fernseherziehung. Berlin.

Konert, Bertram (2001): Broadcasting via the Internet: New Models of Business and Financing. In: Hoogenboezem (Hrsg.): Convergence, Trends in Communication (TIC) No. 7. Amsterdam, 15-39.

Korener, Brendah I. (2000): A Lust for Profit. In: U.S. News & World Report, 27 March 2000, 36-38, 40, 42, 44.

Kraut, Robert (1998): Internet Paradox. A social technology that reduces social involvement and psychological well-being? In: American Psychologist, September 1998, Vol 53, No. 9, 1017-1031.

Krebs, Brian (2001): ‚Web Bugs‘ Make Cookies Look Good Enough to Eat. In: Newsbytes, 1 March 2001. http://www.newsbytes.com/news/01/162611.html.

Kreutz, Anja (1998): Daytime-Talks in der Kritik. In: medien und erziehung 42 (5), 303-305.

Krotz, Friedrich (1998): Diskurs. In: Otfried Jarren, Ulrich Sarcinelli, Ulrich Saxer (Hrsg.): Politische Kommunikation in der demokratischen Gesellschaft. Ein Handbuch. Opladen, 646-647.

Krotz, Friedrich (2001): „fast interessanter und spannender als VL selbst, aber im Moment ja keine allzu große Kunst.“ Anschlusskommunikation zu Daily Talks und Daily Soaps im Internet. In: Udo Göttlich, Friedrich Krotz, Ingrid Paus-Haase (Hrsg.): Daily Soaps und Daily Talks im Alltag von Jugendlichen. Opladen, 265-307.

Kuhlbrodt, Detlef (2000): 2000 Lightyears from Home. Verschiedene Versuche über Big Brother. In: Frankfurter Rundschau Nr.122, 26.05.2000.

Lash, Scott (1996): Reflexivität und ihre Dopplungen. Struktur, Ästhetik und Gemeinschaft. In: Ulrich Beck, Anthony Giddens, Scott Lash: Reflexive Modernisierung. Eine Kontroverse. Frankfurt a.M., 195-286.

Legler, Thomas (1997): Das Recht am eigenen Bild auf der Datenautobahn, http://www.psplaw.ch.

Lewinsky, Charles (1997): Die Talkshow. Zürich.

Liebes, Tamar, Sonia Livingstone (1998): European Soap Operas. The Diversification of a Genre. In: European Journal of Communication 13 (2), 147-180.

Link, Jürgen (1996): Versuch über den Normalismus. Wie Normalität produziert wird. Opladen.

Link, Jürgen (1999a): Diskursive Ereignisse, Diskurse, Interdiskurse: Sieben Thesen zur Operativität der Diskursanalyse, am Beispiel des Normalismus. In: Hannelore

Bublitz u.a. (Hrsg.): Das Wuchern der Diskurse. Perspektiven der Diskursanalyse Foucaults. Frankfurt a.M., 148-161.
Link, Jürgen (1999b): „Normalität“: Mehr als eine Akzeptanzkeule? Ein Vorschlag zur Güte aus Sicht der Normalismusforschung. In: KulturRevolution, Nr. 38/39, 125-129.
Linnartz, Marlen (1998): Für 15 Dollar darf hier jeder Voyeur sein; Jenni lebt seit drei Jahren im Internet – ihre Freunde kommen per Mausklick zu Besuch. In: Tagesspiegel, 08.04.1998.
Lintel, Jens (2000): Osnabrücker Camgirl übertrug die Geburt ihres Sohnes live ins Internet; leichtes Mädchen oder ernsthafte Kämpferin für mehr Rechte der Gehörlosen? In: Neue Osnabrücker Zeitung, 02.09.2000.
Livingstone, Sonia, Peter Lunt (1994): Talk on Television: Audience Participation and Public Debate. London.
Lohauß, Peter (1995): Moderne Identität und Gesellschaft. Theorien und Konzepte. Opladen.
Longolius, Christian (1973): Das Fernsehspiel in der Bilanz. Definition und Ermittlungen zur Wirklichkeit einer Programmform. In: Ders. (Hrsg.): Fernsehen in Deutschland III. Mainz.
Ludes, Peter u.a. (1994): Informations- und Dokumentarsendungen. Geschichte des Fernsehens in der Bundesrepublik Deutschland. Bd. 3. Hrsg. von Helmut Kreuzer, Christian W. Thomsen. München.
Matouschek, Bernd (1997): Soziodiskursive Analyse öffentlicher Migrationsdebatten in Österreich. Zu Theorie, Methodik und Ergebnissen einer diskurstheoretischen Untersuchung. In: Matthias Jung (Hrsg): Die Sprache des Migrationsdiskurses. Das Reden über „Ausländer“ in Medien, Politik und Alltag. Opladen, 106-120.
McQuail, Denis (1998): Mass Communication Theory. Nachdruck der 3. Aufl. v. 1994. London, Thousand Oaks, New Dehli.
Mead, George Herbert (1969): Geist, Identität und Gesellschaft. Frankfurt a.M.
Metz, Cade (2001): What They Know. In: PC Magazine, 13 November 2001, 108.
Meyer, Thomas, Rüdiger Ontrup, Christian Schicha (2000): Die Inszenierung des Politischen. Zur Theatralität von Mediendiskursen. Wiesbaden.
Meyrowitz, Joshua (1985): No Sense of Place: The Impact of Electronic Media on Social Behavior. New York: Oxford.
Meyrowitz, Joshua (1987): Die Fernsehgesellschaft. Wirklichkeit und Identität im Medienzeitalter. Weinheim.
Meyrowitz, Joshua (2001): Post-Privacy America. Report prepared for the European Institute for the Media‘s project „Privacy in the Public Sphere“, 15 August 2001.
Meyrowitz, Joshua (in press): Canonic Anti-Text: Marshall McLuhan’s Understanding Media. In: Elihu Katz, John Peters, Tamar Liebes, and Avril Orloff (Eds.): Canonic Texts in Media Research: Are There Any? Should There Be Any? How About These? Cambridge.
Michailidou, Martha (2001): The Value of Daytime: confessional television as education in communication. Report submitted to research project „Privacy in the Public Sphere”, European Institute for the Media. Goldsmiths College. London.
Mikos, Lothar (1999): “Schmutzige Geheimnisse„. Eine andere Art der Öffentlichkeit – Betroffenheit und inszenierte Privatheit in den täglichen Talkshows. In: Joachim

von Gottberg, Lothar Mikos, Dieter Wiedemann (Hrsg.): Mattscheibe oder Bildschirm. Ästhetik des Fernsehens. Berlin, 223-250.
Mikos, Lothar (2000a): Fernsehen und Unterhaltung in der reflexiven Moderne. In: Lothar Mikos, Patricia Feise, Katja Herzog, Elizabeth Prommer, Verena Veihl: Im Auge der Kamera. Das Fernsehereignis Big Brother. Berlin, 13-56.
Mikos, Lothar (2000b): Edutainment und Infotainment. Die lebensweltliche Orientierung des Lernens. In: Ingrid Paus-Haase, Dorothee Schnatmeyer, Claudia Wegener (Hrsg.): Information, Emotion, Sensation. Wenn im Fernsehen die Grenzen zerfließen. Bielefeld 2000, 30-45.
Mikos, Lothar, Elizabeth Prommer (2002): Das Fernsehereignis Big Brother. Analyse und Vergleich der drei Staffeln in der Bundesrepublik. In: Achim Baum, Siegfried J. Schmidt (Hrsg.): Fakten und Fiktionen. Über den Umgang mit Medienwirklichkeiten. Konstanz, 325-338.
Millar, Stuart (1998): Call to curb 'confession' shows on TV. In: The Guardian, 01.07.1998, 12.
Mönninger, Michael (1987): Der Kandidat als Geisel, der Zuschauer als Terrorist. In: Neue Medien, 1987. H.5, 64-65.
Moores, Shaun (2000): Media and Everyday Life in Modern Society. Edinburgh.
Morley, David (2000): Home Territories. Media, Mobility and Identity. London, New York.
Müller, Eggo (1999): Paarungsspiele. Beziehungsshows in der Wirklichkeit des neuen Fernsehens. Berlin.
Muschg, Konrad (1998): Die Krähen von Tokyo. Schöne neue Welt. In: NZZ Folio. http://www-x.nzz.ch/folio/archiv/1998/09/articles/muschg.html.
Nairn, Allan (2000): East Timor and the United States: An Interview with Allan Nairn. In: New Politics, vol. 7, no. 4 (new series), whole no. 28, Winter 2000. http://www.wpunj.edu/~newpol/issue28/nairn28.htm.
Neidhardt, Friedhelm (1994): Öffentlichkeit, öffentliche Meinung, soziale Bewegungen. In: Ders. (Hrsg.): Öffentlichkeit, öffentliche Meinung, soziale Bewegungen. Opladen, 7-41.
Neumann, Conny (2001): Internet: High Noon im Netz. In: Spiegel Online, 28.05.2001. http://www.spiegel.de/spiegel/0,1518,137325,00.html.
Neumann-Braun, Klaus (2000): Überbelichtetes Leben – entgrenzte Öffentlichkeit? Über den Umgang mit Web Cam-Technik und -Angeboten. In: Otfried Jarren u.a. (Hrsg.): Zerfall der Öffentlichkeit? Wiesbaden, 198-212. (Mediensymposium Luzern, Band 6)
Neumann-Braun, Klaus (2000a): Das Ende des Privaten? Web Cam-Angebote und deren Rezeption – eine Fallstudie. In: www.kommunikation-gesellschaft.de. Ein sozialwissenschaftliches Web-Journal zur Nutzung von (alten und neuen) Informations- und Kommunikationstechnologien. Hrsg. von Klaus Schoenberger (Tuebingen) und Christian Stegbauer. Jg. 1, Beitrag 1. Frankfurt a.M.
Neumann-Braun, Klaus (2000b): Das wahre Leben – die Ware Leben. Webcam-Angebote im Spannungsfeld von Kulturindustrie und Eigenproduktion. In: medien praktisch, H. 95, 3/00, 12-16.
Nishigaki, Toru (2001): Can Television Revive through the Internet. In: Gekkan Minpo, 31.08. 2001.

Noltenius, Johannes (1958): Die Freiwillige Selbstkontrolle der Filmwirtschaft und das Zensurverbot des Grundgesetzes. Göttingen.

NOS-KLO (1996): KLO Jaarboek 1993-1994-1995. NOS Audience Research Dept. Hilversum.

NRC Handelsblad (1999): Profiel Big Brother, Enquête. 02.12.1999.

Pacheco, Anelise (2001): Das Estrelas Móveis do Pensamento – Ética e Verdade em um Mundo Digital. Rio de Janeiro.

Paus-Haase, Ingrid, Uwe Hasebrink, Uwe Mattusch, Susanne Keuneke, Friedrich Krotz (1999): Talkshows im Alltag von Jugendlichen. Der tägliche Balanceakt zwischen Orientierung, Amüsement und Ablehnung. Opladen.

Paus-Haase, Ingrid, Dorothee Schnatmeyer, Claudia Wegener (Hrsg.) (2000): Information, Emotion, Sensation. Wenn die Grenzen zerfließen. Bielefeld.

Peters, Bernhard (1994): Der Sinn von Öffentlichkeit. In: Friedhelm Neidhardt (Hrsg.): Öffentlichkeit, öffentliche Meinung, soziale Bewegungen. Opladen, 42-76. (= SoH der Kölner Zeitschrift für Soziologie und Sozialpsychologie)

Plake, Klaus (1999): Talkshows. Die Industrialisierung der Kommunikation. Darmstadt.

Plotz, David (1998): Jerry Springer. In: Slate, 21 March, 1998, http://slate.msn.com/Assessment/98-03-21/Assessment.asp.

Pohl, Manfred (1998): Wirtschaftsverbände und Interessengruppen. In: Manfred Pohl, Hans Jürgen Meyer (Hrsg.): Länderbericht Japan. Geographie. Geschichte. Politik. Wirtschaft. Gesellschaft. Kultur. Bundeszentrale für politische Bildung. Bonn, 99-111.

Prost, Antoine (1993): Grenzen und Zonen des Privaten. In: Antoine Prost, Gérard Vincent (Hrsg.): Geschichte des privaten Lebens. 5. Bd.: Vom Ersten Weltkrieg zur Gegenwart. Frankfurt a.M., 15-152.

Rathenau Instituut (1999): Privacybeleving van burgers in de informatiemaatschappij. Werkdocument 68, Juli 1999. Den Haag.

Reichertz, Jo (1998): Neue Formate für performative Auftritte. Erst zählt nur die Liebe, dann gibt's die Traumhochzeit. In: Walter Klingler, Gunnar Roters, Oliver Zöllner (Hrsg.): Fernsehforschung in Deutschland. Themen – Akteure – Methoden. 2 Bde. Baden-Baden (Südwestrundfunk-Schriftenreihe: Medienforschung; Bd. 1). Teilbd. 1, 417-439.

Reid-Steere, Elizabeth (2000): Das Selbst und das Internet. Wandlungen der Illusion vom einen Selbst. In: Udo Thiedeke (Hrsg.): Virtuelle Gruppen. Charakteristika und Problemdimensionen. Wiesbaden, 273-291.

Röll, Franz (1998): Mythen und Symbole in populären Medien. Der wahrnehmungsorientierte Ansatz in der Medienpädagogik. Frankfurt a.M.

Rössler, Beate (2001): Der Wert des Privaten. Frankfurt a.M.

Rössler, Patrick (1997): Standardisierte Inhaltsanalysen im World Wide Web. Überlegungen zur Anwendung der Methode am Beispiel einer Studie zu Online-Shopping-Angeboten. In: Klaus Beck, Gerhard Vowe (Hrsg.): Computer-Netze – ein Medium öffentlicher Kommunikation. Berlin, 245-268.

Rosen, Jeffrey (2000): The Unwanted Gaze. The Destruction of Privacy in America. Random House.

Roth, W.-D. (2001): Sex-Unfall mit der Webcam v. 22.06.2001, http://www.telepolis.de/deutsch/special/auf/7944/1.html.

Rötzer, Florian (2001): Verfassungsrecht auf Live-Übertragung einer Hinrichtung? In: Telepolis, 06.04.2001. http://www.heise.de.
Rowen, Beth (2002): History of Reality TV. www.infoplease.com/spot/realitytv1.html.
Rubin, Alan M. (1984): Ritualised and instrumental television viewing. In: Journal of Communication, 34, 67-77.
Salmon, Wesley C. (1983): Logik. Stuttgart.
Sarcinelli, Ulrich (1987): Symbolische Politik. Opladen.
Sarcinelli, Ulrich (1991): Massenmedien und Politikvermittlung – eine Problem- und Forschungsskizze. In: Rundfunk und Fernsehen, 39 (4), 469-486.
Schieb, Jörg (1999): Kameras im Netz/TinaC@m. In: WDR Angeklickt, 05.02.1999. http://www.wdr.de/tv/aks/seiten/angeklickt/themen/k/kamera.html.
Schneider, Irmela (2001a): Privatheit als Unterhaltung und Gesellschaftsspiel. In: Die Landesbeauftragte für den Datenschutz NRW (Hrsg.): Mediale (Selbst-)Darstellung und Datenschutz. Düsseldorf, 5-20.
Schneider, Irmela (2001b): Theorien des Intimen und Privaten. Überlegungen im Anschluss an Richard Sennett und Anthony Giddens. In: Friederike Herrmann, Margret Lünenborg (Hrsg.): Tabubruch als Programm. Privates und Intimes in den Medien. Opladen, 37-48.
Schoenberner, Gerhard (1957): Der Film und seine Kontrolle. In. Die Neue Gesellschaft, 4. Jg, H.4, 259-270.
Schoeps, Julius H. (Hrsg.) (1989): Der politische Skandal. Bonn, Königswinter.
Schoonhoven, Gert-Jan van (1999): Zo zijn onze manieren. In: De Nieuwe Kaaskop, Nederland en de Nederlanders in de jaren negentig. Amsterdam.
Schütte, Dagmar (2001): Perpetuum immobile. In: tv diskurs 17, 58-63.
Schulz, Winfried (1997): Politische Kommunikation. Theoretische Ansätze und Ergebnisse empirischer Forschung. Opladen, Wiesbaden.
Schulz, Wolfgang (1995): Kampf der Fiktionen: Paragraphen gegen reitende Leichen. Grenzen regulativer und Chancen kontextualer Steuerung von Fernsehinhalten am Beispiel von Gewaltdarstellungen. In: Mike Friedrichsen, Gerhard Vowe (Hrsg.): Gewaltdarstellungen in den Medien. Opladen, 349-367.
Schulze, Gerhard (1999): Inszenierte Intimität und kollektiver Glücksdiskurs. Über die Zukunft der Sinnlichkeit. In: Niedersächsische Landesmedienanstalt für privaten Rundfunk (NLM) (Hrsg.): Die Tyrannei der öffentlichen Intimität und Tabubrüche im Fernsehen. Boulevardmagazine, Talkshows und Comedy. Berlin, 19-36.
Schütz, Astrid (1999): Selbstdarstellung in der Politik. Techniken und ihre Wirkung. In: Peter Winterhoff-Spurk, Michael Jäckel (Hrsg.): Politische Eliten in der Mediengesellschaft. Rekrutierung – Darstellung – Wirkung. München, 105-120.
Schwartz, John (2002): Nanny-Cam May Leave a Home Exposed. In: New York Times, 14 April 2002, 1, 27.
Sennett, Richard (1983): Verfall und Ende des öffentlichen Lebens. Die Tyrannei der Intimität. 10. Aufl. (1999). Frankfurt a.M.
Sennett, Richard (2000): Der flexible Mensch. Berlin.
Sichtermann, Barbara (1999): Großes Du. ZDF 16.5.: "Sonst gerne„. In: Die Zeit Nr.21, 20.05.1999.

Siegle, A. Jochen (2000a): Web-Entertainment: Rodeo im Sahnebikini. In: Spiegel Online, 11. Oktober 2000. http://www.spiegel.de/netzwelt/netzkultur/0,1518,97546,00.html.
Siegle, A. Jochen (2000b): Pl@net: Big Brother im Web. Cyberia im Reality-Rausch. In: Internet Professionell, Ausgabe 01/2000. http://www.zdnet.de/Internet/artikel/scene/200101/bigbrother_02-wc.html.
Sklar, Robert (1976): Movie Made America. New York.
Smith, Adam (1974): Der Wohlstand der Nationen. München.
Sokolowsky, Kay (1996): Das große Rhabarbern. In: Jürgen Roth, Klaus Bittermann (Hrsg.): Das große Rhabarbern. Neununddreißig Fallstudien über die Talkshow. Berlin, 15f.
Stern, Christopher (2001): Playboy Gets More Explicit. In: Washington Post, 2 July 2001. http://www.washtech.com/news/media/10930-1.html.
Stern, Susannah R. (1999): Adolescent Girls' Expression on WWW Home Pages: A Qualitative Analysis. In: Convergence: The Journal of Research into New Media Technologies, 5(4). Luton, 22-41.
Stern, Susannah R. (2001): Sexual Selves on the World Wide Web: Adolescent Girls' Homepages as Sites for Sexual Self-Expression. In: J. Brown, J. Steele, & K. Walsh-Childers, (Eds.), Sexual Teens/Sexual Media: Investigating Media's Influence on Adolescent Sexuality. Lawrence Erlbaum, 265-285.
Stirling Media Research Institute (2000): Consenting Adults? London. Broadcasting Standards Commission.
Stoll, Clifford (1996): Die Wüste Internet. Geisterfahrten auf der Datenautobahn. Frankfurt a.M.
Strittmatter, Kay (1997): Wie Gott im Fernsehen. Der Talkmaster Jürgen Fliege: Die wunderbare Speisung der Bildschirm-Gemeinde. In: Süddeutsche Zeitung Nr.6. 11./12.01.1997.
Strobel, Ricarda, Werner Faulstich (1998): Die deutschen Fernsehstars. Zielgruppenstars. Göttingen.
Suzuki, Hedemi (2000): Reality Programs and Human Dignity. Discussion over "Big Brother" in Germany. In: Gekkan Minpo, 31.02. 2000.
Taylor, Ella (1989): Prime-Time Families. Television Culture in Postwar America. Berkeley.
Tenscher, Jens (1998): Politik für das Fernsehen – Politik im Fernsehen. Theorien, Trends, Perspektiven. In: Ulrich Sarcinelli (Hrsg.): Politikvermittlung und Demokratie in der Mediengesellschaft. Beiträge zur politischen Kommunikationskultur. Opladen, Wiesbaden, 184-208.
Thiedecke, Udo (Hrsg.) (2000): Virtuelle Gruppen. Charakteristika und Problemdimensionen. Opladen.
Thiel, Reinhold E. (1975): Die geheime Filmzensur. In: Wilfried von Bredow, Rolf Zurek (Hrsg.): Film und Gesellschaft in Deutschland. Dokumente und Materialien. Hamburg, 327-334. (Zuerst in: Das Argument. Berliner Hefte für Politik und Kultur, 1963, H.27, 14-20.)
Thimm, Caja (Hrsg.) (2000): Soziales im Netz. Sprache, Beziehungen und Kommunikationskulturen im Internet. Opladen.
Thomas, Günter (1998): Medien – Ritual – Religion. Zur religiösen Funktion des Fernsehens. Frankfurt a.M.

Tittel, Silke (2001): Exekution als Ereignis. In: journalist 5/2001, 56-57.
Toulmin, Stephen (1958): The Uses of Argument. Cambridge.
Trapmann, D. (2001): Der virtuelle Pranger. In: heise online, 06.08.2001. http://www.heise.de./newsticker/data/jk-06.08.01-000/.
Trepte, Sabine, Eva Baumann, Kai Borges (2000) „Big Brother“: Unterschiedliche Nutzungsmotive des Fernseh- und Webangebotes? In: Media Perspektiven 12/2000, 550-561.
Triandis, Harry C., John W. Berry (Hrsg.) (1980). Handbook of cross-cultural psychology, Vol. 2, Methodology. Boston.
Tsuruki, Makato, Ito Takashi (2001): Privacy in the Public Sphere – Report from Japan. Report prepared for the European Institute for the Media‘s project „Privacy in the Public Sphere“. Tokyo, 16. August 2001.
Turkle, Sherry (1999a): Identity in the age of the internet. In: Hugh Mackay (Hrsg.): The media reader. Continuity and transformation. London, 287-304.
Turkle, Sherry (1999b): Leben im Netz. Identität in Zeiten des Internet. Reinbek.
UCLA Center for Communication Policy (2000): The UCLA Internet Report. Surveying the Digital Future. Los Angeles.
van Eimeren, Birgit, Heinz Gerhard (2000): ARD/ZDF-Online-Studie 2000: Gebrauchswert entscheidet über Internet-Nutzung. In: Media Perspektiven 8/2000, 338-349.
Vester, Michael, Peter von Oertzen, Heiko Geiling, Thomas Hermann, Dagmar Müller (1993): Soziale Milieus im gesellschaftlichen Strukturwandel. Zwischen Integration und Ausgrenzung. Köln.
Vincent, Gérard (1993): Eine Geschichte des Geheimen? In: Antoine Prost, Gérard Vincent (Hrsg.): Geschichte des privaten Lebens. 5. Bd.: Vom Ersten Weltkrieg zur Gegenwart. Frankfurt a.M., 153-344.
Vogelgesang, Waldemar (1997): Stilvolles Medienhandeln in Jugendszenen. In: Andreas Hepp, Rainer Winter (Hrsg.): Kultur, Medien, Macht. Cultural Studies und Medienanalyse. Opladen, 271-285.
Wagner, Peter (1995): Soziologie der Moderne. Frankfurt a.M., New York.
Watzlawick, Paul, Janet Helmick Beavin, Don D. Jackson (1967): Pragmatics of Human Communication: A Study of Interactional Patterns, Pathologies, and Paradoxes. New York.
Webb, Gary (2001): Sex and the Internet. In: Yahoo Internet Life, May 2001, 89-95, 136-137.
Wegener, Claudia (1994): Reality-TV. Fernsehen zwischen Emotion und Information. Opladen.
Wehner, Josef (1998): Öffentliche Meinung und Person. Zur Darstellung von Politik in den Medien. In: Kurt Imhof, Peter Schulz (Hrsg.): Die Veröffentlichung des Privaten – die Privatisierung des Öffentlichen. Opladen, Wiesbaden, 318-331.
Weintraub, Jeff (1997): The Theory and Politics of the Public/Private Distinction. In: Jeff Weintraub, Krishan Kumar (Hrsg.): Public and Private in Thought and Practise. Perspectives on a Grand Dichotomy. Chicago, London, 1-42.
Weiß, Johannes (1999): Identitätsoptionen und Identitätsfallen. In: Willems, Herbert, Alois Hahn (Hrsg.): Identität und Moderne. Frankfurt a.M., 455-464.

Weiß, Ralph (1994): Die Verdruß-Spirale – Zur Kritik der öffentlichen Urteilskraft. In: Peter Christian Hall (Hrsg.): Aktualität und Erkenntnis. Informationsvermittlung auf dem Prüfstand. Mainz, 57-76.

Weiß, Ralph (2000): „Praktischer Sinn", soziale Identität und Fern-Sehen. Ein Konzept zur Analyse der Einbettung kulturellen Handelns in die Alltagswelt. In: Medien & Kommunikationswissenschaft, 48 (1), 42-62.

Weiß, Ralph (2001): Fern-Sehen im Alltag. Zur Sozialpsychologie der Medienrezeption. Opladen.

Weiß, Ralph (2002): Publizistische Medienprodukte – im Blick der Kommunikationswissenschaft. In: Otfried Jarren, Hartmut Weßler (Hrsg.): Journalismus – Medien – Öffentlichkeit. Kommunikationswissenschaft für Medienpraktiker. Opladen, 239-335 (im Druck).

Weiß, Ralph, Werner Rudolph (1993): Die lokale Welt im Radio. Information und Unterhaltung im Lokalradio als Beiträge zur kommunalen Kommunikation. Schriftenreihe Medienforschung der LfR, Bd. 9. Opladen.

Wellman, Barry (2001): Computer networks as social networks In: SCIENCE Vol 293, 14 September 2001, 2031-2034.

Westerbarkey, Joachim (1997): Banalitätenbühne: Zur Publizität des Privaten. In: Günter Bentele, Michael Haller (Hrsg.): Aktuelle Entstehung von Öffentlichkeit: Akteure – Strukturen – Veränderungen. Konstanz, 303-310.

Wichterich, Christa (1979): Unsere Nachbarn heute abend – Familienserien im Fernsehen. Frankfurt a.M., New York.

Wilke, Jürgen (1998): Analytische Dimension der Personalisierung des Politischen. In: Kurt Imhof, Peter Schulz (Hrsg.): Die Veröffentlichung des Privaten – die Privatisierung des Öffentlichen. Opladen, Wiesbaden, 283-294.

Willeke, Stefan (2000): Hoppla, jetzt kommt's Ich. Wie Lust und Zwang zur Selbstinszenierung die Gesellschaft verändern. Besuche bei Wohlstandskindern, Talkshow-Gästen, Dot.com-Millionären und anderen Ego-Taktikern. In: Die Zeit Nr.32, 03.08.2000, 11-14.

Willems, Herbert, Martin Jurga (Hrsg.) (1998): Inszenierungsgesellschaft. Ein einführendes Handbuch. Opladen, Wiesbaden.

Willems, Herbert, York Kautt (1999): Korporalität und Medialität. Identitätsinszenierungen in der Werbung. In: Herbert Willems, Alois Hahn (Hrsg.): Identität und Moderne. Frankfurt a.M., 298-362.

Woltz, Anna (1999): Surrogaat voor het leven. In: NRC Handelsblad, 02.12.1999.

Wouters, C. (1990): Informalisering: veranderingen in de omgangsvormen sinds 1930, in het bijzonder in Nederland. Amsterdam.

Wouters, C. (1995): Van Minnen en Sterven: omgangsvormen rond seks en dood in de twintigste eeuw. Amsterdam.

Wulff, Hans Jürgen (1998): Intime Plauderei als Politikum? Die Bedeutung der Talkshow im Medienalltag. In: Unabhängige Landesmedienanstalt für das Rundfunkwesen (Hrsg.): Talkshows. Tabuverletzung oder Therapie? Dokumentation der Veranstaltung am 05.02.1998. Kiel, 7-27.

Wunden, Wolfgang (1994): Grenzen öffentlichen Zeigens. Privatheit als Element einer Kultur der Öffentlichkeit. In: Wolfgang Wunden (Hrsg.): Öffentlichkeit und Kommunikationskultur. Beiträge zur Medienethik, Bd. 2. Hamburg, Stuttgart, 165-179.

Zerubavel, Eviatar (1991): The Fine Line: Making Distinctions in Everyday Life. New York.
Zoonen, Lisbeth van (2000): Verlangen en Verzet. In: I. Cosera Meijer & M. Reesink (Hrsg.) Reality Soap!, Big Brother en de opkomst van het multimediaconcept. Amsterdam, 27-39.